北京联合大学志

（2001—2010）

学院篇

主编　徐永利　张　楠

内容简介

本志为《北京联合大学志（1978—2000）》的续编，系统记述了自2001年至2010年北京联合大学十年奋斗发展的历史。

本志分为两篇：第一篇为“学校篇”，记述学校党政、直属各部门机构的工作，包括对所属各学院的统筹领导，反映全校的办学历程；第二篇为“学院篇”，记述各学院的办学历程。

本志不仅有助于本校的师生员工和社会各界了解北京联合大学的办学历程，而且对教育界、学术界探讨高等教育办学经验与规律也提供了可资借鉴的历史资料。

图书在版编目(CIP)数据

北京联合大学志：2001～2010. 学院篇/徐永利，张楠主编. —北京：北京大学出版社，2014.9
ISBN 978-7-301-25744-9

Ⅰ.①北… Ⅱ.①徐… ②张… Ⅲ.①北京联合大学－校史－2001～2010 Ⅳ.①G649.281

中国版本图书馆 CIP 数据核字(2015)第 084505 号

书　　名　北京联合大学志（2001—2010）·学院篇
著作责任者　徐永利　张　楠　主编
责任编辑　陈斌惠　王慧馨
标准书号　ISBN 978-7-301-25744-9
出版发行　北京大学出版社
地　　址　北京市海淀区成府路205号　100871
网　　址　http://www.pup.cn　新浪微博：@北京大学出版社
电子信箱　zyjy@pup.cn
电　　话　邮购部 62752015　发行部 62750672　编辑部 62756923
印 刷 者　北京中科印刷有限公司
经 销 者　新华书店
787毫米×1092毫米　16开本　74.75印张　1800千字
2014年9月第1版　2014年9月第1次印刷
定　　价　320.00元

《北京联合大学志(2001—2010)》编纂委员会名单

《北京联合大学志(2001—2010)》编辑人员名单

主　编

徐永利　张　楠

副主编

周志成　黄海洋　孔繁敏　杜鸿燕　范宝祥　王维国

审　稿

熊家华　李月修　陈朝雁　平爱华

编　辑（按姓氏笔画排序）

王　岩　文　松　闫　斐　杨　影　何小莉　宋　秦　宋丽新
张　宇　张　琳　张远利　张树蕊　柳　鹄

《北京联合大学志(2001—2010)》统稿人名单

（按姓氏笔画排序）

于水波　仇瑞清　王　岩　王　锐　王文左　王作楼　王利荣
王育红　王树国　王爱琴　王梦珠　史文瑞　刘　红　刘　欣
刘　洋　孙俊青　孙晓鲲　成　洁　权　力　牟　强　闫　光
宋　秦　宋丽新　张　波　张　琳　张文阁　张立纯　张宝秀
张逸薇　李　丹　李　芳　李　敬　李　焱　李秀婷　李建忠
李承锋　李英侠　李纪春　李淑芳　李霓虹　杜　鹃　杨洪志
杨晓麟　沈继宗　陈几香　陈恒荣　陈贵喜　陈朝雁　周　运
周月朋　周长鲜　孟佳宁　孟宪东　孟煜康　罗映霞　范　维
荣芳倩　赵　楠　赵国欣　夏　莉　徐　慧　徐建华　贯艳飞
郭肇春　高　燕　梁　燕　董　焱　虞思旦　鲍桂莲　谭　兵
滕长建　薄　芯　薛　鹏　薛玉翠

序　言

2011年学校启动的《北京联合大学志(2001—2010)》编纂工作，是学校文化建设的重大工程。目前，编纂工作经过全体编写人员的辛勤努力，终于告竣，令人欣慰！

学校办学35年多，走过一条联合之路、创新之路、奋进之路！

联合之路主要体现在：1978年，北京市依托北京大学、清华大学等25所高校创建了36所大学分校，其中18所高校创办的24所大学分校成为北京联合大学的前身。1983年，北京市在对大学分校进行统一规划、整合调整的基础上，经教育部批准，于1985年组建了一所北京市属综合性普通高等院校——北京联合大学。自此，学校走上多学科综合性办学之路，管理体制与运行机制也相应地由分散独立走向集中统筹。

创新之路主要体现在：北京联合大学在长期的办学实践中，立足改革创新，积极适应北京市经济社会发展需要，深化教育教学改革，优化办学结构，提高人才培养质量，积淀形成了应用型的人才培养目标、"办学为民，应用为本"的办学理念以及"学以致用"的校训。

奋进之路主要体现在：北京联合大学秉承老大学的优良办学传统，依托首都高等教育资源，艰苦创业，奋力进取，不断改善办学环境条件。现已形成了以本科教育为主，研究生教育、高职教育、继续教育和留学生教育协调发展的完备人才培养体系，形成了全日制在校本科生2万余人，高职高专生近8000人，外国留学生1000多人以及一定数量的硕士研究生的办学规模。建校以来，共为国家培养出18万余名毕业生，90%以上在北京地区就业，成为担当促进北京高等教育普及化重任、市属规模最大的多学科综合性、应用型大学。

校志是记录、展现学校发展历程的重要载体，对"存史、资政、教化、交流"等方面具有重要意义。

我校自1991年开始酝酿、组织校志编纂工作。作为第一本校志，原来是按《北京高等教育志》的要求进行编纂的。在为《北京高等教育志》提供资料后，学校的志书几经修改，编纂下限时间延到2000年。在全校上下的共同努力下，历时15年，400余人参与，2006年7月正式出版《北京联合大学志(1978—2000)》。该志体例依据当时管理体制和办学现状，分为"学校篇""学院篇"，总计290余万字，保存了大量历史资料，是我校23年办学历程的真实记录。

本次续志跨度10年，编纂框架对前志既有继承，又有调整：主要继承前志的体例，仍分"学校篇""学院篇"，基本保持原有目录结构。调整部分较大的，首先是"学校篇"按章节编纂，根据形势变化对部分章节进行了补充、调整；其次"学院篇"按现有每个学院编为一章，已撤销的学院合并为一章；最后注意解决"学校篇"与"学院篇"中的交叉重复问题，力争较为系统地反映我校进入新世纪以后10年发展演进的历史轨迹。

这次续志的编纂,借鉴以往及兄弟院校经验,历经试写样稿、撰写初稿、审核定稿各阶段,涉及全校50多个单位,参与者300余人。许多老领导和校友提供了宝贵资料和热情帮助。编纂工作组成员特别是几位退休的老同志倾心投入,查阅了大量资料。他们克服种种困难,牺牲休假探亲的时间,默默耕耘,反复修改,精益求精。在此,我向参与校志编写、修订和统稿的所有同志,表示诚挚谢意!

学校的文化精神需要多方面的长期积累。一所底蕴丰厚、年轻而充满活力、蓄势待发的大学,要编好校志、年鉴,要建好档案馆、校史馆,为学校发展留下宝贵的文化遗产。

在联大人喜迎建国65年华诞之际,我衷心祝愿全校师生员工,以史为鉴、继往开来,为把学校建设成为首都人民满意的高水平、有特色应用型大学,谱写更加辉煌的篇章!

徐永利

2014年6月

凡　例

一、本志为《北京联合大学志(1978—2000)》的续编，时限为2001年至2010年。

二、本志的编纂以辩证唯物主义和历史唯物主义为指导，坚持实事求是的原则，力求达到科学性、思想性和资料性的统一。

三、本志的结构参照《北京联合大学志(1978—2000)》，根据学校当时管理体制及办学情况，设立“学校篇”和“学院篇”。

四、“学校篇”和“学院篇”纪事内容有交叉的部分，属于学校统筹的部分一般不在学院中体现，其他相关部分则有不同侧重的交叉互见。

五、“学校篇”后附大事记，内容涵盖全校各个学院。大事记以编年体为主，辅以纪事本末体。

六、本志采用公元纪年，统计数字通用阿拉伯数字。文中“至今”“—今”均指到2010年12月31日。

七、本志资料主要由北京联合大学档案(校史)馆、各相关部门及学院提供，文中均不注明出处。

目　　录

42%以上,具有硕士及以上学位的人员比例从2001年的39%上升到2010年的69%,还有一批享受政府特殊津贴专家、北京市优秀中青年骨干教师、中青年学科带头人和拔尖创新人才等。

加强科学研究工作。学院从2001年开始实施科研工作量制度,依托学科专业优势,鼓励教师投入科研工作。至2010年年底,学院有9个校级研究机构和6个院级研究机构。科研立项经费在2001年突破百万元以后,平均每年到账的科研经费都在200万~300万元(不含社会服务项目)。尤其在"十一五"时期,获准立项的国家级项目与发表在核心期刊上的论文数比以往时期都有大的突破,科研水平持续提升。

深化国际国内交流与合作。学院与国外多所大学开展国际教育合作,加强文化交流,学生可通过参加多种形式的合作教育项目,取得国内外双重学历或学位。学院通过派出教师考察、学术研讨、讲学、师资培养和聘请外教等方式,不断提高教育教学质量。学院获教育部批准招收外国留学生和港、澳、台学生,留学生教育为学院发展注入新的活力。学院与首都师范大学、江西师范大学等国内高校有着长期合作关系,是"学院路地区高校教学共同体"成员,学生可以到毗邻的北京航空航天大学、北京科技大学等"985"和"211"全国重点高校选修课程和辅修专业。

加强党的建设。学院党委以落实《北京普通高等学校党建和思想政治工作基本标准》为抓手,围绕学院中心工作制订党建工作规划。加强基层组织建设,开展基层党建创新,组织干部和党员参加"三讲"、学习"三个代表"重要思想、保持共产党员先进性教育、学习实践科学发展观、创先争优等一系列重大活动,加强干部和党员的思想作风建设和党风廉政建设,发挥党的基层组织的核心与战斗堡垒作用。加强学生党建和德育工作,成立党建研究会,推进思想政治理论课改革。发挥老干部、民主党派和群众团体作用,关心群众利益,化解矛盾,维护校园稳定,创建和谐校园。

改善办学条件。学院有三个校区:学院路校区、丰盛校区和双清路校区,占地面积41 317平方米,建筑面积51 442平方米。2003年完成《校园总体规划》编制。2004年被北京市评为花园式校园。数字化校园建设推进了信息化技术在教育教学和管理服务中的广泛应用,学院教室全部达到现代教育技术使用要求,科技创安工程覆盖校园各角落。学院图书馆收藏各类图书资料53.9万册,电子图书约100万册。

第一节　管理体制与组织机构

一、管理体制

应用文理学院是学校下属的二级法人学院,副局级建制。学院贯彻执行党委领导下的院长负责制,党委坚持民主集中制,加强规章制度建设,不断提高履职能力,保证院长独立负责地开展工作。

2001年,院党委出台《关于推行院务公开的实施办法》(应用文理党发〔2001〕32号),加强学院民主管理与民主监督,完善学院的管理和制约机制。学院关于"推行院务公开,加快学院发展"的总结,在学校首届二次教代会上作经验交流。2004年,根据学校校务公开精

第一章　应用文理学院

概　述

在“十五”和“十一五”期间，学院坚持“发展应用性学科专业、培养应用型专门人才”的办学方向，突出“应用文科、应用理科”的办学特色，发展成为一所以文、史、法、理为主体学科门类，以培养本科生为主，招收部分硕士研究生，兼有继续教育和留学生教育的综合性学院。至2010年9月，在校全日制本科学生2937人，全日制硕士研究生73人；夜大学本科、专科学生473人，自考助学学生67人；留学生(长期、短期)100余人；在职教职工393人。经过10年的发展，学院的办学方向更加明确，办学实力进一步增强。

注重学科专业建设。学院坚持学科专业一体化建设原则，“以应用为导向，以学科为支撑”，夯实专业的学科基础，突出应用特色。至2010年年底，学院有专门史和食品科学2个二级学科硕士点和14个本科专业，形成市、校、院三级学科专业体系。以学院为主体的“北京联合大学应用文科综合实验教学中心”为国家级实验教学示范中心建设单位；资源环境与城乡规划管理专业是国家级特色专业建设点和北京市级特色专业，历史学专业是北京市级特色专业；食品科学、经济法学、人文地理学为北京市级重点建设学科；生物活性物质与功能食品实验室为北京市级重点实验室。每个本科专业(群)都有1个院级及以上重点建设学科支撑。

提升教育教学质量。学院以本科教学工作“质量工程”为抓手，形成一整套规范的教学管理和教学质量监控体系。同时，以精品课程建设带动整体课程建设，以精品教材建设和教学法改革深化教育教学改革。2001—2010年，有3门本科课程被评为市级精品课程，10门课程被评为校级精品课程；4门课程获得学校“双语教学示范课程”称号；8部教材被评为国家级规划教材，9部被评为北京市级精品教材，3部被评为校级精品教材；建设和培育了6个校级及以上优秀教学团队。严格的教学管理和精细化教学要求促进了良好教风和学风的形成。

创新人才培养模式。学院坚持探索应用型人才培养模式，完善从招生、培养到就业各环节有机衔接的学生培养系统工程，提高学生就业、创业的能力。2001—2010年，经过三次大的教学计划修订，应用型人才培养定位越来越细化。学院注重素质教育，通过开展思想、文化、艺术、科技、社会实践等多方面教育及活动，促进学生全面发展。学院办学质量与水平得到社会的认可并产生了一定影响，招生形势稳定，毕业生一次就业率保持在92%以上。

实施人才强教战略。学院拥有一支结构比较合理、具有较高教学和科研水平的师资队伍。至2010年9月底有专任教师210人，其中具有高级专业技术职务的人员比例在神，院务公开范围扩大到学院的各系、部、处（馆、室）。

2002年，按照学校《关于在应用文理学院等五所学院进一步完善党委领导下院长负责制的若干规定（试行）》要求，学院制定《北京联合大学应用文理学院党委会、院长办公会会议制度和议事规则》（应用文理党发〔2002〕32号），以提高院党委、行政班子履行职责的能力。

2003年，院党委总结学院应对非典型肺炎疫情的工作，出台《学院重大突发事件应对机制》（应用文理党发〔2003〕69号），建立起行政应急制度，提高学院预防、控制和处置重大突发事件的能力。

2004年，院党委重新审定并下发《关于印发重大事项决策制度等四项制度的通知》（应用文理党发〔2004〕1号），强化学院关于重大事项决策、重要干部任免、重要项目安排和大额度资金使用方面的管理和监督。

2007年，院党委转发《北京联合大学进一步加强各级领导班子思想政治建设的制度》等文件，对加强党的先进性长效机制建设提出具体的要求与措施。由院党委书记郭淑敏任主编的《高等学校党的先进性建设研究》（中央民族大学出版社，2007年10月第一版），是学院开展“保持共产党员先进性教育活动”的总结与理论成果。

2009年，院党委制订《学院推进廉政风险防范管理工作实施方案》（应用文理党发〔2009〕36号），加强学院的制度建设，进一步规范各级权力运行，促进依法行政。

二、组织机构

（一）党政机构

学院在2001年设有党政管理机构11个。其中，处级机构8个：党委办公室、院长办公室（合署）；党委组织部、审计室（合署）；宣教处（党委宣传部与学生工作处、团委合署）；人事处（人才交流中心）、离退休办公室（合署）；教务处；成人教育处（培训中心）；总务处、基建办公室（合署）；科技开发部。科级机构3个：外事办公室（留学生管理中心）；财务室；保卫科。

2003年1月，党委办公室与院长办公室合并，设立党政办公室；撤销科技开发部，设立科研处负责教育教学科研工作，原负责的经济开发管理工作由总务处经济管理办公室负责。

2004年9月，设立招生就业处，统筹协调学院招生与学生就业工作。

2005年5月，财务室、保卫科、国际交流合作部（外事办公室）由科级调整为处级部门，分别更名为：财务处、保卫处、国际交流合作部。

2009年12月至2010年3月，学院根据《北京联合大学二级法人学院内部机构设置方案》（京联党〔2009〕56号）文件精神，对内设机构进行调整，形成10个党政管理部门：党政办公室、党委组织宣传部、教务处、科研处、学生处（与团委合署）、人事处、财务处、行政管理处、保卫处、国际交流合作处。

表 1.1-1　2001—2010 年党政机构设置及负责人一览表

序号	机构名称	正职	任职时间	副职	任职时间	备注
1	党政办公室	曲振国 陈朝雁 白宝山 董　媛	—2005.05 2005.07—2007.07 2007.09—2009.12 2010.01—今	陈朝雁 董　媛 王　琪	—2005.06 2006.03—2009.06 2009.07—2009.12 （主持工作） 2010.01—今	2010 年 1 月纪检、审计岗位归入党政办公室
2	党委组织部（与审计室合署）	羌　苋 程雨琴 白宝山	—2001.03 2003.02—2009.06 2009.07—2010.01	程雨琴	2001.04—2003.01 （主持工作）	2010 年 1 月撤销
3	宣教处（党委宣传部与学生工作部、团委合署）	李月修 李志刚	—2002.12 2003.01—2010.01	付月琴 祁春利	—2005.01 2005.01—2010.01	2010 年 1 月撤销
4	党委组织宣传部	白宝山	2010.01—今	程惠丽	2010.01—今	2010 年 1 月设立
5	学生处（与团委合署）	祁春利	2010.01—今	李晓丽	2010.01—今	2010 年 1 月设立
6	人事处（与离退休办公室合署）	苏俊香 荀振茹 李志刚	—2001.03 2003.01—2009.12 2010.01—今	荀振茹 韩亚光 孟庆贵 刘　洁 刘学勤	2001.04—2002.12 （主持工作） —2004.11 2001.03—2004.11 2004.11—今 2008.09—2009.11	
7	教务处	牛志民 赵胜年 王　彤 逯燕玲	—2002.02 2002.03—2008.05 2008.06—2009.12 2010.01—今	赵胜年 张毓华 程德林 刘守合	—2002.02 2001.04—2007.07 2003.03—2005.07 2005.11—今	
8	招生就业处	付月琴	2004.09—2009.09			2004 年 9 月设立，2009 年 12 月撤销
9	成教处	苑秉锦 王兆新 黄　巍 张毓华	—2001.12 2002.01—2005.08 2006.03—2008.06 2008.09—2009.12	黄　巍 杨金兰 张毓华 赵广金	2005.09—2006.02 （主持工作） 2007.07—2009.11 2007.07—2008.09 （常务） 2009.11—2009.12	2009 年 12 月撤销
10	科研处	李志刚 朱根宜 熊黑刚 万鹰昕	—2002.12 2003.01—2006.02 2006.03—2009.12 2010.02—今	王兆新	—2002.01	2003 年前为科技开发部
11	行政管理处（与基建办公室合署）	董英辅 吴安芝 黄　巍	—2002.12 2003.01—2008.05 2008.06—今	徐明山 李德群 黄　巍 朱根宜 王彤（财） 侯长存 赵广金	—2003.04 2003.01—2006.04 2003.01—2006.04 2006.04—2010.01 2006.05—2009.12 2006.03—2007.10 2010.01—今	2005 年前为后勤管理处

续表

序号	机构名称	正　职	任职时间	副　职	任职时间	备　注
12	国际交流合作处	肖　芳 黄　巍 滕　菁 李　岩	—2001.11 2001.12—2002.12 2003.01—2006.02 2006.03—今	滕　菁	—2002.12	2009 年 12 月前为国际交流合作部
13	财务处	王彤(财) 荣　莉	—2006.04 2006.05—今	何淑芳 董萍萍 荣　莉 王彤(财)	—2003.01 2003.04—2006.03 2005.05—2006.05 2010.01—今	2005 年 5 月前为财务室
14	保卫处	白宝山 侯长存	—2007.09 2007.10—今			2005 年 5 月前为保卫室
15	工　会	郭淑敏 李月修 尹福斌	—2004.03 2004.04—2009.11 2009.12—今	郭秀琴 王作楼 白　桦	—2001.03 (常务) —2001.03 2001.03—今 (常务)	
16	团　委	黄　巍 祁春利 裴凌鹏 李晓丽 范晓薇	—2001.11 2001.12—2005.03 2005.04—2005.07 2006.05—2009.12 2010.01—今	韩学周 李晓丽 赵凌燕	2001.12—2002 2005.04—2005.07 2005.08—2006.04 (主持工作) 2010.01—今	
17	丰盛校区办公室	苑秉锦 孙玉海 黄　巍 王兆新 郭　炜	—2003.03 2003.04—2004.11 2004.12—2005.08 2005.09—2009.10 2009.11—今	贾立英	—2003.04	
18	双清校区办公室	李大为 杨金兰 赵广金	—2003.02 2003.03—2009.10 2009.11—今			
19	廊坊校区办公室	王作楼 陈秀英 刘学勤	2001.03—2003.01 2003.02—2004.10 2004.11—2008.09			2008 年 9 月撤销

(二) 教学教辅机构

学院在 2002 年学科专业调整前,设有生物化学系、信息科学系、经济学与城市科学系、人文与管理科学系、法律系、外国语言文化系和社科部、体育教研室 8 个教学部门及综合实训基地与计算机电教中心、图书馆 2 个教辅部门(见表 1.1-2)。

2002 年,根据北京市教委《关于推进北京高等学校学科专业结构调整工作的原则意见》,学院按照适应首都发展需要,体现学院应用性特色,遵从学科类别,有利学科发展,有利资源整合,有利队伍建设的目标,进行新一轮学科专业结构调整,于 2003 年 2 月完成调整工作,设有信息科学与技术系、生物学系、环境科学系、城市科学系、国际金融财务学系、法律系、外语系、新闻传播系、广告系、历史系、管理系和社科部、体育教研室 13 个教学部门及实训基地与计算机中心、图书馆 2 个教辅部门(见表 1.1-3)。

2006 年以后,学校加快了学科专业整合力度。学院在本科专业减少和停招高职专科专业的情况下,采取将基础相通的多个单一学科组成相关学科群等措施,于 2009 年再一次稳步推进学科专业的整合,并于 2010 年 1 月基本完成调整工作,设有计算科学系、生物与环境技术系、城市科学系、法律系、历史系、新闻传播系、外语系、档案与公共管理系、广告系和人文社科部、体育教研室 11 个教学部门,以及实践教学基地、文科实验教学中心(合署)和图书馆 2 个教辅部门(见表 1.1-4)。

表 1.1-2 2001—2003 年 2 月教学教辅机构设置及负责人一览表

<table>
<tr><th>序号</th><th>机构名称</th><th>行政正职</th><th>任职时间</th><th>行政副职</th><th>任职时间</th><th>党务负责人</th><th>任职时间</th></tr>
<tr><td>1</td><td>信息科学系</td><td>饶伟红</td><td>—2003.02</td><td>高维路
汪竹青</td><td>—2003.02
—2003.02</td><td>逯燕玲</td><td>—2003.02</td></tr>
<tr><td>2</td><td>生物化学系</td><td>唐粉芳
(生物)
陈双基
(环科)</td><td>2002.03—2003.02

—2003.02</td><td>唐粉芳
白 桦
章延文
邓大跃</td><td>—2002.03
—2001.03
2001.06—2002.03
2002.07—2003.02</td><td>王 政
(生物)
章延文
(环科)</td><td>—2003.02

2002.03—2003.02</td></tr>
<tr><td>3</td><td>经济学与城市科学系</td><td>张宝秀</td><td>—2003.02</td><td>张景秋</td><td>2001.03—2003.02</td><td>董丽莎</td><td>—2003.02</td></tr>
<tr><td>4</td><td>人文与管理科学系</td><td>朱耀廷</td><td>—2003.02</td><td>周传家
贾立英
韩 平</td><td>—2003.02
—2003.02
—2003.02</td><td>张 虹
(总支书记)
胡晓玲
(副总支书记)</td><td>—2003.02

—2003.02</td></tr>
<tr><td>5</td><td>法律系</td><td>王小明</td><td>—2003.02</td><td>黄远龙</td><td>2001.03—2003.02</td><td>陈淑清</td><td>—2003.02</td></tr>
<tr><td>6</td><td>外国语言文化系</td><td>孙亦丽</td><td>—2003.02</td><td>周 明</td><td>—2003.02</td><td>程雨琴
谈 文</td><td>—2001.04
2001.04—2003.02</td></tr>
<tr><td>7</td><td>社科部</td><td>梁 怡</td><td>—2003.02</td><td></td><td></td><td>孙玉海</td><td>—2002.12</td></tr>
<tr><td>8</td><td>体育教研室</td><td>李莉卿</td><td>2001.01—2003.02</td><td>佟常生</td><td>2002.03—2003.02</td><td></td><td></td></tr>
<tr><td>9</td><td>综合实训基地与计算机电教中心合署</td><td>赵胜年</td><td>2001.04—2003.02</td><td>孙建华
訾秀玲</td><td>2001.04—2003.02
2001.04—2003.02</td><td>赵胜年</td><td>2001.04—2003.02</td></tr>
<tr><td>10</td><td>图书馆</td><td>谢立军</td><td>—2003.02</td><td>安莉香
王 彤</td><td>—2003.02
2001.04—2003.02</td><td>于耀兰</td><td>—2003.02</td></tr>
</table>

注:党务负责人兼任行政副职。

表 1.1-3　2003—2009 年教学教辅机构设置及负责人一览表

序号	机构名称	行政正职	任职时间	行政副职	任职时间	党务负责人	任职时间
1	信息科学与技术系	逯燕玲	2003.03—2009.12	高维路 蔡　春 李　琳 曹　彤 訾秀玲 戴　红	2003.03—2005 2003.03—2005 2004.06—2007.05 2008.12—2009 2008.06—2009.05 2009.03—2009.12	汪竹青	2003.03—2009.12
2	生物学系	唐粉芳 张　波	2003.03—2006.03 2006.03—2009.12	张　波 赵晓红	2003.03—2006.03 2006.04—2009.12	王　政	2003.03—2009.12
3	环境科学系	陈双基 邓大跃	2003.03—2006.03 2006.03—2009.12	邓大跃	2003.03—2006.03	章延文 万鹰昕	2003.03—2006.04 2006.04—2009.12
4	城市科学系	张宝秀 张景秋	2003.03—2004.06 2004.10—2009.12	张景秋 孙　颖	2003.03—2004.10 2005.01—2009.12	董丽莎	2003.03—2009.12
5	国际金融财务学系	傅宏宇	2003.03—2009.12	徐　洁 尹夏楠	2003.03—2005.10 2006.03—2009.12	孙　静	2003.03—2009.12
6	新闻传播系	周传家 张娅娅	2003.03—2005.04 2005.04—2008.09	杜剑锋 徐梅香 李彦东	2003.03—2005.02 2005.03—今 2007.01—2008.09 2008.09—2009.12 （主持工作）	张娅娅 董军华 张咏铃	2003.03—2005.04 2005.05—2008.10 2008.10—2009.12
7	历史系	朱耀廷 韩建业 顾　军	2003.03—2004.11 2004.11—2006.03 2006.03—2009.12	韩建业 杨丽华 左芙蓉 李宝明	2003.03—2004.11 2005.02—2006.03 2006.03—今 2006.12—2009.12	顾　军 杨丽华	2003.03—2006.03 2006.03—2009.12
8	广告系	韩　平	2003.03—2009.11	孔昭林 贾立英 滕　菁 郭　炜	2003.03—2009.10 2009.11—2009.12 （主持工作） 2003.04—2006.05 2006.03—2006.09 2006.12—2009.12	李静文 郭　炜	2003.06—2009.06 2009.10—2009.12
9	法律系	王小明 黄远龙 王小明 杨积堂	2003.03—2006.03 2006.03—2007.12 2007.12—2009.11 2009.11—2009.12	黄远龙 章延文 赵成寿	2003.03—2006.03 2006.03—2009.12 2008.09—2009.11	陈淑清 王小明	2003.03—2006.03 2006.03—2009.11
10	管理系	饶伟红 董　焱 孙爱萍	2003.03—2003.07 2003.07—2006.03 2006.03—2009.12	王英凯	2003.3—2006.3	孙爱萍 王英凯	2003.03—2006.03 2006.03—2009.12
11	外语系	周　明 黄宗英	2003.03—2006.03 2006.03—2009.12	杨爱英 王　毅	2003.03—2009.12 2003.03—2005.12	谈　文	2003.03—2009.12
12	社科部	梁　怡 刘延兵 冷新宇	2003.03—2004 2005.01—2006.03 2006.03—2009.12			刘延兵 冷新宇 李　静	2003.03—2005.01 2005.01—2006.03 2006.07—2009.12

续表

序号	机构名称	行政正职	任职时间	行政副职	任职时间	党务负责人	任职时间
13	体育教研室	李莉卿 佟常生	2003.03—2009.11 2009.11—2009.12	佟常生	2003.03—2009.11		
14	图书馆	王　彤(图)	2003.03—2009.12	白广琴 李　琳	2003.03—2007.05 2007.05—2009.12	张昕昕 张　亮 董军华	2003.04—2005.05 2005.05—2008.09 2008.10—2009.12
15	实训基地计算机中心(合署)(2006年3月撤销合署)	赵胜年	2003.03—2006.03	孙建华 訾秀玲	2003.03—2006.03 2003.03—2006.03	赵胜年	2003.03—2006.03
16	网络中心(2008年6月撤销)	孙建华	2006.03—2008.06	安继芳	2006.03—2008.06		
17	计算机中心(2008年6月撤销)	訾秀玲	2006.03—2008.06	于　宁	2006.03—2008.06		
18	实践教学基地	孙建华	2008.06—2009.12	孙首跃	2008.07—2009.12		
19	应用文科综合实验教学中心	韩建业	2009.05—2009.12	杨积堂 孙建华 刘守合 程德林	2009.05—2009.12 2009.05—今 2009.05—2009.12 2009.12—今		

注：党务负责人兼任行政副职。

表 1.1-4　2010 年教学教辅机构设置及负责人一览表

序号	机构名称	行政正职	任职时间	行政副职	任职时间	党务负责人	任职时间
1	计算科学系	戴　红	2010.01—今	蔡　春 董军华	2010.01—今 2010.01—今	戴　红(正) 董军华(副)	2010.01—今 2010.01—今
2	生物与环境技术系	赵　卓	2010.01—今	高丽萍 王　政 邓大跃	2010.01—今 2010.01—今 2010.01—今	王　政(正) 邓大跃(副)	2010.01—今 2010.01—今
3	城市科学系	张景秋	2010.01—今	孙　颖 尹夏楠 孙　静	2010.01—今 2010.01—今 2010.01—今	张景秋(正) 孙　静(副)	2010.01—今 2010.01—今
4	法律系	杨积堂	2010.01—今	王　平 章延文	2010.01—今 2010.01—今	杨积堂(正) 章延文(副)	2010.01—今 2010.01—今
5	历史系	顾　军	2010.01—今	李宝明 杨丽华	2010.01—今 2010.01—今	顾　军(正) 杨丽华(副)	2010.01—今 2010.01—今

续表

序号	机构名称	行政正职	任职时间	行政副职	任职时间	党务负责人	任职时间
6	新闻传播系	杜剑峰	2010.01—今	杭孝平 汪竹青	2010.01—今 2010.01—今	汪竹青(正)	2010.01—今
7	外国语言文化系	黄宗英	2010.01—今	王　钰 张咏铃	2010.01—今 2010.01—今	黄宗英(正) 张咏铃(副)	2010.01—今 2010.01—今
8	档案与公共管理系	孙爱萍	2010.01—今	沈　蕾 谈　文	2010.03—今 2010.01—今	谈　文(正)	2010.01—今
9	广告系			郭　炜 王英凯	2010.01—今 2010.01—今	郭　炜(正) 王英凯(副)	2010.01—今 2010.01—今
10	人文社科部	冷新宇	2010.01—今	李　静	2010.01—今	李　静	2010.01—今
11	体育教研室	佟常生	2010.01—今				
12	图书馆	王　彤	2010.01—今	张毓华	2010.01—今	张毓华	2010.01—今
13	实践教学基地	孙建华	2010.01—今	孙首跃	2010.01—今	孙首跃	2010.01—今
14	应用文科综合实验教学中心	韩建业	2010.01—今	杨积堂 孙建华 刘守合 程德林	2010.01—今 2010.01—今 2010.01—今 2010.01—今		

三、专门委员会等机构设置及调整

2001—2010 年，学院常设的专门委员会及负责人见表 1.1-5。

表 1.1-5　2001—2010 年常设专门委员会一览表

序号	名　称	主任（组长）	任职时间	副主任（副组长）	任职时间	备　注
1	学术委员会	张妙弟 孔繁敏 张宝秀	—2002.03 2003.05—2008.05 2008.05—今	孔繁敏 刘隆亨 金宗濂 郭淑敏 惠伯棣 韩建业	—2003.05 2008.05—2010.12 —2008.05 —2008.05 2003.05—2008.01 2008.05—今 2008.05—今	
2	学士学位评定委员会	张妙弟 孔繁敏 张宝秀	—2002.03 2002.05—2008.12 2008.12—今	牛志民 杨亚军 王　彤	2005.05—2008.10 2008.12—2009.03 2010.04—今	
3	教学指导委员会	张妙弟 牛志民 张宝秀 杨亚军 张宝秀	—2002.03 2003.05—2006.06 2006.06—2008.12 2008.12—2009.03 2009.04—今	赵胜年 王　彤	2003.05—2008 2008.12—今	

续表

序号	名　称	主任 (组长)	任职时间	副主任 (副组长)	任职时间	备　注
4	教材建设委员会	孔繁敏	2001.05—2010.12	牛志民	2001.05—2008.10	
5	专业技术职务聘任工作领导小组	张妙弟 孔繁敏 张宝秀	—2002.03 2003.06—2008.06 2008.06—今	牛志民 张宝秀	2003.06—2008.06 2005.07—2008.06	
6	政工职称初级评审推荐组	张妙弟 郭淑敏 孔繁敏	—2002.03 2003.05—2008.01 2008.05—2010.12	郭淑敏 李月修 尹福斌	—2003.05 2003.05—2009.12 2010.05—今	
7	保密委员会	郭淑敏 孔繁敏	—2008.01 2009.05—2010.12	曲振国 陈朝雁 李月修	—2005.05 —2008.06 2009.05—2009.12	
8	体育运动委员会	孔繁敏 牛志民 唐小恒	—2003.05 2003.05—2004.07 2004.07—今	李莉卿 佟常生	2003.05—2009 2010.03—今	
9	图书馆工作委员会	牛志民 张宝秀 王　彤	2003.06—2004.07 2005.11—2008.10 2004.07—2005.11 2010.04—今	王　彤 张毓华	2005.11—2010.04 2010.04—今	2005年11月前称图书工作委员会
10	成人教育教学指导委员会	郭淑敏 牛志民	—2004.07 2004.07—2007	苑秉锦 牛志民 王兆新	—2004.07 —2004.07 2004.07—2005.08	2004年以前为夜大学教学视导组
11	献血工作领导小组	郭淑敏 李月修	—2006.03 2006.03—2009.12	唐小恒	2006.03—今	
12	公费医疗管理委员会	张妙弟 孔繁敏	—2002.03 2003.11—2010.12	梁文娥 董英辅 唐小恒	—2003.11 2003.11—2004.04 2004.07—今	
13	人口与计划生育工作领导小组	郭淑敏 孔繁敏	—2008.01 2008.12—2010.12	曲振国 陈朝雁 白宝山 尹福斌 白　桦	—2005.06 2005.06—2008.07 2008.12—2010.03 2010.03—今 2010.03—今	
14	爱国卫生运动委员会	董英辅 唐小恒	2003.05—2004.04 2004.07—今	吴安芝 曲振国	2003.05—2008 2003.05—2006	
15	绿化工作领导小组(绿化委员会)	唐小恒	2005.04—今	吴安芝 黄　巍	—2008 2009.02—今	
16	综合治理领导小组(治保委员会)	张妙弟 孔繁敏	—2002.03 2002.06—2010.12	牛志民 李月修	2004.07—2008.10 2004.07—2009.12	2002年在领导小组基础上成立学院安全工作领导小组

续表

序号	名　称	主任（组长）	任职时间	副主任（副组长）	任职时间	备　注
17	学生资助认定工作领导小组	李月修	2007.11—2009.12	李志刚 祁春利	2007.11—2009.12 2007.11—今	
18	毕业生就业工作领导小组	郭淑敏 李月修 唐小恒 孔繁敏 张宝秀	2001.06—2003.05 2003.05—2004.07 2004.07—2010.03 2010.03—2010.12 2010.03—今	李志刚 付月琴 尹福斌 王　彤	2003.05—2004.07 2004.07—2010.03 2010.03—今 2010.03—今	
19	招生工作领导小组（招生工作委员会）	孔繁敏 唐小恒 张宝秀	—2004.07 2004.07—2010.04 2010.04—今	牛志民 赵胜年 张毓华 李志刚 王　彤	—2004.07 2004.07—2008 2004.07—2010.04 2004.07—2010.04 2010.04—今	
20	外事工作领导小组	孔繁敏	2009.01—2010.12			
21	劳动人事争议调解委员会	郭淑敏 李月修 尹福斌	2001.03—2003.04 2003.04—2009.12 2009.12—今			
22	学生申诉处理委员会	李月修 尹福斌	2005.11—2009.12 2010.03—今	张宝秀	2005.11—2010.03	
23	安全稳定工作领导小组	张妙弟 郭淑敏 孔繁敏 张宝秀	—2002.03 2004.07—2008.01 2008.12—2010.12 2010.04—今	郭淑敏 李月修 陈朝雁 白宝山 唐小恒 尹福斌	—2004.07 2004.07—2008.12 2004.07—2008.06 2004.07—2008.12 2008.12—今 2010.04—今	
24	教学事故认定委员会	孔繁敏 张宝秀	2006.06—2008.12 2008.12—今	张宝秀 杨亚军	2006.06—2008.12 2008.12—2009.03	
25	考试工作委员会（考试管理领导小组）	孔繁敏 牛志民	—2004.07 2004.07—2008.10	牛志民 唐小恒 李月修 赵胜年	—2004.07 2004.07—今 2004.07—2009.12 2004.07—2008	
26	固定资产管理工作小组	董英辅 唐小恒	2003.06—2004.04 2004.07—今	吴安芝 孙建华	2003.06—2004.07 2004.07—今	
27	院务公开工作领导小组	孔繁敏 张宝秀	2001.07—2008.12 2008.12—今	郭淑敏 牛志民 李月修	2001.07—2004.04 2004.04—2008.10 2004.04—2009.12	
28	经济管理委员会	张妙弟 董英辅 唐小恒 张宝秀	—2002.03 2003.05—2004.04 2004.07—2010.03 2010.03—今	郭淑敏 吴安芝 黄　巍 曲振国 王彤（财）	—2003.05 2003.05—2008 2003.05—今 2004.07—2006.06 2010.03—今	
29	检查治理教育乱收费工作领导小组	孔繁敏 张宝秀	2004.09—2010.09 2010.09—今	李月修 尹福斌	2004.09—2009.12 2010.09—今	

注：参照学校大纲列出的专门委员会名单，结合学院情况列出以上委员会名录。

四、领导分工与任免变更

(一)领导班子调整

2001—2010年学院历任党委和行政领导人详见表1.1-6和表1.1-7。

2002年3月以前,学院领导班子由党委副书记张妙弟(主持党政全面工作)、党委副书记郭淑敏和副院长孔繁敏3人组成。

2002年3月,学校对学院领导班子进行调整。郭淑敏任党委书记,孔繁敏任院长,李月修任党委副书记,牛志民、董英辅任副院长。

2004年4月,学校任命唐小恒、张宝秀为副院长,同意董英辅辞去副院长职务。

2008年1月,郭淑敏因年龄原因,不再担任学院党委书记职务。孔繁敏任党委书记,张宝秀任学院院长。4月,学校任命杨亚军为副院长。10月,牛志民因到退休年龄免去副院长职务。

2009年3月,学校决定任命杨亚军为北京联合大学国际交流学院直属党支部书记兼院长,免去应用文理学院副院长职务。12月,学校决定任命尹福斌为学院党委副书记,姜招峰为副院长。李月修因到退休年龄免去学院党委副书记职务。

2010年1月,学校任命王彤为副院长。11月,学校同意姜招峰辞去副院长职务。12月,孔繁敏因到退休年龄免去学院党委书记职务,副校长张连城兼任学院党委书记职务。

表1.1-6 2001—2010年历任党委领导人一览表

正　职	姓　名	任职时间	副　职	姓　名	任职时间
书　记	郭淑敏	2002.03—2007.12	副书记	张妙弟	—2002.03(主持工作)
书　记	孔繁敏	2007.12—2010.11	副书记	郭淑敏	—2002.03
书　记	张连城	2010.12—今(兼)	副书记	李月修	2002.03—2009.12
			副书记	尹福斌	2009.12—今

表1.1-7 2001—2010年历任行政领导人一览表

正　职	姓　名	任职时间	副　职	姓　名	任职时间
院　长	孔繁敏	2002.03—2007.12	副院长	孔繁敏	—2002.03
院　长	张宝秀	2007.12—今	副院长	牛志民	2002.03—2008.10
			副院长	董英辅	2002.03—2004.04
			副院长	唐小恒	2004.04—今
			副院长	张宝秀	2004.04—2007.12
			副院长	杨亚军	2008.04—2009.03
			副院长	姜招峰	2009.12—2010.11
			副院长	王　彤	2010.01—今

(二)领导班子分工

2002年3月,学院领导班子人数由3人调整到5人,领导班子对学院的工作进行了细致分工,并向全院公布。以后在此分工基础上,根据班子成员的变动又进行了几次分工调整。

1. 2002年3月领导班子分工

党委书记郭淑敏：主持党委全面工作，分管组织、审计、纪检、老干部（离退休工作）、统战、工会、党委办公室、政保等工作；联系生物化学系、信息科学系。

院长孔繁敏：主持行政全面工作，分管人事、财务、外事（含留学生管理中心）、院长办公室等工作；联系法律系、外国语言文化系。

党委副书记李月修：分管宣传、学生、共青团、"两课"教学等工作；联系社科部、德育教研室。

副院长牛志民：分管教学科技开发、图书馆、计算机电教实训基地（合署）、体育、廊坊校区等工作；联系计算机电教实训基地（合署）、体育教研室。

副院长董英辅：分管总务、基建、保卫、成人教育（含培训中心）、丰盛校区、双清路校区等工作；联系人文与管理科学系、经济学与城市科学系。

2. 2004年4月领导班子分工

党委书记郭淑敏：主持学院党委全面工作，分管党政办公室、组织、离退休、政保、统战、计划生育等工作；联系国际金融财务学系、信息科学与技术系。

院长孔繁敏：主持学院行政全面工作，分管党政办公室、财务、外事、审计等工作；联系历史系、法律系。

党委副书记李月修：分管宣传、纪检、学生、工会、共青团、"两课"教学等工作；联系管理系、社科部。

副院长唐小恒：分管后勤、招生与就业、体育、保卫等工作；联系生物学系、环境系、体育教研室。

副院长牛志民：分管教学、实训基地、网络中心与计算机中心、丰盛校区、双清路校区、廊坊校区等工作；联系广告系、新闻传播系。

副院长张宝秀：分管科研、人事、图书馆等工作；联系城市科学系、外语系。

2005年9月，副院长牛志民和张宝秀的分工略有调整，教学、丰盛校区、廊坊校区改由张宝秀分管，图书馆改由牛志民分管，广告系改由张宝秀联系。原由牛志民分管的双清路校区改由唐小恒分管。

3. 2008年3月领导班子分工

党委书记孔繁敏：主持学院党委全面工作，分管党政办公室、组织、政保、统战、党校、离退休、计划生育等工作；外事、财务、审计工作仍暂由孔繁敏负责；联系历史系、新闻传播系。

院长张宝秀：主持学院行政全面工作，分管党政办公室、人事、科研、丰盛校区、廊坊校区等工作；联系城市科学系、广告系、法律系。

党委副书记李月修：分管宣传、纪检监察、学生、工会、共青团、思想政治理论课教学等工作；联系管理系、外语系、国际金融财务学系、社科部。

副院长唐小恒：分管后勤、招生与就业、体育、保卫、成人教育、双清路校区等工作；联系生物学系、环境系、信息科学与技术系、体育教研室。

副院长牛志民：分管计算机中心、实训基地（网络中心）、图书馆等工作；联系计算机中心、实训基地（网络中心）、图书馆。

副院长杨亚军（4月任命）：分管教学工作。

4. 2009 年 3 月领导班子分工

党委书记孔繁敏:主持学院党委全面工作,分管党政办公室、组织、外事、政保、统战、党校、离退休、计划生育等工作;联系历史系、新闻传播系。

院长张宝秀:主持学院行政全面工作,分管党政办公室、教学、科研、人事、财务、审计、丰盛校区、图书馆等工作;联系城市科学系、广告系、法律系。

党委副书记李月修:分管宣传、纪检、学生、工会、共青团、"两课"教学等工作;联系管理系、外语系、国际金融财务学系、社科部。

副院长唐小恒:分管后勤、招生与就业、体育、保卫、成人教育、实践教学基地、双清路校区等工作;联系生物学系、环境系、信息科学与技术系、体育教研室。

5. 2010 年 2 月领导班子分工

党委书记孔繁敏:主持学院党委全面工作,分管党政办公室、组织、宣传、政保、统战、党校、离退休、丰盛校区等工作;联系历史系、广告系。

院长张宝秀:主持学院行政全面工作,分管党政办公室、人事、财务、外事、审计等工作;联系城市科学系、国际金融财务学系、法律系。

党委副书记尹福斌:分管纪检监察、学生、就业、工会、共青团、"两课"教学等工作;联系新闻传播系、人文社科部。

副院长唐小恒:分管行政管理、体育、保卫、双清路校区等工作;联系外语系、体育教研室。

副院长姜招峰:分管科研工作、功能食品科学研究院的筹建与管理工作;联系生物与环境技术系。

副院长王彤:分管教学、招生、成人教育、实践教学基地、图书馆等工作;联系计算科学系、档案与公共管理系。

第二节　教学改革与发展

一、本科教育

(一) 专业设置及调整

2001 年学院共有 14 个普通本科专业招生,其中广告学专业和环境科学专业为当年新增招生专业。2010 年招生的普通本科专业依然是 14 个,保持 10 年连续招生的专业为 10 个,其中信息与计算科学专业 2002—2004 年设置计算数学及其应用软件方向;资源环境与城乡规划管理专业 2002—2005 年设置房地产开发经营与管理方向,在 2003—2005 年设置(涉外)物业管理方向;历史学专业从 2005 年开始设置文物博物馆方向,2003—2004 年设置文物鉴定与经营方向;新闻学专业从 2002 年开始设置影视传播方向,2002—2004 年设置体育新闻方向。与 2001 年的招生专业对照,新增的 4 个专业为 2002 年招生的公共事业管理专业,2006 年招生的食品质量与安全专业,2007 年招生的地理信息系统专业,2010 年招生的食品科学与工程专业(从师范学院转入应用文理学院);停止招生的 4 个专业为 2006 年转入信息学院的电子信息科学与技术专业和转入管理学院的信息管理与信息系统专业,2009 年转入管理学院的金融学专业,2010 年转入广告学院的广告学专业。另外,2005 年新增招生的会计学专业在 2009 年也停止招生,转入管理学院。

2001—2005 年,专业调整基本上是在学院内部进行的,主要是增设专业、改造专业方向,专业数量只增不减,从 14 个增到 15 个(2002 年),再增到 16 个(2005 年)。学院顾全学校专业布局与调整的大局,主动将招生具有优势的经管类专业金融学、会计学调整到管理学院等,2006 年以后专业调整步伐加大,涉及学院之间的转入和转出,增设专业与停招专业并存,专业数量有增有减,从 16 个减到 15 个(2006 年),再增到 16 个(2007 年),又从 16 个减到 14 个(2009 年)。

学院在此期间增设的新专业都进行了调研论证,适应首都经济和社会发展对相关专业人才的需求,推动了学院整体发展。

2001—2010 年学院本科专业设置及招生情况详见表 1.2-1。

表 1.2-1　2001—2010 年本科专业设置及招生情况一览表　　单位:人

招生年份 招生专业	2001	2002	2003	2004	2005	2006	2007	2008	2009	2010	合计
信息与计算科学	36				22	30	28	44	48	43	251
信息与计算科学(计算数学及其应用软件)		24	22	20							66
电子信息科学与技术(电子信息科学与计算机网络)	38	26									64
电子信息科学与技术(网络通信)			27	30							57
电子信息科学与技术(计算机网络通信)					29						29
生物技术	53					24	26	62	31	35	231
生物技术(食品生物技术、现代食品分析技术)		48	52	62							162
生物技术(现代食品分析技术)					61						61
食品质量与安全						31	27	31	33	36	158
食品科学与工程										33	33
资源环境与城乡规划管理	34					63	44	50	63	71	325
资源环境与城乡规划管理(房地产开发经营与管理)		39									39
资源环境与城乡规划管理(房地产开发与经营、涉外物业管理)			58	61							119
资源环境与城乡规划管理(房地产开发与管理、物业管理)					62						62

续表

招生专业＼招生年份	2001	2002	2003	2004	2005	2006	2007	2008	2009	2010	合计
地理信息系统							21	30	35	27	113
环境科学	28	26	28	29	29	19	25	49	54	40	327
金融学(国际金融与财务)	44				36	36	31	32			179
金融学(国际金融与财务、注册会计师专门化)		62	65	73							200
会计学(注册会计师专门化)					35	36	29	26			126
法学	84	102	67	69	73	52	42	118	40	57	704
英语(国际商务英语、英美文化)	51	40	41	42	46	51	47	48	43	48	457
汉语言文学	43	31	30	29	26	33	34	28	31	33	318
新闻学	43										43
新闻学(影视传播、体育新闻)		75	67	69							211
新闻学(影视传播)					68	77	72	58	60	65	400
广告学	36	30	36	34	34	37	30	43	43		323
公共事业管理(文化事业管理)		30			30	45	27	31	36	35	234
公共事业管理(文化产业经营与管理)			35	31							66
历史学(文博旅游)	28	27									55
历史学(文物鉴定与经营)			28	31							59
历史学(文博旅游、文物博物馆)					30	67	58	61	70	75	361
信息管理与信息系统	39	25			26						90
信息管理与信息系统(经济信息管理)			22	24							46
档案学(信息开发秘书)	47	30			30	49	55	45	44	46	346
档案学(信息资源管理秘书)			28	30							58
合计	604	615	606	634	637	650	596	756	631	644	6373

2003年学院开始招收高等职业教育升本科(简称“专升本”)学生,招生专业和学生规模基本保持稳定(见表1.2-2)。2003—2010年,法学、生物技术、广告学3个专升本专业连续参加招生,其中法学、广告学一直是单独编班上课。生物技术2003级、2004级插班上课,2005级及以后单独编班上课。历史学专升本专业2004—2007年参加招生,插普通本科班上课。档案学专升本专业2009年开始招生,单独编班上课。法学、档案学专升本生源全部来自校外。生物技术专升本生源2003—2009年部分来自校内,部分来自校外,2010年全部来自校外。广告学专升本生源来自校内外。历史学专升本生源全部来自校内。

表 1.2-2　2003—2010 年高等职业教育升本科专业设置及招生情况一览表　单位：人

招生专业＼招生年份	2003	2004	2005	2006	2007	2008	2009	2010	合计
生物技术	13	7	31	51	26	30	60	69	287
法学	57	57	109	138	84	68	100	55	668
广告学	23	20	28	44	27	42	62	37	283
历史学		8	4	7	7				26
档案学							35	38	73
合计	93	92	172	240	144	140	257	199	1337

根据学校要求，从 2010 年开始将专升本教育划入高等职业教育系列单独管理，设置了专业负责人。

（二）教学基本建设

1. 专业建设

学院立足凝练应用型专业方向，重点建设骨干特色专业，实施学科专业一体化建设，使每一个本科专业都有相应的重点建设学科做支撑（见表 1.2-3）。2007 年，制订了《应用文理学院“十一五”本科、高职教育规划实施方案（2007—2010）》，提出学科专业群的建设思路，推动了学科专业一体化建设，形成市、校、院三级重点学科建设体系和国家、市、校、院四级骨干特色专业建设体系。至 2010 年，14 个本科专业中有 1 个国家级特色专业建设点、2 个市级特色专业、4 个校级骨干（建设）专业和 3 个院级骨干（建设）专业，骨干特色专业占到当年招生专业总量的 64.4%。

校级骨干（建设）专业简介：

（1）档案学专业

档案学专业注重理论的坚实和知识面的广博，强化专业技能的培养和实践操作。在教学培养方案、教学大纲、课程体系设置的教学改革中，明确专业定位，把握学科发展的时代特性以及档案职业发展的总体趋势，培养既有坚实的理论基础又有较强的专业技能、适应范围广的应用型专业人才。

（2）新闻学专业

新闻学专业将媒介研究与地域研究相结合，将新闻媒介研究与社会价值结构及相关学科的审美取向相结合，将应用研究与方法论变革相结合，有鲜明的区域特色与应用特色。专业培养注重学生掌握新闻学专业理论知识，熟悉新闻传播工作的政策法规，掌握现代媒体新闻报道技能和了解大众传媒发展新动向。

（3）生物技术专业

生物技术专业确定了培养具备专业基本知识、基本理论和较强实践能力的生物技术与现代食品分析技术方面高级应用型专门人才的目标，注重实践教学环节和教学内容改革，通过对相关课程的调整、整合，形成了较为合理的课程群，使课程体系的整体结构得到优化并反映到人才培养方案中。

(4) 法学专业

法学专业除了教育部法学教育指导委员会确定的14门核心课程外，主要加强了经济法方面的课程教学，将财税法、金融法、公司企业法、国际经济法和外商投资法作为教学的重点，并且加大了实践课程的比例，形成专业特点，培养适应首都经济法治建设需要的应用型人才。

表1.2-3　2001—2010年院级及以上重点建设专业一览表

序号	专业代码	专业名称	学科门类	专业大类	重点建设级别
1	030101	法　学	03 法学	0301 法学类	校级骨干建设专业(2008—今)
2	050201	英　语	05 文学	0502 外国语言文学类	院级骨干建设专业(2008—2010) 院级骨干专业(2010—今)
3	050301	新闻学	05 文学	0503 新闻传播学类	校级应用性本科重点建设专业(2003—2006)，校级骨干建设重点专业(2006—2008)，校级骨干专业(2008—今)
4	060101	历史学	06 历史学	0601 历史学类	校级骨干专业(2008—今) 市级特色专业(2009—今)
5	070102	信息与计算科学	07 理学	0701 数学类	院级骨干专业(2010—今)
6	070402	生物技术	07 理学	0704 生物科学类	市级品牌建设专业(2005—2007)，校级技术应用性本科试点专业(2003—2006)，校级骨干重点专业(2006—今)
7	070702	资源环境与城乡规划管理	07 理学	0707 地理科学类	市教委重点支持改造专业(2002)，市级品牌建设专业(2005—2007)，校级骨干重点专业(2006—今)，国家级特色专业建设点及市级特色专业(2008—今)
8	071401	环境科学	07 理学	0714 环境科学类	校级技术应用性本科试点专业(2003—2006)，院级骨干专业(2008—今)
9	110203	会计学	11 管理学	1102 工商管理类	院级骨干建设专业(2008—2009)，2009年归并到管理学院同名专业
10	110502	档案学	11 管理学	1105 图书档案类	校级骨干建设特色专业(2006—2009)，校级骨干专业(2009—今)

2. 课程与教材建设

学院重视课程及教材建设，建立了市、校、院三级本科精品课程建设体系和国家、市、校、院四级精品(规划)教材建设体系。课程方面，在重点做好公共基础课程建设的基础上，着力培育和建设精品课程，全部14个本科专业都建有精品课程，覆盖到每一位学生，并以精品课程建设带动整体课程建设。2001—2010年，学院共有3门本科课程被评为市级精品课程，12门被评为校级精品课程，其中“财税法学”是学校第一门市级本科精品课程(见表1.2-4)。

表 1.2-4　2001—2010 年院级及以上本科精品课程一览表

序号	课程名称	负责人	项目类别	精品课程级别	备　注
1	财税法学	刘隆亨 杨积堂	2002 年校级 第一批建设项目	2005 年校级精品课程 2005 年市级精品课程	
2	考古学通论	韩建业		2007 年市级精品课程	
3	城乡规划管理 综合实践	张宝秀	2003 年校级 预建设项目	2007 年校级精品课程 2010 年市级精品课程	
4	中国传统文化通论	朱耀庭 顾　军	2002 年校级 第一批建设项目	2005 年校级精品课程	
5	古代汉语	尹黎云 李彦东	2003 年校级 预建设项目	2005 年校级精品课程	
6	科技档案管理学	贺　真 孙爱萍	2005 年院级 建设项目	2006 年校级精品课程	
7	计算机应用基础	訾秀玲	2002 年校级 第一批建设项目		2007 年 9 月 批准结题
8	生物化学	文　镜	2002 年校级 第一批建设项目		2007 年 9 月 批准结题
9	宪法学	张宝贵	2003 年校级 第二批建设项目		2007 年 12 月 批准结题
10	思想道德修养	李月修	2003 年校级 预建设项目		2007 年 12 月 批准结题
11	视听艺术	张娅娅	2003 年校级 预建设项目		2007 年 12 月 批准结题
12	食品卫生学	张　波		2007 年校级精品课程	
13	食品化学	惠伯棣		2008 年校级精品课程	
14	自然地理学	熊黑钢		2008 年校级精品课程	
15	NVQ 企业行政管理	孔昭林		2008 年校级精品课程	
16	中国民俗学	顾　军		2008 年校级精品课程	
17	城市地理学	张景秋		2009 年校级精品课程	
18	英美诗歌名篇选读	黄宗英		2009 年校级精品课程	
19	Access 数据库技术	陈世红		2008 年院级精品课程	
20	大学英语——综合课程	王　钰		2008 年院级精品课程	
21	经济地理学	董恒年		2008 年院级精品课程	
22	城市要素调研方法与实务	尹卫红		2008 年院级精品课程	
23	世界通史	左芙蓉		2008 年院级精品课程	
24	功能食品	陈　文		2008 年院级精品课程	
25	影视艺术概论	杜剑峰		2010 年院级精品课程	
26	英美文学简史及作品选读	黄宗英		2010 年院级精品课程	
27	新闻采访与写作	惠东坡		2010 年院级精品课程	
28	档案专业集中实践	孙爱萍		2010 年院级精品课程	
29	生物统计及应用	赵晓红		2010 年院级精品课程	
30	数学模型	蔡　春		2010 年院级精品课程	
31	TCP/IP 网络技术	孙建华	2005 年院级建设项目		2008 年结题
32	国际经济法	黄远龙	2005 年院级建设项目		2008 年结题
33	商务技能	周　明	2005 年院级建设项目		2008 年结题
34	功能食品	金宗濂	2005 年院级建设项目		2008 年结题

学院在双语教学课程建设方面也加大投入，加强建设，先后有7门课程获得校、院双语教学示范课程称号(见表1.2-5)。

表1.2-5　2001—2010年院级及以上本科双语教学示范课程一览表

序号	课程名称	负责人	示范级别	评定年份
1	涉外投资法	何　旭	校　级	2003
2	国际经济法	黄远龙	校　级	2003
3	管理学	龚秀敏	校　级	2008
4	今日食品科学	惠伯棣	校　级	2009
5	管理科学	陈　静	院　级	2010
6	管理学原理	王巧玲	院　级	2010
7	外商投资企业法	何　旭	院　级	2010

在教材建设方面，2001年5月学院成立教材建设委员会，设立教材建设基金，出台《关于"十五"期间普通高等教育教材建设与改革计划》(应用文理院发〔2001〕62号)，教材建设委员会办公室设在教务处。此后，学院每年都开展各专业和基础课教材建设，开展优秀教材评奖和重点建设教材资助等工作。2001—2010年，学院共有8部教材被评为国家级规划教材(见表1.2-6)；共有31个院级及以上精品教材立项项目(见表1.2-7)；9部被评为北京市级精品教材，3部被评为校级精品教材(见表1.2-8)。2001—2010年学院教师编写出版的教材见表1.2-9。

表1.2-6　国家级规划教材一览表

序号	教材名称	适用专业	主　编	获批时间/年
1	社交礼仪	公共关系、广告设计与制作	李兴国	2002
2	中国财税法学(第2版)	法　学	刘隆亨	2006
3	圣经文学导读(英文版)	英　语	黄宗英	2006
4	公共关系实用教程	公共关系等	李兴国	2006
5	秘书英语(第2版)	文　秘	王　毅	2006
6	计算机网络与Internet应用基础教程	计算机网络技术	朱根宜	2006
7	圣经文学导论	英　语	黄宗英	2006
8	档案管理基础	档案学	张　虹	2007

表1.2-7　院级及以上精品教材立项项目一览表

序号	项目名称	主　编	级　别	获批时间/年	备　注
1	功能食品教程	金宗濂	市级精品教材建设立项项目	2001	适用生物技术专业
2	中国税法概论(第四版)	刘隆亨	市级精品教材建设立项项目	2001	适用法学专业
3	中华文物古迹旅游	朱耀廷	市级精品教材建设立项项目	2001	适用历史学专业
4	计算机网络技术与应用系列教材	饶伟红	市级精品教材建设立项项目	2001	适用计算机网络技术专业
5	经济法概论(第六版)	刘隆亨	市级精品教材建设立项项目	2002	适用法学专业
6	北京地方史概论	佟　洵	市级精品教材建设立项项目	2002	适用历史学专业
7	网络系统管理与开发(Linux)	孙建华	市级精品教材建设立项项目	2003	适用电子信息科学与技术、信息与计算科学专业

续表

序号	项目名称	主　编	级　别	获批时间/年	备　注
8	市场营销学(第三版)	冯丽云	市级精品教材建设立项项目	2003	适用广告学专业
9	实用网络互连拓扑的设计与实现(改名为《实用网络设计与配置》)	孙建华	市级精品教材建设立项项目 校级精品教材立项项目	2007 2007	适用电子信息科学与技术、信息与计算科学专业
10	城市与区域综合教学实习指导书	张景秋	市级精品教材建设立项项目	2009	适用资源环境与城乡规划管理专业
11	《Access 数据库技术应用教程》及《Access 数据库技术应用习题与实验指导》	訾秀玲	校级精品教材立项项目	2007	
12	银行金融法学(第六版)	刘隆亨	校级精品教材立项项目	2007	
13	公共事业管理概论	孔昭林	校级精品教材立项项目	2007	
14	网络数据库技术	逯燕玲	校级精品教材立项项目	2007	
15	资源环境与城乡规划管理专业实践系列教材	张景秋	校级精品教材立项项目	2009	
16	英美诗歌名篇选读	黄宗英	校级精品教材立项项目 院级精品教材立项项目	2009 2008	
17	模拟审判教程	杨积堂	校级精品教材立项项目	2009	
18	房地产营销策划	李雪妍	院级精品教材立项项目	2008	
19	应用传播学教程	郝家林	院级精品教材立项项目	2008	
20	广告艺术精要	孙海垠	院级精品教材立项项目	2008	
21	艺术概论新编	孙红云	院级精品教材立项项目	2008	
22	水质监测	戴涟漪	院级精品教材立项项目	2008	
23	环境空气监测实验教程	李　楠	院级精品教材立项项目	2008	
24	综合简明有机化学实验	张景义	院级精品教材立项项目	2008	
25	Visual Basic 程序设计	訾秀玲	院级精品教材立项项目	2008	
26	实用概率与统计	蔡　春	院级精品教材立项项目	2008	
27	文书学	沈　蕾	院级精品教材立项项目	2008	
28	公共部门人力资源管理	朱建邦	院级精品教材立项项目	2010	
29	档案学专业综合实践教程	孙爱萍	院级精品教材立项项目	2010	
30	大学英语语音初级教程	王　毅	院级精品教材立项项目	2010	
31	圣经文学导读(英文版)	黄宗英	院级精品教材立项项目	2010	

表 1.2-8　校级及以上精品教材一览表

序号	教材名称	主　编	级别	获批时间/年	备　注
1	中国税法概论(第四版)	刘隆亨	市级	2004	适用法学专业
2	中华文物古迹旅游	朱耀廷	市级	2004	适用历史学专业
3	网络系统管理——Linux 实训篇	孙建华	市级	2004	适用计算机网络技术专业
4	经济法概论(第六版)	刘隆亨	市级	2006	适用法学专业
5	中国传统文化通论	朱耀廷	市级	2006	适用历史学专业

续表

序号	教材名称	主编	级别	获批时间/年	备注
6	现代市场营销学(第三版)	冯丽云	市级	2006	适用广告学专业
7	网络系统管理应用与开发	孙建华	市级	2006	适用电子信息科学与技术、信息与计算科学专业
8	功能食品教程	金宗濂	市级	2006	适用生物技术、食品质量与安全专业
9	社交礼仪	李兴国	市级	2008	适用广告设计与制作、公共关系专业
			校级	2008	
10	Access 数据库技术及应用教程	訾秀玲	校级	2008	
11	合同法	王晓明	校级	2008	

注：2008 年第一次评校级精品教材，2009、2010 年学校均未开展此项工作。

表 1.2-9　2001—2010 年教师编写出版的教材一览表

序号	教材名称	姓名	署名情况	出版社	出版年
1	实用公共关系学	程德林	副主编	北京大学出版社	2001
2	程序设计基础	孙建华	副主编	人民邮电出版社	2002
3	计算机网络基础	孙建华	副主编	人民邮电出版社	2002
4	网络互连技术教程	孙建华	副主编	人民邮电出版社	2002
5	网络数据库应用教程	孙建华	副主编	人民邮电出版社	2002
6	网络系统管理——Linux 篇	孙建华	副主编	人民邮电出版社	2002
7	网络系统管理——Windows NT 篇	孙建华	副主编	人民邮电出版社	2002
8	网页界面设计艺术教程	孙建华	副主编	人民邮电出版社	2002
9	档案管理基础	张　虹	主编	中国人民大学出版社	2002
10	中国民俗学教程	顾　军	主编	光明日报出版社	2003
11	Windows NT 网络系统管理教程	李　琳	主编	电子工业出版社	2003
12	公共关系礼仪教学指导书	李兴国	主编	线装书局	2003
13	现代城市规划	张景秋	主编	中国人民大学出版社	2003
14	Windows2000 网络系统实训教程	李　琳	主编	清华大学出版社	2003
15	多媒体技术与应用教程(修订本)	孙建华	副主编	人民邮电出版社	2003
16	营销案例的编写与分析	冯丽云	主编	经济管理出版社	2003
17	实用行政管理	孔昭林	主编	高等教育出版社	2003
18	现代市场调查与预测	冯丽云	主编	经济管理出版社	2003
19	思想道德修养	李月修 郭淑敏	主编	北京燕山出版社	2003
20	法律基础	王晓明	主编	北京燕山出版社	2003
21	汉字字源学	尹黎云	主编	开明出版社	2003
22	网络系统管理——Linux 实训篇	孙建华	主编	人民邮电出版社	2003
23	网络系统管理——Windows 2000 实训篇	孙建华	主编	人民邮电出版社	2003

续表

序号	教材名称	姓　名	署名情况	出版社	出版年
24	中国税法概论	刘隆亨	主编	北京大学出版社	2003
25	网络数据库应用教程(修订本)	孙建华	副主编	人民邮电出版社	2003
26	数据挖掘教程	戴　红	第二译者	清华大学出版社	2003
27	公共关系学	李兴国	编著	中国人民大学出版社	2004
28	中华文物古迹旅游	朱耀廷	主编	北京大学出版社	2004
29	新编英语专业口语教程(1)	都　宁	主编	北京大学出版社	2004
30	国家职业资格培训教程:《物业管理基础》《物业管理员》《助理物业管理师》《物业管理师》	张宝秀	主编	中央广播电视大学出版社	2004
31	网络数据库技术	逯燕玲 戴　红 梁　磊	主编	电子工业出版社	2004
32	营销心理学	冯丽云	主编	经济管理出版社	2004
33	TCP/IP 网络技术	梁　磊 王　彤	主编	电子工业出版社	2004
34	局域网技术与应用	李　琳	主编	清华大学出版社	2004
35	网络信息资源管理与检索	饶伟红	主编	电子工业出版社	2004
36	经济法	王晓明	主编	高等教育出版社	2004
37	计算机网络与 Internet 应用基础教程	朱根宜	主编	清华大学出版社	2004
38	计算机与网络应用基础教程	朱根宜	主编	清华大学出版社	2004
39	计算机网络安全	戴　红	主编	电子工业出版社	2004
40	现代市场营销学	冯丽云	主编	经济管理出版社	2004
41	区域经济分析方法	尹卫红	主编	商务印书馆	2004
42	新编英语专业口语教程(2)	都　宁 周　明	主编	北京大学出版社	2005
43	Java 程序设计	孙建华	副主编	人民邮电出版社	2005
44	网络互连技术教程	孙建华	主编	人民邮电出版社	2005
45	公文写作与处理(第一版)	张　虹	主编	中国人民大学出版社	2005
46	电子政务	程德林	第三主编	国家行政学院出版社	2005
47	功能食品教程	金宗濂	主编	中国轻工业出版社	2005
48	办公室管理	沈　蕾	主编	中国建材工业出版社	2005
49	Visual FoxPro 数据库应用技术	于　宁	第二编著	中国铁道出版社	2005
50	经济法概论	刘隆亨	编著	北京大学出版社	2005
51	银行金融法学	刘隆亨	编著	北京大学出版社	2005
52	秘书英语	王　毅	主编	高等教育出版社	2005

续表

序号	教材名称	姓　名	署名情况	出版社	出版年
53	食品毒理学	张　波	副主编	中国轻工业出版社	2005
54	大学体验英语一课一练	周　明	总主编	高等教育出版社	2005
55	网络系统管理应用与开发	孙建华	主编	人民邮电出版社	2005
56	Java 网络应用编程入门	孙建华	副主编	人民邮电出版社	2005
57	中国传统文化通论	朱耀廷	主编	北京大学出版社	2005
58	亚非文化旅游	杨靖筠	编著	北京大学出版社	2006
59	新编英语专业口语教程(4)	周　明	编著	北京大学出版社	2006
60	千年古都话沧桑(北京人文古迹旅游丛书)	朱耀廷	主编	光明日报出版社	2006
61	财税法学	刘隆亨	主编	北京大学出版社	2006
62	网络系统管理——Windows 2003 篇	孙建华	副主编	人民邮电出版社	2006
63	Access 数据库应用技术	于　宁	第二编著	中国铁道出版社	2006
64	数据库技术基础	戴　红	第一编著	机械工业出版社	2006
65	欧美文化旅游	司美丽	编著	北京大学出版社	2006
66	税法学	刘隆亨	编著	法律出版社	2006
67	合同法	王晓明	主编	人民大学出版社	2006
68	Java 程序设计(第二版)	孙建华	副主编	人民邮电出版社	2007
69	物业管理国家职业资格培训与鉴定指南:《物业管理师》《助理物业管理师》《物业管理员》	张宝秀	主编	学苑出版社	2007
70	中国古代钱币	朱耀廷	主编	北京大学出版社	2007
71	中国古代游记	朱耀廷	主编	北京大学出版社	2007
72	网络安全应用技术	安继芳	主编	人民邮电出版社	2007
73	国际税法(第二版)	刘隆亨	主编	法律出版社	2007
74	财税法教程	刘隆亨	主编	法律出版社	2007
75	多媒体技术与应用	孙建华	主编	人民邮电出版社	2007
76	食品理化检验	陈　文	副主编	中国计量出版社	2008
77	档案管理基础(第二版)	张　虹	主编	中国人民大学出版社	2008
78	公文写作与处理(第二版)	张　虹	主编	中国人民大学出版社	2008
79	经济法(第二版)	王晓明	主编	高等教育出版社	2008
80	Linux 网络技术基础	孙建华	主编	机械工业出版社	2008
81	网络数据库应用	周玲艳	第一编著	机械工业出版社	2008
82	公共关系实务	程德林	编著	首都经济贸易大学出版社	2008
83	生物化学	荣瑞芬	主编	化学工业出版社	2009

续表

序号	教材名称	姓　名	署名情况	出版社	出版年
84	计算机网络与 Internet 应用基础教程(第 2 版)	朱根宜	主编	清华大学出版社	2009
85	实用网络设计与配置	孙建华	主编	人民邮电出版社	2009
86	新编经济法教程	王　平	主编	首都经济贸易大学出版社	2009
87	管理学	卢　莎	副主编	南京大学出版社	2009
88	网络操作系统管理——Windows 篇	安继芳	第二编著	中国铁道出版社	2009
89	非物质文化遗产学	顾　军	编著	高等教育出版社	2009
90	合同法学	王晓明	主编	中国档案出版社	2009
91	新编英语专业口语教程(基础一)	都　宁	主编	北京大学出版社	2010
92	北京地方史概要	佟　洵	主编	北京大学出版社	2010
93	自然地理学野外实习指导——方法与实践能力	熊黑钢	主编	科学出版社	2010
94	Internet 技术与应用教程	安继芳	第二编著	清华大学出版社	2010
95	财税法教程	刘隆亨	编著	中共中央党校出版社	2010
96	网络技术与应用	安继芳	副主编	机械工业出版社	2010
97	商务管理模拟实训教程	王　平	副主编	首都经济贸易大学出版社	2010
98	Visual FoxPro 数据库应用技术(第二版)	于　宁	第二编著	中国铁道出版社	2010
99	传播学	杭孝平 陈　坚 李彦冬 惠东坡 徐梅香	执行主编	中国书籍出版社	2010

注：学院教师为主编、副主编、编著、第二编著者教材予以收录；参编、第三编著及以后者未收录。

3. 实践教学建设

学院在实践教学建设上不断加大投入和资源整合力度，逐步实现了实验室统一管理、校内外实践教学基地建设相结合，为培养应用型人才提供了良好的环境和硬件支持。除按教学计划正常下拨实践教学经费外，从 2004 年开始，设立实践教学基金，对实践教学实施效果好的专业进行额外奖励。

学院实验室建设形式从分散到整合，建成多个校级以上实验教学示范中心和校外人才培养基地。应用文科综合实验教学中心 2009 年先后被评为市级实验教学示范中心和国家级实验教学示范中心建设单位。首都博物馆校外人才培养基地 2010 年被评为北京市级校外人才培养基地，档案学专业校外实践教学基地 2007 年被评为校级校外人才培养基地，丰台法学综合校外实践教学基地 2010 年被评为校级校外人才培养基地(见表 1.2-10)。

表 1.2-10　2001—2010 年校外实践教学基地建设一览表

序号	实践教学基地名称	面向专业	签约时间/年	备注
1	首都博物馆校外人才培养基地	历史学及所有专业	2010	市级示范
2	档案学专业校外实践教学基地	档案学	2007	校级示范
3	丰台法学综合校外实践教学基地	法学	2010	校级示范
4	北航工程训练中心	电子信息科学与技术		
5	北京万方数据股份有限公司	信息与计算科学	2009	
6	北京中软强网信息技术有限公司	信息与计算科学 计算机网络技术	2009	
7	北京中锐智诚科技有限公司	信息与计算科学 电子信息科学与技术	2009	
8	北京航星网讯科技股份有限公司	信息与计算科学 电子信息科学与技术	2008	
9	北京安恒网络技术有限公司	信息与计算科学 计算机网络技术	2008	
10	北京宇悦无限信息技术有限公司	信息与计算科学 电子信息科学与技术	2005	
11	北京思特奇信息技术股份有限公司	信息与计算科学 电子信息科学与技术	2006	
12	伟业策划房地产投资公司	资源环境与城乡规划管理	1998	
13	成铭大厦物业管理公司	资源环境与城乡规划管理	2002	
14	军缔物业管理责任公司	资源环境与城乡规划管理	2002	
15	安信行物业管理有限公司	资源环境与城乡规划管理	2002	
16	国家博物馆	历史学、文博旅游		
17	世纪坛	历史学、文博旅游		
18	北京市文物局	历史学、文博旅游	1998	
19	北京历代帝王庙	历史学、文博旅游	2004	
20	大潮旅行社	历史学、文博旅游	2005	
21	北京文化发展中心	公共事业管理、广告学		
22	文明杂志社	公共事业管理		
23	新街口街道办事处	公共事业管理		
24	北京金强力科贸有限公司	公共事业管理		
25	东泽勤争科技开发有限公司	公共事业管理		
26	中国行政管理协会	公共事业管理		
27	新街口街道办事处	广告学		
28	北京广告协会	广告学		
29	北京筑诚伟业广告公司	广告学		
30	北京易难品牌广告公司	广告学		
31	智美力合广告公司	广告学		
32	芬妮妮形象设计中心	广告学		
33	三人行设计策划有限公司	广告学		
34	爱童广告公司	广告学		
35	北京天润广告公司	广告学		

续表

序号	实践教学基地名称	面向专业	签约时间/年	备注
36	北京文圣文化传播有限公司	广告学		
37	北京双赢利德设计工作室	广告学		
38	海淀法院	法学		
39	朝阳法院	法学		
40	丰台法院	法学		
41	顺义法院	法学		
42	密云法院	法学		
43	平谷法院	法学		
44	北京致诚律师事务所	法学	2005	
45	北京电视台	新闻学、汉语言文学	1987	
46	中央电视台	新闻学、汉语言文学		
47	中国教育电视台	新闻学、汉语言文学	1998	
48	北京人民广播电台	新闻学、汉语言文学		
49	北京电视艺术中心	新闻学、汉语言文学	1987	
50	北京晚报	新闻学、汉语言文学		
51	中逸会计师事务所	金融学		
52	弛创会计师事务所	金融学		
53	北京银行学知分行	金融学		
54	民安证券	金融学		
55	华安证券	金融学		
56	中关村证券	金融学		
57	北京档案馆	档案学		
58	北京市科委	档案学		
59	北京城建档案馆	档案学		
60	北京公安档案馆	档案学		
61	北京市社科规划办	档案学		
62	西城区档案馆	档案学		
63	大兴区档案馆	档案学		
64	宣武区档案馆	档案学		
65	东城区档案馆	档案学		

注：有些校外基地没有正式签约，但常年接纳学院相关专业学生实习。

4．教学管理制度建设

学院不断完善教学管理制度，积极探索校、院、系三级教学管理体系建设。从2005年开始，学院的教学管理制度建设由自主制定各类教学管理制度，变为在学校总体管理制度框架下制定学院一级的实施细则。2006年学院对原有院级教学管理制度进行了全面梳理，编制了教学管理文件汇编，涵盖专业建设管理、培养计划管理、课程建设管理、教材建设管理、学生学籍管理、教师教学管理、实践教学管理、教学质量监控管理、教学研究管理等所有教学管理环节。2009年开始在学校统一安排下，利用“正方教务管理信息系统”进行教学管理，使系一级教学管理职能软化，学院一级教学管理职能进一步强化，教学管理更加规范。

学院重视教学质量和教学督导工作，建立了教学督导专家听课、领导干部听课、学生评教制度并有效实施。特别是2002年学院聘请20位重点高校的知名专家学者自选时间、自选课程、自选教师，进校听课检查，对学院的课堂教学进行了一次总体把脉和诊断，为学院教学督导体系建立打下了基础。2002年以后，学院坚持每年聘任院内督导专家进行听课、教学项目咨询、评审等。2006年以后督导专家基本以院内退休正高级专业技术职务教师为主。

学院重视教学经验总结和推广，除了建立日常教学工作例会制度外，从2002年开始，每年召开一次全院教学工作会，总结上一年度教学工作，布置下一年度和下一阶段教学工作重点，在全院营造重视教学工作、以教学为中心的良好氛围。

(三) 教育教学改革与发展

1. 人才培养模式改革

学院积极开展教学改革，不断探索应用型人才培养模式。2001年启动，2002年完成了2002版教学计划制(修)订工作，编制了2002版教学计划汇编和课程简介汇编。在学校统一部署下，2003年又完成了2003版培养计划制(修)订工作，并在2004年和2005年分别对2004级、2005级培养计划进行修订，分专业(含公共课)编制了2004版教学一览，将课程教学大纲、课程简介、教师简介分别收录其中；2008年完成2007版培养计划制(修)订工作。经过三次修订教学计划，学院的应用型人才培养目标越来越清晰，人才培养定位越来越细化，在总学分和总学时基本保持稳定的前提下，选修课比例和实践教学环节比例逐步增加，教学周数从2002级的17周压缩到2005级的15周，增加了2周集中实践教学环节，并从2007版开始以培养专业应用能力为核心构建培养计划和课程体系。在学校2007版培养计划评审中，资源环境与城乡规划管理、新闻学、档案学3个专业的培养计划被评为优秀。为适应首都“人文北京”建设，学院进行了“文化创意产业人才培养模式创新实验区”探索。2009年，该实验区被评为校级人才培养模式创新实验区。

2. 教育教学改革研究

学院鼓励教师进行教育教学改革研究，设立了院级教育教学改革项目，为教师申报上级教育教学改革项目奠定了基础。“首都高校在北京学习型社区教育中作用的研究”2006年被列为北京市教育科学“十一五”规划重点课题，“北京多校区高校治理结构与现状研究”2010年被列为北京市教育科学“十一五”规划课题，“应用型本科人才培养模式与途径的实践探索与研究”2006年列为中国高等教育学会“十一五”规划重点课题，“应用型大学教学质量标准与控制研究”2007年列为中国高等教育学会“十一五”规划专项课题，“北京‘十一五’高等教育精品教材研究”2007年列为北京市教委委托课题，“大学英语教学改革试点项目”2003年先后被列为教育部支持试点项目和高等教育出版社支持项目并建设了大学英语体验中心，“应用文科人才培养实践教学体系开发”等29个项目分别列为2003年(8项)、2005年(6项)、2007年(8项)、2009年(6项)、2010年(1项)校级教改课题或校级教育规划课题。此外，学院还先后在2001年(15项)、2003年(42项)、2005年(39项)、2007年(64项)、2010年(61项)设立了5批共计221项院级教育教学改革项目。

表 1.2-11　2001—2010 年校级及以上教育教学研究项目一览表

项目名称	项目来源	级别	立项时间/年	结题时间/年	负责人	职称	经费/万元	备注
电子基础实验系列课程设计性/综合性/系统性及总体优化改造	学校	校级	2003	2005	高维路	副教授	2	
快速测定食品中农药残留量方法的建立——生物学系食品检测实训课程教学的改革	学校	校级	2003	2005	张　波	教授	2	
对细胞色素 C 的制备实验的改进	学校	校级	2003	2005	文　镜	副教授	3	
综合性有机化学实验项目的建立与实施	学校	校级	2003	2005	张景义	讲师	3	
法律专业实训课程与模拟法庭建设研究	学校	校级	2003	2005	赵永林	教授	3	
国际法双语教学	学校	校级	2003	2005	黄远龙	副研员	3	
双语教学项目——涉外经济法之外商投资法	学校	校级	2003	2005	何　旭	讲师	2	
基础物理实验的改进与完善	学校	校级	2003	2005	钱卉仙	讲师	3	
大学英语教学改革试点项目	教育部	校级	2003	2005	周　明	副教授		
在大学英语教学模式改革中探索引导型教师的培养	学校	校级	2005	2006	周　明	副教授	0.4	
新闻传播应用人才培养技术与运行机制：课程体系—基地建设—产学项目	学校	校级	2005	2006	张娅娅	副教授	0.3	
法学专业诊所式教学法的探索与研究	学校	校级	2005	2006	王晓明	副教授	0.3	
《Access 数据库应用》课程教学改革研究与实践	学校	校级	2005	2006	訾秀玲	副教授	0.2	
应用性大学的教材建设与管理	学校	校级	2005	2006	牛志民	研究员	0.2	
应用性文科理科教学改革理论与实践探索	学校	校级	2005	2006	孔繁敏	教授	0.2	
首都高校在北京学习型社区教育中作用的研究	北京市教育“十一五”规划	省部级二类	2006	2008	李月修	教授	6.7	延至 2009 年
中国高教学会教育科学“十一五”规划重点研究课题：应用型本科人才培养模式与途径的实践探索与研究	中国高教学会	学会一级	2006	2008	孔繁敏	教授	5	
大学英语教学改革试点项目	高教出版社	横向	2007	2009	周　明	副教授	0.5	硬件投入
应用性本科教材选用与建设的研究与实践	学校	校级	2007	2009	牛志民	研究员	1.5	

续表

项目名称	项目来源	级别	立项时间/年	结题时间/年	负责人	职称	经费/万元	备注
北京"十一五"高等教育精品教材	北京市教委	省部级二类	2007	2009	牛志民	研究员	3.75	
应用型大学教学质量标准与控制研究	中国高教学会、学校	学会一级、校级	2007	2009	赵胜年	研究员	3+5	
面向应用的计算机公共课程体系的研究与建设	学校	校级	2007	2009	訾秀玲	副教授	1	
会计学核心课程中会计与审计的职业判断能力培养研究	学校	校级	2007	2009	傅宏宇	副教授	5	
新闻学应用型人才综合实践能力建设	学校	校级	2007	2009	张娅娅	副教授	5	
资源环境与城乡规划管理专业综合性课程建设	学校	校级	2007	2009	张景秋	副教授	8	
计算机网络技术专业职业集中训练环节的改革试点	学校	校级	2007	2009	逯燕玲	副教授	5	
档案学专业应用能力教学体系建设研究	学校	校级	2007	2009	孙爱萍	副教授	5	
文科类高职"专升本"专业课程衔接理论与实践研究	学校	校级	2009	2011	刘守合	助研	2	
试论大学后教育在人才转型中的作用	学校	校级	2009	2011	张毓华	助研	2	
应用文科人才培养实践教学体系开发	学校	校级	2009	2011	张宝秀	教授	2	
结合竞赛改造数理课程提高实践能力	学校	校级	2009	2011	蔡　春	副教授	2	
普通高校体育课程学习评价研究	学校	校级	2009	2011	赵秀健	副教授	2	
应用文科专业实践教学改革与创新	学校	校级	2009	2011	杨积堂	教授	2	
应用性教育背景下蛋白质化学课程教学内容的改革与实践	学校	校级	2009	2011	张艳贞	讲师	2	
北京多校区高校治理结构与现状研究	北京市教委学校	省部级二类	2010		朱科蓉	助研	2	
专升本人才培养模式创新研究与实践	学校	校级	2010		王　彤	研究馆员	3	
合计							96.05	

3. 教育教学成果及奖励

2001—2010 年,学院本科教育教学成果共有 4 项获得北京市级教育教学成果奖,22 项获得校级教育教学成果奖,65 项获得院级教育教学成果奖(见表 1.2-12)。

表 1.2-12 2001—2010 年院级及以上教育教学成果获奖项目一览表

序号	成果题目	获奖者姓名	成果形式	获奖名称	获奖级别	获奖时间
1	《经济法概论(第四版)》	刘隆亨	教材	2001 年市级教学成果奖	市级二等奖	2001.07
2	公共关系概论课程改革的研究与实践	李兴国	报告	2004 年教学成果奖	市级二等奖 校级一等奖 院级一等奖	2004.11
3	坚持特色,滚动发展,组好梯队,建设培养应用型人才的食品科学学科	金宗濂、文镜、唐粉芳、徐峰、姜招峰	报告	2004 年教学成果奖	校级一等奖 院级一等奖	2004.11
4	建立健全多层次教学质量监控体系,稳步提高教学质量	牛志民、赵胜年、张毓华、刘守合	报告	2004 年教学成果奖	校级二等奖 院级一等奖	2004.11
5	《中华文物古迹旅游》	朱耀廷、张连城、顾军、陈红宇、冷新宇	教材	2004 年教学成果奖	校级一等奖 院级一等奖	2004.11
6	资源环境与城乡规划管理专业集中实践教学	张宝秀、张景秋、尹卫红、叶盛东、孟斌	报告	2004 年教学成果奖	校级三等奖 院级一等奖	2004.11
7	提高大学英语教学质量和四级通过率的探讨与实践	杨爱英、夏耘、王凤荣、王钰、石文静	报告	2004 年教学成果奖	院级一等奖	2004.11
8	经济与管理模拟训练(MESE)	龚秀敏	报告	2004 年教学成果奖	院级二等奖	2004.11
9	《电视艺术》实践教学	张娅娅	报告	2004 年教学成果奖	院级二等奖	2004.11
10	公共选修课在培养学生素质中的地位和作用	赵胜年、牛志民、张毓华、李焕珍、刘守合	报告	2004 年教学成果奖	院级二等奖	2004.11
11	高职计算机网络技术专业课程体系改革与实践	逯燕玲、李琳、戴红、梁磊、王彤	报告	2004 年教学成果奖	院级二等奖	2004.11
12	多元化计算机应用基础教学	訾秀玲、于宁、陈世红、聂清林、吕晶	报告	2004 年教学成果奖	院级二等奖	2004.11
13	《现代市场营销学》及《营销案例的编写与分析》	冯丽云	教材	2004 年教学成果奖	院级二等奖	2004.11
14	电子基础实验课程总体优化改造	高维路、赛景波、王燕妮、王露茜、吴晶晶	报告	2004 年教学成果奖	院级三等奖	2004.11
15	改革生物化学实验教学促进综合能力的培养	文镜、陈翠丽、张静	报告	2004 年教学成果奖	院级三等奖	2004.11

续表

序号	成果题目	获奖者姓名	成果形式	获奖名称	获奖级别	获奖时间
16	《城市分析数量方法》应用教学	尹卫红、张景秋、孟斌、张远索	报告	2004年教学成果奖	院级三等奖	2004.11
17	《国际经济法》课程中案例教学法的运用	黄远龙	报告	2004年教学成果奖	院级三等奖	2004.11
18	古代汉语	尹黎云	报告	2004年教学成果奖	院级三等奖	2004.11
19	关于在高校实行双证书制度的思考与对策	孔昭林	报告	2004年教学成果奖	院级三等奖	2004.11
20	加强专业实习,注重应用型人才培养	贺真、张虹、孙爱萍、潘世萍、徐云、吴晓红、沈蕾、徐威	报告	2004年教学成果奖	院级三等奖	2004.11
21	谈谈作为大学公共课程的哲学基础理论教育中的有关问题	魏博辉	论文	2004年教学成果奖	院级三等奖	2004.11
22	对实施新体育课程评价实验研究	赵秀健	论文	2004年教学成果奖	院级三等奖	2004.11
23	《建设应用型大学之路》	孔繁敏、葛明德、郭淑敏、曲振国、赵胜年	专著	2006年教学成果奖	校级一等奖 院级一等奖	2006.11
24	《建设应用型大学研究》	牛志民、赵胜年、张毓华、刘守合	专著	2006年教学成果奖	校级二等奖 院级一等奖	2006.11
25	综合性有机化学实验项目的建立与实施	张景义、赵志忠、陈双基、王汉玉	报告	2006年教学成果奖	校级二等奖 院级一等奖	2006.11
26	强化学科基础的实践教学模式——城市与区域综合教学实习	张景秋、董恒年、张宝秀、孟斌、张远索	报告	2006年教学成果奖	校级二等奖 院级一等奖	2006.11
27	项目进课堂,边学边实践——“公共关系策划”课程创新	程德林	报告	2006年教学成果奖	校级三等奖 院级一等奖	2006.11
28	与行业主管部门合作携手培养应用性人才	孙爱萍、贺真、沈蕾、徐威、潘世萍	报告	2006年教学成果奖	校级三等奖 院级一等奖	2006.11
29	金融学会计学专业学生赴香港专业实习	傅宏宇、龚秀敏、孙静、韩莉	报告	2006年教学成果奖	院级一等奖	2006.11
30	数学基础课的应用性教育模式研究	逯燕玲、蔡春、丁大正、宋红敏、马青华、曹彤	报告	2006年教学成果奖	院级优秀奖	2006.11
31	食品检测集中实践教学	张波	报告	2006年教学成果奖	院级优秀奖	2006.11

续表

序号	成果题目	获奖者姓名	成果形式	获奖名称	获奖级别	获奖时间
32	《居住区规划设计》课程设计	叶盛东、张培力、孟斌、周爱华、陈媛媛	报告	2006年教学成果奖	院级优秀奖	2006.11
33	课堂教学质量测评的实践与理论探索	赵胜年、张毓华、刘守合、解建红	报告	2006年教学成果奖	院级优秀奖	2006.11
34	《英美诗歌名篇选读》	黄宗英	教材	2006年教学成果奖	院级优秀奖	2006.11
35	普通高校乒乓球、羽毛球、网球、体育选项课学习评价试验应用研究	赵秀健、李长有	论文	2006年教学成果奖	院级优秀奖	2006.11
36	《中国传统文化通论》	朱耀廷	教材	2006年教学成果奖	院级优秀奖	2006.11
37	关于文科实训基地的建设与运用	孔昭林	报告	2006年教学成果奖	院级优秀奖	2006.11
38	法学教育中应用性人才培养模式的探索与实践	杨积堂	报告	2006年教学成果奖	院级优秀奖	2006.11
39	资源环境与城乡规划管理专业“依托学科、面向应用”的课程体系改革	张宝秀、张景秋、尹卫红、孙颖、熊黑钢	报告	2008年教学成果奖	市级二等奖	2008
40	《建设应用型大学之路》	孔繁敏,等	专著	北京市第五届教育科学研究优秀成果	市级二等奖	2008
41	培养创新性、应用性地学人才——基于任务的《城市要素调研方法与实务》课程改革	尹卫红、张宝秀、孙颖、张景秋、张小军	报告	2008年教学成果奖	校级一等奖 院级一等奖	2008
42	《英美诗歌名篇选读》教材建设	黄宗英	教材	2008年教学成果奖	校级一等奖 院级一等奖	2008
43	档案学专业实践教学改革与实施	孙爱萍、沈蕾、吴晓红、徐云、潘世萍	报告	2008年教学成果奖	校级二等奖 院级一等奖	2008
44	夯实基础、面向应用、提高能力、培养创新意识的《Access数据库技术及应用》课程建设	訾秀玲、陈世红、于宁、聂清林、侯爽	报告	2008年教学成果奖	校级三等奖 院级一等奖	2008
45	课堂教学与考试环节教学质量控制的研究与实践	赵胜年、刘守合、朱科蓉、解建红、孙首跃	报告	2008年教学成果奖	校级三等奖 院级一等奖	2008
46	《考古学通论》课程建设	韩建业、张经、黄可佳	报告	2008年教学成果奖	校级三等奖 院级一等奖	2008

续表

序号	成果题目	获奖者姓名	成果形式	获奖名称	获奖级别	获奖时间
47	北京市精品教材《中国传统文化通论》	朱耀廷、顾军、尹黎云	教材	2008年教学成果奖	院级一等奖	2008
48	食品检测集中实践教学体系的建设	张波、陈文、栾娜、米生权、秦菲	报告	2008年教学成果奖	院级二等奖	2008
49	《大学体验英语》教与学导读丛书	杨爱英、王钰、夏耘、石文静	报告	2008年教学成果奖	院级二等奖	2008
50	《新闻采访与写作》(教学课件)	惠东坡	报告	2008年教学成果奖	院级二等奖	2008
51	数理基础课的应用性教学改革	曹彤、马青华、柳凤伶、吕书强、蔡春	报告	2008年教学成果奖	院级二等奖	2008
52	《合同法》	王晓明、林毅、张瀛	教材	2008年教学成果奖	院级二等奖	2008
53	《理论热点聚焦——当代大学生关注的社会理论问题研究》	冷新宇、李月修、魏博辉、刘延兵、李静	教材	2008年教学成果奖	院级二等奖	2008
54	应用文科综合实验教学体系的创建与实践	韩建业、杨积堂、王彤、孙建华、刘守合	报告	2010年教学成果奖	校级一等奖 院级一等奖	2010
55	《应用型本科人才培养的实证研究——做强地方本科院校》	孔繁敏、张宝秀、朱科蓉、董媛	专著	2010年教学成果奖	校级三等奖 院级一等奖	2010
56	首都博物馆校外人才培养基地的建设与创新	顾军、韩建业、李宝明、黄可佳、宋蓉	报告	2010年教学成果奖	校级二等奖 院级一等奖	2010
57	档案学专业人才培养模式创新及实践	孙爱萍、沈蕾、吴晓红、徐云、潘世萍	报告	2010年教学成果奖	校级三等奖 院级一等奖	2010
58	语言文学为基础、商务技能为特色——应用型大学英语专业建设模式研究	黄宗英、都宁、陈建华、张艳、崔鲜泉	报告	2010年教学成果奖	校级二等奖 院级二等奖	2010
59	法学专业本科人才培养模式创新与实践	杨积堂、王平、赵永林、王小明、章延文	报告	2010年教学成果奖	院级二等奖	2010
60	信息与计算科学专业应用型人才培养模式改革与实践	逯燕玲、戴红、蔡春、马青华、吕书强	报告	2010年教学成果奖	院级二等奖	2010

续表

序号	成果题目	获奖者姓名	成果形式	获奖名称	获奖级别	获奖时间
61	应用型大学体育课程学习评价研究	赵秀健、佟常生、凌玲、宋涛、王法涛	报告	2010年教学成果奖	院级二等奖	2010
62	《发酵工程》理论与实践相结合教学方法的研究与实践	魏涛、高兆兰	报告	2010年教学成果奖	院级三等奖	2010
63	《生物统计及应用》课程改革与实践	赵晓红、米生权	报告	2010年教学成果奖	院级三等奖	2010
64	计算机基础课程实践教学方法创新及其成效	于宁、戴红、陈世红、聂清林、侯爽、安继芳、常子冠	报告	2010年教学成果奖	院级三等奖	2010
65	新闻学专业实践教学体系改革研究	杜剑峰、杭孝平、陈坚、孙红云、惠东坡	报告	2010年教学成果奖	院级三等奖	2010
66	基于数学素质的大学数学课程改革与实践	蔡春、柳凤伶、马青华、吕书强、杨广林	报告	2010年教学成果奖	院级三等奖	2010
67	公共事业管理专业研究性学习的实践	朱建邦、王巧玲	报告	2010年教学成果奖	院级三等奖	2010
68	汉语言文学专业实践教学课程体系建设	任心慧、李彦东、房艳红、徐梅香、彭朝	报告	2010年教学成果奖	院级三等奖	2010

4. 学科专业竞赛及奖励

学科专业竞赛是检验教学质量的重要参考指标，学院每年都组织学生参加各级各类学科专业竞赛，获得多项市级及以上级别奖励(见表1.2-13)。2003年，学院制定《关于对学生学业奖励的规定》(应用文理院发〔2003〕20号)，对学生参加学科专业竞赛获奖进行学业奖励，进一步提高了学生参加学科专业竞赛的积极性。

表1.2-13　2001—2010年学生参加学科专业竞赛获市级及以上奖励情况一览表

获奖年份	学科专业竞赛名称	获奖学生	指导教师	获奖级别
2001	全国大学生电子设计竞赛	1998级电子信息科学与技术专业韩飞、侯峥、王璐	高维路	北京市二等奖
	全国部分地区非物理类专业大学生物理竞赛暨北京市第18届非物理类专业大学生物理竞赛	2000级信息与计算科学专业万潇楠		北京市乙组三等奖
2002	全国大学生数学建模竞赛	2000级信息与计算科学专业林硕蕾、张晶、万潇楠	指导小组	北京赛区二等奖

续表

获奖年份	学科专业竞赛名称	获奖学生	指导教师	获奖级别
2003	全国大学生数学建模竞赛	2001级计算机网络技术专业葛宇、孟克、杨超	蔡　春	北京赛区二等奖
		2000级金融学专业黄恺、李华翌、李晖	唐赵苾	北京赛区二等奖
	全国大学生电子设计竞赛	2000级电子信息科学与技术王克、张驰、孔祥明	高维路	北京市二等奖
2004	高教社杯全国大学生数学建模竞赛	2001级金融学专业刘一波、苏成张、宛冠阳	唐赵苾	北京赛区甲组二等奖
		2001级信息与计算科学专业唐莹、白薇、刘绮	蔡　春	北京赛区甲组二等奖
		计算机网络技术专业蔡笑(2002级)、张铎(2003级)、毛汝君(2003级)	逯燕玲	北京赛区乙组二等奖
2005	北京市高校诚信辩论大赛	法学专业高职升本科刘悠(2003级)、崔春雷(2003级)、贾继晓(2003级)、高扬扬、刘彬		第三名
	全球惠普经济挑战赛	2001级金融学专业 王多佳、史丽丽、赵萌、郭晶晶、汤洋	龚秀敏,等	全球前64强
	全国大学生数学建模与计算机应用竞赛	高媛(2002级电子信息科学与技术),靳伟萍(2002级信息与计算科学)、张玉(2002级信息与计算科学)	指导小组	北京市赛区甲组二等奖
	中央电视台第六届"希望之星"英语风采大赛	2003级法学专业杨乔		北京赛区决赛三等奖
	2005年全国大学生英语竞赛	2003级法学专业杨乔		二等奖
		2003级宋丹丹		三等奖
2006	中央电视台第六届"希望之星"英语风采大赛	2002级英语专业任娜		北京赛区城八区大学成人组优胜奖
	全国大学生数学建模与计算机应用竞赛	2003级信息与计算科学专业陈庚、张翼、杜威威	蔡　春	北京市赛区一等奖
2007	北京市非物理专业物理实验竞赛	2006级食品质量与安全专业张旭		三等奖
	北京市商业挑战赛	2004级金融学专业何光、董博、张斯楠、刘晓柳		团体一等奖
	全国大学英语竞赛	2005级金融学级何山翠		C类一等奖
		2006级金融学佟乐		C类三等奖
	全国大学生数学建模与计算机应用竞赛	2006级计算机网络技术专业王光辉、朱庆阳、沈洋	逯燕玲	北京市赛区二等奖

续表

获奖年份	学科专业竞赛名称	获奖学生	指导教师	获奖级别
2008	北京市大学生物理实验竞赛	2005级电子信息科学与技术专业宁川、董晨、贺健	柳凤伶	三等奖
	全国大学生数学建模与计算机应用竞赛	2005级信息与计算科学专业张晛、叶芬、贾峥	蔡 春	北京市赛区一等奖
		2006级计算机网络技术专业程瑶、李杨、张喆	逯燕玲	北京市赛区二等奖
2009	北京市大学生物理实验竞赛	2007级信息与计算科学专业孙勃	柳凤伶	三等奖
		2008级信息与计算科学专业蒋仁超、董越,张贺阳	柳凤伶	三等奖
	北京市大学生英语演讲比赛	2007级英语专业刘畅		三等奖
	全国大学生数学建模与计算机应用竞赛	2006级信息与计算科学专业陈德鑫、姜莹、慕欣	蔡 春	北京市赛区二等奖
	第五届“挑战杯”首都大学生课外学术科技作品竞赛	历史学专业	顾 军	二等奖
		食品质量与安全专业	高丽萍	二等奖
2010	全国大学生数学建模与计算机应用竞赛	2007级信息与计算科学专业常海权、李海娣、刘洋	蔡 春	北京市赛区二等奖
	北京市大学生模拟法庭竞赛	法学专业周点点(2007级)、王丛(2007级)、马一(2008级)、王宇宁(2008级)、李紫蕉(2008级)、杨丽丽(2009级)	王晓明 王平等	三等奖
	北京市大学生计算机应用大赛	付裕、王西岳、廖丹、陈宏宝、朱芸	聂清林	优秀奖
	北京市大学生英语演讲比赛	2010级英语专业刘畅	黄宗英	三等奖

注:计算机网络技术专业为高职专业。

学院重视体育教学和体育学科的竞赛活动。体育教研室结合学院实际情况,因地制宜开展教学活动,在学生中有重点地开展了太极拳、网球、篮球、乒乓球等群体教学活动。同时,注重开展体育教学研究和体育科研项目。2007年,赵秀健获得北京市教育工会教育创新标兵称号;2008年,李莉卿在第49届世界乒乓球锦标赛上被评为全国优秀裁判员;在2010年北京高校第15届体育论文报告会上,宋大维的论文获得了二等奖,王法涛的论文获得了三等奖,赵秀健的论文获得了优秀奖。

2001—2010年,学院学生运动员代表队在学校第10届、第11届运动会上蝉联了男团、女团、团体总分三项第一,在市级比赛中也获得过较好成绩。2009年,学院师生代表学校参加了纪念北京奥运会1周年“全民健身日暨万人太极拳”活动。2006年以后,按照学校要求,学院不再独立组队参加市级比赛。

表 1.2-14　2001—2007 年学生参加北京高校体育比赛获奖情况一览表

比赛名称	获奖学生	所在系	获奖等级	获奖时间/年
北京高校乒乓球比赛	赵婕,等	各系(校队)	北京市女团第五	2001
	田礼,等	各系(校队)	北京市男团第五	2001
北京高校篮球乙级比赛	集体(王玮,等)	各系(校队)	北京市男子第六	2001
北京高校乒乓球比赛	赵婕,等	各系(校队)	北京市女团第五	2002
	田礼,等	各系(校队)	北京市男团第五	2002
北京高校篮球乙级比赛	集体(王玮,等)	各系(校队)	北京市男子第六	2002
北京高校篮球乙级比赛	集体(王玮,等)	各系(校队)	北京市男子第八	2003
北京高校篮球乙级比赛	集体(许艳婷,等)	各系(校队)	北京市女子第五	2004
	集体(沈明雷,等)	各系(校队)	北京市男子第五	2004
北京高校乒乓球比赛	白杨,等	各系(校队)	北京市女子团体第五	2004
北京高校乒乓球比赛			男子乙组团体第二名	2006
北京高校跆拳道比赛	白大鹏	2007 级环境系	男子 54 公斤级冠军	2007

5. 学位授予情况

学院严格实施毕业标准和学位授予标准,学生的毕业率和学位授予率一直比较稳定,2001—2004 年保持在 80%以上。2005 年后,学校逐步统一学籍管理制度,学院执行学校严格留降级规定,2006—2010 年毕业率和学位授予率在 90%以上(见表 1.2-15)。

表 1.2-15　2001—2010 届学生毕业、结业、学位授予情况一览表

届次	毕业生总数/人	准予毕业数/人	毕业率/%	结业数/人	授学位数/人	准予毕业不授学位数/人	学位授予率/%
2001	408	361	88.50	47	314	47	87.00
2002	458	400	87.30	58	355	45	88.80
2003	441	370	83.90	71	306	64	82.70
2004	603	536	88.90	67	455	81	84.90
2005	658	630	95.70	28	548	82	87.00
2006	745	738	99.10	7	666	69	90.00
2007	724	714	98.60	10	666	48	93.30
2008	852	846	99.30	6	811	35	95.90
2009	810	799	98.60	11	784	15	98.10
2010	821	810	98.70	11	788	22	97.30
合计	6520	6204		316	5693	508	

(四)重要教育教学活动

1. 本科教学工作水平评估

学校自 2003 年启动本科教学工作水平评估工作以来,学院遵循“以评促建,以评促改,以评促管,评建结合,重在建设”的方针,按照学校的统一部署,分阶段制订了可操作性的评估计划。通过全院层层广泛动员发动,开展学习评估指标体系和自查整改,发挥了评估对教学质量的“集中提速”作用,“迎评促建”取得了丰硕成果,其突出表现在:

(1) 应用型办学宗旨与定位进一步明确

在以评促建过程中,经过多次总结研讨,学校对办学宗旨、定位等带有根本性的问题有

了系统表述，并深入人心。为实现办学宗旨、定位，大家献计献策，探索规律，提高了全体师生员工建设应用型大学的信心和责任感，凝聚了和谐发展的团队精神。学院党委出台了《落实学校办学定位的规划(2005—2008)》。

(2) 应用型学科专业建设得到加强

学院深入总结应用型学科专业建设经验，更加重视实践教学，新增一批就业实习基地，修订了培养计划，重点建设学科达到北京市领先水平，培植了新的硕士学科点。进一步整合专业，优化资源配置，精品课程与教材有所增加，招生和就业状况良好。

(3) 教风、学风明显好转

通过制度建设与管理教育，教师加强了教学精力的投入，全部整理或补充了教案，教师执教能力得到提高。教风建设带动学风好转，学生教学纪律明显加强。

(4) 教学管理水平得到提高

从学院到各职能部门、教学系部，系统梳理、健全了教学管理文件，与学校相关文件加强对接，教学管理更加规范。建立了行之有效的日常教学质量管理检查监督机制。

(5) 校园环境得到改善

教学经费的投入力度加大，生均教学科研仪器设备值、生均年进书量等均有所增加。学院克服困难挖掘潜力整修了运动场(馆)，部分解决了学生宿舍，调整扩大了教学科研用房，绿化美化了校园。2004 年学院被北京市评为花园式校园，2005 年学校评估专家认为学院“已具有精品校园的雏形”。

(6) 应用型教育研究取得重要成果

在历年应用型教育研究基础上，学院又形成新的理论研究成果。《建设应用型大学之路》(北京大学出版社 2006 年 7 月第一版)，获 2006 年度校级教学成果一等奖、2008 年度北京市教育科学研究优秀成果二等奖。《建设应用型大学研究》三册书(北京燕山出版社 2006 年 6 月出版)获 2006 年度校级教学成果二等奖。2010 年 6 月，学院最新成果《应用型本科人才培养的实证研究——做强地方本科院校》由北京师范大学出版社出版。这些应用性教育理论研究和实践总结的成果，从一个侧面反映了学院应用型办学道路的发展轨迹和教育教学管理水平。

在 2006 年 10 月 15 日至 20 日教育部本科教学工作水平评估专家进驻学校检查期间，全院师生以良好的精神面貌积极努力地为学校顺利通过评估验收做出了贡献，无论是课堂表现还是教学材料调阅都完成了任务。

2. 举办应用型教育论坛

学院与各系多次举办各种形式的应用型学科专业建设论坛。较大的活动有 2005 年 6 月，配合学校在学院召开了“应用文理学院办学道路研讨会”，全面总结学院 20 多年来坚持探索应用型办学道路的经验。2008 年 10 月，配合 30 周年校庆举办了学院应用型教育论坛。

3. 成立应用文科综合实验教学中心

2009 年 3 月 17 日，学校以应用文理学院为主体，将师范学院、旅游学院、广告学院部分文科类实验室进行整合，成立“北京联合大学应用文科综合实验教学中心”，作为全校性人文社科类专业的综合实验教学平台，主要服务于历史学、档案学、法学、新闻学、广告学、汉语言文学、英语、公共事业管理等 8 个文科类专业。2009 年年底，位于学院路校区的中心主体部分已建有实验室 24 个(包括 8 个基础平台实验室和 16 个专业应用实验室),拥有完善的实验教学和管理信息平台。

二、高等职业教育

(一)专业设置及调整

学院 2001 年有 6 个专业招生,包括办学地点在平谷学院的旅游管理专业(旅游开发与管理,下同),2002 年 7 个专业招生(新增城市信息管理与应用专业)。之后总体趋势是压缩直至停办高等职业教育,专业数量逐年减少,2005 年保留 3 个专业招生,2007 年 3 个专业招生,2008 年按学校布局全部停止招生(见表 1.2-16)。2010 年最后一届高等职业教育学生毕业离校。

在举办高等职业教育期间,形成了两条不同的办学途径:一是依托本科办高等职业教育,如依托历史学本科专业办文博旅游高职专业、依托环境科学办分析检测技术(室内环境控制技术)高职专业;二是先办高职专业积累办学经验,引进培养师资,再申报本科专业。例如,先办城市信息管理与应用高职专业,再办地理信息系统本科专业;先办广告策划与制作高职专业,再办广告学本科专业。

表 1.2-16　2001—2007 年高职专业设置及招生情况一览表　　单位:人

招生年份 招生专业	2001	2002	2003	2004	2005	2006	2007	合计
分析检测技术	26	20						46
公关与营销	29	24		37				90
广告策划与制作	99	96	123	94				412
计算机网络技术	71	41	53	42	40	37	35	319
旅游管理	14	19	17	22				72
文博旅游	41	35(韩语)	67	57				200
城市信息管理与应用		27	26	39				92
室内检测与控制技术			32	37	35	31		135
广告设计与制作					26	27	35	88
公共关系							37	37
合计	280	262	318	328	101	95	107	1491

(二)教学基本建设

2001—2007 年,学院坚持在高等职业教育上的投入力度,建立实验实训室,建设重点专业、精品课程(见表 1.2-17)和规划精品教材(见表 1.2-18)等,有力地保障了教育教学质量。公共关系和计算机网络技术作为校级重点建设专业,在专业建设上取得了成效。

表 1.2-17　2001—2010 年校级及以上高职精品课程一览表

序号	课程名称	负责人	精品课程级别	备　注
1	公共关系概论	李兴国 程德林	2002 年校级精品课程 2003 年市级精品课程 2005 年市级精品课程	2010 年停止建设, 转入应用科技学院
2	网络数据库	逯燕玲	2007 年市级精品课程	2010 年停止建设

表 1.2-18　2001—2010 年市级及以上高职规划教材和精品教材一览表

序号	教材名称	主编姓名	获奖级别	获批时间/年
1	计算机网络技术与应用系列教材	孙建华	北京市级精品教材立项项目	2001
2	社交礼仪	李兴国	“十五”国家级规划教材	2002
			北京市级精品教材	2008
3	网络系统管理——Linux 实训篇	孙建华	北京市级精品教材	2004
4	公共关系实用教程	李兴国	“十一五”国家级规划教材	2006
5	计算机网络与 Internet 应用基础教程	朱根宜	“十一五”国家级规划教材	2006
6	秘书英语(第 2 版)	王　毅	“十一五”国家级规划教材	2006
7	档案学管理基础	张　虹	“十一五”国家级规划教材	2007

此外，由安继芳任副主编的《网络技术与应用》(机械工业出版社，2010 年 8 月)，获得教育部高等学校高职高专计算机专业教学指导委员会优秀教材奖。

(三) 教育教学改革与发展

学院在高等职业教育人才培养上，坚持以能力培养为导向，强化实践教学。同本科一起进行了 2002 版教学计划、2004 版培养计划、2007 版培养计划制(修)订工作，明确了高等职业教育人才培养规格。在学校 2007 版培养计划评审中，广告设计与制作专业的培养计划被评为优秀。取得的校级以上教育教学成果奖有：李兴国主持的“公共关系概论课程改革的研究与实践”，2004 年获得市级二等奖；程德林主持的“项目进课堂，边学边实践——‘公共关系策划’课程创新”，2006 年获得校级三等奖。计算机网络技术专业，2002 年获得学校“双证书”教育试点的立项支持。在各级各类高等职业教育学生参加的学科专业竞赛中，也有不少人获得了校级以上的奖励，如广告大赛、数学建模与计算机应用竞赛、英语演讲比赛等。

三、研究生教育

(一)学科建设

1. 基本情况

学院重视发挥学科建设在学术队伍建设、科学研究、人才培养等方面的带动示范作用。2003 年，学院出台《关于加强学科专业建设的若干意见》(应用文理党发〔2003〕19 号、院发〔2003〕31 号)，进一步明确学科建设在学院工作中的龙头地位，在完善学科布局结构、做好学科规划、凝练学科建设方向、汇聚学科队伍、构筑学科基地方面做了全面部署，并在当年召开首次学科建设研讨会。2004 年，学院出台《关于设立院级重点建设学科暂行规定》(应用文理院发〔2004〕93 号)，根据学院的学科建设规划，在已获得市级、校级重点建设学科以外的学科中设立院级重点建设学科，并于 2005 年、2007 年两次开展重点建设学科的评审，逐步将所有学科纳入到学院学科建设体系中。档案学等学科在学院重点建设学科的经费、政策等支持下，较快地发展成为校级重点建设学科。

表 1.2-19　2001—2010 年院级及以上重点建设学科一览表

学科名称	学科门类	学科级别	备注
食品科学(原食品科学与营养学)	工学	市级重点建设学科 校级重点学科	2002 年被评为市级重点建设学科(1992 年曾获评),2006 年被国务院学位委员会评定为硕士学位授权学科点,2010 年评为校级重点学科
经济法学	法学	市级重点建设学科 校级重点学科	2002 年被评为市级重点建设学科(1996 年曾获评),2010 年评为校级重点学科
人文地理学	理学	市级重点建设学科 校级重点学科	2008 年评为市级重点建设学科,2010 年评为校级重点学科
专门史	历史学	校级重点学科	2006 年被国务院学位委员会评定为硕士学位授权学科点,2010 年评为校级重点学科
新闻学	文学	校级重点建设学科	2006 年获评
环境科学	理学	校级重点建设学科	2007 年获评
档案学	管理学	校级重点建设学科	2007 年获评
计算数学	理学	院级重点建设学科	2007 年获评
英语语言文学	文学	院级重点建设学科	2007 年获评
传播学	文学	院级重点建设学科	2007 年获评
会计学	管理学	院级重点建设学科	2007 年获评

2. 校级重点(建设)学科简介

(1) 专门史重点学科

专门史学科重点研究区域文化史,通过对中国区域社会文化史的研究,深入分析该区域独特的历史地位、社会架构、文化传承,探寻影响该区域历史进程的各种内外部因素。

研究方向:北方物质文化史、北京文化史、台湾史。

(2) 环境科学重点建设学科

环境科学学科主要以环境污染控制过程中的化学规律与室内(包括汽车内等封闭的生活空间)空气质量分析为研究对象,结合北京市环境质量特点开展环境检测方法与评价方面的研究工作。

研究方向:污染控制化学、室内环境质量分析。

(3) 档案学重点建设学科

档案学学科运用现代理论、科学管理方法与信息技术,以管理、开发政务信息与科技信息为研究重点,形成与相关专业活动紧密结合的应用型学科。

研究方向:档案现代化管理、科技档案管理。

(4) 新闻学重点建设学科

新闻学学科以 20 世纪新闻传播与文艺生产的关系作为历史新闻学的研究重点;以媒介时代主流意识形态与新闻伦理规范研究、舆论导向与社会发展研究等作为理论新闻学和传播学的研究重点;以媒介文体研究、当代电影、当代广播电视、影视与消费文化、北京文化与新闻传播等作为应用新闻学和传播学的研究重点；以跨文化传播作为边缘传播学的研究重点，探究北京地区新闻和信息传播的自身特质，推进大众舆论与社会主导价值目标的良性循环。

研究方向：北京地区传播媒介研究、影视传播、北京文化传播、新媒体应用。

（二）研究生培养

1．基本情况

学院在20世纪八九十年代开始与北京大学等校联合培养研究生。2003年，学院决定科研处更名为“北京联合大学应用文理学院科学技术与研究生工作处”，负责联合培养研究生的日常管理工作，推动学院自主招收研究生教育的筹办工作进展。2004年，学院与首都师范大学、江西师范大学等校开展了多学科联合培养研究生的工作，研究生教育面拓宽，先后有43名骨干教师被聘为合作院校硕士研究生导师，涉及11个学科19个专业。

2006年，学校获得硕士学位授予单位资格，学院的专门史和食品科学两个学科成为学校首批硕士学位授权学科点，先后有32位教师获得研究生导师资格的授权。2007年，两个学科开始硕士研究生自主招生和培养工作。

2001—2010年，学院共培养研究生205名。其中联合培养111名，自主培养94名。

（1）联合培养研究生的学科与专业设置

联合培养的研究生涉及多个学科与专业，详细情况见表1.2-20。

表1.2-20　2001—2010年联合培养研究生招生人数一览表　　单位：人

系别	生源学校	专　业	2001	2002	2003	2004	2005	2006	2007	2008	2009	2010	合计
城市科学系	首都师范大学	人文地理学				1	2	4	3	4	5	5	24
	江西师范大学	人文地理学				3	2	1					6
	新疆大学	旅游资源开发与管理								2			2
		人文地理学				1		1		2	1	2	7
		自然地理学				1	2	1	2	2	2	1	11
法律系	北京大学	财税法学				1							1
		经济法学				1	1						2
	江西师范大学	经济法学					2						2
	首都师范大学	经济法学					1						1
管理系	江西师范大学	传播学						1					1
广告系	江西师范大学	传播学					1						1
环境系	北京航空航天大学	环境工程				1		1					2
	北京化工大学	化学工程						1					1
	北京科技大学	矿业环境						2					2
科研处	江西师范大学	教育技术学						2					2
历史系	江西师范大学	历史文献				1							1
		历史学					2						2
		体育道德				1							1
		专门史				1	1						2

续表

系别	生源学校	专　业	2001	2002	2003	2004	2005	2006	2007	2008	2009	2010	合计
社科部	江西师范大学	马列思政				3	1						4
		中共党史					1						1
生物系	北京大学	环境毒理学			1								1
	北京师范大学	生物化学与分子生物学	1		1								2
	甘肃农业大学	动物遗传育种与繁殖		1									1
	兰州大学	预防医学		3									3
	首都师范大学	生物化学与分子生物学				2	1	1	1	1	1		7
		细胞生物学				1	4	3	3	2	1	1	15
		遗传学			1					1	1	1	4
	首都医科大学	生物化学与分子生物学		1									1
信息系	江西师范大学	理论物理			1								1
合　　计			1	5	4	18	21	18	9	14	11	10	111

(2) 自主培养研究生的学科与专业设置

2007—2010年,由学校招生,学院负责培养的自主招生研究生共四届,涉及两大学科(见表1.2-21)。

表1.2-21　2007—2010年自主招生培养研究生情况一览表

学科		二级学科代码	培养研究生人数/人				总计/人
一级	二级		2007	2008	2009	2010	
历史学	专门史	060105	11	14	12	16	53
食品科学与工程	食品科学	083201	10	10	15	6	41

至2010年7月,首届2007级研究生毕业。学生学习成绩良好,分别获得历史学硕士学位和工学硕士学位。

2. 研究生培养工作

学院成立硕士研究生培养指导小组,由专门史和食品科学的硕士生导师组成,发挥团队作用,保证研究生全程培养质量。同时,抓好研究生开题报告工作。学院对论文开题委员会成员的人数、职称、工作程序等都有规定,委员中相关学科或跨学科的专家至少一人,鼓励学科间的交叉、联合、渗透。建立和完善了有利于发挥学术群体作用的研究生学术报告系列讨论活动,更多地采用启发式、研讨式的培养方式,加强研究生的自学、动手、表达、写作能力的训练和培养。

(1) 专门史学科硕士研究生培养工作概况

专门史学科重点研究区域文化史,学科人员以学院历史系教师为核心,整合了台湾研究院、北京学研究所、文化遗产研究所、民族与宗教研究所等研究机构的力量。

国家级实验教学示范中心——应用文科综合实验教学中心为其提供校内实验场所,北京市级校外人才培养基地——首都博物馆校外人才培养基地等为其提供校外实践场所。学科所支撑的历史学本科专业创建于 1978 年,为北京市级特色专业。

该学科培养目标:使学生具有较系统的马克思主义理论基础和相关的社会科学学科理论素养,中国近现代史专业基础扎实,熟悉本学科国内外学术研究动态,具有较强的史学研究能力,较熟练地掌握一门外国语,毕业后能在本学科领域独立从事研究和教学工作,或在实际工作部门从事相关工作。

培养方式:入学第一年在学校本部完成课程学习,实行集中管理,前两个学期基本完成理论课规定学分;从第三学期起以调查研究、教学实习为主;第三学期末完成论文开题报告;第四学期初完成中期考核;第六学期 5 月份论文答辩。

指导教师主要有朱耀廷、韩建业、徐博东、孔繁敏、佟洵、顾军、张连城、陈文寿、梁怡、刘红、赵连稳、左芙蓉、杨靖筠、李振广、朱松岭、刘文忠等。

具体培养方案详见《北京联合大学志(2001—2010)·学校篇》。

(2) 食品科学学科硕士研究生培养工作概况

食品科学学科为北京市重点建设学科,以研究“生物活性物质与人类健康关系”为特色,以应用基础研究为中心,整合与依托“保健食品功能检测中心”(1997 年由国家卫生部认定)、“生物活性物质与功能食品北京市重点实验室”和“北京联合大学功能食品科学技术研究院”的科研力量及研究平台,开展研究生培养工作。

该学科培养目标:使学生德、智、体全面发展,政治素质、知识和能力结构适应社会经济发展需要,具备食品科学的基本理论和技能,熟知天然活性物质分离、制备、分析技术,了解国际食品质量安全体系和标准体系,成为从事生物技术、食品质量与安全检测的高级专业技术人才。特别是要加强研究生综合素质和创新能力的培养。

培养方式:入学第一年在学校本部完成课程学习,低年级实行集中管理。论文实验开始后为导师主管的分散管理方式。

生物活性物质制备及生理功能研究方向指导教师为姜招峰、林强、惠柏棣、赵伟、尚小雅;功能食品的功能评价方法研究方向指导教师为赵玉娥、龚平、荣瑞芬、高丽萍、魏涛;生物活性物质的毒理学研究方向指导教师为赵晓红、张波。

具体培养方案详见《北京联合大学志(2001—2010)·学校篇》。

四、继续教育

学院继续教育主要有成人学历教育、高等教育自学考试和成人非学历教育培训等类型。2004 年以前,继续教育办学采取了多个主体、分散办学的模式,各系和教务处都可以办班。随着学院事业的发展和继续教育形势的需要,这种模式显现出办学分散、规模小、教学成本高、管理不规范等不足。2004 年 4 月,学院按照“调整规模结构,整合教育资源,依法规范管理,统筹协调发展”的总体要求,对继续教育的管理模式、运行机制进行改革,实施集中管理,将成人教育处更名为成人教育部,下设成教部办公室、夜大办公室、培训考务办公室、自考办公室、双清路校区,成为学院继续教育的唯一办学实体。各系、各部门参与教学和管理,不再享有独立办学资格。2010 年,学院对内部管理机构进行调整,成人教育部并入教务处,成立成教科和考试与培训中心,负责学院继续教育工作。

学院继续教育工作经过十年改革与调整形成的办学指导思想是：以科学发展观统领学院继续教育各项工作，紧紧围绕实现终身教育、建立学习型社会这个中心，转变观念、开拓创新，积极谋求学院继续教育的规模、结构、质量、效益的健康与可持续发展，努力为构建高等教育“立交桥”、推进首都学习型城市建设做贡献。学院继续教育发展的定位是：在保持原有传统继续教育项目基础上，充分挖掘学院资源，对成人学历教育稳定专科、大力发展本科；继续努力办好自学考试助考点；以市场为导向，积极开拓新的培训项目，努力实现规模、质量、结构、效益的协调发展。

（一）成人学历教育

1. 专科专业设置及招生情况

2001—2010 年，学院夜大专科招生 1303 人（见表 1.2-22）。

培养目标：针对成人的特点，根据北京市经济建设的需要，培养具有一定基础理论和专业知识，有较强实际操作能力的德、智、体全面发展的专业人才。

表 1.2-22　2001—2010 年夜大专科专业设置及招生情况一览表　　单位：人

招生年份 招生专业	2001	2002	2003	2004	2005	2006	2007	2008	2009	2010	合计
广告创意与传播	15	11	28	38							92
财务会计	45	37	24	13	30	49	41	31	40	22	332
汉语言文学	28	14	7								49
物业管理	5										5
信息管理应用	154	51	26	34							265
计算机网络技术	14	28	26	10	6	16	10	16	25	19	170
商务英语		15	5								20
影视传播			2								2
电子政务				9							9
广告设计与制作					19		4	4	55	43	125
计算机信息管理					29	17	21	18	39	18	142
文化事业管理								82		10	92
合计	261	156	118	104	84	82	76	151	159	112	1303

2. 本科和专科起点本科专业设置及招生情况

2001—2010 年，学院夜大本科（含专科起点本科）招生 1273 人（见表 1.2-23）。

培养目标：培养德、智、体全面发展，具有扎实的专业理论知识和技能、良好的文化与科学素质的应用型专门人才。

表 1.2-23　2001—2010 年夜大本科和专科起点本科专业设置及招生情况一览表　　单位：人

年份	专　业	本　科	专科起点本科	合　计
2001	广告学	20		69
	信息管理与信息系统		49	
2002	信息管理与信息系统	3	27	109
	广告学		22	
	档案学		1	
	会计学		56	
2003	广告学		69	121
	信息管理与信息系统		32	
	会计学		20	
2004	广告学		92	136
	信息管理与信息系统		30	
	会计学		14	
2005	广告学		102	163
	艺术设计		21	
	信息管理与信息系统		40	
2006	广告学		62	141
	艺术设计		42	
	信息管理与信息系统		30	
	会计学		7	
2007	艺术设计		112	142
	信息管理与信息系统		10	
	会计学		20	
2008	艺术设计		34	131
	信息管理与信息系统		14	
	会计学		74	
	公共事业管理		9	
2009	艺术设计		62	128
	信息管理与信息系统		16	
	会计学		46	
	法学		4	
2010	艺术设计		40	133
	信息管理与信息系统		48	
	会计学		45	
合计		23	1250	1273

3. 新专业申报

2003 年，申报影视传播专科专业。

2005 年，成教部与相关系联合建设专科起点本科专业艺术设计专业，新增网络媒体方向。

2007年,申报公共事业管理专业。

2008年,申报文化事业管理(高尔夫媒体服务与管理方向)专业。成教部与相关系还对三个专科起点本科专业进行了专业方向改造:艺术设计的网络媒体方向改造为数字媒体和网络广告两个专业方向;信息管理与信息系统专业改造为网络多媒体方向;会计学专业改造为注册会计师专门化方向。

2009年,申报法学专业。

2010年,申报资源环境与城乡规划管理(房地产经纪人方向)专业。

4. 教学管理

成教部门负责成人教育系列的学生日常管理及学籍管理工作。包括:学生报到、注册、学籍资料的存储与填报、学生学籍异动及处分的管理与申报、学生毕业资格审查与毕业证的发放、学位资格审查与学位证书的发放;负责各种职业技能证书的申报、审定与发放;负责《学生手册》的编纂与修订。2001年,学院成教处启动学籍管理电子化工作,于2003年完成电子注册管理工作。2005年,成教部获得北京地区高等教育学历证书电子注册管理工作先进集体称号。2008年,夜大学生的学籍变动改由学校网上统一办理。2009年,学校统一夜大学招生工作,学院的招生代码停止使用。2010年,夜大学生改用北京联合大学版毕业证书。

学院重视继续教育教学质量保障体系的建设。成人夜大办公室负责学院继续教育系列的教学监控管理,相关系、部等教学部门负责各专业的教学计划制订、专业设置的调研与调整、教师授课安排等教务工作。在夜大基础课教学中,规定所有学生都必须按照教学计划参加北京市统一测试,并组织任课教师参加市教委统一备课会,期末组织教师对统测课程考试及考试成绩进行分析。还针对成人教育特点开展教学改革,探索网络辅导、答疑、批改作业,以工作过程为导向开展专业实践。学院成立了夜大学教学视导组,实现了按教学计划、教学大纲对教学进行管理,并对管理过程进行控制。成教部门有听课查课、检查学生考勤等制度。2009年,对本科学生的毕业论文/设计,采用统一的指导手册,记录学生毕业设计过程、教师指导过程和答辩评阅内容。2010年,学院将夜大课程时数列入教师授课工作量,年底汇总上报教务处,作为考核教师工作量的一部分。成教部在成人教育招生与考试过程中,认真负责和严格把关,2004年获得海淀区成人高校招生组考优秀奖。2009年,学院继续教育课题"试论大学后教育在人才转型中的作用"获校级教育教学研究与改革项目。

5. 毕业生情况

2001—2010年,夜大共有1584名专科生和846名本科生毕业,取得学士学位的有336人(见表1.2-24)。

表 1.2-24　2001—2010 年夜大本专科毕业生情况一览表　　单位：人

年份	专　业	学历种类	毕业生数	取得学士学位数
2001	广告策划与制作	专　科	30	
	法　学	专　科	20	
	市场营销	专　科	4	
	商务英语	专　科	6	
	财务会计	专　科	70	
	信息管理与应用	专　科	143	
	汉语言文学	专　科	60	
2002	法律学	专　科	10	
	广告策划与制作	专　科	26	
	汉语言文学	专　科	32	
	财务会计	专　科	17	
	信息管理与应用	专　科	91	
	计算机网络技术	专　科	12	
2003	财务会计	专　科	34	
	广告创意与传播	专　科	35	
	汉语言文学	专　科	11	
	计算机网络技术	专　科	20	
	商务管理	专　科	25	
	信息管理与应用	专　科	109	
	信息管理与信息系统	本　科	19	12
2004	广告创意与传播	专　科	19	
	汉语言文学	专　科	24	
	财务会计	专　科	25	
	信息管理与应用	专　科	150	
	计算机网络技术	专　科	16	
	商务英语	专　科	13	
	广告学	本　科	5	5
	信息管理与信息系统	专科起点本科	48	39
2005	财务会计	专　科	35	
	信息管理与应用	专　科	65	
	汉语言文学	专　科	22	
	计算机网络技术	专　科	19	
	广告创意与传播	专　科	11	
	会计学	专科起点本科	38	8
	广告学	专科起点本科	21	18
	信息管理与信息系统	专科起点本科	36	23
2006	财务会计	专　科	26	
	商务英语	专　科	3	
	广告学	专科起点本科	20	6

续表

年份	专　业	学历种类	毕业生数	取得学士学位数
2007	广告创意与传播	专　科	26	
	汉语言文学	专　科	1	
	信息管理与应用	专　科	29	
	计算机网络技术	专　科	20	
	广告学	专科起点本科	65	32
	会计学	专科起点本科	19	9
	信息管理与信息系统	专科起点本科	39	13
	财务会计	专　科	38	
2008	广告创意与传播	专　科	33	
	信息管理与应用	专　科	32	
	会　计	专　科	35	
	计算机网络技术	专　科	11	
	广告学	专科起点本科	87	46
	会计学	专科起点本科	10	1
	信息管理与信息系统	专科起点本科	28	10
2009	广告创意与传播	专　科	1	
	广告学	专　科	95	
	广告设计制作	专　科	17	
	计算机网络技术	专　科	8	
	计算机信息管理	专　科	14	
	会　计	专　科	54	
	信息管理与信息系统	专科起点本科	77	7
	艺术设计	专科起点本科	57	5
	会计学	专科起点本科	5	35
2010	计算机信息管理	专　科	38	
	计算机网络技术	专　科	7	
	会　计	专科起点本科	37	
	广告学	专科起点本科	55	22
	艺术设计	专科起点本科	93	42
	信息管理与信息系统	专科起点本科	10	1
	会计学	专科起点本科	19	2
合　计			2430	336

（二）高等教育自学考试

学院是北京市教委成人教育考试指导中心批准的高等教育自学考试高职专业的助学院校，是北京教育考试院高等教育自学考试办公室批准的“北京市高等教育自学考试‘网络技术应用专业’(专科)”的主考院校，负责北京市该专业的教学指导与考试考务工作。2007 年以前还承担原“应用技术类自学考试‘网络应用技术与服务’”专业的主考工作。

自考学生在学院成教部自考办公室的组织安排下，参加国家统一考试，通过国家所规定的全部课程后，由北京市高等教育自学考试委员会和主考院校联合颁发高等教育自学考试毕业证书。本科生通过学院组织的论文答辩，获得学士学位证书。2003 年，学院对双清路校区进行改造，自考生上课和住宿的学习、生活环境得到改善。

2001年，学院开辟通州区高职自考教学点，2004年此教学点终止招生。

2002年5月，学院与海日教育研究中心合办“香山校区”，开办以参加高等教育自学考试为主要形式的成人教学点，2005年终止与海日教育研究中心的合作。

2001—2010年，学院共招收自考学生3000余人，上交学院1900余万元。

（三）非学历教育

学院培训中心面向社会、面向行业、面向各专业领域，依托学院为社会提供非学历培训服务，是社会在职人员参加岗位培训的继续教育基地，同时培训中心还是北京市人事考试中心、北京市教育考试院和北京教育考试指导中心授权委托组织各种职称考试和资格证书考试的主要考点之一。2006年，成教部与百度公司签约开通了培训考试网，搭建了自主招生与合作平台，对学院各类成人招生和辅导班招生工作起到推动作用。

2001年12月，学院下发《关于批准“培训中心转制方案”（试行）的决定》（应用文理党发〔2001〕50号），培训中心转制成为办学实体。2003年1月，经院长办公会研究培训中心转制暂停。2004年，学院改革成人教育管理运行体制，培训中心纳入成教部。

1. 短期培训班

在非学历教育中，主要对专业技术人员进行短期培训和面向社会进行成人高考考前辅导。学院培训机构先后举办了“全国经济类职称考试”“全国会计职称考试”“英语职称考试”“全国计算机应用能力考试”等考试辅导班和成人夜大考前辅导班、在校生“职能鉴定考试”辅导班，2010年开始举办高校单招单考“专升本”学生辅导班。

2. “专业证书”教育

配合北京市人事制度改革，适应北京市专业技术人员面向社会以考代评的需要，成教处（培训中心）承办国家（市）专业技术系列职称资格考试工作。这类考试主要有：全国经济类专业技术资格考试、全国会计专业技术资格考试、全国（北京市）专业技术人员职称英语水平考试、北京市专业技术人员计算机应用水平考试、全国（北京市）专业技术人员职称古汉语水平考试、国家及北京市的公务员考试、国家医师资格考试、卫生资格考试、全国英语等级考试（PETS）、北京市少儿剑桥英语考试、全国司法考试、托福考试等。学院还有受各行业委托每年面向社会进行的各种职称、资格、技能水平等上万人次的考试与培训。从2010年开始，学院学生的英语四、六级考试和计算机等级考试的考务组考工作也由考试与培训中心担任。

第三节　科学研究与社会服务

一、科研机构

学院在“整合资源、打造平台、突出特色、重在建设”的方针指导下，坚持“科学论证，按需设置，成熟一个，成立一个”的原则建设科研机构。截至2010年年底，在全院范围构建了食品科学、环境科学、城市科学、历史学、法学、新闻学、档案学、民族与宗教、奥运文化等9个科研平台。各平台均以院级、校级、市级科研机构为建设单元发展，聚集相关学科的人才资源，在各自的研究方向开展学科建设和科研工作。

2003年11月,原挂靠在学院的台湾问题研究所迁至校本部,成为学校直属科研机构。2001—2010年,学院建有1个市级研究机构,9个校级研究机构和7个院级研究机构(见表1.3-1)。

表1.3-1 2001—2010年院级及以上科研机构一览表

级别	序号	机构名称	成立时间	现任负责人	历任负责人
市级	1	生物活性物质与功能食品实验室	1985年成立,2001年由市教委和市科委共同认定为北京市重点实验室	姜招峰	金宗濂
校级	2	功能食品科学技术研究院	2010年6月17日成立并认定为校级研究机构,原校级研究机构"功能食品科学研究所"和学院"保健食品功能检测中心"并入	姜招峰	
	3	环境保护研究所	原名为室内环境研究所,2002年10月成立,2004年认定为校级研究机构	赵 卓	陈双基
	4	城市与区域发展研究所	原为经济与区域发展研究所,1993年6月成立,2008年认定为校级研究机构,更名为现名	熊黑钢	张妙弟 张宝秀
	5	人居研究中心	原为燕京房地产研究所,1993年6月成立,2004年认定为校级研究机构,2008年更名为现名	张景秋	张妙弟 尹卫红
	6	文化遗产研究所	原为中国传统文化研究所,1993年6月成立,2006年认定为校级研究机构,更名为北京文化史研究所,2010年更名为现名	顾 军	朱耀廷
	7	民族与宗教研究所	2002年11月成立并认定为校级研究机构	杨靖筠	佟 洵
	8	首都法治研究中心	原为经济法研究所,1988年7月成立并认定为校级研究机构,2010年6月更名为现名	杨积堂	刘隆亨
	9	奥林匹克文化研究中心	2002年4月成立并认定为校级研究机构	冯 霞	孔繁敏
	10	档案事务研究所	2003年10月成立,2004年认定校级研究机构	孙爱萍	贺 真
院级	11	创新研究所	成立于2002年4月,与中国逻辑与语言函授大学合作成立,2005年转为校级合作	汪馥郁	
	12	高等教育研究所	2003年1月成立	刘守合	牛志民 赵胜年
	13	现代广告传播研究所	2003年10月成立,2010年随广告系调出	孔昭林	李兴国
	14	新闻与文艺学研究所	2004年10月成立	杜剑峰	周传家
	15	经济法研究院	2007年12月成立	刘隆亨	
	16	书画艺术研究所	2007年12月成立	牛志民	
	17	国学文化研究所	2010年2月成立	孔繁敏	

二、科研管理

（一）机构设置

2003 年以前，学院科研管理工作由科技开发部负责，统管学院科研和开发两项管理工作。各系、各直属教研室由系主任（副主任）或教研室主任主抓科研工作。2003 年 9 月，科技开发部更名为“科学技术与研究生工作处”，负责全院科研管理及研究生教育管理，开发管理工作转交后勤经济管理办公室。2010 年 3 月，在全校统一进行的机构设置工作中，学院设置科研处。

2004 年，学院科学技术协会完成换届工作，新成立学生科学技术协会，推动学生科研立项与科技竞赛等活动的开展。2005 年以后，学院科协工作由学校科研处统一管理。

（二）科研工作重要决定及事项

2001 年，学院开始实施科研工作量制度，拨出专项经费，加强科研立项组织工作，从制度上给申报项目的科研人员以政策上的支持，采取诸如申报补贴、科研工作量计算、经费配套等措施，调动科研人员申报项目的积极性。全年到账立项经费达 109 万元，首次突破百万元。学院申报北京市哲学社会科学“十五”规划项目 25 项，获批 7 项，申报通过率为 27%，高于全市平均批准率 2 个百分点。

2002 年，学院出台《科研工作量实施细则（试行）修订方案》（应用文理院发〔2002〕50 号），进一步完善了科研工作激励政策。

2003 年，学院出台《科研项目管理办法》（应用文理院发〔2003〕100 号）等 7 项科研工作管理制度。为庆祝建校 25 周年，活跃校园学术氛围，学院决定举办百场学术报告会，由科研处组织策划、各系和科研机构积极参与，聘请国内外著名专家学者为师生做学术报告。此后，各系、科研机构和有关部门在校园内举办学术讲座、报告蔚然成风。

2004 年，学院出台《关于申报国家级科研项目预研究鼓励基金暂行条例》（应用文理院发〔2004〕30 号）和《关于国家级出版社学术专著出版鼓励资助暂行条例》（应用文理院发〔2004〕31 号）两个文件，以专项经费形式，支持教职工从事国家课题预研究工作和在国家级出版社出版专著。自 2004 年以后，学院国家级项目中标率连年上升。这一年，学院举办了首届科研成果展，共展出科研成果 353 项。

2005 年，学院出台《北京联合大学应用文理学院与校外联合培养硕士研究生导师遴选、考核办法及岗位职责（试行）》（应用文理院发〔2005〕99 号），对担任研究生导师的科研条件提出明确要求。

2007 年，学院出台《北京联合大学应用文理学院科研机构管理暂行办法》（京联文理〔2007〕116 号），对科研机构的类型、设立与管理作出规定。这一年，完成学院“十一五”时期科研规划的编制工作。

2008 年，学院开始执行学校统一的《科研工作量管理办法》，制定下发了学院《科研保密工作规定》（京联文理〔2008〕18 号）、《技术合同管理规定》（京联文理〔2008〕33 号）等文件，启动了学院科研项目库建设。当年，全院发表在核心期刊上的论文首次突破百篇。

2009 年，学院成立研究工作量统计与审核工作小组，加强对科研工作量计算工作的指导和协调;实施了科研与研究生创新工程,建立了学科建设绩效考核和评估机制。

2010 年,学院完成了对校级研究机构的重新认定,建立了学院科研基础数据库。学院根据学校学科布局,重点发展文、史、法、理主体学科门类,推进学科的交叉融合,构筑科研大平台,争取大项目。

(三)科研工作重要会议

2002 年,科研处邀请北京市社科规划办主任王新华为全院文科师生作题为“如何写好调查报告”的专题讲座,邀请教育部科技司雷朝滋副司长为全院教师作“科学研究与学科建设”专题报告。

2003 年暑期,学院召开学科建设与科研工作研讨会,审议通过了《学院 2003—2008 年学科建设规划与科学研究工作发展规划》。

2004 年,学院召开“关于提高国家自然科学基金申报项目命中率”专题座谈会,邀请国家自然科学基金信息学部主任主讲,并对学院当年申报的国家自然科学基金项目予以指导。

2005 年,学院召开全院科技工作会议,对 2001 年以来的科研工作作全面总结,表彰了科研工作先进集体及先进个人。

2006 年,邀请北京市社科规划办负责人来院进行北京市哲学社会科学“十一五”规划课题指南讲座。

2008 年,学院召开校(院)级新增重点建设学科工作会,依托学科专业优势,“凝练方向,汇聚队伍,搭建平台”,推动科研工作,并完成部分学科带头人的新老交替。年底召开学院科研与学科建设研讨会,对科研工作和学科建设的发展提出了制订规划、规范管理、考核激励、整合资源等方面的改革建议。

2009 年,学院召开科研工作会,推进“十一五”科研规划的实施,对学术团队的职称、专业和年龄结构等方面进行合理优化,加大了对学科带头人和学术梯队的培养力度。

2010 年,学院召开科研管理工作会,完成了对学校科研管理系统的学习培训工作。

三、科研成果

(一)重大科研项目

学院在研项目有国家自然科学基金项目和国家社科规划项目、国家科技支撑项目、教育部人文社科项目、北京市自然科学基金项目和哲学社会科学规划项目,北京市教委科技发展和人文社科项目,北京市科委项目、北京市创新人才项目、北京市优秀人才培养资助项目,有关部委项目、学会项目、合作项目、横向委托项目以及院立项目,共 16 种类型。

2001—2010 年,学院科研立项数量和层次比起前十年明显提升。国家级课题不断增加,省部级项目有了大幅增长,共承担各类课题千余项。其中,承担国家自然科学(见表 1.3-2)、哲学社会科学(见表 1.3-3)和科技支撑项目 15 项,教育部人文社科项目 6 项(见表 1.3-4),北京市科委、市自然科学基金和市教育科学规划项目 9 项,北京市哲学社会科学规划项目 20 项,北京市教委科技发展和人文社科项目 69 项。学院通过科研处申报获得科研经费达 2366.14 万元(见表 1.3-5)。

表 1.3-2 2001—2010 年国家自然科学基金项目一览表

序号	项目名称	项目编号	负责人	项目组成员	立项时间/年	立项经费/万元
1	电催化氧化-膜过滤耦合净化水中污染物的方法及机理研究	50678023	魏 微	吴昊、张泽莹、万鹰昕、刘洋、王连军、董成旭	2006	32.00
2	北京城市办公业空间格局演变及其动力机制研究	40771194	张景秋	张宝秀、董恒年、孙静、孙颖	2007	31.00
3	新疆绿洲地下水变化与地表生态环境效应及其评价研究	40771063	熊黑钢	韩春鲜、安放舟、叶盛东、徐金发、韩茜、杨成、张涛、宋文成、付金花	2007	45.00
4	北京城市空间结构与居民职住分离互动研究	40871079	孟 斌	张景秋、张宝秀、张小军、刘建钢、张远索、朱海勇	2008	40.00
5	壳寡糖及其衍生物抑制 B-淀粉样蛋白神经退行性毒性作用研究	31071512	姜招峰	无	2010	30.00
经费合计		178.00 万元				

表 1.3-3 2001—2010 年国家哲学社会科学规划项目一览表

序号	项目名称	项目编号	负责人	项目组成员	所属学科	立项时间/年	立项经费/万元
1	文艺创作现状与社会主义精神文明建设	95BZW002	张娅娅	无	文学	1995	2.50
2	国外中国党史研究	00BDJ002	梁 怡	巫云仙,等	中共党史	2000	5.00
3	抵御帝国主义文化霸权	00BDZX050	刘伟胜	无	哲学	2000	5.00
4	中国西北地区先秦时期的自然环境与文化发展	04CKG001	韩建业	陈洪海、曹建恩、魏峻、张经	考古学	2004	5.50
5	大国格局变动中的两岸关系	05AZZ003	徐博东	陈星、朱松龄、李振广、胡文生、郭艳	历史学	2005	12.00
6	首都宗教与社会主义和谐社会建设	05BZJ018	佟 洵	陈广元、季文渊、杨靖筠、徐威、马建龙	宗教学	2006	6.00
7	西藏长治久安的法治对策研究	xz1001	杨积堂	王平,等	民族学	2010	8.00
8	早期中国文化圈的形成和发展研究	10BKG007	韩建业	张经、宋蓉,等	考古学	2010	12.00
经费合计		56.00 万元					

表 1.3-4　2001—2010 年教育部人文社会科学研究项目一览表

序号	项目名称	项目类型	项目编号	负责人	项目组成员	立项时间/年	立项经费/万元
1	罗伯特·弗罗斯特研究	一般项目	05JA750.47-99003	黄宗英	无	2005	2.50
2	哲学语言与哲学思维	一般项目	06JA720002	魏博辉	无	2006	5.00
3	信用卡安全机制与金融安全法律问题研究	一般项目	07JA820014	赵永林	黄远龙,等	2008	5.00
4	纪录改革开放：中国纪录片30年研究	青年项目	08JC760002	孙红云	赵蓉,等	2008	5.00
5	北京近现代优秀建筑艺术形态考辩	青年项目	09YJC760007	孙海垠	无	2009	5.00
6	文化遗产学基本理论研究	一般项目	10YJAZH022	顾　军	苑利	2010	9.00
经费合计		31.50 万元					

表 1.3-5　2001—2010 年科研项目经费一览表

年份	2001	2002	2003	2004	2005	2006	2007	2008	2009	2010	合计
经费/万元	109.00	156.35	205.60	388.60	274.84	200.75	230.40	233.25	271.00	296.35	2366.14

（二）重要学术著作与论文

自 2001 年以来,学院教职工不仅出版了大量的教材,还出版了 182 部著作(见表 1.3-6 和表 1.3-7)。学院为鼓励多出精品,于 2004 年出台政策实施出版资助。2006 年,学校设立出版资助办法,形成院、校、市三级出版资助机制。

表 1.3-6　2001—2010 年教职工(第一作者)出版学术著作一览表(不含教材)

序号	著作名称	单　位	第一作者	主要合作者	出版社	出版年
1	广告文案创作——商人的诗行	广告系	张立梅		经济管理出版社	2010
2	走向成功——北京奥运会组织运行工作报告	学院	孔繁敏	陈朝雁、黄宗英、王培、李岩、冯霞、张娅娅,等	北京体育大学出版社	2010
3	北京档案信息资源管理理论与实践新探	档案系	孙爱萍	孙爱萍,等	世界图书出版公司	2010
4	当代北京宗教史	民族与宗教研究所	佟　洵	杨靖筠、徐威、傅凤英、马建龙、左芙蓉	北京出版社	2010
5	应用型本科人才培养的实证研究——做强地方本科院校	学院	孔繁敏	张宝秀、朱科蓉,等	北京师范大学出版社	2010
6	“国家化”名义下的“私属化”——蒋介石对国民革命军的控制研究	历史文博系	李宝明		社会科学文献出版社	2010

续表

序号	著作名称	单　位	第一作者	主要合作者	出版社	出版年
7	西周土地关系研究	历史文博系	张　经		中国大百科全书出版社	2010
8	走向社会	学院	郭淑敏	郭淑敏,等	中国宇航出版社	2010
9	信用卡安全机制与法律问题的理论与实践	法律系	赵永林	刘建钢、王小明,等	法律出版社	2009
10	人文旅游资源及其利用——以北京地区为中心的调查研究	历史文博系	左芙蓉		巴蜀书社	2009
11	北京天主教史	历史文博系	杨靖筠		宗教文化出版社	2009
12	非国有档案信息资源管理研究	档案系	孙爱萍		中国档案出版社	2009
13	北京大学生村官调查	党政办公室	郭淑敏	唐小恒、付月琴、程惠丽、宋清	中央民族大学出版社	2009
14	基督教与近现代北京社会	历史文博系	左芙蓉		巴蜀书社	2009
15	西欧中世纪后期的知识传播	广告系	程德林		北京大学出版社	2009
16	中国共产党的宗教政策与实践——新疆个案研究	人文社科部	赵　伟		现代教育出版社	2008
17	教育信息公开研究	教务处	朱科蓉		重庆大学出版社	2008
18	清末小说的生产与传播	新闻与传播系	李彦东		中国文史出版社	2008
19	传统与创新的契合——英语语言文学与英语教育研究论文集	外语系	黄宗英	黄宗英,等	北京出版社	2008
20	奥林匹克与中国	学院	孔繁敏	孔繁敏,等	北京出版社	2008
21	信用卡制度与金融安全研究	法律系	赵永林	刘建钢	中国档案出版社	2008
22	北京城区大型文化设施利用的空间分异研究	城市科学系	张景秋		中国书籍出版社	2008
23	当代大学生心理问题与思想品德研究	学生处	茹秀华		中国大地出版社	2008
24	现代市场调查与预测	广告系	冯丽云	钟　静	经济管理出版社	2008
25	北京形象——北京市城市形象识别系统(CIS)及舆论导向	广告系	李兴国	李兴国、刘延兵、程德林	中国国际广播出版社	2008

续表

序号	著作名称	单 位	第一作者	主要合作者	出版社	出版年
26	新疆绿洲可持续发展研究	科研处	熊黑钢		科学出版社	2008
27	二十世纪中国道教学术新开展	学院	傅凤英		巴蜀书社	2007
28	高等学校党的先进性建设研究	学院	郭淑敏	郭淑敏,等	中央民族大学出版社	2007
29	3dsmax 命令参考大全	计算科学系	陈世红		电子工业出版社	2007
30	新疆的青铜时代和早期铁器时代文化	历史系	韩建业		文物出版社	2007
31	诸子人才观与现代人才学	历史系	朱耀廷	李月修,等	中国广播电视出版社	2006
32	亚非国家文化旅游	历史系	杨靖筠		北京大学出版社	2006
33	差异化营销	广告系	冯丽云	李英爽	经济管理出版社	2006
34	理论热点聚焦——当代大学生关注的社会理论问题研究	社科部	冷新宇	魏博辉,等	冶金出版社	2006
35	宗教·北京	民族与宗教研究所	佟 洵		旅游教育出版社	2006
36	欧美国家文化旅游	历史系	司美丽		北京大学出版社	2006
37	建设应用型大学之路	学院	孔繁敏	孔繁敏,等	北京大学出版社	2006
38	正说元朝十五帝	历史系	朱耀廷		中华书局	2006
39	蓟门集:建设应用型大学研究(3 册)	教务处	牛志民	朱耀廷,等	北京燕山出版社	2006
40	北京人文古迹旅游(5 册)	历史系	朱耀廷	朱耀廷,等	光明日报出版社	2006
41	延安之恋	社科部	王 培		华文出版社	2006
42	民国谋杀案	社科部	王 培		华文出版社	2006
43	民国经济案	社科部	王 培		华文出版社	2006
44	小剧场戏剧论稿	新闻与传播系	周传家	杜剑峰	北京燕山出版社	2006
45	你有领导能力吗?	奥运所	冯燕,译		商务印书馆	2006
46	教学理论新探索	社科部	魏博辉		北京冶金出版社	2006
47	帕特森销售法则	网络中心	安继芳		机械工业出版社	2005

续表

序号	著作名称	单　位	第一作者	主要合作者	出版社	出版年
48	文化遗产报告——世界文化遗产保护运动的理论与实践	历史系	顾　军		社会科学文献出版社	2005
49	社会福音、社会服务与社会改造——北京基督教青年会历史研究	历史系	左芙蓉		宗教文化出版社	2005
50	创新思维学引论	外语系	卢明森	冯娟娟，等	高等教育出版社	2005
51	吸血鬼传奇	外语系	韩杨，译		新世界出版社	2005
52	市民文明礼仪读本	广告系	李兴国		北京出版社	2005
53	中国传统文化通论	历史系	朱耀廷	顾军、巩滨	北京大学出版社	2005
54	民国血案、惨案、迫害案	社科部	王　培		群众出版社	2005
55	类胡萝卜素化学及生物化学	生物系	惠伯棣		中国轻工业出版社	2005
56	道德哲学与社会伦理	社科部	李磊，译		黑龙江人民出版社	2005
57	中国人的姓名文化与命名艺术	新闻系	尹黎云		华夏出版社	2005
58	早日站在党旗下	党办	郭淑敏	郭淑敏，等	中国宇航出版社	2005
59	圣法兰西斯和他的世界	外语系	周明，译		北京大学出版社	2005
60	国际政治文化学导论	信息系	曹玉峰		世界知识出版社	2005
61	电影英语学习笔记	外语系	王永峰		电子工业出版社	2005
62	奥林匹克文化研究	奥研中心	孔繁敏	左芙蓉，等	人民体育出版社	2005
63	21世纪科学教育书系："2061计划"丛书——《科学素养的设计》	外语系	夏　耘		科学普及出版社	2005
64	情事变动与契约理论	法律系	孙美兰		法律出版社	2004
65	北宋《老子》注研究	宗教所	尹志华		巴蜀书社	2004
66	与企业家谈电子商务	广告系	冯丽云	康　威	经济管理出版社	2004
67	一代天骄——成吉思汗传（大陆版）	历史系	朱耀廷		人民出版社	2004
68	成吉思汗传	历史系	朱耀廷		人民出版社	2004

续表

序号	著作名称	单位	第一作者	主要合作者	出版社	出版年
69	北京文物古迹旅游(10册)	历史系	朱耀廷	张连城、顾军、佟洵、杨靖筠,等	光明日报出版社	2004
70	民国政治谋杀案	社科部	王　培		群众出版社	2004
71	陈守一纪念文集(第二卷)	法律系	刘隆亨		北京大学出版社	2004
72	中华文物古迹旅游	历史系	朱耀廷	顾军、陈红宇,等	北京大学出版社	2004
73	产业结构与职业教育	党办	郭淑敏	马万昌,等	中国科学技术出版社	2004
74	大学生成才修养	党办	李月修	郭淑敏,等	北京燕山出版社	2004
75	西夏法典中的西夏文化	法律系	杨积堂		法律出版社	2004
76	国际贸易案例精选	法律系		黄远龙,等	中国纺织出版社	2004
77	当代财税法基础理论及热点分析	法律系	刘隆亨	周红焰,等	北京大学出版社	2004
78	北京市依法治市的实践与发展	法律系	刘隆亨	周红焰、张瀛、刘建钢	中国档案出版社	2004
79	中国银行业监督管理法理解与适用	法律系	刘隆亨		红旗出版社	2004
80	中国北方新石器时代文化研究	历史系	韩建业		北大震旦古文化研究中心学术丛书	2004
81	宜居北京消费者行为调查研究	城市科学系	尹卫红	李雪妍,等	光明日报出版社	2004
82	市民礼仪	广告系	韩　平		中国社会出版社	2004
83	3DSMAX6 实用速查手册	计研室	陈世红	戈建涛、王允成	科学电子出版社	2004
84	北京建设与发展研究报告集锦	学院	孔繁敏	王艾珍,等	北京燕山出版社	2003
85	结算与法律实务操作	法律系		黄远龙,等	中国纺织出版社	2003
86	现代市场调查与预测(修订版)	广告系	冯丽云		经济管理出版社	2003
87	走进大学	学院	郭淑敏	任心慧、祁春利,等	中国宇航出版社	2003
88	大陆学者眼中的民进党	台研所	徐博东		海峡学术出版社	2003
89	信息文化论——数字化生存状态冷思考	管理系	董　焱	马费成,等	北京图书馆出版社	2003
90	广济寺	管理系	徐　威		华文出版社	2003

续表

序号	著作名称	单　位	第一作者	主要合作者	出版社	出版年
92	北京依法治市的实践与发展调研报告	法律系	刘隆亨	刘建钢、周红焰，等	中国档案出版社	2003
93	文艺复兴书信集	社科部	李　瑜		上海学术出版社	2002
94	反商事欺诈及典型案例评析	法律系	孟宪伟	赵永林，等	人民法院出版社	2002
95	一代天骄——成吉思汗传(蒙古版)	历史系	朱耀廷		蒙古国乌兰巴托出版社	2002
96	幼儿发展概貌	英语系	崔鲜泉		洪业文化事业有限公司	2002
97	第8次中韩国际学术讨论会论文集：全球化与东亚经济社会发展	城市系	张妙弟	张宝秀、叶胜东、唐赵铋、龚秀敏，等	韩国解东出版社	2002
98	流转税法	法律系	刘隆亨		北京大学出版社	2002
99	中国特色游	历史系		陈红宇	山东省地图出版社	2002
100	3DS MAX 4. X 实用整套手册	计研室	陈世红		清华大学出版社	2002
101	丰盛文集	新闻系	周传家	朱耀廷、孔昭林，等	北京燕山出版社	2001
102	机构革命	广告系	孔昭林	冯娟娟、陈琪、朱建邦	中国人事出版社	2001
103	《转法轮》——批判	党办		郭淑敏、李志刚、孙滢	北京出版社	2001
104	第6次中韩国际学术讨论会论文集：新世纪区域发展与合作	城市系	张妙弟	张景秋、张培力、李琛，等	韩国解东出版社	2001
105	Maya 角色动画技术	计算科学系		陈世红，等译	清华大学出版社	2001
106	中华人民共和国经济史(香港版)	金融系	董英辅	刘延兵、冷新宇、康威，等	香港出版社	2001
107	保健食品功能评价与开发	生物系	金宗濂	文镜、唐粉芳、董文彦、陈文、魏涛、赵江燕	中国轻工出版社	2001
108	思维的结构	历史系	左芙蓉，译		人民出版社	2001
参编	长江三峡区域旅游发展规划	城市系		张宝秀、董恒年，等	中国旅游出版社	2005
参编	2004年中国生产力研究报告	金融系		巫云仙，等	中国统计出版社	2005
参编	中国土地利用变化的遥感时空信息	城市系		陈静，等	科学出版社	2005

续表

序号	著作名称	单位	第一作者	主要合作者	出版社	出版年
参编	中国旅游就业目标体系与战略措施研究	城市系		李琛,等	中国旅游出版社	2004
参编	黄土高原新石器时代——青铜时代环境变迁的考古学观察	历史系		韩建业	科学出版社	2004

注:① 参编只选取重大项目成果报告,但不计算在内;② 本表收录部分著作。

表 1.3-7　2001—2010 年教职工独著、主编(或第一作者)出版专著数量统计表(教材除外)

类型＼年份	2001	2002	2003	2004	2005	2006	2007	2008	2009	2010	合计
专　著	3	3	13	40	8	22	5	15	11	12	132
论文集	3	2	2	3	1	10	2	1			24
译　著	1			1	2				1		5
工具书	1	1		1			1	1			5
通俗读物		1	4	4		5			1	1	16
合　计	8	7	19	49	11	37	8	17	13	13	182

2001—2010 年,学院教职工发表在核心期刊上的论文数量达到 700 多篇,见表 1.3-8。

表 1.3-8　2001—2010 年三大检索收录及核心期刊发表的论文数量统计表

年份	2001	2002	2003	2004	2005	2006	2007	2008	2009	2010	合计
篇数	26	41	49	62	66	87	77	102	121	97	728

(三)专利技术

学院坚持突出应用研究和加强产学研合作的科研方向,积极推进科研成果转化工作,在科研工作量、科研奖励等方面对专利申请给予较高的补贴,2001—2010 年,共申请专利 18 项,已批准 11 项(见表 1.3-9)。

惠伯棣教授发明的"应用超临界二氧化碳萃取技术",从加工型番茄中制备天然番茄红素的方法,成功在新疆巴州指导建设了制备番茄红素的生产线,有力地带动了巴州地区的经济发展。在 2008 年北京奥运会上,中国体育代表团中有 13 个运动队采用了这条生产线生产的健康产品作为缓解疲劳剂,收到了良好的社会和经济效益。该项研究成果获得 2006—2007 年度新疆巴州地区科技进步一等奖。

表 1.3-9　2001—2010 年授权专利一览表

序号	专利名称	发明人	申请号	专利类型	专利范围	专利状态	申请日期	授权号	授权日期
1	利用工业废渣制备多孔滤膜	魏　微	200510063217.8	发明专利	国　内	专利授权	2005.04.07	CN 100562357C	2009.11.25
2	园林植物养护管理及病虫害诊断专家系统	安继芳	2009SR023631	软件登记	国　内	专利授权	2009.04.14	2009SR023631	2009.06.18
3	基于粒子系统的焰火仿真软件	陈世红	2010SR060826	软件登记	国　内	专利授权	2010	2010SR060826	2010.11.13
4	蕃茄果实中番茄红素含量的无损伤检测	惠伯棣	200510134764.0	发明专利	国　内	专利授权	2005.12.21	ZL 200510134764.0	2010.12.22
5	食品中姜黄素的快速电子吸收光谱检测方法及检测设备	惠伯棣 裴凌鹏 王　政 唐秀华	200510051231.6	发明专利	国　内	专利授权	2005.03.02	CN 200510051231.6	2006.09.06
6	一株短小芽孢杆菌突变株及其发酵生产碱性蛋白酶	李祖明	200710121666.2	发明专利	国　内	专利授权	2007.09.12	ZL 200710121666.2	2010.02.03
7	一株克劳式芽孢杆菌突变株及其发酵生产碱性果胶酶	李祖明	200710100383.x	发明专利	国　内	专利授权	2007.08.16	ZL 200710100383.x	2010.05.26
8	用粉煤灰微珠制造微过滤膜的方法	魏　微	200410039595.8	发明专利	国　内	专利授权	2004.02.19	ZL200410039595.8	2008.07.02
9	一种红曲发酵产品中桔霉素含量的检测方法	文　镜 常　平	200610000038.4	发明专利	国　内	专利授权	2006.01.05	ZL 200610000038.4	2007.10.31
10	一种功能红曲中 Monaconlin 类化合物含量的检测方法	文　镜	200610086801.x	发明专利	国　内	专利授权	2006.06.16	ZL 200610086801.x	2008.02.27
11	能够清除体内羟自由基的功能食品及其制备方法	文　镜	200410058541.6	发明专利	国　内	专利授权	2006.01.25	ZL 200410058541.6	2006.01.25

(四)重要奖项

2001—2010年,学院科研项目完成情况良好,获得许多重要成果和奖项(见表1.3-10和表1.3-11)。

表1.3-10 2001—2010年获得北京市哲学社会科学优秀成果奖一览表

届 次	获奖时间	获奖级别	成果名称	成果形式	作者/主编
第六届	2001.01	二等奖	《中华人民共和国经济史》	专著	董英辅
第六届	2001.01	二等奖	《基督教与北京教堂文化》	专著	佟 洵
第七届	2002.12	二等奖	《目击台海危机》	专著	朱显龙
第七届	2002.12	二等奖	《北京戏剧史》	专著	周传家
第八届	2004.12	二等奖	《中国北方地区新石器时代文化研究》	专著	韩建业
第八届	2004.12	二等奖	《伊斯兰教与北京清真文化》	专著	佟 洵
第八届	2004.12	二等奖	《透析台湾民进党》	专著	徐博东
第九届	2006.09	二等奖	《国外中共党史研究述评》	专著	梁 怡

注:第六届北京市哲学社会科学优秀成果奖公布时间为2001年,故列在此。

表1.3-11 2001—2010年获得政府各类奖项一览表

序号	成果名称	获奖人员	奖项名称	获奖时间/年
1	《机构革命》	孔昭林,等	第三届全国人事科研成果三等奖	2001
2	北京文化企业集团运行机制研究	张妙弟,等	北京市第五届优秀调研成果三等奖 北京市宣卫系统优秀调研成果二等奖	2002
3	《金融法学》	刘隆亨	司法部法学优秀科研成果三等奖	2002
4	《成吉思汗》	朱耀廷	北京市优秀图书一等奖	2002
5	《伊斯兰教与北京清真寺文化》	佟 洵	第十四届中国图书奖	2005
6	产业结构与职业教育	郭淑敏	北京市优秀高等教育科研成果一等奖	2005
7	中国小剧场研究	周传家	北京市哲学社会科学"十五"规划优秀成果奖	2006
8	《中国北方地区新石器时代文化研究》	韩建业	教育部第四届中国高校人文社科研究优秀成果三等奖	2006
9	北京市科技计划项目档案管理的对策与方法	贺 真	北京市档案局优秀科技成果三等奖	2006
10	北京市档案馆档案资料目录中心建设研究	孙爱萍	北京市档案局优秀科研成果三等奖	2007
11	具有保存价值的非国有档案信息资源构建与管理研究	孙爱萍	北京市档案局优秀科研成果三等奖	2008
12	《建设应用型大学之路》	孔繁敏,等	北京市教育科学研究成果二等奖	2008
13	基于中国第二历史档案馆和北京市档案馆馆藏的民国公文程式研究	沈 蕾	北京市档案局优秀科技成果二等奖	2010
14	北京城市规划管理审批档案动态管理研究	潘世萍	国家档案局优秀科技成果三等奖 北京市档案局优秀科技成果二等奖	2010

由科研处申报获得重大科技奖励的人员有：2005 年，韩建业入选教育部新世纪优秀人才；2007 年，王琪获"第十七届北京优秀青年工程师"称号。此外，2005 年，科研处王艾珍被北京市社科规划办公室评为北京市"九五"规划项目管理先进个人。

四、主办(承办)的国际国内重要学术会议和学术报告

学院的校、院两级科研机构多次主办(承办)各级学术研讨活动(见表 1.3-12)，涉及宗教研究、奥运研究、地域文化研究、区域发展研究、法制建设研究、食品安全研究等内容。学院作为北京市食品学会、地理学会、财税法学会等常务理事单位，每年还积极协助学会举办年会等交流活动，扩大了学院影响。

表 1.3-12　2001—2010 年主办(承办)的重要学术会议

序号	时间/年	学术会议/学术报告名称	主办(承办)单位	会议地点	备　注
1	2001—2010	第六届至第十五届中韩学术研讨会	城市科学系(城市与区域发展研究所)	学院、韩国瑞江大学、北京大学轮流承办	城市与区域发展研究所、韩国瑞江大学地域发展研究所、北京大学社会经济与文化研究中心联合主办
2	2003	北京新奥运与法制环境研讨会	经济法研究所、奥林匹克文化研究中心联合主办	学院	
3	2003	首都税收宣传月座谈会	经济法研究所承办	学院	中国法学会财税法学研究会主办
4	2004	纪念邓小平诞辰 100 周年——"小平与奥运"座谈会	奥林匹克文化研究中心	政协礼堂	与北京奥运经济研究会和中共北京市委党史研究室共同主办
5	2004	"中国互联网络的发展方向和研发动态"研讨会	综合实训基地与院科研处联合承办	学院	中国计算机学会开放系统专业委员会(华北地区)主办
6	2004	北京市国际法学会常务理事会会议	法律系承办	学院	北京市国际法学会主办
7	2008	首都税收宣传月座谈会	经济法研究院(所)承办	学院	中国法学会财税法学研究会主办
8	2008	中国古都文化史学术研讨会	北京文化史研究所承办	学院	中国古都学会主办
9	2008	"奥林匹克与世界"中美韩国际学术研讨会	学院承办	学校	学校、美国加利福尼亚州立大学、韩国建国大学共同主办

续表

序号	时间/年	学术会议/学术报告名称	主办(承办)单位	会议地点	备　注
10	2008	“2008 年奥运会：世界聚焦中国——经济增长，可持续发展，社会凝聚力”高峰论坛	奥林匹克文化研究中心	国家会议中心	与德国阿德纳基金会、北京奥运经济研究会共同举办
11	2008	“2008 学术前沿论坛——后奥运与首都经济发展论坛”	奥林匹克文化研究中心承办	学院	北京市社会科学界联合会主办
12	2009	“北京奥运遗产界定与利用高峰论坛暨《2008 北京奥运经济报告》首发式”	奥林匹克文化研究中心	学校	与北京奥运经济研究会、北京市发展和改革委员会联合主办
13	2010	“钓鱼岛问题与国际法”高层研讨会	首都法制研究中心	学院	与北京国际法学会联合主办

五、产学研合作及社会服务

（一）校企合作

学院在“十五”“十一五”发展规划中，提出要大力开展国家和地方经济建设所需要的应用研究和开发研究，提高科技成果转化率和贡献率。各系及各科研机构加强与企业、政府部门、事业单位的合作，广泛开展横向课题研究。

生物学系(功能食品科学技术研究院)与上海中祥生物技术有限公司等企业合作，开发出清咽润喉保健品和保护酒精性肝中毒保健品。重点实验室和食品检测中心利用检测技术广泛为社会服务，2008 年北京奥运会期间，完成北京奥组委委托的运动员食品安全监测任务。

环境科学系室内环境监测与评价中心于 2005 年通过国家计量认证，获得对民用建筑工程项目进行室内空气质量检测的资质。中心加强与企业的合作，开发研制污染治理的方法和产品，提出污染治理产品效果鉴定的规范方法，获得良好的经济效益和社会效益。

城市科学系(房地产研究所、城市与区域发展研究所)围绕房地产开发与管理领域，与北京朝阳大地房地产经纪公司等企业合作，完成“房地产项目广告监测系统”，并于 2003 年推向市场；2004 年完成“北京房地产信息管理系统”项目，并由企业验收通过。2003 年还建成“首都购房在线”网站，经过校企双方不断完善，2010 年转让给企业运营。围绕区域旅游规划领域，2004 年与山西省的企业合作，完成山西皇城相府旅游总体规划。

档案系(档案事务研究所)自成立以来，坚持与北京市档案局(馆)合作办学，合作开展科学研究，主持或参与国家、北京市各级各类档案馆的多项研究课题。例如，2007 年完成北京市档案馆“档案资料目录中心建设研究”课题，2008 年完成北京市档案局“北京地区档案灾害防治问题研究”等课题。

（二）智力支持与成果转化

1. 智力支持

学院各系及科研机构依托学科专业，结合社会需要开发产学研方向，为国家和首都发展提供智力支持。

台湾研究所在 2001 和 2002 年连续获得北京市涉台调研报告一等奖。自 2002 年起，研究所被北京市台办确定为“北京市涉台调研基地”。

奥林匹克文化研究中心自 2001 年成立后，主办或承办多次全市性奥运论坛，开展奥运文化研究、奥运教育普及活动和北京奥运会经验总结及遗产利用等方面的研究，得到北京奥组委的高度重视与支持。2010 年 8 月，由学院和中心承担完成的《走向成功——北京奥运会组织运行工作报告》列为北京奥运会重要遗产递交国际奥委会，学院获得北京奥运城市发展促进会授予的荣誉证书。

民族与宗教研究所立足首都宗教与社会主义和谐社会建设研究，提出的多项对策被政府部门采纳，多项宗教研究论著被政府宗教工作部门列为工作人员必读书籍。

法律系（经济法研究所）的研究成果，多次作为两会提案进入国家决策，“费改税”“两税合并”“高新技术开发区法制环境建设”等重要建议，得到政府有关部门的吸纳和推行，还承担了中关村高新技术试验区、海南经济特区、西部大开发区立法规划的制定项目。

城市科学系（城市与区域发展研究所）于 2004 年主持完成国家旅游局等六部委项目“长江三峡区域旅游发展规划”中的 3 项子课题。2003—2010 年，承担地方政府委托项目，先后完成江西省萍乡市安源区、黑龙江省兴凯湖、山西省惠民县和乌金山国家森林公园等多项地方旅游开发规划项目，完成江苏省靖江市、贵州省黔东南州、河北省永清县等地区的经济发展战略研究项目。

历史系（文化遗产研究所）编写的《北京文化史》系列丛书，填补了北京文化研究的空白。完成的北京市社科“十一五”重点规划项目——北京市地下文物保护现状与对策研究，对北京市文物保护工作提出多项建议。

外语系教师完成的北京奥组委委托项目——《北京 2008 年奥运会、残奥会常用词语手册》，直接服务于北京奥运会。

新闻传播系承担和完成媒介时代主流意识形态与新闻伦理规范研究、媒介文体研究、戏剧与消费文化、奥林匹克与新闻传播、广告语言学等多个省部级、中央台及北京台的课题，推进了大众舆论与社会主导价值目标的良性循环。

广告系以研究北京国际大都市形象的塑造和维护为重点，承担多项北京市、北京企事业的形象设计与公共关系策划活动。《北京形象——北京市城市形象识别系统（CIS）及舆论导向》一书，作为北京市人文社会科学研究计划项目成果，2008 年由中国国际广播出版社出版。

2. 成果转化

2003 年，保健食品功能检测中心将“红曲降压功能研究”成果转让给浙江一家公司，获得转让费 60 万元。2004 年将“新型减肥食品”技术转让给上海鑫富药业集团，获得转让费 25 万元。技术转让推动了企业经济的发展。

（三）学生项目与活动

学院各系组织学生利用所学专业知识服务社会。例如，城市科学系学生参与了国土资源部土地评估中心和北京市房地局委托的"北京市基准地价基础调研"和中科院与系合作项目《中国宜居城市研究报告(北京)》基础数据搜集整理等房地产市场调查工作；历史系学生参与了北京古建研究所的宣武区古建调查和北京市政协文史委员会的北京名人故居调查等项目；环境系学生参加了北京市河流水质情况调查等环保活动；外语系学生自 2002 年开始到北京市西城区汽南社区教授社区居民学习英语，已经坚持了 10 年；法律系学生于 2007 年开始担任朝阳区中学法制副校长助理等。

第四节　队伍建设与人事管理

一、师资队伍建设

（一）基本情况

1. 数量及结构

2001—2010 年，由于学校专业调整、招生数量有所减少等因素，学院师资队伍的总数量呈"低—高—低"态势，其中 2007 年教师人数最多，为 230 人。教师占教职工总量的比例在不断上升，2001 年年底有教师 186 人，2010 年年底有教师 191 人，分别占当年教职工总数的 44.08%和 49.23%(见表 1.4-1)。2001—2010 年，学院共接收教师 142 人，其中调入教师 35 人，接收应届毕业生 107 人；共减少教师 81 人，其中调出(含终止合同)78 人，因病去世 3 人。

2001—2010 年，学院师资队伍的学历(学位)构成变化较大，研究生学历的教师特别是博士研究生教师有较大幅度增长。2001 年年底共有研究生学历(学位)教师 73 人，2010 年年底共有研究生学历(学位)教师 152 人，分别占当年教师总数的 39.25%和 79.58%。

在性别结构方面，女教师所占比例较高，且十年间变化不大。2001 年年底共有女教师 109 人，2010 年年底共有女教师 123 人，分别占当年教师总数的 58.60%和 64.40%。

在年龄结构方面，学院以中青年教师为主要力量。十年间教师年龄略有降低，但总体结构变化不大。2001 年年底 45 岁(含)以下教师共有 124 人，2010 年年底 45 岁(含)以下教师共有 137 人，分别占当年教师总数的 66.67%和 71.73%。

在专业技术职务方面，由于老教师逐年减少和新进教师学历(学位)层次的提高，以及学校对专业技术职务层次比例的严格控制，学院教师的专业技术职务结构呈橄榄型：初级和高级职务人员较少，中级职务人员较多。高级职务的人员数量和其所占教师总数的比例十年间变化不大，但初级职务人员的数量越来越少。2001 年年底共有教授或相当专业技术职务 17 人、副教授或相当专业技术职务人员 62 人，2010 年年底共有教授或相当专业技术职务人员 26 人、副教授或相当专业技术职务人员 61 人，高级专业技术职务人员分别占当年教师总数的 42.47%和 45.55%。2001 年年底共有助教 12 人，2010 年共有助教 8 人，分别占当年教师总数的 6.45%和 4.19%。

表 1.4-1　2001—2010 年师资队伍结构一览表

年份	教职工总数	教师总数	占教职工总数之比	学历学位结构			职务结构				年龄结构					备注
				博士/%	硕士/%	本科/%	教授/%	副教授/%	讲师/%	助教/%	30岁及以下	31—40岁	41—50岁	51—60岁	61岁及以上	
2001	422	186	44.08	11/5.91	62/33.33	113/60.75	17/9.14	62/33.33	90/48.39	12/6.45	31	74	51	28	2	无职称5人
2002	438	201	45.89	14/7.00	78/38.81	109/54.23	19/9.45	66/32.84	91/45.27	24/11.94	42	78	48	31	2	无职称1人
2003	451	210	46.56	19/9.05	86/40.95	105/50.00	20/9.52	62/29.52	99/47.14	19/9.05	44	85	50	29	2	无职称10人
2004	456	215	47.15	24/11.16	96/44.65	95/44.19	18/8.37	60/27.91	98/45.58	24/11.16	46	77	60	30	2	无职称15人
2005	457	219	47.92	37/16.89	95/43.38	87/39.73	24/10.96	57/26.03	122/55.71	16/7.31	43	71	75	25	5	
2006	453	217	47.90	40/18.43	94/43.32	83/38.25	22/10.14	56/25.81	118/54.38	21/9.68	44	65	73	30	5	
2007	458	230	50.22	52/22.61	100/43.48	78/33.91	21/9.13	54/23.48	139/60.43	16/6.96	45	74	73	36	2	
2008	437	218	49.89	54/24.77	99/45.41	65/29.82	24/11.01	57/26.15	127/58.26	10/4.59	25	89	70	34	0	
2009	408	206	50.49	55/26.70	94/45.63	57/27.67	25/12.14	63/30.58	112/54.37	6/2.91	20	88	66	32	0	
2010	388	191	49.23	63/32.98	89/46.60	39/20.42	26/13.61	61/31.94	96/50.26	8/4.19	14	90	62	25	0	

2. 队伍基本构成

学院的师资队伍主要由教学人员构成。2000 年以后依托专业而建立的科研研究机构产生,学院又有了以科研为主要岗位职责的教师。2008 年实行分类聘任后,师资队伍主要由教学科研型教师、科研为主型教师、教学为主型教师构成。其主要任务为:

(1) 教学为主型教师

此部分教师包含教学科研型和教学为主型两部分教师,主要承担教学任务。其中教学科研岗教师以教学为主,承担一定量的科研任务;教学岗教师以教学为主,少量承担科研任务。教学岗位教师依其担任的教学任务可分为:基础课教师——承担大学英语、计算机基础、数学、物理、体育、思想政治理论等课程的教学任务;专业课教师——承担各专业的专业基础课、专业课及学生学年论文和毕业论文的指导等教学任务。

(2) 科研为主型教师

此部分教师分布于由学院管理的校级研究机构和北京市重点实验室,在教师中所占比重很少。他们以完成科研任务为主,同时承担少量的教学任务,有极少数人具有双重身份,即岗位属于研究机构或重点实验室,同时担任系主任职务,负责系各项事务的管理。

(3) 双师素质教师

此部分教师为落实学校的办学宗旨和定位,自 2004 年年底起由学院推荐、学校审核认定双师素质教师。双师素质教师在专业教师中产生,对符合具有讲师以上职务,并具有企业、行业本专业一定年限的工作经历和教师系列之外的专业技术中级以上职称,或教育部授予的专业技能培训合格证书、主持应用技术研究项目等条件的教师,授予联大双师素质教师资格,任期为 3 年,期满后需重新申请进行认定。双师素质教师除承担专业课程的理论教学外,还需承担实践课程的教学工作、主持应用性课程的开发、出版相关教材、主持或参与校级实验(训)室建设、主持应用技术等研究项目和到企业兼职等任务。学院分别在 2004 年、2008 年和 2009 年向学校推荐审核认定了三批双师型教师,共 39 人(见表 1.4-2)。

表 1.4-2 双师素质教师名单

年 份	姓 名
2004	何旭、王小明、周红焰、常敏、赵永林、章铮、张瀛、杨积堂、魏琦、韩平、惠伯棣、孔昭林、逯燕玲、戴红、孙建华、惠东坡
2008	李兴国、程德林、郝家林、朱建邦、李静文、王丹谊、刘元红、王竹宝、张宝贵
2009	张波、栾娜、秦菲、魏涛、孙雅煊、文镜、米生权、安继芳、李雪妍、尹夏楠、孟秀转、李琛、邹柏贤、温燕生

(4) 学科带头人和专业负责人

为了强化学科专业建设,学院报请学校审核批准在北京市重点建设学科、校级重点建设学科设立带头人(见表 1.4-3);在院级重点建设学科、一般学科和专业中,由学院审核认定负责人(见表 1.4-4)。此类人员一般由专业中具有高学历、高专业技术职务(教授或博士副教授)的人员担任,负责学科或专业的发展方向、具体建设、科研项目申报的组织、本专业师资队伍的规划与建设、课程的组织建设等任务。

表 1.4-3 学科带头人/负责人名单

序号	学科名称	级 别	带头人	负责人	学历/位	职 务	任职时间/年	备 注
1	食品科学	市级重点建设学科 校级重点学科	金宗濂		硕士	教 授	2001—2006	
			姜招峰		博士	教 授	2006—今	
2	经济法学	市级重点建设学科 校级重点学科	刘隆亨		本科	教 授	2001—2006	
			黄远龙		博士	副教授	2006—2010	
			杨积堂		博士	教 授	2010—今	
3	人文地理学	市级重点建设学科 校级重点学科	张宝秀		博士	教 授	2004—今	
4	环境科学	校级重点建设学科	赵 卓		博士	教 授	2007—2010	2010 年停办
5	新闻学	校级重点建设学科		张娅娅	学士	副教授	2004—2009	
				杜剑峰	硕士	副教授	2010—今	
6	专门史	校级重点建设学科	朱耀廷		本科	教 授	2004—2008	
			韩建业		博士	教 授	2008—今	
7	档案学	校级重点建设学科	贺 真		学士	教 授	2005—2007	
			孙爱萍		博士	教 授	2007—今	
8	计算数学	院级重点建设学科	曹 彤		硕士	副教授	2007—2008	
			逯燕玲		硕士	教 授	2008—今	
9	会计学	院级重点建设学科	傅宏宇		硕士	副教授	2007—2009	2009 年并入学校管理学院
10	英语语言文学	院级重点建设学科	黄宗英		博士	教 授	2005—今	
11	传播学	院级重点建设学科	李兴国		硕士	教 授	2007—2008	2010 年随广告系转出
			孔昭林		学士	教 授	2008—今	

表 1.4-4 专业负责人名单

序号	专业名称	级 别	负责人	学历/位	职 务	任职时间/年	备 注
1	生物技术	校级技术应用性本专科试点专业	金宗濂	硕士	教 授	2003—2006	
		市级品牌建设专业	金宗濂	硕士	教 授	2005—2007	
		校级骨干专业	张 波	博士	教 授	2006—2010	
2	资源环境与城乡规划管理	市教委重点支持改造专业	张宝秀	博士	教 授	2002—2005	
		市级品牌建设专业	张宝秀	博士	教 授	2005—2007	
		国家级特色专业建设点及市级特色专业	张宝秀	博士	教 授	2008—今	
		校级骨干建设重点专业	张景秋	博士	教 授	2006—2008	
		校级骨干专业	张景秋	博士	教 授	2008—今	
3	环境科学	校级技术应用性本专科试点专业	陈双基	本科	教 授	2003—2006	
		院级骨干专业	赵 卓	博士	教 授	2008—今	
4	信息与计算科学	院级骨干专业	逯燕玲	硕士	教 授	2010—今	

续表

序号	专业名称	级　别	负责人	学历/位	职　务	任职时间/年	备　注
5	会计学	院级骨干建设专业	傅宏宇	硕士	副教授	2008—2009	2009年并入学校管理学院
6	法　学	校级骨干建设专业	赵永林	本科	教　授	2008—今	
7	新闻学	校级应用性本科重点建设专业	周传家	博士	教　授	2003—2006	
		校级骨干建设重点专业	张娅娅	本科	教　授	2006—2008	
		校级骨干专业	张娅娅	本科	教　授	2008—2009	
		校级骨干专业	杜剑峰	硕士	副教授	2010—今	
8	英　语	院级骨干建设专业	黄宗英	博士	教　授	2008—2009	
		院级骨干专业	黄宗英	博士	教　授	2010—今	
9	历史学	校级骨干专业	顾　军	硕士	教　授	2008—2009	
		市级特色专业	顾　军	硕士	教　授	2009—今	
10	档案学	校级骨干建设特色专业	孙爱萍	博士	教　授	2006—2008	
		校级骨干专业	孙爱萍	博士	教　授	2009—今	
11	电子信息科学与技术	普通专业	高维路	本科	副教授	2005—2006	2006年并入学校信息学院
12	食品质量与安全	普通专业	赵晓红	博士	教　授	2006—2009	
			文　镜	本科	教　授	2010—今	
13	地理信息系统	普通专业	孟　斌	博士	副教授	2007—今	
14	金融学	普通专业	陈　岩	博士	副教授	2006—2009	2009年并入学校管理学院
15	汉语言文学	普通专业	周传家	博士	教　授	2003—2006	
			李　娜	硕士	副教授	2006—今	
16	广告学	普通专业	李兴国	硕士	教　授	2001—2008	
			郝家林	本科	副教授	2008—2009	
17	公共事业管理	普通专业	孔昭林	学士	副教授	2002—2009	
			朱建邦	硕士	副教授	2009—今	
18	信息系统与信息管理	普通专业	饶伟红	硕士	副教授	2001—2003	
			董　炎	博士	教　授	2003—2006	
19	网络技术(高职)	市级试点专业	饶伟红	硕士	副教授	2001—2003	
		校级重点建设专业	逯燕玲	硕士	副教授	2003—2008	
20	公关与营销(高职)	校级重点专业	李兴国	硕士	教　授	2001—2004	2005年停招
21	分析检测技术	高职普通专业	陈双基	本科	教　授	2001—2002	2002年更名
22	室内环境控制技术	高职普通专业	陈双基	本科	教　授	2003—2004	2003年更名
23	室内检测与控制技术	高职普通专业	陈双基	本科	教　授	2005—2006	2007年停招
24	旅游管理	高职普通专业	张宝秀	博士	副教授	2001—2004	2005年停招
25	城市信息管理与应用	高职普通专业	孟　斌	博士	副教授	2002—2004	2005年停招
26	公共关系	高职普通专业	李兴国	硕士	教　授	2005—2008	2008年停招
27	广告设计与制作	高职普通专业(艺术类)	李兴国	硕士	教　授	2005—2008	2008年停招
28	广告策划与制作	高职普通专业	韩　平	本科	讲　师	2001—2004	2005年停招
29	文博旅游	高职普通专业	朱耀廷	本科	教　授	2001—2004	2005年停招

(5) 骨干教师队伍

学院的骨干教师由拔尖人才、高层次人才、学术创新人才、北京市新世纪百千万人工程人才、北京市级教学名师、北京市级骨干教师、校级骨干教师等构成(见表 1.4-5)。

拔尖创新人才——自 2005 年起由北京市教委负责审定并资助,属于北京市教委"北京市属市管高等学校人才强教计划"的项目之一。学院获此资助项目的人员有姜招峰(2005—2007 年,获得资助经费 90 万元)、韩建业(2006—2008 年,获得资助经费 54.83 万元)。

高层次人才——自 2009 年起由北京市教委负责审定并资助,属于北京市教委"北京市属市管高等学校人才强教计划深化计划"的项目之一。学院获此资助项目的人员有姜招峰(2009—2011 年,获得资助经费 300 万元)、韩建业(2010—2012 年,获得资助经费 300 万元)。

学术创新人才——自 2009 年起由北京市教委负责审定并资助,属于北京市教委"北京市属市管高等学校人才强教计划深化计划"的项目之一。学院获此资助项目的人员有熊黑钢(2009—2011 年,获得资助经费 90 万元)。

北京市新世纪百千万人才工程——由北京市人事局组织专家评审委员会评审。学院获得此项目的人员是韩建业(2008 年)、张景秋(2010 年)。

北京市级骨干教师——属于北京市教委"北京市属市管高等学校人才强教计划"和"北京市属市管高等学校人才强教计划深化计划"的项目之一。该项目自 2005 年起执行,由北京市教委负责审定并资助,获得此项目资助的骨干教师每年每人有 2 万元的资助经费,连续资助三年。学院自 2005—2010 年共有 27 人先后获得此资助项目。其中宋红敏在 2009 年因休产假未能完成此项目,其资助经费 2 万元由北京市教委收回。

北京联合大学校级创新人才——2010 年起在学校内实施。学院的惠伯棣和黄宗英于 2010 年获此称号,并获得连续 2 年每人 6 万元的经费资助。

北京联合大学校级中青年骨干教师——2004 年年底在学校内实施。学院先后于 2005 年和 2009 年有 11 名教师获得校级中青年骨干教师称号并获得经费资助(理科教师每人每年 2 万元,文科教师每人每年 1 万元,每人所获资助 1～2 年)。

表 1.4-5　2001—2010 年骨干教师名单

序号	名　称	级　别	姓　名	时间/年	资助金额/万元
1	拔尖人才	市　级	姜招峰	2005—2007	90
2	教育部新世纪优秀人才	部　级	韩建业	2005—2008	20
3	拔尖人才	市　级	韩建业	2006—2008	55
4	高层次人才	市　级	姜招峰	2009—2011	300
5	高层次人才	市　级	韩建业	2010—2012	300
6	学术创新人才	市　级	熊黑钢	2009—2011	90
7	北京市新世纪百千万人才工程	市　级	韩建业	2008	0
8	骨干教师	市　级	陈　文	2005—2007	6
9	骨干教师	市　级	张景秋	2005—2007	6
10	骨干教师	市　级	杨积堂	2005—2007	6
11	骨干教师	市　级	韩建业	2005—2007	6

续表

序号	名　称	级　别	姓　名	时间/年	资助金额/万元
12	骨干教师	市　级	李彦东	2006—2008	6
13	骨干教师	市　级	惠东坡	2006—2008	6
14	骨干教师	市　级	宋红敏	2006—2008	6
15	骨干教师	市　级	马青华	2007—2009	6
16	骨干教师	市　级	张　波	2007—2009	6
17	骨干教师	市　级	赵晓红	2007—2009	6
18	骨干教师	市　级	万鹰昕	2007—2009	6
19	骨干教师	市　级	尹夏楠	2007—2009	6
20	骨干教师	市　级	周　明	2007—2009	6
21	骨干教师	市　级	钟　静	2007—2009	6
22	骨干教师	市　级	孙爱萍	2007—2009	6
23	骨干教师	市　级	荣瑞芬	2007—2009	6
24	骨干教师	市　级	蔡　春	2010—今	2
25	骨干教师	市　级	魏　涛	2010—今	2
26	骨干教师	市　级	闫文杰	2010—今	2
27	骨干教师	市　级	傅平丰	2010—今	2
28	骨干教师	市　级	李　琛	2010—今	2
29	骨干教师	市　级	陈　静	2010—今	2
30	骨干教师	市　级	孟秀转	2010—今	2
31	骨干教师	市　级	冯　霞	2010—今	2
32	骨干教师	市　级	任心慧	2010—今	2
33	骨干教师	市　级	崔鲜泉	2010—今	2
34	骨干教师	市　级	张立梅	2010—今	2
35	创新人才	校　级	惠伯棣	2010—今	6
36	创新人才	校　级	黄宗英	2010—今	6
37	中青年骨干教师	校　级	李　琳	2005	2
38	中青年骨干教师	校　级	张　波	2005	2
39	中青年骨干教师	校　级	惠伯棣	2005	2
40	中青年骨干教师	校　级	张景秋	2005	2
41	中青年骨干教师	校　级	赵承寿	2005	1
42	中青年骨干教师	校　级	蔡　春	2009	0
43	中青年骨干教师	校　级	邓大跃	2009	2
44	中青年骨干教师	校　级	孟　斌	2009	2
45	中青年骨干教师	校　级	都　宁	2009	1
46	中青年骨干教师	校　级	杜剑峰	2009	1
47	中青年骨干教师	校　级	左芙蓉	2009	1

(6) 优秀教学团队

2001—2010 年，学院培育有 1 个市级和 6 个校级优秀教学团队(见表 1.4-6)。

表 1.4-6　2001—2010 年院级及以上优秀教学团队一览表

团队名称	负责人	级　别	评定时间/年
资源环境与城乡规划管理专业教学团队	熊黑钢	校级优秀教学团队	2008
生物技术专业教学团队	张　波	校级优秀教学团队	2008
文物考古与文化旅游系列课程教学团队	韩建业	校级优秀教学团队培育项目	2008
思想政治理论课教学团队	魏博辉	院级优秀教学团队培育项目	2008
公共事业管理专业教学团队	孔昭林	院级优秀教学团队培育项目	2008
档案学专业教学团队	孙爱萍	校级优秀教学团队	2009
信息与计算科学实践教学团队	逯燕玲	校级优秀教学团队培育项目	2009
应用文科综合实验教学团队	韩建业	市级和校级优秀教学团队	2010
英美文学教学团队	黄宗英	院级优秀教学团队	2010
法学专业教学团队	杨积堂	院级优秀教学团队	2010
新闻学专业教学团队	杜剑峰	院级优秀教学团队培育项目	2010
计算机公共课程教学团队	戴　红	院级优秀教学团队培育项目	2010

(7) 学术创新团队

2001—2010 年，学院培育有 2 个市级学术创新团队，分别是北京文化史创新团队、北京城市空间结构与城市发展创新团队，带头人分别为朱耀廷、张宝秀。

(二) 建设措施与制度

1. 教师职务聘任

2001—2005 年，学院教师职务分为教师教学类和教师科研类，由助教(实习研究员)、讲师(助理研究员)、副教授(副研究员)和教授(研究员)四个级别构成。实行评聘相结合的制度，具体评审和聘任分为以下几个层次进行：

(1) 新接收的教师

进院前无一年以上工作经历的硕士毕业生，在半年试用期满并经考核合格后确认为助教(实习研究员)；有一年以上工作经历的硕士毕业生，自进院之日起确认为助教(实习研究员)，但需在半年试用期满并经考核合格后办理确认手续。助教(实习研究员)经历满两年并考核合格的硕士毕业生，认定为讲师(助理研究员)。2007 年起不再进行讲师的认定，需参加职务晋升聘任。

进院前无一年以上工作经历的博士毕业生，在半年试用期满并考核合格后认定为讲师(助理研究员)；有一年以上工作经历的博士毕业生，自进院之日起确认为讲师(助理研究员)，但需在半年试用期满并经考核合格后办理确认手续。

以上专业技术职务的确认和认定工作，由学院人事处负责办理。

(2) 教师中级职务的晋升

助教(实习研究员)任职满 4 年可申请讲师(助理研究员)的职务，该项职务由学院专业技术职务评审委员会负责评审，院长办公会负责聘任。

(3) 教师高级职务的晋升

讲师(助理研究员)任职满5年、博士讲师满2年,可申请副教授(副研究员)职务;副教授(副研究员)任职满5年可申请教授(研究员)职务。副高级和正高级专业技术职务的晋升由学院专业技术评审委员会评审通过,并报学校专业技术评审委员会审批通过后,报北京市高级专业技术职务评审委员会审批,通过后方可履职。

具有中级及正副高级职务的教师由北京市人事局发给"专业技术职务任职资格证书"。

2001—2003年,学院教师职称晋升的依据为《北京联合大学应用文理学院关于教师申报高级职务必要条件的规定》。

2004年,学校颁布了《北京联合大学专业技术职务评审办法(试行)》和《北京联合大学专业技术职务基层评审推荐条件(试行)》,学院的职称评审工作依此而进行,以前所制定的相关文件同时废止。

2006年,根据北京市的有关要求,学校将教师职务的评聘制改革为教师职务的聘任制,为此颁布了《北京联合大学教师职务岗位设置办法(试行)》,并制定了《北京联合大学教师职务聘任必备条件(试行)》,进一步明确了聘任权限:讲师(助理研究员)由学院自行聘任,副教授(副研究员)、教授(研究员)由学院推荐学校聘任。

2009—2010年,学校将副教授(副研究员)的聘任权下放给学院,并在2010年拿出一定的指标,由学校统一掌握进行博士讲师晋升副教授(副研究员)的聘任(所谓开通的"博士通道")。

2001—2010年学院在职正高级专业技术人员及享受政府特殊津贴人员名单见表1.4-7。

实施教师职务聘任制后,在每一年度的聘任中,学校基本按教师45%~46%的比例向应用文理学院下达高级职务的指标,学院根据此指标具体核定各学科(专业)中应有与实有高级职务教师的数额,并根据其差额进行聘任。同时,北京市人事局不再发放专业技术职务任职资格证书,改向教师发放由北京市人事局提供文本、学校签发的聘任证书。

2. 教师岗位的分类分级聘任

2001—2008年,教师同一级别的职务内无具体的层级划分。2008年,根据国家和北京市有关高校岗位设置管理的意见,学院组织参加了学校进行的教师岗位分级聘任工作。此次聘任将教师职务分为12级(实际聘任到岗的教师为11级)。其中,二至四级教授和一至三级副教授由学校负责聘任,一至三级讲师和一、二级助教由学院负责聘任。学院参加此次聘任的教师共有234人(含退休教师13人),其中聘为二级教授(研究员)的8人(含退休教师5人),三级教授(研究员)7人(含退休教师2人),四级教授(研究员)16人(含退休教师1人);一级(五级)副教授(副研究员)9人(含退休教师3人),二级(六级)副教授(副研究员)19人,三级(七级)副教授(副研究员)32人(含退休教师1人);一级(八级)讲师31人,二级(九级)讲师28人(含退休教师1人),三级(十级)讲师68人;一级(十一级)助教8人,二级(十二级)助教8人。

此次教师的分级聘任在2008年年底实施,任职时间自2008年1月1日计算。

2010年3月,在学校进行的全员岗位聘任中,对教师的聘任除了确定其级别外,还进行了教学科研岗教师、科研教学岗教师和教学岗教师的分类聘任。此次分类分级聘任自2010年3月1日起履职。此次聘任中,学院教师中二级至四级教授分别为4人、7人、12人,一至三级副教授分别为13人、7人、43人,一至三级讲师分别为30人、23人、46人,助教一级5

人、二级 4 人。

表 1.4-7　2001—2010 年在职正高级专业技术人员及享受政府特殊津贴人员名单

年份	人数	在职正高级专业技术人员	享受政府特殊津贴人员
2001	20	孔繁敏、金宗濂、姜招峰、陈双基、刘隆亨、赵永林、周传家、尹黎云、郭世明、董英辅、郭钟永、李兴国、朱耀廷、司美丽、徐博东、佟洵、贺真、梁怡、牛志民、缪经良	金宗濂、朱耀廷、刘隆亨、周传家
2002	21	孔繁敏、金宗濂、姜招峰、张波、陈双基、刘隆亨、赵永林、周传家、尹黎云、董英辅、郭钟永、李兴国、朱耀廷、司美丽、徐博东、朱显龙、佟洵、贺真、梁怡、牛志民、缪经良	金宗濂、朱耀廷、刘隆亨、周传家
2003	22	孔繁敏、金宗濂、姜招峰、张波、陈双基、刘隆亨、赵永林、周传家、尹黎云、董英辅、郭钟永、李兴国、朱耀廷、司美丽、徐博东、朱显龙、佟洵、刘伟胜、贺真、梁怡、牛志民、缪经良	金宗濂、朱耀廷、刘隆亨、周传家
2004	20	孔繁敏、金宗濂、姜招峰、张波、陈双基、刘隆亨、赵永林、周传家、尹黎云、董英辅、郭钟永、李兴国、冯丽云、朱耀廷、司美丽、佟洵、贺真、董焱、牛志民、赵胜年	金宗濂、朱耀廷、刘隆亨、周传家
2005	23	孔繁敏、李月修、金宗濂、姜招峰、张波、赵晓红、陈双基、熊黑钢、刘隆亨、赵永林、周传家、尹黎云、董英辅、郭钟永、李兴国、朱耀廷、佟洵、贺真、董焱、郭淑敏、唐小恒、牛志民、赵胜年	金宗濂、朱耀廷、刘隆亨、周传家、熊黑钢
2006	26	孔繁敏、李月修、金宗濂、姜招峰、张波、赵晓红、惠伯棣、陈双基、熊黑钢、刘隆亨、赵永林、周传家、尹黎云、董英辅、郭钟永、李兴国、朱耀廷、韩建业、佟洵、贺真、魏博辉、孙建华、郭淑敏、唐小恒、牛志民、赵胜年	金宗濂、朱耀廷、刘隆亨、周传家、熊黑钢
2007	25	孔繁敏、李月修、张宝秀、姜招峰、张波、赵晓红、惠伯棣、高丽萍、熊黑钢、赵永林、尹黎云、董英辅、郭钟永、李兴国、朱耀廷、韩建业、顾军、佟洵、贺真、魏博辉、孙建华、郭淑敏、唐小恒、牛志民、赵胜年	朱耀廷、熊黑钢、佟洵
2008	27	孔繁敏、李月修、张宝秀、姜招峰、张波、赵晓红、惠伯棣、高丽萍、赵卓、魏微、熊黑钢、张景秋、赵永林、杨积堂、张娅娅、黄宗英、董英辅、郭钟永、孔昭林、韩建业、顾军、魏博辉、茹秀华、孙建华、郭淑敏、唐小恒、赵胜年	熊黑钢、张娅娅
2009	27	孔繁敏、李月修、张宝秀、逯燕玲、姜招峰、张波、赵晓红、惠伯棣、高丽萍、文镜、荣瑞芬、赵卓、魏微、熊黑钢、张景秋、尹卫红、赵永林、杨积堂、黄宗英、韩建业、顾军、杨靖筠、孙爱萍、魏博辉、茹秀华、孙建华、唐小恒	熊黑钢、张娅娅
2010	28	孔繁敏、张宝秀、逯燕玲、姜招峰、张波、赵晓红、惠伯棣、高丽萍、文镜、荣瑞芬、赵卓、魏微、张景秋、尹卫红、赵永林、杨积堂、黄宗英、王毅、韩建业、顾军、杨靖筠、冯小波、孙爱萍、魏博辉、茹秀华、孙建华、唐小恒、王彤	

3. 提高教师的学历(学位)层次

学院为鼓励和支持教师提高学历层次，于 2001 年 11 月，修改发布了《青年教师进修学习资助办法(试行)》,对攻读硕士和博士学位的教师在工作量和经费方面予以支持。2003年8月,学校出台《关于提高师资队伍学历层次的实施办法(试行)》(京联人〔2003〕49号),要求1957年1月1日以后出生的不具备硕士学位的讲师及以下职称的教师,要在5年内(2008年年底前)取得硕士学位。同时要求到2008年,没有硕士学位的讲师不得晋升副教授,没有硕士学位班结业证书的助教不得晋升讲师。在2008年的分级聘任和2009年的全员聘任中,没有硕士学位的讲师和助教均被聘为本岗位的最低级别,另有8名没有硕士学位、又未进行过硕士学位学习的专业教师未被聘为教师岗。

2001—2010年,学院共有16位教师完成硕士学位的学习并取得硕士学位,14位教师通过学习获得博士学位,另有在读博士13人。为此,学院共支出资助经费34万多元。还有7人进博士后站进修研究。

4. 教师培训

对教师进行培训是学院的常态工作之一,贯穿于教师在学院工作的全过程,具体分为以下几个方面。

(1) 岗前培训

此阶段的培训包括两个方面。第一,由北京市高校教师培训中心负责的教育理论与技能培训。要求所有新教师必须参加,并作为获得高校教师资格证书的必备条件。对参加此项培训的教师,学院为其支付约80%的培训费。第二,由学院人事处牵头,教务处、科研处、学生处等部门共同组织的新教师入职培训。通过讲座、座谈、教学观摩等环节,使新教师进一步了解学院、了解岗位,为其尽快地进入角色创造条件。

(2) 教育技术培训

此培训由学院人事处负责组织、学校负责培训,最后需通过北京市组织的教育技术等级考试。参加培训的人员是1960年1月1日及以后出生的教师。取得现代教育技术等级考试合格证书是晋升高一级教师职务的必备条件。对参加此项培训的教师,学院为其支付约80%的培训费。

(3) 国(境)外培训

此培训一是由北京市高校教师培训中心组织的专业进修或语言进修,培训时间从一个月到一年不等;二是由学院国际交流合作部(处)组织的国外短期访问,访问时间三至六个月;三是由北京市其他部门组织的交流访问,培训时间约半年左右;四是通过其他途径进行的国(境)外培训,如在境外高校进行工作,在国(境)外攻读博士学位等。2001—2010年,学院共有52人参加了此类培训或在国(境)外讲学。

(4) 专业技能和实践培训

学院于2005年5月颁发了《教师参加社会实践管理办法》,要求教师每年需进行1个月的社会实践活动,以提高教师的专业技能和应用能力。

2005年北京市教委实施了为期5年的《北京市属市管高等学校人才强教计划》,2009年又在此计划的基础上推出了《北京市属市管高等学校人才强教计划深化计划》,对计划内项目的参加教师给予数量不等的经费支持。学院除组织教师参加诸如创新人才、拔尖人才、骨干教师等以个人为单位的项目申报外,还特别组织了创新团队申报、校外名师讲学、师德以及教育技能的培训。2005—2010年,学院获得了2个创新团队共计65.44万元的资助(2005—2007年的北京文化史创新团队,资助经费60万元;2010—2012年的人文地理学学术创新团队，资助经费 5.44 万元）；获得校外名师讲学资助经费 8.88 万元（聘请校外专家 26 人为学生进行专业讲座）；开展师德培训项目 9 个，获得资助经费 20.16 万元；有 839 人次的教师参加了教育技能培训项目，获得资助经费 186.9131 万元。

（5）国内高校访问学者

2005—2009 年，学院共有 7 名教师到国内高校做访问学者，并因此获得北京市 5 万元的经费资助。

（6）其他培训

学院组织教师参加了学校举办的新聘教授培训、博士教师培训、新接收教师培训等活动。

5. 教师资格制度

学院于 2001 年 8 月，根据北京市教委的有关文件精神进行了首次教师资格认定工作。2004 年 3 月，根据北京市教委《关于全面实施教师资格的通告》和学校的工作要求，学院受北京市教委委托，成为高校教师资格认定的工作机构，教师资格认定工作进入正轨，每年春、秋进行两次。2007 年起，改为每年秋季认定一次。2004—2006 年，在学院聘为教师岗位或非教师岗位但具有硕士学位的教职工，均可申请教师资格的认定。2007 年起，根据北京市教委的要求，非教师岗位的教职工不再受理其教师资格的认定申请。

2003 年 8 月起，不再接收无硕士（含）以上学位人员进入教师队伍。

6. 青年教师导师制

2001—2003 年，学院继续推行青年教师导师制度，对新进院的青年教师（含没有大学教师经历的调入人员），由所在部门为其配备具有副高以上职称的教师任其导师，负责进行为期 2 年的指导工作。指导期满，由学院人事处负责组织对青年教师的考核（填写《青年教师考核登记表》），考核结果作为可否晋升职务的依据之一。2003 年 8 月起，学校统一了该项制度，培养期改为 1 年。

7. 学术休假制度

学院对于双肩挑教师，在完成一定时间的工作后，给予其一学期至一学年的学术假期，允许其离开教学和管理岗位，进行专门的学术进修和研究。

二、人事管理

（一）人员构成基本情况

1. 人员编制

2001 年 12 月，北京市教委人事处到学院核定人员编制，但事后并未下达具体的人员编制数额。因此，学院 2001—2010 年一直使用北京市编制办公室在 1995 年下达的 616 人的编制数额（1995 年 5 月 15 日京编办事〔1995〕54 号《关于北京联合大学文理学院与文法学院更名及核编的函》）。但在实际工作中，特别是 2004 年以后，是按师生比核定教职工编制数额的，即按全部在校生（含本专科生、夜大生、留学生、研究生）的折合数额，以 1∶16 的师生比核定教师数；按教师占全体教职工 55％的比例核定教职工数。2008 年，根据国家和北京市的有关要求，学院按照专业技术人员不低于 70％，管理人员不超过 20％，工勤人员不超过

10%的标准核定教职工编制。

根据按师生比计算出的教职工编制数额,学院在2001—2010年基本处于人员超编状态,超编部分主要为管理人员。

2. 教职工数量及结构

(1) 编制内教职工

2001—2010年,特别是2007年以后,学院对教职工的总数进行控制,在满足、扩充教师数量的同时,控制对管理岗位人员的接收,对管理部门所需的岗位尽量在院内人员中进行调剂。因此,教职工数量十年间呈“马鞍形”状态,特别是后三年人数锐减。2001年年底,教职工总数为422人;2010年年底,教职工总数为388人(见表1.4-8)。

在教职工队伍中,女职工的比例仍然较高,年龄的总体结构有所降低,学历(学位)层次有较大幅度提高。2005年学院出台《关于学院管理人员进修学习的规定》(应用文理人发〔2005〕15号),要求管理人员在2008年前,完成大学本科学历的进修任务,取得大学本科学历;对1966年1月1日及以后出生的管理人员,鼓励其进行研究生课程班的学习,对攻读硕士或博士学位的管理人员,学院提供其1/3或1/2的学费资助。到2010年年底,在管理岗位的人员中,除1人为大专学历外,其他人员已全部达到大学本科及以上学历(学位)。2002年,学院第一次招聘硕士毕业生作专职管理人员。2005年起,学院不再接收本科应届毕业生进院工作。

(2) 编制外人员

学院的编制外人员包括学院长期聘用的临时工、返聘的退休教职工、承担教学任务的外聘教师(含联大退休教师)等。2001—2008年,学院对编外人员采取分层管理:经院长办公会批准聘用的人员由学院统一管理,部门聘用的人员由部门管理。2001年,学院后勤实施社会化改革,其下设的各服务中心自行聘用编外人员并自行管理。2004年起,除后勤服务中心之外的编外人员统一由学院管理,并与之签订劳动合同、缴纳保险。2008年年初,新《劳动合同法》实施后,学院与院各部门及后勤各服务中心聘用的编外人员签订《聘用合同》,并缴纳保险,但后勤各服务中心仍自行对其聘用人员发放薪酬。2010年起,编外人员的管理由学院统一负责,从聘用、签订合同、办理保险到发放薪酬,不再由部门自理。

2008年年底,学院引进物业保洁服务公司,撤销校园服务中心,同时与该中心聘用的编外人员以及图书馆、经济法研究所、食品检测中心、学生宿舍管理中心等部门聘用的编外人员共计22人终止合同。为此,学院共支付经济补偿款214002元,进行劳动争议仲裁3次,法律诉讼2次。

2009年年底,学院引进餐饮公司承包学院食堂,撤销饮食服务中心,同时与该中心聘用的编外人员及设备维修中心的部分编外人员终止合同,共计33人。为此,学院支付经济补偿款336147元。

2010年年底,学院聘用的编外人员共计30人,其中返聘7人(见表1.4-9)。

外聘教师的管理,2001—2004年由院各教学部门负责,教学单位自行聘用并自付酬金。2005年,按学校的统一要求,外聘教师需由部门提出、教务处审核同意、人事处备案后方可承担教学任务。同时,要求外聘教师如承担公共基础课,应具有高校教师资格证书。此阶段外聘教师的酬金仍由各部门自付。2010年起,外聘教师酬金由学院统一支付。根据教学任务的要求和院内教师的实际情况,学院每学年外聘的教师在10～70人。

表 1.4-8 2001—2010 年教职工基本情况一览表

单位：人

年份	教职工总数	性别		年龄					岗位类别				在岗人员学历、学位				未聘任人数
		男	女	30岁及以下	31—40岁	41—50岁	51—60岁	61岁及以上	教师	教辅人员	管理人员	工勤人员	博士	硕士	本科	专科及以下	
2001	422	182	240	52	141	155	72	2	186	60	117	48	11	64	211	125	11
2002	438	178	260	67	145	147	77	2	201	63	115	48	14	83	213	117	11
2003	451	183	268	73	144	148	84	2	210	59	124	42	19	96	213	107	16
2004	456	188	268	81	127	161	85	2	215	58	129	40	24	112	208	98	14
2005	457	189	268	81	108	187	76	5	219	59	126	39	38	115	251	39	14
2006	453	189	264	80	103	176	89	5	217	53	138	30	41	120	239	38	15
2007	458	192	266	77	108	176	95	2	230	55	132	26	54	129	239	21	15
2008	437	181	256	50	125	174	88	0	218	78	97	31	56	133	209	26	13
2009	408	167	241	39	125	159	85	0	206	75	90	30	58	124	202	17	7
2010	388	158	230	15	128	146	99	0	191	80	80	32	65	119	180	19	5

表 1.4-9　2001—2010 年编外人员聘用情况一览表　　单位：人

年份	编外人员						外聘教师(学年平均数)
	总数	返聘	院聘	中心聘	签合同(协议)	缴纳保险	
2001	44	3	20	21	0	0	10
2002	60	6	34	20	0	0	57
2003	66	9	36	21	0	0	56
2004	59	5	32	22	32	0	49
2005	61	6	28	27	31	20	40
2006	64	4	27	33	30	25	71
2007	71	3	28	40	31	25	41
2008	76	5	25	46	71	65	34
2009	63	4	13	46	59	56	20
2010	30	7	23	0	23	8	13

（二）人事管理制度及其改革

1. 聘用合同制

北京市人民政府办公厅于 2002 年 11 月 20 日，颁布了《北京市事业单位聘用合同制试行办法》(京政办发〔2002〕50 号)，据此，学校要求于 2003 年 1 月底前，与教职工签订聘用合同(后因本科教学工作水平评估签约事延至 2005 年年初)。学院于 2005 年 2 月，与全院教职工签订了聘用合同。此次签订聘用合同共涉及院内 450 名教职工，其中，根据相关文件的要求，有 3 名局级干部不参加聘用合同的签订，5 名延聘或接近退休年龄的人员申请不签订聘用合同，6 名教职工因“吃劳保”，或未聘任上岗等原因暂时未办理签订聘用合同的手续。其余 436 名教职工均与学院签订了一年至本人退休年限不等的聘用合同(含 2 名合同制职工)，本次在所有人员的合同期内均未设定试用期。在签订聘用合同后，学院共有 9 名教职工申请内退，并与学院签订内退协议。至此，学院完成了实施聘用合同制的首次签约工作。

2005—2010 年，对于新进学院的教职工，在其进院办理报到手续的同时办理签订聘用合同的手续，所有新进人员均有一个学期左右的试用期，博士的合同期为五年，硕士及以下人员的合同期为三年，引进人员的合同期为五年，军转干部的合同期为六年且不设定试用期。对已签订聘用合同的教职工在其合同到期前半年，由人事处向学院聘用工作委员会(后改为向院长办公会)提交名单，经聘用工作委员会(院长办公会)研究提出是否续聘的意见，在合同期满前 30 天内由人事处向教职工本人发出书面续聘与否的通知，待合同期满后办理相关手续。

2005—2010 年，学院与 1 名教职工解除聘用合同，与 4 名合同到期教职工终止合同。

2008 年，新《劳动合同法》实施后，根据北京市人事局和学校的要求，学院与院聘编外人员也签订了聘用合同(由学校提供统一文本)，而未签订劳动合同。

2. 岗位聘用制

2001—2010 年，学院实施了多次教职工的岗位聘任，聘任类型可分为岗位聘任，其聘任结果与教职工的岗位津贴(绩效工资)相关联;人员的分类分级聘任和专业技术职务聘任。此两项聘任结果与教职工的基本工资相关联,并与岗位聘任的等级相关联。

(1) 岗位聘任

学院2001—2010年共实施或参加了4轮岗位聘任。

2001年、2003年和2006年的岗位聘任,由学院组织实施,聘任方案也由学院制订。2001年、2003年的岗位聘任,实行三类岗位(教师岗、教辅岗、管理岗)九级层次的聘任;2006年的岗位聘任,实行四类岗位(教师教学岗、教师科研岗、教辅岗、管理岗)九级层次的聘任。

由于实施后勤社会化改革,学院2001年建立多个后勤服务中心,各中心为乙方,与学院(甲方)签订合同,中心人员不参加学院的岗位聘任。

对聘任上岗的教职工发放岗位津贴。岗位津贴由目标津贴、工龄津贴、任务津贴、职务津贴、兼职津贴、考勤津贴、考核津贴组成。目标津贴按九级设置,标准由学院统一确定;工龄津贴按每工龄10元计算(该项津贴2006年后并入目标津贴,且不再增加数额);任务津贴主要发放的是教师课时费,具体标准由部门自定;职务津贴为管理岗位具有一定职级的人员和担任管理工作的专业技术人员所任职级的津贴;兼职津贴为教师担任班主任、辅导员等工作的津贴,标准由学院统一制定;考勤津贴分为坐班人员和不坐班人员两个标准(2006年岗位聘任中增加不完全坐班人员标准);考核津贴是对年终考核为合格及以上人员的奖励,代替过去发放的年终奖金。管理岗位、图书馆、实践教学基地(网络中心)人员的岗位津贴由学院统一发放,教学部门由学院核定其教学任务后按核定的学时数拨款到部门,由部门自行发放(包括外聘教师酬金)。上述岗位津贴中,考核津贴在年终考核完成后发放,其余津贴按月发放。2001和2002年的岗位津贴中包含了北京市发放的职务补贴,2003和2006年的岗位聘任后,其岗位津贴中不再包含此项补贴。每一轮岗位聘任的津贴标准略有不同,呈上升状态。

2009年学校实施了全校范围内统一的全员聘任,学院按要求组织教职工参加聘任。在本次聘任中,教授及正处级岗位由学校负责聘任;其他岗位由学院负责聘任。学院共有394名教职工参加聘任,其中教师岗193人、非教师专业技术岗79人、管理岗91人、工勤岗31人;双肩挑岗位6人;未参加聘任6人。

本次聘任后全校实行绩效工资制,其标准由学校统一制定。

(2) 分类分级聘任

根据国家和北京市相关文件的要求,学校于2008年12月5日,发布《北京联合大学2008年岗位设置管理实施办法》,并于2008年年底在全校范围内实施了统一的教职工分类分级聘任。按规定,高校教职工的聘任分为专业技术人员(其中又分为教师和非教师两系列)、管理人员、工勤人员三类,每类中又按不同的级别进行。专业技术人员中正副高级、管理人员中的正处级岗位由学校负责聘任;专业技术人员中的中、初级,管理人员中副处及以下岗位,以及工勤岗位由学院聘任,聘任标准由学校制定。

学院参加此次聘任的教职工有425人(不含退休教职工),聘任岗位433个,其中教师221人,非教师专业技术系列75人,管理99人(其中5人为工人身份),工勤30人,双肩挑岗位8个(见表1.4-10);未参加聘任12人。

表 1.4-10　2008 年人员分类分级聘任结果

单位：人

级别	教师岗	非教师专业技术岗	管理岗	工勤岗
一级			—	
二级	3(教授)		—	
三级	5(教授)		—	13(高级工)
四级	15(教授)	1(正高)	2(副局)	16(中级工)
五级	6(副教授)	1(副高)	15(正处)	1(初级工)
六级	19(副教授)	1(副高)	23(副处)	—
七级	31(副教授)	5(副高)	27(正科)	—
八级	31(讲师)	12(中级)	12(副科)	—
九级	27(讲师)	17(中级)	20(科员)	—
十级	68(讲师)	19(中级)	0	—
十一级	8(助教)	9(初级)	—	—
十二级	8(助教)	10(初级)	—	—
合计	221	75	99	30

(3) 专业技术职务聘任

学院涉及的专业技术职务包括教师、研究、实验、工程、图书、档案、医疗卫生、教育管理等系列。2001—2005 年,实施专业技术职务评审与聘任相结合的制度;2006 年试行、2007 年起正式实施专业技术职务聘任制度。其中高级职务及教育管理系列的中级职务由学校聘任(教育管理系列的高级职务由北京市掌控);中、初级职务由学院聘任。2009 年起,副高级职务的聘任权下放给学院。2003 年起,工程、图书、档案、医疗卫生等系列的高级专业技术职务,需参加社会化评审获得资格后,方可参加学校(院)的聘任。2007 年起,不再进行专业技术职务的认定,凡申请晋升职务的均需参加社会化评审获得资格后由学校(院)聘任。2008 年起,参加社会考评的人员,需按申报等级的同级教师标准参加相应级别的职称英语、计算机水平考试。

专业技术职务的聘任由学院专业技术职务聘任委员会负责。申报人通过所在部门的推荐、院人事处组织的资格审查(由人事处、科研处、教务处、学生处负责)后,要在学院专业技术职务聘任委员会评审会上进行述职,经学院专业技术职务评审(聘任)委员会审查同意后,按聘任级别要求上报学校。2009 年起,申请副高级职务的人员要在院学科组中进行答辩,并经学科组票决后,再由学院专业技术职务评审(聘任)委员会审议并进行票决。2006 年起,对通过学院专业技术职务评审(聘任)委员会审查同意的申报人,进行为期一周左右的公示后,才上报或进行聘任。被聘任的专业技术人员由学校发给聘书。

表 1.4-11　2001—2010 年非教师系列专业技术人员情况一览表　　单位：人

年份	总数	实验系列			工程系列			图书资料系列			医疗卫生系列		档案系列		会计				经济系列	教育管理系列			无职称	备注
		高级实验师	实验师	助理实验师	高级工程师	工程师	助理工程师	副研究馆员	馆员	助理馆员	主治医师	医师	馆员	助理馆员	高级会计师	会计师	助理会计师	会计员	经济师	研究员	副研究员	助理研究员		
2001	104	1	5	2	0	11	6	1	18	7	4	0	1	0	1	3	1	3	0	1	2	28	9	无职称人员中不含教管系列
2002	100	1	5	3	1	11	10	1	19	8	4	0	1	0	1	3	1	2	0	1	2	25	1	
2003	98	1	4	6	1	11	7	1	16	7	4	0	1	1	1	3	1	2	0	1	1	25	4	
2004	98	0	4	5	1	12	7	1	15	7	4	0	1	1	1	3	0	3	0	2	4	21	6	
2005	109	0	5	3	1	12	11	1	14	7	4	0	1	1	1	4	0	4	0	4	4	27	5	
2006	100	0	5	2	1	11	7	0	14	9	4	0	1	1	1	4	0	4	0	4	2	26	4	
2007	108	0	7	3	2	12	6	2	12	9	3	1	2	0	1	4	0	4	0	4	2	32	2	
2008	77	0	10	2	2	9	6	3	13	7	3	1	1	0	1	2	0	3	0	3	2	9	0	
2009	100	2	15	1	1	10	4	5	16	6	1	1	1	0	1	3	20	2	1	1	0	9	0	
2010	80	2	14	3	1	10	2	4	18	6	2	0	1	0	1	2	0	3	1	1	0	9	0	

3. 人事代理

学院自 2004 年起实行人事代理制度。2004 年，学院在本院应届毕业生中接收 4 人为管理人员或实验人员。学院将其人事关系放在人事部全国人才流动中心，在学院内比照其他教职工进行管理和发放全部工资待遇。待合同期满，任何一方不再要求续签合同时，由学院出具证明，将其退回至人事部全国人才流动中心，本人档案由集体存档变更为个人存档。为此，学院与人事部全国人才流动中心三里河部签订人事代理合同，设立集体存档户头，用于存放人事代理人员的档案，档案保管费由学院缴纳。2004—2010 年共有 6 人为人事代理人员，其中 1 人于 2007 年合同期满后未续签。

4. 科级干部聘任

除在日常工作中根据需要进行科级干部任命外，在岗位聘任完成后，学院均对科级干部进行重新聘任(任命)。2003 年岗位聘任后，学院共任命 17 人为科长，31 人为主任科员。2007 年 4 月，学院出台《科级干部聘任办法》，任命 10 人为科长、30 人为主任科员、14 人为副主任科员。2009 年，科级干部的聘任依照学校制定的《管理岗位设置管理实施细则》进行。

5. 考核

学院实行年终考核制，每年年终对教职工进行考核，考核依据为学院制定的《教职工考核办法》及《教职工考核细则》。考核时教学部门以部门为单位、管理部门以党总支为单位成立考核领导小组，按照个人述职、集体评议、考核领导小组评定考核等级、院长办公会审核批准等程序进行。2007 年起，对考核为优秀的教职工进行为期一周的公示，并要求教职工对学院的考核等级进行签字认可。对考核等级有疑义或不同意的教职工，院长办公会要进行重新审议确定。

考核中，对教职工的工作事故、考勤以及教师和实验等岗位人员的教学、科研任务等都有较明确的量化考核标准。

参加考核人员的15%可以确定为优秀等级。2001—2006年,每两个考核年度中考核均为基本合格以上的人员可以晋升一级职务工资;2007年起,每个考核年度为合格及以上人员可晋升一级薪级工资(学院根据本院的实际情况,一直将考核为基本合格人员列入晋升薪级工资的人员范围),考核为不合格人员不晋升工资。2006—2009年,学院考核为合格及以上人员享受考核津贴(本人年度目标津贴的10%),2001—2005年考核津贴由学院另外支付。考核为基本合格或不合格的教职工不享受考核津贴。2010年起,根据学校绩效工资发放办法的要求不再另外发放考核津贴。

学院还组织了对部门的考核。2001—2010年,学院对部门共进行了4次考核(见表1.4-12和表1.4-13)。考核的基本程序是:人事处在考核前汇总由各相关部门提供的各部门一年来的基本情况数据,如参加学院会议情况、参加工会活动情况、文件归档情况、出现事故数量等,制成表格;组织部门进行一年工作述职,院领导、部门负责人、群众代表分别对部门进行打分;人事处汇总各项分数后报告院长办公会审议,确认优秀部门;在院内公布部门考核结果。

表1.4-12 2001—2010年年终考核结果一览表

单位:人

年份	参加考核人数	优秀	合格	基本合格	不合格	优秀部门	备注
2001	397	57	337	3	—	—	未进行部门考核
2002	416	62	346	6	2	—	未进行部门考核
2003	425	65	354	5	1	—	未进行部门考核
2004	435	61	372	2	—	6	
2005	439	67	367	4	1	7	
2006	439	66	369	3	1	—	未进行部门考核
2007	442	52	387	3	—	6	
2008	421	65	354	—	2	—	未进行部门考核
2009	399	63	334	1	1	6	
2010	383	59	320	4	—	—	未进行部门考核

表1.4-13 2001—2010年考核优秀人员和部门名单

年份	考核优秀人员	考核优秀部门
2001	叶自爱、高维露、戴红、汪竹青、董炎、金宗濂、姜招峰、张景义、吴丽萍、傅宏宇、张景秋、龚秀敏、佟洵、徐梅香、周传家、潘世萍、李兴国、冯丽云、胡小玲、姜宏、邱京美、张艳军、王凤荣、孙赤京、张春华、李静、韩秀丽、王宇、张健、赵培红、王忠、宋涛、白广琴、傅润清、洪文、杨敏、苏燕诚、宋丽、宋清、滕菁、梁长江、刘焱、孙滢、王兆新、普世利、尹怡青、刘学勤、果晓峰、徐峰、刘守合、梁文娥、李连军、方继俭、陈红、陈洪、左爱菊、杨学文	
2002	逯燕玲、汪竹青、王凯、王彤(信息系)、沈欣碧、杨金兰、金宗濂、文镜、陈双基、张宝秀、傅宏宇、徐洁、孙颖、韩建业、朱显龙、杜剑峰、尹黎云、张虹、刘元红、钟静、李沁芳、时芳、黎旭、张艳军、周红焰、张宝贵、迟红、石文静、张春华、谈文、王培、魏博辉、温玉萍、陈世红、陈磊、赵秀健、苏俊香、杨丽华、张毓华、牛志民、余超、刘云杰、周艳君、邹美华、王爱珍、果晓峰、常海斌、徐峰、张亚军、白广琴、傅润清、李利、洪文、于耀兰、车刚、杨宏、戈立柱、赵连生、左爱菊、李占江、张金萍、朱学岚	

续表

年份	考核优秀人员	考核优秀部门
2003	丁大正、李琳、王江英、李志明、唐粉芳、常平、李冬梅、张静、张宝秀、尹卫红、董恒年、邓大跃、李娜、韩莉、邹美华、刘隆亨、黄远龙、姜宏、张春华、都宁、崔鲜泉、周传家、吕雅贤、徐梅香、董军华、王丹谊、朱建邦、钟静、闫宏、朱耀廷、陈红宇、徐博东、贺真、王英凯、魏博辉、韩秀丽、赵培红、王大阳、孙首跃、孙建华、佟秋丽、王丽娜、韩文艳、苏燕诚、国优、赵红、陈朝雁、温玉萍、刘云杰、程雨琴、张桂荣、胡德鸣、付月琴、郭炜、戴平安、张毓华、刘守合、杨金兰、韩同新、马文玉、运会喜、崔刚、李占江、王宝琴、陈红	
2004	高维露、李琳、戴红、宋红敏、金宗濂、文镜、赵晓红、纪红、张培力、邓大跃、李娜、龚秀敏、邹美华、刘隆亨、黄远龙、姜宏、陈建华、张春华、王永峰、孙赤京、杜剑峰、徐梅香、董军华、李兴国、王丹谊、孙海垠、孔昭林、司美丽、贺真、王英凯、魏博辉、扈春香、于宁、王大阳、安继芳、王丽娜、白广琴、倪申、王琤、王春华、李岩、苑秉锦、于满生、刘焱、董萍萍、祁春利、韩亚光、戴平安、张毓华、陈秀英、王琪、李然、傅润清、王爱珍、王虹、杨扬、李彦陵、张素梅、刘彦博、李景华、夏友志	生物系、法律系、广告系、图书馆、党政办公室、人事处
2005	汪竹青、王露茜、宋红敏、李志明、金宗濂、王政、常平、郭豫、李雪妍、孟斌、赵志忠、尹夏楠、傅巧玲、赵永林、周红焰、洪旭、黄宗英、迟红、陈建华、夏耘、杨爱英、孙赤京、尹黎云、王红星、郑伟、李瑞华、王竹宝、温玉萍、朱耀廷、韩建业、贺真、沈蕾、王彤(管理系)、孔祥旭、李静、赵红曼、赵秀健、孙建华、林德强、史军田、国优、苏燕诚、王春华、杨敏、孙琳、白宝山、赵德义、程雨琴、王希庆、尹怡青、茹秀华、梁长江、佟洵、戴平安、张毓华、季国良、杨忠、李石、于晓青、黄巍、李健、李连军、贾艳玲、耿靖华、李长海、方继俭、刘树强	生物系、历史系、计算机教研室、北京市重点实验室、党政办公室、组织部、图书馆
2006	戴红、曹彤、惠伯棣、米生权、张静、王政、李冬梅、叶盛东、纪红、张景义、陈双基、孟秀转、赵树荣、王钰、潘小珠、巩华、刘丹、张宝贵、李伟、洪旭、杜剑峰、陈坚、罗茵、王丹谊、王巧玲、韩平、闫宏、左芙蓉、顾军、余超、沈蕾、孙爱萍、刘延兵、李瑜、冷新宇、侯爽、赵秀健、杨煦、孙建华、王丽娜、国优、王彤(图书馆)、赵红、齐秀霞、陈朝雁、马金萍、张春玲、白宝山、程雨琴、赵连生、常虹、茹秀华、薛新、郭炜、荀振茹、纪凌云、王琪、张公鹏、佟洵、江燕妮、王虹、梁文娥、杨学文、常凤霞、李景华、赵月秋	
2007	汪竹青、戴红、马青华、姜招峰、秦菲、鲁政、张景秋、张远索、刘剑刚、万鹰昕、赵卓、陈岩、赵承寿、赵永林、都宁、彭慧、关毅平、尹黎云、姜宏、郝家林、温玉萍、杨丽华、杨靖筠、孙爱萍、沈蕾、冷新宇、马永华、訾秀玲、赵红曼、凌玲、郭卫、王彤(图书馆)、吕秀杰、倪申、郭抗、陈朝雁、程惠丽、程雨琴、王希庆、张桂荣、白桦、孙滢、李焕珍、张艳春、王爱珍、傅冬燕、于亚中、郭健、张翠英、杨宏、果晓峰、杜新建	城市系、管理系、社科部、实训基地、党政办公室、交通服务中心
2008	逯燕玲、戴红、蔡春、侯爽、文镜、陈文、高丽萍、尚小雅、董丽莎、孟斌、尹卫红、王汉玉、李册、韩莉、赵树荣、周红焰、刘建刚、洪旭、关毅平、崔鲜泉、都宁、夏耘、杜剑峰、惠东坡、孔昭林、陈琪、张立梅、温玉萍、韩建业、徐云、王培、魏博辉、李莉卿、王忠、孙建华、李晓明、孙睿、胡爽、董军华、倪申、吉伟宏、聂延平、孟晓冬、步军、刘清平、李志刚、祁春利、宋学峰、吴蔚、荀振茹、朱科蓉、熊黑钢、徐华、宋清、安亚男、李然、周艳君、兰京培、黄巍、孟庆伟、李平、刘树强、陈洪、刘淑珍、胡德鸣	

续表

年份	考核优秀人员	考核优秀部门
2009	蔡春、安继芳、陈世红、文镜、陈文、高丽萍、黄汉昌、姜招峰、李琛、刘剑钢、董丽莎、王汉玉、唐培京、陈岩、赵永林、刘建刚、洪旭、周明、韩杨、冯燕、石晓佳、封婧超、杭孝平、桑世志、黄可佳、杨靖筠、郭炜、陈琪、钟静、温玉萍、王顺、孙爱萍、王自力、扈春香、宋涛、孙建华、郭卫、杨忠、吕俊杰、王琤、国优、任兆琳、程惠丽、白宝山、周新民、宋清、李焕珍、荀振茹、王彤(教务处)、吉伟宏、熊黑钢、冯霞、周宏旗、纪凌云、荣莉、宋金凤、孙钢华、戴平安、张健、运会喜、韩同新、李健、方继俭	城市系、历史系、管理系、应用文理实践教学基地、党政办公室、教务处
2010	戴红、马青华、赵红曼、董丽莎、陈静、叶盛东、魏涛、栾娜、黄汉昌、张景义、闫文杰、赵健、孟秀转、王小明、杨积堂、洪旭、张艳、石晓佳、陈建华、都宁、任心慧、陈坚、郭炜、张立梅、韩建业、余超、孙爱萍、朱建邦、谢永宪、冷新宇、赵伟、茹秀华、宋大维、孙建华、王宇、佟秋丽、林德强、聂延平、吕俊杰、倪申、国优、董媛、刘振斌、刘清平、胡德鸣、赵德义、傅润清、陈翠丽、陈婷婷、陈红宇、张艳春、李彦陵、黄巍、刘彦博、杨扬、王宝琴、李连军、陈艳春、邵可心	

6. 奖惩

2001—2010年,学院对教职工奖惩以单一项目的形式进行,获奖集体和教职工名单见表1.4-14。

(1) 奖励

第一,院级先进个人和先进集体。根据每年的考核结果,经院内教职工无记名推荐,院长办公会审议批准,在当年考核为优秀的教职工中评选出30%的人为先进个人,在考核为优秀的部门中评选出3个部门为先进集体。学院除颁发奖状、大会表彰外,还对先进个人和先进集体发放奖金,以资鼓励。

第二,校级优秀教师和优秀教育工作者。2003年起,每个单数年学校都组织评选校级优秀教师和优秀教育工作者。评选时,由学校制定评选条件和下达指标,学院一般以本院的先进个人为候选人,经向教职工征求意见报院长办公会审议后,向学校推荐。

第三,校、院级"三育人"先进个人和先进集体。每两年由工会系统组织评选一次,先评选出院级"三育人"先进个人和先进集体,再从中按照学校下达的指标推选校级"三育人"先进个人和先进集体,经院长办公会审议后,上报学校。

第四,北京市优秀教师和优秀教育工作者。2003年起,北京市组织评选优秀教师和优秀教育工作者。评选时根据北京市发布的相关文件进行:由学院推荐、学校审议、报北京市教委批准。后改为由学校在校级优秀教师和优秀教育工作者中推荐。

第五,教学名师。由北京市组织评选。评选时根据北京市发布的相关文件进行:由学院推荐、学校审议、报北京市教委批准。

第六,北京市五一劳动奖章。由工会系统组织评选。评选时根据北京市发布的相关文件进行:由学院工会组织推荐、学校审议、报北京市教育工会审批,最后由北京市总工会批准。

第七,享受国务院政府特殊津贴专家和突出贡献专家。由人事部组织评选。评选时根据国家人事部发布的相关文件进行:由学院推荐、学校审议、报北京市教委和北京市人事局批准后,报国家人事部审批。

表 1.4-14 2001—2010 年获奖集体和教职工名单

年份	奖励名称	奖励级别	获奖人员	获奖集体	备注
2001	师德先进个人	校级	文镜、张景秋		2000—2001 年
		院级	叶自爱、戴红、都宁、刘延兵、徐威、常敏		
	先进个人、先进集体	院级	董炎、汪竹青、傅宏宇、姜招峰、张景义、冯丽云、胡晓玲、姜宏、孙赤京、宋涛、李静、白广琴、傅润清、滕菁、宋丽、孙滢、尹怡青、梁长江、刘焱、李连军、陈洪	人文管理科学系、人事处、交通服务中心	
2002	"三育人"先进集体、先进个人	校级	李平、李静文、祁章云、訾秀玲	组织部审计署(合署)、经城系	2000—2002 年
		院级	杨爱英、马金萍、何旭、张景秋、赵秀健、韩秀丽、陈双基、李琳、荀振茹、孙建华、马红培、贺真	教务处、外语系、实训计算机电教中心	2000—2002 年
	先进个人、先进集体	院级	王彤(信息系)、逯燕玲、金宗濂、陈双基、张宝秀、尹黎云、张虹、李沁芳、张艳军、迟红、魏博辉、于耀兰、白广琴、杨丽华、王爱珍、牛志民、张亚军、杨宏、刘云杰、赵秀健、常海斌、朱学岚、陈磊	生物系、教务处、台湾研究所	
2003	优秀教师	市级	周传家		
		校级	訾秀玲、佟洵、张宝秀、周传家		
	优秀教育工作者	校级	孙滢、刘守合		
	第五届首都民族团结进步先进个人	市级	佟洵		
	师德先进个人	院级	程德林、丁大正、顾军、贺真、王培、文镜、张春华、周传家、朱学岚、訾秀玲、常敏		
	先进个人、先进集体	院级	李琳、邹美华、崔鲜泉、董恒年、唐粉芳、贺真、陈红宇、朱建邦、董军华、邓大跃、刘隆亨、赵培红、孙首跃、王丽娜、苏燕诚、陈朝雁、胡德鸣、郭炜、杨金兰、韩同新、王宝琴	生物系、城市系、后勤管理处	
2004	"三育人"先进集体、先进个人	校级	金宗濂、王遥林、冯丽云、黄远龙	教务处、体育教研室、金融系	2002—2004 年
		院级	王汉玉、王兆新、王丽娜、王遥林、付月琴、冯丽云、孙建华、刘学勤、杨扬、杨丽华、杨靖筠、李佔江、邹美华、张娅娅、金宗濂、赵秀健、徐云、黄远龙、崔鲜泉、扈春香、董丽莎、温玉萍、蔡春	教务处、体育教研室、国际交流合作部、法律系、计算机中心	
	师德先进个人	校级	贺真		
	先进个人、先进集体	院级	戴红、文镜、董丽莎、邓大跃、龚秀敏、黄远龙、陈建华、杜剑峰、孙海垠、司美丽、贺真、扈春香、安继芳、陈秀英、倪申、白广琴、李岩、祁春利、李然、王彤(财务室)、戴平安、杨扬、李景华	生物系、党政办公室、人事处	

续表

<table>
<tr><th>年份</th><th>奖励名称</th><th>奖励级别</th><th>获奖人员</th><th>获奖集体</th><th>备注</th></tr>
<tr><td rowspan="6">2005</td><td>优秀教师</td><td>校级</td><td>唐粉芳、朱耀廷、魏博辉、张景秋</td><td></td><td></td></tr>
<tr><td>优秀教育工作者</td><td>校级</td><td>李岩、白广琴、孙首跃</td><td></td><td></td></tr>
<tr><td rowspan="3">师德先进个人</td><td>市级</td><td>文镜</td><td></td><td></td></tr>
<tr><td>校级</td><td>杜剑峰、文镜</td><td></td><td rowspan="2">2004—2005年</td></tr>
<tr><td>院级</td><td>于宁、文镜、杜剑峰、张培力、张景义、杨靖筠、凌玲、逯燕玲、韩平、韩秀丽</td><td></td></tr>
<tr><td>先进个人、先进集体</td><td>院级</td><td>李志明、王政、李雪妍、赵志忠、尹夏楠、赵永林、陈建华、夏耘、郑伟、李瑞华、韩建业、沈蕾、孔祥旭、赵秀健、赵红曼、孙建华、佟洵、王彤(图书馆)、杨敏、孙琳、张毓华、梁长江、黄巍、尹怡青、李健、刘树强</td><td>历史系、计算机教研室、图书馆</td><td></td></tr>
<tr><td rowspan="5">2006</td><td>优秀教师</td><td>市级</td><td>訾秀玲</td><td></td><td></td></tr>
<tr><td>高校教学名师(第二届)</td><td>市级</td><td>周传家</td><td></td><td></td></tr>
<tr><td rowspan="2">“三育人”先进集体、先进个人</td><td>校级</td><td>韩建业、訾秀玲、惠伯棣、白广琴、赵连生</td><td>历史系、图书馆</td><td rowspan="2">2004—2006年</td></tr>
<tr><td>院级</td><td>王爱珍、尹夏楠、白广琴、白明宇、叶盛东、刘延兵、李晓丽、杨爱英、佟常生、沈蕾、周宏旗、李娜、赵永林、赵连生、郝家林、赵德义、曹彤、韩同新、韩建业、惠伯棣、訾秀玲</td><td>体育教研室、图书馆、历史系、医务室、实训基地</td></tr>
<tr><td>先进个人、先进集体</td><td>院级</td><td>戴红、米生权、张静、叶盛东、赵树荣、李伟、潘小珠、罗茵、韩平、余超、孙爱萍、刘延兵、赵秀健、侯爽、杨煦、佟洵、王彤(图书馆)、王丽娜、白宝山、程雨琴、茹秀华、张公鹏、江燕妮、纪凌云、梁文娥</td><td>历史系、计算机教研室、人事处</td><td></td></tr>
<tr><td rowspan="5">2007</td><td>国务院政府特殊津贴专家</td><td>国家级</td><td>佟洵</td><td></td><td></td></tr>
<tr><td>北京市五一劳动奖章</td><td>市级</td><td>韩建业</td><td></td><td></td></tr>
<tr><td>优秀教师</td><td>校级</td><td>惠伯棣、沈蕾、贺真、杨靖筠、韩秀丽、赵秀健</td><td></td><td></td></tr>
<tr><td>优秀教育工作者</td><td>校级</td><td>陈朝雁、荀振茹、杨煦</td><td></td><td></td></tr>
<tr><td>先进个人、先进集体</td><td>院级</td><td>汪竹青、张景秋、赵卓、都宁、关毅平、杨靖筠、孙爱萍、冷新宇、訾秀玲、王彤(图书馆)、陈朝雁、程惠丽、王希庆、白桦、孙滢、郭健</td><td>管理系、城市系、交通服务中心</td><td></td></tr>
</table>

续表

年份	奖励名称	奖励级别	获奖人员	获奖集体	备注
2008	“三育人”先进集体、先进个人	校级	王钰、白桦、张亚军、李莉卿	大学英语教研室、城市科学系	2007—2008年
		院级	王钰、尹怡青、方继俭、白桦、刘力、孙建华、张公鹏、张亚军、张亮、吴丽萍、李宝明、李莉卿、李焕珍、陈朝雁、孟秀转、徐华、贾艳玲、栾娜、梁长江、章延文、温玉萍、董军华、戴红	大学英语教研室、城市科学系、图书馆、管理系	
	师德先进个人	校级	文镜、孙爱萍		2007—2008年
		院级	万鹰昕、王丹谊、尹黎云、文镜、孙爱萍、纪凌云、孙颖、李志明、张艳、傅巧玲、佟常生、魏博辉		
	先进个人、先进集体	院级	蔡春、文镜、孟斌、李册、赵树荣、洪旭、关毅平、杜剑峰、孔昭林、韩建业、徐云、李莉卿、孙建华、刘清平、李志刚、安亚男、黄巍、胡德鸣、李平	管理系、教务处、招生就业处、	
2009	北京市五一劳动奖章	市级	张景秋		
	优秀教师	市级	惠伯棣		
		校级	逯燕玲、徐云、顾军		
	优秀教育工作者	校级	孙建华、李志刚、朱科蓉		
2010	高校教学名师（第六届）	市级	韩建业		
	师德先进个人	市级	刘延兵		2009—2010年
		校级	刘延兵、徐梅香		
		院级	刘延兵、宋涛、张艳、李宝明、杨积堂、钟静、徐梅香、康威、魏涛、戴红、刘剑刚		
	“三育人”先进集体、先进个人	校级	文镜、沈蕾、李平	人事处、图书馆	2009—2010年
		院级	尹夏楠、文镜、王宇、王政、吕红梅、孙滢、张艳春、李平、杨宏、沈蕾、陈翠丽、荀振茹、赵红曼、桑世志、崔鲜泉、魏博辉	党政办公室、人事处、图书馆、实践教学基地、生物与环境技术系	

（2）惩处

学院对教职工的惩处有三类：一是对出现教学事故的教师，依据《北京联合大学教学事故认定暂行办法》（京联教〔2005〕8号）进行处理；二是对违反党和国家的有关法规等错误进行惩处；三是对触及国家法律被判刑教职工的惩处。2001—2010年，学院有1名职工因私设小金库、设立账外账、私开虚假发票等严重违反国家财政金融法规的错误，受到行政记大过处分；1名职工因挪用公款十二万多元，被判有期徒刑1年，后学院与其解除聘用合同。

7. 工资福利待遇

学院教职工的福利待遇在2001—2010年呈上升趋势，特别是2009年起，其福利待遇有较大程度的提高。

(1) 基本工资(档案工资)

2001—2006年,教职工的基本工资包括职务工资和津贴,职务工资占基本工资总额的70%,依本人的职务和职级确定,津贴依职务工资的标准核算,占基本工资总额的30%。2001年1月和10月、2003年7月,北京市三次调整职务工资标准。2006年7月开始,进行了工资套改,基本工资分为专业技术岗位系列、管理岗位系列和工勤岗位系列三类,每类工资均由岗位工资和薪级工资构成。岗位工资体现了教职工的职务和职级,薪级工资体现了教职工的工龄和任职年限。同级岗位人员的岗位工资相同,岗级不发生变化时岗位工资标准不变。在本次套改中,特别要求教职工自己选择工资系列,且要求此次系列选定后不得再更改。参加本次工资套改的人员范围为在职人员和2006年7月1日(含)以后退休的人员。学院应参加本次工资套改的有450人,除3名局级干部暂不参加和1人申请不参加外,其余教职工全部按要求套改了工资构成和标准。该项工作于2006年年底完成,2007年1月按新工资标准执行。

(2) 3%人员工资升级奖励

为奖励优秀教职工,学院于2001—2004年继续执行北京市关于3%人员职务工资升级奖励办法。每年北京市下达对3%职工的升级奖励,在双数年又增加一个3%职工的提前或越级晋升职务工资档次奖励。为使该项工作顺利进行,并化解不必要的矛盾,学院于2001年对此项工作采取新的办法,即将学院在职在岗的教职工分为男性教职工、女教师和女管理干部、女工人三个系列,每个系列按年龄从大到小排队。每年办理3%教职工升级奖励时,由学院统一操作,不再由部门推荐。学院从此三个队伍中分别优先推荐排名在前的(接近退休年龄的)教职工享受该项奖励。如果该教职工在年终考核时为基本合格或不合格,则在当年取消其晋升资格,向后顺延。2001年12名教职工获升级奖励;2002年13名教职工获升级奖励,13名提前或越级晋升职务工资档次;2003年14名教职工获升级奖励;2004年13名教职工获升级奖励,14名提前或越级晋升职务工资档次。2005年该项工作终止。

(3) 北京市职务补贴

北京市职务补贴的发放始于1995年,至2005年停止增加,是依据职工的职务逐年累加而成的地方性补贴。到2004年累计数额为:副局级1415元、正处级1240元、副处级1100元、正科级960元、副科级845元、科员及以下级别740元;正高职务1485元、副高职务1240元、中级职务960元、初级及以下职务740元;高级工830元、中级及以下工人740元。2009年,学校将此项补贴的各级数额在全校范围内统一,学院部分教职工的此项补贴额有所增加。

(4) 岗位津贴和绩效工资

岗位津贴和绩效工资是教职工在所聘岗位履职及履职情况的体现。2001—2008年,学院在完成教职工岗位聘任后,自行制定岗位津贴的构成及其标准,自行发放(见上述"岗位聘任")。2009年,学校进行校内全员聘任工作后,学院执行学校统一的绩效工资标准,自行发放。该绩效工资由北京市职务补贴、岗位津贴、工龄津贴、职务补贴等项构成,每月发放绩效工资总额的90%,年终考核后发放另外10%。绩效工资制自2010年3月起执行。

除上述固定发放的绩效工资外,2001—2010年,学院还根据北京市和学校的要求发放了以下一次性绩效工资。第一,每年考核完成后发放的第13个月工资(年终绩效津贴)。第二,2007年7月,北京市向事业单位职工发放的一次性绩效工资,按人月均300元发放;2008

年奥运会闭幕后，为奖励北京市职工的参与和贡献，北京市要求发放的一次性绩效工资，每人5600元，学院又配套发放1000元。第三，2009年国庆前，北京市要求发放的一次性绩效工资，每人6600元。

(5) 其他福利待遇

学院除按国家和北京市的相关规定向教职工提供福利待遇（如书报费、洗理费、交通费等）外，还发放的福利有以下几类。第一，过节费。2001—2007年每人每年500元；2008—2010年每人每年5000元。第二，伙食补贴。2004年3月起，每人每月100元；2008年4月起，每人每月150元（每年发10个月）。第三，通讯补助。除向处级及以上人员发放通讯补助外，2005年11月起，向处级以下全体在编在岗教职工发放通讯补助，每人每月50元。第四，健身费。2010年，根据学校的要求向教职工每人每月发放125元的健身费。第五，教职工父母去世慰问费。教职工父母和其配偶父母去世后，按每人300元的标准发放慰问费（由学院福利费中支付）。第六，教职工困难补助。每年年底，由教职工本人申请、所在部门同意、学院福利费管理委员会审核后，向有困难的教职工提供数额不等的困难补助。此经费由学院福利费中支付。第七，劳保用品。每年学院向在职在岗的教职工提供100元的劳保用品。第八，教职工子女药费统筹。学院向教职工未满18岁的子女（符合计划生育政策的），每年支付300元的医药费。第九，班车。2001—2010年寒假前，学院提供4路班车方便教职工上下班。2010年3月班车取消。

（三）离退休人员管理

1. 管理机构

学院设离退休工作办公室。该办公室与学院人事处合署办公，除负责学院离退休人员的管理外，还负责学院内退人员的管理。

2. 人员基本情况

学院离退休人员数量在2001—2010年间大幅度增长。2001年，有离休人员20人，退休人员138人，离退休人员与在职教职工的比例为1∶2.7；2010年，有离休人员14人，退休人员238人，离退休人员与在职教职工的比例为1∶1.5。

学院在离退休人员中建立了党总支，下设离休人员党支部1个，退休人员党支部3个，并设有兴趣小组15个，参加人员127人。每月离退休办公室组织离退休人员返校一次，通报学院工作及办理有关事项。每年组织离退休人员外出活动3～4次。

3. 退休制度

教职工正常退休制度：根据国家和北京市的有关规定，男教职工满60岁、女教职工中的干部满55岁、女教职工中的工人满50岁应办理正式退休手续。2001—2006年，学院对应退休教职工，按照其到达退休年龄的第二个月办理退休手续，记为退休月，第三个月起发放退休金。2007年4月至2008年7月，学校统一全校教职工退休办法，每年集中办理两次退休手续，3月1日至8月31日到达退休年龄的教职工，8月31日为退休时间，9月起发放退休金；9月1日至第二年2月底到达退休年龄的教职工，2月最末一天为退休时间，3月起发放退休金。2008年8月，按照北京市人事局的要求，学校再次修改教职工退休办法，即教职工到达退休年龄的当月底，记为退休时间，第二个月起发放退休金。

学院由于教师的高级职务指标紧缺，因此对学院内曾经实施的副教授及以上职务的女教师,可延长退休年龄到60岁的办法进行了修改。2002年起,对女副教授逐渐调整其退休年龄:2002年年满59岁的女副教授退休、2003年年满58岁的女副教授退休、2004年年满57岁的女副教授退休、2005年年满55岁的女副教授退休,女教授原则上比照此办法办理。2005年后,学院除经批准延聘的人员外,全部按规定年龄办理退休手续。

内退制度:学院在实施聘用合同制之前,已在院内实行内退制度。2005年,在实施教职工聘用合同制的过程中,根据相关规定,工龄满20年、距退休年龄在5年之内的教职工,本人申请可内退。因此,在与教职工签订聘用合同的同时,学院与9名教职工签订了内退协议。2006—2008年,学院继续实施此项政策。2008年后,根据北京市人事局的要求,此政策不再执行,但学院对确实无法正常工作,又不到退休年龄且符合内退条件的个别教职工,经本人申请、学院批准仍办理内退手续。2001—2002年内退教职工6人,2003年内退8人,2004年内退9人,2005年内退8人,2006年内退7人,2007年内退8人,2008年内退8人,2009年内退5人,2010年内退5人。

因病提前退休制度:根据相关规定,事业单位工作人员不实行提前退休制度,对因病无法坚持正常工作的教职工,可办理因病提前退休(病退)。办理病退的教职工需提交本人申请、合同医院开具的无法坚持全日制工作的证明,经院长办公会研究同意,报请北京市教委批准后可办理病退手续。病退教职工享受与正常退休的教职工同等的待遇。2008年1月,北京市教委人事处批准学院一名教师病退。

4. 待遇

教职工离退休后享受国家发放的离退休费和学校(院)发放的福利待遇。

(1) 离休费

2001—2004年,离休教职工的离休费由学院发放。2004年7月,北京市对离休人员的离休费进行了规范,离休教职工的离休费除离休生活费和补贴外,还含有4000元/年的过节费。自2004年7月起,离休费由北京市财政支付。2001—2010年,北京市共3次提高离休费标准(2001年1月、2001年10月、2003年7月),2次进行增资(2001年10月、2003年10月),3次提高生活补贴(2001年1月、2002年1月、2010年7月),4次调整护理费标准(2005年8月、2007年8月、2008年1月、2009年1月)。

(2) 退休费

教职工退休时,以其基本工资和北京市职务补贴为基数按比例发放退休金。2001—2008年,教职工退休金由学院自付。2009年起,北京市财政以平均31 800元/(人·年)的标准支付退休费,超出部分由学院自付。2001—2010年,北京市3次提高退休金标准(2001年1月、2001年10月、2003年7月),2次进行增资(2001年10月、2003年10月),3次增加生活补贴(2001年1月、2002年1月、2007年7月)。2010年,北京市向退休人员发放职务补贴和年龄补贴,并提高过节费4000元/(人·年)。

(3) 离退休人员享受的学校(院)福利

2001—2004年,学院除向离休人员发放离休费外,还发放过节费、防暑降温费和年终一次性共享费。2004年北京市规范离休费并由市财政支付后,学院不再发放这些费用。对退休教职工,学院2001—2010年另外发放过节费(每人每年按在职教职工的50%发放)、防暑降温费(同在职教职工标准)和年终一次性共享改革成果(2001年离休人员400元/人,退休人员200元/人;2003—2007年每人960元;2008—2009年每人1000元;2010年正局级和正高级职务人员每人 2000 元、其他人员每人 1500 元)。此外,学院将教职工福利费按离退休教职工数以每人每月 10 元的标准划拨给离退休工作办公室统一使用。

5. 经费

学院离退休办公室掌管的离退休人员经费包括:离休人员特需经费、离休人员健康疗养费、退休人员管理费、离退休人员福利费、关心下一代工作委员会和老教育工作者协会活动经费等。这些经费,按照离退休人员的数量,由北京市或学院拨款,由离退休办公室掌控使用。以上各项经费按照规定的使用途径,全部用于离退休人员本身。

第五节　学生教育管理

一、学生管理

(一) 组织机构与工作机制

1. 组织机构

2010 年 3 月以前,学生工作由宣教处(党委宣传部、学生处、团委、艺术中心合署)负责对外,学生处、团委代表学院独立行使学生工作职责。宣教处下设大学生思想政治教育教研室(简称“德育教研室”)、大学生艺术教育教研室、大学生就业中心(2002 年 4 月成立,2004 年 9 月学院成立招生就业处,就业工作从宣教处剥离)、大学生心理发展中心(2005 年成立)。

2010 年 3 月,学院调整机构,取消宣教处,成立学生处(团委合署),下设学生工作科、就业中心、大学生艺术中心和大学生心理发展中心。截至 2010 年年底,有专职学生工作干部(含学生处、各系)14 人,专职团干部 2 人。各系至 2010 年年底,共配备专职辅导员 10 人,兼职辅导员 7 人,兼职团总支书记(部分由辅导员兼任)8 人。

2. 工作机制

学生工作在学院党委领导和学生工作领导小组指导下,由学生处负责实施。学生处制订年度工作计划,重要事项由学生处提出工作意见,报学院党委会或院长办公会审批后执行。各系主持的重大学生活动或学生管理事项经与学生处或团委讨论议定,报学院党委主管学生工作副书记审批实施。

各系设有学生工作组,由系党总支负责人任组长,成员包括辅导员、团总支书记和班主任。学院自 2001 年开始在低年级配备学生辅导员,由高年级优秀学生担任。2005 年下半年,各系配备专兼职辅导员,加强学生工作。2010 年 12 月,学院修订辅导员和班主任的工作条例及考核办法,认定各系主管学生工作负责人(系党总支负责人)为专职辅导员,聘任部分专业教师和管理、教辅人员作为兼职辅导员。

2008 年以来,有一批辅导员获得各级表彰(见表 1.5-1)。同时,有 26 名班主任获得 2008—2009 年度校、院两级“优秀班主任”表彰;有 21 名班主任获得 2009—2010 年度校、院两级“优秀班主任”表彰。

表 1.5-1　2008—2010 年院级及以上优秀辅导员名单

年度	市级优秀辅导员	校级十佳辅导员	校级优秀辅导员	院级优秀辅导员
2008—2009	—	洪　旭	洪旭、郑建全、姜君、王英凯	汪竹青、杨丽华
2009—2010	董丽莎	—	李娜、王政、孙静、董丽莎、汪竹青	李娜、王政、孙静、 董丽莎、汪竹青

（二）重点工作

学生工作坚持“育人为本，德育为先”的工作原则，全面贯彻党的教育方针，加强学风建设和校园文化建设，形成了“以加强学生思想政治教育为核心，以推进素质教育为手段，以分级、分层教育为模式，以成长成才教育为内容，以培养全面素质发展的应用型合格人才为目标”的学生工作理念和工作格局，为学生的全面成长成才创造条件、提供服务。

1. 日常教育管理

学院从加强学生日常教育管理入手，2001—2010 年制定或修订了多项学生日常教育管理制度，通过加强纪律教育和学生素质测评、奖惩等项工作，规范学生日常行为，引导学生做文明有礼的大学生。

不断完善学生综合素质测评和评奖评优办法，建立科学的评价体系。2001 年，根据教育教学改革的需要和学生评价标准的变化，学院修订出台《学生综合素质测评实施办法（试行）》和《关于学生奖学金的评选条例（试行）》等学生评优奖励文件，将学生专业素质的测评分为学习成绩和实践能力两方面，增加对学生思想政治素质、文体素质和心理素质的考评点，增设单项奖学金，提高了奖学金覆盖面。新的评价体系使每年获奖学生比例从原来的 20％～30％提高到 30％～40％。2005—2006 年，学院参与学校有关学生综合素质测评和评优奖励条例的修订，并于 2006 年在学院试行，按照学校统一规定评选学年奖学金及先进个人和集体。另外，自 2002 年起，香港亨达集团在国际金融财务学系设立“亨达奖学金”，每年提供 1 万元人民币奖励品学兼优学生，至 2010 年已有 347 名学生获奖。学院 2001—2010 年获得奖学金学生人数统计见表 1.5-2。

表 1.5-2　2001—2010 年获得奖学金学生人数统计表　　单位：人

学年	国家奖学金	国家励志奖学金	校级奖学金	院一等奖学金	院二等奖学金	院三等奖学金	院单项奖学金	院入学奖学金	合计
2000—2001	—	—	—	91	190	183	228	159	851
2001—2002	—	—	—	104	231	225	300	137	997
2002—2003	4	—	—	档案中只有合计人数 566			196	123	889
2003—2004	3	—	—	125	217	232	268	126	971
2004—2005	5	—	—	123	205	248	418	取消	999
2005—2006	5	—	—	6	123	297	240		671
2006—2007	8	112	18	8	149	357	161		813
2007—2008	8	121	12	7	201	413	119		881
2008—2009	8	74	9	33	199	368	377		1068
2009—2010	7	64	12	15	180	343	285		906

注：国家奖学金自 2003 年开始评定，国家励志奖学金自 2007 年开始评定，校级奖学金自 2007 开始评定，单项奖学金为获奖人次，入学奖学金 2004 年后取消。

通过国家助学贷款、特困补助、减免学费、临时补贴、勤工助学等措施，做好经济困难学生资助工作。2002年，根据市教委、市财政局文件精神，学院修订特困生补助办法，将一等特困生补助标准提高至每月130元。2004年，对经济困难学生减免学费，减免标准为学费的50%。自2004年起，在新生入学报到时，开辟了经济困难学生的“绿色通道”。2007年，按照上级文件精神，成立院学生资助认定工作领导小组、系认定工作组及基层认定评议小组三级认定机构，制定了《学生资助认定工作管理办法》，取消困难生补助，改为向未评上国家励志奖助学金的困难生发放每月80元的补助。学院增加学生勤工助学岗位，并对困难学生给予伙食等生活方面的临时补贴。另外，学院保健食品功能检测中心于2003年出资30 000元设立“阳光助学奖学金”，奖励品学兼优的贫困大学生。2007年，学院广泛开展了“阳光助学”募捐活动，各党支部还响应校党委号召，一个支部与一名贫困生结对，开展了“手拉手帮助贫困学生”的活动。

学院加强学生对《高等学校学生管理办法》《北京联合大学学生管理规定》《学生手册》的学习，在新生入学、学期考试前、重大活动等环节组织学生学习了解相关纪律规定。例如，每学期考试前，学生处与各班签订《诚信考试承诺书》，学生违纪事件逐年减少。2005年9月以前，学生学业违纪处分由教务处负责。2005年9月以后，学生违纪管理全部归到学生处。2005年11月，学院成立包括学生代表在内的学生申诉处理委员会，受理学生的申诉要求，维护学生的合法权益。2006年3月，学院全面执行学校下发的学生管理各项规章制度。学院2001—2010年学生违纪处分情况见表1.5-3。

表1.5-3 2001—2010年学生违纪处分情况一览表

单位：人

年份	警告	严重警告	记过	留校察看	勒令退学	开除学籍
2001	8	14	27	3	5	
2002	43	1	23	8	2	
2003		4	16	2		1
2004	27	10	63	2	2	1
2005	23	16	29	4		
2006			4	2		
2007	4	2	11	4		
2008	5	1	24	2		
2009		1	5	2		
2010		1	1			
合计	110	50	203	29	9	2

2. 学风建设

学院结合学校整体学风建设要求，每年开展学风建设主题教育活动。2001年开展学习《公民道德建设实施纲要》主题教育活动，引导学生从身边事情做起，从自己做起，做文明大学生。2003年开展“我爱我师——我心目中最爱戴的老师”评选活动和“树文明形象，建良好学风”文明行动周活动，从教与学矛盾入手，以师德榜样带动学风建设。2004年开展学风建设大讨论，各系、各班制定“遵守课堂纪律，提高课堂质量”的具体措施。2005年以后，从学生的专业思想教育入手，开展了“名师讲坛”“走进教授，感受名师”等活动；从激发学生读书兴趣入手，开展了“读书求智·成长成才”“读经典”等主题读书活动；从学生诚信意识培养入手,开展了党员“1+1”“诚信我为先”等活动。在2009年开展的全校“创优良学风班,做文明联大人”主题学风教育活动中,各系各班分别以“文明修身”主题班会、“文明誓言和LOGO”设计等方式对全体学生进行宣传教育,学生党员作为文明督导员上岗执勤,督导师生文明行为。

坚持开展学风建设达标活动。2001—2004年每年评选学风建设达标班和优秀班级,并在此基础上评选年度先进集体。2005年起开展课风建设活动,评选课风建设达标班和创优班。2010年落实学校学风建设“十百千万工程”,评选了7个校级优良学风班和107名校级优良学风标兵。学院2001—2010年获市级先进集体和个人的名单见表1.5-4。

表1.5-4 2001—2010年市级先进集体和个人名单

年份	先进集体	三好学生	优秀学生干部
2001	1999级经济学专业 2000级法学专业1班	王婧、王一楠、张圆圆、郭颖	李森洋、梁彦
2002	2000级法学专业1班 2001级环境科学专业	盖琳、王姗、张罡、桂晞、梁文佳	宋凯
2003	2000级金融学 2001级生物技术1班	王晓蓬、辛雨、张岚、郑伟、陈博嘉、肖潇、刘露露	张爽、杨腾
2004	2001级国际金融与财务班 2001级新闻学1班	张荟群、杨雪娇、陆瑶、李扬、张岚、范芳芳、刘明卓	杨海燕、姚志华
2005	2002级注册会计师专业 2003级汉语言文学专业	李晗、王妍、李昂、杨婧婍、姚敏	李福安、张欣然
2006	2004级食品生物技术专业 2005级历史学(文物博物馆)	韩紫光、王笑瑜、卢薇、黄颖、杨荣、张琦	李维、王嘉然
2007	2006级法学1班	董佳妮、成芳、侯蕾、帅贵鹏	沙莎
2008	2006级外语1班	李新玲、刘毅、沈洋、肖乐乐	刘文倩
2009	2007级历史学(文博旅游)	陈茜、戴岳、郭佳、张旭	连蕊
2010	2008级档案学专业	王祎、孙勃、郭佳、连蕊	宫肇南

3. 军训和征兵工作

军训是新生入学教育的重要环节,除2003年受“非典”疫情影响没有举行新生军训外,其他年份都开展了新生军训工作。军训期间,除了常规的军事队列科目训练以外,还安排国防教育、安全教育、校规校纪教育、成长教育和篝火晚会等内容。2004年以前,每年邀请军事专家或部队领导为学生作国防教育报告,组织学生观看国防教育影片等。2005—2007年,军事理论课在军训基地开设,正式列为大学生必修课;2008年以后则在学院由社科部组织集中开设,共32学时。2009年以前,学院负责安排学生军训事宜,2009年起,学院统一参加学校的集中军训。

2005年,宣教处(学生处)副处长祁春利荣获“北京市学生军训工作先进个人”称号;2009年,学院获得“北京联合大学学生军训工作先进训练奖”;2010年,学院被评为“北京联合大学学生军训组织工作先进单位”。

学院在开展国防教育基础上,积极开展在校生征兵入伍工作,并执行相关优抚政策。2004—2010年学院在校生征兵入伍情况见表1.5-5。

表 1.5-5　2004—2010 年在校生征兵入伍情况一览表

序号	入伍时间/年	复员时间/年	姓　名	专业、年级	复员后情况
1	2004	2006	骆　冬	室内环境控制技术 2004 级(专)	完成专升本学习
2	2005	2007	苏　岩	法学 2003 级(本)	完成本科学习
3	2007	2009	吴立民	计算机网络技术 2007 级(专)	完成专升本学习
4	2008	2010	张　扬	环境科学 2005 级(本)	本科学习
5	2008	2010	佟　萌	广告设计与制作 2006 级(专)	专升本学习
6	2009	服役中	张　旭	食品质量与安全 2006 级(本)	
7	2010	服役中	高　京	生物技术 2010 级(专升本)	

4. 社会实践

2001 年,学院将社会实践纳入教学计划,按照本科四个年级分不同内容和形式开展社会实践教育。一年级为军训,二年级为社会实习,三年级为专业实习,四年级以毕业实习为主。学院重视实践与专业教学的结合,要求各系除了安排学生参与社会服务、志愿者工作外,主要开展与专业相结合的对口单位实习,帮助学生加强对专业的理解,提高专业学习的动力。

学院重视社会实践基地建设,建有西柏坡革命传统教育基地(2001 年)、大营村农村服务实践基地(2000 年)、西城区社区服务基地(2001 年)、京郊农村先进典型马坡镇(1999 年建立的社会实践基地,2002 年成为"三个代表"重要思想学习基地)等大学生社会实践基地。例如,自 2001 年以来,每年暑期学生处、团委组织学生赴西柏坡进行社会实践,接受革命传统教育和开展老区支教活动,并举行学院对西柏坡中学的奖助学金捐赠仪式,捐款来自全院学生。学院支持各系开辟社会实践基地,呈现出"一系一地"或"一系多地"的社会实践基地建设格局。例如,外语系就与全国优秀居委会——北京市西城区汽南居委会联合建立了服务于社区的大学生社会实践基地,外语系学生为社区的居民教英语,十年来此项活动从未间断(非典期间除外)。学院的社会实践活动得到学生广泛响应,学院也在 2004 年、2008 年、2009 年和 2010 年被评为学校社会实践先进单位。

5. 献血工作

学院成立了献血工作领导小组,组长由主管学生工作的党委副书记担任。2006 年以前,领导小组办公室设在学院党政办公室,全院献血工作由党政办公室牵头组织实施。2001—2005 年,学院都超额完成献血指标,获得北京市献血先进单位称号。

2006 年,北京市高等院校献血由实行计划与自愿相结合完成献血指标模式,向团体预约登记、自愿无偿献血(捐献成分血为主)模式转变。学院对领导小组成员进行调整,增加学生工作人员,领导小组办公室也改设在学生处,党政办公室、医务室和院红十字会派人参加办公室工作。

献血模式改变后,学院组织献血领导小组成员、各系有关人员和学生红十字会代表到北京市血液中心参观成分献血的整个流程;请市血液中心的专家来学院为学生讲解成分献血的有关知识;组织学生参加"世界献血者日"活动;献血办公室发放献血材料到各班级,学院和各系提前做好团体预约献血登记的准备工作和献血同学的服务工作,无偿捐献成分血得到同学们的响应。学院还根据市献血办及市血液中心的要求,发动学生红十字会成立了学生献血志愿者队伍。2006—2010 年,学院多次获得北京市献血先进单位称号。

6. 就业工作

学院就业工作2001—2004年由宣教处负责,2005—2009年由招生就业处负责,从2010年开始由学生处负责。在党委和行政领导下,就业工作是学院的"一把手"工程,实行"院系两级"负责制,保证了工作机构、人员、经费"三到位"。按照学校就业工作总体部署,以"保持就业率稳定、不断提高就业质量"为目标,坚持"全员动员"和"一对一"个性化服务。学院每年研究制定应届毕业生就业工作意见,指导开展就业工作;就业工作结束后,召开就业工作研讨会,进行总结和表彰。

学院拥有一支包括学院主管领导、就业中心专职干部、各系学生工作负责人、辅导员、班主任组成的就业工作队伍。每年派出专职就业工作人员参加就业工作专业化培训,就业中心和各系专职负责就业工作的人员基本上都取得了国家职业指导师和全球职业规划师等职业资格证书。

学院开设《就业指导》课程和系列讲座,引导学生立足基层锻炼成长,志愿服务实现理想,刻苦学习考研出国,不等不靠自主创业,理性规划自己的人生道路。通过毕业班班主任培训会、毕业生家长会、学生座谈会等多种形式,分析每名学生的基本情况和就业需求,把就业指导工作做细、做实。学院大力建设就业实习基地,2005—2008年,有31家单位与学院签订就业实习基地合作协议。学院和各系主动联系企业进校园召开招聘会,发动校友提供用人信息,对经济困难毕业生发放就业帮扶金,对部分就业困难毕业生开展一对一帮扶。学院对京外就业市场、毕业生接收政策等开展专题调研,开拓京外毕业生的就业渠道。2010年,学校自主招生的第一届硕士研究生毕业,学院单独召开研究生毕业生就业座谈会和工作部署会,探索研究生就业指导和就业服务的途径与模式。在全院齐抓共管的努力下,学院就业率一直保持稳定,2001—2010年,毕业生平均就业率为95.72%(见表1.5-6)。学院的就业工作2003年在北京市有关会议上作经验交流。付月琴2006年被评为市级就业工作先进个人,2008年被评为市级"村官"工作先进个人。另外,每年都有系和个人被评为院、校两级就业工作先进集体和个人。

表1.5-6 2001—2010年毕业生就业率一览表

年份	就业率/%	负责部门	年份	就业率/%	负责部门
2001	90.90	宣教处(学生处)	2006	92.50	招生就业处
2002	95.40	宣教处(学生处)	2007	98.60	招生就业处
2003	93.80	宣教处(学生处)	2008	97.30	招生就业处
2004	95.40	宣教处(学生处)	2009	99.50	招生就业处
2005	95.10	招生就业处	2010	98.70	学生处

(三)重要规章制度

2001—2010年,学院相继出台了一批学生工作规章制度,形成较为完整的学生工作制度体系。

2001年,学生处制定《学生辅导员工作条例》(应用文理学发〔2001〕02号),从高年级选拔优秀学生协助低年级班主任开展班级辅导工作;学院修订《学生综合素质测评实施办法(试行)》(应用文理院发〔2001〕80号)、《关于学生奖学金的评选条例(试行)》(应用文理院发〔2001〕81号)、《关于三好学生、优秀学生干部评定条例(试行)》(应用文理院发〔2001〕82

号)、《学生先进集体评选办法(试行)》(应用文理院发〔2001〕84号),调整学生评优体系;制定《"十佳标兵"评选办法(试行)》(应用文理院发〔2001〕83号),评选首批"十佳标兵"9名;宣教处制定《关于学生社会实践活动管理办法》。

2002年,根据市教委、市财政局文件精神,修订《关于特困生补助办法》(应用文理院发〔2002〕40号)。

2003年,配合学校本科教学水平评估工作,出台《关于进一步加强学风建设的意见》(应用文理党发〔2003〕13号),编辑下发《北京联合大学应用文理学院学生日常行为规范》,加强学风校风建设;制定《关于在大学生中推荐优秀团员作党的发展对象的实施办法》(应用文理党发〔2003〕66号),推进大学生党员发展工作;制定《关于对学生学业奖励的规定》(应用文理院发〔2003〕20号);宣教处修订《学生社团管理规定》。

2004年,为落实中共中央、国务院颁布的《关于进一步加强和改进大学生思想政治教育的意见》精神,学院制定《关于进一步加强和改进大学生思想政治教育的实施意见》(应用文理党发〔2004〕59号);根据就业形势的需要,制定《关于大学生到西部就业和自主创业的奖励办法》(应用文理院发〔2004〕41号);修订《关于对经济困难学生减免学费的规定》(应用文理院发〔2004〕87号)。

2005年,学校实施课风建设工程,学院制定《关于加强课风建设的实施意见》(应用文理党发〔2005〕31号);为规范学生党员发展工作和加强学生工作,制定《北京联合大学应用文理学院发展学生党员工作实施细则》(应用文理党发〔2005〕85号)和《北京联合大学应用文理学院辅导员管理条例》(应用文理院发〔2005〕82号)。

2006年,制定《关于引导和鼓励毕业生面向基层就业的实施意见》(应用文理院发〔2006〕6号);下发《关于全面执行〈北京联合大学学生管理规定〉及其配套文件的通知》(应用文理院发〔2006〕15号),在学生管理、学籍管理、学生违纪处分、学生公寓管理等方面,全面执行学校相关规章制度。

2007年,制定《关于进一步加强和改进在大学生中发展党员工作和大学生党支部建设的实施意见》(京联文理党〔2007〕22号)。

2010年,修订《北京联合大学应用文理学院辅导员工作条例》(京联文理党〔2010〕53号)、《北京联合大学应用文理学院班主任(班导师)工作条例(修订)》(京联文理党〔2010〕58号)、《北京联合大学应用文理学院班级助理工作暂行办法》(京联文理〔2010〕87号)、《北京联合大学应用文理学院辅导员岗位补贴管理实施细则(修订)》(京联文理〔2010〕88号);制定《北京联合大学应用文理学院大学生创业园管理办法(试行)》(京联文理党〔2010〕60号)。

二、思想政治教育

(一) 机构设置

学生思想政治教育在学院党委领导下,由组织宣传部(2010年以前为组织部、宣传部)、学生工作部(处)、团委、社会科学部共同负责。组织宣传部主要负责学生党员的教育管理和上级党委精神的宣传与学习;学生工作部(处)负责学生日常管理和思想政治教育;团委主要负责团员的教育与管理;社会科学部主要负责思想政治理论课程建设和教学工作。

2003年3月前,学院的思想政治理论课暨"两课"的教学,分别由社科部和隶属于宣教处的学生思想政治教育(简称"德育")教研室负责。

2003 年 3 月,学生思想政治教育教研室由宣教处调整到社会科学部。

2006 年,社会科学部适应“两课”教学新一轮改革后的建设需要,按照教育部新设定的思想道德修养与法律基础、中国近现代史纲要、毛泽东思想和中国特色社会主义理论体系概论、马克思主义基本原理四门课程,设置 4 个教研室。

2010 年 3 月,社会科学部更名为人文社会科学部(以下简称“社科部”),原属学生处的艺术教育中心、心理发展中心调整到社科部,增设艺术与心理教研室。截至 2010 年年底,社科部共有教师 15 人,教务员 1 人。其中思想政治理论课教师为 12 人,包括教授 1 人,副教授 5 人;博士 3 人,在读博士 1 人,其余全部拥有硕士研究生学历。

(二)内容与形式

1. 学生党建工作

学院充分发挥学生业余党校的作用,健全党校机构,完善党校培训机制及课程。2001—2010 年,学院党校共举办学生入党积极分子初级培训班 11 期,高级培训班 7 期(2007 年开设,每学期 1 期),结合不同阶段的特点和形势任务采用授课辅导、个人自学、研讨交流、参观实践等方式对学员进行教育,共有 5200 余名学生参加党校初级班培训,1000 余名入党积极分子参加高级班培训。党校为学生开设了“中国共产党的宗旨与指导思想”“中国共产党的性质、纲领与任务”“审时度势,做新时期合格共产党员”“入党的条件与程序”“共产党员的理想信念”“当代世界社会主义与中国特色社会主义发展前景”等基本理论课程。结合学生思维活跃、视野开阔的特点,还聘请社科部魏博辉、刘延兵等开设了“马克思主义与当代青年”“向领袖学习”等专题讲座。

2006 年开始,学院党校开设预备党员学习班和毕业生党员学习班等不同范围的培训班,引导学生党员在建设文明校园、促进学风建设方面发挥骨干作用。

学院还采取成立党建研究会、出台团组织推优入党工作程序、表彰学生党员和先进党支部等措施,稳步推进大学生党建工作的开展。2001—2010 年,共发展学生党员 1700 人,大学生党员占在校学生比例从 2001 年的 2.67%上升到 2010 年的 13.27%。发展党员的重点也由原来的三、四年级学生移到二、三年级学生,各系都成立了学生党支部。

学生党支部开展了丰富多彩的教育活动。例如,新闻系学生党支部自 2004 年起定期到朝阳松堂关怀医院开展临终关怀服务;2005 年,以学生党员和学生入党积极分子组成的“红帆理论学习社”先后两次被《光明日报》报道;2006 年,为支持大学生村官工作,学院开展“红色 1+1”暨学生党支部和“村官”所在的农村党支部结对共建活动,学生处组织学生党员赴昌平区百善镇开展义务支教活动,此后每年都组织开展此项活动;2008 年,在北京奥运会、残奥会期间,学生党支部和学生党员在奥运场馆志愿者和城市志愿者中发挥了中坚骨干作用。

2. 思想政治理论课教学

2003 年之前,学院的思想政治理论教育分为马克思主义理论课和思想品德课两个系列,即通称的“两课”。其中马克思主义理论课由社会科学部负责,承担“毛泽东思想概论”“邓小平理论概论”“马克思主义哲学原理”“马克思主义政治经济学”“当代世界经济与政治”等课程的教学工作;思想品德课由学生思想政治教育教研室负责,承担“大学生思想道德修养”“法律基础”“形势与政策”等课程的教学工作。

2002 年党的十六大召开,“三个代表”重要思想写进党章,因此,从 2003 年下半年起,又新增加"'三个代表'重要思想概论"课程。

2005 年,按照教育部指示,全国高校思想政治理论课教学统一采用"零五方案",即将原有课程调整合并,只开设"思想道德修养与法律基础""中国近现代史纲要""毛泽东思想、邓小平理论和'三个代表'重要思想概论""马克思主义基本原理概论"以及"形势与政策"5 门课程。

2006 年,党的十七大召开,科学发展观写进党章,十七大提出了中国特色社会主义理论体系的概念。2007 年,按照教育部要求,"毛泽东思想、邓小平理论和'三个代表'重要思想概论"课程更名为"毛泽东思想和中国特色社会主义理论体系概论"。

思想政治理论课在学生中一直有较好口碑,发挥了思想政治教育主渠道作用。社会科学部荣获 2006—2007 年度学校德育工作先进集体。冷新宇 2002 年荣获北京市创新标兵,2006—2007 年度荣获北京市德育工作先进个人;刘延兵被学生评选为"最受爱戴的教师",2010 年被评为北京市师德先进个人;魏博辉和韩秀丽被评为校级优秀教师;李瑜 2005 年获得学校第二届"我最敬爱的老师"称号。李月修在 2002 年学校举办的思想政治理论课"精彩一课"教学比赛中,获得一等奖,冷新宇获得二等奖;李瑜在 2008 年"精彩一课"的教学比赛中获得优秀奖,在学院青年教师教学基本功比赛(文科组)中获得"最佳教案奖";扈春香获得 2010 年学院青年教师教学基本功比赛(文科组)"最佳演示奖"。

3. 心理健康教育

学院每年开展对大一新生的心理普查和在校生心理危机排查工作,建立了学生心理档案,为心理教育提供依据。2002 年成立学生"FACE TO FACE"心理社团,其规模始终保持在百人以上,并积极开展了每年的"5·25"心理健康宣传日等活动。2005 年成立大学生心理发展中心,配备专职人员开展心理咨询和教育工作,还通过聘请心理专家开设讲座、团体咨询开展朋辈教育、排演心理短剧等方式对学生进行"心理适应"教育,加强情感、学业、生活等方面的辅导。2006 年 5 月,学院和北京交通大学、中国矿业大学(北京)、中央财经大学、中国青年政治学院联合举办"首届北京高校心理情景剧汇演",在各高校巡演成功。2007 年,学院成立危机干预工作小组,确立危机学生的就医程序,建立了学生心理委员和心理信息员工作队伍。2008 年开始,在大一年级开设"大学生心理素质教育"课程。

4. 入学与毕业教育

学院从学生的入学和毕业两个关口把住学生教育关。入学教育逐年改变只是校规教育的老传统,加入更多的专业教育、成长教育、理想信念教育、职业教育等内容。对开学典礼和毕业典礼从强化形式入手,赋予更加具有时代特点、学院特色、师生互动的形式与内容,达到学生爱校、荣校的教育目的。例如,自 2004 年起,在隆重的毕业典礼上,由院长亲自为每名毕业生颁授学位礼,安排全体毕业生以放飞气球的方式放飞理想,组织"母校永在我心中"毕业生签名留念等活动。

5. 主题教育

学院结合社会重大活动开展主题教育。2001 年,结合北京申办奥运,组织学生开展支持北京申奥大型签名活动。2002 年,结合中国共产主义青年团建团八十周年纪念活动,开展"青春颂"诗歌朗诵会。2003 年,学院团委发出"致全体共青团员的一封信",号召全体团员以积极预防、沉着应对和相信科学的态度,维护良好的学习和生活秩序,齐心协力打赢抗击非典的攻坚战。2003年12月,广告系与学院团委联合举办“纪念毛泽东同志诞辰110周年诗歌朗诵会”。2004年,学院与所在的北京高校学生工作学会西北四组八校(北京邮电大学、北京交通大学、中央财经大学、北京电影学院、北京建工学院、北京联合大学应用文理学院、首钢工学院、北京工业职业技术学院)联合开展“诚信我为先”系列教育活动。2003—2006年,结合学校本科教学水平评估工作,开展多种形式的加强学风建设的教育活动。2001年以来,加强学生的志愿意识培养,组织学生服务第二十一届世界大学生运动会(2001年)、第十一届国际田联世界青年田径锦标赛(2006年)、北京奥运会和北京残奥会(2008年)、国庆60周年(2009年)等大型活动。

6. 校园文化活动

学院每年保证10万元以上的专项经费投入校园文化建设。学院传统的以表彰先进为主的“五四科技文化节”和“一二·九体育文化节”两大活动每年都举办,截至2010年,已分别举办15届和22届。从2003年开始,每年9月举办的社团文化月活动,也成为社团招收新生的宣传活动。平时穿插于各类社团开展的专业类、文体类、学术类、公益类等活动,如“青羽杯广告设计大赛”“非物质文化遗产进校园”“名师讲坛”“校园歌手大赛”等,受到学生广泛关注。学院形成了“以社团为依托,以两节为主线”的校园文化建设格局。

(三)建设与研究

1. 思想政治理论课改革

思想政治理论课教师积极探索课程改革,紧密结合社会现实和学生关心的热点问题,在规定的思想政治理论课程之外,连续主办“当今社会热点问题讲座”,作为院内学生选修课,每期内容十讲,先后讲授了“千年首脑会议与联合国改革”“中国证券市场与股份制改造”“当代美国教育与人才培养”“国有企业职工下岗问题”“当代中国的社会心理与大学生的心理健康”“日本现代化与传统文化”“城市流动人口调查分析”“中国加入WTO的若干问题”“大陆台湾军事力量对比分析”“大学教育与人的发展”“先进文化的时代感”等专题,受到学生的欢迎。在教学方式和手段等方面也做了多项改革尝试,如采用多媒体教学、案例式教学、讨论式教学,增加社会实践环节等,均收到良好效果。

2. 思想政治工作队伍建设

学院组织“两课”(2005年以后,统称“思想政治理论课”)教师,参加北京市教委举办的相关课程培训,每年召开教学研讨会和学生工作研讨会,探讨新形势下思想政治教育工作的规律和特点。2003年,院党委结合党建和思想政治工作评估要求,开展了思想政治工作队伍状况的专题调研,听取学生工作队伍人员和“两课”教师的意见和建议,成立了“两课”教学评估领导小组(应用文理党发〔2003〕72号)。2001—2010年,党委专门拨款,组织院系学生工作队伍和思想政治理论课教师利用暑假期间,先后奔赴延安、遵义、河南、新疆、四川、重庆和内蒙古等地进行社会考察。

3. 科学研究

学院注意跟踪大学生思想政治教育理论的新发展,开展研究工作。2001—2010年,学院有关学生思想政治教育工作和教学的研究成果主要有:“大学德育目标与内容的研究”“北京联大学生特点及德育针对性研究”“北京地区大学生宗教与信仰问题研究”(北京市哲学社会科学“十五”规划课题)、“北京联合大学学生党员思想状况及教育对策研究”“首都高校在北京学习型社区教育中作用的研究”(北京市教育科学“十一五”规划重点项目)、“多校区大学德育工作研究”“哲学语言与哲学思维研究”(教育部人文社科项目)等;出版了《思想道德修养》《走进大学》《走向社会》《大学生就业指导手册》《早日站在党旗下》《大学生思想教育研究》《教学理论新探索》《理论热点聚焦——当代大学生关注的社会理论问题研究》等多部著作。还就应用型大学学生教育管理模式、大学生社会实践、大学校园文化、特困生资助、学生党员发展、教育教学改革等方面发表研究论文多篇。同时,学院也参与了学校《感受大学,感念师恩》《联大德育三十年》等多部德育书籍的编写工作。2002 年,魏博辉、韩秀丽的论文分别获得北京高校哲学研究会第 14 届年会优秀论文一等奖和二等奖;2003 年,郭淑敏等人的论文《大学德育目标与内容的研究》获北京高等学校德育研究论文三等奖;2005 年,李月修的论文《对道德教育中发挥大学生主体作用的思考》获北京市高等教育学会第六次高等教育科研成果三等奖。

第六节 办学保障

一、校园规划与建设

(一)校园规划

2001 年 12 月,学院公布的“十五”时期发展计划中提到校园基本建设布局:“对学院路校区、双清路校区和丰盛校区,在‘一体两翼’的指导思想和统筹规划的前提下,按照各自的外部环境和内部特点,分别进行合理布局建设。”《学院“十五”发展计划》(应用文理党发〔2001〕44 号、院发〔2001〕133 号)之后,学院的校园规划与建设,依据此指导思想开展。学院首先完成学院路校区的布局和基建规划,并上报学校。

2003 年 3 月,学院按照北京市教委、市计委《关于编制校园总体规划的通知》(京教建〔2002〕160 号)和学校《关于做好校园总体规划编制工作的通知》(京联发〔2003〕6 号)文件精神,成立校园总体规划编制工作领导小组(应用文理院发〔2003〕10 号),开展《校园总体规划》的编制工作。

《校园总体规划》委托北京市建筑设计研究院设计,前后经过 21 稿修改,于 2003 年 7 月最终形成 2.7 万字、包括大量表格及 30 多张图纸的定稿,上报学校和市教委。这是学院第一个校园总体规划,对于指导学院建设具有重要意义。

《校园总体规划》的编制,以“十五”时期学院在校生人数 3520 人为基数;按照三个校区,即学院路校区、丰盛校区、双清路校区统筹规划,体现学院确定的“一体两翼”的发展模式;从可持续发展的观念出发,按照尊重历史、面对现实、保护环境、节约土地的原则,做到具有前瞻性、科学性、合理性,符合可行性原则、特色原则、人文原则和效益原则。

《校园总体规划》中,对建设总投资、筹资方案、偿还能力、扩建完成后的效益分析与预测,用地规划,设备管网系统、电气系统,抗震及人防,环保措施等方面,逐一进行了分析与设计。

《校园总体规划》的实施步骤,按照“整体规划,突出重点,分步实施”原则进行,首先完成学院路校区的扩建。

表 1.6-1 校舍扩建前后面积一览表

单位:平方米

校区名称	扩建前校舍面积	扩建面积	拆除面积	扩建后校舍面积
学院路校区	37 502.22	14 470.00	3009.00	48 963.22
丰盛校区	10 967.87	374.40	0	11 342.27
双清路校区	5000.00	22 671.00	5000.00	22 671.00
总计	53 470.09	37 515.40	8009.00	82 976.49

2003 年 12 月 25 日,学院《校园总体规划控规调整论证》在北京市 7 部门联审会上获得通过。

2004 年 2 月 10 日,北京市规划委员会发出《控规调整通知书》(2004 控规审字 0008):学院《校园总体规划》经市政府批准,原则同意。

2004 年,学校拟在良乡建新校区,学院的基本建设项目一度暂停。2006 年下半年以后,学校确定校区就地整合、就地发展的工作方针,学院校园总体规划工作和基本建设继续实施。

(二)校园建设

1. 基本建设情况

2002 年 7 月,《北京联合大学"十五"时期发展规划》中,正式将学院教学楼(学院路校区)建设工程列入,批准建筑面积 15 000 平方米。

2003 年 1 月,北京市规划委员会发出《控规调整通知书》(2003 控规审字 0012),原则同意在学院路校区西北部新建综合教学楼,控制高度 24 米。

2004 年 2 月,北京市规划委员会发出的《控规调整通知书》(2004 控规审字 0008),规定沿学院路、学院西北部建筑控制高度为 27 米,沿北土城西路、学院路西南角建筑控制高度为 32 米,沿北土城西路、学院路东南角办公楼建筑控制高度为 21 米,外国专家公寓建筑控制高度为 32 米。

2004 年 12 月,北京市规划委员会批准关于学院三期基建工程的《建设项目规划意见书》(2004 规意字 1057 号),对学院的办公楼及专家公寓楼建设项目详细规定了用地规划要求、建筑规划要求、绿化环境规划要求、交通规划要求、其他要求和告知事项。办公楼及专家公寓楼建设项目的筹备工作取得阶段性成果。

2004—2005 年,学院多次向学校上报新建学生宿舍楼的请示,由于学校拟在良乡大学园区建新校区,对学院请示做出"通盘考虑,工作暂缓"的批复。

2006 年 11 月,北京市规划委员会发出《规划许可证准予延续决定书》,批准 2004 规意字 1057 号文件有效期延至 2007 年 12 月 2 日。

2007 年 1 月,学院经过与学校、北京市教委、北京市发展与改革委员会和北京市规划委员会反复沟通后,向北京市规划委员会发出《关于专家公寓及办公楼变更名称的函》。该函中提出北京市教委了解到应用文理学院学生住宿的现实困难,同意学院在校内建设学生宿舍楼,并给予一定的建设补贴。希望将规划意见书(2004 规意字 1057 号)批准的专家公寓及办公楼更名为学生宿舍楼。

2007 年 12 月，北京市规划委员会发出《关于原则同意北京联合大学应用文理学院总平面规划的复函》(2007 规复函字 0473 号)，同意将原专家公寓及办公楼更名为学生公寓楼。同时，该复函对即将到期的规划意见书顺延 2 年，对学院的基本建设做了全面规划，为学院第一教学楼加层、第二教学楼建设奠定了基础。

2009 年 11 月，市教委向北京市发展与改革委员会发出《北京市教育委员会关于北京联合大学应用文理学院学生宿舍项目建议书(代)可行性研究报告的函》。市教委同意学院新建学生宿舍楼规划方案，并向北京市发展与改革委员会申请立项。

2009 年 12 月，北京市海淀区环保局通过学生宿舍楼项目环境影响评估。

2010 年 2 月，北京市交通委员会通过学生宿舍楼项目交通影响评估。

2010 年 4 月，北京市发展和改革委员会发出《联合大学应用文理学院学生宿舍项目用地预审告知单》。2010 年 5 月，北京市国土资源局颁发北京联合大学应用文理学院国有土地使用证。2010 年 7 月，北京市国土资源局海淀分局发出《关于北京联合大学应用文理学院学生宿舍楼建设项目用地预审意见》，同意通过土地预审。

2010 年 12 月，北京市工程咨询公司完成《北京联合大学应用文理学院学生宿舍楼项目建议书(代可行性研究报告)》。

2. 基础设施改造情况

2001—2010 年，学院自筹资金和使用专项款进行基础设施改造，逐步改善了学院教学、办公和生活条件，见表 1.6-2。

表 1.6-2 2001—2010 年基础设施改造情况一览表

年份	项目名称	资金来源	效果
2001	学院路校区供暖锅炉煤改电	专项款	解决烧煤污染
	学院路校区配电室改造	专项款	电量增容，满足发展需要
	学院路校区中心绿地、校园绿化和图书馆改造	专项款	为建设花园式单位奠定基础
2002	丰盛校区语音室、实训室改造	专项款	
	双清路校区改造	自筹资金	
2003	学院路校区建成人造草坪网球场和足球场	专项款	
2006	学院路校区留学生公寓改造和平房加层改造	自筹和专项款	
2007	学院路校区建成钢结构学生宿舍	自筹资金	缓解学生住宿需求
2008	学院路校区道路翻新、双清路校区学生宿舍改造	自筹和专项款	
2009	学院路校区、双清路校区学生食堂改造	专项款	按照标准化食堂建设
	学院路校区报告厅改造	专项款	
	学院路校区篮球场改造	专项款	建成 1500 平方米塑胶操场
	学院路校区既有节能改造	专项款	改善办公楼隔音保温效果
	丰盛校区教室、实验室、办公楼装修改造	专项款	
2010	学院路校区教学楼加固	专项款	达到北京市抗震规范新标准
	学院路校区教学楼加层	专项款	增加教学楼面积 1056 平方米
	学院路校区供暖并入塔院小区锅炉房	专项款	
	学院路校区供热管网改造	专项款	

二、办学经费与管理

（一）机构设置与管理体制

2001年，学院财务管理机构为财务室，在编财务人员10人；至2004年，由于退休、调离等原因减至6人。2005年，财务室升格为财务处，财务人员增加至8人。2010年，学院调整机构，财务处下设会计科、资产科、经济管理办公室3个科室；共有11个岗位，其中处长1人、副处长1人、会计科5人、资产科3人、经济管理办公室1人。

学校实行“统一领导、分级管理、集中决算”的财务管理体制。学院实行“统一领导，集中管理”的财务管理体制，在院党委和主管院长的领导下实行一级财务核算制度。学院在学校统一预算内，组织本学院的各项收入，合理安排资金使用。财务处是学院唯一的财务会计管理机构，负责学院财务管理、资产管理等工作，履行会计核算与会计监督职能。

（二）经费收支情况

1. 经费收入情况

学院的教育事业费来源为财政拨款、事业收入、其他收入、经营收入。其中财政拨款和事业收入是经费收入的主要来源。随着北京市财政、市教委教育体制改革和对部门预算拨款的调整，学院经费收入也逐年递增，2001年学院经费收入为4137.45万元，到2010年经费收入已达到10 866.39万元，十年增长了162.63%，见表1.6-3。

表1.6-3　2001—2010年经费收入一览表　　单位：万元

年份	财政拨款	事业收入	经营收入	附属单位缴款	其他收入	当年经费收入合计
2001	2132.64	1863.08	86.84	54.89		4137.45
2002	2498.63	2082.00	481.48		15.46	5077.57
2003	2932.31	2034.35	728.28		11.75	5706.69
2004	2833.03	2076.30	513.92	145.24	6.72	5575.21
2005	3387.57	1976.26	472.85	55.00	47.23	5938.91
2006	4045.02	1917.09	363.63		16.47	6342.21
2007	6890.89	1850.40	648.20		31.40	9420.89
2008	6048.09	1955.96	530.03		25.00	8559.08
2009	9959.71	1856.54	605.94		19.77	12 441.96
2010	8521.89	1717.18	600.49		26.83	10 866.39

2. 经费支出情况

学院经费主要用于促进学院教育事业协调发展，实现各项任务目标以及为教学、科研及其他工作的正常运转提供资金支持。经费支出按照支出类别主要包括基本支出、项目支出和经营支出，见表1.6-4。

表 1.6-4 2001—2010 年经费支出一览表

单位：万元

年份	基本支出	项目支出	经营支出	当年支出合计
2001	3151.36	844.25	86.84	4082.45
2002	3976.18	799.86	481.48	5257.52
2003	4127.00	1012.39	728.28	5867.67
2004	4795.48	675.73	513.92	5985.13
2005	4588.03	910.55	472.85	5971.43
2006	4892.23	1360.16	363.63	6616.02
2007	5970.54	2233.00	648.20	8851.74
2008	6481.39	1431.57	530.03	8442.99
2009	6185.99	5135.76	605.94	11 927.69
2010	8433.44	1987.25	600.49	11 021.18

（三）固定资产情况

学院固定资产总额逐年递增，2001 年固定资产总额 4668.65 万元，到 2010 年固定资产总额达到 15044.12 万元，十年增长了 222.24%，见表 1.6-5。

表 1.6-5 2001—2010 年固定资产总额一览表

单位：万元

年份	固定资产总额
2001	4668.65
2002	4836.04
2003	5461.77
2004	6276.39
2005	6738.47
2006	6695.65
2007	7556.76
2008	8381.34
2009	9431.98
2010	15 044.12

（四）财务制度建设及重大财务事项

2001 年，根据北京市财政局的通知，按照市教委的部署，学院开展了对《会计法》的学习和执行情况检查工作。学院在 2 月寒假中召开了全体院领导、相关职能部门负责人及院财务部门会计人员参加的“学习、贯彻《会计法》”财务工作研讨会；4 月至 5 月，成立《会计法》执行情况检查领导小组，在全院组织开展《会计法》执行情况检查，按照收支两条线的要求，加强和规范学院的经济管理和财务管理。

2002年9月,学院对有经济活动的部门逐一进行审计,检查经费使用情况。

2003年,学院接受北京市物价局和学校的教育专项经费检查。4月,学院下发了《关于预算管理改革的有关决定》(应用文理院发〔2003〕33号),执行收支两条线的管理办法,按全口径和以基本支出、项目支出为框架编制预算;减少平均分配,保证教学投入,强化项目管理。10月,学院成立预算执行情况和财务决算审计工作领导小组(应用文理院发〔2003〕137号)。

2004年,学院下发了包括《关于重要项目安排制度》《关于大额度资金使用审批制度》在内的有关"三重一大"制度文件(应用文理党发〔2004〕1号)。

2005年,学院作为北京市改革试点单位,开始执行财政国库集中收付新制度。新出台《北京联合大学应用文理学院收费管理办法》(应用文理院发〔2005〕58号),经批准的收费一律归口交至财务处,由财务处加强财务监督与核算,任何部门不得设立"小金库"。

2006年,财务处编辑印发了《财务管理文件汇编》,严格财务管理程序。学院出台了《关于经费支出审批权限的规定》(应用文理院发〔2006〕61号)和《会计工作规范实施细则》(应用文理院发〔2006〕62号)。按照学校部署,在全院开展了财经专项清理工作。

2007年,学院成立预算管理委员会,修订印发了《北京联合大学应用文理学院经费预算管理办法》(京联文理〔2007〕48号)等。

2008年,学院印发了《北京联合大学应用文理学院教育收费管理办法》(京联文理〔2008〕67号),进一步规范学院的收费行为。

2010年,学院完成新一轮全员岗位聘用工作后,下发了《关于明确各部门财务负责人的通知》(京联文理党〔2010〕27号),坚持执行"财务一支笔"制度,并在全院开展经营性收入项目的重新立项及审核工作。

(五)审计工作

1. 机构设置

学院审计室成立于1996年,为正科级单位,学院主要负责人主抓审计工作。2001—2007年审计室与组织部合署,2008—2009年归入财务处,有专职审计人员2人;2010年1月,学院按照学校内部机构调整要求,审计室归入党政办公室,有专职审计人员1人,见表1.6-6。

表1.6-6　2001—2010年审计室人员情况表

部　门	主　任	任职时间	成　员	任职时间
党委组织部、审计室合署	宋　丽	2000.01—2005.03	刘　洁	2000.01—2003.05
党委组织部、审计室合署 (2008年1月至2009年12月归财务处)	周艳君	2005.03—2009.12	刘　焱	2003.05—2007.09
党政办公室	刘振斌	2010.01—今		

2. 主要工作

学院的审计属教育系统内部审计,主要对学院的下列事项进行审计:学院年度预算执行与财务决算;各项教育资金、基金的管理和使用;与财务收支有关的经济活动;国有资产的管理和使用;重大工程、重点项目、基建的概算和预决算;处级领导干部经济责任;科研经费审签;国家财经法规和上级部门、学校财经规章制度的执行;内部控制制度的建立与执行;学院负责人、上级内部审计机构及上级审计机关交办的其他审计事项。

2001—2010年,学院完成的审计项目总计187项,审计金额113 996.36万元。2010年,学院先后接受了市财政局、市教委和学校委派会计师事务所进行的2009年度财务预算执行情况、国有资产、财政专项、小金库和假发票等方面的审计。

三、实验室及实践教学基地建设

(一)实验室及实践教学基地的管理

2000年,学院依据学校京联发〔2000〕58号文件精神,于2000年6月设立了应用文理综合实训基地,负责学院大部分实验室的建设工作。其下设的各专业实验室主要由各系负责管理,基地进行技术支持等辅助管理。基地以外的实验室有2000年以前学院经过整合建立的信息技术与物理实验室、生物化学实验室、计算机实验室、电教语音中心实验室四个院级基础实验室和生物活性物质与功能食品院级重点实验室,仍由相关系、计算机电教中心负责管理与建设。

2003年7月,学院成立实验室工作管理委员会,加强和规范实验室的管理工作。

2008年2月,学院在《关于落实学校"十一五"时期发展规划的实施意见》(京联文理党〔2008〕3号)中提出:"做好校内外实践教学基地建设,整合基础实验室和专业实验室,参照北京市实验教学示范中心的评价标准,进一步建设校级实践教学示范中心,建立院级文科、理科实践教学示范中心。"7月,学院决定在原综合实训基地、计算机教研室、电教中心和信息科学与技术系部分实验室的基础上组建应用文理实践教学基地(京联文理党〔2008〕41号),下设实践教学部,包括对计算机公共机房和各专业实验室的管理;多媒体教学部,包括对语音教室、多媒体教室、大学英语体验中心和学院视频会议室的管理;网络部,包括对校园网、办公室计算机设备及校园"一卡通"的运行维护与管理。该基地成立时共有人员17人。2009年6月,学院又将信息科学与技术系的计算机机房、物理实验室及工作人员调整到该基地。

2009年9月,为加强实践教学,统筹使用资源,学院对实践教学基地所属实验室进行调整和新建,共建有27个实验室。其中,调整及更名后的实验室为18个:档案保护与管理实验室、档案信息化管理试验室、电子政务实验室、多媒体技术应用试验室、金属文物保护与修复实验室、陶瓷文物保护与修复实验室、文物鉴定室、非物质文化遗产保护与利用实验室、多功能演播室、现代广告设计实验室、数字媒体实验室、城市要素综合实验室、三维仿真实验室、数学建模实验室、计算数学实验室、地理信息系统实验室、英语体验中心、模拟法庭;未调整及更名实验室1个:普通物理实验室;新建实验室8个:现代办公模拟实验室、创新与创业训练室、摄影工作室、录音室、模拟仲裁庭、现代企业经济法律运行实验室、法律诊所、同声传译实验室。

2009年年初,学校在应用文理实践教学基地的基础上,以文科类实验室为主体,整合全校相关资源,建成"应用文科综合实验教学中心",成为校级人文社科类专业的综合实验教学平台。中心的主体设在学院的学院路校区,已建成基础平台和专业应用两大类实验室24个,主要服务于学校文科类专业的实验教学,同时为校内理工科学生和学院路地区教学共同体的其他高校学生提供人文社科类选修课程的实验场所。学院实践教学基地的工作职责又增加了应用文科综合实验教学中心的建设和平台类实验课程、实验项目的开发等内容。

实验室及实践(实训)教学基地建设在应用性教学改革中取得不少成果。2001 年 6 月,生物活性物质与功能食品实验室被评为北京市重点实验室。2006 年,食品生物技术实验教学中心被批准为校级实验教学中心,并于 2008 年被评为校级实验教学示范中心。2007 年,计算机公共基础实验室开放项目被评为校级开放实验室建设项目,并获得学校教学质量与教学改革工程实践教学项目一等奖。2009 年,应用文科综合实验教学中心成功申报北京市级实验教学示范中心后,10 月参加国家级实验教学中心评审,12 月获准为国家级实验教学示范中心建设单位,学校实现了在国家级教学项目上零的突破。

(二) 实验室及实践教学基地的建设

1. 建设阶段

(1) 第一阶段(2000—2003 年)

应用文理综合实训基地在 2000 年立项,至 2003 年年初,共投入 320 万元资金,与各系合作先后建立了计算机资源制作与管理、食品检测、生活环境分析、城市与地理信息系统、财务金融、新闻秘书、模拟法庭等实训室,完成了第一阶段的建设,具有了一定规模。实训基地主要场所集中在 2001 年投入使用的学院路校区实验楼。2003 年,实训基地通过市教委的实验室评估检查。

(2) 第二阶段(2004—2007 年)

在实训基地第一阶段的建设完成后,学院和各系在实训基地建设上更加注重专业性、特色性、融合性。为了加强文科实践教学环节,2003—2004 年,学院在丰盛校区建立了新闻传播、现代广告和公共事业管理三个实训室。2006 年,历史系创建“文物保护与修复中心”。2007 年,法律系与实训基地进行模拟法庭一期建设,在教学楼 401 室建立了拥有比较先进的全套模拟法庭设备的实训室。2007 年,新闻传播系申报新闻演播厅改造项目,总金额达到 420 万元。由于该项目专业性要求高,直到 2010 年实验楼的新演播厅和录音棚建立之后,项目才完全结束。以上建设使实训基地的软硬件水平得到较大的提高。

(3) 第三阶段(2008—2010 年)

2008 年 7 月,应用文理实践教学基地成立,教学基地各类实训室的主体框架已经完成,新的项目主要是针对原有实训室进行设备的升级改造和扩展。主要包括:资源环境与城乡规划管理实训室建设了 2 个以图形工作站为主体的高端地理信息系统实验室,更新信息系统管理实训室的设备。2009 年,对现代广告设计实训室和公共事业管理实训室的设备进行更新。2009 年 3 月,应用文科综合实验教学中心成立,之后在原 2007 年新闻演播厅项目的基础上增加投入,在实验楼 306 室和 308 室建立更加先进的数字录音棚和 4 讯道数字化演播厅;对模拟法庭进行二期投入,安装更先进的摄录设备和专业软件。

2. 设备投入情况

实验室主要的设备投入由政府采购完成。2002 年,学院成立政府采购计划项目领导及专家评审小组,对由各专业提出的实验室建设项目及设备采购申报单进行评审,通过后交由学院政府采购负责部门办理(政府采购工作组曾先后设在教务处、综合实训基地、后勤管理处)。2008 年,学院党委成立政府采购专项检查工作组(京联文理党〔2008〕29 号),检查和督促相关部门严格执行政府采购的文件及规定。2001—2010年学院实验室投入情况见表1.6-7。

表1.6-7 2001—2010年实验室投入一览表

单位：万元

项目名称	当年投入										累计投入
	2001	2002	2003	2004	2005	2006	2007	2008	2009	2010	
资源制作与管理实训室	149										149
新闻秘书实训室	5.40										5.40
财务金融实训室	17.30										17.30
模拟法庭	10						30	70		33.98	143.98
公共事业管理实训室			45.30						92.845		138.145
现代广告设计实训室			68						57.70		125.70
城市与地理信息系统实训室			9.20								9.20
新闻传播实训室				75.80							75.80
新闻演播厅							430			53.7213	483.7213
多媒体教室							49.30	49			98.30
资源环境与城乡规划管理专业建设								98.70			98.70
信息系统管理实训室								50			50
文物保护与修复中心								74			74
计算机公共基础实验室								58			58
开放式实验室建设									90.50		90.50
精品课程录播									46		46
数字语言实验室									95		95
网络性能分析实验室									65		65
同声传译实验室								62	60		122
指纹识别系统（市级实验教学示范中心）										50	50
摄影工作室										4.80	4.80
学院信息发布系统										12.88	12.88
IBM终端服务器（网络中心）										17.7182	17.7182
软件购置					8.20						8.20
各年累计总投入	181.70	0	122.50	75.80	8.20	0	509.30	461.70	507.045	173.0995	2039.3445

3. 特色实验室

(1) 生物活性物质与功能食品实验室

该实验室2001年由市教委和市科委共同认定为北京市重点实验室。实验室以研究食品与人类健康关系为主要内容,以研究食品保健功能为重点,形成实验室的特色。实验室下设生物活性物质与功能食品研究室和保健食品功能检测中心两个业务机构。其检测中心是卫生部认定的保健食品功能检测机构。

(2) 金属文物保护与修复实验室

该实验室主要为铜、铁、金、银类金属文物的受损分析、成分分析、除锈、焊接等保护和修复提供实验教学场所。实验室拥有无损金相分析仪、金相显微镜、超声波清洗仪等大型仪器。同类型实验室还有陶瓷文物保护与修复实验室、非物质文化遗产保护与利用实验室等,为学生提供文物保护与修复技能训练。

(3) 现代企业经济法律运行实验室

该实验室主要模拟工商、商标、知识产权、税务、银行、会计师事务所等部门的办公场景,供学生开展公司设立、商标注册、专利申请、税务申报、经济往来票据处理、账目审计等各项模拟实践活动。

(4) 档案综合实验室

该实验室为档案专业学生开展手工环境下的文件档案保护、修复、管理、利用和档案工作组织规划提供实验条件,拥有电脑抗张试验机、MIT耐折度测定仪、纸张耐破度测定仪、纸张厚度测定仪、白度颜色测定仪、缩微摄影机、缩微胶片冲洗机、缩微胶片阅读器等实验设备。

(5) 数字媒体实验室

该实验室为训练学生的数字媒体制作能力提供实践教学场所。实验内容主要包括:数字视频与音频编辑、报刊版式设计与电子排版、影视节目后期包装与制作等。

(6) 多功能演播室

该实验室主要是为新闻传媒前期策划、采编等提供实验教学场所。实验室拥有广播级摄像机、专业级摄录一体机、编辑录像机、编辑放像机、单镜头反光照相机等能够满足现代影视节目制作的教学设备。

(7) 地理信息系统实验室

该实验室拥有高性能图形工作站、数字图像融合机及虚拟现实制作软件等实验条件和设备;主要用于对学生进行地理信息系统技术(GIS)、遥感技术(RS)、全球定位系统技术(GPS)以及3S技术集成的相关技能和能力的教学提供实验环境;同时,作为学生专业软件认证培训教室。

(8) 同声传译实验室

该实验室配备目前达到国内领先水平的硬件环境,既能够帮助英语专业模拟商务会谈和国际会议口译的实战环境,也能够为学生课余开展英语学习和文化交流等活动提供实践场所。

四、校园信息化建设

（一）校园网络建设

学院校园网络于1994年开始建设，学院成立网络中心负责建设和管理。

2003年，学院校园网全面开通。网络中心建立了UNIX网络教学平台开展网络教学。

2004年开始，学校加大校园网建设的统筹力度，学院网络中心的主要职责由建设与维护校园网转为维护与保障校园网运行。

2007年，学院正式启用OA办公系统。

2008年，学院经过整合成立实践教学基地，网络中心并入基地，基地设立网络部，负责校园网的管理及维护。2008年开始，网络部配合学校校园一卡通工程，陆续在学院路校区和双清路校区实施了一卡通工程建设，应用在食堂售饭系统、浴室管理系统、门禁系统、机房上机、成绩查询打印和财务查询等方面。

2009年，学院无线网络一期工程开始实施，无线网络覆盖范围包括图书馆、实验楼、办公楼和学院露天休息区。2010年，无线网络二期工程开始建设，覆盖范围包括学院路校区的学生宿舍、报告厅、食堂及双清路校区自习室和丰盛校区学生宿舍。

学院校园网络的核心——信息网络中心机房设在学院路校区实验楼3层，双清路校区通过电信通2M光纤接入Internet，并通过VPN与信息网络中心连接；丰盛校区通过中国网通2M DDN专线接入信息网络中心，2010年升级为4M SDH线路。为了对网上发布的信息进行安全、有效的管理，网络部管理学院对内和对外的两套网络信息发布平台，并定期开展网络应用和安全管理的用户培训。

（二）多媒体教学设施建设

多媒体教学的环境准备及日常运行维护工作由实践教学基地多媒体教学部负责(2008年基地成立以前为学院电教中心负责)。2001年年初，学院有6个语音教室和4个多媒体教室。经过十年的建设，截至2010年年底，学院多媒体教学设施包括1个多媒体监控中心、4个大学英语体验中心、43个多媒体教室、1个同声传译教室和1个精品课程录播室。

2004年，学院成为教育部首批“高校教学质量和教学改革工程”大学英语教学改革试点院校，在学院路校区建成第1个大学英语体验中心。中心提供英语多媒体教学环境和模式，强调个性化教学与自主学习，发挥计算机可单独反复进行语言训练尤其是听说训练的优势，使学生根据自己的水平及时间，选择合适的学习内容，借助计算机，达到最佳学习效果。

2007年，学院建成多媒体网络中央控制教学管理中心，负责监控管理学院全部多媒体教室和实验室，也是提供学院所有多媒体教学资源和实验教学资源的共享平台。

2008年，学院路校区普通教室全部安装多媒体设施。

2009年，学院建成精品课程录播室，负责全程录播学校(院)的精品课程，并协助制作国家级和市级精品课申报课件。该录播室所有课程可供全校学生远程实时在线学习，同时还可制作三分屏教学软件上传到网络学堂。

五、图书与档案管理

(一)图书馆工作

1. 机构与管理

2001—2010年,学院图书馆设有采编部、技术部、期刊部和流通部,全馆图书、期刊分学院路校区、丰盛校区南北两馆分藏,同时为全院师生服务。2009年增设信息参考咨询部。

2010年,全馆在岗职工30人。学院路校区图书馆25人,丰盛校区图书馆5人。学历结构为:博士2人、硕士6人、本科19人、大专3人;职称结构为:正高职称1人、副高职称6人、中级职称18人、初级职称5人。

2003年6月,学院成立图书馆工作委员会,制定《北京联合大学应用文理学院图书工作委员会章程》,并制(修)订图书馆管理制度29条。

2004年6月,学院召开图书工作会议,要求在师生中进一步做好图书馆利用工作。

2005年,图书馆编制《图书馆规章制度汇编》,分管理工作、读者工作、业务管理规范三个部分。

2006年,学院下发《关于进一步提高图书借阅率的意见》(应用文理院发〔2006〕38号),提出师生借阅图书达标标准、开展图书借阅率评比和开展各种读书活动等措施。

图书馆每年坚持组织馆内业务培训及参加北京市图书馆协会、中国图书馆学会、北京高校网络图书馆和数字图书研究会、CALIS等相关业务部门的培训,邀请国内外知名专家学者来馆讲学。2006年,创办《图书馆工作简讯》,至2010年共发刊23期。

2001—2010年,图书馆及工作人员获得行业系统多项表彰,见表1.6-8。

表1.6-8 2001—2010年获得的行业系统表彰项目一览表

年份	获奖项目	获奖人员
2002	华北地区高校图书馆第十六届学术年会优秀论文奖:《论21世纪中小型图书馆工作创新》	白广琴、傅润清
2003	华北地区高校"先进图书馆"	
	华北地区高校图书馆"先进个人"	王彤
	华北地区高校图书馆第十七届学术年会优秀论文奖:《浅论小型高校图书馆网络环境下的文献资源建设与共享》	白广琴
2005	中国图书馆学会理论研讨会优秀论文二等奖:《浅谈图书馆服务创新应"以人为本"》	白广琴
	华北地区高校图书馆第十九届学术年会优秀论文奖:《大学图书馆特色资源数字化建设——"北京学"专题特色数据库建设浅议》	白广琴
2006	2005—2006年度北京地区高校"优秀图书馆工作者"	王彤、白广琴
	中国科协、中国图书馆协会论文一等奖:《高校图书馆在大学生信息素质教育中的作用》	王丽娜
	中国图书馆学会理论研讨会征文二等奖:《试论科学发展观与图书馆可持续发展策略》	白广琴
	第八届北京高校图书馆信息服务学术年会优秀论文二等奖:《运用图书馆学"五定律"指导高校图书馆工作》	王彤
	2004—2006年度北京地区高校优秀图书馆学术论文二等奖	齐秀霞

续表

年份	获奖项目	获奖人员
2007	华北地区高校图书馆第二十一届学术年会优秀论文奖：《以教学评估为契机，构建和谐图书馆》	张亮
2008	北京市原文传递宣传月活动获原文传递二等奖，馆际互借三等奖	
	“图书情报事业与信息社会的和谐发展”学术研讨会优秀论文奖：《和谐环境中图书馆网络文献资源构建》	聂延平
2009	华北地区高校2007—2009年度先进图书馆	
	华北地区高校图书馆先进工作者	王彤、王琤
	首都教育先锋管理创新先进个人	张亮
2010	第八届北京地区高校图书馆田径运动会集体项跳绳第二名、运球接力第七名及“体育道德风尚奖”	
	北京市原文传递宣传月活动原文传递集体二等奖，馆际互借集体三等奖	
	北京市原文传递宣传月活动个人二等奖	王琤
	第八届北京地区高校图书馆田径运动会个人男子跳远第六名	倪申
	第八届北京地区高校图书馆田径运动会女子立定跳远第五名	周红焰
	第八届北京地区高校图书馆田径运动会男子定点投篮第四名	任兆琳

2. 馆舍与设备

2010年年底，图书馆建筑总面积约为6000平方米。2003—2005年，学院对图书馆馆舍进行部分改造，图书馆净增面积700平方米。新建246平方米多功能电子阅览室，为学生提供课后自学的环境，还兼做学生文献检索课教学实训基地，同时也是图书馆从事信息素质教育和专业培训的场所。建成双层书库，使库本库的面积增加一倍。新建1个教师阅览室，配备一定数量的计算机。该阅览室同时具备中外文图书开架流通借阅处功能，还增设了新书阅览室和工具书、过刊、综合图书阅览室。

2008年，学校拨专项经费40万元对电子阅览室等场所进行改造，完成网络升级，安装新空调，更换窗户、暖气，解决了多年来的冷暖问题。2010年，图书馆启动了图书馆大厅改造、门禁系统及电子显示屏的安装工程，新开辟一个具有40台机位的电子阅览室。全馆阅览座位达到678席。

3. 馆藏建设

2001—2010年，学院图书馆努力建设特色鲜明的文献资源保障体系。在藏书建设上以保证学院各专业教学科研需要为宗旨，既重视文本信息资源建设，又加强数字化信息资源建设，形成了具有印刷型文献、本地数字化文献和网上文献信息多元化的文献资源保障体系。

2001年年底馆藏文献近45万册(件)，其中中文图书38.75万余册，外文图书1.9万余册，过刊、报纸4.3万余册。订购中文期刊1037种，人大报刊复印资料93种，中文报纸87种，外文期刊24种。

图书馆每年购书经费得到学院预算保证。为了迎接本科教学工作水平评估，在学院和学校的支持下，2005年，北京市财政拨款95万元用于图书购置。2006年，图书馆联合学院相关部门，发动全院师生开展捐赠图书活动，共收到捐赠图书9800册，价值12 016.81元。2006年新增图书总量5250种，1.9796万册。馆藏文献资源总量达52.38万册(件)，生均图书达135册,超过了本科教学工作水平评估规定的生均100册的标准。

2010年,图书馆藏书包括《四库全书》《四部丛刊》《丛书集成初编》《明实录》《清实录》等一批大型丛书及《大美百科全书》《大英百科全书》《语言和语言学百科全书》《西方文学巨著》《诺顿英国文学评论版图书》等中外文书籍53.9万册,中外文献报刊1140种,全国重点大学学报40余种,过刊3.68万册。

2001—2010年学院购买图书、报刊、电子资源情况见表1.6-9。

表1.6-9　2001—2010年购买图书、报刊、电子资源情况一览表

年份	图书			报刊			电子资源			年度购置经费总额/元
	中文/册	外文/册	经费/元	中文/种	外文/种	经费/元	特色数据库	电子图书、数据库	经费/元	
2001	3797	0	105 101.77	929	35	121 354.28	2	7861(图书)	12 500	238 956.05
2002	5364	0	139 404.51	1127	14	102 845.16	2	4821(图书)(免费赠送)	0	242 249.67
2003	4709	0	134 070.51	1095	25	112 690.16	2	7025(图书)	8960	255 720.67
2004	5402	0	166 698.60	1022	22	116 901.72	2	11(数据库)334 006(图书,学校统一购买)	45 383	328 983.32
2005	51 129	846	1 474 978.91	1017	20	122 503.66	3	3(自购)+11(网络高校团购)(数据库)	38 940	1 636 422.57
2006	20 596	211	443 335.76	1049	15	124 875.66	4	6(自购)+11(网络高校团购)(数据库)	122 840	691 051.42
2007	3094	0	118 723.50	849	11	92 343.04	4	3(自购)+11(网络高校团购)(数据库)	45 000	256 066.54
2008	4092	0	130 740.60	833	11	99 291.91	4	2(自购)+9(网络高校团购)(数据库)1 000 000(学校统一购买使用权)	27 000	257 032.51
2009	13 000	397	719 688.12	837	10	110 232.02	4	2(自购)+9(网络高校团购)(数据库)1 000 000(学校统一购买使用权)	95 200	925 120.14
2010	20 527		845 509.70	861	10	119 303.05		1(自购)+9(网络高校团购)(数据库)	16 500	981 312.75

4. 读者工作

(1) 增加开放时间

2004 年,图书馆增设新书阅览室,与工具书、过刊、综合图书等阅览室一起向师生开放,时间从 8:30 到 18:00。2007 年,将教师阅览室从原 8:30 到 16:30 延长到 18:00;电子阅览室从原 8:30 到 18:00 延长到 21:00。此外,增加了寒暑假期每周一开馆半天的服务。2010 年,图书馆再次延长开放时间。从周一至周五 8:00—22:00,电子阅览室、流通部、期刊部对读者开放,学生自习室也从周一至周日 8:00—22:00 开放,图书馆每周开放时间达 98 小时。

(2) 改革借阅方式

2005 年,完善图书馆数字服务平台,包括网上预约、催还和续借服务;网上电子公告、留言簿和意见箱服务;网上信息资源导引服务和最新信息定题通告服务、课题成果查新等服务。

2007 年,拓展图书馆网络环境下文献资源共建共享功能,申请专项经费 40 万元,购买数据库服务器及磁盘阵列 1T 存储空间,为资源采集提供存储空间。升级北邮软件,为馆际互借、联采统编、资源共享奠定软件基础。购买 EZproxy 注册码,保障校外资源访问服务。购买资源采集与信息整合应用平台,实现异构数据库检索等服务。自建的专题数据库和重点学科导航库在网上发布,方便读者网上查阅利用。

(3) 举办读者培训

图书馆每年为新生开展利用图书馆教育,对学生义务馆员开展培训和组织活动。图书馆将服务嵌入教学,每年举办图书馆资源专题讲座,仅在 2002 年,就有近 400 名学生参加了图书馆内容多样的"一小时讲座"。2007 年,图书馆继续为信息系及环境系开设"科技文献检索"等课程,并为课程专门建立网站。

(4) 开展特色服务

自 2005 年起,图书馆分不同专题开展"读经典"系列活动。依照学院学科专业设置,分别开展了法律经典系列、经济经典系列、历史经典系列和城市科学经典系列的书目推荐及读书体会宣讲等活动,图书馆的借阅率明显提高。配合学院开展"读书求智　成长成才"主题读书活动,图书馆设计了该专题的网页,设有专家述评,好书推荐等栏目,标注学院收藏的图书及其检索书号,以方便读者借阅。从 2007 年开始,图书馆每年开展"4·23 世界图书日:我们一起来读书"活动;组织学生开展"最爱的书""好书点评""名著欣赏"活动,在网页上开设读书专栏,如借阅排行、精品推荐、名人名言、图书网站等。

(5) 参与区域资源共享

2001 年继续和北京大学建立馆际互借业务。2005 年与北京航空航天大学等七所院校建立馆际互借业务。2007 年参与北京高校网络图书馆,开展了面向成员馆师生提供图书馆通用阅览的服务,其中包括 36 所市属院校。2008 年参加北京地区高校图书馆文献资源保障体系(BALIS)原文传递和馆际互借服务工作。同时参与了国家图书馆联合编目、全国高校文献资源保障系统(CALIS)联合编目,参加了北京市高校网络图书馆,拓宽了师生文献资源利用的渠道。

5. 图书馆数字化建设

(1) 数字化文献资源建设

2001 年,购买天宇全文检索数据库软件。购买网络版的中国学术期刊,订购光盘版的人大报刊数据库,根据学校学科专业发展方向购买电子图书近8000种。2002年,参与北京市网络高校集团购买数据库项目。2003年,购买CDI CM数图数字加工系统,为参加网络高校图书馆“教学参考信息资源共享网”项目奠定了基础。

2004年,对法律、金融等专业新书采用与北京书生公司合作的方式,将7批1617册新书进行了全文数字化,读者可通过计算机进行网上查询。2010年,馆内已拥有“中国学术期刊全文数据库”“中国优秀博硕论文全文数据库”“EBSCO”等19个中外文电子数据库及《书生》和《超星》等电子图书以及“网上报告厅”等视频资源。

(2)特色资源数据库建设

图书馆根据馆藏特色和资源优势,进行馆藏特色文献书目数据库、专业特色数据库、教学和科研成果数据库、学位论文数据库的建设。

2001年开始,利用全文数据库软件建立工具书特色数据库,将馆内实用工具书进行书目及内容简介的著录,方便读者检索;开始“北京学”专题数据库、学院毕业生学位论文数据库的建设。2003年,建立包括金融、法律专业等重点学科的导航网站。2004年,建立环境科学专题数据库。2005年,建立图书导读专题数据库,收录本馆购买新书中的社会热点图书介绍。截至2010年,已建成“应用文理学院本科生毕业论文数据库”“北京学数据库”“燕京特藏文献数据库”等特色数据库。

(3)图书馆馆藏书目数字化

图书馆技术部将馆藏的文献信息转换为数字化信息上网提供服务。2001年,学院路校区的馆藏书目全部数字化,并加入高校联合编目共享体系,实现编目联机化,提高了编目质量。2002年,利用Z39.50技术开展网络著录下载书目数据工作。2007年,完成丰盛校区馆藏书目数据库的建设。2009年,按照《中西文机读目录通讯格式三级著录标准》完成丰盛校区图书馆地下书库的图书回溯工作,实现了全院图书馆机读书目数据100%的建设。

(二)档案管理

1. 机构设置与管理体制

综合档案室隶属学院党政办公室,负责学院除教职工人事档案和在校学生档案之外的全部档案的收集、鉴定、保管、提供利用、移交进馆等工作,负责对各部门进行业务指导和档案行政管理工作。学院主管院领导分管档案工作,党政办公室主任具体负责,设专职档案工作人员一名。各部门明确一位部门领导分管档案工作,并设兼职档案员,负责部门档案的收集、立卷和归档工作。

学院每年召开档案工作总结会,组织各部门领导、档案员学习和了解国家档案管理法规及学院档案管理规定。在学院每一轮岗位聘任后,综合档案室对新上任的兼职档案员有针对性地开展业务培训。2007年,学院荣获北京市档案系统参加国家档案局“剑南春杯”档案与法制知识竞赛优秀组织二等奖。

2. 档案收集与整理

学院综合档案室在每年规定时间接收各部门前一年度档案,部门归档情况是考核部门工作的指标之一。学院档案全宗内分为文法学院(含其前身中国人民大学二分校)、文理学院(含其前身北京大学分校)、应用文理学院3个部分,涉及党群、行政、教学、科研、科技开发、基建、仪器设备、外事、财会等多门类档案,以及声像、实物等特殊载体档案,全部档案实行集中统一管理。

3. 档案的鉴定与移交进馆

2007年，学院接到北京市下达的档案移交进馆任务，成立了档案鉴定小组，对年限达到20年(含)以上的档案进行再次鉴定和整理，并于12月20日向北京市档案馆移交了1979—1988年的永久文书档案378卷(北京档案馆全宗号312)。主要内容为学院(分校)的党委会记录、重要请示及批复、人事任命及职称审批，学院(分校)工作规划、计划、总结、机构设置、统计报表等。除移交进馆的档案外，学院综合档案室对室存档案也定期开展鉴定工作，对需要调整保管期限的案卷进行调整。

4. 档案的保管与管理制度

学院每年投入经费开展档案室建设，扩大档案室库房面积，添置档案保管柜，加装监控镜头和防火防盗门窗。2003年以后重点加强档案保管自动化建设，为档案室添置计算机、扫描仪等设备及档案管理软件。为加强档案管理，学院下发了《北京联合大学应用文理学院公文处理办法》(应用文理院发〔2004〕66号)，对公文立卷、归档和销毁作出规定。综合档案室自2003年以来清理、修订了多项档案管理规章制度，包括《档案查询、借阅办法》《档案立卷归档工作检查评比标准》和《档案室库房管理规定》《档案室保密工作规定》等，建立了《声像档案管理细则》，依法治档，确保档案工作的顺利开展。

5. 档案的利用与编研

2001—2010年，综合档案室共提供档案利用2288人次、4752卷次(见表1.6-10)，为学院的建设、发展以及各级领导决策提供了参考依据，为毕业生深造提供帮助。例如，在学院应用型教育课题研究中，综合档案室为《北京联合大学应用文理学院毕业生情况调查报告》提供了自1994到2005年的各类毕业生数据并参与编写；在2008年校庆时，为学院《卅年华彩》等纪念册的编辑提供大量原始照片与数据。

表1.6-10 2001—2010年档案收集、保管和提供利用数据情况一览表

年份	室存全部档案案卷/卷	室存全部照片档案/张	室存永久、长期档案/卷	年度接收档案案卷/卷	移交北京市档案馆卷数	年度利用档案人次	年度利用档案卷次
2001	4322	4085	3581	300		293	472
2002	4429	4197	3683	107		302	655
2003	4599	4299	3841	170		316	420
2004	4816	4384	4019	217		226	303
2005	5026	4444	4179	210		141	366
2006	5263	4464	4351	237		162	590
2007	5431	4470	4194	546	378	190	704
2008	5948	4724	4395	517		320	474
2009	6260	4824	4624	312		150	447
2010	6491	4824	4810	231		188	321
合计	48 695	44 715	41 677	2847	378	2288	4752

六、后勤改革与保障

(一)机构设置与改革

2001—2002年,学院总务处负责后勤管理工作。2003年1月,总务处更名为后勤管理处,2010年1月又更名为行政管理处。

按照北京市高校后勤社会化改革进程的要求,学院在2000年进行了后勤实体与学院分开的模拟运行。在此基础上,自2001年1月1日起,后勤实体与学院规范化分离,各实体按照学院《关于后勤实体与学院规范化分离的决定》(应用文理党发〔2001〕1号),履行与学院签署的协议,在为广大师生提供优质服务和后勤保障的同时,提高自身发展和经营管理的能力。

总务处(后勤管理处)作为后勤工作的甲方,根据管理服务、有偿服务、经营服务的不同特点,代表学院对直属部门直接管理;对各服务实体进行宏观管理,行使指导、协调、监督、检查、服务等职能。学院后勤工作形成"小机关,多实体"的管理模式。

2001—2009年学院后勤机构设置情况见表1.6-11。

表1.6-11　2001—2009年后勤机构设置一览表

<table>
<tr><th></th><th>机构名称</th><th>备　注</th></tr>
<tr><td rowspan="7">后勤管理处
(含总务处时期)</td><td>处办公室</td><td></td></tr>
<tr><td>国有资产管理科</td><td>2003年设立,负责学院资产管理及办公家具的采购。2009年划归财务处</td></tr>
<tr><td>事务科</td><td>2009年家委会建制撤销后,兼管教工家属楼事务</td></tr>
<tr><td>基建办公室</td><td></td></tr>
<tr><td>医务室</td><td></td></tr>
<tr><td>经济管理办公室</td><td>2004年设立,负责学院经济管理与开发工作</td></tr>
<tr><td>家委会</td><td>2009年撤销</td></tr>
<tr><td rowspan="5">实体中心</td><td>饮食服务中心</td><td></td></tr>
<tr><td>交通服务中心</td><td></td></tr>
<tr><td>修缮服务中心</td><td></td></tr>
<tr><td>校园管理中心</td><td>2003年更名为环境服务中心,主要负责学院的绿化和卫生保洁。2009年撤销</td></tr>
<tr><td>经营服务中心</td><td>2003年成立,主要负责学生宿舍的开发、管理和天苑技术公司、弘学综合服务部的经营管理。2006年更名为宿舍管理中心,负责学生宿舍的管理。2009年2月中心中止实体运营模式</td></tr>
</table>

2003年,学院与各服务中心完成新一轮的合同签订工作。随着后勤社会化改革的推进,2009年,学院绿化和卫生保洁工作通过公开招标委托给社会专业公司——北京闻达敏斯物业管理有限公司负责,撤销了环境服务中心。同时,中止宿舍管理中心的实体运营模式,使其成为由后勤管理处负责管理的一个服务中心。2010年年初,学院餐饮工作交由北京鑫香香鸟营养食品有限公司负责,撤销饮食服务中心。2010年3月,在全校统一进行机构设置和岗位聘任时,中止修缮服务中心和交通服务中心的实体运营模式,将这两个中心和宿舍管理中心一并设为行政管理处下属并负责管理的服务中心,见表1.6-12。

表 1.6-12　2010 年行政管理处机构设置一览表

	机构名称	备　注
科　室	事务科	兼行政管理处办公室，兼管教工家属楼事务
	基建科	
	医务室	
	双清路校区办公室	
服务中心	宿舍管理中心	
	交通服务中心	
	修缮服务中心	

（二）管理与保障

1. 学生宿舍开发及管理

随着北京城市的不断扩展和人民生活水平的不断提高，“走读”越来越不适应形势的发展，更多的学生要求住宿，而缺少学生宿舍就成为制约学院发展的一个瓶颈。为解决学生住宿的迫切要求，后勤积极开发学生宿舍，学生住宿率逐年提高。学院在优先保证硕士研究生、外地生、远郊区县学生住宿的情况下，部分解决了其他学生的住宿。到 2010 年，学生住宿率达到 46%。

学院的学生宿舍分为两部分：一是校内房屋作为学生宿舍；一是租用社会房屋作为学生宿舍。

校内学生宿舍发展较快。2001 年，改造学院路校区北二层楼的二层，安排近 80 人住宿。2002 年，改造学院路校区锅炉房除尘间，安排 120 人住宿。2003 年，改造学院路校区一期建筑工程职工食堂及仓库，安排 200 人住宿。2006 年，在学院路校区花房原址建造二层楼房 500 平方米；2007 年，在学院路校区和丰盛校区新建学生宿舍 756 平方米；2008 年，改造双清路校区教室，安排 200～300 人的住宿；2010 年，改造学院路校区办公楼的五、六层作为学生宿舍，改善了学生住宿条件。

校外宿舍不断变化。2002—2003 年，租用海淀区二里庄大学城房屋作为学生宿舍。2004 年，租用北京大运村 92 个床位作为学生宿舍和单身职工宿舍；租用北京二轻局党校院内房作为丰盛校区学生的宿舍。2004—2007 年，租用海淀区东升塑料电器厂厂房作为学生宿舍。2006—2008 年，租用聚才公司用房作为学生宿舍。2008—2010 年，租用总参部塔院干休所的房屋作为学生宿舍。

随着住宿学生数量的增加，宿舍管理工作任务加重。2002 年 5 月，学院成立学生宿舍管理委员会，正副主任分别由主管后勤工作和主管学生工作的院领导担任，办公室设在总务处。委员会成员有后勤职能处室负责人、院和系学生工作负责人及各校区办公室的负责人。宿舍的日常管理和安全由后勤宿舍管理中心负责。中心实行严格的值班、巡逻、安全教育和安全检查措施。医务室对宿舍管理人员开展传染性疾病识别、防控、消毒等知识培训，保卫处配合宿舍管理中心定期对住宿学生开展消防演练和安全检查。每个系都有专人负责住宿学生的思想教育工作，宿舍文化建设纳入学院学生思想政治教育工作体系。

2. 能源管理

学院能源管理实行制度管理与技术智能管理并举的方法，按照充分利用能源、节约能源、降低成本、保护环境的原则,采取了一系列的改革举措。

2001 年,学院对煤锅炉进行改造更换,改成电锅炉供暖。煤改电节约能源,保护环境,使用也安全方便。总务处执行政府的用电政策,避开高峰用电,充分利用了低谷用电时段。低谷用电电价仅为平峰电价的 1/3,是高峰电价的 1/5。

2003 年,学院对教室、走廊等公用设施及学生宿舍的照明设备安装智能控电系统,2003 年的电费比 2002 年减少 70 万元。

2004—2005 年,后勤管理处分别对学院路校区和双清路校区的浴室进行节能改造,在达到节水目标的同时,增加了单位时间的洗澡人数。学院浴室节能技术改造工作受到北京市教委节能办的表彰及奖励。

2007 年,浴室天然气锅炉由人工控制温度改为智能控制,节约燃气 1/7。

2008 年,完成对学院所有空调安装智能制控器的工作;2009 年,完成学院所有 T8 照明灯管改 T5 灯箱的工作,节约用电达 30%。

3. 资产管理

2010 年 2 月以前,主要由后勤管理处(总务处)负责学院的资产开发及管理;2010 年 3 月以后,由财务处负责。根据学院后勤社会化的进展,后勤管理处对学院原有资产管理制度作了补充和修订,2004 年出台《固定资产管理暂行办法》《固定资产报废制度》等规章制度(见《2004 年后勤管理文件汇编》),加强学院的资产管理。

2006 年,因地铁 10 号线西土城站出口占用学院土地,学院经过多次谈判使该段土地按二环内地段地价核算,补偿学院占地费共计 145.5331 万元,地面树木赔偿费 14 万元。

2006 和 2010 年,按照北京市和学校的要求,学院开展了资产全面清查工作。

为增加办学经费,学院部分资产用于开发。2000—2004 年,在办公楼东边的架空层和一层划出约 200 平方米开办伴月楼餐厅对外经营,经营负责人杨少华。2004 年,为鼓励大学生自主创业,与学院应届毕业生赵明晨签订为期两年的"八零年代"(原伴月楼)餐厅承包合同(后因经营不善于 2005 年解除合同)。2006 年 2 月至 2010 年 6 月,改为学院饮食服务中心承办的"学院餐厅"对外营业。2004 年,以 180 万元人民币将未明书店一次性转让给龙江公司。2006 年,学院与北京市商业银行学知支行续签 3 年租赁合同,并增租图书馆北侧一层 210 平方米,合同金额为 100 万元/年。2009 年再次续签 3 年租赁合同,金额为 200 万元/年。2006—2010 年,学院北侧一层 168 平方米房间出租给百合平安大药房。

4. 经济管理

学院于 1999 年成立经济管理委员会(以下简称"经管委"),经管委主任由学院院长(法人)担任,经管委下设办公室负责日常具体工作。办公室在 2003 年以前设在学院科技开发部,2003—2009 年调整到后勤管理处,2010 年调整到财务处。经管委办公室是学院创收管理的工作机构,全院各部门向经管委办公室填报本部门经济活动及创收情况,由经管委办公室依据学院规定的分成办法进行核实,并在结算表上签署分配意见。

学院自 2000 年年底开始进行全院创收收入调查。2001 年 7 月,出台了《北京联合大学应用文理学院事业及经营等收入管理办法》(应用文理党发〔2001〕36 号、应用文理院发〔2001〕101 号),规范了学院各项经济活动的分类;10 月又下发了《关于学费管理办法》等 6 个配套文件,加强对创收的管理。2002 年 9 月,学院对有经济活动的部门逐一进行了审计。

2007年，学院将重大经济活动全部纳入审计范围。2008年，学院设立经营创收岗位并制定管理规定。2010年3月，根据学校要求，学院对院内经营性收入项目进行重新立项和审核。

2001—2010年，学院有两个经营性实体：生物学系的保健食品功能检测中心（1987年成立）和城市科学系的北京新奥都规划设计咨询有限责任公司（2001年成立）。经管委办公室依据两个经营实体与学院签订的协议行使学院管理权限。

2001—2010年，学院出台的经济管理重要规章制度有：《关于做好经济管理工作的几项决定》（应用文理院发〔2002〕78号）、《关于下发并试行学院事业及经营等收入管理办法的决定》（应用文理院发〔2003〕139号）、《关于对经济往来中收受回扣情况进行专项检查的通知》（应用文理党发〔2005〕45号）、《关于经费支出审批权限的规定》（应用文理院发〔2006〕61号）等。

5. 交通服务

后勤成立交通服务中心，为全院的教学、科研、公务、班车提供用车服务。2010年3月以前，中心是经营服务型实体，按照社会价格70%的标准收取被服务方费用。中心成立时有人员8名。2004年外聘司机1人。2001年有大客车1辆，中型客车2辆，小客车3辆。2010年年底，有大客车5辆，中型客车3辆，小客车5辆。2002年，总务处实施新的《交通费管理办法》，将公车使用经费纳入各部门的预算，从部门经费中支出。2006年之后，学院未再与中心签订服务协议书，中心运行模式与2000年之前的司机班类似。

6. 饮食服务

学院饮食工作交由饮食服务中心负责，中心是经营型实体。成立时有正式工10名，临时工18名，人员的配备低于走读学校1∶50的配备标准。中心按照学院要求，将基本伙食间接成本控制在22%～25%。针对社会物价上涨，学院在2007年、2008年、2009年对食堂和贫困学生给予伙食补贴。2010年年初，学院将餐饮供应交由北京鑫香香鸟营养食品有限公司经营，中心撤销。

7. 维修服务

后勤成立修缮服务中心，主要承担着学院路和双清路两个校区的房屋、设备、设施、水、电的修缮及水电气供应、电梯和水泵的运行与维护、浴室管理、配电室值班等工作。中心成立时有正式工8人，临时工5名。2010年3月以前，是服务型实体，以服务性收费维持运转。中心坚持节能技术的使用、改造与革新，2004年取得的节能成绩得到北京市教委节能办的奖励。2006年之后，学院未再与中心签订服务协议书，中心运行模式与2000年之前的修缮动力科类似。

8. 绿化和保洁

学院绿化、卫生保洁及教学楼与实验楼的值班工作由环境服务中心（2003年以前为校园管理中心）负责。中心是服务型实体，以服务性收费维持运转。成立时有正式工6人。2006年以前，中心建有约100平方米的温室，聘有花工，基本能够满足学院日常绿化及用花的需求。

学院每年都投入经费对校园环境进行整治和美化。2004年，学院获得北京市首都绿化委员会授予的"首都绿化美化花园式单位"称号。2005年，被学校评为"教学评估5+1"工程环境建设最佳工程。2008年，被所在街道评为"花园路地区奥运会、残奥会环境建设工作先进集体"。2009年，学院将绿化和保洁工作交给社会专业公司运作，中心撤销。

9. 医疗保健

学院设有医务室,有医务人员 3～4 名。医务室制度健全,工作规范,公费医疗管理严格,每次都以较好的成绩通过两年一度的公费医疗、医保办的高校联审互查和海淀区医疗机构的评审。2006 年之后,学院的医疗管理办法与学校一致。

在学院卫生防疫工作中,医务室对师生开展了相关讲座,会同相关部门进行卫生防疫检查,尤其在 2003 年"非典"期间和以后出现的禽流感、甲流等疫情防治过程中,医务室发放消毒用具和防治药品,承担疫情排查和诊治,从业务上指导各部门加强疫情防控。

2003 年,学院拨款为教职工进行流感疫苗接种。2004 年,学院为外地生源学生、临时工、保安人员、施工人员接种各种疫苗。2005 年、2007 年,学院为教职工、住宿学生、特困生接种流感疫苗发放补贴。2010 年,学院改变教职工体检方式,组织教职工到校外正规体检中心进行体检。医务室对每年教职工的体检结果进行统计和分析,提交学院研究。

10. 家属委员会

学院在后勤部门设立家属委员会(以下简称"家委会"),负责管理学院路校区教工宿舍楼的有关事宜。2004 年,后勤管理处明确列出家委会 11 条工作职责(见《后勤管理处文件汇编》),主要有:解决民间纠纷,协助维护社会治安,协助人民政府或其他派出机关做好与群众利益有关的公共卫生、计划生育、优抚救济、青少年教育等工作。2008 年,家委会变更为花园路街道迎春园居民委员会应用文理学院居民小组。2009 年,居民小组建制撤销,其宿舍楼事务性管理工作合并到行政管理处事务科。

家委会(居民小组)组织居民参与学院的活动和学院的建设。2006 年,根据居民的意见,家委会建议学院填平宿舍楼前的水池,修整成为平地并安装了健身器材,为居民和学院的教职工提供了健身活动的场所。2008 年之前,每年家委会都自筹资金 2000 多元购买蟑螂药,发放到居民各户进行统一灭蟑活动。2008 年,居民小组自筹资金安装了宿舍楼 IC 卡安全门,为各户居民统一设立了信件箱。

(三) 人口与计划生育

学院党委书记担任学院人口与计划生育工作领导小组组长,领导小组下设办公室负责开展具体工作。2003 年以前,计划生育办公室设在院工会,2003—2009 年改设在党政办公室,2010 年 3 月,又调整到院工会。计划生育办公室主任由工会常务副主席或党政办公室主任兼任,办公室成员包括 1 名专职工作人员及宣教处、医务室各 1 名兼职工作人员。各系、各部门人口与计划生育工作基本由分工会主席负责。

学院每年年初召开计划生育工作会,组织各部门计生工作宣传员学习上级计生工作有关新精神、新政策,开展计生情况摸底,与各部门负责人签订计生工作责任书;年底召开总结会,交流工作体会。学院提出要让计生工作成为"暖心工程"的要求,帮助师生提高生活质量。例如,2004 年学院投入经费为女教工开展无痛摘环手术;2006 年在学生中举办了首期预防艾滋病青年同伴教育培训;2007 年组织学生参加中国计生协"生育关怀行动"启动会,学生自发组织为身边需要帮助的计划生育家庭奉献爱心。

2001 年,学院被评为北京市教委系统计划生育工作先进集体。2006 年,经街道、海淀区的推荐,学院被评为北京市计划生育先进单位。2001—2008 年,学院连续被评为海淀区人口与计生工作先进集体,2010 年获得花园路地区计划生育先进单位。

七、安全与保卫工作

（一）组织机构与职责

学院重视安全稳定工作，建有学院综合治理领导小组（安全工作领导小组、治保委员会）、稳定工作领导小组、保密委员会（国家安全工作领导小组）及交通安全委员会、消防委员会。各领导小组组长或委员会主任由学院党委书记或院长担任，职能部门及各系的负责人为成员，落实了校园安全“一把手”责任制。2006年，院党委第3次会议决定成立学院“610”办公室，领导、防范和处置学院“法轮功”问题。2007年，根据学校要求，成立学院应急指挥分中心（京联文理党〔2007〕2号），在校应急指挥中心领导下，负责对学院出现的公共突发事件及时采取应急处理措施。

学院设有保卫处（2005年5月前为保卫科），负责全院综合治理、防火安全、交通安全、治安管理、政保、剧毒和化学危险品管理、地下人防工程、外来人员管理、户籍管理等工作。同时，积极维护校园安全与稳定，落实安全保卫工作制度，协助公安部门查处刑事案件和政治案件，对师生员工进行法制和安全保卫工作的教育等。保卫处下设办公室、校园视频监控室、保安队、收发室（2010年3月调整到保卫处）。为规范内部管理，保卫处制定了《保卫处工作人员岗位职责》《保卫处工作人员工作考核实施办法》《保卫处值班制度》等规章制度。

为加强校园门卫和校园治安管理，2001年学院根据高校校园安全管理要求，聘用北京市公安局保安总公司文安公司保安共11人，主要承担校园门卫值勤、治安巡逻、交通管理、义务消防等工作任务。随着校园安保工作任务的不断加重，到2006年保安员增加至12人。2007年1月，学院改与北京市振威远保安服务有限公司签订保安服务合同，聘用11名保安员。2010年又用文安公司保安12人。保卫处制定有《保安员管理细则》《保安员常遇问题的处理原则》《保安员言行规范》等工作制度。

（二）安全管理制度建设

2001年11月，学院保密委员会（国家安全工作领导小组）组织各部门负责人及相关岗位人员学习《中华人民共和国保守国家秘密法》等文件，整理列出学院保密事项，印发了《北京联合大学应用文理学院保密范围》（应用文理党发〔2001〕43号），指导教职员工在工作中贯彻落实国家的保密规定。

2003年10月，学院党委总结防控“非典”疫情的经验，出台了《北京联合大学应用文理学院重大突发事件应急机制》（应用文理党发〔2003〕69号），对预防、控制和处置重大突发事件的运行机制、指挥系统及相关应急预案内容作出规定。

2004年3月，学院下发了《北京联合大学应用文理学院安全稳定工作汇编》（应用文理党发〔2004〕4号），内容包括治安、消防、疫情、地震等各类突发事件的应对预案，学院大型活动、信息发布、校园网络等的管理，学院各类安全稳定工作机构的组成名单及运行机制。

2007年7月，学院根据丰盛校区的实际情况，专门制定《北京联合大学应用文理学院丰盛校区学生宿舍安全保卫工作责任制度》（京联文理〔2007〕62号）。

2009年5月，学院印发了《北京联合大学应用文理学院防控“甲型H1N1流感”疫情工作预案》（京联文理〔2009〕34号），指导学院疫情防控工作的开展。6月，学院依据学校的学生管理规定和学生公寓管理规定，下发了《北京联合大学应用文理学院学生宿舍安全管理补充规定》(京联文理〔2009〕49 号)。

2010 年 3 月,校保卫处下发《北京联合大学安全保卫规章制度汇编》,形成全校统一的安全管理规章制度,学院贯穿执行学校安保各项规章制度。

(三) 主要工作

学院各项安保工作坚持以预防为主的工作方针,发挥人防、物防、技防作用,积极防范和减少校园各类事故及案件的发生。

1. 治安管理

保卫处设专职保卫干部负责校园治安管理工作。自 2003 年开始,保卫处(保卫科)按照教育部本科教学工作水平评估要求加强校园环境综合整治,以评促建,学院保卫工作从软件到硬件都得到提高。

2001—2010 年,在国家的重大活动、重大事件、重大节假日以及敏感期期间,保卫处(保卫科)根据学院安保工作特点,开展校园风险评估,加强对校园及重点部位、重点人群的安全管理,加强门卫管理和校园巡视。特别是在 2003 年防控"非典"期间,保卫科率领保安班按照上级要求对校园实施封闭管理,成为校园防控"非典"疫情的第一道防线,为校园实施封闭管理积累了实际经验。在 2008 年北京奥运会期间和 2009 年北京举办中华人民共和国成立 60 周年庆典活动期间,保卫处完成学校及地区政府交予的各项安保任务,保证了学院拥有一个安全稳定的环境。

为加强治安管理工作,学院加大对科技创安工程的投入。2003 年,学院投资近 60 万元,开始科技创安一期工程项目建设。该项目共设楼内监视点 50 个,校园监视点 6 个,工程于 7 月份完成。设在实验楼一层的校园视频监控室在 7 月正式验收交付使用。

2007 年,学院投资 99 万元,进行科技创安二期工程建设,完成了计算机教室、档案室、图书馆、教学楼楼道、食堂、校园等重点部位和公共场所视频设施的安装,使校园监控点位增至 110 余个。

2009 年,学院继续投资 83 万元,实施了安防系统升级改造工程,实现了消防和视频监控室的整合,完成了校园安防监控中心的建设。

学院还加强重点部位防范工作,为财务室、计算机教室、档案室等重点部位安装了防盗门。

2. 消防管理

保卫处设专职保卫干部负责校园消防管理及日常防火工作。学院防火安全管理坚持预防为主、防消结合的工作方针,重在加强师生消防安全知识教育和防范意识的培养上。保卫处(保卫科)开展师生消防安全讲座,组织各部门、各系的安全员和学生安全员、住校生学习使用消防器材,并组织学生进行火灾逃生演练。每年 3 月,保卫处(保卫科)都和各系、处、室、中心及双清、丰盛两个校区办公室签订全年消防安全责任书。特别是加强对消防重点部位和人员密集场所的管理防范工作,保证教学楼、实验楼、报告厅、地下人防空间、职工宿舍楼、学生宿舍等场所的安全通道畅通。实行安全巡查和集中检查相结合的方法,及时发现并整改火灾隐患。定期进行消防设施、器材检修,并积极推进技防工程建设。

2005 年,将院门传达室监控主机整合到实验楼一层监控室新主机上,在实验楼、图书馆、重点部位和人员较密集活动场所增加烟感探头,完成了实验楼、图书馆等场所的消防自动报警系统建设。2008 年 9 月,学院投资 13 万元,对职工宿舍楼地下人防工程的消防喷淋系统、烟感系统和监控进行改造。2009 年暑假期间,投资 14 万元,完成双清路校区消防自动报警系统建设和学院消防自动报警系统的增加建设。2010 年,投资 99 万元,进行学院路校区办公楼和报告厅消防改造工程。在报告厅安装水喷淋自动灭火系统和烟感报警系统,完成了学生宿舍和办公楼的消防自动报警工程建设。

3. 交通管理

2003 年以前,学院的交通安全工作归属花园路街道交通安全委员会片区管理,2003—2010 年归属海淀区高校交通安全委员会管理。该委员会每年对管区内的单位进行两次交通安全验收。保卫处(保卫科)主要负责全院师生员工的交通安全宣传教育和非机动车以及教职工的机动车管理,学院公用机动车安全由后勤交通管理中心具体负责。保卫处(保卫科)每年和各系、处、室签订全年交通安全责任书,对教工机动车驾驶员进行安全教育,每年在新生入学时都请海淀交通支队警官来院讲授交通安全课。2003 年组织学生两次参加北京大学生"关于首都交通安全文明出行知识竞赛";2005 年组织学生参加北京市高校"关爱生命我做起、文明交通万里行"活动;2007 年成立学院大学生交通安全志愿者队伍,并使其在 2008 年奥运会期间发挥了重要作用。

4. 户籍管理

根据北京市高校学生户籍制度改革规定,自 2004 年开始,本市生源停止户籍迁移工作,师生在校集体户口逐步减少。在学校不断扩大非京籍生源招生规模后,集体户口人数又开始增加。截至 2010 年年底,学院集体户口人数多达 490 余人。由于在校户口人数多,办理师生户籍工作量增加,也给户籍管理带来很多难题。为便于户籍管理,2007 年学院制定了集体户口管理制度,学生借用户口卡实行学生申请、系领导签字盖章、学生处盖章的程序,教职工办理出国手续实行人事处批准措施。

5. 其他工作

保卫处(保卫科)承担学院政治稳定工作任务,在学院安全工作领导小组的领导下,坚持开展师生相关信息的采集,及时做好舆情上报工作。每年组织开展重点人员摸排,及时发现和处置各类矛盾及安全隐患。积极防范和开展同"法轮功"等邪教组织的斗争,对在册重点人员实施部门领导帮教责任制,完成了国家安全部门交办的工作。

保卫处(保卫科)配合学院有关部门,加强对学生的法规教育和安全教育。从 2006 年开始在新生中开展入学安全教育,邀请市、区公安系统人员来院为学生进行时事、法规、交通安全、消防安全等讲座。

保卫处(保卫科)负责学院日常值班,建有全院师生员工联系网络。在节假日、重大活动及特殊时期,学院实行院领导带班、中层干部值班制度。

(四) 获奖情况

2001—2010 年,保卫处(保卫科)和学院的安保工作获得多项表彰(不包括学校表彰):

2004 年,保卫科获得北京市公安局的集体嘉奖,科长白宝山记个人三等功。学院被评为海淀区高校系统交通安全先进单位。

2005 年,学院被评为海淀区治安综合治理先进单位和海淀区交通安全先进集体。

2006 年,学院获北京市国家安全局颁发的"首都维护国家安全先进单位"荣誉证书;被花园路街道评为社会治安综合治理先进单位和消防安全先进单位,获得海淀区交通安全先进单位荣誉称号。

2007 年,学院被评为海淀区交通安全先进单位,并被花园路街道评为社会治安综合治理先进单位和消防安全先进单位。

2008 年,保卫处荣获北京市公安局集体嘉奖,学院被评为海淀区高校系统交通安全先进单位。

2010 年,学院被评为海淀区交通安全先进单位。

第七节 国际及港澳台交流与合作

一、基本情况

(一) 出访交流

学院每年都派出教师和管理人员到国(境)外大学和教育机构访问、考察、培训、进修、讲学、参加学术会议,通过交流学习了解国际上先进的教育理念,增进国际化意识。2001—2010 年,共因公派出教职工 250 人次,见表 1.7-1。

表 1.7-1 2001—2010 年教职工出访交流活动一览表 单位:人次

年份	派出人次				出访国家/地区	总计
	国际会议	考察/访问/交流	进修/讲学	其他公务		
2001	6	6	10	1	美国、英国、泰国、意大利、新西兰、中国香港、中国台湾、韩国	23
2002	7	26	5	8	日本、韩国、澳大利亚、新西兰、美国、中国台湾、中国香港、中国澳门	46
2003	4	4	5	2	瑞典、芬兰、韩国、加拿大、澳大利亚、德国、越南、印度尼西亚、中国香港	15
2004	4	14	8	1	澳大利亚、新西兰、英国、韩国、美国、中国香港、中国澳门、中国台湾	27
2005	7	24	13	0	新西兰、瑞士、挪威、加拿大、美国、韩国、中国台湾	44
2006	3	1	1	1	美国、俄罗斯、中国台湾	6
2007	10	15	0	1	韩国、印度尼西亚、芬兰、美国、英国、澳大利亚、新西兰、中国香港、中国澳门	26
2008	3	16	2	2	西班牙、意大利、美国、韩国、中国香港、俄罗斯、法国、德国、澳大利亚、中国台湾	23
2009	1	7	9	0	美国、法国、韩国、加拿大、日本、中国香港、中国台湾	17
2010	5	13	4	1	美国、希腊、埃及、瑞典、英国、德国、中国台湾、土耳其、澳大利亚	23
合计	50	126	57	17		250

（二）来访交流

学院坚持开放办学，主动开展和深化国际合作项目，积极邀请外宾来学院开展交流活动。2001—2010 年，共接待来访外宾 509 人次，涉及的国家和地区 23 个，见表 1.7-2。

（三）外籍专家讲学

学院每年邀请外国专家为学生讲学，内容涉及英语语言文学、传媒学、经济法、生物学、城市科学、美国文化、旅游与文化等多方面；邀请国外知名教授来学院开展学术讲座，介绍学科发展的前沿动态。学院国际交流合作处会同外语系建立了外教教学质量监控体系，通过听课等手段定期对外教教学做出评估。为充分发挥外教的作用，学院还请外教为教师和管理岗工作人员开设口语培训班。2001—2010 年，学院先后聘请长期外教 30 余人次，见表1.7-3。

表 1.7-2　2001—2010 年来访交流情况一览表　　单位：人次

年份	来访人次				来访国家/地区	总计
	考察访问	学术交流	短期讲学	其他公务		
2001	15	1	9	5	美国、英国、瑞士、澳大利亚、新西兰、中国香港、韩国、马来西亚	30
2002	8	—	16	—	韩国、澳大利亚、新西兰、美国、中国台湾、中国香港	24
2003	4	—	—	—	英国、韩国	4
2004	48	2	5	15	澳大利亚、新西兰、英国、韩国、美国、中国香港、中国澳门、中国台湾	70
2005	69	3	—	2	新西兰、瑞士、挪威、加拿大、美国、韩国、中国台湾	74
2006	33	8	—	6	美国、俄罗斯、中国台湾	47
2007	92	4	—	8	美国、法国、韩国、加拿大、日本、中国香港、中国台湾	104
2008	24	16	2	2	西班牙、意大利、美国、韩国、中国香港、俄罗斯、法国、德国、澳大利亚、中国台湾	44
2009	36	7	9	—	美国、法国、韩国、加拿大、日本、中国香港、中国台湾	52
2010	53	—	7	—	美国、希腊、埃及、瑞典、英国、德国、中国台湾、土耳其、越南	60
合计	382	41	48	38		509

表 1.7-3　2001—2010 年聘请长期外国专家一览表

序号	姓名	性别	国别	工作内容	合同期
1	Michael Hagan	男	美国	语言教学	2001.01.01—2001.08.31
2	Yap Ye Chin	女	马来西亚	语言教学	2001.01.01—2001.08.31
3	Tung Linda Pooh	女	美国	语言教学	2001.08.20—2002.08.20
4	Gregory William Tong	男	美国	语言教学	2001.09.01—2002.08.20

续表

序号	姓名	性别	国别	工作内容	合同期
5	Mark Douglas Peabody	男	美国	语言教学	2001.09.10—2002.07.31
6	Emily Anny Hall	女	美国	语言教学	2001.09.10—2002.07.31
7	Iris Maurer	女	美国	语言教学	2002.06.14—2003.07.31
8	David Anderson	男	新西兰	语言教学	2003.08.10—2004.08.31
9	Elizabeth Anderson	女	澳大利亚	语言教学	2003.08.10—2004.08.31
10	Shin Yong Sik	男	韩国	语言教学	2003.08.10—2004.08.31
11	Lee Won Youp	男	韩国	语言教学	2003.08.25—2004.07.25
12	Hannah Robinson	女	新西兰	语言教学	2003.09.01—2004.02.29
13	Shirley Pollock	女	新西兰	语言教学	2003.08.01—2004.07.31
14	Keith Mcrobb	男	英国	语言教学	2003.07.30—2004.07.31
15	Iris Maurer	女	美国	语言教学	2004.08.01—2005.07.31
16	David Anderson	男	新西兰	语言教学	2004.08.01—2005.07.31
17	Elizabeth Anderson	女	澳大利亚	语言教学	2004.08.01—2005.07.31
18	Lee Won Youp	男	韩国	语言教学	2004.08.01—2005.07.31
19	Anastasia Liu	女	美国	语言教学	2004.08.01—2005.07.31
20	David Anderson	男	新西兰	语言教学	2005.08.01—2006.07.31
21	Lee Won Youp	男	韩国	语言教学	2005.08.01—2006.07.31
22	Debbie Chang	女	美国	语言教学	2005.08.01—2006.07.31
23	David Anderson	男	新西兰	语言教学	2006.08.01—2007.07.31
24	Wayne Harold Martindale	男	美国	英语语言文学教学与研究	2006.08.20—2007.08.20
25	Vaneta Inez Martindale	女	美国	语言教学	2006.08.20—2007.08.20
26	Wayne Harold Martindale	男	美国	英语语言文学教学与研究	2007.08.21—2008.08.21
27	Anna Mary Clohesy	女	英国	语言教学	2007.08.25—2008.08.25
28	Gerard Pius Maguire	男	英国	语言教学	2008.08.15—2009.07.31
29	Harry Hk Hall	男	美国	语言教学	2008.01.31—2009.01.31
30	Koo Jawon	男	韩国	语言教学	2008.08.10—2009.07.20
31	Christina Marie Rivera	女	美国	语言教学	2009.01.20—2010.01.20
32	Elijah Joseph Maurer	男	美国	语言教学	2009.01.20—2010.01.20
33	Christina Marie Rivera	女	美国	语言教学	2010.01.21—2010.08.31
34	Elijah Joseph Maurer	男	美国	语言教学	2010.01.21—2010.08.31
35	Trygve Sandvik	男	美国	语言教学	2010.09.01—今
36	Andy Dudak	男	美国	语言教学	2010.09.01—今

二、重要项目

(一)合作办学

学院继续与以往的合作院校保持良好的联系,并通过多种渠道与境内外的高等教育机构联络,发展友好合作院校,开展新的教育合作项目。2001—2010 年,学院与国(境)外院校签署合作协议 30 余项,仅在 2006—2010 年新发展的合作院校就有:美国 6 所,韩国 3 所,日本 1 所,英国 4 所,俄罗斯 2 所,法国 1 所,越南 1 所和澳门理工学院、香港岭南大学等,见表

1.7-4。

为促进和保证国际合作教育项目的实施，学院先后出台《关于我院国际合作教育项目管理的有关规定》(应用文理院发〔2001〕15号)、《关于国际合作教育项目学籍管理的若干意见》(应用文理院发〔2004〕4号)、《关于我院大力开展学生海外学习项目的意见》(京联文理〔2009〕5号)等文件，加强指导，并对外事工作先进集体给予表彰。

表1.7-4　2001—2010年合作院校一览表

序号	合作方名称	国别/地区	合作起止时间	主要合作项目
1	犹他州州立大学	美国	2001—2002	校际合作
2	怀卡托大学	新西兰	2000—2005	学位项目
3	汉城西江中国研究所	韩国	2002—2006	留学生教育
4	全州大学	韩国	2002—2005	学生交流
5	悉尼大学	澳大利亚	2002—2004	学术交流
6	香港浸会大学	中国香港	2002—2009	学术交流、学生实习
7	梅西大学	新西兰	2002—2004	学术交流
8	应用心理学院	新加坡	2002—2003	学术交流
9	翰林大学	韩国	2003—今	学位项目
10	罗伯特·哥顿大学	英国	2004—今	学位项目、学术交流
11	新英格兰大学	美国	2004—2006	教师互访
12	林肯大学	新西兰	2004—2006	海外学期
13	苏黎世应用技术大学	瑞士	2004—今	学位项目
14	纽宾士域大学	加拿大	2004—2005	学术交流
15	菲沙河谷大学学院	加拿大	2004—2005	教师互访、双语教学
16	奥斯陆大学学院	挪威	2004—2008	学位项目
17	拉德福大学	美国	2005—2006	教师交流
18	威斯康星大学拉克罗斯分校	美国	2006—今	学位项目
19	斯旺西大学	英国	2006—今	学位项目
20	韩中教育文化研究院	韩国	2006—今	来华留学项目
21	草堂大学	韩国	2006—2009	学生交流
22	谢菲尔德大学	英国	2007—今	学位项目
23	瑞江大学	韩国	2008—今	学术交流、国际会议
24	英赛克高等商学院	法国	2008—今	学位项目、教师互访
25	越南河内开放大学	越南	2008—今	校际互访
26	乌拉尔国立法律大学	俄罗斯	2009—今	学术交流与合作
27	俄罗斯私法研究院	俄罗斯	2009—今	学术交流
28	安大略理工大学	加拿大	2009—今	校际互访、学术交流
29	特拉华州立大学	美国	2010—今	学生短期交流
30	北帕克大学	美国	2010—今	学术交流、教师进修

学院还与加拿大蒙克顿大学、加拿大蒙特利尔大学、美国南新罕布什尔大学、美国杰德森大学、美国纽约州立大学、日本东京都专门学院、英国华威大学、英国安格利亚鲁斯金大学等院校建立了友好合作关系。

(二)学生项目

学院通过校际交流、学位项目、专业实习、社会实践等多种方式为学生提供出国出境交流机会,加大学生交流力度,提升学生交流层次,提高学生出国(境)率。2001—2010年,共派出404人次学生外出攻读学位和短期交流,见表1.7-5。其中,学院与香港亨达集团合作于2002年开始的金融学专业学生赴香港教学实习,成为内地学生集体赴港实习首举。

表1.7-5 2001—2010年学生参与的合作教育项目情况一览表

<table>
<tr><th>序号</th><th>时间</th><th>合作方名称</th><th>参与人数/人</th><th>项目类型</th><th>年度合计/人</th></tr>
<tr><td>1</td><td>2001.06</td><td>新西兰怀卡托大学</td><td>29</td><td>学士学位项目</td><td>29</td></tr>
<tr><td>2</td><td>2002.04</td><td>香港亨达集团等</td><td>37</td><td>金融专业实习</td><td>37</td></tr>
<tr><td>3</td><td>2004.04</td><td>香港亨达集团等</td><td>42</td><td>金融专业实习</td><td rowspan="3">60</td></tr>
<tr><td>4</td><td>2004.04</td><td>新西兰林肯大学</td><td>9</td><td>海外学期</td></tr>
<tr><td>5</td><td>2004.08</td><td>英国罗伯特·哥顿大学</td><td>9</td><td>学位项目</td></tr>
<tr><td>6</td><td>2005.02</td><td>韩国翰林大学</td><td>4</td><td>交流项目</td><td rowspan="5">59</td></tr>
<tr><td>7</td><td>2005.02</td><td>新西兰林肯大学</td><td>7</td><td>海外学期</td></tr>
<tr><td>8</td><td>2005.08</td><td>英国罗伯特·哥顿大学</td><td>9</td><td>学位项目</td></tr>
<tr><td>9</td><td>2005.10</td><td>瑞士苏黎世应用技术大学</td><td>1</td><td>金融专业双学士</td></tr>
<tr><td>10</td><td>2005.04</td><td>香港亨达集团等</td><td>38</td><td>金融专业实习</td></tr>
<tr><td>11</td><td>2006.02</td><td>韩国翰林大学</td><td>6</td><td>交流项目</td><td rowspan="7">77</td></tr>
<tr><td>12</td><td>2006.02</td><td>新西兰林肯大学</td><td>11</td><td>海外学期</td></tr>
<tr><td>13</td><td>2006.02</td><td>美国</td><td>7</td><td>哈佛模拟联合国活动</td></tr>
<tr><td>14</td><td>2006.07</td><td>英国罗伯特·哥顿大学</td><td>6</td><td>学位项目</td></tr>
<tr><td>15</td><td>2006.08</td><td>韩国建国大学</td><td>1</td><td>暑期项目</td></tr>
<tr><td>16</td><td>2006.10</td><td>瑞士苏黎世应用技术大学</td><td>1</td><td>金融专业双学士</td></tr>
<tr><td>17</td><td>2006.04</td><td>香港亨达集团等</td><td>45</td><td>金融专业实习</td></tr>
<tr><td>18</td><td>2007.02</td><td>美国</td><td>7</td><td>哈佛模拟联合国活动</td><td rowspan="6">53</td></tr>
<tr><td>19</td><td>2007.10</td><td>瑞士苏黎世应用技术大学</td><td>1</td><td>双学位</td></tr>
<tr><td>20</td><td>2007.07</td><td>英国罗伯特·哥顿大学</td><td>3</td><td>学位项目</td></tr>
<tr><td>21</td><td>2007.08</td><td>英国斯旺西大学</td><td>1</td><td>硕士研究生</td></tr>
<tr><td>22</td><td>2007.08</td><td>香港房屋协会</td><td>7</td><td>实习</td></tr>
<tr><td>23</td><td>2007.04</td><td>香港亨达集团等</td><td>34</td><td>金融专业实习</td></tr>
<tr><td>24</td><td>2008.09</td><td>英国罗伯特·哥顿大学</td><td>2</td><td>硕士研究生</td><td rowspan="5">41</td></tr>
<tr><td>25</td><td>2008.09</td><td>英国谢菲尔德大学</td><td>1</td><td>硕士研究生</td></tr>
<tr><td>26</td><td>2008.09</td><td>美国威斯康星大学
拉克罗斯分校</td><td>3</td><td>海外学期</td></tr>
<tr><td>27</td><td>2008.08</td><td>香港房屋协会</td><td>8</td><td>房地产实习</td></tr>
<tr><td>28</td><td>2008.04</td><td>香港亨达集团等</td><td>27</td><td>金融专业实习</td></tr>
<tr><td>29</td><td>2009.03</td><td>法国英赛克高等商学院</td><td>5</td><td>双学位</td><td rowspan="7">16</td></tr>
<tr><td>30</td><td>2009.06—2009.09</td><td>美国</td><td>6</td><td>暑期社会实践</td></tr>
<tr><td>31</td><td>2009.08</td><td>英国斯旺西大学</td><td>1</td><td>硕士研究生</td></tr>
<tr><td>32</td><td>2009.08</td><td>瑞典林雪平大学</td><td>1</td><td>硕士研究生</td></tr>
<tr><td>33</td><td>2009.08</td><td>韩国建国大学</td><td>1</td><td>研究生交流项目</td></tr>
<tr><td>34</td><td>2009.08</td><td>香港岭南大学</td><td>1</td><td>交流</td></tr>
<tr><td>35</td><td>2009.10</td><td>瑞士苏黎世应用技术大学</td><td>1</td><td>双学位</td></tr>
</table>

续表

序号	时间	合作方名称	参与人数/人	项目类型	年度合计/人
36	2010.03—2010.07	台湾云林科技大学	3	交流	32
37	2010.06—2010.09	美国	19	暑期社会实践	
38	2010.07—2010.08	英国安格利亚鲁斯金大学	4	夏令营	
39	2010.08	美国	3	文化交流项目	
40	2010.09—2010.12	韩国首尔市立大学	1	交流	
41	2010.09—2010.12	韩国建国大学	1	交流	
42	2010.09	英国斯旺西大学	1	硕士研究生	
合计			404		404

（三）留学生教育

1. 招生工作

学院积极与国外的合作院校及招生机构联系，招收长短期留学生来院学习。2001—2010 年累计招生 1737 人，见表 1.7-6。

短期留学团是学院留学生办学特色之一。学院与国外大学、教育机构、旅游公司等合作，多渠道招生，以多种形式根据不同国家、不同年龄段的学生特点，制订不同的教学计划，受到学生的好评。学院拥有了固定生源后，继续开拓市场，2002 年以后主动参加国际教育展，宣传学校，生源国家不断增加。

2002 年，学院开始有留学生读本科。2006 年，学院加大力度开展留学生本科生培养工作，当年招收入读本科 16 名学生，主要以单独开班的汉语言文学专业为主。2009 年开始招收入系学习的本科留学生。继 2006 年夏季有 1 名学生本科毕业后，2010 年，又有 14 名学生获得本科毕业证书和学士学位证书。

表 1.7-6 2001—2010 年招收留学生情况一览表

单位：人

年份	本科生	语言生	短期生	国家/地区	合计
2001	0	98	—	印度尼西亚、加蓬、新西兰、韩国、俄罗斯、日本、孟加拉、格鲁吉亚、美国	98
2002	1	150	94	印度尼西亚、日本、韩国、孟加拉、以色列、喀麦隆、加蓬、俄罗斯	245
2003	1	88	19	德国、韩国、日本、土耳其、泰国	108
2004	1	115	32	德国、印度尼西亚、韩国、日本、泰国	148
2005	1	107	25	印度尼西亚、瑞士、日本、土耳其、韩国、法国	133
2006	16	49	84	韩国、俄罗斯、土耳其、印度尼西亚、法国、蒙古、智利、日本、瑞士、菲律宾	149
2007	55	67	81	韩国、土耳其、印度尼西亚、俄罗斯、蒙古、阿塞拜疆、越南、法国	203
2008	99	113	41	韩国、土耳其、土库曼斯坦、印度尼西亚、阿塞拜疆、越南、塞拉利昂、卢森堡、新加坡、瑞士、蒙古、哈萨克斯坦、意大利、白俄罗斯、俄罗斯	253
2009	68	130	24	韩国、日本、土库曼斯坦、蒙古、哈萨克斯坦、土耳其、越南、印度尼西亚、俄罗斯、吉尔吉斯斯坦、瑞士、泰国	222
2010	72	86	20	韩国、日本、土库曼斯坦、蒙古、哈萨克斯坦、土耳其、越南、印度尼西亚、俄罗斯、吉尔吉斯斯坦、瑞士、泰国、委内瑞拉	178
合计	314	1003	420		1737

2002年,经北京市教委批准,学院与韩国合作方开展境外联合培养留学生项目。学院利用网络与面授教育相结合的方式,在韩国境内培养留学生,成绩合格并达到各项毕业要求者,可授予北京联合大学的本科毕业证书和学士学位证书。学院成为北京市属院校中首家在韩国境内培养留学生的学校。2002年2月,北京市教委国际交流处负责人、中国驻韩国教育参赞等参加了在汉城(现首尔)举行的开学典礼。2009年3月招生结束后,由于北京市有关政策的调整,该项目停止招生,学院妥善处理好与韩国合作方的关系及在学学生的善后事宜,继续按照教学计划培养在学学生。2006—2010年,共招收学生844人,见表1.7-7。

表1.7-7　2006—2010年境外(韩国)培养留学生情况一览表　　单位:人

年份	在校生人数		合计
	春季	秋季	
2006	27	47	74
2007	68	82	150
2008	101	149	250
2009	128	99	227
2010	84	59	143
合计	408	436	844

2. 管理与服务

学院先后印发《北京联合大学应用文理学院留学生手册》《北京联合大学应用文理学院关于加强留学生管理工作的决定》(应用文理院发〔1999〕55号)等文件,从学生留学申请报名、签证、入学报到、学籍管理规定到毕业要求,都有详细说明。

学院加强对“对外汉语”教学质量的监控,定期组织教师培训和集体备课,派教师参加孔子学院的培训和赴国外孔子学院任教,不断提高执教技能;借鉴本科教学工作水平评估经验,完善汉语教师考评制度;每年召开对外汉语教学研讨会,鼓励教师开展对外汉语教学研究,并将研究成果编辑成册,2010年出版了《新闻与传播论文集》。

2007年,北京市政府为吸引更多留学生来华学习及奖励在学的优秀学生,根据学院留学生数,每年拨款20～30万元给学院奖励学生。这笔政府奖学金不仅吸引了一些语言生来院学习,而且扩大了学院留学生本科生生源,推动了留学生学历教育的发展。2007—2010年,学院累计获得政府奖学金120万元,共有171人次获得该奖励,见表1.7-8。

表1.7-8　2007—2010年留学生获北京市政府奖学金情况一览表

年份	获奖人次
2007	13
2008	47
2009	54
2010	57
合计	171

学院在留学生管理上以人为本,每年组织丰富多彩的活动,如文化节、演讲比赛、汉语之星、趣味运动会等,加深学生对学院的热爱。在签证管理上,保证签证工作的专业性、准确

性。在后勤服务方面,积极有效地开展科技创安工作,在留学生公寓大门安装了门禁系统,确保学生的住宿安全。

（四）港澳台侨学生教育

2002年,学院开始招收港澳台侨学生,截至2010年共招收52名学生。为加强对港澳台侨学生的管理,学院制定了《北京联合大学应用文理学院港澳台学生管理办法》(京联文理〔2006〕94号)、《北京联合大学应用文理学院关于港澳台侨学生学籍管理的补充规定(试行)》(京联文理〔2008〕69号)等文件。在北京市教委的奖学金评定中,学院有30人次获得奖学金,见表1.7-9。2010年,有2名学生考取了清华大学研究生。

表1.7-9　2002—2010年港澳台侨学生情况一览表

单位：人

年份	招生人数	毕业人数	获政府奖学金人数
2002	2		
2003	2		
2004	1		
2005	8		
2006	17	1	
2007	6	2	6
2008	7	1	8
2009	5	7	8
2010	4	15	8
合计	52	26	30

（五）中美英语夏令营

自1995年开始,学院在燕京研究院的协助下,与美国的民间科技教育机构(PESI、EAFI、EESI)合作,联合举办中美英语夏令营。来自美国、加拿大、英国等国家的大学生及志愿者在暑期中到学院对师生进行英语培训,时间一般为三周。在以往举办的基础上,2002、2004和2005年又继续举办了三届。2008年,学院英语夏令营的合作方是“美国空中英语教室”。

三、出国出境管理

学院重视出国出境管理工作。一是做到有计划、有落实,即每年的12月份向上级上报学院的《因公出国境计划》,经审批后,按照计划开展下一年度的因公出访工作,并根据上级要求,办理各个团组的出访手续,做好出访前外事纪律的说明,以保证教职工在国境外遵守有关规定。二是认真执行因公出访换汇手续。按照《关于加强因公出国用汇开支管理的通知》(京财外〔2007〕2287号)要求,以《临时出国人员费用开支标准和管理办法》(财政部〔2001〕73号文)以及《北京市财政局用汇审批及核销系统》为依据,严格执行上级单位要求的因公出访换汇、核汇等手续。三是制定文件、有据可依。学院除认真执行《北京联合大学因公出国管理规定》《北京联合大学因公出国人员护照管理的暂行规定》(京联外〔2006〕46号)等文件外,还先后制定下发了《北京联合大学应用文理学院因公临时出国人员管理规定(京联文理〔2007〕56号)》《关于下发〈北京联合大学应用文理学院教职工出国(境)管理规定〉的通知》(京联文理党〔2010〕36)等文件,加强对因公出国出境人员的管理。四是做好归国人员的总结工作。教职工完成出访任务后，要及时上交出访总结，并在一定范围内进行交流，以相互学习借鉴，扩大出访成果。

第八节　党的建设及工会、共青团、民主党派工作

一、党的建设及党的工作

(一) 党员(代表)大会

2002 年 6 月 30 日，学院召开党员大会，听取审议上届党委工作报告和 1994 年以来党费收缴使用情况报告，选举产生新一届党委委员。这次大会在学院“十五”计划的基础上，提出了学院近期发展的 8 项具体目标。经过大会选举并报校党委批复，新一届党委会由牛志民、孔繁敏、朱耀廷、李月修(女)、张宝秀(女)、饶伟红(女)、郭淑敏(女)、董英辅组成(以姓氏笔画为序)，郭淑敏为学院党委书记，李月修为党委副书记。

2003 年 5 月，学院召开党员大会，完成出席学校第三次党代会的 29 名代表的推选工作。

2007 年 12 月 29 日至 30 日，学院召开第一届党员代表大会，代表名额为 110 名。大会审议并通过郭淑敏代表上届党委所做的工作报告，提出了进一步推动学院发展的目标和举措；经过大会选举并报校党委批复，学院新一届党委委员由王彤(女)、孔繁敏、李月修(女)、张宝秀(女)、唐小恒、韩建业、程雨琴(女)组成(以姓氏笔画为序)，孔繁敏为党委书记，李月修为党委副书记。

2009 年 5 月 26 日，学院召开党员代表大会，完成出席学校第四次党代会的 18 名代表的推选工作。

在学校党代会上，张宝秀两次被推选为北京市党代会代表，出席了 2002 年、2007 年的北京市第九次和第十次党代会。

(二) 重要活动

1. “三讲”教育“回头看”活动

2001 年 4 月至 6 月，学院根据市委教育工委和校党委的部署，先后在院领导班子、处级领导班子和干部中，开展“讲学习、讲政治、讲正气”教育“回头看”活动。领导小组组长为张妙弟。活动按照“组织学习”“进行自查自纠”“完善整改方案”“通报整改情况”四个环节进行。院党委广泛征求和听取干部、群众的意见和建议，修订、补充了学院在 2000 年开展“三讲”教育活动中制订的整改方案，尤其在学院改革与发展、党建和思想政治工作、领导班子提高决策和管理水平等方面，明确措施，落实责任，解决学院实际问题，巩固了“三讲”教育成果。

2. 学习“三个代表”重要思想活动

2001 年 8 月，学院党委把“三个代表”重要思想的学习、贯彻、宣讲与“三进”工作，列为思想政治教育首要任务，组成“三个代表”重要思想宣讲团，分四期对学院党员、干部进行培训。组织“两课”教师参加市教委的集中培训，召开学院“三个代表”重要思想进教材、进课堂、进学生头脑的“三进”工作研讨会，“三个代表”重要思想全面进入秋季“两课”教学中。学院社

科部采取的“三进”措施被北京市委教育工委、市教委联合报道。2002年6月，新一届院党委成立后，继续在全院党员、干部和师生中开展学习、贯彻“三个代表”重要思想的教育活动。

3. 保持共产党员先进性教育活动

2005年9月至12月，根据北京市第二批保持共产党员先进性教育活动安排，在校党委和校联系指导组的指导下，学院开展了保持共产党员先进性教育活动。院党委出台教育活动实施方案，成立教育活动领导小组，组长为郭淑敏。为提高党员对新时期保持党员先进性基本要求的认识，各级党组织召开党性分析专题组织生活会，开展相互谈心共2000余人次，每个党员都进行了自我党性分析，支部进行了党员评议。院、系、处领导班子召开民主生活会17次，院领导班子以“进一步提高领导班子办学能力”为主题召开专题民主生活会。院党委还采取召开座谈会、设置意见箱和发放征求意见表、个别访谈等多种形式广泛征求师生意见，共征集到意见、建议66条，经过整理与分析，院党委制订了《北京联合大学应用文理学院党委集体整改方案》，整改工作重在以先进性教育活动的落实促进学院正在开展的迎接本科教学工作水平评估。院党委组织社科部、组织部、宣传部、党政办、纪检、工会、保卫等部门人员，开展高校基层党组织保持先进性的党建课题研究，探索建立保持党员先进性教育的长效机制，其研究成果《高等学校党的先进性建设研究》由中央民族大学出版社于2007年10月出版。学院在保持共产党员先进性教育活动满意度测评中，师生满意率达到98.36%。

4. 学习实践科学发展观活动

2009年3月至7月，根据学校部署，学院开展学习实践科学发展观活动(以下简称“学习实践活动”)，活动分为学习调研、分析检查、整改落实三个阶段。学院成立学习实践活动领导小组，组长为孔繁敏。院党委印发活动实施方案(京联文理党〔2009〕5号)，并根据学生党员和离退休党员的不同特点，分别制订活动实施方案(京联文理党〔2009〕9号、10号)，活动重在突出实践特色和取得实效。在学习实践活动中，院党委提炼出影响和制约学院科学发展的5个主要问题：应用文科应用理科的学科专业结构有待优化；应用文科应用理科教育教学创新不足；党员干部深入群众和基层不够；大学生创业与就业能力不强；学院内部管理体制改革力度不够大、管理不严格。院党委制订了《北京联合大学应用文理学院深入学习实践科学发展观活动整改落实方案》(京联文理党〔2009〕29号)，提出15个整改项目、48条整改措施及整改时限要求。

5. 党建评估

2001年9月，学院党委落实校党委开展教学部门党支部评估工作要求，组织教学部门党支部对照学校《基层党支部评估标准》开展了自评工作，经院考评小组综合评估后，推荐经济学与城市科学系党支部代表学院参加学校的评估并获得好评。

2003年1月，市委教育工委印发《北京市普通高等学校党建和思想政治工作基本标准(试行)》(以下简称《基本标准》)，校党委下发关于贯彻落实《基本标准》的三年规划。学院党委组织党政职能部门、群团组织的负责人对《基本标准》的指标及测评要素进行分解，列出党政工团在《基本标准》达标工作中所承担的职能、评建任务。

2004年，学院成立党建评估工作领导小组，组长郭淑敏；制订下发了学院贯彻落实《基本标准》的三年规划(应用文理党发〔2004〕2号)，完成了“学院党总支党建和思想政治工作基本标准机关版和系部版”的编制。在全院自查自评的基础上，形成学院第一份党建和思想政治工作自评报告。2004年12月,学院参加学校组织的党建和思想政治工作互评检查。

2006年,市委教育工委下发《基本标准》修订版。院党委组织各级党组织对2004—2006年贯彻落实《基本标准》的工作进行全面总结,形成学院第二份党建和思想政治工作自评报告。

2007年4月,院党委正式下发教学部门、党政机关部门党总支党建和思想政治工作评估标准(京联文理党〔2007〕23号)。9月,北京市委教育工委对学校进行党建和思想政治工作达标检查,学院同时接受检查。

6. 创先争优活动

2010年,学院党委按照校党委的部署,围绕“创建先进党组织,争当优秀共产党员,推进高水平、有特色应用型大学建设”的主题,在全院基层党组织和全体党员中开展了“创先争优、从我做起”主题实践活动和创建先进党支部活动。学院成立创先争优活动领导小组,组长为孔繁敏、张宝秀。

2010年上半年,在教职工党员中开展“争做育人标兵”、在学生党员中开展“争做成才表率”的活动,其中1人被评为校级育人标兵,1人被评为校级成才表率,10人被评为院级育人标兵,10人被评为院级成才表率。

2010年下半年,根据校党委《关于在全校基层党组织和党员中深入开展创先争优活动的实施方案》(京联党〔2010〕81号),学院党委出台《北京联合大学应用文理学院2010年下半年创先争优工作安排》(京联文理党〔2010〕68号),开展了校“十佳党支部”和院“先进党支部”的创建申报工作。经校(院)评审,2个党支部被评为校“十佳党支部”创建支部,9个党支部被评为学院“先进党支部”创建支部。

7. 其他重要活动

2008年5月汶川大地震后,学院党员响应中组部交纳特殊党费的号召,共交纳特殊党费131175元,支援灾区抗震救灾。

2008年7月1日,学院成立党建研究会,孔繁敏兼任会长、李月修兼任副会长,每年结合学院工作开展党建课题研究。例如,2008年设立了“党风建设与教风、学风建设”课题,2010年开展了“学生党支部学习型支部评价体系”研究。

(三)组织工作

1. 领导班子和干部队伍建设

(1)党委中心组理论学习和干部培训

院党委理论中心组学习和中层干部学习由党委书记负总责,由党委组织部和宣传部主抓。组织部建有干部培训档案,人事处建有继续教育学习档案,学习完成情况纳入干部年度考核。

学院党委制定有《党委中心组学习制度》,每年制订中心组学习计划,对学习的时间、形式、要求有明确规定,做到每次学习有选题、有准备、有重点发言人、有结合实际工作的研讨题目。中心组对学习活动有考勤,重要活动有简报,中心组成员参学率不低于85%。中心组的学习关注理论前沿,举办高水平的讲座,提升学习层次。例如,2009年,邀请教育部国家教育发展研究中心主任张力研究员作题为“高等教育发展形势与政策走向”的报告。中心组学习结合学院工作,提升学习实效。例如,2007年,邀请公关礼仪专家李兴国教授作“危机的解析与预防”讲座,学习中研讨修改了学院相关文件。中心组学习做到对党的重要决定、重要理论先学一步，再组织党员、干部学习，并扩展到全体师生学习。例如，2001 年，党委理论学习中心组通读江泽民总书记的“七一”讲话，中心组成员组成“三个代表”重要思想宣讲团，对全体党员、干部、教职工进行宣传教育。

此外，中心组学习形式多样，结合学习内容组织到北师大校史展馆、故宫、首都博物馆、首都规划馆、北京监狱等地参观考察。

为提高干部队伍思想政策水平，学院组织中层干部参加校（院）各种培训，对干部学习有计划、有考勤、有记录、有检查、有总结。学院自 2002 年起设立党建资金，用于干部、党总支（党支部）书记及党员的学习培训、参观考察、党建课题研究等方面，要求处级及以上干部每年要撰写一篇理论学习文章，党委组织部汇编成学院《党建和思想政治研究论文集》并向上级单位投稿。院领导班子局级成员按要求参加北京市组织的理论培训，在北京市局级领导干部理论文章评选中均获过奖。2007 年开始，处级干部同时要完成 40 学时的“北京市干部在线学习”课程。2008—2010 年，经北京市干部在线学习中心评选，25 人被评为“在线学习”优秀学员。

（2）思想作风建设

领导班子及干部队伍的作风建设一直是院党委工作重点。2002 年开始，院领导班子在每次调整后都及时公布班子成员的分工及所联系的系部，坚持院领导轮流每周接待日制度，开办网上院长信箱，领导班子对师生的来信和教代会代表的提案做到每案必复。坚持院领导及教学部门中层干部听课制度，并向教务处提交听课记录。学院将为群众办实事的具体内容列入每年学院工作计划并公布，年底检查完成的情况并汇报。学院对干部队伍实行严格管理，修订完善了《北京联合大学应用文理学院处级领导干部职责绩效考核工作实施办法》（京联文理党〔2006〕38 号）、《关于党员领导干部报告个人有关事项的实施意见》（京联文理党〔2006〕74 号）等文件，制定中层干部外出报告请假、工作交接等管理规定，执行上级规定的谈话制度、交流回避制度、重大事项报告制度、收入申报和述职述廉等制度。

为推进民主集中制建设，2001—2010 年，学院建有院、系两级院务公开制度和党委会、院长办公会及系（处）务会制度，对重大问题实行集体讨论决定。院党委定期对院务公开工作及系（处）务会制度执行情况作检查。院、系（处）领导班子每年召开专题民主生活会，听取群众意见，完成群众对班子的测评。院党委推行党务公开，每学期向全院公布党委会和院务会纪要，将学院涉及教职工利益的重大事项提交院教代会、工会讨论，依法保证师生员工行使民主管理、民主监督的职权。

（3）干部制度改革

2004 年 1 月，学院依据中央颁布的《党政领导干部选拔任用工作条例》制定了学院实施细则（应用文理党发〔2004〕1 号）。10 月，在《学院“十五”时期发展计划的延伸与补充》中，提出了“2003—2008 年加强和改进党的建设规划”，其中在“加强中层干部队伍建设”中，提出“努力改善干部结构，新提拔任用的副处级干部，必须具有大学以上学历，年龄一般不超过 45 岁”，“加强后备干部队伍建设，按照正处级后备 1∶1、副处级后备 2∶1 的比例，加强后备干部培养”等。

学院在 2003 年、2006 年和 2010 年岗位聘任工作中，推进干部人事制度改革，坚持公开、平等、竞争、择优和民主集中制的原则，对处级岗位重新聘任，实行个人自荐与民主推荐相结合、竞争上岗与组织选拔相结合的方式，完成了干部聘用工作。学院执行干部交流规定，对在同一职位连续任职时间超过8年的,就不允许再参加原任职务聘任;执行干部退休前1年不再担任处级实职的规定;干部聘任实行任前公示制、任前廉政谈话制、诫勉谈话制等;对调离重点部位的干部进行经济责任审计。

2009年年底至2010年年初,按照学校统一部署,学院进行内设机构调整和全员岗位聘任工作,完成了新一轮的干部聘任。全院有正处级干部19名,其中具有正高级职称的6人,副高级职称的6人,合计占正处级干部比例的63%;副处级干部36名,其中具有副高及以上职称的人员12人,占副处级干部的33%;具有硕士研究生及以上学历的处级干部由以前占干部总数的45%上升为50%;处级干部平均年龄由聘前的43.3岁下降为42.8岁;对16名干部进行轮岗交流,占聘任干部总数的30%;考虑干部个人意愿,免除6人干部职务,占重新聘任干部总数的11%。同意1人学术休假,有4人临近退休转为调研员。

(4) 干部考核

学院干部考核有新任干部试用期考核和全体干部每年在部门进行的年度考核。新任干部试用期考核主要由院党委组织部按程序进行。在年度考核中,部门中处级干部的考核结果由部门上报党委组织部,组织部组织处级干部测评等工作,最后经院党委审定考核结果,并由部门主管院领导将考核结果反馈本人。对年度考核基本称职人员进行诫勉谈话,限期改正或调整其领导职务;考核为不称职人员或连续两年为基本称职的人员,按干部管理权限和法定程序作出降职或免职处理。

2003年,学院制定了《中层干部年度考核办法(试行)》(应用文理党发〔2003〕73号),考核主要包括德、能、勤、绩、廉五个方面,以岗位任务的完成情况为主要内容,以工作实绩为重点。2005年,学院启动部门年度绩效考核工作,采取定量考核和定性考核相结合的方式进行,建有考核指标体系。考核等级为“基本合格”的部门,其部门领导班子的主要负责人在年度考核中不能评为“优秀”等级。2006年,学院出台《北京联合大学应用文理学院处级领导干部职责绩效考核工作实施办法》(京联文理党〔2006〕38号),职责绩效考核由院领导、相关部门负责人和本部门干部群众三部分的评价组成。

处级干部考核结果分为优秀、称职、基本称职和不称职。2003—2010年处级干部实际考核结果中,仅2004年考核结果为19人优秀、2人基本称职、其余全部称职,其他年份只有优秀和称职两种结果,历年年度考核结果为优秀的干部名单见表1.8-1。

表1.8-1 2003—2010年考核优秀干部名单

考核年度	考核优秀干部名单
2003	唐粉芳、张宝秀、邓大跃、黄元龙、周传家、朱耀廷、王英凯、陈朝雁、程雨琴、付月琴、张毓华、孙建华、杨金兰
2004	朱耀廷、孙建华、董丽莎、汪竹青、程雨琴、王彤(财)、高维露、邓大跃、黄元龙、杜剑峰、王英凯、白广琴、苑秉锦、董萍萍、祁春利、韩亚光、张毓华、陈秀英、孔昭林
2005	白宝山、程雨琴、张毓华、孙建华、汪竹青、王政、韩建业、杨爱英、黄巍、王彤(图)
2006	陈朝雁、白宝山、程雨琴、荀振茹、王政、韩平、顾军、孙爱萍、冷新宇、孙建华、王彤(图)
2007	孙爱萍、张景秋、王彤(图)、冷新宇、汪竹青、程雨琴、陈朝雁、杨丽华、万鹰昕、白桦、訾秀玲
2008	荀振茹、熊黑钢、孙建华、李莉卿、黄巍、董丽莎、孔昭林、李志刚、董军华、逯燕玲、祁春利
2009	孙建华、荀振茹、王彤(图)、董丽莎、孙爱萍、白宝山、郭炜、熊黑钢、荣莉
2010	杨积堂、董丽莎、黄巍、董媛、孙建华、郭炜、孙爱萍、戴红、冷新宇

(5) 后备干部队伍建设

党委组织部建有后备干部人才库，党委每年对后备干部名单进行调整。2003 年、2006 年，按照校党委工作部署开展了院、系处级后备干部的选拔推荐工作。2008 年，院党委启动新一轮处级后备干部选拔推荐工作，制订了《北京联合大学应用文理学院处级后备干部选拔推荐工作方案》(京联文理党〔2008〕55 号)，在民主推荐、个人自荐、组织推荐基础上，根据后备干部资格条件、配备比例、结构要求、组织考察等情况，经院党委会研究后，确定正处级、副处级后备干部人选各 10 人，充实到学院后备干部人才库中。

(6) 干部交流、挂职锻炼

2007 年 10 月 21 日，作为中组部、团中央第八批博士服务团的成员，赵承寿在内蒙古自治区呼伦贝尔学院挂职锻炼，为期一年。

2. 基层党组织建设

(1) 基本情况

学院党的基层组织设置随着学院的发展、系科的调整、党员队伍的变化及时调整。2003 年、2006 年两次集中调整党组织，成立了学生党支部。2010 年，学院在新一轮岗位聘任后，进行了系科和内设机构的调整工作，党组织设置也同时调整。

2010 年年底，院党委下设 14 个党总支，4 个直属党支部，见表 1.8-2。党总支下设党支部 34 个，其中在职教职工党支部 19 个，学生党支部 11 个，离退休人员党支部 4 个。

表 1.8-2　2010 年基层党组织设置一览表

<table>
<tr><th>党总支或直属党支部</th><th>下设党支部</th></tr>
<tr><td rowspan="3">党委机关党总支</td><td>党政办工会党支部</td></tr>
<tr><td>组宣部党支部</td></tr>
<tr><td>学生处党支部</td></tr>
<tr><td rowspan="3">行政机关党总支</td><td>人事保卫党支部</td></tr>
<tr><td>财务处党支部</td></tr>
<tr><td>国际交流合作处党支部</td></tr>
<tr><td rowspan="3">教科管理党总支</td><td>教务处党支部</td></tr>
<tr><td>科研处党支部</td></tr>
<tr><td>体育教研室党支部</td></tr>
<tr><td>行政管理处直属党支部</td><td></td></tr>
<tr><td>实践教学基地直属党支部</td><td></td></tr>
<tr><td>人文社科部直属党支部</td><td></td></tr>
<tr><td>图书馆直属党支部</td><td></td></tr>
<tr><td rowspan="4">离退休党总支</td><td>离休支部</td></tr>
<tr><td>第一支部</td></tr>
<tr><td>第二支部</td></tr>
<tr><td>第三支部</td></tr>
<tr><td rowspan="2">计算科学系党总支</td><td>教工党支部</td></tr>
<tr><td>学生党支部</td></tr>
<tr><td rowspan="2">生物与环境技术系党总支</td><td>教工党支部</td></tr>
<tr><td>学生党支部</td></tr>
</table>

续表

党总支或直属党支部	下设党支部
城市科学系党总支	教工党支部
	学生党支部
国际金融财务学系党总支	教工党支部
	学生党支部
新闻系党总支	教工党支部
	学生党支部
历史系党总支	教工党支部
	学生党支部
外国语言文化系党总支	教工党支部
	学生党支部
广告系党总支	教工党支部
	学生党支部
法律系党总支	教工党支部
	学生党支部
档案与公共管理系党总支	教工党支部
	学生第一党支部
	学生第二党支部

学院党委按时进行党总支(党支部)正常换届工作。党总支书记(党支部书记)的任命实行"两推一选",即分别在总支(支部)党员中及所在部门全体教职工中进行民主推荐,再在党内进行选举。院党委每年组织总支(支部)书记培训班和党务工作交流会,发放《党支部书记培训教材》《新编基层党的组织工作实务指南》等学习材料;组织党委委员、党支部书记及党委机关干部外出考察。例如,2002 年赴河北西柏坡参观,2004 年赴河南参观红旗渠、任长霞事迹展和社会主义新农村南街村,2005 年赴延安考察。

(2) 党员教育管理

在校、院党委领导下,各党总支(支部)坚持"三会一课"制度,每月开展不少于一次的组织生活,每学年召开不少于一次的民主生活会。各党总支(支部)在保持党员先进性教育活动后,开展了"学习型支部"建设活动,院党委对各支部活动的开展情况进行检查。学院党委每年足额下拨党员活动经费,组织部除用该经费为各支部购买、订阅学习材料,组织集体活动外,还用于补助支部的活动经费并检查经费使用情况,确保支部活动的效果。

党员教育的重点是党性教育。院党委每年"七一"组织预备党员宣誓活动,组织毕业生党员开展以"牢记党员责任,青春奉献祖国"为主题的教育活动,党校举行 35 岁以下青年党员培训班。结合学院在不同阶段的工作重点,如重大疫情发生期间、重大事件和特殊时期、本科教学工作水平评估和北京奥运会等重要阶段,党委都首先召开党员大会,进行思想动员,对党员的表率作用提出具体要求。

(3) 党员发展

2001 年,学院学生党员占在校生的比例为 2.67%。为加强学生党员发展工作,党委组织部和各系党总支、党支部每年制订发展学生党员工作计划,并由组织部检查督促计划的实施。学院和各系组成专兼职组织员队伍,加大入党积极分子的培养力度。2005 年大学生党员占在校生的比例达到9.36%。为进一步推动发展学生党员工作，党委制定了发展学生党员工作实施细则(应用文理党发〔2005〕85号)，健全团组织推优入党制度、党员发展前和转正前的公示、预审等制度，加强低年级学生入党发展工作。党委每年召开发展学生党员工作研讨会，对发展党员工作做得好的党组织和党员个人予以表彰和奖励。2005年以后，学生党员占在校生比例一直在10%以上，见表1.8-3。

表1.8-3　2001—2010年大学生党员占在校生比例一览表

年份	2001	2002	2003	2004	2005	2006	2007	2008	2009	2010
百分比/%	2.67	4.00	6.50	8.19	9.36	12.19	12.79	11.76	12.73	13.32

截至2010年年底，学院共有党员765名。其中，正式党员518名，预备党员247名；女党员515名，少数民族党员39名；学生党员392名，教职工党员373名；35岁及以下党员474名，离退休党员144名；大学生党员占全日制在校生比例超过13%，35岁以下青年教师中党员比例超过50%。2004—2010年学生党员发展情况见表1.8-4。

表1.8-4　2004—2010年学生党员发展情况一览表　　单位：人，%

年份	学生人数	发展人数	发展比例	党员人数	党员比例	普通本科生数	普通本科生发展时年级情况			
							一年级	二年级	三年级	四年级
2004	3614	202	5.59	296	8.19	2686	1	52	67	49
2005	3654	191	5.23	342	9.36	2894	1	56	62	40
2006	3543	221	6.24	432	12.19	2590	1	68	85	29
2007	3292	180	5.47	421	12.79	2593	2	61	71	18
2008	3120	161	5.16	367	11.76	2620	3	63	64	12
2009	3048	175	5.74	388	12.73	2546	0	62	93	4
2010	2942	171	5.81	392	13.32	2942	0	49	113	9

学院党校坚持每年举办入党积极分子培训班，培训时间不少于40学时。2007年12月，党校第1期入党积极分子高级培训班正式开班，健全了党校初、高两级培训机制。

表1.8-5　入党积极分子初级培训班培训情况一览表　　单位：人

期数	起止时间	参加人数	教工人数	结业人数	结业比例/%	备　注
7	2001.03—2001.05	350		240	68.57	
8	2002.01—2002.04	460		398	86.52	
9	2003.01—2003.04	346		253	73.12	
10	2003.07—2003.10	165	6	143	86.67	
11	2004.01—2004.04	437	6	333	76.20	
12	2005.04—2005.06	756	10	643	85.05	
	2005.09—2005.12	120	0	107	89.17	廊坊分校
13	2006.01—2006.03	468	4	350	74.79	
	2006.03—2006.04	76		75	98.68	廊坊分校
14	2007.01.19—2007.03.27	498	13+2	388	77.91	含研究生2
15	2007.09.29—2007.11.13	548	2	480	87.59	
16	2008.09.23—2008.10.28	577		498	86.31	
17	2010.04.24—2010.05.24	459	7+12	396	86.27	含研究生12
合计		5260	62	4304		

表 1.8-6 入党积极分子高级培训班培训情况一览表 单位：人

期数	起止时间	参加人数	毕业人数	教工人数	研究生人数	备注
1	2007.12.09—2008.02.15	273	273	14	2	
2	2008.05.13—2008.06.24	111	102	8	0	
3	2008.11.25—2008.12.23	141	124	2	0	
4	2009.05.10—2009.06.02	93	87	0	0	
5	2009.11.20—2009.12.25	136	133	2	5	继教1人
6	2010.06.04—2010.06.21	138	129	3	12	
7	2010.11.25—2011.01.19	115	107	4	0	
合计		1007	955	33	19	

3. 奖惩

学院党委按照上级党委工作布置，定期开展先进基层党组织和优秀党员的评选表彰活动，见表 1.8-7。每次都制订活动开展方案，指导基层党组织的评优工作。党委还结合学院具体工作，开展一些专项表彰，见表 1.8-8，如防控“非典”疫情、本科教学工作水平评估、党员发展工作等表彰。

表 1.8-7 2001—2010 年先进基层党组织、优秀共产党员和党务工作者名单

年度	市级	校级		院级	
		先进基层党组织	优秀共产党员	先进基层党组织	优秀共产党员
2000—2002		人文与管理科学系党总支、党院办国际交流合作部党支部	李平、张宝秀、董媛、孙滢、于耀兰、金宗濂、杨靖筠	人文与管理科学系党总支、党院办国际交流合作部党支部、经济学与城市科学系党支部、图书馆党支部、宣教处党支部	李平、张宝秀、董媛、孙滢、于耀兰、郭焕然、陈淑清、孟庆贵、金宗濂、杨靖筠、吕雅贤、刘延兵、王丹谊、逯燕玲、石文静
2003		后勤管理处党支部、生物学系党支部	李平、逯燕玲、梁文娥	城市科学系党支部、生物学系党支部、宣教处党支部、党政保卫支部、后勤管理处支部、新闻系支部	郭淑敏、白宝山、程雨琴、张咏铃、荀振茹、戴平安、赵胜年、王兆新、梁文娥、李平、董丽莎、齐凡、朱耀廷、逯燕玲、蔡春、邓大跃、张春华、张娅娅、任心慧、黄远龙、王英凯、孙静、邹美华、李静、白广琴、孔昭林

续表

年度	市级	校级		院级	
		先进基层党组织	优秀共产党员	先进基层党组织	优秀共产党员
2003—2005		党政保卫党支部、生物学系党支部、城市科学系党支部	陈朝雁、韩建业、尹卫红、徐梅香、王英凯、韩蓉蓉	生物学系党支部、城市科学系党支部、广告系党支部、新闻系党支部、党政保卫党支部、组工财党支部	陈朝雁、白桦、刘洁、侯长存、金宗濂、尹卫红、王自力、白广琴、韩建业、王英凯、陈淑清、李大霞、王燕妮、徐梅香、孙静、章延文、李兴国、贾立英、韩蓉蓉、骆璇、杨海燕
2005—2007		党委机关党总支、离退休党总支、图书馆党支部、城市科学系党总支、管理系党总支	李志刚、刘隆亨、牛志民、李平、杨扬、孟宪伟、刘延兵、谈文、王政、杨海燕、汪竹青、贾立英、温玉萍、杨熠、董军华、郑伟、沙莎、杨丽华、翟旋、孙颖、李晗、孙静、周红焰、贺真	党委机关党总支、离退休党总支、图书馆党支部、城市科学系党总支、管理系党总支、社科部党支部、历史系党总支、新闻系党总支、国际交流党支部	李志刚、郭淑敏、杨金兰、曹玉峰、赵胜年、刘隆亨、牛志民、李平、杨扬、于兰春、孟宪伟、马红培、吴志彬、刘延兵、张亮、万鹰昕、王政、杨海燕、汪竹青、龚丽、贾立英、温玉萍、钟赫峥、杨熠、董军华、郑伟、沙莎、杨丽华、翟旋、孙颖、陈静、李晗、彭慧、谈文、孙静、黄文英、刘晓柳、周红焰、邱京美、张宝贵、章延文、贺真、艾云
2008	北京市高校优秀共产党员：尹卫红				
2007—2009		图书馆党支部、社科部党支部、党政办公室党支部	魏博辉、邓大跃、李平、王彤(图)、王竹宝、陈静、孙静、李志刚、赵连生、戴红、洪旭 优秀党务工作者：李月修	图书馆党支部、党政办公室党支部、社科部党支部、生物学系党总支、退休第三党支部、城市科学系党总支	魏博辉、邓大跃、李平、王彤(图)、王竹宝、杨忠、陈静、孙静、李志刚、赵连生、戴红、洪旭、李宝明、刘丹、王顺、沈洋、杨金兰、刘学勤、徐华、吴安芝、栾娜、王波、李震亚、桑世志 优秀党务工作者：李月修、程雨琴、刘清平、汪竹青、杨丽华、程惠丽

表 1.8-8 2001—2010 年受到其他类别表彰的党组织和党员名单

年份	表彰名称	表彰级别	获表彰个人	获表彰集体
2003	防治非典型肺炎工作先进个人	校级	董媛、赵连生、徐峰	实训基地(网络中心)、保卫科
	防治非典型肺炎工作先进集体	院级	董媛、赵连生、徐峰、杨丽华、王瑶林、赵德义、郭健、滕菁、孙建华、赵红曼、徐梅香、姜宏、林京壤、陈桂琴、李沁芳、孙爱萍、闫宏、孙赤京、佟常生、梁怡、杨金兰、杨宏、常虹、王丽娜、苑秉锦、朱根宜、韩亚光、张咏铃、杨忠	实训基地(网络中心)、保卫科、教务处、后勤管理处、国际交流合作部(留学生管理中心)、信息科学与技术系
2010	育人标兵	校级	王彤(图)	
		院级	李晓丽、荀振茹、王彤(财)、杨忠、蔡春、文镜、叶盛东、孙静、徐梅香、徐云	
	成才表率	校级	阎非	
		院级	孙勃、王艳慧、王芳、郭佳、阎非、郑晶晶、李烁、连蕊、芦岩、张璐洋	

学院党委严肃党的纪律,2001—2010 年,学院共有 5 名党员,因违反财经纪律、收受暗扣、打架等问题,分别受到党内严重警告、警告处分和全校(院)通报批评。

4. 人才工作

(1) 优秀人才资助

党委严格按照《北京市优秀人才培养资助实施办法(试行)》的规定,综合考察申请人的思想政治素质、学术水平、科研能力和研究方向,向上级推荐学风端正、发展潜力大、确需资助支持的优秀人才。

为提高北京市优秀人才资助项目申报的成功率,党委组织申报工作培训,要求以党总支(直属党支部)为单位,对申报人员进行综合排序,严格控制推荐人员数量,并要求申请资助的类别要有所区别。2001—2010 年,共有 35 人获得市优秀人才资助,资助总金额为 96.5 万元,见表 1.8-9。

表 1.8-9 2001—2010 年北京市优秀人才资助获得者名单

序号	姓名	资助项目名称	资助类别	金额/万元	资助年度
1	梁　怡	国外社会主义时期中共党史研究评述	D	2.00	2001
2	饶伟红	网络信息资源的组织管理与利用	D	5.00	2002
3	孔昭林	实用行政管理	E	2.00	2003
4	顾　军	中国民俗学教程	E	2.00	2003
5	魏　微	碳气凝胶薄膜制备工艺研究	D	1.50	2003
6	常　敏	债权担保的方式和应用	E	1.00	2003
7	惠伯棣	类胡萝卜素与生物化学	E	1.50	2004

续表

序号	姓名	资助项目名称	资助类别	金额/万元	资助年度
8	万鹰昕	新型维生素絮凝剂研制及其絮凝机理研究	D	2.00	2004
9	尹卫红	北京市居住环境适宜性评价专家系统	D	3.00	2004
10	尹志华	北京道教史	D	1.00	2004
11	李雪妍	北京市国民经济发展与土地需求关系研究	D	2.00	2005
12	刘　洋	新型光催化剂的制备及其性能的研究	D	3.00	2005
13	陆　军	纳米微电子系统的非平衡态输运理论	D	3.00	2005
14	孟　斌	3S技术支撑的北京城市空间结构研究	D	2.00	2005
15	魏　涛	雪莲生理活性物质细胞生产及保健功能研究	D	2.50	2005
16	杨积堂	北京市高新技术企业商业秘密保护的法律对策研究	D	3.00	2005
17	张景秋	北京城市文化空间的社会地理学研究	D	1.50	2005
18	傅平丰	光催化净化室内VOCs	D	3.00	2006
19	陈　文	牛磺酸对饮食性高胆固醇血症动物胆固醇、胆汁酸吸收排泄的影响	D	2.50	2006
20	李　岩	法国高级访问学者(换黄宗英《美国诗史》)	A	4.00	2006
21	孙爱萍	非国有档案信息资源管理	E	2.00	2006
22	傅风英	北京桃园观千峰派研究	D	4.00	2007
23	马建龙	北京清真食品产业发展研究	D	5.00	2007
24	王　彤	美国La Crosse城市威斯康星州立大学高级访问学者	A	2.00	2007
25	张宝秀	美国路易斯维尔大学高级访问学者	A	3.00	2007
26	陈　静	北京公交换乘站空间分布研究及评价	D	4.00	2008
27	韩建业	中国西北地区先秦时期的自然环境与文化发展	E	2.00	2008
28	尚小雅	药食两用红曲中新型降压活性成分的研究	D	3.00	2008
29	孙海垠	北京近现代优秀建筑艺术形态谱系与价值保护	D	4.00	2009
30	于　洪	清代北京藏传佛教寺院研究	D	3.00	2009
31	李瑞华	中国商业摄影历史与现状研究	D	3.50	2009
32	戴　红	基于北京历史事件的时空数据可视化平台	B	2.00	2010
33	李　琛	低碳背景下的北京市旅游业节能减排机制及优化途径研究	D	4.00	2010
34	马青华	金融反问题的计算方法研究	D	4.00	2010
35	黄可佳	世界城市建设与北京地下文物保护策略研究	D	3.50	2010

(2) 政工职称评审

学院政工职称评审工作按照北京市政工职评工作办公室和校党委组织部的要求进行，学院成立有政工职称初级评审推荐小组，院党委书记任组长。政工高级职称的评审由学院推荐到学校参评，学校通过后参加北京市组织的评审。2001—2010年学院思想政治工作专业评审情况见表1.8-10。

表 1.8-10　2001—2010 年思想政治工作专业评审情况一览表

序号	姓名	性别	获得职称	获评时间	评审机构
1	程雨琴	女	高级政工师	2001.12	市高评委
2	胡晓玲	女	高级政工师	2003.12	市高评委
3	谈　文	女	高级政工师	2004.12	市高评委
4	郭焕然	女	高级政工师	2005.12	市高评委
5	陈朝雁	女	高级政工师	2006.11	市高评委
6	孙　静	女	高级政工师	2007.11	市高评委
7	白　桦	女	高级政工师	2008.12	市高评委
8	李志刚	男	高级政工师	2010.11	市高评委
9	赵连生	女	助理政工师	2005.06	学院初评委

(四)宣传思想政治工作

1. 教职工思想政治教育

教职工的思想政治教育,主要由宣教处负责,党政部门及工会配合。宣教处根据学院每年工作要点制订教职工思想政治教育活动和理论学习计划,并按照党委的要求在重大事件、特殊时期、每学期开学等关键时间点上,开展师生员工思想动态调查,为党委有针对性地开展教育工作提供依据。

日常思想教育的重点之一是社会主义核心价值体系的学习教育,如学习《公民道德实施纲要》、开展社会主义荣辱观教育等。结合重大事件开展不同主题教育,如围绕党的十六大、十七大及历次全会召开和改革开放 30 年、国庆 60 周年等大事,开展系列主题学习和参观活动。开展普法宣传活动,自 2001 年起,在师生中陆续对新颁布的国家宪法、国家保密法、计划生育法、高等学校学生管理规定等法规进行宣传。例如,2006 年 5 月,开展了“我以守法为荣”的法制宣传教育月活动,组织学生进行法制宣传卡通形象的设计和演讲、征文比赛等。2010 年 12 月,开展了国家新《保密法》宣传月活动,聘请保密教育专家为师生作专题讲座。

日常思想教育的重点之二是围绕学校应用型教育改革开展的宣传教育活动。例如,2005 年,开展了办学指导思想大讨论,总结学院应用型教育亮点,提高教职工对应用型教育的认识。2006 年,宣传学校对办学宗旨、办学定位和校训内涵的阐释,并对学院的校园环境、校园网、宣传材料等进行全面整顿,统一师生员工对“发展应用性教育,培养应用性人才,建设应用型大学”的认识。2009 年,组织教职工座谈学校精神内涵和提炼学校精神。2010 年,组织召开“我与联大共奋进”宣讲会,城市科学系团队和来自机电学院的稽伟作了优秀事迹宣讲。

日常思想教育的重点之三是师德教育。宣教处与工会、教务处、人事处每年联合开展师德师风建设系列活动,如在学生中开展“感受名师”的活动,在教职工中开展“牢固树立教学中心地位”征文活动;组织教师的礼仪培训和教学技能培训;把新编《教师手册》和《教师道德规范》发到教师手中;通过树典型、树形象,实施“精致教学、精细管理、精心服务”等活动,提高教职工对师德重要性的认识。例如,编辑了文理教授风采录,在宣传栏和《文理之声》上刊登优秀教职工事迹等。

2. 宣传阵地建设

学院重视宣传阵地建设，建有《文理之声》（院内报刊）、宣传橱窗、报栏、电子大屏幕、校园网、学生电视台和学生广播站等。

坚持办好《文理之声》。《文理之声》创刊于 1997 年，为月刊（不包括寒暑假），由党委宣传部主办。《文理之声》稿件来源于学院各系各部门信息员、学生通讯员报送的宣传稿和宣传部特约稿，截至 2010 年年底，《文理之声》共发刊 104 期，内容涉及学院工作的方方面面，并在 2010 年开始创办专刊。例如，配合学校教育教学工作会和第九届团代会的召开，制作《教育教学工作会与第九届团代会专刊》；配合学院党风廉政教育宣传月活动，制作《践行宗旨，反腐倡廉》专刊。

推进网络思想政治教育。党委宣传部负责校园网主页的校园新闻栏目和电子大屏幕播出内容，建有一支稳定的部门信息员队伍和学生通讯员队伍。自 2002 年开始，学院举办了多届校园网页制作大赛，促进了校园信息化建设及学院宣传工作。学院定期检查和督促各系各部门的网页建设及内容更新工作。2007 年，配合党建和思想政治评估工作，学院主页制作了“思想政治教育”专题网站。2008 年，配合校庆 30 周年制作了“卅年华彩”主题网站。2010 年，制作了学院英文网页。

扩大宣传阵地。2004 年，在学院路校区的教学楼和实验楼中间，新安装宣传橱窗 10 块，使校园橱窗达到 36 块。陆续改建了丰盛校区和双清路校区的阅报栏。2006 年，建立了 20 平方米的室外电子大屏幕，2008 年将原单色显示屏更新为全彩屏，每天滚动播放校园新闻。

调动学生积极性，拓展宣传渠道。2009 年，在原有的学生广播站基础上，新增学生电视台。学生从节目的策划、采访、摄像、主持，到广播节目和电视节目的制作都积极参与，有些节目甚至由学生全部完成。这不仅锻炼了学生的能力，而且节目贴近学生生活，使广播站和电视台成为学生自我教育的一个渠道。

3. 对外宣传

学院主动联系媒体采访和对外投稿，开展对外宣传工作。例如，2002 年 7 月 26 日，《中国教育报》高等教育版发表《响鼓还应重锤敲——北京联合大学应用文理学院的一次教学听课活动》一文，对学院提高教学质量工作进行报道；12 月 11 日，《信报》发表《孔繁敏：用人单位就是上帝》一文，通过对院长孔繁敏的采访，对学院人才培养工作及毕业生特色等内容进行了报道。2003 年，结合 25 周年校庆活动，制作校庆邮资封、邮资明信片，在《北京教育》上作专版彩页和特刊。2004 年 6 月和 10 月，学院联系媒体报道学院应届毕业生赵明晨等 8 人自主创业的“八零年代”餐厅中标仪式和开业仪式，《京华时报》《北京晚报》《北京晨报》和北京电视台、新浪网等多家媒体作了专题报道。2005 年 6 月 25 日，《光明日报》第五版教育周刊刊发院长孔繁敏撰写的《应用型大学：普通教学型本科院校的发展方向》一文。2007 年，《光明日报》《北京日报》《北京晚报》《北京青年报》《新京报》对学院办农民工夜校的事情给予了报道；5 月 1 日和 9 月 1 日，学院师生参与的“迎讲树”公益广告在《光明日报》整版刊登后，又两次以半版形式刊登。2010 年 1 月 26 日，《中国教育报》发稿《应用特色让冷专业变成“香饽饽”》，报道了学院历史系专业由冷转热的过程；4 月，《新京报》（4 月 15 日）、《北京青年报》（4 月 20 日）对首都博物馆成为历史文博系校外实习基地进行了报道；5 月 27 日，《中国教育报》刊登院长孔繁敏《应用型本科院校的结构与分类》文章，报道了学院应用型办学道路的探索历程;7 月 4 日,《北京青年报》报道了学院大学生创业园开园情况。宣教处还每年配合学院的招生、科研等工作,在各类媒体上做宣传。

学院各部门和各系也通过多种途径开展宣传工作。例如,党政办公室利用信息报送渠道,及时向上级反映学院工作,信息工作多次获得市教委和学校的表彰;科研处投稿市社科规划办公室编发的“社科信息简讯”,报道学院科研工作;各系则通过各种学报和出版社,刊登介绍学院的稿件和编辑学院出版物,扩大学院的社会影响。

各部门和各系还设有兼职信息报道员,学生中也设有通讯员。宣教处、党政办公室等职能部门结合宣传工作形势主动征稿,下发各阶段宣传工作要点,开展宣传信息工作业务培训。每年年底,院党委对宣传工作进行总结,并对各系各部门稿件数量、质量情况进行评比和表彰。2001—2010 年,学院多次被评为校级宣传工作先进集体,孙莹、李岩、程惠丽等先后被评为校级宣传工作先进个人。

4. 30 年校庆工作

学院 30 年校庆筹备工作于 2007 年 3 月启动。学院成立校庆工作领导小组,制定了“回顾、展望、和谐、发展”的校庆工作目标及“喜庆祥和、务实简朴、突出特色”的校庆工作筹办原则,领导小组办公室设在党政办公室。学院校庆系列活动于 2008 年 5 月至 10 月开展,庆典活动从 2008 年 9 月 9 日召开的全院“庆祝教师节表彰大会暨校庆庆典活动启动仪式”开始,到 10 月 20 日学院“应用型教育论坛”闭会结束。

2008 年 10 月 11 日上午 10：00,学院召开建校 30 周年庆典大会。校党委书记徐永利、党委副书记高东等校领导和北京大学、中国人民大学、首都师范大学等国内外著名大学代表、国内外校友代表、师生代表、离退休老同志及各界友好人士 1500 余人出席了大会。院长张宝秀致词。校党委书记徐永利、中国人民大学校长助理、学院校企(事业)合作代表(北京市古建研究所)、学院国际教育交流合作代表(韩国瑞江大学)等在大会上致贺词。5 名分别毕业于北大分校、人大二分校、文理学院、文法学院、应用文理学院 5 个阶段的毕业生代表上台畅谈感想,送上了校友们对学校的期盼与祝福。在学生向老教师献花时,30 声礼炮响彻在学院上空,庆典活动被推向高潮。

校庆期间,学院还开展了多项工作和活动。共召开了 5 次不同范围和主题的座谈会,各方人士根据自己的工作和感受,对学院的发展与定位、教学改革与课程设置、人才培养质量与就业等问题,提出意见建议;校(院)级科研机构开展了学术研讨活动。例如,校人居研究中心与城市科学系在 10 月 11 日下午召开“大学与地方经济发展：第 13 届中韩学术研讨会”,校奥林匹克文化研究中心 10 月 17 日承办了学校“奥林匹克与世界——2008 中美韩国际学术研讨会”,外国语言文化系教师为论坛提供同声传译服务。各系也邀请专家学者或校友为学生举办了多场讲座;完成了建校以来历届校友名录的整理,编印了《北京联合大学应用文理学院校友名录(1978—2008)》;走访了曾担任过学院(分校)领导的老同志,得到他们为学院校庆题词共 15 份;开展了“我爱学院”“寸草报春晖”等自愿捐赠活动。截至 10 月 20 日,学院收到各类捐款近 10 万元,还收到社会各界捐赠的物品。此笔款项及物品按照校(院)30 周年校庆筹款方案及相关经费管理办法予以处置。学生活动丰富多彩,学生民乐团和舞蹈团除参加庆典大会的表演外,民乐团还为 2008 级新生进行了专门演出。新生的卡拉 OK 大赛、校园英语文化节英语歌曲演唱会等火热进行。学生体育运动队在校运会上以优异成绩为学院生日献礼。院团委还通过总结奥运志愿者工作,在学生班级中开展弘扬奥运志愿者精神、建设优良学风班活动，并在校庆期间组织学生志愿者队伍，参加校庆服务工作。

学院组织了较大规模的校庆宣传工作。学院网站首页开设了“卅年华彩”校庆专题网站；《文理之声》专刊登载了院长张宝秀对校庆30周年的致词及有关校庆报道；校园宣传橱窗（栏）布置了校史展；校园电子显示屏滚动播放校史老照片；校园内张贴了由广告系师生制作的校庆标语和宣传画；完成了学院照片档案、底片及各系提供照片的整理、冲洗和刻盘等工作，仅2000年以前的老照片就挑选出400余张，并在广告系师生的协助下，编印了《卅年华彩》画册；制作了校庆专题片《与改革同行——北京联合大学应用文理学院建校30周年》，并制作成DVD2000余份发放校友；还编印了《北京联合大学应用文理学院今日概况》、展示教师风采的《文理人风采录》和《往事钩沉》（校庆征文汇编）。在学校的支持下，外国语言文化系正式出版了《传统与创新的契合——英语语言文学与英语教学研究论文集》，广告系正式出版《耕耘集》等纪念校庆著作。学院科研处整理了建校30年来教职工发表的学术论文，精选其中近千篇论文目录编辑成册，在《探索未来厚积薄发——文理三十年期刊论文简介》中予以介绍。2008年9月28日，《北京日报》刊登了学院校庆公告；《北京教育（高教版）》2008年7—8合期，刊登了题为“热烈庆祝北京联合大学应用文理学院建校30周年”的4页彩色插图，介绍学院的发展历史及现状；《光明日报》10月13日报道了学院30周年校庆庆典情况；中国人民广播电台10月17日播报了学院举办30周年校庆庆典情况及举办燕京房地产论坛的新闻稿。

（五）纪检、监察工作

1. 组织机构及工作职责

2002年，学校制定《关于加强我校纪检监察干部队伍建设的意见》（京联党〔2002〕19号），明确各学院都要聘任一名兼职纪检监察员，接受学院党委和校纪委的双重领导。党委组织部部长程雨琴兼任学院纪检监察员。2003年12月，学校第三次党代会召开，程雨琴当选学校纪委委员。

2004年，根据学校京联党〔2004〕38号文件要求，明确党委副书记为本院党委纪检委员，分管纪检监察工作，设专职纪检监察员（副处级）。2004—2009年，学院党委副书记李月修担任纪检委员，分管学院纪检监察工作。2010年，学院党委副书记尹福斌分管学院纪检监察工作。2004—2010年期间，先后由以下同志担任专职纪检监察员：郭焕然、张咏铃、王琪。学院纪检监察办公室在2010年前设在党委组织部，2010年调整到党政办公室。

学院纪检监察工作包括党的纪律检查和行政监察督查两项职能。

党的纪律检查职能主要包括：检查党组织和党员贯彻执行党的路线、方针、政策和决议的情况；开展党风廉政建设和反腐败工作，协调、督促学院各单位完善各种规章制度，建立健全惩治和预防腐败体系；开展勤政廉政建设，协助和监督院务公开和“三重一大”制度的执行，推进依法治院和民主管理；实施党内监督，做好党风党纪和廉洁从政的宣传、教育、监督工作；协助校纪委受理、检查、处理违纪案件。

监察督查职能主要包括：监督检查贯彻执行国家法律、法规、政策和学校决定、规章制度的情况，并依照有关法律、法规保护监察对象正当行使职权；协助校纪委对学院招生考试，教育收费，经费管理，基建和修缮工程，政府采购，干部、教师聘任，专业技术职务评审等工作实施重点监察；受理、调查教职工违纪违法行为的检举、控告，受理不服行政处分的申诉；协助校纪委、国家司法机关等对违纪违法案件、重大事故开展的调查及处理工作。

2. 主要工作

(1) 党风廉政宣传教育

2001—2010年,党委每年开展党风廉政宣传教育活动,组织干部学习党风廉政建设文件,观看典型教育录像片,参观校外反腐倡廉展览和警示教育基地等教育活动。例如,2003年,学院以学习"三个代表"重要思想为教育主题,组织"学习贯彻'三个代表'重要思想"和"通过总结防控'非典'推进党的建设"征文活动,征稿一百多篇;2004年,以学习宣传《党内监督条例》《党纪处分条例》为主,组织中层及以上干部参加市纪委组织的党纪条规知识测试活动;2005年,以经济纪律教育为重点,召开中层及以上领导干部参加的"财经纪律教育报告会",请法律系系主任王晓明、财务室主任王彤、院经管会副主任黄巍分别就"高校运行中的法律环境""财务管理基础知识""学院的经济管理"作辅导讲座,并参加学校组织的财经纪律、财经法规知识测试活动;2006年,开展"学习党章、贯彻党章"主题教育活动,在全院党员中举办"学习党章、贯彻党章"的党课辅导,参加全国"红船杯"学习党章知识竞答活动;2007年,学院开展"以党风促政风带民风"的作风建设大行动,组织中层及以上干部听取"加强领导干部作风建设"专题辅导报告;2008年,学院以高校反腐倡廉教育为重点,组织中层及以上干部参观北京市第一监狱,听取《预防高校职务犯罪》讲座,各党总支组织党员参观"高校科研领域违法案例警示教育"展览;2009年,以加强反腐倡廉建设为专题,请北京大学政府管理学院党委书记李成言教授为全体中层干部作题为"解放思想,开拓创新,加强反腐倡廉建设"的专题讲座,各党总支组织党员围绕党风廉政建设和反腐败工作开展专题讨论;2010年,结合新一轮岗位聘任工作,学院对新任处级干部进行集体廉政谈话,对全体处级干部进行廉政教育并签订《廉政责任和廉洁自律承诺书》,组织中层干部和后勤管理处工作人员到北京体育大学参观"教育系统预防职务犯罪法制教育展",学院举办了"教育系统职务犯罪典型案例"教育宣传画展。

学院党委落实校党委廉政文化进校园的要求,院党委主要负责人每年都给中层干部讲一次反腐倡廉的党课,如郭淑敏、孔繁敏先后讲授过"教育系统职务犯罪案例""加强队伍建设,提高履职能力""廉洁从政,办学为民"等系列党课。2003年,各部门结合工作实际制定了《部门廉政公约》,学院汇编成册并印发,发动全院教职员工监督执行。2006年,组织师生员工开展社会主义荣辱观的学习交流、演讲比赛、公益广告大赛,《光明日报》对此进行了报道。2006—2010年,学院组织党风廉政建设征文,共收到征文58篇并向北京市教育纪检监察年会提交年会论文,其中3篇被评为优秀论文,并被收录在公开出版的《高等学校纪检监察工作研究》一书中。

(2) 党风廉政建设责任制落实

学院党风廉政建设计划纳入党委每年工作计划,并与学院工作一起部署、检查和考核。每年年初,党委制定《党风廉政建设和反腐败工作主要任务分工》,按照文件规定及干部管理权限,党委与处级干部签订《处级领导干部廉政责任和廉洁自律承诺书》。对新上任的干部进行廉政谈话。每年年底,党委对领导班子及成员开展履行党风廉政建设责任制情况民主测评工作,进行党风廉政建设责任制落实情况的自查。2008—2010年还接受了学校纪委对学院党风廉政建设责任制贯彻、落实情况的检查。

2001—2010年,党委结合学院实际,出台和完善了落实党风廉政的制度及规定。在

2001年实施院务公开的基础上，2004年实施党务公开，定期向全院通报党委会议内容及党委决议。2004年，党委修订了学院关于“重大事项决策、重要干部任免、重要项目安排和大额度资金使用”制度（应用文理党发〔2004〕1号），加强对院、系落实“三重一大”制度的检查。2007年5月18日，学校召开党风廉政建设工作会，学院党委书记郭淑敏就院、系（处室）两级建立落实党风廉政责任、贯彻“三重一大”制度的情况进行了大会交流。

（3）教育、制度、监督并重的惩治和预防腐败体系建设

2006年，学院党委按照校党委关于建立健全教育、制度、监督并重的惩治和预防腐败体系的工作要求，制定出学院的任务分解表，确定2006—2007年是制度建设年，各职能部门全面梳理各自管辖范围内的规章制度，按惩防体系要求修订完善，初步建立起反腐倡廉的制度框架。2008年，学院依据校党委《北京联合大学重点部位和关键环节监督体系（试行）》（京联党〔2008〕23号）文件精神，对学院重点部位和关键环节工作人员进行法规教育，与相关责任人签订廉政风险防范管理责任书。从2009年开始，学院对1999年以来执行的学院各项规章制度，对照惩防体系基本制度建设的要求开展自查自建工作。同时，按照北京市统一部署，学院被列为第一批重点推进廉政风险防范管理工作的单位。学院成立工作领导小组，制订工作实施方案，以学院工作流程的排查为重点，以查找制度的缺陷为突破口，清理学院存在的风险，评定风险等级，制定防控措施。2010年，廉政风险防范管理工作在学院所有领域铺开，学院制订《2010年推进廉政风险防范管理工作的实施方案》（京联文理党〔2010〕50号），党委组织专题培训三次，党员领导干部培训覆盖率达到100%，在全院进行了各部门2010年工作廉政风险点的查找和风险等级的评定，有针对性地实施防控措施。

（4）信访和案件查办

学院信访受理主要是党政办公室、组织部、工会、学生处等部门和纪检监察办公室。同时，纪检监察办公室按照上级信访工作规定，对信访件有重点地进行核查。受理信访各部门对信访件进行归类和分析，提出具体处理意见报给党委，做到信访答复率100%。院党委对涉及领导干部工作作风问题的信件，提醒相关部门和干部改进；对确有缺点错误，或出现轻微违纪行为，但尚不构成纪律处分的干部，学院主管领导按照干部管理权限分别与其进行提醒谈话、诫勉谈话；对举报件中需要本人说明的问题，采取纪检函询的形式，要求被举报干部个人向组织说明情况。院党委制定《北京联合大学应用文理学院纪检监察信访举报工作实施办法》（应用文理党发〔2005〕34号）、《北京联合大学应用文理学院对中层领导干部实行纪检监察信访诫勉谈话的规定》（应用文理党发〔2005〕35号）等文件，每年对信访工作进行总结，不断加强和规范信访及案件查办工作。2001—2010年，由学院党委立案1件。

（5）民主监督

2001年，学院推荐郭焕然并经校纪委聘请为学校党风廉政监督员。为加强学院党风廉政监督工作，2005年，院党委聘请董媛等9名同志为学院的党风廉政监督员，制定了《关于建立对重要事项向党风廉政监督员进行通报的意见》（应用文理党发〔2005〕81号）、《关于对党风廉政监督员的意见、建议进行反馈、答复的意见》（应用文理党发〔2005〕82号）等文件，并对党风廉政监督员开展培训和定期召开座谈会，充分发挥党风廉政监督员的作用。2009年，党委又聘请郭卫等12名同志为学院的党风廉政监督员。

（6）行政监察

学院纪检监察承担了学院招生考试、政府采购、基建项目招投标、科研评审、岗位聘任、

干部聘任、职称评定、教师申诉、学生申诉等过程的监督监察;每年部署春季和秋季教育收费专项治理工作。

2004年,学院成立“检查治理教育乱收费工作领导小组”,开展治理教育乱收费工作。2005年5月,根据北京市教委的要求,对学院在经济往来中收受回扣情况进行自查自纠专项清理。2006年,学院成立“财经专项清理工作领导小组”,开展治理商业贿赂专项工作。在“财经专项清理”工作中,查出后勤职工挪用公款案;在“治理商业贿赂”活动中,教材科工作人员主动报告了收受暗扣问题。

2007年,学习《中共中央纪委关于严格禁止利用职务上的便利谋取不正当利益的若干规定》,按照学校部署对照中央规定开展自查自纠工作,全院管理岗位的党员同志填写了自查情况登记表,未发现有表中所列禁止行为。

2009—2010年,按照学校部署,学院进行“小金库”问题的自查和检查;对相关问题,协助校纪委进行了处理。

(六)统战工作

1. 基本情况

学院统战工作的主要对象包括:各民主党派成员,无党派代表人士,党外知识分子,少数民族人士,在学院就读的港澳台学生,海外侨胞和归侨侨眷等。

学院统战工作由党委书记分工负责,组织部主抓,列入每年党委工作计划要点。党委坚持每年至少召开一次统战对象座谈会,通报学院办学情况,听取意见。坚持在领导班子和领导干部考核、中层干部选拔任用、学院一些重大问题决策上吸收党外教职工代表参加。对中层干部、党总支(支部)书记和党员进行统战理论、方针、政策的宣传教育及统战知识测试。2004年,学院统战工作在校统战工作大会上作经验交流。2007年,院党委贯彻执行校党委《关于进一步加强和改进统一战线工作的意见》,制定下发了学院《关于进一步加强和改进统一战线工作的实施意见》(京联文理党〔2007〕50号)。

2. 主要工作

(1)民主党派工作

截至2010年年底,学院共有民主党派成员12名(含退休教职工)。其中,民建3人,九三学社3人,致公党1人,民盟3人,民革1人,农工党1人。荣瑞芬兼任九三学社中国科技馆支社宣传委员,涂振恒担任中国致公党中国北京市委员会思想政治工作委员会委员。学院没有民主党派基层组织。

院党委要求党委成员与民主党派成员交朋友,为他们提供各种帮助。例如,图书馆某致公党党员热心社会工作和公益事业,院党委和图书馆党支部积极创造条件使他发挥作用,并支持他参加校外的教育培训及活动。

(2)党外代表人士工作

院党委有意识地开展党外代表人士的培养、选拔和教育培训工作。例如,推荐党外高级知识分子参加市级及以上有关荣誉的评选;选派民主党派成员参加市侨联组织的党外中青年优秀干部培训;选拔党外教师担任中层干部;支持非党教师、干部攻读学位;推荐支持党外教师参选担任海淀区人大代表等。

(3) 侨联小组工作

2004年6月,学院成立侨联小组,共有归侨、侨眷12人,组长为图书馆职工、归侨涂振恒,副组长为新闻系教师、归侨尹黎云。北京市侨联主席李昭玲与海淀区侨联负责人等出席成立仪式。2008年11月,侨联小组举行换届大会。北京市侨联联络部部长史立臣、副部长杨海明到会。会议推选汪竹青为侨联小组组长、关毅平为副组长,共有组员19人。

侨联小组成立后,向归侨、侨眷发放国家统战期刊,组织学习和宣传归侨、侨眷权益保护法和侨联章程,受邀参与学院规划、岗位聘任等重大事项的决策过程,帮助退休归侨根据相关政策办理退休优惠手续,组织归侨侨眷参加市、区、街道侨联开展的各项活动。

(4) 民族与宗教工作

2006年,学院成立民族宗教工作领导小组(京联文理党〔2006〕76号),加强学院民族工作和宗教工作。党委组织党支部书记学习、宣传、贯彻党的民族、宗教政策,支持教师开展宗教研究、担任有关专业委员会的理事和专家等。学院尊重外籍教师的宗教信仰,为其提供良好的工作和生活环境。

(5) 港澳台学生工作

学院国际交流合作处和港澳台学生所在的系党支部共同负责港澳台学生的管理与服务,及时帮助他们解决学习、生活中遇到的困难。学院安排学生住在院内的留学生公寓,提供安全、方便的生活和学习条件。每年院(系)都开展节假日慰问活动,并组织学生开展集体活动。

二、工会工作

(一) 组织机构与职能

学院首届工会委员会在2002年8月进行了换届,由各基层分工会推选的代表在学院第二届工会会员代表大会上选举产生出第二届院工会委员会及工会经费审查委员会;2007年8月,学院召开第三届工会会员代表大会,选举产生了第三届院工会委员会及工会经费审查委员会(见表1.8-11和表1.8-12)。

学院工会依照《中华人民共和国工会法》《中国工会章程》,在院党委和校工会的领导下,坚持以邓小平理论和“三个代表”重要思想为指导,深入贯彻落实科学发展观,以围绕中心,服务大局,全心全意为教职工服务为宗旨,积极维护教职工的合法权益,组织引导教职工参与学院的民主管理,开展以培养良好师德为核心的“三育人”等教育宣传评优活动,不断完善工会的自身建设,在维护学院稳定,营造和谐校园,推进学院整体发展中发挥积极作用。

自2001年以来,伴随学院管理体制的改革以及学科专业的调整,学院分工会的设置随之进行多次调整。分工会的调整方案始终坚持以党总支为单位组建分工会的原则,有效地发挥了党组织对工会组织的领导作用。

2010年,学院工会按照学校关于理顺工会工作体系的相关要求,服从学校大局,配合学校完成理顺工会工作体系的各项工作。2010年11月,中国教育工会北京联合大学应用文理学院委员会结束了长达32年的具有法人资格的组织构架,变为学校的二级工会组织。同年12月取消学院工会经费独立账户,学院工会经费及工会资产全部转入校工会账户统一管理。

表 1.8-11 工会组织机构及委员名单

职务 \ 届次	第二届(2002.08—2007.07)	第三届(2007.08—今)
主　席	李月修	李月修(2007.08—2010.01) 尹福斌(2010.03—今)
常务副主席	白　桦	白　桦
副主席(兼职)	李志刚、周红焰	王希庆(2007.08—2008.11) 茹秀华(2007.08—今)
委　员	王兆新、王彤(财)、白桦、孙静、李月修、李平、李志刚、李莉卿、余超、汪竹青、季国良、周红焰、胡德鸣	王希庆、王彤(财)、白桦、李月修、李平、佟常生、余超、汪竹青、陈静、周红焰、荣莉、胡德鸣、茹秀华

表 1.8-12 工会经费审查委员会委员名单

职务 \ 届次	第二届(2002.08—2007.07)	第三届(2007.08—今)
主　任	宋　丽	刘振斌
副主任	孙玉海	张宝贵
委　员	孙玉海、李册、宋丽、周红旗、郭健	刘振斌、孙睿、张咏铃、张宝贵、周艳君

(二)主要工作

1. 思想教育与师德建设

开展多种形式的教育活动,提高教职工的思想道德素质。自 2001 年以来,院工会结合国情、校情、院情,适时开展不同形式、不同主题的学习教育活动,如组织形势报告会、专题有奖征文、专题有奖答卷以及以爱国主义教育、了解新北京、感受新农村等为主题的参观考察等活动。这种大型的参观教育活动,每年至少组织一次,每次参加人数约 120 人。

加强师德建设,有组织有计划地实施各项工作。2005 年,学院成立师德师风建设领导小组,领导小组办公室设在工会,进一步理顺了师德师风建设工作的体制,保证了各项工作的有序开展。办公室积极申请师德建设专项经费,截至 2010 年年底,成功申请师德建设专项经费共计 16.16 万元,全部用于开展师德教育的各项活动。例如,利用暑期,先后于 2007、2008 年组织青年教师赴延安、西安、青海等地参观考察,走访青海民族学院等当地高校,并就师德建设、教学管理、教学实践等方面问题与走访学校教师进行座谈。

开展青年教师教学基本功比赛,提高青年教师的业务技能。学院先后于 2003、2006、2008、2010 年组织开展青年教师教学基本功比赛(见表 1.8-13),获得一、二等奖的教师被推荐参加上一级比赛,使优秀青年教师脱颖而出。其中,陈静、刘剑刚先后获得 2007 年第五届、2009 年第六届北京青年教师教学基本功比赛(高校)理工类 B 组二等奖。

表 1.8-13 青年教师教学基本功比赛成绩一览表(院级)

年份	组别	一等奖	二等奖	三等奖	最佳教案奖	最佳演示奖
2002	专业组					于 宁、曹 彤、高 翔
	非专业组					顾 军、孟 斌、孙翼飞
2003	理工类	马青华	安继芳		裴凌鹏	蔡 春
	文史类	张 瀛	刘嫒萍		孙红云	房艳红
2006	理工类	魏 涛	付巧玲	宋红敏	魏 涛	陈 静
	文史类	罗 茵	巩 华	杨积堂	巩 华	王竹宝
2008	理工类	韩 莉	刘剑刚	秦 菲	尹夏楠	陈媛媛
	文史类	杭孝平	石晓佳	何 旭	李 瑜	肖 兰
2010	理工类	孙雅煊	付 晓	马青华		
	文史类	卜晨光	张立梅	杭孝平	吕红梅	扈春香

2. 评优表彰活动

按照上级组织的统一部署，院工会坚持定期开展师德先进个人、“三育人”先进集体和先进个人(见表 1.4-14)、教育创新先进集体和个人、模范女教职工等评优表彰活动(见表 1.8-14)，形成学院评先进、学先进的良好氛围，不断激发教职工奋发有为精神。

表 1.8-14 工会系统院级及以上各类获奖情况一览表

年份	奖 项	级别	获奖名单
2001	先进女教工工作者	校级	郭秀琴
	十佳女教职工	校级	张宝秀
	模范女教职工	院级	张宝秀、蔡春、王丹谊、王凤荣、唐粉芳、梁怡、白广琴、王彤(财)、杨金兰
2002	十佳女教职工	校级	冯娟娟
	模范女教职工	院级	冯娟娟、司美丽、高维路、孙建华、陈淑清、程海荣、章延文、董丽莎、梁文娥、常海斌
2003	教育创新标兵	市级	滕菁、尹卫红
2004	教育创新标兵	市级	龚秀敏
		校级	龚秀敏、朱耀廷
	教育创新优秀集体	校级	计算机中心
	十佳女教职工	校级	汪竹青、董军华、韩秀丽
	模范女教职工	院级	马金萍、王彤(财)、王彤(图)、左芙蓉、付东燕、冯娟娟、孙静、关毅平、纪红、李冬梅、李彦陵、吴丽萍、汪竹青、林秋萍、赵红曼、梁磊、董军华、韩秀丽、滕菁
2005	教育创新标兵	校级	董淼、李岩、李雪妍、左芙蓉
	教育创新先进集体	校级	历史系
	十佳女教职工	校级	张娅娅、周红焰、董媛
	模范女教职工	院级	马志文、白广琴、刘力、孙静、杨煦、闫宏、李莉卿、李娜(环)、李雪妍、张金萍、张娅娅、张桂荣、陈建华、陈桂琴、周红焰、赵晓红、茹秀华、顾军、董媛

续表

<table>
<tr><th>年份</th><th colspan="2">奖项</th><th>级别</th><th>获奖名单</th></tr>
<tr><td rowspan="8">2006</td><td colspan="2">教育创新先进集体</td><td>校级</td><td>图书馆</td></tr>
<tr><td colspan="2" rowspan="2">教育创新标兵</td><td>市级</td><td>张景秋</td></tr>
<tr><td>校级</td><td>张景秋、张经、王彤(图)</td></tr>
<tr><td colspan="2">优秀工会工作者</td><td>市级</td><td>白桦</td></tr>
<tr><td colspan="2">优秀工会积极分子</td><td>市级</td><td>李志刚</td></tr>
<tr><td colspan="2">优秀女教职工</td><td>校级</td><td>张宝秀、王彤(图)、余超</td></tr>
<tr><td colspan="2">模范女教职工</td><td>院级</td><td>万鹰昕、王彤(图)、尹夏楠、刘洁、刘焱、步军、张宝秀、吴晓红、余超、李景华、张景秋、张静、张瀛、罗茵、赵培红、钟静、曹彤、扈春香、潘小珠</td></tr>
<tr><td colspan="2">首都劳动奖章</td><td>市级</td><td>韩建业</td></tr>
<tr><td rowspan="6">2007</td><td colspan="2">教育创新先进集体</td><td>校级</td><td>生物系、党政办公室</td></tr>
<tr><td colspan="2" rowspan="2">教育创新标兵</td><td>市级</td><td>赵秀健</td></tr>
<tr><td>校级</td><td>赵秀键、孟斌、陈静</td></tr>
<tr><td colspan="2">首都文明职工</td><td>市级</td><td>李晓丽、洪旭</td></tr>
<tr><td colspan="2">优秀女教职工</td><td>校级</td><td>郭淑敏、李静、付月琴</td></tr>
<tr><td colspan="2">模范女教职工</td><td>院级</td><td>王汉玉、付月琴、孙滢、关毅平、何旭、杨丽华、佟洵、佟秋丽、李静、陈静、赵月秋、赵晓红、侯爽、郭淑敏、崔鲜泉、温玉萍、付润清、董萍萍、谢建红、戴红</td></tr>
<tr><td rowspan="11">2009</td><td colspan="2">首都劳动奖章</td><td>市级</td><td>张景秋</td></tr>
<tr><td rowspan="5">首都教育先锋</td><td>先进集体</td><td rowspan="5">市级</td><td>城市科学系</td></tr>
<tr><td>科技创新个人</td><td>赵晓红</td></tr>
<tr><td>教学创新个人</td><td>魏涛</td></tr>
<tr><td>管理创新个人</td><td>张亮</td></tr>
<tr><td>技术创新个人</td><td>杨扬</td></tr>
<tr><td colspan="2">教职工之友</td><td>校级</td><td>李月修</td></tr>
<tr><td colspan="2">优秀工会工作者</td><td>校级</td><td>白桦</td></tr>
<tr><td colspan="2">工会积极分子</td><td>校级</td><td>关毅平、余超、王丽娜</td></tr>
<tr><td colspan="2">优秀女教职工
(2008—2009年度)</td><td>校级</td><td>李月修、李莉卿、孙爱萍</td></tr>
<tr><td colspan="2">模范女教职工
(2008—2009年度)</td><td>院级</td><td>王丽娜、刘学勤、朱科蓉、孙爱萍、孙琳、孙静、李月修、李莉卿、吴丽萍、宋金凤、杜剑峰、关毅平、赵红曼、顾军、唐秀华、郭健、章延文、温玉萍、靳亚群</td></tr>
<tr><td rowspan="2">2010</td><td colspan="2">北京市先进工作者</td><td>市级</td><td>韩建业</td></tr>
<tr><td colspan="2">优秀工会主席</td><td>校级</td><td>白桦</td></tr>
</table>

3. 依法维权工作

依法维权,化解矛盾。2001年,学院成立劳动人事争议调解委员会(见表1.8-15),办公室设在工会。其主要职责是配合北京市及学院的人事制度改革,依法保障教职工和学院双方的合法权益,做好相关调解工作。劳动人事争议调解委员会在历次学院岗位聘任工作中都发挥了监督、调解作用。

表 1.8-15　劳动人事争议调解委员会委员名单

成立(调整)时间	主　任	委　员	办公室
2001.03	郭淑敏	白桦、李志刚、荀振茹、周红焰、徐洁、李德群	院工会
2005.02	李月修	周红焰、徐洁、杜新建、白桦、张瀛、陈朝雁、郭炜、郭焕然、	院工会
2009.12	尹福斌	白宝山、白桦、侯长存、孙建华、张宝贵、赵广金、王琪、闫宏	院工会

关注弱势群体,帮扶困难教职工。工会配合人事部门开展学院福利费管理委员会工作,修订学院福利费管理办法。例如,帮助学院的北京市劳动模范落实退休生活补助 1 人次,落实女教职工大病保险赔付 2 人次。在每年的“全国助残日”、元旦、春节期间,开展“送温暖”等活动。每年劳动节、教师节、国庆节、中秋节前夕,向全体教职工送去一份关心和慰问。自 2004 年以来,为年龄逢五、逢十的教职工过集体生日。

重视女工工作,关心女教职工群体。2001 年,学院成立女教职工委员会,2008 年 4 月换届(见表 1.8-16)。女教职工委员会隶属学院工会委员会。其职责包括:维护女教职工的特殊权益,配合学院工会,开展适合女性特点的学习教育活动,引导女教职工树立自尊、自信、自立、自强精神,参与学院的建设,并为之做出积极贡献。女教职工委员会自成立以来,配合学院工会坚持每年开展独具特色的活动,如教授如何化妆,开展女性保健讲座;每年的“三八”国际劳动妇女节,以“一封热情洋溢的慰问信,一份礼轻情意重的节日礼物”送去学院对全体女教职工的一份节日问候;坚持定期为女教职工购买妇科四病保险等。

表 1.8-16　女教职工委员会委员名单

成立/换届时间	主　任	副主任	委　员
2001.03	郭秀琴	汪竹青	郭秀琴、汪竹青、白桦、孙静、胡晓玲、关毅平、周红焰、傅润清、杨宏、马金萍、刘洁
2008.04	白　桦	汪竹青	白桦、汪竹青、杨宏、杨爱英、陈静、茹秀华、郭炜

4. *文体活动和献爱心活动*

工会开展丰富多彩的文体活动,提升教职工的精神生活和增强体质。每年组织新年联欢会、歌咏比赛、摄影展、书画展、手工艺制作及各种专题讲座、参观等活动;组织教工践行“每天锻炼一小时,健康工作五十年,幸福生活一辈子”的健身计划,普及广播操、太极拳,开展健身走、趣味运动会、踢毽、跳绳、乒乓球等比赛;为满足教职工的不同兴趣和爱好,先后成立了教职工合唱团、棋牌社、钓鱼协会、乒乓球协会、羽毛球协会等社团组织,丰富教职工的业余文化生活。

工会积极响应各级政府号召,提倡互助互爱精神,每年组织向不同地区、不同群体捐款的“献爱心”活动。据不完全统计,2001 年以来,学院教职工向汶川、玉树等受灾地区以及学校爱心基金捐款共计 183 746.7 元。

5. *模范教职工之家建设*

工会引导各分工会坚持以建家为抓手,积极开展各项工作。自 2001 年以来,学院工会先后制定、修订了《分工会活动积分制暂行办法(试行)》《分工会工作量化管理办法》《下拨分工会活动经费管理办法》《关于开展建家升级活动的意见》等规章制度，使建家工作有章可循，规范开展，还积极开展分工会主席的培训工作。特别是通过实施《分工会工作量化管理办法》，改善了原有的以院工会为主的单一活动形式，体现出分散活动与集中活动相结合、日常活动与年终考核相结合、量化管理与小家建设相结合的特点，调动了分工会工作积极性。

工会建家活动，取得较好成绩。先后在2002年、2008年学校建家复查验收中，保留了“模范教职工之家”称号；2010年获学校工会工作创新优秀集体奖。

（三）教职工代表大会

1. 机构设置及职能

教职工代表大会（以下简称“教代会”）制度，是学院管理体制的重要组成部分，是在学院党委的领导下，教职工依法行使民主权利，实行民主管理、民主决策、民主监督的基本制度和形式，也是学院党政领导班子广泛听取教职工意见，促进决策科学化、民主化的重要渠道。其职能包括听取和讨论院长工作报告，对学院的办学指导思想、发展规划、重大改革方案、财务年度工作报告及其他有关学院发展的重大问题提出意见和建议；讨论通过学院提出的院内教职工聘任、奖惩、分配等改革的原则和办法及其他与教职工权益有关的重要规章制度；参与民主评议领导干部，参与民主推荐学院领导人选；制定、修订、废止本级教代会的文件。教代会制定《应用文理学院教职工代表大会实施细则》《应用文理学院教职工代表大会提案工作实施办法》等工作制度。

教代会设常设主席团，是教代会闭会期间的领导机构（见表1.8-17）。其主要职责包括：负责大会的各项筹备工作；组织并主持会议及处理大会闭会期间其他重要问题；协商处理教代会闭会期间临时出现的属于教代会职权范围内的其他重大问题等。

表1.8-17　第二届、第三届教代会常设主席团成员名单

届次 职务	第二届 (2002.08—2007.07)	第三届 (2007.08—今)
主　席	牛志民	李月修(2007.01—2010.03) 尹福斌(2010.03—今)
副主席	李兴国、周红焰	惠伯棣、周红焰
秘书长	白桦	白桦
成　员	牛志民、白桦、刘延兵、祁春利、杜新建、杨爱英、李月修、李兴国、陈双基、周红焰、董焱	王彤、白桦、杨爱英、李月修、李平、李晓丽、周红焰、唐小恒、韩建业、惠伯棣、程德林

教代会设专门工作组，是处理教代会专门业务的工作机构（见表1.8-18）。其职责包括：审议准备提交教代会讨论的与本专门工作组业务有关的议案；会议期间收集、整理教代会代表对本组业务有关议案的意见、建议；督办教代会决议的落实情况；办理教代会交办的其他工作。

表 1.8-18 第二届、第三届教代会专门工作组设置一览表

第二届 (2002.08—2007.07)		第三届 (2007.08—今)	
专门工作组名称	成 员	专门工作组名称	成 员
提案工作组	董焱(组长)、余超、王晓明、刘延兵、付月琴	提案工作组	孟斌(组长)、戴红、王晓明、于宁、李志刚
教学科研工作组	赵胜年(组长)、张娅娅、逯燕玲、黄远龙、张景秋、周明	教学科研工作组	赵晓红(组长)、杨爱英、孙爱萍、熊黑钢、纪凌云
维权工作组	张昕昕(组长)、崔国辉、唐粉芳、邱京美、周红旗、李晓明、梁文娥	维权工作组	张宝贵(组长)、张景义、龚秀敏、韩秀丽、周红旗
生活福利工作组	白桦(组长)、吕雅贤、汪竹青、杜新建、关毅平	民生工作组	王政(组长)、杨靖筠、王巧玲、吕俊杰、茹秀华
经济工作组	宋丽(组长)、徐洁、孙玉海、高维路、刘元红	经济工作组	赵卓(组长)、付巧玲、刘元红、王忠、常虹
青年工作组	祁春利(组长)、蔡春、王丹谊、安继芳、石文静	青妇工作组	崔鲜泉(组长)、马青华、董军华、李瑜、曹玉峰

2. *历次会议及主要内容*

自2002年8月第二届教代会成立以来，学院认真落实《北京高等学校教职工代表大会工作规程》，坚持以教职工代表大会的形式，落实教代会的各项职能(见表1.8-19)。

表 1.8-19 历次教代会的召开时间和主要内容一览表

届 次		召开时间	大会主要内容
第二届教代会	第一次会议	2002.08.25—2002.08.27	听取院长工作报告；审议上一届教代会工作报告；审议学院财务工作报告；讨论学院关于队伍建设的若干问题；讨论通过第二届教职工代表大会实施细则(修订稿)和教代会提案工作规程(讨论稿)
	第二次会议	2003.11.07—2003.11.08	听取讨论院长工作报告、教代会工作报告、学院财务工作报告、提案工作报告；讨论学院迎评促建工作中的问题及改进措施
	第三次会议	2004.08.23—2004.08.24	听取院长工作报告及宣讲关于延伸和补充学院“十五”发展计划的若干意见；听取讨论教代会工作报告、学院财务工作报告、提案工作报告
	第四次会议	2005.01.16	讨论通过《北京联合大学应用文理学院首次实行聘用合同制实施细则》
	第五次会议	2005.08.22—2005.08.23	听取并讨论院长工作报告、教学评估工作报告、学院队伍建设报告、学院财务工作报告和提案工作报告
	第六次会议	2006.12.29—2006.12.30	听取并讨论院长工作报告、学院财务工作报告和提案工作报告

续表

届次		召开时间	大会主要内容
第三届教代会	第一次会议	2007.08.24—2007.08.25	听取并讨论院长工作报告、上一届教代会工作报告;选举产生新一届教代会主席团
	第二次会议	2008.08.30	听取并讨论院长工作报告、学院财务工作报告和提案工作报告
	第三次会议	2009.09.02—2009.09.03	听取专题报告《抓住机遇,找准抓手,有效建设》(首都师范大学教务处长王德胜教授);听取并讨论院长工作报告、学院财务工作报告和教代会提案工作报告
	第四次会议	2010.03.23	讨论通过学院《绩效工资实施办法》和《考勤办法》
	第五次会议	2010.10.11—2010.10.12	听取专题报告《落实全国人才纲要,加强人才队伍建设》(人事部中国人才科学研究院副院长王通讯);听取并讨论院长工作报告、学院财务工作报告和教代会提案工作报告

3. 工作开展情况

履行职能,坚持对学院重大问题的审议制度。学院按照《北京高等学校教职工代表大会工作规程》的要求,坚持每年至少召开一次教代会。自2002年以来,学院共召开教代会11次。会上,代表们听取院长工作报告、学院财务工作报告、提案工作报告等,审议学院“关于延伸和补充《北京联合大学应用文理学院“十五”发展计划》的若干意见”,讨论通过《北京联合大学应用文理学院首次实行聘用合同制实施细则》《绩效工资实施办法》《考勤办法》以及学院的有关管理制度和涉及教职工切身利益的重大问题,充分发挥了教代会的职能。

建言献策,落实教代会的各项提案。征集大会提案是每次召开教代会的重要内容之一。在教代会前做好征集提案的宣传组织工作,动员教代会代表为学院的发展积极建言献策;开展优秀提案评比活动,提高提案的质量。教代会闭会期间,做好提案的整理、立案、督办和反馈等工作,通过民主对话、个别访谈等形式,加强与承办提案的职能部门、提案人的沟通,促进对提案问题的理解,督促提案的办复,提高提案人对提案办复的满意率。2002—2010年,共征集教代会提案371件,立案331件,学院对提案的办复落实率为72.9%,提案人对学院办复情况满意率(含比较满意)为63.2%,表示对办复情况理解率为26.9%。

加强领导,发挥教代会常设主席团的核心作用。教代会主席团是教代会的领导机构,主持教代会的日常工作。在教代会闭会期间,常设主席团关心学院的发展以及关系教职工切身利益的大事,积极参与学院重大事件的讨论。除研究教代会工作外,还先后参与了学院第三期校园规划方案、岗位聘任实施办法、学院福利费管理办法、教职工合居房解决方案、教职工出国管理办法等问题的讨论,为学院科学决策提供参考意见。

三、共青团工作

（一）基本情况

学院团委与学生处(2010年以前与宣教处)合署办公,设团委书记1人、副书记1～2人。各系设有团总支和班级团支部,团总支书记一般由青年教师兼任,学生担任团总支副书记。教工中设有团支部。

学院共青团工作的重大事项,由团委报主管学生工作的党委副书记,经学院党委会或院长办公会研究后决定。学院党委每学期听取团委的工作计划,支持团委开展工作。

团委围绕学院中心工作,带领各基层团组织发挥团结、教育、服务、引导青年学生健康成才的作用,指导院、系学生会和学生社团开展各种活动,使共青团组织成为学院育人工作的一支重要力量,使广大同学成为建设学校的生力军。2001—2010年,院团委的工作获得学校各类表彰:

2004年、2008年、2009年和2010年均被评为校"暑期社会实践先进单位"或"社会实践先进单位"。

2006年和2007年获得校"五四红旗团委"称号。

2008年被评为校"奥运工作先进集体"。

2009年在学校第三届"挑战杯"课外科技作品竞赛中获团体银奖。

2001—2010年学院的团员数及发展团员数见表1.8-20和表1.8-21。

表1.8-20 2001—2010年团员情况一览表

年份	2001	2002	2003	2004	2005	2006	2007	2008	2009	2010
学生团员数/人	2586	2736	2983	2426	2470	3094	2953	2692	2774	2741
教工团员数/人	21	25	53	30	54	14	27	16	1	11

表1.8-21 2001—2010年团员发展情况一览表

年份	2001	2002	2003	2004	2005	2006	2007	2008	2009	2010
发展团员数/人	0	0	12	20	0	17	21	16	7	14

（二）团代会

2001年12月,学院召开第七次团代会,大会选举出共青团第七届委员会,团委书记祁春利,团委副书记韩学周。

2005年4月,学院召开第八次团代会,选举出共青团第八届委员会,团委书记裴凌鹏,团委副书记李晓丽。

2010年5月,学院召开第九次团代会,出席团代会的代表135人,大会选举团委委员13人,组成第九届团委会,团委书记范晓薇,团委副书记赵凌燕。

（三）团员教育管理

2001—2010年,学院共青团工作坚持以邓小平理论和"三个代表"重要思想为指导,深入贯彻党的十七大精神,坚持"贴近学生生活,贴近学生需求,贴近学生实际"的原则,按照院党委和校团委的工作部署,着重加强团员思想教育、团的组织建设、团员"推优入党"、奥运志愿者服务等工作,指导学生会、学生社团开展各项活动,营造了良好的校园文化氛围,拓展了以培养应用型人才为目标的实践育人平台。

1. 团员思想政治教育

2001—2010年,团委发挥组织优势,利用国家节庆日、纪念日、重大事件对学生的影响和感召力,开展多种主题教育活动,激发广大同学的爱国热情,增强对党的方针政策的认同感。例如,2001—2002年,开展了"21世纪的中国""支持北京申奥""校园拒绝邪教"等主题教育活动;2003—2006年,配合学校本科教学工作水平评估,开展了"学习实践'三个代表',为团旗增辉"主题教育、"我爱我校"征文、"我心目中最爱戴的老师"评选、"树文明形象,建良好学风"文明行动周等一系列加强学风建设的活动;2006年,按照中央要求,开展了多种形式的"八荣八耻"社会主义荣辱观教育活动;2007年,贯彻党的十七大精神,开展学习实践科学发展观活动;2001—2008年,配合北京奥运会的举办,广泛开展了宣传奥运精神、奥运知识和"支持北京申奥大签名""志愿奥运、微笑文理"奥运志愿者报名等活动;2009年,开展了庆祝新中国成立60周年和纪念"五四运动"90周年的以"爱国、责任、使命"为主题的系列爱国主义教育活动。

2. 团组织达标创优活动

团委坚持开展团组织达标创优活动,通过树立榜样,强化团组织的规范性建设,提高团员的组织意识。为加强这项工作,团委将两年一次的评优工作改为每年进行;在活动组织上,覆盖全院团支部及团员。要求各团总支、支部开展主题团日活动,每名团员进行思想汇报,再经过民主评议和层层推荐,产生各级优秀个人名单;团支部的评优以答辩形式进行,每个参评支部在学院评优答辩会上作工作汇报,经综合评定产生院、校、市级优秀团支部,报院、校党委确定,并在全院学生中对优秀团员、优秀团干部、优秀团支部进行表彰。2001—2010年,全院共有15个团支部获得市级优秀团支部称号,5人获得市级优秀团员、团干部荣誉(见表1.8-22):

2002年市级"先锋杯"优秀团支部:经济学1999级团支部、法学2000级1班团支部。

2003年市级"先锋杯"优秀团支部:资源环境与城乡规划管理2000级团支部、信息与计算科学2001级团支部、生物技术2001级团支部;市级"先锋杯"优秀团员:金融学2000级周妍。

2004年市级"先锋杯"优秀团支部:英语2002级1班团支部、生物技术2001级2班团支部、注册会计师2002级团支部。

2007年市级"先锋杯"优秀团支部:档案2004级团支部、新闻学(影视传播)2004级团支部、生物技术2004级团支部。

2008年市级"先锋杯"优秀团支部:汉语言文学2006级团支部;奥运先锋团支部:法学2006级1班团支部;优秀基层团干部:城市科学系2006级陈静。

2010年市级"先锋杯"优秀团支部:文博旅游2007级团支部、档案2008级团支部;市级"先锋杯"优秀团干部:历史文博系2007级陈茜、档案与公共事业管理系2008级王雨舟;市级"先锋杯"优秀团员:法律系2008级聂梦龙。

表 1.8-22 2001—2010 年院级及以上优秀集体和优秀个人统计数字一览表

	2001	2002	2003	2004	2005	2006	2007	2008	2009	2010
学院优秀团支部/个		5	8	8			14	14	13	14
学院优秀团干部/人			11	10			30	28	28	29
学院优秀团员/人			22	20			89	82	80	83
学校五四红旗团支部/个						1	1	1	1	
学校优秀团支部/个		3	3	4		6	6	5	5	5
学校优秀团干部/人			4	6		11	11	11	8	8
学校优秀团员/人			7	13		28	30	27	27	29
北京市“先锋杯”优秀团支部/个		2	3	3			3	1		2
北京市奥运先锋团支部/个								1		
北京市“先锋杯”优秀团干部/人										2
北京市优秀基层团干部/人								1		
北京市“先锋杯”优秀团员/人			1							1

3. 团组织推优入党工作

2003 年，在院团委、院党委组织部对全院团组织推优入党工作调研的基础上，学院修订并印发了《关于在大学生中推荐优秀团员作党的发展对象的实施办法》(应用文理党发〔2003〕66 号、应用文理团发〔2003〕18 号)，进一步规范团组织推优入党工作，并使之制度化。

2004 年，中共中央、国务院发出《关于进一步加强和改进大学生思想政治教育的意见》。在院党委的领导下，团委分别召开了校园文化建设座谈会、团组织建设座谈会、大学生思想道德教育问题座谈会、大学生思想政治教育工作研讨会等，配合宣教处完成了学院大学生思想教育工作现状的调研报告。在院党委出台《关于进一步加强和改进大学生思想政治教育的实施意见》(应用文理党发〔2004〕59 号)后，团委落实党委的工作部署，以团建为抓手，创办团刊《文理时代》，通过多种主题活动在团员中开展先进性教育，团组织的推优入党工作得到加强。

(四) 志愿服务

学院重视学生志愿精神的养成。团委结合 2001 年开始的北京奥运会筹办工作，积极做好奥运会、残奥会志愿者招募、选拔和培训工作，并通过开展奥运志愿者工作，推动学院志愿服务工作的常态化和学生志愿服务精神的发扬。

2001—2006 年，团委组织学生广泛参与北京奥组委、团市委等各级部门开展的“迎奥运·讲文明·树新风”活动及志愿服务活动。例如，院团委与西城区团委签订了“西城区青年志愿者行动”协议，积极组织学生参加西城区的志愿服务活动；英语系学生进社区教授英语；历史系学生到博物馆进行义务讲解等。还组织学生参加“首都高校志愿者检查北京市公共场所英语标识”活动；参加“奥运倒计时 1000 天”活动的服务。

2007 年，奥运志愿者报名工作开始，重点在 2006 级、2007 级学生中进行。团委在学生中广泛开展对奥运志愿者的宣传。报名期间,团委将办公室布置成简易的照相地点,共接待照相学生千余人,及时地为热心志愿服务的同学成功进行网上报名。截至2007年12月,全院共有1200多人报名,包括学生、青年教师、部分留学生,在全校各学院中位列第一。团委还对学生骨干进行奥运知识培训,通过考试和选拔,共有55名师生成为“好运北京”测试赛志愿者。测试赛期间,团委负责协调志愿者比赛服务与上课之间的矛盾、期中考试安排、选修课调换、食宿和派发补助等工作,确保了测试赛志愿服务任务的圆满完成。

2008年,团委协助相关部门完成了对报名志愿者学生的奥运教育任务,参加培训的人员共计1700余人。学院召开由全体志愿者参加的奥运志愿者工作推进大会,志愿者代表在会上进行了集体宣誓。北京奥运会期间,学院的1000余名赛会志愿者、城市志愿者和拉拉队志愿者的工作,均受到组织单位的好评。团委还配合学院组织了1500余人次的文明观众观赛活动。奥运会结束后,院团委被评为校级“奥运工作先进集体”,260名同学获得校级奥运优秀志愿者称号。团委以总结奥运志愿工作为契机,在团员和学生中开展了学习奥运志愿者先进事迹的活动。学生志愿者发扬奥运志愿服务精神,在10月举行的学院30周年校庆纪念活动中,以优秀的服务受到来院校友及嘉宾的好评。

(五)学生科研立项与竞赛

院团委于2000年开始和院科协联合举办学生科研立项活动。2004年12月,院学生科协成立,学院给予经费支持,学生科技活动取得一定成绩。2002年,2000级新闻专业孙莹同学荣获北京市大学生科普演讲比赛第一名;2003年,2000级汉语专业赵明晨、郑丹杨同学获得第二届“挑战杯”首都大学生课外学术科技作品竞赛二等奖。2003年年底,以系为单位,依托专业优势,建立学生科技社团。截至2004年年底,已建科技社团15个。科技社团的建立促进了学生的专业学习,锻炼了学生的科研能力,并且通过比赛为学院赢得荣誉。例如,金融系“MESE经济管理模拟训练社”连续两年闯入全球经济挑战赛64强,并荣获北京市大学组第一名。

2004年,在学校学生科研立项暨首届“挑战杯”活动中,学院共有23个学生科研项目批准立项,有10项作品入围,其中6项分获一、二、三等奖,并有4项作品报送北京市参加比赛。2007年,学生科研立项47项,荣获学校科技发明制作类鼓励奖1项,哲学社会科学类三等奖2项、鼓励奖2项,自然科学类学术论文三等奖1项,且学院获得组织奖。2008年,历史系学生作品在学校第二届“挑战杯”创业计划大赛中获金奖。2009年,院团委组织学生成功申报北京市本科生科研立项15项,学院有2项作品获北京市“挑战杯”二等奖;院团委在学校第三届“挑战杯”课外科技作品竞赛中获团体银奖;在第三届全国大学生广告艺术大赛中,新闻传播系同学获北京赛区优秀奖,并有多名同学获校级奖。2010年,学院学生科技立项作品获得批准的市级项目共有21项。

(六)学生组织

1. 学生联合会

院学生联合会(以下简称“学生会”)在院党委的领导和院团委的指导下开展工作,组织学生自我服务、自我管理、自我教育。学生会干部由学代会选举产生,在此基础上各系成立系学生会,班级建立班委会,形成院、系、班为一体的学生干部队伍,配合学生处和团委工作并发挥学生骨干作用。2003年，学院召开第八次学生代表大会，完成学生会的换届工作，选举产生了学生会第八届委员会；2005年，召开第九次学生代表大会，选举产生了学生会第九届委员会。2001—2010年学院学生会主席、副主席详见表1.8-23。

表1.8-23　2001年—2010年学生会主席、副主席任职情况一览表

主　席	任职时间/年	副主席	任职时间/年
杨　腾	2001	刘一波、王静	2001
范芳芳	2005	李维、莫松	2005
莫　松	2006	沙莎	2006
莫　松	2007	张斯琪	2007
李昊伟	2008		
李昊伟	2009	左峥、代崇玮	2009
宫肇南	2010	潘松、霍施譞、金鑫	2010

院学生会根据院学生处和团委的工作布置，在每年年初召开全院三级学生工作干部会议，总结研讨学生工作，制订年度学生工作计划。2002年，院学生会完善和坚持每周班干部例会制度，及时将学院工作及涉及学生的各种会议精神进行通报，听取学生中的意见及建议并向学院反映。院学生会各部也有针对性地召开学生代表座谈会，了解同学们在院学习、生活、娱乐等方面的需求和愿望，及时反映给学院解决，如学生反映的自习室座位紧张、学生上机机位紧张等问题，学院都及时予以解决。2003年，在防控"非典"疫病期间，院学生会健全全院学生干部联系网。在日常工作中做到及时补充或调整学生干部岗位，强化组织管理。大多数学生会干部都获得过学院的奖学金和各种荣誉表彰。2001—2010年，有15人获得市级优秀学生干部称号(见表1.5-4)。

在学生处、团委的帮助和指导下，院学生会与学生社团联合会一起，每学期组织学生开展丰富多彩的课外活动、社会服务和各高校间的学生联谊活动。例如，继续举办学院传统的"五四科技文化节"和"一二·九体育文化节"；自2003开始，每年9月举办社团文化月活动，平时穿插各类社团开展的专业类、文体类、学术类、公益类等活动。

2. 学生社团联合会

2004年，学生社团部改为社团联合会，推动各社团开展工作。社团联合会有明确的社团管理制度，各社团每学期按要求注册和活动，对社团实行末位淘汰制。学生社团从2001年的21个发展到2010年的30个(见表1.8-24)，社团也从文体类为主走上与专业结合服务社会的公益类、科技类、文体类多样化发展模式。2002年，民乐团、舞蹈团和记者团获得学校示范社团称号；2006年，舞蹈团获得学校十佳示范团称号，5个社团获得标准社团称号；2010年，有3个社团分别获得学校精品社团、五星及四星社团称号。

表 1.8-24 2010 年学生社团一览表

序号	社团名称	成立时间/年	登记人数	活动内容
1	翰墨书画社	1983	30	在书法和绘画上相互交流、学习
2	篮球社	1985	35	交流篮球技巧,做日常训练
3	英语俱乐部	1990	50	培养同学英语学习兴趣,与外教做英语交流
4	新航线话剧社	1991	30	学习表演的艺术,圆演员的梦
5	足球社	1995	30	团结全院足球爱好者,广泛开展足球运动
6	青春鸟舞蹈团	1997	35	舞蹈技能的学习和提高
7	影视俱乐部	1997	20	影视欣赏、交流
8	网球俱乐部	1998	20	进行网球培训,观看网球公开赛
9	乒乓球俱乐部	1999	30	学习乒乓球知识,进行日常训练,参加比赛
10	梦之彩动漫社	2000	40	传播动漫画艺术知识
11	图书馆义务馆员协会	2000	50	在图书阅览室做义务管理、修缮图书
12	民乐团	2000	60	演奏传统民族乐曲
13	face to face 心理社	2001	30	为同学做心理测试,承办心理知识讲座等
14	跆拳道社	2002	20	学习跆拳道知识,进行日常跆拳道训练
15	北极星定向社	2002	30	宣传定向知识,普及定向活动
16	院学生科协	2004	15	进行信息整理、校园网站维护工作
17	红十字会	2004	30	普及健康知识、疾病预防知识;宣传献血活动
18	青年志愿者协会	2004	80	参与学院内外的志愿服务活动,体现"奉献、友爱、互助、进步"
19	文理棋社	2004	40	切磋棋艺,相互交流
20	京韵文化社	2006	40	陶瓷类物品制作;京韵文化的交流、切磋
21	箜篌乐团	2006	20	领略箜篌文化,弘扬中华特色
22	舞美社	2006	20	为各大晚会进行幕后工作
23	牵羽羽毛球社	2007	30	与同学们日常训练,参加高校羽毛球比赛
24	学生通讯社	2007	100	以广播站和电视台为平台进行各类新闻活动
25	魔术社	2007	19	带你走进变幻莫测的魔幻世界
26	竹蜻蜓旅行社	2007	350	走出校园,在旅行中收获惊喜
27	4A 传媒社	2007	30	广告专业特色,举办比赛
28	排球社	2008	30	进行日常排球训练;切磋排球技巧
29	摄影社	2009	25	为同学开展摄影讲座;切磋、交流摄影知识
30	学业管理社	2010	35	教授学业管理技能

学生艺术社团多次参加演出并屡获佳绩。2005 年,舞蹈团、民乐团、话剧社分别获得北京市大学生艺术展演大赛一、二等奖。2006 年 8 月,民乐团赴美参赛获得"世界杯——中国民族器乐国际大赛"团体金奖,2008 年北京奥运会期间进行了专场演出,2010 年 10 月获第三届北京市大学生艺术展演一等奖。话剧社排演的《苏离之死》于 2006 年 10 月获得北京市第一届高校话剧节优秀剧目奖、舞美奖、组织奖,《游戏危机》于 2007 年 10 月获得北京市第二届大学生艺术展演戏剧展演一等奖,《村官》于 2009 年 5 月获学校戏剧节一等奖、第二届北京大学生戏剧节团体组织奖,《900》于 2010 年 10 月获北京市大学生戏剧展演二等奖。箜篌乐团 2007 年 7 月获得全国第四届青少年民乐团队邀请赛大学组小型乐团月光奖(二等

奖），2009 年获得“亚洲青少年艺术盛典”青年民乐金奖、首届 PIVD 国际大赛业余组合金奖，与民乐团赴中国台湾省新竹县成功演出；2010 年 10 月参加了在国家大剧院举办的中国首场箜篌专场音乐会和在国家图书馆音乐厅举办的“青春、魅力、风采”北京青年公益音乐会的演出。此外，跆拳道、篮球、健美操、乒乓球、五子棋等也一直是学院社团的优势项目。

四、其他组织

（一）关心下一代工作委员会

2005 年 12 月，学院党委按照学校要求，成立关心下一代工作委员会（简称“关工委”），主任由院党委书记郭淑敏担任，成员包括离退休工作办公室、党政办公室、宣教处、团委的负责人，委员以离退休老同志为主体。关工委办公室设在离退休工作办公室。

关工委成立后，发挥老同志优势，主动开展工作。例如，在学院党建工作上，组织党龄 50 年的老党员与青年党员和入党积极分子座谈；请学院退休老领导继续为党员干部和入党积极分子讲党课。在教学工作上，配合学院组织十多位退休教师作为学院的视导组，常年参加教学视导活动；对青年教师的教学和大学生的学习情况给予帮助和指导。在学生工作上，组织老教授和学生座谈、赠书等活动；开展慰问学院担任“村官”的毕业生活动。2009 年和 2010 年，关工委还向村官赠送了学院教师编写的《北京大学生村官调查》一书。在校园文化建设上，2010 年，组织退休老同志参加校关工委《老兵心声》一书的撰写工作，有 6 位同志的稿件入选，对学院的文化传承起到积极影响。

（二）校友会分会

2008 年 6 月 29 日，北京联合大学校友会应用文理学院分会成立。分会长由院党委书记孔繁敏担任，分会办公室设在宣教处，分会秘书长由宣教处处长李志刚担任。

学院校友会分会第一次会员代表大会通过了《北京联合大学校友会应用文理学院分会章程》，出席大会的校友代表共 35 人。

校友会分会成立后，发挥了在校友与母校之间的沟通作用，如在 2008 年 10 月开展的庆祝学院成立 30 周年的校庆活动中，配合各系联系了 1000 余名校友返校参加活动。

第二章　师范学院

概　　述

在学校“十五”“十一五”规划实施期间，学院坚持“职师特色、艺术见长”的建设思路，发展成为一所以培养本科生为主、有部分高职学生，兼有成人教育和留学生教育的综合性学院。截至2010年年底，学院全日制普通在校生2800余人；成人本、专科学生408人；留学生（长、短期）50余人。十年来，学院为满足首都经济社会发展对人才的需求，尤其是对中等职业教育师资和应用性艺术人才的需求，动员全体师生员工同心协力谋发展，使学院的建设思路更加明确，教育教学质量稳步提升，办学实力进一步增强。

注重办学特色的秉承和办学思路的开拓。2001年，学院已基本上完成了从普通高等师范教育向高等职业技术师范教育的转轨，形成了“深化改革，加强管理，从严治校，办出特色，提高质量”的办学指导思想。随着高等教育体制改革不断深化，职业教育快速发展和需求增大，学院紧紧抓住这一机遇，坚持师范教育与非师范教育并举、普通高等教育与高等职业教育结合、职前教育与继续教育衔接的方针，开拓进取，深化改革，逐渐形成具有职教师资人才培养特点的教学型普通高等学校。2003年开始，学院进入深化应用型学科专业建设阶段。为了更好地体现学院办学定位和学院在学校学科专业分布中的特色，2003年2月28日，根据北京市机构编制委员会《关于北京联合大学职业技术师范学院更名的批复》，学院更名为北京联合大学师范学院，这标志着学院的办学思路完成了一次大调整。学院在坚持为首都中等职业教育培养师资的同时，还面向首都经济社会发展，加大了对生产、服务、管理、建设等一线的各级各类应用型人才的培养力度，努力为首都经济社会发展做出应有的、更加重要的贡献。2004年，学院发布《关于修改和延伸〈北京联合大学职业技术师范学院2001—2005年建设和发展规划纲要〉的若干意见》，提出了“发展应用性教育，培养应用性人才，建设应用性大学”办学宗旨和“服务首都，面向大众；应用为本，学科共生；职师特色，艺术见长”的办学定位。2007年10月，学院制定《关于落实学校“十一五”时期事业发展规划的实施意见》，提出了贯彻落实学校“发展应用性教育，培养应用性人才，建设应用型大学”的办学宗旨和“面向大众、服务首都、应用为本、争创一流”的办学定位，坚持“职师特色，艺术见长”的学院发展建设思路。

注重学科专业建设。为适应首都经济社会发展需要，突出办学特色，学院大力加强学科专业建设。2005年以来，成立了校级艺术设计研究所和职业技术教育教师教育研究所，新增应用心理学专业，将声像技术专业调整为数字媒体专业。学院重点学科专业建设取得较好成绩，现拥有市级重点建设学科方向一个（应用酶学与发酵技术），市级品牌专业一个（艺术设计），市级重点专业一个（服装设计高职专业），校级重点建设学科两个（艺术设计学、应用心理学）及校级重点建设学科方向一个（职业技术教育教师教育），基本上形成了学科专业具有鲜明特色、结构布局趋于合理、办学层次以本科为主、办学规模适度的培养体系。

师资和干部队伍进一步优化。截至2010年年底，学院有教职工310余人。其中专任教师近200人，教授、副教授90人，具有硕士及以上学位的人员比例从2001年的30%上升到2010年的69%，并聘请了一批国内外学者、专家为学院名誉教授或兼职教授。教师队伍中，2人为享受国务院特殊津贴专家，9人入选“北京市中青年骨干教师”，多人担任教育部有关学术和教学指导委员会成员。干部队伍专业化、年轻化程度进一步提高，管理队伍的整体素质和工作的科学化水平稳步提升。

科研工作进一步提升。学院依托学科专业优势，坚持科学研究与社会服务相结合，鼓励教师投入科研。学院设有职业技术教育教师教育研究所和艺术设计研究所，形成了教师教育和艺术教育两大研究特色，并在文化创意领域开展了卓有成效的项目研发和社会服务。学院充分利用资源和人才优势，与北京歌华集团和石景山创意园区等创意企业、园区积极开展校企合作，提升了学院服务首都经济社会发展的贡献力。近十年来科研成果显著，发表论文的数量和质量都有较大提升，承担的各种横纵向课题数量逐年增多，到账科研经费近700万元，科研水平持续提升。

教学改革成效显著。学院以“质量工程”为抓手，形成一整套规范的教学管理和教学质量监控体系。同时，以精品课程建设带动整体课程建设，以精品教材建设和教学法改革深化教育教学改革。“十五”“十一五”期间，获得国家级精品教材1项，获得国家级规划教材28部，市级精品教材11部，北京市教改立项4项，教育部重点课题2项，市级及以上教育科学规划项目5项；“高等职业技术师范教育实践教学体系构建与实践”荣获北京市教学成果一等奖。学院积极参与学校教务管理系统的构建，强化教学过程管理，教学秩序良好，教育教学质量稳步提升。

创新人才培养模式。学院重视学生的实践能力和创新精神的培养，建有体系完善、技术先进的实践教学基地，坚持探索应用型人才培养模式，完善从招生、培养到就业各环节有机衔接的学生培养系统工程，不断提高学生就业、创业的能力。2001—2010年，经过三次大的教学计划修订，应用型人才培养定位越来越细化。学院先后在75家企业、学校建立了校外实习实训场地，其中与48所职业高中、普通高中和企业事业单位签订了教育实习基地、专业实习基地和人才培养基地协议。学院注重素质教育，通过开展思想、文化、艺术、科技和社会实践等多种活动，促进学生全面发展。近年来，学生在全国大学生数学建模、电子设计、全国大学生英语、全国大学生广告艺术以及音乐、体育等各类竞赛和科技文化活动中，获国家级、市级奖项近百个。学院健美操队在国内外比赛中多次获奖。学院办学质量与水平得到社会的认可并产生了一定的影响力，招生形势稳定，毕业生一次就业率保持在95%以上。

开展对外交流。学院积极推进国际化发展战略，已与美、俄、英、澳、加等国家的高等院校建立了良好的校际协作关系，并通过校际合作项目积极推动学生赴国外、境外学习，拓宽了学生国际化视野。近五年来，有来自10余个国家的300余名留学生来学院学习进修。

办学条件获得较大改善。学院完成了教学楼一、二期工程建设并于2003年投入使用，使学院校舍面积增加到3 1685平方米。同时，还不断加大对基础设施改造的投入，进一步优化了校园环境;围绕学科专业建设,投入专项经费加大专业实验室建设,进一步购置和更新教学设备,丰富了图书馆资源。截至2010年年底,学院固定资产总值约14 751万元,其中教学仪器设备总值约为4070万元,生均教学仪器设备值约为1.5万元,10年间,学院教学科研仪器设备总值平均年增长率达到15%。

党建和思想政治工作得到加强。学院党委以落实《北京普通高等学校党建和思想政治工作基本标准》为抓手,围绕学院中心工作制订了党建工作规划。充分发挥党总支、党支部的核心与战斗堡垒作用,发展党内民主,开展基层党建创新。组织干部和党员参加"三讲"(讲学习、讲政治、讲正气)、学习"三个代表"重要思想、保持共产党员先进性教育、学习实践科学发展观、创先争优等一系列重大活动,加强干部和党员的思想作风建设和党风廉政建设。加强学生党建和德育工作,推进思想政治理论课改革。关心群众利益,化解矛盾,维护校园稳定。发挥老干部、民主党派和群众团体作用,创建和谐校园。

第一节 管理体制与组织机构

一、管理体制

师范学院是学校下属的二级法人学院,副局级建制。学院实行党委领导下的院长负责制,党委是学院的领导核心。党委坚持民主集中制,保证院长独立负责地开展工作。

为使党委领导下的院长负责制顺利实施,党委加强规章制度建设,不断提高履职能力。1999年学院制定实施了《中共北京联合大学职业技术师范学院委员会工作暂行条例》,以提高院党委、院行政班子履行职责的能力。

2005年,学院出台《学院党委会会议制度和议事规划》(师党字〔2005〕4号),明确党委集体领导制度和坚持民主集中制的原则。

2006年,学院印发《关于实施院领导接待日制度》(师院党字〔2006〕6号),规定院领导要按时同广大师生联系,及时听取师生在教学、管理和服务等方面的意见和建议,进一步转变工作作风,推进民主办学。

2007年,学院党委修订出台《北京联合大学师范学院院务会议制度》(京联师党〔2007〕23号),加强学院民主管理与民主监督工作,完善学院的管理和制约机制。

2009年,学院党委转发《北京联合大学推进廉政风险防范管理工作实施方案》,加强了学院的制度建设,规范权力运行,提高了管理水平,促进了依法行政。2009年年底,学校在全员岗位聘任工作中印发了《北京联合大学二级法人学院内部机构设置方案》,提出了学院机构设置要遵守精简高效的原则、有利于理顺校院关系的原则、尊重历史与未来发展结合的原则、循序渐进调整的原则,对学院机构设置权限从学校层面进行了界定,进一步规范了学院机构的设置。

二、组织机构

(一)党政机构

2001年,学院处级机构有8个:学院办公室(学院办公室和党委办公室合署办公)、组织人事办公室（组织部、人事处合署办公）、宣传教育办公室（宣传部、工会办公室合署办公）、学生工作办公室（学生处、团委、思想教育办公室合署办公）、教务处、总务处、培训中心、校产办公室；另设直属科室：财务科、设备科、保卫科。改革后机关正处干部 10 人，副处干部 8 人，一级岗位 50 人。

2004 年 6 月，学院进行了新一轮岗位聘任工作。经党委会研究并经北京市教委批准，决定对个别机构做适当调整。调整后的处级机构设置情况如下：学院办公室（党委办公室、院长办公室、对外交流合作办公室合署办公）、组织人事办公室（党委组织部、人事处、离退休办公室合署办公）、宣传部、教务处、学生工作办公室（学生处、团委、德育教研室、就业指导中心合署办公）、资产管理处、科学技术处（新成立机构）、后勤管理处、基建保卫办公室（基建办公室、保卫科合署办公）、财务审计办公室（财务科、审计办公室合署办公）。

2009 年，依据《北京联合大学 2009 年全员岗位聘用工作的指导意见》（京联党〔2009〕54 号）、《北京联合大学二级法人学院内部机构设置方案》（京联党〔2009〕56 号）文件精神，结合学院实际，学院党政机构设置为：党政办公室、组织宣传部、人事处、教务处、科研处、学生处、财务处、行政管理处、国有资产管理处、保卫处。

党群团体机构设置有工会、团委；直属非教学单位设置有图书馆；科研机构设置有职业教育研究所。2001—2010 年学院党政机构设置及负责人详见表 2.1-1～表 2.1-3。

表 2.1-1　2001—2004 年党政机构设置及负责人一览表

序号	机构名称	正　职	任职时间	副　职	任职时间
1	学院办公室（学院办公室和党委办公室合署办公）	李克柔	—2004.09	杨奇红 全　京 张智新	—2003.02 2003.06—2004.06 2004.06—2004.09
2	组织人事办公室（组织部、人事处合署办公）	傅桂禄	—2004.06	黄　朝 黄朝（兼离退休办公室主任）	—2004.12 2003.06—今
3	宣传教育办公室（宣传部、工会办公室合署办公）	张　奕	—2004.06	王　石	—2004.06
4	学生工作办公室（学生处、团委、思想教育办公室合署办公）	高　桥	—2004.06	王　颖 杨奇红 尹福斌 桂溪娟	—2003.02 2003.02—2004.09 2003.07—2004.11（兼） 2003.07—2004.12
5	教务处	石明培	—2004.06	邓维嘉	—2004.06
6	总务处	刘光恩	—2004.06		
7	培训中心	张炳辉	—2002.09	周小翔	—2004.06
8	基建办公室	张景华	—2004.06	杨国正	—2004.06
9	资产管理处	李万海	—2003.12	刘淑元	2003.12—今
10	高等职业教育部	邓淑华 全京（书记） 王颖（书记）	—2004.06 —2003.06 2003.06—2004.06	王　颖	2003.06—2004.06

续表

序号	机构名称	正　职	任职时间	副　职	任职时间
11	财务科	毕玉兰	2003.02—2004.06	郭亚萍	—2003.03
12	保卫科	吴　松	—2004.06		
13	工　会	骆武刚	—2003.05	王　石	—2004.06 （主持工作）
14	团　委	王　颖 尹福斌	—2003.02 2003.07—2004.11	尹福斌	2003.02—2003.07 （主持工作）
15	图书馆	阎玉启 齐爱平 （书记）	—2002.03 —2004.06	齐爱平 甄　旭	—2004.06 2003.07—2004.06
16	廊坊分部	王培荣	2003.07—2004.12		
17	职业教育研究所	张义忠 齐爱平 （支部书记）	—2004.03 2005.07—今	齐爱平	2004.06—今

表 2.1-2　2004—2009 年党政机构设置及负责人一览表

序号	机构名称	正　职	任职时间	副　职	任职时间
1	学院办公室（学院办公室、党委办公室、对外交流合作办公室合署办公）	张智新	2004.09—2009.12	张智新 全　京 成　洁	2004.06—2004.09 —2008.08 2009.10—今
2	组织人事办公室（党委组织部、人事处、离退休办公室合署办公）	王　颖 王育红	2006.06—2009.06 2009.06—2009.12	王　颖 黄　朝 吴雪疆 牛桂荣（离退休党总支副书记）	2004.06—2006.06 （主持工作） 2004.06—2007.05 2007.06—今 2008.05—2009.12
3	宣传部	张　奕	2004.06—2009.06		
4	学生工作办公室（学生处、团委、德育教研室、就业指导中心合署办公）	杨奇红 唐　昊 （团委书记）	2004.09—2009.12 2006.05—2009.12	桂溪娟 唐　昊 （团委副书记）	2004.06—2009.12 2004.11—2006.05
5	教务处	石明培 谭鲁芳	2004.06—2006.03 2007.06—2009.12	谭鲁芳 邓维嘉 刘彦文 陈冠华	2004.06—2006.03 2006.03—2007.06 （主持工作） —2004.06 2004.06—2009.12 2007.06—今
6	资产管理处	李万海	2004.01—2009.12	刘淑元	2004.01—2006.06
7	科学技术处	邓淑华 李鸿玉	2004.06—2007.05 2007.05—2009.12	满东升	2007.04—2007.11
8	后勤管理处	刘光恩	2004.06—2009.01		
9	基建保卫办公室（基建办公室、保卫科合署办公）	张景华	2004.06—2009.12		

续表

序号	机构名称	正 职	任职时间	副 职	任职时间
10	财务审计办公室(财务科、审计室合署办公)	毕玉兰(副处级) 毕玉兰(正处级)	2004.06—2007.11 2007.11—2009.12	李荣凤(审计室主任，副处级)	2004.06—2009.11
11	工 会	郭 堃	2004.06—2009.12(兼)	王 石 王 倬	2004.06—2005.11 2005.10—2009.06
12	图书馆	于振霞(支部书记) 甄 旭 崔晓静(支部书记)	2004.06—2007.04 2007.11—2009.12 2008.08—2009.12	甄 旭 崔晓静	2004.06—2007.11 2008.08—2009.12
13	廊坊分部	王培荣	2004.05—2006.09		
14	培训中心	周小翔	2004.06—今	邓维嘉	2004.06—2007.09
15	职业教育研究所	徐英俊 齐爱平(支部书记)	2005.07—2009.12 2005.07—2007.06	齐爱平	2004.06—2007.06

表 2.1-3 2009—2010 年党政机构设置及负责人一览表

序号	机构名称	正 职	任职时间	副 职	任职时间
1	党政办公室	张智新	2009.12—今	成 洁	2010.01—今
2	组织宣传部	王育红	2009.12—今	牛桂荣(兼离退休党总支副书记) 张利东	2010.01—今 2009.10—今
3	人事处	全 京	2010.01—今	吴雪疆	2010.01—今
4	学生处	杨奇红	2010.01—今	桂溪娟 窦秀明	2009.12—2010.01 2010.01—今
5	教务处	刘彦文	2010.01—今	李爱国 赵 晔	2010.01—今 2010.01—今
6	科研处	李鸿玉(调研员)	2009.12—今		
7	财务处	杨 咏	2009.12—今	鲍 晖	2009.12—今
8	后勤管理处	张景华	2010.01—今		
9	行政管理处	张景华	2009.12—今	王小刚 刘 欣	2010.01—今 2010.11—今
10	国有资产管理处	李万海 魏绍谦	—2009.12 2009.12—今		
11	保卫处	刘光恩	2010.01—今		
12	工 会	郭 堃	2010.01—今(兼)	王 倬 张艳杰	2009.06—2010.11 2010.11—今
13	团 委	唐 昊	2009.12—今		
14	图书馆	甄 旭 崔晓静(支部书记)	2010.01—今 2010.01—今	崔晓静	2010.01—今
15	职业教育研究所	徐英俊	2009.12—今		

(二)教学机构

1. 设置与沿革

2001—2010年学院教学机构设置及负责人情况见表2.1-4。

2001年,学院有文秘教育系、经济贸易系、艺术设计系、艺术教育系、应用生物技术系、电子信息系、计算机科学与技术系、高职部。

2004年,学院撤销高职部,把高职专业学生按专业融入相关系部。

2004年5月,学院取得接收国外长、短期汉语(文化)留学生及专业本科生资格,并可以针对港澳地区及海外华人开设汉语普通话培训课程,因此成立了对外交流与合作部,挂靠在学院办公室。

2005年新增了应用心理学专业,学院成立了应用心理学教学部。

2006年开始,北京联合大学内部相关专业进行调整,同时,学院顾全学校专业布局与调整的大局,部分专业停止招生,相关系建置撤销。2010年学院应用生物技术系最后一批学生毕业,该系撤销。

2008年8月,电子信息系同计算机科学与技术系合并,成立电气信息系。

十年内,为适应了首都经济和社会发展对相关专业人才的需求,学院专业都进行了调整,截至2010年年底,学院设有语言文化系、经济贸易系、电气信息系、艺术设计系、艺术教育系、应用心理学教学部。

2. 系、部简介

(1) 电气信息系

电气信息系成立于2008年8月,由原电子信息系和计算机科学与技术系合并而成,下设系办公室、数学物理教研室、电子技术教研室、信息控制技术教研室、计算机应用教研室、网络与计算机基础教研室。截至2010年12月,有教师45人。其中博士3名,硕士26名;教授4人,副教授(含其他职称系列)15人,占全系教师的42.22%;讲师16人,实验师7人,占全系教师的51.11%。

(2) 语言文化系

语言文化系成立于2002年,其前身为文秘教育系,下设系办公室、中文专业教研室、英语专业教研室、大学英语教研室、艺术类大学英语和高职英语教研室。截至2010年12月,有教师38人。其中博士4名,占全系教师的10.53%;硕士26名,占全系教师的68.42%;教授2人,副教授(含其他职称系列)11人,占全系教师的34.21%。

(3) 艺术教育系

艺术教育系成立于1987年,原名为职业教育系。1996年9月李岚清副总理视察联大时强调了高等教育中"美育"的重要性,谈到"没有艺术的教育是不完整的教育"。之后,该系更名为艺术教育系,开始招收音乐学本科生。

艺术教育系下设系办公室、理论教研室、声乐教研室、钢琴教研室、舞蹈教研室。截至2010年12月,有教师26人。其中博士1名,硕士16名;副教授10人,占全系教师的38.46%。

(4) 艺术设计系

艺术设计系成立于1985年,下设系办公室、专业基础教学部、服装专业教学部、视传专业教学部、环艺专业教学部、艺术设计研究所。另外还有与专业教学对应的实训室。截至2010年12月，共有教职工51人，其中专业教师45人，均来自全国著名艺术院校。

（5）经济贸易系

经济贸易系成立于1998年7月，其前身是政治教育系、政治经济系、经济政治系，下设系办公室、会计教研室、马列教研室、综合经济实验室。截至2010年12月，有教师12人。其中硕士7人；教授2人，副教授4人，占全系教师的50.00%。

（6）应用心理学教学部

应用心理学教学部成立于2005年，下设心理学教研室和教育学教研室；负责应用心理学专业和全院师范生教育学、教育心理学课程的教学工作，并参与全院学生心理健康教育与心理咨询工作等。截至2010年12月，有教师15人。其中博士5名，在读博士2名，硕士8名；教授4人，副教授2人，占全系教师的40.00%。

（7）应用生物技术系

应用生物技术系成立于2001年，前身为1985年组建的保健科学系，设有生物技术本科专业和技术监督与商检高职专业。2006年，学校进行专业调整，相关专业和教师转入应用文理学院，2008年开始停止招收本科学生，2009年停止招收高职学生，相关系建置撤销。

表2.1-4　2001—2010年教学机构设置及负责人一览表

序号	机构名称	行政正职	任职时间	行政副职	任职时间	党务负责人	任职时间
1	语言文化系	杨亚军 张东昌	—2004.06 2006.06—今	张东昌 戴立黎 罗宜军	2004.06—2006.06 （主持工作） —今 —今	孙雪松 全　京 （副） 孙雪松 （副）	2003.07—2008.08 2008.08—2010.05 （主持工作） 2010.11—今 （主持工作）
2	经济贸易系	尹庆民 庞昊勇	—2002.03 2004.09—2008.08	吴舒丹 庞昊勇 李秀芹 高洪力	—2003.12 2002.09—2004.09 （主持工作） —2008.08 （主持工作） 2008.08—今 2007.04—今	翟金忠 翟金忠 （副） 翟金忠	2003.11—2004.11 2004.11—2006.06 （主持工作） 2006.06—今
3	艺术设计系	赵平勇	—今	倪玉茹 周玉基 薄芙丽 张　威	—2004.03 2004.06—今 2008.08—2010.01 2010.01—今	倪玉茹 王　蓓	—2003.11 2003.11—今
4	艺术教育系	王　倬 赵　华	—2005.10 2007.06—今	于振霞 赵　华 黄立凡 王小力	—2004.06 2005.10—2007.06 （主持工作） 2003.03—2007.07 2009.10—今	于振霞 赵　华 朱东星	—2004.06 （兼） 2004.06—2005.10 2008.08—今

续表

序号	机构名称	行政正职	任职时间	行政副职	任职时间	党务负责人	任职时间
5	应用生物技术系	何立千 李鸿玉	—2003.07 2003.07—2007.04	郇燕飞 李鸿玉 荣瑞芬 叶　磊	—2003.11 —2003.07 (主持工作) —2007.03 (主持工作) 2007.04—2010.01 —2010.01 2010.01—2010.11 (主持工作) 2010.11—今 (兼,主持工作)	郇燕飞 孙雪松	—2008.08 2008.08—2010.11 2010.11—今 (兼)
6	电子信息系	陈怡昆 高满茹	—2004.09 2004.09—2008.08	刘　莹 赵婉莹 高满茹 张晓晞	—今 —2003.11 2003.09—2004.09 2004.06—2008.08	赵婉莹 赵婉莹 (副) 赵婉莹	2003.11—2004.11 2004.11—2006.06 (主持工作) 2006.06—2008.08
7	计算机科学与技术系	魏绍谦	—2008.07	操静涛 李育芳	—2005.04 2004.06—2008.08	操静涛(副)	2005.05—2008.08 (主持工作)
8	电气信息系	高满茹	2008.08—今	刘　莹 李育芳	2008.02—今 2008.08—今	操静涛(副) 操静涛	2008.08—2008.09 2008.09—今
9	高职部	邓淑华	—2004.06	王　颖	2003.06—2004.06	全　京 王　颖	—2003.06 2003.06—2004.06 (兼)
10	对外交流与合作部	全　京	2003.06—2008.08 (兼)				
11	应用心理学教学部	曾美英	2005.07—今			齐爱平 窦秀明	2005.07—2007.06 2007.06—2010.11
12	体育教研室	张智新	2002.03—2004.06				

注:各系党务负责人兼任行政副职。

三、专门委员会等机构设置及调整

2001—2010 年学院常设专门委员会详见表 2.1-5。

（一）学术委员会

2003 年 6 月 3 日，经调整其人员为：主任薛立军；副主任尹庆民、张仲林、郭 堃、傅桂禄；委员邓淑华、石焕南、石明培、李鸿玉、何立千、张东昌、高满茹、庞昊勇、赵平勇、郭冬、黄立凡、魏绍谦。

2009 年 5 月 4 日，经调整其人员为：主任薛立军；副主任张仲林、郭堃；委员（按姓氏笔画排列）李鸿玉、张东昌、张立珊、赵平勇、高洪力、高满茹、黄立凡、曾美英、傅桂禄、谭鲁芳、薄芙丽、魏绍谦。

（二）学位委员会

2006 年 6 月 19 日，经调整其人员为：主任薛立军；副主任尹庆民、石明培；委员张仲林、郭堃、傅佳禄、张东昌、庞昊勇、高满茹、李鸿玉、魏绍谦、赵华、赵平勇、曾美英、杨奇红、邓淑华、周小翔。

2007 年 6 月 6 日，经调整其人员为：主任薛立军；副主任张仲林、郭堃、尹庆民（常务）、傅桂禄、邓淑华；委员魏绍谦、高满茹、荣瑞芬、张东昌、庞昊勇、赵平勇、赵华、曾美英、谭鲁芳、杨奇红、李鸿玉、周小翔。

2009 年 5 月 25 日，经院务会研究，决定对学位委员会再做调整，同时决定学位委员会兼任学院学士学位复议工作组。调整后的人员为：主任薛立军；副主任陈志刚、郭堃、魏绍谦；委员傅桂禄、张立珊、高满茹、张东昌、李秀芹、赵平勇、赵华、曾美英、高洪力、刘彦文、杨奇红、张旗、叶磊。

（三）岗位聘用工作委员会

2009 年 12 月 28 日调整。主任为韩宪洲、薛立军；副主任为郭堃、傅桂禄、张立珊；委员（以姓氏笔画为序）有王倬、王育红、刘彦文、李金、张东昌、赵华、赵平勇、高满茹、张智新、魏绍谦。

（四）教学指导委员会

主要职责：调查研究本专科教学的发展方向及动向，提出教学建设、改革与管理的指导性意见；研究、审定本专科专业设置、培养目标、发展规划、教学计划及有关政策、规章、制度；评定教学成果，指导教学检查与评估。2004 年 2 月 26 日，经调整其人员为：组长尹庆民；副组长石明培；委员张东昌、庞昊勇、高满茹、魏绍谦、李鸿玉、赵平勇、王倬、吴立芝、戴立黎、翟金忠、杨奇红、李大矛、刘彦文。

2010 年 6 月 28 日，经调整其人员为：主任魏绍谦；副主任刘彦文；秘书长赵晔；委员（以姓氏笔画为序）王小力、叶磊、刘莹、全京、李秀芹、杨奇红、张华、张威、罗宜军、高洪力、曾美英、戴立黎。

（五）专业技术职务任职资格评审委员会

1999 年，经调整其人员为：组长梁绿琦；副组长陈扬志、骆武刚；委员尹庆民、石明培、石焕南、阎玉启、杨亚军、陈贻昆、赵平勇、郭冬、魏绍谦、马万昌。

（六）体育运动委员会

2004 年 9 月 20 日成立。主任为郭堃；副主任为石明培、吴立芝、张智新、杨奇红；委员有王石、王蓓、孙雪松、张景华、刘光恩、张奕、郇燕飞、赵华、赵婉莹、操静涛、翟金忠。

2006 年 4 月 13 日，经调整其人员为：主任郭堃；副主任石明培、吴立芝、张智新、杨奇红；委员王倬、王蓓、孙雪松、刘光恩、张奕、张景华、郇燕飞、赵华、赵婉莹、操静涛、翟金忠、齐爱平、唐昊。

（七）计划生育委员会

1992 年 2 月 19 日成立。主任为骆武刚；副主任为刘胜贵，常务副主任为师爱英；委员有于振霞、黄朝、丁云峰、郑丽珠、张志坚。

2003 年 3 月 5 日，经调整其人员为：主任傅桂禄；副主任李克柔、刘光恩，常务副主任师爱英、孙雪松；委员张奕、毕玉兰、刘欣、傅丽霞、窦秀明。

2004 年 10 月 28 日，经调整其人员为：主任傅桂禄；副主任张智新、刘光恩，常务副主任师爱英、崔晓静；委员张奕、毕玉兰、刘欣、傅丽霞、窦秀明。

（八）专业建设指导委员会

2004 年 2 月 26 日成立。组长为薛立军，副组长为尹庆民；委员有张仲林、郭堃、傅桂禄、张东昌、庞昊勇、高满茹、魏绍谦、李鸿玉、赵平勇、王倬、邓淑华、石明培、黄立凡、高洪力、刘彦文、何立千。

（九）教师资格认定委员会

2004 年 6 月成立。主任为薛立军；委员有张仲林、郭堃、尹庆民、傅桂禄、石明培、陈万里、黄立凡、张东昌、高满茹、赵平勇、魏绍谦、庞昊勇、李鸿玉。

（十）图书馆工作委员会

2009 年 4 月 12 日成立。主任为张立珊；副主任为甄旭、徐英俊、崔晓静；教师委员为叶磊、刘彦文、李秀芹、李育芳、李鸿玉、张华、唐昊、曾美英、薄芙丽、戴立黎，学生委员为各系部学生会学习部部长以及图书馆工作人员任仔。

（十一）伙食监督管理委员会

2005 年 5 月成立。主任为傅桂禄；副主任为刘光恩、王倬、唐昊、张良树；成员有王小刚、王宁、师爱英、王兰萍、崔学新、崔晓静、何践理、李红梅（学生）、王鑫（学生）。

（十二）红十字会理事会

2005 年 3 月 15 日成立。会长为傅桂禄；副会长为刘光恩、唐昊；秘书长为唐昊（兼）；理事有张智新、刘兢、王蓓、赵婉莹、操静涛、郇燕飞、孙雪松、赵华、翟金忠、周小翔。

表 2.1-5　2001—2010 年常设专门委员会一览表

序号	名　称	主　任	任职时间	副主任	任职时间	备　注
1	学术委员会	梁绿琦 薛立军	—2003.05 2003.06—今	陈扬志 尹庆民 张仲林 郭　堃 傅桂禄	—2003.05 —2003.05 2003.06—2009.04 2003.06—今 2003.06—2009.05	

续表

序号	名　称	主　任	任职时间	副主任	任职时间	备　注
2	学位委员会	梁绿琦 薛立军	—2003.05 2003.06—今	陈扬志 骆武刚 尹庆民 石明培 郭　堃 傅桂禄 邓淑华 陈志刚 魏绍谦	—2003.05 —2003.05 2006.06—2009.05 2006.06—2007.06 2007.06—今 2007.06—2009.05 2007.06—2009.25 2009.05—今 2009.05—今	
3	岗位聘用工作委员会	张仲林 薛立军 韩宪洲	2004.06—今 2004.06—2009.12 2009.12—2010.04	郭　堃 尹庆民 傅桂禄 张立珊	2004.06—今 2004.06—2009.04 2004.06—今 2009.12—今	
4	教学指导委员会	梁绿琦 尹庆民 魏绍谦	—2003.05 2004.02—2010.06 2010.06—今	石明培 刘彦文	2004.02—2010.06 2010.06—今	
5	专业技术职务聘任委员会	梁绿琦 薛立军 张仲林 韩宪洲	—2003.05 2003.05—今 2009.06—2009.11 2010.06—2010.11	陈扬志 骆武刚 郭　堃 傅桂禄 张立珊	—2003.05 —2003.05 2009.06—今 2009.06—今 2009.06—2010.06	
6	体育运动委员会	郭　堃	2004.09—今	石明培 吴立芝 张智新 杨奇红	2004.9—今 2004.9—今 2004.9—今 2004.9—今	2004年9月20日成立
7	计划生育委员会	骆武刚 傅桂禄	—2003.03 2003.03—今	刘胜贵 李克柔 刘光恩 张智新	—2003.03 2003.03—2004.10 2003.03—今 2004.10—今	
8	专业建设指导委员会	薛立军	2004.02—今	尹庆民	2004.02—2009.04	2004年2月26日成立
9	教师资格认定委员会	薛立军	2004.06—今	郭　堃 傅桂禄	2004.6—今 2004.6—今	2004年6月成立
10	图书馆工作委员会	张立珊	2009.04—今	甄　旭 徐英俊 崔晓静	2009.04—今 2009.04—今 2009.04—今	2009年4月12日成立
11	伙食监督管理委员会	傅桂禄	2005.05—今	刘光恩 张景华 王　倬 唐　昊 崔学新 张良树	2005.05—2009.12 2009.12—今 2005.10—今 2005.05—今 2005.05—2009.10 2009.10—今	2005年5月成立
12	红十字会理事会	傅桂禄	2005.03—今	刘光恩 唐　昊	2005.03—今 2005.03—今	2005年3月15日成立

注：参照学校大纲列出的专门委员会名单，结合学院情况列出以上委员会名录。

四、领导分工与任免变更

(一)领导班子调整

2002年2月之前,学院领导班子由党委书记陈扬志、副院长梁绿琦(主持工作)和副院长骆武刚三人组成。

2002年2月,张仲林任党委书记,陈扬志书记因年龄原因退休,副院长骆武刚调离;梁绿琦于2002年3月至12月任院长,郭堃任党委副书记,尹庆民、傅桂禄任副院长。

2002年12月,梁绿琦调离学院。2003年5月,薛立军任院长。

2009年3月,张立珊任副院长,尹庆民调离。2009年11月,韩宪洲任党委书记,张仲林于2010年6月退休。2009年12月,魏绍谦任副院长。

2010年10月,陈志刚任党委书记。

2001—2010年学院历任党委和行政领导人详见表2.1-6和表2.1-7。

表2.1-6 2001—2010年历任党委领导人一览表

正 职	姓 名	任职时间	副 职	姓 名	任职时间
书 记	陈扬志	—2002.02	副书记	郭 堃	2002.10—今
书 记	张仲林	2002.02—2009.11			
书 记	韩宪洲	2009.11—2010.04(兼)			
书 记	陈志刚	2010.10—今			

表2.1-7 2001—2010年历任行政领导人一览表

正 职	姓 名	任职时间	副 职	姓 名	任职时间
院 长	梁绿琦	2002.03—2002.12	副院长	梁绿琦	—2002.03(主持工作)
院 长	薛立军	2003.05—今	副院长	骆武刚	—2002.02
			副院长	傅桂禄	2002.03—今
			副院长	尹庆民	2002.03—2009.03
			副院长	张立珊	2009.03—今
			副院长	魏绍谦	2009.12—今

(二)领导班子分工

2004年4月,学院领导班子人数由3人调整到5人,领导班子对学院的工作进行了细致分工,并向全院公布。以后在此分工基础上,根据班子成员的变动又进行了几次大的分工调整。

1. 2002年4月领导班子分工

党委书记张仲林:主持党委全面工作,分管党院办、组织、统战、纪检、老干部、政保等工作;联系计算机与科学、高职部两个教学单位。

党委副书记郭堃：分管宣传、学生、工会、共青团工作；联系电子信息系、应用生物技术系。

院长梁绿琦：主持行政全面工作，分管教代会、人事、外事、资产、基建、财务、职教所、体育、招生等工作；联系艺术设计系、艺术教育系和体育教研室。

副院长尹庆民：分管教学、科研、成教、图书馆等工作；联系经济贸易系。

副院长傅桂禄：分管后勤、保卫等工作，配合梁院长搞好基建工作；联系语言文化系。

2. 2003 年 5 月领导班子分工

党委书记张仲林：主持党委全面工作，分管党院办、组织、统战、纪检监察、审计、政保等工作；联系高职部、艺术教育系。

院长薛立军：主持行政全面工作，分管财务、基建、人事、外事、资产等工作；联系电子信息系、计算机科学与技术系。

党委副书记郭堃：分管宣传思想、学生、工会、教代会、共青团工作；联系应用生物技术系和艺术设计系。

副院长尹庆民：分管教学（含招生工作）、科研、体育、成教、图书馆等工作，配合薛立军院长抓好资产工作中的教学设备项目工作；联系经济贸易系和体育教研室。

副院长傅桂禄：分管后勤、保卫、计划生育、离退休老干部等工作，配合薛立军院长抓好资产工作中的房产项目工作；联系语言文化系。

3. 2004 年 12 月领导班子分工

党委书记张仲林：主持党委全面工作，分管党院办、组织、统战、老干部、纪检监察、关心下一代工作委员会等工作；联系艺术教育系。

院长薛立军：主持行政全面工作，分管财务、基建、人事、外事、资产、纪检监察、审计等工作；联系电子信息系、计算机科学与技术系。

党委副书记郭堃：分管宣传思想、学生、就业、工会、教代会、共青团、体育、两课（马克思主义理论课、思想品德课）等工作；联系应用生物技术系、艺术设计系和廊坊分部。

副院长尹庆民：分管教学、科研、师资、招生、成教、图书馆、职业教育研究所等工作；联系经济贸易系。

副院长傅桂禄：分管后勤、安全保卫、计划生育、离退休干部、房产等工作，协管组织、人事、基建、纪检监察等工作；联系语言文化系。

4. 2010 年 3 月领导班子分工

党委书记韩宪洲：主持党委全面工作，分管党政办公室、组织、宣传、统战、老干部、纪检监察等工作；联系艺术教育系。

院长薛立军：主持行政全面工作，分管财务、基建、人事、外事、审计等工作；联系电气信息系。

党委副书记郭堃：分管学生、工会、教代会、共青团、体育、思想政治理论课等工作，协助书记分管党政办公室；联系艺术设计系。

副院长傅桂禄：分管后勤、安全保卫等工作，协助院长分管财务、基建、人事工作；联系语言文化系。

副院长张立珊：分管科研、对外培训(成教和对外汉语培训)、图书馆、信息化建设工作，协助院长分管外事工作；联系应用心理学教学部、职业教育研究所。

副院长魏绍谦：分管教学、招生、国有资产工作；联系应用生物技术系、经济贸易系。

5. 2010 年 12 月领导班子分工

党委书记陈志刚：主持党委全面工作，分管党政办公室、组织、宣传、统战、老干部、思想政治理论课等工作；联系艺术教育系。

院长薛立军：主持行政全面工作，分管财务、基建、人事、外事、审计等工作；联系电气信息系。

党委副书记郭堃：分管学生、工会、教代会、共青团、体育、纪检监察等工作，协助书记分管党政办公室；联系艺术设计系。

副院长傅桂禄：分管后勤、安全保卫等工作，协助院长分管财务、基建、人事工作；联系语言文化系。

副院长张立珊：分管科研、对外培训(成教和对外汉语培训)、图书馆、信息化建设工作；协助院长分管外事工作；联系应用心理学教学部、职业教育研究所。

副院长魏绍谦：分管教学、招生、国有资产工作；联系应用生物技术系、经济贸易系。

第二节　教学改革与发展

一、本科教育

(一) 专业设置及调整

学院 2001 年设有 8 个普通本科专业，分别是文秘教育(外事文秘)、经济学(会计)、金融学、计算机科学与技术、电子信息工程、生物技术、艺术设计和音乐学，共招学生 467 人。2010 年普通本科专业设有 7 个，分别是汉语言文学、英语、计算机科学与技术、电子信息工程、应用心理学、艺术设计和音乐学，共招学生 506 人。其中，汉语言文学、英语、计算机科学与技术、电子信息工程、应用心理学 5 个专业招收了部分师范方向学生；除应用心理学外，其他 4 个专业还面向职业学校招收师范学生。十年内，学院专业调整较大。为适应了首都经济和社会发展对相关专业人才的需求，新增设了部分专业，并于当年招生：2002 年增设汉语言文学专业，2003 年增设英语专业和食品科学与工程专业，2005 年增设应用心理学专业和会计学专业。同时，学院根据需要和学校专业布局与调整的大局，部分专业停止招生，分别为 2003 年文秘教育专业(外事文秘)停止招生，2005 年经济学专业(会计)停止招生，2007 年生物技术专业、金融学专业停止招生(金融学专业转入商务学院)，2008 年食品科学与工程专业停止招生，转入应用文理学院，2010 年会计学专业停止招生。经过调整和建设，学院的本科专业结构更加合理，有力地推动了学院整体发展，本科招生规模在 2010 年达到历史顶峰。

2001—2010 年学院本科专业设置及招生情况详见表 2.2-1。

表 2.2-1 2001—2010 年本科专业设置及招生情况一览表 单位：人

招生专业	招生年份										合计
	2001	2002	2003	2004	2005	2006	2007	2008	2009	2010	
文秘教育(外事文秘)	60	50									110
经济学(会计)	37	42		36							115
会计学					35	33	30	40	36		174
经济学(国际商贸运作)			32								32
金融学	39	41									80
金融学(国际金融)			38	39	35	33					145
计算机科学与技术	97	77	71	40	62	40	40	40	36	70	573
电子信息工程	79	71	71	65	40	40	40	64	71	70	611
生物技术	33	33	20	20	20	20					146
艺术设计	90	126	145	150	150	140	156	157	150	179	1443
音乐学	32	30	34	60	30	30	47	28	28	34	353
汉语言文学		28		30	30	30	30	40	40	60	288
汉语言文学(文秘)			30								30
食品科学与工程			20	20	20	20	24				104
英语			25	25	46	50	50	50	53	51	350
应用心理学					30	30	36	40	40	42	218
合　计	467	498	486	485	498	466	453	459	454	506	4772

学院自 2003 年开始招收高等职业教育升本科(以下简称“专升本”)学生。2003—2010 年,艺术设计、英语 2 个专升本专业连续招生,2004 年音乐学开始招生(见表 2.2-2)。其中艺术设计专业和英语专业单独编班上课,音乐学专业由于招生数量偏少,采取了插班上课的形式。从 2010 年开始根据学校将专升本教育划入高等职业教育系列单独管理的要求,学院为各专升本专业设置专业负责人。

表 2.2-2 2003—2010 年高等职业教育升本科专业设置及招生情况一览表 单位：人

专业	年份								合计
	2003	2004	2005	2006	2007	2008	2009	2010	
艺术设计	20	47	50	58	50	49	75	75	424
英语	52	44	47	94	50	69	49	37	442
音乐学		6	13	8	6	4	17	14	68
合　计	72	97	110	160	106	122	141	126	934

(二) 教学基本建设

1. 学科与专业建设

学院围绕“职师特色,艺术见长”的学科专业建设总体思路,重视学科专业建设,做到学科专业相互支撑,共同发展。

(1) 学科建设

截至 2010 年年底,学院共有 7 个学科,其中校级重点建设学科 2 个,分别为艺术设计学和应用心理学;院级重点建设学科5个,分别为音乐与舞蹈学、汉语言文学、外国语言文学、电子科学与技术和计算机科学与技术。另外还有职业技术教育教师教育研究学科方向。

校级重点建设学科简介:

艺术设计学。本学科成立于1985年,其前身为服装设计系。1996年增设视觉传达专业和环境艺术专业,同年更名为艺术设计系。2004年被学校批准为校级重点建设学科。本学科的发展依据北京产业规划,面向文化创意产业的文化事业,在学科建设、科研工作和科研队伍建设中取得了显著成果:学科建设以应用和应用基础研究为核心,形成了东方服饰艺术研究、视觉媒体艺术研究、城市环境艺术研究三个学科研究方向,其交叉渗透、互相促进,构成了较为合理的学科格局。学科科研队伍建设不断加强,拥有高级职称的教师占90%,硕士学位及以上的教师占95%,博士后1名,在读博士1名,梯队构成合理。在科研工作方面,担负着教育部人文社科项目、北京市科委项目、北京市教委人文社科项目等20余项纵向和横向课题,近三年科研经费达到210余万元;在CSSCI等核心期刊发表论文81篇,出版著作与教材34部,其中国家级精品教材1部、北京市精品教材5部;发表、参展及获奖作品17件,其中国际金、银奖6项。学科科研平台——北京联合大学艺术设计实验中心(校级)有10个研究/实训室,占地面积660平方米,仪器设备价值达到了1673.5万元。学科特色为注重设计理论研究与市场实践相结合,突出应用性特色。培养宽基础、复合型、符合首都经济建设与发展需求的艺术设计人才。

应用心理学。本学科于2005年成立,2007年被批准为联大重点建设学科。以心理健康教育为主要研究方向,依托心理学的相关理论和研究成果,在探索个体心理发生与发展规律的基础上,以大中小学生的心理健康和心理健康教育的理论和实践为主要研究内容。研究方向包括:心理咨询与治疗、心理健康教育与发展、组织与工业心理学。学科特色为新兴学科、应用研究为主,基础研究为辅、多学科交叉和整合。本学科以应用研究为其主要特色,即研究的问题主要来源于心理健康教育的工作实践,研究的成果也主要服务于心理健康教育领域。本学科有教授2人,副教授5人,讲师9人。其中博士4名,硕士12名。有1个本科专业和4个专业实验室,仪器设备价值300余万元。2007年10月以来,拥有局级及以上课题7项,横向课题5项,出版著作8部,发表论文26篇,其中在CSSCI核心期刊上发表论文11篇。

(2) 专业建设

学院统筹专业建设,明确专业结构布局,促进了各专业融合发展。在不断加大重点专业建设力度的同时,兼顾一般专业发展,明确各专业建设重点,突出专业特色,强化专业的社会适应性,加强专业改造调整调研工作,为各专业可持续发展提供有效保障机制。2005年艺术设计专业评为校级重点专业,2006年晋升为市级品牌专业;2008年应用心理学专业评为校级重点建设专业(见表2.2-3)。这两个专业招生数额占到当年招生专业总量的49.8%。

表2.2-3　2001—2010年校级及以上重点建设专业一览表

专业名称	专业代码	所属学科门类	所属专业大类	重点建设级别
艺术设计	050408	05 文学	0504 艺术类	市级品牌建设专业(2006—2008年) 校级本科骨干专业(2005—2010年)
应用心理学	071502	07 理学	0715 心理学类	校级本科骨干建设专业(2008—2010年)

学院在加强重点专业建设的同时，还重视专业中教学团队的建设和培育，共建设了6个校级（培育）优秀教学团队（见表2.2-4）。

表2.2-4 2001—2010年校级优秀教学团队一览表

团队名称	负责人	级　别	评定时间/年
艺术设计系服装工作室教学团队	靳长缨	校级优秀教学团队培育项目	2008
英语（文秘）专升本专业教学团队	张东昌	校级优秀教学团队培育项目	2008
应用心理学专业教学团队	曾美英	校级优秀教学团队培育项目	2008
“动画艺术设计系列课程”教学团队	薄芙丽	校级优秀教学团队	2009
电气信息类职教师资实践课程教学团队	高满茹	校级优秀教学团队培育项目	2009
“毛泽东思想和中国特色社会主义理论体系概论课程”教学团队	高洪力	校级优秀教学团队培育项目	2009

2. 课程与教材建设

学院重视课程及教材建设，围绕基础课程和核心课程建设了系列精品课程，并加强了精品（规划）教材的建设。

在课程设置上学院强调宽基础、多方向，为学生的未来发展打好基础。同时，在重点做好公共基础课程建设的基础上，加强各专业核心课程建设。学院2005年3月15日制定了《北京联合大学师范学院精品课程建设管理办法》，开始院级精品课程立项建设工作。2005年学院院级精品课程首批立项8门，并予以经费支持。2007年，结合2007版人才培养计划，组织各系制订各专业精品课程三年建设规划，在此基础上，学院2007—2009年连续三年加大了精品课程建设力度，分别遴选了12门、12门、9门课程作为院级精品课程进行建设，并择优申报了校级精品课程（见表2.2-5）。2001—2010年，学院共有校级精品课程9门，院级精品课程43门。

表2.2-5 2001—2010年院级及以上本科精品课程一览表

序号	课程名称	负责人	精品课程级别
1	大学英语	戴立黎	2003年校级精品课程建设项目
2	时装设计与品牌经营	赵平勇	2003年校级精品课程建设项目
3	概率论与数理统计	石焕南	2006年校级精品课程
4	Java程序设计	朱喜福	2005年校级精品课程建设项目 2007年校级精品课程
5	证券投资学	庞昊勇	2005年院级精品课程建设项目 2007年校级精品课程
6	教育学	李娟华	2005年校级精品课程建设项目 2007年校级精品课程
7	钢琴基础课	黄立凡	2005年校级精品课程建设项目 2008年校级精品课程
8	服装款型设计	靳长缨	2005年校级精品课程建设项目 2008年校级精品课程
9	学科教学论	高满茹	2007年院级精品课程建设项目 2008年校级精品课程

续表

序号	课程名称	负责人	精品课程级别
10	动作与角色设计	薄芙丽	2007年院级精品课程建设项目 2009年校级精品课程
11	实验心理学	牟　书	2007年院级精品课程建设项目 2009年校级精品课程
12	高级语言程序设计	陈万里	2005年校级精品课程建设项目
13	化学实验基本技术	刘雪峥	2005年校级精品课程建设项目
14	高等数学	张晓晞	2007年院级精品课程建设项目
15	面向对象编程（VC＋＋）	李育芳	2007年院级精品课程建设项目
16	计算机基础 A	翟红英	2007年院级精品课程建设项目
17	仪器分析	刘京萍	2007年院级精品课程建设项目
18	基础生物学	薄　芯	2007年院级精品课程建设项目
19	基本乐理	张东迅	2007年院级精品课程建设项目
20	试唱练耳	孙玉霞	2007年院级精品课程建设项目
21	心理咨询与治疗基础	曾美英	2007年院级精品课程建设项目
22	毛泽东思想、邓小平理论和“三个代表”重要思想概论	高洪力	2007年院级精品课程建设项目
23	现代汉语	吴云霞	2008年院级精品课程建设项目
24	统计学	林妍梅	2008年院级精品课程建设项目
25	纳税会计	鲍　晖	2008年院级精品课程建设项目
26	数据库	李　湛	2008年院级精品课程建设项目
27	生物工程下游技术	李祖明	2008年院级精品课程建设项目
28	畜产品加工学	闫文杰	2008年院级精品课程建设项目
29	食品包装学	刘雪峥	2008年院级精品课程建设项目
30	文字设计	周玉基	2008年院级精品课程建设项目
31	素描	杨晓钟	2008年院级精品课程建设项目
32	室内设计专题（一）住宅设计	姜喜龙	2008年院级精品课程建设项目
33	音乐治疗	姚聪燕	2008年院级精品课程建设项目
34	教育心理学	代小东	2008年院级精品课程建设项目
35	大学英语	高学军	2009年院级精品课程建设项目
36	英语泛读	郑　静	2009年院级精品课程建设项目
37	管理会计学	李秀芹	2009年院级精品课程建设项目
38	嵌入式系统与应用	冯艳娜	2009年院级精品课程建设项目
39	数据结构	王成尧	2009年院级精品课程建设项目
40	数学建模	张晓晞	2009年院级精品课程建设项目
41	展示视觉传达设计	李　江	2009年院级精品课程建设项目
42	专业技法——时装画技法	江　山	2009年院级精品课程建设项目
43	中小学心理健康教育	于红军	2009年院级精品课程建设项目
44	文学概论	董琦琦	2010年院级精品课程建设项目
45	财务管理	李秀芹	2010年院级精品课程建设项目
46	外国音乐史	赵　华	2010年院级精品课程建设项目

2006—2009 年学院校级精品课程网络资源建设项目见表 2.2-6。

表 2.2-6　校级精品课程网络资源建设项目一览表

课程名称	负责人	评定时间/年
概率论与数理统计	石焕南、李大矛	2006
Java 程序设计	朱喜福	2007
证券投资学	庞昊勇	2007
教育学	李娟华	2007
钢琴基础	黄立凡	2008
服装款型设计	靳长缨	2008
学科教学论	高满茹	2008
动作与角色设计	薄芙丽	2009
实验心理学	牟　书	2009

同时，学院还在双语教学课程建设方面加强投入和建设，开设了 4 门双语课程。其中，“Java 程序设计”课程获得校级双语教学示范课程称号（见表 2.2-7）。

表 2.2-7　2001—2010 年本科双语教学示范课程一览表

序号	课程名称	负责人	示范级别	评定年份	教材
1	Java 程序设计	朱喜福	校　级	2009	Java How to Program(Fourth Edition)
			院　级	2009	Java How to Program(Fourth Edition)
2	Multimedia Technology	张　菁	院　级	2004	Multimedia:Computing, Communication & Applications
3	国际市场营销	赵绍全	院　级	2004	MBA Basics English—Sales and Marketing
4	国际商务谈判	赵绍全	院　级	2005	International Business Negotiation

教材建设方面，学院鼓励教师编写精品教材，积极申报各级精品教材建设（规划）项目（见表 2.2-8～表 2.2-10）。2001—2010 年，共编写出版教材 127 部（学院教师为第一主编、第一编著者）（见表 2.2-11）。其中，5 部本科教材被评为国家级规划教材，5 部评为北京市级精品（建设）教材，13 部评为校级精品（建设）教材。

表 2.2-8　普通高等教育“十一五”国家级规划教材一览表

教材名称	适用专业	主　编	获批时间/年
电子工艺基础（第三版）	电子信息工程	王卫平	2006
Linux 网络技术	计算机科学与技术	王　波	2006
风险投资运作	金融学	高成亮	2006
服装立体剪裁实训教材	艺术设计（服装设计）	李红梅	2006
Visual FoxPro 简明教程（第 3 版）	计算机科学与技术	魏绍谦	2006

表 2.2-9　院级及以上精品教材立项项目一览表

序号	项目名称	主　编	级　别	获批时间/年	备　注
1	Visual C＋＋面向对象编程教程	王育坚	市级精品教材建设立项项目	2001	适用计算机科学与技术专业
2	职业教育学	梁绿琦	市级精品教材建设立项项目 校级精品教材立项项目	2002	适用职教师资类专业
3	艺术设计核心教材	赵平勇	校级精品教材立项项目	2002	
4	生物工程下游技术	何立千	市级精品教材建设立项项目 校级精品教材立项项目	2003	适用生物技术专业
5	时装流行学	赵平勇	校级精品教材立项项目	2003	
6	证券投资案例教程	高成亮 林妍梅	市级精品教材建设立项项目 校级精品教材立项项目	2007	适用金融学专业
7	概率论与数理统计	张晓晞 石焕南	校级精品教材立项项目	2007	
8	C程序设计综合实践案例指导教程	刘　莹	校级精品教材立项项目	2009	
9	现代教育学教程	李娟华	校级精品教材立项项目	2009	
10	展示空间研究	张　威	院级精品教材立项项目	2010	
11	财务管理	李秀芹	院级精品教材立项项目	2010	
12	通用涉外文秘	张东昌	院级精品教材立项项目	2010	
13	Windows Server 2008 实例教程	李　湛	院级精品教材立项项目	2010	
14	服装制版实训范例	王京菊	院级精品教材立项项目	2010	

表 2.2-10　校级及以上精品教材一览表

序号	教材名称	主　编	级　别	获批时间/年	备　注
1	服装画电脑表现方法	曹建中	市级精品教材 校级精品教材	2006	适用艺术设计(服装方向)专业
2	电子产品制造技术	王卫平	校级精品教材	2006	
3	Linux 网络技术	王　波	校级精品教材	2008	
4	微型计算机维修教程	王永平	校级精品教材	2008	
5	Java 程序设计(第二版)	朱喜福	校级精品教材	2008	

注：2009 年和 2010 年学校均未开展此项工作。

表 2.2-11　2001—2010 年教师编写出版的教材一览表(不含高职高专教材)

序号	教材名称	主　编	出版社	出版年
1	大学语文教程	何水清	北京教育出版社	2001
2	Visaul C＋＋编程基础教程	王育坚	北京邮电大学出版社	2001
3	服装制版	潘　凝	高等教育出版社	2001
4	公共关系原理与实务	杨丽萍	高等教育出版社	2001

续表

序号	教材名称	主　编	出版社	出版年
5	大学英语优秀作文精选	张东昌	天津科技翻译出版公司	2001
6	大学语文	何水清	现代出版社	2001
7	大学语文专升本教程及模拟	何水清	现代出版社	2001
8	大学语文教材(专升本)	何水清	现代出版社	2002
9	大学语文教程(本科)	何水清	现代出版社	2002
10	大学语文指导(本科)	何水清	中国经济出版社	2002
11	公共关系理论与技巧	杨丽萍	京华出版社	2002
12	公共关系原理与实务	杨丽萍	高等教育出版社	2002
13	精品高级服装	张　志	中国纺织出版社	2002
14	程序设计基础	朱喜福	人民邮电出版社	2002.02
15	有害物质及其检测	李　金	中国石化出版社	2002
16	乒乓球	崔秀馥	北京体育大学出版社	2003
17	办公自动化实用教程	王永平	人民邮电出版社	2003
18	服装画电脑表现方法	曹建中	东华大学出版社	2003
19	服装设计艺术论	王　珉	河北教育出版社	2003
20	服装材料的审美构成	王　珉	高等教育出版社	2003
21	20世纪世界时装艺术史	王　珉	中国艺苑出版社	2003
22	乒乓球(普通高校体育选课教材)	崔秀馥	高等教育出版社	2003
23	服装手工工艺	潘　凝	高等教育出版社	2003
24	服装手工工艺	王　珉	高等教育出版社	2003
25	Visual C＋＋面向对象编程教程	王育坚	清华大学出版社	2003
26	大学语文教程	何水清	北京教育出版社	2003
27	艺术设计概论	赵平勇	高等教育出版社	2003
28	建筑配电与设计	高满茹	中国电力出版社	2003
29	电子工艺基础(第二版)	王卫平	电子工业出版社	2003
30	服装设计(商业美术师教材)	曹建中	高等教育出版社	2004
31	时装六人行	曹建中	中国纺织出版社	2004
32	《科学》教材及教师用书共7册新编、4册修订	何立千	上海教育出版社	2004
33	AutoCAD中文版实用教程	周玉基	高等教育出版社	2004
34	基础化学	吴京平	化学工业出版社	2004
35	计算机维修教程	王永平	清华大学出版社	2004
36	服装画风格六人行	曹建中	中国纺织出版社	2004
37	手风琴伴奏中外歌曲选集(上、下)	黄立凡	文化艺术出版社	2004
38	Visaul FoxPro 6.1简明教程(第二版)	魏绍谦	高等教育出版社	2004
39	大学语文考试教程专升本	何水清	朝华出版社	2004
40	服装设计	曹建中	黑龙江美术出版社	2004
41	山西二人台——许月英唱腔艺术	吕　勇	中国戏剧出版社	2004

续表

序号	教材名称	主　编	出版社	出版年
42	时尚·服装设计艺术	王　珉	河北教育出版社	2004
43	Visual FoxPro 6.0 简明教程(第二版)	魏绍谦	高等教育出版社	2004
44	社区合唱指挥指南	黄　鸿	中国社会出版社	2005
45	精做高级服装	张　志	中国纺织出版社	2005
46	畅通英语	张东昌	高等教育出版社	2005
47	音乐基础教程	赵　华	河海大学出版社	2005
48	一千年以后——简易版流行钢琴曲	李妍冰	湖南文艺出版社	2005
49	电子产品制造技术 DVD 一套	王卫平	高等教育出版社,高等教育电子音像出版社	2005
50	电子产品制造技术	王卫平	清华大学出版社	2005
51	现代唐装款式精粹	车卫东 王京菊	中国纺织出版社	2005
52	管理学原理与运作	李秀芹	经济管理出版社	2005
53	电子表格高级处理	李　湛	高等教育出版社	2005
54	完全周杰伦——流行钢琴曲特辑	李妍冰	湖南文艺出版社	2006
55	Visual FoxPro6.0 简明教程光盘	陈万里	高等教育出版社	2006
56	考研英语阅读 2007(200 篇)	赵　雪	新华出版社	2006
57	Visual FoxPro6.0 教程	陈漫红	高等教育出版社	2006
58	导购英语	甘治昕	中国纺织出版社	2006
59	D 大调卡农——简易版流行钢琴曲	李妍冰	湖南文艺出版社	2006
60	女装设计基础	倪映疆	中国纺织出版社	2006
61	国际商务礼仪大全	赵　雪	电子工业出版社	2006
62	世界经典职业赛事竞赛与欣赏	崔秀馥	北京体育大学出版社	2006
63	全国英语等级考试教材第二级第三次修订版	李　娜	外文出版社	2006
64	全国英语等级考试教材同步学习第一级	李　娜	外文出版社	2006
65	全国英语等级考试教材同步学习指导第二级第三修订版	李　娜	外文出版社	2006
66	设计色彩学	赵平勇	中国传媒大学出版社	2006
67	人力资源管理案例分析	高洪力	北京林业大学出版社	2006
68	吉祥三宝——简易版流行钢琴曲	李妍冰	湖南文艺出版社	2006
69	秘书国家职业资格培训教程二级秘书	郭　冬	中央广播电视大学出版社	2006
70	大学英语六级阅读 100 篇	顾亮和	世界图书出版社	2007
71	高等数学	张晓晞	电子工业出版社	2007
72	Java 程序设计	朱喜福	高等教育出版社	2007
73	中等职业教育国家规划教材辅导丛书英语练习册	史　阳	北京出版社	2007
74	高中英语同步辅导 3 全攻略	顾亮和	广东省出版集团	2007
75	手风琴教学曲集	黄立凡	上海音乐出版社	2007

续表

序号	教材名称	主　编	出版社	出版年
76	手风琴重奏合奏曲集	黄立凡	上海音乐出版社	2007
77	Linux 网络技术	王　波	机械工业出版社	2007
78	商业银行综合业务实训教程	庞昊勇	东北财经大学出版社	2007
79	平面构成	张　旗	北京希望电子出版社	2007
80	秘书国家职业资格考试与实训指南	郭　冬	中央广播电视大学出版社	2007
81	动画速写	薄芙丽	中南大学出版社	2008
82	脱口而出 2	戴立黎	中国和平音像电子出版社	2008
83	成年人简易钢琴教程	李妍冰	湖南文艺出版社	2008
84	大学生心理健康教育	曾美英	北京交通大学出版社	2008
85	办公自动化实用教程(第 2 版)	王永平	人民邮电出版社	2008
86	现代教育学教程	李娟华	中国计量出版社	2008
87	新编实用英语教师参考书(北京版)	戴立黎	高等教育出版社	2008
88	风险投资运作	高成亮	首都经济贸易大学出版社	2008
89	应用教育心理学	曾美英	贵州人民出版社	2008
90	大学生职业生涯规划与辅导	曾美英	北京航空航天大学出版社	2008
91	Access 数据基础与应用	魏绍谦	高等教育出版社	2008
92	网站建设与管理	马　涛	机械工业出版社	2008
93	全国师范学院舞蹈普及教材与教法“中国民间舞——蒙古族”	曹颖娜	北京天天文化艺术有限公司	2008
94	手巾花·技巧教学	曹颖娜	北京天天文化艺术有限公司	2008
95	高等院校展示系列教材——展示设计概论	赵平勇	河北美术出版社	2008
96	高等院校展示系列教材——展示空间设计	赵平勇	河北美术出版社	2008
97	高等院校展示系列教材——展示道具设计	赵平勇	河北美术出版社	2008
98	高等院校展示系列教材——展示视觉传达设计	赵平勇	河北美术出版社	2008
99	C 语言程序设计	刘　莹	机械工业出版社	2009
100	生物化学	荣瑞芬	化学工业出版社	2009
101	Visual FoxPro 简明教程	魏绍谦	高等教育出版社	2009
102	办公自动化	王永平	人民邮电出版社	2009
103	微生物检测技术	叶　磊	化学工业出版社	2009
104	英语扩展教程 3	戴立黎	高等教育出版社	2009
105	大学计算机基础实践教程	李育芳	中国铁道出版社	2009
106	图案设计与应用(第二版)	滕雪梅	高等教育出版社	2009
107	建筑配电与设计(第二版)	高满茹	中国电力出版社	2010
108	数据库系统原理与应用技术	陈漫红	机械工业出版社	2010
109	钢琴基础(一)	黄立凡	上海教育出版社	2010

续表

序号	教材名称	主　编	出版社	出版年
110	全国英语等级考试历年真卷详解1(第一级)	李　娜	外文出版社	2010
111	会计学原理	李秀芹	中国计量出版社	2010
112	钢琴基础(二)	黄立凡	上海大学出版社	2010
113	Access2007 数据库应用教程	李　湛	清华大学出版社	2010
114	Access2007 数据库应用习题与实验指导教程	李　湛	清华大学出版社	2010
115	英语3(基础模块)	李　娜	经济科学出版社	2010
116	装饰图案基础	朱　丽	天津大学出版社	2010
117	中西方美术作品比较	纪学艳	天津大学出版社	2010
118	图形创意思维与表达	谢崇桥	天津大学出版社	2010
119	设计·雕塑基础	杨晓钟	天津大学出版社	2010
120	动漫手绘技法	薄芙丽	天津大学出版社	2010
121	时装速写基础	江　山	天津大学出版社	2010
122	现代构成设计基础	李红梅	天津大学出版社	2010
123	设计速写基础	张路光	天津大学出版社	2010
124	设计透视基础	张　旗	天津大学出版社	2010
125	设计素描基础	梁绘影	天津大学出版社	2010
126	设计色彩基础	黄金龙	天津大学出版社	2010
127	弹儿歌学钢琴	李妍冰	湖南文艺出版社	2010

注：本表收录的教材均为学院教师为第一主编、第一编著者。

3. 实践教学建设

为了落实学校“发展应用性教育、培养应用性人才、建设应用型大学”的办学宗旨，学院在2004版、2007版教学计划中加强了实践教学体系建设，增加了实践教学比重，增设了集中实践周，改18周理论教学为“16＋2”模式，即每学期教学时间由16周理论教学和2周集中实践教学组成。同时，适当缩减理论教学学时，使各专业的理论教学总学时严格控制在2600学时以内。学院还不断加大投入，使实验教学硬件条件达到较高水平，实验设备总值达到三千多万元，学生人均1万多元。学院重视院内外实践教学基地的建设，2006年11月学院召开了“北京联合大学师范学院教育实习基地建设合作委员会”成立大会暨第一次会员大会，来自北京的近30所中等职业学校及有关教育机构的70多名校长、教务主任参加了会议。2007年，在北京联合大学师范学院教育实习基地建设合作委员会基础上，扩展成立了“北京联合大学师范学院实践教学建设合作委员会”(以下简称“实践教学合作委员会”)，校外实践教学基地中的62家实习学校和企业成为首批会员单位。2007年至2010年年底，“实践教学合作委员会”共召开4届年会和1次研讨会，为培养应用型人才提供了良好环境和硬件支持。

为了加强对师范学生教学技能的培养，学院提高了教育实习要求，逐步延长教育实习周数。2008年10月，2005级学生教育实习周数由原来的4周延长为6周；从2009年开始，教育实习延长为8周。学生的实习教学要求相应提高到至少撰写6个教案、上8节课。

艺术设计实验教学中心于2006年被评为校级实验教学中心；职教师资校外人才培养基地获得“北京联合大学2009年校外示范性实践教学基地”称号。

表 2.2-12　2001—2010年校外实践教学基地建设一览表

序号	实践教学基地名称	面向专业	签约时间	备　注
1	歌华文化创意产业中心校外人才培养基地	艺术设计	2010.06	校级示范
2	北京市玫瑰坊时装有限责任公司	艺术设计	2004.06	
3	北京佳益服装制造公司——北印邮码	艺术设计	2007.07	
4	北京多彩印刷有限公司	艺术设计	2007.07	
5	北京妙音动画有限公司	艺术设计	2007.07	
6	北京辉煌时代家具有限公司	艺术设计	2007.07	
7	北京工业设计促进中心	艺术设计	2007.07	
8	安徽宏村鑫园酒店	艺术设计	2007.07	
9	北京中联环建文建筑设计有限公司	艺术设计	2007.07	
10	深圳市中视典数字科技有限公司	艺术设计	2007.07	
11	西递梦圆写生馆	艺术设计	2007.07	
12	北京水晶石影视动画科技有限公司	艺术设计	2008.04	
13	北京市大兴区兴达中学	艺术设计		常年接收学生实习，但未签约
14	和平街一中	英语、汉语言文学	2004.09	
15	北京市求实职业学校（望京校区）	英语、汉语言文学、计算机科学与技术	2004.09	
16	196中学	英语、汉语言文学	2004.09	
17	民族文化艺术学校	英语、汉语言文学	2004.09	
18	北京外事服务学校	英语、汉语言文学		
19	北京市21中	英语、汉语言文学	2009.09	
20	北京智慧共享教育研究院	英语、汉语言文学	2007.05	
21	北京博思集科技有限责任公司	英语、汉语言文学	2007.05	
22	北京京海文舟发展有限公司	英语、汉语言文学	2007.05	
23	北京市朝阳区艾毅双语幼儿园	英语、汉语言文学	2007.05	
24	北京通向未来语言研究所	英语、汉语言文学		常年接收学生实习，但未签约
25	北京商业学校	会计学	2007.09	
26	北京市财经学校	会计学		常年接收学生实习，但未签约
27	北京金融商贸职业技术学校（对外经贸大学附中）	会计学	2007.09	
28	北京金融商贸职业技术学校（团结湖第二中学）	会计学	2007.09	
29	现代职业学校	会计学	2004.09	
30	大兴一职	会计学		常年接收学生实习，但未签约
31	宣武区一职	会计学	2007.09	

续表

序号	实践教学基地名称	面向专业	签约时间	备注
32	中诚信国际信用评级公司	会计学	2005.03	
33	东方证券霄云路营业部	会计学		常年接收学生实习,但未签约
34	东方迪格金融软件有限公司	会计学		常年接收学生实习,但未签约
35	光大银行德胜门支行	会计学		常年接收学生实习,但未签约
36	北京道维税务师事务所有限公司	会计学		常年接收学生实习,但未签约
37	北京运展工贸集团	会计学	2005.03	
38	北京华夏天海会计师事务所	会计学	2005.03	
39	北京市电子信息学校	电子信息工程		常年接收学生实习,但未签约
40	北京市电气工程学校	电子信息工程	2007.09	
41	北京市电子工业技工学校	电子信息工程		常年接收学生实习,但未签约
42	北京铁路电气化学校	电子信息工程	2007.09	
43	北京无线电动力技工学校	电子信息工程	2007.09	
44	北京市工业技师学院	电子信息工程、应用心理学	2007.09	
45	北京市崇文区电子技术职业教育中心	电子信息工程	2008.09	
46	北京市应用职业技术学校	电子信息工程	2007.09	
47	北京市自动化工程学院	电子信息工程	2007.09	
48	北京新媒体技师学院	电子信息工程	2009.09	
49	北京朝阳职业技术学校	电子信息工程		常年接收学生实习,但未签约
50	北京城市建设学校	电子信息工程	2004.09	
51	北京机械工业学校	电子信息工程		常年接收学生实习,但未签约
52	北京安拓普科技发展有限公司	电子信息工程	2007.03	
53	北京金字天正股份有限公司研发部	电子信息工程		常年接收学生实习,但未签约
54	深圳市英蓓特信息技术有限公司	电子信息工程	2007.03	
55	北京三维力控科技有限公司	电子信息工程	2008.03	
56	北京精仪达盛科技有限公司	电子信息工程	2008.03	
57	北京飓风中天科技发展有限公司	电子信息工程	2008.03	
58	北京一正启源科技发展有限公司	电子信息工程	2009.06	
59	北京梦幻动画科技有限公司	电子信息工程	2009.06	
60	北京市医疗器械学校	计算机科学与技术	2004.09	
61	西城电子工业学校	计算机科学与技术		常年接收学生实习,但未签约

续表

序号	实践教学基地名称	面向专业	签约时间	备　注
62	丰台区职业教育中心学校	计算机科学与技术	2004.09	
63	北京市求实职业学校(安贞校区)	计算机科学与技术		常年接收学生实习,但未签约
64	北京市实美职业学校	计算机科学与技术		常年接收学生实习,但未签约
65	北京市宣武区第二职业学校	计算机科学与技术		常年接收学生实习,但未签约
66	北京市第二轻工业学校	计算机科学与技术	2004.09	
67	北京拓扑高科信息技术有限公司	计算机科学与技术		常年接收学生实习,但未签约
68	北京中兴兴业数据系统有限公司	计算机科学与技术		常年接收学生实习,但未签约
69	北京康邦科技有限公司	计算机科学与技术	2009.03	
70	北京金商祺科技股份有限公司	计算机科学与技术	2009.03	
71	宣武第三职业学校	音乐学	2004.09	
72	西城区教委教研中心	音乐学		常年接收学生实习,但未签约
73	北京市化工学校	音乐学		常年接收学生实习,但未签约
74	北京星海钢琴集团有限公司星海乐器城	音乐学		常年接收学生实习,但未签约
75	北京青年压力管理服务中心	应用心理学		常年接收学生实习,但未签约
76	北京宇虹桥咨询服务公司	应用心理学	2006.03	
77	北京市海淀区卡耐基成功素质培训学校	应用心理学	2005.11	
78	北京文正咨询公司	应用心理学	2005.11	
79	北京华夏心理培训学校	应用心理学	2007.03	
80	北京东燕郊冶金医院精神卫生中心	应用心理学	2006.06	
81	用友软件股份有限公司	应用心理学	2007.06	
82	北京心灵方舟科技发展有限公司	应用心理学	2006.06	

注：表中“备注”栏未特别标注的单位,均与学院签订了实习基地协议。

4. 教学管理制度建设

学院重视教学规范建设,不断完善教学管理制度。2001 年 11 月,印发了《学院管理制度汇编》,收录了教学管理的各项制度,为规范教学工作起到了重要作用。从 2005 年开始,学院的教学管理制度建设由自主制定各类教学管理制度,改变为在学校总体管理制度框架下制定学院一级的实施细则或补充规定。2005 年 10 月,为了更好地迎接本科教学工作水平评估,加强教学管理,学院对原有院级教学管理制度进行了全面梳理、修订,编制了教学管理文件汇编,涵盖专业建设及培养计划管理、课程建设管理、实践教学管理、教学质量监控管理、教学研究管理等教学管理环节。2006 年补充了学籍管理制度。2009 年开始在学校统一安排下,利用“正方教务管理信息系统”进行教学管理,使教学管理工作更加现代化、科学化。

学院重视教学质量和教学督导工作,建立了教学视导组专家听课、领导干部听课、学生评教制度,并有效地加以实施。学院成立了由退休教师和现任教师组成的视导组,设有组长1名,成员10人以上。视导组根据学院专业布局情况,分为文科组、理工组和艺术组三个小组,并分别设有小组组长。教师课堂教学质量的评定分数,由系领导、同行和学生三部分评教分加权组成。

(三)教育教学改革与发展

1. 人才培养模式改革

学院积极开展教学改革研究,不断探索应用型人才培养模式。从2001级学生开始,学院试行学分制管理。为配合学分制改革需要,2001年启动、2002年自主完成了2001版教学计划制(修)订工作,编制了2001版教学计划汇编和课程大纲汇编。2003年以后,培养计划和教学大纲等主要教学文件由学校统一管理。按照学校的要求,2004年完成了2004版培养计划制(修)订工作,由学校汇编成册,学院自行编制了相应的课程教学大纲汇编;2008年完成了2007版培养计划制(修)订工作,由学校汇编成册,学院编制了相应的课程教学大纲电子版汇编。经过三次修订教学计划,在总学分和总学时基本保持稳定的前提下,选修课比例和实践教学比例逐步增加。2007年开始,教学计划由以培养专业应用能力为核心构建培养计划和课程体系构成。教学计划中应用型人才培养目标越来越清晰,人才培养定位越来越细化。同时为适应首都职教师资培养的需要,学院建立了“职教师资应用性本科人才培养模式创新试验区”。2009年该实验区被评为校级人才培养模式创新实验区。

2. 教育教学改革研究

学院强调以科研促进教学,以研究指导教学,鼓励教师进行教育教学改革研究,每年均设立多项院级教育教学改革项目,为教师申报上级教育教学改革项目创造条件。从2007年开始,学院市级教育科学规划项目和市级教改项目,以及教育部重点教育科学规划项目获得较大突破,2007—2010年共获得9项市级及以上项目(见表2.2-13)。

表2.2-13　2001—2010年市级及以上教育教学研究项目一览表

项目名称	项目来源	级别	立项时间/年	结题时间/年	负责人	经费/万元
服装平面与立体剪裁造型比较设计与实践	北京市教育教学改革项目	市级	2007	2010	赵平勇	—
北京中职主体专业师资需求调研暨职教师资专业发展预测研究	北京市教育科学规划项目	市级	2008		刘彦文	1
高等职业技术师范教育实践教学创新与实践	北京市教育委员会教改项目	市级	2008		尹庆民	—
数学建模和数学实验在应用型人才培养中作用的研究	北京市教育科学规划项目	市级	2009		张晓晞	—
艺术设计专业双语教学课程体系建设和实践	北京市教育科学规划项目	市级	2009		李红梅	—
新中国中职教育教师培训政策的发展研究	全国教育科学“十一五”规划2009年度教育部重点课题	部级	2009		李娟华	4

续表

项目名称	项目来源	级别	立项时间/年	结题时间/年	负责人	经费/万元
行业企业参与首都职业教育激励机制研究	全国教育科学规划 2009 年度职业教育研究专项课题（教育部重点）	部级	2009		段素菊	4
艺术技术一体化应用型人才培养的创业实践教育体系构建与实践研究	全国教育科学"十一五"规划项目	部级	2010		薛立军	—
中职师资核心职业能力职前培养策略研究	北京市教育科学规划项目	市级	2010		徐英俊	—

3. 教育教学成果及奖励

2001—2010 年间，学院共获得 1 项北京市级教育教学成果奖（一等奖），23 项校级教育教学成果奖（见表 2.2-14）。

2009 年"高等职业技术师范教育实践教学体系构建与实践"获北京市级教育教学成果奖一等奖。该项目为学院经过长期探索、创新与实践形成的体现职教师资"双技能"（教学职业技能、专业技术能力）人才培养特色的实践教学改革成果。它按照重教师素质、重实践能力、重创新意识的培养理念，按照职业学校对同时具备教师资格和职业资格的"双师型"教师岗位核心能力的要求，针对职教师资专业实践能力不高、实践教学能力较弱的突出问题，提出了构建实施"双序列、四层次、多模块"（教师职业技能实践教学序列和专业技术能力实践教学序列；基本素质层次、基础技能层次、职业与专业技能层次和综合训练层次；科技创新模块、科技训练模块、专业技术证书模块、专业基础技能训练模块、专业新技术技能训练模块、程序设计训练模块、网络训练模块、工程基础训练模块和素质拓展模块等多模块）职教师资实践教学体系；为支撑实践教学体系的实施，打造互利共赢的学院、职业学校和企业行业"三方合作"的实践教学基地和共建共管平台——实践教学基地建设合作委员会，形成实践教学教师、学生、职业学校、企业、职业技术教育教师教育研究所"五位一体"共同推进实践教学改革的运行和组织保障机制，提升"双技能"职教师资培养质量，学生的"双技能"得到了社会和用人单位的高度认可及好评。

表 2.2-14　2001—2010 年校级及以上教育教学成果获奖项目一览表

序号	成果题目	获奖者姓名	获奖级别	获奖时间
1	艺术设计学科建设与发展	赵平勇、周玉基、朱丽、王珉、靳长缨	校级一等奖	2004.11
2	师范学院教学标准化管理体系的设计与构建	石明培、刘彦文、都丽萍、陈冠华	校级二等奖	2004.11
3	"电子工艺实训"课程与教材建设	王卫平、许启军、俞洪	校级三等奖	2004.11
4	食品科学与工程专业课程体系建设与教学内容研究	荣瑞芬、李鸿玉、叶磊、何立千、李金	校级三等奖	2004.11
5	双语教学方法研究与实践	朱喜福、张菁	校级三等奖	2004.11
6	中等职业技术教育师资培养模式的构建	石明培、张仲林、薛立军、尹庆民、刘彦文	校级一等奖	2006.09

续表

序号	成果题目	获奖者姓名	获奖级别	获奖时间
7	注重实践教学,培养多能一专的应用性音乐人才	赵华、王倬、黄立凡、孙玉霞	校级二等奖	2006.09
8	改革大学英语教学培养自主学习能力	戴立黎、史阳、邱瑞年、曾玲琴	校级三等奖	2006.09
9	艺术设计专业教学与参赛结合实践	周玉基、赵昆、景怀宇、张宇彤、吕林雪	校级三等奖	2006.09
10	金融专业系统性模拟实验项目的研究与建设	庞昊勇、李秀芹、林妍梅、高成亮	校级三等奖	2006.09
11	食品科学与工程专业技术应用型人才专业核心能力的构建与培养	荣瑞芬、叶磊、刘京萍、吴京平、闫文杰	校级一等奖	2008.10
12	应用心理学专业实践教学体系	曾美英、牟书	校级一等奖	2008.10
13	职教师资实践能力培养的探索与实践	薛立军、张仲林、尹庆民、刘彦文、高满茹	校级二等奖	2008.10
14	艺术设计专业产学研结合教学新模式的探索与实践	赵平勇、周玉基、薄芙丽、王海智、江山	校级二等奖	2008.10
15	师范学院计算机师范专业实践教学改革	李育芳、王波、翟红英	校级三等奖	2008.10
16	课件《小提琴协奏曲"梁山伯与祝英台"》	赵华、田禾佳、茹秀华、张东迅	校级三等奖	2008.10
17	英语(文秘)专升本专业人才培养模式研究与配套教学管理体系改革	张东昌、戴立黎、张军丽、赵雪、甘治昕	校级三等奖	2008.10
18	多校区网络教学平台建设与管理模式的研究与实践	岳江红、张连城、周华丽、杜建萍、白丽媛、罗映霞、焦婧、马军、谭鲁芳、王瑾瑾	校级三等奖	2008
19	高等职业技术师范教育实践教学体系构建与实践	薛立军、张仲林、尹庆民、刘彦文、高满茹	市级一等奖	2009.05
20	实施"学生自主实践计划项目"提升学生综合实践创新能力	薛立军、刘彦文、魏绍谦、赵平勇、赵华	校级一等奖	2010
21	《实用商务英语教程》教材建设	张东昌、赵雪、张军丽、李淑琼、戴立黎	校级三等奖	2010
22	数学建模和数学实验在创新型人才培养中作用的研究与实践	张晓晞、张景胜、张鑑、范淑香、张洪、徐坚、顾春	校级三等奖	2010
23	开辟提高学生艺术综合实践能力的新途径——艺术教育系《排练》课程的实践教学尝试	赵华、黄立凡、王小力、曹颖娜、黄鸿	校级三等奖	2010
24	以服装设计专业资质认证为导向的人才培养模式	靳长缨、曹建中、倪映疆、车卫东、王健	校级三等奖	2010

注:1. 第18项成果完成单位为校网络中心、校教务处、师范学院、商务学院。
　　2. 第22项成果完成单位为师范学院、生物化学工程学院。

4. 学科专业竞赛及奖励

学科专业竞赛是检验教学质量的重要参考指标,学院每年都组织学生参加各级各类学科专业竞赛,获得多项市级及以上级别奖励(见表2.2-15)。

表 2.2-15　2001—2010 年学生参加学科专业竞赛获市级及以上奖励情况一览表

获奖时间	学科专业竞赛名称	获奖学生/集体	指导教师	获奖级别
2001.12	CCTV“脑白金杯”服装设计电视大赛	马　凯	方　憬 唐　怡	金奖
				最佳媒体印象奖
				最具市场潜质奖
2002.09	2002 国际商标标志双年奖学生组火花创意奖	张　莉	周玉基	银奖
2002.10	全国大学生电子竞赛	姚春林 高　宁	指导教师组	三等奖
2002.10	2002 年“科普兰德新人杯”全国青年学生室内设计竞赛	张　晟	赖亚楠	二等奖
2002.11	全国大学生视觉设计大赛	线晓媛	周玉基	未来设计师铜奖
2002.12	第二十三届北京高校健美操、艺术体操比赛竞技健美操甲组六人操	赵立莹	唐宏斌	二等奖
2003.07	第二届“挑战杯”首都大学生课外学术科技作品竞赛	韩　秋	吴舒丹	三等奖
2003.09	第六届“全国大学生视觉设计大赛”暨靳埭强设计奖	刘　琪 刘　琳	张宇彤	铜奖
2004.05	北京市健美比赛	赵立莹	唐宏斌	健身小姐 A 组第三名
2004.05	北京市风筝比赛暨北京联合大学第二届风筝节	福　磊	无	第二名
2004.06	全国大学生英语竞赛	金　倩	常　华	二等奖
		沈雅妹 高　然	常　华	三等奖
2004.10	全国大学生电子设计竞赛北京赛区比赛	李　昂 芮成娟 白　柳 马冬宝 单树明 左九春	指导小组	三等奖
2004.10	全国大学生数学建模竞赛（北京赛区）	张　勇 尤晓东	张晓晞 张　鉴	二等奖
		张　震	张晓晞	二等奖
2004.12	全国首届 KAWAI 杯钢琴比赛（北京分区赛）四手联弹青年组	王　玲 张　童	王小力	第二名
2004.12	2004 年北京市第二十五届高校健美操、艺术体操比赛健身健美操甲组	马　腾	唐宏斌	一等奖
2005.05	北京市首届大学生艺术展演	艺术团舞蹈队	曹颖娜	舞蹈一等奖
		艺术团合唱队	金　野	合唱一等奖
2005.06	北京市高校第 26 届健美操、艺术体操大赛大众健美操团体项目甲组	马　腾	唐宏斌	第一名
		邱　天		第一名

续表

获奖时间	学科专业竞赛名称	获奖学生/集体	指导教师	获奖级别
2005.07	首届“全国校园才艺选拔活动”(北京赛区比赛)	刘　悦	孙玉霞	大学组西洋乐长笛项目银奖
		王　铮		高中组西洋乐钢琴项目银奖
2005.10	2005全国大学生广告艺术大赛“中凯杯”(北京赛区)竞赛	王　莹	无	平面类二等奖
		刘澄宇		平面类二等奖
		李亚男		平面类三等奖
		彭　鹏 赵征雁	无	平面类三等奖
2005.10	全国大学生电子设计竞赛北京赛区比赛	马冬宝 单树明 左九春 张　勇 贺玉新 肖　伟	指导小组	三等奖
2005.11	全国大学生数学建模竞赛(北京赛区)	江素颖 崔　胜 仰　永	指导小组	二等奖
2006.01	北京高校“网络与我们的生活”平面设计大赛	苏　丽	吕林雪	二等奖
		高　鑫 付　莹 马莎莎		三等奖
2006.07	中国关爱成长艺术团团员全国选拔活动总决赛	于松建	无	朗诵专业少年B组北京赛区金奖
		黄孜蕊		古筝专业青年组北京赛区金奖
		何　凯	吴　芳	器乐专业青年组北京赛区金奖
				钢琴专业青年组北京赛区金奖
				器乐专业金奖
		李梦珊	无	朗诵专业少年B组北京赛区金奖
		张燕宣	孙玉霞	二胡专业青年组北京赛区金奖
		刘晓丹	耿　燚	钢琴专业青年组北京赛区银奖
		龚　晴	王小力	钢琴专业青年组北京赛区银奖
2006.10	北京2008奥林匹克“同心结”交流活动标识征集活动	马莎莎 张　侨	无	二等奖
		高　鑫 钱今言 张会元		三等奖
2006.10	全国大学生电子设计竞赛北京赛区比赛	杨志全 仰　永	指导小组	三等奖

续表

获奖时间	学科专业竞赛名称	获奖学生/集体	指导教师	获奖级别
2006.10	全国大学生数学建模与计算机应用竞赛	刘　香 商　立 时利娜	指导小组	全国二等奖
		张　鹤 宋　赫 段利影		北京市一等奖
		刘占来 欧　森 穆大维 张艳军 王小平 钱　影		北京市二等奖
2006.12	“华康杯”全国健美操锦标赛	卢建斌	唐红斌 吴立芝	院校组三人操第一名
		赵佳妮		院校组女子单人操第一名
		赵佳妮		院校组混合双人操第二名
		施海婷 程美舒		普及组第一名
		王培蕾		院校组三人操第一名
		许　超		院校组混合双人操第二名
		许　超		院校组三人操第一名
2007.06	2007“迎奥运”首都学生健美操、艺术体操大赛	赵佳妮	唐红斌 吴立芝	女子单人操第一名
		许　超		竞技混合双人操第一名
		许　超		竞技三人操第一名
		王培蕾 卢建斌		竞技六人操第一名
		施海婷 程美舒 刘　静 杜　蕊		大众六人操自选第一名
		许　超		六人组冠军
2007.07	第三届美国迪贝国际青少年钢琴比赛	龚　晴	王小力	二等奖
2007.08	全国民族器乐大赛	刘晓丹 王　莹 黄孜蕊	崔金枝	月光奖
2007.08	第八届“广茂达杯”中国智能机器人大赛(大学组足球 2Vs2 比赛)	魏　斌	高满茹 冯　刚	一等奖
2007.10	第二届北京大学生艺术展演——合唱比赛	大学生 艺术团 合唱队	金　野	一等奖

续表

获奖时间	学科专业竞赛名称	获奖学生/集体	指导教师	获奖级别
2007.10	第二届北京大学生艺术展演——舞蹈比赛	大学生艺术团舞蹈队	曹颖娜	一等奖
2007.10	全国大学生电子设计竞赛北京赛区比赛	蔡敬云 马　辉 李　超	指导教师组	北京市三等奖
2007.10	全国大学生数学建模竞赛北京赛区比赛	姚小川 任　苗 孔　琛	指导教师组	北京市一等奖
		穆　鑫 马双智 许宝利	指导教师组	北京市二等奖
2007.10	2007年度"桑格拉杯"云南首届室内设计大奖赛	陈栋华	无	佳作奖
2007.10	2007全国通讯体协杯健美操锦标赛	许　超	唐红斌 吴立芝	男单冠军
		许　超		混双亚军
		许　超		六人组季军
2007.10	全国优质教育成果比赛	毛　毳	王丽娟	一等奖
2007.11	"正保教育杯"第三届全国ITAT教育工程就业技能大赛	张　骞 陈　璐 马　爽 傅晓伟 沈天瑢 姜　彤 蔡　杰 黄　威 王　宇 李京宜 张倜然	无	全国三等奖
		徐剑魁		全国二等奖
2008.11	第九届"广茂达杯"中国智能机器人大赛国际赛制机器人灭火比赛(大学组)	魏　斌	无	一等奖
2009.05	北京市大学生物理实验竞赛	戚成浩 毛历蕊	徐蕾蕾 王卫平	三等奖
2009.07	庆祝国庆60周年暨魅力校园合唱汇演	大学生艺术团合唱队	黄　鸿	小合唱大学组一等奖
2009.08	Microsoft Office Specialist 世界大赛	刘长昊	无	北京赛区三等奖

续表

<table>
<tr><th>获奖时间</th><th>学科专业竞赛名称</th><th>获奖学生/集体</th><th>指导教师</th><th>获奖级别</th></tr>
<tr><td rowspan="4">2009.08</td><td rowspan="4">“佰笛杯”2009 年全国手风琴展演比赛</td><td>杨　璨</td><td rowspan="4">黄立凡</td><td>表演组金奖</td></tr>
<tr><td>杨　璨</td><td>成人组铜奖</td></tr>
<tr><td>任　腾
张再兴
赵　贺
周　宁
邹梦颖</td><td>重奏组金奖</td></tr>
<tr><td>杨　璨</td><td>重奏组银奖</td></tr>
<tr><td>2009.09</td><td>“天然杯”第六届国际 T 恤设计大赛</td><td>康玮婷</td><td>无</td><td>最受媒体欢迎奖</td></tr>
<tr><td>2009.09</td><td>2009 年全国健美操锦标赛日照战混合双人操</td><td>赵巳彤</td><td>唐红斌</td><td>冠军</td></tr>
<tr><td>2009.09</td><td>2009 中国知识产权宣传海报创意设计大赛</td><td>李红斌</td><td>无</td><td>三等奖</td></tr>
<tr><td>2009.09</td><td>全国大学生广告艺术大赛</td><td>段　芳
郭慧娟</td><td>无</td><td>三等奖</td></tr>
<tr><td>2009.10</td><td>2009 年全国大学生数学建模与计算机应用竞赛</td><td>史　洁
孙　蔚
郑　森</td><td>指导教师组</td><td>北京市二等奖</td></tr>
<tr><td>2009.10</td><td>2010 年北京市大学生电子设计竞赛</td><td>郭君阔
李　月
许青河</td><td>指导教师组</td><td>北京市三等奖</td></tr>
<tr><td>2009.11</td><td>首届北京市大学生英语演讲比赛</td><td>朗玉萍</td><td>曾玲琴</td><td>二等奖</td></tr>
<tr><td>2009.12</td><td>首届北京市大学生人文知识竞赛</td><td>纪圣婴
李　玲
许潇潇</td><td>罗宜军</td><td>三等奖</td></tr>
<tr><td rowspan="2">2009.12</td><td rowspan="2">“鑫福海杯”品牌服装概念设计大赛</td><td>沈　雪</td><td>无</td><td>男装组二等奖</td></tr>
<tr><td>杨婷婷</td><td>无</td><td>女装组二等奖</td></tr>
<tr><td>2009.12</td><td>2009 年首都高校第 30 届健美操、艺术体操比赛暨首届北京市学生啦啦队大赛</td><td>阳光健身社团（团体）</td><td>王丽丽</td><td>二等奖</td></tr>
<tr><td rowspan="4">2010.05</td><td rowspan="4">全国第四届体育大会</td><td rowspan="4">许　超
张　辰
赵巳彤</td><td rowspan="4">唐红斌</td><td>竞技六人操第二名</td></tr>
<tr><td>竞技双人第三名</td></tr>
<tr><td>普及器械第二名</td></tr>
<tr><td>普及徒手第五名</td></tr>
<tr><td>2010.06</td><td>“国信蓝点杯”全国软件专业人才设计与开发大赛</td><td>董劭杰</td><td>无</td><td>北京分赛区 C 语言程序设计本科组三等奖</td></tr>
<tr><td rowspan="2">2010.06</td><td rowspan="2">全国电子专业人才设计与技能大赛</td><td>毛历蕊</td><td rowspan="2">无</td><td>北京赛区预赛二等奖</td></tr>
<tr><td>戚成浩</td><td>北京赛区预赛三等奖</td></tr>
</table>

续表

获奖时间	学科专业竞赛名称	获奖学生/集体	指导教师	获奖级别
2010.08	数学建模网络挑战赛	吕　放 张　赛 刘　佳 高　斌 邱志锋 张梦娅 景　丽 马海军	张晓晞	二等奖
		杨　蕾 高　旭 于伊雯 阎　玢		三等奖
2010.10	炫彩中国——数码服装服饰设计创意大赛	武英杰	张晓晞	铜奖
2010.10	第三届北京市大学生艺术展演	大学生艺术团舞蹈队	曹颖娜	二等奖
		大学生艺术团合唱队	黄　鸿	专业组三等奖
2010.11	北京市大学生英语演讲比赛	李　蕊	曾玲琴	三等奖
2010.12	数学建模	高　旭 于伊雯 齐浩然 董　巍 骆　腾 邓　岩	张晓晞	北京市一等奖

5. 学位授予情况

学院不断提高教学质量,严格毕业标准和学位授予标准,每届学生的毕业率和学位授予率见表 2.2-16。

表 2.2-16　2001—2010 届学生毕业、结业、学位授予情况一览表

届次	毕业生总数/人	准予毕业数/人	毕业率/%	结业数/人	授学位数/人	准予毕业不授学位数/人	学位授予率/%
2001	281	279	99.28	2	259	20	92.17
2002	291	290	99.65	1	245	45	84.19
2003	397	397	100	0	395	2	99.49
2004	431	429	99.53	2	427	2	99.07
2005	514	506	98.44	8	506	0	98.44
2006	580	578	99.65	2	531	46	91.55
2007	618	612	99.02	6	561	51	90.77
2008	620	617	99.51	3	599	18	96.61
2009	600	598	99.66	2	588	10	98.00
2010	574	568	98.95	6	560	8	97.56
合计	4906	4874		32	4671	202	

（四）重要教育教学活动

1. 本科教学工作水平评估

2003年1月，学校启动本科教学工作水平评估。学院遵循“以评促建，以评促改，以评促管，评建结合，重在建设”的方针，按照学校的统一部署，分阶段制订了可操作性的评估计划。截至2006年10月正式评估，学院通过多次层层动员发动，组织学习评估指标体系和自查整改，不断加强建设，在“改、建、管”上狠下功夫，使教学思路进一步明确，教学工作水平有了较快提升，教学条件有了较大改善。

(1) 学院进一步明确了发展建设思路

在以评促建过程中，学院党委认真思考总结28年办学的经验和教训，依靠广大教职员工集思广益，提出了“服务首都，面向大众；职师特色，艺术见长；应用为本，争创一流”的发展建设思路。使学院改革有方向、建设有标准、发展有目标，进入快速发展阶段。

(2) 进一步强化了教学工作的中心地位

学院坚持以教学工作为中心，以教学质量作为学院生存发展的生命线，形成了以下五个重视教学工作的优良传统：一是加强舆论宣传，使教学中心地位的思想和教学质量第一的意识深入人心；二是明确党委书记、院长为学院教学质量的第一责任人；三是确保教学投入的优先地位；四是不断加强学风教风建设，强化教师是课堂教学第一责任人的意识，使教师教书育人的自觉性和学生的学习积极性明显提高；五是健全规章制度，强化教学管理。同时，还把能否为教学一线积极、主动、热心服务，作为管理和教辅部门各级干部考核的重要指标。

(3) 加快教育现代化建设，使办学条件得到较大改善

在新教学楼建成投入使用后，学院又逐步进行了校园整治、绿化，实验室改造、教学科研仪器购置和图书馆图书文献资料购置等工作。教室全部安装了多媒体设备，教学设备总值达到3148.70万元（至2006年6月30日）。另外学院还多方联络，想方设法增加学生宿舍建设，为60%以上的学生解决住宿问题。

2006年10月15日至20日，教育部本科教学工作水平评估专家进驻学校检查，全院师生以良好的精神面貌、积极的努力为学校顺利通过评估验收做出了贡献，无论是课堂教学表现还是教学材料调阅都完成了任务。

2. 学院教学工作大会和实践教学基地建设合作委员会成立大会

2007年10月7日，学院召开全院教职工参加的“以实践教学为突破口，深化教育教学改革，全面提高教学质量”为主题的教学工作大会。大会总结回顾了2003年至2007年的教学工作，进一步明确了学院教学改革发展的主要目标和“深化教育教学改革、加强实践教学体系建设、全面提高教学质量”的任务。大会把学院实践教学改革推向新的高度，在全院形成共识。为了落实大会精神，学院开展了院级实践教学改革立项工作，并深入一线调研，研究实践教学体系，扩展实践教学基地。

2008年1月11日至12日召开了学院实践教学基地建设合作委员会成立大会，不仅进一步巩固了实习基地建设成果，拓展了实践教学合作领域，而且委员会作为资源共享的平台，为今后校企的进一步合作打下了良好的基础。经过这两次大会，学院实践教学改革不断走向深入，在此基础上总结提炼的“高等职业技术师范教育实践教学体系构建与实践”教学

成果,于2009年获得了北京市教育教学成果奖(高等教育)一等奖。

二、高等职业教育

(一)专业设置及调整

2001—2010年学院高职专业招生情况详见表2.2-17。2001年,学院新增电子商务专业,当年有9个专业(方向)招生,分别是外事文秘、财务会计、计算机应用技术(网络)、声像技术、电子商务、音乐表演与传播、音乐表演与传播(舞蹈)、装潢(电脑平面设计)和实用营养技术。2002年仍有9个专业(方向)招生(新增服装设计与工艺专业,装潢(电脑平面设计)暂停招生)。2003年,学院新增技术监督与商检、舞蹈与表演两个专业;装潢设计(电脑平面设计)专业更名为电脑美术设计专业;文秘专业连续三年未招生而属停招专业。2003年实际招生专业11个,分别是外事文秘、财务会计、计算机应用技术(网络)、声像技术、电子商务、实用营养技术、技术监督与商检、电脑美术设计、服装设计与工艺、音乐表演与传播、舞蹈与表演。2004年开始压缩高等职业教育规模,招生专业数量逐年减少,到2010年只保留了5个专业,分别是文秘、数字媒体技术、服装设计、电脑艺术设计和音乐表演与传播。

表2.2-17　2001—2010年高职专业招生情况一览表　　单位:人

招生专业	招生年份										合计
	2001	2002	2003	2004	2005	2006	2007	2008	2009	2010	
外事文秘	41	47	36	39							163
文　秘					40	38	36	35	42	31	222
财务会计	43	42	36	39							160
会　计					40	38	36	35	38		187
计算机应用技术(网络)	45	40	36	70							191
计算机应用技术					38	74	61	61	75		309
声像技术	44	34	36	38							152
电子商务	38	40	36	39							153
音乐表演与传播	29	32	30	30	30		30	30		33	244
音乐表演与传播(舞蹈)	11	36									47
音乐表演						30			30		60
舞蹈与表演			25								25
装潢(电脑平面设计)	33										33
实用营养技术	18	25	25								68
服装设计与工艺		22	25	25	25						97
服装设计						25	25	25	25	25	125
电脑艺术设计						25	25	25	25	25	125
技术监督与商检			25	30	30		30	20			135
电脑美术设计			25	25	25						75
数字媒体技术					76	74	61	61	42	20	334
总　计	302	318	335	335	304	304	304	292	277	134	2905

（二）教学基本建设

学院坚持不断加大高等职业教育的投入力度，建立实验实训室，建设重点专业、精品课程和规划（精品）教材等，有力地保障了教育教学质量。在教材建设方面的成绩尤为突出，共出版24部国家规划教材，5部市级精品教材和1部国家级精品教材。相关统计详见表2.2-18～表2.2-23。

表2.2-18　2001—2010年院级及以上高职精品课程一览表

序号	课程名称	负责人	级　别
1	高职英语公共课	杨亚军	2003年校级精品课程建设项目
2	公关与艺术实践	潘先伟	2003年校级精品课程建设项目
3	高职英语公共课	戴立黎	2005年校级精品课程
4	男装（西服）	倪映疆	2007年校级精品课程
5	电子工艺实训	王卫平	2005年院级精品课程建设项目 2008年校级精品课程
6	毛泽东思想、邓小平理论和“三个代表”重要思想概论	高洪力	2007年院级精品课程建设项目
7	计算机应用	李　湛	2009年院级精品课程建设项目
8	Linux网络应用技术	王　波	2009年院级精品课程建设项目
9	数学建模	张晓晞	2009年院级精品课程建设项目
10	女装	张　志	2010年院级精品课程建设项目

表2.2-19　2001—2010年校级“高职精品课程网络资源建设”项目一览表

序号	课程名称	负责人	获批时间/年
1	高职英语公共课	戴立黎	2005
2	男装（西服）	倪映疆	2007
3	电子工艺实训	王卫平	2008

表2.2-20　2001—2010年校级及以上高职精品教材一览表

序号	教材名称	主　编	级　别	获批时间/年
1	新世纪高职高专实用英语综合教程	张东昌	北京市级精品教材立项项目 校级精品教材建设项目	2002
2	应用写作教程	郭　冬	校级精品教材建设项目	2002
3	服装材料的审美构成	王　珉	校级精品教材建设项目	2002
4	文秘写作实训教程	郭　冬	北京市级精品教材立项项目 校级精品教材建设项目	2003
5	Java程序设计实用教程	朱喜福	校级精品教材建设项目	2003
6	电子工艺基础（第2版）	王卫平	北京市级精品教材 校级精品教材	2004
7	Java程序设计	朱喜福	北京市级精品教材 校级精品教材	2004
8	素　描	王　珉	校级精品教材	2004
9	秘书写作	郭　冬	校级精品教材	2004
10	商务英语实用教程	张东昌	北京市级精品教材 校级精品教材	2006

续表

序号	教材名称	主　编	级　别	获批时间/年
11	服装教学实训范例——女装	王　珉 王京菊	北京市级精品教材 校级精品教材	2006
12	文秘写作实训教程	郭　冬	北京市级精品教材 校级精品教材	2006
13	建筑配电与设计	高满茹	校级精品教材	2006
14	设计概论	赵平勇	校级精品教材	2006
15	服装立体制板(第二版)	王　珉 王京菊	国家级普通高等教育精品教材	2008
16	女装设计基础	倪映疆 潘　凝	北京市级精品教材 校级精品教材	2008
17	钢琴基础教程	黄立凡	校级精品教材建设项目	2009
18	立体裁剪试用教材	李红梅	校级精品教材建设项目	2009

表 2.2-21　2001—2010 年教育部新世纪教改项目(教材建设)一览表

序号	教材名称	主编姓名	获批时间/年
1	秘书写作	郭　冬	2002
2	素　描	王　珉	2002
3	设计概论	赵平勇	2002
4	服装立体制板	王　珉	2002
5	服装市场营销	尹庆民	2002

表 2.2-22　2001—2010 年高职规划教材一览表

序号	教材名称	主　编	获奖级别	获批时间/年	出版社
1	Java 程序设计	朱喜福	“十五”国家级规划教材	2001	人民邮电出版社
2	秘书写作	郭　冬	“十五”国家级规划教材	2003	高等教育出版社
3	新世纪高职高专 英语综合教程(修订版)	杨亚军	“十五”国家级规划教材	2003	上海外语教育出版社
4	服装市场营销	尹庆民 李秀芹	“十五”国家级规划教材	2003	高等教育出版社
5	Java 程序设计	朱喜福	“十五”国家级规划教材	2004	清华大学出版社
6	设计概论	赵平勇	“十五”国家级规划教材	2003	高等教育出版社
7	素　描	王　珉	“十五”国家级规划教材	2003	高等教育出版社
8	服装立体制板	王　珉	“十五”国家级规划教材	2003	高等教育出版社
9	服装教学实训范例——男装	王　珉 王京菊	“十五”国家级规划教材	2004	高等教育出版社
10	服装教学实训范例——女装	王　珉 王京菊	“十五”国家级规划教材	2004	高等教育出版社
11	Java 程序设计	朱喜福	“十五”国家级规划教材	2005	人民邮电出版社
12	服装教学实训范例—— 服装工业制板	王　珉 王　健	“十五”国家级规划教材	2005	高等教育出版社

续表

序号	教材名称	主编	获奖级别	获批时间/年	出版社
13	服装教学实训范例——工艺基础	王珉 王京菊	“十五”国家级规划教材	2006	高等教育出版社
14	秘书写作	郭冬	“十一五”国家级规划教材	2006	高等教育出版社
15	实用商务英语教程	张东昌	“十一五”国家级规划教材	2006	高等教育出版社
16	实用写作范例评点	郭冬	“十一五”国家级规划教材	2006	高等教育出版社
17	电子产品制造工艺	王卫平	“十一五”国家级规划教材	2006	高等教育出版社
18	Java 网络应用编程入门	朱喜福	“十一五”国家级规划教材	2006	人民邮电出版社
19	Java 程序设计(第二版)	朱喜福	“十一五”国家级规划教材	2006	人民邮电出版社
20	微型计算机维修教程	王永平	“十一五”国家级规划教材	2006	高等教育出版社
21	Visual Basic NET 程序设计	祝铭钰 赵英	“十一五”国家级规划教材	2006	高等教育出版社
22	服装立体制板(第 2 版)	王珉 王京菊	“十一五”国家级规划教材	2006	高等教育出版社
23	色彩	王珉	“十一五”国家级规划教材	2006	高等教育出版社
24	声乐教学法概论	曾泓	“十一五”国家级规划教材	2006	高等教育出版社

表 2.2-23 2001—2010 年教师编写出版的高职高专教材一览表

序号	教材名称	主编	出版社	出版年
1	Java 程序设计	朱喜福	人民邮电出版社	2001
2	大学语文指导(专科)	何水清	中国经济出版社	2002
3	新世纪高职高专英语综合教程	杨亚军	上海外语教育出版社	2002
4	新世纪高职高专英语综合教程(教师用书)	杨亚军	上海外语教育出版社	2002
5	新世纪高职高专英语综合教程(修订版)	杨亚军	上海外语教育出版社	2003
6	素描	王珉	高等教育出版社	2003
7	秘书写作	郭冬	高等教育出版社	2003
8	服装市场营销	尹庆民 李秀芹	高等教育出版社	2003
9	服装立体制板	王珉	高等教育出版社	2003
10	设计概论	赵平勇	高等教育出版社	2003
11	Java 程序设计	朱喜福	清华大学出版社	2004
12	Java 程序设计——示例与习题解析	朱喜福	人民邮电出版社	2004
13	服装教学实训范例——女装	王珉 王京菊	高等教育出版社	2004
14	服装教学实训范例——男装	王珉 王京菊	高等教育出版社	2004
15	商务英语实用教程	张东昌	高等教育出版社	2004
16	新世纪高职高专英语教程	戴立黎	高等教育出版社	2004
17	服装教学实训范例——服装工业制板	王珉	高等教育出版社	2005
18	文秘写作实训教程	郭冬	高等教育出版社	2005

续表

序号	教材名称	主　编	出版社	出版年
19	文秘写作实训教程光盘	郭　冬	高等教育出版社	2005
20	电子产品制造工艺	王卫平	高等教育出版社	2005
21	高等职业教育综合实训典型方案	王　珉	高等教育出版社	2006
22	服装教学实训范例——工艺基础	王　珉	高等教育出版社	2006
23	高等学校英语应用能力考试 A级历年全真试卷与译文详解	戴立黎	中央民族大学出版社	2007
24	秘书写作(第二版)	郭　冬	高等教育出版社	2007
25	微型计算机维修教程	王永平	北京出版社	2007
26	实用商务英语教程	张东昌	高等教育出版社	2009

注：本表收录的教材均为学院教师为第一主编、第一编著者。

三、继续教育

学院培训中心成立于1991年11月，是学院成人高等教育和各类非学历教育培训的办学管理机构，也是具有法人资格的社会力量办学单位。培训中心主要负责成人高等学历教育、各种非学历教育、职业技能取证培训及各类考前辅导与培训。

(一) 成人学历教育

2001—2010年，夜大学招生的总人数为专科539人(见表2.2-24)；本科(含专科起点本科)761人(见表2.2-25)。

1. 专科专业设置及招生情况

成人专科学历教育的培养目标是：根据北京市经济建设需要，培养具有一定基础理论和专业知识、有较强实操能力、德才兼备的职业型技术人才。

表2.2-24　2001—2010年夜大专科专业设置及招生情况一览表　　单位：人

招生年份 招生专业	2001	2002	2003	2004	2005	2006	2007	2008	2009	2010	合计
艺术设计				32		21				37	90
幼儿艺术教育	60				44	49	35	46	71	70	375
音乐表演								8			8
音乐学	14										14
计算机网络技术	10										10
英　语	42										42
合　计	126			32	44	70	35	54	71	107	539

2. 本科和专科起点本科专业设置及招生情况

成人本科学历教育的培养目标是：根据北京市社会发展需要，培养德、智、体全面发展，具有扎实的专业理论知识和技能、良好的文化与科学素质的应用型专门人才。

表 2.2-25　2001—2010 年夜大本科和专科起点本科专业设置及招生情况一览表　单位：人

年份	专业	本科	专科起点本科	合计
2001	艺术设计	17		69
	音乐学		52	
2002	艺术设计	43		79
	音乐学		36	
2003	因非典疫情，本年度未招生。从 2004 年起改为春季入学			0
2004	艺术设计	70		99
	音乐学		29	
2005	艺术设计	112		140
	音乐学		28	
2006	艺术设计	53	2	89
	音乐学		34	
2007	艺术设计	66		100
	音乐学		34	
2008	艺术设计	24	34	84
	音乐学		26	
2009	艺术设计	25	11	61
	音乐学		25	
2010	艺术设计	7	14	40
	音乐学		19	
合计		417	344	761

3. 教学与管理

(1) 管理体制

随着成人教育规模的扩大，自 2002 年始，学院成人教育由原学院统一管理改为院系两级管理体制。学院培训中心主管成人教育的招生录取、学籍、毕业和教学监督管理，包括学生报到、注册、学籍资料的存储与填报、学生学籍异动及处分的管理与申报、编制课表、学生毕业资格审查与毕业证书的发放、学位资格审查与学位证书的发放、《学生手册》的编纂与修订及系部教学情况检查等。相关系部负责成人教育具体的教学工作和学生管理，包括专业教学计划制订、教师授课安排、教材选定及班主任管理等工作。两级管理办法有效地调动了各方面的积极性，从而使学院成人教育管理上了一个新台阶。

2003 年学院培训中心完成了首次大规模的电子注册管理工作。2008 年，夜大学学生的学籍变动改由学校网上统一办理。2009 年，学校统一了夜大学招生工作，学院的原招生代码(066)停止使用。2010 年，夜大学学生改用北京联合大学版毕业证书。

(2) 专业设置与调整

成人教育的专业设置与调整工作决定着其招生、教学及学员就业等一系列重大问题，培训中心和各系部对此十分重视。进入 21 世纪后，随着国家经济社会的发展，市场对艺术型人才需求加大，学院这方面教学与设备也均有一定的优势。培训中心与相关系部通力合作将原来的服装设计专业改为艺术设计专业，且培养层次设置为专科、本科和专升本科三种形式。以后又将其专业方向丰富为电脑美术设计、视觉传达艺术设计、装饰艺术设计、广告艺术设计、服装设计与制作等。同时根据北京市对幼儿教育师资的需求,将原有的音乐学专业专科改为幼儿艺术教育专业。由于这些专业设置与调整的及时,不仅受到广大考生和教师的欢迎,也是培训中心在成人高考生源明显下降时,能连续六年超额完成成人招生计划的重要保证。

4. 毕业生情况

2001—2010年夜大学毕业生为专科396人;本科486人;取得学士学位137人(见表2.2-26)。

表2.2-26 2001—2010年夜大本专科毕业生情况一览表

单位:人

年份	专业	学历种类	毕业生人数	取得学士学位人数
2001	服装设计	专科	18	0
	财务会计	专科	29	0
2002	财务会计	专科	8	0
	英语	专科	24	0
2003	计算机科学与技术	专科起点本科	19	8
	计算机科学与技术	专科	18	0
	艺术设计	专科	18	0
2004	音乐学	专科起点本科	52	2
	英语	专科	14	0
	计算机网络技术	专科	8	0
	服装设计	专科	10	0
	幼儿艺术教育	专科	60	0
	音乐学	专科	14	0
2005	音乐学	专科起点本科	36	3
2006	艺术设计	本科	13	3
	音乐学	专科起点本科	0	2(往届生补授学位)
2007	音乐学	专科起点本科	28	3
	艺术设计	本科	40	4
	艺术设计	专科	24	0
2008	音乐学	专科起点本科	27	1
	艺术设计	本科	0	7(往届生补授学位)
	幼儿艺术教育	专科	42	0
2009	艺术设计	本科	56	25
	艺术设计	专科起点本科	2	0
	音乐学	专科起点本科	34	3
	音乐学	专科	31	0
	艺术设计	专科	17	0
	幼儿艺术教育	专科	36	0
	艺术教育(幼儿方向)	专科	24	0
2010	艺术设计	本科	99	59
	艺术教育(幼儿方向)	专科	1	0
	艺术设计	专科起点本科	25	16
	音乐学	专科起点本科	24	1
	音乐表演	专科	4	0
	幼儿艺术教育	专科	27	0
合计			882	137

（二）高等教育自学考试

自1999年9月至2008年，培训中心举办了北京市高等教育自学考试（应用技术类）理论助学班，开设的专业有文秘、计算机应用、网络技术与服务、装饰艺术等。共有1100人在学院经过两年16门课程的理论助学，经考试结业，顺利进入北京教育考试指导中心组织的实践环节。其中大部分学生取得了大学专科毕业证书和相关的技能证书，为社会培养了一批德才兼备的高级劳动者。2007年起停止招生。

受北京教育考试院高等教育自学考试办公室和北京教育考试指导中心的委托，学院培训中心自2001年7月至2010年，负责北京市高等教育自学考试文秘专业“英语听说”的考试组织工作；2002年9月至2007年负责组织文秘专业和“邓小平理论概论”的教研活动组织工作；2005年7月至2010年，负责组织北京市高等教育自学考试应用技术类文秘专业和部分公共课程每年两次万余份试卷的阅卷工作；同时负责上报教研活动计划、总结，组织专业教师修订教学和考试大纲等。由于学院的高等教育自学考试理论助学的工作管理规范、严谨，不仅多次得到北京教育考试院高等教育自学考试办公室和北京教育考试指导中心的表扬，还在一定程度上增加了学校在社会上的知名度。

（三）非学历教育

学院在非学历教育方面的办学指导思想是：以科学发展观统领学院非学历教育各项工作，紧紧围绕实现终身教育、建立学习型社会这个中心，转变观念、开拓创新，积极谋求学院非学历教育的规模、结构、质量、效益的健康与可持续发展，努力为构建高等教育“立交桥”、推进首都学习型城市建设做贡献。办班的原则是：为北京社会经济发展服务、为教学服务、为学生服务。

学院的非学历教育以短期培训和技能取证为主要内容。首先，为配合学院招生改革，培训中心自1994年至今，一直举办着单独招生文化课、专业课辅导班，每年有大量学生参加辅导，为稳定学院招生生源起了很大的作用。2000—2008年为配合成人高考举办过考前辅导班。其次，1999年始，北京市教委为在高校学生中开展技能鉴定，推行毕业生双证书制度，培训中心作为北京市第二职业技能鉴定所职业技术师范学院考核站，陆续组

表2.2-27　2001—2010年各培训班培训人数统计表

培训班名称＼年份	2000	2001	2002	2003	2004	2005	2006	2007	2008	2009	2010
校内学生英语辅导班	166	245	126	127	509	301	338	386	349	279	117
单招考前文化课、专业课辅导班	987	1098	1032	661	612	375	424	316	457	426	261
单招新生基础课补习班	338	419	446	118	249	197	194	192	166	121	169
专接本专业课辅导班				67	177	170	251	127	120	168	308
职业技能认证辅导班		39	66	433	188	182	142	94	159	124	95
成招考前专业课辅导班	25	28	191	157	85	51	23	14	20		
艺术类专业考前辅导班							73	76	38	16	7
非计算机专业水平测试考前辅导班				332	78						
现代教育技术辅导班						41	39				
合　计	1516	1829	1861	1895	1898	1317	1484	1205	1309	1134	957

织了“服装设计定制工”“食品检验工”等工种的职业技能鉴定；负责各种职业技能证书的申报、考前培训及组织考核等工作。随着社会需求的不断变化，后来又组织了“电子商务师”“秘书”“国际商业美术设计师”“国家职业汉语能力测试”等职称资格及水平考核的取证培训与考试。此外，培训中心还在学院内组织了大学英语四级、专业英语四级、现代教育技术等方面的考前辅导班。2001—2010 年先后共有 15500 多人参加了培训中心组织的各类短期培训。

第三节　科学研究与社会服务

一、科研机构

学院科研工作以“服务首都经济建设、坚持科技创新、突出应用研究、推动学科建设”为宗旨，坚持以科研促进教学，通过不断完善各项科研管理制度，加强对科研工作的领导，加大科研经费的投入等措施，调动了广大教工开展科研的积极性，也形成了有特色的科研机构。

(一) 北京联合大学艺术设计研究所

研究所成立于 2005 年 10 月 27 日，是隶属于联大的校级科研机构和拥有先进设备的艺术实践教学中心。在校、院两级领导和管理下，由学院艺术设计系承担具体研究工作。2005 年 10 月 27 日起，赵平勇任第一任所长。其任务是：以国内外先进的艺术设计研究经验为参照，结合北京区域性经济特点，以服装艺术设计、视觉传达艺术设计、环境艺术设计、展示艺术设计、装饰艺术设计及边缘性综合设计为主要研究对象，突出艺术设计学科理论与实践的应用性研究。主要研究内容包括：艺术设计基本理论研究、艺术设计教育教学研究、传统装饰艺术研究、非物质文化遗产研究、艺术设计教育与实践研究、传统艺术文化的创新设计研究等。

(二) 北京联合大学职业技术教育教师教育研究所

2005 年 10 月 27 日，学校党委第 75 次常委会研究决定，将“师范学院职业技术教师教育研究所”升级为“北京联合大学职业技术教育教师教育研究所”(以下简称“职教所”)。第一任所长为尹庆民，第二任所长为薛立军。该所宗旨是构建一个立足北京市、辐射全国的职业技术教育教师教育研究平台。其主要任务是：研究职业技术教师教育的基本理论、基本模式和基本方法，包括高等职业师范院校师范生的职前教育和职业院校教师的继续教育。具体研究方向包括：国内外职业技术教育教师教育的特点与发展趋势，我国及北京市职业技术教育教师队伍建设现状，职业技术教育教师培训体系、培训模式和培养途径及教学方法、教学手段，职业技术教育教师队伍的建设等，并开展职业技术教育教师教育国际学术交流与合作，跟踪国际职业技术教育教师教育研究的最新动态，学习和借鉴国外职业技术教育教师教育的先进经验，促进职业技术教育教师教育研究工作在高起点上展开。2006 年职教所与北京电气工程学校合作建立研究基地，2007 年职教所与北京科技经营管理学院合作建立研究基地。

二、科研管理

（一）科研工作重要决定及事项

2004年4月，学院科学技术处成立。

2005年3月29日，学院通过《北京联合大学师范学院科研工作管理办法（试行）》；2006年4月11日，通过《北京联合大学师范学院院级科研课题管理办法》《北京联合大学师范学院知识产权管理暂行办法》《北京联合大学师范学院科研机构管理办法（试行）》《北京联合大学师范学院科研机构经费管理暂行办法》等一系列科研管理文件。

（二）科研工作重要会议

2006年1月7日，学院召开科研工作暨学术研讨会，总结分析2004年1月至2005年12月学院科研工作取得的成绩和存在的问题，研讨新形势下学院科研创新体制和科研管理运行机制，进一步推进了学院科研工作。

2008年10月16日，学院召开学术研讨会，探讨新形势下学院科研创新和教育教学管理等方面的有关问题，总结2007年1月至2008年10月取得的科研成绩，推进了学院科研工作。

2010年12月3日，学院召开学科建设研讨会，学校领导鲍泓、校科研处处长熊黑钢到会。会议提出各学科要进一步凝练学科方向，努力提高学科建设水平，加强师资队伍建设；抓住机遇，不断创新，多出高水平科研成果。

三、科研成果

（一）重大科研项目

2001—2010年学院承担纵向科研项目共55项，横向委托项目33项（见表2.3-1）。

表2.3-1 2001—2010年科研项目一览表

序号	项目名称	项目来源	级别	主持人	研究经费/万元	年份
1	北京市高等职业教育实践教育学模式探索	纵向	市哲社规划办	梁绿琦	1	2002
2	垃圾的资源化处理——BPY产物的深入研究及应用	纵向	市教委科技项目	何立千	6	2002
3	纤维素酶促进剂的研究	纵向	市教委科技项目	李鸿玉	5	2002
4	知识价值的本身与计量方法的研究	纵向	市教委社科项目	吴舒丹	1.50	2002
5	国内外高职、高专英语教材评述	纵向	教育部高教司子题	张东昌	0.20	2002
6	高职英语教学优秀教学教法评述	纵向	教育部高教司子题	戴立黎	0.10	2002
7	水果非化学处理贮藏保鲜技术研究及机理初探	纵向	联大苗圃工程	荣瑞芬	0.40	2002
8	效用函数在贮存优化决策中的应用——一种基于市场经济的贮存模型	纵向	联大苗圃工程	张晓晞	0.40	2002
9	北京老字商号股权多元化极其发展模式研究	纵向	市教委社科面上	尹庆民	2.50	2003

续表

序号	项目名称	项目来源	级　别	主持人	研究经费/万元	年份
10	公共关系协调与人文关怀——人际冲突的原因与解决之道	纵向	市教委社科面上	杨丽萍	2	2003
11	背投屏幕箱体计算和设计	纵向	市教委科技面上	陈万里	7	2003
12	现代教育技术管理系统的构建	纵向	市教委科技面上	刘　杰	8	2003
13	知识价值的本质与计量方法的研究	纵向	市教委社科面上	吴舒丹	1.50	2003
14	整体构建学校德育体系深化研究与推广实验	纵向	中央教育科学研究所	郭　堃	0.30	2004
15	联合开发红外热像仪用制冷材料	横向	重庆伟联科技有限公司	李　金	5	2004
16	高职类《电子产品制造工艺》课程建设	横向	广东顺德职业技术学院电子工程系	王卫平	3	2004
17	企业技术创新测度与评价方法	纵向	市教委	高成亮	3	2004
18	采后水果防御酶活性的诱导及贮藏效果研究	纵向	市教委	荣瑞芬	6	2004
19	城市建筑真三维地理信息系统的研究与实践	纵向	市教委	魏绍谦	10	2004
20	服装立体制板	横向	高等教育出版社	王　珉	0.50	2004
21	西安曲江工程室内环境配套的展示设计	横向	北京亿华海景科技发展有限公司	赖亚楠	2.50	2005
22	智联惠达管理咨询有限公司办公软件开发	横向	智联惠达管理咨询有限公司	李育芳	1.50	2005
23	和谐社区与家长教育	横向	市社科规划	齐大辉	3	2005
24	面向数字化制造的车间生产调度方法研究	横向	大连理工大学	王成尧	4	2005
25	建设“电子产品制造”实训室	纵向	市教委	王卫平	6	2005
26	基于提升方法的图像压缩技术的研究	横向	市委组织部	张　菁	2	2006
27	辽金元北京文学创作研究	纵向	市教委	李　艺	0.50	2006
28	优化理论与不等式研究及其应用	纵向	市教委	石焕南	8	2006
29	智能优化算法在物流装卸系统中的应用	纵向	市教委	王成尧	8	2006
30	北京高科技企业的自主创新问题研究	纵向	市教委	王　玲	0.50	2006
31	现场总线数据通讯及智能节点的设计与应用研究	纵向	市教委	高满茹	9	2007
32	氨基酸铂配合物的应用研究	纵向	市教委	李　金	8	2007
33	食用菌生长相关酶的调控及绿色养护剂的开发	纵向	市教委	叶　磊	11	2007
34	保健品研发及功能检测任务	横向	中国中医科学院医药保健品研制中心	荣瑞芬	8	2007
35	西藏灵菇发酵奶的营养保健功能探索	纵向	北京联合大学	薄　芯	2	2007
36	青少年科技竞赛获奖学生创新能力和综合素质的研究	横向	中央教育科学研究所	都丽萍	1.50	2007

续表

序号	项目名称	项目来源	级 别	主持人	研究经费/万元	年份
37	北京成人教育研究	纵向	北京市社会科学联合会	高洪力	0.50	2007
38	利用农业下脚料制备绿色生物农药的研究——碱性果胶解聚酶植物抗病剂的研制	纵向	市委组织部	李祖明	5	2007
39	联大师院三维地理信息系统研究与实现	纵向	市委组织部	李育芳	2	2007
40	石化企业生产计划和生产监控系统	纵向	市委组织部	王成尧	3	2007
41	《科技与奥运》电视片动画节目制作	横向	武汉电视台	赵平勇	30	2007
42	中芬艺术设计教育比较研究	纵向	市委组织部	谢崇桥	4	2007
43	北京市食品安全控制体系研究	纵向	市委组织部	闫文杰	3	2007
44	开发心理潜能,提高学习效能的多元智能教学模式研究(子课题)	横向	中央教育科学研究所	曾美英	1	2007
45	服装品牌视觉形象与设计管理	纵向	市委组织部	周玉基	2	2007
46	生物农药在植物叶际的微生物分子生态效应	纵向	市教委	李祖明	5	2008
47	光电传感式传声器的研制与开发	纵向	市教委	刘 杰	6	2008
48	核桃仁功能成分分析及酶解蛋白植被核桃多肽工艺研究	纵向	市教委	荣瑞芬	6	2008
49	寰枢椎脱位关节复位的计算机仿真模拟	纵向	市教委	翟红英	5	2008
50	元代文献数据库	横向	中国社科院	李 艺	3	2008
51	学科与研究生教育——SOD模拟物的应用	纵向	市教委	李 金	12	2008
52	学科与研究生教育——BGA集成电路植珠技术的应用	纵向	市教委	王卫平	16.47	2008
53	笔记本键盘使用测试	横向	联想(北京)有限公司	牟 书	1.40	2008
54	枣果实诱导抗病性的产生机制及外源调控研究	横向	中国农业大学	荣瑞芬	3	2008
55	装配规划算法的研究	横向	东北大学	王成尧	4	2008
56	《科技与奥运》电视片动画节目制作	横向	武汉电视台	赵平勇	40	2008
57	心理咨询师执业资格考试模拟题库	横向	北京华夏心理培训学校	曾美英	3	2008
58	高职院校"双师型"教师队伍现状抽样调查及对策研究	纵向	北京联合大学	徐英俊	2	2008
59	2007年校学术专著出版基金资助	纵向	北京联合大学	曾美英	2	2008
60	无纸皮影动画新媒体形式探索及实践研究	横向	北京交通大学	薄芙丽	1	2008
61	北京民间美术的形态特征及当代传播方式研究	纵向	市委组织部	张 旗	3	2008
62	新型天然高分子复合载体的制备及固定化果胶酶的研究	纵向	市教委	李鸿玉	10.00	2009
63	应对免费开放后博物馆室内空间改造方法研究	纵向	市委组织部	张 威	1.00	2009
64	高等职业教育原理与教学探究	纵向	市委组织部	刘彦文	2.00	2009

续表

序号	项目名称	项目来源	级　别	主持人	研究经费/万元	年份
65	心理创伤儿童的干预研究	纵向	市委组织部	于红军	4.00	2009
66	基于计算网格的远程教育资源共享模型研究	纵向	北京联合大学	李育芳	2.00	2009
67	分析测试费	横向	中国林科院林业研究所	荣瑞芬	0.30	2009
68	枣果实诱导抗病性的产生机制及外源调控研究	横向	中国农业大学	荣瑞芬	5.00	2009
69	《孔子》电影部分服装制板任务	横向	大地时代文化传播(北京)有限公司	唐　怡	1.00	2009
70	装配规划算法的研究	横向	东北大学	王成尧	8.00	2009
71	编码及订单管理系统	横向	北京一正启源科技发展有限公司	王　琦	2.00	2009
72	皮影动画新媒体造型研究	横向	北京交通大学	张路光	0.60	2009
73	《世博中的科学传奇》动画及包装	横向	北京蓝薇视觉文化发展有限公司	赵平勇	25.00	2009
74	无纸皮影动画艺术研究	纵向	北京联合大学	薄芙丽	1.00	2010
75	传统大豆发酵食品的菌群分析及营养成分的转变研究	纵向	北京联合大学	薄　芯	2.00	2010
76	基于 uClinux 的 SOPC 应用系统的研究与设计	纵向	北京联合大学	冯艳娜	2.00	2010
77	植物生长调节剂对蔬菜抗逆性影响及应用研究	纵向	北京联合大学	刘京萍	2.00	2010
78	校园网防范 ARP 欺骗攻击的研究与实现	纵向	北京联合大学	王　波	2.00	2010
79	数字媒体技术与视觉艺术的融合研究	纵向	北京联合大学	徐燕妮	2.00	2010
80	网络语言现状及效应研究	纵向	北京联合大学	吴云霞	1.00	2010
81	GAUSS 型函数方程与平均值理论	纵向	市教委	李大矛	10.0	2010
82	内蒙古锡林浩特市服务业发展规划	横向	中国社会科学院数量经济与技术经济研究所	顾伟忠	10.00	2010
83	昆明机场电缆桥架系统工程	横向	上海精成电器成套有限公司昆明机场电缆桥架系统工程	高满茹	8.00	2010
84	“十一五”期间我国电力发展趋势与天津电力建设公司市场战略研究	横向	中国社会科学院数量经济与技术经济研究所	顾伟忠	8.00	2010
85	北京华清实创科技有限公司	横向	北京华清实创科技有限公司基于互联网培训管理解决方案研究	刘　莹	8.00	2010

续表

序号	项目名称	项目来源	级别	主持人	研究经费/万元	年份
86	《嘉洋·中国》网站建设与维护	横向	北京嘉洋铭泰广告有限公司嘉洋·中国网站建设与维护	王琦	3.00	2010
87	咨询公司网上办公系统软件升级开发	横向	北京智联惠达管理咨询有限公司	李育芳	0.10	2010
88	家居服(女性睡衣)设计	横向	东莞聚龙制衣有限公司	王健	1.00	2010

(二)重要学术著作与论文

2001—2010年,学院出版学术著作多部;发表学术论文1703篇。其中,在核心期刊上发表的论文和被"检索"收录的论文346篇。2001—2010年学院教职工出版的主要著作见表2.3-2。

表2.3-2 2001—2010年教职工出版的主要著作一览表

序号	著作名称	主编	主要合作者	出版社	出版年
1	诺贝尔讲演全集(生理学或医学卷1~5)	何立千		福建人民出版社	2003
2	服装设计艺术论	王珉		河北教育出版社	2003
3	精做高级服装	张志		中国纺织出版社	2003
4	20世纪世界时装艺术史	王珉	李红梅	中国艺苑出版社	2003
5	服装画电脑表现方法	曹建中	谢崇桥	东华大学出版社(原中国纺织大学)	2003
6	文学与生命	杨丽萍		华文出版社	2004
7	山西二人台——许月英唱腔艺术	吕勇		中国戏剧出版社	2004
8	北京的老字商号	尹庆民		光明日报出版社	2004
9	广告创意法则	赵雪		电子工业出版社	2005
10	管理圣经	赵雪		电子工业出版社	2005
11	皇城下的市井与士文化:商号、茶馆、会馆、书院	尹庆民	吴舒丹、周晓翔、朱东星,等	光明日报出版社	2006
12	国际商务礼仪大全	赵雪		电子工业出版社	2006
13	如何做秘书工作	刘琪		首都经济贸易大学出版社	2006
14	老舍作品新探	傅桂禄 冯燕庆 王卫东		中国出版集团中国对外翻译出版公司	2008
15	北京老字商号产权多元化改革研究	尹庆民	李秀芹、林妍梅、高洪力,等	同心出版社	2008
16	工作中无小事	赵雪		电子工业出版社	2008
17	金代词人群体研究	李艺		首都师范大学出版社	2008

续表

序号	著作名称	主　编	主要合作者	出版社	出版年
18	职业教育学	徐英俊	刘彦文、段素菊、李娟华、都丽萍	东北林业大学出版社	2008
19	领导行动力	赵　雪		电子工业出版社	2009
20	休闲餐饮空间设计	张嘉秋		化学工业出版社	2009
21	芬兰平面设计十人谈	谢崇桥		中国轻工业出版社	2009
22	高为杰现代音乐创作技法研究	卢　璐		上海音乐学院出版社	2009
23	当代北京成人教育发展史	高洪力 李娟华	周晓翔、种霞	北京出版社	2009
24	现代教师研究	刘彦文 王　颖		知识产权出版社	2009
25	万荣方言语法研究	吴云霞		语文出版社	2009
26	大脑皮层运动系统的功能磁共振成像研究	任金舸		中国原子能出版社	2009
27	20世纪80年代以来美国公共基础教育改革研究	段素菊		北京出版社	2009
28	高等职业教育原理与教学研究	刘彦文		中国轻工业出版社	2009
29	银弹营销	赵　雪		电子工业出版社	2010
30	管理会计学	李秀芹		解放军出版社	2010
31	青少年网络成瘾的心理干预	徐　娟	于红军、姚聪燕、张德兰	化学工业出版社	2010
32	启示与体验：柯尔律治艺术理论的神性维度	董琦琦		光明日报出版社	2010
33	Empirical Research on Reading Strategies in English	张东昌		对外经济贸易大学出版社	2010
34	果胶酶及其应用	李鸿玉 李祖明		知识产权出版社	2010
35	英语阅读策略实证研究	张东昌 潘巍巍		对外经济贸易大学出版社	2010
36	二人台表演艺术	吕　勇		北岳文艺出版社	2010

（三）专利技术

2005年12月，王卫平的“BGA集成电路植珠工艺”实用新型专利获批，专利号ZL02131354.7。

2006年8月，李金的“聚天冬氨酸钙及其制备方法”发明专利获批，专利号ZL20061009116.7。

2007年8月，赵平勇的“人体模型”外观设计专利获批，专利号200630009078.6。

四、产学研合作及社会服务

2001—2010年，学院的产学研合作及社会服务，主要体现在加强与企业、政府部门、事业单位的合作，广泛开展横向课题研究上。2001—2010年，学院共完成横向课题31项，不仅获得一定的经济效益，锻炼了队伍，而且为合作单位的发展做出了贡献。例如，2004年，应用生物系李金教授与重庆伟联科技有限公司合作开展了使用相变材料作为红外热像仪制冷材料的研究。红外热像仪是用于消防及军事上的一种高科技仪器，在无光或浓烟雾情况下同样可以观察目标。在消防灭火中使用时，环境温度很高，仪器内产生的热量要及时散出，故需要在仪器绝热层与仪器核心中间填充相变储冷材料。此课题根据红外热相仪的工作条件需要，从固、液相变材料入手，选择适宜要求的不同相变物质，配制出了混合物型相变制冷材料。该材料可均匀地以分子状态混熔、性质稳定且之间不发生化学反应，相变时无过冷、过热现象，不发生相分离，同时具有无毒、无腐蚀性、可反复使用等特点，适合作为红外热像仪的制冷材料。李金教授向对方移交了实物样品和相关文件，圆满地完成了合作任务。此成果已经用于仪器的生产，使用效果良好，取得了很好的效益。又如2009年9月，北京蓝薇视觉文化发展有限公司与学院合作开展了"《世博中的科学传奇》动画及包装委托设计"项目，签约金额达25万。学院赵平勇带领的创新团队，积极克服困难，按要求完成了《世博中的科学传奇》系列电视节目中有关动画素材的设计、制作，片长共100分钟，获得合作方好评，并在电视台公开播出。该项目的完成，标志着学院动漫设计团队的技术已达到先进水平，并得到有关专家、同行的认可。同时，也推动了北京动漫业的发展。

第四节　队伍建设与人事管理

一、师资队伍建设

（一）基本情况

1. 数量及结构

数量：2001—2010年，由于学校专业调整、招生数量减少等因素，学院师资队伍的总数量呈"由高向低"发展态势，但教师占教职工总量的比例保持不断上升趋势。2001年年底共有教师142人，2010年年底共有教师207人（见表2.4-1），分别占当年教职工总数的42.64%和66.35%。2001—2010年，学院共接收教师167人，其中调入教师94人，接收应届毕业生73人；共减少教师102人，其中调出（含终止合同）82人。

学历（学位）构成：师资队伍的学历（学位）构成变化较大，研究生学历的教师有较大幅度的增长。2001年年底共有研究生学历（学位）教师23人，2010年年底共有研究生学历（学位）教师89人，分别占当年教师总数的16.20%和43.00%。

表 2.4-1　2001—2010 年师资队伍结构一览表

单位：人

年份	教职工总数	教师总数	学历学位结构								职务结构								年龄结构				备注
			博士		硕士		学士		其他		教授		副教授		讲师		助教		30 岁及以下	31～40 岁	41～50 岁	51～60 岁	
2001	333	142	1.41%	2	14.79%	21	40.85%	58	42.96%	61	2.11%	3	19.72%	28	47.18%	67	20.42%	29	36	53	39	14	无职称 15 人
2002	337	173	3.47%	6	15.03%	26	76.88%	133	4.62%	8	2.89%	5	20.23%	35	45.66%	79	17.92%	31	45	61	50	17	无职称 23 人
2003	346	184	4.35%	8	20.11%	37	71.74%	132	3.80%	7	3.80%	7	22.28%	41	45.65%	84	15.22%	28	39	71	54	20	无职称 24 人
2004	352	187	4.28%	8	20.32%	38	72.19%	135	3.21%	6	4.28%	8	21.39%	40	46.52%	87	19.25%	36	42	65	60	20	无职称 16 人
2005	342	200	4.50%	9	27.50%	55	68.00%	136	0	0	5.50%	11	23.00%	46	51.50%	103	16.50%	33	43	73	65	19	无职称 7 人
2006	335	207	6.76%	14	30.92%	64	57.97%	120	4.35%	9	6.28%	13	24.15%	50	52.66%	109	13.53%	28	39	81	59	28	无职称 7 人
2007	334	209	6.70%	14	33.49%	70	54.55%	114	5.26%	11	8.13%	17	24.88%	52	52.63%	110	12.92%	27	40	81	56	32	无职称 3 人
2008	327	209	7.18%	15	33.97%	71	58.85%	123	0	0	7.66%	16	26.32%	55	54.07%	113	10.53%	22	37	84	53	35	无职称 3 人
2009	323	210	7.62%	16	35.71%	75	56.67%	119	0	0	7.14%	15	27.62%	58	56.19%	118	7.62%	16	28	86	60	36	无职称 3 人
2010	312	207	6.28%	13	36.71%	76	57.00%	118	0	0	6.76%	14	30.92%	64	55.07%	114	5.31%	11	22	85	58	42	无职称 4 人

年龄结构：学院师资队伍以中青年教师为主要力量。2001—2010年十年间青年教师绝对值有所增加，但相对值略有降低。2001年年底40岁(含)以下教师共有89人，2010年年底40岁(含)以下教师共有107人，分别占当年教师总数的62.68%和51.69%。

专业技术职务：由于老教师的退休和新进教师学历(学位)层次的提高，以及学校对专业技术职务层次比例的严格控制，学院师资队伍的专业技术职务结构呈橄榄型：初级和高级职务人员较少，中级职务人员较多。高级职务的人员数量和其所占教师总数的比例十年间有所提高，但初级职务人员的数量越来越少。2001年年底共有教授3人、副教授28人，2010年年底共有教授14人、副教授64人，高级专业技术职务人员分别占当年教师总数的21.83%和37.68%。2001年年底共有助教29人，2010年共有助教11人，分别占当年教师总数的20.42%和5.31%。

2. 队伍基本构成

学院的师资队伍主要由教学人员构成。2008年实行分类聘任后，师资队伍主要由教学科研岗教师、科研教学岗教师、教学岗教师构成。其主要任务为：

(1)教学岗位教师

教学岗位包含教学科研岗和教学岗两部分教师，主要承担教学任务。其中教学科研岗教师以教学为主，承担一定量的科研任务；教学岗教师以教学为主，少量承担科研任务。教学岗位教师依其担任的教学任务可分为：基础课教师——承担学院内大学英语、计算机基础、数学、物理、体育、思想政治理论等课程的教学任务；专业课教师——承担学院内各专业的专业基础课、专业课及学生学年论文和毕业论文的指导等教学任务。

(2) 双师素质教师

为落实学校的办学宗旨和定位，自2004年年底起由学院推荐、学校审核认定双师素质教师。双师素质教师在专业教师中产生，对符合具有讲师以上职务，并具有企业、行业本专业一定年限的工作经历、具有教师系列之外的专业技术中级以上职称，或教育部授予的专业技能培训合格证书、主持应用技术研究项目等条件的教师，授予北京联合大学双师素质教师资格，任期为3年，期满后需重新申请进行认定。双师型教师除承担专业课程的理论教学外，还需承担实践课程的教学工作、主持应用性课程的开发、出版相关教材、主持或参与校级实验(训)室建设、主持应用技术等研究项目和到企业兼职等任务。学院分别在2005年、2008年和2009年向学校推荐审核认定了三批双师型教师，共31人(见表2.4-2)。

表 2.4-2 双师教师名单

年份	姓名
2005	袁晓梅、刘杰、李小苓、王卫平、荣瑞芬、王成尧、李育芳、张璐、赵平勇、靳长缨、王建、车卫东、李红梅、曹建忠、周玉基、朱丽、赖亚兰、王珉、张菁
2008	张威、李宝柱、张璐、景怀宇、姜喜龙、张旗
2009	于红军、姚聪燕、鲍晖、刘方方、朱东星、李祖明

(3) 学科带头人和专业负责人

为了强化学科专业建设，学院报请学校审核批准在北京市重点建设学科、校级重点建设学科设立了带头人；在院级重点建设学科、一般学科和专业中，由学院审核认定了负责人(见

表 2.4-3)。此类人员一般由专业中具有高学历、高专业技术职务(教授、副教授)的人员担任,负责学科或专业的发展方向、具体建设、科研项目申报的组织、本专业师资队伍的规划与建设、课程的组织建设等任务。

表 2.4-3　专业带头人/负责人名单

序号	专业名称	级别	带头人	负责人	学历/学位	职　务	任职时间	备注
1	食品科学与工程	院级		荣瑞芬	博士	副教授	2002.09	2000 年专业整合并入应用文理学院
2	电子信息工程	院级		高满茹	学士	副教授	1993.12	
3	计算机科学与技术	院级		魏绍谦	学士	高级工程师	1996.11	专业整合并入电气信息系
4	艺术设计	校级	赵平勇		学士	副教授	1993.12	
5	音乐学	院级		黄立凡	学士	教授	1999.09	
6	会计学	院级		李秀琴	硕士	讲师	1995.07	
7	应用心理学	院级	曾美英	曾美英	硕士	副教授	2001.01	
8	汉语言文学(师范)	院级		罗宜军	学士	副教授	1999.09	
9	汉语言文学(非师范)	院级		傅桂禄	学士	副教授	1995.11	
10	英语	院级		张东昌	硕士	教授	2006.12	
11	生物技术	院级		何立千	学士	教授	1999.09	
12	金融学	院级		庞昊勇	学士	教授	1999.10	专业整合并入商务学院
13	文秘教育(外事文秘)	院级		高　华	硕士	副教授	1994.08	
14	经济学	院级	高洪力	高洪力	学士	教授	2000.10	
15	英语(高职)	院级	戴立黎		学士	副教授	2009.11	
16	文秘(高职)	院级		罗宜军	学士	副教授	1999.09	
17	数字媒体 (高职)	院级		袁晓梅	硕士	副教授	2005.09	
18	技术及应用技术(高职)	院级		李育芳	博士	副教授	2005.09	
19	技术监督与商检(高职)	院级		李鸿玉	硕士	副教授	1997.11	
20	服装设计(高职)	院级	薄芙丽	薄芙丽	硕士	教授	2004.12	
21	音乐表演(高职)	院级		赵　华	学士	副教授	2002.12	

(4) 骨干教师队伍

学院的骨干教师由北京市级骨干教师、校级骨干教师等人员构成(见表 2.4-4)。

北京市级骨干教师——属于北京市教委"北京市属市管高等学校人才强教计划"和"北京市属市管高等学校人才强教计划深化计划"的项目之一。该项目自 2005 年起执行,由北京市教委负责审定并资助,获得此项目资助的骨干教师每年每人有 2 万元的资助经费,连续资助三年。学院 2005—2010 年共有 23 人次先后获得此资助项目。

北京联合大学校级中青年骨干教师——2004 年年底在联大范围内实施。学院先后于 2005 年和 2009 年有 27 人次教师获得校级中青年骨干教师称号并获得经费资助(理科教师每人每年 2 万元,文科教师每人每年 1 万元,每人所获资助 1～2 年)。

表 2.4-4　2001—2010 年骨干教师名单

序号	名　称	级别	姓　名	职称/学位	获批时间/年
1	骨干教师	市级	曾美英	教　授	2005
2	骨干教师	市级	荣瑞芬	教　授	2005
3	北京市优秀人才	市级	李祖明	博　士	2006
4	北京市优秀人才	市级	李育芳	副教授	2006
5	北京市优秀人才	市级	方　憬	硕　士	2006
6	北京市优秀人才	市级	闫文杰	硕　士	2006
7	北京市优秀人才	市级	王成尧	副教授	2006
8	北京市优秀人才	市级	周玉基	副教授	2006
9	青年骨干教师	市级	王成尧	副教授	2006
10	青年骨干教师	市级	袁晓梅	副教授	2006
11	青年骨干教师	市级	靳长缨	副教授	2006
12	青年骨干教师	市级	林妍梅	副教授	2006
13	骨干教师	市级	刘　莹	副教授	2007
14	骨干教师	市级	卢　璐	副教授	2007
15	骨干教师	市级	李祖明	副教授	2007
16	骨干教师	市级	李秀琴	副教授	2007
17	中青年骨干教师	市级	闫文杰	硕　士	2010
18	中青年骨干教师	市级	冯艳娜	硕　士	2010
19	中青年骨干教师	市级	张军丽	硕　士	2010
20	中青年骨干教师	市级	鲍　晖	硕　士	2010
21	中青年骨干教师	市级	张　旗	副教授	2010
22	中青年骨干教师	市级	黄淑梅	硕　士	2010
23	中青年骨干教师	市级	于红军	硕　士	2010
24	骨干教师	校级	赵　瑛	硕　士	2008
25	中青年骨干教师	校级	李育芳	副教授	2008
26	中青年骨干教师	校级	牟　书	副教授	2008
27	中青年骨干教师	校级	周玉基	副教授	2008
28	中青年骨干教师	校级	李小苓	副教授	2008
29	中青年骨干教师	校级	高　华	副教授	2008
30	中青年骨干教师	校级	孙　青	副教授	2008
31	中青年骨干教师	校级	朱东星	副教授	2008
32	中青年骨干教师	校级	曾美英	教　授	2009
33	中青年骨干教师	校级	荣瑞芬	副教授	2009
34	中青年骨干教师	校级	王成尧	副教授	2009
35	中青年骨干教师	校级	刘　莹	副教授	2009

续表

序号	名　称	级别	姓　名	职称/学位	获批时间/年
36	中青年骨干教师	校级	李祖明	博　士	2009
37	中青年骨干教师	校级	卢　璐	副教授	2009
38	中青年骨干教师	校级	李秀芹	副教授	2009
39	中青年骨干教师	校级	林妍梅	副教授	2009
40	中青年骨干教师	校级	袁晓梅	副教授	2009
41	中青年骨干教师	校级	靳长缨	副教授	2009
42	骨干人才	校级	冯艳娜	硕　士	2009
43	骨干人才	校级	张军丽	副教授	2009
44	骨干人才	校级	鲍　晖	硕　士	2009
45	骨干人才	校级	张　旗	副教授	2009
46	骨干人才	校级	黄淑梅	硕　士	2009
47	骨干人才	校级	于红军	硕　士	2009
48	中青年骨干人才	校级	黄　鸿	硕　士	2010
49	中青年骨干人才	校级	王　波	硕　士	2010
50	中青年骨干人才	校级	操静涛	高级政工师	2010

（二）建设措施与制度

1. 教师职务聘任

2001—2005年,学院教师职务由助教(实习研究员)、讲师(助理研究员)、副教授(副研究员)和教授(研究员)四个级别构成。实行评聘相结合的制度,具体评审和聘任分为三个层次进行。

(1) 新接收的教师

进院前无一年以上工作经历的硕士毕业生,在半年试用期满并经考核合格后确认为助教(实习研究员);有一年以上工作经历的硕士毕业生,自进院之日起确认为助教(实习研究员),但需在半年试用期满并经考核合格后办理确认手续。助教(实习研究员)经历满两年并考核合格的硕士毕业生,认定为讲师(助理研究员)。2007年起不再进行讲师的认定,需参加职务晋升聘任。

进院前无一年以上工作经历的博士毕业生,在半年试用期满并考核合格后确认为讲师(助理研究员);有一年以上工作经历的博士毕业生,自进院之日起确认为讲师(助理研究员),但需在半年试用期满并经考核合格后办理确认手续。

以上专业技术职务的确认和认定工作,由学院人事处负责办理。

(2) 教师中级职务的晋升

助教(实习研究员)任职满4年可申请讲师(助理研究员)的职务,该项职务由学院专业技术职务评审委员会负责评审,院长办公会负责聘任。

(3) 教师高级职务的晋升

讲师(助理研究员)任职满5年、博士讲师满2年,可申请副教授(副研究员)职务;副教授(副研究员)任职满5年可申请教授(研究员)职务。副高级和正高级专业技术职务的晋升由学院专业技术评审委员会评审通过,并报学校专业技术评审委员会审批通过后,报北京市高级专业技术职务评审委员会审批，通过后方可履职。

具有中级及正副高级职务的教师由北京市人事局发给“专业技术职务任职资格证书”。

2004年，学校颁布了《北京联合大学专业技术职务评审办法（试行）》和《北京联合大学专业技术职务基层评审推荐条件（试行）》，学院的职称评审工作依此而进行，以前所制定的相关文件同时废止。

2006年，根据北京市的有关要求，北京联合大学将教师职务的评聘制改革为教师职务的聘任制，为此学校颁布了《北京联合大学教师职务岗位设置办法（试行）》，并制定了《北京联合大学教师职务聘任必备条件（试行）》，进一步明确了聘任权限：讲师（助理研究员）由学院自行聘任，副教授（副研究员）、教授（研究员）由学院推荐学校聘任。晋升聘任工作文件体系和程序发生了重大变化。

实施教师职务聘任制后，在每一年度的聘任中，学校基本按教师一定比例向学院下达高级职务的指标，学院根据此指标具体核定各学科（专业）中应有与实有高级职务教师的数额，并根据其差额进行聘任。同时，北京市人事局不再发放专业技术职务任职资格证书，改向教师发放由北京市人事局提供文本、北京联合大学签发的聘任证书。

2009年学校将副教授（副研究员）的聘任权下放给学院，并在2010年拿出一定的指标，由学校统一掌握进行博士讲师晋升副教授（副研究员）的聘任（所谓开通的“博士通道”）。学院2009年结合实际制定了《北京联合大学师范学院专业技术职务晋升聘任工作实施细则（试行）》（京联师人〔2009〕7号）和《北京联合大学师范学院专业技术职务晋升聘任的必备条件（试行）》（京联师人〔2009〕8号）文件；同时，参与学校《关于专业技术职务晋升聘任相关成果认定补充说明的通知》（京联人〔2009〕28号）文件的制定，该文件对艺术设计、音乐学专业成果认定作了补充说明。

2001—2010年，学院共为218名教师进行了职务聘任（见表2.4-5）。

表2.4-5　2001—2010年教师职务聘任情况一览表　　单位：人

年份	总人数	正高级	副高级	中级	初级
2001	17		2	8	7
2002	17		5	9	3
2003	15		3	5	7
2004	22		4	11	7
2005	20	1	4	13	2
2006	26	3	4	9	10
2007	29		4	17	8
2008	20	1	4	12	3
2009	25	1	8	13	3
2010	27	4	11	7	5
合计	218	10	49	104	55

2. 教师岗位的分类分级聘任

2001—2008年，教师同一级别的职务内无具体的层级划分。2008年，按照国家和北京市有关高校岗位设置管理的意见，学院对教师进行重新聘任。将教师职务分为12级（实际聘任到岗的教师为11级）。其中，二至四级教授和一至三级副教授由学校负责聘任，一至三级讲师和一、二级助教由学院负责聘任。此次教师的分级聘任在2008年12月实施,任职时间自2008年1月1日算起。

2009年12月,北京联合大学在进行全员岗位聘任中,对教师的聘任除确定其级别外,还进行了教学科研岗教师、科研教学岗教师和教学岗教师的分类聘任。学院参加此次聘任的教师共有182人。其中聘为三级教授(研究员)3人,四级教授(研究员)10人;一级(五级)副教授(副研究员)12人,二级(六级)副教授(副研究员)17人,三级(七级)副教授(副研究员)30人;一级(八级)讲师26人,二级(九级)讲师16人,三级(十级)讲师57人;一级(十一级)助教3人,二级(十二级)助教8人。此次分类分级聘任自2010年3月1日起履职。2001—2010年学院每年新聘正高级专业技术人员名单见表2.4-6。

表2.4-6　2001—2010年每年新聘正高级专业技术人员名单

评定年份	人员名单
2001	—
2002	—
2003	薛立军、尹庆民
2004	王珉
2005	李金、吴舒丹
2006	郭堃、赵平勇
2007	—
2008	曾美英、荣瑞芬
2009	—
2010	李鸿玉

3. 提高教师的学历(学位)层次

由于学院是在北京师范大学分校的基础上发展起来的,所以2000年前新增加的教师一般为本校毕业生留校和接收的大学本科毕业生。进入21世纪后,这些教师的学历(学位)层次明显偏低。学院为鼓励和支持教师提高学历层次,分别于1999年7月5日和2001年4月18日发布了职院组人字(1999)7号《关于教师、干部进修的规定》和组人字(2001)10号《关于教职工学历进修的补充规定》。2003年8月,学校出台了《关于提高师资队伍学历层次的实施办法(试行)》(京联人〔2003〕49号),要求1957年1月1日以后出生的不具备硕士学位的讲师及以下职称的教师,要在5年内(2008年年底前)取得硕士学位。同时要求到2008年,没有硕士学位的讲师不得晋升副教授,没有硕士学位班结业证书的助教不得晋升讲师。在2008年的分级聘任和2009年的全员聘任中,没有硕士学位的讲师和助教均被聘为本岗位的最低级别。学院在2010年又制定了《教职工学历进修的规定(暂行)》(京联师人〔2010〕40号),其中第七条规定,在3万元报销上限内,学院、部门及个人分别承担50%、25%、25%。

4. 教师培训

学院对教师的培训工作贯穿于教师在学院工作的全过程。

(1) 岗前培训

培训包括两个方面。第一,由北京市高校教师培训中心负责的教育理论与技能培训。要求所有新教师必须参加,并作为获得高校教师资格证书的必备条件。第二,由学院人事处牵头，教务处、科研处、学生处等部门共同组织的新教师入职培训。通过讲座、座谈、教学观摩等环节，使新教师进一步了解学院、了解岗位，为其尽快地进入角色创造条件。

(2) 教育技术培训

由学院人事处负责组织、学校负责培训，最后需通过北京市组织的教育技术等级考试。参加培训的人员是1960年1月1日及以后出生的教师。取得现代教育技术等级考试合格证书是晋升高一级教师职务的必备条件。

(3) 国(境)外培训

培训包括：一是由北京市高校教师培训中心组织的专业进修或语言进修，培训时间从一个月到一年不等；二是由学校、学院国际交流合作部(处)组织的国外短期访问，访问时间二至四周；三是由北京市其他部门组织的交流访问，培训时间约半年；四是通过其他途径进行的国(境)外培训，如在境外高校进行工作，在国(境)外攻读博士学位等。2001—2010年学院参加国外培训教师34人次(见表2.4-7)。

表2.4-7 2001—2010年参加国外培训情况一览表

序号	姓名	进修国家	进修专业	进修时间
1	朱喜福	加拿大	双语	2003.08
2	周玉基		双语	2003.08
3	曾文琪	澳大利亚	双语	2004.08—2004.12
4	郑　静	英国	双语	2004.08
5	戴立黎			
6	姚聪燕	加拿大	双语	2004.08
7	刘雪峥			
8	甘治昕	澳大利亚	英语语言教育学	2004.09
9	赵绍全	加拿大	双语	2005.08—2005.11
10	谢崇桥	芬兰	国家留学项目	2005.08—2006.05
11	曾玲琴	澳大利亚	双语	2005.07.17—2005.08.13
12	邱瑞年			
13	李红梅			
14	李娟华			
15	叶　磊			
16	王　玲	澳大利亚	双语	2006.07.17—2006.08.13
17	冯艳娜			
18	高　华	美国	英语	2006.07.16—2006.08.12
19	张华平			
20	史　阳			
21	肖斌斌			
22	陶能为	澳大利亚	英语	2007.07
23	顾亮和		英语	
24	李淑琼		英语	
25	赵　雪		英语	
26	张　璐		金融学	

续表

序号	姓　名	进修国家	进修专业	进修时间
27	周玉基	美国	双语教学	2007.09—2007.12
28	刘　杰	美国	访问学者	2007—2008
29	方　憬	美国	访问学者	2007
30	刘　杰			
31	朱喜福			
32	张军丽	美国	英语	2008
33	冀玲惠			
34	任金舸			

(4) 国内高校访问学者

2005—2009 年,学院共有 16 名教师到国内高校作访问学者,并因此获得北京市的经费资助。

(5) 专业技能和实践培训

为落实学校的办学定位和宗旨,提高教师专业实践与应用能力,切实加强实践教学队伍建设,学校将教师参加企业(行业)实践和应用性项目开发与研究的工作制度化,要求教师每年需进行社会实践活动,以提高教师专业技能和应用能力。

(6) 其他培训

学院除组织教师参加上述培训项目外,还组织参加了学校举办的新聘教授培训、博士教师培训、新接收教师培训等活动。

2005 年北京市教委实施了为期 5 年的《北京市属市管高等学校人才强教计划》,2009 年又推出了《北京市属市管高等学校人才强教计划深化计划》,对计划内项目的参加教师给予数量不等的经费支持。学院对这项工作高度重视,结合实际情况,开展了教育技能和实践技能培训、中青年骨干教师培训以及教师职业道德建设项目的培训,支持骨干教师的教学和科研工作,取得一定成效。

2005 年学院获得北京市教委市属市管高校人才强教项目拨款共计 22 万元。共有 91 位教师参与了专业实践、职业技能、英语及现代教育技术培训等不同类别的 20 个项目。2006 年获得拨款 47.58 万元。有 203 人次参加培训,其中 68 人参加了教育职能的培训;38 人次参加专业实践;11 人参加了国内外的英语培训;39 人参加了相关专业领域的研讨班、研讨会等。2007 年拨款 70.8 万元。共资助 305 名教师参与了专业实践、教育技能和职业技能培训、英语培训等 4 个类别的 89 个项目培训。其中 9 名骨干教师参加专业培训、行业实践、出版教材和专著及进行科研课题研究;47 人参加了 12 项专业实践;93 人参加了现代教育技术等 40 余项项目培训;30 人次参加了 9 项国内外的英语培训;135 人参加了相关专业领域的研修班、研讨会等 28 项培训。2008 年支持青年教师技能培训、出国访学、学术交流、外语培训、自行组织培训会和师德培训等共计 54 个项目,157 人参加培训。2009 年学院共获经费 23.45万元,组织教师参加专业实践 3 项;各类培训 19 项;研讨会、学术交流会 22 项;英语培训 2 项;自行组织研讨、培训 5 项;国外访学 2 项,总计 53 项,206 人次。2010 年包括专业实践项目、专业技能职业技能培训项目 23 人次;境内外语培训 2 人次;国外访学 1 人次;校外会议交流 21 人次；自行组织备课会交流 4 人次；师德研讨 1 人次等在内的共计 23.45 万元的项目。

5. 教师资格制度

学院于 2001 年 8 月，根据北京市教委的有关文件精神进行了首次教师资格认定工作。2004 年 3 月，根据北京市教委《关于全面实施教师资格的通告》和学校的工作要求，教师资格认定工作进入正轨，每年春、秋进行两次。2007 年起，改为每年秋季认定一次。2004—2007 年，在学院聘为教师岗位或非教师岗位但具有硕士学位的教职工，均可申请教师资格的认定。2007 年起，根据北京市教委的要求，非教师岗位的教职工不再受理其教师资格的认定申请。

2003 年 8 月起，不再接收无硕士(含)以上学位人员进入教师队伍。

6. 青年教师导师制

2001—2003 年，学院继续推行青年教师导师制度，2004 年制定了师人字〔2004〕18 号《北京联合大学师范学院关于新进校青年教师实行导师制的办法》，对新进院的青年教师(含没有大学教师经历的调入人员)，由所在部门为其配备具有副高以上职称的教师任其导师，负责进行为期 2 年的指导工作。指导期满，由学院人事处负责组织对青年教师的考核(填写《青年教师考核登记表》)，考核结果作为可否晋升职务的依据之一。2003 年 8 月起，学校统一了该项制度，培养期改为 1 年。

二、人事管理

(一) 人员构成基本情况

1. 人员编制

学院 2001—2010 年一直使用北京市编制办公室在 1995 年下达的 356 人的编制数额。2004 年以后，是按生师比核定教职工编制数额的，即按全部在校生(含本专科生、夜大生、留学生、研究生)的折合数额，以 1∶16 的师生比核定教师数；按教师占全体教职工 55%的比例核定教职工数。2008 年，根据国家和北京市的有关要求，学院按照专业技术人员不低于 70%，管理人员不超过 20%，工勤人员不超过 10%的标准核定教职工编制。

根据按师生比计算出的教职工编制数额，学院在 2001—2010 年一直处于人员编制范围之内，未超编。

2. 教职工数量及结构

(1) 编制内教职工

2001—2010 年，特别是 2007 年以后，学院对教职工的总体数量进行了控制，在满足、扩充教师数量的同时，控制对管理岗位人员的接收，对管理部门所需的岗位尽量在院内人员中进行调剂。2001 年年底，教职工总数为 333 人；2010 年年底，教职工总数为 312 人(见表 2.4-8)。

在教职工队伍中，女职工的比例仍然较高；职称职务总体结构有所提高；岗位结构变化较大；教辅、管理及工人的比例逐年降低，教师队伍逐年扩大。2002 年起，学院开始招聘硕士毕业生作专职管理人员。2005 年起，学院不再接收本科应届毕业生进院工作。

表 2.4-8　2001—2010 年教职工基本情况一览表　　单位：人

年份	教职工总数	其中		职务					岗位类别			
		女	占总数比例/%	正高	副高	中级	初级	无职称	教师	教辅人员	管理人员	工勤人员
2001	333	189	56.76	4	46	154	55	74	142	61	99	31
2002	337	187	55.49	5	53	150	55	74	173	46	87	31
2003	346	187	54.05	7	60	156	53	70	184	45	88	29
2004	352	189	53.69	10	59	162	63	58	187	48	88	29
2005	342	189	55.26	11	58	166	57	50	200	39	74	29
2006	335	186	55.52	13	62	172	44	44	207	31	69	28
2007	334	187	55.99	17	64	170	46	37	209	27	71	27
2008	327	186	56.88	16	66	172	37	36	209	24	68	26
2009	323	188	58.20	15	68	175	30	35	210	22	66	25
2010	312	182	58.33	14	73	170	24	31	207	22	62	21

(2) 编制外人员

学院的编制外人员包括学院长期聘用的临时工、返聘的退休教职工、承担教学任务的外聘教师(含联大退休教师)等。2001—2008 年,学院对编外人员采取分层管理:经院长办公会批准聘用的人员由学院统一管理,部门聘用的人员由部门管理。2001 年,学院后勤实施社会化改革,其下设的各服务中心自行聘用编外人员并自行管理。2004 年起,除后勤服务中心之外的编外人员统一由学院管理,并与之签订劳动合同、上保险。2008 年,新《劳动合同法》实施后,学院与院各部门及后勤各服务中心聘用的编外人员签订《聘用合同》,并上保险,但后勤各服务中心仍自行对其聘用人员发放薪酬。2010 年起,编外人员的管理由学院统一负责,从聘用、签订合同、办理保险到发放薪酬,不再由部门自理。

2008 至 2010 年年底,学院聘用的编外人员共计 44 人,其中返聘 11 人次。

外聘教师的管理,2001—2004 年由学院各教学部门负责,教学单位自行聘用并自付酬金。2005 年,按学校的统一要求,外聘教师需由部门提出、教务处审核同意、人事处备案后方可承担教学任务。同时,要求外聘教师如承担公共基础课,应具有高校教师资格证书。学院每学年外聘的教师在 5～30 人(见表 2.4-9)。

表 2.4-9　2003—2010 年外聘教师情况一览表　　单位：人

年份	总数	其中						外教	其他学校
		正高级	副高级	中级	博士	硕士	本科		
2003	5	2	0	3	0	0	0	0	0
2004	5	2	0	3	0	0	0	0	0
2005	29	0	3	11	0	29	0	0	0
2006	25	0	4	12	2	10	13	1	0
2007	23	3	6	10	2	8	13	2	14
2008	14	1	5	5		4	9	1	2
2009	19	2	4	7	1	7	10	3	8
2010	25	4	6	10		9	6	3	16

（二）人事管理制度及其改革

1. 聘用合同制

北京市人民政府办公厅于2002年11月20日，颁布了《北京市事业单位聘用合同制试行办法》（京政办发〔2002〕50号），据此，学校要求于2003年1月底前，与教职工签订聘用合同。学院于2004年7月，与全院教职工签订了聘用合同。此次签订聘用合同共涉及院内349名教职工。根据相关文件的要求，有3名局级干部不参加聘用合同的签订。

2005—2010年，对于新进学院的教职工，在其进院办理报到手续的同时办理签订聘用合同的手续，所有新进人员均有一个学期左右的试用期，博士的合同期为五年，硕士及以下人员的合同期为三年，引进人员的合同期为五年，军转干部的合同期为六年且不设定试用期。对已签订聘用合同的教职工在其合同到期前半年，由人事处向学院聘用工作委员会（后改为向院长办公会）提交名单，经聘用工作委员会（院长办公会）研究提出是否续聘的意见，在合同期满前30天内由人事处向教职工本人发出书面续聘与否的通知，待合同期满后办理相关手续。

2008年，新《劳动合同法》实施后，根据北京市人事局和学校的要求，学院与院聘编外人员也签订了聘用合同（由学校提供统一文本），而未签订劳动合同。2008年学院共与326名教职工签订了聘用合同；与29名农民工签订了聘用合同。

2. 岗位聘用制

2001—2010年，学院实施了多次教职工的岗位聘任，聘任类型可分为岗位聘任，其聘任结果与教职工的岗位津贴（绩效工资）相关联；人员的分类分级聘任和专业技术职务聘任。这两项聘任结果与教职工的基本工资相关联，并与岗位聘任的等级相关联。

（1）岗位聘任

学院2001—2010年共实施或参加了5轮岗位聘任。

2001年、2002年、2003年和2004年的岗位聘任，由学院组织实施，聘任方案由学院制订。2001年、2002年、2003年的岗位聘任，实行三类岗位（教师岗、教辅岗、管理岗）九级层次的聘任；到2006年的岗位聘任，实行四类岗位（教师教学岗、教师科研岗、教辅岗、管理岗）九级层次的聘任。

由于实施后勤社会化改革，2001年学院在院内建立多个后勤服务中心，各中心为乙方，与学院（甲方）签订合同，中心人员不参加学院的岗位聘任。2001—2003年，共建有物业服务中心、交通运输服务中心、饮食服务中心。

2009年根据学校《关于北京联合大学2009年全员岗位聘用工作的指导意见》（京联党〔2009〕54号），学院相应制定了《北京联合大学师范学院2009年教师岗位聘用实施细则的补充意见》（京联师党〔2010〕6号）、《北京联合大学师范学院副教授及以下教师岗位任职条件和岗位职责》（京联师党〔2010〕7号）和《北京联合大学师范学院非教师专业技术副高及以下岗位聘用实施细则》（京联师党〔2010〕8号）、《北京联合大学科级机构和科级岗位设置细则》（京联师党〔2010〕9号），经过个人申报、材料审核、聘委会审议、聘用岗位系列等级公示等程序，完成了对2009年副高级（不含教育管理系列副高级）及以下专业技术职务岗位聘用和一般管理、工勤技能岗位聘用工作。在此次聘任中，教授及正处级岗位由学校负责聘任；其他岗位由学院负责聘任。学院参加此次聘任的教职工共有285名（不含退休教职工），其中教师岗178人、非教师专业技术岗59人、管理岗28人、工勤岗20人(见表2.4-10)。

本次聘用期自2010年3月1日起至2013年8月31日止。

表2.4-10 2010年人员分类分级聘任结果 单位：人

岗位级别	岗位类型			
	教师岗	非教师专业技术岗	管理岗	工勤岗
一级	0	0	—	0
二级	0	0	—	0
三级	3(教授)	0	—	12(高级工)
四级	9(教授)	0	0	7(中级工)
五级	12(副教授)	3(副高)	1	1(初级工)
六级	17(副教授)	3(副高)	2	—
七级	29(副教授)	3(副高)	15(正科)	—
八级	26(讲师)	15(中级)	5(副科)	—
九级	16(讲师)	17(中级)	5(科员)	—
十级	55(讲师)	12(中级)	0	—
十一级	3(助教)	4(初级)	—	—
十二级	8(助教)	2(初级)	—	—
合计	178	59	28	20

(2) 分类分级聘任

根据国家和北京市相关文件的要求,学校于2008年12月5日,发布了《北京联合大学2008年岗位设置管理实施办法》,并于2008年年底在全校范围内实施了统一的教职工分类分级聘任。按规定,高校教职工的聘任分为专业技术人员(其中又分为教师和非教师两系列)、管理人员、工勤人员三类,每类中又按不同的级别进行。专业技术人员中正副高级、管理人员中的正处级岗位由学校负责聘任;专业技术人员中的中、初级,管理人员中副处及以下岗位,以及工勤岗位由学院聘任,聘任标准由学校制定。

本次聘任后全校实行绩效工资制,其标准由学校统一制定。

(3) 专业技术职务聘任

学院涉及的专业技术职务包括教师、研究、实验、工程、图书、档案、医疗卫生、教育管理等系列。2001—2005年,实施专业技术职务评审与聘任相结合的制度;2006年试行、2007年起正式实施专业技术职务聘任制度(教育管理系列高级职务仍由北京市统一掌控评审)。其中高级职务及教育管理系列的中级职务由学校聘任(教育管理系列的高级职务由北京市掌控);中、初级职务由学院聘任。2009年起,副高级职务的聘任权下放给学院。2003年起,工程、图书、档案、医疗卫生等系列的高级专业技术职务,需参加社会化评审获得资格后,方可参加学校(学院的聘任);2007年起,不再进行专业技术职务的认定,凡申请晋升职务的均需参加社会化评审获得资格后由学校(学院)聘任。2008年起,参加社会考评的人员,需按申报等级的同级教师标准参加相应级别的职称英语、计算机水平考试。

专业技术职务的聘任由学院专业技术职务聘任委员会负责。申报人通过所在部门的推荐、院人事处组织的资格审查(由人事处、科研处、教务处、学生处负责)后,要在学院专业技术职务聘任委员会评审会上进行述职,经学院专业技术职务评审(聘任)委员会审查同意后,按聘任级别要求上报学校。2009年起，申请副高级职务的人员要在院学科组中进行答辩，并经学科组票决后，再由学院专业技术职务评审（聘任）委员会审议并进行票决。2006年起，对通过学院专业技术职务评审（聘任）委员会审查同意的申报人，进行为期一周左右的公示后，才上报或进行聘任。被聘任的专业技术人员由学校发给聘书。

表2.4-11　2001—2010年非教师系列专业技术人员情况一览表　　单位：人

年份	总数	政工系列			工程系列			图书资料系列			医疗卫生系列		会计				经济系列		教育管理系列			无职称
		高级实验师	实验师	助理实验师	高级工程师	工程师	助理工程师	副研究馆员	馆员	助理馆员	主治医师	医师	高级会计师	会计师	助理会计师	会计员	经济师	助理研究员	研究员	副研究员	助理研究员	
2001	139	2	4	3	2	25	12	0	14	2	4	0	1	4	1	0	1	1	1	7	42	13
2002	129	2	4	3	4	36	18	0	14	2	4	0	1	2	1	0	1	1	0	6	19	11
2003	127	3	4	3	4	37	16	1	13	2	4	0	1	1	1	0	1	2	0	6	21	7
2004	122	3	4	3	4	36	15	1	13	1	4	0	1	1	1	0	2	0	0	7	22	4
2005	128	3	3	3	4	33	12	1	14	0	4	0	1	1	3	0	1	2	6	15	18	4
2006	112	3	3	4	5	35	8	1	13	0	4	0	1	2	3	0	1	1	6	17	2	3
2007	107	4	2	3	4	29	5	2	12	0	4	0	1	3	2	0	1	2	0	7	23	3
2008	100	2	2	3	4	28	4	2	12	0	4	0	1	3	2	0	1	2	6	17	6	1
2009	75	2	2	3	6	19	5	1	7	1	4	0	1	2	1	0	1	1	5	10	3	1
2010	71	2	2	3	6	14	2	1	9	0	3	0	1	3	1	0	1	1	4	14	3	1

注：无职称人员中不含教管系列。

3. 自动离职

2001年4月24日，学院对于长期不到岗工作，又不履行正常请假手续的员工登报发声明，并寄信函通知要求他们在规定的时间内回校办理相关手续，逾期不办理正常的调动、请假手续者视为自动离职。规定时间到期后学院再次登报声明与64名逾期没办理手续的员工解除聘用关系，将其按自动离职处理。随后将仍不转出档案的42人的档案关系转至人事部全国人才中心，档案保管费由学院缴纳。

4. 科级干部聘任

除在日常工作中根据需要进行科级干部任命外，在岗位聘任完成后，学院均对科级干部进行重新聘任（任命）。2007年4月，学院任命12人为科长、14人为主任科员。2009年，科级干部的聘任依照学校制定的《管理岗位设置管理实施细则》进行。学院共任命科长13人，副科长6人，主任科员22人，副主任科员4人。

5. 考核

学院实行年终考核制，每年年终对教职工进行考核（见表2.4-12），考核依据为学院制定的《教职工考核办法》及《教职工考核细则》。考核时教学部门以部门为单位、管理部门以党总支为单位成立考核领导小组，按照个人述职、集体评议、考核领导小组评定考核等级、院长办公会审核批准等程序进行。2007年起,对考核为优秀的教职工进行为期一周的公示,并要求教职工对学院的考核等级进行签字认可。对考核等级有疑义或不同意的教职工,院长办公会要进行重新审议确定。

考核中,对教职工的工作事故、考勤以及教师和实验等岗位人员的教学、科研任务等都有较明确的量化考核标准。

2001—2010年,学院还组织了对部门的考核。考核的基本程序是:人事处在考核前汇总由各相关部门提供的各部门一年来的基本情况数据,如参加学院会议情况、参加工会活动情况、文件归档情况、出现事故数量等,制成表格;组织部门进行一年工作述职,院领导、部门负责人、群众代表分别对部门进行打分;人事处汇总各项分数后报院长办公会审议,确认优秀;在院内公布部门考核结果。

表 2.4-12　2001—2010年考核优秀人员名单

年份	优秀人员名单
2001	尹庆民、高桥、王培荣、李万海、魏绍谦、倪玉茹、邓淑华
2002	梁绿琦、刘东青、高桥、慈俊忠、牛桂荣、何践理、谭鲁芳、刘彦文、李国元、杨晓红、陈万里、操静涛、王永平、翟红英、张玉平、郝凤涛、王卫平、何立千、荣瑞芬、杨亚军、常华、潘先伟、孙雪松、朱东星、江山、王蓓、周玉基、邓淑华、满东升、曾泓、姚聪燕、张华、陈益萍
2003	刘东青、崔晓静、张利东 尹福斌、唐昊、王培荣、刘欣、何践理、韩秋萍、张静、周小翔、杨晓红、王冠华、陈万里、屈敬文、张菁、张志坚、顾春、冯艳娜、石虹、杨亚军、何水清、汤华明、肖斌斌 王玲、高洪力、袁洁、赵平勇、张志、谢崇桥、满东升、曾泓、曹颖娜、程中庆、王宁、任春秀、陈平均、黄洁
2004	尹庆民、全京、薛立军、赵丽华、桂溪涓、唐昊、吴雪疆、黄朝、牛桂荣、王连生、谭鲁芳、陈冠华、种霞、李国元、李彦明、魏绍谦、操静涛、朱喜福、张菁、石焕南、顾春、许启军、冯艳娜、高满茹、荣瑞芬、罗宜军、高学军、邱瑞年、甘治昕、翟金忠、朱东星、鲍晖、袁洁、赵平勇、王京菊、江山、王蓓、邓淑华、陆越、曹颖娜、金野、唐红斌、王宁、陈益萍、张绍斌
2005	崔晓静、张利东、慈俊忠、王培荣、吴雪疆、牛桂荣、周明、石明培、李爱国、蔡顺义、杨晓红、白素萍、毕玉兰、常宏宇、王波、袁小梅、赵婉莹、李大矛、冯艳娜、厉重先、冯燕庆、何水清、李淑琼、鲍晖、李秀芹、林妍梅、朱丽、靳长缨、赖亚楠、周玉基、王倬、张东迅、曹颖娜、金野、李娟华、罗宏、庞成、黄洁
2006	张玉萍、丁云峰、窦秀明、杨奇红、吴雪疆、栗伯忠、龚跃邦、王建萍、都丽萍、刘彦文、任仔、李国元、甄旭、刘学军、毕玉兰、李秀、王建恒、魏绍谦、陈漫红、屈敬文、赵瑛、王成尧、石焕南、徐蕾蕾、李小苓、皮汉平、冯艳娜、高满茹、石虹、荣瑞芬、罗宜军、刘琪、高学军、邱瑞年、李淑琼、张军丽、孙青、朱东星、高成亮、江山、张志、景怀宇、赖亚楠、周玉基、刘红英、张威、李斌、张东迅、孙玉霞、耿燚、蒋大平、李抗美、师爱英、魏淑华、刘金生、邓学明
2007	赵丽华、曹丽华、张利东、窦秀明、何践理、李建军、都丽萍、李连革、王宁、吴一金、寇玉林、黄洁、任春秀、蔡顺义、陈琦、赵晓娟、种霞、张绍里、牟书、陈万里、王成尧、李湛、王大英 徐蕾、冯艳娜、童立达、许启军、皮汉萍、荣瑞芬、闫文杰、厉重先、高学军、邱瑞年、郭冬、张军丽、赵雪、潘先伟、朱东星、孙青、林妍梅、冯中福、江山、倪映疆、袁洁、张志、曹建中、景怀宇、刘红英、李江、孙玉霞、曹颖娜、吕勇、张东迅、耿燚、张华、高满茹、张智新、王颖、庞昊勇、操静涛、戴立黎、刘彦文、桂溪涓、王蓓、李育芳、石明培
2008	成洁、刘学军、刘欣、都丽萍、李爱国、关振林、窦秀明、周宝萍、张良树、吴一金、邓学明、任仔、杨晓红、王波、王琦、马涛、皮汉萍、许启军、顾春、金忆、石虹、薄芯、高学军、张军丽、高华、赵雪、李淑琼、朱东星、林妍梅、王京菊、赖亚楠、谢崇桥、刘红英、张旗、纪学艳、曹颖娜、王小力、卢璐、田禾佳、于红军、蒋大平、高满茹、赵平勇、谭鲁芳、陈冠华、曾美英、高洪力、孙雪松、石焕南

续表

年份	优秀人员名单
2009	王艳莉、曹丽华、李秀、何践理、曲杰、段素菊、张德兰、王宁、吴一金、寇玉林、任春秀、杨晓红、程文慧、徐蕾蕾、顾春、亓岩、王卫平、王琦、王成尧、刘雪峥、李祖明、曾玲琴、陶能为、李淑琼、张亮、吴云霞、鲍晖、林妍梅、倪映疆、赵琨、曹建中、李红梅、张威、米娜、杨希、吴宏兰、黄鸿、卢璐、周洁、于红军、崔秀馥、王颖、周小翔、张智新、高满茹、赵平勇、陈冠华、戴立黎、朱东星、薄芙丽、吴雪疆、李金
2010	顾伟忠、刘欣、李丽云、曲杰、关振林、王艳红、陈平均、张绍斌、黄洁、李国元、范淑香、曾文琪、冯艳娜、王惠莉、马涛、王永平、李京霞、史阳、张军丽、顾亮和、陈卫红、杨柳、钱学强、王健、梁绘影、车岩鑫、张旗、王海智、于峰、李江、吴培、姚聪燕、曹颖娜、卢璐、徐娟、袁海军、王育红、刘光恩、赵华、高满茹、吴雪疆、王蓓、赵雪、高洪力、刘莹、张华、孙雪松、薄芙丽

6. 奖惩

2001—2010 年，学院对教职工奖惩以单一项目的形式进行。

(1) 奖励

校级优秀教师和优秀教育工作者。2003 年起，每个单数年份学校都组织评选校级优秀教师和优秀教育工作者(见表 2.4-13)。评选时，由学校制定评选条件和下达指标，学院一般以本院的先进个人为候选人，经向教职工征求意见报院长办公会审议后，向学校推荐。

北京市优秀教师和优秀教育工作者。2003 年起，北京市组织评选优秀教师和优秀教育工作者。评选时根据北京市发布的相关文件进行：由学院推荐、学校审议、报北京市教委批准。后改为由学校在校级优秀教师和优秀教育工作者中推荐。

表 2.4-13　2001—2010 年优秀教师和优秀教育工作者名单

年度	获奖名称	级别	姓　名
2001—2003	优秀教师	校级	何立千、陈万里、朱东星、曾泓、李大茅
	优秀教育工作者	校级	李克柔、李万海、刘彦文
2004—2005	优秀教师	市级	戴立黎
	优秀教师	校级	朱东星、袁晓梅、戴立黎、李娟华、荣瑞芬
	优秀教育工作者	校级	尹庆明、周晓翔
2006—2007	优秀教师	校级	石焕南、林妍梅、陈万里、荣瑞芬
	优秀教育工作者	校级	刘彦文、张利东
2008—2009	优秀教师	校级	闫文杰、曹颖娜、冯艳娜
	优秀教育工作者	校级	何践理、窦秀明

(2) 惩处

学院对教职工的惩处有三类：一是对出现教学事故的教师，依据《北京联合大学教学事故认定暂行办法》(京联教〔2005〕8 号)进行处理；二是对违反党和国家的有关法规等错误进行惩处；三是对触及国家法律被判刑教职工的惩处。

7. 工资福利待遇

学院教职工的福利待遇2001—2010年呈上升趋势,特别是2009年起,其福利待遇有较大程度的提高。

(1) 基本工资(档案工资)

2001—2006年,教职工的基本工资包括职务工资和津贴。职务工资占基本工资总额的70%,依本人的职务和职称确定,津贴依职务工资的标准核算,占基本工资总额的30%。连续两年考核合格的工资晋升一级。2001年1月和10月、2003年7月北京市共三次调整了工资标准。2006年7月北京市进行第四次工资制度改革,基本工资分为专业技术岗位系列、管理岗位系列和工勤岗位系列三类,每类工资均由岗位工资和薪级工资构成。岗位工资体现了教职工的职务职称和职级,薪级工资体现了教职工的工龄和任职年限。

(2) 3%人员工资晋级奖励

为奖励优秀教职工,学院于2001—2005年继续执行北京市关于3%人员工资晋级奖励办法(见表2.4-14)。每年北京市下达对3%职工的晋级奖励,每两年有3%职工的提前或越级晋升职务工资档次奖励。为使该项工作顺利进行,学院设立了专门评委,采取部门按比例推荐提名,院评审委员会投票,党委会(院务会)批准的办法。2001年12名教职工获升级奖励,提前或越级晋升职务工资档次7人;2002年10名教职工获升级奖励;2003年10名教职工获升级奖励,11人提前或越级晋升职务工资档次;2004年10名教职工获升级奖励,;2005年10名教职工获升级奖励,11人提前或越级晋升职务工资档次。2006年7月工资制度改革后该项工作终止。

表2.4-14 2001—2005年奖励晋级情况一览表

年份	奖励晋级人员名单	提前晋级人员名单
2001	牛桂荣、历重先、程中庆、王诞京、杨亚军、张景华、高桥、袁洁、韩秋萍、王大英、王宁、李广友	尹福斌、王京菊、葛萍萍、付丽霞、韩青薇、白素萍、李万海
2002	王培荣、王波、唐怡、张义忠、杨丽萍、周洁、丁云峰、蔡顺义、窦秀明、赵丽华	
2003	孙雪松、刘淑媛、王小刚、杨国正、李金、王永平、郝凤涛、史阳、周玉基、姚聪燕	徐松亭、刘静、王卫东、张玉平、翟红英、石淑敏、关振林、黄朝、桂溪涓、张奕、张绍里
2004	陈平均、栗伯忠、叶磊、毕玉兰、刘冬青、顾春、满东升、曹颖娜、邸燕、倪映疆	
2005	朱喜福、张晓钟、甄旭、张东昌、许启军、唐红斌、全京、林妍梅、李丽云、何水清	李国元、庞昊勇、陈益萍、郭冬、石焕南、陈冠华、张东迅、张志、张静、李抗美、李秀

(3)北京市职务补贴

北京市职务补贴的发放始于1995年,2005年停止增加,为依据职工的职务职称逐年累加而成的市政府补贴。到2004年累计数额为:正局级1590元、副局级1415元、正处级1240元、副处级1100元、正科级960元、副科级845元、科员及以下级别740元;正高职称1475元、副高职称1240元、中级职称960元、初级及以下职称780元;高级工845元、中级工750元、初级工、普工735元、见习(硕士)600元、见习(本科)580元。2009年,学校将此项补贴的各级数额在全校范围内统一。

(4) 岗位津贴和绩效工资

岗位津贴和绩效工资是教职工在所聘岗位履职及履职情况的体现。2001—2008 年,学院在完成教职工岗位聘任后,自行制定岗位津贴的构成及其标准,自行发放。2009 年,学校进行了校内全员聘任工作后,学院执行学校统一的绩效工资标准,自行发放。该绩效工资由北京市职务补贴、岗位津贴、工龄津贴、职务补贴等项构成,每月发放绩效工资总额的 90%,年终考核后发放另外 10%。绩效工资制自 2010 年 3 月起执行。

除上述固定发放的绩效工资外,2001—2010 年,学院还根据北京市和学校的要求发放了以下一次性绩效工资:第一,每年考核完成后发放的第 13 个月工资(年终一次性奖金);第二,2007 年 7 月,北京市向事业单位职工发放的绩效一次性增资。

(5)其他福利待遇

学院除按国家和北京市的相关规定向教职工提供福利待遇(如书报费、洗理费、交通费等)外,还发放的其他福利有过节费、健身费、教职工子女药费统筹。

(三) 离退休人员管理

1. 离退休人员管理机构

学院组织宣传部设有专门编制,负责学院离退休人员的管理工作。

2. 离退休人员情况

学院离退休人员数量在 2001—2010 年间有大幅度的增长。2001 年,有离休人员 12 人,退休人员 68 人;2010 年,有离休人员 10 人,退休人员 147 人。

学院在离退休党员中建立了党总支,下设离休党支部 1 个,退休党支部 2 个。每月组织离退休人员返校一次,进行形势政策教育、政治理论学习、通报学院工作及办理有关事项。每年组织离退休人员外出活动 1～2 次。

3. 离退休人员待遇

工资:基本离退休费和津贴补贴。

福利:公费医疗、抚恤金、改革共享费、节日补助及校(院)其他津贴等。

第五节　学生教育管理

一、学生管理

(一) 组织机构与工作机制

1. 组织机构

学院学生工作部(处)与中国共产主义青年团委员会(以下简称“团委”)合署办公,学生管理部门统称为学生工作办公室。学生工作部(处)负责学生日常管理、思想政治教育、大学生党建、学风建设、评优奖励、违纪处理、困难学生资助、心理健康教育、学生工作队伍建设、就业工作、武装部工作、思想教育教研室建设;团委负责团员思想教育、团的组织建设、团支部建设、团员培训、团员“推优入党”并指导学生会、学生社团开展各项活动等。

学生工作部(处)设有三个中心,一个教研室:分别是心理咨询中心(2003 年 9 月成立),负责学生日常心理健康教育工作;就业指导中心(2003 年成立),负责毕业生就业指导与服务工作;宿舍管理中心(2000 年成立,2010 年 11 月隶属行政管理处),负责住宿学生日常管理;思想教育教研室,负责学生思想政治教育的教学与研究,开设有“思想道德修养与法律基础”课程(2007 年 1 月“思想道德修养”与“法律基础”两门课合并为一门课,更名为“思想道德修养与法律基础”)。十年来,思想教育教研室还始终坚持开设“形势与政策”课程以及“就业指导”专题讲座。2003 年“就业指导”列入必修课。2005 年 9 月开设了“军事理论”必修课。2010 年 9 月又开设了“大学生心理素质教育”必修课。

2. 工作机制

学院学生工作在党委领导和学生工作领导小组指导下,由学生工作部(处)负责实施。学生工作部(处)是学院学生管理的职能部门,负责对各系(部)学生工作的领导。系(部)的学生工作,由系党总支(支部)书记负责,辅导员、班主任具体实施。2006 年,学院为各系(部)选配了专、兼职辅导员。辅导员是学生管理的专职人员,对学生日常管理负主要责任;班主任是班级学生管理的第一责任人。

系(部)学生管理的事项,首先由系(部)学生工作小组提出意见,然后报学生工作部(处),学生工作部(处)研究后提出意见,上报主管学生工作的党委副书记。

学院学生管理的重大事项由学生工作部(处)提出初步意见,报主管学生工作党委副书记,经院务会研究后最终决定。

(二) 重点工作

2001—2010 年,学院学生工作始终高举毛泽东思想、邓小平理论伟大旗帜,以江泽民“三个代表”重要思想为指导,坚持科学发展观,在校、院党委和行政的领导支持下,深入贯彻中央和北京市委关于加强和改进大学生思想政治教育工作的重要精神以及学校的办学方针,紧密围绕校院中心工作,以“一个中心”(以学生成长成才为中心)、“五个平台”(思想教育平台、学风建设平台、心理健康平台、贫困生资助平台、干部队伍建设平台)为工作主线,推进学生工作的规范化、科学化、专业化、精细化建设,不断探索新时期学生工作的规律,加强教育,强化管理,周到服务,以促进学生综合素质全面提高。

1. 学生奖惩

(1) 奖励

学院奖励设为个人和集体两种类别。对个人的奖励项目有优秀学生奖学金(共分三等)、三好学生、优秀学生干部、优秀团员及单项奖;对集体的奖励项目有先进班集体、先进团支部(见表 2.5-1)。奖励标准分别为:院级一等奖学金师范生 600 元/人、非师生 2000 元/人;二等奖学金师范生 400 元/人、非师生 1000 元/人;三等奖学金师范生 300 元/人、非师生 500 元/人。先进班集体、先进团支部奖励 300 元/班,其他奖项为物质奖励。

根据《北京联合大学职业技术师范学院学生奖励办法》《北京联合大学师范学院学生综合测评实施办法》《北京联合大学师范学院学生奖励条例》《北京联合大学学生综合素质测评办法(试行)》以及《北京联合大学学生评优奖励条例(试行)》等相关文件精神,十年来学院始终坚持“公平、公正、公开”的原则,在评奖过程中,所有受奖的个人和集体都要经班级评选、系学生工作小组审核、学生工作部(处)审批、报学院院务会通过后确定,并在全院学生中进行表彰。

表 2.5-1　2001—2010 年院级奖励情况一览表

单位：人

学年	奖励类型						
	一等奖学金	二等奖学金	三等奖学金	单项奖	三好学生	优秀学生干部	优秀班集体
2000—2001	13	66	164	264	59	45	9
2001—2002	30	83	120	308	56	50	10
2002—2003	37	93	191	339	79	58	10
2003—2004	29	80	189	388	77	68	10
2004—2005	18	87	186	488	88	72	10
2005—2006	18	72	151	337	85	88	9
2006—2007	4	123	326	335	104	78	11
2007—2008	10	128	362	321	102	75	12
2008—2009	12	118	371	306	102	77	12
2009—2010	6	133	337	302	96	75	15
2010—2011（至 2010 年 12 月）	1	92	317	286	91	65	10
合计	178	1075	2714	3674	939	751	118

2001—2010 年学院获得市级先进集体和先进个人名单见表 2.5-2。

表 2.5-2　2001—2010 年市级先进集体和先进个人名单

学　年	先进班集体	首都高校“先锋杯”优秀团支部	三好学生	优秀学生干部
2001—2002	2001 级语言文化专业 1 班		晏强、李旺、全荔、安源	张晨
2002—2003	2001 级财务会计专业 2001 级文秘教育专业 1 班	2001 级财务会计专业团支部 2002 级环艺专业团支部	王兆赓、汤丽茗、宋晓艳、晏强、祖燚、孙丽娟	张晨、王娟、仲珊
2003—2004	2002 级 1 班 2002 级金融学专业	2002 级金融学专业团支部 2001 级 1 班团支部	陈微微、王兆赓、乔芹芹、宋赫、裴圆、李雅思	杨希、李乔珊
2004—2005	2003 级计算机科学与技术专业 1 班 2003 级生物技术专业		宋赫、闫明月、陈栋华、乔芹芹、冯海静、刘亚琼	赵亚芹、沈天璐
2005—2006	2004 级电子信息工程专业 1 班 2003 级计算机科学与技术专业 1 班		冯海静、鄢婷、宋赫、吴宗钢、刘杰	龙俊华
2006—2007	2005 级汉语言文学专业		陈璐、李达、全菲、王晶	张月良

续表

学　年	先进班集体	首都高校"先锋杯"优秀团支部	三好学生	优秀学生干部
2007—2008	2005 级计算机科学与技术专业班		陈亮、熊雪意、张海莹、朱茜	李红梅
2008—2009	2007 级汉语言文学专业		刘晓茜、吕放、范海艳、刘伯艳	李红梅
2009—2010	2009 级电子信息工程专业 1 班		张玥、魏娅男、王鑫、温凯	王妍

(2) 处罚

对违纪学生的处罚分为五等：警告、严重警告、记过、留校察看、开除学籍(见表 2.5-3)。学院本着规范学生管理、强化制度建设、严肃学院纪律、净化校园环境的原则，加大学生管理力度。一方面通过组织学生学习《学生手册》并进行考试、召开主题班会、签署考试诚信书等方式，使学生管理的各项规定深入人心，尽可能减少违纪现象；一方面严肃处理违纪事件，教育学生，吸取教训。

学生处分有严格的审批程序，其处理过程是：各系核实违纪事实无误，找学生谈话，使学生写出书面检查后，依据《北京联合大学学生违纪处分条例(修订)》的相关规定，提出书面处理意见，并报予学生工作部(处)；学生工作部(处)根据相关文件进行审批。严重警告及以下处分，学生工作部(处)可直接批复，下达处分决定；记过及以上处分，需上报学院主管学生工作党委副书记，最后经院务会研究后，作出处理决定。

学院执行解除学生违纪处分制度。2008 年 5 月学院开始执行《北京联合大学解除学生违纪处分管理办法(试行)》。学院本着加强对受处分学生的教育和管理，激励违纪学生改正错误，积极上进，成长为合格大学生的原则，严格执行相关文件。凡符合解除处分条件的学生，在毕业前可向学院学生工作部(处)提出解除处分书面申请，经学院(法人)学生工作部(处)审核、院务会批准后生效。

学院执行学生申诉制度。2006 年学院开始执行《北京联合大学学生申诉管理办法(试行)》，成立了由学生工作部(处)、教务处、纪检部门、团委、党政办公室、保卫处负责人以及教师代表、学生代表等参加的学院申诉处理分委员会，学生工作部(处)负责学生申诉处理的日常工作。

表 2.5-3　2001—2010 年学生违纪处分情况一览表　　单位：人

学年	处分类型							
	类别	警告	严重警告	记过	留校察看	勒令退学	开除学籍	合计
2001—2002	本科	13	5	4	1	1	1	25
	高职	5	7	1	0	0	0	13
	合计	18	12	5	1	1	1	38
2002—2003	本科	4	1	1	0	1	0	7
	高职	1	0	0	2	1	0	4
	合计	5	1	1	2	2	0	11

续表

学年	处分类型							
	类别	警告	严重警告	记过	留校察看	勒令退学	开除学籍	合计
2003—2004	本科	7	11	8	6	2	0	34
	高职	7	1	2	7	0	0	17
	合计	14	12	10	13	2	0	51
2004—2005	本科	19	10	29	5	1	0	64
	高职	9	4	27	2	1	0	43
	合计	28	14	56	7	2	0	107
2005—2006	本科	4	4	6	2	0	2	18
	高职	9	7	14	2	0	0	32
	合计	13	11	20	4	0	2	50
2006—2007	本科	5	4	8	1	0	0	18
	高职	7	3	8	1	0	0	19
	合计	12	7	16	2	0	0	37
2007—2008	本科	3	7	7	0	0	0	17
	高职	6	2	4	0	0	0	12
	合计	9	9	11	0	0	0	29
2008—2009	本科	13	6	5	1	0	0	25
	高职	16	2	4	1	0	0	23
	合计	29	8	9	2	0	0	48
2009—2010	本科	2	0	7	1	0	0	10
	高职	4	2	3	0	0	0	9
	合计	6	2	10	1	0	0	19
2010—2010.12	本科	0	2	2	1	0	0	5
	高职	0	5	0	0	0	0	5
	合计	0	7	2	1	0	0	10
	合计	134	83	140	33	7	3	400

2. 学生资助

对生活特别困难的学生，学院积极落实党和政府、校院对家庭经济困难学生的各项资助政策，除配合学校为其开通“绿色通道”外，还制定了减缓交纳学费的有关规定。同时根据《北京联合大学家庭经济困难学生认定的实施办法》（京联学〔2008〕5号）、《北京联合大学学生勤工助学管理办法》（京联学〔2007〕5号）和《北京联合大学国家奖学金、国家励志奖学金和北京市国家助学金管理实施办法》（京联学〔2007〕7号）等文件精神，实施对家庭经济困难学生的认定、资助及奖励工作。2002年推行了国家奖学金评选，2004年推行了北京市国家助学金评选，2007年推行了国家励志奖学金评选，进一步加大了对贫困学生资助与奖励的力度。十年来，学生共有46人获得了国家奖学金、442人获得了国家励志奖学金、1836人获得了北京市国家助学金；524人申请了国家助学贷款，近300人通过“绿色通道”顺利入学；2656名家庭经济困难学生被认定为困难生，加入家庭经济困难学生档案库；1822人获得了勤工助学岗位。2005年9月1日，中国红十字会开始对学院困难学生进行捐助，截至2010年已有12人获得捐助。

3．征兵工作

从在校学生中征集新兵是一项重要工作。学生工作部(处)依据相关政策，对各系进行部署，通过横幅、宣传板、网络等形式对全院学生开展宣传动员，并以此为契机对学生深入进行国防教育，激发学生的爱国之心和报国之志。通过向学生宣传应征入伍优抚政策，充分调动了学生关心国防、报名参军的积极性。学生报名后，经学院初选、学校武装部审核，进行体检。体检合格后进入政审，政审合格后应征入伍。学院确保每年征兵任务的完成，并使征兵数量和质量逐步提高。2001—2010 年学院在校生征兵入伍情况见表 2.5-4。

表 2.5-4　2001—2010 年在校生征兵入伍情况一览表

序号	入伍时间/年	复员时间/年	姓　名	班　级
1	2004	2006	付文超	2002 级高职(计算机网络)
2	2004	2006	马　莉	2003 级英语
3	2008	2010	王琳姗	2006 级音乐表演
4	2010	服役中	张　涵	2010 级汉语言文学(1)班
5	2010	服役中	胡启胜	2010 级计算机科学与技术(2)班
6	2010	服役中	康　宇	2010 级数字媒体技术
7	2010	服役中	雷　鸣	2009 级艺术设计(3)班
8	2010	服役中	李　哲	2010 级艺术设计专升本(2)班

4．就业工作

学院党委高度重视就业工作，把毕业生就业工作作为“一把手工程”，坚持以科学发展观为指导，每年研究制定符合学院实际的毕业生就业工作意见，加强对毕业生就业工作的领导，并通过建立责任机制将毕业生就业工作层层落实。

在就业工作中，学院本着“一切为了学生、为了一切学生、为了学生一切”的服务理念，根据就业形势和学生实际，狠抓“就业指导”和“就业服务”两条线，通过毕业班班主任工作培训会、毕业班学生家长会、师范生及京外毕业生座谈会、就业指导专题讲座、有关企事业单位专家学者的报告、就业指导课(2010 年开始)、为家庭经济困难学生发放就业帮扶基金以及就业指导和咨询等多种教育服务形式，帮助学生树立正确的价值观、人才观和择业观，增强就业竞争力。在积极为学生提供就业信息的同时，还努力开拓就业市场，鼓励学生自主创业。经过全院上下的共同努力，学院一直保持较高的就业率：2001 年为 99.5％、2002 年为 98.5％、2003 年为 97.8％、2004 年为 99.7％、2005 年为 99.2％、2006 年为 97.8％、2007 年为 96.2％、2008 年为 97.8％、2009 年为 95.7％、2010 年为 95.9％。

5．宿舍管理

学生公寓是学生日常学习和生活的重要场所，学院通过加强和改进学生公寓的管理模式，完善管理机制，提高教育管理水平，而把这项直接关系学生切身利益和学院安全稳定的重要工作落到实处。

在宿舍管理工作中，学生工作部(处)坚持教育育人、管理育人、服务育人的宗旨，把加强对宿舍学生的教育管理作为学生工作的一项重要任务，以成立学生自我管理委员会，建立宿舍长制度,加强宿舍文化建设,开展文体竞赛和宿舍评比表彰,定期与保卫处举办消防安全演习、安全知识教育及安全隐患检查等多种形式,为学生营建了团结、进取、和谐的公寓氛围,提供了文明、安全、整洁的公寓环境。2001—2010 年,没有发生过重大安全事故。

6. 学风建设

学风建设是学生工作永恒的主题。学院党委一直高度重视学风建设工作,不断探索新时期学风建设的新思路、新方法。2003 年在学风建设中提出新举措,在全院开展"师生共建文明课堂"活动,旨在深化教育教学改革,优化教育教学秩序,提升教师执教能力,营造良好学习环境,提高学生创新能力,促进学生全面发展。经过广大师生员工多年的共同努力,学院已基本形成了制度完善、措施得力、具有学院特色的全员参与学风建设的良好局面。

为端正学生的学习动机和学习目的,激发学习的主动性和积极性,加强自律,挖掘潜能,达到建设和巩固优良学风的目的,各系定期召开不同层次的学风建设大会,研究、探讨、贯彻学风建设的实施意见,并开展了各具特色的学风建设活动。例如,语言文化系以创建优良学风、班风为重点,注重学生专业思想教育,使学生树立主人翁意识,端正学习目的,明确成才方向;经济贸易系积极开展学术活动,营造浓厚的学术氛围,并通过加强社会实践活动,提高学生对专业学习的关注度;电气信息系积极开展各种学生感兴趣的学习活动,加强学习能力建设,通过探索学风建设的长效机制,加强对学生党员的量化考核,推动了学风建设的深入发展;应用生物技术系开展了以提高学生综合能力为主线的各类活动,增强了学生树立良好学风的自觉性;艺术设计系注意把握不同年级学生的心理需求和矛盾,有的放矢地开展学风建设工作;艺术教育系通过建立班级日报制度、学风督察制度、班干部培训制度等,开展学风建设工作;心理教学部通过强化学生对各项规章制度的学习,启发和引导学生树立自我教育、自我管理意识,使其注重在日常学习生活中养成良好的学习风气。

2010 年 4 月 28 日上午,校长柳贡慧亲自带领校院学生处、教务处、工会等相关部门领导来学院进行"师生共建文明课堂"现场观摩活动,推动了学院教风和学风建设再上新台阶。

(三)重要规章制度

2001 年 7 月,学生工作部(处)制定了《北京联合大学职业技术师范学院学生公寓管理实施细则(试行)》《学生公寓文明宿舍评比要求》《学生公寓检查评比制度》《学生公寓治安保卫制度》《公寓设施催报修制度》《公寓家具设备物品管理制度》等文件。2002 年 9 月,学生工作部(处)汇编了《北京联合大学职业技术师范学院学生公寓管理制度》,并于 2005 年 6 月进行了修订。

2003 年"非典型性肺炎"疫情(以下简称"非典")结束后,为迎接本科教学工作水平评估,进一步创建良好的学习氛围,规范学生的日常行为,4 月 17 日,学生工作部(处)制定了《北京联合大学师范学院关于进一步加强学风建设的若干意见》(师院学〔2003〕7 号),从进一步健全学风建设的领导机制、加强学生管理、开展成才教育、深化素质教育、建立健全多种形式的奖励制度、加强班主任工作、发挥学生会和学生干部的作用、建立学风监控系统等八个方面作出了明确规定,并同时制定下发了《学生在学校重要场所的行为规范》。4 月 17 日还制定了《北京联合大学师范学院学风建设达标标准》(师院学〔2003〕8 号),从学风建设达标等级设置、达标指标及评分办法、达标实施办法三个方面提出了明确的学风建设要求。9 月,学院提出学风建设党政工团齐抓共管的工作思路,制定下发了《北京联合大学师范学院关于开展“师生共建文明课堂”活动的通知》,要求在迎接本科教学工作水平评估过程中,大力营造良好的课堂教学环境,推动学院教风、学风建设迈上新台阶。同月15日,学生工作部(处)制定了《北京联合大学师范学院关于进一步加强学风建设的补充意见》。

2005年3月,学生工作部(处)制定了《学生心理观察员制度及岗位职责说明》。6月制定了《北京联合大学师范学院学生党员佩戴胸牌的管理办法》。9月制定了《北京联合大学师范学院学生文明行为规范》,同时还会同团委重新修订了一系列制度:学生管理类制度,包括《学生考勤管理办法》《学生干部管理办法(试行)》《生活特别困难学生的资助办法》《对生活特别困难学生减免、缓缴学费的规定》《学生勤工俭学管理办法》《学生申请国家助学贷款实施办法》《学生公寓管理实施细则》《学生社会实践的规定》《学生社团管理办法》《学生刊物管理办法》《学生公寓管理规定》;学生奖评类制度,包括《学生综合测评实施办法》《学生奖励条例》《优良学风班评选条例》《优秀学生干部评选办法》《优秀团干部评选办法》《优秀团员评选办法》《优秀团支部评选办法》《优秀毕业生评选办法》《先进班集体评选办法》等。

二、思想政治教育

(一)机构设置

学生思想政治教育在学院党委、行政的统一领导下,由组织宣传部、学生工作部(处)、团委、马列教研室共同负责。组织宣传部主要负责学生党员的教育管理;学生工作部(处)负责学生日常思想政治教育;团委主要负责团员的教育与管理;马列教研室和学生工作部(处)思想教育教研室共同负责思想政治理论课的教学工作。

(二)内容与形式

思想政治教育是高等教育的重要组成部分。学院党委始终扎实贯彻党的教育方针,深入落实中国共产党第十六次和第十七次全国代表大会精神,高度重视并大力加强思想政治教育工作,把全面提高人才培养质量作为工作的重中之重。十年的总结与探索,使学院思想政治教育工作形成了传统与特色相结合的内容与形式,为培养合格大学生提供了良好的育人环境。

1. 建设学生业余党校教育平台

学院党委十分重视学生业余党校的建设,充分发挥学生业余党校的教育平台作用,培养优秀学生入党。2001—2010年,学院党校初级班共举办10期,现为第23期党校初级班(至2010年10月,每年一期);党校高级班举办了20期,现为第36期党校高级班(至2010年7月,每学期一期)。参加学生业余党校初级班人数为4783人,结业人数为4060人;参加党校高级班人数为3048人,结业人数为2852人。从2001—2010年,发展学生党员1113人。

在积极教育培养学生党员的同时,2004年学院团委成立了党员标兵团;2005年5月学生处举办了学生党员佩戴胸牌的启动仪式;开展了在学生党员所在宿舍悬挂“学生党员宿舍”标识牌活动,让学生党员宿舍在住宿学生中起到模范表率作用,进一步推动了思想政治工作进学生公寓工作;开展了学习型学生党支部建设,从而带动了全院学生思想政治工作又迈上一个新台阶。

学生党支部还开展了一系列丰富多彩的教育活动。例如,每年12月举行纪念“一二·九”活动;参观焦庄户抗战遗址、卢沟桥纪念馆、现代汽车生产基地、京东方电子制作基地、燕京啤酒有限公司等；为在非典中献身的医护人员扫墓；暑期开展有主题的京郊社会实践；组织学生党员学习党的方针政策、重要会议精神、毛主席诗词等，拓展了学生党员的视野，提高了党性修养，增强了战斗力。

2. 发挥思想政治理论课的主渠道教育作用

学院注重发挥思想政治理论课在大学生思想教育过程中的主渠道作用，通过加强和改革马克思主义理论课、思想品德课、形势与政策课以及军事理论课等课程，提高教学效果，帮助学生树立正确的世界观、人生观、价值观，提高理论水平以及分析、认识、处理问题的能力。特别对贴近现实的形势与政策课，学院精心组织。2001—2010 年，相继开设了世界贸易组织（World Trade Organization，WTO）、中国共产党“十六大”报告解读、抗击“非典”斗争中获得的重要启示、和谐社会建设、社会主义核心价值体系教育、奥林匹克运动会与志愿者、中共“十七大”报告解读、学习实践科学发展观、纪念五四运动 90 周年、庆祝新中国成立 60 周年——爱党爱国教育、学习贯彻中国共产党第十七届中央委员会第四次会议精神、《政府工作报告》（2010 年 3 月 5 日）解读等一系列主题鲜明的课程。通过学习，学生了解了世情、国情、民情，明确了学习方向，加强了使命与责任感，为其尽快更好地成才奠定了基础。

3. 开展主题教育活动

2001—2010 年，学生工作部（处）联系学生思想实际，开展了多种主题教育活动。例如，以迎接本科教学工作水平评估为契机，开展进一步加强学生思想政治工作，全力建设文明校园的活动；贯彻落实胡锦涛总书记关于社会主义荣辱观的重要论述，开展“八荣八耻”社会主义荣辱观教育活动；加强奥运精神和奥运知识的宣传教育，引导学生增强人文奥运理念，开展“我参与、我奉献、我快乐”的奥运志愿精神培育活动；加强中共十七大报告的学习，开展使学生进一步坚定理想信念，永远跟党走的活动；深入学习实践科学发展观，开展增强社会主义核心价值体系影响力的论坛活动；促使学生树立正确的道德观，开展“感恩社会、志愿回报”活动；结合庆祝新中国成立 60 周年，开展以“爱国、责任、使命”为主题的系列爱国主义教育活动等。

4. 做好新生入学教育

为使新生能够顺利完成学业，尽快适应大学的学习和生活，从 1987 年起，学院组织的为期一周的入学教育和两周的军事训练就从未间断过。2001—2010 年，学院通过学生工作部（处）、教务处、保卫处、图书馆、各系（部）分别对新生进行军训动员、学业学籍解读以及安全、图书资源利用和专业教育等，使新生较全面地了解了大学、学习和专业发展方向。

军事训练是新生入学教育的重要环节，由学生工作部（处）负责组织。地点分别为河北省高碑店第三十八军、中国人民解放军 66336 部队、昌平八一军训基地、昌平盛华人才培训中心等。军训时间从 2007 年 9 月开始，由原来的 12 天改为 14 天。从 2005 年 9 月起，军事理论课正式列为大学生的必修课。

5. 广泛开展心理健康教育

2003 年 9 月，学院成立了心理咨询中心，隶属学生工作部（处）。通过心理健康测试，为全院学生建立了心理健康档案；通过日常咨询，已为 500 余名学生提供了个别辅导；通过每年举行的“5·25”心理健康日活动，为学生开办了心理健康漫谈、专题讲座、心理电影赏析、心理知识宣讲等，引导学生充分认识心理健康对于个人成长的重要意义，提高学生参与心理健康教育活动的热情。

2005 年 10 月成立了心理社团——心馨社;同年 2 月,建立了学生心理观察员制度。2007 年 10 月 15 日,成立了心理危机干预工作小组,到 2010 年已成功干预了 10 名有心理危机的同学;同年 12 月 1 日,与中国红十字会心灵阳光工程合作,在学院成立了"心灵阳光关爱中心",并接受其赠送的图书 800 册。心理健康教育在学院不断深入发展。

6. 关注贫困学生的全面成长

学院贫困学生占在校生的 20%左右,除了解决他们的经济困难,使他们正常学习生活外,为使他们健康成长,学生工作部(处)贯彻以贫困学生自立、自强、自尊、自信为成长主线的精神,在贫困学生中每年都开展"勤工助学伴我成长""自立、自强、自尊、自信——优秀贫困生成长经验交流会""感恩社会志愿服务""贫困生职业生涯团体辅导与就业帮扶""暖心工程""贫困学生走访""贫困学生新年慰问座谈会""贫困学生征文"等多项教育活动。2006 年 6 月艺术教育系还建立了"爱心基金",对贫困学生进行捐款捐物,使贫困学生受到了来自多方面的关心和帮助,促进了他们的全面成长。

7. 坚持就业教育

学院十分注重毕业生的就业观教育。通过就业指导专题讲座和"在创业中实现人生理想"等教育活动,帮助毕业生树立积极的就业观,引导学生到基层、到农村、到祖国需要的地方就业。在 2001—2010 年的毕业生就业工作中,涌现出很多到基层、到西部、到边疆工作的优秀毕业生。例如,2005 年,语言文化系 2005 届毕业生赵艳涛同学,就选择了到内蒙古自治区呼和浩特市北郊的厂汉板小学支教。

2006—2010 年,立志当"村官"(66 人)和支教(35 人)的毕业生共 101 人(见表 2.5-5 和表 2.5-6)。在院党委副书记的带领下,学院多次组织系(部)党总支(支部)书记、工会、教代会干部到房山区、通州区、昌平区看望当"村官"和支教的学生,并召开座谈会了解他们的工作、学习、生活情况,鼓励他们坚定信心、克服困难、做出成绩,为校争光。

表 2.5-5　2006—2010 年"村官"人数统计　　单位:人

系别	年份				
	2006	2007	2008	2009	2010
电气信息系	9	12	3	1	2
经济贸易系	0	5	4	1	2
应用生物技术系	3	3	1	0	1
语言文化系	3	3	3	1	0
艺术设计系	0	2	4	0	2
艺术教育系	0	0	0	0	1
总数	15	25	15	3	8

表 2.5-6　2007—2008 年支教人数统计　　单位：人

系别	年份	
	2007	2008
电气信息系	9	0
经济贸易系	3	1
应用生物技术系	2	0
语言文化系	10	1
艺术设计系	3	2
艺术教育系	4	0
总数	31	4

8. 学生思想教育进宿舍

为了全面加强大学生的思想教育，学院把学生思想政治工作搬进了宿舍。一是成立宿舍学生自我管理委员会，定期召开会议，开展工作，调动学生自我教育、自我管理的积极性；二是学生辅导员深入宿舍，及时了解和掌握住宿学生的思想状况，化解矛盾，解决问题；三是发挥学生党员的作用，使其成为创建文明宿舍的表率；四是加大奖励机制，以树典型、学典型的方式，推进文明宿舍的建设和良好风气的形成。

9. 开展丰富多彩的文化活动

请名师和专家学者来院讲学、举办讲座已成为学院开展思想政治教育的优良传统。2001—2010 年，已有北京师范大学艺术与传媒学院副院长、影视传媒系主任、博士生导师于丹教授，首都师范大学音乐学院副院长、博士生导师周世斌教授，首都师范大学教育学院副院长、心理学系主任、博士生导师丁锦红教授，总政歌舞团国家一级演员李延，著名男高音歌唱家丁毅，清华大学美术学院基础部主任、中国水彩、水粉画协会秘书长蒋智南教授，清华大学建筑学院高冬教授，中国音乐学院副教授高缨，曲艺杂家崔琦等专家学者为学院学生作了多场专题讲座。此外，还有来自中国科学院研究生院、美国继续教育组织(EESI)、以色列贝沙勒艺术学院、北京青年压力管理服务中心、中国民用航空局民用航空医学中心、中国语文现代化学会等机构的专业人员，为同学们做了百场以上的讲座、座谈等，使学生不出校门就受到大师级的教育。与此同时，学院还组织了多种适合学生特点的文体活动，如每年 3 月份举办的“校园歌手大赛”、每年 12 月举行的“纪念一二・九运动暨大学生艺术节活动”等。

各系(部)结合本专业学生特点，也开展了不同形式的学术活动。例如，经济贸易系从 2001 年起连续十年举办师生学术年会；应用生物技术系何立千教授连续四年在学生不同班级开展“五四青年科技论坛”活动。

10. 推进社会实践活动深入发展

社会实践一直是学院团委的重要工作之一，有着良好的工作传统，也受到学院领导的重视与大力支持。2001—2010 年，学院大学生暑期社会实践工作，始终坚持“按需设项、据项组团”的原则，结合社会发展和学生专业内容的实际需要，重视发挥人才和智力优势，开展了以专业实践、理论宣讲、志愿服务、主题调研、环境保护和奥运宣传等为主要内容的实践活动。同时，不断巩固学院社会实践的传统工作项目成果，完善“大学生社会实践立项制度”，培养了大学生的综合能力。2004—2010年学院的社会实践团队与参与人数见表2.5-7。例如,仅在2010年的暑期社会实践中,就有42支团队、927名学生参与。如按活动参与人次计算,可达1827人次。

为了对大学生党员进行爱国主义和集体主义教育,帮助他们进一步解放思想,提高认识,团委每年都会组织“重走革命路”的革命老区“红色之旅”社会实践团;为支持“村官”工作,开展了与“村官”所在村镇的“手拉手”社会实践互动活动;为提高学生的基层工作能力,开展了为朝阳区、西城区各街乡的社区主任当助理的社会实践活动等。

此外,团委还安排各系团总支、团支部自行组织以文化考察、志愿服务、社区公益宣传、主题调研、义务支教、课外科技制作以及结合专业特点的各种社会实践活动。

表2.5-7　2004—2010年社会实践团队与参与人数统计

年份	2004	2005	2006	2007	2008	2009	2010
团队数	7	9	9	62	40	40	61
参与人次	924	837	798	1413	8254	1321	3243

2005—2010年,学院连续六年荣获“北京联合大学社会实践先进单位”称号。西部民族地区“马克思主义中国化成果理论研讨(宣讲)暨大学生艺术团交流采风”项目,追忆建党伟业、基层优秀共产党员寻访行动,就业创业——大学生创业实践活动,牛街民族敬老院老人心理调试及老年大学系列项目,新媒体助力社会发展项目——校园瞭望之校园文明系列宣传片等5支团队被评为“北京联合大学社会实践优秀团队”。其中,西部民族地区“马克思主义中国化成果理论研讨(宣讲)暨大学生艺术团交流采风”项目被评为“十佳”社会实践团队;曹颖娜老师被评为北京联合大学2010年暑期社会实践优秀指导教师;蔡海玉、马维、沈哲、于阔等4人被评为“北京联合大学社会实践先进个人”。其中,沈哲被评为“十佳”社会实践标兵;另有10名教师、40余名同学被评为校、院“社会实践先进个人”。

(三)建设与研究

学院党委高度重视学生思想政治工作,不断探索新时期学生思想政治教育的规律,不仅确立了思想政治工作的目标与任务,而且通过每年的“三育人”先进评选,以及工会开展的“最受欢迎的教师”评选活动等,调动了全院教职工的积极性,形成了全员育人的工作格局。2004年学院被评为“北京高校党建研究2002—2004年学会工作先进学校”;2007年10月,学院学生工作部(处)荣获校级德育工作先进集体称号。

1. 制度建设

制度建设是强化学生管理,加强思想政治教育不可或缺的重要方面。2001—2010年,学院相继修订了《班主任工作职责》和《班主任工作考核办法》等文件,制定了一系列新的规章制度。

2002年6月,学院制定了《北京联合大学职业技术师范学院关于加强和改进思想政治工作的意见》(职党字〔2002〕6号),阐明了加强和改进思想政治工作的重要性,提出加强和改进思想政治工作应遵循的原则及工作措施,开拓了思想政治工作的新局面。

2003年4月17日,制定了《北京联合大学师范学院关于进一步加强师德教风建设的意见》(师党字〔2003〕5号),从充分认识师德教风建设重要性的角度,提出了切实加强师德教风建设，促进教育教学水平不断提高的六条要求。11 月 20 日，又制定了《北京联合大学师范学院关于贯彻落实北京高等学校党建和思想政治工作基本标准(试行)三年规划》，进一步推动了党建和思想政治工作的发展。

2004 年 8 月 26 日，中共中央国务院《关于进一步加强和改进大学生思想政治教育的意见》颁布后，学院深入落实文件精神，结合实际于 2005 年 1 月 6 日制定了《北京联合大学师范学院关于进一步加强和改进学生工作的意见》(师党字〔2005〕1 号)，明确了新时期学生工作的指导思想和基本原则，确立了全员参与、开创学生工作新局面的工作目标。

2007 年 11 月 22 日，为扎实做好新时期学生工作，又制定了《北京联合大学师范学院关于加强学生辅导员班主任队伍建设的意见》(京联师党〔2007〕34 号)，就加强学生辅导员、班主任队伍建设的重要意义，做好学生辅导员班主任的选拔聘用，学生辅导员班主任的工作职责与任务，加强学生辅导员班主任的培养，切实加强对学生辅导员班主任的管理，制定积极措施、进一步推动学生辅导员班主任建设六个方面作了明确规定，为创新学生工作提供了队伍保障。

2. 思想政治理论课改革

思想政治理论课的主要任务是用科学的理论引导和帮助大学生树立马克思主义世界观、人生观、价值观，确立中国特色社会主义共同理想。以前，思想政治理论课被称为“两课”(马克思主义理论课和思想品德课)。1998 年开始，“两课”共包含 7 门课程，即邓小平理论概论、毛泽东思想概论、马克思主义哲学、马克思主义政治经济学、当代世界经济与政治、思想道德修养、法律基础。2005 年 2 月 7 日，中共中央宣传部、教育部下发了《关于进一步加强和改进高等学校思想政治理论课的意见》，“两课”进入新一轮改革，课程内容有所变化，由 7 门课改为 4 门课，即中国近现代史纲要，毛泽东思想、邓小平理论和“三个代表”重要思想概论，马克思主义基本原理，思想道德修养与法律基础，并被统称为思想政治理论课，教材也由全国统编。这次改革实施方案通常被称为“05 方案”。

学院党委积极贯彻中央的各项改革精神，十年来努力推进思想政治理论课的建设。一是加强集体备课，通过发挥集体、联合、协作的力量，不但及时把新课程开出来，而且提高了课程效果。二是组织编写教材和开设讲座。在没有使用全国统编教材之前，学院自编了符合学生特点的教材。使用全国统编教材之后，则以讲座的形式，拓展课程内容，加强课程的针对性和实践性。例如，2006 年 6 月 23 日上午，社科部高洪力教授为经济贸易系学生作的关于“金融危机的防范”学术报告，就很受学生欢迎。三是更新教学方法，以启发式、参与式教学。例如，通过课堂讨论、辩论、演讲、答辩、撰写论文等形式，活跃教学气氛，提高教学效果和实效性。四是加强教师培训，通过社会实践、参观、经验交流等活动，提高教师的理论水平和业务能力。例如，组织思想政治理论课教师参观北京市规划展览馆、社会主义新农村典型——南街村、北京经济技术开发区等，观摩学院吴舒丹教授的“毛泽东思想和中国特色社会主义理论体系概论”课；2009 年 5 月 7 日和 10 月 29 日分两次与商务学院的思想政治理论课教师开展教学经验交流等。五是建设精品课程。目前“概论课”已成为学院的重点建设精品课，其课程信息、电子教案、电子课件、教学案例、课后练习与思考等全部上网。2008 年 4 月 12 日，学校“毛泽东思想、邓小平理论和‘三个代表’重要思想概论”教学团队(协作组)，来学院召开了教学观摩与研讨会。

2001—2010 年，学院思想政治理论课的建设与改革取得较大成绩。郭堃、吴舒丹、高洪力、孙青、秦锦文、翟金忠、杨奇红等思想政治理论课教师，多次被学生评为最受欢迎的老师；2009年高洪力教授主持的"基于新课改的思想政治理论课的教学创新研究""毛泽东思想和中国特色社会主义理论体系概论"教学和研究团队，被确定为学校优秀教学培育团队；2007年10月高洪力、操静涛、朱东星、赵雪、王蓓被评为学校德育先进个人，2010年11月高洪力获学校育人标兵称号。

3. 思想政治工作队伍建设

学院始终坚持选聘思想素质好、业务水平高、奉献精神强的教师，担任辅导员及班主任，截至2010年12月，学院的专、兼职辅导员已基本达到上级规定的1∶200的师生比例。

为了提高大家的工作水平，学院坚持每学期召开辅导员、班主任工作会议，交流经验，研讨学生工作中的问题。2004年12月，在学院召开的学生工作会议上，学生工作部(处)就学风建设情况做了翔实汇报；计算机与科学技术系党支部书记作了学生工作经验交流；优秀班主任代表也作了发言。同时还就《北京联合大学师范学院关于进一步加强和改进学生工作的意见(讨论稿)》进行了讨论，达成了共识。2007年11月23—24日，在学院再次召开的学生工作会议上，学生工作部(处)做题为"全力做好学生工作，提高学生综合素质，为培养应用性人才服务"的报告；计算机科学与技术系党总支副书记、艺术设计系团总支书记、经济贸易系班主任作了大会交流与发言；还请来北京市十佳优秀辅导员作了经验介绍。这对于提高学生辅导员、班主任的思想业务水平起到了积极促进作用。

学院对辅导员、班主任工作有严格的具体要求，如要求班主任每两周召开一次主题班会，每周三次到班与学生谈心等；还要求辅导员、班主任要以身作则，言传身教，当好学生的引路人。

学院还组织辅导员、班主任参加学院开展的"送出去、请进来"等各个层次的学历教育和非学历培训活动，以多种形式提高他们的理论水平和工作能力。十年来，这支队伍参加培训人次已逾百人，还有8人获得研究生学历。通过培养和锻炼，优化了辅导员结构，学生辅导员的学历和职称结构呈上升趋势。截至2010年年底，辅导员学历为硕士及硕士以上的占65%，高级职称占30%。

学院班主任绝大多数为专职教师兼任，他们在教学、科研任务繁重的情况下，依然在班级的建设上投入了很多时间和精力。他们经常深入班级，了解和解决学生学习中出现的各种问题，并给予指导；与任课老师及时联系，沟通教与学的信息；通过班会、团会及班级活动，帮助学生明确学习目的，增强学生的责任意识。班主任通过班风带动学风，又以学风建设促进思想政治工作，培养了一批具有集体荣誉感和凝聚力的优秀学生班集体。

2001—2010年，学院的思想政治工作队伍建设取得了一定成绩。2008年5月7日，赵婉莹和郇燕飞获得北京高校优秀辅导员荣誉称号；孙雪松、杨希获得北京联合大学优秀辅导员荣誉称号。2010年9月，操静涛、窦秀明、王蓓、孙雪松被评选为校级优秀辅导员。

4. 科学研究

为使学院的思想政治工作更符合社会和学生的需求，学院领导十分注重思想政治教育工作的研究。从2001年起，学院每年都对在校学生进行思想状况调查，为进一步加强学生的思想政治工作提供了思路和建设性意见。学院还把思想政治工作研究成果纳入年终的科研统计和考核中，督促思想政治教育工作者自觉地、长期地坚持开展研究活动，提升思想政治工作水平，进而促进了学生思想政治工作队伍的快速成长。学院以党建研究会为龙头，组织全体思想政治工作者积极开展理论研究，探索思想政治教育工作的规律。通过课题立项、论文征集、专题研讨、案例征集等形式，从理论和实践两个方面探讨、研究思想政治工作的方法和途径，研究在新形势下如何培养学生正确的世界观、人生观和价值观等。在研究和实践过程中，思想政治工作者发表了百余篇研究论文；主持市级及以上课题1项、参与市级及以上课题3项、主持校级课题6项，其中有1项（北京联合大学党建和思想政治教育研究课题）课题获学校优秀成果奖；作为主编或副主编、编委，出版著作和教材10部。思想政治工作的研究推动了学院思想政治工作的发展。

第六节 办学保障

一、校园规划与建设

（一）部门沿革

2001年至2004年6月期间，学院校园规划与建设主要是由院基建办公室负责；2004年6月基建办公室与保卫科合署办公，成立基建保卫办公室；2009年2月底，基本建设工作纳入院行政管理处。主要任务是在主管院长领导下负责学院基建、修缮工程招标、工程实施和验收、结算等工作。

（二）规章制度

为了搞好学院的校园规划建设，学院根据实际情况制定并实施了《北京联合大学师范学院建设项目招投标管理办法》《北京联合大学师范学院建设工程施工招投标管理办法实施细则》《北京联合大学师范学院建设工程质量管理办法》《北京联合大学建设工程合同及基建财务管理办法》《北京联合大学师范学院立项工程项目管理试行办法》《北京联合大学师范学院基建办公室工作人员守则》《北京联合大学师范学院"三通一平"管理制度》《北京联合大学师范学院施工图会审管理制度》《北京联合大学师范学院施工日志管理办法》《北京联合大学师范学院基建档案管理制度》《北京联合大学师范学院监理、施工单位守则》。

（三）校园总体规划

学院根据地域和周边条件，于2003年5月制定了《北京联合大学师范学院校园总体规划可行性研究报告》和《北京联合大学师范学院校园总体规划》。学院现校址在北京市朝阳区安定门外外馆斜街5号。北临交通部招待所，南面临近柳荫公园，西侧为朝阳区安华学校。南北最长84.5米，东西最长171米。校园总占地面积13100平方米，约为19.65亩。现有建筑面积约30477平方米。校园内主要建筑为：1号综合教学楼（建筑面积8787平方米）、2号综合教学楼（建筑面积20196平方米）、4号综合教学楼（属于临时建筑，没有包括在总建筑面积中）；3号办公楼（建筑面积966平方米），锅炉房（建筑面积483平方米）和配电室（建筑面积42平方米）。

（四）基本建设情况

由联大基建处负责的学院二号楼一期工程于2001年8月竣工并投入使用，建筑面积约12000平方米。二期工程于2002年5月上旬开工,2003年7月中旬竣工并投入使用,建筑面积约7755平方米。二期工程全过程管理由学院基建办公室负责。以上工程主体施工单位为北京韩建集团第九分公司;工程监理单位为北京建工京精大房工程建设监理公司。

2003年8月下旬至2004年11月底学院进行校园整治,完成了路面石材铺装、地下供暖、雨水管线改造、校园绿化以及篮球场、传达室、留学生公寓改造等系列工程,学院基础设施趋于完善。

2005年7月下旬至2005年9月底完成了学院一号教学楼公用部分地面铺装和部分室内装修改造工程,同期完成一、三、四号楼和锅炉房外墙面粉刷工程,校园环境得到美化。

2005年9月完成学院二号楼(一期)一层及五层庭院的钢结构改造,分别改为展厅和琴房。

2007年至2008年完成学院二号楼舞美教室、留学生公寓(三层)外庭院、九层(二期)框架加层(建筑面积361平方米)、图书馆装修改造和楼道(一、二期)石材地面铺装工程。

2009年9月份完成一号楼大阶梯教室内部装修改造工程。

2009年8月底学院完成市财政专款项目——既有建筑节能改造工程,将一号楼、二号楼(一、二期)所有外窗更换为双玻断桥铝节能窗。施工单位为华北建设集团有限公司;监理单位为北京建工精京大房建设监理公司。同期完成市财政专款项目——师范学院地面工程,将二号楼(一、二期)教室玻化砖地面铺装和粉刷。施工单位为深圳市中航装饰设计工程有限公司;监理单位为北京建工精京大房工程建设监理公司。

2010年上半年度完成锅炉房结构改造工程和室内外装修工程,原锅炉房改为媒体实验中心。改造后建筑面积由483平方米,扩建为733平方米。结构改造由北京城乡一建设工程责任有限公司施工;装修工程由北京房修一广厦建筑装饰工程有限公司施工。

2010年10月底三号楼抗震加固工程竣工,加固建筑面积966平方米。施工单位为江苏省建工集团有限公司;监理单位为北京建工京精大房工程建设监理公司。

2010年11月上旬,大阶梯教室外墙石材装饰工程开工。

2010年12月底,完成二号楼(二期)十层框架加层工程(建筑面积387平方米),施工单位为北京今希城市建筑工程有限公司。

二、办学经费与管理

(一)机构设置与管理体制

学院财务工作按照学校"统一领导、分级管理、集中决算"的财务管理体制开展。作为二级法人学院,学院的财务工作实行党委领导下的院长负责制。在院长领导下,学院财务处负责组织和管理学院的各项财务工作,在业务上接受学校财务处的领导和监督;按照《中华人民共和国会计法》等有关法律法规和制度的要求,办理会计事务,进行会计核算,实施会计监督。

学院预算由收入预算和支出预算两部分组成。收入预算由财政补助收入、事业收入、经营收入、附属单位上缴、其他收入等部分组成。支出预算由人员经费、公用经费和专项经费三部分组成。学院年度支出预算编制主要采用零基预算法。编制年度预算时,不以上年度的预算指标及实际发生数为基数,而是按照一定的标准重新审查和评价预算安排的各个支出项目，并根据效率优先的原则对项目进行排序，结合事业发展的需要和财力的可能做出预算安排。

学院的年度财务收支严格按照学校的预算批复执行。纳入政府采购、国库直接支付的预算项目，严格执行国家相关法律法规的规定；各项人员经费、公用经费、院内专项经费按照学院预算安排的数额和时间进度执行。专项经费单独设置项目编号，做到专项经费实行单独核算，专款专用，不得挪用。

在每一预算年度终了后，由学院财务处负责编制学院年度决算，按照上级有关部门规定的时间上报学校财务处。

学院执行《中华人民共和国价格法》《北京市行政事业性收费管理条例》、国务院《违反行政事业性收费和罚没收入收支两条线管理规定行政处分暂行规定》以及北京市教育委员会、北京市发展和改革委员会(以下简称“北京市发改委”)、北京市财政局《关于进一步加强高等教育收费管理若干问题的通知》(京教财〔2006〕32 号)等文件的规定，以规范学院的收费行为，促进学院廉政建设为目标，切实抓好教育收费及相关管理工作。

经费结构中，学院的教育收费项目主要包括：行政事业性收费、服务性收费、代收费，学院的各项教育收费行为均符合国家的现行政策、法规。

行政事业性收费是学院根据法律法规等有关规定，依照北京市发改委规定程序批准，在实施社会公共管理，以及向学生提供服务过程中，向学生收取的费用。包括学历教育学费、住宿费、考试费。行政事业性收费都经政府有关部门批准，并按北京市发改委颁发的《行政事业性收费许可证》规定的收费范围、收费项目、收费标准收取，且严格按学年收取，不跨学年预收。

服务性收费是学院为在校学生提供的由学生自愿选择的服务而收取的相应费用。学院向院外人员和单位提供服务的，也可收取相应的服务性费用。面对学生收取的各项服务性收费在收取和管理过程中坚持学生自愿和非营利原则，即时发生即时收取，做到不与学费合并统一收取，严禁强制服务并收费，或只收费不服务等现象。

代收费是指学院为方便学生学习和生活，在学生自愿的前提下，学院替提供服务的单位代收的相关费用。主要包括学生医疗保险费、军训费等。学院在实施代收行为时，严禁强行统一收取，做到及时据实结算，多退少补，不在代办收费中加收任何其他费用。

在管理方面，学院一贯坚持做到：行政事业性收费收入，按照国家有关规定和学院财务隶属关系及时全额上缴财政专户或国库。服务性收费项目，申请部门办理立项审批手续，并经统一公示后按规定收取和管理。学院受托代收的费用，有关部门须向财务部门提供相关依据及标准后方可按规定收取。收费管理实行部门负责人负责制。部门分管财务工作的领导为本部门收费管理工作的第一责任人，领导和管理本部门各类收费工作，并对具体经办人员进行指导和监督。

学院的各项收费收入由财务处设立专项进行核算，严格实行“收支两条线”管理，各项教育收入、支出均列入学院的财务收支预算。各部门不得截留、隐瞒、挪用、私存、私分或者坐支。各类收费收入根据学院相关财经制度的规定，确定开支范围及内容。

同时，学院的教育收费严格按照收费项目的性质，使用相应的收费票据。行政事业性收费使用由财政部监制的《北京市行政事业性统一收费票据》；服务性收费使用由地方税务局监制的《北京市服务业、娱乐业、文化体育业专用发票》；学院代收费使用由财政部监制的《北京市教育系统行政事业性垫付资金结算专用收据》。在监督方面，严格执行教育收费公式制度,学院在招生过程中对各收费项目和收费标准明确标示;在院内设置公示栏、公示牌,同时利用校园网将收费项目、收费标准、投诉电话等内容进行公示,接受师生员工、家长和社会的监督,增强收费工作的透明度。

学院对教育收费实行检查监督制度。学院建立健全经费使用和管理的内部控制制度和监督机制,对预算的支出情况进行全过程监督,做到审批手续完备、账目清晰、内容真实、核算正确,确保资金的安全和有效使用。学院纪检监察、财务处内部审计人员负责对学院的教育收费管理工作进行日常监督检查。

(二)经费收支情况

2001—2010年,学院经费收入和支出金额逐步增长,结构上也发生了一定的变化。

1. 经费收入情况

2001—2010年学院经费收入详见表2.6-1。

表2.6-1　2001—2010年经费收入一览表　　单位:万元

年份	收入项目				合计
	财政拨款	事业收入	其他收入	事业单位经营收入	
2001	2374.90	1164.99	—	—	3539.89
2002	2052.34	1242.44	—	—	3294.78
2003	2883.51	1576.09	19.92	—	4479.52
2004	3070.49	1641.21	11.48	—	4723.18
2005	3005.75	1697.34	19.19	24.95	4747.23
2006	3341.64	1782.46	37.82	71.27	5233.19
2007	4746.88	1931	38.06	90.38	6806.32
2008	4845.77	2390.98	39.77	67.59	7344.11
2009	6475.75	2098.80	22.34	45.18	8642.07
2010	5897.24	1790.95	20.21	79.77	7788.17

2. 经费支出情况

2001—2010年学院经费支出详见表2.6-2。

表2.6-2　2001—2010年经费支出一览表　　单位:万元

年份	人员经费支出	公用经费支出	基本支出	项目支出	事业单位经营支出	合计
2001	1933.43	2145.43				4078.86
2002			3213.98	241.24		3455.22
2003			3727.98	755.28		4483.26
2004			3732.51	759.42		4491.93
2005			3904.23	871.10	24.95	4800.28
2006			4333.75	863.88	31.81	5229.44
2007			4856.79	1170.34	69.50	6096.63
2008			5523.85	1336.97	49.87	6910.69
2009			5598.75	2665.24	45.18	8309.17
2010			6973.44	970.18	79.77	8023.39

（三）固定资产情况

2001—2010年，学院固定资产结构基本稳定，其中设备类固定资产占主要部分，固定资产金额逐年增长（见表2.6-3）。

表2.6-3 2001—2010年固定资产情况一览表

单位：万元

年份	房屋及建筑物类	设备类	图书	其他	合计
2001	465.76	2241.18	85.01	332.59	3124.54
2002	486.39	3070.06	86.36	156.80	3799.61
2003	486.39	3696.06	95.51	22.46	4300.42
2004	486.39	3811.29	131.88	22.45	4452.01
2005	486.39	4175.30	178.83	35.31	4875.83
2006	486.39	4726.35	280.82	4.60	5498.16
2007	486.39	5445.81	327.85	67.75	6327.80
2008	486.39	5518.70	350.55	274.95	6630.59
2009	486.39	7111.94	472.37	195.44	8266.14
2010	6981.19	7030.62	536.15	194.42	14 742.38

（四）财务制度建设

学院在财务预算编制、执行及管理过程中严格遵守和执行国家各项财经法规和财务制度，结合学院的实际情况，坚持“量入为出，收支平衡”的总原则，不编制超出学院综合财力的赤字预算；收入预算坚持积极稳妥的原则；支出预算坚持统筹兼顾、保证重点、勤俭节约的原则。在制度建设方面，学院形成了规范的财务制度体系。

1. 会计制度

学院除执行国家和北京市有关会计工作制度外，还执行联大的相关制度，并根据学院的情况制定了学院的会计工作制度。2001年学院制定的会计相关制度文件如下：

《北京联合大学职业技术师范学院财务科岗位职责》

《北京联合大学职业技术师范学院教育经费预算管理办法》

《北京联合大学职业技术师范学院财务报销的审批权限和有关规定》

《北京联合大学职业技术师范学院现金管理规定》

《北京联合大学职业技术师范学院支票使用管理规定》

《北京联合大学职业技术师范学院财产清查制度》。

2. 审计制度

按照联大对二级法人学院审计工作的要求，学院审计工作在2001—2003年由财务科负责，2004—2009年由财务审计办公室负责，2010年起由财务处负责。学院内部审计工作在学院党委领导下进行，同时接受学校审计处的指导。

2001—2010年，学院共完成审计项目42项，审计调查4项，撰写审计报告42份。学院内部审计工作对加强财务管理、提高资金使用效益、促使学院各项业务严格遵守国家财经法规等方面起到了积极的作用。

学院设兼职审计人员3名，且全部通过了中国内部审计协会组织的内部审计资格考试，取得了内部审计人员岗位资格证书,并按照要求完成了各年度的继续教育,其专业素质能够满足学院内部审计工作的要求。

2001年学院制定的审计工作相关制度文件如下:

《北京联合大学职业技术师范学院内部审计工作实施办法》

《北京联合大学职业技术师范学院审计机构职责》

《北京联合大学职业技术师范学院审计机构负责人岗位职责》

《北京联合大学职业技术师范学院专职审计人员岗位职责》

《北京联合大学职业技术师范学院兼职审计人员岗位职责》

《北京联合大学职业技术师范学院审计部门工作守则》

《北京联合大学职业技术师范学院审计档案管理办法》

《北京联合大学职业技术师范学院内部审计案卷的主要内容及立卷归档的有关规定》

《北京联合大学职业技术师范学院关于万元经费使用的审计规定》

《北京联合大学职业技术师范学院关于校办厂长、经理和法人、代理人离任审计暂行规定》。

三、实验室及实践教学基地建设

随着招生规模的扩大,学院教学硬件资源的需求日益增长。为了满足教学需求,提高教学条件保障水平,2001年以后,学院加大了实验室建设力度,为教学质量提高提供了重要保障。

2001—2010年,学院仪器设备总数、总金额等都有大幅度的增加,仪器设备总数增长95.05%、总金额增长429.16%。2001年年底仪器设备总数为4183台件,总金额为26012564.85元,其中10万元以上设备6台件,金额为145万元。截至2010年年底,仪器设备总数为8159台件,总金额为137648829.44元,其中10万元以上设备28台件,金额为1001.90万元(见表2.6-4)。

表2.6-4 2001—2010年固定资产投入情况一览表

投资年份	购买设备/台件	总投资金额/元	新增教学科研设备/台件	新增教学科研设备金额/元	总仪器设备/台件	总仪器设备价值/元
2001	1223	9 308 238.40	531	4 260 000.00	4183	26 012 564.85
2002	646	5 190 156.45	513	4 210 000.00	4780	31 021 643.15
2003	791	6 670 433.50	506	5 288 700.00	5250	35 729 511.87
2004	563	2 869 502.50	132	752 100.00	5419	36 615 444.87
2005	1003	4 780 156.95	583	3 994 100.00	6144	44 896 930.20
2006	782	7 080 771.38	477	5 637 000.00	6740	50 667 192.08
2007	1208	9 481 442.00	566	4 710 200.00	7187	57 010 560.38
2008	502	5 336 150.49	295	3 767 000.00	7271	59 048 977.43
2009	1502	18 327 608.00	954	12 680 400.00	8354	73 533 537.69
2010	389	67 695 578.82	203	1 953 200.00	8159	137 648 829.44

2006年,学校批准学院艺术设计实践教学中心(以下简称"中心")为学校第一批校级实验教学示范中心。中心实验室总面积近3000平方米,实验设备总经费2100万元,专业设备的先进性、系统性在北京高校同类专业中名列前茅,部分设备居国内领先水平。其承担艺术设计等专业近千名本、专科生的基础类、专业应用类、综合类、创业实践类共80多门实验实

践课程的教学任务，每年约有10万人次的学生到此实践学习。其拥有国际商业美术设计师培训资质、Adobe国际专业设计师培训资质和国家职业技能鉴定(服装设计定制工)资质的三个权威的认证资格。依托中心，艺术设计专业于2006年被认定为北京市级品牌建设专业，艺术设计学科成为校级重点建设学科，艺术设计研究所成为校级研究所。经过长期发展和探索，中心秉承学校“应用为本”的办学理念，形成了“艺术为本，技术为用；互动融合，创意平台”的建设宗旨。在建设发展历程中，其不断强化艺术与数字技术的互动融合，不断推进艺术类专业与数字技术类专业的互动融合，坚持艺术技术一体化人才培养特色目标，为学生的创意及其实现提供平台，形成了“学以致用，激发创新，实践育人”的实验教学理念，建立了“一主线，四层次，开放式”(本科四年全程贯穿创意创业主线；设计实施了基础平台、专业应用、跨专业综合、自主创新创业四个实践课程层次；推进文化、艺术、技术各学科专业互动融合，实现校内实验室与校外实践教学基地互补，面向学生开放，扩展学生发展的空间，搭建学生发展的实践舞台的)的实验教学体系。中心致力于培养首都文化创意产业急需的艺术技术一体化的应用型、复合型人才，充分发挥综合性大学的优势，坚持艺术技术一体化，将创意艺术、技术、文化有机融合，走艺术与工、文交叉融合、优势互补的道路，逐步发展成为实验教学涵盖面广、融合度高、综合性强、集成能力突出、创业实践教育贯通全程、应用性特色鲜明、服务首都的实验教学中心。艺术设计实践教学中心建设取得了重要成绩，并于2006年被评为校级实验教学中心。

表2.6-5　2001—2010年实验室主要建设项目一览表

项目名称	建设经费/万元	投资年份	备注
影视数码动画与特技制作基地	287.50	2003	
数码钢琴电脑配套设备	32.40	2003	
食品科学与工程实验室建设	50.00	2004	
艺术设计专业实训基地的续建和完善	60.00	2005	
艺术设计专业实验室建设	35.00	2005	2006年评为校级实验教学中心
1523计算机机房设备更新项目	90.00	2006	
应用心理学专业实验室建设	10.00	2006	
艺术设计专业实训室改造建设	110.00	2007	
艺术教育实训室建设	80.00	2007	
电子信息实验室建设	56.00	2007	
应用心理学专业实验室建设	20.00	2007	
计算机基础实验室设备更新项目	100.00	2008	
艺术设计专业实训室改造建设	100.00	2008	
应用心理学专业减压与治疗室建设	100.00	2008	
计算机系专业实验室设备扩充与升级	100.40	2008	
数字媒体技术专业实验室建设	160.00	2008	
数字媒体技术专业实验室二期建设	152.00	2009	
应用心理学专业脑功能与认知实验室建设	142.00	2009	
英语专业教学同声传译实验室	69.90	2009	
艺术设计系实训室建设(3)	200.00	2009	
1511计算机机房(三)设备更新项目	110.00	2009	
艺术教育实训室设备扩充	140.00	2009	

四、校园信息化建设

(一)校园网络建设

学院校园网络于2000年开始建设,学院成立网络中心负责建设和管理。

2001年,学院校园网全面开通。校园网实现了全面连通,为全院教学及科研服务。

从2002年开始,学校加大校园网建设的统筹力度,学院网络中心的主要职责由建设与维护校园网转为维护与保障校园网运行,学校提供邮件服务系统。

2007年,学院正式启用OA办公系统。

从2008年开始,网络中心配合学校校园一卡通工程,陆续在学院内实施了一卡通工程建设,应用在食堂售饭系统、浴室管理系统、门禁系统、机房上机、成绩查询打印和财务查询等方面。2008年下半年,学院无线网络一期工程开始实施,无线网络覆盖范围包括图书馆、实验楼、办公楼和学院露天休息区。

2009年,学院搭建正方教务系统,实现了教务系统的网络管理。

2010年,学院搭建2套大学英语学习系统。

学院校园网络的核心——信息网络中心机房设在学院2号楼6层,2001年通过100M光纤与校本部相连。

(二)多媒体教学设施建设

多媒体教学的环境准备及日常运行维护工作由学院信息网络中心下设的电教中心负责。学院现有1个多媒体监控中心、一个网络监控中心、6个语音教室和57个多媒体教室、4个精品课录播教室。

2003年学院开始建设多媒体教室,到2007年学院所有教室均建设成为多媒体教室,为学院的现代化教学提供了保障。

2009年以来,学院利用精品课程录播室,全程录播学院的精品课程,并协助制作国家级和市级精品课申报课件。该录播室所有课程可供全院学生远程实时在线学习,还可上传到网络学堂。

五、图书与档案管理

(一)图书馆工作

1. 机构与管理

(1)机构

2001—2004年,学院图书馆设有办公室、采编组、流通组、阅览组(含电子阅览室)。

2004—2009年,设有办公室、采编部、流通部、阅览部、信息技术服务部。

2010年,设有采编部、流通部、阅览部、信息技术服务部。

2001年,闫玉启任图书馆馆长,齐爱平任副馆长兼党支部书记。工作人员18人。

2003年7月,闫玉启退休,甄旭任副馆长。

2004年7月,齐爱平调出。

2007年12月,甄旭任图书馆馆长兼党支部书记。

2008年10月,崔晓静任图书馆党支部书记兼副馆长。

2010 年，聘任甄旭为图书馆馆长，崔晓静为图书馆党支部书记兼副馆长，聘任工作人员 10 人。

2010 年，随着学院新一轮岗位聘任工作的完成，及时调整了学院图书工作委员会成员，主任委员为张立珊，副主任为委员甄旭、徐英俊、崔晓静。

（2）管理

第一，制度建设。

2001 年 1 月制订了《北京联合大学职业技术师范学院图书馆“十五”发展规划》。

2003 年 1 月制订了《北京联合大学职业技术师范学院图书馆文献信息资源建设实施方案》。

2003 年 3 月制定了《北京联合大学师范学院教材工作管理规定（试行）》，2004 年 11 月经院务会研究决定，正式印发（师院字〔2004〕55 号）。

2003 年修订了《北京联合大学师范学院图书馆规章制度》。

2004 年制定了《图书馆贵重物品使用安全及赔偿制度》《图书馆安全工作预案》《北京联合大学师范学院图书馆安全责任制度》和《图书馆临时工岗位职责》。

2005 年第 19 次院长办公会讨论决定成立“北京联合大学师范学院图书馆工作委员会”，作为全院文献资料工作的咨询和协调机构，制定了《北京联合大学师范学院图书馆工作委员会章程（讨论稿）》。

2008 年制订了《图书馆平安奥运行动安全工作预案》和《图书馆 2 号楼地下室书库安全管理规定》，图书馆各项安全保卫制度不断完善。

2009 年重新制定《北京联合大学师范学院图书馆工作委员会章程（讨论稿）》，调整了图书工作委员会委员。

2009 年修订《图书馆安全工作预案》，制订了《北京联合大学师范学院图书馆防控“甲型 H1N1 流感”疫情工作预案》。

第二，日常管理。

除在编人员的日常工作外，2001 年开始聘用临时工在阅览室值班，2004 年开始与外聘人员签订了协议书。2006 年 10 月，在学生中招募义务馆员，成立义务馆员团队，同时成立义务馆员工作小组。

2009 年完成 2 项人才强教计划，分别以“科学发展观与高校图书馆的科学创新”和“高校图书馆读者服务工作研究”为主题召开两次研讨会，总结了图书馆深入学习实践科学发展观以来的工作情况，对如何加强和改进图书馆工作进行了研讨。

2010 年 3 月，图书馆馆务会定为例会制度，每周一次。

第三，馆际交流。

2007 年 6 月，图书馆响应北京高校网络图书馆支援西部教育的号召，与学生处联合举办“爱心捐赠”活动，对口支援西部贫困地区甘肃省定西市师专图书馆。

2002 年，图书馆加入北京高校网络图书馆，开展图书馆文献资源的共知、共建、共享活动。

2007 年 12 月，图书馆成为北京高校图书馆工作委员会成员馆。

2. 馆舍与设备

2001年7月,图书馆搬入2号楼一期新馆,使用面积1586平方米,其中三层530平方米,四层468平方米,五层468平方米,地下书库120平方米。2006年,2号楼二期新增一开架书库,面积112平方米;地下新增一书库,面积41平方米,图书馆总建筑面积达到1739平方米。开架书库配置了单通道图书防盗仪、图书回检仪。

截至2010年,图书馆共有仪器设备273台件(其中学生用电脑134台),价值2 192 731.97元;家具797台/件(其中学生阅览桌椅345套),价值379 879元。2002年购置磁盘阵列服务器1台。2004年购置交换机1台。2006年购置自适应快速以太网交换机3台、以太网交换机1台。2007年购置台式机29台、磁盘阵列存储器1台、路由器1个。2008年购置台式机44台、VGA共享器1台、机架式服务器3台、交换机3台用于更新建设电子阅览室。2009年购置台式机68台,戴尔服务器2台、磁盘阵列服务器1台、以太网交换机4台,电子阅览室设备进一步更新。

截至2010年,电子阅览室座位有134个,综合阅览室座位有116个,报刊阅览室座位有96个。

3. 馆藏建设

2005年,在2号楼地下室新建了密集书库,图书25 366册;在五层新建了库本库。

2006年协助艺术设计系、艺术教育系两系建立资料室,第一批共转入艺术类库本图书5213册;2008年5月,第二批又转入两系艺术类库本图书1610册。

为了降低维护费用、节约书库空间、提高藏书质量和利用率,最大限度地满足读者需求,2008年5月,经学院批准,由图书馆、资产管理处、财务科组成图书剔旧工作领导小组,进行图书剔旧工作。制定了《图书剔旧工作程序》,明确了各部门的工作职责,统计、存档图书剔旧财产账。剔旧范围主要是内容陈旧过时的文献,复本较多、长期滞留书架的文献,与图书馆服务任务不相符的文献,残缺不全、破损严重的文献和使用性差、流通率低的文献。共剔除图书50 243册,收入的220 797.32元全部上缴学院财务处。

2008年,根据图书馆实际情况,经馆务会充分讨论,并由主管院长批准,改变了库本保留方式:由新书分编后直接保留1册库本,改为新书分编后全部上架流通,三年后保留库本,使新购入图书得到了充分利用,使购书经费发挥了最大效益。

2009年申请了北京市教育委员会2个图书馆建设项目:“图书馆建设—师范学院图书馆基础装备的更新与添置”(下拨经费104.4万元)和“图书馆建设—师范学院图书馆文献资源建设”(下拨经费55.3万元),额度共159.7万元。2009年5月底完成了招标工作,12月底完成了全部采购任务。更换了阅览座椅,添置了摄像录像设备、多媒体教学设备等。本项目共购入图书14 000册,数据库1个、软件2个。

2010年申请了市财政项目“图书馆建设—师范学院图书馆印本文献资源建设项目”,共获经费50万元,分艺术类和综合类两包分别进行招标。7月完成了招投标工作,至12月15日完成两包的采书任务,共采书1138种、12 230册。

作为学院的文献信息中心,图书馆承担了为全院教学和科研提供信息服务的任务。因此,文献采集、馆藏建设都与学院的学科设置、教学科研方向紧密联系,努力构建以艺术类藏书为重点的馆藏体系。在不断完善藏书结构的同时,注重加强非书资料和网络文献资源的建设，初步形成多学科、多层次、多载体形式的馆藏文献和数据库体系（见表 2.6-6）。

表 2.6-6　2001—2010 年购买图书、报刊、电子资源情况一览表

年份	图书				报刊			电子资源	
	新增中文/册	新增外文/册	文献总量	经费/元	中文/种	外文/种	经费/元	个	经费/元
2001	4100		65 811	555 373.90					
2002	3460		69 271	632 835.78	293		32 504.20		
2003	5041		74 312	734 356.64	293	10	43 308.84		
2004	15 942		90 254	1 098 045.45	273	10	43 503.20		
2005	43 361	2239	135 854	2 067 208.11	271	10	55 531.52	1	10 000
2006	20 137	2573	158 564	2 587 378.26	275	12	52 009.84		
2007	16 109	51	174 724	3 057 749.05	278	12	51 812.78		
2008	15 341		190 065	3 505 519.27	280	12	51 781.55		
2009	20 809	1375	212 249	4 723 673.55	279	12	55 887.47	1	30 000
2010	14 959		227 208	5 361 526.71	280	12	55 594.12	1	10 000

4. 读者工作

（1）增加开放时间

2001 年，图书馆各书库及报刊阅览室开放时间为周一至周五，综合阅览室周一至周日全天开放，每天开放时间为 8：30 到 21:30，每周开放 91 小时。2004 年增加的开架书库，开放时间与闭架书库相同。2009 年 5 月，开架书库每周四延长开馆一个小时，为 8：30 到 14:30，三层综合阅览室提前开馆半小时，为 8：00 到 21:30，每周开放时间达到 94.5 小时。

（2）改革借阅方式

2003 年开始使用北邮电信科技股份有限公司的图书馆业务自动化集成系统“现代电子化图书馆信息网络系统”借还图书，同年电子阅览室向读者开放。

2006 年把部分书库从闭架借阅改为开架借阅；扩大读者借阅权限，教师权限为 25 册，学生权限由 5 册提升为 15 册。

2007 年顺利开通了一卡通服务。

（3）举办读者培训

2006 年图书馆开始为新生进行入馆教育，帮助新生了解图书馆资源及服务，提高使用图书馆的效率。每年开办图书馆资源专题讲座，为读者提供馆藏资源介绍与图书馆服务指导。

利用“世界读书日”主题宣传活动，引导学生多读书、读好书，通过举办读者讲座等系列活动开展培训，宣传介绍图书馆资源。

（4）开展特色服务

为了便于读者借阅图书并活跃学院的文化氛围，2001 年创办了《图书与文化》刊物，每 2 个月出版一期，向读者推介新书，并摘登一些文化方面的信息与文章。

为了发挥图书馆信息中心的作用，2001 年创办了《高教信息与研究》刊物，每 2 个月出版一期，着重登录社会上有关职业技术教育的动态和专家的观点，以及有关院校最新的专业设

置,为院领导及有关部门提供参考。

2007年3月,向学生发放100张通用阅览证,使学生可以在北京高校网络图书馆任一成员馆阅览和利用电子资源,实现了资源共享。

图书馆电子阅览室为义务馆员发放免费机时票,专供访问图书馆电子资源。

参加BALIS、CASHL、NSTL组织的馆际互借、文献传递工作。开展原文传递、虚拟咨询、馆际互借等新型读者服务。利用校园网、图书馆网站和电子邮件向读者介绍新书、介绍数字资源。

5. 图书馆数字化建设

2002年,按照国际标准,利用丹诚"图书馆管理系统"完成了大约25000种、8万册图书的回溯建库工作,图书馆业务实现了计算机自动化管理;2008年图书馆自动化管理系统由原来的melinets第一版升级为第二版,实现校园一卡通接入等功能,为广大读者和图书馆馆员带来更多方便;2010年11月升级了图书馆自动化系统。

2003年,建立图书馆网页,并实现与学校图书馆、学校所属其他学院图书馆、北京市高校网络图书馆及CALIS(中国高等教育文献保障系统)高等教育数字图书馆之间的链接。2005年图书馆更新了网站,重新设计了网页。

2007年,实现了中国期刊网、万方数据资源、超星和书生电子图书、国研网等电子资源的校外访问。

2009年,图书馆建立了新网站,设立了自己的域名,读者可通过互联网查询书刊的目录信息,完成图书的续借和预约。

2009年,图书馆购置一套防火墙,一台磁盘阵列,两台戴尔服务器,一台光纤交换机等,用于图书馆网络安全建设。2010年进行了防火墙设备的安装,提高了图书馆的整体网络安全。

2003年开通校园网计算机检索系统,实现网上书目查询、预约。2004年购买2台戴尔服务器,一台作为外访服务器,另一台作为借阅系统热备份服务器。

2003年图书馆安装运行了北邮电信科技股份有限公司的图书馆业务自动化集成系统"现代电子化图书馆信息网络系统",完成了数据转换。2004年下半年,将北邮电信科技股份有限公司的图书馆业务自动化集成系统"现代电子化图书馆信息网络系统"软件升级至2004年新版。

2005年购买了网上报告厅数据库,2009年购买了库克音乐数据库,2010年购买了银符考试模拟题库。2009购买了非书资源管理平台3.0,为学院读者提供非书资源服务,内容包含随书资源的下载、语言文学等资源的在线浏览等。

(二)档案管理

1. 机构设置与管理体制

学院设有综合档案室,正科级,人员编制1人,隶属党政办公室。办公室主任主抓档案工作,分管学院办公室的党委书记主管档案工作。1997年7月至2010年12月,由王艳莉担任综合档案室主任。

2. 档案的收集与整理

学院档案的类型包括党群、教学、科研、财会、基建、设备、外事等多门类档案,有纸质、声像、实物、光盘四种载体形式。截至2010年年底，共收集保管文书档案11314卷，其中，永久档案5071卷；照片档案6916张，光盘档案34张。

学院档案管理实行文书处理部门立卷归档制度，部门档案员负责组织实施本部门的立卷归档工作，并在规定时间内完成向综合档案室档案移交工作。学院规定每年文书档案在次年六月底以前归档。教学类档案按学年度在本年度12月31日前归档，基建项目档案在基建项目完成验收后两个月内归档；财会档案由财会科（处）整理立卷，每年向综合档案室移交案卷目录，档案延期两年移交。毕业生照片档案（含光盘）同文书档案归档要求。

归档文件材料要求齐全完整，整理规范，目录完备，装订整齐。归档文件材料依照年度—组织机构（部门）—问题（内容）分类法整理，结合文件数量、保管期限进行分卷排序，按照档案管理办法规定，对所有归档案卷区分不同价值，分别划定永久、长期、短期三种保管期限。

3. 档案的鉴定与移交进馆

2000—2010年间，学院未曾进行过档案的鉴定和销毁工作。

根据北京市档案局关于对市级单位贯彻执行《北京市档案馆接收档案的规定》情况进行专项检查的通知（京发档通〔2007〕18号），学院在自查基础上写出自查报告，将保管年满20年的档案按照档案局要求按门类整理，提交全宗介绍、办理移交手续，于2007年12月17日完成向北京档案馆移交档案144卷。

4. 档案的保管与管理制度

2003年学院档案室由过去的30平方米扩大为110平方米，其中，档案库房90平方米、办公用房20平方米。

2003年前，综合档案室配有1台计算机、1台复印机、1台档案装订机等专用设备，档案存放于库房（五节）铁皮柜，库房配有监测温湿度表、干粉灭火器，档案柜内放置防虫、防霉药品。学院对档案工作给予必要的经费支持，每年购置装具等实报实销。2003年8月，学院对综合档案室的档案柜全部更换，档案装具由五节铁皮柜改为手动式密集架，共75列，450节；费用为83900元。另外，库房安装了防盗监视器、防盗门窗、配备壁挂式空调机3台、自动气体灭火器2部，档案柜和密集架内放置防虫、防霉、防潮药品。

实物档案保存于文书档案库房。基建图纸折叠放入基建档案卷盒内保存。声像档案由学院教务处电教室分室保管。纸质档案装具为标准的档案卷皮，照片档案装具为照片档案册。

2000年12月学院购买并开始使用灵通档案管理软件，档案数据开始实行计算机管理，逐渐改变了传统档案管理模式，为学院档案信息化建设发挥了一定的基础作用。

根据档案法和有关规定，在2006年6月制定的《学院档案管理汇编》基础上，学院对档案方面的制度进行了修订和完善。主要有：《北京联合大学师范学院档案管理办法》《北京联合大学师范学院文件材料归档范围及保管期限表》《北京联合大学师范学院档案材料立卷、归档要求》《档案预立卷制度》《档案借阅制度》《档案库房保管制度》《档案安全保密制度》《档案统计制度》《电子档案管理制度》《档案档案室管理制度》及《档案人员工作职责》等。档案室负责档案的接收（收集）、整理、分类、保管、统计、保护、鉴定工作；开展档案的利用服务和档案信息化工作。

5. 档案的利用与编研

2001—2010年间,共利用档案2660人次,9891卷次(见表2.6-7)。

表2.6-7 2001—2010年档案利用情况一览表

年份	年度利用档案人次	年度利用档案卷次	年度复制档案(资料)/页
2001	210	587	350
2002	240	659	162
2003	270	670	100
2004	216	668	1600
2005	300	850	1205
2006	218	3145	3000
2007	320	590	1000
2008	352	1230	2000
2009	350	1200	800
2010	184	292	300
合计	2660	9891	10 517

2001—2010年间,编研完成以下材料:

《北京联合大学师范学院档案志(1996—2010年)》

《北京联合大学师范学院校友名录(2008年)》

《北京联合大学师范学院建校30年画册(2008年)》

《北京联合大学师范学院管理制度汇编(2002年)》

《北京联合大学师范学院文件汇编(2008—2010年)》

《北京联合大学师范学院学术研讨会论文集(2008年)》。

六、后勤改革与保障

(一)机构设置与改革

随着北京高校后勤社会化改革的逐步深入,学院于2000年成立后勤社会化改革领导小组,骆武刚副院长任组长,撤销总务处,成立后勤管理处,并开始实施学院后勤社会化改革的方案。后勤管理处下设饮食中心、物业中心、交通中心和医务室,实行小机关、多实体的管理与服务分开的运行机制。后勤管理处全体员工实行岗位聘任制、竞聘上岗。同时,后勤管理处作为甲方,代表学院负责对三个服务中心(乙方)的日常工作进行管理、监督、检查和考核。

2001年9月,在学院的大力支持下,后勤管理处将饮食中心学生食堂拆分成两个食堂,成立了第一食堂和第二食堂。两个食堂自主经营、独立采购、独立核算,经营上各有特色,增加了花色品种,饭菜质量也有了提高。通过两个食堂的竞争,使就餐者得到了实惠。

2005年4月,学院根据两个食堂运营的实际情况,调整了饮食中心的运营方式,将一、二食堂合并调整为一个食堂,同时在1号楼开设了教工餐厅,在4号楼开设了回民餐厅。

2010年1月,根据学校的统一部署,学院撤销后勤管理处,成立行政管理处,下设行政科、饮食中心、物业中心、交通中心和医务室。

2010 年 11 月，学院为了加强学生公寓的管理，将学生公寓的管理工作从学生处划归行政管理处，成立了学生公寓管理中心。

行政管理处为更好地履行职责，强化工作的规范化和科学化，制定实施了《行政管理处处长岗位职责》《行政管理处副处长岗位职责》《行政管理处检查、考核职责》《行政管理处财务审批制度》等制度。

（二）职责与管理

1. 饮食服务中心

工作职责。饮食服务中心负责学院师生的饮食工作，严格执行《食品安全法》，定期向学院汇报食堂经营状况，广泛征求就餐者意见。

经费来源。经费单独核算、自负盈亏，正式工的工资 30％由院拨、编外工人的工资从 25％间接成本中提取，差额部分由学院支持。

管理制度包括《食堂采购制度》《成本核算制度》《食堂卫生制度》《财务报销制度》《物品出入库制度》《食堂文明服务公约》等。

2. 物业服务中心

工作职责。物业服务中心负责学院水、电、暖及公共设施的日常维护和管理工作；负责学院各部门电话安装、维护和管理工作；负责学院节能工作；负责学院电梯管理工作；负责学院绿化、保洁工作；负责学院浴室管理工作等等。

经费来源。学院下拨运营经费，包干使用。

管理制度包括《物业中心报修派工制度》《日常巡检制度》《维修材料采购管理办法》《材料入、出库制度》《配电室电工值班制度》《教室使用管理规定》《电梯使用管理办法》《卫生保洁管理规定》《浴室管理规定》等。

3. 交通服务中心

工作职责。交通服务中心负责为学院教学、行政部门及院领导提供日常用车服务；负责学院车辆的日常维护、修理、保险和年检，保障安全用车。

经费来源。学院下拨运营经费，包干使用。

管理制度包括：《申请用车管理制度》《派车管理制度》《车辆公里费使用管理办法》《交通中心安全行车管理办法》等。

4. 学生公寓管理中心

学生公寓历史及现状。学院学生公寓均为外租。2000 年 8 月起至 2010 年 12 月在交通部科研院租 65 间；2001 年 8 月至 2005 年 7 月在国家煤炭工业局物业管理中心租 30 间；2002 年 8 月至 2004 年 7 月在北京市城市建设工程技工学校租 31 间；2005 年 8 月起至 2010 年 12 月在国交北京物业管理有限公司租 29 间；2006 年至 2010 年 12 月在北京教育考试培训中心租 108 间。

工作职责。学生公寓管理中心负责学生公寓的登记、住宿安排及日常管理工作；负责学生公寓安全防火工作；负责住宿学生的安全教育工作；负责宿舍管理老师的管理工作。

经费来源。学院下拨经费。

管理制度包括《学生公寓管理规定》《学生公寓管理实施细则》《学生公寓管理人员岗位

职责》《学生公寓管理委员会工作职责》《学生公寓管理实施细则》《学生公寓检查评比制度》《学生公寓安全保卫制度》《学生公寓节水、节电制度》等。

5. 医务室

工作职责。医务室负责学院师生日常门诊接诊及突发病、传染病等疑难病的转诊工作;负责医务室常用药品的采购、管理工作;负责学院师生日常保健工作;负责学院师生公费医疗报销审核工作;负责学院师生体检的组织工作;协助学生处做好学生献血工作;负责对饮食中心采购的食品卫生检查等。

经费来源。学院下拨各项经费。

管理制度包括《医务室工作职责》《医务室工作条例》《教职工公费医疗管理办法》《学生公费医疗管理办法》《医药费报销管理办法》《药品采购管理办法》等。

6. 行政科

工作职责。行政科负责行政管理处办公室日常接待及工作会议的记录工作;负责行政管理处员工工资报送工作;负责办理学生公交卡的购卡工作;负责办理外地生火车票购买工作;负责行政管理处文书档案的整理归档工作;负责部门公里票的发放工作;负责行管处文字打印工作。

经费来源。学院下拨经费。

管理制度文件包括《行政科工作职责》《行政科核算、统计岗位职责》。

(三) 基础设施改造情况

2006 年 8 月,一号楼一部电梯进行更新,电梯品牌为天津奥迪斯。

2007 年 8 月,一号楼自来水系统由水箱二次供水改为无负压供水。

2009 年 9 月,完成了供暖系统改造工程,取消了锅炉房,改为热力集中供暖;进行了二号楼(一期)三部电梯更新,电梯品牌为上海三菱。

2010 年 10 月,完成了二号楼无负压供水系统改造工程。

(四) 计划生育工作

1. 组织机构

2002 年,学院的计划生育工作由院办公室主管,傅桂禄为主管领导;具体工作人员有李克柔、师爱英、刘欣、孙雪松。

2003 年,计划生育委员会主任为傅桂禄,副主任为李克柔、刘光恩,常务副主任为师爱英、孙雪松。

2004 年,计划生育委员会主任为傅桂禄,副主任为张智新、刘光恩,常务副主任为师爱英、崔晓静。

2006 年,成立学院人口与计划生育工作协会,会长为傅桂禄,副会长为张智新、刘光恩,常务副会长,师爱英、崔晓静。

2009 年调整学院计划生育委员会组成人员:主任为傅桂禄,副主任为张智新、杨奇红、刘光恩,常务副主任为师爱英、皮汉萍、王艳红。

2. 职责与管理

学院计划生育办公室负责全面执行目标管理责任制的完成;处理计划生育日常工作,接受上级检查。主要工作包括：与各部、系、处签订计划生育责任书，各部门对产后女职工及时看望、送纪念品和相关书籍；组织计划生育宣传员培训学习；为学院教职工提供计划生育宣传、技术咨询，对教职工特别是育龄妇女宣传优生、优育、优教知识；为中青年职工提供健康知识讲座录像带，为育龄妇女提供孕期保健以及优生优育指导；定期发放避孕工具，定期检查外来人口婚育证，杜绝超生现象；合理利用计划生育活动经费。

每年订阅《婚育》杂志和《人生》杂志，对办理了生育服务证的教职工发放《妇儿保健百科》，在"三八"国际妇女节期间给全院育龄妇女发放节日慰问品。

2003 年，参加安贞街道办事处组织的计划生育药管员培训考试 1 次，组织各部门计划生育兼职宣传员学习讨论了《安贞街道社会单位人口与计划生育工作目标管理考核评估方案(试行)》。2004 年，组织宣传员学习《北京市朝阳区人民政府关于印发〈北京市朝阳区人口与计划生育管理规定〉的通知》与北京市八部门《关于印发〈北京市人口与计划生育现居住地为主管理办法〉的通知》。2006 年，组织各部门计划生育兼职宣传员学习讨论了《安贞街道社会单位人口与计划生育工作目标管理考核评估方案(试行)》。2007 年，参加了安贞地区开展的以"我为协会尽责任，我为国策做贡献"为主题的好会员、志愿者有奖征文比赛。2010 年，特别选取了部分与学生及教职工相关的计划生育政策集结成册，发放给学院师生员工，使人人知晓国家人口与计划生育的有关政策与规定，既保护好自己的权益，同时履行好自己的义务。

2001—2010 年，学院每年都能完成上级制定的各项计划生育目标，计划生育率、晚婚晚育率均达到 100%，无计划外生育。2002—2004 年学院连续 3 年被评为学校计划生育工作先进单位，2010 年被北京市教委评为计划生育工作先进集体。

七、安全与保卫工作

(一) 组织机构与职责

1. 组织机构

到 2004 年 4 月，学院设有保卫科(直属科室)，科长为吴松。2004 年 6 月，学院成立基建保卫办公室，主任为张景华。2009 年 12 月，学院成立保卫处，处长为刘光恩。下设治安科和消防科。治安科科长为吴松，副科长为徐文芳；消防科科长为李彦明。

2001 年 7 月 5 日，学院聘用北京市保安服务总公司文安分公司保安员 7 名。学院校门管理、校园巡逻还保留部分聘用的社会离、退休人员。

2003 年 4 月，成立大学生治安服务队，学生编制 8 名。

2004 年 11 月，聘用的保安员增至 11 名。辞退了所有聘用的社会离、退休人员。

学院各届领导班子都很重视安全稳定工作。先后建立有"社会治安综合治理领导小组""保密工作领导小组""国家安全领导小组""交通安全管理委员会""防火领导小组和义务消防队""治保会及治保分会""整顿校园和周边环境治安秩序工作小组""严打工作领导小组""稳定工作领导小组""外来人口安全管理领导小组""预防和处置突发事件工作领导小组"。

2002 年调整"社会治安综合治理领导小组"；2002 年 6 月、2004 年 6 月、2006 年 4 月、2008 年 3 月先后四次调整"保密工作领导小组"；2003 年 3 月、2006 年 4 月调整"稳定工作领导小组"；2004 年 11 月调整"国家安全领导小组"，同时成立"校园安全专项整治工作领导小组”;2008年6月成立“校园网领导小组”。

2. 工作职责

保卫部门在党委和行政的双重领导下开展工作,在业务上接受公安机关、国家安全机关、社会治安综合治理办公室的指导和监督。主要任务是维护学院的政治稳定,确保校园安全环境;为学院教学、科研和日常生活提供良好的治安环境;遵循预防为主,依靠群众的原则,发动群众,开展群防群治工作;协调、指导各部门的业务工作;处置校园内突发事件。

其具体职责包括以下几项。

根据中共北京市委教育工作委员会、北京市委教育委员会、北京市公安局转发国家教育委员会和公安部制定的《高等学校内部保卫工作规定(试行)》,结合学院具体情况完善各项安全管理制度,制订年度安全保卫工作计划,报经主管院长同意后组织实施;

对师生员工进行法制、国家安全、维护校园政治稳定和安全保卫工作的宣传教育,增强师生员工的法制观念、政权意识和安全防范意识,预防和减少违法犯罪行为;

建立、健全安全保卫工作责任制,并监督检查责任制的落实情况;加强科技创安工作,完善安全技术防范措施;防止火灾、盗窃、破坏、治安灾害、爆炸、冲击校园和恐怖袭击事件的发生,并依据有关规定对扰乱校园秩序的人员进行处理;

做好动态信息工作,协助公安机关防止境内外敌对势力、非法宗教势力、民族分裂势力对校园的渗透和破坏活动,制止危害国家安全的行为;

加强校园网的安全监控,对破坏校园网安全的行为予以制止,对利用校园网宣扬、散布、传播、上传煽动反动、攻击党和国家政府及领导人等有害信息的情况协助公安机关进行调查和处置;

维护学院内部治安秩序,积极调解治安纠纷;做好重点要害部位和易发案部位的安全防范工作,加强公共场所和外事活动的治安管理;制订安全工作预案,做好学院重大活动和重大外事活动的安全保卫工作;

组织开展安全防火检查、监督,负责处理一般火警事故,协助公安消防部门调查重大火灾事故,监督检查剧毒、易燃、易爆、放射性物品的管理和使用,对特殊工种进行管理和监督;

及时向公安机关报告院内发生的刑事和治安案件、治安灾害事故及其他严重危及安全的情况;保护案发现场并协助公安机关侦破院内发生的刑事案件和治安案件;

管理在校园内务工、经商、从业的暂住人口和流动人口;

领导群众治保组织,指导开展安全防范工作;发动群众,充分发挥群防群治作用;

负责师生集体户口的迁出、迁入及管理;根据规定审批职工新生儿落户。

(二)安全管理制度建设

2001年1月保卫科编撰了《北京联合大学职业技术师范学院安全保卫规章制度汇编》,共分七部分:治安综合治理6篇;治安管理18篇;政治、涉外、国家安全6篇;防火安全2篇;交通安全2篇;户籍管理1篇;附录25篇。

2002年11月修订《社会治安综合治理规定》《关于社会治安综合治理一票否决制的实施办法》《治安保卫委员会工作细则》《校园治安防范安全责任制规定》《治安防范要害、重点部位安全管理规定》《校园治安秩序管理规定》《剧毒、麻醉品、放射性物品的管理规定》《门卫管理规定》《校园大型活动安全管理规定》《雇用临时工作人员实行担保制度的有关规定》《校内流动、暂住人口治安管理的规定》《校内合作单位治安管理规定》《校内施工队的安全管理规定》《使用报警器的有关规定》《防火安全管理规定》《易燃、易爆、化学危险品的管理规定》《交通安全责任制规定》《校内交通安全管理规定》《集体户口管理规定》。

2004年5月，修订了内部管理责任制。包括《保卫干部行为规范》《基建保卫办公室主任职责》《治安安全管理和治安综合治理岗位职责》《消防、交通安全岗位职责》《内勤岗岗位职责》。制定了《监控中心负责人职责》《监控中心工作人员职责》。

2004年9月修订《消防控制室管理制度》《消防控制室火灾事故紧急处理程序》《消防控制室管理及应急程序》。

（三）主要工作

1. 治安管理

学院设有社会治安综合治理领导小组，由主管安全保卫的行政副院长任主任，保卫部门负责人任副主任。办公室设在保卫办公室。

保卫处设专职保卫干部负责校园治安管理工作。学院坚持预防为主的工作方针，加强校园基础防范设施建设和制度建设，发挥人防、物防、技防作用，并逐步加大资金投入，深化科技创安工程，提高技术防范水平，积极防范和减少校园治安案件发生。

2004年11月落实科技创安一期工程。2004年11月15日开工，2004年12月5日竣工。投入经费748 717元。以校园为主，学生公寓为辅，共安装了125台视频探头。2005年1月消防报警监控室与安全技术防范设备合并，成立安全防范控制指挥中心，隶属于基建保卫办公室，由徐文芳负责。2010年5月落实科技创安二期工程，增加了43台视频探头，投入经费505165元（含校内和学生公寓）。

实施科技创安之前，以在校生盗窃案最为突出；此后盗窃案件逐年下降，学生遗失物品、侵财案件上升。2001—2010年共接在校生报案40余起，涉案物品及金额大至笔记本电脑，小至十几元学生卡，学院内破案率达90%以上。随着科技创安工作逐步完善，遏制了大案发生，也为破案工作提供了有力依据。2002年4月3日和8日，原经济贸易系一学生分别盗窃同学、老师两部手机，院内破获并追回赃物。为此，5月份开展了一次全院性安全教育。2004年4月，全院每班都安排2课时进行安全教育，由保卫部门负责实施。自此，每年新生入学教育中都安排安全教育内容，也由保卫部门实施。

在国家遇有重大活动、重大事件、重大节假日以及敏感期期间，则加强门卫管理，组织校园巡视，保障了校园正常治安秩序。2003年4月，防范“非典”工作全面铺开，保卫处全力加强校园防范工作，组织实施校园封闭管理，严格控制出入人员及车辆，检测进出人员体温。2007年10月中旬，教育部对学校本科教学工作水平进行评估期间，保卫部门加强校园安全环境整治，全体干部加班加点，实施点位防控，维护了校园评估安全稳定秩序。2008年8月，北京举办第29届奥运会，学院落实“预防为主、单位负责、突出重点、保障安全”工作方针，积极开展校园风险评估和重点人、重点事摸排，开展专项整治；组织实施“定区域、定人员、定职责、定任务”，确保了学院在奥运会期间的校园安全。2008年10月，学校举办建校30周年系列庆祝活动，并于10月18日在国家体育馆召开庆祝大会，学院保卫部门积极配合学校整体安全保卫工作部署，圆满完成了各项工作任务。2009年10月1日，北京举办建国60周年庆典活动，保卫部门依照上级工作部署，加强校园安全稳定工作，落实“平安国庆”精神，建立健全信息员队伍,完善了客户端工作。同时,按照上级指示全面发挥了“DPUS体系(高校维护稳定工作动态预警体系)”作用,圆满完成了安全保卫工作,确保了一方平安。

2. 消防管理

2001—2010年,学院设有“防火安全委员会”“防火领导小组和义务消防队”领导机构,由主管安全保卫工作的行政副院长任主任;办公室设在保卫办公室,具体负责防火日常工作。

学院防火安全管理始终坚持“预防为主、防消结合”的工作方针,在加强和完善消防安全制度建设的同时,积极推进人防、物防、技防措施建设,重在加强师生消防安全知识教育和防范意识的培养,提高师生遵守消防安全法规和学院消防安全规定的自觉性。

学院每年在新生的入学教育中,均安排由保卫部门负责实施的防火安全教育内容。在2001年、2002年11月、2008年11月组织了学院义务消防队队员和各系党支部书记赴北京消防教育训练中心进行安全防火、逃生等项培训。2004—2010年,每年4月份组织北京火灾防治中心教官对全院教职工、宿管老师、学生公寓宿舍长进行消防知识培训。自2003年起形成规范,每年10月组织一次公寓住宿生防火逃生、疏散演练,几年来累计参加人数达3000余人次。学院的保安队伍是一支应付突发事件的应急力量,除参加学院每次组织的消防培训外,每年还开展各种灭火器材的使用训练。在检验消防设施的同时,每年最少两次启动消防水泵、消火栓放水的训练,使之熟悉器材、设施使用、操作的情况,掌握扑救初期火灾的技能。

2001—2010年,每年“119消防宣传日”前在校内发放消防知识材料5000余份,同时利用板报、电子大屏幕、悬挂横幅等多种手段,营造宣传氛围。2002年、2004年、2006年在“119消防宣传日”期间组织部分学生、临时工开展使用灭火器材扑救初期火灾的演练。

2008—2010年的9月,对教学楼进行了“电气防火技术检测”和“建筑消防设施检测”,学院的电气防火和消防设施均达标。

2001年7月建立了消防控制室,由保安员负责日常值班工作。2007年7月再次投入经费464 982元,新增烟感报警探头300个,并将原消防控制设备进行了改造提升。每年还进行消防器材的检修,并积极推进技防工程建设,实现了人防、技防的结合。特别是在“非典”、北京奥运会、国庆60周年、每年“两会”期间,多次开展三级安全检查,实施消防安全隐患专项整改,圆满完成了消防安全保障任务。

3. 交通管理

2001—2010年,学院已建有“交通安全管理委员会”,由主管行政副院长任主任,保卫部门负责人和车队负责人任副主任;办公室设在保卫办公室,负责日常交通安全管理工作,开展机动车驾驶员、非机动车、行人的安全教育工作。

2003年7月,二号教学楼二期工程竣工投入使用后,明确了二号楼的地下非机动车车库和三号楼北面的非机动车停放场所。还在二号教学楼北侧划出了17个机动车车位,校门边侧划出了5个私家机动车车位,同时在校内明确了两处公车停放处。随着教职工生活水平的逐步提高,私家机动车数量也在增加。由于校园场地有限,机动车停放问题较为敏感和突出。先期采用了发车证方法,随后实行出入发牌政策,再后来则坚持说服、引导,车位满员后禁止私家机动车进校,逐步规范了静态和动态管理,保证了教学场地和校园秩序。

4. 户籍管理

根据北京市高校学生户籍制度改革规定，自2004年开始，本市生源停止户籍迁移工作，师生在校集体户口逐步减少，集体户口主要为非京籍生源。2001—2010年，学生迁入集体户口680人，迁出458人；教师迁入96人。

5. 政保工作

保卫部门同时承担着学院的国家安全管理工作，以及保密和学院政治稳定的工作任务。学院成立有国家安全领导小组，并随着领导的变动，领导小组也在调整。2003年3月制定了《北京联合大学师范学院关于做好政治思想工作和安全稳定工作的实施方案》(京联师院保字〔2003〕2号)《北京联合大学师范学院关于处置突发事件确保稳定的工作方案》(京联师院保字〔2003〕3号)。在建立和完善工作制度的同时，保卫部门积极开展师生国家安全、保密安全教育。坚持开展师生相关信息的采集，特别是对藏族、维吾尔族学生以及在校外国留学生信息的采集。积极防范和开展同“法轮功”等邪教组织的斗争，每年组织开展情况摸排，实行单位领导责任制。

(四) 获奖情况

1. 个人获奖情况

2002年1月，吴松受到北京市公安局2001年度文保系统个人嘉奖。

2003年1月，李彦明被北京市公安局消防处评为2002年度消防先进工作者。

2003年7月，吴松被学院评为2002—2003学年优秀共产党员。

2003年9月，李彦明被学院评为2002—2003学年“三育人”先进个人。

2007年6月，李彦明被学院评为2005—2007学年优秀共产党员。

2007年9月，吴松获学院优秀教育贡献奖。

2008年1月，吴松被学校评为2007年度安全保卫工作先进 个人。

2008年9月，李彦明被学院评为2007—2008学年“三育人”先进个人。

2008年10月，吴松被学校评为奥运工作先进个人。

2010年1月，张景华荣获北京市公安局2009年度文保系统个人三等功。

2010年12月，李彦明获北京市公安局2010年度文保系统个人嘉奖。

2. 集体获奖情况

2006年1月，基建保卫办公室荣获北京市公安局2005年度文保系统集体嘉奖。

2007年1月，基建保卫办公室荣获北京市公安局2006年度文保系统集体三等功。

2008年1月，基建保卫办公室荣获北京市公安局2007年度文保系统集体嘉奖。

第七节 国际及港澳台交流与合作

一、基本情况

学院的外事工作由职能部门外事办公室(以下简称“外事办”)负责。外事办隶属于学院的党政办公室,在院长和主要负责外事工作的副院长领导下开展工作。

2001—2010 年,外事办公室的工作重点已从最初的接待工作转向探讨合作办学,开发教育产业,开创办学新思路等方面。外事办的主要任务包括:组织对外交流与合作项目的实施;外宾来访的接待;对因公派出团组或个人手续的报批、护照/签证的办理与管理;对教职工及学生的外事教育;因公出国留学生的派遣及学籍管理;对外国文教专家的聘请与管理;来华留学生的招生管理和教学工作的安排;对台、港、澳地区的交流工作。

在深化教育体制改革、寻求学院发展机遇的过程中,学院始终坚持把提高教学科研水平和扩大对外交流、引进国外先进的教学管理模式及优秀教育人才结合起来,与外国及港台地区的高校和教育机构开展了多层次、多渠道的合作与交流活动。

学院先后同美国、澳大利亚、新西兰、俄罗斯、法国、德国、瑞典、丹麦、印度尼西亚(以下简称"印尼")等国的多所高等学校和教育机构开展了校际间的友好往来,并与美国玛丽库伯社区学院(Mary Cooper Community College)、西雅图大学(Seattle University)、马赫西管理学院(Maharishi University of Management)、密歇根大学(University of Michigan)、澳大利亚理工学院(Australian Institute of Technology)、德国海德堡谢菲尔德教育集团(German Heidelberg Sheffield Education Group)及俄罗斯联邦教育科学院职业教育学和心理学研究所(Vocational Education of the Russian Federation Academy of Education and Psychology)达成友好院校合作意向并签署相关合作备忘录和合作协议。

(一)出访交流

1. 以合作办学为重点的主要出访活动

2001—2010 年,学院共有 73 人次出访,到访国家有美国、丹麦、德国、澳大利亚、法国、印尼、马来西亚、英国、巴西和阿根廷(见表 2.7-1)。出访人员实地考察了对方院校和教育机构的办学特点,吸收了优秀的办学经验,为学院的对外宣传及合作做出了贡献。

表 2.7-1 2001—2010 年以合作办学为重点的出访交流活动一览表

出访时间	带队领导	交流事宜	出访国家/地区	出访人数
2001.03—04	梁绿琦	参加由美中关系国家委员会(National Committee on US-China relations)负责、美中教育基金会(US-China Education Foundation)组织的教育考察团,着重了解美国社区学院的不同方面及校内外各个环节机制的合作与融合政策	纽约部分地区社区学院,芝加哥美国社区学院协会(American Association of Community Colleges in Chicago),柯克伍德社区学院(Kirkwood Community College),得克萨斯大学(University of Texas),玛丽库伯社区学院(Mary Cooper Community College),旧金山城市大学(City University of San Francisco)和加利福尼亚大学(University of California)	1
2001.04—05	骆武刚	参加职业教育教师培训,学习更为成熟的教育理念,促进两院间的交流与合作。对丹麦教育制度特别是职业技术教育的情况进行考察	丹麦国家职业技术师范学院(Danish National Vocational and Technical Teachers College)	3

续表

出访时间	带队领导	交流事宜	出访国家/地区	出访人数
2002.07	梁绿琦	应德国海德堡谢菲尔德教育集团(German Sheffield Educational Group)的邀请进行境外教育交流及考察访问。与该集团初步达成选派中国学生赴德国留学的基本合作意向	谢菲尔德大学(The University of Sheffield)、海德堡应用技术学院(Heidelberg Institute of Technology)和德国国际管理学院(German International School of Management)等集团下属院校	4
2002.09—10	梁绿琦	参加第101届美国社区学会年会(101 American Community Association Annual Conference)。促进学院与美国社区学院在教师交流、合作办学、远程教育等一系列方面的合作意向与凤凰城玛丽库伯社区学院(Mary Cooper Community College)、西雅图大学(Seattle University)达成基本合作意向，合作内容包括本科生及研究生层次的教育	东洛杉矶社区学院(East Los Angeles Community College)，凤凰城玛丽库伯社区学院(Mary Cooper Community College)，西雅图大学(Seattle University)，纽约城市大学(City University of New York, CUNY)，维斯切斯特社区学院(Westchester Community College)，拉瓜迪亚社区学院(CUNY-LaGuardia Community College)，朗克斯社区学院(CUNY-Bronx Community College)等六所社区学院	5
2002.09	尹庆民	进行合作洽谈及交流访问。学院与对方学院均达成了基本合作意向，对未来学院学生、教师赴澳的学习和深造打下良好的基础	澳大利亚理工(Australian Institute of Technology)学院和悉尼理工学院(Sydney Institute of Technology)	3
2005.05	薛立军	与有关院校探讨开展合作、交流项目等事宜与梅萨社区学院(Mesa Community College)基本达成合作办学意向。与美国马赫西管理学院(Maharishi University of Management)、密歇根大学(University of Michigan)签订联合教育硕士项目及合作意向书	美国玛丽库伯社区学院(Mary Cooper Community College)、马赫西管理学院(Maharishi University of Management)、密歇根大学(University of Michigan)	6
2005.11—12	尹庆民	对当地的多家华文教育统筹(协调)机构、华语补习学校、三语学校及高等专科学校等20多家教育机构和单位进行访问，并与当地学生和家长进行了深入交流	印尼雅加达、万隆、泗水、龙目等地	5
2006.03	傅桂禄	应澳大利亚悉尼国际教育学院(Sydney, Institute of International Education, Australia)邀请进行交流访问。在教师的共同培养项目上达成合作共识，并积极为学院英语系学生开拓境外短期培训挖掘合作可行性	悉尼大学(University of Sydney)、西悉尼大学(University of Western Sydney)	6

续表

出访时间	带队领导	交流事宜	出访国家/地区	出访人数
2007.01—02	尹庆民	为两学院在签署合作协议后我方的第一次正式回访,主要商讨:交流合作项目的执行情况,加强教学管理层面沟通,确定教师交流项目的细节工作,为下一步的交流提供思路及项目设计	美国梅萨社区学院(Mesa Community College)	7
2007.02—03	郭　堃	考察该学院的办学模式和办学特色,探讨双方在联合培养学生、教师进修等方面的合作前景及合作方式	澳大利亚昆士兰政府TAFE科技学院集团(TAFE Institute of Technology Group of Queensland Government, Australia)、TAFE科技学院(TAFE Institute of Technology)	6
2007.04—05	尹庆民	校际交流访问,初步探讨合作办学项目	法国利摩日大学(University of Limoges,France)和荷兰撒克逊大学(Saxion University,Netherlands)	6
2008.06	郭　堃	组成教育代表团进行考察访问	美国西雅图大学(Seattle University, USA)	6
2008.05—06	薛立军	讨论艺术教育领域及计算机技术教育领域内双方教师与学生的互换交流,以及学术上的合作项目	法国利摩日大学(University of Limoges, France),德国汉堡大学(University of Hamburg, Germany)	6
2008.12	张玉平	组成教育代表团参加FACON教育展(The FACON Education Show),进一步促进学院留学生教育事业的发展,拓展办学空间,吸收、学习、借鉴国际上先进的教育教学理念和经验,加强国际交流与合作	马来西亚大学(University of Malaysia)和新加坡国立大学(National University of Singapore)	2
2009.06	薛立军	双方签订了关于短期互派教师、学生进行交流的《合作项目意向书》	澳大利亚维多利亚州的博士山学院(Box Hill Institute)、新西兰的奥克兰理工大学(Auckland University of Technology)	5
2010.06	张立珊	随同联大团组出访,访问当地多所合作院校	英国威尔士大学兰彼得学院&三一大学卡玛森学院(Kama Sen Institute of the University of Wales Lampeter College & Trinity College)等	1
2010.11	薛立军	随同联大团组出访巴西、阿根廷	巴西、阿根廷	1

2. 教职工研修与交流活动

随着学院对外交流合作的展开,学院优秀骨干教师也获得了更多的"走出去"的机会。他们代表学院对合作院校及教育机构进行了各种形式的考察访问、培训交流,不仅提高了自身的业务素质，而且也展现学院的教育风采。

表 2.7-2　2001—2010 年教职工出访交流活动一览表

出访时间	交流事宜	出访国家/地区	出访人数
2001.06	与教育部全国中小学教师远程教育研究中心访问小组一起，参观瑞典隆德大学(University of Lund，Sweden)和 LUVIT 公司(LUVIT Company)，共同研讨核心技术在教育上的应用与发展	瑞典	1
2001.07	与中国服装设计师协会共同参加交流活动	德国	1
2001.09—11	以访问学者及研究人员身份，学习美国高等职业教育中的学分制、学生就业指导以及远程教育实施等情况	美国	1
2002.07—08	参加密歇根州的阿尔皮那社区学院(Alpena Community College)组织的为期六周的教师英语强化培训项目	美国	1
2002.10—11	对玛丽库伯社区学院(Mary Cooper Community College)进行为期 4 周的深入实地访问和调研，对美国社区学院如何根据市场需求进行相关职业技术教育课程设置、如何与企业建立并保持良好的合作关系，以及如何推动老师参与课程设置及更新等课题，与相关专业的主管人员进行了座谈，并查阅相关资料	美国	2
2004	参加中俄两国在俄罗斯符拉迪沃斯托克举办的第二届“中俄大学艺术节”	俄罗斯	2
2006.06—07	随同职业教育管理培训团，在查尔默斯技术大学(Sweden Chalmers University of Technology)执行培训任务，了解职业教育和职业培训近几年的发展趋势，主要培训模式，学生实训，课程体系，专业教材编写，师资来源，经费来源等课题内容	瑞典	1
2008.10—11	参加数学不等式研究与应用小组的研究工作	澳大利亚	1
2009—2010	访问学者，赴明尼苏达大学(University of Minnesota)进行为期半年的学习访问	美国	1
2009—2010	访问学者，赴美国进行为期一年的学习访问	美国	1
2010.01—02	组织师生交流访问团对美国梅萨社区学院进行访问和教育实习活动	美国	4
2010.06	实地考察和接受林雪平大学(Linköping University)培训，了解“户外教育”的相关专业课程	瑞典	2

（二）来访交流

2001—2010 年，学院接待了来自美国、澳大利亚、日本、俄罗斯、丹麦、荷兰、瑞典、印尼等国家的 16 所大学及相关教育机构，共计 118 人次的参观访问(见表 2.7-3)。在学院与对方达成合作办学、交流合作的总体框架下，合作院校的外籍专家、学者以及学生可以定期来学院进行学习交流、学术讲座和参观考察等活动。

表 2.7-3 2001—2010 年来访交流情况一览表

来访时间	接待领导或部门	交流事宜	来访国家和人员	来访人数
2001.03	梁绿琦	对美中教育基金会社区学院课题的研究和时间进行总体情况的报告,并各自做主题报告	美中教育基金会(US-China Education Foundation)专家组成员	2
2002.05	梁绿琦	探讨职业教育领域的发展与合作	澳大利亚理工学院(Australian Institute of Technology)教育代表团	2
2002.09	外事办公室	探讨留学合作项目的开展可行性	日本亚细亚文化教育院(Asia Cultural Education Center, Japan)对外交流合作负责人	1
2004.06	薛立军	签订了友好合作意见书,双方决定在师生交流、学术研究等领域进行深入的探讨和合作	俄罗斯联邦教育科学院职业教育研究所(Institute of Vocational Education of the Russian Academy of Education)成员	3
2004.09	薛立军	探讨职业教育的合作与发展	丹麦职业教育代表团成员	2
2004.10	薛立军	探讨职业教育的合作与发展	荷兰教育代表团成员	2
2004.05	薛立军	探讨职业教育的合作与发展	中美社区教育研讨会(China-US Community Education Seminar)代表团成员	2
2005.04	薛立军	相互介绍两院的心理学系(部)发展特色,探讨合作可行性	俄罗斯联邦教育科学院职业教育与心理学研究所(Vocational Education and Psychology Institute of the Russian Academy of Education)	3
2005.06	薛立军	探讨两院在艺术教育领域的合作可行性	俄罗斯艺术学院(Russian Institute of the Arts)负责人及教师	3
2005.06	薛立军	相互介绍和了解双方教育教学特性,探讨未来合作项目	美国密歇根州立大学(Michigan State University, USA)国际交流合作部成员	3
2005.08	外事办公室	详细介绍学院对外汉语教学中心情况,探讨深入合作	印尼教育服务机构成员	2
2006.02—03	薛立军	访问团参观学院基础设施建设和校园环境,并与教育心理研究室和科研处进行合作项目的探讨和交流	俄罗斯联邦教育科学院职业教育学和心理学研究所(Vocational Education and Psychology Institute of the Russian Academy of Education)代表团	8
2006.03	薛立军	探讨职业教育的发展与合作	俄罗斯喀山教育科学院(Kazan Academy of Education)代表团成员	3

续表

来访时间	接待领导或部门	交流事宜	来访国家和人员	来访人数
2006.05	薛立军	签署合作谅解备忘录，双方对交流学术人才、学术研究等方面的合作做了进一步探讨	美国梅萨社区学院(Mesa Community College)代表团成员	4
2006.05	外事办公室	美国学生入系听课，中美学生进行主题文化沟通自由讨论和各种文娱活动	美国梅萨社区学院(Mesa Community College)学生团	24
2006.06—07	外事办公事	与学院对口系部教师进行交流互动，为学院师生开展主题讲座，参观学院学生课堂活动和各种艺术汇报演出。 此次访问活动还直接促成了中美双方领导就两院的教师交流合作项目及实施中项目的后勤安排进行进一步磋商	美国梅萨社区学院(Mesa Community College)院长、名誉大校长及5名教师	7
2006.11	薛立军	参观学院校园及教育设施建设，探讨未来合作可行性	美国亨利福特社区学院(Henry Ford Community College)副院长及校董事会理事	2
2007.05—06	外事办公室	美国学生入系听课，中美学生进行主题文化沟通等各种文娱活动；带队教师为学院师生举办专题讲座	美国梅萨社区学院(Mesa Community College)教师及学生团	20
2009.05	薛立军	相互介绍和了解双方教育教学特性，探讨未来合作项目	澳大利亚博士山学院(Box Hill Institute)教育代表团来访	4
2009.10	外事办公室	为学院师生展示“户外教育”专业相关概念和基础内容	瑞典林雪平大学(Linköping University)教授	2
2010.05—06	外事办公室	美国学生入系听课，中美学生进行主题文化沟通等各种文娱活动；带队教师为学院师生举办专题讲座	美国梅萨社区学院(Mesa Community College)师生访问团	13
2010.11	张立珊	探讨师范领域教育教学发展与合作项目	瑞典林雪平大学(Linköping University)教育学院院长、教授及院长助理	3
2010.12	张立珊	与学院艺术设计系负责人座谈，相互介绍院系及学科建设，并参观艺设系课堂和作品展厅	英国威尔士三一圣大卫学院(Wales Trinity St David's College)及孔子学院(Confucius Institute)教师访问团	3

(三)外籍专家讲学

2005—2010年学院聘请外国专家讲学情况见表2.7-4。

表2.7-4 2005—2010年聘请外国专家情况一览表

年份	人次	主要工作	国籍
2005	1	教授英语	美国
2006	1	教授英语	美国
2007	3	教授英语	美国
2008	1	教授英语	美国
2009	1	教授英语	美国
2010	3	教授英语	美国

二、重要项目

(一)招收留学生

学院的留学生工作于2003年11月开始筹备。学院成立了对外汉语培训工作委员会，院长任主任，教务处、语言文化系、对外交流与合作办公室、后勤管理处、保卫科的有关负责人任委员。下设留学生工作办公室，其主要工作内容包括：对外招生宣传、留学生录取及来华手续的办理；留学生入学工作中各项事务的组织协调及安排；留学生日常教学管理及学籍管理等；留学生外出参观实习的外事联系；留学生中英文成绩单、毕(结)业证书的印制及发放管理；留学生的生活管理和思想教育；留学生各种活动的组织安排以及教师的管理等。

为了做好留学生工作，学院于2004年印发了《北京联大师范学院对外汉语教学招生简章》《外国留学生守则》，并制定了《留学生居留与签证管理规定》《留学生学籍管理规定》《留学生生活制度管理规定》《来华留学生入境、居留、旅行、出境管理规定》《留学生宿舍管理规定及有关就餐、医疗、旅游和离校等管理规定》《北京联大师范学院对外汉语培训收费标准》等规章制度。

学院把来华留学生的日常安全工作，纳入了整体管理范畴之内，由保卫科负责。后勤管理处负责留学生食堂的卫生、管理和饮食服务工作，并为留学生提供了清洁、卫生、营养和富有民族特色的各类食品。

另外，在硬件准备方面，学院按照北京市教委的有关规定，将院内的一座三层楼房进行改造后为留学生专用，提供了留学生上课场所和住宿公寓以及留学生资料室、公共活动室和教师办公室等。

在师资队伍建设方面，学院依托语言文化系的中文师资力量，并外聘一部分有经验的对外汉语培训教师，组成对外汉语培训教师队伍，开展教学工作。其中，教授1名，副教授9名，讲师4名。很多老师都多年从事对外汉语培训教学工作，部分教师还曾有丰富的海外教学工作经历。

学院于2004年2月16日向北京市教委正式提交招收外国留学生的申请。2004年5月25日，北京市教委对此申请予以批准，准许学院接收国外长期、短期汉语(文化)留学生及本科生，并可以针对港澳地区及海外华人开设汉语普通话培训课程(见表2.7-5)。

表 2.7-5　2004—2010 年招收留学生情况一览表

招收时间	国别	学习专业/课程	人数
2004	印度尼西亚、韩国、日本、西班牙	汉语(长期)	13
2005	印度尼西亚、韩国、日本、西班牙、德国	汉语(长期)	22
2006.03	俄罗斯、印度尼西亚、吉尔吉斯斯坦、日本、美国	汉语(长期)	50
2006.07—08	俄罗斯	汉语文化(短期)	15
2007	俄罗斯、印度尼西亚、吉尔吉斯斯坦、日本	汉语(长期)	47
2008	俄罗斯、印度尼西亚、吉尔吉斯斯坦、日本	汉语(长期)	36
2009	印度尼西亚、俄罗斯、吉尔吉斯斯坦、日本	汉语(长期)	33
2009.07—08	俄罗斯	汉语文化(短期)	25
2010	印度尼西亚、俄罗斯、吉尔吉斯斯坦、日本	汉语(长期)	27
2010.09	韩国、澳大利亚	语言文化系、艺术教育系(本科)	2
2010.06	印度尼西亚	汉语文化(短期)	15

(二) 派出留学生

在学生的派出方面,学院以参与联大国际交流学院的成熟项目为主,如赴以艺术设计为优势学科的英国安格利亚鲁斯金大学和中国台湾建国科技大学、以户外教育为领先学科的瑞典林雪平大学等开展交流活动(见表 2.7-6)。派出方式分长期学历教育(如"3+1"项目)和短期交换生学习。学生参加境外交换生教育项目详见表 2.7-7。

表 2.7-6　学生参加境外学历教育项目一览表

年份	人次	院校	专业(学位)
2009	4	瑞典林雪平大学	户外教育(硕士)
2010	2	瑞典林雪平大学	户外教育(硕士)
2010	1	英国安格利亚鲁斯金大学(Anglia Ruskin University, UK)	服装设计(双学士)

表 2.7-7　学生参加境外交换生教育项目一览表

学期	人次	院校
2010 年春季学期	2	韩国建国大学(Konkuk University, Korea)
2010 年暑假	1	英国威斯敏斯特大学(University of Westminster, UK)
2010 年秋季学期	1	美国恩波里亚州立大学(Emporia State University, USA)

三、出国出境管理

根据《中共中央办公厅、国务院办公厅关于坚决制止公款出国(境)旅游的通知》(中办发〔2009〕12 号)文件精神,按照北京市纪委及北京市教育纪工委的指示,经校党委第 268 次常委会研究决定,为进一步严肃学校因公临时出国出境纪律,加强对因公派出团组的集中统一管理,从 2010 年 4 月起,学校副局级学院院级领导不得再独立组团出访,其因公临时出国(境)计划均纳入学校出访计划团组内执行。

2001—2010 年,学院坚持从工作实际出发,安排出国(境)任务,不把因公出国(境)作为福利待遇。同时,分类指导、总量控制因公出国人数和经费,严格执行因公出国管理制度,严肃查处公款出国旅游案件,并加强群众对因公出国(境)活动的监督,严肃处理旅行社及中介机构为因公出国(境)团组联系、编造虚假日程等行为,保证了因公出国(境)工作的正常有序开展。

第八节 党的建设及工会、共青团、民主党派工作

一、党的建设及党的工作

(一)党员大会

2003年1月18日,召开了中国共产党北京联合大学师范学院(以下简称"中共北京联大师院")党员大会,进行党委换届选举。大会应到正式党员189人,实到166人。党委书记张仲林作《全面贯彻十六大精神,深化教育教学改革,为全面提高学院的办学水平而奋斗》工作报告。经审议,大会通过了党委工作报告的决议。选举张仲林、梁绿琦、郭堃、尹庆民、傅桂禄、邓淑华、魏绍谦为新一届党委委员;新一届党委第一次会议选举张仲林为党委书记,郭堃为党委副书记。

2003年5月22日,召开中共北京联大师院党员大会,选举出席学校第三次党员代表大会的代表,134名正式党员参加大会,选举出于振霞、王培荣、尹庆民、邓淑华、孙权、李万海、杨奇红、张仲林、赵婉莹、侯伯明、郭堃、黄朝、蒋振刚、傅桂禄、潘先伟、操静涛、薛立军、魏绍谦共18名代表。

2007年3月22日,召开中共北京联大师院党员大会,选举出席学校党代会的代表(学校党代会的任务是选举出席北京市第十次党代会代表),279名正式党员出席大会,选举出王颖、尹庆民、邓淑华、孙雪松、杨奇红、沈天瑢、张奕、张仲林、张佐友、张智新、赵婉莹、郇燕飞、高东、高洪力、郭堃、傅桂禄、谭鲁芳、翟金忠、薛立军、操静涛、魏绍谦共21名出席学校党代会的代表。

2007年12月29日,召开中共北京联大师院党员大会,进行党委换届选举。大会应到正式党员307名,实到会287名。大会主题是:深入学习十七大精神,高举中国特色社会主义伟大旗帜,以邓小平理论和"三个代表"重要思想为指导,贯彻落实科学发展观,深化教育教学改革,推动学院各项事业又好又快发展,为全面提高学院的办学水平和教育教学质量而奋斗。党委书记张仲林作题为"贯彻落实科学发展观,深化教育教学改革,推动学院各项事业又好又快发展"的工作报告。经审议,大会通过了党委工作报告的决议。选举张仲林、薛立军、郭堃、尹庆民、傅桂禄、魏绍谦为新一届党委委员;新一届党委第一次会议选举张仲林为党委书记,郭堃为党委副书记。

2009年5月21日,召开中共北京联大师院党员大会,选举出席学校第四次党员代表大会的代表,全院286名正式党员出席了党员大会,选举出王颖、李克柔、杨奇红、杨明月、张奕、张立珊、张仲林、张智新、赵平勇、高满茹、郭堃、傅桂禄、薛立军、操静涛、魏绍谦共15名代表。

(二)重要活动

1."三讲"教育"回头看"活动

根据北京市教育工委的决定及学校的要求,学院于2001年4月进行了一个月的"三讲"

(讲学习、讲政治、讲正气)教育"回头看"活动。党委以江泽民"三个代表"重要思想为指导，结合学院领导班子在"三讲"教育中党风方面查摆的突出问题，检查整改措施的落实情况，总结过去，明确目标，规划未来，进一步端正思想和工作作风，不断提高工作能力和管理水平，为深化教育改革，促进学院的建设和发展奠定了坚实的思想基础和组织保证。"三讲"教育"回头看"活动按照认真组织学习，提高思想认识；进行自查自看，查找问题差距；总结经验教训，完善整改措施；通报整改情况，听取群众意见四个环节进行。

学院领导班子在学习理论、提高认识的基础上，按照"五必看"的要求认真进行自查自看，并按照"三讲"教育"回头看"自查出来且写进"三讲"教育整改方案中的主要不足和差距，结合干部群众的意见，本着"有什么问题解决什么问题，缺什么补什么"的原则，提出四大项共21条补充整改措施，并切实把整改工作落在实处。由于领导重视，坚持标准和要求，重视过程、更注重实效，所以"三讲"教育"回头看"活动取得了较好成绩，达到了预期目的。

2. 学习"三个代表"重要思想活动

党的十六大郑重提出，坚持用马克思列宁主义、毛泽东思想和邓小平理论武装全党，在全党兴起一个学习贯彻"三个代表"重要思想新高潮。学院党委于2003年7月开始，按照学校党委《关于学习〈"三个代表"重要思想学习纲要〉的通知》(京联党宣〔2003〕2号)部署，加强领导，周密安排，精心组织，有重点、分层次地开展了深入学习贯彻"三个代表"重要思想活动。通过学习，广大党员、干部和师生员工在对"三个代表"重要思想的时代背景、实践基础、科学内涵、精神实质和历史地位的认识上达到了新的高度，进一步把思想和行动统一到"三个代表"重要思想和党的十六大精神上来；并努力用"三个代表"重要思想指导实践，一手抓防控"非典"，一手抓学院发展，把"三个代表"重要思想真正落到实处，使基层党组织进一步改进了作风，提高了创造力、凝聚力和战斗力，使广大党员努力成为实践"三个代表"重要思想的模范，推动了学院各项事业的创新与发展。

3. 保持共产党员先进性教育活动

按照北京市教育工委和学校党委安排，2005年9月至12月，学院参加了第二批保持共产党员先进性教育活动。学院党委认真部署，将先进性教育活动纳入全年党委工作计划，经费列入预算。2004年5月，党委制订《关于开展共产党员先进性教育活动准备工作实施方案》，部署保持共产党员先进性教育活动准备工作。活动从2005年9月10日召开动员部署会后全面开展。党委强调，学院先进性教育活动要做到把对先进性教育活动的重要性认识贯穿教育活动始终，把学习贯穿于教育活动始终，把推动和促进学院中心工作贯穿于教育活动始终，把开门搞教育贯穿于教育活动始终的四个"贯穿始终"。教育活动分为三个阶段：抓学习，提高认识打基础；开言路，深入评议找差距；定措施，强化责任促整改。党委和先进性教育活动领导小组经过精心研究，推选出11名优秀共产党员代表(张仲林、赵平勇、顾春、石焕南、鲍晖、陈冠华、侯伯明、张佐友、王艳红、马冬宝、杨希)，并以"我们身边的共产党员"为题，编写事迹，号召学院党员向他们学习。学院先进性教育活动取得了实效：广大党员加深了对"三个代表"重要思想的理解，增强了做"三个代表"重要思想坚定实践者的自觉性和为民办学的宗旨意识；进一步明确了新时期共产党员先进性标准，党员思想觉悟和精神面貌发生了变化，得到群众认可；更加密切了党群干群关系，领导班子的凝聚力进一步增强，基层党组织建设得到全面加强，初步建立起保持共产党员先进性的长效机制。

4. 学习实践科学发展观活动

在全党开展深入学习实践科学发展观活动,是中共十七大做出的重大战略部署。按照《中共北京市委关于在全市党员中开展深入学习实践科学发展观活动的实施意见》(京发〔2008〕20号)《全市第二批开展深入学习实践科学发展观活动实施方案》和《北京市属高校开展深入学习实践科学发展观活动实施方案》的要求和部署,学校于2009年3月至10月参加了北京市第二批学习实践活动。学院党委为切实搞好学习实践活动,根据上级有关精神,结合学院实际,制订了《中共北京联合大学师范学院委员会关于在全院党员中开展深入学习实践科学发展观活动的实施方案》。活动共分三个阶段:学习调研阶段(2009年3至4月)、分析检查阶段(5—6月)、整改落实阶段(6—7月)。根据上级要求,学习实践活动以处级及以上领导班子和党员领导干部为重点,全体党员参加;在活动过程中,吸收党外处级干部、党外教授、民主党派负责人和部分党外学生骨干参加有关活动。在学习实践活动中,党委始终高举中国特色社会主义伟大旗帜,牢牢把握科学发展这个主题,紧紧围绕"党员干部受教育、科学发展上水平、人民群众得实惠"的总要求,周密细致地进行动员部署,系统深入地展开学习调研,查摆了影响和制约学院科学发展的突出问题,全面深刻地作出分析检查,扎实有效地推进整改落实,使学习实践活动各阶段、各环节的任务保质保量,顺利完成。学院党组织参学率达到100%,党员参学率达到99%。党委针对存在的问题,切实加强领导,把握关键环节,注重整改落实,提高了学习实践科学发展观的自觉性,基本形成了保障和促进科学发展的机制,强化了领导班子建设。

5. 党建评估

2007年9月18—19日,市委教育工委组织专家按照《北京市普通高等学校党建和思想政治工作基本标准》(以下简称《基本标准》)的要求,对学校党建和思想政治工作水平进行达标验收。

早在2003年11月,学院党委就制订了《贯彻落实〈北京市普通高等学校党建和思想政治工作基本标准〉的三年规划》,并组织各党支部委员和相关职能部门人员进行培训和任务分解,认真学习研讨《基本标准》,明确目标任务。2006年11月,结合修订后的《基本标准》组织再学习,以进一步熟悉掌握标准、要点、体系,明确评估要求,清楚努力方向。2007年3月,党委又制订了《北京联合大学师范学院党建评估迎评工作方案》,部署迎接评估的各项工作,落实工作目标和工作责任。党建和思想政治工作的评估,涉及学院工作的方方面面,党委坚持围绕中心抓党建、抓好党建促发展的指导思想,把评估与坚持以科学发展观为指导促进学院发展相结合,与促进落实学院办学定位及办学宗旨相结合,与促进评建整改、提高办学质量相结合,与促进党的先进性建设以及基层党建工作创新相结合。学院利用党建评估的机遇,认真总结党建和思想政治工作的成功经验,特别是具有创新性的经验,发现典型、树立典型、推广典型,结合"七一"开展争优创先活动,增强基层党组织的凝聚力、战斗力、创造力,推进基层党组织工作创新,并着力探索建立基层党组织先进性建设的长效机制。学院的党建评估工作认真按照提高认识、统一思想,加强学习、明确标准,把握程序、严格步骤,加强研究、锐意创新,统筹兼顾、和谐发展的要求进行,确保了迎评工作的顺利完成。

6. 创先争优活动

在党的基层组织和党员中深入开展创先争优活动是党的十七大做出的重大战略部署,

学院从2010年6月开始在全院基层党组织和党员中深入开展了此项活动。为了切实加强学院基层党组织建设，激发党组织工作活力，更好地推进学院中心工作，党委高度重视，提出明确要求，并在全院以党总支、直属党支部为单位开展了基层党组织创先争优活动立项工作，以此为重要载体，推动创先争优活动有设计、有目标地实施。这一个创新举措，促使创先争优活动紧密围绕学院教育教学中心开展，激发了各基层党组织认真设计策划创先争优活动的积极性，进一步梳理了党建工作思路，总结提炼了党建工作标志性成果。该工作突出创建“十佳党支部”的各项主题，学院16个党总支、直属党支部分别围绕提高管理服务水平、加强学科专业建设、提高人才培养质量、加强学习型党组织建设、加强党员的教育培养、加强学风建设、提高就业竞争力和学生专业实践能力等方面共立项19项，党委对立项活动的实施过程予以监督检查。项目实施取得以下成效：立项党支部本着在推动科学发展、促进校园和谐、服务师生员工、加强基层组织的实践中建功立业的目标，结合工作、学习实际找准了立项活动的切入点、着力点；活动紧紧围绕创先争优的目标和学院中心工作，主题明确，形式多样，具有针对性、可行性；一部分党支部创新活动载体，改进工作方式，拓展思路和视野，增强了党组织生活和党员教育工作的吸引力。截至2010年12月，学院创先争优活动开展了主题党日教育、申报并创建“十佳党支部”、评选“育人标兵”和“成才表率”等一系列活动，进一步巩固和完善了党的领导，基层党组织增添了新的活力，党员干部的素质能力进一步提升，保持了党员和党组织的先进性，增强了党在广大教职工中的凝聚力和影响力，校园更加和谐，形成了发展合力，为推进学院的教育教学改革与发展提供了强大的政治动力和组织保证。

（三）组织工作

1. 领导班子和干部队伍建设

(1) 干部培训工作

学院党委一直非常重视对干部的教育和培养，始终把干部教育培训作为事业发展全局中的一项重要工作。学院领导班子按照北京市委组织部、人事局《2001—2005年北京市干部教育培训规划》《2006年—2010年北京高校干部教育培训规划》和《北京联合大学全员干部培训实施意见》《2006年—2010年北京联合大学干部教育培训规划》的要求，制定了《师范学院干部教育培训实施纲要》，明确了干部教育培训工作的指导思想、工作原则和主要任务，提出了干部教育培训的具体要求，并对学院干部培训工作进行了部署。还采取多种形式，宣传干部培训的重大意义。

学院成立了干部全员学习培训工作领导小组，组织干部学习党的十六大和十七大精神、《国家中长期教育改革和发展规划纲要（2010—2020年）》《北京市中长期教育改革和发展规划纲要》及全国人才工作会议、教育工作会议精神等。开展了处级干部在线学习，使处级干部全部完成了每年40学时在线学习的要求。举办了主题性专题培训，如新任处级干部培训、基层党组织负责人培训、教务干部专题培训、党务政工干部培训、寒暑假干部集中培训，组织干部国（境）内外考察，开阔视野等。特别是依托人才强教项目对部分年轻处级干部进行了人力资源、项目管理、领导心理和英语的培训。这不仅使全体干部都完成了全年每人110学时的培训计划，也提高了干部的工作水平和思想素质。

(2) 干部队伍建设

学院党委认真学习贯彻中央和上级党政机关颁发的《党政领导干部选拔任用工作条例》

《党政领导干部选拔任用工作责任追究办法(试行)》《党政领导干部选拔任用工作有关事项报告办法(试行)》《地方党委常委会向全委会报告干部选拔任用工作并接受民主评议办法(试行)》《市县党委书记履行干部选拔任用工作职责离任检查办法(试行)》等文件精神,在干部选拔任用上,坚持民主集中制,广泛听取意见;坚持干部选拔任用原则、标准和条件;坚持严格按程序办事,严肃组织纪律,把握民主推荐、考察、酝酿、讨论、票决、任职等关键环节,从而保证了干部选拔任用的实事求是,客观公正以及从大局出发,为学院发展提供了组织保证。

2004年6月、2007年6月、2009年12月,学院分别进行了处级干部重新聘任工作。党委重视,加强领导,广泛发动,使全院上下思想统一,充分认识到做好干部聘任工作的重要性和必要性。在具体做法上,党委积极推进干部人事制度改革,坚持原则,把握标准,规范程序,扎实推进,使历次干部聘任工作规范有序、顺利平稳地完成。尤其是2009年年底的聘任,实现了联大干部聘任的统一性,即聘任政策、聘任标准、聘任行动统一。学院结合自身干部队伍的实际情况,科学谋划,精心组织,规范进行,顺利地完成了聘任工作。

2004年6月,聘任管理一级岗18人、管理二级岗29人。新任正处级干部有5人,新任副处级干部有10人。

2007年6月,聘任管理一级岗19人、管理二级岗27人。新任副处级干部有4人。

2009年12月,聘任正处级干部19人、副处级干部20人;新任正处级干部有3人,新任副处级干部有5人。

学院有2名干部报名校机关的2个正处级岗位竞聘;7名干部、教师报名校机关的8个副处级岗位竞聘。在全校范围内,有10人报名学院机关的4个正处级岗位竞聘;学院有15人(16人次)报名院机关的5个副处级岗位竞聘。

截至2010年12月31日,学院有处级干部52名,其中实职干部49名、调研员3名。在49名实职干部中,正处级干部19名,副处级干部30名;男性21名,女性28名;党员干部有44名,民主党派1名,群众7名。平均年龄为46岁,最年轻的干部31岁;35岁(含)以下干部有6名,36—45岁(含)干部有19名,46—55(含)干部21名,55岁以上干部有6名。具有大学本科及以上学历干部有51名,其中硕士及以上学位的干部有23名。

学院党委重视对干部的教育,坚持干部上岗集体谈话制度、分管领导与新任干部谈话制度、任职廉政谈话制度、试用期考核制度及离任谈话制度等。同时,进一步加强对处级领导干部因私出国(境)的管理。根据《关于进一步加强处级领导干部因私出国(境)管理规定》和《关于进一步加强处级领导干部因私出国(境)证件管理规定》要求,对现职处级干部和特殊岗位人员的因私出国(境)证件集中保存、统一登记。还制定了《北京联合大学师范学院关于处级干部外出请假的规定》,规范干部外出请假的程序,确保了学院工作的正常秩序。

党委坚持干部离任审计制度,对负有经济责任的领导干部,根据国家有关法规、制度,运用审计手段,客观、公正地评价其任期内经济责任的履行情况和业绩,强化了对干部的管理、考核与监督,促进了干部的勤政与廉洁。

党委按照上级的要求,结合工作实际,认真查找干部选拔任用工作中的廉政风险点,制定了防范风险的工作流程,并在工作中严格按流程控制风险,遏制选人用人上的不正之风,树立了正确的用人导向。

(3) 干部考核

院领导的考核每年年底进行，主要是按照教育工委和学校党委的安排，做好院领导的述职述廉和年度考核。2010 年，开展了"一报告两评议"工作，即党委向参加测评的人员报告本年度干部选拔任用工作情况，由参加测评的人员对党委干部选拔任用工作和新选拔任用干部进行民主评议。处级干部的考核以每学期、学年的干部述职、民主测评打分和部门负责人述职、民主测评打分的形式进行(见表 2.8-1)。2010 年，按照谁考核谁反馈的原则，党委就学院领导班子考核情况、处级干部和直属教学单位负责人考核情况以及部门考核情况向处级干部进行了通报和反馈。党委要求各部门和干部高度重视测评工作，加强领导；高度重视反馈，扩大干部工作中的民主性；正确对待测评考核结果，提高领导班子推动科学发展的能力；深入分析问题的原因，找准突出问题；根据测评结果，扎实做好整改工作。

表 2.8-1　2001—2010 年考核优秀干部名单

考核年度(学年)	考核优秀干部名单
2000—2001	尹庆民、高桥、王培荣、李万海、魏绍谦、倪玉茹、邓淑华
2001—2002	梁绿琦、高桥、谭鲁芳、陈万里、操静涛、何立千、杨亚军、孙雪松、王蓓、邓淑华
2002—2003	尹福斌、王培荣、周小翔、陈万里、杨亚军、赵平勇
2003—2004	薛立军、尹庆民、全京、桂溪娟、黄朝、谭鲁芳、魏绍谦、操静涛、高满茹、罗宜军、翟金忠、赵平勇、王蓓、邓淑华
2004—2005	王培荣、石明培、毕玉兰、赵婉莹、李秀芹、周玉基、王倬
2005—2006	高满茹、魏绍谦、杨奇红、甄旭、罗宜军、刘彦文、毕玉兰、周玉基
2006—2007	张智新、王颖、高满茹、庞昊勇、石明培、刘彦文、操静涛、李育芳、王蓓、戴立黎、桂溪涓
2007—2008	高满茹、赵平勇、谭鲁芳、陈冠华、曾美英、高洪力、孙雪松
2008—2009	王颖、周小翔、张智新、高满茹、赵平勇、陈冠华、戴立黎、朱东星、薄芙丽、吴雪疆
2009—2010	王育红、刘光恩、赵华、高满茹、吴雪疆、王蓓、赵雪、高洪力、刘莹、张华、孙雪松

2. 基层党组织建设

(1) 基本情况

基层党组织设置情况见表 2.8-2 所示。

表 2.8-2　2001—2010 年基层党组织数量统计表

年份	党总支数	党支部数	
		总计	直属支部
2001	0	16	16
2002	0	16	16
2003	0	17	17
2004	3	20	14
2005	4	22	14
2006	4	28	15
2007	4	27	15
2008	4	24	12
2009	4	23	12
2010	4	23	12

2001 年 4 月 19 日,除新成立的学生工作办公室党支部、图书馆党支部和高职教育党支部以外,其余 13 个党支部进行换届选举。

2003 年 7 月,学院 15 个党支部进行换届选举。

2004 年 11 月 10 日,经济贸易系党总支、语言文化系党总支和电子信息系党总支成立,下设教工党支部和学生党支部。

2005 年 5 月 24 日,计算机科学与技术系党总支成立,下设教工党支部和学生党支部。

2005 年 7 月 12 日,体育教研室党支部成立;7 月 13 日职业教育研究所党支部和应用心理学教学部党支部成立。

2008 年 4 月 10 日,离退休党总支成立。

2008 年 5 月至 6 月,学院 3 个党总支(直属党支部)进行换届选举。

2008 年 8 月 28 日,电气信息系党总支组建。

2009 年 10 月至 11 月,学院 12 个党总支(直属党支部)进行换届选举。

党员分布情况详见表 2.8-3。

表 2.8-3　2001—2010 年党员分布情况一览表

年份	党员总数	党员		教工党员人数	学生党员人数	离退休党员人数	其他
		正式	预备				
2001	214	184	30	113	44	57	0
2002	266	221	45	130	72	57	7
2003	288	258	30	145	79	58	6
2004	337	252	85	147	126	63	1
2005	398	293	105	160	172	66	0
2006	440	331	109	174	198	68	0
2007	498	344	154	178	220	71	29
2008	473	362	111	176	194	76	27
2009	521	392	129	180	224	84	33
2010	550	373	177	184	259	87	20

(2) 党员教育管理

2001—2010 年,学院党员教育工作能够坚持组织生活制度、“三会一课”制度,同时采用以下几种形式在党员中开展教育活动。

第一种,政治理论学习。

全院党员除参加重大党建活动外,还学习了江泽民在庆祝中国共产党成立 80 周年大会上的讲话、《江泽民文选》和中国共产党十六届六中全会精神、中共十七大和十七届四中全会精神,深入开展了学习践行社会主义荣辱观教育活动,开展了进一步解放思想的大讨论等。

第二种,参观考察。

学院组织教工党员先后参观考察了北京房山区堂上村和河北平山县西柏坡;组织教工和学生党员参观了在中国军事博物馆举办的“复兴之路”展览,观看了影片《建国大业》等,不断加强对党员的爱国主义教育和科学发展观教育。

第三种，知识问答。

通过举办纪念建党八十周年"党建、党史知识竞赛"和组织参加全国"红船杯"学党章知识竞答活动，加强党员理论知识学习，提高党员政治理论水平。

第四种，党费收缴。

学院的党费管理能够做到收缴、使用和管理公开、透明。2007年学院党委下发《关于党员活动年度下拨经费使用的规定》，对党费使用规范要求，严格程序，做到了党费按时收缴、规范管理、合理使用。每年年底，组织部都将党费收缴、使用情况汇总后发给各党总支、直属党支部，并向党员公布。

(3) 党员发展工作

按照学校下达的发展党员指导数，遵循发展党员要"坚持标准、保证质量、改善结构、慎重发展"的十六字方针，2001—2010年，学院共发展党员1169名，其中教工党员56名，学生党员1113名(见表2.8-4)；举办入党积极分子初级培训班，共有4783人受训(见表2.8-5)；举办入党积极分子高级培训班，共有3048人受训(见表2.8-6)。

表2.8-4　2001—2010年党员发展情况一览表

年份	发展人数	教职工人数	学生人数
2001	44	2	42
2002	76	8	68
2003	77	3	74
2004	114	8	106
2005	151	3	148
2006	151	7	144
2007	182	8	174
2008	110	3	107
2009	133	10	123
2010	131	4	127
总计	1169	56	1113

表2.8-5　入党积极分子初级培训班培训情况一览表

年份	期数	参加人数	结业人数
2001	14	321	273
2002	15	345	262
2003	16	710	604
2004	17	426	339
2005	18	616	552
2006	19	604	543
2007	20	657	561
2008	21	481	393
2009	22	315	270
2010	23	308	263
总计	185	4783	4060

表 2.8-6　入党积极分子高级培训班培训情况一览表

年份	期数	参加人数	参加人数汇总	结业人数	结业人数汇总
2001	17	91	219	91	219
	18	128		128	
2002	19	40	83	39	82
	20	43		43	
2003	21	216	216	216	216
2004	22	88	269	88	269
	23	57		57	
	24	124		124	
2005	25	303	474	278	430
	26	89		70	
	廊坊	82		82	
2006	27	175	417	166	387
	28	119		98	
	廊坊	123		123	
2007	29	211	493	196	447
	30	139		108	
	廊坊	143		143	
2008	31	186	293	177	259
	32	107		82	
2009	33	124	252	112	232
	34	128		120	
2010	35	170	170	160	160
	36	162	162	151	151
总　计		3048	3048	2852	2852

注:"廊坊"为联大廊坊校区师范学院分部。

3. 奖惩

2001—2010 年受院级及以上表彰的党员情况详见表 2.8-7 所示。

表 2.8-7　2001—2010 年优秀共产党员和党务工作者名单

年份	校级		院级	
	优秀共产党员	优秀党务工作者	优秀共产党员	优秀党务工作者
2002	梁绿琦、何立千、尹庆民、杨亚军、张智新		杨亚军、李崇圆、尹庆民、倪玉茹、张智新、何立千、顾春、魏绍谦、梁绿琦、黄朝、李万海	
2005	鲍晖、王蓓、高华		鲍晖、王蓓、高华、张智新、刘欣 张利东、韩秋萍、刘淑媛、窦秀明、王宁、操静涛、皮汉萍、马东宝、石虹、王思婕、王艳红、郭冬、李义丽、吴立芝	

续表

年份	校级		院级	
	优秀共产党员	优秀党务工作者	优秀共产党员	优秀党务工作者
2007	林妍梅、操静涛、赵平勇、陈冠华、付丽霞、冯艳娜、闫文杰、吴立芝、曹丽华、张东昌、赵华、刘占来、王宁、沈天瑢、杨恺、梁存、杨金金		全京、崔晓静、曹丽华、李彦明、陈冠华、王建恒、付丽霞、刘光恩、李国元、代小东、林妍梅、邓立全、张东昌、高华、杨金金、姜晓翠、李然、操静涛、沈天瑢、冯艳娜、刘占来、彭丽、闫文杰、王宁、赵平勇、梁存、杨艳、赵华、杨恺、吴立芝、王雷、侯伯明、吕艳文	
2009	牛桂荣、李红梅、成洁、唐红斌、谭鲁芳、肖斌斌、杨明月	王　颖	成洁、牛桂荣、谭鲁芳、刘光恩 王玉秀、窦秀明、屈敬文、杨明月、肖斌斌、朱明欣、钱学强、厉重先、李红梅、景媛媛、黄立凡、黄孜蕊、唐红斌、侯伯明	王颖、李万海、张利东、张智新、操静涛

2001—2010 年，受党内纪律处分的党员 1 人。

4. 人才工作

北京市优秀人才培养资助工作是北京市委、市政府加强北京市高层次人才队伍建设的一项重要措施。资助工作每年度进行一次。个人资助主要用于支持在北京市发展的重点行业、重点领域中已具有一定业务水平的专业技术人才、技能人才以及公共管理、经营管理等方面的人才(见表 2.8-8)。

表 2.8-8 2005—2010 年北京市优秀人才资助获得者名单

序号	姓名	资助项目名称	项目编号	资助类别	金额/万元	资助年度
1	张　菁	基于提升方法的图像压缩技术的研究	20051D0502205	D类	2	2005
2	王成尧	石化企业生产计划和生产监控系统	2006ID0502200296	D类	3	2006
3	李祖明	利用农业下脚料制备绿色生物农药的研究——碱性果胶解聚酶植物抗病剂的研制	2006ID0502200295	D类	5	
4	李育芳	联大师院三维地理信息系统研究与实现	2006ID0502200294	D类	1.5	
5	闫文杰	北京市食品安全体系研究	2006ID0502200297	D类	3	
6	周玉基	服装品牌视觉形象与设计管理	2006IA0502200298	A类	2	
7	方　憬	服装设计与品牌经营相关性研究	2006IA0502200293	A类	1	
8	谢崇桥	中芬艺术设计教育比较研究	20071D0502200282	D类	4	2007
9	杨　柳	二十世纪中国民间信仰研究	20071D0502200275	D类	4	
10	张　旗	北京民间美术的形态特征及当代传播方式研究	20081D0502200242	D类	3	2008
11	耿　燚	拓展高职音乐培养方向的研究与实践	20081B0502200241	D类	3	
12	张　威	应对免费开放后博物馆室内空间改造方法研究	2009D005022000011	D类	1	2009
13	于红军	心理创伤儿童的干预研究	2009D005022000009	D类	4	
14	刘彦文	高等职业教育原理与教学探究	2009E005022000005	E类	2	
15	任金舸	北京安定医院临床进修	2010B005022000009	B类	2	2010

(四)宣传思想政治工作

学院的宣传思想政治工作由党委宣传部(以下简称"宣传部")负责。宣传部在学院党委及学校党委宣传部领导下开展工作。

1. 党委中心组理论学习

学院按照《北京联合大学职业技术师范学院党委理论学习中心组学习制度》的要求,根据上级部署,开展党委中心组理论学习。宣传部每学期初制订学习计划,每年度末总结当年度学习情况(见表2.8-9)。中心组成员坚持以高标准严格要求自己,都能认真参加学习。

表2.8-9　2001—2010年党委中心组理论学习情况一览表

年份	学习主题	主要学习内容和研讨专题
2001	深入学习贯彻中共十五大和十五届五中全会精神、中央思想政治工作会议精神和第九次全国高校党建工作会议精神	北京市国民经济和社会发展第十个五年计划纲要、《关于进一步加强北京高等学校教师管理工作的若干意见(试行)》、江泽民总书记在庆祝中国共产党成立80周年大会上的讲话等
2002	以学习江泽民同志"三个代表"重要思想和中共十六大精神为重点,切实增强领导干部与师生员工理论学习和理论武装工作的效果	《我国加入WTO对教育的影响与对策》《公民道德建设实施纲要》、2002年5月31日,江泽民出席中央党校省部级干部进修班毕业典礼发表的讲话和在庆祝北京师范大学建校一百周年大会上的讲话、《党政领导干部选拔任用工作条例》、北京市第九次党代会报告等
2003	深入学习贯彻"三个代表"重要思想,遵循科学发展观	核心竞争力、迎评促建、学院办学方向办学定位探讨、学校党委工作报告等
2004	用邓小平理论和"三个代表"重要思想武装党员领导干部、党员和群众,不断巩固全院师生员工团结奋斗、开拓创新的共同思想基础,坚持和巩固马克思主义指导地位,增强理论工作的说服力和战斗力,动员和激励全院师生员工为学院的发展而奋斗	《中国共产党纪律处分条例》《中国共产党党内监督条例》《中共中央国务院关于进一步加强人才工作的决定》、建设应用性大学、学院的改革与发展等
2005	切实加强党的执政能力建设,全面提高领导干部办学能力,提高党政干部履职能力,推动学院教育教学改革,提升办学水平,更好地适应北京市对高等教育的要求	中共十六届四中全会,第十三次全国高校党建工作会议,全国加强和改进大学生思想政治教育工作会议,《中共中央关于进一步加强和改进大学生思想政治教育工作的意见》《首都教育发展纲要》,保持共产党员先进性教育,提高党政干部履职能力,本科教学水平评估,党建工作评估等。5月11日,外请学校客座教授、首都经济研究会副会长兼秘书长、奥运经济研究会会长、北京社会主义学院副院长陈剑研究员作"首都现代化建设"专题讲座

续表

年份	学习主题	主要学习内容和研讨专题
2006	全面深入贯彻中共十六大，十六届三中、四中、五中全会精神，落实科学发展观，紧紧围绕学院中心工作，紧密结合学院改革发展和师生员工思想实际，切实加强思想理论建设、理想信念教育、精神文明建设和日常思想政治工作，以饱满的工作热情迎接教育部本科教学工作水平评估	应用性办学道路，"三风""五能力"建设，贯彻十六届五中全会精神，马克思主义执政党建设理论，《中共中央国务院关于进一步加强和改进大学生思想政治教育的意见》等
2007	深入学习贯彻十六届六中全会及十七大精神，发挥高校职能蓬勃开展各项奥运筹备工作，做好接受教育部本科教学工作水平评估整改等工作	精读《江泽民文选》，贯彻落实科学发展观，深入研究奥运工作，学习贯彻第15次全国高校党建工作会精神，深入学习社会主义荣辱观，学习胡锦涛同志在全国优秀教师代表座谈会上的讲话，贯彻落实《北京市普通高校党建和思想政治工作基本标准》，预防职务犯罪等
2008	以马列主义、毛泽东思想、邓小平理论和"三个代表"重要思想和科学发展观为指导，以统一领导干部思想，提高领导干部素质为目标，以中共的十七大精神为重点进行学习	全年组织开展中心组集中学习8次、自学1次、参观学习活动1次
2009	采取集中学习文件、集体讨论、听取报告、参观展览、观看辅导光盘、观看爱国影片、自学等多种形式参加不同范围的各种学习活动	全年累计共参加校级中心组扩大学习11次、院级集中学习11次、自学1次、参观等其他形式学习2次
2010	采取集中学习文件、集体讨论、听取报告、参观、观看辅导光盘、观看爱国影片、自学等多种形式参加各种学习活动	全年累计共参加校级中心组扩大学习及院级集中学习11次、自学3次、参观等其他形式学习5次

2. 教职工思想政治教育

学院每年根据实际下发教职工政治理论学习计划，并据此采取外请辅导报告、集中观看辅导光盘、分支部学习、参观、考察、研讨会、座谈会等多种形式组织学习。每年年底对当年学习情况进行总结，查找不足。

学院始终坚持对教职工进行形势政策教育。每年均利用橱窗、电子屏、网络等媒介推出多期有主题的宣传活动，如"学院师生迎奥运展""迎接中共十七大胜利召开""期末考试复习""复兴之路""改革开放30年""两会""师生共建文明课堂之学生喜欢的教师""众志成城，抗震救灾""节能减排"等。

理论学习是对教职工进行思想政治教育的主要途径。十年来，学院所开展的主要学习活动包括：2001年组织全体教职员工学习《江泽民同志在建党八十周年大会上的重要讲话》；2002年向各支部及教职员工发放内部辅导材料，并组织召开各类座谈会10余次；组织全体教职工观看辅导报告——《中国共产党八十年的奋斗业绩和基本经验》光盘；2003年，聘请资深教授到学院作"三个代表"重要思想的专题辅导报告；2004年，组织全院教职员工学习《十届人大一次会议学习文选》《十届人大二次会议文件专集》《十六届四中全会学习读本》《全国人才工作会议文件选编》《2004年政治理论学习资料》等;2006年,组织师生员工进一步学习了马克思主义中国化的最新理论成果、中共十六大及十六届三中、四中、五中全会精神和市委九届十次、十一次全会精神;2007年营造了宣传党的十七大的良好氛围,做了全面深入学习中共十七大报告的相关宣传工作;2009年,深入开展了学习实践科学发展观、认真做好"回头看"工作的宣传教育活动,并在全院范围内广泛开展了思想大讨论。2010年,外请专业教师为学院全体专兼职宣传干部作题为"报道事实的技法"专业讲座。

学院始终高度重视师德建设,坚持开展师德教育,加大对师德先进典型的宣传报道,以广播、视频等访谈形式,宣传青年教师的成才之路;每年教师节前后利用校园橱窗、广播、网络等媒介宣传"三育人"先进集体和个人以及师德先进个人的事迹。

3. 宣传工作

2001年,学院建立了通畅的信息沟通渠道,并定时召开有关人员联系会,及时递交新闻稿件及通讯,全面、及时地反映学院师生的动态,还编辑了三期《宣教快讯》。

2004年,策划制作并展出了预防禽流感、消防安全、诚信做人、运动会、时事、迎接评估、"三育人"先进集体和先进个人事迹、学院教师获得国际大奖介绍、教师书法绘画作品等方面的主题宣传展。

2005年,以征集"学校精神和校训"方面的意见建议为龙头,开展了学校文化大讨论;以典型事件、典型示范人物和党员先进性教育活动为抓手,在学院广泛开展宣传教育工作。

2006年,围绕中国共产党建党85周年、长征胜利70周年等主题,深化思想道德建设;开展"回顾'十五'辉煌成就,展望'十一五'美好前景"主题宣传教育活动;为迎接教育部本科教学工作水平评估营造氛围、鼓舞士气;举办首届"我眼中的联大师范学院"摄影、摄像及文学作品大赛。

2007年,围绕党建评估工作开展系列宣传教育工作;做好本科教学工作水平评估整改工作的相关宣传教育;举办了第二届"我眼中的联大师范学院"摄影、摄像、文学及广播作品大赛。

2008年,以学院30年校庆为契机,全面更新橱窗展板,策划并展出了学院"建校30周年回顾展",制作了《北京联合大学师范学院建校30周年回顾》DVD光盘,采访了优秀校友等;开展了北京奥运会、残奥会前后的各项采访、宣传、报道工作;举办了第三届"我眼中的联大师范学院"摄影、摄像、文学及广播作品大赛。

2009年,以新中国成立六十周年为契机,做好校园文化和大学精神建设工作;开展了学院参评2009年高等教育国家级教学成果奖的宣传及相关工作;举办了第四届"我眼中的联大师范学院"摄影、摄像、文学及广播作品大赛;做好学校校歌征集工作。

2010年,完成了所承办的"我与联大共奋进"学校宣讲团首场宣讲活动的各项有关工作;以学校在学院召开"师生共建文明课堂活动"现场会为契机,做好宣传教育工作;把握正确舆论导向,营造健康向上的主流舆论,有计划、有组织、有针对性地推出了数期主题宣传活动。包括:对学院考取硕士研究生的学生进行专访、对学院的废弃锅炉房装饰改造和暑期抗震加固等基建工程进行专题报道、庆国庆专题报道、加强教风学风建设专题报道、对学生

"自主实践计划"项目成果——"芦花 MV"的深入报道等。

随着宣传工作的不断深入，宣传工作的方法手段也在发展变化。

2001 年，学院广播首次实现了录播分离。

2003 年，"非典"流行期间，学院利用网络开通"健康观察期间的我们""我的朋友在非典一线""防治非典"等专题栏目；开辟了网上"理论学习"和"资料片"两个政治理论学习专栏。

2005 年，利用条幅、展板、网络、广播等宣传媒体营造评建氛围。

2006 年，学院在校园安装了电子显示屏，进一步拓宽了宣传途径。

2007 年，创办专题网站提高宣传教育效果。包括"向王选同志学习""压发案、保安全，营造和谐校园环境"百日专项行动、"校友访谈录""党建工作""党建评估""向方永刚同志学习""学习胡锦涛讲话""学习贯彻十七大精神"等。

2008 年，组织新闻中心记者采访学校校友十余名，并撰写采访文章或制作采访视频。

2010 年，利用校园广播逐步尝试采取录播方式播放学院近期的重要新闻信息、事件等内容；组织了"高校教师思想政治工作"专项调研工作，并撰写学院专项调研工作报告。

4. 宣传阵地建设

(1) 宣传阵地基本情况

经过建设，学院宣传阵地的形式越来越多，宣传的内容越来越丰富。宣传阵地主要有以下几种。

第一种，校园网网站。

学院校园网网站由宣传部主管并负责具体建设。2001 年起开始策划，2002 年着手建设，2003 年 3 月 10 日正式开通。2004 年 3 月 15 日及 2006 年 7 月 10 日，学院网站两次改版更换界面风格，调整栏目设置。正式开通的校园网设有学院概况、学院新闻、科学研究、师资队伍、国际交流、教学科研、招生就业、图书馆藏、校园文化、服务指南等栏目。

第二种，新闻中心。

新闻中心成立于 2001 年 2 月，是隶属于宣传部的一个以宣传上级文件精神、学院中心工作、重大事件为主要内容，以采访、编辑制作院内新闻节目为主要形式的宣传机构，下设策划部、广播站、编辑组、电视台，其主要成员由在校大学生构成。

学院广播站是宣传部领导下的广播平台，是新闻中心下属的一个宣传机构。广播站稿件的采写、选编均由学生记者和编辑完成。学院电视台也是新闻中心下属的一个宣传机构。主要承担学院各类活动和会议的摄像、采访以及视频的采集、后期编辑、播放等工作。

第三种，展板橱窗。

学院的展板橱窗分为四类：校园展板橱窗、楼道公用展板橱窗、楼道专用展板橱窗及楼道专用软板。前两类展板橱窗由宣传部统一管理使用，后两类由学生处、团委及各教学系部使用。展出内容为学院重大活动、社会热点图片选摘、师生热点活动等。其中，校园展板橱窗平均每月更换一期；楼道公用展板橱窗平均 2—4 年更换一批；楼道专用展板橱窗及楼道专用软板则为不定期更换。

第四种，电子屏。

2005 年 11 月 13 日，学院在 2 号教学楼一层公共通道安装了第一块电子屏，2008 年 8 月 15 日分别在 1 号楼东墙外及 4 号楼外安装了两块电子屏。其中，2 号楼电子屏主要用于播放对外宣传信息,1号楼电子屏主要播放活动视频、图片等内容,4号楼电子屏主要用于播放通知、公告、标语口号等内容。三块电子屏均由宣传部管理。

(2)管理制度

自2001年始,围绕宣传工作,宣传部先后制定了18个相关文件,包括《北京联合大学职业技术师范学院党委理论学习中心组学习制度》《北京联合大学职业技术师范学院党政处级领导干部理论学习制度》《北京联合大学职业技术师范学院公费订阅党报党刊管理规定》《北京联合大学职业技术师范学院校园网络管理办法》《北京联合大学职业技术师范学院校园网用户管理办法》《北京联合大学职业技术师范学院校园网中心机房管理规定》《北京联合大学职业技术师范学院接受国内外新闻记者入院采访规定》《北京联合大学职业技术师范学院院内刊物管理规定》《北京联合大学职业技术师范学院录像、影碟放映暂行规定》《北京联合大学职业技术师范学院宣传橱窗管理规定》《北京联合大学职业技术师范学院布告栏管理规定》《北京联合大学职业技术师范学院宣传部资产保管、使用暂行规定》《北京联合大学职业技术师范学院宣传部新闻中心广播站管理规定》《北京联合大学职业技术师范学院宣传部新闻中心记者站管理规定》《北京联合大学师范学院校园网主页信息采录和发布管理办法》《北京联合大学师范学院关于电子显示屏使用的有关规定》《北京联合大学师范学院系、部、处公告栏管理规定》等,将学院的宣传工作纳入制度化、规范化管理。

5. 对外宣传

宣传部主动联络社会媒体,对学院工作进行报道。据不完全统计,2001—2010年,在北京电视台和《光明日报》《北京青年报》《北京考试报》《北京晚报》《法制晚报》《北京晨报》《京华时报》《大学生周刊》等媒体推出的反映学院教育教学、社会服务、办学特色、招生咨询等方面的报道及消息百余篇。较有影响的报道有:2005年4月16日《京华时报》刊登的题为"捐髓救母"的系列报道,2005年4月21日《北京晚报》刊登的题为"新模式培养新人才"的报道,2007年5月9日《光明日报》刊登的题为"新形势提供新机遇,新模式培养新人才"的报道,2008年2月13日《北京青年报》刊登的题为"牛街站点小吃多,先答题后品尝"的报道,2008年5月9日《北京青年报》刊登的题为"创新人才培养模式,提升人才培养质量"的报道等。

6. 三十年校庆工作

2008年10月18日,学院隆重举行建校30周年庆典活动,当日返校校友达1600多人。校友们参观了建校30周年图片展,感慨学院今昔的巨变;举行了班级集会,师生手捧制作精美的《校友录》,指认昔日的你我,追忆似水年华。通过校庆活动,建立起校友联络体系,进一步增强了广大师生的凝聚力和自豪感。宣传工作方面主要包括与学院相关系、部、处、室负责教师密切配合,利用整个假期,带领部门教师及宣传部下属新闻中心部分主力成员,共同设计、制作、更新了楼道橱窗中的所有展板近200块;与艺术设计系、学院办公室、电教中心、档案室、老干部办公室等多个部门通力配合,共同设计出学院《建校30周年回顾展》,并带领新闻中心成员对展览进行布展;带领新闻中心部分主力成员共同设计、制作了《北京联合大学师范学院建校30周年回顾》DVD光盘;制作完成了《校庆邀请函》《校庆庆典大会文艺演出节目单》《校庆庆典大会入场券》《校庆庆典大会桌签》《校庆庆典活动教室安排》《学院师德建设工作宣传》等印刷(展板)材料。制作了"联大校友会师范学院分会第一届常务理事会"

和“校庆学术研讨会”等PPT；设计、制作并及时维护“北京联合大学师范学院校庆30年专网”，校庆期间还将该专网与学院网站首页及学院新闻网对接，以提高宣传力度；组织成立了学院建院30周年庆典活动摄影摄像组，在庆典活动当天将学院庆典活动的过程及精彩瞬间及时记录下来，并及时将抓拍照片上传到校庆网并制作成展板展出，将影像内容制作成视频新闻；做好校庆后的相关宣传、采访、报道等系列工作。

（五）纪检、监察工作

1. 组织机构及工作职责

根据上级文件精神，作为联大的二级法人学院，学院不设纪委，由党委副书记分管纪检监察工作，并配备一名专职纪检监察员。2001—2009年主管领导为张仲林，2010年为韩宪洲；2000—2006年纪检监察员为黄朝，2007—2009年为吴雪疆，2010年为皮汉萍。

纪委工作职责：按照党的纪律检查委员会和行政监察的工作任务和要求，履行教育、监督、惩处、保护、组织协调的职能。承担对党员干部进行理想信念和廉洁从政宣传教育的具体工作。检查党的路线、方针、政策和决议的贯彻执行情况。接待、办理党员和群众的来信来访，受理检举、控告和申诉，依法保护党员和群众的合法民主权利。调查和处理党的组织和党员、监察对象的违纪案件。协助党委抓好党风廉政建设和反腐败工作。承担对领导干部的廉政考察，参加对监察对象的考核、评议工作，协同组织好领导干部廉洁自律专题民主生活会，管理领导干部廉政档案。负责落实上级纪委决定、决议，并对纪委决定、决议和党风廉政责任制的贯彻落实情况进行督促检查。开展党风、党纪调研，调查分析学院党风廉政状况，提出建议和意见，供领导参考。

2. 主要工作

(1) 党风廉政宣传教育

学院党委坚持以领导干部廉洁从政教育为重点，每年5—6月均在全院组织开展党风廉政建设宣传教育月活动。期间，由党委书记亲自给教职工党员讲党课。除此之外，每年还组织多种形式的活动。

2004年组织学习《从严治教，规范管理》。

2005年组织党员干部参观《北京市反腐倡廉警示教育展》；参加学校组织的“处级以上干部经济纪律教育活动”。

2006年组织全体中层干部和党员参加了由北京市纪委和学校纪委组织的全国“红船杯”学党章知识竞答活动。

2007年开展了“加强作风建设，促进社会和谐”主题教育活动；为中层干部配发了《学习贯彻〈中共中央纪委关于严格禁止利用职务上的便利谋取不正当利益的若干规定〉辅导资料》；开展了中层干部相关培训。

2008年学院党委委员集体观看了警示教育片《警示与反思》，并进行了深入讨论；组织处级以上领导干部参加全校党风廉政建设工作会和预防高校职务犯罪讲座；要求处级及以上领导干部自学《领导干部党风廉政建设学习材料汇编》。组织全院教职工党员学习《关于严格禁止利用职务上的便利谋取不正当利益的若干规定》。

2009年专门安排参加集中学习的中层干部观看影片《警钟长鸣——周良洛案》；以扩大的中心组学习形式，组织各部门负责人观看“领导干部问责制”专题讲座。

2010年深入学习《中国共产党党员领导干部廉洁从政若干准则》;党委理论中心组(扩大)成员参观了"教育系统反腐倡廉预防职务犯罪法制教育展"。

(2)党风廉政建设责任制落实

每年,学院党政两位正职负责人主持分解当年的党风廉政建设主要任务,并以《北京联合大学师范学院党风廉政建设和反腐败工作主要任务分工》文件形式下发,将党风廉政建设和业务工作一同分解到领导班子每位成员和全院所有职能部门。各级领导班子主要负责人认真履行党风廉政建设第一责任人的政治责任,切实做到重要工作亲自部署、重大问题亲自过问、重点环节亲自协调、重要案件亲自督办,充分发挥了示范和导向作用;领导班子其他成员注重抓好分管范围内的党风廉政建设;各部门将党风廉政建设任务与业务工作紧密结合,各级领导干部的廉政责任不断明确,有效形成了反腐倡廉工作整体合力。

(3)教育、制度、监督并重的惩治和预防腐败体系建设

学院党委对重大事项决策、重要干部任免、重要项目安排、大额资金使用,全都在认真听取主管部门汇报情况后,科学决策,集体研究决定;对干部选拔、接收人员、专项经费申报、专业技术职务聘任及与教职工切身利益相关的各项工作,不搞一言堂,都经党委会或院务会集体研究通过;并要求系、部认真执行系务会集体决策机制,有效地避免了个人专断。从教职工的反馈显示,学院领导班子的民主作风受到教职工肯定。

2009年学院开展廉政风险防范管理工作,成立了北京联合大学师范学院廉政风险防范管理工作领导小组,组长张仲林、薛立军;副组长郭堃;成员傅桂禄、张立珊、魏绍谦。领导小组办公室设在组织人事办公室,负责日常工作。办公室主任郭堃(兼),副主任王育红、吴雪疆;成员有张智新、毕玉兰、李荣凤。学院确定廉政风险防范管理工作分两批推进。第一批推进的部门有学院办公室、组织人事办公室、党委宣传部、工会、学生工作办公室、团委、教务处、资产管理处、科研处、财务审计办公室、基建保卫办公室、后勤管理处(含三个中心管理人员)、图书馆和培训中心。第二批推进的部门有各教学系、部和职教研究所。通过对廉政风险点的查找,学院分析出"部门廉政风险及防范措施"中业务流程、制度机制和外部环境中的"可能存在廉政风险"48种,分析出"风险内容及表现形式"51种、"防控措施"56条;分析出"岗位廉政风险及防范措施"中思想道德、岗位职责及外部环境三项风险内容共计45条,表现形式共计53种、具体措施共计49条。

2010年,学校实现了廉政风险防控管理向所有领域全面铺开,向局级领导班子和领导干部延伸,并选取了"十大领域"做重点突破。学院查找风险点55处,防控措施203条。

为进一步规范管理,2006年学院率先实行一卡通管理,交费人一律通过刷卡交费,款项由卡务中心进行汇总,定期到学院财务结算,严格堵住了资金截留的漏洞。

在制度建设方面,除严格执行中央、北京市和学校党委及纪委的有关规定外,还结合学院实际情况制定了《党委重大问题报告制度》《纪律检查监督办法》《监察工作办法》《北京联合大学师范学院两用物资管理规定》《关于进一步加强和完善学院固定资产购置及政府采购的管理办法》《北京联合大学师范学院外聘教师酬金管理细则》《北京联合大学师范学院专业技术职务晋升聘任工作实施细则》《北京联合大学师范学院毕业论文(设计)经费管理规定(试行)》《北京联合大学师范学院关于加强系、部及教研室建设的意见》《北京联合大学师范学院新闻报送规范》《师范学院科研水平提高经费使用意见》等,规范了学院相关工作。

（4）信访和案件查办

信访工作是学院有关部门受理人民群众来信和来访的活动。学院始终以“苗头问题早发现、基层矛盾早化解、初信初访早解决”为工作目标，按照“边核查问题，边分析问题，边完善机制”的工作原则，认真办理群众信访，对他们所提出的建议、批评，进行分析研究提出解决方法。该项工作主要由党政办公室负责。

2007 年修订了《北京联合大学师范学院信访工作规定》。2000—2010 年信访内容主要集中在以下几方面。

2001 年为人事制度改革、实行聘任制后一些人员的思想状况及开展思想工作情况、望京购房等问题；2002 年为购房问题；2003 年为教职工工作态度、学生就业、校园广播等问题；2004 年为招生、开放自习室、教学、收费、硬件设施等问题；2005 年为退学费问题；2006 年为自考教材资料费问题；2007 年为学院住宿问题；2008 年为养老保险、政府采购项目招标等问题；2010 年为免费居住周转房问题。以上问题经院领导批复，责成有关部门办理后，均得到了相应的答复。

按照“检审分离”的原则，学院主要承担事实调查工作，校纪检监察办公室按照审理程序，对涉案人员错误事实认定、量纪等进行复核。2000—2010 年，学院共审结案件 2 件（均为学院党委立案），涉案人员科级及以下干部 2 人。

（5）民主监督

教代会、团代会、学代会是推行校务公开的主渠道。教代会和学代会的代表在学院具有广泛性和代表性，学院的重大问题，如学院改革和发展问题、关系到教职工和学生切身利益的问题、一些难点和疑点问题等，都通过教职工和学生代表参与的讨论，提出解决办法。这既能得到他们的理解和支持，也能得到他们的监督和检查。

党风廉政监督员作为党外监督的重要力量，每年参与对领导班子和领导干部的民主测评与年度考核；坚持每年召开情况通报会，专门听取监督员的意见和建议。2000—2010 年已完成四次校党风廉政监督员换届工作，共聘任监督员 4 人次，均为民主党派人士。2000—2001 年为陈万里；2002—2005 年为罗宜军；2006—2007 年为王成尧；2008—2010 年为朱喜福。

（6）行政监察

学院高度重视行政监察工作，按照以监督促管理的原则，本着“在参与中监督，在监督中服务”的工作思路，以强化制度执行和提升内部管理为重点，积极推进行政监察。

自 2007 年 3 月起，按照北京市政府采购办公室的要求，在设备采购和招投标工作中都有纪检人员在场。

随着行政监察领域的不断扩展，学院的监督工作深入到招生、考试、基建、修缮、物资采购、科研项目评审、职称评定、评优评奖、人事争议、学生申诉、考核、聘任等领域。在专项治理工作中，除每年深入开展治理教育乱收费和“小金库”工作外，还开展了严格查处党员干部参与赌博、经济往来中收受回扣等问题，组织了对财经专项、公务用车、庆典研讨会和论坛会过滥、领导干部兼职取酬等问题的专项治理，形成了专项治理小组统一领导，纪委组织协调，各相关部门密切配合的工作机制，有效保证了专项治理工作顺利进行。

在历次检查中，学院没有发现一起违规违纪行为，也未发生一起举报投诉事件。

（六）统战工作

1. 统战工作对象基本情况

（1）民主党派基层组织情况

学院设有一个中国民主同盟会师范学院支部，成员12名，其中2名为院外人员；设有一个中国民主促进会师范学院支部，成员9名。

（2）民主党派成员情况

截至2010年12月，民主党派成员共有20名，其中民盟成员10名，民进成员9名，九三学社成员1名。2001—2010年间，民主党派成员数量增加了285.7%（见表2.8-10）。

表2.8-10　2001—2010年民主党派人员名单

年份	民主同盟会										民主促进会									九三学社	
2001	杨丽萍	梁建国	经家琪	陆越	曾泓						陈万里									高天洲	
2002	杨丽萍	梁建国	经家琪	陆越	曾泓	吴熹	任京玉				陈万里									高天洲	荣瑞芬
2003	杨丽萍	梁建国	经家琪	陆越	曾泓	吴熹	任京玉				陈万里	李金	王永平							高天洲	荣瑞芬
2004	杨丽萍	梁建国	经家琪	陆越	曾泓	吴熹	任京玉				陈万里	李金	王永平							高天洲	荣瑞芬
2005	杨丽萍	梁建国	经家琪	陆越	曾泓	吴熹	任京玉				陈万里	李金	王永平	朱喜福						高天洲	荣瑞芬
2006	杨丽萍	梁建国	经家琪	陆越	曾泓	吴熹	任京玉	戴立黎			陈万里	李金	王永平	朱喜福	翟红英					高天洲	荣瑞芬
2007	杨丽萍	梁建国	经家琪	陆越	曾泓	吴熹	任京玉	戴立黎	李雪懿		陈万里	李金	王永平	朱喜福	翟红英					高天洲	荣瑞芬
2008	杨丽萍	梁建国	经家琪	陆越	曾泓	吴熹	任京玉	戴立黎	李雪懿		陈万里	李金	王永平	朱喜福	翟红英	王成尧				高天洲	荣瑞芬
2009	杨丽萍	梁建国	经家琪	陆越	曾泓	吴熹	任京玉	戴立黎	李雪懿	刘玮	陈万里	李金	王永平	朱喜福	翟红英	王成尧	常宏宇	黄金龙	滕雪梅	高天洲	荣瑞芬
2010	杨丽萍	梁建国	经家琪	陆越	曾泓	吴熹	任京玉	戴立黎	李雪懿	刘玮	陈万里	李金	王永平	朱喜福	翟红英	王成尧	常宏宇	黄金龙	滕雪梅	高天洲	

（3）党外中层干部情况

截至2010年12月，学院党外副处级及以上干部共有8名，其中一名为民主党派人士。

（4）党外高级知识分子情况

截至2010年12月，学院党外高级知识分子共有38名，其中民主党派7名。

(5) 归侨人员情况

学院归侨人员有1名,副教授,已于1999年3月退休。

(6) 被选为区人大代表的党外人士情况

民主促进会成员、原计算机科学与技术系副教授陈万里同志,经学院推荐先后当选为朝阳区第十二届、第十三届人大代表;民主促进会成员、电气信息系副教授朱喜福同志,经学院推荐当选为朝阳区第十四届人大代表。

2. 统战工作开展情况

学院党委按照《中共北京市委关于贯彻落实〈中共中央关于加强统一战线工作的决定〉的实施意见》等文件精神,根据学院的实际情况和特点,积极开展统战工作。

(1) 加强同民主党派组织及其成员的密切联系

学院党委始终坚持与民主党派组织负责人的联系制度,及时交流情况和意见。坚持具体负责统战工作的干部与民主党派成员的联系制度,了解和掌握民主党派成员的思想、工作和生活情况,定期召开民主党派和党外知识分子的联系会议,向他们通报学院改革、建设和发展情况,征求他们对学院改革、建设的意见。

(2) 充分发挥民主党派成员的参政议政作用

高度重视民主党派成员的参政议政作用,激发民主党派成员的主人翁责任感,调动他们的工作积极性,是学院统战工作的重要内容。为了充分发挥民主党派成员参政议政的作用,学院党委坚持重大事项通报制度和召开座谈会制度,一方面向民主党派成员通报学院的发展规划、改革方案及工作进展情况,使他们及时了解学院党政工作的基本思路和主要工作情况,取得他们对学院工作的支持,同时,虚心听取他们的意见,集思广益,吸纳他们意见中的合理成分,完善和改进党政工作,使学院各项工作做得更好。

(3) 培养选拔民主党派和党外知识分子干部

学院党委在培养、选拔、任用中层干部时,很重视选拔那些符合任职条件、群众拥护的民主党派成员和党外知识分子担任系处领导职务,并在工作中给予他们充分信任和大力支持。截至2010年12月,在学院现有的49名处级干部中,党外干部有8名(其中民主党派成员1名),占中层干部总数的16%。

(4) 积极向朝阳区推荐民主党派干部

学院党委和统战部门积极向朝阳区推荐民主党派干部,2001—2010年,先后有两位民主党派人士当选为朝阳区第十二届、第十三届、第十四届人大代表。

(5) 支持民主党派开展工作

学院党委积极支持民主党派开展工作,在可能的条件下,给予民主党派基层组织一定的经费支持,帮助民盟支部、民进支部解决活动场所,对外出活动所需的车辆和经费等问题也尽力解决。

学院始终遵循"长期共存、互相监督、肝胆相照、荣辱与共"的方针,正确对待和妥善处理与民主党派组织及其成员的关系;认真贯彻落实党的知识分子政策、民族宗教政策和侨务政策等,较好地调动了广大统战对象的积极性,形成了团结凝聚、安定和谐的良好局面,有力地促进了学院的改革、发展和稳定,有效地保证了学院各项工作任务的顺利完成。

二、工会工作

(一)组织机构与职能

1. 工会委员会

学院工会委员会(以下简称“工会”)根据《中华人民共和国工会法》和《中国工会章程》,在学院党委和上级工会的领导下独立自主地开展工作。其主要职能是发挥党联系职工群众的桥梁和纽带作用,认真履行维护、建设、参与、教育四项职能;紧密围绕学院中心工作,服务于学院的大局;调动和发挥教职工的积极性和创造性,团结广大教职工为学院的建设和发展贡献力量。

第四届工会主席为郭堃,常务副主席为王石,副主席为王倬(兼职)和吴立芝(兼职),委员有丁云峰、王连生、刘光恩、孙雪松、李荣凤、张晓晞、杨丽萍。

第五届工会主席为郭堃,常务副主席为王倬,副主席为张晓晞(兼职)和傅丽霞(兼职),委员有王连生、孙雪松、毕玉兰、刘欣、刘光恩、刘雪峥、朱东星、张智新、唐红斌。

2. 工会经费审查委员会

工会经费审查委员会负责对工会经费收支情况和与经费有关的经济活动进行审查。管好工会财产,严肃财经纪律。

第四届工会经费审查委员会主任为李荣凤,委员有王宁、王永平、白素萍、朱东星。

第五届工会经费审查委员会主任为毕玉兰,委员有王宁、王永平、朱东星、顾伟忠。

3. 工会小组

在同级党组织和学院工会的领导下,各工会小组认真履行工会的维护、建设、参与、教育四项职能,组织教职工参加民主管理,搞好本部门教职工的文化和体育活动,提高教职工的道德和文化素质。

表 2.8-11 第四届工会小组名单

序号	工会小组名称	组长
1	组织人事办公室、保卫处、工会、宣传部小组	牛桂荣
2	学院办公室、财务处小组	崔晓静
3	学生工作办公室小组	窦秀明
4	教务处小组	王建萍
5	图书馆小组	蔡顺义
6	总务处小组	王　宁
7	艺术设计系小组	张　志
8	电子信息系小组	冯　钢
9	应用生物系小组	石　虹
10	经济贸易系小组	傅丽霞
11	语言文化系小组	曹　晖
12	艺术教育系小组	周　洁
13	计算机系小组	王大英
14	体育教研室小组	崔秀馥
15	资产处、培训中心、职教所小组	张　静

表 2.8-12　第五届工会小组名单

序号	工会小组名称	组　长
1	组织人事办公室、保卫处、工会、宣传部小组	牛桂荣
2	学院办公室、财务处小组	崔晓静
3	学生工作办公室小组	窦秀明
4	教务处、科研处小组	王建萍
5	图书馆小组	蔡顺义
6	总务处小组	王　宁
7	资产处、培训中心小组	张　静
8	电子信息系小组	冯　钢
9	应用生物系小组	石　虹
10	计算机系小组	王大英
11	经济贸易系小组	张　璐
12	语言文化系小组	曹　晖
13	艺术设计系小组	袁　洁
14	艺术教育系小组	周　洁
15	心理学教学部、职教所小组	代小东
16	体育教研室小组	袁海军

（二）主要工作

1. 维护教职工合法权益

（1）协调劳动关系

2006 年，学院成立劳动争议调解委员会，主任为郭堃，副主任为王倬，委员有陈万里、刘光恩、吴立芝、黄朝；办公室设在工会。调解委员会积极调解劳动争议，维护教职工的合法权益，引导教职工以理性的方式表达利益诉求。

（2）开展送温暖活动

每年，学院领导和工会干部都探望生病住院的教职工，在元旦、春节等节假日走访、慰问患病和生活困难的教职工，送去慰问品。自 2008 年 9 月学校“爱心互助基金”设立以来，学院组织“爱心互助基金”补助的申报和统计工作，并举行较隆重的“爱心互助基金”补助发放仪式。2008—2010 年，有 19 名患病和特殊困难的教职工领到共计 55700 元的爱心互助基金补助以及慰问品。6 名去世离退休教职工的亲属领到共计 6000 元的慰问金。

（3）为教职工办实事

工会以各个节日为契机，为教职工送上节日的祝福和慰问。每年逢元旦、春节、“五一”“十一”等重要节日，为教职工发放慰问品。2009—2010 年的“六一”儿童节前夕，向教职工未满 14 周岁的子女赠送节日礼物。

为解决教职工上下班交通困难，2006 年 3 月 23 日召开拟开通平西府线班车的征求意见会，2006 年 4 月 3 日平西府线班车正式开通。2006 年 6 月 5 日，召开西坝河线班车相关事宜会议，通过了发放交通补助的试行方案。

为关心单身教职工的婚恋问题，积极组织他们参加北京市教育工会、学校工会和安贞街道办事处举办的单身联谊活动。

2001—2010年每个学期期末,宴请本学期退休的教职工,并与他们座谈、赠送纪念品。

为缓解教职工因患重大疾病导致的家庭经济困难,学院于2008年12月为在职教职工办理了重大疾病职工互助保险。

为更好地开展体育活动,2006年12月和2007年4月两次为教职工购买运动服装。

为更好地体现教职工良好的精神风貌,2009年5月为教职工订购了工作服。

2009年3月18日,学院召开外来务工人员工会小组成立大会,从工会经费中拨出款项支持该工会小组开展活动。

2009年12月—2010年1月,完成工会会员信息采集工作,为工会会员办理了"京卡·互助服务卡"。

2. 民主建设

(1) 发挥教代会在学院民主管理中的作用

2001年5月,召开第三届教代会常设主席团会议,讨论通过《学院人事分配制度改革补充方案》和《教职工申购望京住房实施细则》。

2003年4月10日,召开第四届教代会常设主席团扩大会议,讨论通过《学院聘用合同制实施细则》。

2004年6月16日,召开第四届教代会常设主席团扩大会议,讨论通过《学院岗位聘任实施意见》《学院人员编制核定办法》《学院管理岗岗位职责及要求》《学院教学和教辅岗位职责及要求》《学院考勤管理办法》;讨论并审议《关于修改和延伸〈学院2001—2005年建设和发展纲要〉的若干意见(讨论稿)》。

2005年2月20日,召开第四届教代会第二次会议,审议通过《学院实行院务公开的实施意见》。

2007年4月19日,召开第五届教代会常设主席团扩大会议,讨论通过《学院岗位聘任实施意见(暂行)》。

2007年11月15日,召开第五届教代会常设主席团扩大会议,讨论通过《学院关于落实学校"十一五"规划的实施意见》。

2009年11月12日,召开第五届教代会常设主席团扩大会议,就《学院工作事故认定和处理暂行办法(讨论稿)》征求意见、建议。

2010年1月14日,第五届教职工代表大会第四次会议审议通过《学院2009年绩效工资调整方案》。

学院重视教代会提案的征集、答复和落实工作。绝大多数提案被立案和落实,未立案的及时给予答复,并向提案人进行解释和说明。

(2) 推进院务公开

学院充分利用院务公开栏、会议、校园办公网、院领导接待日等,进行院务公开,公开的内容包括重大决策、教学科研、干部人事、财务、资产、党风廉政建设以及涉及教职工和学生切身利益的重要事项等。

(3) 组织区县人大换届选举工作

2006年9月至11月,在学院党委的周密部署和精心组织下,各部门和各系(部)团结协作、密切配合,圆满顺利地完成了区县人大换届选举工作。

3. 思想道德与师德建设

(1) 开展"师生共建文明课堂"活动

为保证教师认真做好课堂教学工作，真正承担起课堂第一责任人的责任，从2003年起，学院工会与教务处、学生处(学生工作办公室)等部门共同开展了"师生共建文明课堂"活动。活动采取学生和老师共同参与的方式，每月进行一次评比，评选出"最受学生欢迎的老师"，向他们颁发荣誉证书和奖金，并制作展板广泛宣传。这充分调动了老师和学生教与学的积极性，推动了良好教风和学风的形成。该项活动于2009年荣获学校2007—2008年度党建和思想政治工作优秀成果(创新成果)三等奖。2010年4月28日，学校在学院召开"师生共建文明课堂"现场会，柳贡慧校长发表重要讲话，郭堃副书记作大会主题发言。

(2) 评选表彰先进

学院积极开展"三育人"先进集体和先进个人、师德先进个人、教育创新集体和市级教育创新标兵等评比工作，并在教师节大会上进行表彰(见表2.8-13～表2.8-15)。

表2.8-13 2001—2010年院级"三育人"先进集体和先进个人、师德先进个人名单

序号	评选时间/年	"三育人"先进集体	"三育人"先进个人	师德先进个人
1	2002	经济贸易系 艺术教育系 学院办公室	王卫平、王京菊、王艳莉、任仔、吴一金、刘琪、刘欣、何立千、徐坚、桂溪涓、张炳辉、操静涛、翟金忠	
2	2003	语言文化系 艺术教育系 教务处 学生工作办公室 后勤管理处	慈俊忠、王蓓、罗宜军、李彦明、石虹、张鑑、王永平、张利东、王宁、邓维嘉、满东升、李秀芹、吴立芝、于振霞	
3	2004	教务处 后勤管理处 体育教研室 计算机科学与技术系	白素萍、黄朝、谭鲁芳、李抗美、窦秀明、王小刚、葛平萍、王颖、李小苓、李鸿玉、鲍晖、杨亚军、谢崇桥、朱喜福、张智新	
4	2006	教务处 图书馆 电子信息系 学生工作办公室	赵瑛、戴立黎、牛桂荣、吴雪疆、崔晓静、周明、关振林、张鑑、、吴京平、蔡顺义、朱丽、黄立凡、李秀芹、吴立芝、姜喜龙	陈万里、何立千、潘凝
5	2008	计算机科学与技术系 体育教研室 艺术设计系服装工作室 机关第二党支部 机关第五党支部	郁燕飞、赵平勇、窦秀明、李荣凤、李小苓、李育芳、李彦明、何践理、牟书、孙青、张旗、吴立芝、吴宏兰、高华、张军丽、段素菊、蔡顺义、高宝柱	罗宜军、冯艳娜、荣瑞芬、鲍晖、曾泓
6	2010	机关第二党支部 艺术设计系基础教学部 体育教研室 艺术教育系 机关第五党支部 电气信息系	袁海军、车卫东、王倬、陈平均、厉重先、陈冠华、王永平、曾泓、刘红英、张静、唐昊、曾文琪、杨晓红、杨丹、赵丽华、高洪力	张华、刘雪峥、高满茹、张威、薄芙丽

表 2.8-14　2001—2010 年市级师德先进个人(师德标兵)名单

序号	评选时间/年	主办单位	市级师德先进个人(师德标兵)	所在系部、处室
1	2004	北京市教育工会	林妍梅	经济贸易系
2	2006	北京市教育工会	陈万里	计算机科学与技术系
3	2008	北京市教育工会	罗宜军	语言文化系
4	2010	北京市教育工会	张　华	体育教研室

表 2.8-15　2001—2010 年市级教育创新标兵名单

序号	评选时间/年	主办单位	市级教育创新标兵	所在系部、处室
1	2005	北京市总工会	谢崇桥	艺术设计系
2	2006	北京市总工会	赵平勇	艺术设计系
3	2007	北京市总工会	石明培	教务处
4	2008	北京市总工会	曹颖娜	艺术教育系

2008 年,艺术设计系被北京市教育工会评为"首都教育先锋号"集体;高满茹、李万海、李金、高宝柱分别被北京市教育工会评为教学创新先进个人、管理创新先进个人、科技创新先进个人和技术创新先进个人;王倬被北京市教育工会评为首都文明职工。

另外,2001—2010 年,学院在每年的庆祝教师节大会上,还表彰从事教育工作 30 年的教职工,并向他们颁发荣誉证书、奖牌和奖品。2008 年 10 月,在 30 周年校庆之际,学校召开了 30 年校龄教职工座谈会,学院选派代表参加。

(3) 开展学习教育活动

通过开展形式多样的学习教育活动,不断提高教职工的师德素养。例如,为学院业余党校学员及教职工放映电影《张思德》,学习张思德同志全心全意为人民服务的精神;向全院教职工发出学习和遵守学院《教师道德行为规范》《职工道德行为规范》和《北京联合大学教师师德规范》的倡议;开展学习孟二冬同志先进事迹活动并组织教职工学习《胡锦涛总书记给孟二冬女儿的回信》;开展红色旅游活动,进行革命传统和爱国主义教育等。

(4) 举办师德工作论坛

2006—2010 年,学院每年举办一届师德工作论坛,请师德突出的老师介绍教书育人的心得体会,请师德建设成绩显著的教学单位传授经验和做法,进行师德工作的总结和表彰,并提出进一步加强师德建设的目标和要求等。

(5) 开展青年教师教学基本功比赛

为了给青年教师提供更多的锻炼提高和展示交流的机会,学院每年举办一届青年教师教学基本功比赛,并推荐优秀者参加学校和北京市组织的比赛。2001—2010 年,学院工会与教务处、人事处(组织人事办公室)、组织宣传部(宣传部、宣传教育办公室)共同举办了第五届至第十四届青年教师教学基本功比赛(见表 2.8-16)。2008 年对青年教师教学基本功比赛评分表进行修改,将参赛教师师德素养作为评价标准之一,占总分值的 10%。

表 2.8-16 青年教师教学基本功比赛成绩一览表

比赛时间/年	院级比赛	校级比赛	北京市高校比赛	院级获奖名单	校级获奖名单	市级获奖名单
2001	第五届	无	无	林妍梅获一等奖；常华、周玉基获二等奖；王健、王永平、马鹏鹏、曾文琪、黄鸿获三等奖		
2002	第六届	无	无	曾玲琴获一等奖；方憬、钱学强获二等奖；朱喜福、曹颖娜、武仙山获三等奖；刘杰、李红梅获优秀奖		
2003	第七届	无	无	翟红英获一等奖；荣瑞芬、谢崇桥获二等奖；王小力、潘先伟、赵绍全、冯艳娜获三等奖		
2004	第八届	第二届	第四届	姜喜龙获一等奖；李妍冰、张鑑获二等奖；吴雪疆、陶能为、王玲、王琦获三等奖	谢崇桥获文史类一等奖；荣瑞芬获理工类三等奖；翟红英获理工类优秀奖	谢崇桥获文史类B组三等奖
2005	第九届	无	无	赵瑛获一等奖；金野、冯中福获二等奖；曾文琪、曹建中、吴云霞获三等奖		
2006	第十届	第三届	无	牟书获一等奖；吴宏兰、郑静获二等奖；朱淑琴、闫文杰、李宝柱、车卫东获三等奖	冯中福获文史类二等奖；赵瑛获理工类三等奖、李妍冰获文史类三等奖	
2007	第十一届	无	第五届	赵雪获一等奖；王波、耿燚获二等奖；李江、李祖明、代小东、刘方方获三等奖		冯中福获文史类B组三等奖
2008	第十二届	无	无	黄淑梅获一等奖；徐燕妮、张军丽获二等奖；赖亚楠、张银霞、张旗、秦锦文、张永红获三等奖		
2009	第十三届	第四届	第六届	甘治昕获一等奖；张威、魏威获二等奖；卢璐、纪学艳、任金舸、沈永亮获三等奖	赵雪获文史类三等奖；牟书、徐燕妮获优秀奖	
2010	第十四届	无	无	徐娟获一等奖；杨柳、吕勇获二等奖；沈永亮、王洪瑞、王党荣获三等奖		

4. 校园文化活动

为活跃校园文化生活，提高教职工的身心健康水平，学院工会因地制宜地开展丰富多彩的文体活动，让每位教职工都能亲身体验到文体活动带来的健康和快乐。

（1）开展各类体育活动

学院积极组织开展各类体育活动，如举办保龄球、跳绳、游泳、篮球、乒乓球和登楼梯等项目的比赛。

（2）开展和参加各类文化活动

举办庆“七一”图片展和教师节书画展、举办具有特色的教职工新年联欢会和抽奖活动。2001 年 6 月，教职工合唱团在学校举办的庆祝建党 80 周年歌咏比赛中获得一等奖。2007 年 12 月 1 日，由师范学院和应用文理学院共同组建的北京联合大学教职工合唱团在北京市第一届教师艺术节合唱比赛中获得银奖第一名。

（3）组织旅游活动

利用“五一”“十一”、寒假、暑假等假期，先后组织教职工赴山西省、河南省、甘肃省、宁夏回族自治区、海南省、广西壮族自治区、青海省等地参观旅游，使教职工开阔眼界、健康身心、增进友谊。

5. 女教职工工作

女教职工委员会在学院工会的领导下开展工作，动员女教职工积极参加学院的改革和建设。维护女教职工的合法权益和特殊权益。加强对女教职工的教育，引导女教职工树立自尊、自信、自立、自强的精神。围绕学院的中心工作，根据女教职工的特点积极开展各种宣传教育和有益于女教职工身心健康的活动。例如，开展评选和表彰优秀女教职工和先进女教职工的活动、开展庆祝“三八”国际劳动妇女节活动、召开女教职工座谈会、为女教职工放映电影、开展系列游艺活动、举办健康知识讲座等。

第四届女教职工委员会主任为吴立芝，副主任为傅丽霞，委员有石虹、师爱英、任伃、屈敬文。

第五届女教职工委员会主任为傅丽霞，副主任为张志，委员有石虹、皮汉萍、师爱英、任伃、屈敬文。

6. 献爱心募捐活动

学院大力倡导团结互助、扶贫济困的传统美德，积极开展献爱心捐款活动，支援和帮助灾区人民和困难群众。2001—2010 年共开展 17 次募捐活动，向江西、内蒙古、四川等灾区及贫困地区群众捐物 2797 件，捐款 183449.21 元。例如 2008 年 5 月，为汶川大地震灾区群众捐款 56509 元；2009 年 5 月，在“5·12”地震发生一周年之际，开展“京什手拉手，重建新家园”募捐活动，募集善款 9998 元。

7. 工会自身建设

（1）注重理论学习

通过学习和培训使工会干部进一步增强做好工会工作的使命感和责任感，不断提高理论素养、业务能力和工作水平。

（2）建家工作

2001 年 6 月，学院工会被学校工会授予“先进教职工之家”称号；2006 年 9 月，学院工会被学校工会授予“教育创新优秀集体”称号；2008 年 6 月，学院建家工作得到学校建家验收评审领导小组的充分肯定，荣获“模范教工之家”称号。

2009年6月，学院召开工会小组建家验收评审会，评出模范教工小家4个，先进教工小家8个，合格教工小家3个。

(3) 财务、经费审查工作

本着用好、管好工会经费的原则，全年预算有计划，使用合理，积极完成经费上解任务，多次受到北京市教育工会的表彰。

2001年12月，获北京市教育工会财务评比一等奖、经费审查“创三好”二等奖。

2003年9月，获北京市教育工会财务评比三等奖，经费审查“创三好”二等奖。

2004—2006年，连续获得北京市教育工会财务评比二等奖。

（三）教职工代表大会

1. 机构设置及职能

教代会主席团是教代会的领导机构，在学院党委领导下开展工作，实行常任制。在大会期间，主席团的职责是审议大会议题并提请大会通过；组织、主持会议；听取和讨论各代表团对各项议案的审议意见，对议案进行修改；草拟大会决议和决定；处理大会期间其他重要问题。在大会闭会期间，常设主席团主要负责处理教代会提案的落实、组织教代会代表参加学院的民主建设、协商处理临时出现的属于教代会职权范围内的一些重大问题等。

第四届教代会常设主席团主席为郭堃，副主席为尹庆民、王石和黄立凡，成员有石明培、陈万里、张仲林、张景华、梁绿琦、靳长缨、翟金忠。

第五届教代会常设主席团主席为郭堃，副主席为尹庆民、王倬和黄立凡，成员有石明培、朱喜福、张仲林、张景华、高满茹、傅桂禄、翟金忠、薛立军、魏绍谦。

2. 历次会议及主要内容

(1) 第四届教职工代表大会

2003年2月21日，学院召开第四届教职工代表大会(以下简称“第四届教代会”)第一次会议。会议正式代表71人，特邀代表和列席代表21人。主要议程包括：听取和审议梁绿琦作的《团结进取，开拓创新，抓住机遇，快速发展》学院工作报告；听取和审议郭堃作的《实践“三个代表”，与时俱进，务实创新，努力开创学院教代会和工会工作的新局面》工会工作报告；审议工会财务、经费审查委员会工作报告(书面)；投票选举第四届教代会常设主席团成员。

2005年2月20日，学院召开第四届教代会第二次会议。会议正式代表72人，特邀代表3人。主要议程包括：听取和审议薛立军作的《认清形势，团结奋进，大力推进办学能力建设，全面提高办学水平》学院工作报告；听取郭堃《关于实行院务公开工作的说明》；讨论并审议《北京联合大学师范学院实行院务公开的实施意见(讨论稿)》。

(2) 第五届教职工代表大会

2007年1月12日至13日，学院召开第五届教职工代表大会(以下简称“第五届教代会”)第一次会议。会议正式代表86人，特邀代表12人。主要议程包括：听取和审议薛立军作的《抓住机遇，务实创新，努力开创学院工作新局面》学院工作报告；听取和审议郭堃作的《努力构建和谐校园，开创教代会和工会工作的新局面》工会工作报告；审议工会财务、经费审查委员会工作报告(书面)；投票选举第五届教代会常设主席团成员。

2008年2月23日，学院召开第五届教代会第二次会议。会议正式代表86人，特邀代表

10人。主要议程包括：听取和审议薛立军作的《以科学发展观为指导，深化改革，务实创新，推动学院各项事业又好又快发展》学院工作报告；听取和审议郭堃作的《落实科学发展观，开创工会工作的新局面》工会工作报告。

2009年2月27日，学院召开第五届教代会第三次会议。会议正式代表86人，特邀代表6人。主要议程包括：听取和审议薛立军作的《学习落实科学发展观，深化改革，务实创新，推动学院各项事业又好又快发展》学院工作报告；听取和审议郭堃作的《围绕中心工作，全面履行职能，在学院持续、和谐发展中充分发挥工会组织的作用》工会工作报告；审议工会经费审查委员会工作报告(书面)。

2010年1月14日，学院召开第五届教代会第四次会议。会议正式代表76人，特邀代表6人。主要议程包括：听取和审议薛立军作的《学习实践科学发展观，进一步解放思想，突出特色，推动学院各项事业又好又快发展》学院工作报告；听取郭堃关于2009年学院绩效工资调整方案(草案)的说明；审议工会工作报告(书面)；审议工会经费审查委员会工作报告(书面)；讨论并审议《北京联合大学师范学院2009年绩效工资调整方案(草案)》。

三、共青团工作

(一)基本情况

学院团委根据团市委、学校团委和学院党委的指示精神和要求，在积极完成上级党团组织交办任务的同时，结合学院实际，开展对团员及青年的思想教育工作，注意抓好基层组织建设及思想建设，积极反映学生的意见和要求，代表和维护学生的正当权益，全心全意为学生服务，指导学生会和学生社团开展工作，促进了学生综合素质的提高。

截至2010年，团委下设语言文化系、电气信息系、经济贸易系、艺术教育系、艺术设计系、应用生物技术系、应用心理学教学部7个学生共青团总支部委员会(以下简称"团总支")和一个教工团支部(见表2.8-17)。团委设书记1名，常设机构包括组织部、宣传部、实践部、科技部和办公室。

表2.8-17　2001—2010年团总支设置情况一览表

系名＼年份	2001	2002	2003	2004	2005	2006	2007	2008	2009	2010
语言文化系	√	√	√	√	√	√	√	√	√	√
经济贸易系	√	√	√	√	√	√	√	√	√	√
应用生物技术系	√	√	√	√	√	√	√	√	√	√
计算机科学与技术系	√	√	√	√	√	√	√			
电子信息系	√	√	√	√	√	√	√			
电气信息系								√	√	√
艺术教育系	√	√	√	√	√	√	√	√	√	√
艺术设计系	√	√	√	√	√	√	√	√	√	√
应用心理学教学部					√	√	√	√	√	√
廊坊	√	√	√	√	√	√	√	√		
高职教育部	√	√	√	√	√					

（二）团代会

2003年10月7日，学院召开共青团北京联合大学师范学院第四届团员代表大会，会期一天，代表157人。民主选举产生了第四届团委会。团委委员有：尹福斌、王萌、车岩鑫、石宝丽、吴雪疆、李斌、赵绍全、赵瑛、郝风涛、唐昊、秦锦文、常华，共12人。在第一次全委会上选举尹福斌为团委书记，唐昊为副书记。

（三）团员教育管理

1. 团的组织建设

学院团委本着“严格管理，重在建设”的原则，对团组织建设长抓不懈。2004年12月重新建立了教工团支部。根据院系调整需要，2008年9月撤销了计算机系团总支、廊坊校区团总支。至2010年12月，团委对下设的7个团总支、1个团支部，均配备了兼职团总支书记、团支部书记，完善了团委—团总支—团支部的三级组织管理系统。先后制定、修订了《团委工作职责》《团委各部门岗位职责》《团委会各种会议制度》《团委关于各类表彰的制度》《团员违纪处理条例(修订)》《各级团干部培训制度》《团总支工作职责》《团总支岗位职责》《团支部工作条例》《团支部委员岗位职责》《关于“推优入党”工作的意见(修订)》《团员证管理暂行细则》《关于团费收缴、使用和管理的规定》《关于做好团员及团干部登记、统计和报告工作的意见》《关于发展团员工作程序和标准的规定》《关于加强团委工作作风的规定》等文件，进一步建立健全了团的各项规章制度。

团委定期召开团总支、团支部书记会，对团干部开展培训工作，进一步提高了团干部的综合素质。每年配发《团支部工作手册》，通过对各团支部工作的检查、评比，发挥基层团组织的教育核心作用。

虽然学院新生中的非团员很少，但团委仍然注重团员发展工作，每年发展新团员5人左右。2001—2010年共青团组织基本情况见表2.8-18所示。

表2.8-18 2001—2010年共青团组织基本情况一览表

年份	28岁以下青年总数/人	团员总数/人	女团员数/人	团总支数/个	团支部数/个
2001	1287	1234	893	9	47
2002	1689	1622	1161	9	59
2003	2906	2881	2606	8	85
2004	3073	2908	2030	8	107
2005	3188	3046	2161	8	108
2006	3178	3063	2224	8	111
2007	3064	2919	2203	8	108
2008	2851	2850	2142	7	100
2009	2937	2653	1996	7	103
2010	2783	2644	1892	7	98

2. 思想政治教育

(1) 固定活动

每学年根据当时的形势和学院的中心工作，团委有计划、有组织地开展团员的思想教育工作，并定期进行团员教育评议活动。例如，2010年，在团员教育评议活动中，通过学习、参观、社会实践等教育活动,在个人总结的基础上,进行了认真的民主评议,使广大团员进一步增强了团员意识,明确了团员标准,提高了思想认识水平。共评出15个院级先进团支部、91名院级优秀团干部和152名院级优秀团员。

表2.8-19　2001—2010年获市级共青团组织奖励的集体和个人名单

年份	奖项名称	获奖集体/个人
2001—2002	首都高校"先锋杯"优秀团支部	语言文化系汉语言文学2001级(1)班
2003	首都高校"先锋杯"优秀团支部	高职部2001级财务会计专业团支部 艺术设计系2002级环艺专业团支部
2004	首都高校"先锋杯"优秀团支部	2002级经济贸易系金融学专业团支部 计算机科学与技术系2001级(1)班团支部
2005	首都高校"先锋杯"优秀团支部	经济贸易系2002级(1)班团支部 应用生物技术系2003级团支部
2006	首都高校"先锋杯"优秀团支部	经济贸易系2003级国际商贸运作专业 计算机科学与技术系2003级计算机科学与技术专业(1)班 语言文化系2005级英语(文秘)专业(专接本)
2007	首都高校"先锋杯"优秀团支部	语言文化系2006英语(文秘)(专升本)(3)班 电子信息系2004电子信息专业(2)班 艺术设计系2006艺术设计(5)班
2008	首都高校"先锋杯"优秀团支部	语言文化系2005级汉语言文学专业团支部 电气信息系2005级电子信息工程专业团支部
	首都高校"先锋杯"优秀基层团干部	史萌
2009	国庆60周年先进个人	陈丽丽、贺英杰、王腊祎、张默、关秀玲、何欣潞、张楠、王心悦、崔炤、赵子旭、张晓婷、张朦亮、孙鹏
2010	首都高校"先锋杯"优秀团支部	电气信息系2007级计算机科学与技术专业团支部 艺术设计系2007级服装设计专业团支部
	首都高校"先锋杯"优秀基层团干部	王妍、岳欣
	首都高校"先锋杯"优秀团员	张玥

表2.8-20　2001—2010年校级优秀团员、团干部、团支部名单

年份	优秀团员	优秀团干部	优秀团支部
2001	刘媛媛、崔长富、王菲、孙翀、张岩、李瑶、李子丹、李崇园、李萍、史纪良	蒋振刚、王禹、郑里、郭萍	文秘教育系98级团支部
2002	李萍、祖燚、赵晓佳、刘学军、万明、金红星	汤婷婷、冯丽军、王辉、孙丽娟	
2003	刘蕊、王勇、高莹、安娜、张亚难、刘凤凤	李菲菲、贾艳光、金晓漪、王萌	应用生物技术系2000级团支部、高职部2001级实用营养技术专业团支部
2004	宋小艳、孙旭、乔芦芦、王瑜、黄涛、李雅思、徐扬、马丽娟、王慧、郑妍、张猛、刘瑶	吕媛媛、刘琳、杨希、王思婕、胡志齐、白柳	经济贸易系2002级金融学专业团支部、计算机科学与技术系2001级(1)班团支部、电子信息系2002级(1)班团支部

续表

年份	优秀团员	优秀团干部	优秀团支部
2005	杜森、白如伟、李新冉、王小永、侯捷、李淑红、刘洁、宋赫、车江、李倩、张怡、王晴、彭燕青、任丽华、高琛、崔琳、耿玥婷、王铮、段宁宁、刘琳、杨鸿辉、吴桐、张鹏、赵征雁、李雅思、马春晖、邱蒙、王瑜、郝爍、李乔珊、李娜、邢艺	白柳、张震、王艳红、王丹、崔铁男、杨希、郑文静、杨雪飞、武亚静	经济贸易系 2002 级金融学专业团支部、计算机科学与技术系 2003 级计算机网络专业团支部、应用生物技术系 2003 级生物技术专业团支部、艺术设计系 2003 级视觉传达专业团支部
2006	江素颖、欧森、曹红伟、王洋、王煦、张鹤、何英杰、高丽荣、李达、刘菲、王晓宇、张振华、徐澌媛、赵紫年、施丹、鄢婷、姜雷、穆京生、蒋楠、苏爽、杨俐、白金冉、赵亚芹、古文娟、赵彤、许云竹、王普强、田霞、段繁、杨金金	李闽凯、张宁、牛爽、崔铁男、杨超、初林、孟坡、宋媛媛、吴宗钢、赵亮亮	电子信息系 2004 电子信息工程专业、计算机科学与技术系 2003 计算机科学与技术专业(1)班、经济贸易系 2003 国际商贸运作专业、语言文化系 2005 英语(文秘)专业(专接本)
2007	孙文蕙、李佳、任晓娟、田霞、卢虎成、李然、吴磊、贾晓宇、刘旻、刘飞跃、陈安、李超、王晓娟、董佳乐、耿冉、王妍、于静、徐伟伟、任建辉、蒋慧杰、魏炜、史萌、张琳娜、沈磊、胡晓寅、姚岳、张娟、王汝伟、张静、李梦姗、陈雪莹、龚晴、于晓舟、陈璐	徐珊、杜爽、王洪书、邱蕊、王琳、裴文静、初林、蔡艳琳、张月良、仝菲、王羽熹	语言文化系 2006 英语(文秘)(专接本)(3)班、经济贸易系 2004 经济学(会计)、电子信息系 2004 电子信息工程(2)班、计算机科学与技术系 2004 计算机科学与技术、艺术设计系 2006 艺术设计(5)班
2008	李旭、徐芳明、秦艳晶、朱茜、毛毳、白雪、周冠中、魏芃芃、张静、邢金海、马琳、王汝伟、李红梅、唐海静、谷灿、王娜、胡云朋、李然然、华超晨、赵怡雯、张晓倩、赵娜、王晓娟、赵琦、任苗、王悦、何撼、康利、邵峥、张燕宣、孔德明、张默、樊迪	吕季鸿、武月亮、史萌、任彩霞、蒋菲菲、戴安娜、蒋新晔、孟茜、吴楠、聂雪	语言文化系 2005 汉语言文学、艺术设计系 2006 环境艺术设计、应用生物技术系 2006 食品科学与工程、经济贸易系 2005 金融、计算机科学与技术系 2005 计算机科学与技术、艺术教育系 2006 音乐表演与传播、电子信息系 2005 电子信息工程
2009	宋佳、郭赛南、陈雅芳、魏星、李红月、胡丹、黄燕佳、焦伶燕、罗雪盈、马超、王志斌、李良娟、纪扬、胡丹丹、范海艳、郭娥、马琳、魏芃芃、李妙旋、赵晓婧、文磊、张春雪、魏娅男、林丹、朱金辉、王瑶、陈丽丽	吴瑶、熊雪意、李洋、任彩霞、王婧、朱茜、许静、李红梅	电气信息系 2006 计算机科学与技术专业、经济贸易系 2006 会计学专业、艺术设计系 2007 艺术设计 4 班、语言文化系 2007 汉语言文学专业
2010	卜晶晶、张维、郭琪、杨建新、李天玉、王硕、夏东岳、崔颖、蔡海玉、张楠、许霞、吴浩然、郝帅、郭娥、高丽、范海艳、张倞然、刁海莉、张雨嘉、贾丹、种荟、李玲、孙喆、李铮、杨悦、田雅明、王腊祎、李萌	张赛、王璐、赵文超、吕晓晨、王妍、徐晓、岳欣、王鑫、张玥	电气信息系 2007 计算机科学与技术、艺术教育系 2007 音乐学 艺术设计系 2007 服装、应用生物技术系 2008 技术监督与商检、语言文化系 2008 汉语言文学

每学期,有一名专职团委干部定期参加上级团委举办的培训、经验交流、座谈活动。团支部委员及以上的团干部每年参加校级、院级团组织开展的团干部培训,并负责指导本支部成员参加社会实践、志愿服务、理论学习、文艺比赛、科技竞赛等活动,涌现了一批思想素质较好、组织能力较强的团干部。

以学院"保持共产党员先进性教育"等活动为契机,团委于每年9月开学初,在新生团员中开展"永远跟党走——增强团员意识系列教育活动"。通过召开主题班团会、座谈讨论、参观、演讲、知识问答等形式,使广大团员青年深入学习、了解和巩固了党团知识,激发了团员青年学习理论知识的热情。例如,在2010年,全院就有一年级的27个团支部、700余名团员参加了此次活动。

为使广大团员青年学习党团理论知识活动能够深入持久的开展,提高团干部的政治理论素养和组织管理能力,团委已连续8年,举办了"北京联合大学师范学院团校培训"活动。

(2) 主题教育活动

从2001—2010年,团委利用重大历史纪念日和国家重大活动,围绕学院的教学中心工作,结合青年学生特点,不断强化团组织在思想道德教育中的责任感和使命感,有计划、有组织地开展主题教育活动。通过主题团日、演讲比赛、座谈会、理论社团等形式宣传党的路线、方针、政策,倡导团员研读马克思主义原著,深入开展爱国主义、集体主义和社会主义教育,使广大团员的理论水平得到了提高,政治责任感进一步增强。例如,2010年,组织团员学习中共十七届四中全会通过的《中共中央关于加强和改进新形势下党的建设若干重大问题的决定》等文件,并通过座谈、宣讲、讨论、辩论等形式,使同学们加深了对建设有中国特色社会主义理论的认识和理解,进一步坚定了走建设有中国特色社会主义道路的信念。

(3) 寓教于乐活动

团委积极引导学生开展集思想性、娱乐性、教育性于一体的活动,通过辩论赛、知识竞赛、科技比赛、文艺比赛等活动,提高学生的思想文化素质,拓宽学生的知识面。例如,结合学生的实际状况,和各系合作开办各类讲座活动,邀请院内外的教授、博士等,以报告、座谈等形式在学生中开展专业知识的深入教育,为学生创造和学者们的零距离接触机会,培养和激发了学生学习专业知识的热情与兴趣。同时,团委还利用学生社团这个校园文化的重要载体,加强第二课堂建设,丰富学生课余文化生活,培养他们的兴趣爱好,锻炼交往能力,为学生开展"三自教育"提供了有利条件。学生社团等学生组织每年开展校园歌手大赛、大学生辩论赛、跳蚤市场、化装舞会、话剧专场、体育节、大学生科技文化艺术节等大型校园活动,极大地丰富了校园文化生活。

3. 团组织推优入党工作

共青团组织是培养优秀学生的课堂,一直围绕优秀大学生团员的培养,促进其全面发展。十年来,在学院党委的指导下,团委不断加强"推荐优秀团员入党"工作的落实,充分体现了共青团组织是党领导的先进青年的群众组织,是培养社会主义现代化优秀建设者和接班人的摇篮。2001—2010年,团委先后向党组织累计推荐了3151名优秀团员作为党的发展对象。同时,还通过每年的团员教育评议、推优入党、评优等工作的开展,加强团的思想教育工作。

(四) 志愿服务

学院多年来一直保持着志愿服务社会的优良传统,每年都以"学雷锋活动月"和暑期社会实践活动为契机，在各系团总支、院系学生会的组织下，以小分队的形式深入社区、学校、企事业单位和农村等地区，开展各类志愿服务活动，受到社会的肯定和赞誉。

在2007年7月至2008年10月的北京奥林匹克运动会（以下简称"奥运会"）测试赛和北京奥运会、残疾人奥运会（以下简称"残奥会"）期间，团委组织了673名同学参与了志愿服务工作，其中赛会志愿者103名、城市志愿者448名、社会志愿者100名以及奥运会开幕式演员标兵24名。组成的13个志愿服务团队，分别在工人体育馆、首都国际机场、国家体育馆、国家体育场、奥林匹克运动会组织委员会新闻中心、安贞、亮丽街、牛街、红桥、天坛、朝阳团区委新闻中心及学院奥运会志愿者信息中心等12个站点及东城区北京饭店等6个交通岗，承担了场馆服务、信息咨询、语言翻译、应急处理、新闻报道、交通维护等志愿服务任务以及迎接奥运会和残奥圣火、马拉松比赛值勤等临时性工作。

在学院党委和行政的领导下，在党委副书记郭堃老师的直接指挥下，在学院奥运志愿者工作领导小组办公室的精心组织下，在各职能处室及各系部的密切配合和大力支持下，全院上下紧紧围绕"有特色、高水平"和"平安奥运"的总目标，并根据学院志愿者数量较大、站点分散、服务项目种类多、要求高、工作时间长等实际情况，千方百计克服困难，始终以强烈的政治意识、高度的全局观念、扎实的工作作风、饱满的工作热情投入工作，圆满完成了2008年北京奥运会、残奥会志愿服务的各项任务，受到了各方面的好评。国际奥委会主席罗格、国际拳联主席吴经国，中共中央政治局委员、北京市委书记、北京奥组委主席刘淇，东城区副区长、工人体育馆场馆主任李荣庆以及校长柳贡慧、校党委副书记高东等领导同志均对学院志愿者作出较高的评价。

奥运期间学院有20名师生获得市级荣誉称号。其中，2名同学荣获"北京奥运会、残奥会优秀志愿者"称号，10名同学荣获"北京奥运会、残奥会志愿者先进个人"称号，1名同学荣获"首都高校奥运工作优秀学生干部"称号，5名同学荣获"首都教育系统奥运工作优秀学生"称号，1名教师荣获"北京奥运会、残奥会志愿者工作先进个人"称号，1名教师荣获"北京市总工会奥运立功标兵"称号（见表2.8-21）。

表2.8-21　2008年北京奥运会服务工作获奖情况一览表

序号	姓名	奖项
1	李红梅	北京奥运会残奥会优秀志愿者
2	绳晶晶	北京奥运会残奥会优秀志愿者
3	谷国京	北京奥运会、残奥会志愿者先进个人
4	蒋菲菲	北京奥运会、残奥会志愿者先进个人
5	王　晶	北京奥运会、残奥会志愿者先进个人
6	王汝伟	北京奥运会、残奥会志愿者先进个人
7	王　洋	北京奥运会、残奥会志愿者先进个人
8	贺英杰	北京奥运会、残奥会志愿者先进个人
9	陈丽丽	北京奥运会、残奥会志愿者先进个人
10	张　筱	北京奥运会、残奥会志愿者先进个人
11	史　萌	北京奥运会、残奥会志愿者先进个人
12	许恩萍	北京奥运会、残奥会志愿者先进个人
13	许　静	首都高校奥运工作优秀学生干部
14	马维克	首都教育系统奥运工作优秀学生

续表

序号	姓名	奖项
15	任彩霞	首都教育系统奥运工作优秀学生
16	温小辉	首都教育系统奥运工作优秀学生
17	邢诗妍	首都教育系统奥运工作优秀学生
18	杨明月	首都教育系统奥运工作优秀学生
19	唐　昊	北京奥运会、残奥会志愿者工作先进个人
		北京市总工会奥运立功标兵

学院还有472名师生获得校级荣誉称号。其中,57人荣获“北京联合大学优秀志愿者金奖”,167人荣获“北京联合大学优秀志愿者银奖”,223人被评为“北京联合大学优秀志愿者”,18名同学被评为“北京联合大学志愿服务先进个人”,7名教师被评为“北京联合大学奥运工作先进个人”。

2009年,在庆祝中华人民共和国成立60周年活动中,学院大学生艺术团合唱团的50名师生放弃暑假休息的时间,在指导老师黄鸿的带领下刻苦训练,圆满完成了“十一”游行的背景合唱表演任务。黄鸿、田禾佳老师分获北京市教育委员会颁发的“优秀指导教师”“国庆游行工作先进个人”称号。另外,学院还有100名青年志愿者在“十一”期间,承担了北京朝阳公园“十一国庆”游园志愿者服务任务。

(五)学生科研立项与竞赛

1. 学院开展的学生科技活动

截至2010年,学院团委共开展了8届“希望杯”学生科技作品大赛。为了提高大赛的质量,大赛组织者首先征集学生科技作品创意,再由学院团委和各系专家组成的评审委员会对这些申报的科技作品创意进行评审。通过后,则作为学院的学生科技立项项目,在专业教师指导下,由学生自主完成。完成后的科技作品,再来参加比赛。这不仅为那些有思想、有精力、敢创新的同学们提供了展示舞台,促进了学生个性发展和个人成功,也为学院学生科技活动的正常开展提供了保证。在2010年的“希望杯”学生科技作品竞赛中,共有21名同学荣获一等奖、36名同学荣获二等奖、56名同学荣获三等奖、40名同学荣获优秀奖,获奖总人数达到173人。

2. 参与学校开展的学生科技活动

在2010年10月举行的“2010年北京联合大学英语演讲比赛”中,学院李蕊同学荣获一等奖,并被推荐代表学校参加北京市“外研社杯北京市大学生英语演讲比赛”;学院高思齐同学获得三等奖。在同月举行的“2010年北京联合大学人文知识竞赛”中,学院李昀同学荣获一等奖,王若舟同学荣获二等奖,刘博修、杨勇、肖雄同学荣获三等奖。

3. 参与北京市及市级以上的学生科技活动

在2010年9月举行的“全国大学生数学建模大赛北京赛区比赛”中,学院王麟、李根、李响、邓岩、董巍、吴楠、陈骥凯、陈美玲、王然共3组9名同学,分获2010年“高教社杯全国大学生数学建模竞赛”北京赛区甲、乙组二等奖。2001—2010年,学院共有43支团队荣获北京市大学生电子设计竞赛二等奖、三等奖,“大学生数学建模与计算机应用竞赛”全国二等奖及北京赛区一、二等奖。

(六)学生组织

1. 学生联合会

北京联合大学师范学院学生会是在党委领导下,在团委指导下的学生群众组织。它监督并指导学院各级学生会工作,自建立之日起一直本着"全心全意为同学服务"的宗旨,坚持自我教育、自我管理和自我服务,切实发挥了学院与学生沟通的桥梁、纽带作用,并结合学院实际开展了学生喜闻乐见、丰富有益的校园文化活动。2001—2010 年,历年学生会主席、副主席任职情况见表 2.8-22 所示。

学生会设办公室、文艺部、学习部、生活部、宣传部、体育部、外联部、青年志愿者部等 8 个部门,工作涉及志愿服务、校园文化活动、学生维权、公关外联等多个方面。各部门有明确的分工,又是一个紧密联系协同工作的整体,从而保障了学生会各项工作有条不紊的开展。

表 2.8-22　学生会主席、副主席任职情况一览表

学年	主　席	副主席
2001—2002	周　平	王向华、郭倩
2002—2003	王　娟	李瑶、晏强、张晨
2003—2004	晏　强	张晨、王艳红
2004—2005		王艳红、张振华
2005—2006		王艳红、张振华
2006—2007		张月良、龙俊华
2007—2008		龙俊华、张月良、吴潇楠、张学会
2008—2009		许静、武英杰
2009—2010		李红梅、许静
2010—2011		李乐、董昕艺

2. 学生社团联合会

学生社团是校园文化的重要载体,是学校第二课堂的重要组成部分。学生社团作为一种学生自发组织、创建的团体,为学生"三自教育"提供了有利条件。近年来,学院学生社团一直保持在 25 个左右,涵盖了科技(大学生科学技术协会)、文学(国学社、紫浪文学社、青鸟记者站)、艺术(影视艺术社、跳帧动漫社)、公益(青年志愿者协会、手语社)、文体(阳光健身社、羽毛球社、跆拳道社)等各方面。这些学生组织每年开展校园歌手大赛、大学生辩论赛、跳蚤市场、化装舞会、话剧专场、体育节、大学生科技文化艺术节等大型校园活动十余场,每年近 2000 余名学生活跃其中,极大地丰富了校园文化生活。

四、其他组织

(一)关心下一代工作委员会

1. 机构设置与人员调整

根据北京联合大学京联党办〔2004〕7 号文件精神,2004 年 12 月 23 日,党委研究成立学院关心下一代工作委员会(京联师党字〔2004〕15 号)(以下简称"关工委")。主任为郭堃,副主任为肖金麟；委员有王雷、侯伯明、王中英、刘万煌、黄占鳌、富爱光、刘国瑞、蒋兆佑、刘胜贵、倪玉茹、栗伯忠、黄朝、杨奇红。

2010年6月4日，学院党委决定对关心下一代工作委员会人员进行调整(京联师党字〔2010〕32号)：主任韩宪洲；副主任郭堃、郇燕飞；委员李克柔、吴立芝、冯燕庆、王育红、杨奇红、牛桂荣、唐昊。关工委办公室设在党委组织宣传部，办公室主任为牛桂荣。

2011年12月24日，学院党委决定对关心下一代工作委员会组成人员进行再次调整(京联师党字〔2011〕37号)：主任陈志刚；副主任郭堃、郇燕飞；委员李克柔、吴立芝、冯燕庆、李万海、王育红、杨奇红、牛桂荣、唐昊。

2. 主要工作

学院关工委自成立以来，认真贯彻落实教育部和北京市《关于加强教育系统关心下一代工作委员会建设的意见》精神，在学校关工委和学院党委的直接领导下，紧密围绕学院中心工作，学习上级领导的重要讲话，提高思想认识，创新工作思路，加强自身建设，开展了以下多项联系实际的主题教育活动。

(1) 参与校关工委《师德与师艺》一书的组稿工作

2005年7月，学校关工委准备为青年教师编写《师德与师艺》一书。学院关工委组织部分老教师积极为该书投稿：张佐友老师撰写了《漫谈师德与师艺》，诸天寅老师撰写了《学而不厌诲人不倦》，马尔华老师撰写了《铸造师德之魂》，刘万煌老师撰写了《与青年教师话执教家常》，侯增荣老师撰写了《寓教于乐的一些尝试》。

(2) 积极推荐张佐友老师为学校讲党课

2006年，张佐友老师分别给校本部、信息学院、自动化学院的教师和学生讲党课。授课内容主要有：《共产党宣言》《党的最终目标和现阶段任务》《社会主义市场经济条件下理想和信念问题》《党对青年的期望和当代青年的历史使命》《如何树立社会主义荣辱观》等。他还被自动化学院学生党校聘为客座教授。

(3) 参与学校团委《毕业生风采》一书的编写

萧金麟、诸天寅、刘万煌三位老师，参与了学校团委组织的《毕业生风采》一书的编写工作，萧金麟同时担任该书的编委。

(4) 连续三年开展“开卷有益——好书伴我成长”活动

2008—2010年，关工委与学生处配合，分别在学院七个系的学生中开展了“开卷有益——好书伴我成长”学生读书活动。党委书记陈志刚和副书记郭堃亲自为学生进行动员并颁书，还查看了学生们写的读书体会。每位委员深入各系参加学生的总结与交流活动，从而使读书活动扎扎实实得到落实，起到了思想教育、德育教育、励志教育、育人教育的作用。

(5) 发动教师为《老兵心声》撰稿

2009年，学校关工委决定编写《老兵心声》一书。学院积极配合，在离退休老同志中征集稿件，共有12位老师投稿。张佐友、吉多智、诸天寅、何立千、陈万里、石焕南、杨丽萍、李克柔、冯燕庆、郇燕飞等老师的10篇文章被录用。

(6) 以《老兵心声》为平台，在学生中开展学习教育活动

2010年，关工委与组织部开展了“老兵心声——寄语大学生”座谈会。这次活动邀请了本书6名作者与学生党员和入党积极分子进行面对面座谈。参加会的领导、教师和学生敞开思想谈理想、谈人生；老师鼓励同学们要努力学习，不断提高自己的综合素质，向着自己的

目标勇敢前行，以便将来更好地奉献社会。学生也表示一定将老教师们的殷切希望转化为刻苦学习的动力，坚持追求真理、崇尚科学精神，多读书、读好书，努力成为国家和社会的栋梁之材，为学校的建设与发展奉献自己的力量！

(7) 不忘师院奋斗史，教会学生要感恩

2009 年，在纪念建国六十周年之际，关工委与团委开展了“听老教师讲那过去的事情”座谈会。6 位老教师从不同侧面向同学们介绍了学院一步步走过的艰辛和勤俭建校的奋斗史。让学生永远记住那些曾经为学院的建设与发展做出贡献的老教师们。

(8) 用歌声激发斗志，师生同爱美丽校园

2009 年 6 月，学院团委举办“赞美青春歌唱祖国”合唱比赛活动。离退休教师演唱的大合唱《共青团员之歌》与《祖国慈祥的母亲》，侯伯明等五位老师演奏的口琴合奏《歌唱祖国》与《革命人永远是年轻》，张殿芳老师用葫芦丝演奏的《有一个美丽的地方》与《月光下的凤尾竹》为活动增添了绚丽色彩。

(9) 师生畅谈六十年

2009 年 9 月，关工委与团委举办了“我与祖国共成长”座谈会。在 1949 年出生的 7 位老师是与共和国同步成长的。谈起 60 年来在党的领导下，特别是改革开放后祖国的繁荣昌盛和日新月异的变化，师生都激情满怀；一路走来的成长经历，使大家畅所欲言，感慨万千。

(10) 宣传老党员的先进事迹，使学生深受教育

2010 年，关工委与团委共同开展“听老教师讲他们的退休生活”活动。学生采访了离退休老教师，并召开多次座谈会，再由学生动手制作视频，大力宣传离退休党员的老有所学、老有所为，奉献学院、奉献社会的优秀事迹，对学生起到了较好教育作用。

(11) “一老一小”携手共进

2010 年，关工委与团委开展“老兵小将柳荫公园定向竞走游园”活动，参加师生近百人。这次活动以猜谜方式进行，具有趣味性、知识性，很受大家欢迎。师生还在特制的横幅下合影留念。

(二) 校友会分会

学院校友会积极开展工作，组织联系广大校友，加强与母校之间的联系与合作，关心支持学院的建设，使校友成为促进学院发展的一支重要力量。2007 年 1 月，学校在北京市注册成立了北京联合大学校友会。2008 年 6 月 3 日，北京市民政局颁发行政许可决定书，准予北京联合大学校友会增设分支机构——北京联合大学校友会师范学院分会。

2008 年 10 月 11 日，在建校 30 周年之际，为激励师生，凝聚校友，进一步促进学院的发展，学院召开了北京联合大学校友会师范学院分会成立大会。会议审议通过了学院校友会 30 位常务理会推荐名单，并选举尹庆民为校友会分会会长，衷克定、巩福利、袁爱俊、鲁彬、廖爽和骆桂明为副会长，语言文化系罗宜军为秘书长(见表 2.8-23)。还宣读了《北京联合大学校友会章程》和《北京联合大学校友会分支机构管理办法》等相关文件。校友分会常务理事代表骆桂明、廖爽对学院校友会分会的成立表示热烈祝贺，并表示一定履行职责，团结广大校友关心和支持学院的发展建设。

2008 年 10 月 18 日，学院隆重举行建校三十周年庆典活动，当日返校校友达 1600 多人。校友们参观了建校三十周年图片展，感慨学院今昔的巨变；举行了班级集会，师生手捧制作精美的《校友录》，指认昔日的你我，追忆似水年华。通过校庆活动，建立起校友联络体系，进一步增强了广大师生的凝聚力和自豪感。

2009年,学院1978、1979级校友参加了入学30年校友再聚首座谈会。10月18日,学校校友会在校本部图书馆举行了各学院(原各大学分校)1978、1979级校友入学30年再聚首座谈会,共有40余位校友参加了会议。学院1978级校友裘克定、刘淑欣、周然、任公伟,1979级校友刘晓华、张奇慧、高苏以及老教师诸天寅教授等参加了会议。校党委副书记周志成主持会议并介绍了学校设定"校庆日"及本次座谈会的相关情况。校党委书记徐永利、副校长张连城也出席了会议并讲了话。校友裘克定、任公伟分别作了发言,回忆了当年入校及在校学习时的情形,并结合当前北京的社会经济建设对母校的发展提出了建议。会上校友们纷纷表示愿意尽自己的力量为母校再作贡献。

表2.8-23 北京联合大学校友会师范学院分会第一届组织成员名录

职务	姓名	性别	工作单位	职务	在校所学专业	在校学习起止时间
会长	尹庆民	男	北京联合大学师范学院	副院长	政教	1978—1982
副会长	裘克定	男	北京师范大学教育技术学院	副院长、博士生导师	物理系	1978—1982
	巩福利	男	平谷中学	校长	化学系	1978—1982
	袁爱俊	女	北京师范大学附属实验中学	校长	中文系	1978—1982
	鲁　彬	女	北京市崇文区教育研修学院	研修员	数学系	1978—1982
	廖　爽	女	北京实美职业技术学校	党总支书记	物理系	1984—1988
	骆桂明	男	中国德育杂志社	副社长	中文系	1979—1983
常务理事	潘廷宏	男	北京四中	教师	化学系	1978—1982
常务理事	周　然	女	北京市海淀区教师进修学校	教师	生物系	1978—1982
常务理事	齐渝华	女	北京市西城区教育研修学院	院长	历史系	1978—1983
常务理事	唐　兰	女	《作家文摘》编辑部	主任	中文系	1979—1973
常务理事	李荣华	女	中国金融教育发展基金会	秘书长	经济贸易系	1985—1989
常务理事	郑庆勇	男	中国台湾研究会	主任	物理学	1983—1987
常务理事	张　毅	男	中央电视台转播部	主任	计算机	1989—1993
常务理事	项俊霜	女	北京市22中	教师	汉语言文学	1998—2002
常务理事	段海疆	女	中国音乐学院就业指导中心	副主任	音乐学	1998—2002
常务理事	易晓燕	女	玫瑰坊服装公司	副总经理	艺术设计系	1989—1992
常务理事	乔宝琴	女	中服金榜时装有限公司	总经理	服装设计	1985—1988
常务理事	张虹宇	女	北京爱慕内衣有限公司	总设计师	服装设计	1990—1994
常务理事	薛　扬	男	21世纪幼儿园	园长	职教系	1992—1994
常务理事	侯伯明	女	北京联合大学师范学院	退休		
常务理事	李鸿玉	女	北京联合大学师范学院	科研处长	化学系	1978—1982
常务理事	杨奇红	女	北京联合大学师范学院	学生处长	中文系	1987—1991
常务理事	江　山	男	北京联合大学师范学院	教师	服装系	1987—1991
常务理事	操静涛	女	北京联合大学师范学院	系支部书记	数学系	1985—1989
秘书长	罗宜军	男	北京联合大学师范学院	语言文化系副主任	中文系	1979—1983
副秘书长	张智新	男	北京联合大学师范学院	办公室主任		
副秘书长	张　奕	男	北京联合大学师范学院	宣传部长	政教系	1987—1991
副秘书长	牛桂荣	女	北京联合大学师范学院	离退休党总支副书记	物理系	1983—1987

第三章　商务学院

概　　述

2001—2010年,学院坚持改革开放,坚持国际化办学理念,在市属高校中率先于2000年以“3+1”模式开展了中外合作办学,并以此拉开了学院国际化办学的序幕;2001年利用银行贷款方式建成教学综合楼,随后连续进行了三期科技创安工程;2003年年底全面实行了后勤社会化改革。2006年,经本科教学工作水平评估后,学院的学科、专业和教育教学工作加快了建设与改革步伐,建设了三个校级重点建设学科,专业从九个调整到六个,开办两个专业的全英语班,借鉴西苏格兰大学的经验,实施了应用型人才模式的改革与实验。按照国际化办学的要求,通过积极引进人才和对在职教师加大国内外培训力度,师资队伍的整体素质与教学科研水平得到提升。通过基层党建创新、人事干部制度改革、校园文化建设、教学条件改善,使学院在人文环境、学术氛围、共同奋斗的精神状态、教育教学观念等方面,发生了很大的变化。

2001年,孙明院长和学院党委提出国际化办学战略。2002年,院党委书记张秀国在党员大会上提出加快学院国际化办学步伐、推进教育创新的发展方向。2003年,学院党委制定《“十五”时期延伸发展规划》,明确国际化的办学特色和培养国际型商务人才的目标,提出加快实现学科(专业)建设、课程建设与国际接轨,实验实训、教学手段、教材建设、教学管理与国际接轨。2004年,明确提出以“培养和造就国际商务人才”为办学目标,以“服务首都、辐射全国、应用为本、国际特色”为办学宗旨。2005年,学院制定《关于进一步加强迎评促建工作加快学院国际化步伐的决定》(京联商党〔2005〕18号)。2006年,根据学校党委扩大会的精神,为确保本科评估通过,院党委决定停止使用学院的办学宗旨和办学定位,统一使用学校的“发展应用性教育,培养应用性人才,建设应用型大学”和“面向大众、服务首都、应用为本、争创一流”的办学宗旨、办学定位,并且贯彻执行学校的“学以致用”校训。根据学院的进一步发展需要,在校党委的支持下,2008年院党委书记张建林在党员大会上明确提出了“培养德智体美全面发展的应用性国际商务人才”和“建设应用性国际化特色鲜明的商务学院”的奋斗目标。“十一五”规划实施期间,学院始终坚持上述两个目标,高度重视国际交流与合作,积极朝着国际化的方向发展,努力把学院建设成为以培养本科生为主,兼有成人教育和留学生教育的应用性国际化特色鲜明的商学院。2010年,学院党委制定了《关于加快推进学院国际化办学进程的意见》(京联商党〔2010〕26号),全面提出了“十二五”期间国际化办学的目标任务。

2001—2010年,学生人数持续增长。2001年在校生1521人(本科1035人,专科486人),2010年在校生2213人(本科1658人,专升本555人);2001年学院培训中心继续教育在校学生 200 人,2010 年在校学生 800 人;2006 年招收留学生 7 人,2010 年招收 40 人;2001—2010 年派出学历教育留学生共 596 人,其中 85%取得硕士学位。

2001 年教职工 235 人,高级职称占总数的 15%,2010 年教职工 246 人,高级职称占总数的 36%。经过 10 年的发展,学院的办学特色逐步形成,办学实力进一步增强。

注重学科专业建设。学院注重学科专业建设,夯实专业的学科基础,突出国际化应用特色。2008 年,以学院为主体的"北京联合大学经贸实验教学中心"成为北京市级实验教学示范中心。

2001—2010 年,学院围绕培养目标和办学宗旨始终坚持:

提升教育教学质量。学院始终坚持以人为本,不断加强教学建设,深化教育教学改革,规范教学管理,特别是在迎评促建、本科教学工作水平评估后,专业建设、课程建设、英语教学改革、网络学堂应用等方面取得了一大批改革成果。2006 年,学院开始在两个专业试行全英语教学,极大地提升了学生的英语水平和学习能力。2009 年,学院创办了"应用性国际商务人才培养模式创新试验区",全面引进、借鉴国外先进的教学理念和优质的教学资源,创新人才培养模式,使更多的学生不出国门就能享受先进国家高质量的教育服务。

实施人才强校战略。2005 年,学院党委制定 2005—2008 年《人才强院战略实施纲要》(京联商党〔2005〕21 号),学院坚持引育并重的原则,大力引进人才,加大青年教师的培养力度,师资队伍结构得到明显改善。专任教师中具有高级职称的人员比例占到 32.4%,具有硕士及以上学位的人员比例从 2001 年的 24.5%上升到 2010 年的 68.3%,并涌现出一批北京市优秀中青年骨干教师、中青年学科带头人和拔尖创新人才。

加强科学研究工作。学院从 2001 年开始实施科研工作量制度,依托学科专业优势,鼓励教师投入科研。截至 2010 年,学院有 3 个校级研究机构和 3 个院级研究机构。从 2007 年开始,科研立项经费在百万元以上,2009 年科研经费达 310 万。尤其是在"十一五"时期,在国家级项目方面取得零的突破,发表在核心期刊上的论文数和论文质量都有了明显提高,科研水平持续提升。

创新人才培养模式。坚持以学生为本,着力构建"全员、全程、全方位育人"的工作格局。注重对学生的创造创新创业培训和职业生涯教育,以"五双"的基本要求——"双敬"(敬师与敬业)意识、"双信"(诚信与自信)品质、"双能"(创新与实践)素质、"双求"(求学与求成)精神、"双责"(公民与团队)观念,促进学生的全面发展和素质提升,助力学生成人成才成功。学院办学质量与水平得到社会和家长的好评,2007 年以来毕业生就业率超过 95%。2008 年,1100 名(在校生的 70%)师生参加了奥运会 12 个场馆的志愿服务活动。

深化国际交流与合作。学院与国(境)外十多所高校开展了教学、科研、人才培养等合作项目。学生既可以通过"3+1""2+2"联合培养项目获得国内外双学士学位,又可以通过交换生、赴美带薪实习、游学、暑期夏令营等项目来拓宽国际视野,提高在不同文化背景下学习、工作的能力。学院大力推动与国外高校的学术交流与科研合作,搭建国际科研合作平台,提升学院的国际形象;深化来华留学生教育工作,建立健全留学生管理服务体系,来华留学生规模逐步扩大。

积极推进党的建设。学院党委以"围绕发展抓党建,抓好党建促发展"为原则,制定党建工作规划。通过开展"三讲"(讲学习、讲政治、讲正气)、学习"三个代表"重要思想、保持共产党员先进性教育、学习实践科学发展观、创先争优等一系列重大活动,努力建设学习型党组织，充分发挥党总支、党支部的核心与战斗堡垒作用。加强干部和党员的思想作风建设和党风廉政建设，发扬党内民主。积极开展党建和思想政治工作研究并取得可喜成果。注重人才培养和工作创新，认真落实学生党建四项制度，加强德育工作，推进思想政治理论课改革。不断完善教职工幸福健康工程，维护校园安全稳定。发挥老干部、民主党派和群众团体的作用，努力创建和谐校园。

学院占地面积 19471.1 平方米，建筑面积 18351.95 平方米。学院教室全部达到现代教育技术使用要求；科技创安工程建设覆盖校园各角落；数字化校园建设推进了信息化技术在教育教学和管理服务中的广泛应用。学院图书馆收藏各类图书资料 16 万册，电子图书 100 万册，初步建成数字化花园式校园。

第一节　管理体制与组织机构

一、管理体制

商务学院是学校下属的二级法人学院副局级建制。学院实行党委领导下的院长负责制，党委是学院的领导核心。党委坚持民主集中制、坚持集体领导制度，在制度和机制上保障院长独立负责地开展工作。

2003 年，学院党委制定《关于建立院长办公会制度的决定》(京联商党〔2003〕1 号)。2004 年，制定《中共北京联合大学商务学院委员会会议制度和议事规则》(京联商党〔2004〕4 号)，规范院领导班子集体决策的规则、程序及班子建设的有关制度，包括：党委会议制度和议事规则，“三重一大”制度。2007 年，党委制定《商务学院党政联席会议制度》(京联商党〔2007〕36 号)，强化学院关于重大事项决策、重要干部任免、重要项目安排和大额度资金使用等方面的管理和监督，提高院党委和行政班子的决策与履职能力。

2005 年，党委制定《关于加强院领导接待工作的暂行规定》(京联商党〔2005〕12 号)和《关于坚持和完善处级干部通报会制度的决定》(京联商党〔2005〕20 号)。2007 年，制定《关于实行院务公开制度的规定》(京联商党〔2007〕35 号)，加强民主管理与民主监督，完善管理和制约机制，维护师生员工的合法权益，促进学院依法治院、依法治教。

二、组织机构

(一) 党政机构

2001 年，学院设有党政机构 12 个：党委办公室(包括组织、宣传、统战、纪检、离退休办公室)、院长办公室(与外事办公室合署办公)、人事处、教务处、学生工作部(处)、培训部、廊坊办学部、基建处、后勤管理处、校产办、财务科、保卫科。

2002 年 3 月，成立国际培训中心。2004 年 7 月，撤销基建处，其职能并入后勤管理处。2005 年 1 月，成立国际合作与交流处，2010 年 2 月，调整为国际交流合作处。2005 年 1 月，成立科研处，财务科调整为财务处。2005 年 4 月，撤销培训部，成立培训中心。2005 年 8 月，撤销廊坊办学部。2007 年 7 月，成立国有资产管理处。2009 年 12 月，后勤管理处更名为行政管理处，撤销国有资产管理处，其职能并入行政管理处。

2009 年 12 月，根据《北京联合大学二级法人学院内部机构设置方案》（京联党〔2009〕56 号）文件精神，学院机构进行调整，将党委办公室与院长办公室合并成立党政办公室；设立组织宣传部（包括统战、纪检）。

2010 年党政机构设置：党政办公室、组织宣传部、人事处、教务处、行政管理处、科研处、学生处、财务处、保卫处、培训中心。

2001—2010 年学院党政机构设置及负责人详见表 3.1-1。

表 3.1-1　2001—2010 年党政机构设置及负责人一览表

序号	机构名称	正　职	任职时间	副　职	任职时间	备注
1	党委办公室（包括组织、宣传、统战、纪检）	谢宝春 王育红 王　颖	—2004.07 2004.07—2009.06 2009.06—2009.12	王育红 李海文 熊　葳 陈　恒	—2004.07 2004.06—2006.05 2006.12—2008.02 2008.11—2010.02	
2	院长办公室	王丽薇 秦立栓	—2005.08 2006.12—2008.11	高丽霞 秦立栓 杜连城 李海文	2001.07—2004.06 2005.08—2006.12 （主持工作） 2007.07—2010.02 2008.11—2010.02 （主持工作）	
3	党政办公室	李海文	2010.02—今	郭毅靖	2010.02—今	
4	组织宣传部	李　湛 赵振武	2009.12—2010.08 2010.08—今	陈　恒	2010.02—今	
5	工会	刘允新 范宝祥	—2006.12 2006.12—2009.12	王民京 徐惠民 孔繁潮	—2007.07 （专职） 2007.07—2009.01 （专职） 2009.01—今 （专职）	2009 年 12 月主席空缺，由刘允新副院长负责
6	团委	范宝祥 葛雪亮 张玲娜 曹海娟	—2002.09 2004.06—2005.01 2006.12—2008.11 2008.11—今	葛雪亮 雷丽萍 张玲娜 曹海娟 李　焱	2001.04—2002.09 2002.09—2004.06 （主持工作） 2003.04—2005.01 2005.02—2006.12 （主持工作） 2006.12—2008.11 2010.03—今	
7	人事处	李　湛 王　颖	—2009.12 2009.12—今			
8	教务处	沈　伦 唐少清 黄玉丽 沈晓平	—2003.06 2003.06—2005.09 2005.09—2007.12 2007.12—今	徐惠民 李　梅 张世清 翟　晶 李　梅	—2001.07 2002.03—2003.09 2004.06—2005.08 2006.12—今 2007.07—今	

续表

序号	机构名称	正　职	任职时间	副　职	任职时间	备注
9	学生工作部(处)	孔繁潮 赵　辉	—2008.11 2010.2—今	范宝祥 葛雪亮 赵　辉 王思聪	—2002.09 2004.06—2010.04 2008.11—2010.02 （主持工作） 2010.02—今	2009年12月调整为学生处
10	培训中心	王淑凤 王燕平	—2008.11 2010.04—今	丁绍英	2008.11—2010.02 （主持工作）	2005年4月前称培训部
11	廊坊办学部	孙鸿飞 谢宝春	2001.07—2004.07 2004.07—2005.08			2005年撤销
12	基建处	徐惠民	2001.07—2004.07			
13	行政管理处	吴凤山 王民京 梁玉勇	—2007.07 2007.07—2010.02 2010.02—今	张世清	2010.02—今	2001年7月前称总务处，2007年7月前称后勤管理处
14	离退休办公室	杨维平	—2009.12			2009年12月职能转入党委办公室
15	校产办	王丽薇 李庆云 徐惠民	—2001.07 2001.07—2004.07 2004.08—2005.01	李庆云 刘　斌	—2001.07 2002.03—2005.01	2005年1月撤销
16	财务科	李庆云 刘　斌	—2004.06 2004.06—2005.01			
17	保卫科	杜连城	—2010.02			
18	国际交流合作处	高丽霞 张玲娜	2005.01—2010.02 2010.2—今			2010年2月前称，国际合作与交流处
19	科研处	唐少清 方德英 陈建斌	2005.01—2007.07 2007.07—2009.12 2010.02—今	方德英 王一川	2006.07—2007.07 2007.12—2010.02	
20	财务处	徐惠民 刘　斌	2005.01—2007.07 2007.07—今	刘　斌	2005.01—2007.07	
21	国有资产管理处	吴凤山	2007.07—2010.02	张世清	2007.07—2010.02	2010年2月撤销
22	保卫处	孙鸿飞	2009.12—今	杜连城	2010.02—今	
23	国际培训中心	范宝祥 雷丽萍 许德才	2002.03—2007.06 2010.02—2010.04 2010.04—今	齐小光 李　梅 雷丽萍 滕雪梅	2002.03—2003.08 2003.08—2003.09 2006.12—2010.02 2008.05—2008.12 （兼）	2006年12月起内部称为涉外商务系

（二）教学机构

2001 年，学院设工商管理系、电子商务系、艺术设计系、基础部、社会科学部。2010 年，学院设国际商务系、国际经济系、电子商务系、商务艺术设计系、基础部、社会科学部。

2010 年，国际商务系设财务教研室、市场营销教研室、工商管理教研室，有教职员工 32 名，其中专职教师 26 名，教授 2 人，副教授 8 人，博士及在读博士 9 人。2010 年国际商务系设工商管理、财务管理和市场营销三个专业。

国际经济系成立于 2007 年 7 月 12 日，设国际经济与贸易、金融学两个教研室，有教职员工 26 人，其中专职教师 21 人，教授 1 人，副教授 10 人，博士后 1 人，博士及在读博士 15 人。2007—2010 年设有国际经济与贸易、金融学两个专业。

2010 年，电子商务系设信息管理与信息系统、电子商务、专业基础三个教研室，有教职员工 21 人，其中教授 1 人，副教授 5 人，博士及在读博士 10 人。2010 年设有信息管理与信息系统、电子商务两个专业。

2001 年，艺术设计系设基础教研室、环境艺术教研室和电脑美术教研室，有教职员工 20 人，其中教授 1 人，副教授 3 人。设有艺术设计(电脑美术设计)、艺术设计(环境艺术设计)两个专业。2001 年 10 月，艺术设计系更名为现代艺术设计系，2003 年 12 月现代艺术设计系更名为商务艺术设计系。2007 年商务艺术设计系有教职员工 20 人，其中副教授 5 人。2008—2009 年，学校进行专业调整，先后调出 11 名教师，商务艺术系暂由国际商务系代管，准备筹建会展经济与管理系。

2010 年，基础部设外语教研室、数学物理教研室、体育教研室，有教职员工 32 人(外聘专职教师 1 人)，其中教授 1 人，副教授 6 人，博士 2 人。2001 年，基础部设有数学、物理、英语、体育 4 个学科，2007 年取消物理学科，数学物理教研室更名为数学教研室。基础部主要开设《微积分》《线性代数》《概率论与数理统计》《大学英语》《英语口语》《英语写作》《大学体育》等公共基础课。

2010 年，社会科学部设马列教研室、德育教研室，有教职员工 9 人，其中副教授 5 人，博士后 1 人，博士及在读博士 3 人。2010 年，开设《毛泽东思想和中国特色社会主义理论体系概论》《马克思主义基本原理概论》《思想道德修养与法律基础》《中国近现代史纲要》《形势与政策》5 门必修课。

2001—2010 年学院教学机构设置及负责人详见表 3.1-2。

表 3.1-2 2001—2010 年教学机构设置及负责人一览表

序号	机构名称	行政正职	任职时间	行政副职	任职时间	党务负责人	任职时间
1	国际商务系(2001 年 10 月前称工商管理系)	李智玲 李　萍 赵五一	2001.07—2005.01 2005.01—2006.03 2006.06—今	李智玲 许德才 秦立栓 赵俊雪 张　蓉 朱传华	—2001.07 (主持工作) —2004.06 2004.06—2005.08 2005.05—2006.07 2005.08—2006.07 2006.08—今	李智玲 李　萍 赵五一	2001.07—2005.01 2005.01—2006.03 2006.06—今

续表

序号	机构名称	行政正职	任职时间	行政副职	任职时间	党务负责人	任职时间
2	国际经济系（2007年7月12日成立）	李　萍 庞昊勇 赵亚平	2007.07—2008.06 2008.06—2010.02 2010.02—今	刘迎春 王梦珠	2007.07—今 2008.09—今	李　萍 王梦珠	2007.07—2008.06 2008.07—今
3	电子商务系	李　鼎 沈晓平 秦立栓	2001.07—2002.02 2007.07—2008.10 2008.11—今	沈晓平 郑　丽	2002.02—2007.07 2007.07—今	刘允新 周玉芬	—2001.07（兼） 2001.07—2007.07 2007.07—2008.11（兼）
4	商务艺术设计系(2001年10月前称艺术设计系，2003年12月前称现代艺术设计系）	王宪迎	—2007.02	王树兰 滕雪梅	2001.07—2005.06 2005.03—2009.07	王宪迎 王梦珠（总支副书记） 孙鸿飞	—2007.02 2007.02—2007.07（主持工作） 2007.07—2010.02
5	基础部	黄亚声 黄玉丽 沈继宗 王树兰	—2001.07 2001.07—2005.08 2005.08—2006.08 2007.07—今	王树兰 王　红 刘志刚	2005.08—2006.08 2006.08—2007.07（主持工作） 2007.07—今 2010.04—今	王梦珠 黄玉丽 沈继宗 王树兰	—2001.07 2001.07—2005.08 2005.08—2006.08 2007.07—今
6	社会科学部	沈继宗 王小满	—2007.06 2007.07—今			沈继宗 王小满	—2007.06 2007.07—今

（三）教学辅助机构

2001年，教学辅助机构设有图书馆、商务实训中心。

2004年6月成立信息网络中心，挂靠在学院党委办公室，2006年5月单独设置。

2007年7月，商务实训中心更名为商务实践教学中心，2008年7月更名为经贸实验教学中心（北京市高等学校实验教学示范中心）。

2010年，教学辅助机构设有图书馆、经贸实验教学中心、信息网络中心。

2001—2010年学院教学辅助机构设置及负责人详见表3.1-3。

表3.1-3　2001—2010年教学辅助机构设置及历任负责人一览表

序号	机构名称	正职	任职时间	副职	任职时间
1	图书馆	胡静仪 沈　伦 庞昊勇	—2003.06 2003.06—2010.02 2010.02—今	齐小光 王一川	2003.08—2010.02 2010.02—今
2	经贸实验教学中心（东校区）	赵　红	2001.07—今	梁玉勇 孙长宾	2007.07—2010.02 2010.02—今
3	信息网络中心	李海文 梁玉勇 刘锦东	2006.05—2008.11 2008.11—2010.02 2010.02—今		

三、专门委员会等机构设置及调整

2001—2010 年学院常设专门委员会详见表 3.1-4。

表 3.1-4　2001—2010 年常设专门委员会一览表

序号	名　称	主任（组长）	任职时间	副主任（副组长）	任职时间
1	档案工作领导小组	孙　明 顾志良	2002.12—2008.11 2008.11—今	张建林 范宝祥 唐少清	2002.12—2004.06 2004.06—2009.12 2009.12—今
2	教师资格认定工作领导小组	孙　明 冯　虹 顾志良	2004.05—2006.06 2006.06—2007.10 2008.03—今	刘允新 黄玉丽	2004.05—2006.06 2007.10—2008.03
3	岗位聘任工作领导小组	冯　虹 顾志良	2006.06—2008.03 2008.03—今	张秀国 范宝祥 张建林 黄玉丽	2006.06—2007.04 2006.06—2009.12 2007.10—2008.03 2007.10—2008.03
4	考核工作领导小组	冯　虹	2006.06—2007.10	张建林	2007.10—今
5	财经工作领导小组	冯　虹	2007.10—2008.01	张建林 黄玉丽(常务)	2007.10—今 2007.10—今
6	教学工作委员会	孙　明 冯　虹	2005.05—2006.04 2006.06—2007.10	刘允新 张秀国 张建林 黄玉丽(常务)	2005.05—2006.06 2006.06—2007.04 2007.10—今 2007.10—今
7	学术委员会	孙　明 冯　虹 顾志良	2005.03—2006.04 2006.06—2007.10 2010.05—今	唐少清 刘允新 张秀国 方德英 张建林 黄玉丽(常务)	2005.03—2007.10 2006.06—2007.10 2005.03—2007.04 2006.06—2010.05 2007.10—今 2005.03—今
8	学科建设领导小组	黄玉丽	2007.06—今	方德英(常务) 李　萍	2007.07—2010.02 2007.06—2008.07
9	专项经费申报工作小组	刘允新 黄玉丽	2007.06—2008.05 2008.05—今	黄玉丽 刘　斌 徐惠民	2007.06—2008.05 2008.05—今 2007.06—2009.03
10	公费医疗管理委员会	冯　虹 张建林 刘允新	2006.06—2007.10 2007.10—今 2007.10—今	范宝祥 李　湛 杨维平 赵　辉	2006.06—2007.10 2007.10—2010.08 2006.06—2009.12 2006.06—今
11	学生公寓管理领导小组	范宝祥 刘允新	2006.05—2008.10 2008.10—今	吴凤山 孔繁潮 王民京	2006.05—2008.10 2008.10—今 2006.05—今

续表

序号	名　称	主任（组长）	任职时间	副主任（副组长）	任职时间
12	绿化工作委员会	唐少清 刘允新	2006.06—2007.10 2007.10—今	吴凤山 王民京	2006.06—2007.10 2007.10—今
13	伙食管理委员会	唐少清 刘允新	2006.06—2007.10 2007.10—今	吴凤山 王民京	2006.06—2007.10 2007.10—今
14	爱国卫生委员会	唐少清 刘允新	2006.06—2007.10 2007.10—今	吴凤山 杨维平 王民京	2006.06—2007.10 2007.10—今 2006.06—今
15	国有资产管理领导小组	刘允新	2006.06—今	徐惠民 吴凤山 刘　斌 张世清	2006.06—2007.07 2007.10—2010.03 2010.03—今 2007.07—今
16	资产清查领导小组	刘允新	2006.08—2007.10	徐惠民 刘　斌 吴凤山	2006.08—2007.10 2007.10—今 2006.08—2010.03
17	招投标工作领导小组	刘允新	2006.06—2010.01	徐惠民 吴凤山 刘　斌 张世清	2006.06—2007.10 2007.10—2010.03 2010.01—今 2010.01—今
18	防火安全委员会	冯　虹 张建林	2006.06—2008.01 2007.10—今	范宝祥 杜连城	2006.06—2009.12 2009.12—今
19	交通安全委员会	范宝祥	2006.06—2007.10		
20	文明校园建设领导小组	范宝祥	2006.06—2007.10	秦立栓 孔繁潮 王民京	2006.06—今 2006.06—今 2006.06—今
21	毕业生就业工作领导小组	冯　虹 张秀国 顾志良 张建林	2006.06—2007.10 2006.06—2007.04 2008.01—今 2007.04—今	范宝祥 唐少清	2006.06—2009.12 2009.12—今
22	献血工作领导小组	范宝祥	2006.06—2009.12	秦立栓 孔繁潮 杨维平	2006.06—今 2006.06—今 2006.06—2010.01
23	治保委员会	冯　虹 顾志良	2006.06—2008.01 2008.01—今	范宝祥 秦立栓 杜连城	2006.06—2009.12 2006.06—今 2006.06—今
24	红十字会工作委员会	范宝祥 唐少清	2006.06—2009.12 2009.12—今	秦立栓 孔繁潮 王民京 张玲娜 徐惠民 杨维平	2006.06—今 2006.06—今 2006.06—今 2006.06—今 2007.10—2009.03 2007.10—2010.01

续表

序号	名　称	主任（组长）	任职时间	副主任（副组长）	任职时间
25	体育运动委员会	范宝祥 唐少清	2005.10—2009.12 2009.12—今	黄玉丽 王民京 张玲娜 白志彦 孔繁潮 李　梅 徐惠民	2005.10—2007.10 2005.10—今 2005.10—今 2007.10—今 2007.10—今 2007.10—今 2005.10—2009.03
26	综合治理委员会	冯　虹	2006.06—2008.01	范宝祥 秦立栓 杜连城	2006.06—2009.12 2006.06—今 2006.06—今
27	保密工作领导小组	张秀国 张建林	2006.05—2007.04 2007.10—今	刘允新 范宝祥 黄玉丽	2006.05—2007.10 2006.05—2009.12 2007.10—今
28	安全稳定工作领导小组	张秀国 冯　虹 张建林 顾志良	2006.05—2007.04 2006.05—2008.01 2007.10—今 2008.06—今	范宝祥 唐少清 刘允新	2006.05—2009.12 2009.12—今 2010.04—今

四、领导分工与任免变更

（一）领导班子调整

2001 年，学院领导班子由党委副书记、副院长孙明（主持工作）、院长助理张建林、刘允新三人组成，党委由孙明、张建林、刘允新、谢宝春、沈继宗组成。

2002 年 3 月，学校对学院领导班子进行调整，张秀国任党委书记、孙明任院长，副书记张建林，副院长刘允新组成领导班子，党委由张秀国、孙明、张建林、刘允新、谢宝春、沈继宗组成。

2002 年 9 月，范宝祥任副院长。

2002 年 12 月，学院召开党员大会，选出新一届党委委员 7 人，张秀国任党委书记、张建林任党委副书记。

2004 年 6 月，张建林调机电学院，范宝祥任党委副书记。

2004 年 9 月，唐少清任副院长。

2006 年 4 月，孙明因年龄原因，不再担任院长职务，由联大副校长冯虹任院长兼党委副书记。学院领导班子由张秀国、冯虹、刘允新、范宝祥、唐少清组成。

2007 年 4 月，张秀国因年龄原因，不再担任党委书记职务，张建林任党委书记。

2007 年 6 月，黄玉丽任副院长。10 月，唐少清调联大教务处。领导班子由张建林、冯虹、刘允新、范宝祥、黄玉丽组成。

2008 年 1 月，学院召开党员大会，选出新一届党委委员 7 人，张建林任党委书记、范宝祥任党委副书记。

2008 年 1 月，冯虹不再兼任院长、副书记职务，顾志良任院长。

2008 年 2 月，领导班子由张建林、顾志良、刘允新、范宝祥、黄玉丽组成。

2009 年 5 月，顾志良兼任党委副书记。

2009 年 12 月，范宝祥调联大机关，唐少清任党委副书记。

2001—2010 年学院历任党委和行政领导人详见表 3.1-5 和表 3.1-6。

表 3.1-5　2001—2010 年历任党委领导人一览表

正　职	姓　名	任职时间	副　职	姓　名	任职时间
书　记	张秀国	2002.03—2007.04	副书记	孙　明	—2002.03（主持工作）
书　记	张建林	2007.04—今	副书记	张建林	2002.03—2004.06
			副书记	范宝祥	2004.06—2009.12
			副书记	冯　虹	2006.04—2008.01
			副书记	顾志良	2009.05—今
			副书记	唐少清	2009.12—今

表 3.1-6　2001—2010 年历任行政领导人一览表

正　职	姓　名	任职时间	副　职	姓　名	任职时间
院　长	孙　明	2002.03—2006.04	副院长	孙　明	—2002.3（主持工作）
院　长	冯　虹	2006.04—2008.01(兼)	副院长	刘允新	2002.03—今
院　长	顾志良	2008.01—今	副院长	范宝祥	2002.09—2007.06
			副院长	唐少清	2004.09—2007.10
			副院长	黄玉丽	2007.06—今

（二）领导班子分工

2006 年 5 月院领导工作分工如下。

党委书记张秀国：主持学院党委全面工作。主管党办（组织、宣传、统战）、社科部、离退休办公室、医务室。联系商务艺术设计系。

院长冯虹：主持学院行政全面工作。主管人事处、财务处（审计）、院办（档案室）、国际合作与交流处（港澳台办公室）。联系基础部。

副院长刘允新：兼评估办主任。分管教务处、商务实训中心、培训中心、信息网络中心、国有资产管理办公室、视导组。联系电子商务系。

副书记、副院长范宝祥：兼国际培训中心（涉外商务系）主任。分管学生部（处）、工会、保卫科、纪监办、团委。联系国际培训中心（涉外商务系）。

副院长唐少清：兼科研处处长。分管图书馆、后勤管理处（基建）、会展研究所、国际商务研究所、电子商务研究所、留学生工作办公室，协管国际合作与交流处（港澳台办公室）。联系国际商务系。

2007 年 6 月院领导工作分工调整如下。

党委书记张建林：主持学院党委全面工作。主管党办（组织、宣传、统战）、社科部、离退休办公室、医务室。联系商务艺术设计系和社科部。

院长冯虹：主持学院行政全面工作。主管人事处、财务处(审计)、院办(档案室)、国际合作与交流处(港澳台办公室)。联系基础部。

副院长刘允新：分管后勤管理处(基建)、培训中心、国有资产管理处。联系电子商务系。

副书记范宝祥：兼工会主席。分管学生部(处)、工会、保卫科、党办(纪监办)、团委。联系国际商务系。

副院长唐少清：分管科研处、图书馆、会展研究所、国际商务研究所、电子商务研究所、留学生工作办公室,协管国际合作与交流处(港澳台办公室)。联系国际培训中心(涉外商务系)。

副院长黄玉丽：兼教务处长。分管教务处、商务实践教学中心、信息网络中心。联系国际经济系。

2007 年 12 月院领导工作分工调整如下。

党委书记张建林：主持学院党委全面工作。主管党办(组织、宣传、统战)、社科部、离退休办公室、医务室。联系商务艺术设计系和社科部。

院长冯虹：主持学院行政全面工作。主管人事处、财务处(审计)、院办(档案室)、国际合作与交流处(港澳台办公室)。联系基础部。

副院长刘允新：分管后勤管理处(基建)、培训中心、国有资产管理处。联系电子商务系。

副书记范宝祥：兼工会主席。分管学生部(处)、工会、保卫科、党办(纪监办)、团委、留学生工作办公室,协管国际合作与交流处(港澳台办公室)。联系国际商务系和国际培训中心(涉外商务系)。

副院长黄玉丽：分管教务处、科研处、图书馆、会展研究所、国际商务研究所、电子商务研究所、商务实践教学中心、信息网络中心。联系国际经济系。

2008 年 4 月院领导工作分工调整如下。

党委书记张建林：主持学院党委全面工作。主管党办(组织、宣传、统战)、社科部、离退休办公室、医务室。联系商务艺术设计系和社科部。

院长顾志良：主持学院行政全面工作。主管人事处、财务处、院办(档案室)、国际合作与交流处(留学生工作办公室、港澳台办公室)、审计工作。联系基础部。

副院长刘允新：分管后勤管理处(基建)、培训中心、国有资产管理处。联系电子商务系。

副书记范宝祥：兼工会主席。分管学生部(处)、工会、保卫科、党办(纪监办)、团委。联系国际商务系和国际培训中心(涉外商务系)。

副院长黄玉丽：分管教务处、科研处、图书馆、商务实践教学中心、信息网络中心。联系国际经济系。

2009 年 12 月,其他领导班子成员分工不变,副院长刘允新分管工会,党委副书记唐少清分管学生部(处)、保卫科、党办(纪监办)、团委。联系国际商务系和国际培训中心(涉外商务系)。

第二节 教学改革与发展

一、本科教育

（一）专业设置及调整

2001 年，学院设有 6 个普通本科专业。2010 年专业调整后设置的普通本科专业仍是 6 个，保持 10 年连续招生的专业为 3 个，分别是工商管理（国际商务）专业、财务管理专业和工商管理（金融证券）。信息管理与信息系统专业连续招生 9 年，2010 年暂停招生。市场营销（国际物流）专业从 2002—2010 年连续 9 年招生。2001—2007 年艺术设计专业分为环境艺术设计和电脑美术设计两个方向，连续 7 年招生，是学院招生具有优势的专业，2008 年学院服从学校专业布局与调整的大局，将艺术设计专业调整到师范学院。2007 年工商管理（金融证券）调整为金融学专业。2004 年新增工商管理（会展商务）专业，2009 年改名为会展经济与管理专业，连续 7 年招生。2005 年新增国际经济与贸易专业，连续 6 年招生。2010 年，学院按照学校专业布局与调整大局的要求，将具有很大竞争优势和丰富社会资源的会展经济与管理专业调整到旅游学院（见表 3.2-1～表 3.2-3）。

学院从 2004 年开始招收高等职业教育升本科（简称专升本）学生，招生专业和学生规模稳定。2006—2010 年，国际经济与贸易、市场营销两个专业连续招生（见表 3.2-4）。

表 3.2-1 2010 年本科（含专升本）专业一览表

序号	专业名称	专业代码	学科门类	二级学科	备注
1	国际经济与贸易	020102	经济学	经济学类	院级重点建设专业
2	金融学	020104	经济学	经济学类	
3	工商管理	110201	管理学	工商管理类	
4	市场营销	110202	管理学	工商管理类	
5	财务管理	110204	管理学	工商管理类	校级骨干专业
6	会展经济与管理	110311S	管理学	公共管理类	
7	电子商务	110209W	管理学	工商管理类	2009 年停招
8	信息管理与信息系统	110102	管理学	管理科学与工程	2010 年暂停招生
9	金融学（专升本）	020104	经济学	经济学类	2004 年开始招生
10	国际经济与贸易（专升本）	020102	经济学	经济学类	2006 年开始招生
11	市场营销（专升本）	110202	管理学	工商管理类	2006 年开始招生

表 3.2-2 2001—2010 年本科专业调整情况一览表

序号	专业名称	专业代码	学科门类	申办年度	备注
1	艺术设计	050408	文学	1998	2008 年停招
2	财务管理	110204	管理学	2001	新增
3	电子商务	110209W	管理学	2003	2009 年停招
4	国际经济与贸易	020102	经济学	2004	新增
5	会展经济与管理	110311S	管理学	2009	新增

表 3.2-3 2001—2010 年本科专业设置及招生情况一览表 单位：人

招生专业＼招生年份	2001	2002	2003	2004	2005	2006	2007	2008	2009	2010	合计
工商管理(国际商务)	68	68	60	60	31	70	28	68	36	68	557
工商管理(金融证券)	60	68	60	30	30	30					278
财务管理	68	35	30	30	30	30	60	64	64	100	511
信息管理与信息系统	68	64	30	53	60	60	58	60	105		558
艺术设计(环境艺术设计)	23	40	44	44	44	44	22				261
艺术设计(电脑美术设计)	23	40	44	44	44	44	22				261
市场营销(国际物流)		35	30	30	30	30	28	32	36	66	317
电子商务			60	54	60	62	60	60			356
工商管理(会展商务)				30	30	30	28	32			150
国际经济与贸易					60	30	66	60	64	68	348
会计学					30						30
金融学							58	62	64	68	252
会展经济与管理									64	63	127
合计	310	350	358	375	449	430	430	438	433	433	4006

表 3.2-4 2004—2010 年高等职业教育升本科专业设置及招生情况一览表 单位：人

招生专业＼招生年份	2004	2005	2006	2007	2008	2009	2010	合计
工商管理(金融证券)	31	37	100	68	60			296
信息管理与信息系统	9	32						41
国际经济与贸易			98	66	132	103	90	489
市场营销			31	55	41	55	54	236
金融学						120	131	251
合计	40	69	229	189	233	278	275	1313

(二) 教学基本建设

1. 学科与专业建设

(1) 学科建设

2004 年，学院制定《重点建设学科管理办法》(京联商〔2004〕48 号)《科研工作量计算及奖励办法(试行)》(京联商〔2004〕17号)等文件,规划实施学科专业一体化建设,强调以科学研究为动力,以重点建设学科作支撑,形成不同层次特色专业建设体系。

2001—2007年,学院从纺织类院校转型为商务类院校,经管商务类学科建设起步较晚,学科建设受到一定影响。2007年以后,学院加大学科建设的步伐,相继制定《重点建设学科、研究所配套经费管理暂行办法》(京联商〔2007〕107号)《科研工作量制度实施细则》(京联商〔2009〕16号)等一系列文件。2007—2010年,已初步建立三个校级重点建设学科(管理科学与工程、国际贸易学、企业管理学,见表3.2-5)和两个院级重点建设学科(工商管理和金融学)。

校级重点建设学科简介:

管理科学与工程学科。该学科由商务学院主管。学科队伍主要由商务学院、管理学院等单位的教师组成,支撑信息管理与信息系统、电子商务等相关专业。研究特点是综合运用系统科学、管理科学、数学、经济和行为科学及工程方法,以信息技术为主要工具,研究和解决社会、经济、工程等方面管理问题的一门学科。学科的主要研究方向有信息系统开发与管理,管理模型、方法与技术,信息资源与IT/IS战略等,并围绕"知识管理与知识工程"研究解决服务外包、旅游等现代服务业中的信息化问题,在国际化科研合作和服务地方经济方面取得显著成果。

国际贸易学学科。该学科是研究国家(地区)间商品与劳务交换、生产要素、人员、知识产权交换及国际经贸合作理论与方法的学科,具有很强的实践性特点,支撑国际经济与贸易专业。学科的主要研究方向包括:国际贸易理论与政策研究、FDI与跨国经营以及北京服务贸易研究。学科密切关注国际贸易前沿问题,把握国际贸易发展动态,结合北京产业发展特征,重点开展国际服务贸易研究,并取得了丰富的研究成果,在服务地方经济方面取得了显著效益。

企业管理学学科。该学科于2004年10月评为校级重点建设学科,是学院建立最早的校级重点建设学科。研究特点是综合运用经济学、管理科学、数学、系统分析工具与方法,研究企业管理的新趋势、出现的新问题,特别是在北京市现代服务业发展过程中,企业管理亟须解决的前沿问题,形成战略管理与决策和企业理财两个特色方向。支撑国际商务、市场营销、财务管理等相关专业。学科队伍主要由国际商务系等部门的教师组成。围绕"北京市现代服务业发展"方面所进行的研究,曾获得国家自然科学基金及多项省部级项目,形成了一批有一定影响力的科研成果。

表3.2-5　2001—2010年校级重点建设学科一览表

学科名称	学科类别	负责人	备注
管理科学与工程学科	管理学	方德英	2007年9月评为校级重点建设学科
国际贸易学	应用经济学	赵亚平	2007年9月评为校级重点建设学科
企业管理学	管理学	李萍(2004.10—2007.09) 冯虹(2007.09—今)	2004年10月评为校级重点建设学科 2007年9月与管理学院的企业管理学整合为一个校级重点建设学科

(2) 专业建设

2001—2010年,学院不断开拓应用型国际商务类专业方向,加强校、院两级重点建设专业的特色建设和教学团队建设。6个本科专业中，已建成1个校级骨干专业，2个院级重点建设专业(见表3.2-6)。2008—2009年，1个教学团队建成校级优秀教学团队，2个教学团队获得校级优秀教学团队培育项目(见表3.2-7)。2009年，方德英教授被评为校级教学名师。

财务管理校级骨干专业简介：

该专业注重财务理论与实践的紧密结合，以财务核算、财务分析、投融资决策、理财规划等能力的培养为目标，突出应用性、职业化、区域化、国际化的教学特色，已形成了科学合理的专业理论、综合实践、协同专业的课程群结构体系。2008—2010年获得多项局级及以上科研项目。出版多部市级精品教材。

表3.2-6　2001—2010年院级及以上重点建设专业一览表

专业名称	学科门类	专业大类	负责人	重点建设级别	获批时间/年
财务管理	管理学	工商管理类	朱传华	校级骨干专业	2008
工商管理(会展商务管理)	管理学	工商管理类	王卓(李智玲)	院级重点扶持专业	2009
信息管理与信息系统	管理学	管理科学与工程	高引民	院级重点建设专业	2009

表3.2-7　2001—2010年校级优秀教学团队一览表

教学团队名称	负责人	级别	评定时间/年
国际经济与贸易教学团队	崔　玮	校级优秀教学团队培育项目	2008
基于创业能力培养的网络商务实践教学团队	方德英	校级优秀教学团队培育项目	2009
财务管理专业主干课程教学团队	朱传华	校级优秀教学团队	2009

2. 课程与教材建设

学院建立了校、院两级本科精品课程建设体系和市、校、院三级精品(规划)教材建设体系。在重点做好公共基础课程、学院平台课程建设的基础上，重点培育、建设精品课程，并以精品课程建设带动整体课程建设。2007年，学院与天津师范学院王立柱教授合作，成功申报“教育部微软精品课程建设项目‘数据结构(C/C＋＋)’”，秦立栓副教授为学院该项目负责人。2001—2010年，尤其是从2003年起，学院先后出台了《关于教材建设的有关规定》(联商教发字〔2003〕148号)、《重点课程建设实施意见》(联商教发字〔2006〕028号)、《全英语教学管理暂行办法》(京联商〔2007〕47号)、《全英语教学管理补充办法》(联商教〔2009〕74号)、《“全英语”教学班学生“滚动制”管理办法》(联商教〔2010〕49号)等一系列文件，加大本科精品课程、校级及以上精品教材建设和双语教学、全英语教学精品课程建设。截至2010年12月，学院有8门本科课程被评为校级精品课程(见表3.2-8)，5门课程被评为校级本科双语教学示范课程培育项目(见表3.2-9)，13门课程被评为院级本科全英语教学示范课程培育项目，10门课程被评为院级本科双语教学示范课程培育项目；1部教材被评为国家规划教材，4部教材被评为市级精品教材，3部教材被评为校级精品教材(见表3.2-10)；开设全英语课程45门，开设双语课程38门。

表 3.2-8 2001—2010 年校级本科精品课程一览表

序号	课程名称	负责人	获批时间/年	备注
1	大学物理	陈 治	2005	2010 年并入学校基础部
2	大学英语	牛洁珍	2006	
3	财务管理	朱传华	2006	
4	高职高专基础英语	侯鸿节	2005	2007 年因艺术设计专业停招而停止建设
5	互联网软件应用与开发	沈晓平	2007	2010 年负责人变为石彤
6	微观经济学	张 蓉	2007	
7	管理信息系统分析与设计	高引民	2009	
8	国际贸易实务	崔 玮	2009	2010 年负责人变为张宇馨

表 3.2-9 2001—2010 年校级本科双语教学示范课程培育项目一览表

序号	课程名称	负责人	获批时间/年
1	国际商务	钱春丽	2008
2	国际贸易理论	张宇馨	2008
3	西方财务会计	张艳秋	2008
4	电子商务概论	檀竹生	2009
5	统计学	王述珍	2009

表 3.2-10 校级及以上精品教材、国家级规划教材一览表

序号	教材名称	适用专业	主 编	级别	获批时间/年
1	会计模拟实训教程	财务管理等	朱传华	校级精品教材	2005
2	图案设计教学与应用	艺术设计	滕雪梅	市级精品教材	2006
3	财务会计与分析	财务管理等	朱传华	市级精品教材	2006
4	会计模拟实习	财务管理等	朱传华	校级精品教材	2006
5	大学物理	管理类、经济类	陈 治	校级精品教材	2006
6	财务管理案例分析	财务管理等	朱传华	市级精品教材	2008
7	国际商务综合实训教程	工商管理等	崔 玮	市级精品教材	2008
8	风险投资运作	金融学等	高成亮	“十一五”国家规划教材	2009

2006 年，学院有 13 门课程获批了院级本科全英语教学示范课程培育项目，分别为国际商务、市场营销、国际金融与结算、国际贸易理论、财务管理、国际商务谈判、会计学、管理学、微观经济学、宏观经济学、高等数学、计算机基础和计算机程序设计。2006—2010 年，学院定期进行了项目检查，并加大投入项目建设经费。

2008 年，学院有 10 门课程获批了院级本科双语教学示范课程培育项目，分别是经济法、管理学(全英语)、市场营销、计算机程序设计、电子商务概论、高等数学 C(一)(全英语)、微观经济学、统计学、货币银行学和国际金融(双语)。

2001—2010 年学院教师编写出版的教材见表 3.2-11。

表 3.2-11　2001—2010 年教师编写出版的教材一览表

序号	教材名称	作　者	出版社	出版年
1	会计模拟实训教程	朱传华	首都经济贸易大学出版社	2004
2	图案设计教学与应用	滕雪梅(编委)	高等教育出版社	2004
3	互联网软件应用与开发	沈晓平	经济科学出版社	2005
4	项目评估与管理	唐少清	北京交通大学出版社	2006
5	金融学同步辅导	王　慧	中国时代经济出版社	2006
6	国际商法新论	张万春	法律出版社	2007
7	会展运营管理	唐少清	机械工业出版社	2007
8	大学物理(上、下)	陈　治	清华大学出版社	2007
9	财务管理案例分析	朱传华	北京交通大学出版社、清华大学出版社	2007
10	商业银行综合业务实训教程	庞昊勇	东北财经大学出版社	2007
11	市场营销技术—策划与运营	王瑞丰	北京航空航天大学出版社	2007
12	会计综合实训	王彤彤	中国财政经济出版社	2008
13	风险投资运作	高成亮	首都经济贸易大学出版社	2008
14	现代会展操作实务与案例	唐少清	北京交通大学出版社	2008
15	Visual Basic 程序设计	郑　丽	清华大学出版社、北京交通大学出版社	2009
16	现代田径运动教学与训练	陈金堂(编委)	西安地图出版社	2009
17	简明经济法	张万春	首都经济贸易大学出版社	2009
18	AutoCAD 装饰设计施工图绘制	金　光(编委)	中国水利水电出版社、知识产权出版社	2009
19	应用微积分(上、下)	刘志刚	中国科学文化出版社	2009
20	财务报表分析	邵　军(编委)	首都经济贸易大学出版社	2009
21	大学计算机应用基础	李玉霞(编委)	清华大学出版社	2009
22	马克思恩格斯哲学原著英汉对照选读	张建林	天津人民出版社	2009
23	国际贸易：理论、案例与分析	赵亚平	清华大学出版社、北京交通大学出版社	2010
24	信息经济学	陈建斌	清华大学出版社	2010
25	商务管理模拟实训教程	潘月杰	首都经济贸易大学出版社	2010

3. 实践教学建设

2001—2010 年，学院在实践教学建设上不断加大投入和资源整合力度，设立实践教学专项经费，创建实践教学奖励制度，逐步实现校内外的实践教学基地建设整合以及实验室的统一管理，先后建立了 39 个校外教学实践基地(见表 3.2-12)。

2008 年，经贸实验教学中心(东校区)成为北京市级实验教学示范中心；艺术设计专业校外人才培养基地成为校级校外人才培养基地；2009 年，会展专业校外人才培养基地成为校级校外人才培养基地。

表 3.2-12　2001—2010 年校外教学实践基地建设一览表

序号	实践教学基地名称	面向专业	签约时间/年	备注
1	北京正业同信科技有限责任公司	工商管理(国际商务)等	2002	
2	北京润唐广告有限公司	艺术设计	2003	
3	北京新感受设计公司	艺术设计	2003	
4	北京山月辰建筑装饰工程有限公司	艺术设计	2003	
5	北京联合空间技术开发有限公司	艺术设计	2003	
6	北京乐天永创展览展示有限责任公司	工商管理(会展商务管理)	2003	
7	上海智广网络信息技术有限公司	信息管理与信息系统	2004	
8	用友软件有限公司北京分公司	工商管理(国际商务)等	2004	
9	北京国际会议展览业协会	会展经济与管理工商管理(国际商务)	2005	校级示范
10	北京北奥会展有限公司	工商管理(会展商务管理)	2005	
11	中企国际展览广告有限公司	工商管理(会展商务管理)	2005	
12	清华阳光太阳能设备有限责任公司	工商管理(国际商务)	2005	
13	北京翠微大厦股份有限公司	工商管理(国际商务)	2005	
14	北京中教电信有限公司	工商管理(国际商务)	2005	
15	北京工业设计促进中心	艺术设计	2005	
16	北京泰美制版有限公司校外实践教学基地	艺术类专业	2006	校级示范
17	北京筑维建筑装饰工程有限公司	艺术设计	2006	
18	国家会议中心	工商管理(会展商务管理)	2007	
19	北京鲁日世纪数码科技有限公司	艺术设计	2007	
20	北京当代中国出版社	艺术设计	2007	
21	中国国际企业合作公司	所有专业	2007	
22	华阳恒通(北京)广告有限公司	工商管理(会展商务管理)	2008	
23	北京品信国际会展公司	工商管理(会展商务管理)	2008	
24	北京振威展览有限公司	工商管理(会展商务管理)	2008	
25	北京何镇强装饰设计有限公司	艺术设计	2008	
26	江苏新国际会展集团有限公司	会展经济与管理	2009	
27	北京邦企展览服务有限公司	会展经济与管理	2009	
28	北京永一格展览展示有限公司	会展经济与管理	2009	
29	北京路易通旅行社有限公司	会展经济与管理	2009	
30	海联(香港)国际传媒集团	会展经济与管理	2009	
31	北京思恒展览策划有限公司	会展经济与管理	2009	
32	传承主建国际展览服务(北京)有限公司	会展经济与管理	2009	
33	广发银行北京安贞支行	金融学	2009	
34	申银万国证券股份有限公司北京劲松营业部	金融学	2009	
35	八方永信会计代理事务所	财务管理	2009	
36	柒-拾壹(北京)有限公司	工商管理(国际商务) 市场营销(国际物流)	2009	
37	北京东方佳讯技术有限公司	信息管理与信息系统电子商务	2009	
38	柏力纳软件(北京)有限公司	信息管理与信息系统电子商务	2009	
39	琅德北软教研培训学校	信息管理与信息系统电子商务	2010	

4. 教学管理制度建设

2003年,教务处对学院教学管理文件进行了梳理,并在此基础上形成了《北京联合大学商务学院教学管理文件汇编》。2006年,院级教学管理制度进一步完善,编制了新的教学管理文件汇编——《北京联合大学商务学院教学管理文件汇编》。该汇编涵盖了专业建设管理、课程建设管理、教材建设管理、学生学籍管理、教师教学管理、实践教学管理、教学质量管理、教学研究管理等所有教学管理环节。2007年以后,学校的教学管理制度不断规范统一。除全英语教学试点班及人才培养模式创新试验区的改革工作外,学院教学管理制度按照学校教学改革与配套制度进行建设与完善,逐步形成了依照学校统一教学管理制度组织教学、推进教育教学管理改革。

2001年,学院继续坚持领导干部听课、中层干部听课、巡视及学生评教制度,并高度重视学生对教师课堂教学的质量的评价。例如,2007年,开始实施网上评教,学生通过登录"网上学生评教管理系统"直接对老师进行评教,通过网上留言提出对教学的要求和建议,形成教学督导制度和监控体系。2004年,学院聘请葛德玉、王惠莲、李敬生、孙文林4位教授开展教学督导工作。2006年按照联合大学规范教学质量监控工作管理机构的通知要求,学院成立教学质量监控领导小组及督导室,督导室设在教务处(京联商〔2006〕78号、80号)。2008年以后,督导队伍不断扩大,聘请校内外专家约20人,并转换督导工作方式和方法,实行常规检查与专项检查相结合,对学院教学质量进行监控。2006年以后,学院建立了学生信息员制度;从2010开始,制定了信息员月报制度和机制,信息员每月以书面形式向教务处反馈教学信息,教务处依据反馈意见及时解决教学中的问题。

学院重视教学经验的总结和推广,从2002年开始每年召开一次全院教学工作会议,研讨问题、征集教改论文、出版教学教改工作汇编,推进教育教学改革的深入发展。

2001—2010年学院出台的重要教学管理文件见表3.2-13。

表3.2-13　2001—2010年重要教学管理文件一览表

年份	序号	文件标题	文号
2002	1	关于改革课程考试的意见和规定	京联商教〔2002〕53号
	2	关于考试课监考工作的意见	京联商教〔2002〕111号
2003	3	干部听课制度规定	京联商教〔2003〕24号
	4	关于专业设置调整管理的暂行规定	京联商教〔2003〕27号
	5	教学成果奖励试行条例	京联商教〔2003〕36号
	6	教育教学研究与改革项目管理暂行办法	京联商教〔2003〕41号
	7	教师教学工作岗位职责	京联商教〔2003〕72号
	8	教学工作规范(试行)	京联商教〔2003〕73号
	9	关于教师任课资格审批的暂行规定	京联商教〔2003〕74号
	10	培养计划工作条例	京联商教〔2003〕75号
	11	关于日常教学组织管理工作的若干规定	京联商教〔2003〕76号
	12	关于教学检查的若干规定	京联商教〔2003〕77号
	13	系(部)级教学工作水平评估办法(试行)	京联商教〔2003〕78号
	14	教室使用管理规定	京联商教〔2003〕125号
	15	教学实习基地建设及管理暂行规定	京联商教〔2003〕126号
	16	关于鼓励教职工参加第二课堂教学与研究工作的办法(试行)	联商教发字〔2003〕132号
	17	教学档案管理办法	联商教发字〔2003〕142号

续表

年份	序号	文件标题	文号
2003	18	课程考核工作规范	联商教发字〔2003〕143号
	19	关于期末考试管理的暂行规定	联商教发字〔2003〕144号
	20	考试工作纪律	联商教发字〔2003〕145号
	21	关于双语教学的有关规定	联商教发字〔2003〕146号
	22	教材工作条例	联商教发字〔2003〕147号
	23	关于教材建设的有关规定	联商教发字〔2003〕148号
	24	关于期末考试质量评价工作的暂行规定	联商教发字〔2003〕149号
	25	关于教材选用与供应管理的有关规定	联商教发字〔2003〕150号
2004	26	教师授课奖励试行办法	京联商〔2004〕46号
	27	重点建设学科管理办法	京联商〔2004〕48号
	28	选修课选课试行办法	联商教发字〔2004〕111号
2005	29	关于进一步规范教学运行秩序的规定	联商教发字〔2005〕10号
	30	外请教师队伍建设与开发管理暂行规定	京联商〔2005〕16号
	31	课堂教学质量评价暂行办法	京联商〔2005〕37号
	32	教学事故认定暂行规定	京联商〔2005〕38号
	33	关于排课、调(停课)的规定	联商教发字〔2005〕053号
	34	教学专项建设项目管理办法(试行)	京联商〔2005〕53号
	35	实践教学环节管理规定	联商教发字〔2005〕054号
	36	学生教学信息员制度实施办法	京联商〔2005〕54号
	37	实践教学实施细则	联商教发字〔2005〕055号
	38	实习教学实施细则	联商教发字〔2005〕056号
	39	课程设计实施细则	联商教发字〔2005〕057号
	40	多媒体教室设备使用与管理规定	联商教发字〔2005〕062号
	41	关于大学英语教学及成绩管理的有关规定	京联商〔2005〕62号
	42	本科毕业设计(论文)工作规定	联商教发字〔2005〕065号
	43	本科毕业设计(论文)内容与要求	联商教发字〔2005〕066号
	44	本科毕业设计(论文)评分原则与标准	联商教发字〔2005〕067号
	45	关于毕业设计(论文)质量评价工作的规定	联商教发字〔2005〕068号
2006	46	北京联合大学商务学院全日制学生学籍管理实施细则(试行)	京联商〔2006〕5号
	47	重点课程建设实施意见	联商教发字〔2006〕028号
	48	关于本科学生二次选择专业的实施细则	联商教发字〔2006〕33号
2007	49	关于开展英语强化学习的实施意见	京联商〔2007〕2号
	50	全英语教学试点班管理办法	联商教〔2007〕6号
	51	全英语教学管理暂行办法	京联商〔2007〕47号
2009	52	全英语教学管理补充办法	联商教〔2009〕74号
2010	53	“全英语”教学班学生“滚动制”管理办法	联商教〔2010〕49号
	54	“应用性国际商务人才培养模式创新试验区”项目实施方案等22个相关文件汇编	京联商〔2010〕55号

（三）教育教学改革与发展

1. 人才培养模式改革

（1）修订人才培养方案

2003年，学院参与世界银行贷款资助的人才培养模式改革课题的推广与应用(由北京工商大学组织)，编制了学院2003—2007年度人才培养方案，配套编制教学大纲汇编、教学一览，完成2004级和2005级培养计划修订。2006—2007年，按照学校的要求，完成2007版培养计划制(修)订工作。2009年，依托学院“校级人才培养模式创新实验区”，开展新一轮人才培养模式改革，选取2009级财务管理、信息管理与信息系统专业进行试点。2010年，学院制定《“应用性国际商务人才培养模式创新试验区”项目实施方案》(京联商〔2010〕55号)，从制度和机制上将人才培养模式改革落到实处，并在2010级学生中全面进行人才培养模式改革。

（2）全英语教学改革

2006年，以培养应用型国际化商务人才为目标，在与英国佩斯利大学进行“3＋1”联合培养人才模式基础上，开始全英语教学改革，成立全英语教学工作领导小组(京联商〔2006〕70号)，在工商管理(国际商务管理)、国际经济与贸易两个专业进行试点。学院先后制定《关于开展英语强化学习的实施意见》(京联商〔2007〕2号)、《全英语教学试点班管理办法》(联商教〔2007〕6号)、《全英语教学管理暂行办法》(京联商〔2007〕47号)、《全英语教学管理补充办法》(联商教〔2009〕74号)、《“全英语”教学班学生“滚动制”管理办法》(联商教〔2010〕49号)等文件。

按照借鉴国外现代教育理念和本土化改造的原则，先后派出69名教师及管理干部到国外进行为期半年至一年的进修，提高教师的全英语教学能力；在教学模式和教学方法上，参照国外大学的一些教学方法及教学模式，以考试改革为切入点，全面带动课程教学改革。为保证学生质量，学院实施了入学前的选拔、开学前的强化与筛选、第一学年的滚动制度。从教学运行、师资配备、课酬、学生学籍管理等各方面规范全英语教学管理，使全英语教学制度化、程序化。每学期期中学院召开全英语教学试点班(以下简称“全英班”)学生座谈会，了解教学中存在的问题。对毕业班学生发放问卷，征求对全英语教学改革的意见和建议，并及时反馈到教学过程中。

2010年，全英语教学的人才培养模式初步形成。2006级“全英班”学生英语四级一次通过率达到91.43％，2007级、2008级学生英语四级一次通过率达到100％。

（3）人才培养模式创新实验区改革

2009年，学院申请建立应用性国际化商务人才培养模式试验区(以下简称“试验区”)。经学校评审，“试验区”被批准为校级人才培养模式创新试验区。学院在2009级选择财务和信息专业中的两个班进行试点，制定《学生事务指南》。经过一年的试验，学院决定2010级学生全面进入试验区，进行人才培养模式的改革。2010年，学院制订试验区人才培养模式实施方案，学生毕业总学分从210学分压缩到160＋22学分，选修课比例和实践教学环节比例增加，教学周数从16周压缩到15周，增加了3～4周集中实践教学环节，将课外教育纳入培养计划。学院围绕“师资、学生、课程、资源”四大方面开展创新、改革，不断提高人才培养模式创新实验区的教学水平和教学品质。

2. 网络学堂建设与管理改革

2006 年，学院开始利用网络学堂辅助课堂教学，2010 年网络学堂成为学院重点课程、精品课程、公共基础课程教学的重要组成部分和教学环节。

2006 年，在网络学堂上仅有 31 位教师开设了 31 门课程。2009 年，学院有 60 位教师（含课程组）开设 91 门课程（其中 11 门课程为校、院级精品课）。2006—2010 年，已有 130 门考查、考试课程正式开通了网络学堂。在 2010 年底的检查评测中，66 门课程有齐备的课程文档，54 门课程依托网络学堂提交作业，16 门课程开展网上交流。另外，大学英语借助网络学堂进行了网络自主学习模式的尝试，思想政治理论课大范围利用网络学堂开展教学。

教务处配备专人负责网络学堂的管理，组织网络学堂使用的培训、经验交流、网络学堂利用的评比，对重点课程（如公共基础课、精品课、涉及面广的专业基础课、双语示范课、试点专业课程等）的网络学堂建设建章立志提出明确要求。

3. 教育教学改革研究

学院鼓励教师进行教育教学改革研究，设立了院级教育教学改革研究项目，为教师申报上级教育教学改革项目创造条件。2004—2010 年，学院教育教学改革项目申报数量逐年递增，教育教学改革研究水平不断提高。

2001—2010 年，学院组织进行了 6 次教育教学大讨论，同时每年召开一次教育教学工作会议，组织广大教职员工进行教育教学研讨，全院教职员工先后撰写了近 400 篇教育教学改革研究论文。

表 3.2-14　2001—2010 年院级教育教学研究项目一览表

序号	项目名称	负责人	立项时间/年
1	“市场营销”专业课程体系改革项目	孟丽芬	2002
2	高职高专重点专业双证书教育试点——市场营销	李智玲 孟丽芬	2002
3	“市场营销”专业课程设置与教学内容体系改革的研究与实践	孟丽芬	2002
4	文管类高职双证书教育的研究与实践——子课题	李智玲	2002
5	计算机辅助设计课程的双语教学	裴朝军	2004
6	国际商务综合实训课程开发与设计	崔　玮	2004
7	商业环境艺术设计实践课程与商业美术设计师资格证书认证考试的衔接改革	何镇强	2004
8	完善会计实验室创新理财综合实验教学	朱传华	2004
9	立体造型与模型工艺室建设	滕雪梅	2004
10	环境艺术专业双语教学研究	张嘉秋	2004
11	商务学院自然科学综合性实验室的建设	陈　治	2004
12	物流与供应链管理课程双语教学	郭慧馨	2004
13	“国际商务”课程双语教学改革探索	钱春丽	2004
14	国际合作培养应用性商务人才	孙　明	2006
15	社会化训练的实践教学方法研究与实践——艺术设计专业课程	王宪迎	2006
16	构建经管类应用性本科专业实践教学平台的研究与实践	黄玉丽	2007
17	规范与强化艺术设计实训基地的管理与建设	滕雪梅	2007

续表

序号	项目名称	负责人	立项时间/年
18	中外合作办学培养应用性国际人才的研究与实践	冯　虹	2007
19	国际商务综合实训课程开发与设计	崔　玮	2007
20	我国会展商务人才培养现状与需求分析	李智玲	2007
21	基于计算机技术的应用型电子商务实践教学体系	陈建斌	2008
22	基于多元化教育质量观下的课程考核改革的研究与实践	沈晓平	2008
23	“信管”专业核心应用能力培养的教学环节设计与评价研究	高引民	2009
24	基于能力培养的高职升本科金融学专业课程体系建设研究	刘迎春	2009
25	面向商务应用能力培养的方法类课程体系整合与创新研究	方德英	2009
26	财务管理课程群整合研究	王彤彤	2009
27	面向学生与职业生涯规划的本科生心智测评体系研究与实践	张建林	2009
28	以网络学堂为依托的课程建设的研究与实践	黄玉丽	2009
29	市场营销专业（专升本）“1+1”人才培养模式的研究	沈晓平	2010
30	基于社会网络视角的首都地方高校产学研合作机制	顾志良	2010

4．教育教学成果及奖励

2001—2010年，学院共有2项本科成果获得北京市级教育教学成果奖，21项本科成果获得校级教育教学成果奖，81项本科成果获得院级教育教学成果奖（见表3.2-15）。

表3.2-15　2003—2010年获院级及以上教育教学成果奖项目一览表

序号	成果题目	获奖者姓名	成果形式	获奖级别	获奖时间/年	成果主要完成单位
1	加入WTO与高校的社会主义教育	张秀国、张建林	报告	院级二等奖	2003	商务学院
2	将科研工作与实验室建设相结合，相互促进共同提高	梁玉勇、赵红、王江南、金辉	报告	院级二等奖	2003	商务学院
3	立足本职教书育人全面提高体优生素质	景观	报告	院级二等奖	2003	商务学院
4	室内设计课程与全国青年学生室内设计竞赛实题的结合操作	楚天	报告	院级二等奖	2003	商务学院
5	公共课教学	张建林	报告	院级二等奖	2003	商务学院
6	转变教师的角色，提高教学质量	侯鸿节	报告	院级二等奖	2003	商务学院
7	高职高专英语课堂教学改革	王宏彧、郭秀丽	报告	院级二等奖	2003	商务学院
8	商情调研分析	赵五一	报告	院级二等奖	2003	商务学院
9	《会计学基础》考试改革	朱传华	报告	院级二等奖	2003	商务学院
10	高等学校后勤社会化的改革与实践	吴凤山	报告	院级二等奖	2003	商务学院
11	教学法研究	娄梅	报告	院级三等奖	2003	商务学院
12	计算机网络课程教学改革	田慧君	报告	院级三等奖	2003	商务学院
13	CI（VI）课程教学及考试改革	裴朝军	报告	院级三等奖	2003	商务学院

续表

序号	成果题目	获奖者姓名	成果形式	获奖级别	获奖时间/年	成果主要完成单位
14	教学质量保证体系及评价方法	王宪迎、刘静、丁绍英	报告	院级三等奖	2003	商务学院
15	《色彩构成》电子课件	庞婉	课件	院级三等奖	2003	商务学院
16	成人教育的教学管理研究	王淑凤、丁绍英、李建华、贾浩	报告	院级三等奖	2003	商务学院
17	《西方财务会计》的双语教学实践	张艳秋	报告	院级三等奖	2003	商务学院
18	《电子商务与网络营销》课程教学改革	沈晓平	报告	院级三等奖	2003	商务学院
19	借鉴新的教育理念，积极进行实践教学的改革	史雅萍	报告	院级三等奖	2003	商务学院
20	规范毕业教育环节管理，提高毕业设计（论文）质量	王一川、刘允新、沈伦	报告	院级三等奖	2003	商务学院
21	开拓创新，高质量完成招生工作	齐小光	报告	院级三等奖	2003	商务学院
22	我院社科部建设问题研究	沈继宗	报告	院级三等奖	2003	商务学院
23	加强毕业设计与科研的结合，促进教学管理信息化	冯重	报告	院级三等奖	2003	商务学院
24	以"资源共享"为主题，努力搞好实践教学工作	实训中心全体	报告	院级三等奖	2003	商务学院
25	图书馆网络系统的分配及安全的探讨	马军	报告	院级三等奖	2003	商务学院
26	优化教学网络努力做好实训教学工作	马光、孙长宾	报告	院级三等奖	2003	商务学院
27	开展国际合作办学　提高教学质量	孙明、刘允新、王丽薇、高丽霞、王育红	论文、报告	市级二等奖	2004	商务学院
28	将专业竞赛作为实训引入教学环节，提高学生综合设计能力	王宪迎、楚天、王树兰、裴朝军、谷雨	报告	校级一等奖	2004	商务学院
29	"双证书"教育人才培养模式的研究与实践	李智玲、赵五一、葛德玉、王瑞丰、庾为、孟丽芬	报告	校级三等奖	2004	商务学院
30	提高入学基础差学生英语水平的研究与实践	刘允新、黄玉丽、侯鸿节	报告	校级二等奖	2004	商务学院
31	大学物理（教材）	陈治、刘志刚、陈祖刚	教材	校级三等奖	2004	商务学院

续表

序号	成果题目	获奖者姓名	成果形式	获奖级别	获奖时间/年	成果主要完成单位
32	面向首都经济建设发展,构建应用性本科教育的学科专业体系	王洪、邓秉华、杨冰、石明培、赵胜年、黄玉丽、于深、汪艳丽、徐静姝、孙晓鲲	报告	校级一等奖	2006	校教务处、师范学院、应用文理学院、商务学院、生物化学工程学院、旅游学院
33	北京市高等教育精品教材——《图案设计教学与应用》(教材)	滕雪梅	教材	校级二等奖	2006	商务学院
34	以学生为主体的英语课堂教学	郭秀丽	报告	校级三等奖	2006	商务学院
35	《计算机文化基础与程序设计》教学文件建设	郑丽、薛云	教学文件	校级三等奖	2006	商务学院
36	会计模拟实训教程(教材)	朱传华、杨春兰、王素义王霞、袁小勇	教材	校级三等奖	2006	商务学院
37	艺术设计专业教学理念的研究与创新实践	王宪迎、裴朝军、楚天、刘锐、王辉	报告	院级一等奖	2006	商务学院
38	会计模拟实训教程	朱传华,等	教材	院级一等奖	2006	商务学院
39	以计算机为基础装备的实验室的新型建设模式	栾元敏	报告	院级二等奖	2006	商务学院
40	应用性会展人才培养之实践环节探索	李智玲、魏士洲、张世清、孙鸿飞、朱珍珍	报告	院级二等奖	2006	商务学院
41	双语教学工作“固化”成果	张艳秋、王彤彤、钱春丽、张翠波、张宇馨、张蓉	报告	院级二等奖	2006	商务学院
42	引入职业资格认证加强“电子商务概论”课程的应用性教学	沈晓平、姜凌、周玉芬	报告	院级二等奖	2006	商务学院
43	提高电子商务本科专业实践能力的教学改革措施	徐凯波、田慧君、沈晓平	报告	院级二等奖	2006	商务学院
44	大学基础英语(3、4 册)多媒体课件	李琦、晏向阳、侯鸿节	课件	院级二等奖	2006	商务学院
45	管理学精品课程	赵五一、李萍、李智玲、魏士洲	报告	院级三等奖	2006	商务学院
46	经济法基础教程	王平	教材	院级三等奖	2006	商务学院

续表

序号	成果题目	获奖者姓名	成果形式	获奖级别	获奖时间/年	成果主要完成单位
47	国际商务综合实验课程开发与设计	崔玮、李智玲、赵五一、庾为、王平	报告	院级三等奖	2006	商务学院
48	“程序语言与数据结构融合教学”的理论研究和实践探讨	李玉霞	报告	院级三等奖	2006	商务学院
49	关于高校教师课堂教学监控能力的研究	王瑞丰	报告	院级三等奖	2006	商务学院
50	构建新型英语课堂教学模式——目标式教学	牛洁珍	报告	院级三等奖	2006	商务学院
51	自编教材“离散数学——简明教程”	张振坤	教材	院级三等奖	2006	商务学院
52	大学英语口语测试	刘国萍、牛洁珍、侯鸿节	报告	院级三等奖	2006	商务学院
53	艺术系英语教学实践	王思聪、李琦	报告	院级三等奖	2006	商务学院
54	艺术设计专业应用性教育的研究与创新实践	王宪迎、裴朝军、鲁彦娟、张嘉秋、楚天	课题报告	市级二等奖	2008	商务学院
55	地方高校应用性本科教材建设与管理体系构建的研究与实践	周华丽、牛志民、张俊玲、刘春玲、于深、汪艳丽、刘守和、翟晶、陈冠华、梁爱琴	报告	校级一等奖	2008	校教务处、应用文理学院、生物化学工程学院、旅游学院、商务学院、师范学院、自动化学院
56	以应用为导向，教、学、管一体化的大学英语教学体系的研究与实践	黄玉丽、牛洁珍、王树兰、张玲娜、李琦	报告	校级一等奖	2008	商务学院
57	财务管理专业应用性本科教育人才培养模式研究	朱传华、邵军、刘新颖、张艳秋、王彤彤	报告	校级二等奖	2008	商务学院
58	以培养学生创业能力为核心的电子商务实践教学改革的研究与实践	沈晓平、石彤、陈建斌、姜凌	报告	校级二等奖	2008	商务学院

续表

序号	成果题目	获奖者姓名	成果形式	获奖级别	获奖时间/年	成果主要完成单位
59	应用型大学教学质量监控工作模式的研究与实践	曲艺、张丹海、王洪、张明贤、孙绍燕、骆吕俊子、邓秉华、翟晶、边丽、王浩	报告	校级二等奖	2008	校督导室、校教务处、商务学院、特殊教育学院、生物化学工程学院
60	改革与规范艺术设计专业毕业设计	王宪迎、刘锐、裴朝军、鲁彦娟、王辉	报告	校级三等奖	2008	商务学院
61	多校区网络教学平台建设与管理模式的研究与实践	岳江红、张连城、周华丽、杜建萍、白丽媛、罗映霞、焦婧、马军、谭鲁芳、王瑾瑾	报告	校级三等奖	2008	校网络中心、校教务处、师范学院、商务学院
62	产学研联动,打造UEB“校园企业”应用创新人才培养服务平台的系统规划与建设	李英侠、顾志良、常胜军、薛万欣、支芬和、陈晨、薛晓霞、陈建斌、马俊红、尹福斌	报告	校级三等奖	2008	管理学院、商务学院、校团委
63	基于创业教育的电子商务专业实践教学改革的研究与实践	沈晓平、石彤、陈建斌、姜凌	报告	院级一等奖	2008	商务学院
64	关于应用型本科院校学生英语综合能力培养的研究与实践	英语教研室	报告	院级一等奖	2008	商务学院
65	马克思主义理论课教学与考试改革的实践及成效分析	张泽一	报告	院级一等奖	2008	商务学院
66	财务管理专业应用性本科教育人才	张艳秋、王彤彤、单令彬	报告	院级一等奖	2008	商务学院
67	经管类学院大学生心理健康教育工作模式的探索与实践	李斌	报告	院级二等奖	2008	商务学院
68	转变教学观念,提高教学质量	张喜娟、刘志刚、陈治、任征、王华明	报告	院级二等奖	2008	商务学院
69	商务学院计算机公共课程的教学与考试模式改革的实践研究	李玉霞、郑丽、沈桂兰、薛云、田岩	报告	院级二等奖	2008	商务学院
70	《互联网软件应用与开发》课程建设	汪惠、沈晓平	报告	院级二等奖	2008	商务学院
71	将科研项目引入课堂教学,提高学生实践应用能力	裴朝军	报告	院级二等奖	2008	商务学院

续表

序号	成果题目	获奖者姓名	成果形式	获奖级别	获奖时间/年	成果主要完成单位
72	官产学研结合，培养应用性会展人才的实践探索	李智玲、魏士洲、王春才、庚为、刘敏	报告	院级二等奖	2008	商务学院
73	我院教学质量监控体系建设与运行的研究与实践	翟晶、刘静、笪强生、汪惠、阎芳	报告	院级二等奖	2008	商务学院
74	以“挑战杯”竞赛为龙头，培养学生创新精神和实践能力	张玲娜、赵五一、曹海娟、凌霞、陈小宇	报告	院级二等奖	2008	商务学院
75	分组式任务驱动语言习得模式下的大学英语精读课教学	张琳琳	报告	院级三等奖	2008	商务学院
76	专升本的专科英语到大学英语的有效衔接	迟秀湘	报告	院级三等奖	2008	商务学院
77	微积分(上)教辅助教学课件(光盘)	任征、张喜娟	教材	院级三等奖	2008	商务学院
78	校级重点“开放式计算机基础实验室”建设	赵红	报告	院级三等奖	2008	商务学院
79	实践教学运行与设备管理模式的实践	梁玉勇	报告	院级三等奖	2008	商务学院
80	实盘案例教学手段的应用与推广	刘迎春	报告	院级三等奖	2008	商务学院
81	落实学校定位，积极推进对外交流——国际商务系与香港岭南大学管理系合作办学	赵五一、潘月杰、王梦珠	报告	院级三等奖	2008	商务学院
82	商务综合多功能实验室开发与建设	朱传华、栾元敏、赵五一、田岩	报告	院级三等奖	2008	商务学院
83	市场营销体验式教学模式的研究与实践	王瑞丰	报告	院级三等奖	2008	商务学院
84	科学管理　规范运行——进一步健全教学管理运行机制	李梅、毕菁华、王华、刘立国、苏娜	报告	院级三等奖	2008	商务学院
85	我院教材供应与管理的实践探索	董正民、李秋梅	报告	院级三等奖	2008	商务学院
86	应用型大学第二课堂教育教学活动的实践与探索	丘莉	报告	院级三等奖	2008	商务学院
87	大学生英语第二课堂培养模式构建的研究与实践	黄玉丽、牛洁珍、曾华人、宗艳红、房蕾	报告	校级一等奖	2010	商务学院
88	基于多元质量观的课程考试改革研究与实践	沈晓平、翟晶、李梅、夏木美、笪强生	报告	校级一等奖	2010	商务学院

续表

序号	成果题目	获奖者姓名	成果形式	获奖级别	获奖时间/年	成果主要完成单位
89	经贸实验教学中心(市级示范中心)建设	董焱、赵红、陈晨、黄金燕、周晓璐、刘在云、孙长宾	报告	校级二等奖	2010	管理学院、商务学院
90	会展经济与管理专业实践教学体系的研究与实践	李智玲、魏士洲、石彤、王春才、庚为	报告	校级二等奖	2010	商务学院
91	提高经管专业学生计算机应用能力的研究与实践	郑丽、李玉霞、薛云、沈桂兰、陈默	报告	院级一等奖	2010	商务学院
92	应用性会展人才实践教学体系构建的研究与实践	李智玲、魏士洲、庚为、王春才、刘敏	报告	院级一等奖	2010	商务学院
93	高校德育课与实践基地互动关系的教学改革探索	李俊卿、王小满、郭娅丽、李斌、曹海娟	报告	院级一等奖	2010	商务学院
94	商务学院大学生英语第二课堂建设	曾华人、房蕾、计晗、张琳琳、王宏彧	报告	院级一等奖	2010	商务学院
95	基于综合能力培养的《国际贸易业务综合课程》改革的研究与实践	崔玮、张宇馨、郑春芳、张翠波、梁瑞	报告	院级一等奖	2010	商务学院
96	电子商务网站建设课程应用性改革与实践	石彤、陈建斌、姜凌、汪惠、王宝花	报告	院级一等奖	2010	商务学院
97	以应用为导向的信管专业人才培养模式创新研究	秦立栓、郑丽、高引民、石彤、李玉霞	报告	院级二等奖	2010	商务学院
98	培养元认知能力,提高专升本大学英语阅读水平	迟秀湘、牛洁珍	报告	院级二等奖	2010	商务学院
99	《统计学》双语课程建设	王述珍	报告	院级二等奖	2010	商务学院
100	数学基础课程教材建设	刘志刚、张喜娟、任征、陈治	教材	院级二等奖	2010	商务学院
101	“信息管理与信息系统”专业方向的调整与改革研究	高引民、郭彦丽、陈建斌、秦立栓、徐凯波	报告	院级二等奖	2010	商务学院
102	商务学院大学生数学建模人才培养	任征、刘志刚、程贞敏、王华明	报告	院级二等奖	2010	商务学院
103	基于环境艺术设计专业特色的网络课堂建设	刘锐、楚天、裴朝军、王辉	报告	院级二等奖	2010	商务学院
104	市场营销(国际物流)专业开放性实践教学研究	郭慧馨、王瑞丰、陈小宇、于苗	报告	院级二等奖	2010	商务学院

5. 学科专业竞赛及奖励

2001—2010 年学生参加学科专业竞赛获市级以上奖励情况详见表 3.2-16。

表 3.2-16　2001—2010 年学生参加学科专业竞赛获市级及以上奖励情况一览表

获奖年份	学科专业竞赛名称	获奖学生	指导教师	获奖等级
2002	“科普兰德新人杯”全国青年学生室内设计竞赛	赵今	楚天	一等奖
2003	“新人杯”全国青年学生室内设计竞赛	王海鹏、王迎	楚天	二等奖
	“情系奥运中华书画艺术展世界行”的活动	云哲	裴朝军	新人佳作奖
	全国大学生英语竞赛	纪斌	侯鸿节	北京赛区三等奖
	“外教社杯”首届大学英语写作竞赛	毛青	侯鸿节	北京赛区三等奖
	“CCTV”中国大学生英语演讲比赛	张瑛	侯鸿节	北京赛区三等奖
2004	全国首届高职高专实用英语大赛	张瑛	牛洁珍 罗明姬	北京赛区一等奖 全国赛区三等奖
	高教社杯全国大学生数学建模竞赛	成浩、王申、杨少衡	张振坤	北京赛区 乙组一等奖
	全国大学英语竞赛	林丽娟	牛洁珍、郭秀丽	北京赛区二等奖
		孙砲、李梦颖		北京赛区三等奖
	“欧神诺杯”全国青年学生室内设计竞赛	徐昱菲	楚天	应用二等奖
	中国家具设计大赛	徐非同、刘星	周茜	优秀作品
2005	全国大学生英语竞赛	王倩	郭秀丽、晏向阳	A 级二等奖
		郝学迪		A 级三等奖
		马斯婧、张瑛		B 级二等奖
		和贝、邓春晓、王娜		B 级三等奖
	广告大赛	朱大伟、孙莉、范一平	金光	平面类全国二等奖
		苗静	王洪瑞	平面类全国二等奖
		苏铮、高洁、赵蕾	裴朝军	平面类全国二等奖
		耳增娜	王洪瑞、谷雨	平面类全国二等奖
		丁一、邢燕坤、方旭	金光	平面类全国三等奖
		游亚淼、周虹、胥超	裴朝军	平面类全国三等奖
		刘宏大	王洪瑞、谷雨	平面类全国三等奖
		李妍、侯旭	王洪瑞	平面类全国三等奖
2006	全国大学生英语竞赛	李梦颖	郭秀丽、李佳、房蕾	A 级一等奖
		刘箬怡、赵若芊		A 级二等奖
		胡彬、仲春立、吴爽		A 级三等奖
		唐佳		B 级三等奖
	欧派杯——2006 中国整体厨房空间设计大赛	赵犹	刘锐	二等奖
	全国大学生数学建模竞赛	王丙国、张焱宸、朱丽伟	张振坤	北京赛区二等奖
2007	深圳大学生运动会海报设计	陈智	谷雨	国家级银奖
	第二届“高教社杯”全国大学生广告艺术大赛	任熙、白芳雄	裴朝军	北京赛区二等奖
		陈智、任熙、于江		北京赛区三等奖
		马雅娜、张丽霞	谷雨	北京赛区三等奖

续表

获奖年份	学科专业竞赛名称	获奖学生	指导教师	获奖等级
2007	“金蝶杯”企业经营实战模拟大赛北方区总决赛	赵晖、陈琳、吴悠、周棣、袁希	刘静、魏士洲	团体二等奖
	第二届全国大学生广告艺术大赛	任熙	裴朝军	全国赛区三等奖
	“CCTV杯”全国英语演讲大赛	冷静	宗艳红	北京赛区二等奖
	全国大学生英语竞赛	张欣璐	宗艳红、郭秀丽	北京赛区一等奖
		纵蕊、吴雯、张颖、黄小葳、于健		北京赛区二等奖
		李佳、王玉、黄飞、董若宇、陈晨、严妍、郭金奇、梁朝、陈京花、刘箬怡		北京赛区三等奖
2008	“CCTV杯”全国英语演讲大赛	于建	宗艳红	北京赛区三等奖
	全国大学生数学建模竞赛	戴超、肖敏敏、仲春立	任征	北京赛区甲组二等奖
	全国大学生英语竞赛	王予商、张欣璐、于健	宗艳红	C类二等奖
		李晓萌、赵丰、董宛旭、闫雪、吴雯、多杨		C类三等奖
	“绿色奥运、宜居城市”首届城市管理科普知识动漫创意大赛	高雅	谷雨、金光	一等奖
2009	首届首都高校物流设计大赛	鲁娜、何思敏、刘博瀚、栗国朋、李红梅	郭慧馨	全国三等奖
	全国大学生英语竞赛	王予商	宗艳红	C类一等奖
		张莹、贾墨、郝艳丽		C类二等奖
		钱思仪、王姬、李冬颖、孙妍、孙菲、岳梦、陈育		C类三等奖
	首届北京市大学生英语演讲比赛	张莹	宗艳红	三等奖
	高教社杯全国大学生数学建模竞赛	贾娜、殷丽然、翟羽佳	任征	北京赛区甲组北京二等奖
	中国2009奥德堡照明“人与环境的和谐”室内照明设计大赛	张琥、于鹏昊	楚天、刘锐	未来之星奖
	文科计算机设计大赛	张爱新	李玉霞	一等奖
	全国大学生广告艺术大赛	熊雪	谷雨、金光	市级一等奖
		焦少琨、路欣	谷雨	市级三等奖
2010	“e路通”杯全国大学生网络商务创新应用大赛	王蕊、王沈之、王姗、聂静、王凡	檀竹生、石彤	全国赛区本科组综合一等奖

续表

获奖年份	学科专业竞赛名称	获奖学生	指导教师	获奖等级
2010	全国商科院校技能大赛会展专业竞赛会展策划赛	刘祎晨、张妍、吴丹	庾为	本科组一等奖
		齐玮奕、刘峥、张莹、马琪、乔巧	王春才	本科组二等奖
	全国大学生英语竞赛	孙妍	曾华人	一等奖
		贾墨、刘梦乔、陈芃芃		二等奖
		李悠云、李霞、王丹、陈丹丹、王姬、马捷		三等奖
	全国大学生数学建模竞赛	王慰陈、卿飞、毛雪卿	任征	北京赛区二等奖
	全国商科院校商业服务业店长“明日之星”选拔大赛	尚金鑫、李继超、王冬娟	石彤	二等奖
		杨博涵、唐晨、郭姗姗、齐雪梅、刘娟娟	郭慧馨	三等奖
	ACI中国区高校第二届“就业之光”国际商务谈判大赛	薛之光、侯晓妍、赵昕阳、王予商	张翠波、张宇馨	团体二等奖
	北京市大学生英语演讲比赛	乔巧	房蕾	三等奖
	北京市大学生物理实验竞赛	徐璐、陈金辉	刘志刚	二等奖
		梁浩南、孙亚杰	刘志刚	三等奖

2002—2010年学生参加北京市和高校体育比赛获奖情况详见表3.2-17。

表3.2-17　2002—2010年学生参加北京市和高校体育比赛获奖情况一览表

获奖年份	竞赛名称	获奖学生	指导教师	获奖级别
2002	西部阳光杯第十届全国大学生健美操、艺术体操锦标赛	李思莹	景观	女单第一
	第23届高校健美操比赛	韩琳、李思莹、吴娟	景观	自选动作女单包揽前三名
2003	第24届北京市高校健美操比赛	韩琳	景观	个人自选项目冠军
		李雯	景观	甲组三级女单第一名
	北京首届竞技健美操通级赛	李雯、吴娟，等	景观	大学大众组一等奖
2006	“为北京加油”首届北京市文明啦啦队操比赛	学院菲比俱乐部成员	景观、李洪娟	一等奖
2007	迎奥运首都高校游泳锦标赛	王赢	白志彦	50米仰泳第八名、50米自由泳第四名

续表

获奖年份	竞赛名称	获奖学生	指导教师	获奖级别
2007	“我爱 LaLaLa”全国大学生啦啦队电视大赛	学院菲比俱乐部成员	景观、李洪娟	北京赛区一等奖
	全民健身与奥运同行北京奥运会体育展示现场表演啦啦操选拔比赛暨2007年全国万人健美操大众锻炼标准大赛	学院菲比俱乐部成员	李洪娟	(北京分赛区)集体大众锻炼标准五级规定动作的一等奖、自选啦啦操二等奖
2008	北京市高校游泳锦标赛	王赢	白志彦	50米自由泳男子乙组第三名
				50米蛙泳第七名
	首都校园奥运健身操比赛	于欢等15人	景观、李洪娟	大学组一等奖
2009	首都大学生阳光体育体能挑战赛	于欢等18名学生	李洪娟	甲组团体一等奖
	健力宝亚运啦啦队全国选拔赛(北京联大海选赛)	于欢等12人	李洪娟	舞蹈啦啦第四名
	北京高校游泳比赛	王赢	白志彦	100米仰泳第五名、50米自由泳第六名
2010	北京市高校健美操比赛	于欢、黄蕊、欧萌、张媛	景观、李洪娟	大众健美操六级规定(集体)组第二名
	阿迪达斯北京高校校园健身操大赛	学院菲比俱乐部成员	景观、李洪娟	第三名
	首都大学生阳光体育体能挑战赛	欧萌等18名学生	景观、李洪娟	甲组团体二等奖
	京津沪育英杯2010高校游泳冠军赛	王赢	白志彦	50米仰泳第八名、50米自由泳第八名

6. 大学英语四级考试

2001—2010年学院大学英语四级考试一次通过率统计见表3.2-18。

表3.2-18　2001—2010年大学英语四级考试一次通过率统计表

统计年份	2001	2002	2003	2004	2005	2006	2007	2008	2009	2010
参加考试年级	1999	2000	2001	2002	2003	2004	2005	2006	2007	2008
四级通过率(%)	36.24	40.93	38.77	36.74	34.09	33.71	43.92	53.92	47.97	58.41

7. 学位授予及优秀毕业设计(论文)情况

2001—2010届学生毕业、结业、学位授予情况见表3.2-19。

表 3.2-19　2001—2010 届学生毕业、结业、学位授予情况一览表

届次	毕业生总数/人	准予毕业数/人	毕业率/%	结业数/人	授学位数/人	准予毕业不授学位数/人	学位授予率/%
2001	122	121	99.18	1	116	5	95.69
2002	129	116	89.92	13	98	18	84.48
2003	208	192	92.31	16	143	49	74.48
2004	323	283	87.62	40	225	58	79.51
2005	347	299	86.17	48	240	59	80.27
2006	390	380	97.44	10	362	18	95.26
2007	419	414	98.81	5	395	18	95.41
2008	562	561	99.82	1	551	10	98.22
2009	620	618	99.68	2	609	9	98.54
2010	614	614	100.00	0	607	7	98.86
合计	3734	3598		136	3346	251	

2001—2010 年校级优秀毕业设计(论文)见表 3.2-20。

表 3.2-20　2001—2010 年校级优秀毕业设计(论文)一览表

序号	论文题目	学生姓名	指导教师	专业	获得时间/年
1	Web 图书管理系统的设计与开发	李　昕	徐凯波	电子商务	2001
2	会计信息失真与对策	穆泽华	朱传华	财务管理	2001
3	加入 WTO 后中国纺织服装也面临的机遇与挑战	张　烨	李智玲	工商管理	2001
4	基于 JSP 的电子商务网站开发及 XML、DOM 的应用	王　杨	徐凯波	信息管理与信息系统	2002
5	货运代理 A 公司之开展策略规划书	乔　丹	吴勤学	工商管理	2002
6	基于 WEB 的远程教育平台—商品学远程教学网站的探索与现实	唐　乐	孟丽芬	纺织工程(兼商贸)	2002
7	浅析或有事项	张雨晴	朱传华	财务管理	2003
8	基于 J2EE 技术的网上商品购物模块的设计与开发	陈　亮	徐凯波	工商管理	2003
9	从五大品牌看北京空调行业的发展	龚　蕊	赵五一	工商管理	2004
10	国贸展览部经营现状与发展的分析	何　君	李智玲	工商管理	2004
11	利用 UML 统一建模语言分析设计网上商店业务模型	朱丽丽	徐凯波	信息管理与信息系统	2004
12	“北人”人力资源管理之薪酬制度变革探析	李　超	李智玲	工商管理	2004
13	UNICEF 贺卡营销策划案	李露璐	王瑞丰	工商管理	2004
14	老外的北京向导——北京人和外国人一起看北京文化	邓晓迪	黄金龙 王洪瑞	艺术设计	2005
15	在线考试练习系统的设计与开发(考试模块)	乔　爽	李玉霞	信息管理与信息系统	2005

续表

序号	论文题目	学生姓名	指导教师	专业	获得时间/年
16	上市公司监事会监督机制比较研究	赵 莹	张艳秋	财务管理	2005
17	商务学院品牌建设系统分析与研究	王 琦	钱春丽	工商管理	2005
18	地铁安定门站月台空间环境规划及通用设施改造设计	高子龙	楚 天	艺术设计	2005
19	“绿色和谐”居住空间设计	赵 甝	张 扬 刘 锐	艺术设计	2007
20	《福禄寿喜中国传统纹样》多媒体光盘设计	雷 恒	金 光	艺术设计	2007
21	基于CORBA的EMS北向接口模拟器系统的设计与实现	刘鹏程	李玉霞	电子商务	2007
22	证券业上市公司资本结构对公司业绩影响的讨论	周 鑫	王彤彤	财务管理	2007
23	网上考试系统的研究与开发——系统组卷、网上考试、考试监控管理及系统管理模块	郭 丹	汪 惠	信息管理与信息系统	2007
24	基于.NET架构的友图数码快印系统的设计与开发	刘 莎	李玉霞	信息管理与信息系统	2008
25	北京会展业在京津冀地区中的定位与发展战略研究	王海军	李智玲	工商管理	2008
26	北京会议产业集聚区的分析研究	周 遊	李智玲	工商管理	2008
27	外国超市进入中国市场的财务风险分析与管理	杨洲川	史富莲	财务管理	2008
28	上海浦东路桥建设股份有限公司财务报表分析	金 杪	邵 军	财务管理	2008
29	滟澜山龙湖会所售楼空间及餐厅设计	周 继	杨炳云	艺术设计	2008
30	《童年》网络游戏整体宣传策划	欧阳学荣	金 光	艺术设计	2008
31	芳草地小学远洋分校空间规划方案G设计	杨 毅	陈 璞	艺术设计	2008
32	实物期权在投资决策中的应用	刘欣萍	朱传华	财务管理	2009
33	关于加强天龙源温泉旅游发展有限公司内部监督的思考	张 颖	邵 军	财务管理	2009
34	代理服装企业进销存系统设计与开发	王雨卓	石 彤	信息管理与信息系统	2009
35	基于JSP技术的网上购物系统的设计和开发	陈 晨	李玉霞	信息管理与信息系统	2009
36	Green day办公自动化系统的设计与实现	周闻闻	李玉霞	会展经济与管理	2009
37	关于品牌展览的运营模式研究——以北京(国际)汽车展为例	邱慧莹	李智玲	会展经济与管理	2009
38	北京城市会展吸引力问题研究	邓立平	魏士洲	会展经济与管理	2009
39	北京会展业在京津冀会展业中的定位与作用研究	杨 婷	李智玲	会展经济与管理	2009

续表

序号	论文题目	学生姓名	指导教师	专业	获得时间/年
40	我国钢铁行业产业集中度对国际定价权的影响	胡　彦	赵亚平	国贸经济与贸易	2009
41	日本绿色贸易壁垒对云南农产品出口的影响及对策	董　伟	赵亚平	国贸经济与贸易	2009
42	基于易感人群的病毒式营销分类研究	周瀛洲	王宝花	电子商务	2009
43	关于品牌展览的发展研究——以中国国际石油石化技术装备展为例	耿小叶	李智玲	会展经济与管理	2010
44	北京构建国际会展中心城市的要素研究	高萌萌	王春才	会展经济与管理	2010
45	奥趣休闲饼干系列包装及品牌推广设计方案(一)	熊　雪	裴朝军	艺术设计(电脑美术)	2010
46	长虹出版公司企业文化建设研究	张欣璐	钱春丽	工商管理	2010
47	亚之杰汽车管理信息系统的设计与实现	张　强	李玉霞 陈　默	电子商务	2010
48	消费者移动支付的使用行为模式研究	檀　溪	陈建斌	信息管理与信息系统	2010
49	基于 Struts＋Hibernate＋Spring 的社交网络平台设计与实现	戴　超	李玉霞	信息管理与信息系统	2010
50	北京与上海服务贸易比较分析	万力勤	张宇馨	国际经济与贸易	2010

（四）重要教育教学活动

1．本科教学工作水平评估

2003 年，市教委提出教育部将对联大进行本科教学工作水平评估。按照学校的统一部署，学院遵循“以评促建，以评促改，以评促管，评建结合，重在建设”的方针，分阶段制订了可操作性的评估计划。评估工作分两阶段进行：

第一阶段，2003 年 1 月至 2004 年 9 月。学院聘请教育部评估专家胡恩明教授为指导，成立评估办公室，学习评估指标体系，自查整改。

研究并明确学院的定位和办学宗旨，解决学院发展的战略问题，党委制定了《“十五”时期延伸发展规划》。

以人才培养模式创新为龙头，全面推进教学改革，制订新一轮人才培养计划，编制《2003 级教学一览》和《教学大纲》。

加强教学及教学管理队伍建设，规范教学管理。2003 年学院补充青年骨干教师 17 名，出台《教学管理制度汇编》《教务处管理人员岗位职责》，促进了学院教学管理工作的系统化、制度化。

聘请校内外专家对系部进行全面评估，使系部进一步明确专业建设、教学管理建设方向。组织专家进行拉网式听课，并组织专家、同行、干部和学生对每位教师进行评价，促进教师改进教学、提高授课质量。暑假期间校内外专家还对试卷、毕业论文、毕业设计进行了全面审核。

教学改革研究首次单独立项，学院教改立项达到 35 项。

在学生中开展综合教育,将科技活动、文体活动、创新活动纳入培养计划。依托实验室和专业教研室新成立8个学生科技社团。

制定鼓励双语教学的政策,为本科生开设四门双语教学课程,4个双语教学项目被列为联大级课题。

增加教学经费投入,改善办学条件。投入270万元建设经费,增加教学仪器设备,建成21个多媒体教室;投资160万元改建塑胶运动场并添置运动器材;投入14万元增加图书资料,扩大图书馆使用面积580平方米。

经过第一阶段努力,在评估的38个观测点中,A级指标由5个提升到13个,C级指标由11个变为7个,D级指标由6个减少为2个。二级指标中,A级指标7个,B级指标95个,C级指标2个。学院达到教育部评估合格标准。

第二阶段,2004年10月至2006年10月。在学校教务处指导下,学院继续开展迎评促建工作。

进一步明确学院的办学定位与人才培养目标定位。全院上下形成了把学院建设成一所"应用性、国际化、高质量、强管理、重信用"的品牌院校的共识,确立了"服务首都、辐射全国、应用为本、国际特色"的办学原则和"建设国际化精品大学、培养应用性国际商务人才"的奋斗目标。

教学管理水平得到提高。系统梳理了教学管理文件,出版了《教学管理制度汇编》,教学管理队伍得到加强。同时,建立了日常教学质量管理检查监督机制,促使教学管理向科学化、制度化和规范化方向发展。

校园环境和教学条件得到极大改善。教学经费的投入力度加大,生均教学科研仪器设备值,生均年进书量等均有较大增加。

2. 举办教育论坛

2004年12月3日,学校主办、学院承办的"商务学院办学道路暨孙明办学理念研讨会"召开。会议就如何理解教育的国际化与教育三个面向的关系问题进行了探讨,对学院的人才队伍建设、学科专业建设、精神文化建设、硬件建设、学生管理、教学管理的未来发展提出了建议。

2005年7月11日,学院主办了"全国首届中小型高校发展战略论坛"。参加论坛的专家学者就大学校长经营大学的理念以及商务学院所走的国际化特色道路,对重视教学和师资质量,努力提高管理水平的探索进行了广泛研讨,对未来中小型高校的发展提出了有价值的意见。

2005年10月,学院承办2005亚洲教育北京论坛分论坛的"中小型高校发展战略论坛",参加论坛的专家和代表就中小型高校在高等教育大众化阶段的战略地位、发展中小型高校、发展中国家办大教育、高校引进竞争机制,实现优胜劣汰的机制等问题进行了研讨。周远清教授、孙明教授及英国、加拿大、中国台湾、日本等国内外教育专家10人对中小型高校的发展发表了意见。专家学者认为培养的学生要有个性是一个重要的办学思想和理念,是一个国家经济、教育适应社会发展的根本标志。同时,专家学者还就高校发展应有不同的模式、发展战略和特色等问题取得共识。

3. 成立经贸实验教学中心

2008年2月,学校以商务学院及管理学院为主体,将有关专业实验室进行整合,成立了“北京联合大学经贸实验教学中心”。作为全校性经管类专业的综合实验教学平台,该中心主要服务于国际经济与贸易、金融学、工商管理、财务管理、市场营销(国际物流)、会计学、电子商务、信息管理与信息系统、工程管理等9个专业;到2008年年底,拥有国际贸易、商务综合等16个专业实验室,建设成为完善的实验教学和管理信息平台,并于2008年9月,被评为北京市高等学校实验教学示范中心,成为学校第一个北京市级实验教学示范中心。

二、高等职业教育

(一) 专业设置及调整

学院2001年有3个专业招生,2002年4个专业招生。2005年全部停止招生。2007年最后一届高等职业教育学生毕业离校。每届专科学生统一在廊坊办学部学习一年,所有课程由本院教师负责教授。廊坊办学部负责学生的日常管理。

2001—2005年,高等职业教育的建设一是依托本科开展,如依托工商管理本科专业办国际商务文秘高职专业、依托艺术设计(环境艺术设计)(电脑美术设计)本科专业办艺术设计(环境艺术设计)(电脑美术设计)高职专业、依托财务管理本科专业办税收与会计高职专业、依托市场营销本科专业办市场营销(国际商贸)高职专业;二是先办高职专业,积累办学经验、引进培养师资后,再申报本科专业,如先办电子商务与信息管理高职专业,再办信息管理与信息系统、电子商务本科专业。

表3.2-21 2001—2004年高职专业设置及招生情况一览表 单位:人

年份	电子商务与信息管理	艺术设计		国际商务文秘	市场营销(国际商贸)	税收与会计	合计
		环境艺术设计	电脑美术设计				
2001	59	20	23	54	—	—	156
2002	35	—	—	65	28	30	158
2003	—	—	—	79	37	38	154
2004	—	—	35	—	65	34	134
合计	94	20	58	198	130	102	602

注:其中包括2001年单招国际商务文秘专业高职33人,2002年单招税收与会计专业高职14人,市场营销(国际商贸)专业高职6人,国际商务文秘专业高职25人。

(二) 教学基本建设

2001—2007年,学院坚持在高等职业教育上的投入力度,建立实验实训室,建设重点专业、精品课程和规划精品教材、开展教育教学改革等,有力地保障了教育教学质量。2005年,侯鸿节副教授的高职高专基础英语获得校级精品课程。2008年,崔玮副教授主编的《国际商务综合实训教程》获得市级精品教材。

表 3.2-22 2001—2010 年教师编写出版的高职教材一览表

序号	教材名称	主编姓名	出版社	出版年
1	现代管理原理与运作	冯虹、李萍	经济管理出版社	2005
2	财务会计与分析	朱传华	清华大学出版社、北京交通大学出版社	2005
3	国际贸易实务操作教程	崔玮	清华大学出版社、北京交通大学出版社	2006
4	国际货物贸易单证实务	严思忆、李宝柱	对外经济贸易大学出版社	2007
5	信息技术基础	方德英、王卓	中国商业出版社	2007
6	财经应用写作	赵绍全	西南财经大学出版社	2008
7	国际贸易实务	刘迎春、张宇馨	首都经济贸易大学出版社	2008

(三)教育教学改革与发展

学院在高等职业教育人才培养上,坚持以能力培养为导向,强化实践教学。同本科一起进行了 2002 版教学计划、2004 版培养计划制(修)订工作,明确了高等职业教育人才培养规格,并积极推进高等职业教育人才培养模式改革及配套课程建设。

表 3.2-23 校级及以上教育教学改革项目一览表

项目名称	项目类别	负责人	立项时间/年
《市场营销》专业课程体系改革	高职重点专业课程体系改革项目	孟丽芬	2002
高职高专重点专业双证书教育试点——市场营销	北京联合大学高职高专重点专业双证书教育试点	李智玲 孟丽芬	2002
《市场营销》专业课程设置与教学内容体系改革的研究与实践	教育部“新世纪高职高专教育人才培养模式与教学内容改革项目”高职高专教育课程设置与教学内容原则的研究(I04-2)实践组子课题	孟丽芬	2002
文管类高职双证书教育的研究与实践——子课题	教学改革 北京市教育科学“十五”规划课题	李智玲	2002

表 3.2-24 2001—2007 届高职毕业生情况一览表

届次	毕业生总数	准予毕业数	毕业率/%	结业数
2001	185	184	99.46	1
2002	199	179	89.95	20
2003	110	98	89.09	12
2004	161	139	86.33	22
2005	158	133	84.18	25
2006	155	150	96.77	5
2007	133	112	84.21	21
合计	1101	995		106

三、继续教育

2001年，继续教育由学院培训部统一管理，2005年培训部更名为培训中心(独立法人)。培训中心下设成人高等教育和高等教育自学考试两个办公室。成人高等教育办公室负责成人高等学历教育和学位教育，高等教育自学考试办公室负责高职自考与自考助学教育、非学历教育及合作办学。

(一) 成人学历教育

2001—2010年，成人高等教育由以前的单一培养层次，发展为多专业、多类别、多层次的成人高等教育。逐步开设了艺术设计、信息管理与应用、计算机信息管理、商务管理、会计、计算机科学与技术、工商管理、会计学等10个专业，文史类、理工类、经管类、艺术类4个招生类别；培养层次由成教专科(简称"高起专")，拓展为高中起点升成教本科(简称"高起本")和普通专科起点升成教本科(简称"成教专升本")两个层次。2001年学生规模为200人，2010年学生规模为800人。

从2001年开始，在房山区良乡开设教学点，2004年增加通州教学点、大兴教学点。2001—2010年调整为高起专和专升本并重、高起本为辅的办学模式，累计专科招生1945人，毕业1334人；本科(含专升本)招生702人，毕业258人，取得学士学位的70人。

1. 专科专业设置及招生情况

培养目标：针对成人的特点，根据北京市经济建设的需要，培养具有一定基础理论和专业知识、有较强实际操作能力的德、智、体全面发展的专业人才。2009年以前为三年制，后为两年半制。

表3.2-25　2001—2010年专科专业设置及招生情况一览表　　单位：人

招生专业＼招生年份	2001	2002	2003	2004	2005	2006	2007	2008	2009	2010	合计
艺术设计	41	32	46	43	28	34	30	32	30	7	323
信息管理应用	47	63	72	63							245
电子商务		62									62
计算机信息管理					162	183		130	91	41	607
商务管理	52		31	36	96	75	69	62	86	41	548
会计							32	48	15	65	160
合计	140	157	149	142	286	292	131	272	222	154	1945

2. 本科和专科起点本科专业设置及招生情况

培养目标：培养德、智、体全面发展，具有扎实的专业理论知识和技能、良好的文化与科学素质的应用型专门人才。学制：高中起点本科为五年制；专科起点本科，2009年以前为三年制，后改为两年半制。

表 3.2-26　2001—2010 年本科和专科起点本科专业设置及招生情况一览表　　单位：人

招生年份 / 招生专业	层次	2001	2002	2003	2004	2005	2006	2007	2008	2009	2010	合计
艺术设计	本科	22	43	30	52	46	36	26	11	30	31	327
工商管理	专升本	15	32	20	15	14	24	23	42	36	15	236
会计学	专升本							20	46	37	15	118
计算机科学与技术	专升本									21		21
合计		37	75	50	67	60	60	69	99	124	61	702

表 3.2-27　2001—2010 年本专科毕业生情况一览表

年份	专业	学历种类	毕业生人数	取得学士学位人数
2001	服装设计	专科	30	
	商务管理	专科	42	
2002	艺术设计	专科	23	
	服装设计	专科	8	
	商务管理	专科	39	
2003	工商管理	本科	11	
	艺术设计	专科	39	
	信息管理应用	专科	45	
	商务管理	专科	47	
2004	工商管理	本科	8	2
	商务管理	专科	49	
	艺术设计	专科	42	
	信息管理应用	专科	43	
	电子商务	专科	19	
2005	工商管理	本科	24	13
	艺术设计	专科	29	
	电子商务	专科	44	
	信息管理应用	专科	54	
2006	艺术设计	本科	16	
	工商管理	本科	5	5
	艺术设计	专科	6	
	信息管理应用	专科	2	
	商务管理	专科	5	
2007	工商管理	本科	18	9
	艺术设计	专科	38	
	信息管理应用	专科	75	
	商务管理	专科	30	
	艺术设计	本科	33	12
2008	工商管理	本科	15	4
	艺术设计	专科	32	
	信息管理与应用	专科	45	
	计算机信息管理	专科	1	
	商务管理	专科	32	

续表

年份	专业	学历种类	毕业生人数	取得学士学位人数
2009	艺术设计	本科	29	4
	工商管理	本科	30	10
	艺术设计	专科	41	
	计算机信息管理	专科	216	
	商务管理	专科	158	
2010	艺术设计	本科	32	8
	工商管理	本科	19	2
	会计学	本科	18	1
	艺术设计	专科	23	
	会计	专科	26	
	商务管理	专科	51	
合计			1592	70

（二）高等教育自学考试

学院是北京市教委成人教育考试指导中心批准的高等教育自学考试高职专业的助学院校。自考学生在学院培训中心自考助学班进行学习，学制两年，参加国家统一考试，通过国家所规定的全部课程后，颁发高等教育自学考试毕业证书。2008 年经北京市教委考试院自考办公室批准，承担“电子商务(独立本科段)”专业实践环节的主考工作。本科生通过学院组织的论文答辩，可获得学士学位证书。学院是北京市“装饰艺术(专科)”专业的主考院校之一，负责该专业教学指导。

表 3.2-28　2001—2010 年高教自考专科专业设置及招生情况一览表　　单位：人

招生年份 招生专业	2001	2002	2003	2004	2005	2006	2007	2008	2009	2010	合计
计算机应用	140	33	38	24							235
计算机应用(业余)	34	56	9	18							117
文秘	55	51	26	31	13						176
文秘(业余)	36	45	30	24							135
网络技术应用与服务		51	41	33	205	74					404
网络技术应用与服务(业余)		40	63	20	18						141
网络技术应用							33				33
装饰艺术	111	37	29	78	127	94					476
装饰艺术(业余)				14							14
装饰装修工程							30	64	31	5	130
物业管理				27							27
饭店管理					28	35					63
导游					47						47
合计	376	313	236	269	438	203	63	64	31	5	1998

表 3.2-29　2001—2010 年高教专科自考毕业生情况一览表　　单位：人

招生专业＼招生年份	2001	2002	2003	2004	2005	2006	2007	2008	2009	2010	合计
计算机应用	64	70	132	32	36	15					349
计算机应用(业余)		16	32	47	9	10					114
文秘		37	51	45	26	16	8				183
文秘(业余)		23	36	36	30	10					135
装饰艺术			44	33	29	57	97	69			329
装饰装修工程									30	64	94
装饰艺术(业余)						11					11
网络技术应用与服务				41	41	25	115	60			282
网络技术应用与服务(业余)				36	49	13	5				103
网络技术应用									33		33
物业管理						18					18
饭店管理							7	22			29
导游							17				17
合计	64	146	295	270	220	175	249	151	63	64	1697

（三）非学历教育

在非学历教育中，主要面向社会进行成人高考考前辅导。2003—2005 年，培训中心承接北京市公共英语等级考试；2008—2010 年，又开展北京市会计从业资格证书培训、北京市造价员职业资格证书培训。

表 3.2-30　2001—2010 年专业证书培训情况统计表　　单位：人

统计项目＼统计年份	2003	2004	2005	2007	2008	2009	2010	合计
公共英语等级证书	40	30	30					100
成人高考辅导班				30	40			70
会计从业资格证书						100		100
造价员职业资格证书							60	60
合计	40	30	30	30	40	100	60	330

（四）合作办学

2001—2010 年与澳门城市大学[原亚洲(澳门)国际公开大学]开展合作，引进澳门城市大学工商管理课程，学员修读澳门城市大学工商管理课程后，可申请澳门城市大学工商管理学士或硕士学位。十年间，工商管理 MBA 班共招生 1082 人，毕业 140 人；工商管理 BBA 班共招生 687 人，毕业 137 人。

2008 年，培训中心与北海艺术设计职业学院建立联合培养学生的合作模式，即培训中心按照北海艺术设计职业学院培养计划，对该学院的“视觉传达设计”及“环境艺术设计”专业三年级学生进行为期一年的专业培训。2008 年，培训视觉传达艺术设计专业学生 33 人；

2009 年，培训视觉传达艺术设计专业学生 96 人，环境艺术设计专业学生 78 人；2010 年，培训视觉传达艺术设计专业学生 102 人，环境艺术设计专业学生 258 人。

第三节　科学研究与社会服务

一、科研机构

2001—2010 年，学院相继成立了 12 个研究所，其中校级研究所 3 个，院级研究所 9 个。各科研平台均以院级、校级、市级科研机构为建设单元发展，聚集相关学科的人才资源，在各自的研究方向开展学科建设和科研工作。

表 3.3-1　2001—2010 年院级及以上科研机构一览表

级别	序号	机构名称	现任负责人	成立时间	备　注
校级	1	会展经济研究中心	李智玲	2010.05.10	
	2	服务经济与贸易研究所	崔　玮	2010.05.10	
	3	管理科学与应用研究所	陈建斌(中方) 封均康(英方)	2010.05.10	
院级	4	电子商务研究所	陈建斌(2007)	2004.07.09	2004 年高引民为负责人 2010 年 5 月 10 日撤销
	5	国际经济研究所	赵亚平	2007.10.18	2010 年 5 月 10 日撤销
	6	企业理财研究所	朱传华	2007.10.18	
	7	商业艺术设计研究所	滕雪梅	2007.10.18	2010 年 5 月 10 日撤销
	8	国际金融研究所	符亚明	2007.10.18	2010 年 5 月 10 日撤销
	9	管理科学应用研究所	高引民	2007.10.18	2010 年 5 月 10 日撤销
	10	马克思主义中国化研究所	张泽一	2010.05.10	
	11	现代服务业发展研究院	顾志良	2010.07.08	
	12	国际商务研究所	王　卓	2001.10.30	2001 年吴勤学为负责人 2003 年沈伦为常务副所长 2004 年李萍为负责人

二、科研管理

（一）机构设置

2005 年以前，学院科研管理工作由教务处负责，一名副院长和教务处长对科研工作进行宏观指导，教务处设一个科研管理岗位负责科研课题项目的申报、科研成果的转化等具体管理工作。各系、部由系部主任或副主任主抓本部门科研工作。2005 年 6 月，学院成立科研处，负责全院的科研管理工作。

（二）科研工作重要决定及事项

2004—2010 年，学院相继出台《科研工作量计算及奖励办法(试行)》(京联商〔2004〕17

号)、《科研发展奖励基金暂行办法》(京联商〔2005〕10 号)、《科技成果奖励暂行办法》(京联商〔2005〕12 号)、《横向课题管理暂行办法》(京联商〔2005〕11 号)、《2005—2008 年科研发展规划》(京联商〔2005〕46 号)、《科研机构考核暂行办法》(京联商〔2007〕100 号)、《横向科研项目管理暂行办法》(京联商〔2007〕101 号)、《院级科研机构管理暂行办法》(京联商〔2007〕102 号)、《高级别科技立项、高水平科研成果奖励办法》(京联商〔2007〕103 号)、《科研项目经费财务开支实施细则》(京联商〔2007〕104 号)、《科研项目类别及级别认定暂行办法》(京联商〔2007〕105 号)、《人文社科类科研项目配套经费管理暂行办法》(京联商〔2007〕106 号)、《重点建设学科、研究所配套经费管理暂行办法》(京联商〔2007〕107 号)、《科研工作量制度实施暂行办法》(京联商〔2008〕58 号)、《科研工作量制度实施细则》(京联商〔2009〕16 号)、《科研工作量制度实施细则》(京联商〔2009〕16 号)、《关于加强学科建设和科研工作的意见(试行)》(京联商〔2009〕3 号)等科研工作管理制度、管理办法，推动学院科研工作有序发展。

(三) 科研工作重要会议

2002 年 6 月，邀请中国商品学会会长、人民大学万融教授来院进行“如何申报国家自然科学基金项目、人文社会科学基金项目”讲座。

2004 年 4 月，举行学科建设研讨会，联大副校长冯虹、科研处长姜招峰出席，冯虹副校长对学院学科建设提出重要意见，要求学院把学科建设、专业建设当作一项重要工程来做。

2004 年 9 月，召开“企业管理学”重点建设学科专家评估会，邀请校外企业管理学专家姚飞、顾岩平、黄鲁成、梁岩松等人对学院申报“企业管理学”重点建设学科进行评议。

2004 年 11 月，学院召开重点建设学科研讨会。孙明院长主持会议，总结前段的申报工作，提出今后学科建设工作的设想。

2004 年 12 月，学院召开学科建设工作恳谈会，研讨学院学科建设的差距与问题，制定 2005 年学科建设任务实施细则。

2005 年 3 月 30 日，学院召开科研工作会议，检查学科建设工作进展情况，听取了有关学科建设、三个研究方向以及各研究所工作进展情况汇报。

2005 年 5 月 26 日，学院召开学科建设会议。孙明院长就学科建设发展方向指出：应用型学科及专业的建设，都应与社会和国际接口。另外，在专业课程建设上，加大外语授课，实现全英语教学，增强培养国际化人才的能力。

2005 年 12 月，学院召开“国际化应用型商务人才培养模式研讨会”，探讨了实践教学、人才培养模式、双语教学、全英语教学等问题。

2006 年 11 月，学院主办“国际贸易重点学科建设研讨会”，与会代表 70 人。

2007 年 7 月，学院召开“博士、教授应用性学科建设论坛”。院领导冯虹、张建林、唐少清、黄玉丽出席了会议。冯虹、张建林提出经管类学科建设的总体设想和工作原则、科研主攻方向，明确学科建设是学院当前的重点工作。

2008 年 5 月，学院召开学科建设研讨会，探讨了学科发展思路、申硕方向、北京大学和南京大学规定的核心期刊分级等内容。

2008 年 12 月，学院召开学科建设工作会。党委书记张建林、院长顾志良、副院长黄玉丽强调，学院的学科建设关键是突出特色，有创新的内容，对引进的人才要有明确的考核标准，加强学科建设有可持续性。

2009 年 12 月，学院召开学科建设与科研工作会，总结 2008—2009 年学科专业建设经验，研讨《2010年学科建设阶段计划》。黄玉丽副院长作2009年学科与科研工作报告。党委书记张建林、院长顾志良分别发言，提出学院三个重点建设学科的建设必须支撑专业建设，学科建设要与国际化结合起来，加大硕士学位授权点增点工作的力度，完成硕士点申报工作。

三、科研成果

2001年以前，学院为纺织类院校，以纺织专业为主；经过更改校名和专业调整，学院的专业设置主要是商务管理类。专业方向的调整使学院的科研进展暂时陷入低谷期。经过努力和政策引导，从2007年起科研成果在数量和质量上取得了长足进步。2010年，刘敏博士主持完成的中国山岳型景区经营权价值评估研究项目实现了学院国家级课题零的突破。2010年的科研经费是2001年的13倍(见表3.3-2)。

表3.3-2　2001—2010年科研项目经费一览表

年份	2001	2002	2003	2004	2005	2006	2007	2008	2009	2010	合计
经费/万元	13.40	11.95	13.75	42.60	84.76	25.75	276	236.62	310.69	184.70	1200.22

(一) 重大科研项目

2001—2010年学院重大科研项目情况详见表3.3-3。

表3.3-3　2001—2010年重大科研项目一览表

序号	项目名称	项目编号	项目类型	负责人	项目组成员	立项时间/年	立项经费/万元
1	奶牛胚胎移植技术成果转化子课题——成果推广区域经济投资效益综合评估	2004EA620053	国家星火计划项目(子项目)	符亚明	艾桂敏	2007	2
2	奶牛胚胎移植技术成果转化子课题——成果推广策略研究	2004EA620053	国家星火计划项目(子项目)	王　卓	艾桂敏	2007	2
3	美国次贷危机对我国的影响	2008GC-Y0034	国家发改委软科学研究项目	吴勤学	符亚明	2008	0.2
4	新时期武器装备建设指导思想和发展道路研究	08GJ304-043	国家社科基金军事学项目(子项目)	张艳秋		2008	5
5	产业投资与产业结构的关系及作用机理研究	70773027	国家自然科学基金(子项目)	刘迎春		2008	6
6	参数、非参数生产前沿面模型、算法及应用研究	70871085	国家自然科学基金(合作)	王　卓	王金祥、王育华	2009	2
7	中国山岳型景区经营权价值评估研究	40901069	国家自然科学基金	刘　敏		2010	18

续表

序号	项目名称	项目编号	项目类型	负责人	项目组成员	立项时间/年	立项经费/万元
8	在京农民工收入与首都发展稳定的关系	07AaZH055	北京市哲学社会科学规划项目	冯虹	魏士洲、李萍、孙彦、潘月杰、王述珍,等	2007	8
9	基于实证的IT项目开发风险管理序参量体系构建	无	北京市(人事)人才强教计划拔尖创新人才项目(市级)	方德英	高引民、陈建斌、徐凯波	2007	30
10	全球化条件下北京市金融业发展与风险控制研究	06BaJG121	北京市哲学社会科学规划项目	符亚明	吴勤学	2008	1
11	科技北京建设	09ZDA02	北京市哲学社会科学规划办重大项目(子项目)	符亚明	王卓、吴勤学、刘远亮、周杉、王慧、许德才	2010	4

(二)重要学术著作与论文

2001—2010年,学院教师和管理人员共出版专著、译著、教材173部,其中重要学术著作9部,专著34部(见表3.3-4～表3.3-6)。发表论文1098篇,其中在核心期刊发表436篇,被ISTP、EI、CSSCI、SCI收录73篇(见表3.3-7)。

表3.3-4 2001—2010年出版著作(包括重要学术著作)数量统计表

类型	2001	2002	2003	2004	2005	2006	2007	2008	2009	2010	合计
专著及重要学术著作	2	1		1	6	2	6	12	10	3	43
主编	9	2	3	4	10	5	6	2	11	3	55
参编	3	4	5	3	16	15	13	1	1	3	64
译著				4	1	1	2	1	2	0	11
合计	14	7	8	12	33	23	27	16	24	9	173

表 3.3-5　2001—2010 年出版重要学术著作一览表

序号	著作名称	第一作者	出版社	出版年
1	大学校长的经营之道	孙　明	光明日报出版社	2004
2	奥运会对北京的经济影响与政府决策	符亚明	原子能出版社	2007
3	信息管理系统项目成功技术方案	高引民	知识产权出版社	2008
4	IT 风险项目开发风险管理——理论与方法	方德英	人民邮电出版社	2008
5	奥运会与北京会展业	唐少清	经济科学出版社	2008
6	生产前沿面的参数方法与非参数方法及应用	王　卓	西南交通大学出版社	2009
7	环渤海经济圈中北京会展业的定位与发展	李智玲	经济日报出版社	2009
8	IT 能力与企业信息化	陈建斌	电子工业出版社	2009
9	加工贸易与中国经济增长——产品内分工视角的研究	崔　玮	经济科学出版社	2010

表 3.3-6　2001—2010 年出版专著一览表

序号	著作名称	第一作者	出版社	出版年
1	海外投资问题研究	吴勤学	民主与建设出版社	2001
2	网上证券交易	张　蓉	经济科学出版社	2001
3	功能性表面活性剂	梁治齐	中国轻工业出版社	2002
4	创业	唐少清	人民邮电出版社	2005
5	批量留学与四大品牌	孙　明	冶金工业出版社	2005
6	中国当代美术家李岗[风景卷]	李　岗	吉林美术出版社	2005
7	中国当代美术家李岗[墨彩卷]	李　岗	吉林美术出版社	2005
8	中国当代美术家李岗[人物卷]	李　岗	吉林美术出版社	2005
9	小波理论在管理科学与工程中的应用	汪　惠	吉林出版社	2005
10	开创国际化办学品牌打造高校诸多冠军项目	孙　明	冶金工业出版社	2006
11	基于学科优势的大学竞争力研究	唐少清	中国教育文化出版社	2006
12	校企合作创新——博弈·演化与对策	方德英	中国经济出版社	2007
13	国际商法新论	张万春	法律出版社	2007
14	内幕联盟交易信息机制与监管研究	符亚明	原子能出版社	2007
15	中国国际投资理论研究	符亚明	原子能出版社	2007
16	财务分析精要	朱传华	立信出版社	2007
17	服装店铺与展示设计	鲁彦娟	化学工业出版社	2008
18	现代会展操作实物与案例	唐少清	清华大学出版社	2008
19	全球视角下银行私有化研究	张　蓉	经济科学出版社	2008
20	马克思的产权理论与国企改革	张泽一	冶金工业出版社	2008
21	新型国际分工视角下的高新技术产业企业网络优势论	郑春芳	经济科学出版社	2008
22	构建社会主义和谐社会的理论与实践	马　冀	华文出版社	2008
23	城市空间演化与交通的互馈解析	王春才	冶金工业出版社	2008
24	上市公司利润质量评价研究理论方法案例	邵　军	经济管理出版社	2008
25	实用英语文体与写作	牛洁珍	河北教育出版社	2008
26	高维聚类知识发现关键技术研究及应用	陈建斌	电子工业出版社	2009
27	金融业信息化战略——理论与实践	方德英	电子工业出版社	2009
28	跨国零售在华滥用市场优势地位及其规制问题研究	赵亚平	经济科学出版社	2009
29	北京会展业的定位与发展	李智玲	经济日报出版社	2009
30	产业政策与产业竞争力研究	张泽一	冶金工业出版社	2009
31	钉住一篮子货币与人民币汇率制度改革	王　慧	中国经济科学出版社	2009
32	英语实用文体特征及翻译	牛洁珍	吉林大学出版社	2009
33	服务经济背景下北京服务贸易发展研究	赵亚平	中国经济出版社	2010
34	中央企业内部资本市场效率研究	季　皓	吉林大学出版社	2010

表 3.3-7 2001—2010 年发表论文数量统计表

统计项目		2001	2002	2003	2004	2005	2006	2007	2008	2009	2010	合计
刊物类别	EI、ISTP、CSSCI					2	1	8	3	30	29	73
	北大核心期刊	11	6	11	11	19	31	74	75	125	73	436
	论文集							29	10	100	65	204
	人大复印资料							1	1	1	1	4
	普通期刊	20	24	22	41	40	47	32	27	48	80	381
第一作者		31	30	33	46	55	74	138	110	296	239	1052
非第一作者					6	6	5	6	6	8	9	46
总数		31	30	33	52	61	79	144	116	304	248	1098

（三）专利技术

1. 专利技术基本情况

2001—2010 年学院专利技术情况详见表 3.3-8。

表 3.3-8 2001—2010 年专利技术一览表

序号	专利名称	发明人	申请号	专利类型	专利状态	申请日期	授权号
1	多级滑套喷射泵组合装置	赵五一	20041025	实用新型	专利授权	2004.10.25	ZL200420117762.1
2	实现计算机主机与外部设备分开摆放的实验教学设备	栾元敏	200810117301	实用新型	专利授权	2008	ZL200810117301.7
3	会展统计管理系统（软件）	石　彤	210SR024080	成果转让	专利公开	2010.5.21	无

2. 专利成果的推广及应用

2004 年,“多级滑套喷射泵组合装置”在华北油田(主要是大庆油田和任丘油田)投入使用,采用此技术打斜井不破坏地面建筑。

“会展统计管理系统”专利技术在第 7 届到第 12 届北京科博会的数据录入、管理和分析中使用,为科博会的数据管理和统计工作起到了重要支持作用。

2008 年,“实现计算机主机与外部设备分开摆放的实验教学设备”的发明专利,在联大两所学院实验室中投入使用。

（四）重要奖项

2001 年,梁玉勇获“第十一届北京优秀青年工程师”称号。

2002 年,唐少清获“第十二届北京优秀青年工程师”称号,赵红获“北京地区产学研工作先进个人”称号。

2005 年,秦立栓获“第十五届北京优秀青年工程师”称号。

2006 年,李智玲获“2005 年度中国会展业会展教育奖”,孙长宾获“第十六届北京优秀青年工程师”称号。

学院获省部级科技成果奖情况详见表 3.3-9。

表 3.3-9 获省部级科技成果奖一览表

序号	成果名称	成果形式	获奖人员	奖项名称	获奖等级	发证机关	获奖时间
1	产业集群与提升轻工业国际竞争力	论文	王华（第二作者）	商务部 2008“扩大对外开放 提升产业国际竞争力”全国征文优秀论文三等奖	部级	中华人民共和国商务部	2008.11
2	跨国零售买方势力阻碍中国产业升级的机制及对策研究	论文	赵亚平、庄尚文（外校）	商务部 2008“扩大对外开放 提升产业国际竞争力”全国征文二等奖	部级	中华人民共和国商务部	2008.11.22
3	加工贸易推动产业结构升级：理论模型分析与政策建议	论文	崔玮、赵亚平、张铁钢（外校）	商务部 2009“集聚力量、转型升级，提升产业国际竞争力”全国征文二等奖	部级	中华人民共和国商务部	2009.10.15
4	黄淮海玉米高产高效生产理论及技术体系研究与应用	其他	王崇桃	河南省科学技术进步奖二等奖	省级	河南省人民政府	2009.12.02
5	西南玉米丰产高效生产理论及技术体系研究与推广	专著	王崇桃	四川省科学技术进步奖二等奖	省级	四川省人民政府	2010.02.16

学院获其他科技成果奖情况详见表 3.3-10。

表 3.3-10 获其他科技成果奖一览表

序号	成果名称	成果形式	获奖人员	奖项名称	获奖等级	发证机关	获奖时间
1	北京市海外直接投资战略研究	论文	吴勤学	北京市第七届哲学社会科学优秀成果	市级	中国共产党北京市委员会、北京市人民政府	2002.12
2	商务管理专业实践教学改革的探讨	论文	赵五一	在全国高校商务企业管理教学研究会第十九次年会优秀论文评选中获优秀论文一等奖	学会	全国高校商业企业管理教学研究会	2004.07
3	学习邓小平关于对待错误的观点	论文	张秀国	北京市纪念邓小平同志诞辰 100 周年征文活动优秀论文奖	市级	中共北京市宣传部、中共北京市委党校	2004.08
4	物流人才的培养方式探讨	论文	唐少清	第三届中国物流学术年会论文优秀奖	学会	中国物流学会	2004.10

续表

序号	成果名称	成果形式	获奖人员	奖项名称	获奖等级	发证机关	获奖时间
5	关于党的先进性的两个问题	论文	张秀国	北京高校党建研究会2002—2004年优秀论文三等奖	市级	中共北京市委教育工作委员会、北京高校党建研究会	2004.12
6	物流人才的培养模式研究	论文	唐少清	第二届中国物流与采购学术年会三等奖	学会	中国物流学会	2004.09
7	扩大增值税征收范围充分体现中性原则	论文	王　平	2004年度北京市法学会金融与财税法学研究会优秀论文二等奖	学会	北京市法学会金融与财税法学研究会	2005.01
8	应用现代教育技术,提高教育质量的研究	论文	马　光	北京市高教学会技术物资研究会第八次学术年会论文二等奖	学会	北京市高教学会技术物资研究会	2005.02
9	在新形势下坚持修旧利废、勤俭办事的实践与研究	论文	梁玉勇	北京市高教学会技术物资研究会第八次学术年会论文一等奖	学会	北京市高教学会技术物资研究会	2005.02
10	PC虚拟机技术在实训教学中的应用	论文	孙长宾	北京市高教学会技术物资研究会第八次学术年会论文一等奖	学会	北京市高教学会技术物资研究会	2005.02
11	提高设备管理、提高设备使用效益的实践与研究	论文	沈建英	北京市高教学会技术物资研究会第八次学术年会论文一等奖	学会	北京市高教学会技术物资研究会	2005.02
12	提高政府采购工作质量及投资效益的实践与研究	论文	赵　红	北京市高教学会技术物资研究会第八次学术年会论文二等奖	学会	北京市高教学会技术物资研究会	2005.02
13	高校技术物资工作机构、管理体制、岗位设置及工作规范的研究与实践	论文	朱桂兰	北京市高教学会技术物资研究会第八次学术年会论文二等奖	学会	北京市高教学会技术物资研究会	2005.02
14	借鉴、启示、对策——对德国会展业的考察及对我国会展业发展的思考	论文	李智玲	全国高校商务管理研究会第二十次年会暨银座论坛优秀论文一等奖	学会	全国高校商务管理研究会	2005.07

续表

序号	成果名称	成果形式	获奖人员	奖项名称	获奖等级	发证机关	获奖时间
15	大学校长的"经营之道"	专著	孙 明	北京市高等教育学会第六次优秀高等教育科研成果优秀奖	市级	北京市教育委员会、北京市高等教育学会	2005.12
16	领导能力的第一要素——思考能力	论文	张秀国	2005年度北京市局级领导干部优秀理论文章一等奖	市级	中共北京市委宣传部	2006.06
17	论商务学院的学科建设与专业建设	论文	唐少清	中国高等教育研究协会组织专家评审优秀论文奖	学会	中国高等教育研究协会	2006.07
18	对我国高等教育发展战略的几点思考(编号:031)	论文	张秀国	第三届中国教育家大会举办的"2006中国当代教育思想优秀论文评选"活动优秀论文奖	学会	中国人才研究会教育人才专业委员会	2006.11
19	国际化:利用惠民的高教创新之路(编号:032)	论文	张秀国	第三届中国教育家大会举办的"2006中国当代教育思想优秀论文评选"活动优秀论文奖	学会	中国人才研究会教育人才专业委员会	2006.11
20	低进高出:人才培养模式的探索与实践(编号:033)	论文	张秀国	第三届中国教育家大会举办的"2006中国当代教育思想优秀论文评选"活动优秀论文奖	学会	中国人才研究会教育人才专业委员会	2006.11
21	以计算机为基础装备的实验室的新型建设模式的研究与探讨	论文	栾元敏	北京高等学校实验室工作研究会2006年度优秀论文奖	学会	北京高等学校实验室工作研究会	2006.11
22	新时期创新与高校辅导员工作略谈	论文	赵 辉	北京高校辅导员论坛征文评比三等奖	地市级奖	中共北京市委教育工委	2006.12
23	北京联合大学商务学院——新生思想状况调查与分析	论文	张玲娜	北京高校辅导员论坛征文优秀奖	地市级奖	北京市教育工委	2006.12
24	新时期高校商科教研方式创新	论文	王 卓	"首届全国高校课题(项目)申请与协作交流研讨会"论文评审二等奖	学会	中央教育科学研究所高等教育研究中心、中国高等职业教育研究会	2007.02

续表

序号	成果名称	成果形式	获奖人员	奖项名称	获奖等级	发证机关	获奖时间
25	从顾客价值迁移考察沃尔玛的绿色经营	论文	赵亚平	中国商业经济学会“中国绿色商业发展论坛”全国征文二等奖	学会	中国商业经济学会	2007.07
26	“农村和谐社会构建与农民的利益表达”	论文	马　冀	2007 年度论文优秀奖	学会	北京市高教学会政经社建研究会	2007.12
27	我国高校会展学历教育的现状与思考	论文	庚　为	第二届中国会展教育年会优秀论文三等奖	学会	中国国际贸易学会	2007.05
28	从应用性人才培养模拟实践环境建设的必要性	论文	栾元敏	北京市高教学会技术物资研究会优秀论文二等奖	学会	北京市高教学会技术物资研究会	2007.07
29	个性化教学对提高女大学生乒乓球学习效果的实验研究——以分层递进考核法为主例	论文	刘继华	北京市大学生体育协会优秀论文二等奖	学会	北京市大学生体育协会	2008.10
30	中英计算机程序设计课程教学实践的对比研究——以北京联大商务学院和英国佩斯利大学为例	论文	郑　丽	2008 英特尔杯全国计算机教育优秀论文二等奖	地市级	教育部高等学校计算机科学与技术教学指导委员会	2008.10
31	以计算机为基础装备的实验室的新型建设模式的研究与探讨	论文	栾元敏	北京市教育委员会北京市高等教育学会优秀论文二等奖	市级	北京市教育委员会北京市高等教育学会	2008.12
32	网络环境下形势与政策课程教学改革的新思考	论文	马　冀	全国高校教育教学优秀论文奖	市级	教育部社会科学司	2008.03
33	计算机程序设计网上教学系统	音像软件等	郑　丽 薛　云	北京市高校首届多媒体教育软件大奖赛三等奖	地市级奖	北京市高等学校师资培训中心	2008.04
34	中英计算机程序设计课程教学实践的对比研究	论文	郑　丽	2008 年英特尔杯全国计算机教育优秀论文评比二等奖	地市级奖	教育部高等学校计算机科学与技术教学指导委员会	2008.10

续表

序号	成果名称	成果形式	获奖人员	奖项名称	获奖等级	发证机关	获奖时间
35	奥运期间大型商场一级突发事件风险研究	研究或咨询报告	符亚明	中共北京市朝阳区委统战部优秀成果二等奖	地市级奖	中共北京市朝阳区委统战部	2008.11
36	基于构建主义的任务驱动式教学方法在计算机基础课程中的实践与探索	论文	薛　云	全国高等院校计算机基础教育研究会2008年学术年会奖三等奖	地市级奖	全国高等院校计算机基础教育研究会	2008.11
37	VisualBasic 程序设计网上教学系统	音像软件等	薛　云	第八届全国多媒体课件大赛	地市级奖	教育部教育管理信息中心	2008.11
38	微积分（上）辅助教学光盘	其他	任　征	“第八届全国多媒体课件大赛”高教理科组优秀奖	地市级奖	中华人民共和国教育部教育管理信息中心	2008.11
39	金融危机传导机制与扩散机理研究	论文	符亚明	中国经济商业学会经济应用与管理分会奖一等奖	地市级奖	中国经济商业学会经济应用与管理分会	2008.12
40	教学中创设合作学习情境的探索与实践	论文	薛　云	中国电子学会信息论分会优秀论文三等奖	地市级奖	中国电子学会信息论分会	2008.12
41	全球化背景下我国中心城市服务贸易发展研究——以北京和上海为例	论文	梁　瑞	第三届国际服务贸易论坛优秀论文优秀奖	学会	第三届国际服务贸易论坛	2009.06
42	北京市高校第二届多媒体教育软件大赛三等奖	音像软件等	薛　云	北京市高校第二届多媒体教育软件大赛三等奖	地市级奖	北京市高等学校师资培训中心	2009.04
43	大学计算机基础——网上课堂	音像软件等	郑　丽	北京市高校第二届多媒体教育软件大奖赛	地市级奖	北京市高等学校师资培训中心	2009.04
44	学科建设与专业建设相结合的思路及对策研究	论文	赵亚平	中国高教学会科学管理分会2009年度学术年会获奖	地市级奖	中国高教学会科学管理分会	2009.07
45	“数据库原理与应用”课程实践教学的改革与探索	论文	薛　云	百期2009全国计算机教育优秀论文评比优秀奖	地市级奖	教育部高等学校计算机科学与技术教学指导委员会	2009.10

续表

序号	成果名称	成果形式	获奖人员	奖项名称	获奖等级	发证机关	获奖时间
46	大学计算机基础网络教学系统	音像软件等	郑 丽 薛 云	第九届全国多媒体课件大赛(高教工科组)三等奖	地市级奖	教育部教育管理信息中心	2009.11
47	北方春玉米高产高效生产技术研究与推广	其他	王崇桃	黑龙江省农业科学技术奖一等奖	地市级奖	黑龙江省农业委员会	2010.03
48	Coordination Mechanism of IT Service Supply Chain	论文	郭彦丽	Best Paper Award	学会	the Joint Conference on eServices and Business Intelligence (JCeSBI)	2010.06
49	北京发展绿色商业的难点与对策——基于“世界城市”定位视角	论文	赵亚平	中国商业经济学会“第四届中国中部地区商业经济论坛”二等奖	学会	中国商业经济学会	2010.10
50	以科学发展观为指导增强大学生思想政治教育工作实效性的思考	论文	张玲娜	中国商品学会论文二等奖	学会	中国商品学会	2010.10
51	国际趋势·本地潜力·发展对策——北京金融服务外包发展研究	论文	徐 枫 赵亚平	第四届国际服务贸易论坛征文优秀奖	学会	中国国际贸易学会/北京第二外国语学院国际经济贸易学院/国际贸易杂志社	2010.10
52	健全完善大体协单项分会运行机制促进高校体育工作的发展	研究或咨询报告	景 观	首都高等学校第十五届体育科研学术论文二等奖	市级	北京市教育委员会	2010.11
53	涡轮式流量计	其他	刘志刚	北京市大学生物理实验竞赛三等奖(指导教师)	地市级奖	北京市教育委员会	2010.12
54	液压式流量计	其他	刘志刚	北京市大学生物理实验竞赛二等奖(指导教师)	地市级奖	北京市教育委员会	2010.12

四、主办(承办)的国际国内重要学术会议和学术报告

2001—2010 年学院主办(承办)的重要学术会议和学术报告详见表 3.3-11。

表 3.3-11 2001—2010 年主办(承办)的重要学术会议和学术报告

年份	学术会议、学术报告名称	主办(承办)单位	会议地点	备注
2003	走向艺术设计	学院	学院	台湾学者叶国淞教授作学术报告
	企业治理结构,国内外投资银行业的历史现状与发展	学院	学院	香港汇富金融集团总裁林家璁、北京高科创业投资顾问有限公司总经理王铁军分别作学术报告
	艺术设计的现状与前景	学院	学院	环艺设计专家何镇强教授作学术报告
2004	商务学院办学道路暨孙明办学理念研讨会	承办	学院	北京市市委教育工委常务副书记张建明、北京市教育科学研究院副院长吴岩博士、联大和各学院领导、国内外专家学者与会,孙明院长作"运用经营理念 勇创办学新路"的主题报告
	中国会展产业的基本理论与实践学术报告会	会展研究所	学院	亚洲博鳌亚洲论坛总监姚望作报告
2005	中小型高校发展战略论坛	学院	学院	北京市副市长范伯元、市教委副主任张国华等市领导和李志宏等教育专家及英国、马来西亚学者与会并发表演讲
	2005 年亚洲教育北京论坛《中小型高校发展战略论坛》研讨会	学院	北京稻香湖会议中心	英国、日本、加拿大、中国台湾等知名学者参加。中国高等教育学会会长、原教育部副部长周元清等发表演讲
	艺术设计	商务艺术设计系	学院	由 2008 年奥运设计评委林盘耸教授和 2008 北京奥运标志首席设计师张武教授作报告
	居住环境和社区设计	商务艺术设计系	学院	由日本京都府立大学町田玲子教授、三桥俊雄教授作报告
	国际商务学术研讨会	国际商务研究所	学院	由国家一级刊物《管理世界》杂志社编辑部主任尚增健先生作学术讲座
	国际学术研讨会	电子商务研究所	学院	与国内外专家就信息理论的前沿进行学术探讨
	会展行业学术研讨会	会展研究所	学院	姚望等 10 名业内著名专家参加研讨会,分析国内会展业的现状、会展业当前所需人才类型,对学院会展专业建设提出建议
2008	信息系统理论与前沿问题	电子商务、科研处	学院	北京理工大学经管学院甘仞初,教授,博士生导师作学术报告
	网络经济问题及其新发展	科研处	学院	中科院研究生院管理学院吕本富教授
	克鲁格曼与国际贸易的两个关键命题	国际经济系、科研处	学院	北京工商大学经济学院季铸教授

续表

年份	学术会议、学术报告名称	主办(承办)单位	会议地点	备注
2009	数学建模的思想、方法和应用	基础部	学院	清华大学姜启源教授作学术报告和座谈
	"数据挖掘研究前沿"和"信息系统与电子商务研究前沿"	电子商务系、电子商务研究所	学院	北京航空航天大学经济管理学院夏国平、刘鲁教授作学术研讨和报告
	企业信息化:困惑与思路	电子商务系	学院	中国人民大学信息学院经济信息管理系主任,中国信息经济学会(CIES)副秘书长、国际信息系统协会中国分会(CNAIS)理事左美云教授作学术报告
	2010中国经济发展趋势与争议	国际经济系	学院	北京师范大学金融研究中心主任钟伟教授,博士生导师,作学术报告
	中欧市场对比分析	国际商务系	学院	德国VIEMEDIC公司亚太区市场总监郑雨作学术报告
	信息领域关键概念相互关系的理解	电子商务系、科研处、电子商务研究所	学院	北京交通大学经济管理学院副院长张真继教授,博士/博士后,博士生导师作学术报告和座谈
2010	How to do a successful business between China and Europe	科研处、国际交流合作处、电子商务研究所	学院	捷克乌斯基拉贝大学商学院Kamila Tislerova作学术报告
	IT AND BUSINESS STRATEGY(信息技术与企业战略)	管理科学与应用研究所和科研处	学院	美国科罗拉多大学利兹商学院的国际合作中心的主任,信息系统领域Ramiro Montealegre教授作学术报告
	The Basics in Business	会展经济与管理系、科研处	学院	韩国建国大学管理学院金宇峰教授作学术报告

五、产学研合作及社会服务

(一)校企合作

2001年5月,学院与河北省石家庄晋州市东宿乡开展校企合作,依托在绒制品纺织新产品研发方面的技术优势和当地的人力资源及销售优势,以股份制的形式共同出资在石家庄晋州市东宿乡成立了"河北省京石绒制品有限公司"("京"指北京,"石"指石家庄)。学院以80万元的纺织品生产加工设备和专用的纺织品检测设备以及相当于70万元的技术股份,与对方进行了股份制的校企合作,合作企业的注册资金达500万元,学院从中占有30%的股份。在合作过程中,学院还将赵江副教授等3位同志长期派驻在企业中,负责合作企业的建设、经营与技术管理等工作,为河北晋州市纺织业发展起到了重要作用。

2001年,与北京雪莲集团开展专业合作,多批次为该企业的财务人员和管理人员提供专业岗位培训;还多次与北京中盈达科技有限公司开展专业合作,承担了为该公司培训数据项目分析师的项目。

2005 年 1 月，学院与北京北奥会展有限公司、北京阳光国际广告有限公司正式签署校企合作协议，开启了会展专业校企合作的新路径。利用公司的会展实务实践平台，解决了公司举办会展活动缺乏会展专业人才的难题。同时，公司接纳毕业生，企业老总成为专业实践指导师。

2005—2010 年，会展专业师生参与了第八届至第十三届“中国（北京）国际科技产业博览会”工作；2006—2010 年参加了第一届至第五届“中国（北京）国际文化创意产业博览会”工作。校会展研究所和会展专业教师受组委会委托，主持进行展会数据采集与展会评估，为组委会对外宣传和办好下一届博览会提供了重要决策支持，初步构建起政产学研结合的会展教育与研究平台，得到市政府及组委会的好评。北京市原副市长陆昊接见了李智玲所长并听取汇报，对其工作给予充分肯定。

2006 年 11 月，学院与国家会议中心、北京华阳恒通广告有限公司、北京振威展览有限公司、北京品信会展公司等 6 家会展公司签署合作协议，学院派教师进入企业，为企业发展做咨询服务。

2007 年 11 月，学院与北京国际会议中心签署实践教学协议，会展专业学生走入企业，进行为期 2 个月的实习，为应用性本科人才培养的集中实践教学开了先河。

2008 年，学院与“全美测评软件系统（北京）有限公司”开展专业合作，为金融行业的人员长期提供在职培训工作。

2009 年 12 月，学院与北京国际会议展览业协会正式签约，会展研究所和专业教师参与北京市会展业发展研究，完成委托课题，参加北京市重大会展项目奖励资助的评审工作。

2010 年 5 月，学院与北京纺织控股有限责任公司签订了共建校企合作人才培养协议书、战略合作协议书。

（二）智力支持

学院支持教师和科研机构依托学科专业，结合社会需要开展学术研究，为国家和首都发展提供智力支持。

2001 年，吴勤学博士主持完成的“WTO 运行机制对北京市 FDI 的促进与抑制及对策研究”课题，为北京市政府制定海外直接政策、企业的投资决策，在理论上和具体对策上提供了有价值的参考作用。

2005 年，发挥学院科学研究的能力，为北京“科博会”独家研发了会展活动统计软件，并获得专利登记和实际应用。

2005 年，符亚明博士主持完成的《奥运会对北京的经济影响与政府决策研究》，受到北京市政府的重视。课题报告中提出的促进奥运后第三产业及相关产业发展的一些政策措施，为北京市政府采纳。

4 月，裴朝军老师与颐和园管理处签订了企业项目合作协议，为颐和园管理处制作颐和园视觉形象进行整体设计。

7 月，符亚明博士与宁波屹东电子股份有限公司合作正式签署合同，为该公司设计 OEM 企业品牌战略及进行软件系统开发。

2009 年，崔玮博士主持完成“北京市高新技术产业群对周边地区经济带动的实证研究”

课题。课题提出的加强北京市高新技术产业集群对津冀经济带动力的对策建议,对北京市、河北省制定环渤海经济圈发展政策有一定参考价值。

2009年,李智玲教授主持完成的“环渤海经济圈中北京会展业的定位与发展”课题,受到商务部的高度重视和中国会展协会充分肯定,对环渤海经济圈中的会展业发展具有重要影响。该成果获得商务部创新优秀著作奖。

2009年,受民政部基层政权和社区建设司委托,以京郊农村为研究重点,马冀博士主持完成了“大学生志愿服务农村社区建设互动研究”课题。研究报告提出的深化青年志愿行动,促进农村社区建设的多项对策建议,被民政部基层政权和社区建设司采纳。

2009—2010年,学院承担全国证券、期货、银行、进出口商品检验鉴定机构、航空公司、联通等十几家公司从业人员资格、招聘等考试工作。2009年有2万人次、2010年有5万人次参加考试。

2009年,符亚明博士主持完成的“北京市公共管理法规实施效果及评价”是北京市人民代表大会常务委员会的研究项目。该研究成果,于12月16日在北京市人大常委会主任会议上全票通过。报告中提出的政策建议得到北京市人民代表大会常务委员会的采纳。

2010年冯虹教授主持完成的《在京农民工就业待遇公平与首都和谐问题研究》的调研报告,受到北京市人力资源和社会保障局的关注,对北京市政府制定在京农民工政策及具体管理办法等有较高的参考价值。

(三)学生项目与活动

2001—2010年,会展经济与管理、国际贸易、市场营销专业的学生,参加了8届在北京举办的“科博会”和6届“文博会”工作。受科博会和文博会主办者的委托,学生对科博会和文博会进行数据采集、调查问卷设计、发放、回收、录入、整理与分析,参与调研评估报告的部分撰写工作。

2001年,艺术设计专业学生受朝阳区六里屯办事处委托,为周边的社区设计、彩绘文化艺术走廊。

2002年7月,艺术设计专业学生用专业知识为八里庄社区设计、彩绘文化艺术墙。8月,中华世纪坛举办的中美大学生文化交流,现代艺术设计系100名学生,在丝绸上绘制了以和平为主题的画卷,交至2008年奥运会组委会。

2008年,商务艺术设计系学生参与金源新燕莎举办的“中国传统文化民俗庙会”活动,运用专业技能,指导并解决设计、绘制京剧艺术形象的专业技巧问题,如颜料的调制、成品的加工等。通过现场绘制京剧脸谱的形式培训了400余名中国传统文化爱好者。

2009年,会展经济与管理专业学生参加商务部研究院、会展研究所的“关于会展带动效应”研究课题,完成该课题的数据采集和整理工作。

2010年,艺术设计专业学生参加亚运村安慧里社区的环境建设,帮助社区设计、彩绘文化艺术系列宣传画。

第四节　队伍建设与人事管理

一、师资队伍建设

（一）基本情况

2001—2010 年，学院专任教师占教职工总量的比例呈逐年上升趋势。2001 年 8 月共有专任教师 94 人，2010 年 8 月共有专任教师 142 人，分别占当年教职工总数的 40%和 57.72%。

有研究生学历学位的教师有大幅度的增长。2001 年 8 月有硕士学位教师 22 人，博士学位的教师 2 人，2010 年 8 月有硕士学位教师 88 人，博士学位的教师 32 人，有研究生学历学位的教师分别占当年专任教师总数的 25.53%和 84.5%。

在学院师资队伍的性别结构中，女教师所占比例较高。2001 年 8 月共有女教师 53 人，2010 年 8 月共有女教师 94 人，分别占当年专任教师总数的 56.38 的%和 66.2%。

在年龄结构方面，学院的师资队伍以中青年教师为主要力量。2001 年 8 月 45 岁（含）以下教师共有 76 人，2010 年 8 月 45 岁（含）以下教师共有 114 人，分别占当年教师总数的 80.85%和 80.28%。

在专业技术职务方面，学院师资队伍的专业技术职务结构呈橄榄型：初级和高级职务人员较少，中级职务人员较多。十年间，高级职务的人员数量和其所占教师总数的比例变化不大，但初级职务人数比例缓慢下降。2001 年 8 月有教授 3 人和副教授 26 人，助教 15 人，分别占当年教师总数的 30.85%和 15.96%。2010 年 8 月共有教授 7 人（其中三级教授 2 人）和副教授 39 人，助教 16 人，分别占当年教师总数的 32.39%和 11.27%。2001 年师生比为 1∶16.18，2010 年师生比基本在 1∶15.58 左右（见表 3.4-1）。

表 3.4-1　2001—2010 年专任教师结构一览表

年份	专任教师	女教师	年龄				职称					学历(学位)				学生数	师生比
			35 岁及以下	36—45 岁	46—55 岁	56 岁及以上	正高级	副高级	中级	初级	无职称	博士	硕士	本科	专科及以下		
2001	94	53	45	31	12	6	3	26	43	15	7	2	22	59	11	1521	1∶16.18
2002	101	60	50	27	18	6	4	28	44	18	7	2	23	73	3	1696	1∶16.79
2003	113	71	50	34	22	7	5	30	51	18	9	1	41	71		1882	1∶16.65
2004	121	77	57	34	23	7	4	32	48	28	9	1	53	67		1931	1∶15.96
2005	112	71	48	36	23	5	4	29	54	24	1	1	53	58		1925	1∶17.19
2006	123	77	54	39	26	4	5	36	58	18	6	6	67	50		1990	1∶16.18
2007	134	85	59	48	25	2	4	36	70	19	5	12	75	47		2019	1∶15.07
2008	131	87	57	52	19	3	3	36	72	19	1	15	80	36		2092	1∶15.97
2009	138	89	62	48	26	2	6	33	80	18	1	20	89	29		2159	1∶15.64
2010	142	94	64	50	26	2	7	39	78	16	2	32	88	22		2213	1∶15.58

注：表中数据以每年 8 月底高基报表为准。

学科带头人、专业负责人名单详见表3.4-2。

表3.4-2 学科带头人、专业负责人名单

序号	学科/专业名称	级别	带头人	负责人	学历/位	职务	任职时间/年
1	管理科学与工程学科	校级重点建设学科	方德英		博士	教授	2007
2	国际经济与贸易学科	校级重点建设学科	赵亚平		博士	教授	2007
3	企业管理学科	校级重点建设学科	冯　虹		博士	教授	2007
4	财务管理学科	校级重点建设学科		朱传华	学士	教授	2008
5	信息管理与信息系统	院级重点建设专业		高引民	博士	教授	2009
6	工商管理(会展商务管理)	院级重点扶持专业		李智玲	学士	教授	2009
7	金融学	校级重点建设学科		张　蓉	博士	副教授	2010

2001—2010年在职正高级专业技术职务人员名单详见表3.4-3。

表3.4-3 2001—2010年在职正高级专业技术职务人员名单

序号	姓名	性别	专业	评定时间	备注
1	孙　明	男	思想政治教育	1996.11	已退休
2	王宪迎	女	纺织工程	1998.09	已退休
3	吴勤学	男	管理学	1999.09	调离
4	张秀国	男	思想政治教育	1999.09	已退休
5	陈　治	男	数学	2002.10	已退休
6	黄玉丽	女	纺织材料	2004.12	
7	李　萍	女	国际经济与贸易	1999.10	已退休
8	方德英	男	信息管理与信息系统	2004.12	
9	赵亚平	女	国际经济与贸易	2002.07	
10	朱传华	女	财务管理	2008.11	
11	邵　军	女	财务管理	2008.11	
12	高引民	男	信息管理与信息系统	2008.11	
13	顾志良	男	教育管理	2008.11	
14	李智玲	女	会展经济与管理	2009.11	

（二）建设措施与制度

1. 中青年骨干教师培养

学院的骨干教师由拔尖人才、北京市级骨干教师、校级中青年骨干教师、校级创新人才等人员构成。

拔尖人才。自2005年起由北京市教委负责审定并资助，属于北京市教委“北京市属市管高等学校人才强教计划”的项目之一。学院获此资助项目的人员是方德英(2007—2009年，获得资助经费60万元)。

北京市级骨干教师。属于北京市教委“北京市属市管高等学校人才强教计划”和“北京市属市管高等学校人才强教计划深化计划”的项目之一。该项目自2005年起执行，由北京市教委负责审定并资助，获得此项目资助的骨干教师每年每人有2万元的资助经费，连续资助三年。学院自2005—2010年共有11人先后获得此资助项目。

校级中青年骨干教师。2004年底在学校内实施。2010年学院有6名教师获得“校级中青年骨干教师”称号并获得经费资助。

校级创新人才。2010年起在学校内实施。学院的赵亚平教授于2010年获此称号，并获得连续2年共6万元的经费资助。高引民带领的区域信息化研究学术创新团队获得联大校级创新团队称号，并获得连续2年共10万元的经费资助。

2005—2010年中青年骨干教师及创新人才名单详见表3.4-4。

表3.4-4　2005—2010年中青年骨干教师及创新人才名单

序号	名称	级别	姓名	时间	资助金额/万元
1	骨干教师	市级	沈晓平	2005—2007	6
2	骨干教师	市级	邵　军	2005—2007	6
3	骨干教师	市级	张　蓉	2006—2008	6
4	骨干教师	市级	朱传华	2006—2008	6
5	骨干教师	市级	崔　玮	2006—2008	6
6	拔尖人才	市级	方德英	2007—2009	60
7	骨干教师	市级	牛洁珍	2007—2009	6
8	骨干教师	市级	陈建斌	2010—今	2
9	骨干教师	市级	郑春芳	2010—今	2
10	骨干教师	市级	徐凯波	2010—今	2
11	骨干教师	市级	张泽一	2010—今	2
12	骨干教师	市级	范宝祥	2010—今	2
13	骨干教师	校级	陈建斌	2010	0
14	骨干教师	校级	王　卓	2010	1
15	骨干教师	校级	张泽一	2010	0
16	骨干教师	校级	张艳秋	2010	1
17	骨干教师	校级	符亚明	2010	1
18	骨干教师	校级	郑　丽	2010	1
19	创新人才	校级	赵亚平	2010	3
20	区域信息化研究学术创新团队	校级	高引民(团队带头人)	2010	5

2. 双师素质教师培养

学院根据《关于印发〈北京联合大学双师素质教师队伍管理办法(试行)〉的通知》(京联人〔2004〕61号)文件规定，积极推进由学院推荐、学校审核认定的双师素质教师制度。双师素质教师由专业教师中产生，对符合具有讲师以上职务，并具有企业、行业本专业一定年限的工作经历、具有教师系列之外的专业技术中级以上职称或教育部授予的专业技能培训合格证书、主持应用技术研究项目等条件的教师，授予联大双师素质教师资格，任期为3年，期满后需重新申请进行认定。双师素质教师除承担专业课程的理论教学外，还需承担实践课程的教学工作、主持应用性课程的开发、出版相关教材、主持或参与校级实验(训)室建设、主持应用技术等研究项目、到企业兼职等任务。学院分别在2005年、2008年和2009年向学校推荐审核认定了三批双师素质教师，共19人(见表3.4-5)。

表 3.4-5　双师教师名单

年份	姓名
2005	刘迎春、秦立栓、朱传华、张宇馨、赵五一、庾为、崔玮、张艳秋、徐凯波、谷雨
2008	符亚明、陈建斌、石彤、裴朝军、金光、郑春芳
2009	李智玲、赵红、邢春华

3. 教师培训

2001—2010 年,学院选派了 69 名教学、管理骨干赴国外大学进修学习,并聘请国外的专家学者来学院开展教学、讲座、科研活动。通过与国外大学的人才交流与合作,开拓了学院人才培养和师资队伍建设的国际化模式。学院建立了教师学历进修、专业实践技能培训、青年骨干教师培训资助、新进校青年教师校院两级岗前培训和为青年教师配备导师等人才强教制度。

2003 年 2 月 8 日,北京市人事局下发了《北京市专业技术人员继续教育登记管理办法》(京人发〔2003〕8 号)、《北京市专业技术人员继续教育统计管理办法》(京人发〔2003〕9 号)、《北京市专业技术人员继续教育与专业技术职务晋升挂钩管理办法》(京人发〔2003〕10 号)等一系列文件。学院按照文件精神,开始实行专业技术人员继续教育制度。

2003—2010 年学院教师参加继续教育情况详见表 3.4-6。

表 3.4-6　2003—2010 年继续教育情况一览表

年份	专业技术人员总数	年内参加继续教育学习的人数	年内学习时间累计达 72 学时的人数	参加学习情况(人次数)				参加继续教育学习的比率	学习时间累计达 72 学时的比率
				四新教育	任职晋职培训	骨干、学科带头人培训	其他		
2003	163	146	93	78	25	16	107	89.60%	57.10%
2004	172	170	139	69	84	13	125	98.80%	80.80%
2005	178	175	160	66	69	25	110	98.31%	89.89%
2006	173	168	150	63	54	36	96	97.11%	86.71%
2007	184	182	182	199	58	43	171	98.91%	98.91%
2008	208	206	206	199	74	40	165	99%	99%
2009	214	214	212	150	54	39	169	100%	99%
2010	207	207	206	153	44	27	186	100%	99.50%

4. 人才强教项目

2005 年,北京市教委实施了为期 5 年的《北京市属市管高等学校人才强教计划》,2009 年又在此计划的基础上推出了《北京市属市管高等学校人才强教计划深化计划》,对计划内项目的参加教师给予数量不等的经费支持。学院组织教师参加了创新人才、拔尖人才、骨干教师等人才强教项目的申报,并组织教师参加了教育技能培训。

2005—2010 年学院人才强教计划实施情况详见表 3.4-7。

表 3.4-7　2005—2010 年人才强教计划实施情况一览表

名称	年份	项目名称	获资助人次、个数	资助金额/万元
人才强教计划	2005	骨干教师	2	3
		教育技能培训	40	12
	2006	骨干教师	5	5
		教育技能培训	33	27.078
		师德建设	133	4
	2007	拔尖人才	1	20
		引进人才	4	98
		骨干教师	6	12
		教育技能培训	54	30
		师德建设	134	3
	2008	拔尖人才	1	20
		引进人才	1	30
		骨干教师	6	12
		教育技能培训	5	2.44
	2009	拔尖人才	1	20
		骨干教师	6	12
		教育技能培训	46	13.4686
人才强教深化计划	2010	骨干教师	5	10
		教育技能培训	52	13.7247
		师德建设	68	1.552

5. 人才引进

依据学校制定的《北京联合大学关于引进人才的暂行办法》，2007 年和 2008 年，学院通过人才强教计划共引进市级高层次人才 5 名。

2001—2010 年学院实施北京市人才强教计划人才引进项目引进人才情况详见表 3.4-8。

表 3.4-8　2001—2010 年北京市人才强教计划人才引进项目情况一览表

序号	姓名	时间	资助金额/万元
1	方德英	2007	30
2	王　卓	2007	30
3	高引民	2007	28
4	陈建斌	2007	10
5	赵亚平	2008	30

二、人事管理

（一）人员构成基本情况

2001—2010 年，学院编制为 285 名（京编办事〔1998〕38 号）。2001 年学院在职教职工人数为 235 人，2010 年学院在职教职工人数为 246 人。2008 年，根据国家和北京市的有关要求，学院按照专业技术人员不低于 70%，其中教师岗位总量不低于 55%，管理人员不超过 20%，工勤人员不超过 10%的标准核定教职工编制。十年间教职工总数变化不大。

在教职工队伍中,女职工的比例略高。2001 年共有女职工 130 人,2010 年共有女职工 145 人,分别占当年教职工总数的 55.32%和 58.94%。教职工的职称有了较大幅度的提高,2001 年共有高级职称 36 人,2010 年共有高级职称 53 人,分别占当年教职工总数的 15.32%和 36.55%。专任教师比例由 2001 年的 40%逐渐提高至 2010 年的 57.72%。

2001—2010 年,学院共接收转业军人 6 名,1 名已经调离;安置残疾人 4 名。

2001—2010 年学院教职工基本情况详见表 3.4-9。

表 3.4-9　2001—2010 年教职工基本情况一览表

年份	教职工总数	女教师	职称					职称					聘请校外教师	离退休人员
			正高级	副高级	中级	初级	无职称	专任教师	行政人员	教辅人员	工勤人员	附设机构		
2001	235	130	3	33	108	28	63	94	80	24	35	2	10	86
2002	240	136	4	34	109	31	62	101	79	24	34	2	4	97
2003	246	147	5	37	105	36	63	113	39	54	34	6	13	99
2004	248	150	4	40	96	47	61	121	39	50	32	6	9	106
2005	248	149	5	37	104	50	52	112	48	51	30	7	33	112
2006	236	138	6	43	104	45	38	123	51	29	26	7	33	119
2007	245	145	4	43	111	45	42	134	54	29	23	5	42	131
2008	251	150	3	41	121	51	35	131	69	23	23	5	28	136
2009	254	149	8	36	128	49	33	138	68	21	23	4	35	139
2010	246	145	8	45	124	37	32	142	57	24	21	2	42	143

注:表中数据以每年 8 月底高基报表为准。

2001—2010 年学院接收转业军人、残疾人、聘请编制外人员情况详见表 3.4-10。

表 3.4-10　2001—2010 年接收转业军人、残疾人、聘请编制外人员情况一览表

年份	接收转业军人	残疾人	聘请临时工
2001	0	1	25
2002	0	1	24
2003	0	1	17
2004	1	1	23
2005	1	2	19
2006	1	2	16
2007	2	2	17
2008	1	3	15
2009	0	4	14
2010	0	4	23

注:学院的编制外人员包括学院长期聘用的临时工、返聘的退休教职工。

(二)人事管理制度及其改革

1. 基本制度

(1)聘用合同制

北京市人民政府办公厅于 2002 年 11 月 20 日,颁布了《北京市事业单位聘用合同制试行办法》(京政办发〔2002〕50 号),据此,2003 年 12 月 24 日,学院印发了《关于印发〈商务学院首次实行聘用合同制实施细则〉的通知》(京联商〔2003〕118号),并于2004年1月,与全院教职工签订了聘用合同。此后,对于新进学院的教职工,在其进院办理报到手续的同时办理签订聘用合同的手续。

2008年,新《劳动合同法》实施后,根据北京市人事局和学校的要求,学院与院聘编外人员也签订了聘用合同(由学校提供统一文本),而未签订劳动合同。

根据北京市岗位设置管理的工作要求,针对校内各单位教职工聘用合同聘用期限不一致的现状,2008年7月,学校下发通知,将校内各单位聘用合同的聘用期限一律顺延至2009年8月31日。

2009年12月,学院启动新一轮岗位聘任工作,学院与全体教职工续签了聘任合同,聘任期限为2010年3月至2013年8月。

(2) 岗位聘用制

2001年7月,学院进行以强化岗位职责为主线的全员岗位聘任改革工作,教学岗位聘任63人(含外聘6人),其中关键岗37人;管理和教辅岗位聘任96人(不含院领导,含视导组2人、通用岗4人),其中管理关键岗30人、教辅关键岗6人。2002年3月底,运输服务中心撤销,所属人员6人4月改聘到管理、教辅岗位;6月校园服务中心托管,所属人员2人改聘到管理岗位,其余5人由托管单位化工大学后勤服务集团聘任。2003年7月,鉴于学院要准备接受教育部教学评估工作的实际情况,学院决定本轮岗位聘任期限的截止时间从原定的2003年8月30日延长一年,到2004年8月30日为止。

2004年5月,学院进一步强化岗位职责的人事改革,启动新一轮岗位聘任工作,7月公布聘任结果。截至2004年12月,受聘正式职工有195人(不含院领导4人和后勤社会化人员12人),其中教学岗位82人、管理岗位90人、教辅岗位21人、其他岗位2人。聘任期限为2004年8月至2007年8月共三年。另返聘、外聘人员28人,其中教学岗位6人、科研岗位1人、管理岗位11人、视导组6人、教辅岗位4人。

2007年6月至9月,学院启动新一轮岗位聘任工作。7月公布系(部)处岗位聘任结果,9月公布其他岗位聘任结果。截至2007年12月,受聘正式职工有229人(不含院领导5人和因病未参加聘任1人、不满半年退休2人),其中教学岗位103人、管理岗位96人、教辅岗位23人、工勤岗位7人。聘任期限为2007年9月至2009年8月共两年。

根据国家和北京市相关文件的要求,学校于2008年12月5日,发布了《北京联合大学2008年岗位设置管理实施办法》,并于2008年年底在全校范围内实施了统一的教职工分类分级聘任。按规定,高校教职工的聘任分为专业技术人员(其中又分为教师和非教师两系列)、管理人员、工勤人员三类,每类中又按不同的级别进行。专业技术人员中正副高级、管理人员中的正处级岗位由学校负责聘任;专业技术人员中的中、初级,管理人员中的副处及以下岗位,以及工勤岗位由学院聘任,聘任标准由学校制定。全院244名在岗职工参加了岗位聘用工作。

2009年12月,学院启动新一轮岗位聘任工作。被聘人员中,教学岗位120人(含思想政治教师)、非教师专业技术岗位53人、管理岗位45人、工勤岗位10人。聘任期限为2010年3月至2013年8月共三年半。

2. 调整和改革

(1) 专业技术职称评聘改革

学院涉及的专业技术职务包括教师、研究、实验、工程、图书、档案、医疗卫生、教育管理等系列。2001—2005年,实施专业技术职务评审与聘任相结合的制度;2006年试行、2007年起正式实施专业技术职务聘任制度。其中,高级职务及教育管理系列的中级职务由学校聘任(教育管理系列的高级职务由北京市掌控);中、初级职务由学院聘任。2009年起,副高级职务的聘任权下放给学院。2010年起学校拿出一定的指标,由学校统一掌握进行博士讲师晋升副教授的聘任(即开通的所谓"博士通道")。

2007年起,凡申请工程、图书、档案、医疗卫生等系列专业技术职务的人员,均需参加社会化评审获得资格后由学校(院)聘任。2008年参加社会考评的人员,需按申报等级的同级教师标准参加相应级别的职称英语、计算机水平考试。

专业技术职务的聘任由学院专业技术职务聘任委员会负责。申报人通过所在部门的推荐、院人事处组织的资格审查(由人事处、科研处、教务处、学生处负责)后,经学院专业技术职务评审(聘任)委员会审查同意后,按聘任级别要求上报学校。2009年起,申请副高级职务的人员要在院学科组中进行答辩,并经学科组票决后,再由学院专业技术职务评审(聘任)委员会审议并进行票决。从2006年开始,申报人必须经过学院专业技术职务评审(聘任)委员会审查、公示、上报或聘任规定的其他程序才能被聘任,并由学校发给聘书。

2001—2010年学院专业技术职务评审情况(含认定、转系列)见表3.4-11。

表3.4-11　2001—2010年专业技术职务评审情况一览表(含认定、转系列)

序号	年份	初级(认定)	中级	副高级	高级
1	2001		3	2	
2	2002	4	8	2	1
3	2003	6	2	3	
4	2004		5	1	1
5	2005		16	2	
6	2006		7	3	
7	2007	10	12	3	
8	2008	11	9	2	4
9	2009	3	20	10	1
10	2010		17	12	

(2) 行政管理人员聘任改革

高等学校岗位分为行政管理岗位、专业技术岗位、工勤技能岗位三种类型。行政管理岗位主要包含管理岗位和工勤技能岗位。根据北京市高等学校岗位设置管理指导意见,管理岗位分为8个等级。高等学校现行的局级正职、局级副职、处级正职、处级副职、科级正职、科级副职、科员、办事员依次分别对应管理岗位三至十级职员岗位。工勤技能岗位包括技术工岗位和普通工岗位,其中技术工岗位分为5个等级:高级技师、技师、高级工、中级工、初级工,依次分别对应一至五级工勤技能岗位。普通工岗位不分等级。

(3) 工资结构调整及改革

学院教职工的福利待遇2001—2010年呈上升趋势。

基本工资(档案工资)。2001—2006年,教职工的基本工资包括职务工资和津贴,职务工资占基本工资总额的70%,依本人的职务和职级确定;津贴依职务工资的标准核算,占基本工资总额的30%。2001年共有三次工资变动,分别为:1月、10月的两次调标和10月的一次晋级。2003年共有两次工资变动，分别为：7月的调标和10月的晋级。从2006年7月开始，进行了北京市事业单位工作人员收入分配制度改革（称为工资套改），基本工资分为专业技术岗位系列、管理岗位系列和工勤岗位系列三类，每类工资均由岗位工资和薪级工资构成。岗位工资体现了教职工的职务和职级，薪级工资体现了教职工的工龄和任职年限。同级岗位人员的岗位工资相同，岗位和职务不发生变化时，岗位工资标准不变。在此次工资套改中，根据职工岗位性质与个人的职务状况（包括行政职务与专业技术职务），进行工资的套改，并要求教职工自己选择工资系列，且强调此次系列选定后，聘期内不得更改。参加本次工资套改的人员范围为2006年7月1日以前在职人员。学院应参加本次工资套改的230人，全部按要求套改了工资构成和标准。该项工作于2006年年底完成，2007年1月按新工资标准执行。

3%人员工资升级奖励。为奖励优秀教职工，学院于2001—2006年继续执行北京市关于3%人员职务工资升级奖励办法。每年北京市下达对3%职工的升级奖励，在双数年又增加一个3%职工的提前或越级晋升职务工资档次奖励，即双年下达奖励晋级＋提前晋级指标，单年下达奖励晋级指标。此项工作实施过程为：学院将晋级指标下达到各部门，由各部门以职工工作业绩、考核结果和是否已取得过此项奖励为依据，采取部门推荐与学院平衡相结合方式完成此项工作。2001年7名教职工获奖励晋级；2002年8名教职工获奖励晋级，7名获提前晋升职务工资档次；2003年7名教职工获奖励晋级；2004年8名教职工获奖励晋级，7名获提前晋升职务工资档次。2005年7名教职工获奖励晋级。2006年该项工作终止。

北京市职务补贴。北京市职务补贴的发放始于1995年，至2005年停止增加，是依据职工的职务逐年累加而成的地方性补贴。到2004年累计数额为：副局级1415元、正处级1230元、副处级1095元、正科级960元、副科级850元、科员及以下级别755元；正高职务1480元、副高职务1230元、中级职务960元、初级及以下职务755元；高级工850元、中级工755元，初级工735元。2009年，学校将此项补贴的各级数额在全校范围内统一。

岗位津贴和绩效工资。岗位津贴和绩效工资是教职工在所聘岗位履职及履职情况的体现。2001—2008年，学院在完成教职工岗位聘任后，自行制定岗位津贴的构成及其标准。2009年，学校进行了校内全员聘任工作后，学院执行学校统一的绩效工资标准，自行发放。该绩效工资由北京市职务补贴、岗位津贴、工龄津贴、校内职务补贴等项构成，每月发放绩效工资总额的90%，年终考核后发放另外10%。绩效工资制自2010年3月起执行。

除上述固定发放的绩效工资外，2001—2010年，学院还根据北京市和学校的要求发放了以下一次性绩效工资：第一，每年考核完成后发放的第13个月工资（年终绩效津贴），标准为2006年前由月等级工资＋30%津贴＋职务补贴三项之和，根据个人考核情况按比例发放；2006年后由月岗位工资＋薪级工资＋职务补贴三项之和，根据个人考核情况按比例发放。第二，2007年7月，北京市向事业单位职工发放的一次性绩效工资，按人月均300元发放；2008年奥运会闭幕后，为奖励北京市职工的参与贡献，北京市要求发放的一次性绩效工资每人2000元；2009年国庆后，发放一次性绩效工资每人3000元；2010年底北京市一次增加绩效津贴6000元（人均500元/月）。第三，2010年北京市规范过节费，发放人均4000元（按每年元旦、春节、五一、十一4个节发放）。

其他福利待遇。学院除按国家和北京市的相关规定向教职工提供福利待遇（如书报费、洗理费、交通费等）外，还发放的福利有：第一，过节费。2008年元旦、春节人均500元；9月教师节、10月国庆节均为600元。2009年10月国庆节起至2010年每人每年过节费5000元。第二,伙食补贴。从2008年9月起,每人每月发放伙食补贴150元;编制外人员发放75元,按12个月发放。第三,通讯补助。自2003年1月起,按职务、职称级别给全体教职工发放通讯补助费。第四,健身费。2010年,根据学校的要求,向教职工每人每月发放125元的健身费。第五,教职工慰问费。教职工遇结婚、生育子女、生病住院、退休、父母和其配偶父母去世等事件,均由院工会按规定标准发放慰问费。第六,劳保用品。每年由学院行政管理处(原后勤管理处)负责,向在职在岗的教职工提供劳保用品。第七,教职工子女药费统筹。学院向教职工未满18岁的子女(符合计划生育政策的),每年支付300元医药费。

(4) 考核及奖励制度改革

学院对教职工实行学年考核制,每年7月对教职工进行考核,考核依据为学院制定的《教职工考核办法》《教学岗位人员考核实施细则》《管理和教辅岗位人员考核实施细则》。考核时,中层干部要写出述职报告,填写《个人考核自评表》和《考核登记表》,提交调研报告或研究论文。教学部门以部门为单位、管理部门以行政职能部门为单位进行考核。考核按照个人总结、集体评议、部门考核领导小组提出初步考核等级意见、院考核领导小组审议等程序进行。对教职工的工作事故、考勤以及教师和实验等岗位人员的教学、科研任务等都有较明确的量化考核标准。

参加考核人员的10%~15%可以确定为优秀等级。2001—2006年,每两个考核年度中考核均为基本合格及以上的人员可以晋升一级职务工资;2007年起,每个考核年度为合格及以上人员可晋升一级薪级工资(但学院根据本院的实际情况,一直将考核为基本合格人员列入晋升薪级工资的人员范围),考核为不合格人员不晋升工资。2006—2009年,学院考核为合格及以上人员享受考核津贴(本人年度目标津贴的10%),考核为基本合格或不合格的教职工不享受考核津贴。2010年起,根据学校绩效工资发放办法的要求不再另外发放考核津贴。

从2003年起,北京市组织评选优秀教师和优秀教育工作者。评选时根据北京市发布的相关文件进行,由学院推荐、学校审议、报北京市教委批准。后改为由学校在校级优秀教师和优秀教育工作者中推荐。

学校则组织评选校级优秀教师和优秀教育工作者。由学校制定评选条件和下达指标,学院以本院的先进个人为候选人,经向教职工征求意见报院长办公会审议后,向学校推荐。

2001—2010年学院获奖集体和教职工名单见表3.4-12。

表3.4-12 2001—2010年获奖集体和教职工名单

年份	奖励名称	奖励级别	获奖人员	获奖集体	备注
2001	“三育人”先进集体、先进个人	院级	王育红、郭聃、傅小渝、邵军、赵五一、李琦、李建华、金光、张丽青、王恩义	基础部体育教研室、国际商务系会计教研室、电子商务系信息教研室	
2002	“三育人”先进集体、先进个人	校级	范宝祥、陈金堂	廊坊办学部	2001—2002年
		院级	王平、崔玮、姜凌、张世清、陈金堂、丘莉、范宝祥、翟晶、张沐平、陈万斌	培训部、廊坊办学部、国际商务系市场营销教研室	
	师德先进个人	市级	孟丽芬		

续表

年份	奖励名称	奖励级别	获奖人员	获奖集体	备注
2003	优秀教师	校级	朱传华、邵军		
	优秀教育工作者	校级	孙明、吴凤山		
2004	“三育人”先进集体、先进个人	校级	黄金龙、田岩	基础部英语教研室、学生党校	2002—2004年
		院级	田岩、李玉霞、黄金龙、牛洁珍、罗明姬、郭庆华、葛雪亮、张沐平	基础部英语教研室	2003—2004年
	优秀教育工作者	市级	孙明		
2005	优秀教师	校级	赵五一		
	优秀教育工作者	校级	赵红		
2006	“三育人”先进集体、先进个人	校级	梁玉勇、张喜娟	国际经济系国际经济与贸易教研室	
		院级	王彤彤、李梅、汪惠、张喜娟、梁玉勇、刘静、李英、李少英、孔繁潮、吴凤山	国际经济系国际经济与贸易教研室、商务实验教学中心	
	师德先进个人	市级	孔繁潮		
2007	优秀教师	校级	李萍、李玉霞、牛洁珍		
	优秀教育工作者	校级	王育红、孙长宾		
2008	“三育人”先进集体、先进个人	校级	方德英	国际商务系	2006—2008年
		院级	郭慧馨、赵辉、郑丽、白志彦、房蕾、方德英、李智玲、李湛、张世清、李俊卿、陈恒、赵红、翟晶、张桂菊、王淑凤	国际商务系、基础部英语教研室、商务实验教学中心	
	师德先进个人	市级	郑丽		
	教学名师	校级	方德英		
2009	优秀教师	校级	姜凌、陈金堂		
		市级	牛洁珍		
	优秀教育工作者	校级	王燕平、赵红		
	事迹材料入选联合大学编辑的《教师风范录》	校级	黄金龙、赵五一、朱传华、王小满		
2010	“三育人”先进集体、先进个人	校级	钱春丽、赵红	基础部体育教研室、国际商务系财务管理教研室	2008—2010年
		院级	丁绍英、石彤、刘朱仪、苏娜、李玉霞、李俊利、陈金堂、张桂菊、宗艳红、赵红、姜鹏飞、钱春丽、崔玮、裴朝军	国际商务系财务管理教研室、基础部体育教研室、经贸实验教学中心	
	师德先进个人	市级	李玉霞		

（三）离退休人员管理

1. 基本情况

2001—2010年，学院成立老干部工作领导小组，由党委书记、院长任正副组长。设有离退休办公室，隶属于党委组织部(后更名为组织宣传部)，2010年底根据工作需要，将离退休办公室划归院工会。截至2010年底学院共有离休人员6人；退休人员137人。

表3.4-13　2001—2010年退休人员情况一览表　　单位：人

年份	退休人总数	分类统计人数		
		专业教师	管理人员	工勤人员
2001	7	3	1	3
2002	3		2	1
2003	4	2	0	2
2004	5	2	3	0
2005	7	3	2	2
2006	6		3	3
2007	10	3	5	2
2008	3	1	2	0
2009	6	1	4	1
2010	6	4	1	1
合计	57	19	23	15

注：表中退休人员数为当年退休人员数。

2. 离退休人员管理

退休人员由离退休办公室负责管理，落实政治待遇、生活待遇等。学院按有关政策，拨付离退休人员活动经费。

2002年，学院成立了离退休党总支，下设4个支部：离休人员党支部、退休局级干部党支部、退休教师党支部和退休教工党支部。党委建立了退休局级干部、正教授和各退休支部的党支部书记理论学习等制度，并组织退休局级干部阅读有关文件，组织离退休党员过好组织生活，充分发挥离退休党员的积极性。

学院党委和职能部门，定期听取离退休人员对学院各项工作的意见，协助解决相关问题。每年安排开展有利于离退休人员身心健康的文体活动，组织文艺汇演、体育运动会、春游和秋游、外出参观等。组织部分老同志参加老教协和关工委工作，鼓励离退休老同志发挥余热。2006年4月，组织离退休老同志参加市教委组织的“坚持三个代表，保持共产党员先进性在教师身上的体现”征文活动，杨田宝获二等奖，刘舜卿、娄梅获三等奖，刘桂云、李庆云、魏立德、邱嗣法、刘书田获纪念奖。同年，原副院长刘树明教授出版了《刘树明高教研究论文选》。每年专门组织离退休人员进行体检。开展对离退休人员的节日走访及慰问因病住院老同志等工作。

学院离退休党组织建设情况详见表3.4-14。

表 3.4-14　离退休党组织建设情况一览表

任职日期	党总支书记	局级支部书记	离休支部书记	退休教师支部书记	退休教工支部书记
1999.09—2010.05	鲁永瑞	薛世鑫	张金媛	管善杨、王际润	魏立德、李荣
2010.05—今	张秀国	孙明	张金媛	沈继宗、胡静宜	李庆云、周玉芬

（四）人事档案管理

2001—2010 年，按照干部管理分管权限的规定，人事处负责管理处级以下干部、教师和工人的档案；组织部门负责处级干部的档案管理。人事处配备了兼职档案管理人员，购置了基本设备，制定了《人事档案的收集、整理、装订与归档制度》。2007 年上半年完成全院在职职工（不含中层干部）200 余份个人档案整理、装订与归档工作，并通过上级的档案检查。学院人事档案管理日趋规范、完善。

第五节　学生教育管理

一、学生管理

（一）组织机构与工作机制

1. 组织机构

2010 年前，学生工作由党委学生工作部（处）负责。2010 年 1 月，校党委发文统一各法人学院学生工作机构的名称，学院学生工作部（处）更名为学生处（以下简称“学生处”）。学生处设办公室、毕业生就业指导中心（2000 年）、学生资助管理中心（2006 年）、学生军训办公室（2006 年）、学生党建办公室（2007 年）、学生成长辅导中心（2007 年）。2001 年，学生处与团委合署办公，共有学生管理人员 3 人，均为本科学历。2010 年学生管理人员有 6 人，其中在读博士 1 人，硕士 4 人。各系成立学生工作办公室，一般由系党总支副书记、团总支书记和专职辅导员组成。

2. 工作机制

学院学生工作在党委领导和学生工作领导小组指导下，由学生处负责实施。凡涉及全院学生教育管理的重要事项都由学生处提出初步意见，报主管学生工作的党委副书记同意后实施，特别重大事项须经党委会研究决定后实施。

各系的学生工作由系党总支副书记负责，辅导员、班主任具体实施。学院学生工作队伍，由专兼职人员组成，以专职为主，各班配备兼职班主任。2006 年学院为各系教学班配置辅导员，实行辅导员为主导的班主任管理模式。辅导员包括专兼职两类，以专职辅导员为主，主要负责学生党建工作和日常思想政治教育活动。班主任一般由有相关专业教育背景的教师和党政干部担任，工作重点在学风建设、学习方法传授、课业成绩提高、职业生涯指导等方面。各系学生管理的重大事项，由系学生工作小组提出意见，报学生处，学生处研究后提出意见，上报主管学生工作的党委副书记最终决定。

(二)重点工作

学院坚持“育人为本,德育为先”的教育理念,以学生成长成才为中心,按照“双敬”(敬师、敬业)意识、“双信”(诚信、自信)品质、“双能”(实践、创新)素质、“双求”(求学、求成)精神、“双责”(公民、团队)观念的5个要求培养学生,积极推进素质教育。2001—2010年,学生教育管理工作始终坚持以党建为龙头,以学风建设为重点,以学生综合教育计划为载体,以完善学生素质综合考评制度为保障,坚持以党建带团建,促进学生的思想道德素质、科学文化素质和健康素质的提高,培养学生成为应用型国际商务人才。

1. 强化教育管理与学风建设

(1) 强化班级建设

2001—2010年,针对一年级学生,制定了“一日生活”制度和措施,以保障一年级学生早锻炼(早6:30—7:00)、早自习(早7:30—8:05)和晚自习(晚6:00—7:30)的顺利进行。为此,建立了中层干部巡视制度和教职员工督察制度。先后有200多名教职员工参与早晚自习督察,1000多名高年级学生党员直接参与早自习文明岗和担任低年级班级助理工作。同时,把学生的早操和早晚自习出勤率、课堂纪律、学习成绩状况,纳入学生综合测评和评选优秀班集体的指标,增强了学生的集体荣誉感、学生干部的工作责任心,使班级建设得到加强。2009年,在强化班级建设的基础上,开展“我的班级我的家学习型班集体创建示范活动”。2010年5月,国贸0701班获得北京市“我的班级我的家”学习型先进班集体荣誉称号。

(2) 强化学生基本行为规范

每年新生入学教育中,都将《北京联合大学商务学院学生手册》发放给新生。对《学生日常行为规范》等文件,由学生处进行宣讲,班主任组织学生重点学习,并对学习效果进行考核。学生处本着“懂规则、明事理、讲文明”的要求,对学生的穿着、风纪、课堂纪律作出严格规定。学院聘请督导组专家对建设文明课堂进行巡视督察,强化文明课堂建设。每学期末开展诚信主题教育,与学生签订诚信考试承诺书。培养学生的主人翁意识,组织学生参与食堂就餐秩序管理、对教师进行评价和评选“我最喜欢的老师”等活动。

(3) 强化学生英语学习

2001—2010年,在一、二年级实行英语早读制度,强化学生英语学习。学院坚持在评定国家助学奖学金、学生困难补助时,把英语成绩作为评选奖学金、优秀学生干部和推优入党的关键条件。实施了高年级学生担任英语小助教制度。2007年学院制定了《关于开展英语强化学习的实施意见(试行)》(京联商〔2007〕2号)。为调动学生学习英语的积极性,每学期末在一、二年级开展英语词汇竞赛;三、四年级则以班级为单位,结合班里实际情况,开展多种形式的英语学习活动。学院每年举办为期4周的英语文化节,推动英语学习活动的深入发展。为此,本科学生第四学期的英语四级通过率不断提高,2002年为40.93%,2010年为58.41%。

(4) 强化学风建设

在对一年级学生进行强化管理的基础上,2001年继续在全院师生中开展共建优良学风班活动。例如,在各系开展优良学风建设经验交流会、优良学风建设论坛;组织辅导员、班主任深入课堂,了解学生的听课状况,把握学生完成学业的情况;建立学生信息员制度,根据学生信息员反映的情况,有针对性地进行整改;定期组织学生参与各种形式的“大赛”,调动学生学习的主动性和积极性;召开全院大会表彰优良学风班和学习标兵,使学生学有榜样,推动学风建设不断向纵深发展。

2. 学生奖惩

(1)学生奖励

学院奖励设为个人和集体两类。对学生个人的奖励项目分为综合奖学金(一等 1500 元/人、二等 1000 元/人、三等 500 元/人)、三好学生、优秀学生干部、优秀毕业生、优秀团员和团干部以及学习优秀奖、文明风范奖等;对集体的奖励项目分为先进班集体、优良学风班、先进团支部。先进班集体、优良学风班的奖励金额为 300 元/班;各单项奖学金的金额 100～200 元不等。从 2000 年开始,学院设立单项奖学金,并由每学期一评转至 2003 年的每学年一评。其他各种荣誉的评选,在每学年结束时进行。从 2007 年开始,在每学年第一学期末开展"优良学风班"和"学习标兵"的评选。2010 年又增设了出国"3＋1"奖学金(一等30 000 元/人、二等20 000元/人、三等 10 000 元/人)、考研学生奖学金和高分新生奖学金。考研成功学生每人奖励 1000 元,高分新生每人也奖励 1000 元。

2001—2010 年,共有 2773 人次获得综合奖学金,4664 人次获得单项奖学金,521 人次获得"三好学生"荣誉称号,436 人次获得"优秀学生干部"荣誉称号,69 个班级获得"优秀班集体"荣誉称号,17 人获得高分新生奖学金,30 人获得考研奖学金,见表 3.5-1。

2001—2010 年市级先进集体和个人名单见表 3.5-2。

表 3.5-1　2001—2010 年院级奖励情况一览表　　单位:人

学年	一等奖学金	二等奖学金	三等奖学金	单项奖	三好学生	优秀学生干部	优秀班集体
2000—2001	79	197	—	512	32	32	4
2001—2002	95	209	—	612	27	28	7
2002—2003	122	241	—	718	45	38	8
2003—2004	46	87	91	367	48	46	9
2004—2005	45	93	103	408	50	47	7
2005—2006	47	88	100	375	50	46	8
2006—2007	3	57	177	360	57	52	8
2007—2008	11	86	208	402	70	45	5
2008—2009	8	76	199	431	65	53	7
2009—2010	5	87	213	479	77	49	6
合计	461	1221	1091	4664	521	436	69

表 3.5-2　2001—2010 年市级先进集体和个人名单

年份	先进集体	三好学生	优秀学生干部
2001	工商 992	刘芊、乔丹、郭丹、鲍文妍	王雪莲
2002	财务 001	王姗姗、张露亚、李廷杨	刘　征
2003	商务 011 班	陈磊、杜立、朱丽丽、付凝婕	樊晓伟
2004	信息 022	王丽君、常冬梅、韩爱利、江芸	胡　鸣
2005	金融 021 班	唐平、李晓静、周鬻、谢研	李　爽
2006	税收 041 班	隼静怡、王明玥、张鹏	杨虹洲
2007	商务 051 班	王颖、庄秋燕、付丽莉	王　红
2008	国贸 061	许元媛、杨虹洲、程巍	何　爽
2010	财务 0801 班	乔巧、殷丽然、翁丽燕、王雯丽	夏朝利

(2) 学生处分

学院依照学校颁发的《学生手册》对违纪学生进行处罚,共分为5等:警告、严重警告、记过、留校察看、开除学籍。在新生教育、主题教育和召开主题班会时,学院都组织学生学习《学生手册》和学院的各项规章制度,并通过考试、竞赛等方式,使学生熟悉相关内容。还与学生签订《诚信保证书》,以减少学生违纪现象。

学生处分审批程序严格,其处理过程为:学生处核实违纪事实无误后,与辅导员、班主任一同找学生谈话,学生写出书面检查,学生处依据《北京联合大学学生违纪处分条例(修订)》的相关规定提出书面处理意见,然后根据相关规定进行审批。严重警告(含)以下的处分,学生处可直接下达处分决定;记过(含)以上的处分,需上报学院主管学生工作的党委副书记,并经院长办公会研究同意后,作出处理决定。

2005年11月,学院成立学生申诉处理委员会。2006年,根据《北京联合大学学生申诉管理办法(试行)》,完善了由学生处、教务处、纪检部门、团委、党政办公室、保卫处负责人以及教师和学生代表共同组成的申诉处理委员会,受理学生的申诉要求。学生处负责学生申诉处理的日常工作。

2008年,执行《北京联合大学解除学生违纪处分管理办法(试行)》。符合解除处分条件的学生,毕业前要向学院学生处提出书面申请,由学生处审核并报院长办公会批准后,方可解除。

2001—2010年学院学生违纪处分情况详见表3.5-3。

表3.5-3 2001—2010年学生违纪处分情况一览表

单位:人

学年	警告	严重警告	记过	留校察看	开除学籍
2000—2001	23	3	4	3	0
2001—2002	7	5	3	12	0
2002—2003	19	10	7	10	2
2003—2004	23	15	3	11	1
2004—2005	23	9	4	5	3
2005—2006	33	16	2	12	1
2006—2007	9	7	3	11	0
2007—2008	22	7	5	7	0
2008—2009	7	2	0	4	0
2009—2010	2	1	0	3	0

3. 学生资助

学院采取"奖、贷、勤、补、减"等一系列针对"家庭经济困难学生"(以下简称"困难生")的资助措施,落实党和政府、校院对困难生的各项资助政策。2002年开始实行国家奖学金评选;2004年,增加北京市国家助学金评选;2007年增加国家励志奖学金评选。除配合有关部门做好"绿色通道"工作外,2010年学院制定《商务学院关于学生学费减免的实施办法》,根据《北京联合大学家庭经济困难学生认定的实施办法》(京联学〔2008〕5号)和《北京联合大学国家奖学金、国家励志奖学金和北京市国家助学金管理实施办法》(京联学〔2007〕7号)等文件精神,实施对困难生的认定、资助及奖励工作。2001—2010年,学生共有32人获得国家奖学金，168人获得国家励志奖学金，1159人获得北京市助学金，204人申请助学贷款，625人通过“绿色通道”进入勤工助学岗位。每年春节前夕，学院党政领导和系部党总支，携带慰问金和礼品看望特困学生及家人。

表3.5-4　2001—2010年学生资助情况一览表　　单位：人

学年	困难生数	所获资助人数					
		国家奖学金	国家励志奖学金	助学金	勤工助学	学费减免	贷款
2000—2001	23	—	—	23	32	2	9
2001—2002	63	—	—	63	63	2	0
2002—2003	65	5	—	65	68	4	17
2003—2004	56	3	—	56	49	3	32
2004—2005	55	2	—	55	74	2	27
2005—2006	112	3	—	74	96	2	13
2006—2007	106	4	—	70	80	2	35
2007—2008	163	5	58	163	62	10	24
2008—2009	298	5	56	298	76	0	18
2009—2010	361	5	54	292	25	14	29
总计	1302	32	168	1159	625	41	204

4. 就业工作

(1) 就业教育

2004年，学院在毕业班开设“就业指导”必修课。2006年，学院把就业教育前移，在一年级学生中开设“大学生职业生涯规划”选修课。

“就业指导”课主要内容包括三个方面：政策指导、思想指导、技术指导。政策指导旨在帮助毕业生了解国家政策，消除择业时的盲目性和随意性；思想指导是把世界观的教育渗透到就业中，落实到择业标准、求职道德和成才道路选择方面；技术指导，是使毕业生了解自己应有的权利和义务、就业知识、学习自荐面试等技巧，从思想、知识和心理上做好就业准备。

2009年，学院制订了《商务学院人才培养模式创新试验区〈大学生职业生涯规划与就业指导〉课程方案（试行）》，在2009级试验班试行，在2010级学生中推广。“大学生职业生涯规划与就业指导”课程体系共分为专业认知与职业生涯规划、职业素质与职业能力培养、就业指导与服务三个阶段，每个阶段由不同的教学模块构成，采取课堂授课、专家讲座、社会实践、校友访谈、心理辅导、模拟招聘等多种方式，构建全程化的职业指导体系。

(2) 就业工作

毕业生就业工作是院、系领导的“一把手工程”。按照科学发展观的要求，学院把校内外资源有机结合，要求全院教职员工参与学生的就业工作，并与北京纺织控股集团有限公司签订了教学、科研、就业、实践战略合作协议，与太平人寿保险有限公司、中国邮政储蓄银行等公司建立了长期的战略协作关系。学院每年召开就业动员会，学生处就业指导中心组织毕业班辅导员、班主任进行就业工作培训，召开毕业生家长会，推进就业指导进班级；创新就业工作机制，建立“1+1”就业帮扶机制，使有经验的班主任与应届毕业班班主任结成对子进行帮扶；建立定期通报和就业奖励制度；定期召开就业经验交流会、推进会、攻坚会、总结会，及时解决就业工作中存在的困难和问题。

2001—2010年,学院共有毕业生5857人。其中,本科毕业生4836人,年平均就业率94%;专科毕业生1021人,年平均就业率94%。2007届、2009届、2010届毕业生签约就业率在全联大排名第一,居北京市前列。

2001—2010届毕业生(本科)就业去向情况统计见表3.5-5。

表3.5-5 2001—2010届毕业生(本科)就业去向情况统计表

届次	毕业生人数	就业率/%	毕业生去向统计/%						
			机关事业单位	国有企业	三资企业	其他企业	国内升学	出国/出境	服务基层(村官、社区工作者、支教、志愿服务西部)
2001	122	82.41	11.40	23.45	7.82	39.09	0.33	0.33	0.00
2002	129	92.07	12.80	19.51	8.23	50.30	0.30	0.91	0.00
2003	208	92.73	7.40	19.10	7.70	53.50	4.40	0.63	0.00
2004	323	94.83	8.06	17.36	13.22	41.31	3.10	11.78	0.00
2005	347	93.86	3.31	12.19	7.02	62.04	2.77	6.53	0.00
2006	390	93.76	2.57	11.29	4.16	65.47	3.12	5.87	1.28
2007	419	98.55	3.26	14.13	12.50	57.61	1.63	5.62	3.80
2008	562	96.45	6.39	17.41	2.49	59.50	0.18	5.51	4.97
2009	620	99.68	5.85	15.98	4.84	62.69	0.16	5.32	4.84
2010	614	99.83	2.28	21.99	1.63	64.81	0.33	4.72	4.07

2004—2007届毕业生(高职)就业去向情况统计见表3.5-6。

表3.5-6 2001—2007届毕业生(高职)就业去向情况统计表

届次	毕业生人数	就业率/%	毕业生去向统计/%						
			机关事业单位	国有企业	三资企业	其他企业	国内升学	出国/出境	服务基层(村官、社区工作者、支教、志愿服务西部)
2001	185	77.97	6.78	11.86	1.69	56.78	0.85	0.00	0.00
2002	199	95.70	6.99	16.67	4.30	67.21	0.00	0.54	0.00
2003	110	92.73	1.82	16.36	0.91	65.46	8.18	0.00	0.00
2004	161	96.27	5.59	12.42	19.88	43.47	8.70	6.21	0.00
2005	158	99.37	3.16	5.06	3.16	75.32	5.70	6.33	0.63
2006	155	97.42	2.58	9.68	6.45	61.29	10.97	6.45	0.00
2007	133	98.50	2.26	6.02	3.76	73.69	6.77	6.02	0.00

(三)重要规章制度

2001年,学院先后制(修)订了《学生日常行为规范》《有关考勤管理的规定》《有关考试纪律的规定》《学生素质综合考评办法》《学生奖学金评定办法》《先进班集体、三好学生、优秀学生干部的评选条件》《有关校纪和学生违纪处理的规定》。2002—2004年,为迎接本科教学工作水平评估,又制定了《贯彻落实学生体质健康标准(试行方案)实施办法》《关于学生参加军事训练的规定》《学生干部管理办法》《关于优良学风班的评比办法》《优秀毕业生的评选办法》。2005年制定了《关于对家庭经济困难学生给予补助的实施办法》《关于学生参加勤工助学活动的管理办法》《关于对家庭经济困难学生减免学费的暂行规定》《关于家庭经济困难学生申请国家助学贷款的暂行规定》;为进一步加强学生管理,特别是学风建设,2005年还制定了《从高年级选聘优秀学生做新生辅导员工作制度》(联商学〔2005〕9号)。2007年制定了《关于在毕业生中开展以"我的大学生活"为主要内容的德育答辩工作办法》(联商学〔2007〕65号)、《班级工作助理聘任制度》(联商学〔2007〕84号)。2009年制定了《关于学生早晚自习考核量化评比细则》(联商学〔2009〕3号)、《商务学院专职学生工作队伍"四个一工程"建设方案》(联商学〔2009〕4号)、《关于学生学费减免的实施办法》《学生就业考研奖励办法》;修订了《学生素质综合考评办法》《学生奖学金评定办法》《先进班集体、三好学生、优秀学生干部的评选条件》《关于优良学风班的评比办法》,明确了对英语四级和专业平均成绩的要求。2010年,制定了《学生参加3+1留学项目奖学金实施办法》(京联商〔2010〕54号)、《辅导员班主任考核条例和津贴发放办法》《人才培养模式创新试验区学生学习效能提升计划和就业质量提升计划》,使学生管理制度日臻完善。

二、思想政治教育

(一)机构设置

学生思想政治教育在党委的统一领导下,由社科部、学生处、组织宣传部、团委共同负责。社科部和学生处负责思想政治理论课程的教学工作,学生处负责学生日常思想政治教育,组织宣传部和学生处共同负责学生党员的培训,团委负责团员的教育与管理。

(二)内容与形式

2001—2010年,学院思想政治教育工作逐步形成了针对性强、实效性强的各种形式与内容相统一的教育平台,为培养合格大学生提供了良好的育人环境。

1. 党校教育

2001—2006年学生党建工作由党办主任直接负责管理。2007年学生处设立学生党建办公室,配置专职组织员,负责管理党校和学生党员发展工作,使学生党建工作进一步规范化、制度化。2003年,学院完善党校领导和管理机构,党校校长由张秀国担任,副校长由张建林、谢宝春(兼教务长)担任。

2009年完善了党校培训体系,在原来开设积极分子初级班的基础上,又增设了积极分子高级班、预备党员培训班以及学生党支部书记和支部委员培训班。

2001—2010年,党校举办10期党员发展对象初级班;3期预备党员、新生党员培训班;4期发展对象高级培训班;2期学生党支部书记、支委培训班。党校聘请校院领导和院内外专家为发展对象和学生党员上党课。例如,2004年,机电学院党委书记张建林讲授党课"大学生党员的基本素质"并安排发展对象和学生党员看录像、讨论,并组织了党的基本知识考试及大会交流等活动。院党委书记张秀国对入党积极分子提出5点要求:在理论信仰、政治信念、奉献精神、铁的纪律、业务能力上认真思考,勤于学习,努力实践。2010年,校党委副书记周志成为学院80多名学生党员上党课。

2009年,党校以党委书记张建林副教授等教师撰写的《马克思恩格斯哲学原著英汉对照选读》为教材,以选修课形式,开设了马克思恩格斯哲学原著导读课程,要求获得高级班结业证的学员参加为时30学时的学习。

党校教育平台推动了学生党建工作。2001—2010年,共有2399人参加学生业余党校初级班学习,2050人结业;312人参加党校高级班学习,281人结业。发展学生党员966人。

2010年10月,学院党建创新项目"创建留学生临时党支部,发挥其先进表率作用",获北京高校优秀党建工作创新项目。

从2003年开始,党校和学生党支部围绕着学生党建四项制度——学生入党积极分子信仰公示制度、学生党员佩戴党徽制度、学生党员学期述责制度和学生党员学年考核制度,开展工作。2007年3月,学院对学生党建4项制度进行修订,并开展了一系列教育活动。在学习形式上,除课堂讲座外,还开拓了参观、访问等实践教育环节,推进了党校教学内容和教学方法的改革。例如,参观李大钊故居、西柏坡革命根据地、卢沟桥抗日战争纪念馆、天津新城等;与教职工党支部开展联合共建主题党日等活动;在原有密云县番字牌村党校实践基地的基础上,又建设了房山区河北镇黄土坡村、怀柔区渤海镇北沟村党校实践基地。

2001—2010年学生党员情况见表3.5-7。

表3.5-7 2001—2010年学生党员情况一览表

年份	2001	2002	2003	2004	2005	2006	2007	2008	2009	2010	合计
在校学生人数	1521	1696	1882	1931	1925	1990	2019	2092	2198	2203	19 457
学生党员人数	24	35	56	86	70	99	197	189	161	182	1099

2. 思想政治理论课教学

2001—2010年,党委坚持思想政治理论课教学的主要任务是用科学的理论引导和帮助大学生树立马克思主义世界观、人生观、价值观,确立中国特色社会主义的共同理想,强化思想政治理论课在思想政治教育的主渠道和主阵地作用。2002年,学院制定了《关于进一步加强和改进"两课"教育教学工作的意见》(京联商〔2002〕51号、京联商党〔2002〕39号)、《关于大学生思想道德修养课教学改革的意见》(京联商〔2002〕49号、京联商党〔2002〕37号)、《关于落实形势政策课教学的意见》(京联商〔2002〕50号、京联商党〔2002〕38号)。2003年,学院成立"两课"评估领导小组,张秀国书记任组长,张建林副书记任副组长,办公室设在社科部。依照2004年中共中央作出的《关于进一步加强和改进大学生思想政治教育的意见》和2005年2月中共中央宣传部和教育部发布的《关于进一步加强和改进高等学校思想政治理论课的意见》(教社政〔2005〕5号)中提出的思想政治理论课程设置方案(简称"05方案"),2006年学院党委制定了《关于进一步加强和改进我院思想政治理论课建设的实施意见》(京联商党〔2006〕38号),2008年又制定了《关于以改革创新精神加强和改进思想政治理论课建设的实施意见》(京联商党〔2008〕46号),先后建立了思想政治理论课实践课程专项资金、思想政治理论课建设与改革经费,从组织、制度、经费上保障思想政治理论课的主渠道和主阵地作用。

学院按照党中央、教育部关于思想政治理论课的改革精神,以课堂教学管理、教学方法和教学实效性为突破口,通过加强和改革马克思主义理论课、大学生思想品德课、形势与政策课、世界经济与政治课、大学生心理素质教育课、军事理论课及一批哲学社会人文选修课,在学院形成了既有系统性、理论性,又有时代性、现实性的教育阵地。在马列主义理论课、思想品德课进行系统理论教育的基础上，学院精心组织形势与政策、大学生心理素质、军事理论及各种教育讲座，帮助学生掌握当代中国马克思主义的理论，树立正确的世界观、人生观、价值观。

2001—2010年，以形势政策、大学生心理素质和就业指导课为平台，开展了以世贸组织、党的十六大报告、抗击“非典”、科学发展观、社会主义核心价值体系、奥林匹克运动与志愿者、党的十七大报告、改革开放的辉煌成果与问题、大学生成长成才等为主要内容的系列专题讲座，帮助学生了解世情、国情、民情，明确学习方向，加强使命与责任感，为其成才奠定了基础。

3. 主题教育

2001—2010年，学院结合重大节日和纪念日、党和国家在国内外的重大活动、学校的迎评促建工作等，开展了系列主题教育。

(1) 爱国主义教育

学院每年在“五四”青年节、“一二·九”纪念日开展各种形式的爱国主义教育。2001年和2008年，以中国成功申办举办奥运会为契机，以百年来中国求解放、求富强为主线，开展了七次主题讲座，如“奥林匹克运动与北京奥运会”“人文奥运与中国传统文化”“大学生奥林匹克文化”等。以庆祝国庆60周年为契机，开展“爱国、爱党、爱校”活动，激发学生的上进心、自信心和对母校的热爱。

(2) 学风、班风教育

学风、班风教育是每年主题教育中的重要组成部分。2003年学院开展建设优良学习环境、树立良好学风校风的教育活动月，各系及所属班级开展优良学风评比表彰活动，召开“优良学风班”表彰大会。除组织学生活动外，还在形势政策课中进行学风校风专题讲座，专业课教师在课堂上从教书育人角度进行学风校风教育；以迎评促建为契机，2005年举办“迎评促建从我做起”文明宣言签名活动，对全院66个班进行以评促建知识培训和抽测，召开“思想动员、组织自查、落实任务主题班会”，进行学风、班风教育；2006年在全院学生中进行“加强诚信教育，严肃考试纪律”专题教育；2009年学院各系组织了以“发奋图强、追求卓越”为主题的优良学风建设论坛。

(3) 文明校园、和谐校园教育

自学院1996年被北京市教工委、教委评为“文明校园”以来，2001—2010年，学院逐步形成校园文化体系。

2002年11月，聘请台湾师范大学教授、国际平面设计联合会理事林磐耸先生为学院设计了学院标志。参考林磐耸先生的设计理念，经过全院师生讨论，确定了院标的含义：① 取形如“中”，取势如“钱”。代表学院是一所专门培养商务人才的高等学府。② 两线对称，内方外圆。蕴含学院遵循教育规律和市场经济规律的办学方针，治学严谨，追求卓越。培养的学生懂技术、会管理、善经营、守规则，善处人际关系。③ 向下扎根，向上发展。既有基础扎实、厚积薄发、求生存图发展、不断进取创新之意；又有中华民族自强不息、厚德载物之精神。④ 太极图形演变，有变幻无穷之感。寓意头脑灵活，思路开阔，善于辩证思维，能够抢抓先机，不断变化发展。⑤ 中国红代表历史，代表优良传统，代表良好品德；科技蓝代表世界，代表现代化，代表先进的科学文化。寓意学院坚持走国际化办学之路，善于继承，勇于创新，培养思想道德素质和科学文化素质全面发展、适应社会主义现代化建设需要的应用性国际商务人才。

学院每年举办一次文明校园活动周,进行文明校园、和谐校园教育。例如,2004 年,举办“坚持以生为本,优化育人环境”文明校园活动周,系部举办了“商务学院办学思想大讨论学生论坛”; 2005 年,举办 “建文明校园,创优良学风”活动周;2006 年,结合学院文明校园、和谐校园建设的实际,在学生中宣传“社会主义荣辱观”,开展“八荣八耻”教育和“读书求智、成长成才”“感受大学、感念师恩”读书征文活动;2007 年,学院以“垃圾分类,从我做起”为突破口,开展爱护校园环境教育;2010 年,开展“文明修身、敬师敬业,优良学风、求学求成”教育,以主题班会观摩、各班制定争创目标、进行公示、评选征集誓词、LOGO 设计、对校园不文明行为进行督察等活动形式,引导学生自觉树立文明形象,提高综合素质,在全院形成“人人讲文明、处处现文明、人人讲诚信”的人文环境。

4. 心理健康教育

学院从 2005 年开始把心理健康教育纳入学生思想政治教育工作范畴,逐步建立起以“大学生心理素质教育”课程为基础、以校园心理文化为载体、以团体辅导和个别咨询为补充、以危机干预工作队伍为支撑,面向全体学生的发展心理辅导工作体系。

2005 年,学院引进李斌等相关专业人才。同年 9 月,成立学生心理社团——联心社,开展心理电影放映、成长 Campus 素质拓展训练等相关教育活动。2005—2006 学年第二学期,开设“大学生心理素质教育”选修课。从 2007 级开始,该课程由选修课变为面向全院的限定性必修课,并正式纳入教学计划。2007 级学习该课程的学生覆盖率为 91.85%,2008 级及以后学习该课程的学生覆盖率均接近 100%。2006—2007 学年,大学生心理素质教育系列活动启动,李斌老师主持“卡特尔 16PF 心理测试”工作。以后,每年举办“5·25”心理素质教育活动周,参与学生上万人次。并对一年级本科新生进行心理普查(2008 年开始包括专升本学生),建立在校学生心理档案,并对 357 名学生进行了回访和后期跟踪。2007 年,学院制定《关于组织学习贯彻〈关于进一步加强和改进大学生心理素质教育工作的若干意见〉的通知》(京联商党办〔2007〕18 号),成立学院心理危机干预工作领导小组,制定实施《学生心理危机干预工作实施细则》(京联商〔2007〕112 号),在各教学班中设置“心理委员”。

学院在 2007 年的岗位聘任中,设立了专门负责大学生心理素质教育工作的岗位。2008 年,成立学生成长辅导中心咨询室,逐步开展咨询服务工作。从 2008 年起,进行全院春季、秋季心理危机排查,共计排查学生 99 人次,对 21 人次进行了危机干预,9 人次通过医务室转介至精神卫生机构。2010 年,创办学生心理健康教育刊物《成长》。

表 3.5-8　2005—2010 学年心理健康教育情况一览表

学年	心理普查人数	心理普查回访人数	心理危机排查人数	心理咨询人次	心理健康课程覆盖人数
2005—2006	0	0	0	9	177
2006—2007	400	38	0	12	60
2007—2008	385	43	14	11	370
2008—2009	625	45	11	9	415
2009—2010	642	98	25	13	701

5. 国防教育

学生的国防教育,主要包括军事理论课、军事训练和征兵教育三个方面。

军事理论课被列为一年级新生的必修课，邀请国防大学等军事院校的教授授课，一般不少于 32 学时。授课内容主要包括：中国国防、古代军事思想、新军事变革、精确制导武器、信息化战争、中国周边安全环境、国防动员、国际战略环境、核化生武器常识、国防法规、毛泽东军事思想、俄罗斯军事战略、日本军事战略、美国军事战略、外国军事思想等方面。通过教学使学生对军事思想、军事战略和当前的军事形势有一定的认识，并对军事产生浓厚的兴趣。课程以平时成绩和闭卷考试成绩相结合的形式进行考核，学生考核的平均成绩在 80 分以上。

军事训练是加强国防教育的一项重要工作，每次学生军训前都制订军训计划和实施方案，包括军训组织机构方案、学生军事训练计划、军事技能训练的纪律要求、军训团思想宣传工作、军训卫生防病工作预案、学生军训应急疏散预案等。通过军训使学生具有了一定的军事技能，提高了生活自立的能力，加强了国防观念和学生的组织纪律性及集体意识。2001—2008 年，学院先后在武警北京总队第七支队驻地、66176 部队训练基地、北京长城学生训练基地、康庄 611 学生军训基地安排学生军训，时间为 14 天。从 2009 年起，军训工作由联大统一安排进行。

学院非常重视征兵工作。每年征兵时，学生处都通过横幅、宣传板、网络等形式对全院学生开展宣传动员，激发学生的爱国之心和报国之志，并做好学生报名、学院初选等组织服务工作。对审查合格、应征入伍的学生，学院按相关政策规定，做好后续工作。

表 3.5-9　2001—2010 年在校生征兵入伍情况一览表

序号	入伍时间	复员时间	姓名	班级
1	2009	服役中	宗兆玉	国贸 0701
2	2010	服役中	田蒙	物流 1002
3	2010	服役中	刘家羽	物流 1002

6. 新生入学教育

对每年的新生，学院都组织开展入学教育系列活动，内容主要包含 5 部分：道德教育，学籍教育，日常行为规范教育，专业教育以及发展、心理、安全教育。学院领导亲自为学生作道德修养、学业发展等方面的讲座；邀请杰出校友、职业精英来校，就职业发展等问题与学生座谈、举办讲座；各系则主要开展专业教育；学生处、教务处、保卫处等职能部门对新生进行行为规范、学籍管理、安全法制教育。通过大学学习方法、生活方式、专业发展、职业规划、成长成才等方面的教育指导，为新生尽快适应大学生活打下了基础。

（三）建设与研究

1. 思想政治理论课改革

2001—2005 年，学院按照 1998 年“两课”改革方案，开设 7 门必修课：思想道德修养、法律基础、马克思主义哲学原理、马克思主义经济学原理、毛泽东思想概论、邓小平理论概论、形势与政策，1 门选修课：当代世界经济与政治。2005—2010 年，根据 2005 年思想政治理论课改革方案，将原来的 7 门课程调整为 5 门必修课：思想道德修养与法律基础（简称“基础”）、马克思主义基本原理概论（简称“原理”）、毛泽东思想、邓小平理论和“三个代表”重要思想概论（简称“概论”）、中国近现代史、形势与政策和 1 门选修课：当代世界经济与政治。2008 年，毛泽东思想、邓小平理论和“三个代表”重要思想概论课程名称调整为毛泽东思想和中国特色社会主义理论体系概论(简称“概论”)

2001—2010年,党委贯彻落实党中央、教育部关于思想政治理论课的改革方案,进行思想政治理论教育的改革与建设。

一是成立德育教研室,完善马克思主义理论教研室建设。教研室组织教师对课堂教学管理、教学内容、实践教学等方面的问题进行学术交流和研讨,强化了教研室的作用。

二是改革课堂教学。① 提出评价课堂教学的两条标准:以教师为主导的标准是课堂教学效率——不管用什么方法和手段能在最短的时间内讲明白课程内容就是效率;以学生为主体的标准是学生的满意率——满意率80%以上就是教学质量好。② 以脱稿讲课、走动式教学方式改进课堂教学方式。③ 设计并落实大班(150~300人)上课、小组讨论的教学、管理模式。④ 推广案例教学,把教材的理论表述变为课堂教学表述,每门课在教学大纲的范围内,根据每章的内容,形成课堂案例教学体系,或打乱前后章节,按专题形成案例体系。2001—2010年,马克思主义经济学原理、马克思主义哲学原理等课程实现了案例教学改革。⑤ 在学院评教(干部评教、视导组评教、学生打分评教)的基础上,建立分析学生对课堂教学具体意见和建议(书面)的机制及教师相互听课制度。截至2010年,收到7000多份学生的书面意见和建议,为提高课堂教学质量奠定了基础。⑥ 改进单一教学手段,采用直观的影视资料,开展网络教学和多媒体教学,并建立网络学堂,延伸了课堂教学的时间和空间。

三是提高教师素质。包括从操作层面制定衡量教师水平的标准(把课堂教学体系、案例教学体系的文字材料及两个“三进”的补充材料作为课堂讲授是否有科学性、政治性、理论性的标准;把每学期讲义的创新及科研论文发表的质量及数量作为学术能力的标准;以教学文件齐全、规范作为敬业精神的量化标准),制定和修订了社科部教师参加国内外各种培训和社会实践活动等方面的规划和资助制度。例如,规定教师一学期至少去外校听三次课,费用由教学部门实报实销;制定了资助教师攻读硕士、博士学位的制度及发表学术论文规定;建立了社科部教师与校外同行进行教学、科研、学术交流的年度计划及实施细则等。

2. 思想政治工作队伍建设

学院始终坚持以思想政治教育研究为突破口,扩大学术交流渠道,鼓励思想政治工作人员参加校内外的基本理论、专业知识、实践技能培训,不断提高这支队伍的执教能力、管理能力、危机处理能力和理论水平。从2004年开始,学院制定相关政策,引导思想政治教育教师和管理干部提高学历层次,先后有11人攻读硕士、博士学位,并引进1名博士后。学院还创造条件,从2001年起,先后有14人开设10门必修和选修课,有5人晋升为思想政治教育高级职称。2009年学生处制订了《商务学院专职学生工作队伍“四个一工程”建设方案》(联商学〔2009〕4号),全面推进“四个一工程”建设,即每个专职学生工作干部每年能够讲授一门课程、承担一项科研课题、必须发表一篇学术论文、组织开展一项精品学生活动项目。

2001—2010年,共有15人发表探索思想政治教育和学生管理工作规律的学术论文48篇;编著、参编思想政治类教材和学生管理类著作3部;完成院级课题4项,校德育课题12项;指导学生科研项目4项。王小满老师多次获得院级、校级“最受学生欢迎的老师”称号。

2005年,孔繁潮获“北京高校优秀德育工作者”称号、孙鸿飞获“校级优秀德育工作者”称号。

2007年,国际商务系获得“北京高校德育工作先进集体”、王育红获得“北京高校优秀德育工作者”、周玉芬和王梦珠获得“校级优秀德育工作者”称号。

2008年,曹海娟获得“北京市十佳辅导员”称号;2010年,李斌、秦二娟获得“北京高校优秀辅导员”称号，刘静、丘莉获得“校级优秀辅导员”称号。

第六节　办学保障

一、校园规划与建设

（一）校园规划

学院在“十五”计划中，将综合教学楼筹建、操场修建列入重点内容，提出根据办学国际化的需要，搞好综合教学楼包括图书馆、食堂和留学生宿舍在内的总体功能设计，使学院建筑面积增加至3000平方米，并为筹建地下停车场做好准备。

学院的“十一五规划”，提出建设16 800平方米的综合教学楼，具体时间安排为2007年底完成立项报批手续，2008年完成项目设计，并做好资金筹措等一切准备工作，争取2008年年底前开工，2010年9月投入使用。但后来由于学校规划调整，此项目被终止。

（二）校园建设

2001—2010年，学院通过银行贷款、申请上级财政支持等多种方式筹措校园建设所需资金33 061 742.32元，并投入大量人力、物力进行校园基础建设和人文环境建设，成效显著。2002年，学院被评为“朝阳区创建全国文明城区突出贡献单位”，并获奖金一万元。

2001年6月底，总投资为13 968 017.04元，建筑面积为7117.43平方米的综合实验楼竣工，解决了学院实验基地短缺的问题。

2002年，投入342 006.20元，将教学楼室内窗户由旧的平开式窗更换为新的推拉式窗；投入316 947.93元对国际培训中心教室进行装修改造；投入301 312.94元进行食堂改造。

2003年，投入1 600 000元，修建5000平方米的塑胶操场，增设了1560平方米的网球场，扩展了体育教学场地；投入250 000元进行教学楼电力改造；投入239 363.79元对南区平房办公室区域进行改造，搭建阳光棚，改善办公环境。

2004年，投入375 000元，对简易二层楼进行加固改造，消除安全隐患。

2005年，投入220 000元，对全院暖气设施进行改造。

2006年暑期，完成了总投入3 438 390元的校园大规模修缮改造，包括校园环境建设、道路改造、教学楼外立面及楼梯扶手改造、教学楼卫生间改造、学生公寓改造等。

2007年，投入385 200元，在教学楼东侧二层楼上加盖一层，增加143.64平方米的教学用房；投入427 100元，进行供水节能改造；投入924 400元，用于食堂修缮改造；投入1 966 100元，对校园部分教学区、行政用房以及教学楼学生活动用房进行修缮、改造。

2008年，投入952 237元，扩建图书馆，增加638平方米的阅览室；投入760 000元，对商务实践教学中心进行环境改造；投入500 700元，将南区杂乱地带改建成面积约为1800平方米的小型花园；投入863 100元，进行教学楼等处的照明节电改造；投入5 608 854元，对多功能厅、体育活动中心、简易二层楼、行政用房、教学区域、雨水系统等进行大规模修缮、改造。

2009年，投入926 940元，对食堂进行改造，增加730平方米就餐面积和200个就餐餐位；投入508 507元，对学院大门进行拆除重建；投入913 000元，进行校园室外照明、空调节电节能改造;投入1 417 500元,对教学楼、留学生教室等进行修缮。

2010年,投入1 850 400元,进行了学院电力增容改造;投入1 311 031.92元,对南区平房进行抗震加固改造;投入1 157 826.08元,进行了校园内飞线整治、电信管线改造等;投入429 000元,对校外学生公寓进行电气、暖气、窗户改造。

2001—2010年,学院还进行了若干项小型修缮改造项目。

2001—2010年基础设施类改造工程资金投入总额见表3.6-1。

表3.6-1　2001—2010年基础设施类改造工程资金投入一览表

年份	投入总额/元
2001	1 676 606.19
2002	1 795 334.68
2003	2 504 155.94
2004	645 964.50
2005	1 385 322.00
2006	2 984 817.00
2007	4 502 218.00
2008	8 705 161.58
2009	3 996 968.00
2010	4 865 194.43
合计	33 061 742.32

二、办学经费与管理

(一) 预算内经费

2001—2010年,预算内收入(包含基本经费拨款与项目经费拨款)由2001年的1 214.96万元提升到2010年的4 831.91万元,年均增幅达到了29.78%,见表3.6-2。

随着学院办学规模不断扩大,各类支出逐年递增,预算内收入主要承担人员经费支出及部分保证学院正常运行的公用支出。

表3.6-2　2001—2010年预算内收入与支出情况一览表　单位:万元

年份	收入			支出		
	基本经费	项目经费	小计	基本经费	项目经费	小计
2001	858.01	356.95	1214.96	858.01	356.95	1214.96
2002	861.40	260.79	1122.19	861.40	260.79	1122.19
2003	1019.94	568.33	1588.27	1019.94	568.33	1588.27
2004	1365.46	66.03	1431.49	1365.46	66.03	1431.49
2005	1320.56	499.10	1819.66	1320.56	499.10	1819.66
2006	1443.66	769.84	2213.50	1443.66	769.84	2213.50
2007	2366.76	1157.43	3524.19	2366.76	1157.43	3524.19
2008	2586.22	1434.28	4020.50	2586.22	1434.28	4020.50
2009	2940.97	1722.59	4663.56	2940.97	1722.59	4663.56
2010	3991.00	840.91	4831.91	3991.00	840.91	4831.91
合计	18 753.98	7676.25	26430.23	18 753.98	7676.25	26 430.23

（二）预算外经费

预算外经费是构成学院总收入的重要组成部分，是预算内经费的重要补充，2001—2010年，年均增幅为5.56%。

预算外收入主要包括："事业收入""附属单位缴款""经营收入""其他收入"等四项，其中"附属单位缴款"由于财务核算要求于2008年停止使用，所以由"经营收入"代替。

学院受办学条件限制，计划内招生人数基本维持在2000人左右，使得"事业收入"资金总量无显著性增加。随着财政对于"经营收入"相关政策的不断调整，2007年后该项收入逐年减少。

表3.6-3　2001—2010年预算外收入与支出情况一览表　　单位：万元

年份	收入					支出	结余数
	事业收入	附属单位缴款	经营收入	其他收入	小计		
2001	759.19	405.08	0	0	1164.27	897.36	266.91
2002	950.94	531.01	0	2.39	1484.34	1942.90	−458.56
2003	1244.45	293.43	0	5.48	1543.36	1561.06	−17.70
2004	1286.48	372.08	0	2.80	1661.36	1740.32	−78.96
2005	1162.17	648.41	0	5.28	1815.86	1772.80	43.06
2006	1200.19	602.55	0	7.27	1810.01	1941.60	−131.59
2007	1183.00	35.13	1086.48	18.33	2322.94	1905.49	417.45
2008	1257.33	0	897.25	14.81	2169.39	2376.62	−207.23
2009	1252.67	0	705.24	5.65	1963.56	1844.86	118.70
2010	1174.36	0	627.15	8.96	1810.47	1789.04	21.43
合计	11470.78	2887.69	3316.12	70.97	17 745.56	17 772.05	−26.49

（三）经费管理制度及机制

学院经费管理严格执行国家相关法律法规，并根据学院实际工作制定了《北京联合大学商务学院财务管理办法》（京联商〔2004〕9号）、《北京联合大学商务学院预算管理办法》（京联商〔2007〕22号）及其修订条款、《北京联合大学商务学院关于财务开支审批权限及程序的暂行规定》（京联商〔2007〕18号）及其修订条款（京联商〔2007〕97号）、《北京联合大学商务学院创收管理办法（暂行）》（京联商〔2009〕34号）、《北京联合大学商务学院横向科研项目管理暂行办法》（京联商〔2007〕101号）、《北京联合大学商务学院科研项目经费财务开支实施细则》（京联商〔2007〕104号）、《北京联合大学商务学院人文社科类科研项目配套经费管理暂行办法》（京联商〔2007〕106号）、《北京联合大学商务学院国内差旅费管理办法》（京联商〔2008〕68号）、《北京联合大学商务学院会议费管理实施细则（暂行）》（京联商〔2011〕10号）、《北京联合大学商务学院"校园卡"财务管理暂行办法》（京联商〔2008〕55号）等规章制度，涵盖了学院预算管理、支出管理、科研经费管理、会议及差旅经费管理等各个方面，形成比较完善的制度链。

在经费管理机制方面，学院财务管理实行院长负责制，各部门经费由主管领导负责，经费使用严格按照审批权限执行分级管理。为了提高经费管理质量，2007年，学院成立财经工作领导小组，由院长任组长，书记、副院长任副组长，财务管理部门负责人、国有资产管理部门负责人、内部审计和纪检工作人员为组员,对学院整体财经工作进行研究、指导和决策。

学院不断推进财务公开制度,接受各方的监督检查。设兼职内部审计工作人员,根据国家法律法规、市教委以及学校审计工作规章制度,按照上级的工作安排进行年度预、决算审计,并接受上级安排的外部审计。学院纪检工作人员根据相关工作安排进行教育经费公示情况检查、"小金库"及收支两条线情况检查等,并负责有关财经方面的信访等工作。

(四)固定资产及管理机制

1. 固定资产基本情况

2001—2010年,学院固定资产总值由24 821 805.40元增长至75 223 813.71元,增长了3.3倍,年均增长率为1.89%,见表3.6-4。

表3.6-4　2001—2010年固定资产总额一览表

年份	固定资产总值/元	增长率/%
2001	24 821 805.40	—
2002	24 871 172.24	0.20%
2003	45 243 140.11	81.91%
2004	45 393 697.31	0.33%
2005	47 978 583.94	5.69%
2006	51 945 985.67	8.27%
2007	57 703 279.65	11.08%
2008	63 507 790.51	10.06%
2009	74 798 045.00	17.78%
2010	75 223 813.71	0.57%

2. 固定资产管理体制

学院设有国有资产领导小组、招投标工作领导小组、专项经费申报工作小组、图书馆工作委员会等领导机构,负责对学院资产管理、采购管理等工作的决策、监督、检查、研究等。

学院固定资产管理、采购管理实行院、系(处)两级管理体系。院级管理为归口统筹管理,负责固定资产采购审核报批、政府采购、招投标采购以及固定资产验收、账务处理、报废处置、清查损溢、数据统计等工作;系(处)级负责采购申报与实施、固定资产保管、报废申报等工作,固定资产保管实行领用人负责制。

2001年至2006年6月,财务处(2005年以前为财务科)设国有资产管理岗,专人负责全院固定资产管理的相关工作。财务处监管采购审批及财务方面的工作;仪器设备类物品由各部门按照财务开支审批权限审批后,自行采购;家具类则经审批后,由后勤管理处负责具体采购工作。

2006年6月,学院成立国有资产管理办公室。2007年成立国有资产管理处,编制3人。2009年底,学院将国有资产管理工作纳入行政管理处。机构变动,但职责如一,仍负责全院仪器设备、家具等固定资产的管理及政府采购、院内招投标采购项目的组织申报、确认与实施等工作。

学院图书采购和日常管理工作始终由图书馆负责;药品采购由医务室负责;低值耐用及

低值易耗品的采购、保管、使用均由各业务部门负责。

2001—2004年，学生用教材由学院统一代购。自2005年起，转为学生自愿到教材供应商处购买。

3. 固定资产管理制度

学院高度重视固定资产管理和采购管理工作的制度建设。2001—2010年，制定、修订了一系列规章制度，涵盖固定资产采购管理、日常管理、处置管理等全部环节，形成了相对严密的制度保障，见表3.6-5。

表3.6-5　固定资产管理规章制度一览表

序号	制度名称	文件号
1	北京联合大学商务学院招投标管理办法(暂行)	京联商〔2004〕42号
2	国有资产管理规章制度	京联商〔2005〕56号
3	北京联合大学商务学院招投标工作实施细则	京联商〔2007〕99号
4	建设项目竣工后移交使用管理办法	京联商〔2008〕2号
5	教材供应和图书采购工作管理暂行办法	京联商〔2008〕73号
6	国有资产管理办法	京联商〔2009〕42号
7	固定资产管理办法	京联商〔2009〕43号
8	仪器设备管理办法	京联商〔2009〕44号
9	大型及贵重仪器设备管理办法	京联商〔2009〕45号
10	贵重仪器设备技术档案管理细则	京联商〔2009〕46号
11	仪器设备损坏、丢失赔偿实施办法	京联商〔2009〕47号
12	计算机软件管理办法	京联商〔2009〕48号
13	教学及办公家具管理办法	京联商〔2009〕49号
14	材料、低值耐用品及低值易耗品管理办法	京联商〔2009〕50号
15	国有资产处置管理办法	京联商〔2009〕51号
16	基础设施改造项目建设管理规定	京联商〔2009〕52号

（五）审计工作

1. 机构设置

学院内部审计工作由院长主管，设立兼职审计岗位。2001—2004年兼职审计岗位设在人事处，2004—2006年设在财务处，2007—2009年设在国有资产管理处，2010年设在行政管理处。

2. 主要工作

学院审计工作执行国家审计相关法律法规、北京市教委以及联大审计工作规章制度，由学校审计处或学院立项开展工作，并配合上级相关部门派出的审计工作组工作。

2001—2010年，共计开展年度预算执行与决算审计4项、财务决算审计1项、教育收费审计2项、项目经费审计3项、经济责任审计1项、审计调查1项，配合上级审计组及外部事务所审计工作5项，见表3.6-6。兼职审计人员参与学院预算分配、教育收费检查、“小金库”及收支两条线情况检查等工作。

表 3.6-6　2001—2010 年内部审计事项一览表

年份	审计工作事项名称	工作类型	备注
2001—2003	校产办经费审计	配合外部审计	会计师事务所
2004	2003 年财务决算审计	决算审计	
	收费及预算执行审计	预算执行审计	
	教育收费审计	专项审计	
2005	教育收费审计	专项审计	
	1—9 月项目经费审计	专项审计	
2006	1—9 月项目经费预算执行审计	专项审计	
	孙明同志离任经济责任审计	配合外部审计	北京市教委 委派审计工作组
2007	1—10 月预算执行审计	预算执行审计	
	2005—2007 年基建修缮类项目审计	专项审计	
2008	王淑凤同志离任经济责任审计	经济责任审计	
	预算执行审计审前调查工作	审计调查	
2009	1—4 月预算执行审计	预算执行审计	
	1—9 月预算执行审计	预算执行审计	
2010	2009 年预算执行情况自查自纠工作	审计调查	配合学院财务处
	2009 年决算及 2010 年预算审计	配合外部审计	校审计处 委派审计组

三、实验室及实践教学基地建设

(一) 基本情况

2001 年，学院设有物理实验室、电子商务实验室、电子商务创业就业实训实验室、国际贸易实验室、计算机基础实验室、金融证券实验室、会展艺术实验室、商品检测实验室、财务实验室。2003 年增设商务管理实验室、网络实验室。2005 年增设物流实验室。2006 年增设会展管理实验室、多媒体语音实验室。2008 年增设商务综合实验室。2008 年以前，除物理实验室、财务实验室、商务综合实验室外，其他实验室都由商务实验教学中心负责管理。

2001 年 7 月，成立商务实训教学中心。2005 年 6 月，学校对 6 个校级实训教学中心进行考核评比，商务实训教学中心被评为第一名。同时，该中心的计算机基础实验室被评为校级特色重点建设第一名。评比考核之后，根据迎评促建的需要，该中心 2005 年更名为商务实验教学中心。2007 年商务实验教学中心获校级考核评比第一名。2008 年 7 月，商务实验教学中心与管理学院实验教学中心联合申报的“北京高等学校实验教学示范中心——经贸实验教学示范中心”被北京市教育委员会正式批准为北京市高等学校经贸实验教学示范中心，并根据实际运行需要，分为东校区(商务学院)和北校区(管理学院)。

2010 年，经贸实验教学中心(东校区)共有专职教辅管理人员 14 人，其中高级职称 1 人。拥有北京市级实验教学示范中心称号的实验教学实验室 13 个，包括国际贸易实验室、电子商务创业就业实验室、网络实验室、物流实验室、商品检测实验室、会展管理实验室、多媒体语音实验室、电子商务实验室、商务管理实验室、金融证券实验室、计算机基础实验室、物理实验室、会展艺术设计实验室。其中，基础实验室 3 个，分别是计算机基础实验室、物理实验室和多媒体语音实验室；专业基础实验室3个，分别是电子商务实验室、商务管理实验室和网络实验室；其余7个为专业实验室（见表3.6-7）。拥有教学用计算机668台，其中包括图形工作站42台。实践教学内容涉及国际商务、电子商务、商业流程、会展商务、物流管理、财会管理、艺术设计、多媒体语音教学、纺织纤维和制品的检测等多个方面。实验室都具备了网络和多媒体教学的功能，安装了指纹自动上机管理系统，已形成设备比较配套、实践教学覆盖范围比较完整的实践教学体系，基本满足本院内的各种实践教学需求。

表3.6-7　实验室基本情况一览表

序号	实验室名称	建筑面积/平方米	设备台件总数	计算机套数	设备金额/万元	建立年份	性质/专业、基础	备　注
1	多媒体语音实验室	248	91	85	53.83	2004	基础	
2	会展管理实验室	124	51	43	43.33	2005	专业	
3	商务管理实验室	135	54	49	29.25	2003	专业	
4	电子商务实验室	248	138	128	103.15	2000	专业	
5	国际贸易实验室	165	93	68	99.91	2005	基础	
6	金融证券实验室	165	80	72	66.26	2000	专业	
7	计算机基础实验室	297	186	110	93.81	1996	基础	
8	会展艺术设计实验室	108	63	43	66.56	1996	专业	2010年7月更名
9	电子商务创业就业实训实验室	150	52	43	55.29	2005	专业	
12	网络实验室	98	56	39	38.01	2004	综合	
13	物流实验室	73	85	0	64.58	2005	专业	
14	商品检测实验室	73	49	1	95.39	1986	专业	2003年7月更名
15	物理实验室	140	226	5	93.53	1979	基础	
合计		2024	1224	686	902.9			

（二）规章制度

学院建有较完善的实验室管理制度。主要包括：《经贸实验教学中心实验室日常管理实施细则》《实验室管理员守则》《实践教学工作流程》《加强经贸实验教学中心排课工作管理的规定》《经贸实践教学中心关于申请加、调、停课的管理规定》《经贸实践教学中心岗位责任制的规定》《经贸实践教学中心实验室向学生开放的管理办法》《加强经贸实践教学中心岗位责任制的规定》《经贸实践教学中心软件借出管理实施细则》《经贸实践教学中心软件安装使用及管理办法》《经贸实践教学中心仪器设备借出管理实施细则》《教学使用网络服务器的管理办法》《经贸实践教学中心网络管理室管理规定》《实验室安全管理规定》《多媒体语音实验室的使用管理办法》等。上述规章制度在迎评促建中统一再次修订，文号为京联商实训〔2006〕1—15号。

四、校园信息化建设

（一）校园网络建设

1．管理机构沿革与职能

2001—2003年，商务实训中心负责信息网络的筹建工作。

2003 年 9 月,学院成立信息网络领导小组,孙明院长任组长,刘允新、范宝祥副院长任副组长,并成立网络中心,挂靠在党办。网络中心主任由党办副主任王育红兼任。2006 年 5 月,信息网络中心调整为独立教学管理部门,李海文同志任信息网络中心主任。2007 年,电教中心并入信息网络中心,信息网络中心设主任 1 名,工作人员 3 人,负责学院校园网络的发展规划、维护及管理,网站的建设、规划及管理,网站服务器和邮件服务器的管理和监控,电教工作及电教设备的规划、建设、管理与维护等工作。刘锦东现任网络中心主任。

2. 网络基础设施建设

2001 年进一步完善 128KDDN 专线,与校本部的骨干网连接,强化对 Modem、UPS 及服务器(HP 计算机)运行的使用和维修服务。

2002 年,完成学院校园主体建筑综合布线工程,利用中国网通 MPLS VPN 100M 光纤汇总校本部形成统一出口,并采用学校统一购置的 AVAYA 网络设备。9 月 29 日,学院校园网络正式开通。

2003 年 12 月 3 日,学院网络与学校 Mpls-vpn 千兆光纤上连成功,实现了学院 100 兆互联。

2006 年,分批次将 AVAYA 网络设备更换为锐捷设备。

2007 年 6 月 24 日,学院启用联大新版办公自动化系统(新 OA)。9 月,完成学院食堂光纤布设,为食堂通网打下基础。11 月 7 日,完成学院南区改造工程网络布线、信息点布置及网络结构的调整,并通过验收。12 月 14 日,完成教学楼地下室改造工程中的网络布线,并通过验收。

2008 年 4 月,优化全院网络拓扑结构,使图书馆及南区所在部门网速得到显著提高。5 月,对商务实验教学中心进行硬件代理测试、调整,提高了实验教学的上网速度。

2009 年 3 月,完成学院校园网无线网络覆盖一期工程。10 月,更新学院核心交换机。11 月,安装学院培训中心无线网。

2010 年 2 月 21 日,正式启用 IPV6 协议。9 月 27 日,完成学院抗震加固后的网络改造工程。

3. 管理与服务

(1) 网站管理

2001 年 1 月,学院网站由 http://bcbuu. topcool. net/调整为 http://main_bcbuu. home. chinaren. com/新域名,学院的服务器落户于 chinaren,并开始启用。http://bcbuu. topcool. net/,创建于 1999 年 6 月 24 日,以首都在线提供的个人免费主页空间作为建立基础,采用广州电信视窗统计专家对其访问量进行统计分析,使用徐州电信提供的免费留言板进行留言管理。2001 年 4 月,开始租用万网公司的虚拟主机空间 100M,并购买域名http://www. bcbuu. com. cn/,用于运行学院官方网站。并利用赠送的国际域名 http://www. bcbuu. com/及 50M 的 UNIX 平台,运行英文版主页以及部分社区版块。

2002 年 12 月,申请域名 http://www. bcbuu. edu. cn。

2003 年 1 月,学院与清华赛尔网络有限公司签署 Web 虚拟主机协议书,租用 100M 的 WWW 服务器硬盘空间。6 月 6 日,学院网站服务器托管到清华赛尔网络有限公司。

2009 年 3 月,学院与北京易思腾科技发展有限公司合作,对学院网站进行改版;6 月网站上线后,对各部门网站信息员进行了相关业务培训。同年 4 月,还更新了在清华赛尔网络有限公司托管的网站及邮件服务器。

2010 年 4 月,完成学校国际合作与发展战略论坛网站建设,并成功上线。7 月 2 日,将学院网站及邮件服务器进行拆分，网站全部迁移至新服务器中，两台服务器托管于清华赛尔网络有限公司。

(2) 电子邮箱管理

2002 年 10 月 8 日，学院各部门正式启用联大校内办公电子邮箱。

2003 年 1 月 14 日，学院电子邮箱(遥志邮件系统，http://mail. bcbuu. edu. cn)正式开通，为全院师生提供电子邮件服务。

2006 年和 2007 年，对学院电子邮件系统进行扩容和改版升级。扩容后每位教师邮箱为 500MB，学生为 100MB；升级后邮件系统更为稳定。

2010 年 12 月，开通联大邮箱和网络硬盘，为过渡到使用学校邮箱做准备。

(3) 网络管理

网络管理包括网络安全、网络维护、信息监控、制度建设等，其重点是网络安全。2003 年安装 KTV 防病毒补丁和操作系统补丁，保证了学院网络的稳定运行。规范网络管理制度，制定了《北京联合大学商务学院 IP 地址管理规定》，强化网络信息员的职责。2006 年，学院实现了网络实名制认证系统的运行。2008 年 4 月，启用互联网实名认证，加强了校园网信息及个人计算机系统的安全。校园网无线工程实施后，升级学院校园网认证系统(锐捷认证)，开通上网认证账户。

(二) 现代教育技术

1. 多媒体设施建设

2005 年 12 月，实施视频会议扩建工程，实现了学院与校本部通过远程形式召开会议的功能。

2006 年，学院在教学楼大厅设置多媒体触摸屏并投入运行。5 月初至 6 月底，建设多媒体教学中控系统，对教学楼 35 间多媒体教室教学情况进行监控，新建三间录播教室。

2008 年 12 月，为 301 室、308 室、409 室安装多媒体设备，新建三间多媒体教室。

2009 年 4 月，建设语音教室。5 月，更换教学楼所有多媒体教室教学计算机的保护卡，并更新计算机系统。8 月，为多媒体教室安装电子巡考系统并改造重建多媒体中央控制室。

截至 2010 年底，学院共有网络化多媒体教室 43 间，占教室总数的 91.5%，其中 20 间教室配有交互式电子白板。

2. 管理与服务

每学期初，信息网络中心都组织新入职教师及学生进行多媒体使用的培训，还分部门对教师进行了“交互式电子白板”使用的培训。

自 2006 年起，信息网络中心利用多媒体教学中控系统网络化监控、管理各多媒体教室，保障多媒体教室的设备正常运行。

在 2005 年、2006 年、2007 年、2010 年，利用录播教室及移动录播设备完成了 10 门次精品课程的实时录制，承担了联大校内多媒体实时互动式远程教学及校内视频会议的组织与保障工作。

2009 年起，充分利用多媒体教室电子巡考系统，为英语考试、英语四六级考试、期末考试和专升本考试提供了全程巡考录像。2010 年共录制 441 场考试，确保了对考试中出现争议的问题有据可查。

建立了《多媒体维护管理制度》《多媒体控制室防火措施》等管理规章制度,努力做到管理工作的规范化、科学化和制度化。

(三)校园一卡通

1. 基础设施建设

2008年,实施一卡通建设工程,配有收款机20台,商务网关1台,计算机1台,通用读卡器2台,制卡打印机1台,照相机1台。校园一卡通主要用于校内身份证明、电子学籍管理、图书借阅、医疗、食堂就餐和其他消费等。

2. 管理与服务

信息网络中心与财务处共建卡务中心,为师生提供一卡通相关服务工作。共同制定了《校园卡使用管理暂行办法》(京联商〔2008〕54号)及《"校园卡"财务管理暂行办法》(京联商〔2008〕55号)。信息网络中心主要负责一卡通设备的建设、维护、后台数据处理及卡片制作工作等。

五、图书与档案管理

(一)图书馆工作

1. 基本情况

(1)机构与人员编制

2001年,图书馆设有流通部书库、综合阅览室、电子阅览室、采编室、办公室。2003年,增设专业阅览室、报刊阅览室。2005年,增设网络机房。2007年,图书馆机构调整,设流通阅览部、数字资源部、参考咨询部、资源建设部。2010年,机构进一步调整,设有办公室、读者服务与参考咨询部、文献建设与技术保障部。

2001—2002年,图书馆在职人员8人,外聘1人;2003—2010年,在职人员13人,外聘5人,共18人。其中,正高级职称1人,副高级职称2人,在读博士1人。

(2)馆舍

2003年,扩增图书馆,其使用面积达到1393平方米。2007年,完成图书馆改造工程,使用面积达到2553平方米。2010年馆舍面积为2263平方米。馆内设有办公室、流通书库、综合阅览室、重点学科阅览室、报刊阅览室、电子阅览室、采编室、特藏室、展览室、报告厅、服务器机房、教师阅览室、闭架书库、地下书库。

2001—2010年学院图书馆馆舍面积及部门设置情况详见表3.6-8。

表3.6-8 2001—2010年馆舍面积及部门设置情况一览表

年份	总面积/m^2	部门设置	备注/m^2
2001	753	流通部书库、综合阅览室、电子阅览室、采编室、办公室	西区(255)东区(498)
2002	同上	同上	同上
2003	1393	流通部书库、综合阅览室、专业阅览室、电子阅览室、报刊阅览室、采编室、办公室	西区(255)东区(498)增加院南区二层(640)
2004	同上	同上	同上

续表

年份	总面积/m²	部门设置	备注/m²
2005	1579	流通部书库、综合阅览室、专业阅览室、电子阅览室、报刊阅览室、网络机房、采编室、办公室	西区(255)增加东区(684)南区(640)
2006	同上	同上	同上
2007	2553	流通阅览部、数字资源部、资源建设部、参考咨询部、办公室	2007年11月图书馆新馆落成,西区(578)东区(1335)南区(640)
2008	同上	同上	同上
2009	同上	文献建设与技术保障部、读者服务与参考咨询部、办公室	同上
2010	2263	同上	抗震加固整合面积:西区(578)东区(1398)南区(287)

注:地下书库是学院于2007年分配给图书馆的,面积为24.4平方米,位于教学楼地下二层。

2. 馆藏

2001年,图书馆馆藏5万余册纸质图书,期刊113份,报纸35份。2010年12月,馆内有纸质图书近16万册,中外文期刊247种,中外文报纸38份,中外文数据库近30个。

2001—2010年学院图书馆馆藏建设情况详见表3.6-9。

表3.6-9 2001—2010年馆藏建设情况一览表

年份	购买文献经费/万元	购书种类数量			当年剔除数/册	馆藏总数/册	期刊/份	报纸/份	音像资料/件	数据库/个	备注
		中文/册	外文/册	合计/册							
2001	16	442	0	442	15	52 306	113	35	—	—	
2002	12	1234	0	1234	82	53 458	133	40	—	2	
2003	26.72	5572	46	5618	0	59 076	117	56	—	10	学院增拨图书经费14万元
2004	19.11	10 869	89	10 958	23 702	46 332	222	53	—	14	
2005	111	70 570	764	71 334	2091	115 575	248	56	1065	15	含当年图书专项经费79万元
2006	46.94	14 230	140	14 370	0	129 945	316	59	1065	15	含当年图书专项经费20万元
2007	21.87	2692	112	2804	21	132 728	298	60	1065	15	
2008	26.71	3980	103	4083	67	136 744	293	38	1065	16	
2009	61.31	9914	550	10 464	76	147 132	196	38	1123	30	含当年图书专项经费39万元
2010	44.24	12364	361	12 725	66	159 791	247	38	1187	30	含当年院内专项经费38万元

3. 设备建设

2001—2010年,图书馆先后完成硬件、软件设施改造,馆内阅览室面积和阅览座位逐年增加(见表 3.6-10 和表 3.6-11)。2010 年,电子阅览室共有 85 个机位,其他阅览室共有 216 座。

表 3.6-10　2001—2010 年设备更新和添置情况一览表

<table>
<tr><th>年份</th><th>设备名称及件数</th><th>存放地点</th><th>所属项目名称或经费来源</th></tr>
<tr><td rowspan="2">2001</td><td>图书管理系统(丹诚)</td><td>流通阅览部</td><td>院内自动化专项经费</td></tr>
<tr><td>电脑 26 台</td><td>电子阅览室</td><td>教务处调拨</td></tr>
<tr><td>2003</td><td>磁盘阵列</td><td>电子阅览室(兼服务器机房)</td><td>院内专项经费</td></tr>
<tr><td>2004</td><td>北邮 melinets 图书自动化管理软件(Ⅰ版)</td><td>流通阅览部、各阅览室</td><td>院内专项经费</td></tr>
<tr><td>2005</td><td>新增 34 座电子阅览室和阅览室等管理终端网络</td><td>电子阅览室</td><td>院内专项经费</td></tr>
<tr><td rowspan="3">2006</td><td>图书防盗系统 1 套,新增书架 44 个</td><td>流通阅览部</td><td rowspan="3">院内专项经费</td></tr>
<tr><td>查询终端设备更新 5 个</td><td>流通阅览部</td></tr>
<tr><td>服务器、光纤交换机升级</td><td>电子阅览室(兼服务器机房)</td></tr>
<tr><td rowspan="4">2007</td><td>更新阅览桌 48 张,阅览椅 200 把</td><td>流通阅览部</td><td>院内专项经费</td></tr>
<tr><td>35 台 DELL 计算机(旧)</td><td>电子阅览室</td><td>从学院实践教学中心转入</td></tr>
<tr><td>EMC 机柜、机架式服务器、磁盘阵列主机柜、外存储设备等;WINDOWS Server 2003、LINUX 系统、VMWARE ESX 3.0 软件、Window.NET Server 2003 中的 Microsoft 群集服务、杀毒软件;5kW 不间断电源;更新了网络交换机</td><td>服务器机房</td><td>商务学院图书馆备份系统建设项目</td></tr>
<tr><td>电子显示屏</td><td>图书馆室外</td><td>院内专项经费</td></tr>
<tr><td rowspan="5">2008</td><td>更新 50 台 HP 计算机</td><td>电子阅览室</td><td>北京联合大学统一采购调拨</td></tr>
<tr><td>IDB 交互式数字平台 1 套、座椅 70 个、光纤核心交换机 1 台、网络光纤交换机 3 台、图书扫描仪 1 台</td><td>报告厅、数字资源部、资源建设部</td><td>商务学院图书馆设备添置项目</td></tr>
<tr><td>光盘备份复制单元 1 套、光盘管理系统 1 套、光盘柜 2 组、博文非书资料管理系统 1 套、光盘刻录模块等配件</td><td>资源建设部</td><td>商务学院图书馆光盘全自动智能管理装置</td></tr>
<tr><td>格力空调 22 台</td><td>图书馆办公室、电子阅览室、各阅览室、服务器机房</td><td rowspan="2">商务学院专项建设项目之商务学院图书馆基础装备添置与更新</td></tr>
<tr><td>电子存包柜</td><td>流通阅览部</td></tr>
<tr><td rowspan="3">2009</td><td>更新电脑终端桌 40 张、更换新计算机 40 台</td><td>电子阅览室(目前机位到达 90 个)</td><td>电子阅览室设备更新</td></tr>
<tr><td>磁盘阵列主机柜、外存储设备</td><td>服务器机房</td><td>图书馆设备添置(2008 年项目扩容)</td></tr>
<tr><td>北邮 melinets 图书自动化管理软件(II 版)</td><td>文献建设与技术保障部、读者服务与参考咨询部</td><td>院内专项经费</td></tr>
<tr><td>2010</td><td>博文非书资料管理系统升级 1 套</td><td>文献建设与技术保障部</td><td>院内专项经费</td></tr>
</table>

表 3.6-11　2001—2010 年阅览室条件及设备(在用)变化情况一览表

年份	阅览室				电子阅览室		备注
	面积/m²			阅览座位数	面积/m²	读者终端	
	综合阅览室	教师阅览室	报刊阅览室				
2001	78	22	—	36	130	36	2000 年 9 月成立综合阅览室
2003	129	22	380	176	130	36	2003 年 9 月成立报刊阅览室
2006	129	22	403	178	156	74	
2007	107	24	654	216	246	85	
2010	93	57	222	216	287	85	

4. 读者服务

(1) 增加图书馆开放时间

2010 年以前，图书馆每周向读者开放时间为 70 小时；2010 年，图书馆各阅览室都延长了周一至周五的开馆时间，每天开放时间为 7:30—21:30，而且周六、周日也向读者开放，每周开馆 85 小时。

(2) 实现自动化管理

2001—2010 年，先后使用图书管理系统(丹诚)和北邮电信科技股份有限公司的图书馆业务自动化集成系统"现代电子化图书馆信息网络系统"，对图书借还、读者管理和借阅统计等流通系统业务进行自动化管理，并对已完成回溯数据的图书全部实行了开架借阅服务。馆内设有教师阅览室、资料室、学生阅览室、综合阅览室等，也全部实行室内开架阅览。同时扩大读者借阅权限，学生借书由 5 册提升为 20 册。

(3) 深化服务内容

电子阅览室为读者提供 INTERNET 上网、VCD 播放等服务，每年还给学生一定的免费机时；图书馆为全院各专业学生开设"文献检索与利用"课程；定期组织数字资源利用培训；每周为师生在图书馆学术报告厅播放英文视频；利用图书馆网页、电子屏及电子邮件向读者及时通报图书信息、学术讲座、新书介绍及新购数字资源情况等。

2001—2010 年流通情况统计(册次)见表 3.6-12。

表 3.6-12　2001—2010 年流通情况统计

年份	2001	2002	2003	2004	2005	2006	2007	2008	2009	2010
图书流通册次	7787	8185	18833	28181	35181	69004	48024	36612	28062	21483
报刊流通册次	—	—	—	—	—	—	—	—	—	—
合计	7787	8185	18833	28181	35181	69004	48024	36612	28062	21483

注：2000 年以后，报刊未再外借，所以没有统计数据。

2001—2010 年读者(阅览)人数统计(人次)见表 3.6-13。

表 3.6-13　2001—2010 年读者(阅览)人数统计　单位：人次

年份	2001	2002	2003	2004	2005	2006	2007	2008	2009	2010
阅览室	9524	24890	57757	42968	45243	34843	32738	32871	38997	37539
电子阅览室	2735	8271	17609	34411	41700	39849	29578	30120	48450	37405
合计	12259	33161	75366	77379	86943	74692	62316	62991	87447	74944

注：1. 阅览室包括除电子阅览室外的其他所有阅览室。

2. 2004 年 4 月下旬电子阅览室取消上机收费，上机人数和机时数有了大幅提高。

5．图书馆数字化建设

2001年，完成了图书馆管理自动化网络并运行，电子阅览室进一步扩大对读者的开放。

2004年，采用了北邮melinets图书自动化管理软件（Ⅰ版）。该软件包含流通子系统、编目子系统、采访子系统、典藏子系统、期刊子系统、管理员子系统，借助计算机技术，全面实现了图书自动化管理。

2006年9月1日，流通部、第二阅览室安装图书防盗系统，流通部4台检索机和综合阅览室1台检索机同时开通，方便了师生查询检索。

2007年10月，图书馆馆舍改扩建后，同时对网络综合布线进行了改造。新增可控交换机3台(1台48口，2台24口)及若干普通24口交换机。

2007年，“图书馆建设——商务学院图书馆备份系统建设”项目实施。该项目采用SAN及RAID 6等较先进的双机异地热备技术，大幅度提高了管理数据和数字资源的安全性和服务的稳定性，可以有效地减少系统维护人员和数据维护时间，并具有良好的扩容能力。该项目在北京市财政市教委的绩效考核中获得“优秀”。

2008年6月，专项建设项目——“商务学院图书馆装备添置”，为管理机房、电子阅览室及图书馆北二层管理室更换了新的网络交换机，使主服务器间网速为千兆。

2009年1月，完成图书馆管理系统meilients二版升级工作。4月，图书馆读者服务与参考咨询部及各阅览室开始使用校园一卡通。

2010年新购进一台DELL(2U)服务器，为图书馆数据库服务器做备用。

（二）档案管理

1．基本情况

学院档案工作按照“统一领导，分级管理”的原则由院长直接分管，党政办公室(原院长办公室)主任主管。综合档案室是党政办公室下属的科室，配备专职档案员一名。全院的档案是一个全宗，至2010年底，共有26个立档部门。各部门配有一名兼职档案员，其档案工作由部门主管领导负责。

学院档案室库房面积69平方米，主要保存党政档案、教学档案、外事档案、财会档案、基建档案、声像档案和实物档案共七大类档案。截至2010年12月，综合档案室共有各类档案8839卷，排架长度146米。其中，党政管理档案2906卷，教学档案3411卷，外事档案101卷，基建档案69盒，财务档案2421卷，照片档案4077张，声像档案227盘，实物档案162件。2007年10月，向北京市档案馆移交1978—1988年永久保存的文书档案112卷；同年，对1978—1990年的会计凭证档案进行鉴定、登记造册，经院主管领导和财务处领导审批同意后，销毁会计凭证档案1678卷。2003年，综合档案室在北京市档案行政执法检查评比中获得优秀。

2．档案工作制度

2003年，将原有档案制度汇编成《北京联合大学商务学院档案制度文件汇编》，并重新制定了《北京联合大学商务学院档案工作条例》。2008年3月，综合档案室对原有的档案管理办法重新修订和补充，把《党政类档案管理办法》《外事类档案管理办法》《教学类档案管理办法》《科学研究类档案管理办法》《基建类档案管理办法》《出版类档案管理办法》《仪器设备类档案管理办法》《财会类档案管理办法》《声像类档案管理办法》《实物类档案管理办法》等十项档案管理办法，以学院发文（京联商〔2008〕19 号）的形式下发至各部门。2009 年 12 月，制定《开具毕业生档案证明管理办法》（联商院办〔2009〕11 号），规范了毕业生档案证明办理工作。

3. 档案管理与服务

学院采取“年代——组织机构”分类方法进行档案立卷。每年 3 月，召开档案工作会，布置收档工作；4 月，接收各部门前一年的档案。兼职档案员对本部门形成的档案进行系统整理、组卷、归档。综合档案室专职档案员指导各部门的业务。档案接收进室后，进行整理、编号、排序，编制案卷目录，装盒入库。2003 年，启用飞狐灵通档案管理软件，通过计算机进行检索，提高了工作效率。

2001—2010 年，通过查阅基建图纸、文书档案、财务档案等方式，为学院教学、科研、管理各项工作提供服务。每年为近百名毕业生的出国留学、就业提供档案证明。

2001—2010 年学院档案库存情况见表 3.6-14。

表 3.6-14　2001—2010 年档案库存情况一览表

年份	库存档案/卷	永久长期/卷	备注
2001	6332	3043	
2002	6566	3183	
2003	6875	3465	
2004	7241	3808	
2005	7756	4285	
2006	8271	4800	
2007	6962	5003	本年度移交北京市档案馆 112 卷，销毁会计凭证 1678 卷
2008	7551	5558	
2009	8199	6185	
2010	8839	6790	

4. 文档保密工作

学院设有保密工作领导小组，党委书记任组长、党委副书记和副院长任副组长。小组成员包括党政主要职能部门负责人和保密重点单位的主要负责人。领导小组下设办公室，党政办公室（原党委办公室）主任兼任保密办公室主任。具体文档保密工作包括：日常机要文件的签收、登记、传阅、清退、归档；对大学英语四六级试卷保卫人员进行保密教育，并提供保障；定期与学院领导、部门领导签订保密协议书等。

六、后勤改革与保障

（一）后勤改革

1. 历史沿革

学院后勤社会化改革自 1999 年 4 月在学院党委和副院长孙明领导下全面启动。2000 年 4 月，撤销原有后勤管理机构建制，成立后勤管理处。同年，成立饮食服务中心、学生公寓服务中心、校园生活服务中心、运输服务中心。各中心实行“目标管理、经营分账立户、自主经营、独立核算、自负盈亏”的半企业化管理体制，形成了“小机关”“多实体”的运行格局，学院与各中心的隶属关系转为合同约束下的甲乙方关系。通过改革，后勤职工队伍由占学院职工总数的25%减少至3%，教学用场地面积增加了近2000平方米。

随着改革的深化，学院进一步开放院内后勤服务市场，引入优质服务资源，逐步剥离高校后勤服务经营职能，相继撤销了运输服务中心、饮食服务中心、校园生活服务中心，将餐饮服务、保洁服务通过招标交给具有相应专业资质的企业完成，学院职能部门负责监督和管理工作。

2. 改革基本情况

(1) 公务用车管理改革

2002年4月，学院撤销运输服务中心建制，改革公务用车办法，取消班车，不再设立专职司机岗位。学院公务用车归口管理，主要用于院级正职领导的公务活动，其他部门的公务活动经审批后才可用车。副院级及以下人员外出办理公务时，在北京市行政辖区内的交通工具和费用自理，学院职工按照各类岗位的不同工作性质和级别给予相应的市内交通补贴，全年按12个月随工资发放。

(2) 学生宿舍管理改革

学院以校企联办的承租形式解决学生宿舍问题。2006年，租用北京市三纺物业管理有限责任公司宿舍2839平方米；租用八里庄水电设备安装中心宿舍660平方米；租用市政建设工程有限责任公司宿舍2066平方米。2008—2010年，租用北京市二棉工贸发展公司宿舍1957平方米。学生宿舍分布在学院周边0.5～3公里范围内。

(3) 食堂管理改革

2001年，食堂、餐厅及附属房屋共1200平方米，以零租金方式交给北京东方大学城后勤服务有限公司，形成托管模式，人员用工由其自主聘任。

2006年，北京东方大学城后勤服务有限公司与学院签订的托管合同到期，未进行续约，该公司撤离学院。

2007年，学院组织招标，北京长青餐饮集团中标承接学院的餐饮服务工作。

2001—2009年，由后勤管理处负责对食堂托管方、中标方的监督、检查工作，2009年后由行政管理处负责。

(4) 用工制度改革

2002年，学院撤销校园生活服务中心，将房屋建筑及其公共服务设施的管理、维修以及园林绿化的养护管理、环境卫生的管理等，托管给北京东方大学城后勤服务有限公司，人员用工由该公司自主聘任。

2007年，学院另行组织招标，由北京星昊物业管理有限公司中标承接学院的卫生保洁工作。

2001—2009年，由后勤管理处负责对物业托管方、保洁工作中标方的监督、检查工作，2009年后由行政管理处负责。

2001—2010年，学院编制内后勤工作人员逐渐减少，部分岗位聘用编制外人员。

（二）管理与保障

1．后勤日常管理与保障工作

2001—2009年，学院能源、电信、教室、绿化、环境卫生方面的后勤保障工作，由后勤管理处负责，2009年后由行政管理处负责。

学院配电室实行24小时值班制度，以确保学院内正常的电力、电信运行。

校园设施维护和环境保洁，实行“日巡检制”，即对教室、公共区域内的照明设备、课桌椅等设施以及环境卫生状况进行巡视、检查、报告以及维修、清洁等处理。

校园设施维修根据巡检和报修两方面的情况，按照教学优先的原则进行修理、更换。

2．重大活动的管理与保障工作

对学院的重要会议和重大活动等，采取协调会制度。活动涉及的各方由活动主办方召集，做好活动安排、预案设计等工作。后勤管理部门的主要任务是，根据活动所需，安排相应的人员和车辆、检查相应设备、进行相应环境布置、提供相应保洁和供水等服务。

3．固定资产开发与利用工作

2001年8月，学院与北京正业同信科技有限公司签订了教学综合楼一至三层3000平方米的房屋有偿使用协议书，该公司提供助学经费200万元/年，但因“非典”及调整的因素，2004年该公司提供的助学经费略有下降。按照每5年双方重新签订合作协议的意见，2006和2010年，学院都与该公司续签了有偿使用协议书，其提供的助学经费按年度支付。

（三）医疗保健与计划生育

1．医疗保健

（1）基本情况

2001年，学院设医务室，包括门诊室、药房、治疗室。有医师2人，护士1人，外聘医师1人，归学院直属。2010年，医务室有医师1人，护士1人，返聘医师1人，由行政管理处管理。

2001年，医务室已有《医务室工作职责》《医务人员岗位责任制》等规章制度。在此基础上，2003年又制定了《药房管理制度》《疫情报告制度》和《传染病应急预案》。

（2）主要工作

日常保健。2001—2006年，男教职工每两年一次进行健康体检，女教职工每年一次。2007年后，改为全院教职工每年一次体检，对女职工增加了检查项目。每年，通过宣传展板进行季节多发病、传染病知识的宣传，对教职工开展健康保健知识讲座。对新生及毕业生进行健康体检，并建立个人健康档案。从2005年起，按照北京结核病防治所的要求，每年对新生进行结核病筛查，对学生进行乙肝疫苗注射。

重大疫情防范。2003年，北京市爆发“非典”疫情，学院成立预防控制非典型肺炎工作领导小组，制定《预防控制非典型肺炎工作机构与岗位职责》（京联商〔2003〕26号）和《预防控制非典型肺炎工作预案》（京联商党〔2003〕11号），建立了防控应急机制。2003年3月，学院出现北京高校首例患“非典”的大学生。为了防控“非典”在学院内暴发流行，医务室进行了拉网式消毒，对食堂工作人员进行培训和检查，做好患病学生和家长的跟踪防范工作及思想稳定工作，设立发烧门诊室，安装酸化氧气电位水发生器，购置防护衣具和防“非典”中药，并为师生发放体温计。学院在社会上的传染暴发期间再无一例“非典”出现。

学院党委被评为北京市抗击“非典”先进基层党组织,张建林被评为北京市防控“非典”先进个人,医务室获得校级抗“非典”先进集体称号。

2009年,“甲型H1N1”流感爆发,医务室配合朝阳区六里屯地区保健科对师生员工进行流感疫苗注射,学院无一例甲流疫情发生,被评为院级先进集体。

2. 公费医疗

2003年,学院对《关于外出看病和医疗费报销的规定》《教职工公费医疗管理办法》《学生公费医疗管理规定》《医药费管理改革暂行规定》《关于加强公费医疗管理的补充规定》《公费医疗报销的有关规定》等规章制度进行重新修订,完善了公费医疗管理制度。

2001—2010年,在认真执行相关政策的前提下,除上级拨款外,不需要学院对公费医疗投入经费,在同类院校中成绩突出,得到上级主管部门的表扬。

表3.6-15　2001—2010年公费医疗经费支出情况一览表　　单位:元

年份	门诊支出	住院支出	单位药品消耗	总支出
2001	463 539.71	75 121.8	47 063.27	585 724.78
2002	535 560.26	452 045.63	58 018.35	1 045 624.24
2003	521 458.41	318 140.08	33 857.55	873 456.04
2004	589 920.04	440 472.33	44 772.00	1 075 164.37
2005	629 466.09	248 457.7	64 754.51	942 678.30
2006	770 455.73	322 603.16	58 790.68	1 151 849.57
2007	894 257.23	727 004.82	52 281.51	1 673 543.56
2008	1 008 315.27	552 396.26	37 192.66	1 597 904.19
2009	1 129 432.9	568 182.8	41 817.49	1 739 433.19
2010	1 131 381.85	811 030.55	50 205.67	1 992 618.07

3. 红十字会工作

2001—2010年,学院红十字委员会,组织学生参加公民义务献血。开展符合大学生特点的活动,如请中国红十字会专家进行讲座,普及红十字会的知识;开展以“人道、博爱、奉献”为主题的红十字会志愿服务。例如,2003年5月,学院学生为抗击“非典”一线医生的女儿杨筱薇捐款18147元,委托中国红十字总会转赠给本人。还与六里屯街道共同开展“扶危济贫、敬老助残”等形式多样的社区服务活动。2008年,根据北京市《2008年奥运无偿献血宣传工作的通知》,成立商务学院奥运应急无偿献血志愿者队伍建设工作领导小组,制订《奥运应急无偿献血志愿者队伍建设工作方案》,为奥运会提供保障。11月,中国红十字会为学院增设了两个急救药品箱,并决定自2009年起把学院的贫困生资助名额增加为两名,资助金每人1000元/年。

2001—2010年,学院每年都获得“北京市献血先进集体”称号。院红十字会会员中有10人获“红十字会先进个人” 称号。

2002年,学院获得北京市红十字会和高等院校工作委员会授予的“北京市红十字会高校工委先进集体”称号。

2007年,学院获得朝阳区献血办公室授予的“朝阳区献血办公室献血先进单位”。

2008年,学院获得北京市公民献血委员会授予的“奥运应急无偿献血志愿者队伍建设先进单位”和朝阳区献血办公室授予的“朝阳区奥运应急无偿献血志愿者队伍建设先进单位”。

2009年，学院被北京市献血办公室评为“北京市自愿无偿献血先进单位”。

2010年，学院被北京市献血办公室评为“北京市无偿献血工作中做出突出贡献单位”；被北京市朝阳区献血办公室评为“朝阳区无偿献血先进单位”。

表3.6-16 2001—2010年献血任务完成情况一览表

年份	2001	2002	2003	2004	2005	2006	2007	2008	2009	2010
指标	194	280	284	325	329					
无偿献血人数	210	280	266	299	339	151	64	287	35	87
完成率/%	108	100	93.70	92	103					

注：2006年起，北京市公民献血委员会取消献血指标。

4. 计划生育工作

(1) 管理机构

2001—2010年，学院人口与计划生育委员会领导计划生育工作，下设人口与计划生育办公室，办公室设在医务室，负责计划生育日常管理工作。2006年以后，学院统一按《北京联合大学人口与计划生育工作实施细则》（京联发〔2004〕37号）开展工作，同时废止了学院制定的《计划生育政策规定》。

(2) 主要工作

按照《北京联合大学人口与计划生育工作实施细则》，办公室规划、实施了“五个一”人口与计划生育工作：每年组织教职员工（包括外聘人员、临时工）签订一份计划生育协议书；为女职工进行一次身心健康及生育知识讲座；六一儿童节前夕组织一次教职工独生子女生活图片展和发放儿童玩具等小礼品；探望一次当年生育子女的教职工。

学院在计划生育工作方面获奖情况如下。

2001年，学院获得北京市教育委员会授予的“北京市教委系统计划生育工作先进集体”和朝阳区计划生育委员会授予的“朝阳区计划生育工作先进单位”。

2003年，学院获得北京市教育委员会“市教委系统2003年度计划生育工作先进集体”称号。

2004年，院基础部被学校评为“计划生育工作先进集体”。

2005年，学院获得北京市教育委员会授予的“市教委系统人口和计划生育工作先进集体”和朝阳区人口和计划生育委员会授予的“朝阳区计划生育先进单位”。

2009年，学院获得朝阳区人民政府六里屯街道办事处授予的“六里屯地区计划生育先进集体”。

七、安全与保卫工作

(一) 组织机构与职责

1. 组织机构

2001年，学院设保卫科（直属科），共有干部3人，外聘2人；保安队由北京市公安局文安分公司的14名保安员组成。2007年,设院办公室副主任(副处级)兼保卫科长。2009年9月,保卫科下设治安户籍办公室。2010年3月,保卫科调整为保卫处,下设治安消防户籍科和学生公寓管理科,共有干部员工8人,保安队员9人。

2. 主要职责

2001—2010年,学院的保卫工作坚持以为教学和师生服务为中心,以治安防范为重点,确保校园安全稳定。

保卫处在学院党委和行政的领导下,按照院安全稳定工作领导小组、治保委员会、交通安全委员会、防火安全委员会、综合治理委员会、保密工作领导小组及上级公安机关的业务指导和要求,负责政保、治安、消防安全、师生户籍、宿舍管理及学院保安人员管理等具体日常工作。

(二)安全管理制度建设

2001—2010年,学院先后制定、修订一系列安全管理制度。2002年9月,制定了《校园"110"工作暂行规定》(联商保卫〔2002〕1号)、《出警人员工作职责》(联商保卫〔2002〕2号);11月,制定了《北京联合大学商务学院房屋出租管理暂行规定》(联商保卫〔2002〕3号)《商务学院安全管理制度》(联商保卫〔2002〕4号)。2004年7月,制定了《北京联合大学商务学院外事安全保卫工作管理规定》(联商保卫〔2004〕1号)。2006年10月,制定了《监控室规章制度》(联商保卫〔2006〕1号)。2007年5月,制定了《商务学院安全防火制度》(联商保卫〔2007〕1号)、《商务学院防火工作预案》(联商保卫〔2007〕2号);6月,制定了《北京联合大学商务学院外来务工人员管理规定》(联商保卫〔2007〕3号);9月,制定了《商务学院报告厅安全使用管理制度》(联商保卫〔2007〕4号)、《保卫治安户籍办公室职责》(联商保卫〔2007〕5号)、《施工队管理制度》(联商保卫〔2007〕6号)。2008年3月,制定了《北京联合大学商务学院多维防控体系预案》(联商保卫〔2008〕1号);12月,制定了《商务学院消防报警流程》(联商保卫〔2008〕2号)。2009年2月,制定了《北京联合大学商务学院户籍管理办法》(联商保卫〔2009〕1号)、《校园安全管理制度》(联商保卫〔2009〕2号);3月,制定了《保卫部门工作职责》(联商保卫〔2009〕3号)、《保卫干部行为规范》(联商保卫〔2009〕4号)、《综合安全管理和综合治理岗位职责》(联商保卫〔2009〕5号)、《消防、交通安全岗位职责》(联商保卫〔2009〕6号)、《治安、消防户籍办公室主任管理工作职责》(联商保卫〔2009〕7号)、《监控中心工作人员岗位职责》(联商保卫〔2009〕8号);4月,制定了《北京联合大学商务学院安全稳定应急预案》(联商保卫〔2009〕9号)《北京联合大学商务学院安全保卫制度》(联商保卫〔2009〕10号)。2010年5月,制定了《商务学院人防工程防火制度》(联商保卫〔2010〕1号);9月,制定《学生公寓安全防护措施及紧急情况预案》(联商保卫〔2010〕2号)。

(三)主要工作

1. 治安管理

学院治安工作的主要任务是:负责落实全院治安保卫责任制和安全防范技术措施,防止盗窃、破坏和治安灾害事故的发生;加强重点部位的安全管理,维护各种重大活动的安全;受理并协助公安机关侦破校园内发生的治安刑事案件;开展政保工作,掌握有关人员的基本情况、收集信息,加强对学院社团组织的安全管理,完成国家安全小组的有关工作;加强对校卫队、学生治安队的教育培训、管理与指导,处理院内治安综合治理的日常工作等。

保卫处设一名专职保卫干部负责校园治安管理工作，加强校园基础防火设施和制度建设，建立了人防、物防、技防三者有机结合的防控体系和“校园 110”，确保了校园的安全与稳定。特别是在国家重大活动、重大节假日、敏感期期间，学院加强校园安全保卫工作，为校园的平安有序和谐提供了保障。例如，2003 年 4 月防控“非典”期间，组织实施校园封闭管理，严格控制出入人员及车辆，检测进出人员体温。2007 年 10 月，学院承办联大科技工作大会，保卫科制定了大会安全预案并组织实施，如开展校园治安环境治理、加强巡逻和车辆引导工作、严格把守大门和会场楼门等，确保了会议安全。2008 年 10 月 12 日，学院在奥体中心承办联大第十二届田径运动会。保卫科制订了保卫工作预案，并向市公安局治安总队申报，邀请市公安十四处、内保局、消防局、交管局、属地派出所、场馆安保部和保卫处等单位共同协商，做好运动会安保工作。还组织联大 17 所学院保卫处负责人开会，提出要求，确保了联大运动会圆满成功。

2. 消防管理

学院消防工作的主要任务是：负责师生员工的防火安全宣传教育，对防火责任制的执行情况进行检查落实；负责消防设施和危险物品的管理，对违反防火安全责任制造成的火险或火灾事故的单位和个人进行调查处理；审定防火重点部位，检查隐患，督促整改；落实防范措施，组织义务消防队培训和演练；对新建、改建、扩建和装修工程进行防火审核和验收；负责消防器材设施的维修、保养和更换配备工作；完成防火安全委员会的日常工作。

2001—2010 年，学院成立防火安全委员会，重点加强师生员工的消防安全知识教育和防范意识的培养。保卫处设置消防安全专职岗位，负责日常防火工作。按照教育工委规定的不少于 4 学时教育时间的要求，每年开展新生安全教育工作，并于每年的 11 月 9 日，即“119”消防宣传教育活动周，开展消防演习，普及逃生自救、互救知识。按照保卫工作计划，共组织开展师生消防安全知识讲座和培训 45 次；组织保安队员的消防业务技能训练，参加联大保安队业务技能观摩赛等，努力提高保安队员处置校园火灾事故的能力；加强消防重点部位和人员密集场所的管理防控工作，实行安全巡查和集中检查的办法，及时排查、整改火灾隐患；定期组织对消防器材和设施的检修，特别是在学院防范“非典”、召开联大科技大会和组织建国 60 周年庆祝活动期间，开展了消防治安安全风险评估，对安全隐患加以专项整改。2010 年 8 月，获得上级专项资金 47.13 万元，完成学院食堂、图书馆、校外学生四处公寓的消防自动报警一期工程建设。

3. 交通管理

学院成立了由主管院领导负责的交通安全委员会，办公室设在保卫处，由 1 名保卫干部负责日常交通管理工作，进行交通安全教育和非机动车的管理，开展驾驶员安全知识答卷教育等。2001 年，学院根据校园实际情况，规划停车位 22 个，基本保障了院领导及相关允许进入车辆的正常停车需求。2004 年 8 月，在校园北门通道安装减速带两条 10 米，立限速牌、禁止鸣笛牌、来客登记牌、停车标牌、禁止停车标牌共 5 块。

4. 户籍管理

从 2004 年开始，学院制定了学生和教职工集体户口管理制度。规定学生借用户口卡需班主任证明；教职工借用户口卡办理出国手续等事务，需人事处批准。到 2010 年年底，学院集体户口人数达 195 人。

5. 学生宿舍管理

学生宿舍管理是学院的一项重要工作。2009年前学生宿舍管理工作由后勤管理处负责,2009年后由保卫处负责。同时,学生处、团委、各系学生工作办公室配合保卫处齐抓共管。学生公寓管理科负责学生住宿的内务管理和安全管理检查,督促学生住宿责任制的落实,与每位住宿生签安全责任书,调配宿舍安排住宿,协调物业做好日常设备、设施的维护,开发房源,沟通系、学生处等相关部门。学院制定了学生宿舍卫生检查制度、宿舍巡视制度和优秀宿舍评比制度,开展创建宿舍文化活动,如建设静雅宿舍等。团委和学生公寓管理科组织学生成立学生自我管理委员会,对宿舍文化建设、环境卫生建设、奖优评比工作发挥了重要作用。各系主管学生工作的负责人、辅导员、班主任定期深入学生宿舍,了解情况,沟通思想,实现了思想政治工作进宿舍。2001—2010年,学生处先后会同后勤管理处、保卫处制(修)定了《关于学生住宿管理的规定》,包括《学生宿舍入住管理条例》《学生宿舍治安管理条例》《学生宿舍违章处理办法》《学生宿舍卫生管理条例》《宿舍评比考核实施细则》等。

6. 科技创安工作

2001年,学院自筹资金36万元,率先在全市高校中建设学院一期科技创安工程,总计安装摄像机21台、远红外双鉴探头3对、云台快球摄像机3台,并建一个中控室。科技防范系统安装后,不仅使一直比较严重的丢车现象再没发生,而且能够使保卫部门及时发现损坏别人车辆、违章停放车辆和不锁车等现象,对安全防范起到了积极作用。例如,通过这套系统,擒获一个流窜大学校园、惯偷书包手机上百起、连续作案三年的盗窃犯;破获了流氓团伙持刀进院伤人案、学生盗窃案和外校学生破坏电梯案。

2005年,争取到60万元专项资金,进行二期工程建设,增加了摄像机、远红外探头,完善了中控室,使监控覆盖面达到全院各个角落,消除了死角和盲区。

2010年,争取到专项资金82.85万元,开展三期工程建设,更新改造了中控室设施,把消防报警系统和技术防范系统搭建成一个平台。

一期、二期、三期科技创安工作,学院总共安装烟感探测器114个、校外学生公寓安装413个;校内报警主机1个、校外学生宿舍报警主机6个;校园内安装摄像机190台、校外学生公寓安装摄像机22台,实现了报警监控联动,建成人防、物防、技防三者有机结合的防控体系。

(四)获奖情况

集体:

2002年,保卫处获北京市公安局集体三等功;2003年,学院获北京市朝阳区授予的“社会治安综合治理先进单位”称号;2004年,学院获北京市“消防工作先进单位”称号;2005年,学院获朝阳区“社会治安综合治理先进单位”称号;2008年,学院被北京市朝阳区授予“社会治安综合治理先进单位”。

个人:

保卫处干部杜连城多次获奖,曾获得国家安全局先进个人(2002年)、北京市公安局个人三等功(2003年和2010年)、北京市公安局个人嘉奖(2006年)、北京市朝阳区社会治安综合治理先进个人(2007年)、北京联合大学奥运先进工作者(2008年)。

2005年,保卫处干部卢鹏举荣获北京市公安局个人嘉奖。

2006 年，冯宝义荣获北京市公安局个人嘉奖。

2008 年，保卫处干部卢军荣获北京市公安局个人嘉奖。

第七节　国际及港澳台交流与合作

一、基本情况

2001—2004 年，外事办公室与院长办公室合署办公。2005 年 1 月成立国际合作与交流处。2010 年 2 月按联大统一规范要求，改为国际交流合作处。设处长 1 人，工作人员 2 人。

2001—2010 年，商务学院与国(境)外院校签署合作协议、意向书、备忘录共 32 项；出国出境访问约 530 人次，接待国(境)外代表团来访约 440 多人；派出留学生及短期交流学习 826 人，招收留学生 98 人。2001 年，北京市教委批准商务学院与英国佩斯利大学合作办学(京教外〔2001〕38 号)，2002 年国务院学位委员会批准实施国际商务学士学位教育(学位办〔2002〕100 号)，2003 年北京市教委批准与英国佩斯利大学合作举办学士学位教育(京教外〔2003〕3 号)。学院开始实施"3＋1"和"1＋1"本科生办学模式及举办学士学位教育，成立了学院国际培训中心(中外合作办学机构)(京教合准字〔2001〕053 号)，并具有招收外国留学生(京教外〔2002〕75 号)和接收港澳台学生(京教办〔2003〕4 号)的资格。《光明日报》《现代教育报》、中国教育电视台等多家媒体全面报道了商务学院国际化办学特色；学校领导多次对商务学院国际交流与合作工作给予肯定。

国际培训中心是北京市教委批准的非独立法人单位，设有"3＋1""1＋1"办学模式的国际商务高级课程班、本科班，电子商务专升本班等全日制授课的高等学历教育和高等非学历教育。

(一) 出访交流

1. 以合作办学为重点的主要出访活动

为深入了解国(境)外大学的办学情况，进一步开展合作办学项目，2001—2010 年学院有 100 人次出访 24 个国家和地区，参观、访问了 37 所大学，并签署了合作办学协议书(见表 3.7-1)。

表 3.7-1　2001—2010 年以合作办学为重点的主要出访活动一览表

出访时间	带队领导	交流事宜	出访国家/地区	出访人数
2001.02	孙　明	协商合作办学事宜	芬兰麦尔梅商学院、瑞典斯德哥尔摩大学	4
2002.01	张建林	高职教育学习与考察	芬兰麦尔梅商学院，瑞典斯德哥尔摩大学、康恩斯特凡克大学	8 名教师 7 名学生
2002.08	孙　明	考察、商谈远程教育及合作办学事宜	美国密歇根州科特兰德社区学院	4
2002.12	张秀国	看望我院在英留学的师生并与英国佩斯利大学就双方进一步开展合作进行会谈	英国佩斯利大学、诺森比亚大学	4

续表

出访时间	带队领导	交流事宜	出访国家/地区	出访人数
2003.09	孙　明	考察访问,商谈合作培养学生等事宜	澳大利亚巴雷特大学、新西兰基督城教育学院、新加坡特许科技学院	4
2003.07	张秀国	与KJ国际技术(泰国)有限公司协商招收泰国留学生等事宜	泰国考察	4
2004.04	孙　明	与英国诺森比亚大学签订深层次合作协议	英国佩斯利大学、英国诺森比亚大学、荷兰鹿特丹伊拉斯莫大学	3
2005.01	孙　明	考察科隆大学、莱比锡应用技术大学及纽伦堡地区工商会,考察会展管理教育及德国会展业情况,探讨合作与交流事宜	德国	3
2005.05	张秀国	协商合作办学项目	赴马来西亚科技大学	2
2005.07	范宝祥	出访协商合作办学项目	加拿大普林斯顿学院	4
2006.01	孙　明	协商合作办学项目	赴爱尔兰都柏林格里菲斯学院、卡洛理工学院、希腊雅典大学	4
2006.12	范宝祥	协商学生、教师交流合作项目	赴香港理工大学、香港岭南大学持续进修学院、亚洲(澳门)国际公开大学	7
2007.01	冯　虹	考察访问,商谈合作办学事宜	赴英国佩斯利大学、爱尔兰格林菲斯学院、丹麦国际商学院	4
2007.04	唐少清	协商合作办学事宜	赴香港岭南大学、香港教育学院、浸会大学	5
2007.11	黄玉丽	协商合作办学项目	加拿大新布伦瑞克大学、亚岗昆学院和温尼伯格大学	6
2008.04	刘允新	参加中国会展经济研究会年会及会展经济论坛,考察澳门会展业发展及其人才培养情况	赴澳门	3
2008.05	张建林	签署合作意向协议	赴美国布莱恩特大学、爱治伍德学院、加拿大大不列颠哥伦比亚大学	5
2009.01	冯　虹	协商合作办学事宜	巴西圣保罗大学、阿根廷布宜诺斯艾利斯大学农学院大学语言中心	6
2009.08	顾志良	协商合作办学项目	法国ISG商学院、英国西苏格兰大学	3
2009.10	冯　虹	考察现代流通企业管理模式及创新实践经验,进行学术交流	赴瑞士商业管理大学、西班牙安东尼奥・德・内夫里哈大学	5
2010.06	冯　虹 顾志良	协商合作办学项目	丹麦国际商学院、捷克乌斯基拉贝大学、俄罗斯莫斯科人文大学	5

2. 教职工研修与交流活动

组织教师、干部外出访问、考察、培训是学院国际交流与合作的组成部分,也是学院实施人才强教的重要举措。10 年来,共有 204 人次参加了研修和交流活动,进一步拓展了教职工队伍建设的渠道(见表 3.7-2)。

表 3.7-2　2001—2010 年教职工出访交流活动一览表　单位:人次

年份	出访人次				出访国家/地区	总计
	进修	访问学者	国际会议	考察		
2001	4	1		17	芬兰、中国香港、韩国、英国、中国澳门	22
2002	2		1	25	芬兰、瑞典、中国香港、英国、美国、中国澳门	28
2003	3			14	澳大利亚、新西兰、新加坡、泰国、加拿大、荷兰、英国	17
2004	2		1	11	英国、荷兰、中国香港	14
2005	1	1		9	德国、马来西亚、加拿大	11
2006	4	1		20	英国、爱尔兰、希腊、马来西亚、中国香港、中国台湾、中国澳门	25
2007	8			16	英国、爱尔兰、丹麦、中国香港、加拿大	24
2008	6	1		15	中国香港、英国、中国澳门、美国、加拿大、中国台湾	22
2009	4	4		15	巴西、阿根廷、英国、美国、法国、韩国、瑞士、西班牙	23
2010	2		2	14	日本、丹麦、捷克、俄罗斯、中国香港、美国、加拿大、中国台湾	18
总计	36	8	4	156		204

(二)来访交流

1. 以合作办学为重点的来访活动

2001—2010 年,学院接待 11 个国家和地区的 17 所大学、102 人次的参观访问,签署合作办学协议、意向书、备忘录 13 份(见表 3.7-3)。

表 3.7-3　2001—2010 年以合作办学为重点的来访活动一览表

来访时间	接待领导	交流事宜	来访国家和人员	来访人次
2001.01	孙　明	商讨聘任外籍教师事宜	加拿大康尼斯加理工学院两名教授	2
2001.02	孙　明	商讨两校合作办学事宜	英国沃特大学国际部主任	1
2001.03	孙　明	短期交流	芬兰麦尔梅商学院一名老师及四名学生	5
2001.10	孙明、张建林、刘允新	商讨合作办学事宜	新加坡 Temasek 理工学院院长	1
2002.03	孙明、张建林、刘允新	签署合作项目意向书	英国诺森比亚大学科技学院院长一行二人	2
2002.04	孙明、张建林、刘允新	签署合作意向书,协商筹建中国文化院	韩国 COCESS 情报通讯(株)理事	1
2002.10	孙明、张建林	洽谈合作办学及交换留学生等事宜	加拿大西北社区学院院长一行七人	7
2002.11	孙　明	签署合作办学项目意向书	英国邓迪・阿伯泰大学副校长 Wright	1

续表

来访时间	接待领导	交流事宜	来访国家和人员	来访人次
2003.03	孙明、张秀国	签订合作培养学生新协议	英国佩斯利大学校长和海外办公室副主任	2
2003.03	孙　明	签署合作办学项目备忘录	泰国三波教育公司主席 Udom Phaikaset	1
2003.09	孙明、张建林、刘允新	签署网络远程教育意向书	美国密歇根科特兰大社区学院院长 Charles 一行九人	9
2004.08	孙　明	讨论双方合作事宜并签署了合作意向协议	新加坡哈福特控股有限公司周华盛主席等一行五人	5
2005.10	孙　明	签署合作办学项目协议	加拿大温尼伯格大学副校长 Abd-El-Aziz 一行三人	3
2006.09	冯虹、张秀国、唐少清	双方在继续扩大合作范围和加深合作层次上达成共识，拟定在全英语教学教师培训等方面开展深入合作	佩斯利大学校长 Seamus McDaid 一行三人	3
2006.11	冯虹、刘允新	协商交流合作事宜	丹麦 Kolding 国际商学院 A 级商务系主任一行四人	4
2006.11	冯　虹	洽谈进一步合作培养学生事宜	佩斯利大学常务副校长 Godfrey 一行三人	3
2007.04	冯　虹	签订派送来华留学生协议	印度尼西亚北京语言文化学院董事长 Samuel Wiyono 一行五人	5
2007.06	冯　虹	签订合作办学协议	丹麦 Kolding 国际商学院代表团团长一行三人	3
2007.09	冯　虹	协商合作培养学生事宜。外事处长陪同看望印度尼西亚留学生	印度尼西亚北京语言文化学院校长 Samuel Wiyono 来访，	1
2008.10	张建林、顾志良、刘允新、黄玉丽	签署合作培养学生协议书	西苏格兰大学校长 McDaid 一行二人	2
2009.01	张建林、顾志良	探讨协商“2＋2”联合培养学生和在美国建立学生实习基地事宜	美国爱治伍德学院院长 Charles Taylor 一行二人	2
2009.11	顾志良、刘允新、黄玉丽	双方就合作办学项目中教学、科研合作，加强教师交流进行讨论并交换意见，洽谈留学生奖学金细则	英国西苏格兰大学校长 Seamus McDaid 一行三人	3
2010.05	张建林、唐少清	双方探讨建立 MSA 学位合作项目	美国密歇根大学国际事务办主任一行四人	4
2010.05	张建林	国际交流合作处处长陪同参观学院校园和实验室，并进行学术讲座	加拿大麦科文大学商学院院长 Elsie 一行二十二人	22
2010.07	顾志良	协商 2＋2 本科项目、学生交换、教师培训、科研等领域深合作事宜	加拿大麦科文大学商学院执行院长一行二人	2

续表

来访时间	接待领导	交流事宜	来访国家和人员	来访人次
2010.08	张建林	学术访问和交流	日本福井大学副校长堀照夫	1
2010.10	张建林、顾志良、黄玉丽	签订“2+2”合作办学协议	美国爱治伍德商学院院长 Martin A. Preizler 一行二人	2
2010.10	顾志良、黄玉丽	就学分互认方面深入地交换了意见	加拿大温尼伯格大学副校长 Neil Besner 一行三人	3
2010.10	张建林	协商具体项目合作细则	布鲁塞尔自由大学项目主任同晓红女士一行二人	2
2010.11	顾志良、黄玉丽	协商合作办学及具体合作事宜	韩国建国大学副校长金宇峰教授	1
2010.11	张建林、顾志良、刘允新	签订新的合作协议	西苏格兰大学商学院院长 Ron Livingstone 一行二人	2

2. 学习交流、参观考察等来访活动

2001—2010 年，一些外籍和港澳台专家、学者以及学生来院进行学习交流、学术讲座、参观考察等活动，不仅开阔了师生视野，也提高了学院国际化办学水平(见表 3.7-4)。

表 3.7-4　2001—2010 年学术讲座、参观考察等来访交流活动一览表

年份	来访人次/人			来访国家/地区	总计/人次
	学习交流	学术讲座	参观考察		
2001	3			英国	3
2002	2			英国	2
2003	2			英国	2
2004	3			英国	3
2005	24	1	5	英国、爱尔兰、日本	30
2006	2	2		加拿大、日本	4
2007	27	2		美国、英国、比利时	29
2008	40			英国、丹麦	40
2009	123			巴西、美国	123
2010	87	12		丹麦、捷克、美国、中国香港、加拿大	99
总人次	313	17	5		335

(三) 外籍专家讲学

随着学院国际化的深入发展，每年都有一些外籍专家学者应邀加盟学院的师资队伍，提高了学院的教学水平。

表 3.7-5　2002—2010 年聘请外国专家一览表

年份	人次	工作内容	国籍
2002	3	教授英语	美国
2003	3	教授英语	美国
2004	2	教授英语	美国
2005	2	教授英语	美国
2006	3	教授英语	美国
2007	2	教授英语	美国
2008	2	教授英语	美国、英国
2009	2	教授英语	美国、英国
2010	2	教授英语	美国、英国

二、重要项目

(一) 派出留学生

1. 学历教育

留学生学历教育项目主要有“3＋1”和“1＋1”两种形式。2001—2010 年学院共派出留学生 596 人,分别赴英国西苏格兰大学(原佩斯利大学)、英国诺森比亚大学、加拿大温尼伯格大学学习(见表 3.7-6)。除在读学生外,有 543 人获得学位。

表 3.7-6　2001—2010 年派出学历教育留学生基本情况一览表

年份	人次	留学院校
2001	32	英国佩斯利大学
2002	42	英国佩斯利大学、英国诺森比亚大学
2003	58	英国佩斯利大学、英国诺森比亚大学
2004	37	英国佩斯利大学、英国诺森比亚大学
2005	96	英国佩斯利大学、马来西亚科技大学
2006	68	英国佩斯利大学
2007	62	英国佩斯利大学
2008	92	英国佩斯利大学
2009	56	英国西苏格兰大学
2010	53	英国西苏格兰大学、加拿大温尼伯格大学
总计	596	

2. 短期交流学习

学生短期交流学习项目从 2005 年开始,主要在中国香港地区,时间一般为一到两周,主要活动是听课、参观、访问。2005—2010 年共有 230 人(含带队教师)参加了短期交流项目(见表 3.7-7)。

表 3.7-7 2005—2010 年学生短期交流学习情况一览表

年份	人次	交流院校	备注
2005	29	香港理工大学、香港教育学院	领队：王宪迎
2006	29	香港理工大学、香港教育学院	领队：王宪迎
2007	62	香港岭南大学、香港理工大学、香港教育学院	领队：王宪迎、王梦珠
2008	29	香港岭南大学、香港教育学院	领队：丘莉
2009	22	香港理工大学、香港教育学院	领队：裴朝军
2010	54	香港岭南大学	领队：赵亚平
	5	美国	市教委赴美带薪实习项目

（二）留学生教育

2006 年，学院首次招收汉语班留学生。2007 年首次招收学历留学生。招收的学历留学生以四年制专业为主，学生主要来自亚洲，也包括少量的欧洲、非洲、南美洲学生（见表 3.7-8）。留学生中文语言学习单独进行，专业学习随学院全英语教学班进行。学院制定了《外国留学生管理规定》（京联商〔2007〕15 号）、《关于成立留学生管理工作领导小组的决定》（京联商〔2007〕114 号）、《来华留学生管理工作细则（试行）》（京联商〔2008〕27 号）等制度和工作机制，对留学生严格管理，并为其学习生活提供了良好环境。

表 3.7-8 2006—2010 年招收留学生情况一览表

年份	招收人数	生源国别
2006	7	日本、韩国、朝鲜、蒙古
2007	22	印度尼西亚、菲律宾、俄罗斯、哈萨克斯坦
2008	42	印度尼西亚、哈萨克斯坦、土耳其、肯尼亚、蒙古、阿尔巴尼亚、阿塞拜疆、土库曼斯坦、秘鲁
2009	35	印度尼西亚、哈萨克斯坦、土耳其、菲律宾、肯尼亚、蒙古、阿尔巴尼亚、阿塞拜疆、格林纳达、秘鲁
2010	40	哈萨克斯坦、印度尼西亚、俄罗斯、阿塞拜疆、土耳其、突尼斯、尼泊尔、格林纳达、蒙古、韩国、肯尼亚、阿尔及利亚

（三）交换学生学习

"交换生"项目主要是与港澳台等地大学开展的（见表 3.7-9）。根据学生自愿、学业成绩、校间可接受的专业及人数等情况选拔推荐交换学生。交换时间大多为一学期。

表 3.7-9 2008—2010 年交换生情况一览表

年份	派出人次	接收人次	合作学校
2008	2		香港岭南大学
2009	5	3	香港岭南大学
2010	8	5	香港岭南大学、台湾云林科技大学、台湾建国科技大学、韩国建国大学
总计	15	8	

三、出国出境管理

学院制定了《关于出国人员费用开支标准的规定》(京联商〔2001〕80 号)、《出国带队教师的责任和待遇》(京联商〔2005〕51 号)、《关于因公出国履行带队教师职责和完成进修课程任务人员相关待遇的暂行规定》(京联商〔2006〕65 号)、《因公出国工作、学习人员的职责和相关待遇的暂行规定》(京联商〔2010〕13 号)等出国出境管理制度,严格出国出境人员的审批手续,并要求公职出国出境人员出访回来后,必须写出出访总结,必要时还要在学院中层干部会议上进行汇报,加强对出国出境活动的管理监督,提高效益。同时,还成立了派出留学生临时党支部,加强对留学生的管理。

第八节　党的建设及工会、共青团、民主党派工作

一、党的建设及党的工作

(一) 党员大会

2002 年 12 月 7 日,召开中共北京联合大学商务学院党员大会。听取和审议了上届党委会书记张秀国所做的《推进教育创新,为学院加快实现办学国际化而努力奋斗》的报告,明确了未来加快学院国际化办学步伐、推进教育创新的发展方向。还听取和审议了党费收缴、使用、管理情况的报告。选举王育红(女)、孙明、刘允新、沈继宗、张秀国、张建林、范宝祥为中国共产党北京联合大学商务学院新一届委员会委员。张秀国任学院党委书记,张建林任学院党委副书记。

2003 年 5 月 28 日,召开中共北京联合大学商务学院党员大会,选举出席学校第三次党代会的代表 15 名。

2007 年 3 月 21 日,召开中共北京联合大学商务学院党员大会,选举出席校党代会代表 14 名。

2008 年 1 月 12 日,召开中共北京联合大学商务学院党员大会。听取和审议了上届党委会书记张建林题为“深入贯彻落实科学发展观,为建设应用性国际化特色鲜明的商务学院而努力奋斗”的报告和党费收缴、使用、管理情况的报告。党员分组总结过去 5 年党的建设和学院发展情况,对学院未来 5 年的发展提出意见和建议。大会选举王小满、王育红(女)、刘允新、张建林、范宝祥、赵五一、黄玉丽(女)为新一届中国共产党北京联合大学商务学院委员会委员。张建林任学院党委书记,范宝祥任学院党委副书记。

2009 年 5 月 27 日,召开中共北京联合大学商务学院党员大会,选举出席学校第四次党代会的代表 14 名。

(二) 重要活动

1. “三讲”教育“回头看”活动

2001 年 4 月 2 日至 4 月 30 日,学院进行“三讲”教育回头看活动。该项活动包括 4 个环节:学习,自查自纠,完善整改方案,通报情况、听取意见。学校党委派检查组参加了学

院领导班子和处级干部的学习交流会。学院党员和教职工对领导班子提出29条意见和建议；对三位学院领导共提出了59条意见和建议。对领导班子落实整改措施给予肯定，满意率为82%。根据党员和群众的意见，党政领导班子对整改措施进行了改进、补充和完善。

2. 学习“三个代表”重要思想活动

2003年9月，学院党委下发《关于学习〈“三个代表”重要思想学习纲要〉的通知》(京联商党〔2003〕23号)，要求学习“三个代表”重要思想，要以加强学院党的建设为中心，与学院迎评促建相结合，与基层支部建设相结合。学习分层次进行：党委理论学习中心组以“学习‘三个代表’加快学院发展”为主题开展研讨活动；处级干部以“学习‘三个代表’和落实以生为本”为主题开展研讨；党员以学习“三个代表”为主线，同时学习新党章；学生以学习“三个代表”和党章，争做四有新人为主题，采用党课、形势政策教育、主题团日活动等形式开展学习。

3. 保持共产党员先进性教育活动

2005年1月至12月，分学习准备、学习动员、分析评议、集中整改4个阶段开展了保持共产党员先进性教育活动。

2005年4月，学院党委召开党建工作会，以“落实党建责任制，搞好基层组织建设”为主题，进行了培训和经验总结，对党员先锋模范作用情况进行了摸底调查，成立先进性教育活动领导小组，组建了办公室。

2005年9月14日，党委以“认真搞好先进性教育，努力促进商务学院新发展”为主题召开动员大会。9月24日、25日，组织党员进行集中学习，提出了学院保持共产党员先进性的具体要求。10月9日、10日，组织学生党员进行集中学习，交流学习体会，并进行美化学院环境的义务劳动。10月23日、24日，组织离退休党员进行集中学习，开展“五个一”活动。

2005年10月19日至11月15日，党委召开分析评议阶段动员部署大会，各支部党员开展谈心活动，撰写党性分析材料，召开专题民主生活会和组织生活会，开展批评与自我批评。党委开展了形式多样的征求意见活动，共收到对领导班子的意见、建议67条，对党委委员和院领导班子成员的意见、建议228条。

2005年11月16日至12月底，党委召开整改提高阶段动员部署大会，针对办学国际化能力建设力度不够、教学管理比较薄弱、资源整合没有到位等问题制订整改方案。整改方案分3个部分共10条，具体整改措施15条，细化到部门和责任人。

在先进性教育活动中，学院以支部主题党日活动、普及国际歌教育、编辑党员风采录、制定保持先进性长效机制和制度等方式，探索了党建的途径、形式，使学院党的建设工作上了一个新台阶。经满意度测评，党员和群众对学院先进性教育活动的满意率为97%。

2006年2月，党委下发《关于认真做好先进性教育活动巩固和扩大整改成果工作并进行“回头看”的通知》(京联商先组〔2005〕28号)，布置“回头看”工作。3月，党委和下属的18个支部开展自查活动，对本单位巩固扩大整改成果和“回头看”工作进行全面总结，进一步完善和改进党建工作的长效性机制。5月，院党委决定在全院党总支、党支部中开展“永葆党员先进性，创新发展做先锋”主题党日实践活动。18个党支部和学生党支部分别开展了“继承先烈遗志,永葆革命青春”“追忆先驱丰功伟绩,永担历史发展重任”“缅怀先烈,做时代先锋”“了解历史文化,增强历史责任感和社会责任感”等主题党日实践活动。广大干部党员普遍认为开展先进性教育活动提高了履职能力、管理能力和工作效率,加强了党员的服务意识,增进了同志之间的理解和团结。6月,学院党委表彰了主题党日实践活动的先进基层党组织。7月,在庆祝中国共产党成立85周年大会上,举行了《共产党员风采录》颁书仪式。

4. 学习实践科学发展观活动

2009年2月23日和3月2日,党委确定了学习实践活动方案的总体框架。3月9日成立深入学习实践科学发展观活动领导小组。3月16日,学院党委制定了《关于在全院党员中开展深入学习实践科学发展观活动的实施方案》。活动分为三个阶段:学习调研、分析检查、整改落实。3月18日,召开深入学习实践科学发展观活动动员大会,张建林书记作题为“深入学习实践科学发展观,实现商务学院又好又快的发展”的报告。

3月25日至4月2日,处级以上干部以阅读自学书目、撰写学习笔记等形式进行集中学习。3月30日至4月3日,全体党员通过观看辅导录像、听专家讲座等形式进行集中学习。在此基础上,3月30日至7月8日,在全院范围内开展“我为学院科学发展献一策”主题活动。学院和各党支部召开了专题民主生活会和领导班子分析检查报告征求教职工、民主党派、学生意见座谈会,撰写了十几份调研报告。初步确定了学院要重点解决的6个方面的问题:科学发展的思路、人才培养特色、学院内涵建设、党员干部的开拓创新意识、学科专业调整和校园基本建设、师生学习环境和生活待遇问题。各群体代表对学院领导班子分析检查给予高度评价,提出中肯意见和建议。院党委根据意见和建议,修改、完善了整改方案。7月10日,学院召开深入学习实践科学发展观活动总结表彰大会,五个党支部获得“先进基层党组织”称号,18名党员获得“优秀共产党员”称号,5名党员获得“优秀党务工作者”称号。

5. 党建评估

2003年12月,根据学校党委《关于贯彻落实〈北京市普通高等学校党建和思想政治工作基本标准(试行)〉的三年规划》,学院党委制定了贯彻落实《基本标准》的三年规划。2004年,组织总支书记和支部书记参加学校培训。11月,成立学院党建评估领导小组,组织开展自评工作,并将测评各要素落实到部门负责人。工作指导思想是:边评估、边整改、扬长避短。

2005年4月,以落实党建责任制,搞好基层组织建设为主题召开党建工作会,分析研究了学院基层党组织工作中存在的问题和整改方案,明确了党支部在党建评估工作中的任务。2005年8月,召开党建评估工作会,邀请北京科技大学付晨光部长进行培训讲座。

2006年,召开特色项目负责人会议,总结凝练党建工作特色,整理综合归纳了16个特色材料。2006年12月,组织全体党员进行培训,领会指标内涵,查找不足和差距。

2007年3月和4月,召开两次党建工作会,动员部署评估工作。党委确定了迎评工作方案和指标分解体系,明确特色项目为7项,并检查部门负责人测评要素落实情况。2007年9月,市委教育工委《北京普通高等学校党建和思想政治工作基本标准》达标检查组范国英等三位专家来学院考察党建工作,党委书记张建林向专家作了《抓住评建机遇,加强党建创新,推进学院发展》的评建汇报。专家考察了学院的基层党组织、校园环境，对学院的党建工作给予了肯定。

2003—2007年，学院党建工作研究取得了较大发展，发表了72篇党建工作论文。其中，在《理论前沿》《中国特色社会主义研究》等核心期刊发表论文6篇。

6. 创先争优活动

2010年6月，学院党委制定了《关于深入开展创先争优活动的实施方案》(京联商党〔2010〕24号)，召开党总支、直属党支部书记会，部署创先争优工作，并明确了该项活动分为4个阶段，用三年时间把党支部、党总支建设成为有凝聚力、向心力、战斗力的先进基层党组织。

2010年6月至7月，广泛发动、安排部署该项工作。各支部在"七一"前制定党总支、党支部创先争优活动实施计划，党员制定承诺目标。还组织党员认真开展专题学习，重点学习了胡锦涛总书记的讲话和相关文件。

2010年7月至12月，活动正式启动，并扎实推进。主要组织开展了4项思想教育活动：以"党员作风建设年"为专题开展创先争优活动；"岗位奉献"活动；"服务师生"活动；"组织创新"活动。在此基础上，参加了学校"十佳党支部"的申报创建工作。

2010年12月，由学校申报的学院党建创新项目"建立留学生临时党支部，充分发挥其先进表率作用"，获得北京高校优秀党建工作创新项目。

(三) 组织工作

1. 领导班子和干部队伍建设

(1) 制度建设

从2001年起，学院领导班子和干部队伍建设的重点是贯彻民主集中制，加强集体领导。2003年，制定《关于建立院长办公会制度的决定》(京联商党〔2003〕1号)，2004年制定《关于印发〈中共北京联合大学商务学院委员会会议制度和议事规则〉的通知》(京联商党〔2004〕4号)，2005年制定《关于加强院领导接待工作的暂行规定》(京联商党〔2005〕12号)、《关于坚持和完善处级干部通报会制度的决定》(京联商党〔2005〕20号)、《干部学习与培训规划(2005—2010年)》(京联商党〔2005〕33号)，2007年制定《关于党员领导干部民主生活会的规定》(京联商党〔2007〕33号)、《关于实行院务公开制度的规定》(京联商党〔2007〕35号)、《商务学院党政联席会议制度》(京联商党〔2007〕36号)，规范了领导班子行为，切实发挥党内民主，保障党委领导下的院长负责制得以实施。

(2) 思想作风建设

理论学习。2001—2010年，党委组织中层干部学习《邓小平文选》第三卷，学习江泽民同志在庆祝建党80周年大会上的讲话，提高对改革开放和"三个代表"重要思想科学内涵的认识，要求中层干部每年自学一本书，以提高理论素养。2006年成立学院党建研究会，组织中层干部学习《江泽民文选》一至三卷，举办了6次学习体会交流活动。2003—2010年，每年根据不同的学习重点，结合学院的工作，党委制定《年度中心组学习计划》。

专题教育。2004年，学院召开庆祝建党83周年大会。举行学生新党员佩戴党徽仪式和入党宣誓仪式。张秀国以"再论走向国际化的共产党员"为题讲党课。孙明向党员提出三点要求：一是寻找差距，二是模范完成本职工作，三是跳出商院看商院。2005年，制定了

《2005—2010 年干部学习与培训规划》,开展党政干部的学习与培训的专题教育,提高干部的履职能力。例如,2004—2007 年,党委书记张秀国主持了系列理论专题讲座。2006 年 3 月 13 日,邀请联大党委书记席文启作题为"漫谈管理和哲学"的专题讲座。5 月 8 日,由联大副校长冯虹作题为"启发与思考"的专题讲座。2007 年 10 月 25 日,制定颁布《北京联合大学商务学院处级干部在线学习管理办法(试行)》。2008 年 1 月 23 日至 26 日,组织各党支部书记、处级干部及党建评估观测点负责人等赴山西大寨等地参观考察。开展"加强作风建设,促进社会和谐"为主题的教育活动。2008 年 5 月 13 日,邀请中国社会科学院《中国社会科学》杂志总编周溯源作学术报告。2009 年 5 月 20 日,组织院党委理论中心组参观第十二届中国北京国际科技产业博览会。2010 年 12 月 8 日,学校应用科技学院院长支芬和教授为学院全体中层干部作了题为"项目管理基础"的报告。

作风建设。2001—2007 年,以争做"五种人"(维护团结的人、主动奉献的人、认真学习的人、努力创新的人、不断鼓劲的人)为主线,持续进行作风建设。2007—2010 年,以联大精神和学院艰苦奋斗、永争第一的精神为主线,要求中层干部和党组织密切联系群众,处处发挥干部的先锋模范作用和开拓创新作用。2007 年 6 月 27 日,学院在中层干部中开展"以党风廉政的实际行动促进我院和谐校园的建设"为主题的党课教育。2009 年 11 月 6 日,组织处级干部观看《实行党政领导干部问责制》辅导讲座录像片。

(3) 干部制度改革

2003 年,学院开始实行聘用合同制,破除干部身份终身制和人员单位所有制,将以行政手段为主的人事管理方式变为以法律法规手段为主的契约管理方式。

2004 年制定《系、部、处(直属科)领导干部岗位职务聘任工作的实施办法》(京联商党〔2004〕5 号),推行竞争上岗,为学院发展提供了组织保证。

2007 年,学院启动新一轮聘任工作,根据《党政领导干部选拔任用工作条例》和《中共北京市委教育工作委员会关于高等院校系处级领导干部选拔任用工作暂行办法》,结合学院的实际情况,制定了《2007 年系部处领导干部岗位职务聘任工作实施办法》(京联商党〔2007〕19 号),坚持了干部聘任"四化"方针和德才兼备的原则,按需设岗、进一步推行竞争上岗,择优聘任。

2009 年,按照学校全员岗位聘用工作统一部署,结合学院实际情况,党委制定《北京联合大学商务学院 2009 年处级干部岗位聘任工作实施细则》(京联商党〔2009〕31 号),坚持聘任与交流相结合的原则,进行干部任用结构优化;坚持民主、公开、竞争、择优和民主集中制原则,对在同一岗位连续任职 8 年以上的干部,进行轮岗交流,在与人财物密切相关的同一岗位工作 6 年以上的干部,原则上也进行轮岗交流,较好地完成了相关聘任工作。

截至 2010 年底,学院处级干部有 51 人,其中女 26 人,男 25 人;具有副高级以上职称的 22 人;中共党员 44 人,无党派和民主人士 7 人;具有博士学历的 2 人;35 岁以下 6 人,35~45 岁 8 人,45 岁以上 37 人。

(4) 干部考核

2002 年,学院重新修订考核办法及实施细则——《关于开展 2001—2002 学年考核工作的通知》(京联商人〔2002〕43 号)。

2007 年,学院制定 2006—2007 学年的考核要求,进一步完善院聘管理关键岗位人员的考核标准、程序、要求(京联商人〔2007〕20 号)。

2010 年,学院党委下发《关于 2010 年部门及处级干部考核的通知》(京联商党〔2010〕32 号),不仅对处级干部从德、能、勤、绩、廉 5 个方面进行考核,还增加了对部门的考核。学院对考核优秀的部门和个人给予奖励。

表 3.8-1　2001—2010 年处级干部考核情况一览表

学年	处级干部人数	优秀人数	合格人数
2003—2004	33	4	29
2004—2005	35	4	31
2005—2006	43	4	39
2006—2007	34	4	30
2007—2008	41	5	36
2008—2009	37	6	31
2009—2010	49	5	44

(5) 后备干部队伍建设

2001—2007 年,按照北京市教委关于后备干部队伍建设的相关要求,学院党委在广泛听取党员和群众意见的基础上,初步确定后备干部名单,每年进行两次后备干部队伍建设的研讨会,强化院级、处级领导后备干部的培训、锻炼和考核。例如,派院级、处级后备干部到党校进行思想政治理论学习、到国外进行学位教育,要求后备干部定期向党委会汇报学习工作情况。2007 年以后,执行《北京联合大学处级后备干部队伍建设的暂行办法》(京联党〔2007〕39 号)文件,进行后备干部队伍的建设。2001—2010 年,先后有 5 名后备干部走上院级和副院级领导岗位,有 37 名后备干部走上正处、副处级领导岗位。

2. 基层党组织建设

(1) 基本情况

党委认真贯彻《中国共产党章程》《中国共产党基层组织选举工作暂行条例》《中国共产党普通高等学校基层组织工作条例》,坚持党建与学院中心工作相结合,采用多种形式发挥党支部的政治核心和战斗堡垒作用,制定"用完成本单位任务的实际效果来检验党组织的工作"标准。2010 年底,学院有党总支 6 个,直属党支部 6 个。有党员 417 人,其中在职党员 153 人,学生党员 182 人(包括专升本 20 人),离退休党员 82 人。入党积极分子 1118 人,其中教职工 14 人,学生 1104 人。

(2) 党员教育管理

党员教育。2001—2010 年,党委、党总支、党支部组织党员学习上级党组织下发的《政治理论学习资料汇编》《毛泽东、邓小平、江泽民论科学发展》《科学发展观重要论述摘编》《中共中央关于加强和改进新形势下党的建设若干重大问题的决定》《中国共产党党章》、党的十七届四中和五中全会精神等。围绕《党章》和《中国的政党制度》的有关内容,以知识竞答方式进行党的基本理论、路线、方针、政策教育;围绕"七一""纪念毛泽东、邓小平同志诞辰"以及向模范人物学习等党的重大纪念日、重要活动和学院的中心工作,以征文、讲座、研讨等形式，进行专题教育。例如，举办“走向国际化的共产党人”讲座；开展“向吴大观同志学习”“深入学习十七大精神，搞好基层建设”“围绕学院培养国际化应用型商务人才，发挥党支部作用”“携手改革创新，同心共建和谐”等教育活动，提高党支部在学院建设和发展中的战斗堡垒作用和党员先锋模范作用。

党员管理 。2001—2010 年，学院党委坚持“三会一课”制度。根据具体情况，每年制定“三会一课”的具体内容和具体安排，严格对党员的管理。党委、党总支、党支部把对党员的教育、管理、监督寓于服务之中，在服务中提高教育、管理、监督的实效。

在创先争优活动中，从自身做起，师生党员以签订党员承诺书的形式，向群众承诺，接受群众的监督，积极落实创先争优活动。

2001—2010 年，学院党委拓宽中青年党员受教育的渠道，根据党员自身的发展情况，创造条件、积极支持，先后选送 27 名党员到国内外进修，把党的教育事业和党员个人发展统一起来。特别是 2007 年以后，学院进一步完善对老党员及家庭生活有困难的党员帮扶机制，党委书记张建林等领导代表学院党委探望、慰问患病、生育、有困难的党员，使这些党员感受到党组织的温暖，进一步加大支部的凝聚力，使党员更加自觉发挥党员的模范作用。

(3) 党员发展

2001—2010 年，师生入党积极分子必须参加党课学习。2003 年 11 月，学院党委召开学生党建研讨会，提出 2004 年底实现本科生党员达到 5%的工作目标。为切实保证新发展党员的质量，2005 年 4 月，制定《发展学生党员的预审制度》(京联商党〔2005〕17 号)，加大发展党员工作的审查把关力度。2001—2010 年，学院共发展教职工党员 17 人，学生党员 678 人。

表 3.8-2　2001—2010 年党员发展情况一览表　　单位：人

年份	2001	2002	2003	2004	2005	2006	2007	2008	2009	2010	总计
教职工发展党员数	1	0	2	1	2	3	1	0	5	2	17
学生发展党员数	16	29	30	62	46	94(含专升本)	155	101	73	72	678
合计	17	29	32	63	48	97	156	101	78	74	695

3. 奖惩

2001—2010 年，学院党委制定并完善党员与群众对党支部建设和党员进行民主评议、表彰优秀批评落后党员的机制，把奖惩当作党员管理、推动党的建设的重要环节。

2003 年，张秀国代表党委在联大召开的抗非典总结表彰会上发言，介绍了学院抗击非典的情况。学院党委获得北京市教育系统抗击非典先进基层组织，张建林获得首都防治非典型肺炎工作先进个人。2005 年，王小满获得北京高校优秀共产党员。2009 年，王育红获得校级优秀党务工作者；王梦珠、赵红、刘静、杨维平获得院级优秀党务工作者。

2002—2010 年学院先进基层党组织和优秀共产党员名单见表 3.8-3。

表 3.8-3　2002—2010 年先进基层党组织和优秀共产党员名单

年度	校级		院级	
	先进基层党组织	优秀共产党员	先进基层党组织	优秀共产党员
2002	国际商务系学生党支部 行政党支部	侯鸿节		李智玲、谢潇、张国芝、郭丹、王民京、李庆云、雷丽萍、刘辛卯、王际润
2003	商务实训中心党支部 行政党支部	栾元敏		陈恒、傅小渝、王梦珠、晏春芝、黄玉丽、刘继华、王建隋、沈建英、贾浩、胡静仪、李湛、杨维平、陈冠英、葛雪亮
2004—2005	商务艺术设计系教工党支部 政工党支部	贾浩、郑丽、王丽君		刘锐、王红、牛洁珍、王淑凤、谢宝春、翟晶、熊葳、刘书田、樊晓伟
2005—2007	基础部党支部 电子商务系教工第一党支部 商务艺术设计系学生党支部	栾元敏、汪惠、裴朝军、王思聪、陈万斌、齐小光、李海文、孔繁潮、张沐平、薛士鑫、王颖、杨虹洲	国际商务系学生第二党支部 离退休党总支	
2007—2009	商务实践教学中心培训中心党支部 国际经济系第四学生党支部	郭慧馨、张宇馨、张玲娜、陈建斌、裴朝军、李智玲、孙晓萌	电子商务系学生党支部 商务艺术设计系教工党支部 教务处信息网络中心党支部	陈金堂、梁玉勇、王华、李海文、陈跃、鲁永瑞、管善扬、徐辰、安盼盼、刘柳、张晨

2001—2010 年学院有 5 名党员(包括教职工和学生)受到党内严重警告处分和通报批评,有两个支部受到通报批评。

4. 人才工作

2005 年,学院制定《人才强院战略实施纲要(2005—2008)》(京联商党〔2005〕21 号),确保了深入贯彻党中央人才强国战略,坚持了党管人才的原则。2004—2010 年,大力推进人才培养、资助工作,组织指导 41 名教师申报北京市优秀人才培养资助项目,9 名中青年教师获得 D 类项目资助(见表 3.8-4)。

表 3.8-4　2004—2010 年北京市优秀人才资助获得者名单

序号	姓名	资助项目名称	项目编号	金额/万元	资助年度
1	李玉霞	程序语言与"数据结构"融合教学	20042D0502206	1	2004
2	张艳秋	基于人力资源会计应用的研究	20051D0502204	2	2005
3	郑春芳	实施战略性贸易政策对北京高新技术产业发展的影响	20061D0502200292	2	2006
4	陈建斌	基于实证的企业 IT 能力自组织系统及形成条件的研究	20071D0502200279	3	2007
5	徐凯波	基于本体、描述逻辑和信息负载能力的概念建摸方法研究	20071D0502200280	3	2007
6	滕雪梅	地方院校艺术设计专业实践教学体系研究与实践	20071D0502200281	3	2007
7	田　园	自由贸易环境下中国木材产业国际竞争力分析	20081D0502200240	3	2008
8	崔　玮	加工贸易对中国经济增长的影响及影响途径——国际产品内分工视角的研究	20081D0502200239	3	2008
9	张　蓉	论金融创新对北京发展绿色国际金融中心的促进作用——基于"环境金融"理论的研究	2010D005022000014	4	2010

（四）宣传思想政治工作

1. 党委中心组理论学习

2001—2010 年，学院党委理论中心组成员包括：党委委员、党政办公室主任、组织宣传部部长和副部长、教务处长、人事处长、科研处长、学生处长、工会常务副主席、团委书记。2006 年前，党委每年制订中心组全年学习计划；2006—2010 年，根据学院具体情况，党委每年分别制订上半年和下半年学习计划，以提高学习的针对性和实效性。每年的中心组学习计划都有具体要求和规定(包括制度)，如集中讨论要有重点发言人，学习资料要提前下发，有出勤记录和学习笔记，中心组成员每年至少要撰写一篇理论文章，每月集中安排一次专题讨论，重点发言人对所阐述的专题要进行调研，学习要结合实际注重实效、要提出解决问题的相关理论依据和实践方法等。中心组学习的主要形式包括：集中学习、自学、撰写理论文章、专家辅导讲座、参观考察等多种形式。2006 年，张秀国撰写的《对我国高等教育发展战略的几点思考》获第三届中国教育家大会优秀论文一等奖；张秀国撰写的《领导能力的第一要素——思考能力》和孙明撰写的《发展中小型高校是大众化教育的战略》获北京市局级领导干部优秀理论文章一等奖。

2003—2010 年学院党委中心组理论学习情况详见表 3.8-5。

表 3.8-5 2003—2010 年党委中心组理论学习情况一览表

年份	计划学习和研讨专题数量/个	重点学习活动内容
2003	22	结合党的十六大精神和“三个代表”重要思想学习，重点研讨： 1. 中西教育思想、教育理念比较和国际商务人才的规格标准；2. 办学国际化与党的建设、干部素质、教师素质；3. 落实中央抗击“非典”办法和措施
2004	22	结合学习党的十六届三中全会、中央人才工作会议、第十二次全国学校党建工作会议、教育部《2003—2007 年教育振兴行动计划》重点研讨： 1. 党管人才问题；2. 人才强校战略；3. 怎样建设学院文化、学院精神
2005	22	结合学习党的十六届四中全会精神和中共中央国务院《关于进一步加强和改进大学生思想政治教育的意见》，重点研讨： 1. 学院党建工作(包括思想政治教育)的主要经验；2. 领导创新问题；3. 国际化、社会化办学特色
2006	15	结合学习党的十六届五中全会精神和《江泽民文选》，重点研讨： 1. 保持共产党员先进性的长效机制；2. 应用型国际商务人才的培养模式指标体系；3. 教学、学生工作主要经验；4. 改革创新
2007	10	结合学习“两会”和党的十七大精神，重点研讨： 1. 学院建设思路；2. 构建和谐社会和和谐校园；3. 党风廉政建设(学习和参观)
2008	11	结合学习胡锦涛在党的十七大精神研讨班开班式上的讲话和奥运、校庆活动，重点研讨： 1. 改革开放光辉历程与建校 30 周年经验；2. 我国经济形势现状及发展前景；3. 奥林匹克精神和学生素质教育
2009	10	结合学习党的十七届三中全会精神和深入学习实践科学发展观，重点研讨： 1. 加强党的执政能力建设，加强思想作风建设；2. 推进质量工程建设，加强人才创新实验区建设；3. 实践科学发展观整改落实
2010	9	结合学习《国家中长期教育改革与发展规划纲要》《北京市中长期教育改革与发展规划纲要》、中央《关于推进学习型党组织建设的意见》及学校“十一五”规划落实情况，重点研讨： 1. 建设学习型党组织，加速推进商务学院国际化进程；2. 优化学院学科、专业建设；3. 加强党风廉政建设的措施和办法(包括听辅导报告)

2. 教职工思想政治教育

2001—2010 年，学院党委分别以国际化应用型教育教学，迎评促建，校园文化建设为主线，开展教职工思想政治教育。2007 年制定了《商务学院教职工职业道德规范实施方法》(京联商党〔2007〕34 号)，开展了丰富多彩的专题教育。例如，召开建党庆祝大会，观看《建国大业》等爱国影片、组织“我心中的祖国”爱国歌曲比赛和“祖国在我心中”教工演讲比赛、为玉树地震灾区捐款、召开以“合作、发展、共赢、未来”为主题的中外合作办学 10 周年庆祝大会、学习国家中长期教育改革和发展规划纲要、开展教育教学思想大讨论等。学院始终坚持应用为本的联大精神和无私奉献的商院精神，营造出爱国、创新、包容、厚德的校园文化氛围，为学院的发展提供了精神动力和思想保障。

3. 宣传阵地建设

(1) 网络宣传教育

2001年,学院党政办公室制定《关于信息工作的几点要求》。在2000年建立网站的基础上,2003年全面更新学院网站,调整信息网络工作领导小组。2004年和2009年又对学院网站进行两次改版。2007年9月,学院完成“党建之窗”网页的改版制作。学院网站不断充实子栏目的内容,制定了定期更新、整理子栏目的相关规定。2003—2010年,各部门选派一人担任信息员,组成一支23人的学院信息员队伍。学院定期对信息员进行写作、宣传、新闻报道、摄影等知识和技能培训。例如,2007年,邀请《中国教育报》唐景莉主任、2010年邀请北京摄影家协会副主席、国家一级摄影师许喜占对信息员进行专业技能培训。学院先后上报3000余条信息。党委每年对学院信息工作进行总结,表彰先进集体及个人。

(2) 宣传橱窗

2001—2010年,学院在原有14块橱窗的基础上又增加了55块宣传橱窗。根据联大和学院对宣传工作的总体要求,每年制订宣传橱窗工作的计划和安排,由党委组宣部主持策划、组织、设计、制作校园宣传橱窗的有关内容,并每月更换1次。2008年制定《新生报到及新学期开学橱窗宣传工作的规定》,遇有重大活动,宣传橱窗随时更换内容。累积宣传橱窗更换400余次。

2010年,在教学楼二层西侧楼道增设教学信息专用报栏,在教学楼二楼设立展示橱窗,展示了以学院历史沿革、对外合作交流纪念品、教学科研成果为主题的实物资料等。

(3) 电子屏

2006年,安装教学楼大厅电子屏。2008年在图书馆前安装电子显示屏。2009年,改装校园北门电子显示屏;3月,教学楼各楼层安装7台大屏幕显示器。根据学院党委的统一计划和安排,电子屏由组宣部、图书馆、党政办公室、教务处负责随时更换内容。

4. 对外宣传

2001—2009年媒体对学院的报道情况详见表3.8-6。

表3.8-6 2001—2009年媒体报道情况一览表

报道日期	报道媒体	内容
2001.05.16	北京晚报	联大商务学院与英国合作培养人才
2002.05.09	北京晚报	“平民院长”报道孙明院长事迹
2002.06.10	北京青年报	“扫描京城中外合作项目”报道学院国际化办学
2002.07.12	现代教育报	“后勤社会化迈向国际化”报道学院后勤改革
2002.12.24	北京娱乐信报	“孙明5年内让学生拿到三个学位”
2003.05.21	现代教育报	“战胜非典 重返校园”报道学生杨靖返校和学院抗击非典情况
2003.05.21	中国教育报	“关爱点亮我的生命”报道学院师生共同抗击非典
2003.06.20	光明日报	“开通留学直通车”报道学院国际化办学
2004.04.08	光明日报	“面对市场的抉择——联大商务学院国际化办学纪实”
2004.11.23	北京娱乐信报	以“小小学校,金牌多多——商务学院以国际化特色办学促学生个性发展”为题进行报道

续表

报道日期	报道媒体	内容
2004.12.05	中国教育电视台	以“北京联大商务学院：5年取得3个学位”为题进行报道
2004.12.05	北京晚报	“学院开展办学思想大讨论”
2004.12	中国教育电视台	“今晚一刻”栏目专访孙明院长
2005.01.12	中国教育电视台	“关注”栏目播出商务学院办学宣传片
2005.07	中国教育电视台	播放首届中小型高小发展战略论坛专题片
2005.07	中国教育报、现代教育报、北京教育高教版、新华社、参考消息、北京青年报、人民政协报、人民网、新浪、搜狐等数百家网站	报道首届中小型高校发展战略论坛相关消息
2005.09.09	北京日报	学院工商991班学生在教师节专版上给学院教师写祝福信
2005.10.15	中央电视台、北京青年报、现代教育报、中国青年报、法制日报、教育文摘周报、新华社、搜狐网、新浪网	报道2005亚洲教育北京论坛——“中小型高校发展战略论坛”的新闻
2005.11.30	现代教育报	“孙明：跑在开放路上”
2005.12.28	新华网、现代教育报、健康报、大众科技报等二十余家报刊、网络媒体	报道商务学院校办产业汉通公司自主研发能杀灭禽流感的酸性氧化电位水发生器新闻发布会
2006.01.16	北京青年报	“联大商务学院重视防禽流感”
2006.04.01	北京晚报	“联大商务学院办学定位国际化”
2007.03	北京教育(高教版)、天天向上杂志	学院进行了宣传报道
2007.03.29	竞报	以“高海连——一个人的马拉松”为题报道了参加厦门国际马拉松比赛的商务学院学生高海连的成长历程
2007.04—05	央视国际、搜狐网、现代教育报、北京青年报、光明日报等多家媒体	对学院举办的《这里走向世界》出版座谈会情况进行报道
2007.04.28	北京晚报	以“应用性国际商务人才受青睐”为题对学院进行宣传报道
2007.05.23	北京电视台“北京新闻”	对会展研究所李智玲所长进行报道
2007.06	人民网等媒体	对商务学院李梦颖、宋颖健、罗婷等留英学生参加中国留学生第二届中英科技创业大赛情况进行报道
2007.11	《前线》杂志	报道学院办学特色

续表

<table>
<tr><th>报道日期</th><th>报道媒体</th><th>内容</th></tr>
<tr><td>2008.03.24—28</td><td>现代教育报、中国青年报</td><td>报道了学院以“改革创新谋发展,风雨同舟共十年”为主题的更名10周年系列庆典活动</td></tr>
<tr><td>2008.05.13</td><td>北京晨报</td><td>以“‘五年三个学位’圆你留学梦”为题,报道学院国际化办学情况</td></tr>
<tr><td>2008.08.18</td><td>北京晨报</td><td>刊登了“北京联合大学商务学院为奥运志愿服务保驾护航”的报道</td></tr>
<tr><td>2008.09.03</td><td>现代教育报</td><td>采访学院奥运志愿者,以“鸟巢一代”的志愿服务记忆为题作了报道</td></tr>
<tr><td>2009.02</td><td>经济日报</td><td>在会展经济新亮点系列报道中报道了对会展研究所所长李智玲的采访</td></tr>
<tr><td>2009.04.25</td><td>北京青年报</td><td>以“不寻常的聚会 不寻常的师生情”为题,报道学院培训中心自考10周年庆祝活动</td></tr>
<tr><td>2009.04.28</td><td>现代教育报</td><td>以“实践教学让学生受企业青睐”为题报道学院会展经济与管理专业实践教学特色</td></tr>
<tr><td>2009.04.30</td><td>法制晚报</td><td>以“引进优势教育资源　助推国际化商务人才培养”为题,围绕学院国际合作办学的丰硕成果,作了图文报道</td></tr>
<tr><td>2009.05.07</td><td>北京晨报</td><td>以“创新人才培养模式　培养国际化信息管理人才”为题,专题报道了学院信息系统(商务信息管理)专业人才培养特色</td></tr>
<tr><td>2009.05.14</td><td>北京晨报</td><td rowspan="2">报道学院第六届英语文化节</td></tr>
<tr><td>2009.05.22</td><td>现代教育报</td></tr>
<tr><td>2009.06.26</td><td>北京晚报</td><td rowspan="2">报道学院团委主办的“寄一份包裹 送一份关爱”捐赠活动</td></tr>
<tr><td>2009.07.03</td><td>现代教育报</td></tr>
<tr><td>2009.07.01</td><td>现代教育报</td><td>以“高校学生党员关爱流动儿童”为题报道学院电子商务系学生党员与朝阳区同心实验学校建立党员实践基地活动</td></tr>
</table>

5. 30年校庆工作

2007年9月,学院成立校庆工作领导小组,组长顾志良、张建林,副组长刘允新、范宝祥、黄玉丽。设校庆工作领导小组办公室,王育红、秦立栓兼任办公室主任,葛雪亮兼任办公室常务副主任。办公室下设8个专项小组。校庆主要围绕以下三个方面的工作开展。

校史布展和宣传。收集了学院30年来党建、教育教学、科研、师资队伍建设、人才培养、学生科技和社会实践活动、办学国际化、后勤社会化、校企合作等方面的发展成果图片3065张、实物161项以及视频历史资料等,进行校史展览的设计、制作、布展;编印了《商务学院建院30周年纪念册》;制作了《分院 纺院 商院　创立 创业 创新》光盘;设计、定制印有学院标记的纪念品。

举行建校30周年庆典活动。2008年10月18日上午,组织教师100人、学生868人前往国家体育馆参加联合大学举办的校庆大会。下午在学院举办“学院建院30周年庆祝大会”。大会由刘允新副院长主持,张建林致欢迎词。张建林回顾了商务学院30年来所经历的“分院、纺院、商院,创立、创业、创新”这一从无到有的风雨成长历程,总结了学院国际化办学的艰难道路和取得的成就,倡导继续发扬艰苦奋斗、勇于创新、永争第一的学院优良传统,为建设学院更美好的明天而继续奋斗。部分校友代表在大会上讲话。参加大会的有88岁的老员工郭积福；学院老领导程槐卿、邱嗣法、鲁永瑞、张汝楫、薛世鑫、刘树明、孙明、张秀国；老教授和老处长王敏、邢声远、许大兴、胡丽娟、李立、黄亚声、陈治、王宪迎、张金媛、王至薰、杨金汇、董荫嘉、黄继业、魏立德、谢宝春、王丽薇、胡静仪、李庆云；校友和企业代表樊建、关鸣、顾伟达、程光宇、孙津、邓先山、何山、张学山、陈明、徐常勇。学院组织来宾、校友参观了校园和建校30年回顾展，观看了学院30年发展的视频影片，并给所有来宾赠送了庆祝建校30周年特制的画册和礼品。共610余人参加了校庆活动。接受采访的学院领导、教师、学生代表有张建林、顾志良、范宝祥、刘允新、黄玉丽、李智玲、赵红、郑忠链。

清华美院著名教授何镇强为学院题写校名；英国西苏格兰大学校长写来贺信；北京纺织控股有限责任公司、北京京棉纺织集团有限责任公司、北京铜牛集团、北京空港配餐有限公司、北京市工业设计促进中心、北京卷烟厂、中国节能华明创投投资公司、今日新概念投资管理有限公司、北京天路行集团、北京市泰美制版有限公司、北京何振强建筑装饰工程公司、北京山月星辰建筑装饰工程公司、西单商场、申银万国证券股份有限公司北京劲松营业部、中国工商银行北京北三环支行、六里屯街道办事处、科学普及出版社、北京科技进修学院、香港岭南大学、加拿大温尼伯格大学、加拿大英属哥伦比亚大学奥肯那根小区、丹麦科尔丁国际商学院、美国布莱恩特大学、北京康邦科技有限公司、北京亿立方科技有限公司、北京市曙光计算机公司、金盛龙建筑装饰工程公司等合作单位发来了贺信和贺电，送来花篮和条幅；大成物业有限公司总经理董健以个人名义向学院捐款5万元，毕业班为庆祝母校30周年华诞送来条幅，校友为学院建设捐款11万。

开展建校30周年系列庆祝活动。2008年，在教师和学生中，开展了校庆前、校庆中、校庆后的系列庆祝活动(见表3.8-7)。

表3.8-7 2008年校庆系列庆祝活动一览表

时间	活动内容
3月	配合30周年校庆，学院开展以“改革创新谋发展 风雨同舟共十年”为主题的学院更名10周年庆祝活动：举办学院更名10周年发展回顾展；召开庆祝大会；召开离退休干部教授、历届毕业生等一系列座谈会；举行“ORC先锋人物校友访谈录”暨学生干部联谊晚会；进行3场名师名家学术报告及“高等数学改革新思路”和“大学英语教学改革”两场研讨会；举办学生课外科技文化活动展、学生会历程回顾展、共青团历程回顾展、10年成绩回顾展、商务艺术设计系发展史展示等
6月	党办牵头，在院办、教务处、科研处、学生部、团委、离退办等部门的协助下，在全院教职员工和部分校友中征集历史影像资料，并召集部分中层干部和教师对整理的影像资料进行讨论，在艺术设计系、商务实践教学中心的支持下完成画册和光盘制作
9月至10月	组织院学生篮球队与历届校友组成的篮球队进行友谊篮球赛
	学生社团“青瞳手语社”教授部分师生与校庆相关的祝福、问候等手语
	在学生中开展以团队形式参加的百科知识竞赛
	配合30年校庆，举办3场名师名家学术讲座：著名信息科学与技术专家陈禹教授作“中国电子商务——由来与发展趋势”报告；国家自然科学基金委员会管理学部冯芷艳处长作“管理科学研究与基金申报”报告；北京工商大学经济学院季铸教授作“克鲁格曼与国际贸易的两个关键命题”报告
	邀请校领导、离退休干部并组织在校师生参观学院建校30年成果展
	各系组织毕业生座谈会
	开展以“爱母校 建母校 为我母校添光彩”为主题的科技文化周活动。包括：沙盘模拟大赛、金融模拟大赛、“我眼中的商院”摄影展等

（五）纪检、监察工作

1. 组织机构

2001—2010年，学校纪委对所属学院的纪律检查工作实行统一领导，学院不再设纪委，成立党风廉政建设工作领导小组(京联商党〔2006〕24号)，在组宣部设一名专职纪检监察员，负责此项工作。同时，聘请党外人士担任党风廉政建设监督员，参加学院的党风廉政建设工作。2004年4月，陈雪英副教授被聘为学校党风廉政监督员。2009年3月，邵军副教授被聘为学校党风廉政监督员。

2. 主要工作

(1) 规章制度建设

2004年7月，学院制定了《北京联合大学商务学院对党风廉政建设和反腐败工作主要分工》(京联商党〔2004〕11号)。推进党风廉政建设责任制落实的主要任务和要求是：规范院领导班子集体决策的规则、程序及班子建设的有关制度，包括党委会议制度和议事规则、“三重一大”制度、领导班子民主生活会制度、党内情况通报和情况反映制度、重大决策征求意见制度、院领导成员联系基层和联系群众制度；突出教育，加强监督，促进领导干部廉洁从政；严肃查处各种违纪违法案件；继续做好以治理教育乱收费为重点的纠风工作，规范学院各类收费行为，强化校内资金监督；严肃考风考纪，健全和完善招生录取工作的监督机制；进一步做好干部选拔任用和管理监督工作；推进院务公开。

2010年4月，学院重新制定《北京联合大学商务学院党风廉政建设和反腐败工作主要分工》(京联商党〔2010〕12号)，进一步落实党风廉政建设责任制；加强教育和监督，促进领导干部廉洁自律；全面落实《建立健全惩治和预防腐败体系2008—2012年工作规划》，抓好对主要任务落实情况的监督检查；推进廉政风险防范机制建设；加大查办案件工作力度，严肃查处违纪违法行为；规范教育收费；加强对招生考试的管理；加强对科研经费的监管；加强对财务的管理和监督；推进干部人事制度改革；推进院务公开工作，开展基层党务公开工作；深化内部审计工作。

(2) 宣传教育

2001—2010年，学院按照《中国共产党党员领导干部廉洁从政若干准则(试行)》《关于加强高等学校反腐倡廉建设的意见》《关于实行党政领导干部问责的暂行规定》文件精神，开展了学习讨论、参观考察等多种形式的宣传教育活动(见表3.8-8)。

表3.8-8　2003—2010年宣传教育活动情况一览表

时间	教育形式和内容
2003.06	以学习文件、讨论、参观等方式开展党风廉政建设宣传教育月活动
2004.11	在党员特别是中层干部中进行“求真务实、勤政为民”的党风廉政宣传教育月活动
2005.04	开展依法治校、规范工作程序和责任、抵御腐蚀的教育
2006.04—06	对中层干部进行加强纪律性和顾全大局的教育，为迎评促建提供思想保障
2007.12	组织学院处级干部和党支部书记参观北京市反腐倡廉警示教育基地
2008.06	在学院开展以“讲党性、重品行、作表率”为主题的党风廉政建设宣传教育月活动
2008.11	组织处级干部参观“预防高校科技领域职务犯罪图片展”

续表

时间	教育形式和内容
2009.04	组织全院处级干部观看《周良洛腐败案》警示教育片并签订《北京联合大学商务学院处级领导干部廉洁责任和廉洁自律承诺书》
2009.11	组织处级干部观看《实行党政领导干部问责制》辅导讲座录像片。
2010.04	组织处级干部学习《中国共产党领导干部廉洁从政若干准则》,随后观看了《以案说纪》警示教育片
2010.06	学院组织处级及以上干部参观天津市滨海新区及杨柳青新中国反腐败第一大案展览馆
2010.07	组织部分处级干部、党支部书记、党员代表参观全国著名反腐倡廉基地红旗渠
2010.09	组织部分处级干部及财务处、行政管理处有关20名同志参观“反腐倡廉预防职务犯罪法制教育展”

(3) 监督与惩处

2006 年,成立学院治理商业贿赂专项工作领导小组和党风廉政建设领导小组。2008 年制定完善民主生活会制度。2009 年 10 月,印发《北京联合大学商务学院推进廉政风险防范管理工作实施方案》(京联商党〔2009〕25 号)和《北京联合大学商务学院惩治和预防体系基本制度自查自建工作安排》(京联商党〔2009〕26 号)。2010 年 4 月,印发《北京联合大学商务学院推进廉政风险防范管理工作实施方案》(京联商党〔2010〕14 号),开展廉政风险防范管理工作。2010 年 6 月,学院对“小金库”专项治理工作进行自查自纠,制定了《商务学院关于开展“小金库”专项治理工作的实施方案》。

2001—2010 年,定期组织党风廉政建设监督员参加学校监督员的培训。专职纪检监察员列席党委、行政领导班子的民主生活会,直接参与院级和中层干部民主测评考核,参与大项目开支、基础建设招投标、干部选拔等监督工作。2001—2010 年,共收到 5 份信访件,按照校纪委和院党委的要求,由专职纪检干部对信访件反应的问题及时进行调查、核实,提出处置建议,上报校纪检办公室和院党委。5 份信访件全部得到及时妥善处置。

(六) 统战工作

1. 基本情况

(1) 统战工作基本情况

学院统战工作由党委办公室负责;2010 年起,由组织宣传部负责。

2001—2010 年,学院制定了四项统战工作制度和机制:定期召开民主党派成员和教师座谈会,通报情况,倾听民主党派和党外人士对学院工作的意见和建议机制;党外人士参与学院重大事项、重要活动决策机制;民主党派和党外人士评议学院领导班子和处级干部机制;建立教授、副教授、博士等民主党派、无党派人士信息系统,协助各民主党派考察申请加入民主党派人士的政治思想情况,并为各民主党派出示证明材料等具体工作机制。

(2) 民主党派基本情况

2007 年成立中国民主促进会北京联合大学商务学院支部(以下简称“民进支部”)。支部主任委员为符亚明博士,副主任委员为李梅(学院教务处副处长)。符亚明博士同时担任北京市民主促进会经济与金融委员会副主任、中国民主促进会北京朝阳区委会委员。该支部有 11 人:符亚明、李梅、滕雪梅、王燕平、聂秀萍、李素环、黄金龙;管理学院 1 人:任广文;

校外3人：叶雷(首信股份有限公司副总经理)、杨维民(北京东方信达资产管理有限公司科长)、王琼(中国社会科学院经济研究所研究员)。

民进支部一年开展4次以上支部活动，支部活动的主要内容是学习讨论中国共产党十六大、十七大以来的文件和民主促进会的有关文件(包括参观考察)；参政议政，每年向北京市政府和朝阳区政府提交参政议政提案、建议和调研报告。2007—2010年北京市领导批示了4条提案和建议，有四项提案和调查报告获得朝阳区统战部二等奖。民进支部从2007年成立到2010年，连续4年被评为朝阳区优秀支部，符亚明、李梅连续4年被评为优秀会员。

学院其他民主党派情况为：中国民主同盟会1人(赵亚平教授)，中国民主建国会1人(张景春副教授)，九三学社2人(许大兴教授和赵玲珠副教授)

2. 主要工作

学院组织民主党派、高级知识分子和党外干部外出参加各种学习考察，充分发挥统战对象在学院中的作用。

2001—2010年，先后有11名党外知识分子担任了系处级干部。

2007—2009年，协助中国民主促进会考察了5名申请加入该组织的教职工，使他们顺利实现了自己的愿望。

2007年12月，中国民主促进会北京市委员会组织处副处长鲁剑和组织处干部周文彬来学院了解统战工作情况，党委书记张建林介绍了学院改革建设发展的基本情况和党委关注民主党派发展及支持中国民主促进会在学院成立民进支部等情况。鲁剑副处长感谢学院党委对中国民主促进会的关怀和支持，要求学院的民主促进会成员支持党的工作，依靠党组织做好工作。符亚明博士表示在院党委统一领导下扎实做好工作，不断增强社会责任感。

二、工会工作

(一) 组织机构与职能

学院工会委员会(以下简称“工会”)由学院工会代表大会选举产生。工会设有办公室，是学院工会委员会的常设工作机构，也是教代会常设工作机构。有专职工会干部1人，兼职工会干部8人，分别负责宣传、文体、女工、信息工作。工会主席是学院行政办公会成员及考核领导小组、文明校园建设领导小组成员。学院工会下设分会，各分会设主席1人、组宣委员1人、文体委员1人，分会委员会也由选举产生。

2001年，学院共有9个分工会：工商管理系分会、电子商务系分会、艺术设计系分会、基础部分会、教育教图分会、行政政工分会、校办厂分会、总务后勤分会、开发中心分会。

2006年，学院共有9个分工会：国际商务系分工会、电子商务系分工会、商务艺术设计系分工会、基础部分工会、商务实验中心分工会、政工分工会、教务分工会、行政分工会、后勤管理处分工会。

2010年，学院共有12个分工会：党政机关分会、思政教育分会、教务网络分会、行馆保卫分会、国际商务系分会、国际经济系分会、电子商务系分会、基础部分会、经贸实践分会、图书科研分会、国际交流培训分会、会展经济系分会。

工会的主要职责是：在院党委、校工会常委会的领导下开展工作，负责贯彻会员代表大会的决议和上级工会的决定，承担院工会的日常工作；做好教职工的思想政治工作，依照法律规定，参加学校的民主管理和民主监督；依法维护教职工的权益，组织教职工开展教学竞赛和“三育人”活动；开展有利于教职工身心健康的文化、体育活动；协助学院办好教职工集体福利事业，开展教职工互助互济活动，搞好教职工生活困难补助；维护女教职工的特殊利益；收好、管好、用好工会经费，管理好工会财产。

表 3.8-9　2001—2010 年工会系统组织机构情况一览表

时间	工会委员会				经审委员会
	主席	副主席	委员	女工委员会	
2001.01—2004.06	刘允新	王民京	景观（文体）、刘兆晶（生活）、翟晶（青年）、姜凌（宣传）、贾浩（组织）	朱传华（主任） 覃俏丽（副主任）	朱传华（主任委员） 刘静（委员）
2004.06—2009.01	刘允新 （2004.06—2007.04） 范宝祥 （2007.04—2009.01）	王民京	赵五一（生活）、贾浩（组织）、刘静（宣传）、王梦珠（文体）	王红（主任）	朱传华（主任委员） 刘斌（委员） 张丽青（委员）
2009.01—今	范宝祥 （2009.01—2009.12） 刘允新（主管） （2009.12 至今）	孔繁潮 （常务） 朱传华	李英（组织）、王梦珠（文体）、牛洁珍（教学）、李梅（教学）、王民京（生活）	朱传华（主任） 姜凌（副主任）	邵军（主任委员） 刘斌（委员） 张丽青（委员）

（二）主要工作

1. 师德建设与“三育人”工作

2001—2010 年，工会举办了师德研讨会和经验交流会，与其他部门相配合开展了青年教师教学基本功比赛，组织教师参加社会实践等。例如，2005 年，邀请中央电视台主持人张越与学院部分中青年教师和班主任就师德及青少年成长教育问题进行交流等。这些活动有力地推进了学院师资队伍建设，促进了青年教师的成长。2009 年 9 月，经贸实验教学中心被北京市教育工会评为“首都教育先锋”。

表 3.8-10　2001—2010 年校级及以上青年教师教学基本功比赛成绩一览表

序号	获奖时间	姓　名	届　次	获奖情况	承办单位
1	2004.09	徐凯波	第二届	理工类优秀奖	北京联合大学
2	2004.09	楚　天	第二届	文史类优秀奖	北京联合大学
3	2006.05	郑　丽	第三届	理工类优秀奖	北京联合大学
4	2006.05	郭秀丽	第三届	文史类三等奖	北京联合大学
5	2009.04	张琳琳	第四届	理工类二等奖	北京联合大学
6	2009.04	张宇馨	第四届	文史类优秀奖	北京联合大学
7	2009.05	张琳琳	第六届	英语组一等奖、最佳演示奖、最受学生喜爱的教师	北京市教育工会
8	2009.05	牛洁珍	第六届	最佳指导教师	北京市教育工会

2. 文体娱乐活动

2001—2010年,工会组织开展了丰富的文体娱乐活动,如举办趣味运动会,开展冬季长跑、歌唱、踢毽、跳绳、乒乓球、网球等比赛,组织新春团拜会、中老年妇女保健讲座、青年心理讲座等,使教职工树立了健身意识,学习了健身方法,培养了健身习惯,增强了心理素质,提高了职业幸福感,促进了身心健康。

此外,还组织学院职工参加北京市和学校工会的各项活动,并取得了一定成绩。

2001—2010年,学院教职工参加校级及以上文体娱乐活动及获奖情况详见表3.8-11。

表3.8-11　2001—2010年参加校级及以上文体娱乐活动及获奖情况一览表

活动时间	活动主题	地点	活动内容及获奖情况
2001.06.29	合唱比赛	应用文理学院礼堂	学院教职工代表队75人参加,荣获二等奖
2001.07.17	摄影比赛	北京联合大学	学院教职工刘志刚、鲁彦娟获得纪念奖
2001.10.20	秋季运动会	国家奥林匹克中心体育场	学院教职工代表队20人参加了趣味项目的比赛活动,共获得1个第一名,3个第二名,1个第三名的成绩
2002.05.24	健美操比赛	机电学院多功能厅	学院12名女教职工上场参加比赛取得团体总分第一名
2003.11.07	健身操大赛	国家体育总局	全国亿万职工健身活动暨健身操大赛,教工组一等奖及最佳表演奖刘继华、李洪娟,学院荣获组织推广奖
2004.04.24	田径运动会	国家奥体中心	学院教职工组队参加了运动会,取得了较好的成绩
2004.11.26	教职工跳绳比赛	校田径场	团体总分获得第三名
2005.04.11	北京市"钟声杯"高校教工乒乓球比赛		傅小渝荣获女子老年组单打第三名
2005.04.13—20	信息杯篮球比赛	北京联合大学	学院教工男子篮球队参加这次比赛
2005.05.15	网球比赛	北京联合大学	校首届"天穿杯",陈金堂老师荣获冠军,另外男双选手打进八强
2006.01.06	跳绳比赛	校田径场	学院荣获团体第二名,另有两名进入个人赛前三名
2006.05.14	田径运动会	丰台体育中心	在教职工项目中取得了2个第一名,2个第二名,1个第三名
2006.12.01	第三届跳绳比赛	校田径场	获得最佳组织奖
2007.04.13	乒乓球选拔赛	六里屯地区	教职工参加"和谐社区杯"选拔赛,增进友谊、相互了解
2008.06	乒乓球选拔赛	六里屯地区	组队参加六里屯地区乒乓球选拔赛
2009.03.06	趣味运动会	校体育场	"三八"运动会设跳绳、踢毽、射门、投篮。学院李洪娟、王树兰分获第二名
2009.06.26	文艺联谊会	北京联合大学	主题为"庆党的生日,促和谐发展",学院14名女教授演唱的曲目是《在希望的田野上》
2010.04.24	乒乓球团体比赛	应用文理学院	学院代表队取得第三名的好成绩
2010.07.14	拓展联谊活动	北京联合大学	学院9名单身青年教职工参加了此次活动

3. 依法维权工作

(1) 女工工作

2001—2010年，工会以关心女职工身心健康为主线，坚持为女职工办实事。先后两次为全院女职工办理为期三年的安康保险；从2003年后组织全院女职工专项体检；每年三八妇女节组织女职工座谈会，发放慰问金，为坚守岗位的任课教师献鲜花；2010年，给150名在职女职工《特殊疾病互助保障计划》投保29610余元。

2001年学院工会女教职工委员会被评为联大女工工作先进集体，王育红获得“十佳女教职工”称号，朱传华获得“先进女教职工工作者”称号。2004年，朱传华和王宪迎获得“联大优秀女教职工”称号。2006年，邵军和王梦珠获得“联大优秀女教职工”称号。

(2) 维护教职工合法权益

2001—2010年，学院全方位维护教职工的合法权益，加大对困难教职工的帮扶力度。2001年3月，制定《教职工生活困难补助的规定》，加大对教职工身心健康的关注，建立了两年一次的教职工体检制度，2007年改为一年一次进行体检；每年组织部分教职工到平谷教工休养院疗养；定期请营养保健、医疗卫生、心理健康专家进行讲座；先后为患病及生活困难的教职工发放慰问金近28万元；每年以分工会为单位组织春、秋游；2006年组织部分教职工赴四川阿坝州九寨沟、广西南宁休假旅游；每年节假日，走访慰问离退休老同志、劳动模范、困难教职工等；2009年为全院教职工办理了“教职工互助卡”；2010年在全院教职工范围内，实施《在职职工重大疾病互助保障计划》；组织召开非事业编制教职工座谈会，肯定他们对学院的贡献。

4. “送温暖、献爱心”活动

2001—2010年，学院工会始终把“送温暖、献爱心”作为一项重要工作来抓，先后为西藏、内蒙古、云南、广西、安徽等地区的困难群众捐赠衣被5000余件，开展送温暖捐款活动10余次，捐款113 066元(见表3.8-12)。

表3.8-12　2002—2010年捐款情况一览表

序号	时间	捐款对象	捐款金额/元
1	2002.03.02	六里屯地区贫困户	1000
2	2002.05.11	贫困母亲	1230
3	2003.09.03	内蒙古贫困地区	2000
4	2003.01.03	六里屯地区贫困户	2000
5	2003.04.18	北京周边地区贫困儿童	1832
6	2005.12.28	北京市困难职工捐款	2000
7	2007.01.22	教育工会开展“送温暖”活动捐款	2000
8	2008.05.14	抗震救灾	41 294
9	2008.05.29	贫困母亲	1500
10	2008.09.23	爱心互助基金	12 900
11	2010.04.26	玉树地震灾区	42 810
12	2010	“奉献一片爱心，温暖两个家庭”活动	2500
总计			113 066

5. 工会自身建设

(1) 制度建设

2001—2010年,学院工会根据工会经费审查会制度,每年召开年度财务经审总结会。制定了《关于贯彻落实〈市教委工委、市教委、市教育工会关于加强在高校非事业编制职工中开展工会工作的通知〉的意见》(京联商党〔2009〕27号)。依法执行工会注册登记制度,2002年4月8日,学院取得工会法人资格,法定代表人为刘允新;2007年4月11日,重新认证工会法人资格,法定代表人为范宝祥。每年制订工会工作计划,进行院工会和分工会工作总结,围绕学院中心工作,有序推进工作自身建设。

(2) 工会干部培训

学院工会干部的培训主要分为院工会委员培训和分工会主席、委员培训两个层次。院工会委员每年至少进行一次培训,定期对分工会主席和委员进行培训。培训主要以辅导报告、经验交流、工会知识问答方式进行。例如,2004年邀请校工会主席焦述康就如何做好工会工作作辅导报告。2009年3月,请师德建设先进集体——首都经济贸易大学会计学院工会陈郡主席作了题为"为人师表,求知铸德"师德师风建设经验介绍;召开了题为"群策群力,为提升工会工作水平献计献策"研讨会;7月开展了工会知识竞赛问答活动。

(3) 建家活动

2001年4月,学院成立"教职工之家"工作领导小组;9月建成合格"教职工之家"。电子商务系分会被学校评为"先进教职工小家"。

2008年6月,在学校进行"教职工之家"复检中,学院"教职工之家"被评为校级先进。

2009年9月,组织非在编职工履行了入会手续,该项工作获得2008—2009年校级"工会工作创新单项奖"。

(三) 教职工代表大会

1. 机构设置及职能

(1) 教职工代表大会的职能

教职工代表大会在学院党委和上级教职工代表大会常设委员会的领导下,依法行使民主决策、民主管理、民主监督权力。听取和讨论院长工作报告;评议、监督学院各级领导干部;审议新出台的涉及教职工切身利益的各项重要规章制度;支持院长及行政机构依法行使办学权力,为学院的改革、发展献计献策,教育教职工崇尚师德,爱岗敬业,努力完成各项工作任务。

(2) 教代会大会主席团(换届时的临时机构)

大会主席团负责主持大会的召开和处理大会期间的各项事宜;听取讨论各代表团(组)和专门工作委员会(小组)对大会议题的审议和建议;讨论和审议提交大会表决的议题、议程以及决议、决定草案等。

(3) 教代会常设主席团

除负责大会的各项筹备工作,审议大会的重要事项外,还负责教代会闭会期间的有关工作。会议闭幕期间,学院遇有重大事项需提交教代会讨论、审议通过或决定的,由常设主席团主席组织召开由教代会常设主席团成员和各代表团(组)长参加的常设主席团扩大会议讨论决定，并待下一次教代会召开时予以确认。会议认为需要召开教代会时，可组织召开教代会临时会议；落实教代会交办的提案建议、审查、生活福利、教学科研、劳动人事等方面的工作。2001—2010 年，学院完成了 12 次教代会议题的筹备工作，落实了 10 余项提案。

表 3.8-13　2001—2010 年教代会常设主席团成员名单

届　次	主　席	副主席	成员
第五届	刘允新	王民京	景观、刘兆晶、翟晶、姜凌、贾浩
第六届	刘允新	王民京	刘静、赵五一、贾浩、王红、王梦珠
第七届	范宝祥	孔繁潮、朱传华	王梦珠、牛洁珍、沈晓平、李湛

2. 历次会议及主要内容

2001—2010 年，学院共召开 12 次教代会。会议围绕学院发展战略规划、人事改革、干部考核、办学基本经验、职工权益等多方面的内容，进行审议、研讨，推进了学院的民主建设，发挥了教代会在学院民主管理、民主监督、民主决策中的重要作用。

表 3.8-14　历次教代会的召开时间和主要内容一览表

届次		召开时间	地点	大会议题
第五届	第三次会议	2001.05.23	教学楼 901 教室	审议学院 2001—2003 教学工作三年规划
	第四次会议	2001.06.13	教学楼 902 教室	审议聘任和分配办法，对处级干部考核测评
	第五次会议	2003.07.03	实验楼七层礼堂	审议《商务学院"十五"时期延伸发展规划》
	第六次会议	2004.03.10	实验楼七层礼堂	选举产生出席校第二届"双代会"代表 14 名
第六届	第一次会议	2004.06.16	实验楼七层礼堂	听取审议教代会、工会工作报告、经审工作报告
	第二次会议	2005.03.25	实验楼七层礼堂	听取审议"人才强院战略实施纲要""商务学院办学基本经验"等两个文件
	第三次会议	2006.12.20	教学楼 902 教室	听取审议《商务学院建设思路》等 6 个文件
	第四次会议	2007.06.13	实验楼七层礼堂	院长工作报告和党委书记关于聘任工作讲话
	第五次会议	2007.09.07	教学楼 501 教室	听取审议学院教职工岗位聘任工作方案
	第六次会议	2007.12.19	实验楼七层礼堂	听取审议学院行政、财务、工会、经审工作报告
第七届	第一次会议	2009.01.09	实验楼七层礼堂	听取审议学院行政、财务、工会、经审工作报告
	第二次会议	2010.01.13	图书馆报告厅	听取审议学院全员岗位聘任工作文件

三、共青团工作

（一）基本情况

学院共青团委员会（以下简称"团委"）由学院团员代表大会选举产生。团委委员 15 人，团委常委 7 人，团委书记、副书记由教师担任。团委书记负责团委全面工作；副书记协助书记开展工作，指导学生会及学生社团的日常工作。

团委下设办公室、组织部、宣传部、大学生社会实践部。办公室主任及各部部长由学生担任。学院的 4 个系分别设团总支，各班设团支部。团总支和团支部委员由团员代表大会或团员大会选举产生。院团委接受学院党委、校团委领导，各系团总支接受院团委、系党总支领导，各班团支部接受系团总支领导。截至 2010 年，共有团员 1999 人。

2001—2010年团总支、团支部、团员情况见表3.8-15。

表3.8-15　2001—2010年团总支、团支部、团员情况一览表

年份	2001	2002	2003	2004	2005	2006	2007	2008	2009	2010
团总支数	3	3	3	3	3	3	4	4	4	4
支部数	53	59	46	47	62	70	72	72	70	70
团员数	1452	1492	1592	1732	1855	1891	1889	1866	1951	1999
团干部数	212	236	184	188	248	280	288	288	280	280

（二）团代会

2003年3月30日，学院召开第五次团代会，选举产生新一届委员会并通过了《关于团组织向党组织推荐优秀团员作党的发展对象的实施意见》和《北京联合大学商务学院团委、学生会学生干部工作条例》。4月16日，学院党委批复共青团第五届委员会的请示，同意15名同志为新一届团委委员。

（三）团员教育管理

1．规章制度建设

2003—2010年，学院先后制定了《关于团组织向党组织推荐优秀团员作党的发展对象的实施意见》《北京联合大学商务学院团委、学生会学生干部工作条例》《关于学生参加社会实践活动的规定》《优秀团支部、优秀团员的评比条件》《学生社团管理条例》等。

2．团组织活动

2001—2010年，以有理想、有道德、有纪律、有文化为主线，以学风、校风建设为抓手，通过讲座、参观、文艺活动、暑期社会实践和各种竞赛等方式，开展思想教育活动。学院团委与朝阳区团委大力开展共建文明社区活动，2002年和2004年，先后获得朝阳区特别贡献奖和突出贡献奖。2005年，学院团委获得校级五四红旗团委；王一等5人社会实践小组获得联大暑期社会实践优秀团队，成浩等10人获得社会实践先进个人。

表3.8-16　2001—2010年团组织重点教育活动一览表

年份	活动主题	活动地点	活动情况
2001	为信息学院身患白血病的学生李雷捐款	商务学院	学院2000余名团员，共捐款4088.03元
2002	纪念中国共产主义青年团成立80周年	商务学院	院团委组织了“红五月”文化月活动，各团支部开展文体活动
2003	学生为抗击“非典”一线医生的女儿杨筱薇捐款	商务学院	学院2000余名团员，共捐款18147元
2004	奥运火炬传递活动	北辰路	220名学生参与火炬传递
2005	首都高校巡回演讲	商务学院	7名资深的人力资源专家就大学生就业与创业问题做讲座，500名学生参加
	参观一二九运动纪念亭	北京植物园	院团委，学生会30余名学生干部到一二九运动纪念亭进行爱国主义教育
	推优模拟大会	商务学院	学院200余名学生干部参加

续表

年份	活动主题	活动地点	活动情况
2006	学院广播台第四届欢乐嘉年华晚会	商务学院	学院广播台主办，中央人民广播电台全国高校广播节目联盟协办，出席本次晚会的嘉宾有院、系领导，以及其他高校广播联盟代表，腾讯QQ电台主持人也亲临晚会现场
	学院首届校园文化节开幕式	商务学院	张秀国、范宝祥等院、系各级领导出席开幕式。张秀国书记为开幕式致辞，向全院师生发出了师生共建图书馆的捐书倡议，同时向图书馆赠送了首批捐书
	首届团校开幕暨团支部书记培训班	商务学院	团校开展关于如何加强团的组织活动和党员发展工作的团支部书记培训。党委书记张秀国做了讲话
	与宾夕法尼亚大学沃尔顿中国商社（Wharton China Business Society）的学生举行座谈会	商务学院	学院张玲娜等4名教师和部分学生干部参与了座谈，双方就校园文化问题展开了广泛、深入的交流
2008	举全院之力　援汶川之急再次捐款活动	商务学院	全院师生共计捐款33148.16元
2009	2009年暑期社会实践、国庆60周年联欢表演暨学年表彰大会	商务学院	400名师生参加
	为管理学院身患癌症学生季俊霞捐款	商务学院	全院师生共捐款10456元并致慰问信
2010	2009—2010学年达标创优竞赛优秀团支部评比答辩会	商务学院	10个团支部代表进行答辩，学院相关领导出席
	“推荐优秀团员为党员发展对象”模拟大会	商务学院	150余名班级团干部参加
	向旱灾地区“一人捐献一瓶水”捐款活动	商务学院	全院师生共捐款17293.96元
	“讲文明·树新风·建学习型团组织·创国际化一流团支部”为主题的团日活动汇报展示大会	商务学院	200余名院系及班级学生干部参加
	文化墙体彩绘	亚运村街道安慧里社区	院团委组织我院电脑美术设计专业的30名学生来到亚运村街道安慧里社区，为社区的文化墙进行彩绘，受到了街道和社区的热烈欢迎。

3. 达标创优

“达标创优”活动是共青团的一项常规工作，也是一项重点工作，旨在增强基层团组织的吸引力和凝聚力，提高共青团员的政治意识、组织意识和成才意识。“达标创优”活动的基本内容是通过团员自我总结、支部民主评议、上级团组织考评等程序，层层推选出院级、校级、市级优秀团员、优秀团干部、优秀团支部。学院团委多次获得市级、校级表彰：2001年5月，获得北京市共青团“达标创优”竞赛活动组织奖；2006年4月，获得2005—2006学年学校“达标创优”竞赛活动“五四红旗团委”荣誉称号。共有18个团支部获得市级优秀团支部称号；胡靓、路瑶、魏海娇获得“市级优秀团干部”称号；孙晓萌获得“市级优秀团员”称号。

2001—2010年学院获评校级优秀团员、团干部、团支部名单见表3.8-17。

表3.8-17　2001—2010年校级优秀团员、团干部、团支部名单

年份	优秀团员	优秀团干部	优秀团支部
2001	李伟、谢潇、唐云霞、王海清、熊晓静	张波、马欣、赵瑞欣	管982、工商992
2002	杜立、曹靖、张玮、刘征、周然	谢潇、郭丹、李廷扬	财务001、信息002
2004	王倩、韩爱利、刘燕、冯媛媛、刘和民、屈直、牛丽	江芸、王丽君、常冬梅、李曼	电脑022、商务021、信息031
2005	李爽、阎菁华、唐平、郭非、张丽洁、胡宇澄、丁玲、章蕊、李学森、杨帆、李曌	梁艺、高杨、周虹、田宇	金融021、电脑022、信息022、金融031
2006	高扬、刘怡、张周魁、王颖、刘佳丽、刘研、王红、范姗姗、王欣、杨颖、高京华、詹硕欣、王建波	孙静怡、石善慧、田宇、王明玥、刘玥	金融032、国贸042、信息031、信息041、电脑032
2007	李想、任思、张周魁、李昂、尚晓凡、王晶、王冰、王红、陈琳、袁希、张亮、古征、阎茹、吴琪	刘佳丽、王颖、杨颖、王欣、王旭然	国贸042、商务051、物流041、信息041、电脑052
2009	孙晓萌、纵蕊、韩征、许玉姣、郝懿、耿小叶、曹北辰、郭鑫宇、刘婷、赵溪瑶、南方、王姝楠、岳珊珊、周文洁、张劲、苏本鹏、刘欣兴、路瑶、朱岩、毕玉晗	张晨、方莹、刘柳、穆爽、徐辰、安盼盼	财务061、国贸061、金融0701、商务061
2010	曹北辰、常颖、陈雨菲、胡頔、胡馨元、李京京、李欣、李莹、李知谕、蔺蕊、刘畅、邵祎、苏本鹏、孙晓萌、王超、王冬娟、王洋、相志远、张娜、郑芯、钟付霄	何娜伟、贾思瑶、孙鹏、王超茜、王紫莉、赵溪遥	财务0802、金融0701、金融0801、信息0701

(四)志愿服务

大学生志愿服务是学院校园文化建设的一个重要品牌。2008年北京奥运会期间,学院共有1040名学生参与了赛会服务、餐饮服务、城市志愿者等多个领域、层次的志愿服务活动。学院各党总支分别与各志愿者团队对接,学院领导到各个服务场馆、网点看望志愿者,给他们以鼓励,并与志愿者一起投入紧张的服务工作。学院成为北京市参与志愿服务人数最多、范围最广的单位,受到了奥组委、合作单位的广泛好评,并出版了《商务学院奥运志愿者手记》一书。在2009年的国庆60周年庆祝活动中,40多名学生和教师组成的表演志愿者,出色地完成了天安门广场联欢的演出任务,受到团市委的表彰。2008年奥运会以来,学院大力弘扬和传承奥运志愿服务精神,不断探索建立志愿服务的长效机制,积极开拓志愿服务的渠道,先后参与了北京奥运城市体育文化节、北京首届武搏运动会、春运志愿者等大型志愿服务活动。2001—2010年,学院与周边的街道、学校建立起合作关系,积极参加"阳光接力"助老助残活动、"蓝天行动——关爱农民工子女"志愿服务活动,增强了学生的社会责任感和奉献意识。

表3.8-18　2008年北京奥运会志愿者团队组成情况一览表

序号	志愿者团队名称	人数	工作场馆	服务天数	带队老师
1	工人体育场餐饮志愿者	224	工人体育场	11天	李倩茹、秦二娟
2	工人体育馆餐饮志愿者	133	工人体育馆	15天	曹海娟、英燕云
3	北工大餐饮志愿者	84	北京工业大学	18天	刘　静

续表

序号	志愿者团队名称	人数	工作场馆	服务天数	带队老师
4	沙滩排球餐饮志愿者	141	朝阳公园沙滩排球场	15天	丘莉、雷曦
5	公路自行车餐饮志愿者(起点)	18	永定门	13天	赵 辉
6	公路自行车餐饮志愿者(终点)	29	延庆居庸关	15天	陈小宇
7	北京联合大学体育场赛会志愿者	5	北京联合大学体育场	25天	无
8	工体馆赛会志愿者	67	工人体育馆	40天	张玲娜
9	首都机场赛会志愿者	30	首都国际机场	30天	无
10	沙滩排球城市志愿者	180	朝阳公园岗亭	25天	李焱、张清泉
11	沙滩排球城市志愿者	95	朝阳公园停车场	25天	无
12	奥运新闻中心志愿者	19	朝阳新闻中心	30天	无
13	开幕式演员志愿者	15	鸟巢	90天	无

表 3.8-19 2001—2010 年学生志愿服务参与及获奖情况一览表

年份	活动名称	活动地点	参与人数	奖励情况
2001	“大运会彩虹志愿者”服务活动	朝阳体育馆等5个场馆	130	葛雪亮老师获“先进工作者”称号,3名学生被授予“优秀彩虹志愿者”称号
2001	第二届朝阳国际商务节的服务活动	朝阳区	80	
2002	朝阳国际商务节志愿服务	朝阳区	23	7名学生获得“十佳阳光志愿者”称号,学院获优秀组织奖
2003	第四届北京朝阳国际商务节	朝阳区		第四届北京朝阳国际商务节阳光志愿者 银奖：闫丽娟;铜奖：韩志伟、刘淳
2006	第十一届世界青年田径锦标赛志愿者		41	3名同学被国际田联授予“优秀志愿者”称号
2007	第七届北京朝阳国际商务节志愿服务活动	朝阳区	76	无
	“好运北京”国际拳击邀请赛志愿者		37	
	“优唐——2007北京国际旅游文化节”		60	
2008	“好运北京”2008奥运会女子足球测试赛餐饮志愿者	北京工人体育场	100	
	“朝阳青年奥运纪念林”揭碑暨植树活动	仰山公园	50	
	校庆志愿者	学校	25	
2009	首都国庆群众游行彩车展演动员誓师大会	朝阳体育中心	100	
	国庆联欢表演志愿者	天安门	46	获团市委“突出贡献奖”荣誉称号
2010	“2010年朝阳青年文明行动暨北京社区青少年文化体育节启动仪式”	朝阳公园中心岛剧场	50	
	北京联合大学“大学国际化发展战略国际研讨会”	歌华开元大酒店	20	

（五）学生科研立项与竞赛

2001—2010年,团委组织学生积极参加各种级别的科技竞赛,多次取得全国及市级奖项。学生科研立项工作虽然起步较晚,但发展迅速。2009年,申报并获批的学生科研立项6项;2010年,申报并获批的学生科研立项14项。

表3.8-20　2001—2010年学生科技竞赛获奖情况一览表

年份	竞赛名称	获奖者	获奖级别	指导教师
2002	"日利达"杯第二届中国职业试装模特选拔大赛	刘　多	全国总决赛冠军	无
	第二届"挑战杯"首都大学生课外学术科技作品竞赛	宋颖健	市级三等奖	无
2003	2003年第十三届全国发明展览会	宋颖健	国家级铜奖	无
2005	北京联合大学首届"挑战杯"学生课外学术科技作品竞赛科技发明制作类	宋颖健、褚荣静	校级三等奖	无
2006	第四届"挑战杯"首都大学生创业计划大赛	王明玥、强海峰、宁宇峰、张冉、金璐	市级二等奖	田慧君、徐凯波、王瑞丰、庾为
		张佳元、李晓珣、周闻闻、吴雯、王博、	市级三等奖	姜博仁
		宋颖健、田小寅、张瑶、刘扬、李芸	市级三等奖	赵五一、姜博仁
2007	北京市第四届"挑战杯"课外科技活动作品竞赛哲学社会科学类	王欣、孙慧涛、张周奎、于姗姗	市级三等奖	凌霞
	北京市第四届"挑战杯"课外科技活动作品竞赛哲学社会科学类	穆铮铮	校级三等奖	无
	第二届"中英科技创业大赛"	宋颖健、李梦颖、张帆、罗婷	英国国家级三等奖	牛洁珍、郭秀丽、檀竹生、张万春
2008	深圳第26届世界大学生夏季运动会海报设计大赛2008年度赛	陈智	市级银奖	谷雨
	北京联合大学第二届"挑战杯"创业计划竞赛——天天向上组合盆栽创业计划书	崔子燕、李童敏、郑艾婕、胡岫、李继超	校级金奖	刘新颖、潘月杰
	北京联合大学第二届"挑战杯"创业计划竞赛"Golden Time"——白领早餐创业企划书	鲁娜、常吉祥、何思敏、石旭、李红梅	校级银奖	孟丽芬、单令彬
	北京联合大学第二届"挑战杯"创业计划竞赛关爱60老年服务公司企划案	王雨卓、周瀛洲、何爽、赵晨娟、蒋嘉翔	校级银奖	王瑞丰、单令彬
	北京联合大学第二届"挑战杯"创业计划竞赛	郝宇、穆爽、张欣璐、王杨	校级铜奖	郭慧馨
	2008年"5·25"首都大学生心理健康节"感动感激感悟"主题征文	刘欣兴	市级一等奖	李斌
	第九届全国多媒体课件大赛	孙晓萌	国家级三等奖	薛云、郑丽

续表

年份	竞赛名称	获奖者	获奖级别	指导教师
2010	北京联合大学第三届“挑战杯”创业计划竞赛——issLED 照明设备推广计划书	苏本鹏、常颖、胡頔、董策	校级金奖	王卓
	北京联合大学第三届“挑战杯”创业计划竞赛——“Leisure Share”大学生课外休闲娱乐计划书	朱熇、王歆、刘皓祎、刘旭、刘喆	校级银奖	徐凯波、刘新颖
	北京联合大学第三届“挑战杯”创业计划竞赛——七彩树儿童家居创业策划书	王新森、姜紫微、李继超、李晨、叶郁丛	校级银奖	于苗
	北京联合大学第三届“挑战杯”创业计划竞赛	黄学佳、孙晓萌、侯冬尽、张劲、朱艺	校级铜奖	王瑞丰、于苗
		孟青、许世英、李宏爽、王霄	校级铜奖	周杉、唐少清、王彤彤
		苏煜、李姣、张强、路峰、满红	校级铜奖	丘莉、季皓
		李雪郅、于梦飏、姜林、徐茜	校级铜奖	李焱
		裴婷、王宗强、罗森中、赵红凤、王思雨	校级铜奖	赵绍全
		葛清然、傅伟、齐玮奕、付尧、方絮	校级铜奖	邵军

（六）学生组织

1. 学生联合会

学生会在团委领导和指导下，按照“主席团集体领导下的部长负责制”的管理形式，开展各项工作。学生会的日常工作由主席团负责，主席团由一名主席和三名副主席组成。学生会下设办公室、学习部、文艺部、宣传部、生活部、体育部、外联部、社团部 8 个职能部门，每个部门有部长、副部长各一名，负责本部门的日常工作。学院的 4 个系分别设系学生会，并受院学生会及系团总支的领导，独立自主地开展各项活动。学生会每年以不同主题组织的“一二九”文艺汇演和红五月歌咏比赛，是学院校园文化建设的一个亮点。

在学生处、团委的帮助和指导下，院学生会组织学生开展了丰富多彩的课外活动、社会服务和各类比赛。例如，厨艺大赛，校园歌手大赛，篮球、足球、网球等体育比赛，主题演讲比赛、辩论赛，新生舞会、晚会，社团文化节等学生活动。

学生会主席、副主席任职情况详见表 3.8-21。

表 3.8-21 学生会主席、副主席任职情况一览表

届次	主 席	任职时间	副主席	任职时间
第四届	张 慧	2000.04—2002.03	姜保宇	2000.04
			王雪莲	2000.04
			路 芳	2001.04
			李廷杨	2002.04
			解天桧	2002.04
			高 磊	2002.04
第五届	张露亚	2003.04—2003.07	郭 丹	2003.04—2004.01
			徐 亮	2003.04—2003.09
			马佳音	2003.04—2004.01
第六届	徐 亮	2003.09—2004.01	郭 丹	2003.04—2004.01
			马佳音	2003.04—2004.01
			冯媛媛	2003.09—2004.01
第七届	樊晓伟	2004.03—2005.06	冯媛媛	2004.01—2004.09
			胡 鸣	2004.01—2004.09
			安 然	2004.03—2005.01
第八届	李 爽	2005.09—2006.06	詹硕欣	2005.03—2006.06
			宁宇峰	2005.09—2006.06
			赵 萌	2005.09—2006.06
第九届	詹硕欣	2006.09—2007.06	高丽梅	2006.09—2007.06
			宁宇峰	2006.09—2007.06
			王 红	2006.09—2007.06
第十届	王 红	2007.09—2008.06	郑忠链	2007.09—2008.06
			王 晶	2007.09—2008.06
			张 山	2007.09—2008.06
第十一届	郑忠链	2008.09—2009.06	胡 靓	2007.09—2008.06
			何 爽	2008.03—2009.06
			屈 洲	2008.03—2009.06
第十二届	空缺		郝 懿	2009.03—2010.06
			郭鑫宇	2009.03—2010.06
			张 强	2009.03—2010.06
第十三届	路 瑶	2010.09—2011.06	苏本鹏	2010.09 至今
			魏海娇	2010.09 至今
			孙晓萌	2010.09 至今

2. 学生社团联合会

学生社团是在团委指导下的学生群众性组织。2001—2010 年,学生社团从 2001 年的 8 个先后发展到 28 个。2010 年有学生社团 23 个,主要分为四大类:兴趣爱好类社团——影映像·典藏馆社、菲比俱乐部、潮尚轩、睿鹞戏剧社、极志创业联盟、"青瞳"手语社、夺金之佳、FLY 腾飞起点社、车友会、出国留学社;体育竞技类社团——乒乓球社、网球社、篮球社、足球社;技能学习型社团——英语协会、电子商务实训社、辩论社、尚祺日语社;社会公益类社团——青年志愿者协会、联心社等。

社团不断加强制度化、规范化建设，聘请相关专业老师进行业务指导，为参加社团同学的成长创造条件、提供便利，促进了社团丰富多彩、积极向上活动的开展。学生社团日益成为学生展现青春活力、培养兴趣爱好、陶冶思想情操、展示才华和智慧的广阔舞台，是校园文化的重要组成部分，是学校教育的第二课堂，并成为共青团工作延伸的重要载体。

2001—2010 年，参加社团的学生达到千人以上。这些社团吸引大量在校学生参加各种丰富多彩的活动，有广泛的覆盖面和吸引力。学生社团多次组织、参加校内外大型社团活动。

2002 年，青年志愿者协会开展主题为"点击爱心，互联生命"书籍义卖活动和为北京造血干细胞资料库募捐活动。

2004 年，青瞳手语社举行"春风在行动"大型公益扶贫济困义演活动，艺术设计联盟社举办学院大型涂鸦大赛。

2005 年，青年志愿者协会与朝阳区七所高校联合开展"许愿红十字七色花"大型公益活动，英语协会举办英语演讲比赛、英文歌曲大赛、"英语之夜"大型国际文艺活动。

2006 年，睿鹪戏剧社参加联合大学校本部话剧团举办的第二届大学生话剧节。

2007 年，青年志愿者协会参加朝阳公园国际旅游文化节志愿服务活动，网球社参加学校体育节网球(女子)比赛，获得第三名。

2008 年，青年志愿者协会举办学院大型奥运知识竞赛，参加中华慈善总会组织的"情暖汶川我们在行动"慈善义演志愿服务。乒乓球社团作为学校代表队成员参加中国传媒大学等 5 所大学组织的"迎奥运东郊五校乒乓球对抗赛"，获得团体第三名的好成绩。"夺金之佳"社团组织学生参加了由世华财讯举办的"第二届全国大学生金融投资模拟交易大赛"，获得华北赛区团体总排名第 19 名，股指期货和期货比赛分别取得单项第 15 名和第 16 名的佳绩。篮球队参加"联大杯"篮球联赛，获得女篮第四、男篮第三的好成绩。

2009 年，影映像·典藏馆社举办了主题为"庆国庆 60 周年，中国电影史之旅"的活动。联心社和手语社在顺义成立商务学院爱心教育基地。睿鹪戏剧社等多个社团参与学院"一二·九'祖国颂 青春赞'大型音乐剧"，对学院师生影响巨大。

2010 年，青年志愿者协会参加春运志愿者活动。"夺金之佳"社团组织全院学生参加由美国汇盛公司发起的北京首届大学生外汇模拟交易大赛。菲比俱乐部参加北京欢乐谷啦啦操比赛，取得了复赛第三名的好成绩。辩论社参加第六届北京联合大学辩论赛，取得第二名。

2010 年学生社团一览表见表 3.8-22。

表 3.8-22　2010 年学生社团一览表

序号	社团名称	起止时间	指导教师	获奖情况
1	青年志愿者协会	1991—今	葛雪亮	无
2	英语协会	1995—今	曾华人	2003—2004 年评为联合大学优秀社团
3	睿鹪戏剧社	1999—今	曹海娟	2004 年话剧《血色玄黄》获北京联合大学三等奖，同年获得标准社团称号、2006 年联合大学示范社团
4	影映像·典藏馆	2001—今	英燕云	2002—2003 年获联合大学社团评比中标准社团称号
5	国旗班	2001—今	曹海娟	无
6	菲比俱乐部	2002—今	李洪娟	多次获得全国、市级、校级奖项
7	"青瞳"手语社	2002—今	葛雪亮	2003—2004 年荣获联大商务学院"一二·九"文艺汇演三等奖
8	B.O.D 街舞社	2002—今	刘继华	无

续表

序号	社团名称	起止时间	指导教师	获奖情况
9	FLY腾飞起点社	2003—今	丘　莉	无
10	电子商务实训社	2004—今	刘　静	无
11	乒乓球社	2004—今	陈金堂	无
12	网球社	2004—今	陈金堂	2006年获联合大学社团评比标准社团称号
13	理论研究社	2005—今	王美春	无
14	联心社	2005—今	李　斌	无
15	出国留学社	2006—今	张玲娜	无
16	极志创业联盟	2007—今	姜鹏飞	2006年获联合大学社团评比中标准社团称号
17	潮尚轩	2006—今	景　观	无
18	尚祺日语社	2007—今	张玲娜	无
19	夺金之佳	2007—今	刘迎春	无
20	篮球社	2008—今	白志彦	无
21	足球社	2004—今	陈金堂	无
22	辩论社	2009—今	雷丽萍	无
23	暴走族车友会	2010—今	葛雪亮	无

四、其他组织

(一)关心下一代工作委员会

1. 基本情况

2004年11月,根据中共北京市委教育工委和北京市教育委员会关于在各高等院校成立关心下一代工作委员会的要求,学院成立北京联合大学商务学院关心下一代工作委员会(以下简称"关工委")。关工委工作在党委的领导下,在离退休办公室的协助下开展,以离退休老同志为主体。关工委以青年学生和青年教职工为主要工作对象,配合学校全面推进素质教育,促进学校教育、家庭教育、社会教育的紧密结合。关工委的工作方针是:围绕中心、配合补充、因地制宜、量力而为、立足基层、注重实效。

2004年11月至2010年5月,关工委主要成员:

顾问张秀国、孙明;主任葛德玉;常务副主任杨维平;委员陈治、胡静仪、李庆云、王民京、葛雪亮、熊葳。

2007年10月,关工委主要成员:

顾问张建林、冯虹;主任葛德玉;常务副主任杨维平;委员陈治、胡静仪、李庆云、徐惠民、熊葳、葛雪亮。

2010年5月,根据京联党〔2010〕79号文件的精神,关工委进行了人员调整:

主任张建林、张秀国;副主任唐少清;委员李湛、孔繁潮、曹海娟、王民京、陈治、沈继宗、李萍、杨维平。办公室成员有王民京(兼主任)、李少英、李焱。

2. 主要工作及成果

2004年6月,组织离退休干部在联大本部参加学校庆祝建国55周年征文展,王际润老师获得优秀奖。8月，组织离退休教师、干部葛德玉、管善扬、王品章、刘鹏飞参加由北京教育系统关心下一代工作委员会主办的“北京老教育工作者为下一代健康成长献计献策”活动，葛德玉、管善扬获优秀奖。

2004—2010年，关工委统筹协调老龄工作资源，为学院的建设发展献计献策，组织部分退休老教授参加联大督导工作及教务处的阅卷和监考工作等。

关工委关心青年教师的成长，定期组织老教师和新入校的青年教师座谈会，交流教学方法和教书育人心得体会；通过个别谈心的方式，为工作、生活中产生困难的青年教师提供咨询和帮助；关注青年教师的心理健康，为青年教师开办一系列心理健康讲座，如请中央电视台著名主持人张越为青年教师做心理减压指导等；为育龄青年教师发放育儿指导书籍；每年协助计划生育办公室组织六一儿童节的摄影、游艺等各项活动。

关工委为培养学生也做了大量工作，如参加新生入学教育和毕业生毕业典礼及学位授予仪式；为学生党校讲党课、开讲座；参与学生处学生成长指导中心的工作；为学生的健康成长成才提供帮助和咨询等。

（二）校友会分会

2008年北京联合大学校友会商务学院分会正式成立，成立了由学院教师、优秀校友组成的理事会。2008年10月举办了校庆30周年系列庆祝活动。从2009年起每隔两年召开一次校友会理事会，每年举办校友毕业20年返校座谈会，讨论校友会工作计划，促进校友资源的整合，共商学院发展大计。

2010年11月，学院8621班学生回到母校，与分别20年的班主任、授课教师相会。老校友和院团委分别制作了短片。8621班校友汇报了毕业后各自的工作和生活情况，并为学院今天的发展感到骄傲。参加聚会的老师们回顾了20年前8621班作为一个团结向上的班集体成长进步的历史，充分肯定了校友为学院建设和发展所做的贡献，并祝愿校友们在今后工作生活中不断取得进步。1993届校友北京翰翔鼎盛文化传播有限公司许霄飞总经理以及公司的人力资源主管贺经理应邀来到学院，为部分学生作题为“完美飞行计划”的就业指导讲座。

第四章　生物化学工程学院

概　　述

生物化学工程学院原名化学工程学院，2002 年 7 月，根据北京市机构编制委员会文件《关于北京联合大学化学工程学院更名的函》(京编办事〔2002〕119 号)，化学工程学院更名为生物化学工程学院。

2001—2010 年，学院坚持“以工为主，工管结合，工艺结合”的办学理念，培养了一大批面向现代都市工业、现代服务业和文化创意产业的应用型人才，逐步发展成为一所以本科教育为主、开展多层次办学的综合性院校。学院现有全日制 8 个本科、5 个高职和 3 个专升本招生专业，4 个夜大学专科招生专业和 1 个专升本招生专业。截至 2010 年底，在校全日制本科学生 2433 人，高职学生 554 人，硕士研究生 12 人；成人本、专科学生 333 人。全院共有教职工 493 人，其中专任教师 198 人；教授 12 人，副教授 66 人；具有博士学位的 23 人(不含离退休人员)。

注重学科专业建设。学院重视学科专业的发展，实施学科专业一体化建设，并强调以科学研究为动力，促进学科建设。学院确立了生物化工学科建设在学院工作中的龙头地位，在凝练学科建设方向、汇聚学科队伍、构筑学科基地、完善学科布局结构、做好学科规划方面做了全面部署。经过 10 年的研究积累和建设，生物化工学科在 2010 年被遴选为校级重点学科，生物医学工程成为校级重点建设学科，并获得学科建设追加经费 30 万元。在专业建设方面，学院立足凝练应用型专业方向，重点建设骨干特色专业。截至 2010 年，在 11 个本科专业中有 1 个市级特色专业，3 个校级骨干(建设)专业，3 个院级骨干(建设)专业，骨干特色专业占到当年招生专业总量的 69.9%。

提升教育教学质量。学院以提高办学质量，走内涵式发展为核心，努力提高教育教学质量。通过重点课程建设，建成一批教学水平高、对提高人才培养质量成效显著的课程，对学院教学起到了示范带动作用。2001—2010 年，本科课程中共有 2 门被评为校级精品课程。学院每年都开展各专业教材建设，并在优秀教材评奖和重点建设教材资助等方面取得了一定成果。2001—2010 年，学院共有 6 部教材被评为国家级规划教材，4 部被评为北京市级精品教材，6 部被评为校级精品教材。学院在实践教学建设上也不断加大投入和资源整合力度，逐步实现了实验室的统一管理和校内外实践教学基地建设的相互结合，为培养应用型人才提供了环境和硬件支持。

实施人才强校战略。学院加强教师管理制度建设，努力提高教师队伍整体水平，构建了一支结构比较合理、具有较高教学和科研水平的师资队伍。截至 2010 年，学院 198 位专任教师中，具有高级职称的人员比例占到 42%，具有博士学位的专任教师为 23 人。学院还有一批北京市优秀中青年骨干教师、中青年学科带头人和拔尖创新人才等。

加强科学研究工作。学院从2001年开始实施科研工作量制度，依托学科专业优势，鼓励教师投入科研。截至2010年，学院有1个校级研究机构和3个院级研究机构。2001—2005年，学院获得局委办级及以上科研项目19项，横向科研课题8项；科研到账经费67万元。2006—2010年，学院获得局委办级及以上科研项目33项。其中，北京市教委重点项目1项，北京市自然科学基金项目3项，横向科研课题44项；科研到账经费334万元。2001—2010年，学院教职工共出版学术论著8部。发表科研论文846篇，其中被SCI、EI、ISTP等国际三大检索收录的论文43篇，在中文核心期刊上发表论文379篇。获得国家授权专利49项，其中发明专利26项，实用新型23项，实现专利技术成果转让2项。

创新人才培养模式。学院坚持探索应用型人才培养模式，完善从招生、培养到就业各环节有机衔接的学生培养系统工程，提高学生就业、创业的能力。2001—2010年，在学院领导关心支持和专业教师悉心指导下，学生在各项国家级、市级科技竞赛上取得了优异成绩。在“挑战杯”项目上，共获得校级一等奖6项、二等奖13项、三等奖13项、鼓励奖1项；获得市级一等奖3项、二等奖4项、三等奖11项、鼓励奖1项；获得国家级三等奖2项。在智能车比赛项目上，共获得校级二等奖3项、三等奖4项；在华北赛区的比赛中获二等奖2项、三等奖1项、优胜奖1项。2001—2010年，经过三次大的教学计划修订，应用型人才培养定位越来越细化。学院注重素质教育，通过开展思想、文化、艺术、科技和社会实践等多种活动，促进学生全面发展。学院的办学质量与水平得到社会认可并产生了一定影响力，招生形势稳定，毕业生一次就业率均保持在92%以上。

深化国际国内的交流与合作。学院与国外多所大学开展国际合作教育，学生可通过参加多种形式的合作教育项目，取得国内外双重学历或学位。2002年6月，学院与英国佩斯利大学正式签署了合作办学协议；同年8月第一批学生（10人）及1名带队教师赴英国佩斯利大学进行为期1年的学习。2002—2010年，学院共四次与西苏格兰大学（原佩斯利大学）签署合作协议，共派出学生105人，教师11人。为深入了解国（境）外大学的办学情况，进一步开展合作与交流，2001—2010年，学院有45人次出访12个国家和地区，参观、访问了多所国（境）外大学。组织教师出国访问、考察、培训是学院国际交流与合作工作的组成部分，也是学院实施人才强教的重要举措。10年来，共有32人次参加了国外研修和交流活动，进一步拓展了教师队伍建设的渠道。

理顺工作机制。2008年，根据北京市教委京教函〔2007〕809号文件精神，北京市化工学校整体并入联大，学校决定由学院承接化校并入工作。学院以科学发展观为指导，从学院事业发展的大局出发，强化大局意识、稳定意识，维护广大师生员工的根本利益、长远利益、切身利益，精心设计方案，妥善安置并入后的干部、教职员工，安排好在校学生的学习生活，理顺了并入后学院内部工作机制，深入细致地做好了干部、教职员工及学生的思想政治工作，保证了正常的教育教学和管理秩序，解决了并入后人员压力过大的实际困难，维护了学院的安全稳定。

推进党的建设。2001年以来，学院党委高举中国特色社会主义伟大旗帜，以马克思列宁主义、毛泽东思想、邓小平理论和“三个代表”重要思想为指导，深入贯彻落实科学发展观，全面贯彻执行党的基本路线和教育方针，坚持“围绕中心、服务大局”，认真开展党的思想建设、组织建设、作风建设、制度建设和反腐倡廉建设，为推动学院科学发展提供思想保证、政治保证和组织保证。学院各级党组织健全党内生活制度,严格党的组织生活,定期召开民主生活会,开展批评与自我批评。建立党员党性定期分析制度,做好民主评议党员工作,配合上级党组织做好党建评估工作。深入开展创先争优活动,总结经验,表彰先进,10 年中,党委共评选表彰先进基层党组织 14 个,优秀共产党员 84 人。

改善办学条件。学院把握化校并入的契机,因地制宜,启动了南北院校园整体规划工作,扎实推进"花园式校园"建设。在建设过程中,坚持"以人为本",打造情感空间,使教师、学生、职工与环境、社区、社会和谐共处。同时注重传承学院和学校文化、彰显地域特色、反映人文精神。学院由教学楼、实验楼、办公楼、食堂及多功能厅、学生公寓和体育场等建筑群组成,建筑面积 68050 平方米,图书馆馆藏 29.1 万册。十年间,学院的办学条件得到了极大改善。

第一节　管理体制与组织机构

一、管理体制

生物化学工程学院是学校下属的二级法人学院,副局级建制。学院实行党委领导下的院长负责制,党委是学院的领导核心。党委坚持民主集中制,保证院长独立负责地开展工作。

为使党委领导下的院长负责制顺利实施,党委加强规章制度建设,不断提高履职能力。

2003 年,党委出台《院务公开实施意见(试行)》(京联生化发〔2003〕25 号),加强学院民主管理与民主监督工作,完善学院的管理和制约机制。学院的院务公开工作,在学院第二届教代会第三次会议上进行了交流。

2004 年,为进一步加强干部监督工作,按照学校党委组织部的要求,经学院党委决定,建立了学院相关部门干部监督情况通报例会制度(京联生化党发〔2004〕10 号)。

为贯彻落实《中国共产党党内监督条例》《中国共产党纪律处分条例》,健全党内民主生活,加强院领导班子的思想作风建设,有效地进行党内监督,参照学校党委《领导班子民主生活会制度》,修订有关制度(京联生化党发〔2004〕22 号)。

为加强院党委领导班子的思想建设,不断提高理论水平和政治素养,更好地贯彻执行党中央的路线、方针、政策,根据学校党委《中心组学习制度》,学院党委研究决定,对 2000 年制定的《院党委中心组理论学习暂行办法》进行修订,形成新的中心组学习制度(京联生化党发〔2004〕23 号)。2007 年,又进一步完善了中心组学习制度(京联生化党〔2007〕15 号)。

2005 年,党委制定并下发《关于落实"三重一大"制度的实施细则(试行)》(京联生化党发〔2005〕1 号)。2007 年,重新修订下发了《关于落实"三重一大"制度的实施细则》(京联生化党〔2007〕76 号),强化学院关于重大事项决策、重要干部任免、重要项目安排、大额资金使用方面的管理和监督,进一步加强了学院领导班子的民主集中制建设,规范了领导班子和领导干部的从政行为,保证了重大决策的科学化、民主化、制度化。

2007 年,为切实贯彻落实学校党委《关于在应用文理学院等五所学院进一步完善党委领导下的校长负责制的若干规定》,推进院务公开和依法治院工作,在全面贯彻落实上级文件要求的基础上，就学院党委会和院长办公会会议制度的有关事项进行了补充规定（京联生化党〔2007〕23 号）。

2009 年，党委制定了《学院推进廉政风险防范管理工作实施方案》（京联生化党〔2009〕49 号），加强了学院制度建设，规范了权力运行，提高了管理水平，促进了依法行政。

二、组织机构

（一）党政机构

学院在 2001 年设有党政管理机构 10 个，即党委办公室、院长办公室（合署办公）；组织（宣传）部；教务处；人事处；科研处；财务处；学生工作部、团委（合署办公）；保卫处；总务处；工会。临时机构 1 个：廊坊办公室。

2006 年 12 月，学院党委研究决定，将学院机构调整为党委（院长）办公室、党委组织（宣传）部、党委学生工作部（处）、党委保卫部（处）、人事处、财务处、教务处、科研处、国有资产管理处（挂在教务处）、教学督导室（挂在教务处）、审计处（挂在财务处）、招生就业处（挂在学生工作部）、行政管理处、后勤服务总公司（乙方）、成人教育培训部（副处级单位）、工会、团委（副处级单位）。

2008 年 12 月，为适应原北京市化工学校整体并入学院的形势任务，经学院党委会讨论研究并报校党委同意，学院内部机构设置和部分机构职能进行了调整：撤销“教学督导室”，将其职能和人员划入教务处；撤销“后勤服务总公司”，其学生宿舍管理职能与人员划入学生处，除此之外的职能及人员划入行政管理处；撤销“成人教育培训部”和“垡头中学综合办公室”，合并组建“资源开发部”；成立“国有资产管理处”，负责学院全部国有资产（含设施、设备、房产、家具等）的清产、核资、招投标以及统一管理等工作；成立“离退休人员工作处”，负责并入后学院离退休人员的服务管理工作；医务室从行政管理处划出，设置为学院直属科室。

2010 年 1 月，根据学校岗位聘用工作指导意见，结合学院实际，对内设机构进行调整，形成 10 个党政管理部门：党政办公室、党委组宣部、人事处、教务处、科研处、学生工作部（处）、财务处、国资处、保卫处、行政管理处。2 个工团组织机构：工会、团委。1 个直属科室：医务室。

2001—2010 年学院党政机构设置及负责人详见表 4.1-1。

表 4.1-1　2001—2010 年党政机构设置及负责人一览表

序号	机构名称	正　职	任职时间	副　职	任职时间
1	党政办公室 （党委、院长办公室）	刘燕琴 张振山（党办） 刘武军（党院办） 辛继雄 叶　晓	—2001.10 2001.10—2001.11 2001.11—2007.04 2007.04—2008.12 2008.12—今	孟　燕	2001.11—2008.12
2	党委组宣部	刘燕琴 张振山 程雨琴	—2001.10 2001.11—2009.06 2009.06—今	孙冰玉 赵　静	2004.04—2009.07 2009.05—今
3	机关党总支	许晓平 王长军	2008.12—2010.01 2010.01—今		

续表

序号	机构名称	正职	任职时间	副职	任职时间
4	学生处	崔爱玲 孙冰玉	2001.11—2003.09 2010.01—今	孙克民 李印伟 范娟 张翔 孙冰玉 张有 房宏君 韩松	2003.09—2007.12 （主持工作） 2004.04—2008.12 2007.01—2010.02 2008.05—2009.07 （主持工作） 2009.07—2010.01 2009.07—2010.01 （主持工作） 2009.07—今 （兼） 2010.01—今 2010.05—今
5	人事处	辛继雄 王宝石	2001.11—2009.12 2009.12—今	辛继雄 王浩	2001.03—2001.11 2009.12—今
6	教务处	于深 张明贤	2001.11—2008.12 2008.12—今	南振琦 陶瑞新 张明贤 王浩 晁忠喜 程红霞 崔敬花 于春洋 潘茂椿 录华	2001.11—2002.11 2001.03—2004.04 2002.06—2004.04 2004.04—2009.12 2004.04—2005.05 2005.06—2007.12 2007.01—2008.12 2009.01—今 2008.12—2009.12 2009.12—今
7	成教处 （资源开发部、 培训中心）	陈凤霞 杨建兰 赵国群	2004.04—2006.07 2006.07—2008.12 2008.12—2010.02	杨建兰 段辉琴 赵国群	2008.12—2010.01 2009.05—今 2010.02—2010.11 （主持工作）
8	科研处	叶晓 于深	2001.03—2008.12 2008.12—今		
9	行政管理处 （总务处）	刘文东 李宝贵	2001.11—2009.09 2009.09—今	高国栋 许扣林	2001.11—2010.01 2009.12—今
10	财务处	王吉芝 张健民	2001.03—2005.09 2007.01—今	张健民 杨波	2005.07—2005.09 2005.09—2007.01 （主持工作） 2007.04—今
11	保卫处	项胜利 李印伟	2002.05—2004.04 2008.12—今	赵国群 李集新	2001.11—2004.04 2004.04—2007.04 （主持工作） 2007.01—今
12	工会	刘燕琴 项胜利 孟燕	2001.11—2002.11 2002.11—2010.03 2010.03—今		
13	团委	杨波 张有	2004.04—2007.04 2007.01—今	孙冰玉 （副科）	2001.03—2004.04 （主持工作）
14	离退休人员工作处	孟燕	2008.12—2010.03	李励	2009.05—今
15	国资处	辛继雄	2009.12—今	李乃迟	2008.12—今

（二）教学教辅机构

2001年，学院设有化学工程与信息系、材料与精细化工系、经济管理系、社科部、基础部、图书馆。

2006年12月，经第110次党委扩大会研究决定，将学院教学机构调整为：信息与控制工程系、生物医药系、经济管理系、工程艺术系、基础课部、外语部（挂在基础课部）、人文社科部、图书馆、实训基地。

2008年12月，经学院党委会讨论研究并报校党委同意，学院内设教学机构进行了调整：撤销“基础课部”“外语部”“人文社科部”，合并组建“公共基础课教学部”（不含体育教研室）；在原基础课部体育教研室基础上成立体育教学部，并兼有院体委办公室职能，为学院直属科级教学部门。

2010年1月，根据学校岗位聘用工作指导意见，结合学院实际，把内设教学机构调整为：信息与控制工程系、生物医药系、经济管理系、工程艺术系、工程管理系、公共基础课部、体育教学部、实践教学中心、培训中心、图书馆、数字校园中心（直属科室）、中专科（直属科室）。

2001—2010年学院教学教辅机构设置及负责人详见表4.1-2。

表4.1-2　2001—2010年教学教辅机构设置及负责人一览表

序号	机构名称	行政正职	任职时间	行政副职	任职时间	党务负责人	任职时间
1	信息与控制工程系	鲁志融 曹　辉	2001.11—2005.03 2007.01—今	张明贤 赵欣华 曹　辉 宋爱荣 李春旺	2001.11—2002.06 2001.11—2004.10 2004.04—2005.03 2005.03—2007.01 （主持工作） 2004.11—今 2010.01—今	王长军 曹　辉	2001.11—2010.01 2010.01—今
2	生物医药系（原材料与精细化工系）	赵　伟	2004.04—今	马榴强 林　强 于春洋 龚　平 葛喜珍	2001.11—2004.04 （主持工作） 2004.01—2010.02 2001.11—2002.07 2001.06—2004.04 2004.04—2007.04 2010.01—今 2007.01—今	项胜利 孙克民 刘春增	2001.11—2002.05 2002.06—2003.06 2004.04—今
3	经济管理系	李　萍 王宝石	2001.11—2004.05 2007.01—今	王宝华 孙　波 王宝石 俞　娜 陈雄鹰	2001.11—今 2001.07—2002.06 2004.05—2007.01 （主持工作） 2004.06—2010.01 2010.01—今	刘春增 邱洪华 孙克民	2001.11—2002.06 2002.06—2007.12 2007.12—今

续表

序号	机构名称	行政正职	任职时间	行政副职	任职时间	党务负责人	任职时间
4	工程艺术系	孙　波 付　力	2004.04—2010.01 2010.02—今	付　力 张慧姝	2009.12—2010.02 (兼,主持工作) 2009.09—今	孙　波 付　力	2004.04—2009.12 2009.12—今
5	工程管理系 (2010年成立)			马榴强 蔡　红	2010.02—今 (主持工作) 2010.10—今	叶　晓	2010.03—今 (兼)
6	社科部	鲍园园 许晓平	2001.11—2005.06 2007.01—今	许晓平	2005.06—2007.01 (主持工作)		
7	基础课部	张　洪 张晓东	2008.11—2010.01 2010.02—今	张晓东 陈宝林 张　洪 张继敏 孙勇强	2001.03—2007.04 (主持工作) 2002.06—2004.04 2004.06—2007.04 2007.04—2008.11 (主持工作) 2009.05—今 2010.10—今	邱洪华 陈宝林 张　洪 张晓东 张继敏	2001.03—2002.06 2002.06—2004.06 (兼) 2004.06—2008.11 (主持工作) 2008.11—今 2009.05—今 (兼)
8	图书馆	赵欣华	2004.10—今	刘　昕 王　玮 万　坤	2001.11—2003.08 (主持工作) 2003.08—2004.10 (主持工作) 2008.12—今		

三、专门委员会等机构设置及调整

2001—2010年学院常设专门委员会详见表4.1-3。

表4.1-3　2001—2010年常设专门委员会一览表

序号	名　称	主任(组长)	任职时间	副主任(副组长)	任职时间
1	学术委员会	唐小恒 林　强 张恩祥	2001.03—2004.04 2005.09—2008.04 2008.04—今	王惠连 于　深 王丽英 孙建京 罗晓惠 林　强 周明珠	2001.03—2002.07 2001.03—2007.05 2005.09—2007.04 2005.09—2007.04 2007.05—2010.06 2008.04—今 2008.04—今
2	学士学位评定委员会	罗晓惠 张恩祥	2008.04—2010.06 2010.06—今		

续表

序号	名　称	主任(组长)	任职时间	副主任(副组长)	任职时间
3	教学指导委员会	孙建京 罗晓惠 张恩祥	2005.03—2007.04 2007.05—2010.03 2010.03—今	林　强 于　深 张明贤	2005.03—2010.03 2005.03—2010.03 2010.03—今
4	政工职称评审委员会	王丽英 周明珠	2002.04—2007.04 2007.04—今	张恩祥 赵艳霞	2009.04—今 2010.05—今
5	保密工作委员会	王丽英 周明珠 刘朝生	2003.01—2007.04 2007.06—2009.05 2009.05—今	唐小恒 孙建京 王　玮 叶　晓	2003.01—2004.04 2005.06—2007.04 2007.06—2009.05 2009.05—今
6	中层干部考核领导小组	周明珠	2008.11—今	张恩祥	2008.11—今
7	专业技术职务聘任委员会	周明珠 张恩祥	2007.09—2009.06 2009.06—今	林　强 刘朝生 赵艳霞 罗晓惠	2007.09—今 2007.09—2009.06 2009.06—今 2009.06—今
8	岗位聘任工作委员会（领导小组）	王丽英 周明珠 张恩祥	2005.05—2007.04 2007.09—2008.12 2008.12—今	林　强 孙建京 刘朝生	2005.05—2007.09 2005.05—2007.04 2007.09—2008.12
9	辅导员工作考核小组	赵艳霞	2009.06—今	张　翔	2009.06—今
10	师资队伍建设领导小组	王丽英 骆武刚 周明珠	2003.05—2007.04 2003.05—2006.05 2007.07—今	唐小恒 崔爱玲 林　强 刘朝生	2003.05—2004.04 2003.05—2004.05 2003.05—2007.07 2007.07—今
11	导师制(试行)工作领导小组	张恩祥	2010.07—今	赵艳霞	2010.07—今
12	离退休工作领导小组	王丽英 周明珠	2002.04—2007.04 2009.01—今	骆武刚 林　强 赵艳霞	2002.04—2006.04 2006.04—2009.01 2009.01—今
13	体育运动委员会	王　玮 赵艳霞	2006.03—2009.03 2009.03—今	孙建京 林　强 罗晓惠	2006.03—2007.04 2006.03—2007.05 2007.05—2009.03
14	图书工作委员会	唐小恒 孙建京 罗晓惠	2002.01—2004.04 2006.11—2007.04 2007.05—今	于　深 刘　昕 林　强 赵欣华	2002.01—2006.11 2002.01—2003.08 2006.11—今 2006.11—今
15	无偿献血工作领导小组	王　玮 赵艳霞	2008.05—2009.06 2009.07—今	曹纯孝 范　娟	2008.05—2009.07 2008.05—2009.07

续表

序号	名　称	主任(组长)	任职时间	副主任(副组长)	任职时间
16	计划生育委员会	王丽英 周明珠	—2007.04 2007.05—今	郭　堃 崔爱玲 曹纯孝 王　玮 罗晓惠	—2002.02 2002.05—2004.10 —今 2004.10—2009.06 2010.10—今
17	社会治安综合治理委员会	王丽英 骆武刚 周明珠	2004.11—2007.04 2004.11—2006.05 2007.06—今	王　玮 孙建京 林　强 罗晓惠 刘朝生	2004.11—2009.06 2004.11—2007.04 2004.11—今 2007.06—今 2007.06—今
18	学生公寓(宿舍) 管理委员会	崔爱玲 林　强 刘朝生 王　玮 马德仁	2003.01—2004.05 2005.11—2008.04 2008.04—2009.04 2009.04—2009.06 2009.04—2010.03	林　强 王　玮	2003.01—2005.11 2005.11—2009.04
19	毕业生就业工作领导小组	崔爱玲 骆武刚 王丽英 王　玮 周明珠 张恩祥	2003.03—2004.05 2004.11—2005.10 2005.10—2007.04 2007.12—2009.02 2009.02—今 2009.02—今	唐小恒 王　玮 罗晓惠 马德仁 赵艳霞	2003.03—2004.11 2004.11—2007.12 2009.02—2010.03 2009.02—2010.03 2009.02—2010.03 2010.03—今
20	招生录取工作组 招生工作领导小组	王丽英 周明珠 张恩祥	2005.07—2007.04 2007.05—2008.06 2008.06—今	孙建京 王　玮 罗晓惠 赵艳霞 张明贤	2005.07—2007.04 2007.05—2009.06 2007.05—今 2009.06—今 2009.06—今
21	学院发展规划领导小组	张恩祥	2009.09—今	罗晓惠 林　强 刘朝生	2009.09—今 2009.09—今 2009.09—今
22	劳动人事争议调解委员会	王丽英 周明珠 赵艳霞	2007.03—2007.04 2008.03—2009.12 2009.03—今	项胜利 辛继雄 刘朝生 叶　晓	2007.03—2010.01 2007.03—2008.03 2008.03—2009.12 2009.03—今
23	廉政风险防范管理 工作领导小组	周明珠 张恩祥	2009.07—今 2009.07—今	赵艳霞	2009.07—2010.04
24	学生申述处理委员会 (学生申诉处理委员会生 物化学工程学院分委员会)	王　玮 赵艳霞	2005.06—2009.03 2009.03—今	孟　燕 林　强	2005.06—2009.03 2009.03—今
25	"专接(升)本" 考试领导小组	孙建京 张恩祥	2004.03—2007.04 2008.03—今	于　深 王　玮 罗晓惠 马德仁	2004.03—2008.03 2008.03—2009.01 2008.03—今 2009.01—2010.03

续表

序号	名　称	主任(组长)	任职时间	副主任(副组长)	任职时间
26	毕业设计(论文)答辩委员会	罗晓惠 张恩祥	2008.06—2010.05 2008.06—今	林　强 于　深 张明贤	2008.06—2010.05 2008.06—2010.05 2010.05—今
27	学生科技创新活动领导小组	张恩祥	2010.03—今	赵艳霞	2010.03—今
28	学生心理素质教育领导小组	王　玮 赵艳霞	2009.03—2009.06 2010.11—今		
29	国有资产管理工作领导小组	张恩祥	2009.03—今	刘朝生 罗晓惠 马德仁	2009.03—今 2009.03—今 2009.03—2010.03
30	(安全)稳定工作领导小组	王丽英 骆武刚 周明珠 张恩祥	2004.11—2007.04 2004.11—2006.05 2007.06—今 2009.03—今	王　玮 孙建京 林　强 马德仁 赵艳霞 刘朝生	2004.11—2009.06 2004.11—2007.04 2004.11—2007.06 2009.03—2010.06 2010.06—今 2010.06—今

四、领导分工与任免变更

(一)领导班子调整

2001—2010年学院历任党委和行政领导人详见表4.1-4和表4.1-5。

表4.1-4　2001—2010年历任党委领导人一览表

正　职	姓　名	任职时间	副　职	姓　名	任职时间
书　记	王丽英	2002.02—2007.04	副书记	王丽英	—2002.02
书　记	周明珠	2007.04—今	副书记	崔爱玲	2002.03—2004.05
			副书记	王　玮	2004.07—2009.06
			副书记	张恩祥	2008.01—今
			副书记	赵艳霞	2008.12—今

表4.1-5　2001—2010年历任行政领导人一览表

正　职	姓　名	任职时间	副　职	姓　名	任职时间
院　长	骆武刚	2002.02—2006.05	副院长	王惠连	—2002.07
行政负责人	王丽英	2006.01—2007.03	副院长	唐小恒	—2004.04
行政负责人	周明珠	2007.03—2008.01	副院长	郭　堃	—2002.02 (主持工作)
院　长	张恩祥	2008.01—今	副院长	江瑞平	—2002.07
			副院长	林　强	2002.07—今
			副院长	孙建京	2003.09—2007.04
			副院长	罗晓惠	2007.04—今
			副院长	刘朝生	2007.06—今
			副院长	马德仁	2008.11—2010.03

(二)领导班子分工

1. 2002年3月院领导分工

党委书记王丽英主持党委工作,分管党(院)办、组(宣)部、工会、党校工作;

院长骆武刚主持行政工作,分管人事、财务、创收工作;

党委副书记崔爱玲分管纪检、学生、团委工作;

副院长王惠连(联大廊坊分校常务副校长)分管联大廊坊分校工作;

副院长唐小恒分管教学、科研、实训、图书馆工作;

副院长江瑞平分管总务、保卫工作。

2. 2002年9月调整后的院领导分工

党委书记王丽英主持党委工作,分管组织、宣传、办公室、工会、党校工作;

院长骆武刚主持行政工作,分管人事、财务、基建工作;

党委副书记崔爱玲分管学生、纪检、保卫、团委工作;

副院长唐小恒分管教学、实训、图书馆工作;

副院长林强分管科研、开发创收、后勤、对外合作交流工作。

3. 2005年11月院领导分工

党委书记王丽英主持学院全面工作,分管党(院)办、组(宣)部、工会、财务工作;

党委副书记王玮分管纪检、学生工作部(处)、团委、保卫工作;

副院长孙建京分管教学、实训、图书馆、成教工作;

副院长林强分管人事、科研、审计、行政管理处、后勤服务总公司工作。

4. 2007年6月院领导分工

党委书记周明珠主持学院全面工作,分管党院办、组宣部、工会工作,并暂时代管财务处、外事办公室;

党委副书记王玮负责纪检、学生、保卫工作,分管学生工作部(处)、团委、保卫处;

副院长罗晓惠负责教学、实训、图书、成教工作,分管教务处、教学督导室、实训基地、图书馆、成人教育培训部、基础课实验中心及各系和教学部。

副院长林强负责科研和技术开发工作,分管科研处。

副院长刘朝生负责人事、后勤、经济管理工作,分管人事处、行政管理处、后勤服务总公司、垡头分部、经济管理委员会。

5. 2008年11月院领导分工

党委书记周明珠主管党委全面工作,分工负责党的建设和思想政治工作、工会和教代会工作,分管组宣部、工会。

院长张恩祥主管行政全面工作,分工负责人事、财务、审计和外事工作,分管人事处、财务处。

党委副书记王玮分工负责学生、纪检监察、体育以及思想政治理论课教学改革工作,分管学生工作部(处)、团委、体育教学部(体委)。

副院长罗晓惠分工负责教学工作,分管各系、教务处、公共基础课教学部、生物化工实践教学中心、数字校园中心。

副院长马德仁协助院长统筹处理有关原化校以及中专教学管理工作；分工负责后勤管理（基建除外）、安全稳定、医疗卫生及计划生育工作，分管行政管理处、保卫处、医务室。

副院长林强分工负责科研工作，分管科研处、图书馆。

副院长刘朝生分工负责资产管理、资源开发、离退休以及基建工作，分管党委（院长）办公室、国有资产管理处、资源开发部、离退休人员工作处。

6. 2009 年 6 月院领导分工

党委副书记赵艳霞分工负责学生、纪检监察、工会和教代会、体育以及思想政治理论课教学改革工作，分管学生工作部（处）、团委、工会、体育教学部（体委）等部门。

副院长刘朝生分工负责资产管理、资源开发、离退休以及基建工作，分管党委（院长）办公室、国有资产管理处、资源开发部、离退休人员工作处。

其他领导分工不变。

7. 2010 年 3 月院领导分工

党委书记周明珠负责党委全面工作，分工负责组织、宣传、纪律检查工作，分管组宣部、纪检员。联系经济管理系。

院长张恩祥负责行政全面工作，分工负责人事、财务、审计和外事工作，分管人事处、财务处。联系信息与控制工程系。还代管教学工作，代管教务处、实践教学中心、公共基础课教学部、数字校园中心。

党委副书记赵艳霞分工负责学生、工会和教代会、体育以及思想政治理论课教学改革工作，分管学生工作部（处）、团委、工会、体育教学部（体委）。联系工程艺术系。

副院长林强分工负责科研和离退休人员管理工作，分管科研处、图书馆。联系生物医药系。

副院长罗晓惠分工负责后勤（基建除外）和国有资产管理、医疗卫生防控以及计划生育工作，分管行政管理处、国有资产管理处、医务室。联系工程管理系。

副院长刘朝生分工负责安全稳定、资源开发和基建工作，分管党政办公室、保卫处、培训中心（资源开发部）。联系中专科。

第二节 教学改革与发展

一、本科教育

（一）专业设置及调整

1. 专业设置

按照学校的办学定位和以应用为导向、以学科为支撑的本科专业建设指导思想，截至 2010 年，学院本科专业的设置涵盖了工学、管理学两大学科和材料类、电气信息类、土建类、化工与制药类、轻工纺织食品类、生物工程类、管理科学与工程类、工商管理类等八大二级学科，共 14 个专业。

表 4.2-1　2001—2010 年本科专业一览表

序号	专业名称	专业代码	学科门类	二级学科
1	材料科学与工程	080205	工学	材料类
2	工业设计	080303	工学	机械类
3	过程装备与控制工程	080304	工学	机械类
4	自动化	080602	工学	电气信息类
5	生物医学工程	080607	工学	电气信息类
6	建筑环境与设备工程	080704	工学	土建类
7	化学工程与工艺	081101	工学	化工与制药类
8	制药工程	081102	工学	化工与制药类
9	包装工程	081403	工学	轻工纺织食品类
10	生物工程	081801	工学	生物工程类
11	工程管理	110104	管理学	管理科学与工程类
12	工商管理	110201	管理学	工商管理类
13	会计学	110203	管理学	工商管理类
14	人力资源管理	110205	管理学	工商管理类

2. 专业调整

学院 2001 年共有 6 个普通本科专业，到 2010 年学院可招生的普通本科专业有 11 个，保持 10 年连续招生的专业为 4 个(分别是制药工程专业、材料科学与工程专业、人力资源管理专业和会计学专业)。

2001—2005 年，专业调整基本上在学院内部进行。一是改造专业方向，如过程装备与控制工程专业在 2002—2003 年设置了医药食品方向和自动化方向；化学工程与工艺专业在 2002 年和 2003 年设置了分析检测与环保方向；制药工程专业在 2002—2003 年设置了药剂师方向；材料科学与工程专业在 2002—2009 年设置了生物材料方向；工商管理专业在 2002 年设置了电子商务方向，在 2003—2004 年设置了市场营销方向等。二是新增专业，如学院面向北京市经济产业结构需求，到 2005 年共成功申办了 5 个本科专业，分别是人力资源管理专业、生物工程专业、包装工程专业、生物医学工程专业和会计学专业。专业数量从原有的 6 个增到 11 个。

按照北京市制定的"十五"延伸补充规划的要求和学校制定的 2003—2008 年的学科专业建设规划以及首都经济社会发展对各类人才的实际需求，2009 年学院专业调整步伐加大，涉及学校各学院间的专业整合和学院内的专业停招。2006—2010 年，学院有 6 个本科专业进行了调整。

2001—2010 年学院新增本科专业详见表 4.2-2。

表 4.2-2　2001—2010 年新增本科专业一览表

序号	专业名称	专业代码	学科门类	申办年度
1	人力资源管理	110205	管理学	2001
2	工程管理*	110104	管理学	2001
3	建筑环境与设备工程*	080704	工学	2001
4	生物工程	081801	工学	2002
5	工业设计*	080303	工学	2003
6	包装工程	081403	工学	2004
7	生物医学工程	080607	工学	2005
8	会计学	110203	管理学	2005

注：表中带*的专业为 2009—2010 年调整至学院的专业。

2001—2010 年学院专业调整情况详见表 4.2-3。

表 4.2-3　2001—2010 年专业调整情况一览表

序号	专业	专业调整情况
1	过程装备与控制工程	2009 年停止招生
2	化学工程与工艺	2009 年停止招生
3	工业设计	2009 年由机电学院调整至学院
4	建筑环境与设备工程	2009 年由机电学院调整至学院
5	工商管理	2010 年发文停办
6	工程管理	2010 年由管理学院调整至学院

3. 招生情况

2001—2010 年，各专业设置及招生情况见表 4.2-4。

表 4.2-4　2001—2010 年本科专业设置及招生情况一览表　　单位：人

招生年份 招生专业	2001	2002	2003	2004	2005	2006	2007	2008	2009	2010	合计
自动化(春招)				38	25						63
自动化						29	33	57	30	38	187
过程装备与控制工程	58			26	22	21	30				157
过程装备与控制工程(医药食品)		33	27								60
过程装备与控制工程(自动化)		31	21								52
建筑环境与设备工程									59	59	118
化学工程与工艺(精细化工)				22	26						48
化学工程与工艺(计算机应用)	74										74
化学工程与工艺(科技英语)	21	23									44
化学工程与工艺(环境保护)		27				28					55
化学工程与工艺(分析检测与环保)			34								34
化学工程与工艺							28				28
生物工程		62	62	55	47	50	54	54	58	56	498
生物医学工程					28	25	26	25	36	25	165
制药工程	58	31	35	57	47	52	49	57	59	60	505
制药工程(药剂师)		33	35								68
材料科学与工程	28									34	62
材料科学与工程(生物材料)		22	32	25	24	28	25	30	28		214
会计学					39	59	51	40	30	31	250
工商管理(会计学)	81	81	69	59							290
工商管理(电子商务)		33									33
工商管理(市场营销)			35	46							81

续表

招生年份 招生专业	2001	2002	2003	2004	2005	2006	2007	2008	2009	2010	合计
工商管理	85	59	45	47	72	56	51	58			473
工商管理(文)									32		32
工程管理										57	57
人力资源管理	87	69	69	30	41	56	39	57		63	511
人力资源管理(含文科)									59(含30)		59
包装工程				24	25					26	75
包装工程(包装设计)									32		32
工业设计									32	30	62
合计	492	504	464	429	396	404	386	378	455	479	4328

学院2006年开始招收高等职业教育升本科(简称"专升本")学生,招收专业和学生规模基本保持稳定。2006—2010年,人力资源管理、会计学2个专升本专业连续参加招生,学生都是单独编班上课;建筑环境与设备工程专业2009年开始招生,学生插普通本科班上课。从2010年开始,将专升本教育划入高等职业教育系列单独管理,设置了专业负责人。

表4.2-5 2006—2010年高等职业教育升本科专业设置及招生情况一览表 单位:人

招生年份 招生专业	2006	2007	2008	2009	2010	合计
人力资源管理	46	28	48	59	53	234
会计学	141	79	152	165	101	638
建筑环境与设备工程				8	13	21
合计	187	107	200	232	167	893

(二)教学基本建设

1.学科与专业建设

学院重视学科专业的发展,实施学科专业一体化建设。在学科建设方面,逐步将所有学科纳入到重点建设体系。学院强调以科学研究为动力,2001年开始实施"科研工作量"制度,鼓励教师投入科研活动,以科研促进学科建设。学院为教师从事科研活动搭建学科平台和提供硬件支持。到2010年,学院建立起校院两级学科建设体系。生物化工在2010年被遴选为校级重点学科;生物医学工程成为校级重点建设学科,并获得学科建设追加经费30万元。

在专业建设方面,学院立足凝练应用型专业方向,重点建设骨干特色专业。到2010年,在11个本科专业中,有1个市级特色专业,3个校级骨干(建设)专业,3个院级骨干(建设)专业,骨干特色专业占到招生专业总量的69.9%。学院还重视教学团队的建设和培育,建设了2个校级优秀教学团队。

2001—2010年学院院级及以上重点建设专业详见表4.2-6。

表 4.2-6　2001—2010 年院级及以上重点建设专业一览表

序号	专业代码	专业名称	学科门类	专业大类	重点建设级别
1	080704	建筑环境与设备工程	08 工学	0807 土建类	北京市级特色专业建设点(2009—今),校级骨干专业(2007—2010)
2	081102	制药工程	08 工学	0811 化工与制药类	市教委重点改造专业(2002—2005),校级骨干建设重点专业(2006—2009),校级骨干专业(2009—今)
3	081801	生物工程	08 工学	0818 生物工程类	校级骨干建设专业(2008—今)
4	080602	自动化	08 工学	0806 电气信息类	校级应用型本科建设专业(2006—2008),校级骨干建设专业(2008—今)
5	110205	人力资源管理	11 管理学	1102 工商管理类	院级重点本科建设专业(2003—2004)
6	080205	材料科学与工程	08 工学	0802 材料类	院级重点本科建设专业(2003—2004)
7	080304	过程装备与控制工程	08 工学	0803 机械类	院级重点本科建设专业(2003—2004)
8	080607	生物医学工程	08 工学	0806 电气信息类	校级新办本科专业(2008—今)

2001—2010 年学院校级优秀教学团队详见表 4.2-7。

表 4.2-7　2001—2010 年校级优秀教学团队一览表

团队名称	负责人	级别	评定年度
制药工程专业教学团队	林强	校级优秀教学团队培育项目	2008
制药工程专业教学团队	林强	校级优秀教学团队	2009
应用性本科自动化专业综合性实践课程——《工程训练》课程教学方法改革团队	曹辉	校级优秀教学团队	2008—2010

校级重点学科——生物化工学科简介:

生物化工学科于 2005 年在学院开始建设,当年被列为学校重点建设学科,2010 年被评为校级重点学科。

学科在 2004—2010 年,是学院的主体学科,对学院生物工程、制药工程、化学工程与工艺、生物技术、材料科学与工程及环境工程等相关专业的建设,起到了极大的支撑与促进作用。学科的研究领域是生物、化工及药学学科的交叉体现。在科学研究方面,以生物工程和制药工程技术研究为主,侧重于生物化工技术的工业化应用。以工程技术在天然药物研究、新型材料及药物载体研究、生物酶研究、基因与微生物研究中的应用为特色,形成了三个有特色的研究方向:天然活性成分提取分离的工业化过程;新型药物载体及材料;基因工程与微生物。拥有实验室面积 2000 平方米、中试车间 1000 平方米。仪器设备价值 1000 万元以上。在梯队建设方面,通过积极引进不同研究领域、科研水平较高的教师,形成了一支层次及知识结构合理的学科梯队,同时发挥其学科交叉优势,拥有一支素质较高,由化工、生物、材料、药学、化工机械等学科教师组成的科研队伍。截至 2010 年,拥有教授 9 名,博士 12 名,高级职称及以上教师 27 名。2001—2010 年,在国家核心期刊上发表的文章有 170 篇。在人才培养方面,学科与学校食品科学专业合作,自 2008 年起,每年培养一批有较高水平的硕士研究生,截至 2010 年共培养研究生 12 人。2004—2010 年,培养化学工程与工艺专业(精细化工、分析检测与环保)、生物工程专业、制药工程专业、材料科学与工程专业(生物材料等)4个专业的本科毕业生共1244人。在科研机构建设中,学科还建成了2个科研研究所:联大制药工程研究所和学院生物工程研究所。

校级重点建设专业简介如下。

(1) 制药工程专业

2008年被评为校级骨干专业。该专业依据北京市生物新医药高科技产业的需求,并在参与中国化工高等教育协会"十五"教育研究课题"制药工程本科专业建设研究"的基础上,制定了为首都制药企业培养具有解决实际工程问题能力的高级工程技术专门人才的培养目标。专业特色是以中药现代化生产技术的应用性人才培养为主,在课程体系中将现代工程技术用于中药生产及质量控制过程,在人才培养方案和课程内容中结合企业生产事例和实际工艺路线,强调理论结合实际。突出学生核心能力和实践能力的培养,实践教学的学时数超过总学时数40%。先后建立了与药学相关的4个实验室,还建有百草园中药基地、安国校外实习基地、同仁堂实习基地、双鹤药业实习基地及北京广安门医院药房实习基地等,与多家企业建立了规范稳定的产学合作关系。2010年与海南爱科制药有限公司开展校企产学研合作办学。获得多项市级和校级教学成果奖。

(2) 生物工程专业

2008年被评为校级骨干建设专业。该专业依据北京市生物新医药高科技产业的需求,承担和参与了包括国家973项目、863项目、北京市重点项目、北京市教委科技项目多项。2001年以来,陆续与北京同仁堂集团、北京双鹤药业等多家企业建立了规范稳定的产学合作关系,与北京化工大学生命科学与技术学院建立了生物炼制联合实验室,与北京市科研院理化分析测试中心在基因测序上开展了卓有成效的合作。培养的学生受到北京市生物医药企业的广泛欢迎。

(3) 自动化专业

2006—2008年是校级应用型本科建设专业,2008年被评为校级骨干建设专业。该专业依托北京市工业企业和信息产业,培养具有一定自动化专业基本理论知识和较强工程实践能力、在自动化领域生产一线从事自动控制系统设计、施工、运行、维护、管理工作或从事自动化产品研发、制造、工艺、销售、技术支持工作的现场工程师。该专业培养目标有以下两个特点:一是培养生产一线的现场工程师。所谓生产一线,是指中小企业(但不包括科技类中小企业)的工作岗位,或大型企业中除去设计、研发的其他工作岗位。二是在理论与实践的关系上,要求有"一定"的基本理论和"较强"的实践能力,把培养的重点放在了实践能力上。这既符合学校大众化高等教育学生的特点,也符合培养目标的定位。该专业与欧姆龙(中国)有限公司围绕着PLC技术开展了校企合作,建立了贴近生产实际的"北京联合大学欧姆龙测控技术实验室",为培养应用型人才奠定了基础。同时,先后完成多项市级、校级教研课题,并获得多项校级优秀教学成果奖。

2. 课程与教材建设

学院重视课程及教材建设,建立了市、校、院三级本科精品课程建设体系和国家、市、校、院四级精品(规划)教材建设体系。

课程建设方面,在重点做好公共基础课程建设的基础上,2001—2010年,学院加强院内重点课程群和重点课程建设。重点课程是全院的示范课程,其建设以培养具有较强创新精神和实践能力的高素质人才为最终目的,以提高课堂教学效果和学生学习质量为着眼点,体现了在学科专业建设和师资培养中的重要作用。学院用重点课程建设带动精品课程建设，着力培育、建设校级和市级精品课程，并以精品课程建设带动学院整体课程建设。2001—2010 年，学院本科课程共有 2 门评为校级精品课程。

根据学校《校级及以上精品课程网络教学资源建设的基本要求》，学院的一门本科精品课程完善了网络教学资源，对 6 个一级栏目——课程概况、课程内容授课教案、学习辅导、教学课件、参考资料、课程论坛，分别进行了教学资源划分和补充，形成了二级栏目，完成了一门课程的全程录像。

2001—2010 年学院院级及以上本科精品课程详见表 4.2-8。

表 4.2-8 2001—2010 年院级及以上本科精品课程一览表

序号	课程名称	负责人	项目类别	精品课程级别	备注
1	21 世纪大学英语	冯 玲	2002 年校级第一批建设项目(2002—2004)		
2	物理化学	黄小葳	2002 年校级第一批建设项目(2002—2004)		
3	管理学	李 萍	2002 年校级第一批建设项目(2002—2004)		
4	集散控制系统 DOS 本科精品课程建设项目	归文昌	2002 年校级第一批建设项目(2002—2004)		
5	制药工艺学	林 强	2002 年校级第一批建设项目(2002—2004)		
6	可编程控制器	曹 辉	校级二期精品课程建设项目(2003—2005)		
7	暖通空调施工技术与组织管理	张恩祥		2007 年校级精品课程	
8	人力资源管理	刘凤霞		2009 年校级精品课程	
9	审计学	李俊林	2008 年院级建设项目		2009 年结题
10	电机拖动及其控制技术	曹 辉	2008 年院级建设项目		2010 年结题
11	化工原理	刘红梅	2008 年院级建设项目		2009 年结题
12	经济学	穆红莉	2006 年院级建设项目		2007 年结题
13	无机与分析化学	赵玉娥	2005 年院级建设项目		2007 年结题
14	单片机原理及应用	杭和平	2005 年院级建设项目		2007 年结题
15	人力资源管理	王宝华	2005 年院级建设项目		2007 年结题

2001—2010 年学院院级本科重点建设课程详见表 4.2-9。

表 4.2-9 2001—2010 年院级本科重点建设课程一览表

序号	课程名称	负责人	立项时间/年	备注
1	控制原理	王 暄	2003	2004 年结题
2	数学	刘桂清	2003	2004 年结题
3	有机化学	彭兆快	2003	2004 年结题
4	管理学	李 萍	2003	2004 年结题

续表

序号	课程名称	负责人	立项时间/年	备注
5	电子技术	李秉权	2003	2004 年结题
6	化工原理	刘红梅	2003	2004 年结题
7	经济学	陈雄鹰	2003	2004 年结题
8	工程流体力学	韩国军	2010	
9	电工与电子技术 A	张念鲁	2010	
10	单片机原理及应用	杭和平	2010	
11	工程生理学	朱月莲	2010	
12	电机拖动及其控制技术	王　暄	2010	
13	建筑设备自动化	李春旺	2010	
14	暖通空调施工技术与组织管理	丁容仪	2010	
15	化工原理	刘红梅	2010	
16	药理学	葛喜珍	2010	
17	生物化学	赵　伟	2010	
18	生物工艺学	龚　平	2010	
19	审计学	李俊林	2010	
20	市场营销	陈雄鹰	2010	
21	包装结构设计与制作	张媛媛	2010	
22	人机工程学	张慧姝	2010	
23	建筑施工组织	李月琴	2010	
24	大学英语	张晓东	2010	

在教材建设方面，学院每年都开展各专业教材建设活动，2006—2010 年学院启动了院级教材建设工作，鼓励教师编写适应社会需求和应用性人才培养的本科讲义及本科教材。通过专家评审，筛选并立项了 19 部教材作为院级精品教材建设。同时，在优秀教材评奖和重点建设教材资助等方面取得了一些成果。2001—2010 年，学院共有 6 部教材(适用本科)被评为国家级规划教材，4 部教材(适用本科)被评为北京市级精品教材，5 部教材(适用本科)被评为校级精品教材(见表 4.2-10 和表 4.2-11)。2001—2010 年，学院教职工共出版了 127 部教材(见表 4.2-12)。

表 4.2-10　国家级规划教材一览表

序号	教材名称	适用专业	主编	立项时间/年
1	Visual Basic. NET 程序设计案例教程	非计算机	张恩祥	2007
2	墙面装饰工程施工技术	工程管理	蔡　红	2008
3	建筑装饰工程招投标与合同管理	工程管理	蔡　红	2008、2010
4	基础化学(第 2 版)	化学工程与工艺	赵玉娥	2009
5	财务报表分析(第 2 版)	会计学	周　凤	2009
6	墙面装饰构成与工艺技术	工程管理	蔡　红	2010

表 4.2-11　院级及以上精品教材立项项目一览表

序号	项目名称	主编	级别	立项时间/年
1	基础化学及基础化学实验	赵玉娥	市级精品教材建设立项项目	2001
2	可编程控制器原理及应用	曹　辉	市级精品教材建设立项项目 校级精品教材立项项目	2002 2002
3	Visual FoxPro 程序设计	刘　丽	市级精品教材建设立项项目	2009
4	蛋白质工程简明教程	黄迎春	市级精品教材建设立项项目 校级精品教材立项项目 院级精品教材立项项目	2009 2009 2010
5	人力资源管理	王宝华	校级精品教材立项项目	2002
6	计算机控制技术及应用	曹　辉	校级精品教材立项项目	2003
7	制药装备及工程设计	张明贤	校级精品教材立项项目	2003
8	计算机辅助设计——AutoCAD 机械设计实用教材	宋爱荣	院级精品教材立项项目	2006
9	中药材概论	权奇哲	院级精品教材立项项目	2006
10	现代控制理论与技术基础	曹　辉	院级精品教材立项项目	2006
11	药物分离技术	冯淑华	院级精品教材立项项目	2006
12	蛋白质工程理论与实践	黄迎春	院级精品教材立项项目	2006
13	《Visual FoxPro 程序设计》案例教程	刘　丽	院级精品教材立项项目	2006
14	电机拖动及其控制技术	曹　辉	院级精品教材立项项目	2008
15	大学计算机基础教程	潘志红	院级精品教材立项项目	2008
16	Visual FoxPro 程序设计实用教程实验与习题指导	刘　丽	院级精品教材立项项目	2008
17	西方经济学	穆红莉	院级精品教材立项项目	2008
18	数据库基础教程 SQLserver	刘　丽	院级精品教材立项项目	2010
19	制药工程实践能力培养实验实训教材	林　强	院级精品教材立项项目	2010
20	合成高分子材料应用	叶　晓	院级精品教材立项项目	2010
21	会计制度设计实务	邵俊波	院级精品教材立项项目	2010
22	人力资源管理心理学	许明月	院级精品教材立项项目	2010
23	建筑施工组织课实训教材	李月琴	院级精品教材立项项目	2010
24	工程造价与管理	蔡　红	院级精品教材立项项目	2010
25	现代大学体育教程	张美娟	院级精品教材立项项目	2010

表 4.2-12　2001—2010 年教师编写出版的教材一览表(含高职)

序号	教材名称	教师姓名	出版社	出版年
1	自我的根源：现代认同的形成	乔春霞	译林出版社	2001
2	20 世纪西方历史哲学	乔春霞	北京师范大学出版社	2003
3	大学英语模拟试题集(高等专科 A 级)	李海霞	中国社会科学出版社	2003
4	大学英语模拟试题集(答案与注释)	高　炯	中国社会科学出版社	2003
5	大学英语模拟试题集	高　炯	中国社会科学出版社	2003
6	全国一级建造师执业资格考试复习题集与综合案例分析	郭　霞	清华大学出版社	2004

续表

序号	教材名称	教师姓名	出版社	出版年
7	工程造价管理	郭　霞	清华大学出版社 北京交通大学出版社	2005
8	中国企业竞争力报告(2005)	李新娥	社会科学文献出版社	2005
9	中华本草·苗药卷	张　元	贵州科技出版社	2005
10	现代管理原理与运作	冯　琨	经济管理出版社	2005
11	建筑装饰工程招投标与合同管理	郭　霞	高等教育出版社	2005
12	现代管理原理与运作	李新娥	经济管理出版社	2005
13	现代方剂学	张　元	中国中医古籍出版社	2006
14	执行一定有方法	冯　琨	人民邮电出版社	2006
15	中国企业竞争力报告——创新与竞争(2006)	李新娥	社会科学文献出版社	2006
16	二八法则说口语 CET-4/6	齐春平、 李健莉(外校)	世界图书出版公司	2006
17	信息系统项目立项规划风险管理	范京岩	中国大百科全书出版社	2006
18	中国企业竞争力报告——赢利能力与竞争力(2007)	李新娥	社会科学文献出版社	2007
19	给新员工的58条职业忠告	彭莹莹	机械工业出版社	2007
20	会计模拟实务	詹细明	机械工业出版社	2007
21	物流企业内部控制	韩瑞宾	中国工商出版社	2007
22	中等职业学校规划教材物理化学	李颖、白彦丽、 庄宏鑫(外校)	化学工业出版社	2007
23	建筑装饰工程招投标与合同管理	郭　霞	高等教育出版社	2007
24	中药材概论	张　元	化工出版社	2007
25	审计学(第二版)	刘　莹	中国财政经济出版社	2007
26	审计学	李俊林	中国财政经济出版社	2007
27	审计学(第一版)	周　凤	中国财政经济出版社	2007
28	C#.NET课程设计指导	龚自霞 潘志红	北京大学出版社	2008
29	VB.NET课程设计指导	潘志红	北京大学出版社	2008
30	ASP.NET课程设计指导	潘志红 龚自霞	北京大学出版社	2008
31	我身边的教师	孙克民	香港文化中国出版社	2008
32	会计模拟实务(第一版)	周　凤	机械工业出版社	2008
33	会计模拟实务	俞　娜	机械工业出版社	2008
34	市场营销学	刘现伟(外校)、 张　璋	经济管理出版社	2008
35	思想政治理论课教学改革研究	乔春霞	中国广播电视出版社	2008
36	中国企业竞争力报告——企业成本与竞争力	李新娥	社会科学文献出版社	2008
37	精细化工工艺学	马榴强、何江川、 谢飞、程艳玲、 李若慧、叶晓	化学工业出版社	2008

续表

序号	教材名称	教师姓名	出版社	出版年
38	国家象棋技巧	罗　文	中国社会出版社	2008
39	中国新型工业化：历史与现实的选择	白云伟	山西经济科学出版社	2008
40	2008《建设工程项目管理》	郭　霞	机械工业出版社	2008
41	Visual FoxPro 程序设计案例教程	刘　丽	中国铁道出版社	2008
42	单片机原理与应用	杭和平、杨芳、谢飞	机械工业出版社	2008
43	2008 建设工程经济	郭　霞	机械工业出版社	2008
44	信息管理系统项目成功技术方案	范京岩	中国大百科全书出版社	2008
45	产品生命周期管理——21 世纪企业制胜之道	俞　娜	机械工业出版社	2008
46	市场营销导论：原理与实践	陈雄鹰、汪昕宇、王瑞丰	北京航空航天大学出版社	2008
47	国有商业银行国有资本退出问题研究	汪昕宇	冶金工业出版社	2008
48	审计基础与实务	程旭阳	东北师范大学出版社	2008
49	人力资源管理	王宝石、刘凤霞、李晨、许明月、范京岩、房宏君、刘瑛、穆红莉	机械工业出版社	2008
50	贵州十大苗药研究	张　元	中国中医古籍出版社	2008
51	水处理工程	韩永萍	中国环境科学出版社	2008
52	舞蹈鉴赏	马健昕	对外经济贸易大学出版社	2008
53	组态软件技术及应用	耿瑞芳	电子工业出版社	2009
54	中国企业社会责任研究报告(2009)	李新娥	社会科学文献出版社	2009
55	财务报表分析	周　凤	机械工业出版社	2009
56	环境艺术设计手绘表现技法	刘　芳	清华大学出版社	2009
57	学生体质健康与科学健身指导	张美娟	北京燕山出版社	2009
58	美国业主协会运作指南	雷霞、王婧菁、王浩宇	上海社会科学院出版社	2009
59	中国企业竞争力报告——金融危机与企业战略	李新娥	社会科学文献出版社	2009
60	名片 2009 姚学兵	姚学兵	河北美术出版社	2009
61	首都体制下的北京规划建设管理	刘晓云	中国建筑工业出版社	2009
62	ACCESS 数据库案例教程	刘　丽	机械工业出版社	2009
63	成本会计与实务	程旭阳	清华大学出版社	2009
64	2009 建设工程法规及相关知识	郭　霞	机械工业出版社	2009
65	AutoCAD 机械设计实用教程	宋爱荣、赵慧娟、张　翔	机械工业出版社	2009
66	2009 建设工程经济	郭　霞	机械工业出版社	2009
67	2009 建设工程项目管理	郭　霞	机械工业出版社	2009
68	国际资本流动新趋势及其对中国经济的影响	陈雄鹰	中央民族大学出版社	2009

续表

序号	教材名称	教师姓名	出版社	出版年
69	Visual FoxPro 程序设计习题集及实验指导(第二版)	刘　丽	中国铁道出版社	2009
70	Visual FoxPro 程序设计实用教程	刘　丽	电子工业出版社	2009
71	Visual FoxPro 程序设计(第 2 版)	刘　丽	中国铁道出版社	2009
72	药物分离纯化技术.1	霍　清	化学工业出版社	2009
73	药物分离纯化技术.2	刘红梅	化学工业出版社	2009
74	药物分离纯化技术	韩永萍	化学工业出版社	2009
75	审计实务	周　凤	机械工业出版社	2009
76	Visual FoxPro 数据库应用技术	刘　丽	机械工业出版社	2009
77	蛋白质工程简明教程	黄迎春、冀颐之、赵有玺	化学工业出版社	2009
78	微积分(简明版)	刘忠礼	中国人民大学出版社	2009
79	暖通空调安装工程施工与组织管理	丁容仪、楚文军、李春旺	中国电力出版社	2009
80	Visual FoxPro 数据库应用技术习题与实验指导	刘丽、宋旭明	机械工业出版社	2009
81	新编经济法教程	刘慧勇	首都经济贸易大学出版社	2009
82	三维动画制作应用	刘芳、张媛媛、申秋燕	电子工业出版社	2009
83	高等数学(上册)	张　洪	中国电力出版社	2009
84	Microsoft Office Excel 2003 专业级认证教程	刘　丽	中国铁道出版社	2009
85	橡胶炼胶工	王梅丽、马东卫、胡浚、王宗意	化学工业出版社	2009
86	1949 历史选择了共产党	刘晓云	山西人民出版社	2009
87	西方经济学	穆红莉、周凤、牛晓耕(外校)、李晨、李新娥、王宝石、马慧景(外校)	清华大学出版社	2010
88	包装设计	刘芳、张媛媛	清华大学出版社	2010
89	中国企业竞争力报告.金融危机冲击下的企业竞争力	李新娥	社会科学文献出版社	2010
90	建筑设备自动化	李春旺、罗新梅(外校)、田沛哲、张柳(外校)	华中科技大学出版社	2010

续表

序号	教材名称	教师姓名	出版社	出版年
91	中药提取分离新技术	冯淑华、李可意	科学出版社	2010
92	审计实务	程旭阳	清华大学出版社	2010
93	现代控制技术	赵慧娟	中国轻工业出版社	2010
94	企业社会责任和企业绩效	李新娥	经济管理出版社	2010
95	新中国生产力实践的哲学反思	许晓平、宋保仁(外校)	中国广播电视出版社	2010
96	欧姆龙 PLC 应用系统设计实例精解	霍　罡	电子工业出版社	2010
97	药理学	葛喜珍	华东理工大学出版社	2010
98	人力资源管理心理学	许明月	经济科学出版社	2010
99	高校体育与拓展训练	张美娟、申秋燕	北京燕山出版社	2010
100	色彩构成及应用	张佳宁、张媛媛	清华大学出版社	2010
101	2010 建设工程法规及相关知识	郭　霞	机械工业出版社	2010
102	2010 建筑工程管理与实务	郭　霞	机械工业出版社	2010
103	市场经济条件下社会诚信与青年诚信的构建	郭亚莉	吉林大学出版社	2010
104	电子商务(第二版)	李　伟	清华大学出版社	2010
105	立体构成及应用	张佳宁、张媛媛、刘　芳	清华大学出版社	2010
106	转型喧哗重建——1990 年代以来当代文学批评研究	薛红云	中国文联出版社	2010
107	BFT 写作教程	李金屏	机械工业出版社	2010
108	谁还在背单词新 IELTS 词汇	李金屏	机械工业出版社	2010
109	谁还在背单词新 TOEFL 词汇	李金屏	机械工业出版社	2010
110	BFT 词汇短语教程	李金屏	机械工业出版社	2010
111	BFT 阅读理解教程	李金屏	机械工业出版社	2010
112	BFT 模拟试题集	李金屏	机械工业出版社	2010
113	谁还在背单词 CET. 6 词汇	李金屏	机械工业出版社	2010
114	谁还在背单词 CET. 4 词汇	李金屏	机械工业出版社	2010
115	BFT 听力理解教程	李金屏	机械工业出版社	2010
116	电机拖动及其控制技术	王暄、曹辉、马永华	中国电力出版社	2010
117	旅游心理学	李　伟	清华大学出版社	2010
118	管理会计	杨春兰	中央广播电视大学出版社	2010
119	基础会计	郭明曦、周凤	机械工业出版社	2010
120	高新技术企业 R&D 人员绩效评价与激励方法研究	刘凤霞	天津大学出版社	2010
121	大学英语 6 级考试阅读高分特训	李金屏、张晓东	吉林出版集团有限责任公司	2010
122	计算机应用基础实例教程(第 2 版)	张春艳	清华大学出版社	2010

续表

序号	教材名称	教师姓名	出版社	出版年
123	纳税实务	周凤、贾丽智、刘莹、李俊林	北京交通大学出版社	2010
124	概率论与数理统计	张　洪	中国电力出版社	2010
125	线性代数	张　洪	中国电力出版社	2010
126	710分高分攻略.六级词汇	任　颂	机械工业出版社	2010
127	710分高分突破.四级词汇	任　颂	机械工业出版社	2010

3. 实践教学建设

学院在实践教学建设上不断加大投入和资源整合力度,逐步实现了实验室的统一管理和校内外实践教学基地建设的相互结合,为培养应用型人才提供了环境和硬件支持。除按教学计划正常下拨实践教学经费外,在2004—2008年,国家和北京市还以中央与地方共建、教育专项经费等多种形式下拨实验室建设经费,加强了学院实验室的硬件和软件建设,提高了实验室资源的利用率,对实践教学起到了极大促进作用。

2010年学院设立了实践教学中心,下设多个系级实践教学分中心并涵盖各个功能实验室,使学院实验室的建设从分散到整体。2001—2010年学院已建成17个校外人才培养实践基地(见表4.2-13)。

表4.2-13　2001—2010年校外实践教学基地建设一览表

序号	实践教学基地名称	面向专业	签约时间/年
1	北京住总集团	人力资源管理、工商管理	2000
2	欧姆龙(中国)有限公司	计算机应用与控制	2002
3	北京结核病胸部肿瘤研究所	生物工程	2004
4	中国食品发酵工业研究所	生物工程	2005
5	北京中科新拓仪器有限责任公司	自动化、过程装备与控制工程	2005
6	北京超思电子有限责任公司	自动化、过程装备与控制工程	2005
7	中国人民解放军武装警察部队总医院	制药工程	2005
8	北京大学航天中心总医院	制药工程	2005
9	中国中医研究院广安门医院	制药工程	2006
10	北京双鹤高科天然药物责任有限公司	制药工程	2006
11	中国石油化工股份有限公司北京燕山分公司	化学工程与工艺	2006
12	北京仲量联行物业管理服务有限公司	建筑环境与设备工程	2006
13	北京世邦魏理仕物业管理服务有限公司	物业管理	2007
14	北京古船油脂有限责任公司	生物工程	2009
15	丹顿(北京)会计师事务所有限公司	会计学	2010
16	北京四研电子仪表技术开发有限公司	生物医学工程	2010
17	北京鹭岛自动化工程公司	自动化	2010

学院注重学生实践能力的培养,在每年的学生毕业设计(论文)工作中,严格申报课题、选题、下达任务书、开题、中期答辩及检查、初次答辩、二次答辩等各个环节,以提高毕业设计(论文)的质量。2001—2010年,学院共有39篇毕业论文获得校级优秀论文(见表4.2-14)。

表 4.2-14 2001—2010 年校级本科生优秀毕业论文及获奖论文一览表

序号	论文题目	学生姓名	指导教师	获奖级别	获奖时间/年
1	浅析企业多元化经营及应用	李 珊	陈雄鹰	校一等奖	2004
2	盐酸哌唑嗪缓释技术的研究	李 霞	林 强	校三等奖	2004
3	我国会计信息市场与会计信息管制问题的研究	冯娟娟	杨春兰	校三等奖	2004
4	SP825 型大孔吸附树脂分离纯化苦参碱的研究	张雪娟	霍 清	校一等奖	2005
5	榄香烯脂质体的制备及其包封率的研究	赵 明	林 强	校三等奖	2005
6	超临界提取杠板归的研究与分析	梁 卓	龚 平	校三等奖	2005
7	北京部分高校人力资源管理专业的比较研究	高冠华	王宝石	校三等奖	2005
8	乌头中有效止痛成分的提取及脂质体的制备	于春婷	林 强	校一等奖	2006
9	基于单片机的无线通讯	邢眸韬	杭和平	校二等奖	2006
10	重组人干扰素——β生物学活性测定方法的建立与应用	张夕燕	张振龙	校二等奖	2006
11	检测甲型流感病毒的 ELISA 方法的建立	彭 珊	徐 静	校二等奖	2006
12	JAK2-STAT3 信号通路在 MCA-38 细胞增殖和免疫逃逸中的关键作用	李佳怡	田志刚	校三等奖	2006
13	腺样囊性癌细胞培养上清中神经营养因子的分离纯化	石婧宇	赵 伟	校一等奖	2007
14	蛙卵核糖核酸酶的纯化及结构和酶学性质的研究	马晓宇	赵 伟	校一等奖	2007
15	基于高级指令的机械手示教控制程序设计	何 英	霍 罡	校二等奖	2007
16	SOD-EC 微胶囊的性能与结构表征	焦 健	龚 平	校二等奖	2007
17	P(NIPA-g-壳聚糖)共聚水凝胶的温/pH 敏感性能和药物释放性能	冯智逵	何江川	校二等奖	2007
18	产壳聚糖酶菌株的酶活测定	张木天	赵有玺	校三等奖	2007
19	壳聚糖-明胶替硝唑口腔膜剂的制备	周雪婷	李若慧	校三等奖	2007
20	不同采收期的黄芩药材中黄芩苷、黄芩素、汉黄芩素的含量测定	许劭博	李 化	校三等奖	2007
21	超滤分离纯化灰树花多糖的工艺研究	王 淼	刘红梅	校三等奖	2007
22	企业文化对知识型员工激励作用的研究与探析	李 旻	辛继雄	校三等奖	2007
23	娃哈哈品牌延伸的启示	李 婷	陈雄鹰	校三等奖	2007
24	预测癫痫发作的心电信号记录及数据分析	王江楠	刘献增	校级	2009
25	少根根霉原生质体的制备及转化	果 冉	冀颐之	校级	2009
26	聚乳酸的增韧增塑	李世君	何江川	校级	2009
27	京客隆垡头店与乐购欢乐谷店价格策略对比分析	韩 笑	穆红莉	校级	2009
28	经济周期下行背景下北京房地产企业发展中的问题分析	齐 雪	汪昕宇	校级	2009
29	上市公司财务报表分析	张 凯	杨春兰	校级	2009
30	某医疗机构人力资源压力管理体系建设探讨	王 欢	王宝石	校级	2009
31	数字化艺术手段在包装设计中的应用——刀叉勺的礼品包装	曲忆丽	刘芳	校级	2009
32	基于 EON 的虚拟现实技术及其应用——虚拟 CT 室的设计与制作	邢 辉	张 罡	校级	2010
33	林蛙核糖核酸酶高效表达的研究	吴 琼	赵 伟	校级	2010
34	原花青素微乳的制备及质量评价	曹 颖	冯淑华	校级	2010
35	上市公司社会责任信息披露问题研究——以北京部分上市公司为例	许梦蕊	周 凤	校级	2010
36	作业成本法在物业管理企业的应用性研究——以北京起胜物业管理有限公司为例	李 超	王彦芳	校级	2010
37	溶剂沉淀法分离纯化牛源 SOD 的工艺研究	李 超	龚 平	校级	2010
38	消费者视角下的网络营销注意力经济分析——以卓越网图书网络营销为例	唐 辰	汪昕宇	校级	2010
39	北京欢乐谷维吉奥商业广场店铺布局分析	李璞玉	穆红莉	校级	2010

4. 教学管理制度建设

学院不断完善教学管理制度,积极探索校、院、系三级教学管理体系的建设。从2005年开始,教学管理制度建设由学院自主制定各类教学管理文件,变为在学校总体管理制度框架下制定学院一级的实施细则。2006年,学院对原有院级教学管理制度进行了全面梳理,编制了教学管理文件汇编,涵盖专业建设管理、培养计划管理、课程建设管理、教材建设管理、学生学籍管理、教师教学管理、实践教学管理、教学质量监控管理、教学研究管理等所有教学管理环节。从2009年开始,在学校统一安排下,利用"正方教务管理信息系统"进行教学管理,使系一级教学管理职能软件化,学院一级教学管理职能进一步强化,教学管理更加规范、科学。

学院重视教学质量和教学督导工作,建立了教学督导专家听课、领导干部听课、学生评教制度并有效实施。特别是2002年,学院聘请重点高校的知名专家学者、教授自选时间、自选课程、自选教师,进校听课检查,对学院的课堂教学进行了一次总体把脉和诊断,为学院教学督导体系建立打下了基础。2002年以后,学院坚持每年聘任院内督导专家进行听课、教学项目咨询、评审等。2006年以后,督导专家组成基本以院内退休正高职教师为主。

学院重视教学经验的总结和推广,除了建立日常教学工作例会制度外,从2002年开始,还每年召开一次全院教学工作会,总结上一年度教学工作,布置下一阶段教学工作重点。

(三)教育教学改革与发展

1. 人才培养模式改革

学院积极开展教学改革研究,不断探索应用型人才培养模式。2001年启动,2002年自主完成了2002版教学计划制(修)订工作,编制了2002版教学计划汇编和课程简介汇编。在学校统一部署下,2003年又完成了2003版培养计划制(修)订工作,并在2004年和2005年分别对2004级、2005级培养计划进行修订,分专业(含公共课)编制了2004版教学一览,将课程教学大纲、课程简介、教师简介分别收录其中。2008年完成2007版培养计划制(修)订工作。经过三次修订教学计划,学院的应用型人才培养目标越来越清晰,人才培养定位越来越细化,在总学分和总学时基本保持稳定的前提下,选修课比例和实践教学环节比例逐步增加,教学周数从2002级的17周压缩到2005级的15周,增加了2周集中实践教学环节,并从2007版开始,以培养专业应用能力为核心构建培养计划和课程体系。适应北京"绿色首都"建设,学院建立了以工为中心、以管和艺为两翼的教育教学体系,以培养适应首都文明发展需要的现代服务业复合应用型人才。

2. 教育教学改革研究

学院鼓励教师进行教育教学改革,设立了院级教育教学改革项目,为教师申报上级教育教学改革项目创造条件。"高等教育大众化背景下的工科技术应用性创新人才培养模式研究",2010年被列为联大教育规划重点课题;"过程装备与控制工程重点改造专业"与"制药工程重点改造专业",2002年被列为北京市教育委员会规划课题;"中草药综合实习野外实习基地建设——河北安国中药材集散地"与"北京联合大学奔驰-戴姆勒克莱斯勒汽车有限公司实践教学基地",被学校列为2007年教学质量与教学改革工程实践教学项目中校外示范性实践教学基地建设项目;"实践教学改革"等24个项目分别被列为2003年(7项)、2005年(4项)、2006年(2项)、2007年(6项)、2009年(3项)、2010年(2项)校级教改课题或校级教育规划课题。另外，学院先后在2003年(14项)、2004年(6项)、2005年(7项)、2006年(9项)、2008年(22项)设立了5批共计58项院级教育教学改革项目。

2001—2010年学院获校级及以上教育教学研究项目情况详见表4.2-15。

表4.2-15 2001—2010年校级及以上教育教学研究项目一览表

项目名称	项目来源	级别	立项时间/年	结题时间/年	负责人	职称	经费/万元	备注
制药工程专业课程体系改革项目	北京联合大学	校级	2002	2006	林强	教授	6	
过程装备与控制工程重点改造专业	北京市教育委员会	市级	2002	2005	张明贤	副教授	10	
制药工程重点改造专业	北京市教育委员会	市级	2002	2005	林强	教授	10	
教学计划的制定(教学管理研究)	北京联合大学	校级	2002	2003	于深	副研究员	0.2	
综合性和设计性基础化学实验的开发与实践	北京联合大学	校级	2003	2004	赵玉娥	教授	3	
药物制剂创新性\综合性实验设计与实施	北京联合大学	校级	2003	2004	冯淑华	教授	3	
物理化学综合性实验设计及CAI课件制作	北京联合大学	校级	2003	2004	于春洋	教授	3	
分子生物学双语教学的教学研究与实践	北京联合大学	校级	2003	2005	赵伟	教授	3	
材料科学与工程(生物材料)专业综合实验	北京联合大学	校级	2003	2004	马榴强	教授	2	
人力资源管理专业学生综合实践能力的培养	北京联合大学	校级	2003	2004	王宝石	副教授	2	
过程控制综合性开放性实验室的建设	北京联合大学	校级	2003	2004	曹辉	高工	2	
技术应用型人才培养目标定位与市场营销专业实验室模拟教学改革	北京联合大学	校级	2005	2006	王宝华	副教授	0.3	
基础化学实验新的教学体系和教学模式的研究、建设与实践	北京联合大学	校级	2005	2006	赵玉娥	教授	0.3	
《Visual Foxpro程序设计》教材建设研究	北京联合大学	校级	2005	2005	刘丽	副教授	1	
对人力资源管理专业进行双证书教育的探索	北京联合大学	校级	2005	2005	王宝华	副教授	1.5	
《工程制图》多媒体教学的改革及电子模型的开发	北京联合大学	校级	2005	2006	宋爱荣	副教授	0.4	
VB及C语言课程教学与考核方法的研究与实践	北京联合大学	校级	2005	2006	曹辉	教授级高工	0.4	
应用性本科实验实训基地建设	北京联合大学	校级	2006	2006	孙建京	教授	3	

续表

项目名称	项目来源	级别	立项时间/年	结题时间/年	负责人	职称	经费/万元	备注
百草园及野外实习基地建设	北京联合大学	校级	2006	2006	林　强	教授	2.5	
应用型本科专业教学改革——自动化专业	北京联合大学	校级	2006	2006	曹　辉	教授级高工	2.5	
制药工程技术应用性人才培养研究	北京联合大学	校级	2006	2009	林　强	教授	3	
应用型本科自动化专业建设	北京联合大学	校级	2006	2008	曹　辉	教授级高工	3	
应用型本科自动化专业教学改革研究与实践	中国高等教育学会		2006	2008	曹　辉	教授级高工		自筹
制药工程学生实践与创新能力培养模式研究	北京联合大学	校级	2007	2009	林　强	教授	3	
应用性本科综合性实践课程——《工程训练》课程教学方法的研究	北京联合大学	校级	2007	2009	曹　辉	教授级高工	1	
学生课外科技活动与创新能力培养的研究	北京联合大学	校级	2007	2009	龚　平	教授	1	
应用型大学教学体系研究与实践	全国化工高教学会		2007	2008	孙建京	教授	学院配套经费0.5	自筹
基于教育部自动化教指委《专业规范》应用型大学自动化专业实践教学体系的研究与实践	北京联合大学	校级	2007	2008	曹　辉	教授级高工	8	
基于Gmp的“制药工程设计”综合能力课程的开发	北京联合大学	校级	2007	2008	冯淑华	教授	8	
基于劳动部《可编程序控制系统设计师国家职业标准》综合职业能力训练环节建设	北京联合大学	校级	2007	2008	霍　罡	副教授	8	
中草药综合实习野外实习基地建设——河北安国中药材集散地	北京联合大学	校级	2007	2008	林　强	教授	5	
制药工程学生实践与创新能力培养模式研究	北京联合大学	校级	2008	2008	林　强	教授	1	2008年滚动资助项目
基于劳动部《可编程序控制系统设计师国家职业标准》综合职业能力训练环节建设	北京联合大学	校级	2008	2008	霍　罡	副教授	2	

续表

项目名称	项目来源	级别	立项时间/年	结题时间/年	负责人	职称	经费/万元	备注
会计专业本科毕业设计应用性改革	北京联合大学	校级	2009		程旭阳	讲师	1	
应用型大学非英语专业本科生学习策略与英语阅读教学研究	北京联合大学	校级	2009		罗首元	讲师	1	
探索构建全方位监控的本科教学质量保证体系	北京联合大学	校级	2009		张明贤	副教授	2	含院内1万元
人力资源管理(专接本)专业课程体系建设研究	北京联合大学	校级	2009	2010	李　晨	讲师	1	
工程与管理相结合,构建培养现代服务业复合应用性人才的培养模式	北京联合大学	校级	2009		张恩祥	教授	3	
应用型大学毕业生就业初期继续教育需求分析和培训项目研发及推广	北京联合大学	校级	2009		杨建兰	副教授	1	
(北京市级特色专业建设点)建筑环境与设备工程	北京联合大学	校级	2009		张恩祥	教授	2	
《人力资源管理》校级精品课程	北京联合大学	校级			刘凤霞	讲师		
高等教育大众化背景下的工科技术应用性创新人才培养模式研究	北京联合大学	教育科学规划	2010		张恩祥	教授	1.5	
北京仲量联行物业管理服务有限公司人才培养基地	北京联合大学	校级	2010		张恩祥	教授		校外人才培养基地
合计							111.6	

3. 教育教学成果及奖励

2001—2010年,学院共有17个本科教育教学成果获得了校级教育教学成果奖(见表4.2-16)。

表4.2-16　2001—2010年校级教学成果获奖项目一览表

序号	成果题目	获奖者姓名	获奖级别	获奖时间/年
1	基于产学合作的高职教学模式研究	曹辉、霍罡	一等奖	2004
2	高职教育化学课程内容体系、建设的研究与实践	赵玉娥、徐雅君、黄小葳	二等奖	2004
3	教学质量监控体系的建设与实施	张明贤、张爽、于深、王浩	二等奖	2004
4	用教学信息化促进教学管理上水平	于深、王浩、高音	三等奖	2004
5	建设特色信息资源,全面提升教学服务水平	王玮、薛文静、魏靖、万坤	三等奖	2004

续表

序号	成果题目	获奖者姓名	获奖级别	获奖时间/年
6	《可编程序控制器》应用性教学研究与实践	曹辉、霍罡、杭和平、谢飞、李志娟	一等奖	2006
7	应用型大学教学体系研究与实践	于深、王浩、程红霞	二等奖	2006
8	制药工程专业实践性教学建设	林强、冯淑华、葛喜珍、彭兆快、霍清	二等奖	2006
9	制药工程专业校外实习基地建设	林强、葛喜珍、张元、权奇哲、霍清	一等奖	2008
10	思想政治理论课教学改革研究	许晓平、郭亚莉、李秀芝、刘晓云、乔春霞	二等奖	2008
11	《工程制图》多媒体教学的改革及电子模型的开发	宋爱荣、赵慧娟、于海兰、张翔、王长军	二等奖	2008
12	.NET 环境下案例教学与实践(教材)	潘志红、龚自霞	三等奖	2008
13	“暖通空调自控”核心课程体系与特色课程的创新实践	李春旺、田沛哲、霍罡、陈福祥、吴义民	一等奖	2010
14	计算机控制技术专业依托国家职业标准的实践教学体系改革与创新	霍罡、李志娟、陈惠荣、高文习、任慧荣	一等奖	2010
15	本科自动化专业综合性实践课程——“工程训练”的建设	曹辉、王暄、马栋萍、霍罡、马永华	二等奖	2010
16	基于工程背景的“暖通空调施工组织与管理”一体化课程改革	丁容仪、李春旺、楚文军、皮伟、朱永林	三等奖	2010
17	建设项目流水作业的设计与实施训练	李月琴、张寅、蔡红	三等奖	2010

4. 学科专业竞赛及奖励

2010 年,学生在挑战杯创业计划大赛、文科计算机大赛、智能车比赛以及数学建模与计算机应用竞赛等赛事中获得新的突破,取得 2 个国家奖、4 个市级奖和多个校级奖。此外,学院有 29 件本科生科学研究计划作品获得了市级立项,得到学校 24.2 万元的经费资助。具体情况见第八节表格:2004—2010 年学生参加科技竞赛获奖情况一览表。

体育教学部全体教师以“健康第一”的指导思想,全面贯彻党的教育方针,开展丰富多彩的“阳光体育运动”,增进师生健康水平。2009 年学院新生体育代表队参加了学校首届新生运动会,取得较好竞赛成绩和精神文明奖;学院足球队参加学校“2009 年振联杯足球联赛”,获得冠军。2010 年,学院以网球为龙头、以球类为特色的体育竞技项目已经初步形成,并组织学生参加各级大学生体育竞赛,获得了一系列好成绩,如学院代表队参加 2010 年全国大学生网球竞标赛,获得男子单打甲组第四名;另外,学院网球队受校体委委派代表学校参加“北京市高校春季网球团体赛、单项赛”,获得男子单打亚军等喜人成绩。

2001—2010 年学生参加体育比赛获奖情况详见表 4.2-17。

表 4.2-17　2001—2010 年学生参加体育比赛获奖情况一览表

获奖年份	竞赛名称	获奖名称
2007	校足球联赛	学院足球队团体第四名
2008	校足球联赛	学院足球队团体第二名
2009	校足球联赛	学院足球队团体第一名
	北京联合大学首届新生运动会	男子团体第三名
		女子团体第四名
		团体总分第三名
2010	校足球联赛	学院足球队团体第二名
	北京联合大学第十三届运动会	群体项目团体总分第一名
		田径项目女子团体总分第七名
		田径项目男子团体总分第八名
		团体操大赛第八名
		团体总分第六名
	全国大学生网球竞标赛	男子单打甲组第四名
	北京市高校春季网球团体赛、单项赛	学院网球队男团第三名
		男子单打亚军
		女子单打第五名
		女子双打第五名
	北京市第二届大学生体育舞蹈联赛	集体舞第三名
		牛仔舞第八名
	北京联合大学乒乓球赛	男子团体冠军
		男子单打第三名
		女子团体第七名
		女子单打第四名
	北京联合大学篮球赛	男篮第七名

5. 学位授予情况

学院严格毕业标准和学位授予标准，学生的毕业率和学位授予率比较稳定。2001—2010 年学生毕业率一直保持在 90%以上（见表 4.2-18）。

表 4.2-18　2001—2010 届学生毕业、结业、学位授予情况一览表

届次	毕业生总数/人	准予毕业数/人	毕业率/%	结业数/人	授予学位数/人	学位授予率/%
2001	105	105	100.00	1	84	82.62
2002	145	141	97.12	4	103	70.42
2003	321	318	98.63	3	253	78.39
2004	472	469	99.48	3	344	73.60
2005	570	540	95.64	30	491	87.10
2006	565	552	97.48	13	379	67.73
2007	543	510	92.46	33	413	74.04
2008	609	605	99.20	5	542	86.31
2009	495	493	99.76	2	474	89.28
2010	668	666	99.79	2	633	88.30
合计	4493	4399		96	3716	

(四)重要教育教学活动

1. 本科教学工作水平评估

自2003年启动本科教学水平评估工作以后,学院遵循“以评促建,以评促改,以评促管,评建结合,重在建设”的方针,按照学校的统一部署,分阶段制订了可操作性的评估计划。通过动员、学习评估指标和自查整改等活动,促进了本科教学水平的提高,“迎评促建”工作取得了丰硕成果。

应用型办学宗旨与定位进一步明确。在以评促建过程中,经过多次总结研讨,学校对办学宗旨、定位等带有根本性的问题有了系统表述,并深入人心。为实现学校的办学宗旨和定位,学院教职工献计献策,探索规律,提高了建设应用型大学的信心和责任感,凝聚了和谐发展的团队精神。

应用型学科专业建设得到加强。学院深入总结应用型学科专业建设经验,更加重视实践教学,新增一批就业实习基地,修订了培养计划,重点建设学科达到北京市级水平。进一步整合专业,优化资源配置,精品课程与教材有所增加,招生和就业状况良好。

教风学风明显好转。通过制度建设与教育管理,教师加强了教学精力的投入,全部整理或补充了教案,教师执教能力得到提高;学生教学纪律明显加强;先后成立的学生社团活动更加丰富多彩。

教学管理水平得到提高。从学院到各职能部门、教学系部,不仅系统梳理了教学管理文件,而且还增添了不少新文件,并注意和学校相关文件加强对接。同时,建立了行之有效的日常教学质量管理检查监督机制,锤炼了教学管理队伍,促进了教学管理向科学化、制度化和规范化的方向发展。

校园环境得到改善。教学经费的投入力度加大,生均教学科研仪器设备值和生均年进书量等均有所增加。在经费紧张的情况下,还千方百计挖掘潜力,建设女生宿舍楼、实验四层小楼,整修了实训基地、运动场,改造学院南门,建设百草园,调整扩大了教学科研用房,绿化美化了校园,大大改善了教学条件,营造了文明典雅的育人环境。2004年学院被北京市评为花园式校园。

应用型教育研究取得重要成果。在近年多次应用型教育研究基础上,学院又形成新的理论研究成果。

2006年10月15日至20日,在教育部本科教学水平评估专家进驻学校检查期间,全院师生以良好的精神面貌、积极的努力为学校顺利通过评估验收做出了贡献,无论是课堂表现还是教学材料调阅都完成了任务。

2. 北京市化工学校并入学院

2007年12月,依据《北京市教育委员会关于同意北京市化工学校、北京市医疗器械学校并入北京联合大学的批复》(京教函〔2007〕809号)精神,北京市化工学校正式并入学院。两校合并后,教育教学资源得到整合,教育用地面积扩大,为教学提供了较好的硬件环境。

二、高等职业教育

(一)专业设置及调整

学院2001年有7个专业招生,2002年增至8个专业招生(新增药剂专业、视觉艺术专业，化工工艺专业改为分析与检测专业，停招装饰与装潢材料专业）。2003 年缩至 6 个专业招生（停招药剂专业和市场营销专业）。2004 年增至 8 个专业招生（恢复药剂专业和市场营销专业，新增医疗器械技术专业）。2005 年又缩至 6 个专业招生［新增 3 个专业分别为：药物制剂技术专业、视觉传达艺术设计专业和会计专业；停招的 4 个专业分别是：药剂专业、财务会计（涉外会计）专业、市场营销专业和视觉艺术专业］。2006 年依然是 6 个专业招生（新增医疗器械制造与维护专业，停招医疗器械技术专业）。2006—2008 年学院保持 6 个专业招生，随后总体趋势是压缩，2009 年缩至 5 个专业招生（新增供热通风与空调工程技术专业和物业设施管理专业，停招医疗器械制造与维护专业、计算机应用专业及会计专业）。2010 年学院缩至 4 个专业招生（停招供热通风与空调工程技术专业）。

在举办高等职业教育期间，形成了两条不同的途径，一是依托本科办高等职业教育，如依托制药工程本科专业办药物制剂技术高职专业；二是先办高职专业，积累办学经验，引进、培养师资后，再申报本科专业，如先办财务会计（涉外会计）、会计 2 个高职专业，再办会计学本科专业；先办视觉传达艺术设计高职专业，再办包装工程本科专业。

2001—2010 年学院高职专业设置及招生情况详见表 4.2-19。

表 4.2-19　2001—2010 年高职专业设置及招生情况一览表　　单位：人

招生年份 / 招生专业	2001	2002	2003	2004	2005	2006	2007	2008	2009	2010	合计
自动化技术	29	18	37	27							111
计算机应用技术	32	61	42	26	25	25	28	28			267
计算机控制技术	38	37	4	16	27	21	28	26	64	11	272
化工工艺	36		22								58
药剂		29		17							46
药物制剂技术					30	24	29	28	33	98	242
财务会计（涉外会计）	100	80	106	33							319
会计					50	34	45	30			159
市场营销	24			24							48
视觉艺术		27	26	15							68
视觉传达艺术设计					17	40			41	39	137
视觉传达艺术设计（艺术专业）							41	46			87
医疗器械技术				18	25						43
医疗器械制造与维护						26	29	29			84
供热通风与空调工程技术									32		32
物业设施管理									33	14	47
合计	259	252	237	176	174	170	200	187	203	162	2020

（二）教学基本建设

2001—2007 年，学院坚持在高等职业教育上的投入力度，建立实验实训室，建设重点专业、精品课程和规划精品教材等，有力地保障了教育教学质量。公共关系和计算机网络技术专业成为校级重点建设专业，在专业建设上取得了成效。

2001—2010 年学院获评校级及以上高职精品课程详见表 4.2-20。

表 4.2-20　2001—2010 年校级及以上高职精品课程一览表

序号	课程名称	负责人	精品课程级别
1	基础化学	赵玉娥	2006 年市级精品课程
2	暖通空调施工技术与组织管理	张恩祥	2007 年校级精品课程

2001—2010 年学院获评院级及以上高职建设教材、精品教材详见表 4.2-21。

表 4.2-21　2001—2010 年院级及以上高职建设教材、精品教材一览表

序号	教材名称	主编姓名	适用课程	获奖级别	立项时间/年
1	组态软件技术及应用	曹　辉	计算机控制技术	市级精品教材	2007
2	审计实务	周　凤	审计实务	院级建设教材	2008
3	四级可编程序控制系统设计师培训教程	霍　罡	职业技能证书实训(毕业实践)	院级建设教材	2008
4	应用数学(微积分部分)	张　洪	应用数学	院级建设教材	2008
5	可编程序控制系统设计与实践	霍　罡	可编程序控制器	校级精品教材 市级精品教材	2009
6	纳税实务	周　凤	纳税实务、税法、税务会计	校级精品教材	2009

(三)教育教学改革与发展

学院在高等职业教育人才培养上,坚持以能力培养为导向,强化实践教学。同本科一起进行了 2002 版教学计划、2004 版培养计划、2007 版培养计划制(修)订工作,明确了高等职业教育人才培养规格。学院鼓励教师进行高职教育教学改革,设立了院级教育教学改革项目,为教师申报上级教育教学改革项目创造了条件。"高职大学生思想道德素质教育研究",2001 年被列为北京市教育委员会规划课题;"高等职业技术教育核心课程开发模式的研究"2002 年被列为全国高等教育学会课题;"高职高专教育化工类专业人才培养规格和课程体系改革/建设的研究与实践",2002 年被列为教育部课题;"校企合作,工学结合的高职人才培养模式研究",被列为联大委托课题。取得校级及以上教育教学改革项目多项:唐小恒主持的"计算机控制技术课程体系改革项目"(2002—2005);葛喜珍主持的"高职药剂专业 8 周实践环节考核标准研究"(2009—今);张慧姝主持的"文化创意产业的发展与应用性人才培养模式的研究"(2009—今);霍罡主持的"(高职示范专业建设)计算机控制技术"(2009—今)。2003 年学院获得学校"技能证书"教育试点的立项支持。在学生参加的各级各类高等职业教育学科专业竞赛中,也有不少人获得了校级及以上的奖励,如数学建模与计算机应用竞赛等。

2001—2010 年学院完成的校级及以上教育教学改革项目详见表 4.2-22。

表 4.2-22　2001—2010 年校级及以上教育教学改革项目一览表

项目名称	项目来源	级别	立项年份	结题年份	负责人	职称	经费/万元	备注
高职大学生思想道德素质教育研究	北京市教育委员会	市级	2001	2004	赵玉娥	教授	2	
高职大学生思想道德素质教育研究	北京联合大学	校级	2001	2002	鲍圆圆	副教授	0.15	

续表

项目名称	项目来源	级别	立项年份	结题年份	负责人	职称	经费/万元	备注
计算机控制技术课程体系改革(高职重点专业课程体系改革项目)	北京联合大学	校级	2002	2005	唐小恒	副教授	5	
高等职业技术教育核心课程开发模式的研究	全国高等教育学会		2002	2005	于　深	副研究员		自筹
高等职业技术教育核心课程开发模式的研究	全国高等教育学会		2002	2005	许明月	讲师		自筹
高职高专教育化工类专业人才培养规格和课程体系改革/建设的研究与实践	教育部		2002	2006	唐小恒	副教授		
借鉴高职模式,推进应用型本科专业改造	北京联合大学	校级	2005	2005	曹　辉	教授及高工	3	
建立活动型、实效型的高职课堂教学模式	全国化工高教学会		2007	2009	冯　玲	副教授	(学院给配套经费1万元)	自筹
高职药剂专业8周实践环节考核标准研究	北京联合大学	校级	2009		葛喜珍	教授	1	
文化创意产业的发展与应用性人才培养模式的研究	北京联合大学	校级	2009	2010	张慧姝	副教授	1	高职
(高职示范专业建设)计算机控制技术	北京联合大学	校级	2009		霍　罡	副教授	3	高职
校企合作,工学结合的高职人才培养模式研究	北京联合大学	校级	2010		于春洋	教授	3	委托课题

三、继续教育

学院的继续教育主要包括成人学历教育、高等教育自学考试和各类培训。学院的成人学历教育始于1987年,最初只有夜大招生。1998年与北京市委党校成人教育学院合作开办党校学历教育,成立北京市委党校成人教育学院联大化工学院分院,招生至2009年停止。2001开始举办高等教育自学考试助学辅导班,2005年停办。

1992年12月,学院设成人教育办公室,负责成人教育的管理工作。2009年,随着北京市化工学校的并入,学院对继续教育机构进行了调整,将原生物化学工程学院培训中心、原北京市化工学校创业培训学校和生物化学工程学院垡头中学分部等部门整合,成立了学院资源开发部,行使成人教育、培训和资源开发职能。2010年资源开发部更名为培训中心,全面负责学院的继续教育工作。

(一) 成人学历教育

1. 夜大学

2001—2010年夜大招生人数为专科231人,专科起点本科102人(见表4.2-23)。

表 4.2-23　2001—2010 年专科、专科起点本科专业设置及招生情况一览表

年份	专业	学制/年	人数/人		合计/人
			专科	专科起点本科	
2001	财务会计	3	11		37
	化学分析	4	26		
2002	化学工程	3	11		11
2004	化学工程与工艺	3		26	26
2005	化学工程与工艺	3		26	26
2006	工业分析与检验	4	16		42
	化学工程与工艺	3		26	
2007	工业分析与检验	3	23		46
	商务管理	3	11		
	化学工程与工艺	3		12	
2008	工业分析与检验	2.5	28		58
	商务管理	2.5	18		
	化学工程与工艺	2.5		12	
2009	商务管理	2.5	2		29
	工业分析与检验	2.5	27		
2010	商务管理	2.5	18		58
	工业分析与检验	2.5	19		
	影视动画	2.5	11		
	机械制造与自动化	2.5	10		
总计(人)			231	102	333

2. 北京市委党校联合大学生物化学工程分院

2001—2010 年,分院招生人数为专科 412 人,专科起点本科 352 人(见表 4.2-24)。

表 4.2-24　2001—2010 年分院专科、专科起点本科专业设置及招生情况一览表

专业	层次	学制	2001	2002	2003	2004	2005	2006	2007	2008	2009	2010	合计
经济管理	专科	3	19	50	53	71	49	28	52	31	28	0	381
物业管理	专科	3	0	0	0	31	0	0	0	0	0	0	31
经济管理	专升本	2	89	18	56	18	26	61	28	30	26	0	352

(二) 高等教育自学考试

学院是北京市教委成人教育考试指导中心批准的高等教育自学考试助学院校。学院从 2001 年开始,举办成人高等教育自学考试助学班(简称"高自考"),2005 年停办。

2001—2004 年学院高教自考专业设置及招生情况详见表 4.2-25。

表 4.2-25　2001—2004 年高教自考专业设置及招生情况一览表

年份	专业	学制/年	人数/人
2001	计算机应用	3	107
2002	计算机应用	3	53
2002	物业管理	3	29
2003	计算机应用	3	40
2004	计算机应用	3	50
合计(人)			279

（三）非学历教育

学院是劳动与社会保障部全国高新技术考试（OSTA）培训及考试点、教育部 ITAT 远程教育培训点和考试点、全国现代制造技术应用软件课程远程培训及考试点、数控工艺员和机电一体化培训及考试点、美国 Autodesk 公司 Autocad 计算机辅助设计培训及考试点、北京市英语口语培训及考试点、全国化工行业协会化学特种工培训及考试点。学院常年面向校内学生和企业职工开展各种短期培训及取证，主要项目包括英语口语、CAD、电工、计算机办公软件、化工总控工、化学检验工、会计证、人力资源管理等，年培训取证人数超过千人。学院从 2010 年开始，承接北京市人事局、卫生局等单位组办的各类社会化考试工作，年均考试人次超过万人。

（四）合作办学

学院本着资源共享、合作多赢的原则和兄弟院校及企事业单位合作，不断开发新的培训项目，努力拓宽办学渠道。2010 年学院被中国化工教育协会、中国石油和化工行业协会职业技能鉴定指导中心授权为北京培训基地，主要承担石油和化工类全国职业院校教师培训、各类面向化工行业的企业培训和技能鉴定。2010 年 7 月成功举办首届化学检验工高级技师培训班。2010 年 3 月，学院培训中心与 5DS 公司合作，联合举办“学历＋技能”影视动画专业培训班。2010 年 9 月和陕西榆林职教中心合作，开展以“技能培训＋学历对接”为目标的化工类专业培训，102 名榆林学生到校参加化工类专业培训及取证。

第三节　科学研究与社会服务

一、科研机构

学院现有研究所 4 个，其中制药工程研究所为校级研究所，人力资源管理研究所、生物工程研究所和测控技术研究所为院级研究所。

1. 制药工程研究所

2001 年 6 月成立，是在与北京医药总公司、北京同仁堂股份公司、北京中医药大学等单位长期开展教学与科研合作的基础上成立的联大校级研究所，党委书记王丽英任所长，2007 年 3 月起王宝石副教授任所长，王宝华任副所长。主要在天然药物分离技术、新型制剂技术及制药设备等方面开展研究工作。已有液相色谱、气相色谱、紫外、红外和原子吸收等分析仪器，还拥有智能溶出仪、崩解仪、澄清度测定仪和膜分离装置、多功能提取罐、超临界萃取、喷雾干燥等装置。承接了多项各级别的研究课题。

2. 人力资源管理研究所

2004 年 11 月 8 日成立，是学院一个专门从事人力资源管理理论与实践研究的机构，党委书记王丽英任所长，2007 年 3 月起王宝石副教授任所长，王宝华任副所长。承担过北京市中小企业人力资源管理及其相关领域的课题研究、咨询和培训工作。聘请首都经济贸易大学经济研究所所长安鸿章教授和北京物资学院劳动人事系主任刘家珉教授等 9 名专家为研究所顾问。研究方向：中小企业人力资源管理系统设计研究，中小企业人才模式、人才战略和人力资源战略管理研究，人力资源量化技术研究。

3. 生物工程研究所

2004年9月30日批准成立，是一个院级科研机构，所长为龚平教授。研究所成员以生物医药系生物工程教研室教师为基础，专业覆盖生物化学(分子生物学)、微生物学、生物工艺学、生物分离工程与设备等主干学科。面向社会进行国家劳动部食品检验工取证培训(已获颁证授权)、国家劳动部化学检验工取证培训(已获颁证授权)、生物制品分析与检验培训、微生物技术培训、超临界萃取技术培训、膜分离技术培训等相关技术服务，也可同各类生物、制药、食品企业合作，联合开发和申报新产品。重点研究项目：蛇毒、蛙卵的分离和综合利用，蜂胶微囊、免疫球蛋白微囊的制备和应用，蜂花粉新型生物保健品开发等。

4. 测控技术研究所

2005年12月15日批准成立，是一个在生物、信息、机械等学科逐渐融合的基础上，主要以电生理传感器技术和智能机械技术为研究方向的院级科研机构，所长为曹辉教授。主要涉及生物医学工程和机械手等综合生命科学和工程技术，以及图像识别、信号处理、微电子、精密器械、计算机、网络通信、现代控制理论等学科，其研究方向为电生理传感器技术，智能机械技术等。

二、科研管理

(一) 机构设置

学院科研开发处成立于20世纪80年代。2008年，科研开发处更名为科研处，于深任科研处长。

(二) 科研工作重要决定及事项

1. 关于进一步加强科研管理工作的重要决定

2005年，学院制定了《科研工作管理办法细则》《科研工作量统计管理办法》《科研经费管理办法》《科技成果奖励暂行办法》(京联生化科字〔2005〕42号)系列文件，进一步规范了学院科研管理工作程序，特别提出了学院教师实行科研工作量考核制度，每人每年均须按各岗位要求完成相应的科研研时。为积极鼓励全院人员参与科研工作，学院将科研人员所取得的科研成果按系数折合为科研研时计发科研津贴。这些制度的出台，极大鼓舞了教师参与科研的积极性。自文件颁布以后，学院的科研成果、科研项目明显增加。2001—2005年，学院获得局委办级以上科研项目19项，横向科研课题8项，科研到账款67万元；2006—2010年，学院获得局委办级以上科研项目33项，其中北京市教委重点项目1项，北京市自然科学基金项目3项，获得横向科研课题44项，科研到账款334万元。

2. 关于实施科技成果转化奖励办法的决定

为进一步调动学院科技人员的积极性，促进科技成果转化，2009年学院制定了《关于促进科技成果转化实施细则(试行)》(京联生化发〔2009〕72号)，进一步明确了科技成果转化概念界定、科技成果转化实施具体步骤和科技成果转化奖励办法。特别是奖励办法的出台，对于促进学院科技成果转化起到了很好的推动作用。2009年和2010年，学院龚平教授先后有2项专利技术成果成功转化，实现了学院自2001年以来，科技成果转化零的突破。

3. 研究生招生

2007年，学院林强、赵玉娥、龚平、赵伟等4名具有硕士生导师资格教师，开始招收研究生。这些学生在校本部集中一年学习后，学院于2008年9月接收首批联大食品科学专业硕士研究生5名，在学院进行培养；2009年9月接收第二批该专业硕士研究生3名；2010年9月接收第三批该专业硕士研究生4名。

（三）科研工作重要会议

1. 2004年科研工作会

为落实学校2003年科技工作会的精神，2004年10月29日—10月30日，学院召开科研工作会议。会上，传达了学校科技工作的有关精神，林强副院长作了工作报告。报告总结了学院在科研管理、学科队伍建设等方面所取得的成绩，也指出了科研工作中亟待解决的问题。会议还针对本科教学评估要求，对部分规范性的科研管理文件进行了认真讨论、修改；同时围绕重点学科建设，对如何开展科研活动、建立相对稳定的科研队伍、形成学院办学特色、加强科研成果建设等方面提出了建设性意见。会议决定将生物化工学科列为学校重点建设学科。学校主管科研工作的副校长冯虹教授、科研处处长姜招峰教授出席会议并作了关于学校科研工作发展思路的报告。

2. 2008年科研工作会

为落实学校科技工作会的精神，总结2004年以来学院科研工作所取得的成绩，查找与兄弟院校的差距，学院于2008年1月11日召开了科研工作会。会上，传达了学校科技工作会的有关精神，林强副院长作题为“凝练研究方向，汇聚研究队伍，提高成果质量”的工作报告。报告总结了学院三年来在学科建设、科研课题立项、科研成果建设等方面所取得的成绩，也指出了研究方向散乱、成果质量不高、研究机构发挥作用不够等亟待解决的问题。

报告提出了今后三年学院科研的六项重点工作，即抓好学科建设，促进学院整体科研水平提高；提高科研项目水平层次，争取更多科研经费；加强科技成果建设，开展应用性科研；加强科研平台建设，建设好校院两级研究所；加强研究队伍建设，组建科研创新团队；以科研促进教学，加强学生创新能力培养。

会议还邀请北京市科学技术奖励办公室柯常取同志就科研成果登记和报奖的相关程序及注意事项进行了讲解。为了更好地利用院级科研机构平台开展科研活动，生物工程研究所、测控技术研究所和人力资源研究所三位负责人作了引导性发言。与会同志围绕如何通过科研提高教学质量、利用研究机构和学科建设平台开展科学研究等进行了讨论。周明珠书记对大会进行总结，提出今后科研工作要抓好4个方面的建设：一是加强科研工作思想建设，二是坚持科研团队建设，三是坚持科研平台建设，四是加强科研机制建设。

三、科研成果

（一）重大科研项目

2007年1月，学院生物医药系彭兆快承担的北京市教委重点科研项目“具有高载流子传输能力的新型蓝光材料的合成、性质研究”批准立项并开展研究，2008年12月完成规定的任务,随后获准结项。

2008 年 9 月,学院经济管理系穆红莉承担的教育部人文社科项目“环境制度变迁对工业企业排污行为影响的实证研究”开始立项研究,2009 年 12 月研究工作完成,随后获准结项。

(二) 重要学术著作与论文

2001—2010 年,学院教师、职工共出版学术论著 8 部(见表 4.3-1);发表科研论文 846 篇,其中被 SCI、EI、ISTP 等国际三大检索收录的论文 43 篇,在中文核心期刊上发表论文 379 篇。

表 4.3-1 2001—2010 年教职工出版著作一览表

序号	著作名称	作者	出版社	出版年
1	企业 IT 战略与决策	陈雄鹰	机械工业出版社	2005
2	执行一定有方法	冯　琨	人民邮电出版社	2005
3	中华本草·苗药卷	张　元	贵州科技出版社	2005
4	国有商业银行国有资本退出问题研究	汪昕宇	冶金工业出版社	2008
5	舞蹈鉴赏	马健昕	对外经济贸易大学出版社	2008
6	国际资本流动新趋势及其对中国经济的影响	陈雄鹰	中央民族大学出版社	2009
7	新中国生产力实践的哲学反思	许晓平	中国广播电视出版社	2010
8	中药提取分离新技术	冯淑华	科学出版社	2010

(三) 专利技术

2001—2010 年,学院获得国家授权专利 49 项,其中发明专利 26 项,实用新型 23 项,实现专利技术成果转让 2 项。

2008 年 10 月,学院与湖南亚华乳业有限公司签订专利实施许可合同,生物医药系龚平等人发明的“牛初乳免疫球蛋白微囊化的制备方法”专利技术,在湖南亚华乳业有限公司实现转化。

2009 年 9 月,学院与广西丰林木业集团股份有限公司签订专利实施许可合同,生物医药系龚平等人发明的“一种低甲醛释放量脲醛树脂的制备方法”专利技术,在广西实现转化。

四、产学研合作及社会服务

(一) 校企合作

2010 年 9 月 15 日,学院和海南爱科制药有限公司校企产学研合作签字仪式暨生物医药工程中心揭牌仪式在学院举行。双方就建立“生物医药工程科研中心”以及科研项目的开发、研究、转让等进行了广泛合作。此外双方还就在学院设立奖学金和在海南爱科建立校外实习基地等达成了一致意见,并开始实施。海南爱科制药有限公司李克敏总经理和学院院长张恩祥教授代表双方签字,学校副校长冯虹教授和海南爱科制药有限公司李克敏总经理为双方合作成立的生物医药工程中心揭牌。学校科研处处长方德英教授、北京林特医药科技有限公司总经理林虎先生和韩国 Bioland 株式会社医科学部部长郑点圭教授专程前来祝贺。

2010 年 10 月至 12 月,学院与河北九派制药有限公司就“盐酸头孢吡肟原料及制剂的研究”达成协议。学院还与深圳市清大中生物科技有限公司达成“头孢呋辛酸工艺的改进及有关物质研究”达成协议,不仅拓展了学院制药工程的研究领域,而且还从这些先进的医药企业中获取了许多技术信息，促进了学院的教学和科研工作的开展。

（二）智力支持与成果转化

学院通过落实奖励政策，带来为企业和社会服务的新进展。2008 年学院为企事业单位服务的横向课题共有 6 项，到院经费 24 万元；2009 年学院为企事业单位服务的横向课题共有 13 项，到院经费 94.5 万元；2010 年学院为企事业单位服务的横向课题共有 20 项，到院经费 156.9 万元，服务质量明显提高。学院对社会的智力支持和科技成果服务工作又上了一个新台阶。

第四节　队伍建设与人事管理

一、师资队伍建设

学院在师资队伍建设方面坚持改善结构、提高素质、培养名师的师资队伍建设方针。通过引进、培养、使用、提高等多种形式，不断提高师资队伍的整体水平。2009 年底，学院专任教师总数 185 人，占全院教职员工比例的 42%。其中，具有高级专业技术职务的比例达到 44%，比 2001 年的 22%提高了 2 倍；具有硕士以上学位的比例达到 84%，比 2001 年的 38%提高了 46 个百分点。经过 10 年建设，师资队伍无论是在数量还是质量方面都发生了显著的变化。

10 年来，学院教师中共有 14 人获得市级及以上荣誉，其中北京市级教学名师 1 人，另 13 名教师获得"市级骨干教师"称号及项目资助。校级优秀教师 15 人次，校级创新团队 2 个，校级人才强校骨干并获资助 4 人。硕士生导师 3 名。

（一）学科带头人、专业带头人等骨干教师聘任情况

2004 年 6 月 23 日，学院聘任学科带头人、专业带头人、基础课责任教授、课程群负责人的情况如下：

曹辉为检测技术与自动化装置学科带头人；林强为生物化工学科带头人（兼）；赵伟为生物化学与分子生物学学科带头人。

张明贤为过程装备与控制工程专业带头人（兼）；曹辉为计算机控制技术（专科）专业带头人（兼）；冯淑华为制药工程专业带头人；龚平为生物工程专业带头人；马榴强为材料科学与工程专业带头人；赵玉娥为化学基础课责任教授；黄小葳为化工工艺（专科）专业负责人；于春洋为化学工程与工艺专业负责人；周考文为分析与检测技术（专科）专业负责人；张大力为药剂（专科）专业负责人；王宝华为工商管理专业负责人；王宝石为人力资源管理专业负责人；杨春兰为涉外会计（专科）专业负责人；孙波为包装工程专业带头人；马丽霞为视觉艺术（专科）专业负责人；鲍园园为"两课"课程群负责人；张晓东为英语课程群负责人；陈宝林为计算机基础课程群负责人；张洪为数学基础课程群负责人。

2005 年 5 月 10 日第 9 次院长办公会同意聘任：杭和平为生物医学工程（本科）专业负责人；杨春兰为会计学（本科）专业负责人，同时负责工商管理（会计学）、专升本会计专业工作。聘期自 2005 年 5 月 10 日至 2006 年 12 月 31 日。

2005 年 11 月 15 日学院聘任陈晋蓉为会计（专科）专业负责人；许晓平为"两课"课程群

负责人。聘期自2005年11月15日至2006年12月31日。

2007年10月1日至2009年8月31日期间专业负责人任职情况：

曹辉任自动化专业(本科)负责人；杭和平任生物医学工程专业(本科)负责人；张明贤任过程装备与控制工程专业(本科)负责人；沈晋慧任医疗器械制造与维护专业(专科)负责人；霍罡任计算机控制技术专业(专科)负责人；刘丽任计算机应用技术专业(专科)负责人；龚平任生物工程专业(本科)负责人；马榴强任材料科学与工程专业(本科)负责人；于春洋任化学工程与工艺专业(本科)负责人；葛喜珍任药剂专业(专科)负责人；穆红莉任工商管理专业(本科)负责人；王宝石任人力资源管理专业(本科)负责人；杨春兰任会计学专业(本科)负责人；周凤任会计专业(专科)负责人；孙波任包装工程专业(本科)负责人；姚学兵负责视觉艺术设计专业(专科)工作。

2007年10月1日至2009年8月31日期间教研室(组)负责人任职情况：

杭和平任生物医学工程教研室主任；赵慧娟任过程装备与控制工程教研室主任；王暄任自动化教研室主任；潘志红任计算机教研室主任；霍清任制药工程教研室主任；黄迎春任生物工程教研室主任；刘红梅任化学工程与工艺教研室主任；何江川任材料科学与工程教研室主任；周考文任化学基础教研室主任；陈雄鹰任工商管理教研室主任；李晨任人力资源管理教研室主任；程旭阳任会计学教研室主任；孙波任包装工程教研室主任；姚学兵任视觉艺术设计教研室主任；孙文敏任数学教研室主任；陈建任物理教研组组长；白雪冬任体育教研室主任；张晓东任英语教研一组组长；罗首元任英语教研二组组长；冯玲任英语高职教研组组长；李秀芝任马列教研室主任；郭亚莉任德育教研室主任。

2009年学院全员岗位聘任专业负责人名单见表4.4-1。

表4.4-1 2009年全员岗位聘任专业负责人名单

系别	专业名称	层次	负责人
信息与控制工程系	建筑环境与设备工程	本科	张恩祥
	过程装备与控制工程	本科	宋爱荣
	生物医学工程	本科	杭和平
	自动化	本科	曹 辉
	供热通风与空调工程技术	高职专科	张恩祥
	物业设施管理	高职专科	李春旺
	计算机控制技术	高职专科	霍 罡
	计算机应用技术	高职专科	刘 丽
生物医药系	化学工程与工艺	本科	于春洋
	生物工程	本科	龚 平
	制药工程	本科	林 强
	药剂	高职专科	冯淑华
经济管理系	会计学	本科	周 凤
	人力资源管理	本科	王宝石
	工商管理	本科	陈雄鹰
工程艺术系	工业设计	本科	张慧姝
	包装工程	本科	张明贤
	视觉传达艺术设计	高职专科	姚学兵
工程管理系	材料科学与工程	本科	叶 晓

（二）专任教师队伍结构变化情况

2001 年，学院有专任教师 87 人。随着学院规模的不断扩大，2010 年，专任教师总数已达到 198 人（见表 4.4-2）。

2001 年，高级职称教师数为 20 人，占教师总数的 23％；2010 年，具有高级职称的教师 86 人，占教师总数的 43.4％。

2001 年 9 月、2005 年 10 月、2010 年 12 月学院专任教师情况详见表 4.4-3～4.4-5。

表 4.4-2　2001—2010 年专任教师结构一览表　　单位：人

年份	教师总数	性别		年龄结构				学历结构				职务结构			
		男	女	35岁以下	36岁至45岁	46岁至55岁	56岁以上	博士	硕士	本科生	教授	副教授	讲师	助教	其他
2001	87	30	57	53	23	10	1	5	28	54	2	18	37	20	10
2002	92	33	59	52	26	13	1	5	32	55	3	23	43	20	3
2003	119	43	76	73	29	16	1	6	50	63	6	30	44	30	9
2004	118	36	82	75	27	15	1	5	44	69	5	29	42	38	4
2005	146	52	94	82	31	33		9	59	78	7	39	51	36	13
2006	158	57	101	75	59	23	1	16	66	76	7	44	72	30	5
2007	163	57	106	72	67	22	2	18	68	77	6	47	74	32	4
2008	172	54	118	59	80	31	2	21	66	85	9	56	95	12	
2009	185	58	127	65	86	32	2	23	118	44	13	60	108	4	
2010	198	61	137	65	87	41	5	23	127	48	12	66	116	4	

表 4.4-3　2001 年 9 月专任教师分布情况　　单位：人

部门	教研室	专任教师人数					兼职教师	外聘返聘教师	合计
		正高	副高	中级	初级	见习			
一系	化学工程教研室			2		1	3		6
	过程装备教研室		2	2	1		2	2	9
	控制工程教研室		2	1	1		3	3	10
	计算机基础教研室		2		1		7	1	11
	计算机应用			1	1		4	2	8
	物理电工实验室						5		5
	合计		6	6	4	1	24	8	49
二系	基础化学		3	3	1			2	9
	材料与精细化工		3	3			3	2	11
	生物制药		2	2	1	1	1		7
	综合化学实验室						5	1	6
	合计		8	8	2	1	9	5	33
三系	财务管理教研室		1	2	1		1		5
	人力资源教研室		1	1	1	1	1	2	7
	市场营销教研室	2		2	1			2	7
	合计	2	2	5	3	1	2	4	19

续表

部门	教研室	专任教师人数					兼职教师	外聘返聘教师	合计
		正高	副高	中级	初级	见习			
社科部	德育教研室			1			8		9
	马列教研室		1	4	1				6
	合计		1	5	1		8		15
基础部	数学			4				3	7
	物理			2					2
	外语		1	5	7	5		2	20
	体育(组)			2	3	2	1	1	9
	合计		1	13	10	7	1	6	38
共计		2	18	37	20	10	44	23	154

表 4.4-4　2005 年 10 月专任教师分布情况　　单位：人

部门	教研室	专任教师人数					兼职教师	外聘返聘教师	合计
		正高	副高	中级	初级	见习			
一系	机械工程		3	3			1	4	11
	控制工程	1	5	8	5	1	6	1	27
	物理			2					2
	物理电工实验室						5		5
	合计	1	8	13	5	1	12	5	45
二系	基础化学	1	4			1	1	2	9
	材料教研室		3	2			1	1	7
	化学工程教研室		1	2				2	5
	制药工程	2	4	2		1	1	3	13
	生物工程	1	2	1	1	1	2		8
	合计	4	14	7	1	3	5	8	42
三系	会计		2	4	2	3	1	1	13
	人力资源管理		2	5	1	1	1	1	11
	工商管理		1	6	2	1	1	2	13
	合计		5	15	5	5	3	4	37
四系	视觉艺术	1	1		4				6
	包装工程	1				1	1		3
	合计	2	1		4	1	1		9
社科部	德育教研室		1	4	1		1		7
	马列教研室		1	5				1	7
	合计		2	9	1		1	1	14
基础部	数学		2	4		1		2	9
	外语		3	4	10	2		3	22
	体育(组)		1	2	4			2	9
	计算机基础教研室		2		1		2		5
	合计		8	10	15	3	2	7	45
实训基地			1				4		5
共计		7	39	54	31	13	28	25	198

表 4.4-5 2010 年 12 月专任教师分布情况

单位：人

部门	教研室	专任教师人数					兼职教师	外聘返聘教师	合计
		正高	副高	中级	初级	见习			
一系	过程装备与控制工程		6	3				2	11
	生物医学工程		2	7				2	11
	自动化	1	6	4				2	13
	计算机应用		2	4	1				7
	建筑环境与设备工程	1	7	4	1		1		14
	合计	2	23	22	2		1	6	56
二系	基础化学	2	3	1					6
	制药工程	3	5	2				1	11
	生物工程	3		5					8
	合计	8	8	8				1	25
三系	会计		3	13			1	2	19
	人力资源管理		4	6				3	13
	工商管理		4	9			1	1	15
	合计		11	28			2	6	47
四系	视觉艺术			2					2
	包装工程		1	5					6
	工业设计		1	5	1				7
	合计		2	12	1				15
五系	材料科学与工程	1	10	6					17
公共基础课部	人文社科教研室	1	2	9			1		13
	数学		2	7					9
	外语		4	16	1			3	24
	物理		2	2					4
	合计	1	10	34	1		1	3	50
体育(组)			2	5					7
实训基地				1					1
共计		12	66	116	4		4	16	218

（三）制度建设情况

2003 年，学院制定了《教职工学习培训管理规定(试行)》。

2004 年，学院制定了《关于青年教师导师制工作的补充办法(试行)》《关于兼职教师的聘任与管理办法》《教职工出国(出境)学习培训的暂行规定(试行)》《〈关于专业技术人员继续教育实施细则〉的补充说明》(京联生化人〔2004〕123 号)。

2005 年，学院制定了《关于非教学人员转入教学岗位的规定》(京联生化人〔2005〕72 号)。为规范院内兼课教师的选用标准和程序，制定了《关于教学单位拟聘非教学岗位人员兼课的规定》(京联生化人〔2005〕197 号)，明确各教学单位(系、部)在符合学院核定的教学岗位编制(可超出 10%)情况下，可聘任非教学岗位的人员承担有关课程的教学任务。为保证学院教师队伍的整体教育教学水平，制定了《关于聘入教学岗位及申报教师资格人员进行教育教学能力测试的规定》(京联生化人〔2005〕98 号),明确了需要进行测试的人员范围。根据学校师资与执教能力建设组的指导意见和学院党委的要求,制定了《关于对承担本科主讲课程教师进行认定和把关工作的补充办法》(京联生化人〔2005〕176 号),进一步细化了相关内容。

2007 年,制定了《北京联合大学生物化学工程学院 2007—2009 聘期一般岗位聘任实施办法》(京联生化〔2007〕77 号)。为切实做好 2007—2009 聘期人员聘任工作,学院对内部人员编制进行核定,制定了《北京联合大学生物化学工程学院内部人员编制核定及岗位设置方案》(京联生化〔2007〕78 号),并在此基础上进行岗位设置,制定了《北京联合大学生物化学工程学院各级各类岗位上岗条件》(京联生化〔2007〕79 号)。为规范学院教师岗位工作量标准,制定了《教师岗位工作量管理办法》(京联生化〔2007〕 80 号)。

2008 年,制定了《关于提高我院教师专业实践与应用能力的实施细则》(京联生化人〔2008〕48 号)、《关于加强人才强教项目管理的规定》(京联生化人〔2007〕100 号)。

2009 年,制定了《北京联合大学生物化学工程学院学术休假制度的实施办法(试行)》(京联生化人〔2009〕78 号),在正副高级专业技术职务的专任教师中试行。制定了《关于教师参加企业实践的暂行规定》(京联生化人〔2009〕91 号),要求专业教师全脱产到企业进行实践,每次实践活动不少于 6 个月,最长不超过 12 个月,5 年之内(2009—2013 年)每个专业的教师基本以至少半年的全脱产方式轮流实践一遍。2008 年制定的《关于提高我院教师专业实践与应用能力的实施细则》同时废止。制定了《关于教师参加课程进修的暂行规定》(京联生化人〔2009〕92 号),重点实施人员范围是具有培养前途和发展潜力的骨干教师和教龄不足 5 年的年轻教师。制定了《北京联合大学生物化学工程学院副高级及以下专业技术职务晋升聘任的必备条件》(京联生化人〔2009〕104 号),使学院专业技术职务聘任的应聘工作更加规范化。

(四) 人才引进与培养

为进一步调整和完善学院的师资队伍整体结构,满足专业建设与教学的实际需要,2001—2010 年学院引进人才 14 名,具体情况见表 4.4-6。

表 4.4-6 2001—2010 年引进人才情况一览表 单位:人

年份	人数	名 单
2001	1	龚 平
2002	2	曹辉、张洪
2003	3	王宝石、赵伟、冯淑华
2004	1	杭和平
2005	3	沈晋慧、葛喜珍、黄迎春
2006	2	权奇哲、刘凤霞
2007	2	张义民

除引进人才之外,学院还采取了各种途径和措施,全方位、多层次地对现有的师资队伍展开进一步的培训。2001—2010 年,通过北京市人才强教工程获得的资助情况见表4.4-7。

表 4.4-7　2005—2010 年人才强教计划实施情况一览表　　单位：人

年份	中青年骨干教师资助		教师教育与技能培训			教师职业道德建设资助/万
	获资助人姓名	资助额度/万元	资助额度/万元	具体项目数量/个	参加人数/次	
2005			7	16	36	3
2006	许晓平、马榴强、林强、杭和平、龚平	5	17.31	15	44	4
2007	许晓平、马榴强、林强、杭和平、龚平、王宝石、周考文	14	11	16	59	4.1
2008	许晓平、马榴强、林强、杭和平、龚平、王宝石、周考文	14	28.3507	73	112	4.5
2009	许晓平、马榴强、林强、杭和平、龚平、王宝石、周考文	14	16.7862	39	357	0.48
2010	郭亚莉、刘晓云、俞娜、许明月	8	19.591	57	102	

2002—2010 年学院师资队伍参加各类培训人数统计详见表 4.4-8。

表 4.4-8　2002—2010 年师资队伍各类培训人数统计表　　单位：人

年份	学历学位教育培训资助人数	国内访问学者进修培训	国外访问学者进修培训	英语培训	双语培训
2002				1	
2003	8			1	4
2004	10			4	3
2005	10			1	
2006	11	1		1	1
2007	6	1		2	2
2008	8	5		2	
2009	3	4	2		1
2010	10	1			2

（五）职称、职务评聘

(1) 2001—2010 年职称、职务评聘机构的组成情况及职权范围

专业技术职务评聘的组织机构是专业技术职务聘任委员会(以下简称“聘委会”)。

根据学校分层聘任的原则，成立了校、院(校机关及直属单位，以下简称“校机直”)两级专业技术职务聘任委员会。各级聘委会组成及具体职责如下：

学校聘委会由校领导、相关院长、校学术委员会负责人和校人事、教务、科研、研究生处、高职处等部门负责人及教授代表组成，人数一般不少于 15 人，主任由校长担任。校聘委会办公室设在校人事处。学校聘委会负责学校专业技术职务聘任相关政策的研究和制定；组织实施所有系列正高级职务岗位、教育管理研究副高级职务岗位、学生思想政治教育教师副高级职务岗位的聘任工作；负责受理申请破格晋升中级及以上专业技术职务岗位人员的聘任工作；负责学院(校机直)聘委会聘任结果的备案工作。

学院(或校机直)聘委会组成参照校聘委会的组成形式，人数一般不少于 5 人，主任由院长(或主管人事工作的院领导)担任。同时根据需要可聘请非本学院或所负责单位以外的专

家担任聘委会委员。院聘委会办公室设在院人事处,校机直聘委会办公室设在校人事处。学院(或校机直)聘委会负责根据学校有关政策制定本学院(或所负责单位)专业技术职务聘任实施细则;组织实施本学院(或所负责单位)副高级及以下职务岗位(不含教育管理研究副高级职务岗位、学生思想政治教育副高级教师职务岗位)的聘任工作。同时,依据学校晋升聘任的必备条件和学院(校机直)考核组的考核意见,负责对本学院(或所负责单位)应聘正高级职务岗位、教育管理研究副高级职务岗位、学生思想政治教育副高级教师职务岗位、申请破格晋升中级及以上专业技术职务岗位人员的情况进行审核,并向校聘委会推荐上报符合要求的人选。

(2) 历年职务(职称)评聘结果

2001—2010 年学院职称评聘结果统计详见表 4.4-9。

表 4.4-9 2001—2010 年职称评聘结果一览表　　单位:人

年份	正高	副高	中级	初级
2001		1	6	16
2002	1	2	10	21
2003	1	2	5	11
2004		4	10	20
2005			23	11
2006		1	28	11
2007	1		20	9
2008			13	
2009	5	5	12	2
2010	2	10	13	1

2001—2010 年学院在职正高级专业技术人员名单见表 4.4-10。

表 4.4-10 2001—2010 年在职正高级专业技术人员名单

序号	姓名	专业技术资格名称	取得资格时间/年	专业
1	曹　辉	教授级高工	2000	自动化
2	冯淑华	教授	2001	制药工程
3	赵　伟	教授	2002	生物工程
4	龚　平	教授	2007	生物工程
5	周考文	教授	2008	化学工程与工艺
6	张恩祥	教授	2008	建筑环境与设备工程
7	于春洋	教授	2009	化学工程与工艺
8	许晓平	教授	2009	马克思主义基本原理
9	马榴强	教授	2009	材料科学与工程
10	葛喜珍	教授	2009	制药工程
11	黄迎春	教授	2009	生物工程
12	霍　清	教授	2010	制药工程

二、人事管理

2001—2008年，学院定编数203人。2008年11月，学院与北京市化工学校合并，其在合并前的编制数为362人。2010年7月，北京市机构编制委员会办公室给学院核定的编制数为433人。

（一）人员构成基本情况

2001—2010年，学院教职工队伍结构的基本情况见表4.4-11。

表4.4-11　2001—2010年教职工基本情况一览表　　单位：人

年份	教职工总数	专任教师	教辅人员	行政人员	工勤人员	科研人员	附属机构人员
2001	248	87	70	56	34	1	
2002	255	92	78	53	28		4
2003	269	119	71	51	24		4
2004	273	118	34	70	22		29
2005	284	146	32	80	22		4
2006	301	158	21	72	21		29
2007	306	163	22	76	20		25
2008	498	172	83	189	39		10
2009	502	185	78	177	35		27
2010	493	198	153	111	31		

（二）人事管理制度及其改革

1. 全员岗位聘任制

为合理配置学院的人力资源，规范各类岗位的设置，根据学校关于印发《北京联合大学2008年岗位设置管理实施办法》的通知（京联党〔2008〕39号）精神，学院在2006年事业单位工资套改的基础上对全院各级各类岗位进行了分级设置。

2003年12月，学院开始按照北京市及联大关于在事业单位实行聘用合同制试行办法，与全体教职工签订聘用合同。

2009年底，校、院两级开始新一轮的全员岗位聘任。学校制定了《北京联合大学2009年全员岗位聘用工作的指导意见》（京联党〔2009〕54号），重新核定内设机构、定编定岗，进一步淡化身份管理、强化岗位管理。

2. 工资改革

2006年11月，北京市工资改革规范工作领导小组办公室下发了《关于事业单位工作人员收入分配制度改革的实施意见》，文件中明确了实施范围、改革的原则、改革的基本内容、套改工资的办法。

这次工资改革建立了岗位绩效工资制度。岗位绩效工资由岗位工资、薪级工资、绩效工资和津贴补贴四部分组成，其中岗位工资和薪级工资为基本工资。从2006年7月起，首先对基本工资进行改革。

岗位工资主要体现工作人员所聘岗位。岗位工资分为：专业技术岗位、管理岗位和工勤技能岗位，按不同等级的岗位对应不同的工资标准。薪级工资主要体现工作人员的工作表现和资历。

2006 年，学院对 302 名在职职工进行了工资套改，其中管理岗位工资 48 人，专业技术岗位工资 227 人，工人岗位工资 20 人，见习期工资 7 人。

绩效工资主要体现工作人员的实绩和贡献。国家对事业单位绩效工资分配进行总量调控和政策指导。事业单位在核定的绩效工资总量内，按照规范的程序和要求，自主分配。

2010 年 4 月，学院根据《北京联合大学落实〈2009 年绩效工资实施细则〉的若干意见》，结合学院实际，制定了《北京联合大学生物化学工程学院关于绩效工资发放管理的若干意见》。

3. 人员调配

2001—2010 年，学院的人员调配情况见表 4.4-12。

表 4.4-12　2001—2010 年调配人员情况一览表　单位：人

年份	调入												调出											
	合计	学历					职称						合计	学历					职称					
		研究生	本科	大专	中专及以下	小计	正高	副高	中级	助理	员	小计		研究生	本科	大专	中专及以下	小计	正高	副高	中级	助理	员	小计
2001	38	9	25	1	3	38		4	1	4	1	10	7	2	5			7		1	1	4		6
2002	19	4	13	2			1	6				7	8	4	4					1		2	1	4
2003	24	16	6	2		24	2	3	2	1		8	3		3			3			1	2		3
2004	12	7	5			12	2		2			4	10	1	8		1	10	1	2	1	4		8
2005	29	24	5			29		5	6	5		16	4	2	2			4			1	3		4
2006	14	10	4			14		1	6	2		9	4	1	3			4		1	1	1		3
2007	16	9	6	1		16		3	3	1		7	7	2	5			7	1		5	1		7
2008	183	9	140	8	26	183		36	71	40	6	153	3	1	2			3			1	1		2
2009	29	16	13			29		12	13	2	1	28	8	3	5			8		3	1	2		6
2010	13	7	5	1		13		7	5			12	7		6		1	7		1	2	3		6

4. 获奖情况

2001—2010 年学院获奖集体和教职工名单见表 4.4-13。

表 4.4-13　2001—2010 年获奖集体和教职工名单

年份	奖励名称	奖励级别	获奖人员	获奖集体
2002	"三育人"先进集体、先进个人	校级	黄小葳、曹纯孝	生物医药系
		院级	赵欣华、霍罡、张翔、王红、林强、黄小葳、龚平、杨春兰、詹细明、阿卫星、白雪冬、刘亚玲、孙克民、刘昕、王浩、冯彝让、辛继雄、曹纯孝、耿芾博	
2003	北京市高等学校教学名师	市级	赵玉娥	

续表

年份	奖励名称	奖励级别	获奖人员	获奖集体
2004	“三育人”先进集体、先进个人	校级	龚平、鲍园园	教务处
		院级	杨建兰、鲍园园、贾丽智、钱芳、潘文明、项胜利、高淑敏、刘秀珍	人事处、教务处、控制教研室
	师德先进个人	校级	张念鲁	
		院级	霍罡、张念鲁、张春艳、黄小葳、李晨、李伟、阿卫星、张洪、郭亚莉	
	北京高校青年师德先进个人	市级	阿卫星	
2006	“三育人”先进集体、先进个人	校级	范娟、王宝华、何江川	社科部
		院级	范娟、李乃池、王佳、潘志红、何江川、廖祺丽、汪广达、俞军、王宝华、杨春兰、李晨、穆红莉、孙耀强、张晓东、张美娟、李洁、张海歌、许晓平、秦晓建、何淑君、汪馨桂、杨波、吴荣欣、钱芳、尚宝琴、沈丽、张爽、周学英、刘秀珍、郭锦胜	社科部、组宣部、人事处
	师德先进个人	市级	张洪	
		校级	宋爱荣	
		院级	宋爱荣、杭和平、马栋萍、刘红梅、李可意、程艳玲、郭明曦、许明月、汪昕宇、张佳宁、张洪、付毅梅、冯玲、李秀芝	
2008	“三育人”先进集体、先进个人	校级	李印伟、穆红莉、廖琪丽	生物化学工程学院、团委
		院级		生物医学工程教研室、会计教研室、人事处、团委
	师德先进个人	市级	杭和平	
2010	“三育人”先进集体、先进个人	院级	张琪、王璐、罗旭东、刘文娟、何淑君、库雅杰、王颖、薛文静、冯琼、于长志	经济管理系工商管理教研室、图书馆、信息与控制工程系机电实践教学中心、工程艺术系工业设计教研室、行政管理处
	师德先进个人	市级	汪昕宇	
		院级	马栋萍、张念鲁、陶凤云、汪昕宇、杨春兰、许翰锐、李金屏、张洪	

（三）离退休人员管理

1．管理机构

2001年离退休人员统一由人事处管理，2008年12月成立了离退休人员工作处。2010年1月成立离退休人员工作办公室，隶属于人事处，2010年3月30日离退休工作办公室调整为直属科级单位。成立了离退休党总支,下设7个支部,其中离休人员党支部1个,退休人员党支部5个。

2. 人员基本情况

学院离退休人员数量在2001—2010年有大幅度的增长。2008年12月底,随着原化校的并入,离退休人员骤增。到2010年年底,共有离退休人员261人,其中离休人员7人,退休干部205人,退休工人49人。离退休人员中设有兴趣小组4个,参加人员123人。每学期离退休办公室组织离退休人员返校一次,通报学院工作及办理有关事项。每年组织离退休人员外出活动2～3次。

3. 退休制度

根据国家和北京市的有关规定,男教职工满60岁、女教职工中的干部满55岁、女教职工中的工人满50岁应办理正式退休手续。学院按照北京市人事局的要求,教职工到达退休年龄的当月底,记为退休时间,第二个月起发放退休金。

4. 待遇

教职工离退休后享受国家发放的离退休费和学校(院)发放的福利待遇。

离休费。2001—2004年,离休教职工的离休费由学院发放。2004年7月,北京市对离休人员的离休费进行了规范,离休教职工的离休费除离休生活费和补贴外,还含有4000元/年的过节费。自2004年7月起,离休费由北京市财政支付。2001—2010年,北京市共3次提高了离休费标准(2001年1月、2001年10月、2003年7月),2次进行了增资(2001年10月、2003年10月),3次提高了生活补贴(2001年1月、2002年1月、2010年7月),4次调整了护理费标准(2005年8月、2007年8月、2008年1月、2009年1月)。

退休费。教职工退休时,以其基本工资和北京市职务补贴为基数按比例发放退休金。2001—2008年,教职工退休金由学院自付。从2009年起,北京市财政以平均每人每年31800元的标准支付退休费,超出部分由学院自付。2001—2010年,北京市3次提高了退休金标准(2001年1月、2001年10月、2003年7月),2次进行增资(2001年10月、2003年10月),3次增加了生活补贴(2001年1月、2002年1月、2007年7月),2010年,北京市向退休人员发放职务补贴和年龄补贴,并提高过节费(4000元/人·年)。

离退休人员享受的学校(院)福利。2001—2004年,学院除向离休人员发放离休费外,还发放过节费、防暑降温费和年终一次性共享费。2004年北京市规范离休费并由市财政支付后,学院不再发放这些费用。对退休教职工,学院2001—2010年另外发放过节费(每人每年按在职教职工的50%发放)、防暑降温费(同在职教职工标准)和年终一次性共享改革成果费(2001年离休人员400元/人,退休人员200元/人;2003—2007年每人960元,2008—2009年每人1000元,2010年正局级和正高级职务人员每人2000元、其他人员每人1500元)。

5. 经费

学院离退休办公室掌管的离退休人员经费包括:离休人员特需经费、离休人员健康疗养费、退休人员管理费、离退休人员福利费、关心下一代工作委员会和老教育工作者协会活动经费等。这些经费,按照离退休人员的数量,由北京市或学院拨款,由离退休办公室掌控使用。以上各项经费,学院都按照规定的使用途径,全部用于离退休人员本身。

第五节　学生教育管理

一、学生管理

（一）组织机构与工作机制

1. 组织机构

学院学生工作部（处）设处长一名，副处长一名，组织员一名，内设4个中心、两个办公室。学生工作部（处）具体工作为就业工作，学生生活管理中心工作，学生奖、助、勤、贷、补、罚工作，学生党建，学生心理、健康教育，辅导员工作、班主任工作，国防教育、军训，学生思想政治教育、学风建设。其中，资助中心负责学生奖、助、勤、贷、补等项工作；心理咨询中心负责学生日常心理健康教育工作，下设心理咨询室，用于对学生进行心理辅导。学生生活管理中心（2010年3月成立）负责住宿学生日常管理。就业指导中心（2003年9月成立），负责毕业生就业指导与服务工作。学生工作办公室负责学生处日常工作和与各系学生工作办公室的联系工作。

2. 工作机制

学院学生工作在党委领导和学生工作领导小组的指导下，由学生工作部（处）负责实施。学生工作部（处）是学院学生管理的职能部门，负责对各系（部）学生工作的领导。系（部）的学生工作，由系党总支（支部）书记负责，辅导员、班主任具体实施。学院为各系（部）选配了辅导员。辅导员是学生管理的专职人员，对学生日常管理负主要责任。2009年学院聘任生活辅导员，对学生宿舍进行管理。

系（部）学生管理的重大事项，首先由系（部）学生工作小组提出意见，然后报与学生工作部（处），学生工作部（处）研究后提出意见，上报主管学生工作的党委副书记最终决定。

学院学生管理的重大事项由学生工作部（处）提出初步意见，报主管学生工作党委副书记，经院务会研究后最终决定。

（二）重点工作

学院学生工作始终高举邓小平理论伟大旗帜，以江泽民“三个代表”重要思想为指导，坚持科学发展观，在学校、学院党委和行政的领导支持下，深入贯彻中央和北京市委关于加强和改进大学生思想政治教育工作的重要精神以及学校的办学方针，紧密围绕校院中心工作，以“一个中心”——学生成长成才为中心，“五个平台”——思想教育平台、学风建设平台、心理健康平台、贫困生资助平台、干部队伍建设平台为工作主线，推进学生工作的规范化、科学化、专业化、精细化建设，不断探索新时期学生工作的规律，加强教育，强化管理，周到服务，促进了学生综合素质全面提高。

1. 学生奖惩

（1）奖励

为了贯彻党的教育方针，更好地发挥学校评优表彰的引导、激励、示范作用，促进校风和学风建设，引导学生德、智、体、美全面发展，鼓励学生刻苦学习，奋发向上，成为有理想、有道德、有文化、有纪律的社会主义建设者和接班人，根据《北京联合大学学生评优奖励条例》（修订）文件精神，学院始终坚持“公平、公正、公开”的原则，严谨细致地完成了评奖评优工作。

2002 年推行了国家奖学金评选,截至 2010 年学院共 25 人获得该奖学金(见表 4.5-1)。

表 4.5-1　2002—2010 年获得奖学金学生人数统计表　　单位:人

学年	国家奖学金	院一等奖学金	院二等奖学金	院三等奖学金	院单项奖学金	合计
2002—2003			9	90	180	279
2003—2004			6	92	106	204
2004—2005			13	117	103	233
2005—2006		4	62	247		313
2006—2007	6	4	63	262		335
2007—2008	6	9	131	270		416
2008—2009	6	10	157	356		529
2009—2010	7	19	163	345		534
合计	25	46	604	1779	389	2843

2003—2010 年学生获得院级各种奖励的人数统计详见表 4.5-2。

表 4.5-2　2003—2010 年学生获得院级各种奖励人数统计表

奖励类型	2003	2004	2005	2006	2007	2008	2009	2010
三好学生人数	15	87	73	126	120	123	100	110
优秀学生干部人数	35	65	49	78	73	70	63	66
优秀班集体数	4	10	12	13	13	13	11	11

2002—2010 学年获得市级先进集体和个人名单见表 4.5-3。

表 4.5-3　2002—2010 学年市级先进集体和个人名单

学年	先进集体	三好生	优秀学生干部	优秀毕业生
2002—2003	生物医药系 00105 班 经济管理系 02304 班	党小颖、李霞、闫思、崔媛媛、龙莹	雷平平、李新艳	
2003—2004	生物医药系 03202 班 经济管理系 03327 班	刘苗苗、李阳君、冯帆、王玉北、刘小贺、奎楠	宋杨、杨小峰	
2004—2005	2002 级环境保护专业 02206 班 2004 级工商管理专业 04327 班	刘洁、邢眸韬、王征、杨潇、曹颖	高晗	高冠华、付红婷、梁卓、王海涛、鲁子昂、刘洋、于滨、胡艳芳、刘辰
2005—2006				曹颖、邢眸韬、冯帆、吴晶
2006—2007	04204 班	李明洁、王欢、王婧如、于澎	王俊岭	何英、焦健、石婧宇、宋嘉、李冰洁、刘娜、韩阳翌
2007—2008				王俊岭、田浩、于澎、王毅、杨彤、沈月婷、李明洁、申婷婷、李博、王婧如
2008—2009		乔溪莹、许建、陈晓文、肖潇、王彦芳、赵智力		国立葳、刘云竹、马云峰、李世君、齐雪、李振君、王欢、陈晓文
2009—2010				吴琼、曹颖、潘婷婷、唐辰、王西坡、李超、王琪、张婷婷、陈曦

(2) 处罚

为加强学院校风校纪建设,保证正常的教学、工作和生活秩序,根据《中华人民共和国教育法》《普通高等学校学生管理规定》和北京市教委《关于北京地区普通高等学校学生违纪处分程序的若干规定(试行)》以及学校制定的《北京联合大学学生违纪处分条例(修订)》有关规定,对违纪学生进行处分。

处罚分为五等:警告、严重警告、记过、留校察看、开除学籍(见表 4.5-4)。学院本着规范学生管理,强化制度建设,严肃学院纪律,净化校园环境的原则,加大学生管理力度,一方面通过组织学生学习相关规定,使其全面了解各项规章制度,尽可能减少违纪现象;一方面严肃处理违纪事件,教育、警示学生。学生对处分决定有异议的,可依据《北京联合大学学生申诉管理办法》提出申诉。

表 4.5-4　2008—2010 年学生违纪处分情况一览表　　单位:人

年份	警告	严重警告	记过	留校察看
2008	1	1	14	1
2009	17	4	12	1
2010	3	4	7	5

2. 学生资助

对生活特别困难的学生,学院积极落实党和政府、校院对家庭经济困难学生的各项资助政策,除配合学校为其开通"绿色通道"外,还制定了减缓交纳学费的有关规定。同时,根据《北京联合大学家庭经济困难学生认定的实施办法》(京联学〔2008〕5 号)、《北京联合大学学生勤工助学管理办法》(京联学〔2007〕5 号)和《北京联合大学国家奖学金、国家励志奖学金和北京市国家助学金管理实施办法》(京联学〔2007〕7 号)等文件精神,实施对家庭经济困难学生的认定、资助及奖励工作。2004 年推行了北京市国家助学金评选;2007 年推行了国家励志奖学金评选,进一步加大了对贫困学生资助与奖励的力度。

2007—2010 年,414 人获得了国家励志奖学金、2017 人获得了国家助学金。国家助学贷款以及"绿色通道"等惠民举措使家庭经济困难学生顺利走入大学校门(见表 4.5-5)。

表 4.5-5　2007—2010 年获得国家助学金情况统计表　　单位:人

年份	国家励志奖学金	国家助学金(一等)	国家助学金(二等)	合计
2007	60	81	121	262
2008	104	210	313	627
2009	104	254	381	739
2010	146	285	372	803

2007—2010 年,累计有 1702 人次因家庭经济困难获得资助;2004—2010 年,已有 350 人次获得贷款 1 862 540 元(见表 4.5-6)。

表 4.5-6　2004—2010 学年资助和贷款情况一览表

学年	家庭经济困难学生人数	贷款人数	贷款金额/元
2004—2005	122	19	104300
2005—2006		35	191200
2006—2007		56	294500
2007—2008	363	57	295090
2008—2009	524	84	449050
2009—2010	815	99	528400

3. 征兵工作

从在校学生中征集新兵是一项重要工作。学生工作部(处)依据相关政策,对各系进行部署,通过横幅、宣传板、网络等形式对全院学生开展宣传动员,并以此为契机对学生深入进行国防教育,激发学生的爱国之心和报国之志。通过向学生宣传应征入伍优抚政策,充分调动了学生关心国防、报名参军的积极性。学生报名后,经学院初选、学校武装部审核,进行体检。体检合格后进入政审,政审合格后应征入伍。学院确保每年征兵任务的完成,并使征兵数量和质量逐步提高。

2007—2010 年学院在校生征兵入伍情况详见表 4.5-7。

表 4.5-7　2007—2010 年在校生征兵入伍情况一览表

序号	入伍时间/年	复员时间/年	姓　名	专业
1	2007	2009	刘燕辰	医疗器械制造与维护
2	2008	2010	袁　峰	材料科学与工程
3	2009	服役中	王玉新	材料科学与工程
4	2009	服役中	王兆忠	医疗器械制造与维护
5	2009	服役中	刘　枫	医疗器械制造与维护
6	2009	服役中	王立鑫	计算机控制技术
7	2010	服役中	耿昕然	药物制剂技术

4. 就业工作

学院党委高度重视就业工作,把毕业生就业工作作为“一把手工程”,坚持以科学发展观为指导,每年研究制定符合学院实际的毕业生就业工作意见,加强对毕业生就业工作的领导,并通过建立责任机制将毕业生就业工作层层落实。

学院坚持把毕业生就业工作与思想教育相结合,坚持“市场导向、政府调控、学校推荐、学生和用人单位双向选择”的机制,贯彻在满足国家需要的前提下,坚持学以致用、择优推荐、统筹安排、加强重点的就业原则;不断转变学生观念,拓宽就业渠道,努力实现毕业生充分就业;通过召开就业工作人员培训会、毕业班学生家长会、毕业生座谈会、就业指导专题讲座、邀请有关企事业单位的专家学者作报告、开设就业指导课,推进就业工作深入开展;为家庭经济困难学生发放就业帮扶基金,开展深入就业指导和咨询等多种教育和服务形式,帮助学生树立正确的人才观、价值观和择业观,增强就业竞争力。在积极为学生提供就业信息的同时,还努力开拓就业市场,鼓励学生自主创业。经过全院上下的共同努力,学院一直保持较高的就业率。

2003—2010 年学院毕业生就业率统计详见表 4.5-8。

表 4.5-8 2003—2010 年毕业生就业率一览表

年份	2003	2004	2005	2006	2007	2008	2009	2010
毕业生总数/人	511	766	756	881	816	760	666	926
就业率/%	56	93.21	93.5	95.57	98.41	97.24	96.55	96.11
签约率/%	43	51.44	67.6	85.47	89.95	92.11	91.59	95.25

5. 宿舍管理

学生生活管理中心于 2010 年 3 月成立,同时正式聘用生活辅导员和宿舍管理人员,负责住宿学生的日常管理和素质教育。学生公寓是学生日常学习和生活的重要场所,学院和学生工作部(处)通过加强和改进公寓学生的教育管理模式,完善教育管理机制,提高教育管理水平,把这项直接关系到学生切身利益和学院安全稳定的重要工作落到了实处。

在宿舍管理工作中,学生生活管理中心全体员工,坚持以"服务育人、管理育人、环境育人"为宗旨,加强宿舍管理,以"育人"作为学生工作的一项重要任务,成立了"学生宿舍党支部""团支部""自律管理委员会",建立了"宿舍长"制度。并以学生为本,充分挖掘和发展学生的主观能动性,给每个学生创造管理和实践能力发展的空间,以此实现学生的自我管理。加强宿舍文化建设,开展文体竞赛和"宿舍精神文明"集体与个人的评比表彰。定期对管理人员进行教育学和心理学的培训,确保每个职工能够正常与学生沟通交流。与保卫处一起不定期地举办消防安全演习和安全知识教育,进行安全隐患的检查排除等,为学生营造了文明、安全、稳定、整洁的公寓环境。

发挥生活辅导员的工作优势,积极开展各项宿舍管理和服务工作,特别是做好宿舍管理过程中意外及突发事件的防控预案和妥善处置工作。推行生活辅导员宿舍值班制度,使专职生活辅导员有固定时间深入学生宿舍,了解学生思想动态,解决学生遇到的各类问题。针对学院住宿生的特点,积极探索学生宿舍的信息化管理,开发了学生宿舍智能信息化管理软件,并已经开始试运行,为学生的信息管理、作息时间管理以及及时掌握学生的心理动态,提供了较为准确的数字依据。科学化管理取得良好效果。

6. 学风建设

学风建设是学生工作的永恒主题。学院党委一直高度重视学风建设工作,不断探索新时期学风建设的新思路、新方法。2001 年,是学院教学质量年。针对学院存在的问题,学工部、团委配合教学部门组织开展了各项调查研究工作,并撰写了专项调查报告。例如,采用调查问卷的形式,在同学中广泛征集对学院教学中存在问题的看法和意见,并从学生角度为提高教学质量献计献策,让学生参与到学风、校风建设中来。2002 年,根据学院党委部署和学校学生德育工作的思路,坚持邓小平理论和"三个代表"重要思想,以全面推进素质教育为核心,狠抓学风、校风,建立了专职班主任工作体制,并组织班主任进行了"五查、两协助、两交流"活动。2004 年,学院提出围绕"迎评促建",继续大力开展学风建设,旨在深化教育教学改革,优化教育教学秩序,提升教师执教能力,营造良好学习环境,提高学生创新能力,促进学生全面发展。经过广大师生员工多年的共同努力,现已基本形成了制度完善、措施得力,具有学院特色的全员参与学风建设的良好局面。2008年学院各级领导多次组织开展"深入教学一线"的活动,检查督促课风建设的落实情况。4月中旬及10月中旬开展全院性的课风大检查,并将检查中发现的问题在学院范围内进行通报。

为构建学风建设长效机制,调动学生学习积极性,提升学生学习效能,学院开展了考试诚信承诺活动。各系召开考风考纪教育主题班会,以考试违纪典型实例警醒学生。学院还开展了"榜样就在身边"系列宣传活动,以优秀典型带动学风建设,引导学生学习身边的榜样。使学生树立正确的学习态度,端正学习动机和学习目的,达到建设和巩固优良学风的目标。

学院充分利用各种形式完善学风建设。例如,学生工作部(处)联合各系学生工作办公室,完成了对学业受警示学生、退学学生的原因分析及工作建议报告;创建优良班风,发挥优良学风班先锋模范作用,以带动全院各班良好学风的形成;注重学生专业思想教育,使学生树立主人翁意识,明确成才方向;积极开展学术活动,营造浓厚的学术氛围,并通过加强社会实践活动,提高学生对专业学习的关注度;启发和引导学生树立自我教育、自我管理意识,注重在日常学习、生活中养成良好的学习风气。结合联大《学生思想特点及德育针对性研究》课题,多次组织召开各年级、各类型的座谈会。狠抓学风、校风,以开展UIS工程重塑形象教育为切入点,认真贯彻公民道德建设实施纲要,在学生中开展诚信与成才教育。

(三)重要规章制度

学生管理工作从完善制度和加强队伍建设入手,重新制定和修订了《学生违纪处分条例》《班主任工作条例》等规章制度。2001年,学生处修订完善了《"三好学生"评定办法》和《学生综合测评办法》,并建立学生班级工作手册,规范了班级日常工作和班主任工作。2002年,修订了《优秀学风班评价体系》,出台学分制下的《学生考勤管理办法》,建立日常课风检查和早晚自习检查制度,实行了学生干部和教师双考勤制度。截至2010年12月,学生生活管理中心根据学院学生和生活辅导员的职能及管理要求,进行了一系列宿舍管理制度改革,制定了《北京联合大学生化学院学生公寓管理实施细则(试行)》《北京联合大学生化学院学生公寓安全预警方案》《北京联合大学生化学院学生公寓假期安全应急预案》《北京联合大学生化学院学生自律委员会试行细则》《北京联合大学生化学院在校生寒暑假住校暂行管理规定》《北京联合大学生化学院在校生寒暑假离校管理规定》《北京联合大学生化学院学生宿舍禁止吸烟的规定》《北京联合大学生化学院文明宿舍评比条例》《北京联合大学生化学院学生办理入住公寓管理规定》《北京联合大学生化学院学生办理离校管理规定》《北京联合大学生化学院学生公寓检查评比制度》《北京联合大学生化学院学生公寓住宿管理制度》《北京联合大学生化学院学生宿舍精神文明状况检查规定》《北京联合大学生化学院学生宿舍卫生管理制度》《北京联合大学生化学院宿舍值班管理员岗位职责》《北京联合大学生化学院宿舍管理员岗位职责》《北京联合大学生化学院生活辅导员岗位职责》《北京联合大学生化学院生活管理中心岗位目标责任制规定》等相关管理制度。

二、思想政治教育

(一)机构设置

学院于2000年成立人文社科部,下设两个教研室,即马列教研室和德育教研室。院党委制定了《关于加强和改进德育工作的实施纲要》，建立起党委统一领导，党政工团齐抓共管，各负其责的思想政治工作机构和体制。

（二）内容与形式

思想政治教育是学校教育的重要组成部分，是高等学校教育的灵魂。学院党委始终扎实贯彻党的教育方针，深入落实中国共产党第十六次和第十七次全国代表大会精神，高度重视并大力加强思想政治教育工作，把全面提高人才培养质量作为工作的重中之重。通过总结工作中的经验与不断探索，使学院思想政治教育工作形成了传统与特色相结合的内容与形式，为培养合格大学生提供了良好的育人环境。

1. 建设学生业余党校教育平台

学院各基层党组织始终围绕学院的中心工作，立足学生的成长成才，致力于开拓创新，卓有成效地开展各项学生党建工作（学生业余党校成立时间是 1996 年）。学院通过组织学生业余党校，培养了一大批合格学员。学生党员队伍素质不断提高，在就业、学生社团工作、社会实践活动中显示出了强大的优势，充分体现了党员先进性；在学生党建工作中，学院还突出实践特色，充分发挥学生党员在学生教育管理中的骨干作用、引领作用和桥梁纽带作用，在实践中提高学生党员解决问题的能力。学院设立了学生党员风采展示橱窗，将学生党员优秀的一面展示给大家，并号召广大同学向他们学习。2003 年以来，学院多次开设党校初级班、高级班（共举办 9 期）。截至 2010 年，参加学生业余党校初级班人数累计达到 4035 人，参加党校高级班人数累计达到 341 人（见表 4.5-9）。近些年来，在校学生党员数量稳步增长，截至 2009 年 8 月底，学生党员在学生中所占的比例达到了 5%。

表 4.5-9 历年党课培训学生人数统计表

年份	2003	2004	2005	2006	2007	2008	2009	2010	合计
党校初级班/人	464	487	588	413	502	447	645	489	4035
党校高级班/人	0	0	0	58	55	42	75	111	341

2. 加强学生日常思想教育

学院注重加强学生日常思想教育。2001 年上半年，开展了“为建党 80 周年献礼，做文明大学生”主题活动；下半年，开展了“什么是合格大学生，生化学院学生的特色是什么”的“合格十特色”的大讨论，并通过组织志愿服务、社会调查、公益活动、勤工助学等其他形式的活动，使大学生在实践中体验到人生价值，学会适应社会，实现全面发展。2002 年，根据学院党委部署和联大学生德育工作思路，以邓小平理论和“三个代表”重要思想为指导，以全面推进素质教育为核心，在学生中开展了学习贯彻《首都大学生文明公约》的活动。2004 年，学院开发、建设了“大学生德育评价系统”，并在 2004 级新生中进行试点，加强学生的思想道德教育；完成了“生化学工在线”网站的建设，充分发挥网络的思想教育效用。2006 年，学院下发《关于集中开展“学习和树立社会主义荣辱观”主题教育活动的通知》，组织学生开展了形式多样的学习活动。2007 年 4 月初，积极挖掘学院的精神文明典型并将其事迹和大幅照片制成墙报，在橱窗大力宣传；6 月初，按照学校的统一部署，在学生中开展了“走近教授、感受名师”访谈活动，彰显出学院教师的精神风貌，以教师事迹教育学生；组织全院学生认真学习党的十七大精神，提高思想教育活动的层次和质量；进一步推进素质教育，端正校风，促进学风,教育学生将国家的发展前途与个人的成长规划紧密结合。2008年,结合30年校庆活动,在学生中开展了以"知校、爱校、荣校"为主题的特色教育活动,如组织了"我心中的北京联合大学"征文及演讲活动;结合北京奥运会和改革开放30年,组织了以弘扬奥运精神和改革开放精神为主题的各种教育活动,如组织了"和谐、奥运、文明——感受改革开放30年"主题摄影活动、"青春奥运,文明示范——北京联合大学学生文明修身行动""迎接奥运从讲文明做起、参与奥运从身边做起、奉献奥运从现在做起"教育活动等。2009年,随着"十一五"计划的深入实施,学院进一步加强大学生的思想政治教育,弘扬爱国主义精神。除了坚持日常的升国旗仪式之外,5月份,学生处联合各系组织学生观看了爱国影片《南京! 南京!》;还通过多种形式的学习,使学生了解世情、国情、民情,明确学习方向,加强使命与责任感;组织全院学生认真学习科学发展观;贯彻落实中央16号文件精神,组织学生开展多种形式的学习,帮助学生树立马克思主义世界观、人生观和价值观。

3. 做好新生入学教育

为使新生能够顺利完成学业,尽快适应大学的学习和生活,学院每年都组织为期一周的入学教育和两周的军事训练。学院通过学生工作部(处)、教务处、保卫处、图书馆、数字校园、各系(部)分别对新生进行军训动员、学业学籍解读以及安全、图书资源利用和专业教育等,使新生较全面地了解了大学、学习和专业发展方向。

军事训练是新生入学教育的重要环节,由学生工作部(处)负责组织,地点为昌平八一军训基地。军训时间从2007年9月开始,由原来的12天改为14天。2005年9月起,军事理论课正式列为大学生的必修课。

4. 广泛开展心理健康教育

2002年10月,学院成立了大学生心理指导中心,隶属学生工作部(处)。通过心理健康测试,为全院学生建立了心理健康档案;通过日常咨询,已为400余名学生提供了个别辅导;通过每年举行的"5·25"大学生心理健康周活动,为学生开办了广场咨询、团体辅导、专题讲座、心理电影赏析、心理知识宣讲等,引导学生充分认识心理健康对于个人成长的重要意义,提高学生参与心理健康教育活动的热情。

2008年10月,成立了学院心理社。2009年3月17日,根据《关于成立北京联合大学生物化学工程学院学生心理素质教育领导小组的通知》(京联生化党〔2009〕17号),学院成立心理素质教育领导小组,由王玮任主任,小组成员有王长军、刘春增、孙克民、孙波、张明贤、叶晓、刘文东、李印伟、范娟、张有、曹纯孝。同日,根据《北京联合大学生物化学工程学院关于成立学生心理健康服务中心的通知》(京联生化党〔2009〕18号),学院成立心理健康服务中心,由范娟担任主任,中心成员有赵静、廖琪丽、王彦芳、李崇圆、陈静、周杰、曹向、辛俊卿、张晏辅、陈奕璇、徐明月、周学英。2010年11月1日,根据《北京联合大学生物化学工程学院关于调整学生心理素质教育领导小组的通知》(京联生化党〔2010〕62号),对学院学生心理素质教育领导小组成员进行调整:赵艳霞任组长,小组成员为曹辉、刘春增、孙克民、付力、叶晓、孙冰玉、张有;领导小组下设办公室,设在学生处,孙冰玉任办公室主任,周学英任办公室副主任。一旦发现重大危机事件,该机构则立即转变为学生心理危机干预领导小组,并立即启动"危机干预及自杀预防快速反应机制"。

5. 关注贫困学生的全面成长

为解决贫困学生的经济困难,使他们正常学习生活,健康成长,学生工作部(处)把"自强自立”的民族精神教育、劳动教育、感恩教育、诚信教育、心理教育融入各项学生资助工作中。在贫困学生中开展了“暖心工程”“绿色通道”系列活动，通过座谈会、家访、集体辅导和个别辅导或“手拉手、结对子”等形式，加强对贫困生的关心、关爱，帮助贫困生树立信心、排忧解难。组织学生参与学院的发展建设，教育学生感恩社会，立志成才。为新生中部分家庭经济特别困难学生发放一次性冬衣补贴，共有 50 名家庭经济困难新生获得此项资助。贫困学生受到了来自多方面的关心和帮助，促进了他们的全面成长。为遭受意外灾害的贫困生申请一定金额的困难生补助金，帮助学生渡过难关，顺利完成学业。

6. 坚持就业教育

学院十分注重毕业生的就业观教育，通过就业指导专题讲座和“专家引进来、学生走出去”等活动，帮助毕业生树立积极的就业观，引导学生到基层、到农村、到祖国需要的地方就业。积极响应国家实施西部大开发战略的号召，在学院广泛宣传了“大学生志愿服务西部计划”和首都大学毕业生基层志愿服务团活动。在 2002—2010 年的毕业生就业工作中，涌现出很多到基层、到西部、到边疆工作的优秀毕业生。学院有 13 名同学志愿服务或支援西部、40 名同学服务北京基层、当“村官”的 147 人、支教的 11 人。例如，2007 年，生物医药系生物工程专业毕业生沈文炎同学，就选择了到通州区永顺镇中心小学支教。在院党委副书记的带领下，学院多次组织就业工作人员到学院村官联系区县——昌平区看望当“村官”和支教的学生，并召开座谈会，了解他们的工作、学习、生活情况，鼓励他们坚定信心、克服困难、做出成绩，为校争光。

7. 学生思想教育进宿舍

为了全面加强大学生的思想教育，学院把学生思想政治工作搬进了宿舍。一是生活辅导员随时深入宿舍，及时了解和掌握住宿学生的思想状况，化解矛盾，解决问题；征求学生意见、建议，想学生之所想，急学生之所急，服务学生、管理学生、教育学生，培养学生良好的生活习惯和遵纪守法的观念、道德观念、集体观念，使学生注重人格修养；确实做到管理和教育的全覆盖，开展了多种多样的学生活动，如“公寓学生叠被子比赛、床头文化设计比赛、精神文明个人赛、精神文明宿舍比赛、学生业余生活实践经验演讲比赛、应聘现场模仿比赛、消防知识抢答比赛、公寓消防器材应用比赛、突发事件紧急疏散演练”等，积极拓展学生第三课堂，使宿舍成为育人的重要基地。二是建立宿舍楼长负责制，成立宿舍学生自我管理委员会，定期召开会议，研究宿舍状况、及时发现问题，配合楼长工作，调动学生自我教育、自我管理的积极性。三是发挥学生党员和团员的作用，使其成为创建精神文明宿舍的表率。四是加大奖励力度，以树典型、学典型的方式，推进精神文明宿舍建设和宿舍各项工作的开展。

8. 开展丰富多彩的校园文化活动

学院加强校园文化建设，开展了多种形式的思想政治、学术科技、文娱体育等校园文化活动。充分利用各种有利资源，引入生动活泼的教育形式，将德育渗透到学生学习、生活、活动的各个方面，对学生进行潜移默化的教育。例如，精心设计和组织开展了“英语之星”演讲比赛、“迎评促建”及科技文化庙会、校园 189 步摄影展、漫画大赛、校园 DV 纪实、系列讲座、师生网球友谊赛、“五人制”足球赛等内容鲜活、形式新颖、吸引力强的德育实践活动。计算机协会还长期开办“每周一讲”活动，由高年级学生对广大同学进行计算机知识普及讲座。

英语协会针对四级难关,推出“每日一题”,将题目写在黑板上,每天更新一道题。爱心社与特教学院合办的“疯狂手语”一连办了5场,场场都受到学生的欢迎。国旗班与广播站合作,坚持在国歌声中升旗。

团委本着“贴近实际、贴近生活、贴近青年”的工作原则,以学校“社团文化节”和“科技文化艺术节”为依托,广泛发动各级共青团组织,不断挖掘和丰富校园文化建设内涵,深入开展全院性的精品文艺活动,学院开展的“社团文化节”早已成为艺术水准较高、团员青年参与面广、校园影响力大的文化盛会。“校园歌手大赛”“大学生辩论赛”等学生喜闻乐见的文化活动也深受学生好评。走出去、请进来,为团员青年搭建高层次的对外交流平台。近几年,团委先后邀请残疾人艺术团、北京财经专修学院影视舞蹈分院演出团等艺术团体来学院演出。学院街舞社团骨干也在学校30年校庆典礼上进行精彩演出,为学院赢得了荣誉。2010年,为迎接建党90周年,学院成立了学生合唱团,这也充分展现了学院艺术社团蓬勃发展的良好势头。

9. 推进社会实践活动深入发展

“实践育人平台”是应用型人才培养的重要载体和有效渠道。学院团委不断促进学生社会实践规范化、项目化和规模化建设,在《北京联合大学学生社会实践活动项目化管理办法》《北京联合大学学生社会实践活动评优基本标准》等文件精神指导下,先后开展了以“使命?责任?奋进”“学习?致用?奉献?成才”等为主题的社会实践活动,形成了一道彰显学院特色、展现学子风采的亮丽风景线,实现了让大学生在社会实践中“受教育、长才干、做贡献”的工作目标。近10年来,学院组织的实践团队近500支,近30000名学生,分赴北京18个区(县)的街道、乡镇、社区开展实践活动。2007—2010年,先后有2支团队获“首都大学生社会实践优秀团队”荣誉称号;学院自2007年以来多次被评为校级“社会实践先进单位”。

为了更好地引导广大青年以饱满的热情投身于社会主义和谐社会建设,团委开展了推进社区志愿服务和谐行动,助力全国安全社区创建工作。团委按照学院党委的统一部署,围绕垡头街道办事处创建全国文明城市的目标要求,立足“社区所需、志愿者所能”,突出队伍建设、服务阵地、品牌活动、机制建设等4项重点工作,开展了主题鲜明、富有成效的院区共建活动。团委与垡头街道团工委共同印制了1500册“阳光储蓄卡”,其评价项目包括:实践内容、实践时间、实践结果等。学院团委以此记录作为团员评优、推优依据,从而进一步使学生参加社区共建活动走向制度化和规范化。

(三)建设与研究

学院党委高度重视学生思想政治工作,不断探索新时期学生思想政治教育的规律,不仅确立了思想政治工作的目标与任务,而且通过每年的“三育人”(教书育人、管理育人、服务育人)先进评选,调动了全院教职工的积极性,形成了全员育人的工作格局。

1. 制度建设

制度建设是强化学生管理,加强思想政治教育的重要方面。2005年3月,学院制定《北京联合大学生物化学工程学院2005年党建和思想政治工作要点》;6月制定《北京联合大学生物化学工程学院关于加强和改进学生思想政治教育工作的意见》(京联生化党〔2005〕23号)。2006年制定了《北京联合大学生物化学工程学院学生政治辅导员工作管理办法(试行)》(京联生化党〔2006〕20号);3月,学院制定《北京联合大学生物化学工程学院2006年党建和思想政治工作要点》，下发《北京联合大学生物化学工程学院关于加强和改进大学生思想政治教育情况的报告》，提出了“把每一个学生都培养成为具有完整人格的人”的德育工作理念，从而给德育工作提出了更高的要求。为了实现这一目标，学院在总结原有工作的基础上，构建了一个符合学院实际的、科学系统的德育工作系列，实施了一些有实效的创新措施。为了培养一支与这个德育目标相适应的教师队伍，学院启动了班主任工作培训班，对年轻教师和新引进教师在教育理论与教育实践，特别是班主任工作方面进行培训。一些优秀班主任良好的师德、精湛的工作技巧、丰富的教育经验给年轻教师以极大的启示，使他们很快上路，适应了工作的要求；6 月下旬，制定《关于进一步加强学生党建工作的指导意见》，提出了今后几年学生党员发展的基本目标，规范了学生党员发展前谈话制度和学生党员档案管理制度。2007 年 5 月，学院贯彻落实“《北京普通高等学校党建和思想政治工作基本标准》任务分解”精神，制定《北京联合大学生物化学工程学院 2007 年党建和思想政治工作要点》。2008 年，学院党委高度重视辅导员队伍建设，把辅导员队伍建设视为高校德育工作的重要抓手，在继承原有传统的基础上，深入贯彻落实教育部关于《普通高等学校辅导员队伍建设规定》(教育部 24 号令)，逐步形成了辅导员队伍建设、培养和发展的特色，建设了一支敬业与奉献精神高、工作能力强、专业水平高、学术素养厚的辅导员队伍，充实了德育工作队伍。2009 年，下发了《关于成立学院辅导员工作考核小组的通知》(京联生化〔2009〕107 号)。

2. 思想政治理论课改革

2004 年 10 月，中共中央“16 号文件”下发，“两课”改为思想政治理论课，学院有 7 门课进行了调整，形成 4 门课。

学院注重发挥思想政治理论课在大学生思想教育过程中的主渠道作用，利用思想政治理论课教学的有利时机，引导学生在理想、信念、人生观、价值观方面形成正确认识。教师积极改革教学方法，以演讲、辩论、讨论、社会实践等方式展开教学，使学生在教学中受到教育。从 2002 年起，经过思想政治理论课教师的不断探索与改进，学院完善了思想政治理论课的教学重点和要求，在教学过程中充分发挥学生的能动性，引导学生“学会学习、学会研究”，特别注意引导学生带着问题去学习，最大限度地给学生以思考和参与的空间。注重课堂与社会、理念与实践的结合，让学生在实践中受教育。以育人为中心，以服务青年学生成长需要为落脚点和出发点，进一步贯彻落实《北京普通高等学校党建和思想政治工作基本标准的三年规划纲要》，采用多种方式，促进“三个代表”重要思想“进课堂、进教材、进学生头脑”。

3. 思想政治工作队伍建设

学院始终坚持选聘思想素质好、业务水平高、奉献精神强的教师，担任辅导员及班主任。为了提高大家的工作水平，学院坚持每学期召开辅导员、班主任工作会议，交流经验，研讨学生工作中的问题。例如，2004 年 7 月，召开了学习贯彻新的德育大纲研讨会，提出坚持德育工作求真务实、与时俱进的原则；坚持思想建设从解决学生的实际问题入手，在他们的学习、生活、人际交往、健康心理、就业等方面予以切实帮助。还学习了《抢抓机遇，乘势而上，加强和改进大学生思想政治教育》——教育部部长、党组书记周济在学习贯彻《中共中央国务院关于进一步加强和改进大学生思想政治教育的意见》座谈会上的讲话。2005 年 1 月，学习了《社论：开创大学生思想政治教育新局面》。

学院对辅导员、班主任工作有严格具体的要求，还组织辅导员、班主任参加学院开展的

"送出去、请进来"等各个层次的学历教育和非学历教育的培训活动,以多种形式提高他们的理论水平和工作能力。通过培养和锻炼,优化了辅导员结构,学生辅导员的学历呈上升趋势。截至2010年底,辅导员学历为硕士及以上的占46.1%。根据工作需要,学院重新调整了各系学生工作办公室人员配置,调换各系学生工作办公室主任,强化其责任意识。同时,努力提高辅导员工作效能,增加辅导员授课机会,寻求队伍多元化发展。

学院班主任绝大多数为专任教师兼任,他们在教学、科研任务繁重的情况下,依然在班级的建设上投入了很多时间和精力。他们经常深入班级,了解和解决学生学习中出现的各种问题,并给予指导;与任课老师及时联系,沟通教与学的信息;通过班会、团会及班级活动,帮助学生明确学习目的,增强学生的责任意识。班主任通过班风带动学风,又以学风建设促进思想政治工作,培养了一批具有集体荣誉感和凝聚力的优秀学生班集体。

4. 科学研究

为使学院的思想政治工作更符合社会和学生的需求,学院领导十分注重思想政治教育研究工作。学院每年都对在校学生进行思想状况调查,为进一步加强学生的思想政治工作提供了思路和建设性意见。此外,还把思想政治工作的研究成果纳入年终科研统计和考核中,督促思想政治教育工作者坚持自觉地、长期地开展研究活动,以提升思想政治工作水平,促进学生思想政治工作队伍的快速成长。学院以党建研究会为龙头,组织全体思想政治工作者积极开展理论研究,探索思想政治教育工作的规律。通过课题立项、论文征集、专题研讨、案例征集等形式,从理论和实践两个方面探讨、研究思想政治工作的方法和途径,研究在新形势下,如何培养学生正确的世界观、人生观和价值观等。

近几年来,学院参加了《联大学生思想特点及德育针对性研究——大学生思想状况分析》课题。通过多次组织各年级、各类型的学生及学生工作人员座谈会等形式,掌握了学生思想状况的第一手资料,除圆满完成联大课题研究任务外,还为学院进行德育科研积累了经验,培养了队伍,启发了意识,为以后的工作奠定了基础。为了提高学院德育工作的科学性、实效性,组织编写了《北京联合大学生物化工学院学生思想政治教育情况调研报告》。

第六节　办学保障

一、校园规划与建设

学院的规划与建设情况见表4.6-1。

表4.6-1　2001—2010年基础设施改造情况一览表

年份	项目名称	资金来源	效果
2003	建设实训楼	自筹资金	改善学生实验课堂环境及条件
2004	自备井地下水置换自来水改造工程	财政专项	
2005	锅炉供暖改成小区集中供热	财政专项	改变供暖方式
2006	运动场(足球)改造工程	财政专项	增加运动场所
	网-篮球场改造工程	财政专项	增加运动场所
	南大门-广场工程	财政专项	

续表

年份	项目名称	资金来源	效果
2007	围墙改造工程	财政专项	校园环境得到改善
	球场灯光工程	财政专项	校园环境得到改善
	国旗广场工程	财政专项	校园环境得到改善
	西平房暖气改造工程	财政专项	改善校园设施
2008	学生公寓改造工程	财政专项	为学生创造良好的住宿条件
	暖气管道改造工程	财政专项	改善校园设施
	车库改造工程	财政专项	
	多媒体教室改造工程	财政专项	提升了教学条件
	配电室改造工程	财政专项	
	新建防腐木亭子工程	财政专项	改善了校园环境
	学生活动室及自行车棚建设	财政专项	
	清洗楼面工程	财政专项	
	实训室试验基地改造	财政专项	增加实验教学的面积
	监控 1、2 期改造	财政专项	确保校园安全
	北院办公用房装修改造	财政专项	
	北院教学楼教室改造	财政专项	
2009	办公楼门厅楼梯改造	财政专项	办公环境更加美观
	实、教、行楼道吊顶	财政专项	
	北院重修室外沥青路面及新做雨水管道工程	财政专项	
	北院食堂改造	财政专项	就餐环境得到改善
	南院宿舍改造及家具更新	财政专项	住宿条件不断提高
	教室配套设施(阶梯教室改造-桌椅)建设	财政专项	达到课堂教学的使用标准
	照明(太阳能路灯)节电改造	财政专项	
	电力增容	财政专项	缓解电力紧张的局面
	一户一表改造低压电缆	财政专项	
	北院学生公寓基础设施建设	财政专项	改善住宿条件
	北院 1 号楼男生公寓装修改造	财政专项	改善住宿条件
	北院女生公寓改造及家具配置	财政专项	改善住宿条件
	北院食堂售饭厅改造及部分厨具更新工程	财政专项	食堂设施环境得到改善
	北院学生 1 食堂改造及厨具更新工程	财政专项	食堂设施环境得到改善
	北院食堂标准化建设	财政专项	达到食堂的使用标准
	北院锅炉改造、浴室装修(锅炉)、燃气改造工程	财政专项	
	门窗节能改造	财政专项	
	北院图书馆装修改造	财政专项	图书馆更加美观明亮
	实验室及南院教室改造	财政专项	教室环境得到改善
	图书馆外挂电梯	财政专项	
	北院平房改超市	院内资金	便于学生购物
	计算机仿真实训室改造	专项	
	16 号楼防水工程	专项	
	学生隔离室建设工程	校拨	
	风味间建设工程	校拨	改善就餐条件
	食堂、办公室装修	校拨	

续表

年份	项目名称	资金来源	效果
2010	2010抗震加固食堂工程	财政专项	达到北京市抗震规范标准
	图书馆外挂电梯改造	财政专项	
	路面加宽、雨水管道及道路铺设	财政专项	校园环境得到改善
	浴室及北院食堂改造	财政专项	
	教师食堂装修改造	财政专项	食堂环境得到改善
	太阳能路灯改造	财政专项	
	办公楼二层会议室装修	院内资金	会议环境得到改善
	单九楼木门窗修缮	院内资金	住宿环境更加美观
	工会活动室装修改造	院内资金	
	南院教学楼外墙砖修补	院内资金	改善校园条件
	教学楼屋面防水工程	院内资金	改善校园条件
	学生公寓智能用电管理工程	院内资金	学生公寓智能化管理
	北院实验楼315室地面修补	院内资金	
	机电实践中心排水维修改造	院内资金	
	北院一层实验室装修改造	院内资金	改善实验室条件
	实验楼厕所改造及零星工程	院内资金	改善校园条件
	教学楼室内外明柱装饰	院内资金	
	食堂三层装修改造	院内资金	

二、办学经费与管理

(一)机构设置与管理体制

2001年,学院财务管理机构为财务科,在编财务人员5人。2005年,财务科升格为财务处。2007年,由于引进人才和院内管理调整,财务处增加到7人。2008年,学院财务处与原北京市化工学校财务部门合并后,人员增加到12人。2010年减少到11人。

2006年,学院设有审计处,其中处长1人,办公室人员1人;2007年其合并到财务处,相关业务指定专人负责。

学校实行“统一领导、分级管理、集中决算”的财务管理体制。学院实行“统一领导,集中管理”的财务管理体制,在学院党委和主管院长的领导下实行一级财务核算制度。学院在学校统一预算内,组织本学院的各项收入,合理安排资金使用。学院财务处是唯一的财务会计管理机构,负责学院财务管理、审计等工作,履行会计核算与会计监督职能。

(二)经费收支情况

1.经费收入情况

学院的经费收入来源主要有财政拨款、事业收入、其他收入、附属单位缴款和经营收入。其中,财政拨款和事业收入是经费收入的主要来源。进入新千年来,随着北京市进一步加大对教育的投入力度,学院经费收入也逐年递增,2001年学院经费收入为2653.87万元,到2010年经费收入已达到9679.11万元,10年间增长了近3倍(见表4.6-2)。

表 4.6-2 2001—2010 年经费收入一览表 单位：万元

年份	财政拨款	事业收入	经营收入	附属单位缴款	其他收入	当年经费收入合计
2001	1546.19	1107.68				2653.87
2002	1702.16	1291.21			5.3	2998.67
2003	1672.17	1503.5			4.98	3180.65
2004	2597.99	1608.96	8.56	17.99	39.07	4272.57
2005	2326.38	1482.70	37.20		69.40	3915.68
2006	2874.05	1380.32	91.20		10.19	4355.76
2007	3687.57	1300.76	54.03		13.80	5056.16
2008	4179.99	1332.82	43.62	16.89	11.85	5585.17
2009	5876.94	1629.84	155.91		18.59	7681.28
2010	7709.13	1671.33	201.02		97.62	9679.10

2. 经费支出情况

学院经费主要用于促进学院教育事业协调发展，为实现各项任务目标以及为教学、科研及其他工作的正常运转提供资金支持。经费支出按照类别主要包括基本支出、项目支出和经营支出(见表 4.6-3)。

表 4.6-3 2001—2010 年经费支出一览表 单位：万元

年份	基本支出	项目支出	经营支出	当年支出合计
2001	1853.35	210.25		2063.60
2002	2019	794.39		2813.39
2003	2682.58	837.97		3520.55
2004	3184.03	514.26	8.56	3706.85
2005	3437.22	452.76	37.20	3927.18
2006	3848.58	1401.64	91.20	5341.42
2007	3758.95	862.65	54.03	4675.63
2008	4175.63	1275.52	43.62	5494.77
2009	4643.32	2507.73	155.91	7306.96
2010	8332.29	1249.05	201.02	9782.36

(三) 固定资产情况

学院固定资产总额逐年递增，2001 年固定资产总额 1476.84 万元，到 2010 年固定资产总额达到 18481.38 万元，10 年增长了近 11 倍。其中，2010 年较 2009 年资产增加 11093.71 万元，主要是因为原北京市化工学校的 6230.94 万元固定资产合并计入学院固定资产以及学院教学楼等入账增加了 4300 多万元(见表 4.6-4)。

表 4.6-4　2001—2010 年固定资产总额一览表

年份	固定资产总额/万元
2001	1476.84
2002	1928.03
2003	2478.72
2004	3338.47
2005	4035.43
2006	4655.24
2007	5815.73
2008	6301.07
2009	7387.67
2010	18481.38

（四）财务制度建设及重大财务事项

2001 年，为保证学院教学条件设备贴息贷款工作得到预期效果，降低设备购置价格，防止设备购置中可能出现的问题，学院成立了教学条件设备贴息贷款工作领导小组和购置设备工作小组（京联化院〔2001〕85 号），负责组织购置教育项目贷款规划中的设备。

2002 年 3 月，为了促进学院科技成果转化，更好地利用学校现有的资源，鼓励和保护院属各单位和学院职工创收积极性，加强对经济工作的领导和管理，制定了《北京联合大学化学工程学院开发创收管理办法（试行）》（京联化院字〔2002〕19 号）。

2003 年 3 月，为了对学院的有限资源进行合理分配，体现学院办学指导思想和发展方向，按照以收定支的原则加强管理，优化资金配置，提高资金使用效率，制定了《北京联合大学生物化学工程学院支出预算管理的暂行规定》（京联生化发〔2003〕27 号）。6 月，为进一步规范学院福利费提取、支出等管理工作，制定了《关于我院福利费提取开支的管理办法》（京联生化发〔2003〕62 号）。9 月，学院接受北京市物价局和学校的教育专项经费检查。

2004 年 6 月，为进一步做好学院治理乱收费工作，规范收费行为，学院成立了治理教育乱收费工作领导小组（京联生化发〔2004〕75 号），并对治理乱收费工作做了具体安排（京联生化发〔2004〕85 号）。

2005 年，为统筹规划办学资源的开发利用，进一步规范创收资金的使用管理，实现国有资产的保值增值，提高办学效益和创收水平，学院成立了经济管理工作委员会（京联生化发〔2005〕36 号）。

2006 年 4 月，为防范学院经济风险，提高资金使用效益，进一步发挥审计的监督和评价职能，开展了财务预算执行情况审计和专项经费预算执行审计（京联生化发〔2006〕64 号）。

2008 年，为保证原北京市化工学校与学院合并后财务运行平稳，对原北京市化工学校财务预算支出进行了有针对性的规定和安排（京联生化〔2008〕126 号）。

2010 年 3 月，为增强财经管理意识，提高预算执行力，促进学校整体管理水平和绩效提升，制定了《2009 年预算执行情况自查工作》（京联生化〔2010〕16 号）。7 月，学院按照北京市教委和学校有关通知的要求，对原北京市化工学校截至 2009 年底的所有资产进行了全面清查，并形成了最终的清查报告。原北京市化工学校所属资产全部并入学院。

（五）审计工作

1.机构设置

学院审计工作由院长主管。2001—2003年学院有兼职审计岗位，设在党院办；2004—2010年有专职审计岗位，其中2004—2007年设在审计室，2008—2010年设在财务处。

2. 主要工作

学院审计工作执行国家审计相关法律法规、北京市教委以及学校审计工作规章制度，由学校审计处或学院立项开展工作，并配合上级相关部门派出的审计工作组工作。

2001—2010年，共计开展年度预算执行与决算审计7项、教育收费审计2项、项目经费审计2项、经济责任审计5项、审计调查1项，配合上级审计组及外部事务所审计工作4项。兼职审计人员参与学院预算分配、教育收费检查、“小金库”及收支两条线情况检查等工作（见表4.6-5）。

表4.6-5　2001—2010年内部审计事项一览表

年份	审计工作事项名称	工作类型	备注
2001	保卫处自管资金审计	内部审计	
2002	饮食服务中心财务状况内部审计	内部审计	
2004	2003年财务决算审计	决算审计	
	收费及预算执行审计	预算执行审计	
	行政管理处专项审计	专项审计	事务所
	刘欣同志离任经济责任审计	经济责任审计	
	教育收费审计	专项审计	
2005	教育收费审计	专项审计	
	王吉芝同志离任经济责任审计	经济责任审计	事务所
	1—9月项目经费审计	专项审计	
2006	1—9月项目经费预算执行审计	专项审计	
	2005年预算执行及财务收支审计	预算执行审计	
	工程竣工财务决算审核	专项审计	事务所
	陈凤霞同志经济责任审计	经济责任审计	
	2006年1—5月预算执行及财务收支审计	预算执行审计	
2007	1—10月预算执行审计	预算执行审计	
	实验室建设—制药工程实验室建设审计	专项审计	
2008	教学楼防水、多功能厅舞台改造工程审计	专项审计	
	学生公寓、多媒体教室改造工程审计	专项审计	
	预算执行审计审前调查工作	审计调查	
2009	1—4月预算执行审计	预算执行审计	
	1—9月预算执行审计	预算执行审计	
	杨建兰、赵国群和万坤同志离任经济责任审计	经济责任审计	
	北京市化工学校审计	专项审计	事务所
2010	辛继雄同志离任经济责任审计	经济责任审计	
	平房、实验室改造工程竣工结算审计	专项审计	
	北京市创业培训学校审计	专项审计	

三、实验室及实践教学基地建设

2000年学院投资700多万元用于办学条件的改善和校园维修,使整个学院面貌发生很多变化。学院先后组织完成了第三期高职实训基地建设论证和迎检工作;新增3个语音教室,3个多媒体教室,完成了第四个阶梯教室的改造调试工作,加快了教学技术手段现代化的步伐,应用多媒体技术开展教学已在多门课程中实现,为提高教学质量创造了条件。投资20多万元建设了会计模拟实验室。2000年学院实验室状况:综合化学实验室位于300平方米的临时平房,实验条件艰苦,其余实验室都挤在教学楼内,实验、实训的实践场地面积亟须改善。

2001年,学院完成了1119.2平方米的实训基地的建设,部分有效地改善了学院实践教学环境,在此基础上开展"教学质量年"活动。学院在《北京联合大学化学工程学院2001年下半年重点工作》(京联化院字〔2001〕64号)中强调:"关于完成市教委对高职实训基地验收挂牌工作,充分利用335万元条件设备贴息贷款,统一规划学院实训基地和实验室的建设,坚持软件建设与硬件建设一起抓,使学院实训、实验工作有一个新的发展。"

2002年,北京市教委给学院拨款100万元进行电路改造和水质改造,同时还拨付教学实验室建设专项经费270万元,用于精细化工中试实训基地建设、化工基础实验室新增设备购置、生物综合实验室建设、计算机公共机房扩增、材料应用实验室建设、视觉艺术专业实验室专项建设、校园网网络建设及办公自动化专项建设。同年,学院利用专项建设经费开发出20升全玻璃柔性系统精馏装置,进行回收废乙醇。2002年精细化工中试实训基地通过北京市教育委员会检查验收。同时,学院同欧姆龙(中国)有限公司共同合作成立了"北京联合大学欧姆龙测控技术实验室"。

根据《关于北京联合大学生物化学工程学院实训楼工程项目建议书(代可行性研究报告)的批复》(京教建〔2003〕49号)意见,学院于2003年完成了"北京联合大学生物化学工程学院实训基地"项目的立项申请。在2003年,学院投入250万元进行实验室建设及教学硬件建设,主要包括人力资源实验室设备购置项目、生物分离实训室扩展项目、制药工艺综合实验室项目、欧姆龙测控技术实验室项目、化工仿真实训室项目、生物分子学实验室项目、多媒体教室设备采购和安装项目等。

2004年,学院投资400多万元建成建筑面积为2193.23平方米的实训楼,又投资60多万元配备了实验台及基础硬件(通风设备),并于2004年9月交付使用。这从根本上改善了学院实践教学环境,使原有因场地紧张不得已安排在300平方米的临时建筑中的化学实验室和拥挤在不堪重负的教学楼中的部分实验室得以改善实践教学环境。学院实训楼的建成有力地改善了实验、实训环境,为探索技术应用性人才培养模式创造了条件。学院于当年又投资763.144万元购置仪器设备,使生均教学科研设备占有率比2003年提高了20%。学院的技术应用性实践教学基地建设还获得学校50万元建设项目经费支持(GMP车间建设)。

2005年,学院利用已获得的学校项目经费支持的"技术应用性实践教学基地建设"项目50万元,建设了222.3平方米的固体制剂GMP车间,以加强学生在实际生产环境中实践能力的锻炼。当年实训基地开发了28个实训项目,涵盖了生物医药、信息与控制工程等专业,其中GMP车间作为学院的亮点,得到了北京市教育委员会专家组的一致好评。2005年学院得到北京市教育委员会拨付的实验室建设专项经费290万元,用于中央与地方建设的开放式计算机基础实验室建设、学院实践教学实验室改造工程、基础实验室改造和生物化工实践教学中心建设等实验室专项建设。

2006年，学院获得学校一项中央与地方建设专款100万元项目——“生化学院校区物理实验室建设”。同时还获得北京市教委拨付的教学实验室更新改造扩建专项45万元，用于“测控技术综合实验室建设”和“药理综合实验室建设”；实验室建设专项经费40万元，用于“生物信息技术实验室”建设；教学条件改善专项款68万元，用于“多媒体教室设备采购及集成等工程项目”专项建设。

2007年，学院获得北京市教委拨付的实验室建设专项经费263.16万元，用于6个专业实验室建设和2个基础实验室建设。

2008年，学院获得北京市教委拨付的实验室建设专项经费411.34万元，用于过程装备与控制工程专业的专业实验室建设与专业基础实验室的完善建设、生物医学工程专业的专业实验室建设和学院计算机基础实验室设备更新。

2009年，学院获得北京市教委拨付的实验室专项建设经费546.38万元，用于生物化工实践教学中心教学条件建设、培养职业综合能力的应用性自动化实践基地建设、机器人创新实验室建设、工程艺术实验室建设、经济管理类综合实验室建设、高分子材料加工实验室建设、PC机数字网络语音实验室建设、计算机基础实验室设备更新等项目的建设。

2010年学院在实验室建设上自己投资77.4万元，用于实验室建设、实验室更新与改造以及实践教学项目开发与建设。

2006—2010年学院实验室及实训基地建设项目情况详见表4.6-6。

表4.6-6 2006—2010年实验室及实训基地建设项目一览表

序号	项目名称	项目负责人	建设经费/万元	项目类型	立项时间/年
1	生化学院校区物理实验室建设	陈　健	100	实验室建设	2006
2	教学实验室更新改造扩建——测控技术综合实验室建设	曹　辉	15	实验室建设	2006
3	教学实验室更新改造扩建——药理综合实验室建设	葛喜珍	30	实验室建设	2006
4	生物信息技术实验室	杭和平	39.658	实验室建设	2006
5	自动化专业实验室建设	曹　辉	50	实验室建设	2007
6	人力资源管理专业实验室建设	王宝石	13.75	实验室建设	2007
7	视觉艺术专业实验室建设	孙　波	20	实验室建设	2007
8	计算机基础实验室更新与改造	程红霞	49.41	实验室建设	2007
9	制药工程专业实验室建设	林　强	50	实验室建设	2007
10	生物医学工程专业实验室建设	黄迎春	30	实验室建设	2007
11	电工电子实验室扩建	李乃迟	20	实验室建设	2007
12	生物医学工程专业实验室	杭和平	30	实验室建设	2007专项追加
13	过程装备与控制工程专业实验室建设	宋爱荣	80	实验室建设	2008
14	计算机基础实验室设备更新	李乃迟	28.54	实验室建设	2008
15	控制原理及控制工程实验室完善建设	王　暄	27	实验室建设	2008
16	欧姆龙测控技术实验室完善建设	霍　罡	30	实验室建设	2008
17	生物医学工程实验室完善建设	杭和平	25.6	实验室建设	2008

续表

序号	项目名称	项目负责人	建设经费/万元	项目类型	立项时间/年
18	生化学院机器人机电一体化综合实验室建设	宋爱荣	100	实验室建设	2008
19	生化学院计算中心设备更新	李乃迟	70.2	实验室建设	2008
20	生化学院控制原理及控制工程实验室完善建设	王　暄	50	实验室建设	2008
21	生化学院计算机基础实验室设备更新	李乃迟	31.77	实验室建设	2009
22	生化学院 pc 机数字网络语音实验室建设	张海歌	33.23	实验室建设	2009
23	生化学院培养职业综合能力的应用性自动化实践基地建设	曹　辉	112.5	实验室建设	2009
24	生化学院生物化工实践教学中心教学条件建设	彭兆快	79.87	实验室建设	2009
25	生化学院机器人创新实验室建设	赵慧娟	72	实验室建设	2009
26	生化学院高分子材料加工实验室建设	何江川	47.22	实验室建设	2009
27	生化学院工程艺术实验室建设	孙　波	83.86	实验室建设	2009
28	生化学院经济管理类综合实验室建设	俞　娜	85.93	实验室建设	2009
29	包装结构与制作实验室建设	张慧姝	25	实验室建设	2010
30	会计实验室建设	陈雄鹰	25	实验室建设	2010
31	物理化学实验室更新	周考文	9	实验室建设	2010
32	多轴机器手和自动化生产线设备开发应用	任慧荣	4.2	实验室建设	2010
33	机器人机电一体化综合实验设备的开发	宋爱荣	4	实验室建设	2010
34	人机工程学课程实验教学的开发	张慧姝	4	实验室建设	2010
35	电工与电子技术实验体系与新型实验装置研究	曹辉	3	实验室建设	2010
36	开发二自由度机械手运动控制对象项目	霍罡	1.2	实验室建设	2010
37	信号采集模块项目	曹辉	0.7	实验室建设	2010
38	模拟信号模块项目	曹辉	1.3	实验室建设	2010

四、校园信息化建设

(一)校园网络建设

1. 管理机构与职能

学院网络中心成立于1999年,直属院领导。2008年,在院党委的领导下,网络中心并入电教中心并成立数字校园中心。2010年,数字校园中心合入基础教学部,负责学院信息化建设工作,中心设主任领导1名,工作人员10人,负责学院校园网络的发展规划、维护及管理,网站的建设制作,网络服务器的管理和监控;电教工作及电教设备的规划、建设、管理与维护等工作。

2. 网络基础设施建设

1999年,学院园区网通过DDN 64Kbps专线与校本部骨干网连接,通过CERNET接入互联网,主干网采用交换和虚拟网络技术,速率为100M。同年完成教学楼的布线工程。

2002年,完成学院校园主体建筑综合布线工程,利用中国网通MPLS VPN 100M光纤汇总校本部形成统一出口,并采用学校统一购置的AVAYA网络设备。

2009 年 1 月，在两校合并（北京市化工学校并入）后，对北院办公楼、综合教学楼、图书馆进行了网络改造，新设置信息点 700 余个。7 月，安装使用了网络流量控制器和网络综合管理软件系统，提升了网管水平。9 月，开始在学院部署无线网络，新增无线控制器（H3C WX5004）1 台，POE 交换机（H3C S3100）3 台，无线接入点（H3C WA2100）60 个，还对学院教学楼重点区域、办公楼、综合楼办公图书馆区域、第一和第二食堂进行了无线覆盖。

2009—2010 年，分批次将 AVAYA 网络设备更换为锐捷设备，更换网络核心交换机并启用 IPV6 协议。

2010 年 9 月，完成学院宿舍网络基础设施升级改造，新增 POE 交换机（H3C S3100）9 台，无线接入点（H3C WA2220-AG）160 个，并对学院的第一、第二、第三宿舍及综合楼教学区域进行了覆盖，新增了 IMC 无线认证服务器，由以前的本部集中认证变为本地认证。

3. 管理与服务

（1）网站管理

2002 年 5 月，学院网站由 http://ldhg.com.cn 调整为 http://www.buu-bec.com 新域名，并开始租用万网公司的虚拟主机空间，注册 http://www.buubec.com/，用于网上教学服务。在公网上建设网上教学课件发布系统，学生可在家里下载任课教师发布的教学课件、习题等进行学习。

2010 年学院使用统一域名 www.bec.buu.edu.cn 并合并教务教学网站，建立了统一发布平台并开通英文网站。学院主页主要反映学院的基本概况和整体风貌，呈现学院各级领导以及各部门的指示与动态，发布学院的重要新闻、通知及公告，同时学院师生也可在网站上了解进行相关的教学信息和活动情况，使师生之间的交流更加方便快捷。

学院的教务处、科研处、财务处、图书馆以及校园数字中心等分别设有内部网站。教务处的内部网站主要针对学院内部的教学评估、教学运行、考务管理、学籍管理、教学建设与研究、实践教学、设备管理、文印管理、教务办公、毕业设计（论文）及各项教学相关的通知与文件。图书馆内部网站则提供书目查询、专业数据库链接、电子资源下载等资源查询服务。校园数字中心内部网站提供入网相关信息、多媒体教室使用等申请表格下载，杀毒软件下载以及相关管理规定和技术手册。

同时，学院还实施了联大办公自动化系统（简称 OA 网），该网页具有动态发布部门信息的功能，由各部门的信息员负责发布。各部门可自主发布会议通知、部门内部工作流程及各项服务指南等信息；也可用来查询其他部门相关动态信息。通过该信息管理系统，可了解各部门的职能职责、办事流程及相关动态信息。

学院的外网、内网，以及 OA 网共同运作，相互补充，为学院的信息化建设、信息融合与交流、教学活动开展起到了重要的支撑作用。

（2）电子邮箱管理

2002 年 10 月 8 日，学院各部门正式启用联大校内办公电子邮箱。

2006 年和 2007 年，对学院电子邮件系统进行了扩容和改版升级。扩容后每位教师邮箱为 500MB，学生为 100MB。升级后邮件系统更为稳定。

2010 年 12 月，开通联大邮箱和网络硬盘，为过渡到使用学校邮箱做准备。

（3）网络管理

网络管理包括网络安全、网络维护、信息监控、制度建设等。首先严格管理 IP 地址，实行计算机登记备案制度,每个校园网用户网卡物理地址绑定对应的IP地址,做到IP地址、网卡物理地址(MAC地址)、使用部门、使用人四对应。同时根据功能职责的不同将校园网划分为不同的VLAN,同时实施联大计费系统,即实名上网制度。

接入校园网的计算机全面部署卡巴斯基杀毒软件。多媒体等公共用计算机统一安装网路版杀毒软件,保证实时更新病毒库,监视病毒发现情况并提供及时补丁更新,保障整个校园网的安全运行。

在学院总出口安装网络流量控制器,全面控制了多线程下载对网络流量的影响;在网路中使用综合网管软件对全网进行实时监控,及时发觉网络故障所在、各节点登录及线路流量异常,第一时间及时处理修复。

同时,为更系统地管理校园网,学院制定了网络用户等级制度、安全管理制度、机房管理制度和针对突发情况的处理预案。

(4) 多媒体教学设施建设

2001年,学院建设了8间多媒体教室,但没安装中央控制系统。

2004年,学院建设了20间多媒体教室,并对原多媒体教室中的设备进行了改造,全部安装了中央控制系统。

2005年12月,实施视频会议扩建工程,实现了学院与校本部通过远程形式召开会议的功能,节省了大量时间、精力和经费,解决了各兄弟院校之间距离遥远、交通不便的难题。

2006年,学院新增5间多媒体教室,并对原有多媒体设备进行改造。

2010年1月,因北京市化工学校并入,新增36间多媒体教室,并对原多媒体设备进行改造。

(二) 校园一卡通

1. 基础设施建设

2008年7月,学院开始实施一卡通建设工程,先后完成南院食堂餐饮一卡通收费系统及澡堂、开水房水控收费系统,安装POS收款机25个,水控开关51个,商务网关1台,计算机1台,通用读卡器2台,制卡打印机1台,照相机1台。

2009年8月,北院一卡通工程启动,安装POS收款机18个,水控开关51个,商务网关1台。

学院在学生教学楼和学生宿舍设置圈钱机5台,对校园卡实现了自助查询、充值等功能。

2. 管理与服务

学院有专人处理校园卡的挂失、办理新卡、补办等各种事务,通过校园网将所有身份数据、消费数据都发送至校本部数据中心,由数据中心统一清算、结算各种数据。

学院校园数字中心专门成立了校园一卡通办公室,自系统运行以来,严格按照《联合大学校园卡使用管理办法》及《联合大学校园卡卡务中心财务管理暂行办法》执行,并根据实际制定了岗位职责及服务承诺书。在完成新生数据的录入和卡片的制作以及师生挂失、换卡、查询等服务的同时,还注意做到优质服务,为新生发放校园卡时,也发放校园卡使用手册。目前一卡通系统运行良好,其具有身份识别、就餐消费、浴室消费、医疗付费、借阅图书及小卖部的收费服务等功能,一卡能够实现多种功能,为广大师生提供了便利。

五、图书与档案管理

（一）图书馆工作

学院图书馆始建于1978年底，是学院最早建立的教学辅助设施之一。1996年图书馆迁至朝阳区垡头新址教学楼后，建筑面积达到1619平方米，并设有办公室、采编室、文献检索室、工具书阅览室、报纸期刊阅览室、过期期刊阅览室、流通借阅室、藏书复本库等。2000年底有工作人员9名。

2006年本科评估时，图书馆藏书12万多册，其中5万多册为2004年3月北京化工厂向学院的捐书。评估之后，学院更加重视图书馆的作用和发展。2008年年底，北京市化工学校并入学院后，图书馆工作人员达到22人，并设有教材科、期刊借阅部、流通部、电子阅览室、工具书及典藏书库（藏有各类工具书及《化学文摘》），另外还设有采编部、编目室以及办公室等职能部门。2009年7月，图书馆主体迁至北院综合楼，形成了相对独立的馆舍，建筑面积达到2600平方米，分布于北院教学楼的1～6层，南院还有部分书库。截至2010年12月31日，图书馆藏书已达29.1万册。为了给准备参加考研、英语四六级考试以及公务员考试等同学，提供更便利的学习环境，图书馆于2010年专门设立了综合阅览室，大大方便了读者随时阅览各类应试书籍。

学院图书馆的发展，经历了从人工著录到全部流程实现网络自动化管理的过程。从1994年开始，启动图书馆自动化、网络化的工作，并购入北京邮电大学等院校的编目、流通检索等软件系统及部分硬件，初建6000多条的书目数据库和400多条的读者数据库。2000年，学院投入专款40万，建成具有一台光盘网路服务器（P3800、双磁盘阵列、36GX3、SCS17）、一台网络代理服务器和70平方米、19台机位的电子阅览室，并购入中国期刊网9个专辑中的15个专题电子期刊数据库。同时，可以提供中国教育科研网和国际互联网的网上服务，基本满足了读者上网需求。读者可在局域网查阅电子文献，也可以使用国际互联网，纸质资源与电子资源相互补充，为数字化图书馆的建设打下相应基础。

学院图书馆始终在发展中求进步。图书馆坚持自己的办馆理念，在一贯秉持“服务为重、应用为本、锐意进取、勇于创新”办馆理念的前提下，本着服务育人的原则，以培养学生独立学习能力、扩大知识视野、提高素质为目标，充分发挥图书馆的教育职能。同时，针对师生和科研人员的需要，提供文献情报等多功能检索为主的服务，满足不同读者的多层次需求，最大限度地发挥图书馆学术性和服务性的双重功能。

表4.6-7　2001—2010年学院图书馆面积一览表

年份	图书馆面积/m^2	年份	图书馆面积/m^2
2001	1619	2006	2138
2002	1619	2007	2138
2003	1619	2008	2138
2004	2038	2009	2730
2005	2038	2010	2886

表 4.6-8 2001—2010 年中外文图书入藏量一览表 单位:册

年份	图书入藏量				总计
	社会科学	自然科学	综合参考	外文	
2001	819	1000			1819
2002	1138	1390			2528
2003	1534	2014			3548
2004	1586	1847			3433
2005	4356	4917			9273
2006	2984	4642			7626
2007	5600	3770		182	9552
2008	4743	3357		145	8245
2009	1892	1067		26	2985
2010	4011	11475		430	15916

表 4.6-9 2001—2010 年期刊、报纸订阅量一览表 单位:种

年份	中文报纸	中文期刊	外文报纸	报刊总数
2001	48	273	0	321
2002	49	222	0	271
2003	54	267	0	321
2004	52	267	0	319
2005	49	300	0	349
2006	52	366	0	418
2007	35	378	0	413
2008	48	413	0	461
2009	48	372	0	420
2010	48	354	0	402

(二)档案管理

1. 机构设置与管理体制

综合档案室隶属学院党政办公室,负责学院除教职工人事档案和在校学生档案之外全部档案的收集、鉴定、保管、提供利用、移交进馆等工作,并负责对学院各部门进行业务指导和档案行政管理工作。学院主管院领导分管档案工作,党政办公室主任具体负责,设专职档案工作人员一名。各部门则明确一位部门领导分管档案工作,并设兼职档案员,负责部门档案的收集、立卷和归档工作。目前,学院共有 28 个归档单位,28 名兼职档案工作人员,全部具有大专以上学历。

学院每年召开档案工作总结会,组织各部门领导、档案员学习和了解国家档案管理法规、学院档案管理规定及进行档案业务知识培训。在学院每一轮岗位聘任后,综合档案室对新上任的兼职档案员都有针对性地开展业务培训。

2008 年 12 月北京市化工学校并入学院后,为保证各类有保存价值档案收集的完整性,学院下发了《关于原化校并入及部门调整后文件归档、移交及销毁处理工作的通知》(京联生化办〔2008〕124 号)。

2. 档案的收集与整理

学院档案的形成始于1979年。综合档案室每年在规定时间接收各部门前一年度的档案，部门归档情况是考核部门工作的指标之一。截至2010年年底，学院档案管理共有三个全宗，即北京联合大学生物化学工程学院卷宗，北京市化工学校卷宗，北京市橡胶学校卷宗。档案涉及党群、行政、教学、科研、科技开发、基建、仪器设备、外事、财会等多个门类，还有声像、实物等特殊载体档案。除教职工人事档案和在校学生档案外，其他档案实行集中统一管理。截至2010年年底，档案库存6214卷、资料750件。

3. 档案的保管与管理制度

学院每年投入经费开展档案室建设，扩大档案室库房面积，添置档案保管柜，加装监控镜头和防火防盗门窗，陆续为档案室添置计算机、扫描仪、复印机等设备及档案管理软件。为加强档案管理，学院2002年12月印制下发了《北京联合大学生物化学工程学院档案管理制度汇编》，对文书立卷、归档和销毁作出规定，并重新修订了多项档案管理规章制度，包括《档案借阅制度》《档案预立卷制度》和《档案安全保管制度》《档案保密制度》等，做到了依法治档，确保了档案工作的顺利开展。

4. 档案的利用与编研

2001—2010年，综合档案室共提供档案利用2004人次、4116卷次，为学院的建设发展、各级领导决策和30年校庆等工作提供了参考依据，也为毕业生深造提供了帮助（见表4.6-10）。

表4.6-10　2001—2010年档案收集、保管和提供利用数据情况一览表

年份	室存全部档案案卷/卷	室存全部照片档案/张	室存永久、长期档案/卷	年度接收档案案卷/卷	年度利用档案人次	年度利用档案卷次
2001	3663	1207	1941	191	136	207
2002	3878	1314	2140	215	186	523
2003	4123	1418	2289	245	148	277
2004	3935	1418	2410	150	184	388
2005	4141	1460	2555	206	263	587
2006	4406	1460	2815	265	169	339
2007	4676	1490	3022	270	301	603
2008	4975	1490	3243	299	197	347
2009	5930	1562	3952	955	232	524
2010	6214	1562	4049	284	188	321

六、后勤改革与保障

（一）机构设置与改革

1999年开始的后勤社会化改革，为大学扩大招生和办学规模奠定了基础。2004年上半年，学院后勤从体制上初步完成了甲、乙方的规范性分离。党委任命了后勤服务公司经理，并公开招聘了5个中心的经理。甲方的工作职责是对乙方进行监督管理；乙方则要承担起甲方赋予的工作任务和指标。为了进一步深化后勤社会化改革，2008年，结合学院及后勤服务公司的实际情况,制订了临时工聘用方案和劳动用工合同协议书。

2008年10月,北京市化工学校并入后,学院撤销了后勤服务总公司,成立行政管理处,任命李宝贵为行政管理处处长、许扣林为行政管理处后勤党总支书记、高国栋为副处级调研员,并下设四科一室,分别是基建修缮科、膳食科、校园管理科、交通科和办公室。

2010年,按照学院的统一部署,行政管理处完成了新一轮的聘任工作,其中管理岗位17人:李建华为办公室主任、刘秀珍为办公室副主任、王海松为主任科员、于长志为膳食科科长、王广生为交通科科长、王建军为基建修缮科科长、崔勇涛为校园管理科科长、李庆新为基建修缮科副科长、李建涛为校园管理科副科长;工勤岗位22人。行政管理处制定了相关制度、措施,保障了后勤工作的顺利开展。

(二)管理与保障

1. 校园绿化和设施维修

2008年11月,撤销校园维修中心,成立校园管理科,由科长任命维修班、电工班、绿化保洁班班组长;制定班组长责任制;实行班组长例会制度;健全各岗位职责、各种机械操作规程和安全检查制度。

校园绿化和设施维修所做的主要工作有:对学院年长、老化的生活设备(电路、水管、供暖管道)所存在的安全隐患,进行检测维修,以确保安全;及时更换各种锁具;空调的保修、移机、维修;安装、维修电扇;电话报装、移机;办理电子门卡;清扫检修变压器、高压器具效验、地热机房泵组维保、地热机房补水泵和循环泵的维保;维修40台热水器;下水管道及化粪池的疏通;电梯的正常运行及保养;防汛;家属楼设施的维修;负责门前三包及铲冰扫雪;对校园树木修剪、打药维护;垃圾清理;对教学楼、校园及卫生死角及时进行清扫;保证冬季供暖工作正常进行等。

另外,在节水节电方面也做了大量工作,如严格执行用水、用电计划,规范临时水电管理,并对临时施工签订节约用水协议,更换不合格用水器具;避免长明灯,增加声、光控开关等。

2. 食堂管理

2009年7月至8月,进行北院食堂标准化改造工程;9月,北院食堂由金胜利餐饮有限公司承包;11月,南院教工餐厅开业。2010年6月至8月,进行南院教工餐厅抗震加固和装修改造工程;10月,北院食堂被评为卫生标准A级食堂。

为确保学生吃上安全放心的食品和保证党的十七大、北京奥运会等重大活动的成功举办,稳定校园秩序,在党委的领导下,食堂积极开展工作,采取了一系列有效措施:

教育职工树立大局意识、服务意识、责任意识,发挥主人翁精神,提高服务水平;

建立日常的检查记录及消毒记录;

每天由卫生安全监督员进行检查,发现问题及时处理;

对所有大宗食品建立台账,索取厂家进货检疫报告;

将文明服务用语张贴到各个售饭窗口。

在粮油、副食、调料和蔬菜等价格不断上涨的情况下,为保障学生生活水平不下降,食堂多次召开会议研究方案,并采用参加高校联采、确保伙食质量,降低伙食成本、成立粗加工组等措施,使学生的伙食价格不上涨;

为提高伙食质量,增加了早点的花色品种及数量;为使学生每天能够吃上热饭热菜,食堂随来随炒，边炒边卖。

食堂工作为稳定校园秩序，维护良好的教学环境提供了有力保障。

3. 交通运输

运输服务中心自成立以来，制定并严格执行了人员管理制度，车辆使用、维护、报修制度和违章处罚制度，较好地完成了各项交通运输任务。例如，在2006年的本科教学工作水平评估中，运输服务中心在学校的统一指挥、调度下，顺利完成了接送评估专家、教授的有关任务，受到一致好评。

2008年11月，学院撤销运输服务中心，成立交通科，对管理机制及奖金分配制度也进行了重新调整，并制定了驾驶员加班出车补贴制度。交通科成立后，一如既往地完成了各项交通运输任务。例如，在2009年庆祝国庆60周年的有关大型活动中，运输科都保证了学院的正常用车。截至2010年，交通科有公务用车23辆，其中大型客车5辆、中型客车2辆、小轿车16辆。

2007年学院交通运输服务中心车辆报废情况详见表4.6-11。

表4.6-11　2007年交通运输服务中心车辆报废情况一览表

车辆型号	购置时间/年	数量	备注
桑塔纳330K8BLOL	1993	1	已报废
沈飞SFQ6894	1996	1	已报废
北京1041	1994	1	已报废

4. 医疗保健与计划生育

(1) 公费医疗

机构。学院医务室隶属行政管理处，历年来一直保持4～5名医务人员，分别参与挂号、收费、取药、门诊医疗、疫苗接种、外伤治疗、理疗、计划生育、献血、医药费管理等项工作。

制度。医务室的规章制度有《医务室职责范围》《医务室主任岗位责任制》《医生岗位责任制》《注射室岗位责任制》《治疗室岗位责任制》《药房岗位责任制》。学院根据北京市医保中心的指示精神，为了进一步贯彻公费医疗费用由国家、单位、个人三方面合理负担的原则，制定了《关于职工、离退休人员公费医疗报销问题的办法》，按年龄划分报销百分比，适当降低了个人自付比例，以便减轻职工个人负担。

医疗费使用情况。学院医疗费开支由北京市卫生局公费医疗办公室报销，超支部分由学院行政费给予补偿。

(2) 保健工作

教职工体检情况。学院每年组织在职和离、退休职工进行全面体检，体检率达75%～80%。自2001年以来，共检出患重大疾病(恶性肿瘤)职工10余名，都得到了及时治疗，情况稳定。根据体检情况，医务室积极开展健康咨询和健康指导，促进和提高了学院广大职工保健意识和健康水平。

防病工作。除日常门诊随时进行口头宣传防病知识外，每年以专栏形式宣传预防肝炎、感冒及肠炎传染等疾病。发现传染病后，及时送患者到医院，配合医院进行治疗，同时对全院办公室、教室、宿舍等全面消毒，并给每人服用防治药品。

(3) 医疗设备情况

因学院资金紧张,条件所限,医务室只有一些极简单的医疗用具。

(4) 计划生育工作

机构。学院成立了计划生育委员会及计划生育协会,两会均下设委员及宣传员。

制度。计划生育委员会(协会)根据上级有关计划生育政策,制定了相应的规章制度及奖惩条例:《计划生育规章制度》《计划生育协会规章制度》《关于计划生育奖惩问题的若干规定及补充规定》《育龄妇女计划生育责任书》。

奖励。学院按照国家和北京市相关政策,努力做好计划生育工作,受到上级和有关部门的多次表彰。

2001 年,被评为“北京市教育系统计生工作先进集体”(北京市教委);“朝阳区教育系统计生工作先进集体”(朝阳区计生委)。

2002 年,被评为“市教育系统计生工作先进集体”(北京市教委);计生工作“两个转变”示范单位(垡头街道);“北京联合大学计生工作先进集体”(联大)。

2003 年,被评为“北京市教育系统计生工作先进集体”(市教委);计生工作“两个转变”示范单位(垡头街道);“北京联合大学计生工作先进集体”(联大);“朝阳区人口与计划生育工作先进单位”(朝阳区计生委)。

2004 年,被评为“北京联合大学人口和计划生育工作先进集体”(联大)。

2005 年,被评为“市教育系统人口和计划生育工作先进集体”(北京市教委);“北京联合大学人口和计划生育工作先进集体”(联大)。

2006 年,被评为“朝阳区人口与计划生育工作先进单位”(朝阳区人口与计划生育委员会);“市教育系统人口和计划生育工作先进集体”(北京市教委);“北京联合大学人口和计划生育工作先进集体”(联大)。

2007 年,被评为“垡头地区人口和计划生育工作标兵单位”(垡头办事处),“朝阳区人口计生系统先进集体”(朝阳区人口和计划生育委员会,朝阳区人事局)。

(5) 献血工作

学院积极组织师生员工开展献血工作,受到上级和有关部门的多次表彰。

2001 年度,学院被评为无偿献血先进集体(北京市公民献血委员会)。

2004 年度,学院被评为献血先进单位(北京市公民献血委员会)。

2005 年度,学院被评为献血先进单位(北京市公民献血委员会)。

2006 年度,学院被评为献血先进单位(北京市公民献血委员会)。

2007 年度,学院被评为朝阳区献血工作先进单位(朝阳区献血办公室)。

2009 年度,学院被评为朝阳区献血工作先进单位(朝阳区献血办公室)。

2009 年度,学院被评为北京市无偿献血先进单位。

七、安全与保卫工作

(一) 组织机构与职责

1. 组织机构

学院重视安全稳定组织机构建设,建立和完善了各种组织体系,主要有社会治安综合治理委员会、防火安全委员会、保密工作委员会、安全稳定领导小组、安全稳定应急处置小组等。

学院设置了保卫处（正处级），2000 年，在编干部 3 人，赵国群任副处长（主持工作）。2006 年 12 月，学院重新聘任。2007 年 1 月 19 日，李集新任保卫处副处长（主持工作），编制 5 人：李集新，治安干事李建民、警卫干事刘力、消防干事毛丽辉（女，工人编制）、内勤干事赵占红（女）；5 月，刘力调入服务总公司，胡宏安调入保卫处，任警卫干事，负责保安工作。2008 年 12 月，北京市化工学校并入学院，原化校保卫科科长石松江、科员史官章、周哲，工勤人员计顺平等 4 人编入学院保卫处，原学院学生处副处长李印伟调入保卫处任副处长（主持工作），李集新任副处长，在编人员为 10 人，同年 12 月 19 日，李印伟任命为保卫处处长。2009 年 3 月石松江退休，9 月张连富从学生处调入保卫处，在编人数仍为 10 人。2010 年 2 月学院重新聘任，李集新任保卫处副处长，内设 2 个科：治安交通科和消防科，张连富任治安交通科副科长（无科长），周哲任消防科副科长（无科长），胡宏安岗位调整为视频监控岗，李建民交院人事处待岗，赵占红调医务室，在编人员 8 人。

为加强校园门卫和校园治安管理，2003 年聘用振远护卫中心第四大队共 12 人，承担校园门卫值勤、治安巡逻、交通管理、义务消防等工作。随着校园安保工作任务的不断加重，到 2007 年底更换保安公司，由北京保安总公司门头沟分公司接管勤务，聘用保安队员 10 人。2008 年 6 月，北京市京武盾安全保卫防范技术有限公司接管勤务，保安队员编制为 12 人。2009 年 6 月，北京西站保安公司接管勤务，保安队员编制 12 人。2010 年 6 月，京城振远保安服务公司接管勤务，编制仍为 12 人。为加强保安队勤务和日常管理，保卫处于 2007 年制定了《北京联合大学生物化学工程学院执勤方案》《保安队员日常管理细则》《保安队员常遇问题的处理原则》《保安队员言行规范》等规章制度，并逐年结合学院安保工作实际进行年度修订。

2. 主要职责

保卫处主要职责是负责校园治安、政治保卫，消防，交通安全管理，内部安全防范工作，查处一般性治安案件，维护校园安全与稳定，落实安全保卫工作制度，协助公安部门查处刑事和政治案件，具体职责如下。

根据公安部门关于安全保卫工作的规定和教育部《关于高等学校内部保卫工作规定（试行）》，结合学院具体情况和各项安全管理制度，制订年度安全保卫工作计划，报经主管院长同意后组织实施。

对师生员工进行法制、国家安全、维护校园稳定和安全保卫工作的宣传教育，增强师生员工的法制观念、政权意识和安全防范意识，预防和减少违法犯罪行为。

建立、健全安全保卫工作责任制，并监督检查责任制的落实情况；加强科技创安工作，完善安全技术防范措施；防止火灾、盗窃、破坏、治安灾害、爆炸、冲击校园和恐怖袭击事件的发生。并依据有关规定对扰乱校园秩序的人员进行处理。

协助公安机关防止境内外敌对势力、非法宗教势力、民族分裂势力对校园的渗透和破坏活动，制止危害国家安全的行为，收集影响社会与高校稳定的信息。

加强校园网的安全监控，对破坏校园网安全的行为予以制止，对利用校园网宣扬、散布、传播、上传煽动反对和攻击我们党和国家政府及领导人等有害信息的情况进行调查和处置。

维护学校内部治安秩序，积极调解治安纠纷；做好重点要害部位和易发案部位的安全防范工作,加强公共场所和外事活动的治安管理;制订安全工作预案,做好学校重大活动和重大外事活动的安全保卫工作。

组织开展安全防火检查、监督工作,负责处理一般火警事故,协助公安消防部门调查重大火灾事故;监督检查剧毒、易燃、易爆、放射性物品的管理和使用,对特殊工种进行管理和监督。

及时向公安机关报告院内发生的刑事、治安案件、治安灾害事故和其他严重危及安全的情况;保护发案现场并协助公安机关侦破院内发生的刑事案件和治安案件。

管理在校园内务工、经商、从业的暂住人口和流动人口。

领导群众治保组织,指导开展安全防范工作;发动群众,充分发挥群防群治作用。

负责学校集体户口的管理,根据规定审批职工新生儿落户。

3. 办公条件

2001年前,保卫处办公室设置在南校区女生宿舍(现第二学生公寓)一层1个房间,使用面积约12平方米;2009年年初,北京市化工学校并入学院后,保卫处办公室调至北校区行政办公楼1层113、114和115三个房间,面积约36平方米,并增设保卫值班室110房间,使用面积15平方米,办公条件得到改善。

2000年,保卫处办公室只有1台教学用后淘汰的计算机和1台惠普针式打印机。2004年,购置清华同方台式机1台、佳能激光传真一体机1台。2010年,更换联想计算机1台。为解决保卫值班干部和保安队执勤的通信联络问题,2010年年底购置对讲机10部,保卫干部配置5部:保卫处正、副处长各一部,治安科副科长、消防科副科长、中控室各一部;保安队配置5部:保安队长1部,三个大门哨各1部,夜间巡逻哨1部。通信器材基本保证了勤务工作要求。

(二)安全管理制度建设

为加强学院和保卫处内部管理,保卫处制定各类规章制度,建立了《学院值班管理规定》(京联生化〔2011〕49号)、《保卫工作人员岗位职责》《保卫处值班管理规定》《保卫处工作流程》《中控室值班人员守则》《中控室值班管理规定》等。还结合学院安保工作实际,适时建立和完善各种工作预案,如《消防工作预案》《易燃易爆危险品安全事故应急预案》《群体突发事件应急处置预案》等。

(三)主要工作

1. 治安管理

保卫处设治安科,配置专职治安保卫副科长1人,负责校园治安管理工作,并对保安队进行监督检查和业务指导。学院始终坚持"群策群防,预防为主"的工作方针,加强校园基础防范设施建设和制度建设,注重发挥"人防、物防、技防"作用,逐步加大资金投入力度,初步整合升级科技创安工程,提高技术防范水平,搞好校园及周边治安综合治理,加大防范工作力度,减少校园治安案件发生。在遇有重大活动、重大事件、重大节假日以及敏感期期间,加强门卫管理和校园巡视,保障了校园正常治安秩序。在2001年8月的世界大学生运动会期间,保卫处加强与属地公安机关和街道综治办的综合治理,开展校园周边治安综合治理,全方位加强安全管理工作,确保了校园的安全与稳定。2003年3月,防范"非典"任务全面铺开,保卫处加强校园安全工作,校园实施封闭管理,严控人员及车辆出入,并进行体温检查,做到各项要求落实到位，严防发烧人员进入校园。2006 年 10 月，教育部对学院进行本科教学工作水平评估，保卫处加强校园治安环境整治，加大值班力度，配置保安值岗基数，保卫干部加班加点，进行治安、消防和综合治理工作，保障了学院各项工作的正常运转。2008 年 8 月，第 29 届奥运会在北京举行。保卫处根据学校安保工作安排，积极开展校园风险评估，组织实施校园网络化安全管理，确保了奥运会期间校园的安全与稳定，学院被联大评为奥运先进集体。2009 年，在北京举办国庆 60 周年庆典活动时，保卫处按照上级工作部署，加强校园安全管理，圆满完成了国庆节安保任务。

学院自 2001 年年底开始校园科技创安工程建设。2002 年，投资 10 万元进行视频监控 1 期工程建设，布设探点 16 个，监控室建于南校区教学楼正门大厅西侧一层，同年交付使用，并开始落实中控室值班。2004 年，投资 10 万元进行视频监控 2 期工程建设，对南校区实验楼和校园内部分重点部位增添监控探点 16 个，同年投入使用。2007 年，学院申请专项财政 35 万元进行视频监控 3 期工程建设，布设探点 33 个，加装周界和巡更系统，年底投入使用。2008 年，投资 13 万元进行监控 1、2 期改造工程建设，同年年底投入使用。2009 年，投资 72 万元进行南北校区视频监控整合升级改造，同年投入使用。

2. 消防管理

保卫处设置消防科，配消防科副科长 1 名、消防检查岗位 1 人，负责学院消防日常工作。学院防火安全管理工作始终坚持“预防为主、防消结合”的工作方针，不断加强和完善消防安全制度建设，注重加强师生消防安全知识教育和防范意识培养，提高师生自觉遵守消防安全法规和学校消防安全规定的自觉性。保卫处坚持每年开展新生入学安全教育和“119”消防宣传教育活动，组织学生进行火灾逃生演练，有计划地组织开展师生消防安全讲座和培训。组织学院义务消防员和保安队的消防业务技能培训，加强消防重点部位和人员密集场所的管理，每月定期进行院级消防安全大检查，实行安全巡查和集中检查相结合的方法，及时发现和整改火灾隐患。定期进行消防设施、器材检修，实现了人防、物防、技防的有机结合。实施安全隐患专项整治活动，召开现场会，提高所属部门和单位的消防安全意识。2007 年上半年，学院投入 5 万余元，对南校区教学楼消防水系统进行维修，更换了教学楼 7 楼消防主管道，维修了 7 楼稳压泵房和消防专用电路，使南校区的消防水系统能够运行，解决了水系统瘫痪问题。2008 年上半年申请学校资金 9 万余元，对南校区消防栓系统和应急灯系统进行改造，更换维修了不能正常工作的消防栓 74 具，消防水带 75 条，并维修了地下泵房和消防配电箱。2010 年上半年，申请财政专项 180 万元建立消防报警监控系统，同年底投入使用。消防中控室与视频监控室合二为一，设置在北校区综合楼 1 层门厅东侧，提高了消防预警能力。

3. 交通管理

随着教职工生活水平的逐步提高，私人机动车数量逐年增加，为保障教职工停车需要，学院不断增加停车车位。自 2009 年开始，对北院施划停车位，对南院则重新施划停车位。2010 年 8 月，在北院综合楼前施划停车位 19 个。2001—2010 年，学院校园内施划停车位共计 121 个，基本能够保障内部职工正常的停车需求。

加强并完善了交通设施建设。2005 年 9 月，在南院南北马路北侧增加机动车减速带 1 条，安装南院北大门伸缩门 1 部，南院南大门电动伸缩门 1 部。

4. 户籍管理

根据北京市高校学生户籍制度改革规定,自2004年开始,北京市生源停止户籍迁移,师生在校集体户口逐步减少。但从学校不断扩大非京籍生源招生规模后,外地生源集体户口人数逐渐增加。由于外地生源在校集体户口人数增多,所以办理师生户籍工作量增加,也给户籍管理带来很多难题。为便于户籍工作和加强对户籍在学院的师生员工的管理,2007年在党建评估过程中,学院制定了集体户口管理制度,对借用户口卡实施收取押金并对不按时归还的予以处罚。规定学生借用户口卡实行学院或班主任证明措施,户口在学院的教职工办理出国手续实行人事处批准措施。

5. 其他工作

保卫处同时承担着学院国家安全管理以及保密和政治稳定的工作。学院成立了国家安全领导小组,并遵照学校下发的《北京联合大学国家安全领导小组规则》,成立了保密工作委员会和安全稳定领导小组。在建立和完善工作制度的同时,积极开展师生国家安全、保密安全教育;坚持开展师生相关信息的采集,特别是对藏族、维吾尔族学生以及在校外国留学生情况的采集及掌控;组织开展校园防奸反特、防爆炸、防恐怖事件等活动;校园网络中心实施师生上网实名制,加强了对校园网的监控,及时封堵和删除有害信息,完成了国家安全部门交办的各项工作任务;积极防范和开展同"法轮功"等邪教组织的斗争,每年组织开展重点人员摸排,对在册重点人员实施单位领导帮教责任制。

(四)获奖情况

2005年,保卫处荣立北京市公安局集体三等功。

2006年,学院被垡头街道评为社会治安综合治理先进单位。

2007年,学院被大屯街道评为社会治安综合治理先进单位。

2008年,学院被学校评为奥运工作先进集体。

2010年,学院被垡头街道评为社会治安综合治理先进单位。

第七节　国际及港澳台交流与合作

一、基本情况

学院外事工作由党政办公室主管,负责制定学院外事规章制度、办理学院师生因公出国手续、聘请外专和外教、安排和接待来访的外宾和国外代表团以及处理其他各项涉外事务。2001—2010年,学院的外事工作取得了很大进展。

(一)出访交流

1. 主要出访活动

为深入了解国(境)外大学的办学情况,进一步开展合作与交流,2001—2010年,学院有41人次出访了12个国家和地区,参观、访问了多所国(境)外大学(见表4.7-1)。

表 4.7-1 2001—2010 年主要出访活动一览表

出访时间	出访人员	交流事宜	出访国家/地区	出访人数
2003.02	王丽英、林强、李萍	看望学生并协商合作办学事宜	英国佩斯利大学	3
2003.07	张海歌	送第二批 21 名学生赴英留学	英国佩斯利大学	1
2005.06	孙建京、孟燕、谢建伟	看望学生并协商合作办学事宜	英国佩斯利大学	3
2005	于 深	参加学校组团,考察合作办学	俄罗斯	1
2006.02	王玮、刘武军、郑帅	看望学生并协商合作办学事宜	英国佩斯利大学	3
2006.04	林强、刘春增、孙波、邱洪华、王长军、李印伟	赴香港及澳门大学访问	中国香港、中国澳门	6
2006	刘文东、高国栋	参加学校组团,考察合作办学	中国香港、中国澳门	2
2006.05	孙建京	参加国际会议	韩国	1
2006.07	王丽英、王宝石	参加学校组团,考察合作办学	中国台湾	2
2007.02	孙建京、赵伟、曹辉	考察有合作意向的院校	荷兰、德国	3
2007.02	张明贤、王浩、龚平	看望学生并协商合作办学事宜	英国佩斯利大学	3
2008.02	周明珠、罗晓惠、于深、辛继雄、张晓东	看望学生并协商合作办学事宜	英国佩斯利大学	5
2010.08	周明珠、霍罡、李春旺	出席海峡两岸应用性高等教育学术研讨会	中国台湾	3
2010.09	周明珠	参加欧洲国际教育协会第 22 届年会及教育展	法国、意大利	1
2010.11	张恩祥	洽谈教育交流合作项目	泰国、越南	1
2010.12	张明贤、冯淑华、丁容仪	校骨干教师和管理骨干赴中国台湾培训	中国台湾	3
总计				41

2. 教职工研修与交流活动

组织教师出国访问、考察、培训是学院国际交流与合作工作的组成部分,也是学院实施人才强教的重要举措。10 年来,共有 32 人次参加了研修和交流活动,进一步拓展了教职工队伍建设的渠道(见表 4.7-2)。

表 4.7-2 2001—2010 年教职工研修和交流活动一览表

<table>
<tr><th>年份</th><th>出访人员</th><th>参加项目</th><th>出访国家/地区</th><th>出访人数</th></tr>
<tr><td rowspan="2">2002</td><td>冯 玲</td><td>英语培训</td><td>美国</td><td rowspan="2">2</td></tr>
<tr><td>张晓东</td><td>硕士学位课程</td><td>英国</td></tr>
<tr><td rowspan="2">2003</td><td>程红霞</td><td>双语培训</td><td>加拿大</td><td rowspan="2">2</td></tr>
<tr><td>刘红梅</td><td>双语培训</td><td>澳大利亚</td></tr>
<tr><td rowspan="3">2004</td><td>李洁、陈悦婷、阿卫星、刘亚玲</td><td>英语培训</td><td>英国</td><td rowspan="3">9</td></tr>
<tr><td>赵慧娟、归文昌、乔春霞</td><td>双语培训</td><td>澳大利亚</td></tr>
<tr><td>俞娜、杨建兰</td><td>带队教师</td><td>英国</td></tr>
<tr><td>2005</td><td>何江川、高炯</td><td>带队教师</td><td>英国</td><td>2</td></tr>
</table>

续表

年份	出访人员	参加项目	出访国家/地区	出访人数
2006	齐春平	英语培训	美国	3
	王彦芳、康晋翌	带队教师	英国	
2007	冯伟珍、罗首元	英语培训	澳大利亚	5
	程艳玲	双语培训	美国	
	霍清、和亚玲	带队教师	英国	
2008	冯玲、李新国	英语培训	美国	3
	陈　金	带队教师	英国	
2009	黄迎春、沈晋慧	国外访问学者	美国	4
	邵俊波	双语培训	澳大利亚	
	刘亚玲	带队教师	英国	
2010	段　华	双语培训	加拿大	2
	汪昕宇	双语培训	美国	
总计				32

(二)来访交流

2001—2010年,一些外籍专家、学者以及教师来院进行学习交流、学术讲座、参观考察等活动,不仅开阔了师生视野,也提高了学院国际化办学水平(见表4.7-3)。

表4.7-3　2001—2010年来访交流情况一览表

年份	来访人员	来访国家/地区	交流事宜	总人数
2001	沃克·米勒(Walker Miller)	美国	讲授英语	2
	梅赛迪斯·万莉(Merce des Valle)	美国	讲授英语	
2002	西蒙·罗甘(Simon Logan)	英国	雅思考官	4
	佩斯利大学化学工程学院院长罗杰·麦克林(Roger Mclean)和国际部主任大卫·来温森(David Levinson)	英国	访问、签协议	
	萨斯西(Satheesh)	加拿大	讲授雅思口语	
2003	暴永宁	加拿大	外专教授	8
	佩斯利大学院长、夫人和海外市场部主任	英国	访问	
	埼玉语学院事务主任	日本	访问	
	东伦敦大学生化学院院长 David Hunber 和 David Rowley 教授	英国	访问	
	IMC应用管理科学大学校长 Boger Heinz	奥地利	访问	
2004	佩斯利大学马尔科斯·罗斯(Marcus Ross)和劳拉·马克法珍(Laura Macfadyen)	英国	考察合作项目	7
	皇家墨尔本理工学院民用与化学工程学院院长道格拉斯·斯维伯恩(Douglas Swinbourne)	澳大利亚	访问	
	佩斯利大学谢默斯麦·克得德(Seamus McDaid)、马尔科斯·罗斯(Marcus Ross)、阿兰·高福莱(Alan Godfrey)和陈君	英国	访问、签协议	
2005	东伦敦大学健康与生物科学学院院长大卫·翰伯(David Humber)一行2人	英国	访问	4
	佩斯利大学马尔科斯·罗斯(Marcus Ross)和陈君	英国	访问	

续表

年份	来访人员	来访国家/地区	交流事宜	总人数
2006	佩斯利大学马尔科斯·罗斯(Marcus Ross)、劳拉·马克法珍(Laura Macfadyen)、考官安·玛丽(Anne Marie)和陈君	英国	访问	7
	佩斯利大学工学院院长罗杰·麦克林(Roger Mclean)、佩斯利大学国际部主任马尔科斯·罗斯(Marcus Ross)和陈君	英国	考察合作项目	
2007	卡尔斯鲁厄大学环境工程研究所主任约瑟夫·文特(Josef Winter)教授和盖乐特博士(Gallert)一行 2 人	德国	访问	6
	佩斯利大学考官戴维·布克(David Bowker)和陈君	英国	访问	
	佩斯利大学马尔科斯·罗斯(Marcus Ross)和陈君一行 2 人	英国	访问	
2008	格罗宁根大学原生物化学系系主任 Beintema	德国	讲座	3
	佩斯利大学考官安·玛丽(Anne Marie)和陈君一行 2 人	英国	访问	
2009	佩斯利大学马尔科斯·罗斯(Marcus Ross)和陈君一行 2 人	英国	访问	2
2010	圣达菲大学威廉· 克雷·史密斯教授(William Clay Smith)	美国	讲座	4
	佩斯利大学考官安·玛丽(Anne Marie)和陈君一行 2 人	英国	访问	
	马丁·斯塔夫拉尼(Martin Staffolani)	加拿大	讲座	
总计				47

二、重要项目

(一) 合作办学

2002 年 6 月,学院与英国佩斯利大学正式签署了合作办学的协议。同年 8 月,学院第一批学生(10 人)及 1 名带队教师赴英国佩斯利大学进行为期 1 年的学习。2002—2010 年,学院共四次与西苏格兰大学(原佩斯利大学)签署合作协议,共派出学生 105 人,教师 12 人(见表 4.7-4)。

表 4.7-4　派往英国西苏格兰大学(原佩斯利大学)的学生和教师名单

年份	学生人数	学生名单	带队教师
2002	10	马莹、张瑜瑾、王蕊、张圆圆、王伟、葛晨、徐晓熠、孟莹、邱征、于甜甜	张晓东
2003	20	徐筱、顾旭、冯曦玲、王程、乔鹤、郭毅、庞勇、朱爽、芦佳、付静、董昊、赵滨、王枫、宣凯、李湛、杜磊、吕沅雪、袁驰、张臣、许蕾	张晓东
2004	21	宋娜、刘伟、刘秋梅、武琦、李楠、于晓玲、常伟、李攸、周雨前、宋杨、魏晓、耿思静、牟博懿、王硕、邵白、陈晨、张志刚、桂峥、张枫、孙佳、杨莹	俞　娜 杨建兰
2005	14	刘杨、罗景文、孟娟、张晶、姚远、柯琳、高孟杨、李金泽、门志冬、赵晶晶、赵晴、王珊、刘华、刘悦旺	何江川 高　炯
2006	14	赵燕宁、王欢、陈敏曦、隗垚鑫、李旌涛、王婷婷、周雯娜、刘霄霄、陈瑞鹏、孙天隆、张艳楠、肖婷、李婉玥、张玥	王彦芳 康晋翌
2007	6	吉喆、王琛、李景洲、陈天天、杨帆、保强	和亚玲
2008	10	彭玉成、刘阳、姜江、丁倩、郭城、霍麒羽、楚天岳、张建伟、王月、王一竹	霍　清 陈　金
2009	8	赵琳、袁珅、卜令娜、阎婉璐、郭婧宇、李梦洋、林晶琛、刘逸	刘亚玲
2010	2	周品迎、白雪	—
总计	105 人		12 人

(二)交换学生学习

交换生项目主要是学校与国外和港澳台合作院校之间开展的短期学生交流项目。根据学生自愿、学业成绩、校间可接受的专业及人数等情况选拔推荐交换学生,交换时间大多为一学期。自2008年开始,学院每年都有学生报名参加学校交换生项目。截至2010年,学院共有11名学生作为交换生被派出学习(见表4.7-5)。

表4.7-5 学生参加境外交换生教育项目一览表

年份	学生姓名	派往国家/地区	学生人数
2008	朱梦茵	韩国	1
2009	曹寅著	中国台湾	1
2010	成瑶、杨悦怡、李钰彬、乌雯茜、盛婷、孙佳星、刘蕾、李晓萌、陈云川	韩国、中国台湾	9
总计			11

三、出国出境管理

学院严格遵守联大因公出国出境管理制度,严格出国出境人员的审批手续,并要求因公出国出境人员出访回来后,必须及时向学校国际交流合作处上交出访总结。学院还特别加强了对学院领导干部的出国出境的管理,下发了《关于印发〈北京联合大学生物化学工程学院中层以上领导干部请假制度〉、〈关于进一步加强处级以上领导干部出国(境)管理的通知〉的通知》(京联生化党〔2009〕51号)和《关于转发校党委〈关于进一步加强处级领导干部因私出国(境)管理规定〉、〈关于进一步加强处级领导干部因私出国(境)证件管理规定〉的通知》(京联生化党〔2010〕70号)。

第八节 党的建设及工会、共青团、民主党派工作

一、党的建设及党的工作

2000年以来,学院党委高举中国特色社会主义伟大旗帜,以马克思列宁主义、毛泽东思想、邓小平理论和“三个代表”重要思想为指导,深入贯彻落实科学发展观,全面贯彻执行党的基本路线和教育方针,坚持“围绕中心、服务大局”,认真开展党的思想建设、组织建设、作风建设、制度建设和反腐倡廉建设,为推动学院科学发展提供了思想保证、政治保证和组织保证。

(一)党员(代表)大会

党委分别在2002年、2003年、2007年和2009年召开党员大会。

2002年12月4日召开党员大会,选举产生了由王丽英、崔爱玲、骆武刚、唐小恒、张振山、于深、鲁志融7人组成的新一届党委。同日,新一届党委召开第一次会议,选举王丽英为党委书记,崔爱玲为党委副书记。

2003年5月28日召开党员大会,选举出王画、王长军、王丽英、叶晓、刘文东、刘武军、孙

波、孙克民、李励、李萍、李秀萍、邱洪华、张振山、郑含丹、骆武刚、高林、龚平共17名出席联大第三次党代会代表。

2007年12月16日召开党员大会，选举产生了由周明珠、王玮、刘朝生、林强、于深、辛继雄、王宝石7人组成的新一届党委。同日，新一届党委召开第一次会议，选举周明珠为党委书记，王玮为党委副书记。

2009年5月22日召开党员大会，选举出于深、马德仁、王玮、王长军、王宝石、王德英、叶晓、刘春增、刘朝生、孙克民、辛继雄、张振山、张恩祥、林强、周明珠、孟燕、赵欣华、赵艳霞、黄海洋共19名出席联大第四次党代会代表。

（二）重要活动

1.“三讲”教育“回头看”活动

2000年3—5月，根据北京市委教育工委和校党委的部署，学院党委先后在院、系（处）领导班子和处级以上领导干部中组织开展了“讲学习、讲政治、讲正气”教育“回头看”活动。印发了《中共北京联大化学工程学院委员会关于“三讲”教育“回头看”活动工作方案》（京联化党〔2000〕8号）。活动主要看讲学习、讲政治、讲正气的自觉性是不是真正有了提高，教职工反映的突出问题是不是得到了解决，整改方案是不是得到了落实。活动步骤分为：思想发动、组织学习，自查自看、听取意见，完善整改措施。经过2个月的学习、教育，院、系领导班子和领导干部进一步增强了讲学习、讲政治、讲正气的自觉性，找出了整改工作中的问题和不足，完善了今后整改工作的措施，巩固和扩大了“三讲”教育的成果，取得了预期的效果。

2.学习“三个代表”重要思想活动

2000年10—12月，根据市委教育工委和校党委的部署，学院党委在全院基层党组织和党员中组织开展了学习“三个代表”重要思想活动。学院党委成立了学习讨论领导小组，王丽英任组长，制定了《关于在全院党员和干部中开展“三个代表”学习讨论活动的计划》（京联化党发〔2000〕第57号），在暑期中层干部会议上作了学习动员，向党员发放了《全面加强党的建设的伟大纲领》学习材料，利用宣传栏专题宣传了“三个代表”有关内容，党委中心组学习讨论了《江泽民在广东考察工作时的讲话》，举办了一期专题中层领导干部培训班。主要学习内容为江泽民同志关于“三个代表”的有关论述和人民日报出版的《全面加强党的建设的伟大纲领》。通过学习讨论，党员干部进一步把握和深刻理解了“三个代表”重要思想的实质及内涵，进一步坚定了马克思主义信仰和社会主义信念。

3.保持共产党员先进性教育活动

2005年9—12月，根据北京市第二批保持共产党员先进性教育活动安排，学院开展了保持共产党员先进性教育活动。学院成立了活动领导小组，王丽英任组长，领导小组下设办公室。学院党委制定了《北京联合大学生物化学工程学院保持共产党员先进性教育活动工作方案》（京联生化先组〔2005〕2号）。活动分为学习动员、分析评议、整改提高三个阶段。全院3个党总支、14个党支部、271名党员参加了教育活动，参学率100%。学院党委、基层党总支和党支部三个阶段共召开动员部署会48次，发放调查问卷500份，召开座谈会32次，党员谈心1897人次，征集意见和建议154条，整改方案23个，整改措施158条。制定了《北京联合大学生物化学工程学院党政领导班子先进性教育活动整改方案》，包括5个方面、17

条措施。教育活动中编写专题简报16期,起草工作方案、工作总结等有关文件24个,组织召开党总支书记汇报会3次。在学校组织评选的以能力建设为中心的先进性教育主题实践活动中,有12名党员获得校级表彰。为巩固和扩大先进性教育成果,学院根据上级统一部署,在2006年用3个月时间组织开展了保持共产党员先进性教育“回头看”活动。

4. 学习实践科学发展观活动

2009年3—7月,作为全国第二批深入学习实践科学发展观活动单位,学院党委按照上级要求和部署,在全院各级党组织和党员中组织开展了学习实践科学发展观活动。活动以“优化资源配置,提升管理水平,凝聚发展共识,促进科学发展”为主题,以“党员干部受教育、科学发展上水平、人民群众得实惠”为目标,以深入实际调查研究和查找、整改突出问题为重点。全院7个党总支、1个直属党支部、31个基层党支部的481名党员、52名中层以上领导干部参加了学习实践活动。党委制定了《中共北京联合大学生物化学工程学院委员会关于在全院党员中开展深入学习实践科学发展观活动的实施方案》(京联生化党〔2009〕13号),成立了活动领导小组,周明珠任组长,张恩祥任副组长,领导小组办公室设在党委组宣部。制定了《北京联合大学生物化学工程学院深入学习实践科学发展观整改落实方案》。9—12月,学院进行了深入学习实践科学发展观活动整改落实后续工作及“回头看”工作。

5. 党建评估

根据北京市委教育工委的统一部署,2007年9月,市委教育工委组织专家按照《北京市普通高等学校党建和思想政治工作基本标准》(以下简称《基本标准》)的要求,对学校党建和思想政治工作水平进行了达标验收。为迎接党建评估,学院自2003年起开始对照《基本标准》开展了以评促建、以评促改工作。

2003年3月,学院组织党支部书记培训,学习《基本标准》,对照《基本标准》开展自评活动。年底制定了学院贯彻落实《基本标准》三年规划。

2004年上半年,以学院《基本标准》三年规划为抓手,抓好2004年任务指标的落实。各相关部门和党总支、党支部对照《基本标准》的要求健全制度,完成评估的支撑材料,并按指标要求整理归类。年底学院组织了自评检查。

2005年,对照市委教育工委新编的基本标准检查参考手册中的检查要点、主要检查项目等内容,进行资料整理和自评打分。

2006年,多次召开迎接党建评估工作动员会、基层党组织负责人汇报会,检查支撑材料(按二级指标整理为34个文件夹),撰写自查报告,并接受了学校专家组的检查。

2007年,制定《北京联合大学生物化学工程学院党建评估迎评工作方案》(京联生化党〔2007〕6号),成立了以王丽英为组长的学院党建评估迎评工作领导小组,办公室设在党委组宣部。3月19日,学院召开党建评估迎评动员部署大会。4月3日前,各党总支、党支部、各有关部门分别对照《基本标准》的要求进行自查自评,撰写自查报告。4月中旬至5月底,各部门初步整改,学院验收检查。6月接受学校验收检查,暑假前后集中整改。9月,北京市委教育工委对学校进行党建和思想政治工作达标检查,学院同时接受检查。

2008年,学院党委召开学生党建工作会,对学生党支部书记进行培训,购买并下发了《发展党员工作手册》,加强学生党建工作。

2009年,按照《基本标准》要求,学院党委制定了《中共北京联合大学生物化学工程学院委员会发展教职工党员工作实施细则》(京联生化党〔2010〕47 号)、《中共北京联合大学生物化学工程学院委员会发展大学生党员工作实施细则》(京联生化党〔2010〕46 号)、《北京联合大学生物化学工程学院系(教学部)党政联席会议制度》(京联生化党〔2009〕54 号),进一步健全了党建工作制度。

6. 创先争优活动

自 2010 年 5 月起,学院党委按照中央、市委要求和校党委部署,以学校“创建先进党组织,争当优秀共产党员,推动高水平有特色应用型大学建设”为主题,以“推动科学发展,促进学院和谐,服务师生群众,加强基层组织”为主要目标,以“基层党组织争创党建先进、教师党员争当育人标兵、学生党员争做成才表率”为载体,深入开展创先争优活动,积极引导全院基层党组织和全体党员,围绕中心创先进,立足岗位争优秀。

创先争优活动具体分为三个阶段进行,到党的十八大召开前结束。2010 年 5 月至年底为第一阶段,主要以党员作风建设年活动为专题,抓学习、抓作风、抓机制;广泛开展“育人标兵”“成才表率”等评选表彰活动;开展“十佳党支部”申报创建活动。学院党委印发了《中共北京联合大学生物化学工程学院委员会关于在全院基层党组织和党员中深入开展创先争优活动的实施方案》(京联生化党〔2010〕42 号)和《关于开展“争做育人标兵和成才表率”活动有关工作的安排》(京联生化党〔2010〕48 号),成立了创先争优活动领导小组及其办公室,各级党组织书记为创先争优活动第一责任人。活动中,赵欣华、汪昕宇、周考文、李建涛、杭和平、李乃迟、伊嫱、辛俊卿、南振琦、李树贤 10 名教职工党员被评为院级“育人标兵”,蔡悠笛、陈娜、胡晨、李祎、王海舰、杨晴 6 名大学生党员被评为院级“成才表率”;蔡悠笛同学还被评为校级成才表率,经济管理系学生第一党支部被评为学校“十佳党支部”创建活动单位。

(三) 组织工作

1. 领导班子和干部队伍建设

学院党委实行民主集中制,健全并坚持“三重一大”制度,凡是研究制定涉及学院改革发展和群众利益的重大决策、重要干部任免、重要工作部署等重大问题,都按照集体领导、民主集中、个别酝酿、会议决定的原则,由党委集体讨论,作出决定。学院党委坚持每年至少召开一次领导班子民主生活会,并按照上级党组织的要求严格规范其内容和形式,会前收集干部群众意见,会后落实整改。

党委坚持党管干部的原则,对学院党政干部实行统一管理。为了更好地规范领导干部行为,提高干部管理科学化水平,党委大力加强制度建设,先后出台了一系列行之有效的规章制度。例如,《关于院级党政会议制度及决策程序的有关规定》(京联化党发〔1998〕12 号)、《加强学院领导班子思想政治建设的意见》(京联生化党〔2007〕22 号)、《关于落实“三重一大”制度的实施细则》(京联生化党〔2007〕76 号)、《关于进一步加强处级以上领导干部出国(境)管理的通知》(京联生化党〔2009〕51 号)、《中层以上领导干部请假制度》(京联生化党〔2009〕51 号)、《系(教学部)党政联席会议制度》(京联生化党〔2009〕54 号)等,使干部工作有法可依。党委坚持与干部谈心制度,坚持定期对中层及以上干部进行考核和民主评议的制度,加大了对干部的管理、监督和考核力度,使干部管理更加科学高效。

2001—2010 年学院处级干部基本情况详见表 4.8-1。

表 4.8-1　2001—2010 年处级干部基本情况一览表　　单位：人

年份	总数	实职干部数	女	少数民族	中共党员	民主党派	学位			学历				专业技术职务(称)		年龄						
							博士	硕士	学士	研究生	大学本科	大学专科	大专以下学历	高级	中级	35岁及以下	36岁至40岁	41岁至45岁	46岁至50岁	51岁至54岁	55岁及以上	平均年龄
2001	32	31	13	4	26	2	1	4	4	6	19	5	1	21	6		7	3	13	5	3	
2002	29	29	10	3	25	2		4	6	6	14	9		20	6		7	3	12	5	2	
2003	32	32	10	3	28	2	1	5	5	10	18	4		24	5	1	7	4	12	6	2	47
2004	41	40	13	3	33	2	4	6	12	13	24	4		25	11	8	5	9	7	7	5	44
2005	40	40	13	3	35	1				12	24	4		24	11	7	4	12	5	9	3	44
2006	40	40	14	2	34	4	4	7	15	10	26	4		24	14	7	4	13	4	9	3	44
2007	45	43	19	4	35	5	4	9	16	15	27	3		25	16	7	6	15	4	9	4	44
2008	43	43	16	4	36	2	4	10	16	15	27	1		25	15	6	7	13	7	4	6	44
2009	49	49	19	3	42	3	7	14	13	17	30	2		28	19	7	7	10	11	6	8	45
2010	50	48	17	6	43	3	8	16	12	18	29	3		31	17	7	9	6	15	5	8	45

在选拔任用副处级干部工作中，坚持民主、公开、竞争、择优原则，按照干部队伍革命化、年轻化、知识化、专业化的方针，认真贯彻《党政领导干部选拔任用工作条例》，坚持德才兼备、以德为先的用人标准，坚持注重实绩、群众公认的原则，不断提高选人用人公信度。为了杜绝选人用人上的不正之风，加强干部工作廉政风险防范，党委还主动加强干部监督工作，于 2009 年下半年制定了《关于落实“选拔任用领导干部征求纪委意见”原则精神的实施办法》(京联生化党〔2009〕52 号)和《干部监督情况通报联席会议制度》(京联生化党〔2009〕52 号)，从制度上保证干部选拔任用公开透明。

党委高度重视干部的教育培训工作。认真贯彻落实北京市关于大规模培训干部的要求，在积极组织处级以上干部参加学校相关教育培训活动的基础上，采取扩大学院党委理论中心组学习范围、提高干部在线学习考核时数、干部年度考核述学以及对按时完成当年干部培训任务的干部给予奖励等办法，认真组织开展中层干部教育培训工作，保证处级干部每年参加教育培训活动不少于 110 学时。

党委高度重视人才工作。坚持党管人才的原则，贯彻人才强校战略，通过制定政策，健全激励机制，大力营造激发创造力的工作环境，为人才发挥作用创造良好条件。并加强教育引导和师德建设，不断提高各类人才的思想政治素质和业务素质。

2. 基层党组织建设

截至 2010 年底，学院党委下设 7 个党总支，2 个直属党支部、44 个党支部。全院共有党员 575 人，其中正式党员 449 人，预备党员 126 人；在职职工党员 255 人，在校学生党员 234 人，离退休党员 86 人。党总支包括：信息与控制工程系党总支、生物医药系党总支、经济管理系党总支、公共基础课教学部党总支、机关党总支、后勤党总支和离退休党总支；直属党支部包括：工程艺术系直属党支部和工程管理系直属党支部；党支部包括：系(部)以下与教研室相对应设立的 16 个教师党支部，与系或专业、年级相对应的 5 个学生党支部，机关、后勤等部门按部门设置的16个党支部，离退休人员7个党支部。除了个别基层党组织经学院党委批准暂缓进行选举外，绝大多数党总支、党支部都按时进行了换届选举。

2001—2010年学院基层党组织设置情况详见表4.8-2。

表4.8-2　2001—2010年基层党组织设置一览表

年份	党总支数	党总支名称	下设支部数	下设支部名称
2001			11	化学工程与信息系党支部、材料与精细化工系党支部、经济管理系党支部、基础部党支部、教务党支部、人文社科部党支部、机关一党支部、机关二党支部、总务党支部、离退休党支部、廊坊临时党支部
2002			11	信息与控制工程系党支部、生物医药系党支部、经济管理系党支部、基础部党支部、人文社科部党支部、教务党支部、机关一党支部、机关二党支部、总务处党支部、离退休党支部、廊坊临时党支部
2003	3	信息与控制工程系党总支、生物医药系党总支、经济管理系党总支	14	信息与控制工程系教工党支部、信息与控制工程系学生党支部、生物医药系教工党支部、生物医药系学生党支部、经济管理系教工党支部、经济管理系学生党支部、基础部党支部、人文社科部党支部、教务党支部、机关一党支部、机关二党支部、总务处党支部、离退休党支部、廊坊临时党支部
2004	3	信息与控制工程系党总支、生物医药系党总支、经济管理系党总支	13	信息与控制工程系教工党支部、信息与控制工程系学生党支部、生物医药系教工党支部、生物医药系学生党支部、经济管理系教工党支部、经济管理系学生党支部、基础部党支部、人文社科部党支部、教务党支部、机关一党支部、机关二党支部、行政管理处党支部、离退休党支部
2005	3	信息与控制工程系党总支、生物医药系党总支、经济管理系党总支	14	信息与控制工程系教工党支部、信息与控制工程系学生党支部、生物医药系教工党支部、生物医药系学生党支部、经济管理系教工党支部、经济管理系学生党支部、工程艺术系党支部、人文社科部党支部、基础部党支部、机关一党支部、机关二党支部、教务党支部、行政管理处党支部、离退休党支部
2006	3	信息与控制工程系党总支、生物医药系党总支、经济管理系党总支	14	信息与控制工程系教工党支部、信息与控制工程系学生党支部、生物医药系教工党支部、生物医药系学生党支部、经济管理系教工党支部、经济管理系学生党支部、工程艺术系党支部、人文社科部党支部、基础部党支部、机关一党支部、机关二党支部、教务党支部、行政管理处党支部、离退休党支部
2007	3	信息与控制工程系党总支、生物医药系党总支、经济管理系党总支	14	信息与控制工程系教工党支部、信息与控制工程系学生党支部、生物医药系教工党支部、生物医药系学生党支部、经济管理系教工党支部、经济管理系学生党支部、工程艺术系党支部、人文社科部党支部、基础部党支部、机关一党支部、机关二党支部、教务党支部、行政管理处党支部、离退休党支部

续表

年份	党总支数	党总支名称	下设支部数	下设支部名称
2008	3	信息与控制工程系党总支、生物医药系党总支、经济管理系党总支	15	信息与控制工程系教工党支部、信息与控制工程系学生党支部、生物医药系教工党支部、生物医药系学生党支部、经济管理系教工党支部、经济管理系学生党支部、工程艺术系党支部、人文社科部党支部、基础部党支部、外语部党支部、机关一党支部、机关二党支部、教务党支部、行政管理处党支部、离退休党支部
2009	7	信息与控制工程系党总支、生物医药系党总支、经济管理系党总支、公共基础课教学部党总支、机关党总支、后勤党总支、离退休党总支	33	信息与控制工程系教工党支部、信息与控制工程系机电实践中心党支部、信息与控制工程系中专部党支部、信息与控制工程系建环专业党支部、信息与控制工程系学生党支部、生物医药系教工党支部、生物医药系生物化工实践中心党支部、生物医药系中专部党支部、生物医药系学生党支部、经济管理系教工党支部、生物医药系学生党支部、公共基础课教学部中专部党支部、外语社科党支部、物理数学党支部、体育教学部党支部、人事处党支部、党院办党支部、财务处党支部、组宣部党支部、学生工作部党支部、教务处党支部、图书馆党支部、国资处资源开发部党支部、工会离退办党支部、膳食科党支部、交通基建党支部、医务室党支部、保卫处党支部、离退休一党支部、离退休二党支部、离退休三党支部、离退休四党支部、工程艺术系直属党支部
2010	7	信息与控制工程系党总支、生物医药系党总支、经济管理系党总支、公共基础课教学部党总支、机关党总支、后勤党总支、离退休党总支	46	信息与控制工程系生物医学工程党支部、信息与控制工程系自动化党支部、信息与控制工程系工程基础党支部、信息与控制工程系机电实践教学中心党支部、信息与控制工程系建筑环境与设备工程支部、信息与控制工程系学生工作办公室支部、信息与控制工程系学生党支部、生物医药系教工(一)党支部、生物医药系实验室党支部、生物医药系学生党支部、经济管理系教师第一党支部、经济管理系教师第二党支部、经济管理系教师第三党支部、经济管理系教师第四党支部、经济管理系学生第一党支部、经济管理系学生第二党支部、经济管理系学生第三党支部、数学物理教研室党支部、外语教研室党支部、社科教研室党支部、体育教研室党支部、交通基建党支部、医务室党支部、膳食党支部、保卫处党支部、学生处党支部、图书馆党支部、教务处党支部、财务处党支部、工会党支部、组宣部党支部、离退办党支部、培训中心党支部、国资处党支部、党政办党支部、人事处党支部、中专科党支部、人才交流党支部、退休一党支部、退休二党支部、退休三党支部、退休四党支部、退休五党支部、离休党支部、工程艺术系直属党支部、工程管理系直属党支部

2001—2010年学院党员基本情况详见表4.8-3。

表 4.8-3　2001—2010 年党员基本情况一览表　　单位：人

年份	总计	预备党员	女	少数民族	年龄				学历				身份					
					35 岁及以下	36 岁至 45 岁	46 岁至 54 岁	55 岁及以上	研究生	大学	大专	大专以下	教师	专技	管理	工人	学生	离退
2001	185	28	99	15	71	26	38	50	20	112	27	26	34	42	35	5	26	43
2002	203	35	113	16	82	30	38	53	19	124	33	27	35	44	33	5	38	48
2003	233	39	142	17	108	30	43	52	28	100	33	72	49	72	5	5	54	48
2004	283	82	175	23	157	32	38	56	35	98	54	96	47	74	7	6	100	49
2005	289	60	184	21	156	37	38	58	44	108	56	81	51	79	8	6	93	52
2006	308	83	195	20	170	39	35	64	49	110	72	77	56	78	6	6	107	55
2007	330	60	209	22	175	52	34	69	60	121	76	73	61	97	1	7	103	61
2008	448	91	271	30	223	87	45	93	68	182	88	110	101	134	1	11	130	71
2009	495	88	309	30	269	91	35	100	67	138	139	121	142	83	18	8	159	85
2010	575	126	368	29	317	94	63	101	76	183	126	190	149	76	17	13	234	86

学院各级党组织健全党内生活制度，严格党的组织生活，定期召开民主生活会，开展批评与自我批评。坚持党费收缴制度。党委设立党组织活动专项资金，实行党组织活动项目化管理，为党组织开展党员教育提供必要的经费保障。建立党员党性定期分析制度，做好民主评议党员工作，配合上级党组织做好党建评估工作。深入开展创先争优活动，总结经验，表彰先进，十年中，学院党委共评选表彰先进基层党组织 14 个，优秀共产党员 84 人。党委还加强对流动党员的管理和服务，及时将流动到本院的党员编入党的基层组织，积极做好教育管理工作。

2001—2009 年学院先进基层党组织、优秀共产党员和党务工作者名单见表 4.8-4。

表 4.8-4　2001—2009 年先进基层党组织、优秀共产党员和党务工作者名单

年份	校级		院级	
	先进基层党组织	优秀共产党员	先进基层党组织	优秀共产党员
2002	信息与控制工程系党支部	陈雄鹰、郭亚莉、潘文明、马秀菊	信息与控制工程系党支部 总务处党支部	张翔、李赛池、项胜利、陈雄鹰、郭亚莉、李戈力、南振琦、潘文明、李励、马秀菊、房宏君、张锐、汪家瑜
2003	总务处党支部 机关一党支部	项胜利、霍罡	信息与控制工程系党总支 总务处党支部	王长军、霍罡、孙克民、于春洋、王丰周、刘武军、项胜利、鲍园园、陈宝林、刘文东、孟久慧、尚宝琴、李秀萍
2004			生物医药系党总支 人文社科部党支部 行政管理处党支部	赵欣华、张翔、孙波、刘春增、邱洪华、王丰周、薛红云、张洪、辛继雄、张振山、于深、潘文明、高国栋、金章茂、李阳君、彭伟、张京飞、杨馨珠

续表

年份	校级		院级	
	先进基层党组织	优秀共产党员	先进基层党组织	优秀共产党员
2005	机关二党支部 人文社科部党支部	辛继雄、张洪、李会英	人文社科部党支部 行政管理处党支部 机关一党支部 机关二党支部	樊晓兵、宋爱荣、刘春增、张有、邱洪华、王宝石、李秀芝、张洪、赵欣华、沈丽、李会英、李崇圆、冯彝让、马秀菊、李秀萍、金章茂、彭伟、刘小贺、鲍珊
2006			人文社科部党支部 工程艺术系党支部 机关二党支部	赵慧娟、龚自霞、彭兆快、刘杨平、邱洪华、张有、张春艳、张洪、刘晓云、荣凤杰、孙玉书、杨连元、李励、李印伟、孙冰玉、刘用善、王淑英、崔媛媛、刘道晨、陈晓文、朱健琦
2005—2007	人文社科部党支部 教务党支部	宋爱荣、刘春增、周凤、孙波、许晓平、张洪、于澎、付毓欣、张振山、高音、李建涛、汪家瑜		
2007—2009	经济管理系学生党支部、后勤党总支	何廉、廖琪丽、王长军、穆红莉、孙波、张翔、许扣林 优秀党务工作者：张振山、刘文东		

学院各级党组织注重尊重党员主体地位，保障党员民主权利，推进党务公开，党内重要情况及时向党员通报，营造党内民主讨论环境，积极推进党内民主建设。关心党员的学习、工作和生活，积极推进学习型党组织建设，建立健全党内激励、关怀、帮扶机制，拓宽党员服务群众渠道，定期走访慰问困难党员和老党员，建立了党员联系和服务群众工作体系。

学院党委按照坚持标准、保证质量、改善结构、慎重发展的方针和有关规定，加强对入党积极分子的教育、培养和考察，加强在优秀青年教师、优秀学生中发展党员工作。10 年中，全院共发展大学生党员 466 人、教职工党员 50 人。学院党委于 2010 年 7 月印发了《中共北京联合大学生物化学工程学院委员会发展教职工党员工作实施细则》(京联生化党〔2010〕47 号)和《中共北京联合大学生物化学工程学院委员会发展大学生党员工作实施细则》(京联生化党〔2010〕46 号)，从制度上规范了发展党员工作。实行了党员发展前和预备党员转正前公示制度、党支部发展党员票决制度，配备了学生政治辅导员，建立了学生党支部，学生党员发展力度逐渐加大，学生党员数量逐步增加，教师党员发展工作稳步开展。发展党员工作壮大了党的组织，增强了党的生机和活力。

2001—2010 年学院党员发展情况详见表 4.8-5。

表 4.8-5　2001—2010 年党员发展情况一览表　　　　单位：人

年份	总计	女	少数民族	年龄				文化程度				身份				
				25岁及以下	26岁至35岁	36岁至59岁	60岁及以上	研究生	大学	大专	大专以下	教师	专技	管理	工人	学生	离退
2001	30	18	1	28	1	1		1		1	28	1		1		28	
2002	36	24		32	1	3		26		8	2			2	1	32	1
2003	29	26	4	26		3		1	3		25	2	3			24	
2004	63	40	3	57	3	3		1	4	2	56	1	4		1	57	
2005	43	33		41	1	1			2	3	38	2				41	
2006	46	27	3	44	2				2	1	43	2				44	
2007	56	46	3	45	6	4	1	3	5	3	45	3	6		1	45	1
2008	71	46	2	60	2	9			8	1	62	1	9		1	60	
2009	60	43		56	4			1	3	14	42	1	3			56	
2010	84	62	3	79	4	1			5	9	70	2	3			79	

学院党委建有党校，下设学生业余党校。党校主要承担培训党员和入党积极分子的任务。2010 年下半年曾举办教职工入党积极分子培训班，30 多名入党积极分子参加学习培训。学生业余党校每年定期举办大学生入党积极分子初、高级培训班，对入党积极分子进行党的基本理论、基本知识教育，不定期举办学生党员和预备党员培训班，培训大学生党员。是否参加党校集中培训并考核合格作为党组织发展党员的审查条件之一，所有新发展的党员全都经过党校培训并考核合格。

（四）宣传思想政治工作

1. 党委中心组理论学习

为进一步增强学院领导干部大局意识、危机意识和竞争意识，提高领导班子政治思想水平和领导学院发展的能力，落实好建设马克思主义学习型政党、学习型党组织、学习型领导班子的工作目标，学院建立了党委中心组（扩大）理论学习制度。在每学期初，制订党委中心组（扩大）理论学习计划，以集体学习和自学的方式开展干部学习教育活动，做到了学期初有计划、过程中有考勤、期末有检查、考核有成效。通过中心组学习活动，使院党委中心组成为学院学习型党组织建设的精心组织者、积极促进者、自觉实践者，推动了学院科学发展、和谐发展。

2. 教职工思想政治教育

建立宣传思想政治教育机制。学院党委一贯高度重视宣传思想政治工作，在党委的统一领导下，做到宣传工作有章可循、有计划、有总结，建立了科学有效的宣传工作机制。学院每年按照学校党委的统一部署，结合学院的实际工作，制订宣传教育工作计划，及时有效地宣传和贯彻中央、上级部门和学校的有关精神，加强对广大教职工和学生的思想政治工作，以此营造良好的思想政治舆论氛围，培养教职工树立良好的师德风范，培育学生建立优良的学风。

加强教职工思想政治教育工作。学院党委高度重视对广大教职工的思想政治教育工作。党委结合学院中心工作和教职工的思想实际，以中层干部会、党支部“三会一课”、党组织主题党日学习实践、创先争优活动、专题讲座、每月向广大教职工发放《学习文选》资料、网上学习、观看影像资料、学习交流、主题实践活动、党员干部在线学习和自学等多种形式,开展对教职工的政治思想教育,如爱国主义、集体主义、社会主义教育,正确的世界观、人生观、价值观教育,社会主义荣辱观和师德教育等。学院还组织教职工学习《教师职业道德规范》和《教师用语"十要十忌"》,促进学院的师德师风建设。

大力宣传先进典型,营造积极向上的校园环境。学院充分利用校园宣传这块思想教育阵地,大力宣传学院的先进典型事迹、先进集体和先进个人,对在日常教育教学和管理工作、各种主题实践活动中涌现出的优秀集体、先进教职工和学生,及时通过《和谐》院报、校园网、广播和橱窗等多种宣传途径进行宣传报道,大力营造学习先进、争当先进、赶超先进的良好氛围。

开展专题教育活动。学院通过开展教学质量年、建党80周年、保持共产党员先进性教育活动、深入学习实践科学发展观和社会主义荣辱观教育活动、迎奥运、支援汶川地震灾区建设、纪念改革开放30周年活动、庆祝中华人民共和国成立60周年活动、创先争优活动、学雷锋活动、"十二·九"纪念日等活动,对广大教职工和学生进行爱国主义、集体主义和社会主义荣辱观、正确的世界观、人生观、价值观和师德教育。通过开展各种专题教育活动为学院的改革与发展提供了思想保障。

3. 宣传阵地建设

学院党委十分重视宣传阵地建设,充分利用《简讯》与《和谐》院报、《学习文选》、橱窗展板、广播、校园网等宣传阵地开展思想政治教育工作。通过不断加强对各个部门信息员和学生通讯员队伍的培训,提升了宣传队伍的工作水平和工作质量;学院还对校园宣传进行统一规划和管理,制定了《北京联合大学生物化学工程学院新闻宣传工作制度》(京联生化党〔2009〕53号)和《北京联合大学生物化学工程学院校园网络信息管理办法》(京联生化〔2010〕92号),规范了宣传工作程序。出台了校园宣传橱窗使用及管理办法,规范了校园橱窗管理。

自2008年《和谐》院报创刊以来,在服务学院各项工作,参与师生校园生活等方面发挥了重要作用;2008年学院开始编印《学习文选》,为党支部集体组织学习和教工自学提供了方便;学院还充分利用网络信息平台的方便和快捷,及时报送和宣传学院主要工作、活动信息。到2010年年底,学院共出版《和谐》院报24期,《学习文选》17期。

学院设有广播站,隶属院团委,共设"音乐""情感""体育时空""新闻""英语"5个栏目,不断通过声音媒体引导校园舆论,关注校园里发生的大事小事,拓宽广大同学的视野。广播站还深入各系团、学组织开展活动,并参与和配合学院大型活动,提供主持人、宣传和技术的支持。广播站充分发挥舆论引导作用,为广大同学在紧张的学习工作之余营造一个轻松、和谐的环境。另外,团委还办有《春芽》《千帆》报纸,拥有各系学生工作宣传橱窗,这都在广大团员青年中有一定影响。"两报""一站""一窗"已成为学院共青团组织服务青年成长成才的重要舆论阵地,也是学院宣传的重要力量。

4. 对外宣传

学院十分重视对外宣传工作,充分发挥校园网宣传媒介的作用,围绕产学研合作、师资队伍建设、专业建设、实验室建设等方面的工作进行对外宣传,提升学院的知名度。学院还积极努力向各大报刊、电视台提供宣传稿件,扩大学院的知名度和影响力。

以30年校庆为契机，加大学院对外宣传。在校庆期间，学院开展了校庆30年征文活动，向在职、离退休教职工、校友发放特别稿约43份，印制完成了纪念文集《风雨30年》；完成校庆30周年名录和学院图片收集与报送工作；制作校庆30周年图片展，使广大师生和校友了解到学院30年来艰苦奋斗的创业史；召开老干部座谈会；学生还组织了“千名校友大签名”活动，重访了什刹海老校区；举行了北京联合大学校友会生化学院分会成立仪式。

（五）纪检、监察工作

学院领导班子重视纪检、监察工作，在领导体制上明确了党委负责惩防体系建设的主体责任；在实体内容上，坚持惩防并举、整体推进的原则；在力量整合上，发挥纪检监察员的组织协调和监督检查作用，形成了制度、监督、预防、调节、反馈和考评等相关的工作体系；在任务重点上，抓住腐败现象易发多发的重点部门和关键环节予以突破；在依靠对象上，组织广大师生员工积极支持和参与，形成全员监督的工作氛围。

1. 组织机构及工作职责

学院的纪检监察工作由学院党委副书记分管，并配备专职纪检监察员一名。

专职纪检监察员的岗位职责为：

协助学院党政领导贯彻落实校党委、纪委的工作部署，开展学院的党风廉政建设和处级领导干部廉洁自律工作；

协助学院党委及有关部门采取多种形式对党员特别是领导干部，进行党性、党风、党纪和廉政教育；

协助学院党委对贯彻执行党风廉政建设责任制以及对处级领导干部执行廉洁自律有关规定、制度的情况进行检查；

协助校纪委、学院党委对本学院党员和处级干部违反党纪、政纪的问题进行专项调查，并根据《中国共产党纪律处分条例》和《党章》的有关规定提出初步处理意见；

按照《北京联合大学纪检监察信访举报工作实施办法》（京联纪〔2004〕6号），接待本学院群众来信来访，并对群众来信来访反映的问题进行调查核实，及时上报和反馈；

完成上级监察部门布置的招生、考试、基建、物资采购等行政监察工作；

完成学院党委、校纪委和校纪检监察办公室交办的其他事宜。

2. 主要工作

（1）落实党风廉政建设责任制

2001—2010年，党委坚持做好党风廉政建设和反腐败主要任务分工工作。从2002年起，开始制定每年度的纪检监察工作要点。2004年，出台了《关于建立干部监督情况通报例会制度的意见》。2007年制定了《关于建立学院院级领导干部和学院党委委员联系基层制度》。2009年成立了廉政风险防范管理工作领导小组，继而下发了《关于印发〈联大生化学院推进廉政风险防范管理工作实施方案〉的通知》（京联生化党〔2009〕49号）和《关于印发〈联大生化学院惩治与预防腐败体系基本制度自查自建任务分解〉的通知》（京联生化党〔2009〕50号）等文件，还下发了《关于印发〈关于落实“选拔任用领导干部征求纪委意见”原则精神的实施办法〉、〈干部监督情况通报联席会议制度〉的通知》（京联生化党〔2009〕52号）。2010年制定了《关于领导班子成员听取分管单位和部门党风廉政建设和反腐败工作任务完成情况汇报的制度》（京联生化党〔2010〕44号）和《关于党委会听取领导班子成员党风廉政建设和反腐败工作任务完成情况汇报的制度》(京联生化党〔2010〕45 号),并按上级有关精神对党风廉政建设责任制执行情况进行定期检查。

(2) 推进领导干部廉洁自律工作

党委充分认识到领导干部廉洁自律工作是反腐倡廉的第一道防线,因此,努力通过领导干部述职述廉、落实"一岗双责"、开好民主生活会和推进党务公开活动,自觉接受广大师生的监督。2004 年,制定了《学院领导班子民主生活会制度》和《党委会中心组学习制度》,并一直坚持执行。党委与全体中层干部签订了领导干部廉洁从政承诺书,要求领导干部切实加强党性修养,提高思想觉悟;严格遵守领导干部廉洁自律的各项措施和规定,管好自己,带好队伍;坚持不懈地抓好作风建设,大力弘扬密切联系群众,求真务实、艰苦奋斗、批评与自我批评的优良作风。

(3) 查处案件和纠风

针对上级纪检监察部门转来的信访件和学院收到的信访件,院党委都能责成有关部门认真查办,做到有案必查,依法办案,并确保办案质量,使办案综合效应显著。

(4) 加强源头治理工作

党委认真开展党风廉政宣传教育,从 2002 年起就组织开展党风廉政建设宣传教育月活动,组织党员干部学习党风廉政建设有关文件和廉政法规,进行党性党风党纪条规教育。2005 年,党委制定了《关于落实"三重一大"制度的实施细则(试行)》(京联生化党发〔2005〕1 号)。2007 年又制定了《北京联合大学生物化学工程学院关于落实"三重一大"制度的实施细则》(京联生化党〔2007〕76 号)。2005 年,党委下发了《关于规范部门收费管理严禁设立小金库的暂行规定》(京联生化党发〔2005〕3 号)和《北京联合大学生物化学工程学院经济责任制》(京联生化党发〔2005〕19 号)等文件。2008 年,学院成立了招投标工作领导小组。2009 年成立了廉政风险防范管理工作领导小组、设备(家具)采购招投标工作小组及修缮工程采购招投标工作小组。同年,制定了《学院招投标管理办法(试行)》(京联生化〔2009〕59 号)和《学院基建修缮工程招投标工作实施细则(试行)》(京联生化〔2009〕60 号),并就经济往来中收受回扣情况、商业贿赂、公务用车问题、"小金库"问题、教育乱收费等进行过多次自查和专项治理。

(六) 统战工作

学院党委十分重视统战工作,认真贯彻落实党的"长期共存、互相监督、肝胆相照、荣辱与共"统战方针,求真务实,扎实工作,为学院的改革、发展、稳定做出了应有的贡献。

截至 2010 年,学院在职和离退休教职工中有民主党派成员 25 人。其中,民盟 9 人,九三学社 6 人,民进 4 人,民建 2 人,民革 2 人,致公党 1 人,农工党 1 人。党外高级知识分子 47 人,党外正处级领导干部 2 人、副处级领导干部 5 人。

学院党委以围绕中心、服务大局为主线,认真开展统战工作。党委重视党外教师和干部的培养教育,从业务上关心他们,把他们作为学院发展的重要力量。从中推荐年轻有为、具有发展潜力的党外人士参加学院及上级组织的各种教育培训和进修活动;学院在组织各种外出学习考察时,都注意吸收民主党派、党外干部和高级知识分子参加。通过教育培训和学习考察,提高了党外教师和干部的业务能力和工作水平。党委大胆培养和使用党外干部,对申请加入中国共产党的党外高知和骨干教师,积极开展教育培养工作,及时吸收入党,使他们在推动学院的改革和发展,维护学院稳定上发挥应有的作用。党委还创造条件,发挥党外人士在学院发展中的积极作用。党委经常在重大事项决定前及重要活动时主动征求党外人士的意见，邀请民主党派代表和党外教师代表参加学院领导班子和领导干部考核。通过座谈会等形式，及时了解党外人士的心声，推进学院的科学民主决策。

学院民主党派基本情况详见表 4.8-6。

表 4.8-6　民主党派基本情况一览表

年份	总数	女	职称结构				年龄结构					离退休数	交叉党员数	担任处级职位
			高级职称	中级职称	初级职称	无职称	29岁及以下	30岁至39岁	40岁至49岁	50岁至59岁	60岁及以上			
2001	12	2	8	3		1		2	3		7	7	2	2
2002	12	2	8	3		1		2	3		7	7	2	2
2003	14	2	9	4		1		1	5	1	7	7	2	1
2004	15	3	8	6		1		2	5	1	7	7	3	2
2005	15	3	10	5				1	6	1	7	7	3	4
2006	16	3	10	6				2	6	1	7	7	4	4
2007	15	3	10	5				1	6	1	7	7	4	4
2008	19	5	13	6				1	9	2	7	7	4	5
2009	25	11	18	7				5	10	3	7	7	4	5
2010	25	11	19	6				5	9	4	7	7	2	5

二、工会工作

（一）工会组织

2001—2010 年，学院有工会委员 9 人，设有工会主席、工会常务副主席（专职主持日常工作）、女工委员、生活福利委员、文体委员、宣传委员、教育科研委员、财务委员。女教职工委员会 7 人；经审委员会 3 人；下设分工会 8 个。

2003—2010 年学院工会委员会等机构设置及委员名单见表 4.8-7。

表 4.8-7　2003—2010 年工会委员会等机构设置及委员名单

委员会名称	职务	负责人姓名	任职时间/年
工会委员会	工会主席	崔爱玲	2003
	工会主席	王丽英	2003—2007
	工会主席	周明珠	2007—2009
	工会主席	赵艳霞	2009—今
	常务副主席	项胜利	2003—2010
	常务副主席	孟　燕	2010
	女工委员	沈　丽	2003—2010
	教育科研委员	张明贤、赵玉娥	2003—2010
	生活福利委员	高国栋	2003—2010
	文体委员	张美娟	2003—2010
	宣传委员	孙克民	2003—2010
	财务委员	王吉芝	2003—2007
	财务委员	张健民	2009—2010

续表

委员会名称	职务	负责人姓名	任职时间/年
女教职工委员会	主任	孟　燕	2003—2010
	主任	王　璐	2010
	副主任	沈　丽	2003—2010
	委员	肖　宁	2003—2010
	委员	陈　谊	2003—2010
	委员	赵玉华	2003—2010
	委员	宋爱荣	2010
	委员	孟　燕	2010
工会经费审查委员会	主任	刘武军	2003—2007
	主任	张明贤	2007—2010
	委员	王吉芝	2003—2009
	委员	张健民	2009—2010
	委员	程旭阳	2003—2010

2010 年 12 月，学院有会员 475 人，其中在编教职工 454 人，待岗人员 21 人；女会员 281 人，占全体会员的 59.16%。

2010 年，学院工会按照学校关于理顺工会工作体系的相关要求，服从学校大局，配合学校完成理顺工会工作体系的各项工作。2010 年 11 月，中国教育工会北京联合大学生物化学工程学院委员会结束了具有法人资格的组织构架，变为学校的二级工会组织。同年 12 月取消学院工会经费独立账户，学院工会经费及工会资产全部转入校工会账户统一管理。

（二）主要工作

1. 师德建设

10 年来，为加强教师队伍建设，提高教学水平和执教能力，学院举办了 8 届青年教师教学基本功比赛、两届教师多媒体课件制作比赛、两届教师教学示范课、三届教师双语教学比赛，共有近百名教师参加。

2002 年，院工会为连续多年四、六级英语考试通过率在联大名列前茅的外语教研室积极申报“首都劳动奖状”，并最终获得此荣誉，在北京教育系统获此称号的仅学院外语教研室一家，这使全院教职工受到了极大鼓舞。

2006 年，为迎接教育部本科教学工作水平评估，工会进一步加强师德师风建设，在全院范围内开展了师德论文征集活动。共征集论文 31 篇，评选出一等奖 4 名，二等奖 5 名，三等奖 14 名，并在全院教职工大会上进行了交流。

2007 年，为促进学院师德教育活动的进一步深化，工会组织近两年来在各项教学比赛中获得一、二等奖的青年教师参观了红旗渠、焦裕禄、任长霞纪念馆，使青年教师们受到了一次很好的革命传统教育。

2010 年，学院以评选校、院“三育人”和师德先进为契机，大力弘扬教书育人、为人师表和爱岗敬业的高尚道德情操。通过基层推荐，经校级评审小组和教代会常设主席团评审，学院教师张洪、杭和平、汪昕宇先后被评为北京市师德先进个人。

2. 建家工作

学院不断加强工会组织自身建设，努力推进建家活动的开展。2001 年学院工会被学校评为“优秀职工之家”、2002 年被评为“模范职工之家”、2008 年被评为“先进教职工之家”、2009 年获“先进女教职工委员会”、2010 年获得“创新单项成果奖”。

3. 文体活动

10 年来，工会组织了各种文化、体育、娱乐活动。开展了做广播操、打乒乓球和羽毛球以及网球、跳绳、爬山、趣味运动会等活动；开展了摄影比赛、交谊舞学习班、卡拉 OK 比赛等活动；假期组织全院教职工到长白山、黄山、青岛等地进行红色之旅考察活动；组织参加了校工会第九届、第十届、第十一届教职工运动会以及羽毛球、跳绳、网球、乒乓球、书法、绘画、摄影等比赛活动且取得了好成绩，教职工参与率达 90% 以上。

学院工会系统校级及以上各类获奖情况详见表 4.8-8。

表 4.8-8 工会系统校级及以上各类获奖情况一览表

年份	奖项	级别	获奖名单
2001	优秀职工之家	校级	生物化学工程学院
2002	首都劳动奖状获得集体	市级	基础部外语教研室
	模范职工之家	校级	生物化学工程学院工会
2003	教育创新标兵	市级	冯彝让
	北京市教育工会系统抗非典先进个人	市级	项胜利
2005	优秀女教职工	校级	汪馨桂
2006	教育创新标兵	市级	龚平
2007	优秀女教职工	校级	陈谊、杨春兰
	先进女教职工工作者	校级	孙文敏
2008	教育创新标兵	校级	黄小葳
	首都文明职工	市级	汪馨桂
	先进教职工之家	校级	生物化学工程学院
2009	首都教育先锋先进集体	市级	团委
	首都教育先锋号个人	市级	曹辉、穆红莉、王玮、韩永萍
	优秀教职工之友	校级	周明珠
	优秀工会工作者	校级	项胜利
	工会积极分子	校级	高国栋、张洪
	优秀女教职工	校级	曾凤彩、沈丽、付力
	先进女教职工	校级	孟燕
	先进女教职工委员会	校级	生物化学工程学院女教职工委员会

学院工会组织参加的各类比赛成绩详见表4.8-9。

表4.8-9 工会组织参加的各类比赛成绩一览表

<table>
<tr><th>年份</th><th>比赛名称</th><th>获奖者姓名</th><th>获奖等级</th><th>组织单位</th></tr>
<tr><td>2004</td><td>北京高校第四届青年教师教学基本功比赛</td><td>程红霞、李秀芝</td><td>市级三等奖</td><td>北京市教育工会</td></tr>
<tr><td rowspan="5">2008</td><td>北京市高校首届多媒体教育软件大奖赛</td><td>黄小葳、宋爱荣、张翔</td><td>市级优秀奖</td><td>北京市高等学校师资培训中心</td></tr>
<tr><td>第五届教职工网球比赛</td><td>罗文</td><td>校级一等奖</td><td>北京联合大学</td></tr>
<tr><td rowspan="2">青年教师基本功比赛</td><td>刘丽霞、段耀武</td><td>院级一等奖</td><td rowspan="2">生物化学工程学院</td></tr>
<tr><td>王暄、许明月等4人</td><td>院级二等奖</td></tr>
<tr><td>青年教师教学基本功比赛</td><td>许明月</td><td>校级三等奖</td><td>北京联合大学</td></tr>
<tr><td rowspan="5">2009</td><td rowspan="5">青年教师教学基本功比赛</td><td>赵有玺</td><td>校级三等奖</td><td rowspan="2">北京联合大学</td></tr>
<tr><td>段耀武、刘丽霞</td><td>校级优秀奖</td></tr>
<tr><td>葛明明、王婧菁</td><td>院级一等奖</td><td rowspan="3">生物化学工程学院</td></tr>
<tr><td>田沛哲、赵有玺等4人</td><td>院级二等奖</td></tr>
<tr><td>蒋丹、李金屏等9人</td><td>院级三等奖</td></tr>
</table>

(三)教职工代表大会

1. 机构设置与职能

教职工代表大会(以下简称"教代会")制度,是学院管理体制的重要组成部分,是在学院党委的领导下,教职工依法行使民主权利,实行民主管理、民主决策、民主监督的基本制度和形式,也是学院党政领导班子广泛听取教职工意见,促进决策科学化、民主化的重要渠道。教职工代表大会每届3年或5年,每学年至少召开一次,其职能为听取和讨论院长工作报告,对学院的办学指导思想、发展规划、重大改革方案、财务年度工作报告及其他有关学院发展的重大问题提出意见和建议;讨论通过学院提出的院内教职工聘任、奖惩、分配等改革的原则和办法及其他与教职工权益有关的重要规章制度;制定、修订、废止本级教代会的文件。

教代会设常设主席团,是教代会闭会期间的领导机构。其主要职责:负责大会的各项筹备工作;组织、主持会议及处理大会闭会期间的其他重要问题;协商处理教代会闭会期间临时出现的属于教代会职权范围内的其他重大问题。

学院第一届、第二届教代会常设主席团成员名单详见表4.8-10。

表4.8-10 第一届、第二届教代会常设主席团成员名单

届次 职务	第一届(2001.03—2003.04)	第二届(2003.04—今)
主席	王丽英	王丽英、赵艳霞
副主席	(无)	骆武刚、项胜利
秘书长	刘燕琴	项胜利
成员	张明贤、赵玉娥、刘文东、沈丽、王吉芝、孙克民、吴强	崔爱玲、唐小恒、林强、王长军、于春洋、邱洪华、陈宝林、张明贤、孟燕、高国栋

2. 历次会议及主要内容

学院第一届教职工代表大会第三次会议于2001年3月21日召开，参加大会的有正式代表35人。代表讨论审议了学院“十五”发展规划纲要(征求意见稿)；通过了工会2000年工作总结和2001年工作计划及工会2000年财务报告。本次会议收到提案20件。

第二届教代会第一次会议于2003年4月9日召开。代表听取了“学院工作报告”“双代会工作报告”“财务工作报告”，选举产生了第四届工会委员会、经费审查委员和女工委员会。

第二届教代会第二次会议于2003年11月19日召开。代表讨论和审议了《北京联合大学生物化学工程学院聘用合同制实施细则》《关于实行院内退休和离岗待退制度的规定》《关于新增人员实行人事代理制度的规定(试行)》等文件，并原则上同意实行。

第二届教代会第三次会议于2004年3月10日、24日分两次召开。代表讨论、审议并原则上通过了《岗位聘任办法》《教职工考核管理办法》《校内津贴分配办法》三个文件。

第二届教代会第四次会议于2005年5月25日召开。会议讨论了《关于院内(目标)津贴调整实施意见(讨论稿)》，到会的38名代表还以举手表决的方式，审议并通过了该文件。

第二届教代会第五次会议于2007年9月10日召开。会议讨论了《校内津贴分配实施办法》《北京联合大学生物化学工程学院内部人员编制核定及岗位设置方案》《北京联合大学生物化学工程学院各级各类岗位上岗条件》三个文件。代表们对这三个文件基本同意，并提出了修改意见。

第二届教代会第六次会议于2008年3月26日召开。会议讨论和审议了《生化学院在职职工重大疾病互助保障计划》和《生化学院在职女职工特殊疾病互助保障计划》。

第二届教代会第七次会议于2010年1月6日召开。大会重点审议了《关于北京联合大学生物化学工程学院2009年全员聘任工作的文件说明》《关于北京联合大学生物化学工程学院2009年绩效工资发放办法的说明》两个关系全体教职工切身利益的文件。代表们对以上文件进行了充分、热烈的讨论和审议，并提出了意见和建议，原则通过全员聘任文件。

3. 工作开展情况

履行职能，坚持对学院重大议题的审议制度。在学院党委和行政领导的高度重视和支持下，学院坚持重大问题审议制度，共召开7次教职工代表大会，根据学校的发展实际和人事改革的需要，对涉及教职工切身利益的问题和方案，如《北京联合大学化学工程学院内部人员编制核定及岗位设置方案》《北京联合大学生物化学工程学院各级各类岗位上岗条件》《校内津贴分配实施办法》《关于院内目标津贴调查实施意见》《全员聘任合同制实施细则》等文件及学院重大改革事项进行了审议。学院党委和行政听取了全体教代会代表的意见，使上述文件顺利通过，并且实施。

闭会期间，积极发挥教代会主席团的作用。教代会主席团是教代会的领导机构，全面主持教代会的工作。教代会闭会期间，主席团关心学院的发展以及关系教职工切身利益的大事，重视源头参与，积极组织教代会代表对学院重大改革事项建言献策。自2001年以来，先后参与了全员聘任合同制实施方案、有关教职工重大福利等问题的讨论，对大龄女教工住房、后勤班车等问题的解决，提出了许多建设性的意见。同时，制定了《在职职工重大疾病互助保障计划》和《在职女职工特殊疾病互助保障计划》，对学院特殊人群给以关注。对教职工结婚、生育子女等发给一定数量的慰问金和贺金等。

重视提案工作,加强对重要提案的督办与落实。教代会提案工作是教职工参与学院民主管理的重要形式,是反映民意的重要载体,也是学院凝聚民心、解决问题、推动发展的重要手段。因此,教代会十分重视提案工作,加强对重要提案的督办与落实。本届教代会共收到重要提案14件,内容涉及职工福利、教师住房、班车等。经与有关部门协商研究已解决落实13件,代表们对提案答复表示满意、比较满意和理解的为92%。

三、共青团工作

(一)基本情况

学院设有团委。二级团组织有系团总支5个,在院团委和系党总支的双重领导下,结合各系专业特点,独立开展工作,是学院共青团的中坚组织力量。学院现有团员2800余名,团支部95个。团委通过评优表彰、推优入党、主题团日评选、团属刊物评比等多种形式,加强团的基层组织建设,注重发挥基层团组织的作用,使基层团组织成为共青团工作的坚实基础和主体力量。

团委获奖情况:

2006—2007年度,被评为北京联合大学"德育工作"先进集体;

2007—2008学年,被评为北京联合大学"五四"红旗团委;

2008年,被评为北京联合大学"三育人"先进集体;

2008年,被评为北京联合大学奥运工作"先进集体";

2009年,被评为"首都教育先锋";

2010年,获北京联合大学科技活动贡献奖;

2010年,获北京联合大学"启明星"学生科技作品竞赛团体金奖。

(二)团员教育管理

1. 思想政治教育

(1)理论学习深入持久

长期以来,团委积极引导广大团员青年开展邓小平理论、"三个代表"重要思想和科学发展观的学习实践,将理想信念教育落实到有形的组织依托和生动的活动载体之中。围绕"增强共青团员意识教育活动""学习十六号文件""我与祖国共奋进"等主题,先后组织开展了"社会主义荣辱观""期盼奥运,真我风采""团支部与贫困学生心连心""永远跟党走,争做新一代""树立正确的荣辱观""以热爱祖国为荣""绿色奥运""科技奥运""人文奥运""建设和谐校园""践行'科学发展观',争当四个新一代"等团日活动。成立了以"青年马克思主义学习班"为主导的理论学习社团,邀请老红军、社会精英、知名校友为团员青年作专题报告,构建了由团组织主导、学生骨干带动、理论社团推进、基层支部落实、广大团员参与的青年理论学习工作格局,有效地推动了大学生理论学习活动深入持久的开展。

(2)主题教育丰富多彩

团委充分发挥团组织的自身优势,积极开展丰富多彩的主题教育活动。例如,以纪念抗日战争胜利60周年、建党85周年、长征胜利70周年、五四运动90周年、改革开放30周年、国庆60周年等重要纪念日为契机,以报告会、座谈会、征文比赛、合唱比赛、朗诵比赛、辩论赛、红歌会、爱国主义影片展演和团日活动等形式积极开展爱国主义教育,积极培育团员青年的民族精神,激发团员青年的历史责任感和使命感。

2. 团的组织建设

(1) 健全"党建带团建"的工作体制

团委坚持党建带团建,大力加强团的组织建设。在团的建设中贯彻落实党的要求,把团的建设纳入党的建设总体规划之中,始终紧跟党的建设步伐。院团委定期指导、检查《团支部工作手册》的填写,举办优秀团支部、团干部和优秀团员风采展,开展主题团日等活动,不断增强团组织的吸引力和团支部的内在活力。

(2) 完善民主推优的工作机制

"推优入党"工作,是党赋予共青团组织的一项光荣任务。全院各级团组织紧密配合党委组织部门做好推荐优秀大学生加入党组织的工作。团委积极向兄弟学院学习成功经验,召开全院"推优"观摩会,完善推优程序。同时,积极发挥团支部"党课"学习小组的作用,协助党支部抓好团员的有关党的基本知识、基本路线和党史的学习。2006—2010 年,全院各级团组织共推荐 1129 名优秀团员作为党的发展对象,实现了学生党员发展全部由团组织推荐的工作目标(见表 4.8-11)。

表 4.8-11　2006—2010 年"推优"情况统计表

年份	2006	2007	2008	2009	2010	合计
推优人数	208	206	152	237	326	1129

(3) 加强对学生骨干的培训

团委坚持将"为党培养合格建设者和可靠接班人"作为工作的出发点和落脚点,以创建学习型组织、培养创新型干部为目标,积极推进各层次学生骨干的培养工作。团委依托校、院、系学生骨干培训,形成了完整的学生骨干培养体系,学生骨干的综合素质、工作能力得到明显提高,先后涌现出了以"北京市优秀学生干部"王俊岭、赵智力为代表的一批优秀学生骨干。特别值得一提的是,学院 2005 级学生骨干乔溪莹同学被评为 2009 年"全国三好学生"。

(4) 做好组织发展工作

虽然新生中非团员很少,但学院各级团组织却很注重对他们的思想教育和组织发展工作,积极帮助他们成才成长。

2005—2010 年学院团员发展情况详见表 4.8-12。

表 4.8-12　2005—2010 年团员发展情况一览表

年份	2005	2006	2007	2008	2009	2010	合计
发展团员数/人	5	10	20	11	14	8	68

3. 团组织达标创优活动

学院各级团组织团结带领广大团员青年高举邓小平理论伟大旗帜,以"三个代表"重要思想为指导,深入贯彻落实中央 16 号文件精神,认真学习和树立社会主义荣辱观,刻苦学习、努力工作、无私奉献,在推进校风、学风建设工作中,在"建设新北京,迎接新奥运"的伟大征程中,涌现出一大批先进集体和个人,为校园文化建设和学院的改革与发展以及首都经济发展和社会稳定作出了突出贡献。团委重视发挥先进典型的示范作用,按照上级团委的统一部署,在学院团员青年中积极开展了"达标创优""校园之星""社区共建先锋"等示范群体的评比,努力建设奋发进取、自强不息的育人环境。2003—2004 学年,01201 班团支部、

02303 班团支部获市级“先锋杯”优秀团支部称号;2004—2005 学年,02205 班团支部、03301 班团支部获市级“先锋杯”优秀团支部称号。

学院获院级及以上优秀集体和优秀个人的数量统计详见表 4.8-13。

表 4.8-13 院级及以上优秀集体和优秀个人统计表

年度	五四红旗支部数	院优干人数	院优团人数	院优秀支部数
2006—2007	7	60	60	16
2007—2008	4	16	52	5
2008—2009	4	17	46	9
2009—2010	5	15	56	11

(三)志愿服务

学院团委积极引导团员青年开展志愿服务活动,特别是在“2008 北京奥运会”期间,团委牢牢把握“百年奥运,圆梦中华”的历史机遇,精心准备,组织团员青年参与奥运筹办的各项工作,圆满完成了“好运北京”系列体育赛事的志愿服务工作,参与了工人体育馆、首都机场、校本部足球裁判训练场、开幕式演员、交通场站等 5 项奥运志愿服务任务,构建了由赛会志愿者、城市志愿者、社会志愿者三部分组成的共计 413 名志愿者队伍的总体格局。

学院 68 名赛会志愿者,在北京工人体育馆为观众、交通、竞赛、技术、票务、环境等十几个业务领域提供志愿服务。志愿者们每天按时出勤,热情服务,经历了开闭幕式等重大活动的检验,为奥运会拳击赛事、残奥会盲人柔道赛事的成功举办贡献了自己的力量。543 人次的城市志愿者,坚守在残奥大家庭总部饭店港澳中心城市志愿服务站点上,提供信息咨询、语言翻译、应急服务及具有区域特色的服务,累计提供志愿服务超过 20 万小时,成为国际友人了解中国的一个窗口。约 900 人次的社会志愿者活跃在地铁、长安街及奥运官员下榻的宾馆等各类公共场所,开展秩序维护、交通运行等志愿服务,累计服务 4500 小时,为“平安奥运”做出了自己的贡献。

(四)学生科研立项与竞赛

学院重视学生的科技活动,围绕“点面结合、多重保障、依托专业、文理渗透、以赛带练、服务成才”的工作思路,在开展学生课外科技创新活动中,紧抓了“三支队伍”,规范了“四个环节”,重点开展了“挑战杯创业计划大赛”“挑战杯课外科技学术作品竞赛”“智能车竞赛”“文科计算机设计大赛”“校级学生课外科技立项”“本科生科学研究计划”等学术品牌活动。同时,依托专业建设,紧密围绕教学需要,形成了重点专业有项目,各系竞赛比特色,文理渗透出亮点,以赛带练促教学的院级竞赛体系。学生科研创新氛围日渐浓厚,创新意识和实践能力逐步提高。2007—2010 年,学院连续 4 年荣获校级“挑战杯”团体第一。2004—2010 年,在全国竞赛中,荣获“挑战杯”第十一届大学生课外学术科技作品竞赛全国三等奖 1 项;“挑战杯”第七届大学生创业计划大赛全国铜奖 1 项;大学生(文科)计算机设计大赛全国三等奖 1 项。在市级竞赛中,共获“挑战杯”首都大学生课外学术科技作品竞赛一等奖 3 项、二等奖 2 项、三等奖 3 项;“挑战杯”首都大学生创业计划竞赛银奖 2 项、铜奖 6 项;“飞思卡尔杯”大学生智能汽车竞赛(华北赛区)二等奖 2 项、三等奖 1 项。

2004—2010 年学院学生参加科技竞赛获奖情况详见表 4.8-14。

表 4.8-14　2004—2010 年学生参加科技竞赛获奖情况一览表

学年	竞赛名称	参赛作品名称	获奖学生	指导教师	获奖等级
2004—2005	第三届"挑战杯"首都大学生课外学术科技作品竞赛	《免疫球蛋白缓释微囊的制备、结构表征与性能研究》	杨晓宇 齐海澎	龚　平	市级一等奖
	北京联合大学首届"挑战杯"学生课外学术科技作品竞赛	《新型环保醛树脂的合成研究》	李　阳 蒋　超	龚　平	校级鼓励奖
2005—2006	第四届"挑战杯"首都大学生创业计划竞赛	《"菌克"杀菌专家》	许秋成等 7 人	马榴强	市级铜奖
2006—2007	第四届"挑战杯"首都大学生课外学术科技作品竞赛	《杠板归的超临界萃取和红外光谱研究》	毛德奎 张慧娟 杨　磊	龚　平	市级一等奖
		《东亚钳蝎有效部位抗癫痫作用的分子机理》	任　超 申婷婷	黄迎春	市级三等奖
	北京联合大学第二届"挑战杯"学生课外学术科技作品竞赛	《采用超临界 CO_2 萃取万寿菊黄色素方法的研究》	丁瑞斌 李利辉 徐　建	缪　刚	校级二等奖
		《蜂胶微球的制备及 SEM、XPS 方法结构表征》	魏　超 娄　羿 赵立晶	龚　平	校级三等奖
		《壳寡糖降血糖机制的研究探讨》	桑　帅 高　伟 高　博	林　强	校级三等奖
		《工件表面检测系统分拣装置控制程序设计》	何　英	霍　罡	校级三等奖
		《聚醚砜超滤膜分离姬松茸多糖模型的建立》	米振兴	叶　晓	校级鼓励奖
		《大豆异黄酮保健酱油的研制》	李瑞峰	葛喜珍	校级鼓励奖
		《基于 Solidworks 开发多自由度机械手动态模型》	马　宁	宋爱荣	校级鼓励奖
2007—2008	首届中国大学生(文科)计算机设计大赛	秦皇岛信息亭设计	杨国栋	刘　芳	全国优胜奖
	第三届全国大学生"飞思卡尔杯"智能汽车竞赛		甲壳虫车队	樊晓兵	华北赛区三等奖
	第五届"挑战杯"首都大学生创业计划竞赛	"Hot Try"[火验]深度体验消费中心	李　冉 袁　芳 张肖肖 白　华	彭莹莹	市级铜奖
		"速效心脑康"——心脑血管药品新剂型的创业计划书的生产及推广	孙红伟 陈　超 贾　佟 胡文婷	冯淑华 杨春兰	市级铜奖
		"美丽尔"SOD 功能性牙膏商业计划书	于　果 王　博 唐　宁 王　凯	龚　平	市级铜奖

续表

学年	竞赛名称	参赛作品名称	获奖学生	指导教师	获奖等级
2007—2008	第二届北京市大学生“我心中的奥运”英语演讲比赛	《The Olympics and me》	曹赟著	齐春平	市级三等奖
	北京英语演讲比赛	《The Olympics and me》	曹赟著	李金屏	市级三等奖
	“CCTV”杯全国大学生英语演讲比赛北京赛区初赛	《The Olympics and me》	曹赟著	陈　金	市级二等奖
	北京联合大学第二届“挑战杯”创业计划竞赛	“宠爱多”——宠物尿垫商业推广计划书	糜嘉琛	马榴强 李新娥	校级铜奖
		处理医疗废物的电子辐照加速器	孙　爻	霍　清	校级铜奖
		果蔬乐生物农药的产品推广	果　玮	葛喜珍	校级铜奖
		多自由度机械手营销	宋　昕	宋爱荣 赵　静	校级铜奖
	北京联合大学第二届英语演讲比赛	《The Olympics and me》	曹赟著	齐春平	校级一等奖
	ERP沙盘模拟大赛		王俊岭等人	王俊岭等人	校级三等奖
	北京联合大学首届“智能车”大赛	生化智能车	生化智能车2队	曹　辉 王　暄 樊晓兵	校级三等奖
		生化智能车	生化智能车2队	杭和平 杨　芳	校级三等奖
2008—2009	“科技＆未来之美”首届国际概念汽车设计大赛	“融·合”	陶　蒸	许翰锐	入围全球30名
	2009中国机器人大赛暨Robo-Cup公开赛	生化小试啼声队	史鹏飞	赵慧娟 宋爱荣 邵明刚 于海兰	全国季军
	第十一届全国挑战杯科技作品竞赛	中国林蛙核糖核酸酶 onconase及lectin样的基因表达及抑制细菌活性的研究	吴　琼 张志薪 贾　宁	赵　伟 廖琪丽	全国三等奖
	2009年(第二届)中国大学生(文科)计算机设计大赛	《中秋节设计》	孙　迪	张媛媛	全国优胜奖
		《端午系列海报设计》	宋嘉海	张媛媛	入围奖
	第四届全国大学生“飞思卡尔杯”智能汽车竞赛华北赛区比赛	生化队	梁树宇 路　超 王玲修	樊晓兵 杨志成 马栋萍	优秀奖
	第五届“挑战杯”首都大学生课外学术科技作品竞赛	超氧化物歧化酶的分子修饰及性能研究	李　超	龚　平	市级二等奖
		附桂骨痛复方二次开发研究——生物发酵法	乔溪莹	葛喜珍	市级二等奖

续表

学年	竞赛名称	参赛作品名称	获奖学生	指导教师	获奖等级
2008—2009	第五届“挑战杯”首都大学生课外学术科技作品竞赛	臭椿叶提取液对蚜虫防治效果的研究	刘 月 张盛宇 程 才 赵 芳	霍 清	市级三等奖
		壳聚糖接枝共聚改性制备透明生物材料的研究	侯 芮 孙 煊 满嘉懿 郭 艺	马榴强	市级三等奖
	北京联合大学第三届“挑战杯”学生课外学术科技作品竞赛	蜂花粉无糖活性速溶颗粒的制备	卢鑫鑫	龚 平	校级一等奖
		三合一土壤检测器	王 欣 史鹏飞 马剑峰	曹 辉	校级二等奖
		替硝唑微囊的制备及其质量的评价	曹 颖	冯淑桦	校级三等奖
		HC 基因在大肠杆菌 BL21(DE3)中表达的研究	朴虹营 李 睿 杨秋超	黄迎春	校级三等奖
	北京联合大学第二届“智能车”大赛	智能车	史鹏飞 王玉霞 诸葛君豪	樊晓兵 马栋萍	校级二等奖
		智能车	王玲修 史鹏飞	曹 辉 杨志成	校级三等奖
	北京联合大学第二届文科计算机设计大赛	包装设计——刀、叉、勺的演义	曲忆丽	刘 芳	校级三等奖
		学院机电实验中心器材管理系统的开发	郭秋月	刘 丽	校级三等奖
		大叶子网站	孙 雪	严 昉	校级三等奖
2009—2010	研究与超越——第二届中国小幅油画大赛	绘画作品《日出》	耿天石	姚学兵	全国三等奖
	第七届全国挑战杯	口腔抗癌新药——口立康口服液商业企划书	朴虹蓉 胡 颖 霍 頔 杨 合 杨秋超 鹿 斌 顾瑞虎 李 勃	周 凤 黄迎春	全国三等奖
	第三届全国文科计算机大赛	《民族与瓷》——动画设计	陈 京 郭秋月 王晓达	刘 丽	全国三等奖
	第五届全国大学生“飞思卡尔杯”智能汽车竞赛华北赛区比赛	“Au 车队”——电磁组	王 鑫	樊晓兵 张春艳	华北赛区三等奖
		“生化七队”——摄像头组	王维斌 王庶鹏 等	杭和平 邵明刚	华北赛区二等奖

续表

学年	竞赛名称	参赛作品名称	获奖学生	指导教师	获奖等级
2009—2010	“镇江东方杯”2009年北京地区大学生制冷空调科技竞赛		孙孟华 赵　鑫 王　维	陈福祥 李春旺	一等奖
	全国大学生数学建模与计算机应用竞赛		张玲玲 李世钰 蔡　杰	张景胜	市级二等奖
	第六届“挑战杯”首都大学生创业计划竞赛	脲醛树脂环保板材股份有限公司创业计划	张艳超 何子超 邓金鹏 闫　瑞 姜海玉 胡　颖 王　迪	冀颐之 龚　平	市级银奖
		易安诚转基因食品鉴定仪商业计划	吴颖慧 李晓莹 武天旭 牛　婧 周　瑶 马　播 赵晓曼	冀颐之 龚　平	市级铜奖
		臭椿生物农药开发有限公司	张　园 邵　洁 刘小清 郑　蕾 解红刚	霍　清	市级铜奖
	2009年全国大学生电子设计大赛		生化队	杭和平 杨志成 马栋萍 樊晓兵	北京赛区三等奖
	北京联合大学第三届文科计算机设计大赛	少数民族科普系统 V1.0	李　勃	刘　丽	校级一等奖
		动画短片——傣族的泼水节庆典	李　彤	伊　嫱 张佳宁	校级二等奖
		中国民族服饰的色彩装饰艺术特征	马　丁	张慧姝	校级二等奖
		中国典型少数民族服饰网站设计	翟海英	伊　嫱	校级三等奖
		孔雀伴我去傣乡	刘　阳	张佳宁 伊　嫱	校级三等奖
	北京联合大学第三届“挑战杯”创业计划大赛	“爱斯酷(EYES COOL)”滴眼液的创业计划书的生产及推广	杜英娜 曹　颖 姚燕南 赵亚娜 于　斌 吴　楠	冯淑华 杨春兰	校级银奖

续表

学年	竞赛名称	参赛作品名称	获奖学生	指导教师	获奖等级
2009—2010	北京联合大学第三届“挑战杯”创业计划大赛	“敢变”求职培训公司	尹　伊 徐鹏宇 孙　玥 陈　京 田　霖 姜　曼 胡　颖	汪昕宇	校级银奖
		小型全自动除氟净水器——营销计划书	陈　婷	陶凤云 张　有	校级银奖
		优创策划有限责任公司——旅游U盘推广计划	刘进晨	陈雄鹰	校级铜奖
		饰e世电脑饰品	陈　昭 范　深 陈雨烟 白　岑 宋子腾 纪　磊 刘志良 徐　洋	刘　丽	校级铜奖
		茶树油环保新型农药	王燕楠	曹　辉	校级铜奖

（五）学生组织

1. 学生联合会

学院学生联合会(以下简称“学生会”)，是在党委领导下，由团委指导开展工作的在校学生自我教育、自我管理、自我服务的群众团体。学生会积极参与校园文化建设和学生管理事务，协助学院开展工作，架起了学院和学生之间联系沟通的桥梁。

学生会的宗旨是：贯彻党的教育方针，全心全意为广大学生服务，团结和引领广大同学适应社会发展和现代化建设的需要，引导学生在德、智、体、美等方面健康发展，使之成为社会主义事业的建设者和接班人。

学生会的基本任务是：团结和领导全院学生遵循和贯彻党的教育方针，促进学生全面发展；引导并培养学生成为爱校爱院、适应现代社会主义建设的高素质人才。

广泛开展爱国主义、社会主义和集体主义教育，遵循并宣传、贯彻党的路线、方针、政策，引导全体学生高举邓小平理论伟大旗帜，全面贯彻“三个代表”重要思想和科学发展观，引领广大学生树立正确的世界观、人生观、价值观，不断提高政治素质、思想觉悟和道德水平，在全面建设小康社会，构建社会主义和谐社会的新形势下，开拓创新、勇担重任，成为符合中国特色社会主义现代化建设事业要求的合格人才。

协助学院为学生创造良好的学习、生活环境。沟通广大学生与学院的联系，参与民主监督、民主管理、民主建设，成为学院与学生联系的纽带和桥梁。

以“自我教育、自我管理、自我服务”为工作方针，以“团结、求实、创新、奉献”为工作作风。

围绕学风和校风建设，丰富校园文化生活，开展学习、科技、文体、社会实践等健康有益的活动，培养学生多方面的能力，提供学生展示、发挥的空间，为广大学生全面发展创造条件。

认真听取广大学生的意见和建议，反馈同学们的要求，把工作落到实处，维护同学们的权益。同时，加强学生之间、学生与教师之间的沟通，促进学院团结，营造良好的学习生活环境。

发展与兄弟院、兄弟学生组织之间的交流与合作，增进友谊，增长见识。

学生会在院党委和上级学联的领导与院团委的指导下，以建设学习型、节约型、具有先进性的学生组织为目标，努力培养学生“自我管理、自我服务、自我教育”的意识，紧密围绕学院“以学生为本”的工作重心，开展了一系列卓有成效的活动，在服务学生成长成才、繁荣校园文化、发扬校园民主、全面提高学生综合素质等方面做出了积极的贡献。

2. 学生社团联合会

学院社团联合会(以下简称“社联”)在院团委的带领下，遵循党的教育方针，以丰富校园文化生活、服务大学生成长成才为宗旨，划分为理论学习类、兴趣爱好类、公益实践类、学术科技类4类社团，建设积极向上的校园文化。“社联”携手旗下社团全力为学生的自我教育、自我成长、自我发展提供平台，使学生的热情与才能得以施展，并在活动中进一步提高。截至2010年，学院社团共有24个，分别为：计算机协会、动漫社、话剧社、音乐社、青年志愿者协会、魔术社、广播站、网球社、新艺舞蹈社、英语协会、记者团、爱心社、乒乓球社、学商社、桌游社、武术协会、国旗班、心理社、体育舞蹈社、德语协会、中医社、摄影社、博弈社、国安球迷协会，参加社团学生近1000人。

学生社团充分发挥了在校园文化建设中的积极作用。学生记者团承担了学院院刊的部分通讯稿件的采访撰写和编辑工作；话剧社组织学生进行话剧专场表演，参加学校的话剧比赛；网球社组织学生开展网球大赛；音乐社、舞蹈社、武术协会配合社区开展歌咏比赛和教师节文艺汇演；计算机协会参加学校举办的“青春奥运、活力北京”网页设计大赛，取得了第一名的好成绩。“社联”游园会、迎新生晚会、星级社团评比，已成为社团品牌活动。学生社团活动的开展，提高了学生的综合素质，健全了学生的人格，展现了当代大学生的风采，为学生的全面发展创造了有利条件。

四、其他组织

(一) 关心下一代工作委员会

1. 基本情况

2005年3月，根据中共北京市委教育工委和北京市教育委员会关于在各高等院校成立关心下一代工作委员会的要求，学院成立了北京联合大学生物化学工程学院关心下一代工作委员会(以下简称“关工委”)。关工委工作在党委的领导下，在离退休办公室的协助下开展，以离退休老同志为主体。关工委以青年学生和青年教职工为主要工作对象，配合学院全面推进素质教育，促进学校教育、家庭教育、社会教育的紧密结合。关工委的工作方针是：“围绕中心、配合补充、因地制宜、量力而为、立足基层、注重实效。”

2005年3月—2008年3月，关工委主要成员为：

顾问王丽英、骆武刚；主任王俊；副主任李励；委员项胜利、孙克民、杨波、李铁臣、刘燕琴、王德英。

2008 年 4 月—2009 年 2 月，关工委主要成员为：

主任骆武刚；副主任李励、王俊；委员项胜利、范娟、张有、王德英。

2009 年 3 月—2010 年 8 月，关工委主要成员为：

主任骆武刚；委员王德英、张有、张明贤、张振山、张翔、辛继雄、孟燕、荣铁耕、项胜利；办公室主任孟燕(兼)。

2010 年 9 月，根据“京联党〔2010〕79 号”文件的精神，关工委进行了人员调整：

主任骆武刚；委员王德英、孙冰玉、刘力、张有、张明贤、程雨琴；办公室主任刘力(兼)。

2. 主要工作及成果

参加北京市教育系统关工委的骨干培训等活动和联大关工委的工作会议及活动，认真完成上级关工委交办的各项工作任务；

根据需要，推荐老同志担任特邀党建组织员，为加强学院的党建工作做贡献；

每年举办老同志书画、摄影作品展，组织老同志积极参加有关征文撰写活动；

继续支持老教师、老教授参与各类教学督导活动，为培养青年教师、提高教育质量、深化教育教学改革做出新的贡献；

配合学生工作部门，为学生就书法绘画举办讲座，并为学生书画社团的书画比赛做评委等。

（二）校友会分会

2008 年 10 月 18 日，北京联合大学校友会生物化学工程学院分会成立。分会会长由副院长林强担任，秘书长由科研开发处处长叶晓担任。分会第一次会员代表大会通过了《北京联合大学校友会生物化学工程学院分会章程》，30 多位校友代表出席了大会。

分会成立后，充分发挥了联络校友、服务校友的桥梁与纽带作用，增进了母校与校友间的交流。特别是在每年 10 月开展的校庆活动中，分会积极联络校友，做好沟通工作，组织了各种形式的校友返校活动。

第五章 旅游学院

概 述

在国民经济发展的第十个五年计划和第十一个五年规划期间，旅游学院始终坚持贯彻党的教育方针，以首都旅游产业为主要面向，坚持创建新型旅游学院的办学目标，探索和实践“产学研一体、国际化办学”发展思路，倡导“大学精神与职业精神相融合”的教育理念和“博识雅行，学游天下”的校园文化精神，逐渐发展成为一所以本科教育为主，兼有成人教育和留学生教育的综合性学院。截至 2010 年 9 月，学院有在校全日制本科（含专升本）学生 1379 人，高职学生 853 人，成人学生 406 人，留学生 173 人，教职工 270 人。经过十年的发展，学院的办学特色更加鲜明，办学实力进一步加强。

加强学科专业建设。学院一直注重学科专业建设，加强学科专业特色和课程建设的力度，从 2003 年开始，逐步调整部分专业及专业方向，并每年召开旅游管理学科建设研讨会。截至 2010 年年底，学院有管理学和文学两个学科以及旅游管理、市场营销、酒店管理、财务管理、英语、日语六个本科专业。其中，旅游管理专业是国家级特色专业，旅游管理学科是北京市重点建设学科，是中国休闲哲学专业委员会（国家二级学会）的副主任单位及学术处设立单位。旅游学科主办的旅游学术刊物《旅游学刊》（创刊于 1986 年）为中国人文社会科学核心期刊和 CSSCI、CHSSCD 检索期刊，是国内最具影响力的旅游学术刊物。

提升教育教学质量。学院坚持完善教学管理制度，优化管理流程，深化教育教学改革。2001—2010 年，有两门课程被评为市级精品课程，8 门课程被评为校级精品课程，一门课程被评为学校双语教学示范课程；有 5 部教材被评为国家级规划教材，9 部被评为北京市级精品教材，6 部被评为校级精品教材；建设和培育了一个国家级优秀教学团队，两个北京市级优秀教学团队，一个校级优秀教学团队。学院的教育教学质量得到了明显提升。

实施人才强校战略。学院拥有一支年龄结构合理、学术层次较高的师资队伍。专任教师中具有硕士、博士学位的人员比例逐年增高。截至 2010 年，具有博士学位者占 18.80%，具有硕士学位者占56.39%；正高级职称者占 5.26%，副高级职称者占 31.58%。他们中有国内知名专家学者，有市级优秀教师、教育创新标兵、中青年骨干教师、示范教师等，在全国旅游高等教育和旅游行业有较大影响。

加强科学研究工作。学院高度重视科研工作，实施科研工作量制度，鼓励教师把更多精力投入科研。截至 2010 年，学院建有一个市级科研创新平台和两个校级研究所以及两个院级研究机构。在“十一五”时期，获准立项的科研项目、发表在核心期刊上的论文数以及到账的科研经费都有较大突破；学院主办（承办）了 5 次国际国内重大学术会议、学术报告，科研水平和影响力稳步提升。

坚持产学研一体化发展模式。学院坚持构建全方位体现、全过程实践、全员性参与的"产学研一体化"办学体制与模式。成立了由旅游企业、政府主管部门、学院领导、行业专家组成的"产学研合作"指导委员会，与国家旅游局、北京市旅游发展委员会和北京市多个区县旅游局以及首旅集团、全聚德集团等大型企业建立了长期密切合作关系，学院社会服务和产学研合作的能力不断提升，其大量成果直接为政府部门和旅游企业所采用。

创新人才培养模式。学院坚持以培养学生的创新精神、实践能力、学习能力、科学态度和健康人格为重点，以大学生全面发展为目标，培养具有实践能力、创新精神和高级服务管理素质的专门人才。2009年，学校旅游应用型人才培养模式创新试验区被认定为北京市级人才培养模式创新试验区。2010年，北京市市级人才培养模式创新试验区博雅实验班开班。同时，注重素质教育，通过开展思想政治教育、举办旅游文化节、组织学生参加社会实践活动等，促进学生全面健康发展。学院招生规模稳定，毕业生就业率自2005年起一直保持在95%以上。

坚持国际化办学理念。学院与法国克里西勒内-奥弗莱饭店旅游管理学院、加拿大梅里西学院、美国中佛罗里达大学罗森酒店管理学院、日本山梨大学、台湾高雄餐旅大学等20余所高校建有合作关系，开展教师赴境外培训、学者互访、学生短期交流及学生留学项目。其中，与克里西勒内-奥弗莱饭店旅游管理学院合作的项目，被双方教育主管部门誉为"中法学校合作"的典范。

加强党的建设。学院党委以落实《北京普通高等学校党建和思想政治工作基本标准》为抓手，围绕学院中心工作制订了党建工作规划。充分发挥党总支、党支部的战斗堡垒作用，发展党内民主，开展基层党建创新。组织干部和党员参加"三讲"(讲学习、讲政治、讲正气)、学习"三个代表"重要思想、保持共产党员先进性教育、学习实践科学发展观、创先争优等一系列重大活动，加强干部和党员的思想作风建设和党风廉政建设。开展党建和思想政治工作研究，加强学生党建和德育工作，维护校园稳定。发挥老干部、民主党派和群众团体的作用，创建和谐校园。

第一节　管理体制与组织机构

一、管理体制

旅游学院是学校下属具有法人资格的学院，副局级建制。学院实行党委领导下的院长负责制，党委是学院的领导核心。党委坚持民主集中制和集体领导制度，在制度和机制上保障院长独立负责地开展工作。为贯彻实施党委领导下的院长负责制，学院党委不断加强规章制度建设，努力提高履职能力。

2001年，根据市委组织部《关于北京联合大学旅游学院党的关系变更的通知》精神，学院党组织关系从市委商贸工委整建制地转入联大党委，党的工作由学校党委管理。

2003年，学院制定《北京联合大学旅游学院院长办公会议制度》(联旅院〔2003〕56号)。

2004年，学院制定《北京联合大学旅游学院党委工作制度》(联旅院〔2004〕9号)，制定《北京联合大学旅游学院委员会会议制度和议事规则》(联旅院〔2004〕20号)。

2005年,制定《北京联合大学旅游学院院长办公会议关于议题管理的补充规定》(联旅院〔2005〕1号),制定《关于建立处(室)会议制度的决定》(联旅院〔2005〕6号)以及《关于建立完善处系会议制度的决定》(联旅院〔2005〕8号)。

2007年,根据《北京联合大学旅游学院关于成立院务委员会的决定》(京联旅党〔2007〕16号),成立北京联合大学旅游学院院务委员会,制定《北京联合大学旅游学院院务委员会工作条例(试行)》(京联旅党〔2007〕10号),进一步推进民主办学、依法治校工作,健全民主监督机制,提高科学决策能力。

二、组织机构

(一)党政机构

2001年,学院党委所属职能部门设有党委办公室(含组织、宣传、纪检、统战)和学生工作部(处)、团委、老干部办公室。行政机构有院长办公室、教学科研处、人事处、财务处、行政办公室、留学生办公室、科研所、保卫处、现代教育技术中心、后勤服务公司。

2002年6月,学院增设了培训中心、学刊编辑部(与科研所合署办公)。

2003年,党委职能部门调整为党委办公室(含宣传、统战);增设了组织部、纪检监察审计处。

2004年1月,学院行政部门增设了招生就业处、外事处、成人教育部。2月,党委职能部门增设保卫部,与保卫处合署办公。

2005年,党政机构调整为:学院办公室(外事办公室挂靠此部门。外事处改名为外事办公室)、党务工作办公室(离退休办公室挂靠此部门)、工会、教务处、学生处(部)、团委(就业指导中心挂靠此部门)、人事处、行政综合办公室(包括保卫处、财务处、行政基建办公室)、科研所、学刊编辑部、成人教育部、留学生部、现代教育技术中心、国际饭店业培训中心;并设立经营实体——后勤服务公司。

2006年9月,根据学院下发的《关于调整行政综合办公室下设机构的通知》精神,将行政综合办公室下设机构调整为:行政基建办公室、后勤服务公司。原下设机构中的财务处、保卫处(部)单列。

2007年12月,学院下发《北京联合大学旅游学院关于调整、增设机构的决定》,对机构做出调整:撤销科研所,成立科研处(正处级);成立产学研合作教育办公室(副处级),挂靠在科研处;实践教学中心与现代教育技术中心合署办公;成立专业信息资料中心。

2008年6月,北京市教委在《北京市教育委员会关于北京联合大学旅游学院内设机构的批复》中,同意学院对内设机构的调整意见,学院下设了10个党政机构:学院办公室(下设外事办公室)、党务工作办公室(含统战部)、离退休办公室、教务处、科研处(下设产学研办公室)、人事处、学生部(处)与团委合署(下设学生就业指导中心)、行政综合办公室(下设行政基建办公室)、财务处、保卫处(部)。

2010年1月,学院制订了《北京联合大学旅游学院机构设置方案》,对学院机构设置又进行了调整。

表 5.1-1 2001—2010 年党政机构设置及负责人一览表

序号	机构名称	正 职	任职时间	副 职	任职时间
1	党委办公室	刘 敏	—2003.07	赵幼芳 洪 宇 靳建明 徐菊凤	—2002.11 2002.11—2003.07 2003.07—2005.06 2004.01—2005.06
	院长办公室	姚晓梅 张卓立	—2002.11 2002.11—2005.06		
	学院办公室	张卓立	2005.06—2010.01		
	党政办公室			张 驰	2010.01—今
2	组织部	刘 敏	2003.07—2005.06		
	纪检监察审计处	陈奇山	2003.07—2005.06	洪 宇	2003.07—2005.06
	党务工作办公室	刘 敏	2005.06—2009.12		
	组织宣传部	王培雅	2009.12—今	张立纯	2010.05—今
3	离退休干部办公室	陈奇山	2002.01—2002.11		
	老干部办公室	陈奇山	2002.11—2003.07		
	离退休干部办公室 （挂靠党务工作办公室）	贾福龙 卢建华	2003.07—2007.09 2007.12—今		
4	教学科研处	王 兵 罗旭华	2002.11—2003.07 2003.07—今	刘继红 罗桂霞 俞继凤	2002.11—2004.01 2002.11—2005.06 2004.01—2005.06
	教务处	汪艳丽	2008.04—今	汪艳丽 罗桂霞 荆艳峰 龙润湘	2005.06—2008.04 2005.06—2007.12 2008.05—今 2008.05—今
5	现代教育技术中心	赵幼芳	2002.11—今	宁 华	2002.11—今
6	专业信息资料中心 （2010 年 1 月起，挂靠教务处）	罗桂霞	2007.12—今		
7	科研所（2002 年 6 月学刊编辑部、科研所合署）	徐菊凤 罗旭华	2001.04—2002.07 2002.07—2003.07	徐菊凤 徐菊凤	2002.07—2004.01 2005.06—2008.05
	科研处	王美萍 王 静	2008.05—2009.12（兼） 2010.01—今	李秀娜	2008.05—今
8	产学研合作教育办公室 （2010 年 1 月起与科研处合署）			汤利华	2010.02—今
9	人事处	李淑芳 王美萍	—2009.07 2009.12—今（兼）	黄 莉	2010.01—今
10	学生处 [2009 年 12 月前称学生处（部）]	李雨燕 梁 磊 张逸薇	—2004.01 2005.06—2009.12 2010.01—今	梁 磊 汪艳丽 冯丽霞	—2004.01 2004.01—2005.06（主持工作） 2004.01—2005.06 2010.03—今（兼）
11	团委 （与学生处合署）	吴 宁 冯丽霞	2007.09—2010.03 2010.03—今		

续表

序号	机构名称	正　职	任职时间	副　职	任职时间
12	招生就业处	李雨燕	2004.01—2005.06		
	就业指导中心 (2010年1月起与学生处合署)	洪　宇	2005.06—2009.12		
13	财务处 (与资产管理办公室合署)	陈奇山 朱英丽 范　蓓	—2002.01 2002.01—2009.11 2009.12—今 (兼)	张红娟 王春荣	—2005.06 2010.01—今
14	国际合作部	李永奎	—2002.06		
	外事处			杨艳萍 高　珣	2004.05—2005.06 (主持工作) 2004.06—2005.06
	外事办公室	高　珣	2005.06—2009.12		
	国际交流合作处	高　珣	2010.01—今		
15	行政办公室	朱明跃	2002.11—2005.05		
	行政基建办公室	朱明跃	2005.05—2009.12		
	行政管理处 (基建办公室挂靠)			肖春林	2010.01—今 (主持工作)
16	后勤服务公司	李渊峰 卢建华	—2001.12 2005.06—2007.12	卢建华	—2005.06
	行政综合办公室	李渊峰	—2009.12		
17	保卫处(部) (2004年2月成立保卫部)	张　琳 肖春林	2002.11—2004.01 2004.01—2009.12	张　岩 朱明跃	2004.09—2005.06 2010.01—今 (主持工作)
18	工会	贾福龙 李玉玲 范　蓓	2002.11—2003.07 2006.01—2009.04 2010.02—今	张　琳 陈奇山 王培雅 洪　宇	2004.01—2005.06 2005.06—2005.12 2006.01—2010.05 2010.05—今
19	成人教育部	曹慈毅 罗旭华	2005.06—2007.01 2007.01—2008.05 (兼)	刘继红 曹慈毅	2004.01—2005.06 (主持工作) 2004.01—2005.06
	培训中心	曹慈毅 冯冬明	—2002.05 2002.06—2005.06	曹慈毅 李永奎 臧纯跃	2002.06—2004.01 2002.06—今 2002.06—2005.06
	继续教育部	陈艳杰	2010.01—今		
20	留学生办公室	李渊峰 杨艳萍	2001.12—2002.11 2002.11—2005.06		
	留学生部	杨艳萍 马松涛	2005.06—2009.09 2010.01—今	马松涛	2007.10—2009.12
21	学刊编辑部	宋志伟 罗旭华 宋志伟	—2002.07 2002.07—2003.07 2004.06—2005.06 2010.01—今	吴巧红 宋志伟	2004.06—2005.06 2005.06—2009.12
22	国际饭店业培训中心	冯冬明 罗旭华 田彩云	—2002.06 2007.01—2008.05 2010.01—今	张裕民	—2002.06

（二）教学机构

2001 年，学院设有管理系、英语系、日语系、餐饮工艺系、基础部、社科部。

2003 年 1 月，学院设有外语旅游文化系、国际酒店管理系、国际休闲与旅游管理系、餐饮管理系、人文社会科学部、公共体育教研室；6 月，将外语旅游文化系调整为外语旅游文化系和日语旅游文化系。

2005 年，学院设休闲与旅游管理系、酒店与餐饮管理系、英语旅游文化系、日语旅游文化系、人文社科基础部、公共体育教研室。

2009 年 12 月，学院重新调整机构，完成新一轮全员聘岗。此次机构设置延续至 2010 年（见表 5.1-2）。

表 5.1-2　2001—2010 年教学机构设置及负责人一览表

序号	机构名称	行政正职	任职时间	行政副职	任职时间	党务负责人	任职时间
1	管理系（2003 年 1 月拆分为国际休闲与旅游管理系和国际酒店管理系）	刘艳华	2001.04—2002.10	罗旭华	2001.04—2002.07		
	国际酒店管理系	刘艳华	2002.11—今	刘　宇 王　璞	2002.11—2004.10 2004.06—2004.10	徐淑静	2003.05—2005.06
	国际休闲旅游系	宁泽群	2002.11—今				
	休闲与旅游系					李凌鸥（副）	2003.05—今（兼，主持工作）
	国际休闲与旅游管理系			石美玉	2003.03—2005.06	徐淑静	2003.01—2003.05
	休闲与旅游管理系	宁泽群	2005.06—今	石美玉 刘继红 王　静	2005.06—今 2005.06—2007.03（兼） 2007.09—2009.12	曹慈毅 刘继红	2007.01—今 2005.06—2007.03
2	餐饮工艺系	王美萍	2001.04—今	王美萍	—2001.04		
	餐饮管理系	王美萍	2002.11—今	田　彤	2004.06—2005.06	王美萍	2003.05—2005.06（兼）
	酒店与餐饮管理系（原国际酒店管理系和餐饮管理系合并）	王美萍 罗旭华	2005.06—2007.11（兼） 2008.05—2009.07	田雅琳 田　彤 闫喜霜	2005.06—今 2007.03—今 2005.06—今	王美萍 闫喜霜（副） 罗旭华	2005.06—2007.11 2008.01—2008.05（主持工作） 2008.05—2009.07（兼）

续表

序号	机构名称	行政正职	任职时间	行政副职	任职时间	党务负责人	任职时间
3	英语系(2002年11月与日语系合并为外语旅游文化系,2003年6月后拆分)	赵　丽	2001.04—2002.10	潘素玲	2001.04—今		
	外语旅游文化系	赵　丽	2002.11—2005.06	潘素玲 陈　娟 李　涛 刘爱服	2002.11—2004.10 2002.11—2003.05 2004.06—2005.06 2004.06—2005.06	徐树三 姚晓梅	2003.01—2003.05 2003.05—今
	英语旅游文化系	赵　丽 张殿恩	2005.06—2009.12 2010.01—今	李　涛 刘爱服 刘志红	2005.06—今 2005.06—2009.12 2010.01—今	李雨燕	2005.06—今
4	日语系(2002年11月与英语系合并为外语旅游文化系,2003年6月后拆分)	张丽华		徐树三	2001.04—2001.09 2001.09—2003.01 (主持工作)	王培雅	2001.10—2003.01
	日语旅游文化系	穆洁华	2008.04—今	陈　娟 纪廷许 穆洁华 徐淑静	2003.05—2005.06 2005.06—今 (主持工作) 2004.06—2008.04 2005.06—今 (兼)	王培雅 (副) 徐淑静 刘继红	2003.05—2005.06 (主持工作) 2005.06—2007.03 2007.03—今
5	基础部	张卓立	2001.04—2002.11	王　宏	2001.04—今		
	社科部	毕爱萍	2001.04—2002.10	宁泽群	2001.04—2002.11		
	人文社会科学部	毕爱萍	2002.11—2005.06	高　苏	2002.11—今		
	人文社科基础部(2003年1月社科部与基础部合并为人文社会科学部;2005年6月更名为人文社科基础部)	毕爱萍 张卓立	2005.06—2007.03 2009.12—2010.03	于　平	2006.03—今		
6	公共体育教研室(挂靠人文社科基础部)	王　宏	2002.11—今	胡兆宗	2002.11—今		

三、专门委员会等机构设置及调整

学院常设专门委员会主要有学术委员会、学士学位评定委员会、教学指导委员会、保密委员会、公费医疗管理委员会、毕业生就业工作领导小组、安全稳定工作领导小组等20个机构(见表5.1-3),涉及学院教学、管理、教师、学生等各个方面。

表 5.1-3　2001—2010 年常设专门委员会一览表

序号	名　称	主任(组长)	任职时间	副主任(副组长)	任职时间	备注
1	学术委员会	赵　鹏 黄先开	2002.10—2010.04 2010.04—今	王　兵 王瑞林 王美萍	2002.10—今 2002.10—2007.11 2007.11—2010.05	
2	学士学位评定委员会	赵　鹏 黄先开	—2009.12 2010.01—今	汪艳丽	2008.01—今	
3	教学指导委员会	赵　鹏 王　兵 王美萍	—2003.12 2004.12—2010.07 2010.07—今	宁泽群 汪艳丽	2004.12—今 2004.12—今	
4	保密委员会	郑一淳 李　因 曹长兴	2003.07—2004.10 2004.10—2009.12 2010.04—今	刘　敏 范　蓓 王美萍	2003.07—2009.12 2010.04—今 2010.04—今	
5	公费医疗管理委员会	赵　鹏 曹长兴	2004.04—2009.12 2010.05—今	冯冬明 范　蓓	2004.04—2010.05 2010.05—今	
6	综合治理领导小组 (治保委员会)	张连波 郑一淳 李　因 曹长兴	—2003.06 2003.06—2004.10 2004.10—2009.12 2009.12—今	徐天立 李玉玲 冯冬明 张卓立 肖春林	—2002.09 —2009.04 2003.06—2009.12 2007.04—2010.01 2007.04—2009.12	
7	毕业生就业工作领导小组	李玉玲	2004.03—2009.12	李雨燕 洪　宇	2004.03—2005.06 2005.06—2009.12	
8	招生工作领导小组 (招生工作委员会)	赵　鹏 王　兵 郑一淳 赵　鹏	2001.05—2003.06 2003.06—2004.07 2004.07—2005.07 2005.07—2009.12	李玉玲 王　兵 赵　鹏 李　因 汪艳丽	2002.05—2003.06 2005.07—2007.11 2004.07—2005.07 2005.07—2007.06 2005.07—2007.06	
9	安全稳定工作领导小组	曹长兴 黄先开	2010.04—今 2010.04—今	范　蓓 王美萍	2010.04—今 2010.04—今	
10	教学事故认定委员会	王　兵 王美萍	—2008.01 2008.01—今			
11	院务公开工作领导小组	曹长兴 黄先开	2010.04—今 2010.04—今			
12	治理教育收费领导小组	赵　鹏 黄先开	2008.11—2010.04 2010.04—今	李玉玲 冯冬明 范　蓓	2008.11—2010.04 2008.11—2010.04 2010.04—今	

续表

序号	名　称	主任(组长)	任职时间	副主任(副组长)	任职时间	备注
13	信息化建设和管理领导小组	赵　鹏 曹长兴 黄先开	2002.09—2010.03 2010.03—今 2010.03—今	赵幼芳 姚晓梅 靳建明 张卓立 王培雅 汪艳丽	2002.09—2003.11 2002.09—2003.11 2003.11—2010.03 2003.11—2010.03 2010.03—今 2010.03—今	
14	交通安全工作领导小组	赵　鹏 冯冬明	2002.04—2004.10 2004.10—2009.12	卢建华 张　琳 肖春林 卢建华	2002.04—2004.10 2002.04—2004.10 2004.10—2009.12 2004.10—2007.12	
15	招投标工作领导小组	赵　鹏 冯冬明 范　蓓	2003.12—2008.04 2008.04—2010.04 2010.04—今	冯冬明 肖春林	2003.12—2008.04 2010.04—今	
16	教师资格认定工作领导小组	赵　鹏 黄先开	2004.03—2010.10 2010.10—今	李玉玲 王　兵 曹长兴 王美萍	2004.03—2010.10 2004.03—2010.10 2010.10—今 2010.10—今	
17	消防安全工作委员会	冯冬明 赵　鹏	2004.06—2007.04 2007.04—2009.12	肖春林 卢建华 冯冬明	2004.06—2007.04 2004.06—2007.04 2007.04—2009.12	
18	职称评审组	赵　鹏	2004.06—2009.12	王　兵 李　因	2004.06—2007.04 2005.07—2009.12	
19	师资工作领导小组	赵　鹏 曹长兴 黄先开	2005.03--2009.12 2010.03—今 2010.03—今	李玉玲 王　兵 范　蓓 王美萍	2005.03—2009.04 2005.03—2007.11 2010.03—今 2007.11—今	
20	招生录取工作小组	王　兵	2004.07—2007.11	李雨燕 罗旭华 汪艳丽 陈奇山	2004.07—2006.06 2004.07—2005.07 2005.07—今 2006.06—今	

四、领导分工与任免变更

(一)领导班子调整

2002年2月,免去徐天立副院长职务,9月,免去孙维佳副院长职务。

2003年3月,郑一淳任党委书记,免去张连波党委书记职务,免去吴统慧党委副书记职务。任命王兵、冯冬明为副院长;4月,赵鹏任党委副书记、院长。

2004年10月22日,免去郑一淳党委书记职务,任命李因为党委书记。

2007年11月,免去王兵副院长职务,任命王美萍为副院长。

2009年4月,免去李玉玲党委副书记职务;11月,免去李因党委书记职务,任命曹长兴为党委书记；12月，免去赵鹏院长职务，任命黄先开为院长，范蓓为党委副书记；免去冯冬明副院长职务。

2001—2010年学院历任党委和行政领导人详见表5.1-4和表5.1-5。

表5.1-4 2001—2010年历任党委领导人一览表

正职	姓名	任职时间	副职	姓名	任职时间
书记	张连波	—2003.03	副书记	李玉玲	—2009.04
书记	郑一淳	2003.03—2004.10	副书记	吴统慧	—2003.03
书记	李因	2004.10—2009.11	副书记	赵鹏	2003.04—2009.12
书记	曹长兴	2009.11—今	副书记	范蓓	2009.12—今

表5.1-5 2001—2010年历任行政领导人一览表

正职	姓名	任职时间	副职	姓名	任职时间
院长	吴统慧	—2003.04	副院长	徐天立	—2002.02
院长	赵鹏	2003.04—2009.12	副院长	孙维佳	—2002.09
院长	黄先开	2009.12—今（兼）	副院长	王兵	2003.03—2007.11
			副院长	冯冬明	2003.03—2009.12
			副院长	王美萍	2007.11—今

（二）领导班子分工

2002年3月26日，徐天立副院长调离后，学院后勤保障工作由赵鹏副院长主管，安全保卫工作由李玉玲副书记主管，其他分工不变。

2003年5月学院领导班子分工：

党委书记郑一淳主持学院党委全面工作；

院长赵鹏主持学院行政全面工作；

党委副书记李玉玲负责党群、思政及学生德育工作，分管组织、宣传、学生教育管理、共青团、工会和人事部门；

副院长王兵负责教学、科研、招生与就业、外事工作，分管教学科研处、学刊科研所及现代教育技术中心、人文社会科学部、公共体育教研室等；

副院长冯冬明负责财务、行政、保卫和后勤保障工作，分管财务、保卫、后勤、行政部门，暂兼培训中心主任。

2010年学院领导班子分工：

党委书记曹长兴主持学院党委全面工作；负责组织、宣传、思想政治教育、统战、安全稳定、离退休、行政管理（兼管）和基建（兼管）工作；分管党政办公室、组织宣传部、离退休办公室、保卫处、行政管理处、基建办公室；

院长黄先开主持学院行政全面工作，负责国际交流合作、科研和审计工作，分管国际交流合作处、科研处和学刊编辑部。

党委副书记范蓓负责学生（含就业）、工会、纪检、财务（兼管）、经管（兼管）和培训工作，分管学生处（团委）、工会、财务处、国际饭店业培训中心；

副院长王美萍负责教学（含招生）、人事、网络管理建设和体育工作；分管人事处、教务处、现代教育技术中心、专业信息资料中心、留学生部和继续教育部。

第二节　教学改革与发展

一、本科教育

(一)专业设置及调整

学院对增设的新专业和新专业方向不断进行调研论证,以适应首都旅游产业发展对相关专业人才的需求,推动学院教育教学整体发展,实现人才培养目标。

2001 年,学院共有 4 个普通本科专业招生,其中旅游管理专业设市场营销和财务管理方向。

2003 年,新增市场营销和财务管理 2 个新专业,旅游管理专业增设现代酒店管理方向;2004 年,旅游管理专业新增膳食营养配餐方向。

2005 年,开始招收英语专接本和旅游管理专接本学生。

2006 年,旅游管理专业增设旅游电子化方向。

2007 年,停招旅游管理专业中的膳食营养配餐方向学生。

2008 年,新增设酒店管理本科专业,并开始招生。

2009 年,增设酒店管理专接本专业,并开始招生。

2010 年,停招市场营销专业学生。

截至 2010 年年底,学院招生的普通本科专业 5 个,专升本 4 个(自 2003 年起,设置的专业有旅游管理、英语、日语、酒店管理);保持 10 年连续招生的有英语、日语、旅游管理 3 个专业。

2001—2010 年学院本科专业设置(含专升本)及招生情况详见表 5.2-1。

表 5.2-1　2001—2010 年本科专业设置(含专升本)及招生情况一览表　　单位:人

招生年份 / 招生专业	2001	2002	2003	2004	2005	2006	2007	2008	2009	2010	合计
英语	68	74	78	65	72	107	89	56	48	28	685
日语	44	48	47	40	49	62	55	49	50	53	497
旅游管理	43	47	50	69	58	36	45	62	73	89	572
旅游管理(市场营销)	22	44									66
旅游管理(财务管理)	45	21									66
旅游管理(酒店管理)			25	25	28	29	25				132
市场营销			22	26		23	19	26	23		139
财务管理			21		22	25	22	30	24	39	183
旅游管理(膳食营养配餐)				24	16	14					54
旅游管理(电子化)						28	17				45
酒店管理								31	24	42	97
酒店管理(专升本)			20	27					24	28	99
英语(专升本)				23	59	69	50	59	110	79	449
旅游管理(专升本)				7	28	30	37	45	51	55	253
日语(专升本)				4	2	4	8	19	15	10	62
合计	222	234	263	310	334	427	367	377	442	423	3399

（二）教学基本建设

1. 学科与专业建设

（1）学科建设

学院不断加强学科专业特色和课程建设的力度，逐步调整部分专业及专业方向。自2003年开始，每年召开旅游管理学科建设研讨会。截至2010年年底，学院共设有旅游管理、文学两个学科门类。其中，旅游管理学科是北京市重点建设学科，是中国休闲哲学专业委员会（国家二级学会）的副主任单位及学术处设立单位（见表5.2-2）。

表5.2-2　2001—2010年重点建设学科一览表

名　称	负责人	级　别	获批时间/年
旅游管理	宁泽群	校级重点建设学科	2004
旅游管理	宁泽群	市级重点建设学科	2008

（2）专业建设

截至2010年年底，学院有旅游管理、酒店管理、财务管理、会展经济与管理、英语、日语6个本科专业，其中旅游管理是国家级特色专业建设点、北京市重点建设学科和硕士学位授权点。旅游管理专业根据旅游产业的快速发展，坚持并发扬“锐意进取，突破创新”的传统与精神，对旅游管理专业的人才培养模式大胆地进行了综合性的、系统化的创新改革。首先，确立了“面向旅游业发展，培养具有视野宽广、眼光敏锐、应变求新，能够深入分析、解决实际问题能力的旅游创新型应用人才”的人才培养目标。其次，构建了“以产业发展为导向，以教学手段改革为突破，以教学资源建设为基础，以强化实践教学为特征，以教学团队建设为支撑”的人才培养模式创新改革实践。最后，通过系统化的人才培养模式的创新改革，取得了显著的成果。

表5.2-3　2001—2010年校级及以上重点建设专业一览表

专业名称	负责人	级　别	获批时间/年
旅游管理	宁泽群	校级骨干专业	2008
旅游管理	宁泽群	校级特色专业	2008
旅游管理	宁泽群	北京市级特色专业	2009
旅游管理	宁泽群	国家级特色专业（教育部第四批）	2009

2. 课程与教材建设

学院强化课程与教材建设，系部多次召开加强课程改革与提高教学质量的研讨会。2001—2010年，学院建设校级本科精品课程6门，校级本科双语教学示范课程1门，院级精品课程15门（见表5.2-4）。教职工参编并出版高校本科教材53本，其中校级精品教材6本（见表5.2-5、表5.2-6）。

表 5.2-4　2001—2010 年院级及以上本科精品课程、双语教学示范课程一览表

序号	课程名称	负责人	课程级别
1	旅游经济、产业与政策	宁泽群	2006 年校级精品课程
2	人力资源开发与管理	罗旭华	2006 年院级精品课程 2007 年校级精品课程
3	旅游调查研究的方法与实践	李　享	2006 年院级精品课程 2007 年校级精品课程
4	英语写作	赵　丽	2006 年院级精品课程 2008 年校级精品课程
5	日语精读	陈　娟	2003 年院级精品课程 2009 年校级精品课程
6	旅游市场营销	石美玉	2009 年校级精品课程
7	精读新编大学英语	李　涛	2003 年院级精品课程
8	大学体验英语	刘志红 范广丽	2003 年院级精品课程
9	会计学基础	章晓盛	2003 年院级精品课程
10	现代管理学概论	赵小丽	2003 年院级精品课程
11	日语北京导游	徐　跃	2003 年院级精品课程
12	法律基础	郑　晶	2003 年院级精品课程
13	旅游统计	李　享	2006 年院级精品课程
14	市场营销学	赵晓燕	2006 年院级精品课程
15	财务管理	张玉凤	2006 年院级精品课程
16	英语北京导游	刘爱服	2006 年院级精品课程
17	食品卫生	闫喜霜	2006 年院级精品课程
18	广告学	赵晓燕	2009 年校级双语教学示范课程

表 5.2-5　2001—2010 年校级及以上精品教材一览表

序号	教材名称	教材形式	主编	所在单位	获奖等级	获批时间/年
1	旅游人力资源开发与管理	文字	罗旭华	教科处	校级高等教育精品教材	2003
2	英语北京导游	文字	刘爱服	英语系	校级精品教材	2006
3	酒店管理(本科)系列教材建设	文字	罗旭华	酒店与餐饮管理系	校级本科精品教材	2006
4	旅游市场营销课程精品教材建设	文字	石美玉	休闲与旅游管理系	校级本科精品立项教材	2009
5	大学生心理素质训练	文字	汪艳丽	人文社科部	校级本科精品立项教材	2009
6	饭店市场营销实务	文字	赵晓燕	旅游管理系	校级本科精品立项教材	2009

表 5.2-6　2001—2010 年教师编写出版的教材一览表

序号	教材名称	所属学科	姓　名	出版社	出版年
1	新编旅游统计学	统计学	李　享	旅游教育出版社	2003
2	新编酒店客房管理	旅游管理	蔡万坤	广东旅游出版社	2003
3	旅游法教程	经济法学	郑　晶	高等教育出版社	2003
4	政策与法规	经济法学	郑　晶	中国旅游出版社	2003
5	人际交往心理学	伦理学	毕爱萍、秦明、孙惠君	首都师范大学出版社	2003
6	旅游英语	英语语言文学	梁宝恒、莫珂	西安交通大学出版社	2003
7	英语北京导游	英语语言文学 旅游管理	刘爱服	中国旅游出版社	2003
8	导游业务	旅游管理	张惠芬	燕山出版社	2003
9	北京导游	历史地理学	洪　华	燕山出版社	2003
10	当代世界经济与政治	政治经济学	王　芳	文献出版社	2004
11	旅游法规教程	经济法学	郑晶、李秀娜	东北财经大学	2004
12	法律基础与农村政策法规	法学理论	秦岭南	中国农业出版社	2004
13	旅游心理学	应用心理学	秦　明	北京大学出版社	2004
14	窗口行业职业英语培训教材	英语语言文学	赵丽、潘素玲	中国劳动社会保障出版社	2004
15	会展活动概论	旅游管理	王保伦	清华大学出版社	2004
16	会展旅游	旅游管理	王保伦	中国商务出版社	2004
17	生态旅游学	旅游管理	石金莲	中国林业出版社	2004
18	生态旅游学	旅游管理	王建军	旅游教育出版社	2004
19	新编酒店财务管理	会计学	章晓盛	广东旅游出版社	2004
20	旅游经济学	经济学	赵晓燕	经济管理出版社	2004
21	会展概论	旅游管理	肖轶楠	中国商务出版社	2004
22	旅游学概率论	旅游管理	高苏、赵晓燕	中国旅游出版社	2004
23	旅游调查研究方法与实践	统计	李享、林峰、高珣	中国旅游出版社	2005
24	办公自动化	电子商务	陈文力、赵欢、宁华、安颖	中国建材工业出版社	2005
25	旅游的经济产业与政策	经济学	宁泽群、荆艳峰、李凌鸥、李京颐、石美玉	中国旅游出版社	2005
26	旅行社管理教程	管理学	罗旭华	北京大学出版社	2005
27	旅游心理学	心理学	秦　明	北京大学出版社	2005
28	英语北京特色景点旅游	英语	刘爱服	中国旅游出版社	2005
29	英语北京导游	英语	刘爱服	中国旅游出版社	2005
30	现代管理原理与运行	旅游管理	罗旭华	经济管理出版社	2005
31	英语北京导游(第 2 版)	英语	刘爱服	中国旅游出版社	2006
32	北京导游基础	英语	洪　华	燕山出版社	2006
33	大学交际英语写作	英语	赵　丽	中国旅游出版社	2006

续表

序号	教材名称	所属学科	姓　名	出版社	出版年
34	中国文化概论	中文	徐怀宝	机械工业出版社	2006
35	日语旅游教程	日语	顾红、田奕	旅游教育出版社	2006
36	旅行社企业管理	旅游管理	罗旭华、石金莲	北京大学出版社	2006
37	旅游企业财务管理	旅游管理	张玉凤、章晓盛、黄丽丽、蒋涛	北京大学出版社	2006
38	社交礼仪	人文社科	张桂焕	高等教育出版社	2006
39	日语导游教程	日语	穆洁华	旅游教育出版社	2007
40	餐饮企业人力资源管理	食品科学	李爱军	北京大学出版社	2007
41	现代饭店业客房管理	食品科学	李爱军	经济日报出版社	2007
42	旅游市场营销	旅游管理	石美玉	北京高教出版社	2009
43	北京旅游咨询实务	旅游管理	王美萍	中国旅游出版社	2010
44	大学生心理素质训练	人文社科	汪艳丽	高等教育出版社	2010
45	饭店市场营销实务	经济学	赵晓燕、孙梦阳	北京航空航天大学出版社	2010
46	旅游业务流程原理与实务	旅游管理	李京颐	电子工业出版社	2010
47	旅游学概论	旅游管理	高　苏	中国旅游出版社	2010
48	新编旅游统计学(第5版)	统计学	李享(第二作者)	旅游教育出版社	2010
49	旅游专业英语——北京景点概览	英语	赵　丽	清华大学出版社	2010
50	实用旅游英语	英语	刘爱服(副主编)	清华大学出版社	2010
51	现代大学英语精读词汇手册(1至4册)	英语	国伟、赵丽	国防工业出版社	2010
52	饭店服务英语	英语	杨　昆	清华大学出版社	2010
53	旅游法规教程	经济法学	郑　晶	北京交通大学出版社	2010

3. 实践教学建设

实践教学建设包含课程实践教学、毕业实习教学、实验室建设、实践教学基地建设等几方面。自2001年起,学院逐步完善实践教学的各方面制度建设、内容建设。2003年,制订《旅游学院实践教学的计划大纲》。2005年,出台《北京联合大学旅游学院实习管理规定》;2006年,制订《北京联合大学旅游学院校外人才培养基地建设规划(2006—2010年)》,出台《北京联合大学旅游学院校外实践教学基地管理办法(试行)》《北京联合大学旅游学院实践教学工作条例(试行)》(联旅教〔2006〕065号)《北京联合大学旅游学院实践教学管理规范(试行)》(联旅教〔2006〕066号)《北京联合大学旅游学院实践教学人员岗位职责》(联旅教〔2006〕067号)《北京联合大学旅游学院实验室安全管理规定》(联旅教〔2006〕112号)等相关办法。

课程实践教学贯穿于专业的课程教学中,分为集中实践和分散实践两种形式。例如,语言专业的大学三年级、四年级相关课程中会安排景点的实地导游,假期会安排接待旅游团体、大型会务等集中实践。财务管理、旅游管理、酒店管理专业会在高年级的每学期期末安排两周的集中实验、实践课程。毕业实习教学采用集中组织、院系管理的实践形式，根据不同专业选择相关企业，如酒店、旅行社等进行专业的岗位实习，时间一般为6个月左右。

学校不断加大经费投入力度进行实验室建设。截至2010年，学院有实验实训场所近1700平方米，教学仪器设备总值约为1000万元人民币。2004年建立了日本文化室，为学生创造了浓厚的日本文化气氛，能使学生更好地理解日本文化的礼仪、习俗等。2005年，学院建设了旅游电子化模拟实验室，开设了旅游相关内容模块教学课程，使学生在学校就能学习到旅游业所应用的现代信息管理知识，锻炼了学生应用现代旅游管理技术手段的实操能力。同年，学院建立食品分析实验室，面向酒店管理(膳食营养方向)的学生，开设食品化学、普通化学和食品微生物学等课程。2006年，学院建成外语模拟导游教室，使学生身临其境进行导游训练。2008年，学院建设了2个旅游管理教学专用实验室：市场营销实训教室、财务管理实训教室。2009年，学院建成同声传译室。

2006年，学院整合全院实践教学的资源，成立了旅游服务与管理实践教学中心，使原有分散的系一级管理的专业实验室统筹到学院管理。2010年，随着学院系(部)教学单位格局的调整，成立了旅游实践教学中心，统一管理学院的实践教学资源。

2008年，在学院与首都旅游集团有限责任公司长期合作实践教学的基础上，双方续签了校外人才培养基地战略合作协议，展开校企深度合作。根据协议规定，每年首都旅游集团可提供近2000个实践教学岗位，为应用型旅游人才的培养奠定了基础。2009年，“北京联合大学首旅集团实践教学基地”被评为北京市级校外人才培养基地。2010年，学院与北京金融街洲际酒店签署战略合作框架协议，为酒店管理人才的培养提供了广阔平台。学院产学研重要项目——“搭建‘产学研一体化’工作平台，实现高等旅游教育模式改革与创新”，获北京市教育教学成果二等奖。

4. 教学管理制度建设

2004年，学院制定了《2004—2010年学院学科专业规划》，并经学术委员会讨论通过。在规划中，学院对专业布局和重点建设学科及专业均做出了具体规划。从专业结构上力争突出重点及特色专业，在建设旅游管理本科重点学科专业的同时，加强外语学科专业的建设。

同年，学院制定了《课程规划要点》。按照从院级精品课程、校级精品课程，到市级和国家级精品课程的建设思路，逐步推进课程建设。截至2010年，共建设院级精品课程15门，校级精品课程6门，并申报了北京市级精品课程。对立项的精品课程进行中期检查，制定《中期检查制度》，开展结题验收，并给予一定的经费支持。同时，制定了学院精品课程建设意见及相关管理办法。

2008年，由学院主办、教务处承办的教学管理工作研讨会召开。会议邀请了各系(部)主管和分管教学的系主任、教学秘书、人事处、财务处、保卫处、后勤公司、现代教育技术中心、实践教学中心等代表，以“质量·和谐·效能”为主题，就“教学质量监控体系的构建”“管理部门工作协调”等问题展开充分讨论。会议达成了关于完善质量监控体系的初步意见，并针对学生缴费、新生农转非、学生教材征订等需要多部门合作的问题制定了详细明确的工作流程。

截至2010年，学院建立的保障教学质量的制度有：“教学检查制度”“院系两级教学督导制度”“干部听课制度”“学生教学信息中心信息反馈制度”“学生、教师、专家评教制度”“优秀教师评选制度”“考试情况检查通报制度”“教学工作例会制度”“教学考评制度”以及“毕业生质量跟踪调查制度”等。

(三) 教育教学改革与发展

1. 教学质量品质提升

(1) 教学质量品质提升计划

"十一五"期间,学院全面贯彻科学发展观,进一步加强教学基本建设,不断推进各项教学研究、建设与改革项目,组织国家级特色专业、国家级教学团队、北京市级人才培养模式创新试验区、北京市级校外人才培养基地、市级精品课程和精品教材等质量工程项目,教学改革工作卓有成效。从2007年开始,学院根据学校统一部署,启动实施"高等学校教学改革与质量提高工程"。

专业建设方面:本科重点建设了旅游管理专业,增加了信息化管理、旅游资源开发与景区管理专业方向,新增了酒店管理本科专业。

2005年,旅游管理专业被批准为校级骨干建设专业。经过3年建设,2008年申报校级骨干专业和特色专业获得成功。学院还面向首都社会经济,适时进行专业结构调整。2008年,酒店管理(专业代码110218S)作为新办专业第一次招生。新办专业扩大了学院的服务面向,也为培养复合型人才创造了条件。

2009年,旅游管理专业坚持产学研深度结合,基于鲜明的应用性特色,引入PBL教学法,充分利用首旅集团的校外人才培养基地,精细设计实践教学体系,培养学生创新精神与实践能力,逐渐发展成为培养旅游应用型人才的品牌专业和骨干专业,并被评为"国家级第四批特色专业建设点"。此外,酒店管理被确定为"校级新办专业建设点"。

教学团队与高水平教师队伍建设方面:2009年,烹饪工艺与营养专业教学团队成功申报国家级优秀团队。团队由具有"双师素质"的中青年专职教师、酒店高级技术及高层管理人员(兼职教授)共同组成,在教学改革、质量工程建设、双师队伍建设、科研及社会服务等方面形成鲜明的特色。

另外,2008年"旅游管理专业课程PBL教学团队"被评为"首都旅游紫禁杯先进集体"和"北京市级优秀团队"。"英语专业旅游文化方向课程教学团队"和"大学生心理健康系列课程教学团队"成为校级优秀教学团队培育项目。

人才培养模式改革创新方面:学院组织教师进行调研和实践,了解行业需求,聘请专家进行指导,凝练出"产业导向、学科支撑、能力为核心"的专业人才特色培养模式——"3344"人才培养模式。第一个"3"是指培养的三类人才:旅游咨询人才、旅游职业经理人、酒店管理人才。第二个"3"是指三个阶段:第一、二年的博识基础、行业认知阶段,第三年的分类培养、职场体验阶段,第四年的职业定向、实战训练阶段。第三个"4"是指四个平台:情境仿真训练平台、产学研合作平台、学生科技平台和国际交流合作平台。第四个"4"是指四项计划:学科交叉计划、名师讲学计划、国内外游学计划和综合能力拓展计划。学院在此基础上申报了"北京市旅游应用型人才培养模式创新试验区"。试验区从"产业应用和能力培养"角度出发,规划人才培养模式,形成"旅游产业导向、综合学科支撑、能力为主"的应用性专业教育,并将"休闲人才培养"纳入未来生长点,培养掌握旅游服务和管理应用能力,体现就业、择业、敬业、创业的教育要素,注重创意、应用、深入分析和解决实际问题能力的旅游应用型人才。

课程、教材建设方面:学院强化课程质量水平建设,系部多次组织开展加强课程改革与教学质量的研讨会和学习,出版多部优质教材,有些课程和教材成为精品课程和精品教材

（详见本节课程与教材建设相关内容）。

实践教学方面：从2004年开始，学校和学院开始投入大量经费用于专业建设，同时也成功申报并获得北京市教委专项资金，用于实践教学建设，取得积极成果（详见本节实践教学建设相关内容）。

学生参加学科竞赛方面：通过学校和北京市的"挑战杯"活动，使学生积极参与到教师的科研活动中，达到了师生科研水平的共同提高。到2010年年底，学院专业教师指导的多项课题已获得校级和市级"挑战杯"奖项，具体情况见本章第八节相关内容。

2008年是学院教学质量工程建设稳步发展的一年。在工作中学院提出科学设计，系统推进的工作思路。各系部积极响应，教学质量工程建设取得较大成绩。学院2006级本科学生在2008年6月举行的全国大学英语四级考试CET4中，首次通过率达55.19%，是2003年以来的最好水平（2005级为39.67%；2004级为18.28%；2003级为36.45%）。

（2）人才培养模式创新试验区

为落实《教育部财政部关于实施高等学校本科教学质量与教学改革工程的意见》（教高〔2007〕1号）、《教育部关于进一步深化本科教学改革全面提高教学质量的若干意见》（教高〔2007〕2号），以及《北京市教育委员会关于开展市级人才培养模式创新试验区建设工作的通知》（京教函〔2009〕241号）等文件精神，切实深化人才培养模式的改革与创新，全面提高人才培养质量。学院从2009年5月开始，先后申报了校级和市级人才培养模式创新试验区，并相继获得批准。

2010年4月，学院制定了《旅游应用型人才培养模式创新试验区实施方案（讨论稿）》，主要包括试验区设置、出发点及建设效果、人才培养规格及培养效果、试点班设置、成长环境设置、个性化人才培养方案、学生遴选、淘汰和激励机制、教学管理及考核标准、教学资源扩充方案和保障方案等九个方面。10月，旅游应用型人才培养模式创新试验区开展学生遴选工作。学生参加了英语、数学考试和心理测试，参加考试的学生再按综合成绩排序，以此从2010年入学新生中选拔出40名学生进入博雅班。学院聘请教学名师杨有红、欧阳爱平、马建威、刘成壁等走进博雅班课堂，分别担任"会计学""微观经济学""宏观经济学"等课程的教学。

2010年12月，学院教务处还组织教师赴中南、西北、华东及西南地区五条线路进行人才培养创新模式调研及2011版专业培养计划和课程大纲的深入交流活动，涉及了66人，调研了武汉大学、华中科技大学、华中师范大学、湖南大学、湖南师范大学、陕西师范大学、浙江大学、重庆师范大学旅游学院、四川外国语学院等10所大学。各调研小组就考察院校的概况、办学特色、人才培养模式、实践教学的运行机制、考核机制、实习工作管理及考察的收获、感想等方面进行了汇报与交流。

（3）教学质量监控评价

学院内部质量监控实行学院、系部二级督导和学院、系部、学生三级监控。学院设置了由教学工作指导委员会、教学质量研究小组和各系（含人文社科部、体育教研室）、教务处（含视导组）、学生信息员五部分组成的质量监控组织体系。其主要任务是：抓住教学重要环节，确保把提高教学质量落到实处，建立严格的学业标准和教学环节量化标准；把好教材选用关；把好教师任课资格关；积极进行考试改革等。

学院制定并完善了相关管理文件。2003年出台了旅游学院课堂教学质量评价方案，2005年制定了《北京联合大学旅游学院教学视导组工作条例》及主要教学环节的质量标准，包括课堂教学与实践教学环节、毕业设计(论文)环节、考试管理环节等。学院还建立了保障教学质量的一系列制度,从而使教学工作的每一个环节都有章可循,形成相互协调、相互促进、相互制约的运行机制。

学生评教作为重要的课堂教学监控手段也在不断改革。2001—2003年,学院的学生评教一直采取抽样调查的方式,手工统计结果。2003年开始采用光标阅读器,使用机读卡进行统计。2006年实现了学院教务系统网上评教,并逐步由抽样式变为全面拉网式的评教。2009年试行联大统一教务系统,同时将教学评价结果纳入校级学年教学奖励范畴。

2. 教学研究与成果

学院长期以来重视教学研究工作,在专业建设、课程教学改革、精品课程建设、人才培养模式和产学研合作办学等方面加强教学研究与实践,在2006—2010年间取得了多项市级和校级教学成果奖(见表5.2-7)。

表5.2-7 2001—2010年校级及以上教学成果获奖项目一览表

项目内容	成果题目	获奖者姓名	获奖级别	获奖时间/年	备注
优秀教学成果奖	旅游管理专业课程模块化教学改革的探索与实践	宁泽群	校级一等奖	2006	本科
	旅游英语专业人才培养模式探索与实践	赵　丽	校级三等奖	2006	本科
	搭建"产学研一体化"工作平台,实现高等旅游教育模式改革与创新	赵　鹏	市级二等奖	2008	综合
	构建旅游院校"产学研一体化"办学的研究和实践	赵　鹏	校级一等奖	2008	综合
	日语精读精品课程建设	陈　娟	校级三等奖	2008	本科
	大学生心理素质教育类课程体验式教学的研究与实践	汪艳丽	校级一等奖	2010	综合
	以就业为导向,践行课程模式改革	穆洁华	校级三等奖	2010	本科

3. 学位授予情况

2001—2010年,学院共授予学士学位2410人,其中文学学位共1306人,管理学学位共1104人(见表5.2-8、图5.2-1)。

表5.2-8 2001—2010年学位授予情况一览表

届　次	毕业生总数/人	授予学位数/人	文学学位数/人	管理学学位数/人
2001	105	98	59	39
2002	120	108	43	65
2003	188	146	91	55
2004	233	185	98	87
2005	256	216	107	109
2006	283	258	134	124
2007	317	320	198	122
2008	348	338	180	158
2009	340	339	177	162
2010	408	402	219	183
总计	2598	2410	1306	1104

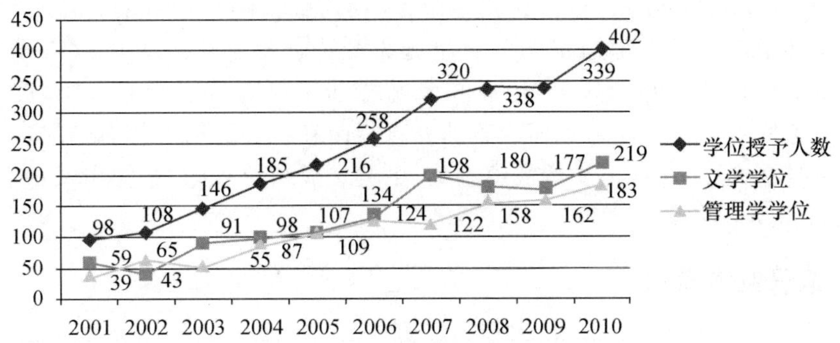

图 5.2-1　2001—2010 年学位授予情况线形图

（四）重要教育教学活动

1. 本科教学工作水平评估

本科教学工作水平评估是教育部进一步规范高等教育，提高教学工作水平的一项系列工程。在 2003 年 1 月 23 日的教学工作会上，学院领导传达了联大迎接教学工作水平评估的通知，并做了第一次工作动员，提出了加强本科教学、提高教学质量的若干措施；还提出以培养适应新世纪我国现代化建设需要的人才为宗旨，以提高教学质量为主题，大力推进教育改革与教学模式创新。6 月，学院落实迎评促建工作，组建“5＋1 工程”建设项目工作组，包括专业建设工程工作组、师资队伍建设工程工作组、教学质量之教师规范建设工程工作组、教学质量之学生规范建设工程工作组、环境建设工程工作组和产学研结合工程工作组。这一年召开迎评促建相关会议 22 次。2004 年，学院召开迎评促建相关会议 10 次。2005 年召开迎评促建相关会议 37 次。同年，学院第十八次党委会研究决定，将评估办与教务处合署办公。通过“迎评促建”工作，学院各项工作逐步规范，教学管理与教学质量明显提高，校园环境展现出新的面貌。

2003—2006 年，学院根据学校关于迎评促建工作的统一部署，结合学院实际情况，认真研究，成立了迎评促建评估领导小组，组建了迎评促建工作办公室及相关的迎评促建工作专业小组，制订了迎评促建工作计划，落实分工任务；把迎评促建工作列为“一号工程”，确定党政一把手为“第一责任人”。经过全员思想发动，一场扎实、有序、紧张、繁忙的有声有色的评估工作得以全面展开并取得良好的成绩。

2. 学习《国家中长期教育改革和发展规划纲要》

2010 年，为了提升教学管理队伍的政治素养和教育理论水平，教务处开展了以学习和讨论教育部颁发的《国家中长期教育改革和发展规划纲要》（公开征求意见稿）（以下简称“《纲要》意见稿”）为主题的学习日活动。在活动中，教务处首先讨论了学习型教务处建设的具体实施计划。其中，学习和解读了《2010 年政府工作报告》《国务院关于加快发展旅游业的意见》和《纲要》意见稿。作为首批学习材料，《纲要》意见稿中有关战略目标和职业教育、高等教育的内容成为学习的重点。随后，全处人员结合教务处本学期的实际工作进行了对照解读。

3. 建设教学服务大厅

2010 年 3 月，教学服务大厅正式投入运行。学院本着“以学生为本”的宗旨，为广大师生提供全面、高效、优质、便捷的“一站式”教学服务,提高了教学管理效能。该工程在校、院领导的关心支持和学院各相关部门密切配合下施工建设。教学服务大厅以二号楼大厅为主体,建设改造后分为LED电子显示屏、通知张贴栏和工作人员咨询服务窗口三个功能区。报刊架用来放置针对学生不同需求而设置的办事指南和各种表格,电脑触摸屏可查询成绩、课表等。师生身在大厅,就可享受到成绩查询、中英文成绩单打印、各类考试报名咨询、学生证补办、教室借用及招生咨询等“一站式”服务。

二、高等职业教育

(一)专业设置及调整

学院2001年有6个专业招生,专业分属于文学、管理学2个学科门类;2002年有8个专业招生,其中新增应用法语专业、旅游管理(市场营销)专业;2003年新增了旅游管理(财务管理)专业,同时停招了电子商务与信息管理专业;2004年将旅游管理(财务管理)更名为旅游财会专业,停招了旅游管理(饭店管理)、旅游管理(市场营销)专业;2005年将电子商务与信息管理更名为电子商务,新增了应用韩语、酒店管理两个新专业。之后,旅游英语专业停招了1年,应用日语专业停招了2年,电子商务专业停招后2009年又恢复招生1年。从2006年开始,财务管理一直持续招生,并且规模逐年扩大。整体上讲,高等职业教育呈现专业数量增加(最多时达9个高职专业)趋势,期间有部分专业的调整和倾斜。从2010年开始,高职招生专业有所精减,只保留了5个专业。

表5.2-9 2001—2010年高职专业设置及招生情况一览表 单位:人

招生年份 招生专业	2001	2002	2003	2004	2005	2006	2007	2008	2009	2010	合计
旅游英语	51	24	52	59	31		30	81	30		358
应用日语	21	19	22	29	31			29	38	40	229
电子商务与信息管理	18	20		16	23						77
旅游管理(饭店管理)	45	19	19								83
餐饮经营与管理	22	16	11	17	30	30	22	28	26		202
烹饪与餐饮管理	28	28	29	33							118
应用法语		23	27	27		31	30	25	32	38	233
旅游管理(市场营销)		22	21								43
旅游管理(财务管理)			17								17
旅游财会				28							28
应用韩语					30	22	28	27	35		142
烹饪工艺与营养					31	17	18	26	22	27	141
酒店管理					29	31	61	58	55	91	325
财务管理						28	35	29	32	58	182
电子商务									31		31
合计	185	171	198	209	205	159	224	303	301	254	2209

（二）教学基本建设

1. 专业建设

2001—2010 年，学院积极探索高职专业建设规律，推进大学精神与职业精神相融合的教育教学模式，将岗位标准、职业证书教育纳入高职教育；招生专业的调整基本上依据了学院特色办高职专业的思路；重视语言类专业，开设有英、法、日、韩等语言专业，其中旅游英语、应用日语是分别依托各自本科专业所办的高等职业教育。烹饪与餐饮管理专业的招生一直保持下来，适应了时代需要；财务管理专业也是应运而生。电子商务专业是学院一大特色专业，后来发展成本科教育旅游管理专业的一个信息化方向。2010 年是一个转折点，根据学院的整体定位，主要专业实现了订单式培养，突出了职业技能与实践特色。同时，遵循“调整、巩固、提高、特色”的原则，将已有的 10 个高职专业调整成 5 个，突出了优势与特色专业。专业建设总体规划为：积极发展优势特色高职专业。学院现已拥有两个校级高职示范建设专业（见表 5.2-10）。

表 5.2-10　2001—2010 年院级及以上高职示范建设专业一览表

序号	专业名称	负责人	级　别	立项年份
1	烹饪工艺与营养	王美萍	院级	2006
2	酒店管理	田雅琳	院级	2006
3	烹饪工艺与营养	王美萍	校级	2009
4	酒店管理	田雅琳	校级	2009

2. 课程与教材建设

从 2005 年起，学院加快高职专业精品课程的建设步伐。2005—2008 年，共建设校级精品课程 4 门。在此基础上，2008 烹饪工艺与营养专业的中式面点工艺课程申报并获批市级高职专业精品课程，2010 年英语高职专业的英语北京导游课程申报并获批市级高职专业精品课程（见表 5.2-11）。

表 5.2-11　2001—2010 年校级及以上高职精品课程一览表

序号	课程名称	负责人	精品课程级别	获批年份
1	中式面点工艺	王　美	北京市级	2008
2	英语北京导游	刘爱服	北京市级	2010
3	西餐工艺	郭亚东	校级	2005
4	中式面点工艺	王　美	校级	2007
5	中式烹饪工艺	高　山	校级	2007
6	英语北京导游	刘爱服	校级	2008
7	餐饮管理	蔡万坤	院级	2006

高职专业的教材建设从 2004 年的 1 项校级、1 项市级精品教材，发展到 2006 年的 3 项市级精品教材和 2010 年的两项“十一五”国家级规划教材，整体趋势呈稳步上升状态，教材的质量层次也在逐年提高（见表 5.2-12）。

表 5.2-12 2001—2010 年校级及以上精品教材和高职规划教材一览表

序号	教材名称	教材形式	主编姓名	所在单位	获奖级别	获批时间/年
1	餐饮管理	文字+电子	蔡万坤	酒店与餐饮管理系	市级精品教材 “十五”国家级规划教材	2004
2	西餐工艺	文字+电子	郭亚东	酒店与餐饮管理系	校级精品教材	2004
3	中式烹调工艺基础	文字+电子	高　山	酒店与餐饮管理系	北京市高等教育项目立项精品教材	2006
4	西式面点工艺	文字+电子	王美萍	酒店与餐饮管理系	北京市高等教育项目立项精品教材	2006
5	中式面点工艺	文字+电子	王　美	酒店与餐饮管理系	北京市高等教育项目立项精品教材	2006
6	厨房管理实务	文字	王　美	酒店与餐饮管理系	校级精品教材	2007
7	餐饮英语教程(下册)	文字	袁立辉 范广丽	英语系	校级精品教材	2008
8	食品原料学	文字	孟祥萍	酒店与餐饮管理系	全国高职高专院校规划教材	2010
9	烹饪学	文字	郭亚东	酒店与餐饮管理系	“十一五”国家级规划教材	2010

3. 团队建设

学院重视高等职业教学团队建设和高水平的教师队伍建设,对烹饪工艺与营养特色专业和高职重点专业,给予大力扶持,注重搭建合理的教师教学梯队、构建优化课程体系,并注重与企业合作,深化实践教学,共同研发科研成果。烹饪工艺与营养专业教学团队由具有“双师素质”的中青年专职教师、酒店高级技术及高层管理人员(兼职教授)共同组成,在教学改革、质量工程建设、双师队伍建设、科研及社会服务等方面形成鲜明的特色。2005 年荣获“第十届首都旅游紫禁杯先进集体”称号;2007 年荣获中国烹饪协会授予的全国餐饮业教育成果奖;2009 年获批国家级优秀团队(见表 5.2-13)。

表 5.2-13 2001—2010 年优秀教学团队一览表

序号	团队名称	负责人	级　别	获批时间/年
1	烹饪工艺与营养实践教学团队	王美萍	校级优秀团队	2007
2	烹饪工艺与营养专业实践课程教学团队	王美萍	北京市级优秀团队	2009
3	烹饪工艺与营养专业教学团队	王美萍	国家级优秀团队	2009

4. 实践教学建设

自 2004 年以来,酒店管理系与北京香格里拉饭店继续保持良好的战略合作伙伴关系。从最初的为酒店提供学生参与其大型接待服务工作,到工作项目融入专业核心课程教学,实现了校企双方深度合作。2007 年,实施酒店与餐饮管理专业产学研一体化教育教学模式改革;2008 年,开展旅游类高等职业教育实践课程——“工作导向,同步协作式”教学模式探索和实践，以实际工作项目为载体，将企业工作项目融入教学过程，将学生带入真实的工作环境中，以职业情境中的实际问题为中心，在知识与任务之间建立联系，通过校企合作、工学结合的形式，引导学生在完成工作任务过程中主动构建理论知识和实践技能，以工作逻辑取代知识逻辑，经过“实践—认知—再实践—再认知”的循环往复，逐步形成对酒店工作的深度认知，不断提升专业能力与职业素养。

构建和实施符合高职教育规律的专业核心课程——“融入式、集成”教学模式。立足酒店职业岗位要求，把现实职业领域服务、管理、经营所需的能力与素质作为教学的核心，把典型职业工作项目作为课程载体，面向岗位需求组成课程模块，进而有机地构成与职业岗位实际业务密切对接的专业核心课程体系。

创办了北京国际饭店业培训中心，成立了全聚德餐饮管理学院等。通过试验区与企业的进一步紧密合作，培养的学生对企业的忠诚度高，专业水平贴近企业岗位需要，为企业赢得了美誉。在校学生多次承接北京各大酒店的大型餐饮服务任务，工作能力得到企业的首肯，取得良好声誉。例如，2004—2010 年，学院学生一直参加北京香格里拉饭店承办的中国网球公开赛运动员及官员赛场的用餐服务工作，学生们的良好专业表现，受到饭店的好评。

（三）教育教学改革与发展

学院高等职业教育教改成果主要形成了以“循岗导教”为原则的“职业群”培养方案和以工作任务为驱动的同步协作完成教学内容的教学模式。教学改革效果显著，获北京市教育教学成果一等奖。

在教学方法与手段的改革方面，打破了课堂教授的单一教学模式，自 2003 年起实现多媒体教学，并组织全院性课件检查。2009 年以后大力推进网络课程建设，使现代教育技术在教学工作中发挥了更大的作用。

学院积极推进以提高应用能力为目标的高职外语教学改革，实施分层、分类教学，改革学习及考试方法。

1. 教学评估与质量提升

(1) 专业评估

学科专业建设是学院生存与发展的根基，是学院办学资源合理配置、优化的前提，有助于学院的科学化、规范化管理。2001—2009 年，高职专业规模逐年扩大，学院加快了优势特色专业的建设步伐。

学院突出高职专业人才培养模式的应用性、职业性、实践性特色，将高职专业建设的重点放在了烹饪与餐饮管理专业上。自 2001 年以来，该专业在培养目标定位、核心能力构成、课程体系结构、实训基地建设、双证率等方面取得很大成绩，经学校技术应用型教育专家的鉴定，已达到重点示范专业的水平。

(2) 学生实践能力提升项目（人才培养模式创新实验区）

在旅游类高职专业实践教学过程中，学院继续研究与实践以实践能力培养和职业素质养成为重点的“工作导向、同步协作式”实践课程教学模式。酒店管理、餐饮管理与服务、烹饪工艺与营养三个专业面向酒店、餐饮企业岗位需求，以工作过程为导向，按照现实企业工作流程，通过科学系统化“捆绑”组合，实现了各专业学生在同一教学时段内相互协作、共同完成工作任务的教学模式。这就打破了传统的、分裂单一的专业实践课程教学模式,增强了实践教学与职业活动的融合性与连贯性,培养了学生现场解决问题的能力、协作能力、沟通能力和团队精神,提供了学生体验完整工作过程的学习机会。

学院注重学生实践能力的培养,取得了一系列成果。2009 年,"旅游类高技能人才培养模式创新试验区"获得校级"高职人才培养模式创新试验区"称号。

自 2010 年起,校高职处开始实施高等职业教育学生实践能力提升训练计划,学院组织高职学生积极申报,使学生能够在指导老师指导下,结合专业知识和现实问题,以完成一个具体项目的形式来实现各方面能力的提升和培养。学院申报首届高职学生实践能力提升计划重点支持项目 6 项、一般实践能力提升项目 2 项,并全部通过评审(见表 5.2-14,7、8 两项为一般实践能力提升项目)。

表 5.2-14 校级首届高职能力提升项目一览表

序号	项目名称	面向专业	指导教师	项目负责人	评审意见
1	杂粮类糕点的设计与研究	烹饪工艺与营养	王　美	李祺冉	通过(2010)
2	食用天然色素在面点工艺中的运用	烹饪工艺与营养	王　美	王　雪	通过(2010)
3	景牧苑(鲜果乐园)旅游度假山庄功能标识系统设计	酒店管理	田雅琳	肖　东	通过(2010)
4	雪雅小庄功能标识系统设计	酒店管理	肖轶楠	邓少辰	通过(2010)
5	水榭萍乡功能标识系统设计	酒店管理	李爱军	张笑迎	通过(2010)
6	密云渔街菜品经营状况调研	酒店管理	田　彤	刘　帅	通过(2010)
7	创新鸡尾酒调配研究	酒店管理	田　彤	陈　晨	通过(2010)
8	杂粮类系列面点品种的研究与开发	烹饪工艺与营养	王　美	曹　增	通过(2010)

(3) 教学质量监控与评价

2001—2005 年,学院实施课堂教学质量评价方案,进行全院"拉网式"四维度大检查,涵盖学生评价、领导听课评价、专家听课评价和同行听课评价。2006—2009 年实现了院内系统教学质量测评,包含学生测评、同行测评及本人测评几方面。2009 年之后实现了全联大统一教务系统网上学生测评,建立了完整的评测指标体系。

教学质量监控一直受到学院的重视,高职课程同本科课程一样,每学期有院领导、中层干部和院外专家听课,教学督导组会把各方面的评价反馈给学院。从 2009 年开始,每学期末,正方系统开放端口使学生在网上对任课教师进行评教,实现了评教数据校级的统一化录入、统一化管理和评判指标的一致性。

2. 教学研究与成果

高职教学研究在立足培养学生职业能力的基础上,不断开拓研究领域,特别是立足教学,探索新的教学改革经验和创建新的教学模式,取得丰硕成果。2004 年取得校级教学成果奖一项,2006 年取得校级教学成果奖两项,2008 年获得市级教育教学成果奖一项,2010 年取得校级教学成果奖一项(见表 5.2-15)。

表 5.2-15　2001—2010 年校级及以上教学成果获奖项目一览表

序号	成果题目	获奖者姓名	获奖名称及级别	获奖年份
1	烹饪专业高等职业教育的教学改革	王美萍、孟祥萍、郭亚东、高山、王美	校级教学成果一等奖	2004
2	西式烹调工艺	郭亚东	校级教学成果三等奖	2006
3	LBD 教学模式在高职实践教学中的应用	酒店与餐饮管理系	校级教学成果三等奖	2006
4	旅游类高等职业教育实践课程“工作导向同步协作式”教学模式的研究与实践	王美萍、田雅琳、任欢、王美、张丽娟、田彤、张可心	市级教育教学成果一等奖	2008
5	酒店管理专业核心课程“集成融合式”教学模式改革与创新	王美萍、田雅琳、肖轶楠、张丽娟、李爱军	校级教学成果奖	2010

三、继续教育

学院的继续教育主要有成人学历教育、高等教育自学考试和成人非学历教育培训等。2000 年，成人教育处撤销，成立培训部，将成人教育处中的学历教育部分划归教务处管理，培训部负责高教自考工作。2002 年，培训部与国际饭店业培训中心合并。2004 年 2 月成立成人教育部，将成人学历教育和高教自考工作合并。2010 年，成人教育部更名为继续教育部，下设自考办公室和夜大办公室。

学院继续教育工作的目标定位是：坚持以邓小平理论和“三个代表”重要思想为指导；坚持为构建首都学习型社会，满足人们不断提高自身素质的需求，培养和提升首都旅游业人才的方针；坚持“学以致用”，培养应用型人才的办学指导思想；坚持科学的发展观，逐渐实现由学历型为主向非学历型为主的方向转变；不断提高成人教育的办学水平和办学能力。

（一）成人学历教育

1. 专业设置与学制

（1）专科

专科设有中文导游、旅游管理、旅游英语三个专业。中文导游专业学制二年，脱产学习；其他两个专业学制三年，业余学习。2008 年根据教育部的规定，夜大学不再设置全日制学习方式的专业。中文导游专业由全日制教学该为业余教学，并调整了教学计划和收费标准，学制改为 2.5 年。

中文导游专业

培养目标：适应北京市旅游业发展需求，培养具备良好职业道德，系统地掌握旅游专业基本理论，具有良好的汉语语言表达能力，熟练地掌握汉语导游专业的技能技巧，有一定的组织协调能力，身心健康的应用型汉语导游人才。

旅游管理专业

培养目标：适应北京市旅游业发展需求，培养具备良好的职业道德，掌握旅游管理专业基本理论和专业知识，了解一定的会计学、营销学等相关学科知识，掌握旅游管理技能技巧，身心健康的应用型旅游管理人才。

旅游英语专业

培养目标：适应北京市旅游业发展需求，培养具有良好的思想道德品质，较扎实的英语语言基础，掌握旅游专业基本理论，具备熟练的导游专业技能，身心健康的应用型旅游英语人才。

(2) 本科

成人本科学历教育设旅游管理专业，业余学习三年。2000 年开始招生，2000—2003 年只招收专科起点的本科新生。2003 年首届成人教育本科旅游管理专业学生毕业并获得管理学学士学位。经北京市教委批准，从 2004 年开始，该专业招收高中起点的本科新生，业余学习五年。

专科起点本科

培养目标：适应北京旅游事业发展需求，培养具有良好的职业道德，系统掌握旅游管理专业理论知识及旅游管理的方法与技巧，有较强的组织协调和沟通能力，勇于开拓创新的高级技术应用型旅游管理人才。

高中起点本科

培养目标：适应北京市旅游事业发展需要，培养具有良好思想政治素质和职业道德，熟悉市场运行机制和规则、熟悉国内外旅游业发展状况和趋势，能熟悉运用所学的专业知识和技能，具有较高的英语水平和沟通能力，能够胜任在各级旅游行政管理部门、旅游业及其相关产业的企事业单位从事旅游管理工作的高级专门人才。

2. 教学管理

成人学历教育在隶属于教务处期间及合并到成教部之后，都有专职工作人员进行教学管理。每学期按照教学计划向各系部下达教学任务书，由各系部选派任课教师。在办学过程中，严格按学院教学管理的规章制度组织教学和规范教学环节。认真执行教学计划，坚持教学执行计划汇编，坚持期中、期末教学检查制度，通过各种方式及时将检查中发现的问题反馈给任课教师和管理人员。建立了学生教学信息员队伍，聘请关心学院工作、学习认真的学生作为教学信息员，并且每个学期召开学生教学信息员会议，征求他们对学院教学及其他管理、服务工作方面的意见和建议。

在办学过程中，学院严格执行《北京成人高等学校学生学籍管理规定》《北京联合大学成人教育学籍管理实施细则》，以及根据北京市、学校的有关规定和学院自身具体情况所制定的实施办法。

2003 年，在学校成教处主持下，修订并汇编了《联合大学成人学历教育各专业的教学计划》。

2009 年，继续教育部申请的《成人旅游高等教育课程考核方式改革与实践》课题，获得学院教学改革与研究立项。本课题对夜大学现行的考试方式进行了深入分析、归纳，对突出存在的问题进行了梳理，在实践中取得良好效果。同年，重新修订了夜大学生手册，制定了《旅游学院成人教育课堂规则》《旅游学院成人教育实验室(机房)守则》《旅游学院成人教育学生考勤管理规定(试行)》《旅游学院夜大学考场规则》，修订了《旅游学院夜大学学生课程免修管理办法》和《旅游学院夜大学学籍管理暂行办法》，出台了《旅游学院高教自考优秀教学奖励办法》。

2010 年，对学院夜大学 2 个本科专业和 3 个专科专业的教学计划进行了修订。

3. 招生与毕业

按照上级主管部门的要求，对学院成人高等教育(夜大学)各招生专业进行课程教学进程备案及课时收费标准审核工作并对外公示。2008年，夜大学生的学籍变动改由学校网上统一办理。2009年，学校统一夜大学招生工作，学院的招生代码停止使用。2010年，夜大学生改用学校版毕业证书。

对毕业及学位管理，学院严格按照成人教育相关管理规定执行，对学生毕业资格及学位授予资格进行严格细致的审查，并报学院毕业资格审查小组通过后上报学校。

2001—2010年学院成人学历教育招生、毕业情况见表5.2-16。

表5.2-16　2001—2010年成人学历教育招生、毕业情况一览表

单位：人

年份	中文导游（专科）		旅游管理（专科）		旅游英语（专科）		旅游管理（专升本）			旅游管理（高起本）		
	招生人数	毕业人数	招生人数	毕业人数	招生人数	毕业人数	招生人数	毕业人数	授予学位人数	招生人数	毕业人数	授予学位人数
2001	21	21	48	51	30	18	18					
2002	21	24	44	35	23	30	41	24				
2003		15		26		23		36	16			
2004	26	17	43	49	31	36	49	15	22	28		
2005	26	32	43	39	20	16	25	41	35	24		
2006	38	22	24	19	22		20	36	22	17		
2007	23	28	39	40	20	36	23	36	24	23		
2008	25	20	19	38	15	19	14	25	17	25		
2009	12	25	24	32	18	16	13	19	7	13	22	6
2010	7	26	27	14	18	12	15	10	4	10	22	11
合计	199	230	311	343	197	206	218	242	147	140	44	17

（二）高等教育自学考试

1. 机构沿革

2000年，学院成立培训部，高等教育自学考试办公室设在培训部。2002年学院成立培训中心，高等教育自学考试办公室合并到培训中心。2004年学院成立成教部，高等教育自学考试办公室归属成教部管理。学院作为高等教育自学考试主考院校，负责命题教师的推荐与相关组织工作；负责本院自学考试主考专业阅卷的组织、管理及成绩登录工作；负责主考专业实践性环节考核的报名、组织及成绩评定工作；负责毕业论文（设计）的报名和组织；负责主考专业的毕业生资格审定及学位授予工作，并协助北京市自学考试办公室完成涉及本院的其他有关工作。

2. 专业设置

1998年，北京市为贯彻市政府《关于北京市实施劳动预备制度的意见》，适应本市发展高等职业教育的需要，开设了高教自考应用技术类办学模式，目的在于为社会培养更多的受过高等教育的实用型、技能型人才。根据这个原则，学院分别在2000年和2001年开办了饭店管理和导游专业。学制为三年，分为理论课程学习两年和职业技能培训一年两部分。应用技术类于2006年停办。

2001年，经北京市高等教育自学考试委员会批准，开设了饭店管理专业（专科），并承担主考职责。

2003年,受北京市教育考试院的委托,学院承担了北京市高等教育自学考试餐饮管理专业(专科、独立本科段)的主考工作。

2007年,经北京市高等教育自学考试委员会批准,开设了中文导游专业(专科),并承担主考职责。

2009年1月,根据北京市饭店管理行业对人才的需求,经主考学校、助学单位等多方专家的共同研讨,决定对饭店管理专业(专科)考试计划进行调整。经全国高等教育自学考试指导委员会批准,调整了饭店管理专业(专科)考试计划,申请了课程代码,并于2010年1月1日开始执行。2009年4月,经北京市高等教育自学考试委员会批准,开设了酒店管理专业(独立本科段)专业。

2001—2009年学院自考专业设置详见表5.2-17。

表5.2-17 2001—2009年高教自考专业设置一览表

建立年份	专业名称	学 制	性 质	专科/本科
2000	饭店管理	3	应用技术类	专科
2001	导游	3	应用技术类	专科
2001	饭店管理	2	自考	专科
2003	餐饮管理	2	自考	专科/本科
2007	中文导游	2	自考	专科
2009	酒店管理	2	自考	本科

3. 课程设置

(1) 饭店管理专业(应用技术类)

饭店管理专业(应用技术类)课程包括:邓小平理论概论、马克思主义哲学原理、旅游学概论、经济学常识、管理学基础、计算机应用基础、旅游法规、饭店礼仪与形体训练、饭店管理心理学、饭店管理、饭店管理应用文写作与处理、饭店管理实务、饭店口语、基础英语、职业道德、饭店营销技巧、旅游公关技巧。

(2) 导游专业(应用技术类)

导游专业(应用技术类)课程包括:邓小平理论概论、马克思主义哲学原理、中国历史文化、旅游学概论、旅游地理、计算机应用基础、汉语言文学基础知识、北京导游基础知识、旅游心理学、礼貌礼仪与形体训练、全国导游基础知识、导游业务、基础英语、旅行医学、旅游法规与政策。

(3) 饭店管理专业(调整前)

饭店管理专业(调整前)课程包括:马克思主义哲学原理、大学语文(专)、计算机应用基础、旅游学概论、管理学基础、旅游经济学、政治经济学(财经类)、英语(二)、英语听说、旅游法规、中外民俗、市场营销学、饭店管理概论、饭店餐饮管理、饭店前厅与客房管理、旅游与饭店会计。

(4) 饭店管理专业(调整后)

饭店管理专业(调整后)课程包括:思想道德修养与法律基础,毛泽东思想、邓小平理论和“三个代表”重要思想概论,政治经济学,计算机应用基础,旅游服务礼仪,旅游学概论,管理学基础,英语听说,旅游与饭店会计,饭店管理概论,饭店餐饮管理,前厅与客房管理,应用写作,综合英语(三),饭店服务技术,饭店管理(专科)毕业实习。

(5) 中文导游专业

中文导游专业课程包括:思想道德修养与法律基础,毛泽东思想、邓小平理论和“三个代表”重要思想概论，旅游服务礼仪，旅游学概论，中国历史文化，汉语言文学基础知识，北京概况与导游基础，北京旅游景点文化，旅游心理学，导游业务，旅游法规，旅游医学常识，旅行社管理实务，导游员综合知识。

(6) 餐饮管理专业(专科)

餐饮管理专业(专科)课程包括：思想道德修养与法律基础，毛泽东思想、邓小平理论和“三个代表”重要思想概论，大学语文，计算机应用基础，餐饮管理与实务，餐饮业法规，餐饮市场营销，现代厨房管理，食品卫生与安全，烹饪工艺学(二)＋实践，烹饪原料学(二)＋实践，餐饮服务＋实践，酒水知识。

(7) 餐饮管理专业(独立本科段)

餐饮管理专业(独立本科段)课程包括：中国近现代史纲要、马克思主义基本原理概论、英语(二)、管理系统中计算机应用、餐饮经济学导论、中国饮食文化、餐饮企业人力资源管理、餐饮企业信息管理、餐饮企业财务管理、餐饮企业战略管理、餐饮美学、食品营养学、国外饮食文化、宴会设计、宴会设计(实践)、餐饮管理专业毕业论文、餐饮连锁经营与管理、餐饮企业信息管理应用实务、餐饮企业品牌经营。

(8) 酒店管理专业(独立本科段)

酒店管理专业(独立本科段)课程包括：中国近现代史纲要、马克思主义基本原理概论、综合英语(四)、旅游经济学、市场营销策划(一)、酒店业战略管理教程、旅游人力资源管理、酒店财务管理、经营管理、酒店康乐服务与管理、旅游管理信息系统、旅游心理学、旅游法规、酒店服务实践、酒店管理(独立本科段)毕业论文。

4. 招生情况

学院2001—2010年高等教育自学考试招生情况见表5.2-18。

表5.2-18 2001—2010年高教自考专业招生情况一览表

导游			饭店管理			餐饮管理			酒店管理		
年份	人数	学习形式	年份	人数	学习形式	年份	人数	学习形式	年份	人数	学习形式
2001	200*	脱产	2001	120*	脱产						
2002	120*	脱产	2002	120* 60*	脱产 业余						
2004	120*	脱产	2004	11* 87*	脱产	2004	11 87	脱产 业余			
2005	62*	脱产	2005	71*	脱产	2005	40	业余			
2006	60	脱产	2006	44	脱产						
2007	29	脱产	2007	43	脱产						
2008	67	脱产	2008	46	脱产						
2009	34	脱产	2009	33	脱产				2009	51	业余
2010	23	脱产	2010	29	脱产				2010	20 23	脱产 业余
合计	715			664			138			94	

注：带*号的为应用技术类教育。

5. 自考工作管理

高等教育自学考试教学计划的制订和调整,由北京市自学考试办公室负责,学院按照北京市自考办公布的考试安排,组织教学,参加考试。

高等教育自学考试应用技术类考试教学计划的制订和调整,由北京市自学考试办公室负责;助学工作由北京市教育委员会、市劳动和社会保障局、市人事局、北京教育考试院共同制订方案,在管理上采取统一招生录取、统一教学管理、统一教学计划与教材、统一组织考试及相关职业技能鉴定、统一学费标准"五统一"的管理模式。

学院自考办负责日常自考的管理和助学工作。各专业设有专业委员、考试委员和课程考试委员。

(三)非学历教育

2005年,受巴士旅游公司委托,学院于2月21日至3月19日举办了巴士旅游公司岗前培训班,共有81名学员参加培训。

2006年9月至2007年1月,学院为龙绍衡大厦管理人员提供培训,共有25名学员参加培训。

第三节　科学研究与社会服务

一、科研机构

科研机构是高等学校科学研究的物质平台和学科建设的条件支撑。2008年,学院成立了现代休闲方式与旅游发展研究所。为提高科学研究水平,开展学科建设,经过长时间的酝酿及两次学术委员会的讨论和多次修改,2009年,学院成立7个有编制的研究所,各所均围绕研究方向申请纵向课题,联系横向课题,积极开展课题研究。2010年5月,学校对校级科研机构进行认定和增补,学院积极组织申报。经评审,学校现代休闲方式与旅游发展研究所顺利通过认定;学校餐饮科学研究所增补成功。

表5.3-1　院级及以上研究机构一览表

级别	序号	机构名称	研究方向
校级	1	现代休闲方式与旅游发展研究所	旅游经济、产业与政策;现代休闲方式与旅游基础理论
	2	餐饮科学研究所	餐饮科研研究
院级	3	西方语言与文化研究所	英美文化与传播、语言信息、国际旅游与会展、语言学、文学与翻译、人文地理、跨文化交际
	4	旅游高等教育研究所	人才培养、院校办学、专业发展、课程、教材、教法、质量管理与评价、国外旅游高教
	5	营养配餐与烹饪研究所	膳食营养、中式快餐、中式烹饪工业化
	6	旅游与非物质文化遗产研究所	从文化学、经济学、法学、艺术学、宗教学和教育学等多学科视角研究非物质文化遗产的科学保护、有效开发和利用等相关问题
	7	旅游与社会发展研究所	旅游基础理论和旅游文化相关学科的交叉研究
	8	东北亚旅游文化研究所	中、日、韩三国及俄罗斯远东地区的旅游文化、人文历史、经济社会等领域的国别研究及比较研究
	9	旅游产业与规划研究所	旅游产业与规划

二、科研管理

(一) 机构设置

2008 年,学院撤销了科研所,成立了科研处,进一步明确了部门职责。科研处负责学院科学研究、学科建设、科研平台建设、科研成果管理、科研团队建设及学术交流等工作,对学院科研工作实施科学管理。

(二) 科研工作重要决定及事项

2007 年 5 月,为推进校、院两级科研机构的建设工作,校级科研机构——现代休闲方式与旅游发展研究所获得批准建立,之后,院级科研机构也陆续成立。9 月,旅游学院制定了《市级引导科研经费支出管理办法》(联旅科〔2007〕18 号)并执行。

2008 年,撤销学院科研所,分别成立学院科研处和现代休闲方式与旅游发展研究所(校级研究所),进一步明确部门职责,实施科学管理。经院长办公会审批,科研处在 2008 年 10 月举行学术月,对近年来取得突出科研成就的先进人物和集体进行表彰。学院与旅游产业紧密联系,确定产学研的办学方向为学院"十一五"规划方向之一,探讨科学研究在产学研合作中的定位和作用,推进校企合作科研项目,探讨院级科研课题改进和下达方法。印发了《北京联合大学旅游学院引导科研公用经费支出管理实施细则》(京联旅〔2008〕58 号),加强科研项目经费的统一管理,在课题管理和经费管理方面探索新的管理和服务方法。学院参加了第九届、第十届全国高校社科科研项目申报研讨会和中国邮轮产业发展大会,全面了解项目选题和论证等技术性问题,加深了对申报的认识,提高了学院申报科研项目的质量及成功率;跟踪行业研究趋势,加强对旅游研究及学术前沿的了解。

2009 年 1 月 8 日,中国旅游协会第五届会员代表大会在北京召开。旅游学院再次当选为中国旅游协会常务理事单位。学院出台了《北京联合大学旅游学院教师参加学术会议管理办法》(京联旅〔2009〕12 号),下发了《北京联合大学旅游学院横向科研项目管理办法(试行)》(京联旅〔2009〕46 号),不断规范学术管理和科研管理。

2010 年 11 月 17 日,院长黄先开一行六人赴桂林参加中国旅游协会旅游教育分会第一届二次理事会暨 2010 年年会。年会的主题为"战略支柱产业的旅游教育改革与创新"。年会围绕贯彻落实《国务院关于加强发展旅游业的意见》(国发〔2009〕41 号),就整合旅游教育资源、加强学科建设、优化专业设置、深化专业教学改革、大力发展旅游职业教育及提高旅游教育水平等问题展开了广泛而深入的交流。此次会议对推动学院发展起到了积极作用。

(三) 科研工作重要会议

2009 年 4 月,学院主办了以"产业需求和学术创新"为主题的科研工作研讨会,密云县旅游局有关人员应邀出席会议。酒店餐饮系与密云县的渔街在这次会议上达成合作意向。会议就如何适应首都旅游产业需求进行了学术研讨,特别是对郊区县旅游产业发展的出谋划策方面进行了深入的讨论。

三、科研成果

(一) 重大科研项目

2001—2010 年,学院科研立项数量和层次比起前 10 年明显提升。

表 5.3-2 2001—2010 年委办局级及以上科研项目一览表

序号	项目名称	课题来源	负责人	立项时间	成果形式
1	北京市旅游商品的现状、自发趋势和创新性研究	北京市教委	石美玉	2007	论文,研究报告
2	中国旅游高等教育发展	中国高教学会	俞继凤	2007	论文,研究报告
3	北京市门头沟区妙峰山镇水峪嘴村旅游规划	北京市教委人文社会科学计划面上项目	赵　鹏	2008.01	论文,研究报告
4	星级饭店旅游服务质量标准	北京市旅游局	冯冬明	2009.03	研究报告
5	北京人家接待服务标准	北京市旅游局	冯冬明	2009.03	研究报告
6	星级饭店客用棉织品供应规范	北京市旅游局	冯冬明	2009.03	研究报告
7	北京市导游员管理对策研究	北京市旅游局	赵　鹏	2009.08	研究报告
8	北京市非物质文化遗产的旅游开发研究	北京市旅游局	石美玉	2009.08	论文,研究报告
9	北京居民短途旅游出行方式特征及其衍生服务需求研究	北京市教委	李　享	2009.11	论文,研究报告
10	自驾车旅游团队研究	北京市教委	孙惠君	2009.11	论文,研究报告
11	国际金融危机对北京入境国际旅游者消费行为影响分析与旅游市场拓展研究	北京市哲社规划办增补	赵晓燕	2009.09	论文,研究报告
12	大众旅游新阶段的我国旅游公共服务体系建构研究	国家旅游局	徐菊凤	2010.04	论文,研究报告
13	基于利益相关者理论的北京非物质文化遗产旅游发展战略研究	北京市哲社办	石美玉	2010.11	论文,研究报告

(二)重要学术著作与论文

2001—2010 年,学院教师共出版 42 部著作(见表 5.3-3);撰写的学术论文中,有 97 篇在核心刊物或有国际影响力的刊物上发表。

表 5.3-3 2001—2010 年出版著作一览表

序号	著作名称	学科	作者	出版社	出版年
1	心雨——大学生心理辅导的理论与实践	心理学	汪艳丽、张义泉(校外)、张祖明	地震出版社	2001
2	心雨——中学生心理健康辅导	心理学	汪艳丽	地震出版社	2002
3	精作高级服装	艺术学	张　志	纺织出版社	2002
4	旅游经济学	经济学	赵晓燕	经济管理出版社	2004
5	自然保护区建设工程关键技术研究	生物学	石金莲	科学出版社	2005
6	旅游心理学	心理学	秦　明	北京大学出版社	2005
7	日本古典文学大辞典	语言学	林　晓	人民文学出版社	2005
8	旅游购物研究	经济学	石美玉	中国旅游出版社	2006
9	北京流通业研究报告	经济学	荆艳峰	北京流通业研究报告	2006
10	汉日新词词典	语言学	林　晓	化学工业出版社	2006

续表

序号	著作名称	学科	作者	出版社	出版年
11	旅游景区经营管理中的法律问题	法学	秦岭南	中国旅游出版社	2006
12	中国旅游景区管理模式研究	管理学	邹统钎(校外)、李飞	南开大学出版社	2006
13	日语北京导游	外国文学	徐跃、小池晴子(校外)	中国旅游出版社	2006
14	现代饭店业财务管理	管理学	张玉凤、刘红伟(校外)、钟艳(校外)、何滢	经济日报出版社	2007
15	服务论	管理学	高苏	中国旅游出版社	2007
16	奥运会特许商品开发与营销策略	管理学	石美玉	中国商务出版社	2007
17	现代日本社会与社会思潮	历史学	纪廷许	中国社会科学出版社	2007
18	现代休闲方式与旅游发展	管理学	宁泽群	中国旅游出版社	2007
19	中国文化概览	语言学	刘志红	中国旅游出版社	2007
20	现代管理学	管理学	曹福荣	经济科学出版社	2007
21	现代饭店业领导科学	管理学	赵小丽	经济日报出版社	2007
22	生态经济与旅游	管理学	刘啸	中国经济出版社	2007
23	乡村旅游(理论・案例)	管理学	邹统钎(校外)、李飞	南开大学出版社	2008
24	临阵磨枪说韩语系列——出国旅游即用即说	语言学	史丽萍	北京语言大学出版社	2008
25	中国上市公司盈余质量研究	管理学	刘亭立	中国人民大学出版社	2008
26	网络互动——从技术幻境到生活世界	社会学	时少华	中国社会科学出版社	2008
27	临阵磨枪说韩语系列——衣食住行即用即说	语言学	史丽萍	北京语言大学出版社	2008
28	中国休闲度假旅游研究	管理学	徐菊凤	东北财经大学出版社	2008
29	日汉奥运事典	社会学	穆洁华、田奕、顾红	四川大学出版社	2008
30	2008年中国旅游发展分析与预测	管理学	石美玉	社会科学文献出版社	2008
31	武宁县旅游业发展规划(2008—2025)	管理学	杨劲松	中国经济科学出版社	2008
32	北京旅游会展市场发展战略	管理学	荆艳峰	知识产权出版社	2008
33	阜新市旅游业发展总体规划	管理学	杨劲松	中国旅游出版社	2008
34	最有趣的韩语故事(基础篇)	外国文学	史丽萍	语言大学出版社	2008
35	最有趣的韩语故事(进阶篇)	外国文学	史丽萍	语言大学出版社	2008
36	休闲与旅游统计研究	统计学	李享	中国旅游出版社	2008
37	中日美食小事典	语言学	林晓	旅游教育出版社	2008
38	北京山地森林的生态恢复	生物学	石金莲	科学出版社	2008
39	不对称竞争	管理学	裴正兵	企业管理出版社	2008
40	北京改革开放30年研究(文化卷)	经济学	荆艳峰	北京出版社	2008
41	北京文化发展报告	经济学	荆艳峰	社会科学文化出版社	2009
42	三十天突破韩国语	语言学	史丽萍、张明侠	北京语言大学出版社	2009

(三)重要奖项

1. 科研课题获奖情况

学院教师参加的科学研究课题不断增加,许多项目还获得了校级及以上奖励(见表5.3-4)。

表5.3-4　2009—2010年重大科研课题获奖情况一览表

序号	科研项目名称	负责人	项目类别	项目编号	立项时间	立项级别	奖励级别
1	中国山岳型景区经营权价值评估研究	刘　敏	自科	40901069	2010	国家3级 项目国基金	校级一等奖
2	国际金融危机对北京入境国际旅游者消费行为影响分析与旅游市场拓展研究	赵晓燕	社科	09BaJG253	2009	省部2级 (市规划)	校级二等奖
3	基于利益相关者理论的北京非物质文化遗产旅游发展战略研究	石美玉	社科	10BaZH188	2010	省部2级 (市规划)	校级二等奖
4	大众旅游新阶段的我国旅游公共服务体系构建服务	徐菊凤	社科	10TABK006	2010	省部1级(国家旅游局规划重点)	校级二等奖
5	我国老年人旅游需求及其实现与服务优化研究	曹福荣	社科	11TABK002	2010	省部1级 (国家旅游局重点)	校级二等奖

2. 学术论文获奖情况

学院教师参加科学研究并撰写、发表学术论文,有些还获得校级、地市级及部级奖励(见表5.3-5)。

表5.3-5　2001—2010年获校级及以上优秀学术论文奖一览表

论文名称	获奖作者	奖励名称	发证机关	获奖时间	获奖级别
我国旅游术语的规范化问题(旅游学刊2007,8期)	高　苏	科研成果奖	北京联合大学	2007.12	校级
旅游类高等职业教育实践课程"工作导向 同步协作"教学模式的研究与实践	张丽娟	北京市高等教育教学成果一等奖	北京市教委	2009.05	地市级
经济文化类型理论进展评析	时少华	2009年度吴文藻民族学与社会学奖励基金三等奖	中央民族大学民族学与社会学学院	2010.05	校级
自行车运动员最大摄氧量及相关因素特点研究	陈维富	首都高等学校第十五届体育科学学术论文报告会优秀论文奖	北京市教委	2010.10	地市级
高等院校休闲体育教育与瑜伽形体课教学体系构建	王　月	首都高等学校第十五届体育科学学术论文报告会优秀论文奖	北京市教委	2010.10	地市级
798艺术区作为北京文化旅游吸引物的考察:一个市场自发形成的视角	宁泽群	2010年度国家旅游局优秀旅游学术成果	国家旅游局	2010.12	部级

四、主办(承办)的国际国内重要学术会议和学术报告

学院多次主办(承办)各级学术研讨活动,涉及休闲方式、旅游管理、旅游服务、旅游接待、旅游发展等内容(见表 5.3-6)。通过举办国际、国内重要学术会议和学术报告,扩大了学院在旅游学术界和旅游业界的影响。

表 5.3-6 2001—2010 年主办(承办)的重要学术会议

序号	时间	学术会议、学术报告名称	主办(承办)单位	会议地点	备注
1	2006.11	现代休闲方式与旅游发展国际学术研讨会	旅游学院	北京	会议讨论内容涉及现代休闲基本理论、中国休闲实践与旅游发展的现状与未来趋势
2	2008.11	中国:休闲与社会进步学术年会	由中国自然辩证法研究会休闲哲学专业委员会和中国艺术研究院休闲研究中心主办,首都体育学院和北京联合大学旅游学院承办	首都体育学院	来自全国休闲哲学、休闲体育、旅游休闲及相关领域的近百余位与会专家、学者汇聚一堂,入选论文 50 余篇,围绕着“休闲与国计民生”这一主题展开了交流与讨论
3	2009.10	学科国际会议暨学术年会	北京联合大学旅游学院、中国艺术研究院休闲研究中心、北京大学旅游研究中心	友谊宾馆	休闲研究学术年会
4	2009.11	第一届“旅游、接待业和服务管理研究”中挪国际学术研讨会	旅游学院	旅游学院	中挪国际学术研讨会是学院旅游管理学科搭建的与国际学术交流的重要学术平台之一
5	2010.11	第二届中挪国际学术研讨会	旅游学院	旅游学院	本届研讨会突出了研究领域多样化、规模更大及交流更深入的特点,达到了互相学习借鉴的目的

五、产学研合作及社会服务

2007 年,学院在原有产学研工作的基础上,积极进行体制机制变革,成立了产学研合作教育办公室。其后,还建立了由北京市旅游局、首都旅游集团及其他首都旅游企业共同组成的北京联大旅游学院产学研合作指导委员会,常设办公室与学院产学研合作教育办公室合署办公,进一步加强了学院内部与外部的联系,提高了社会服务的层次与水平。

(一) 校企合作

2004 年 11 月,学院和北京北方佳苑饭店合作成立了北京新旅佳苑国际酒店管理公司。该公司充分利用旅游学院的教育资源,发挥教授、专家的专业优势,从饭店管理模式、经营等方面进行咨询、策划,为企业提供理论、业务指导与帮助。

2004 年 12 月,学院与中国全聚德(集团)股份有限公司联合创建北京联大旅游学院全聚

德餐饮管理学院。合作双方本着“优势互补,精诚合作,资源共享,共同发展”的原则,抓住2008年北京奥运会对旅游餐饮行业巨大推动的历史机遇,面向社会、面向旅游餐饮行业,为培养高素质的旅游餐饮业企业管理人员和员工队伍,提供人力资源保证,为2008年北京奥运会和首都旅游餐饮业的发展作出新的贡献。

2007年12月,学院与北京市旅游局、首旅集团以及其他首都旅游企业共同组织成立了产学研合作指导委员会,使学院产学研一体化办学道路进一步延伸,旅游“政产学研”相互融合发展进入制度化运作新阶段,学院人才培养质量、研发能力和社会贡献力得到提升。2008年2月,学院与北京新北方旅游产业发展有限责任公司(以下简称“京新旅产业”)、北京新旅佳苑国际酒店管理有限责任公司联合主办深化旅游产学研合作工作研讨会。京新旅产业董事长李宗范,新旅佳苑国际酒店管理董事长张玉玲等企业高层领导,院党委书记李因、院长赵鹏、副院长冯冬明、王美萍及相关部门负责人20余人参加研讨会。会后,经过学院与京新旅集团双方相关工作人员和教师的努力,院级校企合作项目逐一启动。其中,由学院方相关骨干教师与企业管理、技术人员合作进行的项目包括:“传统老字号‘四联美发’连锁加盟模式研究”“天安国旅连锁加盟研究”“京新旅集团网络营销渠道与体系的建立”等。这些项目都是该集团在发展中亟待解决的重要课题,已经纳入企业当年年度工作计划,受到校企双方高度重视。6月,经过学院与全聚德集团双方努力,院级校企合作项目开始启动。这些由院方相关骨干教师与企业管理、技术人员合作进行的项目包括:“宫廷御点”精度研究、全聚德顾客消费心理与服务技巧研究、“订单式”人才培养项目与专业实践课程改革研究等。下半年,学院与旅游大县密云县旅游局洽谈产学研合作。其后,双方签署战略合作协议并举行正式挂牌仪式,陆续组织开展了教师挂职局长助理、密云旅游资源开发等项合作。8月,学院与中国优秀旅游城市鄂尔多斯市旅游局正式签署产学研合作协议。主要内容包括:鄂尔多斯市作为学院的产学研实践基地,为学生实习、教师实践提供必要条件;学院作为鄂尔多斯市旅游局的旅游干部培训基地;为鄂尔多斯市旅游局及旅游企业提供旅游管理咨询、旅游策划、旅游规划设计等方面的服务;为该市委托培养旅游管理专业本科学生创造条件等多项内容。

2009年5月,通过学院搭建的产学研合作平台,学院休闲与旅游管理系、英语旅游文化系等系的专业教师或研究团队与京新旅集团、密云县旅游局等多家合作单位建立或推进了多类型的合作关系。首都旅游相关企业也通过产学研平台,主动寻求与学院的合作关系;产学研相关部门进一步研究和提升平台的服务与管理方式。学院教师撰写的《搭建“产学研一体化”工作平台,实现高等旅游教育模式改革与创新》一文获北京市教育教学成果(高等教育)二等奖。

(二)智力支持

学院各系及科研机构依托学科专业,结合社会需要开发产学研方向,为国家和首都旅游发展提供智力支持。

现代休闲方式与旅游发展研究所自2008年成立以来,组织开展了多项课题研究,如为香港铁行公司所做的“北京休闲旅游高端市场与会展市场的调研”,为北京市旅游局所做的“城市观光游览管理系统在北京市实施的可行性研究”,为北京市东城区旅游局所做的“东城区旅游发展‘十一五’规划研究”,为国家旅游局所做的“中国旅游业‘十一五’旅行社人才规划”项目等。

旅游与非物质文化遗产研究所,2008年受北京市宣武区文化馆的委托,承担《北京市国家级非物质文化遗产项目集成·厂甸庙会》的研究。

旅游高等教育研究所，于2009年组织完成了《旅游高等教育研究》(第一辑)的编写和出版工作，2010年组织完成了《旅游高等教育研究》(第二辑)的编写和出版工作。

西方语言与文化研究所所长宋长来，2009年参加了国家社科基金项目“评价理论在文体学上的应用——评价语料库的研制”(编号：07BYY063)子项目的研究。

膳食营养与工艺研究所负责的天津LG公司委托的横向课题“微波料理食谱的开发”，于2009年成功通过企业验收。

(三) 人员培训

2000年以来，学院以“教育培训与产业相结合，坚持产学研结合；面向旅游产业，为产业、企业服务”为宗旨，为旅游业、饭店业提供系统的、有针对性的培训。2001—2010年，先后举办旅游饭店、景区总经理和各部门经理岗位培训班94期，累计受训人数总计2863人(见表5.3-7)。

表5.3-7　2001—2010年行业培训情况统计表

统计项目 / 年份	开设培训班数	年度培训总人数	培训班名称
2001	16	521	饭店餐饮部经理班、饭店总经理班、饭店客务部经理班、饭店工程部经理班、饭店财务部经理班、公关销售部经理班、人力资源部经理班、康乐部经理班、云南玉溪饭店总经理班、饭店办公室主任班
2002	15	477	饭店总经理班、保安部经理班、采购部经理班、饭店办公室主任班、饭店财务部经理班、饭店餐饮部经理班、饭店工程部经理班、饭店客务部经理班、公关销售部经理班、康乐部经理班、人力资源部经理班
2003	11	334	饭店财务部经理班、饭店餐饮部经理班、饭店工程部经理班、饭店客务部经理班、饭店总经理班、公关销售部经理班、人力资源部经理班
2004	7	149	饭店财务部经理班、饭店餐饮部经理班、饭店工程部经理班、饭店客务部经理班、饭店总经理班、公关销售部经理班
2005	6	162	餐饮部经理班、饭店总经理班、公关销售部经理班、人力资源部经理班
2006	4	82	饭店总经理班、公关销售部经理班、客务部经理班
2007	7	183	财务部经理班、餐饮部经理班、饭店总经理班、公关销售部经理班、景区总经理班、客务部经理班、人力资源部经理班
2008	10	333	财务部经理班、餐饮部经理班、饭店总经理班、景区总经理班、客务部经理班
2009	10	387	财务部经理班、餐饮部经理班、饭店总经理班、工程部经理班、公关销售部经理班、景区总经理班、客务部经理班、人力资源部经理班
2010	8	235	财务部经理班、餐饮部经理班、公关销售部经理班、景区总经理班、客务部经理班、人力资源部经理班、总经理班
总计	94	2863	

注：以上为旅游学院培训中心“全国旅游企业管理人员岗位职务培训情况统计”。

(四) 学生项目与活动

学院各系组织学生积极利用所学专业知识服务社会。例如,酒店与餐饮管理系学生承担了中国网球公开赛的赛会服务和餐饮服务工作;英语旅游文化系学生参加国际奖励旅游管理者协会(Site)年会的英语翻译和组织工作等。

第四节 队伍建设与人事管理

一、师资队伍建设

(一) 基本情况

1. 数量及结构

2001—2010年,学院师资队伍结构情况如表5.4-1所示。从表中的数据可见,学院师资队伍结构有以下几个特点。

(1) 总量及比例

师资队伍从总量上看略有增长,教师人数从2001年的110人增加到2010年的133人;教师占教职工的比例一直呈上升趋势,从2001年的40.15%增长到2010年的49.25%。

(2) 学历(位)结构

学历结构有显著改善。博士比例由2001年的0.91%增长到2010年的18.80%,硕士比例由2001年的15.45%增长到2010年的57.14%。

(3) 职务结构

学院师资队伍的专业技术职务结构一直呈橄榄型,即初级和高级职务人员较少,中级职务人员较多。高级职务教师比例十年间有小幅增长,其中正高职务教师比例增长较明显,从2001年的0.91%增长到2010年的7.52%。

(4) 年龄结构

中青年教师是师资队伍的主要力量。十年间,教师平均年龄略有降低,但总体结构变化不大。

2. 学科带头人和专业负责人

学院强化学科专业建设,报请学校审核批准在国家级重点建设学科——旅游管理学科设立了带头人,在本科和高职专业中,学院审核认定了负责人(见表5.4-2)。此类人员一般由具有高专业技术职务、高学历的人员担任,负责学科或专业的发展方向、具体建设、项目申报的组织、课程的组织建设等任务。

3. 双师素质教师

根据学校规定的双师素质教师资格认定条件,学院在2005年、2007年和2009年向学校推荐了三批双师型教师,经学校审核认定具备双师素质教师资格的教师共30人(见表5.4-3)。

表 5.4-1 2001—2010 年师资队伍结构一览表

年份	教职工/人	教师/人	教师比例/%	学历(位)/%				职务/%				年龄/%					
				博士	硕士	本科	专科及以下	正高级	副高级	中级	初级及无职务	35 岁及以下	36—40 岁	41—45 岁	46—50 岁	51—54 岁	55 岁及以上
2001	274	110	40.15	0.91	15.45	80.00	3.64	0.91	28.18	59.09	11.82	30.00	40.00		17.27		12.73
2002	271	117	43.17	0.85	22.22	67.52	9.40	0.85	23.08	58.97	17.09	38.46	33.33		20.51		7.69
2003	275	122	44.36	0.82	26.23	66.39	6.56	0.82	25.41	59.02	14.75	36.06	18.03	13.11	19.67	2.46	10.66
2004	285	118	41.40	1.69	27.97	62.71	7.63	2.54	25.42	65.25	6.78	33.90	17.80	14.40	20.34	3.39	10.17
2005	283	121	42.76	0.83	31.40	61.16	6.61	2.48	26.45	64.46	6.61	32.23	12.40	19.83	19.01	6.61	9.92
2006	287	124	43.21	2.42	35.48	55.65	6.45					30.65	12.90	20.16	13.71	12.90	9.68
2007	287	146	50.87	8.90	50.68	39.73	0.68	3.42	21.92	62.33	12.33	41.78	14.38	15.07	11.64	8.22	8.90
2008	282	139	49.29	10.79	50.36	35.97	2.88	3.60	25.18	65.47	5.76	33.09	17.27	15.83	12.23	16.55	5.04
2009	277	126	45.49	11.11	55.56	30.95	2.38	3.97	24.60	65.08	6.35	26.98	20.63	16.67	15.08	13.49	7.14
2010	270	133	49.25	18.80	57.14	22.56	1.50	7.52	29.32	59.40	3.76	30.08	21.80	11.28	18.80	13.53	4.51

表 5.4-2 学科带头人和专业负责人名单

类别	学科/专业名称	带头人/负责人	学历/位	专业技术职务	备注
学科	旅游管理	宁泽群	学士	教授	
本科专业	旅游管理	石美玉	博士	教授	
	英语	赵 丽	学士	教授	
		张殿恩	博士	副教授	
		刘志红	硕士	副教授	英语(专升本)专业负责人
	日语	纪廷许	博士	副教授	
	财务管理	张玉凤	硕士	副教授	
	市场营销	赵晓燕	硕士	教授	
	酒店管理	罗旭华	硕士	教授	2009年8月调离
		罗振鹏	硕士	副教授	2009年9月接任
高职专业	旅游英语	潘素玲	学士	副教授	2010年2月退休
	应用法语	孙圣英	硕士	副教授	2010年7月调离
	应用日语	穆洁华	硕士	副教授	
	应用韩语	史丽萍	硕士	讲师	
	财务管理	章晓盛	硕士	讲师	
	酒店管理	田雅琳	硕士	副教授	
	餐饮管理与服务	王 美	本科	副教授	
	烹饪工艺与营养	王美萍	本科	教授	

表 5.4-3 双师教师名单

认定时间/年	姓名
2005	高山、许荣华、王美、孟祥萍、王美萍、田彤、刘捷、刘亭立、李秀娜、陈娟、刘爱服、黄育红、陈洁、洪华
2007	李享
2009	赵晓燕、石美玉、孙梦阳、刘志华、李京颐、陈文力、曹福荣、赵丽、于平、秦明、孙惠君、张丽娟、田雅琳、汪艳丽、荆艳峰

（二）建设措施与制度

1. 教师资格制度

2001年8月,学院根据北京市教委的有关文件精神进行了首次教师资格认定工作。2004年3月,根据北京市教委《关于全面实施教师资格的通告》(京教人〔2004〕9号),教师资格认定工作在每年的春、秋季各进行一次。自2007年起,改为每年秋季认定一次。2004—2007年,在学院聘为教师岗位或非教师岗位但具有硕士学位的教职工,均可申请教师资格认定。自2007年起,根据北京市教委的要求,不再受理非教师岗位教职工的教师资格认定申请。

2. 教师职务聘任制度

教师职务分为四个级别：正高级（教授/研究员）、副高级（副教授/副研究员）、中级（讲师/助理研究员）、初级（助教/实习研究员）。

2001—2005年，学院实行评聘相结合的制度，依据不同职务层次实行院、校两级评聘。教师晋升中级职务，由学院负责评聘；教师晋升高级职务，由学院专业技术职务评审委员会评审通过，并报学校专业技术职务评审委员会通过后，再报北京市高级专业技术职务评审委员会审批，通过后方可履职。具有中级及正副高级职务的教师由北京市人事局发给专业技术职务任职资格证书。

2006年，根据北京市的有关要求，学校将教师职务的评聘制改革为教师职务聘任制，并先后颁布了《北京联合大学教师职务岗位设置办法（试行）》（京联人〔2006〕48号）、《北京联合大学教师职务聘任工作实施方案》（京联人〔2007〕43号）和《北京联合大学教师职务聘任必备条件（试行）》（京联人〔2007〕45号）等文件，进一步明确了聘任权限：高级职务由学院推荐、学校聘任，中级职务由学院自行聘任。2009年，学校将副高级职务的聘任权下放给学院；2010年，学校给学院下达副高级岗位指标，并对具有博士学位的中级教师统一投放副高级岗位指标。实施教师职务聘任制后，在每年的聘任工作中，学院按学校下达的高级职务的指标进行聘任。同时，北京市人事局不再发放专业技术职务任职资格证书，改为向教师发放由北京市人事局提供文本、由学校签发的聘任证书。

2007年以前，对新接收的教师按《北京联合大学关于国家全日制大专院校毕业生专业技术职务有关问题的意见（试行）》（京联人〔2003〕30号）文件规定，认（确）定相应的专业技术职务；对新调入且有专业技术职务的教师，由学校及学院根据专业技术职务任职条件进行审核后，按其调入前的专业技术职务级别聘任；2008—2010年，对新接收或调入的教师，按《北京联合大学教师职务聘任工作实施方案》（京联人〔2007〕43号）进行聘任。

3. 教师岗位的分类分级聘任

2001—2008年，教师同一级别的职务内无具体的层级划分；2008年，根据国家和北京市有关高校岗位设置管理意见，学院参加学校教师岗位分级聘任工作。此次聘任将教师职务分为12级。其中，二至四级教授、一至三级副教授由学校负责聘任，一至三级讲师和一、二级助教由学院负责聘任。学院此次共聘任教师121人，其中聘为三级教授1人，四级教授6人；一级（五级）副教授12人，二级（六级）副教授9人，三级（七级）副教授15人；一级（八级）讲师22人，二级（九级）讲师17人，三级（十级）讲师34人；一级（十一级）助教3人，二级（十二级）助教2人。教师分级聘任在2008年年底实施，任职时间自2008年1月1日算起。

2009年12月至2010年1月，在学校进行的全员岗位聘任中，对教师的聘任除了确定其岗级外，还进行了教师岗位分类聘任，即教师岗位分为教学为主型、教学科研型、科研为主型3类。学院此次共聘任教师131人，其中聘为三级教授1人，四级教授6人；一级（五级）副教授10人，二级（六级）副教授13人，三级（七级）副教授14人；一级（八级）讲师22人，二级（九级）讲师23人，三级（十级）讲师37人；一级（十一级）助教5人。教学为主型岗位聘任17人，教学科研型岗位聘任105人，科研为主型岗位聘任2人。

表 5.4-4　2001—2010 年在职正高级专业技术人员名单(以姓氏笔画为序)

序号	姓名	性别	学科(专业)	聘任专业技术职务名称	聘任起始时间/年	备注
1	方　薇	女	英语	教授	2000	2001 年退休
2	王　兵	女	旅游管理	教授	2006	2008 年退休
3	王美萍	女	烹饪工艺与营养	教授	2010	
4	王瑞林	男	日语	教授	1996	2007 年退休
5	冯冬明	男	教育管理	研究员	2010	
6	宁泽群	男	旅游管理	教授	2004	
7	石美玉	女	旅游管理	教授	2010	
8	闫喜霜	男	旅游管理	教授	2006	2006 年调入
9	宋长来	男	英语	教授	2008	2008 年调入
10	张连波	男	教育管理	研究员	1998	2003 年退休
11	李　因	男	教育管理	研究员	2009	2009 年退休
12	李　享	女	旅游管理	教授	2008	
13	李淑芳	女	教育管理	研究员	2009	2009 年退休
14	李隆茂	男	财务管理	教授	1997	2001 年退休
15	汪艳丽	女	心理学	教授	2010	
16	赵　丽	女	英语	教授	2007	
17	赵晓燕	女	市场营销	教授	2008	
18	赵　鹏	男	教育管理	研究员	2000	2009 年调离
19	徐菊凤	女	旅游管理	研究员	2009	
20	蔡万坤	男	管理学	教授	2003	2007 年退休

4. 人才强教计划

2005 年,北京市教委实施为期 5 年的“北京市属市管高等学校人才强教计划”;2009 年,又在此计划的基础上推出“北京市属市管高等学校人才强教计划深化计划”,均为北京市财政教育经费专项支持的项目(以下简称“人才强教”)。2005—2010 年,学院获得 2 个“创新团队”建设计划项目,共计 140.437 万元的资助;获得 11 个中青年骨干人才培养计划项目,共计 42 万元资助;每年均获得“教师职业技能和职业道德培训计划”与“名师讲学”项目资助(见表 5.4-5)。

表 5.4-5　2005—2010 年人才强教计划实施情况一览表

项目名称	入选时间/年	项目负责人	资助经费额/万元	备　注
创新团队建设计划	2009	宁泽群	63.373	
	2010	王美萍	77.064	
中青年骨干人才培养计划	2005	石美玉	6	
	2005	罗旭华	6	2009 年 8 月调离
	2006	章晓盛	6	
	2007	国　伟	6	
	2007	段继华	6	
	2010	李秀娜	2	
	2010	荆艳峰	2	
	2010	石金莲	2	
	2010	孙圣英	2	2010 年 7 月调离
	2010	汤利华	2	
	2010	任心慧	2	

5. 青年骨干教师的培养

对青年骨干教师的培养主要体现在以下三个层次的项目资助上。

(1) 市级骨干教师

市级骨干教师属于"北京市属市管高等学校人才强教计划"和"北京市属市管高等学校人才强教计划深化计划"项目之一。该项目自 2005 年起执行,由北京市教委负责审定并资助,获得此项目资助的骨干教师每人每年接受资助经费额度为 2 万元,连续资助三年。2005—2010 年,学院共有 11 人先后获得此项目资助(见表 5.4-6)。

表 5.4-6 2005—2010 年骨干教师名单及资助情况

级别	姓 名	入选时间	资助额度/万元	备 注
市级	石美玉	2005	6	
	罗旭华	2005	6	2009 年 8 月调离
	章晓盛	2006	6	
	国 伟	2007	6	
	段继华	2007	6	
	李秀娜	2010	6	
	荆艳峰	2010	6	
	石金莲	2010	6	
	孙圣英	2010	6	2010 年 7 月调离
	汤利华	2010	6	
	任心慧	2010	6	
校级	李 享	2009	1	
	刘亭立	2009	1	2009 年 12 月调离
	李秀娜	2009	1	
	荆艳峰	2009	1	
	穆洁华	2009	1	
	张殿恩	2009	1	
院级	王 静	2007.10	1	
	史丽萍	2007.10	1	
	刘志红	2007.10	1	
	李秀娜	2007.10	1	
	张玉凤	2007.10	1	
	荆艳峰	2007.10	1	
	于 平	2009.01	1	
	田雅琳	2009.01	1	
	李 享	2009.01	1	
	刘志华	2009.01	1	
	刘亭立	2009.01	1	2009 年 12 月调离
	许荣华	2009.01	1	
	肖轶楠	2009.01	1	
	郑 晶	2009.01	1	
	刘朝霞	2009.07	1	
	姜 慧	2009.07	1	
	秦岭南	2009.07	1	

(2) 校级骨干教师

2004 年年底在学校范围内实施校级骨干教师培养资助。获得此项目资助的教师每人每年接受资助经费额度为 1 万元,资助 1～2 年。2005—2010 年,学院共有 6 人获得此项目资助。

(3) 院级骨干教师

2007 年,学院制定《北京联合大学旅游学院培养中青年骨干教师的遴选和资助办法》(联旅人〔2007〕18 号),对各专业和公共基础课程的负责人后备人选或梯队骨干教师进行资助,标准为每人每年 5000 元,共资助 2 年。2007—2010 年,学院共有 17 人获得此项目资助。

此外,为加强对青年教师的培养,根据学校的青年教师导师制度,学院制定了《关于对见习教师和助教实行导师制的规定(试行)》(联旅院〔2003〕063 号),配备副高级以上职称的教师做青年教师导师,指导其教学和科研工作。

6. 教师培训和进修

对教师进行培训和资助教师参加学历、学位教育或进修的工作,学院主要依据《关于教职工进修培训的暂行规定》(联旅人〔2000〕038 号)《关于〈关于教职工进修培训的暂行规定〉的修订》(联旅人〔2004〕04 号)和《北京联合大学旅游学院教职工进修培训管理办法》(联旅人〔2007〕30 号)等文件进行管理。教师培训类别主要有以下几种。

(1) 岗前培训

对教师的岗前培训包括:第一,由北京市高校教师培训中心负责的教育理论与技能培训。要求所有新教师必须参加,并以此作为获得高校教师资格证书的必备条件;第二,由学院人事处牵头,教务处、科研处、财务处、学生处等部门共同组织的新教师入职培训。通过讲座、座谈、教学观摩等环节,使新教师进一步了解学院、了解岗位,为其尽快进入角色创造条件。

(2) 教育技术培训

教育技术培训由学院人事处负责组织、学校负责培训,最后需通过北京市组织的教育技术等级考试。参加培训的人员是 1960 年 1 月 1 日及以后出生的教师。取得现代教育技术等级考试合格证书是晋升高一级教师职务的必备条件。

(3) 国(境)外培训

国(境)外培训主要包括:第一,由北京市高校教师培训中心组织的国外访学(由该中心与学校、学院共同资助),为期半年至一年;第二,由北京市高校教师培训中心组织的专业进修或语言进修;第三,由学校或学院外事部门组织的国外短期访问、交流、考察;第四,通过其他途径进行的国(境)外培训,如在国(境)外高校工作或讲学,在国(境)外攻读博士学位等。

(4) 国内访问学者

由北京市高校教师培训中心组织,该中心与学校、学院共同资助入选教师到国内高校做访问学者。

(5) 专业技能和实践培训

为了落实学校的办学定位和宗旨,学院于 2007 年制定了《北京联合大学旅游学院关于提高教师专业实践与应用能力的实施细则(试行)》(联旅人〔2007〕43 号),支持教师参加企业(行业)实践。此外,学院还根据需要,组织教师参加由上级或学院组织的各类专业技能培训。

(6) 学历、学位教育

学院通过鼓励和资助教师参加学历、学位教育的方式,提高教师队伍学历层次。2001—2010 年,学院共有 36 名教师通过在职学习获得学位。其中,29 人获得硕士学位,7 人获得博士学位。

7. 人才工作会议

2007 年 7 月，为贯彻北京市人才工作会议精神，实现学院“十一五”事业发展目标，学院召开了人才与队伍建设工作会议。会议讨论并通过了《关于下发人才与队伍建设工作会配套文件的通知》(京联旅〔2007〕57 号)。配套文件包括：《北京联大旅游学院学术休假管理办法》《北京联合大学旅游学院培养中青年骨干教师的遴选和资助办法》《北京联合大学旅游学院关于启动中青年教师、干部职业发展设计的基本意见》和《北京联合大学旅游学院关于非教学单位机动编制管理的规定》等 4 个文件。人事处贯彻落实会议精神，启动了中青年骨干教师的遴选、青年教师和干部职业发展设计等工作。

二、人事管理

(一) 人员构成基本情况

1. 人员编制

1991 年 9 月，北京市机构编制委员会办公室在《关于给北京联合大学旅游学院调整编制的批复》(京编事〔1991〕113 号)文件中，下达给学院的编制数为 346 人。

2. 教职工实际情况

在实际工作中，学校是按生师比核定教职工编制数额的，即按全部在校生(含本专科生、夜大生、留学生、研究生)的折合数额，以 1∶16 的师生比核定教师数，再按教师占全体教职工 55%的比例核定教职工数。2008 年，根据国家和北京市有关要求，学院按照专业技术人员不低于 70%，管理人员不超过 20%，工勤人员不超过 10%的标准来核定教职工编制。2010 年 3 月，学院制定《关于拟设编制数的意见》(京联旅〔2010〕23 号)，根据当时的生师比核算并上报至学校的教职工编制数为 291 人。2001—2010 年，学院专业技术人员、管理人员、工勤人员比例逐步趋于合理。其中，专业技术人员比例从 56.57%上升到 68.15%，行政人员比例保持在 20%以内，工勤人员从 24.82%下降到 13.7%(见表 5.4-7)。

表 5.4-7　2001—2010 年教职工基本情况一览表

年份	教职工总数/人	专业技术人员		行政人员		工勤人员	
		人数	比例/%	人数	比例/%	人数	比例/%
2001	274	155	56.57	51	18.61	68	24.82
2002	271	156	57.56	48	17.71	67	24.72
2003	275	165	60.00	46	16.73	64	23.27
2004	286	178	62.23	48	16.78	60	20.98
2005	283	176	62.19	50	17.67	57	20.14
2006	287	177	61.67	56	19.51	54	18.82
2007	287	178	62.02	59	20.56	50	17.42
2008	282	179	63.47	60	21.28	43	15.25
2009	277	183	66.07	52	18.77	42	15.16
2010	270	184	68.15	49	18.15	37	13.70

(二) 人事管理制度及其改革

1. 聘用合同制

2003 年 11 月—2004 年 1 月，为贯彻落实上级文件精神，按照市教委和学校的统一部署，学院根据《北京联合大学旅游学院首次实行聘用合同制工作方案》(联旅党〔2003〕40

号),首次实行聘用合同制。通过签订聘用合同,确定聘用关系,明确双方的权利和义务。同时,还完善了各岗位职责及工作内容。

2. 岗位设置及聘任(用)

2001年3月,学院深化人事与分配制度改革,根据《北京联大旅游学院设置管理关键岗位实施细则(暂行)》和《北京联大旅游学院设置教学关键岗位实施细则(暂行)》(联旅党〔2001〕007号)有关规定,在学院管理机关和教学单位设置管理关键岗和教学关键岗。2001年教学关键岗聘任31人,其中一级B岗5人,二级A岗11人,二级B岗15人;机关部门(含教辅单位)管理关键岗聘任17人,其中A岗7人,B岗10人;教学单位管理关键岗聘任15人,其中A岗7人,B岗8人。

2003年1月,根据《北京联大旅游学院教学、教辅、机关岗位工作人员重新聘任办法》(联旅党〔2003〕03号)文件精神和学院岗位聘任工作部署,学院完成了教学、教辅、机关岗位的聘任工作。2003年,教学关键岗聘任34人,其中一级A岗1人,一级B岗5人,二级A岗10人,二级B岗18人;管理岗聘任46人,其中一级岗5人,二级岗29人,普通岗12人。

2005年4月至7月,根据学院《关于深化内部体制改革及干部聘任和人员聘用工作的安排》(联旅人〔2005〕01号)、《北京联合大学旅游学院教学、教辅、机关岗位工作人员重新聘任办法》(联旅院〔2005〕21号)、《北京联合大学旅游学院教学岗位设置方案》(联旅院〔2005〕22号)、《北京联合大学旅游学院教辅、机关管理岗位设置方案》(联旅院〔2005〕23号)和《关于对〈教学岗位设置〉的补充意见(试行)》(联旅院〔2005〕39号),实行了教学、教辅、机关岗位工作人员的全员重新聘任工作。2005年教学岗设置116人,其中一级岗1人,二级岗4人,三级岗15人,四级岗22人,五级岗62人,六级岗12人;机关、教辅管理岗位聘任64人,其中一级岗15人,二级岗36人,三级岗13人。

2008年12月至2009年1月,按照市教委和学校关于2008年岗位设置管理及聘用工作的政策和要求,学院完成了专业技术人员高级职务升级和入轨的推荐、中级及以下人员升级和入轨的聘用;管理人员正处级职务的推荐、副处级及以下职务和工勤人员的聘用工作。2008年,参加聘岗人员279人,最终聘任专业技术岗166人,管理岗73人,双肩挑人员4人,工勤技能岗39人(见表5.4-8)。

表5.4-8　2008年人员分类分级聘任结果　　单位:人

<table>
<tr><th></th><th>专业技术岗</th><th>管理岗</th><th>工勤岗</th><th>备　注</th></tr>
<tr><td>一级</td><td rowspan="7">52</td><td></td><td></td><td></td></tr>
<tr><td>二级</td><td></td><td></td><td></td></tr>
<tr><td>三级</td><td></td><td>7</td><td></td></tr>
<tr><td>四级</td><td>3</td><td>24</td><td></td></tr>
<tr><td>五级</td><td>9</td><td>7</td><td></td></tr>
<tr><td>六级</td><td>13</td><td>1(普通工)</td><td></td></tr>
<tr><td>七级</td><td>15</td><td></td><td></td></tr>
<tr><td>八级</td><td>30(2)</td><td>7</td><td></td><td></td></tr>
<tr><td>九级</td><td>26(2)</td><td>25</td><td></td><td>有3名工勤人员聘任9级以下管理岗</td></tr>
<tr><td>十级</td><td>46(7)</td><td>1</td><td></td><td></td></tr>
<tr><td>十一级</td><td>7</td><td></td><td></td><td></td></tr>
<tr><td>十二级</td><td>5</td><td></td><td></td><td></td></tr>
<tr><td>合计</td><td>166</td><td>73</td><td>39</td><td></td></tr>
</table>

2009年12月至2010年3月，根据有关文件精神和工作部署要求，学院组织完成了2009年全员岗位聘用工作，包括教师岗位、非教师专业技术岗位、管理岗位、工勤岗位人员聘用，2009年12月实际在编272人，参加聘岗264人（见表5.4-9）。2010年4月至7月，完成了2009年全员岗位聘用工作的后续工作，包括：全员签订聘用合同和岗位任务书；全员聘用情况统计分析；部分岗位的人员调整等。

表5.4-9 2009年人员分类分级聘任结果

单位：人

	教师岗	非教师专业技术岗	管理岗	工勤岗
一级				
二级				
三级	1			6
四级	6		1	24
五级	10	1	6	8
六级	13	3	5	
七级	14	4	8	
八级	22	8	15	
九级	23	10	9	
十级	37	16	0	
十一级	5	8	0	
十二级	1	0	0	
合计	132	50	44	38

注：管理岗不含聘为专业技术职务人员数

3. 专业技术职务聘任

2001—2005年，实施专业技术职务评审与聘任相结合的制度；2006年试行、2007年起正式实施专业技术职务聘任制度。其中，高级职务及教育管理系列的中级职务由学校聘任（教育管理系列的高级职务由北京市掌控）；中、初级职务由学院聘任。2009年起，副高级职务的聘任权下放给学院。2003年起，工程、图书、档案、医疗卫生等系列的高级专业技术职务，需参加社会化评审获得资格后，方可参加学校（院）的聘任。2007年起，不再进行专业技术职务的认定，凡申请晋升职务的人员均需参加社会化评审获得资格后，再由学校（院）聘任。2008年起，参加社会考评的人员，需按申报等级的同级教师标准参加相应级别的职称英语、计算机水平考试。

专业技术职务的聘任由学院专业技术职务聘任委员会（以下简称“聘委会”）负责。申报人通过所在部门的推荐、人事处组织的必备条件审核（由人事处、科研处、教务处、学生处负责人参加）、学院聘委会审查同意后，按聘任级别要求上报学校。2009年起，申请副高级职务的人员要在院学科组中进行答辩，并经学科组评议后，再由学院聘委会审议并进行票决（见表5.4-10）。被聘任的专业技术人员由学校发给聘书。

4. 绩效工资制

2006年12月，根据北京市人事局工资制度改革文件精神和市教委的工作部署，学院实施完成了工资制度改革的套改工作。人事处对全院所有在职教职工的工作经历、学习经历及年限、历次任职情况及年限、执行的工资系列等情况逐一查档核实，严格按照文件规定核定每一位教职工的人事信息,进行套改。实施套改的共417人,并于同年12月在北京市教委规定时间进行了兑现。

表5.4-10　2001—2010年专业技术职务聘任(评审)情况一览表　单位:人

年份	正高	副高	中级	备注
2001		3	7	
2002		4	13	
2003	1		5	
2004	1	3	10	
2005		2	8	
2006	1	2	2	
2007	1	2	3	
2008	2	4	4	副高中1人为同级转系列
2009	3	6	6	副高中1人为同级转系列
2010	4	9	7	副高中1人为同级转系列

2009年12月,根据《北京联合大学旅游学院2009年绩效工资实施细则》(京联旅党〔2010〕9号),开始实行岗位绩效工资制度。2010年3月,完成了绩效工资核算、核拨、兑现工作。

5. 考核

学院2001—2005年、2010年实行年度考核,2006—2009年实行学年考核。考核依据为学院制定的《北京联大旅游学院贯彻〈事业单位工作人员考核暂行规定〉的实施办法》(联旅人〔2000〕035号)及有关文件中对岗位职责的规定。学院成立了由院领导、相关职能部门负责人组成的考核工作领导小组,下设由人事处、教务处、科研处、学生处负责人组成的考核工作小组。以部门为单位组织考核,按照个人述职、部门评议并推荐考核等次、考核工作领导小组审定、院长办公会审批、结果公布、反馈个人(签字认可)等程序进行。自2007年起,对考核为优秀的教职工进行公示。

考核等次为优秀的人员比例不超过参加考核人员的15%。根据考核结果,按规定晋升或不晋升薪级工资(职务工资),并按规定兑现或扣发岗位津贴(目标津贴)的兑现部分。对考核优秀人员,学院实行一次性奖励。

表5.4-11　2001—2010年(年度)考核结果一览表

年份	参加考核人数	优秀	合格	基本合格	不合格	不打考核等次	备注
2001	252	40	210	2	—	—	参加考核人数含中层干部
2002	229	35	185	8	1	—	参加考核人数含中层干部
2003	217	34	183	—	—	—	
2004	212	32	178	2	—	—	
2005	220	35	185	—	—	—	
2006	219	33	181	3	—	2	
2007	237	34	196	1	—	6	“优秀”含中层副职3人
2008	232	30	199	2	1	—	
2009	230	29	199	2	—	—	
2010	218	27	191	—	—	—	

注:表中未注明年度,“参加考核人数”中不含院领导、中层干部。

表 5.4-12　2001—2010 年考核优秀人员名单

年份	考核优秀人员
2001	王兵、赵丽、张卓立、毕爱萍、李渊峰、贾福龙、冯冬明；赵幼芳、马春丽、陈艳杰、王春荣、张凤海、李帆、郭红、张明、汪宪、张雪鸥、刘爱服、李涛、郝晶晶、莫苛、张玉凤、孙本爱、马萨、刘亭立、王瑞林、吕勤、王美、张桂焕、高苏、侯笑达、刘朝霞、张亦鲁、杨艳萍、杜振海、刘建平、张德江、任德荣、蔡淑珍、饶小红
2003	施尔薇、刘志红、胡嫣茹、刘爱服、袁立辉、吕勤、穆洁华、章晓盛、曹庆红、李凌鸥、许青月、孟祥萍、刘燕、秦明、郭京春、侯笑达、衣玉芳、靳洁、汪艳丽、王彩玲、张明、勘淑清、赵晶、于平、张建北、吴巧红、潘小平、高珣、张宾华、田普跃、杨汇雨、张玉清、张淑清、张凤兰
2004	潘素玲、张惠芬、杨力红、魏敬安、刘志红、王瑞林、白旭光、吕勤、曹芙蓉、曹庆红、冯丽霞、李享、李京颐、孟祥萍、刘燕、王丰民、何小玲、张岩、孙惠君、王玉洁、雷原、张明、贺永久、马萨、张建北、张亦鲁、蔡淑珍、杨汇雨、傅月辉、魏丽君、张鸿燕、张爽
2005	魏敬安、潘素玲、施尔薇、袁立辉、梁宝恒、田奕、顾红、段继华、刘艳华、张玉凤、荆艳峰、李享、曹庆红、许荣华、孟祥萍、张谷、张桂焕、李秀娜、王月、汪金辉、汤利华、张红娟、许青月、张凤红、杜振海、陈霜、汪宪、贺永久、马萨、崔友霞、彭君霞、韩启成、张爽、刘建平、魏丽君
2006	吕勤、陈艳杰、李帆、时少华、牛牧天、吴巧红、雷原、马松涛、刘建平、崔友霞、韩启成、任德荣、任保良、周永利、罗旭华、林峰、荆艳峰、张玉凤、陈文力、郭亚东、刘捷、洪华、黄育红、孙圣英、马飞翔、范广丽、田奕、段继华、张蕾、张桂焕、郑晶、赵欢、胡兆宗
2007	李芳、张立纯、龙润湘、何文竹、张红娟、张岩（保卫）、姜忠民、宋子千、杜振海、李民、张立芳、张志敏、张振禄、闫文祥、李华山、李享、冯丽霞、赵晓燕、李京颐、杨劲松、孟祥萍、臧纯跃、潘素玲、梁宝恒、刘志红、李春颖、田奕、王若洪、何小玲、秦岭南、张斌
2008	张立纯、吴宁、李朝峰、汪宪、张建北、张凤红、马春丽、陈霜、翟建乡、张立芳、杜稚君、曹福荣、赵小丽、陈文力、林峰、王丽、孟祥萍、许荣华、杨力红、陈洁、孙圣英、李萱、刘福军、鲍卫华、陈娟、周颖、谷建军、陈愉秉、侯笑达、王丰民
2009	张京、张立纯、李莹、刘天俊、赵晶、张雪鸥、张凤红、马松涛、刘建平、田秋芳、明洁、关进香、田彩云、裴正兵、靳建明、宁华、孟祥萍、王美、陈洁、洪华、袁立辉、胡嫣茹、田奕、权震红、王芳、李奇、陈维富、汪选明、汤利华
2010	王美、王彩玲、付月辉、田奕、石霞、刘玉英、刘守岭、刘建平、刘燕繁、吕勤、孙梦阳、闫晓鹏、吴巧红、吴泰岳、张凤兰、张桂焕、张爽、李萱、杜振海、陈文力、陈洁、周颖、孟祥萍、赵丽、高苏、曹庆红、鲍卫华

6. 奖励

对教职工个人或集体的奖励以单一项目的形式进行，主要有以下几类。

(1) 优秀教师和教育工作者

市级：自 2003 年起，北京市组织评选优秀教师和优秀教育工作者。根据北京市相关文件，由学院推荐、学校审议，报北京市教委批准。后改为由学校在校级优秀教师和优秀教育工作者中推荐。

校级：自 2003 年起，学校每两年组织一次优秀教师和优秀教育工作者的评选。学院根据学校制定的优秀教师和优秀教育工作者评选办法及下达的指标来组织评选工作，候选人经院长办公会审定后，向学校推荐。

(2)“三育人”先进个人和先进集体

“三育人”先进个人和先进集体每两年由工会系统组织评选一次,先评选出院级“三育人”先进个人和先进集体,再从中按照学校下达的指标推选校级“三育人”先进个人和先进集体,经学院审定后报学校(见表 5.4-13)。

表 5.4-13 2001—2010 年获奖集体和教职工名单

年份	奖励名称	奖励级别	获奖个人	获奖集体	备注
2002	“三育人”先进集体、先进个人	校级	宁泽群、张德江、杨力红	教务处	2000—2002 年
	师德先进个人	校级	王瑞林		
2003	优秀教师	校级	宁泽群、王美萍		
	优秀教育工作者	校级	罗桂霞、汤利华		
2004	教学基本功比赛	院级	李涛、秦明		
2005	优秀教师	校级	宁泽群、孟祥萍、洪华		
	优秀教育工作者	校级	衣玉芳、冯丽霞、汪艳丽		
2006	优秀教师	市级	宁泽群		
	“三育人”先进集体、先进个人	校级	秦岭南、韩如冰、彭军霞	酒店与餐饮管理系	
		院级	韩如冰、赵丽、张蕾、王美、秦岭南、罗桂霞、汪宪、杨艳萍、王宏、张立纯、彭军霞、田秋芳	酒店与餐饮管理系、英语旅游文化系、教务处	
	师德先进个人	市级	荆艳峰		
		校级	魏敬安		
		院级	荆艳峰、王玮、魏敬安、刘爱服、穆洁华、郭亚东、姜庆武		
2007	“迎奥运、讲文明、树新风”首都文明职工	市级	赵丽、吴宁		
	优秀教师	校级	宁泽群、李享、高苏、刘爱服		
	优秀教育工作者	校级	时少华、孟祥萍		
2008	“三育人”先进集体、先进个人	校级	王美、张岩(保卫处)、任德荣	日语旅游文化系	2006—2008 年
		院级	冯丽霞、李雨燕、张蕾、王美、张岩、马松涛、吕勤、张岩、任德荣、付月辉	日语旅游文化系、英语旅游文化系、学刊编辑部	
	师德先进个人	市级	刘艳华		
		校级	刘艳华		
		院级	宁泽群、刘艳华、潘素玲、杨昆、纪廷许、田雅琳、张桂焕		
2009	优秀教师	校级	潘素玲、刘艳华		
	优秀教育工作者	校级	汪艳丽、王丽		

续表

年份	奖励名称	奖励级别	获奖个人	获奖集体	备注
2010	“三育人”先进集体、先进个人	校级	穆洁华、吴宁、孟祥萍	酒店与餐饮管理系	2008—2010年
		院级	曹庆红、施尔薇、穆洁华、孟祥萍、张岩、宋志伟、明洁、付月辉、吴宁、刘雪芬、杜振海、刘守岭	英语旅游文化系、日语旅游文化系、酒店与餐饮管理系	
	师德先进个人	市级	田雅琳		
		校级	田雅琳		2008—2010年
		院级	宁泽群、石金莲、国伟、袁立辉、田奕、田雅琳、孙惠君		

（三）离退休人员管理

1. 离退休人员管理机构

学院设离退休工作办公室。该办公室挂靠在组宣部，负责学院离退休人员的管理和内退人员的管理。

2. 离退休人员情况

学院根据国家和北京市的有关规定，男教职工满 60 岁，女教职工中的干部满 55 岁、工人满 50 岁办理正式退休手续。

2001—2010 年，学院离退休人员数量大幅度增长。2001 年，有离休人员 16 人，退休人员 76 人，离退休人员与在职教职工的比例为 1∶3.6。截至 2010 年，有离休人员 15 人，退休人员 158 人，离退休人员与在职教职工的比例为 1∶1.7。

学院在离退休人员中建立了党总支，下设离休人员党支部 1 个，退休人员党支部 3 个，并设有兴趣小组 3 个，参加人员 80 人。

3. 离退休人员待遇

教职工离退休后享受国家发放的离退休费和学校（院）发放的福利待遇。

（1）离休费

2001—2004 年，离休教职工的离休费由学院发放。2004 年 7 月，北京市对离休人员的离休费进行了规范，离休教职工的离休费除离休生活费和补贴外，还含有每年 4000 元的过节费。自 2004 年 7 月起，离休费由北京市财政支付。2001—2010 年，北京市共 3 次提高离休费标准（2001 年 1 月、2001 年 10 月、2003 年 7 月），2 次进行增资（2001 年 10 月、2003 年 10 月），3 次提高生活补贴（2001 年 1 月、2002 年 1 月、2010 年 7 月），4 次调整护理费标准（2005 年 8 月、2007 年 8 月、2008 年 1 月、2009 年 1 月）。

（2）退休费

教职工退休时，以其基本工资和北京市职务补贴为基数按比例发放退休金。2001—2010 年，北京市 3 次提高退休金标准（2001 年 1 月、2001 年 10 月、2003 年 7 月），2 次进行增资（2001 年 10 月、2003 年 10 月），3 次增加生活补贴（2001 年 1 月、2002 年 1 月、2007 年 7 月），2010 年，北京市向退休人员发放职务补贴和年龄补贴，并提高过节费（4000 元/人·年）。

(3) 离退休人员享受的学校(院)福利

2001—2004 年,学院向离休人员发放离休费。2004 年,北京市规范离休费并由市财政支付后,学院不再发放这些费用。对退休教职工,学院 2001—2010 年另外发放过节费。

4. 离退休人员经费

学院离退休办公室掌管的离退休人员经费包括:离休人员特需经费、离休人员健康疗养费、退休人员管理费、离退休人员福利费、关心下一代工作委员会和老教育工作者协会活动经费等。这些经费,按照离退休人员的数量,由北京市或学院拨款,由离退休办公室掌控使用。以上各项经费按照规定的使用途径,全部用于离退休人员本身。

5. 老干部工作落实情况

学院的老干部管理工作,主要围绕《北京市老干部工作领导责任制及目标考核责任制》(京组发〔1996〕4 号文)的要求展开。该文件是老干部各项管理工作的指导性文件。

老干部工作的考核重点分四个方面:管理制度、政治待遇、生活待遇、活动室建设。每一个部分都有具体的工作内容与衡量标准。

(1) 关心和落实老干部政治待遇方面的情况

第一,学院领导重视老干部工作,特别是分管老干部工作的党委书记做到了经常了解、过问老同志的思想、生活、身体等方面的情况。

第二,定期组织党员和群众活动,包括:定期组织支部书记和支委开展学习和培训活动;每年给离休人员订阅报刊、给离退休党员购买有关文件读本;学院领导坚持每学期向离退休人员通报情况;学院和离退办不定期向离退休人员代表征求意见。在组织活动及召开重要会议时,能够及时请离退休有关人员参加。

(2) 关心和落实老干部生活待遇方面的情况

第一,学院每学期召开一次关于困难补助问题的讨论、审核会议;对于个别在生活上确有困难的老同志,给予适当补助。另外,遇到有特殊情况,学院按照“特事特办”的原则进行处理。

第二,学院领导每年在春节期间分头到老领导、部分老教师家里走访、慰问。离退办工作人员坚持定期看望长期有病和重病住院的老同志。

第三,离退办工作人员坚持对曾经患过癌症、年龄较高、空巢家庭等人员进行慰问与沟通。

第四,学院每年保证了离退休人员的工资正常按时足额发放,保证了离退休人员的过节费、改革成果共享费按时发放。

第五,学院按有关文件规定,每年都组织 9～10 次离退休人员春游、秋游和参观考察活动。

第六,每年春节前夕,学院以茶话会、团拜会、会餐等形式,向全体离退休人员拜年并通报工作情况,表明了学院对老同志的关心、尊重。

第七,离退办每年都组织一些有利于老年同志身心健康的文化、娱乐、健身等活动。

6. 离退休人员管理制度

学院为了加强离退休工作,印发了《关于北京联合大学旅游学院调整部分工作领导小组和工作机构的通知》(京联旅党〔2010〕23 号)和《北京联合大学旅游学院关于贯彻落实〈北京市离退休干部工作领导责任制〉实施细则》(京联旅党〔2011〕32 号)。离退休办公室的各项工作,都按照相应的工作流程进行,确保了离退休办公室的各项工作得以顺利完成。

第五节　学生教育管理

一、学生管理

(一) 组织机构与工作机制

2001 年,学院调任贾福龙主管学生工作。2004 年,学院成立招生就业处,主管心理健康教育工作。2005 年,梁磊任学生工作部(处)处长兼团委书记。2006 年,学院党委决定成立学生工作领导小组,由院党委书记任组长。2007 年,学院党委决定在各系设立专职辅导员;2009 年,院党委决定单独设立团委,挂靠学生处,独立办公,形成了以学生处、团委为中心,各系辅导员、班主任紧密配合,各司其职的学生工作机制。

学院学生管理工作队伍主要包括学生处(团委)、各系辅导员构成的专职人员和由班主任组成的兼职人员。学院兼职学生队伍身兼教学与管理双重职责。学院对班主任进行系列培训,对优秀班主任进行表彰,并建立班主任工作考核档案。从检查宿舍情况、奖学金评定、课堂纪律、班级建设等各方面进行考核。2001—2010 年,学生管理干部获省部级奖 4 人次,获校级奖 12 人次(见表 5.5-1)。

表 5.5-1　2001—2010 年学生管理干部获校级及以上奖励情况一览表

序号	年份	姓名	奖项名称	获奖级别	颁发单位
1	2002	冯丽霞	社会实践先进个人	校级	北京联合大学
2	2002	冯丽霞	思想道德建设平台征文三等奖	校级	北京联合大学
3	2004	冯丽霞	优秀班主任	校级	北京联合大学
4	2005	李　帆	高校学生就业工作先进个人	市级	市教委
5	2005	冯丽霞	优秀教育工作者	校级	北京联合大学
6	2006	张　蕾	优秀班主任	校级	北京联合大学
7	2007	冯丽霞	德育工作先进个人	校级	北京联合大学
8	2007	冯丽霞	2007 年毕业生就业工作先进个人	校级	北京联合大学
9	2006—2007	冯丽霞	毕业生就业工作先进个人	校级	北京联合大学
10	2008	冯丽霞	北京市总工会“奥运会立功标兵”	市级	北京市总工会
11	2008—2009	冯丽霞	十佳辅导员	校级	北京联合大学
12	2009	郭　鹏	国庆六十周年先进个人	校级	北京联合大学
13	2009	冯丽霞	首都高校社会实践先进工作者	市级	团市委
14	2009	刘福军	信息宣传先进个人	校级	北京联合大学
15	2009	李　帆	学生就业工作先进个人	校级	北京联合大学
16	2009—2010	马飞翔	校十佳辅导员	校级	北京联合大学

（二）重点工作

1. 奖励与资助

（1）奖励

自2002年起，院校两级每年对学生及学生干部进行评选和表彰，并推荐其中的优秀者参加市级评选表彰。具体奖项有三好学生、优秀学生干部、各类奖学金等（见表5.5-2）。家庭生活困难的学生，还可以得到低息学生贷款。2005年，美籍华人周厚栋博士在学院设立“友人奖学金”，为品学兼优的家庭经济困难学生提供每年每人500美元的奖学金。此外，学院还设有金隅奖助学金，它是由北京金隅集团有限责任公司在学校设立的，分为奖学金和助学金两类，奖学金奖励给学习刻苦、成绩突出的学生，助学金奖励给家庭经济困难、成绩良好的学生。

表5.5-2　2001—2010年获得三好学生、优秀学生干部、奖学金人数统计表　单位：人

年份	三好学生			优秀学生干部			各类奖学金	院级三好学生奖及优秀学生奖		
	院级	校级	市级	院级	校级	市级		一等	二等	三等
2002								40	77	164
2003			2			2		41	90	164
2004			3			1		41	96	167
2005	25	22	2	40	40	1	85	45	98	170
2006	23	22	3	49	18	1	84	42	96	174
2007	90	31	3	56	20	1	86	3	34	165
2008	83	36	3	59	20	1	92	5	40	177
2009	87	40		56	21		91	6	62	229
2010	77	43		49	18		69	11	110	234

表5.5-3　获得国家奖学金、助学金、友人奖学金和贷款人数统计表　单位：人

年份	国家奖学金	励志奖学金	国家助学金		友人奖学金	金隅奖助学金	学生贷款
			一等	二等			
2003	2						5
2004	2						6
2005	3				3		15
2006	3				3		33
2007	5	32	60	90	3	2	44
2008	5	44	103	154	3	4	58
2009	5	57	121	182		5	45
2010	5	73	159	207		4	20

注：国家励志奖学金、国家助学金于2007年开始发放。

2001年，中共北京市委教育工作委员会、北京市教育委员会、共青团北京市委员会、北京市学生联合会联合颁发奖状，授予餐饮管理系1999级烹饪班“2000—2001学年度北京市先进集体”称号。

2003年，2001级烹饪工艺专业田峻同学参加第五届全国烹饪技术比赛，获得个人赛西餐项目“金奖”和“最佳厨师”荣誉称号。

2004年，中共北京市委教育工作委员会、北京市教育委员会、共青团北京市委员会、北京市学生联合会颁发奖状，授予餐饮管理系2002级烹饪班“2003—2004学年度北京市先进集体”称号。

（2）处罚

依据《北京联合大学学生手册》规定，学生处对违纪学生的处罚分为五等：警告、严重警告、记过、留校察看、开除学籍。

围绕违纪处分条例，学院积极组织入学学生学习《学生手册》，并分别以班、系、学院为单位进行考试，深化学生对学校各项纪律要求的掌握和熟知，以防止违反相关规定。

对于违纪学生，按照程序规范处理，确认事实，找学生谈话，讲明处罚依据和方式。同时加强对受处罚学生的心理引导，确保身心安全。

关于学生违纪处分的解除，学院2008年开始执行《北京联合大学解除学生违纪处分管理办法（试行）》。学院认真教育并组织学生通过自身努力创造条件，达到解除处分的标准，并依照此办法解除学生处分，激励学生不断进步。

2. 学风建设

学风建设关系学生成长成才。学生处认真贯彻落实《首都大学生文明公约》和《旅游学院大学生文明行为规范》精神，做好校园文明行为的宣传教育和监督检查工作，力争杜绝不文明现象及行为，净化校园环境。

2001年，学院开展了诚信教育，进一步培养学生科学严谨的治学态度，杜绝旷课、迟到、上课开小差等不良现象。加强考风考纪的宣传和教育工作，严格考试纪律，在学生中，形成一种自觉学习，自我管理，自我提高的良好习惯。

2003年，在全院范围内进行学风建设情况问卷调查，发放问卷200份，涉及课程设置、学习目的、学习规划、职业发展等诸方面的内容，旨在发现学风建设各种问题并有效解决。

2006年，加强与北京兄弟院校的学生交流，通过旅游专业学生论坛等组织平台，与北京外国语大学、北京第二外国语大学、首都师范大学等兄弟院校相互交流学习经验，增强了学习氛围。

2007年，建立健全班级学风考察制度。通过考勤、课题记录、学业成绩等诸方面指标的考察，对各班学风进行正面引导，增强学生的纪律观念，提高学习意识。同时，做好考试教育。从2007年开始，于考试前组织学生进行“诚信考试，从我做起”签名活动。

2008年，组织学生开展读名著征文活动，以开拓学生视野、丰富知识储备。同年，邀请著名作家、北京语言大学教授、全国政协委员梁晓声先生来院进行文化讲座，使学生与大师零距离接触，更好地感受大师风采。

3. 征兵工作

学生处认真做好征兵工作，宣传到位，配合有力。宣传主要着眼大学生征兵的相关政策，包括学费减免、学籍管理、后期发展、学业安排、优抚安置、工资补贴、奖惩规定等。学院利用主题班会、宣传板、网络、重点谈话等方式，保证宣传的有效性。同时，按照学校统一部署，组织学生报名，进行初选、校武装部审核以及体检，确保质量。学生处还结合征兵工作对学生进行爱国主义教育，了解解放军建设的最新成果。

表 5.5-4　2010 年在校生征兵入伍情况一览表

序号	入伍时间	姓　名	班　级
1	2010	赵大伟	10 高职酒店管理
2	2010	刘美超	10 酒店管理专接本

4. 社会实践

社会实践一直是学院团委的重要工作之一，有着良好的工作传统，也受到学院领导的重视与大力支持。2001—2010 年，学院大学生暑期社会实践工作，始终坚持“按需设项、据项组团”的原则，结合社会发展和学生专业内容的实际需要，重视发挥人才和智力优势，开展了以专业实践、理论宣讲、志愿服务、主题调研、环境保护和奥运宣传等为主要内容的实践活动。同时，不断巩固学院社会实践的传统工作项目成果，完善“大学生社会实践立项制度”，培养了大学生的综合能力。

每年，学院团委都组织“重走革命路”的革命老区“红色之旅”社会实践团，使学生不断接受革命传统教育；为支持“村官”工作，开展了与“村官”所在村镇的“手拉手”社会实践互动活动；为提高学生的基层工作能力，开展了为朝阳区、西城区各街乡的社区主任当助理的社会实践活动等。学院团委还安排各系团总支、团支部自行组织以文化考察、志愿服务、社区公益宣传、主题调研、义务支教、课外科技制作以及结合专业特点的各种社会实践活动。2004—2010 年，社会实践团队与参与人数逐年增加，团队数由 2004 年的 7 个发展到 2010 年的 61 个，参与人数由 2004 年的 924 人发展到 2010 年的 3243 人(见表 5.5-5)。截至 2010 年，学院已连续六年荣获联大社会实践先进单位称号。15 个结合专业、形成一定特点和特色的团队被评为北京市和学校社会实践优秀团队。13 名教师被评为北京市高校系统社会实践工作先进个人和学校暑期社会实践优秀指导教师。32 名学生被评为学校社会实践先进个人。

表 5.5-5　2004—2010 年社会实践团队和参加人数统计表

年份	2004	2005	2006	2007	2008	2009	2010
团队数	7	9	9	62	40	40	61
参与人次	924	837	798	1413	8254	1321	3243

5. 就业工作

2004 年，学院成立招生就业处；2005 年，招生就业处更名为就业指导中心，挂靠学生处，独立办公；2009 年，撤销就业指导中心，部门相关职能归属学生处。在历年学生就业工作的实践中，学院形成以下几个特点。

(1) 定期召开就业工作会。由各系、各毕业班班主任汇报就业进展，并对存在问题进行及时解决。

(2) 采取阶段推进的方法，分阶段制定合理有效的就业目标及就业工作奖励政策，及时召开就业工作阶段总结交流会。学院领导亲自到会提要求，使学生就业率、签约率保持在联大前列，并确保每年的毕业生就业率、签约率不低于往年。

(3) 定期召开就业困难学生座谈会。通过座谈了解这些学生的状况，解答他们的问题，鼓励他们增强就业信心，并为他们提供就业信息。

(4) 开展校园招聘活动。加强就业服务，邀请毕业生做就业信息现场宣传，每年定期举办招聘会和企业进校园宣讲活动。

(5) 开展学生就业咨询与服务工作。积极为学生提供就业指导与服务，解答学生的各种就业咨询，为学生顺利签约提供帮助与服务，做好学生的就业与签约工作。

(6) 与用人单位广泛联系，为学生寻找就业信息。

(7) 及时与教务处核对毕业生人数，做好各毕业班、各系就业率、签约率的周统计、月统计及三方协议的录入工作。

(8) 维护学院就业信息网的日常运转，对学生自主创业、当“村官”、做社区工作者和征兵入伍的相关政策、办法在网上发布，为毕业生提供网上招聘信息。

(9) 开设就业指导课程。学院十分重视学生就业与职业生涯指导工作，通过讲座和专业辅导等方式，引导学生做好就业思想准备和心理准备，正确认识职业与人生的关系等。2007 年，学院正式开设职业生涯规划选修课；学院的新版教学大纲将就业指导列为必修课。

由于学院重视学生就业工作，2004—2010 年，学生就业率比较稳定，并逐年提高(见表 5.5-6)。

表 5.5-6　2004—2010 年毕业生就业情况一览表　　单位：人

年份	毕业生数	就业情况				就业率/%
		一般就业	考研	专接本	出国	
2004	425	393	0	22	1	97.9
2005	444	418	2	15	0	98.0
2006	490	448	2	16	9	96.9
2007	536	500	0	17	12	98.7
2008	546	506	0	17	18	99.1
2009	496	463	0	18	11	99.2
2010	627	574	2	18	20	97.9

二、思想政治教育

(一) 机构设置

学生思想政治教育在学院党委的领导下，由组织宣传部、学生工作部(处)、团委、人文社科基础部共同负责。组织宣传部主要负责学生党员的教育管理；学生工作部(处)负责学生日常思想政治教育；团委主要负责团员青年的思想教育与管理；人文基础部马列教研室和学生工作部(处)思想教育教研室共同负责思想政治理论课的教学工作。学生思想政治教育贯穿于学生在校全过程和全方位。

(二) 内容与形式

学院党委高度重视学生思想政治工作，不断探索新时期学生思想政治教育的规律，不仅确立了思想政治工作的目标与任务，而且通过每年的“三育人”(教书育人、管理育人、服务育人)先进评选，以及工会开展的“最受欢迎的教师”评选活动等，调动全院教职工的积极性，形成了全员育人的工作格局。2004 年学院被评为北京高校党建研究 2002—2004 年学会工作先进学校;2007 年，学生工作办公室荣获校级德育工作先进集体称号。

1. 学生业余党校教育

2004 年，学生处组织部分学生党员成立党的知识宣讲团。通过对学生党员进行系统培训，要求他们结合个人成长历程和党建基础知识组织演讲，为学生入党积极分子上党课。学生党员为此积极备课、制作课件，并在初级党校中积极发挥作用。该宣讲团逐渐演变成学院学生社团——邓小平理论研修协会。在教育培养学生党员的同时，2004 年，学院团委成立了党员标兵团。

10 月，学院学生党校正式成立，实行统一领导，二级管理，三级责任制度。10 月 12 日，党校举办学生班开班仪式，邀请首都师范大学青年教育艺术研究所所长、中共北京市委讲师团特约报告员郭海燕教授进行“全面提升自我，创造美丽人生”的专题讲座。此后，该讲座成为党校学生班保留内容。

党委重视学生业余党校的建设，充分发挥学生业余党校的教育平台作用，培养优秀学生入党。截至 2010 年，党校初级班共举办 10 期(每年一期);党校高级班举办了 20 期(每学期一期)。参加党校初级班学习的学生数为 4783 人，结业人数为 4060 人;参加党校高级班学习的人数为 3048 人，结业人数为 2852 人。2001—2010 年，共发展学生党员 1094 人。

2. 思想政治理论课教育

学院注重发挥思想政治理论课在大学生思想教育过程中的主渠道作用，通过加强和改革思想政治理论课、形势与政策课以及军事理论课等课程，提高教学效果，帮助学生树立正确的世界观、人生观、价值观，提高理论水平以及分析、认识、处理问题的能力。特别对贴近现实的形势与政策课，学院精心组织。2001—2010 年，相继开设了世界贸易组织(World Trade Organization，WTO)、党的十六大报告解读、抗击“非典”斗争中获得的重要启示、和谐社会建设、社会主义核心价值体系教育、奥林匹克运动会与志愿者、中共十七大报告解读、学习实践科学发展观、纪念五四运动 90 周年、庆祝新中国成立 60 周年——爱党爱国教育、学习贯彻中国共产党第十七届中央委员会第四次会议精神、《政府工作报告》(2010 年 3 月 5 日)解读等一系列主题鲜明的课程。通过学习，学生了解了世情、国情、民情，明确了学习方向，加强了使命与责任感，为其尽快尽好地成才奠定了基础。

自 2005 年始，为配合“形势政策教育”，学生处为各班购置并下发了《大学生时事教育读本》，并一直持续至今。

3. 主题教育

学院紧紧围绕教育主题，先后引导学生深入学习邓小平理论和江泽民同志“三个代表”重要思想，中国共产党的十六大、十七大报告，并结合雷锋活动日、五四运动、“一二・九”学生运动、建党 80 周年、北京奥运会、新中国成立 60 周年等党和国家以及学校的重要纪念日、重大活动和重要工作，开展主题教育，通过影片观摩、参观、讲座、演讲比赛等形式，加强对学生的思想政治教育，提高学生接受教育的主动性和积极性。例如，以迎接本科教学工作水平评估为契机，开展“进一步加强学生思想政治工作，全力建设文明校园”的教育活动;为贯彻落实胡锦涛同志关于社会主义荣辱观的重要论述，开展了学习践行“八荣八耻”社会主义荣辱观教育活动；为加强奥运精神和奥运知识的宣传，帮助学生增强人文奥运理念，开展了“我参与、我奉献、我快乐”的奥运志愿精神培育活动；为加强对中共十七大报告精神的学习，开展了进一步坚定理想信念，永远跟党走的活动；为深入学习实践科学发展观，开展了增强社会主义核心价值体系影响力的论坛活动；为使学生树立正确的道德观，开展了“感恩社会、志愿回报”活动；为庆祝新中国成立 60 周年，开展了以“爱国、责任、使命”为主题的系列爱国主义教育活动等。

4. 新生入学教育

学院学生入学教育特色鲜明，注重实效。学生处起草了《致新生和家长同志的一封信》，连同《家庭情况调查表》随录取通知书发放给新生。同时，学院向特困生开辟绿色通道，接受新生办理助学贷款的申请，并帮助他们及时入学报到。

自 1987 年起，学院组织为期一周的入学教育和两周的军事训练就从未间断过。2001—2010 年，学院通过学生工作部(处)、教务处、保卫处、图书馆、各系(部)分别对新生进行军训动员、学业学籍解读以及安全、图书资源利用和专业教育等，使新生较全面地了解了大学、学习和专业发展方向。学生军事训练地点分别为河北省高碑店中国人民解放军第三十八军、66336 部队、昌平八一军训基地、昌平盛华人才培训中心等。学院新生军训地点和时间安排相对稳定，十年中只有过 2 次地点调整，1 次时间调整(见表 5.5-7)。

表 5.5-7 新生军训地点和时间一览表

序号	年份	军训地点	承训部队	军训天数
1	2001—2004	北京军区通讯士官大队	北京军区通讯士官大队	10—12
2	2005—2008	北京延庆八达岭军训基地	66081 部队	14
3	2009—2010	北京昌平盛华人才培训基地	基地教官	14

通过举办国防教育讲座和军队光荣传统教育讲座，向新生讲述了中国人民解放军发展壮大的历史和新时期国防建设的重大成就。同时，结合教官现身说教，以潜移默化的方式，使学生在军营这个特殊的环境里、在短暂的军训生活中，深入学习了解放军的优良传统和作风，了解了军人的苦乐观、价值观，感受了军人吃苦耐劳的品质和强烈的牺牲奉献精神，增进了对革命军人的理解，从而使学生的意志品质受到磨炼，思想境界得到升华，人生态度和人生目标进一步端正。

从 2006 年 9 月起，军事理论课被正式列为大学生的必修课，由教务处协助施行。学生在校期间必须完成军事训练和军事理论学习，并取得合格证书。若当年因各种原因未能完成或未取得合格证书者，必须在第二年随下一级学生补训，直到完成军训并取得合格证书。军训不合格的学生不得毕业。根据规定，学院军事理论课相关课程教授和考试阅卷由国防大学教师完成，学院学生处负责相应的组织协调工作。

学院各系还结合各自专业特点展开入学职业教育活动，并由班主任带领新生学习《学生手册》和《大学生安全知识》等，强调校规校纪、学籍管理、评奖评优、违纪处分、安全常识等几项重要问题，学习后学院对全体新生进行校规校纪闭卷考试，检查学习效果。

学院还对新生开展各种专题讲座，使新生入学教育工作更有针对性和实效性。讲座内容十分丰富，具体情况见下表 5.5-8。

表 5.5-8　2001—2010 年新生入学教育讲座一览表

年份	讲座主题	主讲人	备注
2001	导游从业素质要求	孟小泉	全国十佳导游
2002	中西文化比较	杨乃济	清华大学教授
2002	如何成为旅游业人才	孟小泉	全国十佳导游
2003	理想与人生	李佳华	中国青年政治学院教授
2003	旅游业形势及对人才需求	赵　鹏	学院院长
2004	旅游行业人才需求	赵　鹏	学院院长
2005	学院培养目标及旅游行业对人才素质的需求	冯东明	学院副院长
2006	大学生学业生涯规划指导	李　因	学院党委书记
2006	学院培养目标及旅游行业对人才素质的需求	冯冬明	学院副院长
2007	旅游行业发展趋势及对专业人才素质的需求	赵　鹏	学院院长
2007	大学生涯规划指导	李　因	学院党委书记
2008	学业生涯规划	罗旭华	学院管理学教授
2008	如何走向成功之路	谭浩强	清华大学教授
2009	首都旅游业形势及对人才的需求	冯冬明	学院副院长
2010	大学生活与理想	李佳华	中国青年政治学院教授

5. 心理健康教育

2002 年，学生处聘任心理咨询专职教师。同年，学生处心理健康辅导中心对新生进行了 UPI 测试，建立了学生心理健康档案。

2003 年 7 月，学院成立心理咨询中心，隶属学生工作部(处)。通过心理健康测试，为全院学生建立了心理健康档案；通过日常咨询，已为 500 余名学生提供了个别辅导；通过每年举行的“5·25”心理健康日活动，为学生开办心理健康漫谈、专题讲座、心理电影赏析、心理知识宣讲等，引导学生充分认识心理健康对于个人成长的重要意义，提高学生参与心理健康教育活动的热情。

2004 年，为给全院学生工作提供依据和指导，使学生工作人员准确把握学生的心理和思想状态。学生处在开展问卷调查的基础上，完成了“学生思想状况”和“学生心理状况”调研报告，并下发给各系，以使他们有针对性地开展工作。自 2004 年开始，学院每年举办“5·25 心理健康日”活动，并在各教学班建立了心理委员，加强了学院与学生之间的沟通和联系。学生处主持编纂了《大学生心理健康报》和《“青春飞扬”——大学生心理健康教育专刊》；实现了网上心理咨询和周一至周四下午的心理健康个别咨询；在各系分别开展了大学生心理健康讲座；在酒店管理系设立了“心理素质实训班”，将团体心理辅导引入课堂教学。实践中，心理健康日的活动内容日趋丰富，逐渐演变为学院校园文化特色活动“四节一周”之一的“心理健康周”。为了突出和加强大学生心理健康教育，学院学生还组织了“大学生心理健康实训体系”课题组，开展有关研究。该课题于 2005 年结题。

2005 年，成立了心理社团——心馨社；同年 2 月，建立了学生心理观察员制度。

2007 年 10 月，成立心理危机干预工作小组和学生“心理协会”。协会聘请了 5 名北京师范大学的研究生作为兼职咨询员。建立了由院级心理咨询中心(学生处负责)、系级心理辅导站(专职辅导员负责)和大学生心理协会(院团委负责)构成的三级心理辅导网络。

自2008年开始，学院对入学新生进行“卡特尔”人格测试及K-90测试，了解新生思想情况。

截至2010年，学院已成功干预了10名有心理危机的学生。2010年12月，与中国红十字会心灵阳光工程合作，在学院成立了“心灵阳光关爱中心”，并接受其赠送的图书800册。心理健康教育在学院不断深入发展。

6. 就业教育

学院十分注重毕业生的就业观教育。通过就业指导专题讲座和“在创业中实现人生理想”等教育活动，帮助毕业生树立积极的就业观，引导学生到基层、到农村、到祖国需要的地方就业。在2001—2010年的毕业生就业工作中，涌现出很多到基层、到西部、到边疆工作的优秀毕业生。例如，2005年，语言文化系2005届毕业生赵艳涛同学，就选择了到内蒙古自治区呼和浩特市北郊的厂汉板小学支教。

2006—2010年，学院立志当“村官”和支教的毕业生共103人。在院党委副书记的带领下，学院多次组织系(部)党总支(支部)书记、工会和教代会干部到房山区、通州区、昌平区看望当“村官”和支教的学生，并召开座谈会，了解他们的工作、学习、生活情况，鼓励他们坚定信心、克服困难、作出成绩，为校争光。

7. 关注贫困学生成长

学院贫困学生占在校生的20%左右，除了解决他们的经济困难，使他们能够正常学习生活外，学院还贯彻“自立、自强、自尊、自信”的成长教育主线，在贫困学生中开展了“勤工助学伴我成长”“自立、自强、自尊、自信——优秀贫困生成长经验交流会”“感恩社会、志愿服务”“贫困生职业生涯团体辅导与就业帮扶”“暖心工程”等活动，并通过走访、新年慰问座谈会等教育活动关心贫困生。艺术教育系还建立了“爱心基金”，给贫困学生捐款捐物，使贫困学生受到多方面的关心和帮助，促使他们安心学习，健康成长。

8. 学生思想教育进宿舍

学院把学生思想政治工作搬进了宿舍：一是成立宿舍学生自我管理委员会，定期召开会议，开展工作，调动学生自我教育、自我管理的积极性；二是学生辅导员深入宿舍，及时了解和掌握住宿学生的思想状况，化解矛盾，解决问题；三是发挥宿舍中学生党员的作用，使其成为创建文明宿舍的表率；四是加大奖励机制，以树典型、学典型的方式，推进文明宿舍的建设和良好风气的形成。

9. 丰富多彩的校园文化活动

文化建设是校园建设的精髓之一，学生文化活动对于学生成长成才意义重大。此外，学生处、团委还结合旅游专业特点，开展了多种学生活动。

(1) 举办旅游文化节

自2005年开始，学院学生活动以“品牌化、长效性”为目标，举办旅游文化节，至今已成功举办了6届。旅游文化节活动时间一般持续一个月，期间，开展各种赛事及展览活动：与专业紧密结合的“旅游线路设计大赛”，使学生们在活动中检验理论，做到“学以致用”，以赛带学；“各国风情展示”，使学生具有国际视角，感受“世界大同”；“中国民俗体验”，展现了旅游文化内涵；“以旅游业和旅游人才需求”为主题的系列讲座，使学生在与专家的对话中深入了解了旅游业，在与企业的对话中，寻求自身差距，明确了职业目标。另外，“日韩文化交流日”“英法文化交流日”“酒店餐饮文化节”,则以系和专业为依托开展,体现了各系风采和专业特色。

(2) 开展社团文化节活动

在2006年社团成立之初,社团文化节也随之产生,现已走过五年的时光。社团文化节包括社团展演、社团交流及文艺演出。这些活动的开展,促进了学院社团间的相互交流,也促进了学院社团与其他高校社团间的交流,推动了学院社团的发展和创新。

(3) 组织专题讲座

2001—2010年,学院邀请北京师范大学艺术与传媒学院于丹教授、首都师范大学音乐学院周世斌教授和教育学院丁锦红教授、总政歌舞团国家一级演员李延、著名男高音歌唱家丁毅、清华大学美术学院蒋智南教授和建筑学院高冬教授、中国音乐学院副教授高缨、曲艺杂家崔琦等专家学者艺术家为学生作了多场专题讲座。此外,还有来自中国科学院研究生院、美国继续教育组织(EESI)、以色列贝沙勒艺术学院、北京青年压力管理服务中心、中国民用航空局民用航空医学中心、中国语文现代化学会等机构的专业人员,作了百场以上讲座、座谈等,使学生不出校门就领略到各类大师的思想境界和专业功底。各系(部)也结合本专业学生特点,开展了不同形式的学术活动。经济贸易系连续多年举办师生学术年会;应用生物技术系何立千教授连续四年在不同班级开展“五四青年科技论坛”活动等。

(4) 其他活动

除组织讲座、论坛、报告活动外,学院还组织了多种适合学生特点的文体活动。例如,每年3月份举办“校园歌手大赛”;12月份举办“纪念一二·九运动暨大学生艺术节活动”等。

2010年首届“大学生自主创业挑战赛”,搭建了学生创业体验平台,以管理专业学生为重点,提供专业培训,为人才培养开辟了新途径。2010年的首届“旅游线路大赛”,实现了学生专业学习与实践体验的有效结合。

(三) 建设与研究

1. 制度建设

2001年,学院制定了《班主任工作管理考核办法》。2009年,学院落实《普通高等学校辅导员队伍建设规定》,加强辅导员队伍建设,组织部分学生工作人员到北京科技大学考察交流。同时,按照联大统一部署,制定了《专职辅导员工作职责》和《专职辅导员工作考核办法》,加强专职辅导员队伍的规范管理与考核。还出台了《专职辅导员岗位补贴管理办法》和实施细则,组织发放辅导员岗位补贴。

学院学生管理工作始终遵循《学生手册》的有关规定,坚持对学生在校期间实行德育综合测评,引导学生全面发展。2003年,学院成立了学生自律委员会,深入营造学生自我教育管理的氛围,同时坚持“双考勤”制度,强化学生准时上课、不无故缺课、自觉维护课堂秩序的观念,并对违纪学生进行严格处理。2007年,为适应新时期学生管理工作的特点,《学生手册》进行了改版和订正。

2. 思想政治理论课改革

学院的思想政治理论课建设,在党委领导和分管教学院长的指导下,由人文社科基础部下设的社科理论教研室承担,开设有《马克思主义基本原理概论》《毛泽东思想和中国特色社会主义理论体系概论》《思想道德修养与法律基础》《中国近现代史纲要》等必修课和《宗教知识》《国际关系》《礼貌礼仪》《商业伦理》《西方文化》《跨文化交际》《国际商务文化》等选修课。

为了使思想政治理论课适应青年学生的特点，为他们所接受，真正发挥学生思想政治教育主渠道的作用，社科理论教研室的教师积极探索，大胆改革，采用灵活、多样、生动的教学手段授课，调动了学生学习的主动性和参与性，锻炼了学生分析和解决问题的能力。2001—2010 年，在教育教学改革方面主要做了以下两项工作。

(1) 课程内容改革

1) “马克思主义基本原理概论”课程突破以往侧重理论体系的完整性，片面强调大而全的现象，尝试专题化教学，使教学内容更加集中和精炼。

2) 教授“毛泽东思想和中国特色社会主义理论体系”概论课程的教师，尝试调整教材的逻辑顺序，从历史入手，以史带论，使理论本身更具有说服力，受到学生的普遍欢迎。

3) 针对思想政治理论课教材内容的局限性以及与中学教材大量重复等情况，教师们广泛收集资料，为教学注入新鲜生动、反映社会现实、贴近学生思想实际的内容。例如，学院在第一时间购买大型资料片《大国崛起》在课堂上放映；还组织学生观看电视台热播的于丹“《论语》心得”栏目，并让他们谈感受，反响非常好；为让学生理解科学发展观的内涵和时代意义，教师们找来中央电视台录制的“新闻调查”节目，结合生动的事例让学生自己分析并得出结论。

(2) 教学方法改革

1) 问卷调查。在课前对学生进行问卷调查，以了解学生的人生态度和价值取向，对哲学、马克思主义、马克思、毛泽东、邓小平的了解程度以及对课程的期望等。这为教师掌握学生的基本关注点和困惑，并在教学中有针对性地进行讲解和引导提供了第一手资料，突显了思想政治理论课理论联系实际的功效。

2) 案例教学。思想道德修养与法律基础课程，运用大量实际案例来给学生分析道德和法律问题；教授毛泽东思想和中国特色社会主义理论体系概论课程的教师，通过“中国封建制度不同于欧美国家”的比较，引导学生寻找近代社会变化的规律性；马克思主义基本原理概论课，通过云南怒江修建水电站的争论让学生理解“科学发展观”。同时，在考试中也引入案例分析。

3) 小组合作报告。这是教学改革的方式之一，即在教学过程中，教师布置题目，学生以小组为单位下去收集和组织材料，并在课堂上作答题报告，最后由教师进行补充和讲评。已作过的报告有《我所知道的“大跃进”》《新中国外交》《我对爱国主义的理解》《我的爱国行为》《我眼中的苏格拉底》等。这种方式给学生提供了发表自己看法与见解的机会，调动了学生的学习主动性，锻炼了学习能力。

4) 参观考察。结合课程内容，学院组织学生参观北京香山双清别墅，观看“社会主义现代化成就展览”“反腐败展览”“复兴之路展览”等，使学生受到更形象直观的教育。

3. 思想政治工作队伍建设

(1) 思想政治理论课教师队伍建设

社科理论教研室原为旅游学院马列主义教研室，后改为社会科学部。2003 年机构调整时，与学院基础部合并组建人文社科基础部，下设社科理论教研室。该教研室原有专任教师 5 人(师生比约为 1∶450)，其中 4 人具有硕士学位，1 人为学士学位。为解决师资力量不足的问题，根据各学期的实际情况，学院不定期从院内聘请兼职教师协助完成教学任务。

(2) 学生思想政治工作队伍建设

从2001年开始,学生处实行每月学习制度,组织学生思想政治工作干部和管理干部开展学习;定期召开学生思想工作研讨会和学生党员发展工作专题研讨会等。

4. 科学研究

为了进一步提高思想政治理论课教学的质量,结合旅游学院的特点,除了积极参加校院科研活动外,社科理论教研室还通过在人文社科基础部内部进行的学术讲座与研讨会等来扩大教师们的视野,提高他们的学术意识。特别是在人文社会科学领域的多个学科开展了相互启迪和借鉴活动,先后举办政治哲学、旅游人类学、历史学的讲座,开展了有关哲学现象学、旅游学科建设、流行文化等问题的交流,提高了思想政治理论课教师的研究能力。2008—2010年,教研室共发表教研科研论文15篇。

学生思想政治工作干部也积极开展科研活动。2008年,学生处与各系学生工作人员通力合作,按期完成了校级党建课题"以党校建设为抓手,探索学生党建新思路"。2009年,完成了"应用型大学学风现状及对策研究"课题。

第六节　办学保障

一、校园规划与建设

(一) 校园规划

根据市教委、市发改委〔2002〕166号文件关于编制校园总体规划的通知,2003—2004年,学院开始编制及上报了《校园总体规划》。2004年12月,市教委下发了《关于旅游学院校园总体规划专家评审意见》,提出了七条评审意见及建议。

学院于2005年重新编制《校园总体规划》。2006年3月,新的《校园总体规划及综合实训楼设计方案》获市教委、市发改委、市规委及评审专家组的通过。2007年1月,市教委批复同意了《旅游学院校园总体规划》,同期,市规委批复同意了《旅游学院调整校区控规》。在此期间,学院兴建的"综合实训楼"分别被市教委、市发改委批准列入联大"十五"和"十一五"事业发展规划,规划建设综合实训楼项目启动。

综合实训楼总建筑面积为29 000平方米,其中地上面积24 000平方米,地下面积5000平方米,地上十一层,地下二层,建筑高度为45米,项目地点在院内西南角,2007年1月《规划意见书》获得市规委批准。

2009年,综合实训楼被列入校(院)重点建设工程项目,总建筑面积调整为35 000平方米,其中地上面积28 000平方米,地下面积7000平方米。该项目具体操作由学校执行。项目地点改为院内东南角。

(二) 校园建设

1. 基本建设情况

学院现有总建筑面积25 510.60平方米。2006—2008年,学院兴建建筑面积2670平方米,新增10.5%。

2005年，投入95万元，兴建900平方米的7号楼（内设有140平方米的饮食品化验室1个，182人阶梯教室2个，网络机房2个，留学生教室、阅览室共5个）；同年底追加专项经费，投入130万元，绿化食堂南侧6000平方米（2006年5月竣工），被命名为"游龙园"。还建设了塔楼大厅铜壁雕塑、景石。

2006年，投入专项经费198万元，兴建1320平方米的8号楼专业图书资料室（内设有140平方米专业资料室4个，60平方米视听室1个，60平方米英语机房2个，15平方米办公室4间，150平方米公共资料室1个）；投入专项经费34万元，兴建110平方米的实训客房（内设有前厅、标准间、套间）；投入专项经费95万元，改造了教学楼前广场，被命名为"博雅广场"；投入55万元，改造水池，建设地下灯光喷泉；投入68万元，设计制造学院主题文化雕塑，被命名为"翔"；更换改造宣传橱窗；投入7.2万元制作规范、统一的校园建筑物标识；投入217万元，改造校园道路6200平方米；投入234万元，绿化、美化校园12 000平方米。

2007年的专项、2008年完成的项目有：投入84万元，兴建了240平方米的酒店管理专业工艺实验室（内设有教学演示阶梯教室1间、实操室1间、电子舌及电子鼻1间、办公室及附属房小5间）；兴建平房5间，共100平方米（医务室3间，后勤办公2间）。

2. 基础设施改造情况

2006年，投入47万元，对学生公寓宿舍门、窗进行改造，改善了宿舍环境条件。

2008年，投入71.6万元，对校园用房进行了修缮；投入43.16万元，对食堂部分设备进行了更新；投入35.17万元，对校园内电力设施及电路进行了改造；投入16.9万元，对校园内建筑外立面进行了清洗；消除了各类隐患，也使整体环境焕然一新。

2009年，投入57万元，对一号楼和三号楼实施节能改造，更换了门窗和热表；投入64.74万元，对教学楼地下室进行了装修；投入193.85万元，对食堂操作间的地面、上下水、厨房设备、电气燃气设施等进行了改造，节省了能源，提高了效率，杜绝了隐患。

2010年，投入约808万元，对学生公寓实施了抗震加固；投入50.88万元，对留学生公寓暖气、上下水管道、多功能大厅、外跨梯防雨罩进行了改造；投入34.59万元，对教学楼卫生间实施改造；投入68.56万元，对学院综合雷电防护进行建设；投入76.24万元，对学院用电节能实施改造；投入51万元，对学院部分建筑的防水进行改造；校院还自筹资金26万余元，对食堂多功能厅的舞台、大厅实施改造装修；自筹资金约45万元，建设教授用房100余平方米，改造办公用房数间。

二、办学经费与管理

（一）机构设置与管理体制

2001—2010年，财务处作为学院唯一的财务管理机构，在院党委和主管院长（或书记）直接领导下，统一管理学院各项财务工作，实行"统一领导、分级管理"的财务管理体制。学院财务处负责组织各项收入，充分利用学院资源，依法多渠道筹集办学资金；合理编制学院预算，并对预算执行的全过程进行控制和管理，优化学院资源配置，努力节约支出，提高资金使用效益；加强资产管理，防止国有资产流失和损失；建立健全学院各项财务规章制度，规范学院经济行为；及时、真实、完整地反映学院财务状况；对学院经济活动的合法性、合理性进行监督。

学院资产管理工作从2009年末并入财务处,2010年初机构调整,财务处下设会计科、资产科两个科室,共设有9个岗位。处长1人(主管财务工作的院书记兼任)、副处长1人,会计科5人,资产科2人(见表5.6-1)。因人员退休、调动等原因,截至2010年,财务处在编人数为6人(含兼任财务处长的书记1人)。

表5.6-1 2001—2010年财务处工作人员情况一览表

序号	姓名	职务	职称	在财务处工作时间	备注
1	陈奇山	处长	工程师	—2002.01	已退休
2	朱英丽	副处长	会计师	—2009.12	已退休
3	刘天俊		助理会计师	—2010.01	已退休
4	施尔微		助理会计师	—2004	已调入其他部门
5	李海英		助理会计师	2003—2005	已调入其他部门
6	李淑平		会计师	2005—2010.07	财务处临时人员,已调出
7	范蓓	学院副书记兼财务处处长	副研究员	2009—今	在职,2009年调入学院
8	王春荣	副处长	会计师	—今	在职,2010年任职
9	王彩玲	正科	统计师	2002.03—今	在职,2002年调入;2010年任职
10	刘雪芬		会计师	2007.10—今	在职,2007年调入
11	汤湛	副科	工程师	2009—今	在职,2009年末随资产并入财务处,2010年任职
12	张红娟		会计师	—今	在职
13	王静			2010.06—今	实习学生
14	杨文			2010.06—今	实习学生

(二)经费收支情况

1. 经费收入情况

学院的教育事业费来源为财政拨款、事业收入、其他收入、经营收入。其中财政拨款和事业收入是经费收入的主要来源。

2001—2010年,历经国家第十个五年计划和第十一个五年规划,国家对教育事业的投入逐年递增。学院的财政拨款,也由2001年的1342.92万元提高到2010年的5194.16万元,年平均增长了29%。学院的总收入从2001年的2576.49万元增长到2010年的7306.05万元,年平均增长了18%(见表5.6-2、图5.6-1)。

2001—2007年,学院作为独立的预算编码单位,财政拨款由财政局直接拨付;2008年取消预算编码,并入学校,财政拨款由学校拨付,经费独立核算。

2. 经费支出情况

学院经费主要用于为促进学院教育事业协调发展,实现各项任务目标以及为教学、科研及其他工作的正常运转提供资金支持,是发展教育事业和提高质量的重要物质保证。经费支出按照支出类别主要包括基本支出、项目支出和经营支出。十一届三中全会以来,"教育优先发展"被党中央、国务院提高到战略地位,高等教育经费在绝对数量方面增长迅猛,2001—2010年,学院经费支出由2576.49万元增长到7134.52万元,增长近177%(见表5.6-3、图5.6-2)。

表 5.6-2 2001—2010 年各项资金来源情况一览表

单位：万元

年份	财政拨款			预算外收入(学费、住宿费)	经营收入	附属单位缴款	其他收入	收入合计
	基本经费	专项经费	合计					
2001	1342.92	0	1342.92	1210.57	0	0	23	2576.49
2002	802.75	491.00	1293.75	1069.12	94.25	135.60	148.22	2740.94
2003	855.88	697.68	1553.56	1049.63	263.49	0	178.64	3045.32
2004	1193.03	707.09	1900.12	1053.1	273.95	0	331.02	3558.19
2005	1180.46	1715.77	2896.23	1219.42	492.75	0	44.07	4652.47
2006	976.79	2544.06	3520.85	1273.35	350.65	0	60	5204.85
2007	1835.24	1852.53	3687.77	1269.75	414.65	0	67.65	5439.82
2008	2191.08	1491.39	3682.47	1384.76	463.15	0	23.84	5554.22
2009	2545.15	1857.43	4402.58	1503.3	564.53	0	8.47	6478.88
2010	3909.74	1284.42	5194.16	1552.86	552.05	0	6.98	7306.05
总计	16 833.04	12 641.37	29 474.41	12 585.86	3469.47	135.6	891.89	46 557.23

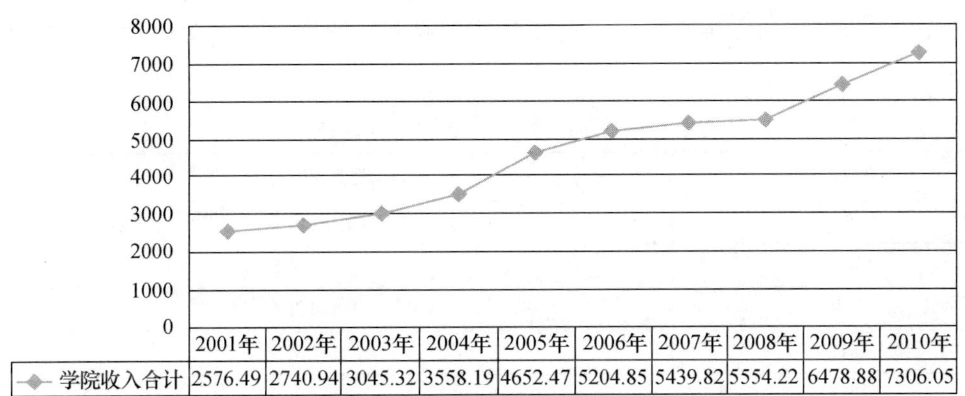

图 5.6-1 2001—2010 年学院收入曲线(单位：万元)

表 5.6-3 2001—2010 年教育事业费支出情况一览表

单位：万元

年份	基本支出			财政专项支出	经营支出	支出合计
	人员经费	公用经费	合计			
2001	1634.19	942.30	2576.49	0.00	0.00	2576.49
2002	1433.05	722.64	2155.69	423.32	94.25	2673.26
2003	1567.08	576.75	2143.83	663.18	263.49	3070.50
2004	1874.60	760.65	2635.25	668.15	273.95	3577.35
2005	1824.42	658.57	2482.99	1215.31	492.75	4191.05
2006	2255.84	686.76	2942.60	1911.37	350.65	5204.62
2007	2354.98	829.76	3184.74	1572.08	414.65	5171.47
2008	3075.84	1047.23	4123.07	1491.39	463.15	6077.61
2009	2983.61	857.85	3841.46	1857.43	564.53	6263.42
2010	4250.29	1047.76	5298.05	1284.42	552.05	7134.52
总计	23 253.90	8130.27	31 384.17	11 086.65	3469.47	45 940.29

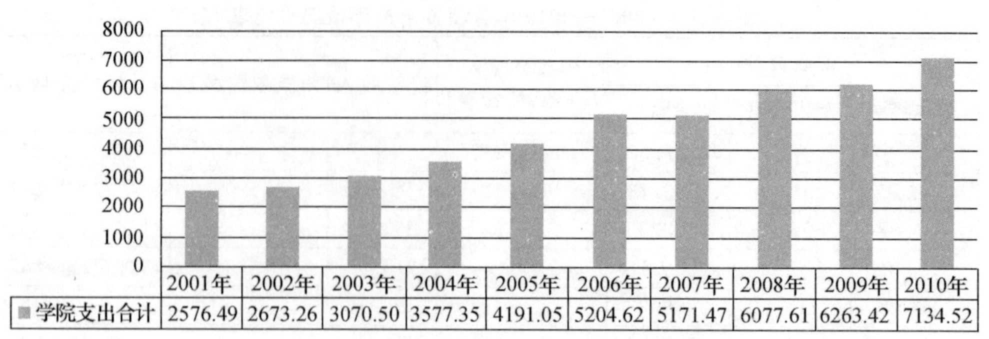

图 5.6-2　2001—2010 年支出总额对比(单位：万元)

（三）固定资产情况

随着办学经费逐年增加，学院办学规模不断扩大，固定资产投入也不断扩大，各类支出也随着逐年递增。学院的固定资产规模由 2001 年的 3829.79 万元增加到 2010 年的 10707.85万元，年增长幅度达到 18%(见表 5.6-4)。2010 年，根据学院资产清查审计要求，将学院已经投入使用的学生公寓和供电工程按照在建工程账面数暂时入库，增加了固定资产的规模。

表 5.6-4　2001—2010 年固定资产总额一览表　　单位：万元

年份	固定资产总额
2001	3829.79
2002	4132.82
2003	4513.03
2004	4783.03
2005	6043.37
2006	6711.98
2007	7686.58
2008	7985.43
2009	9902.30
2010	10 707.85

（四）财务制度建设及重大财务事项

1. 财务制度建设

学院在财务管理上有严格的规章制度，明确规定了日常经费、设备购置、零星修缮等审批程序，对大额经费的使用和管理，建立了学院集体讨论审批的程序，制定了对资金的使用执行经费审批制度。2001—2010 年，财务处制定或者参与制定的财务管理办法目录如下：

①《关于落实高校建立经济责任制，加强我院财务管理的决定》(联旅院〔2001〕008 号)；

②《北京联合大学旅游学院项目经费支出管理办法》(联旅财〔2003〕03 号)；

③《北京联大旅游学院收费管理规定》(2005 年试行)；

④ 关于《〈北京联合大学旅游学院公费医疗管理暂行规定〉的补充、修改决定》(联旅院〔2005〕3 号);

⑤《北京联合大学旅游学院教学经费管理规定》(联旅院〔2005〕75 号);

⑥《北京联合大学旅游学院公费医疗管理暂行规定》(联旅院〔2005〕59 号);

⑦《关于下发〈北京联大旅游学院关于市级引导科研公用经费支出细则(试行)〉的通知》(京联旅〔2007〕60 号);

⑧《北京联合大学旅游学院院内资金使用审批规定(暂行)》(京联旅〔2008〕13 号);

⑨《关于下发北京联大旅游学院创收工作管理办法(试行)的通知》(京联旅〔2010〕64 号);

⑩《加强学院收费资金管理的补充规定》(2010 年 5 月 9 日);

⑪《北京联合大学旅游学院经费审批权限管理办法(试行)》(2010 年 3 月)。

2. 重大财务事项

2001—2010 年学院重大财务事项有以下几条。

1999 年,学院按照财政规定,开始执行预算外资金上缴,由财政返还后记入事业收入政策。2001 年 12 月,国务院同意并转发了财政部《关于深化收支两条线改革进一步加强财政管理的意见》,为改进和加强预算外资金的管理指明了方向。2003 年,为加强预算外资金管理,实行“收支两条线”,该制度强调预算外资金是财政资金的组成部分,淡化了预算外资金的概念,改变了大家对预算外资金自主支配的概念。

2001—2006 年,学院财务处会计核算软件使用的是教委系统内部的“打天下”财务系统,对部门和专项经费按照部门和专项内容核算实行预算控制;2007—2010 年,财务处开始使用“上海复旦天翼”财务软件,对各类经费实行项目预算控制。

2001—2007 年,学院直接隶属北京市教委,经费主要由教委直接拨款。同时,学院也接收了学校的部分拨款。2008 年,学院取消预算代码,并入学校,成为联大内部的独立法人学院,由学校直接拨款,经费独立核算。2008 年,学院按照政策执行非税收入收缴管理制度。

2006 年,北京市教委系统实行国库集中支付制度,学院作为独立预算编码单位,在财政专网上执行 2 年(2006 年和 2007 年)国库集中支付制度。2008 年并入学校,取消预算代码后,也取消了在财政专网上独立执行国库集中支付的制度。

2008 年,财务处梳理和归集了《财务管理制度汇编》;2010 年重新制定了《北京联合大学旅游学院资金审批权限管理办法》,并严格执行。

(五)审计工作

1. 机构设置

学院未设立独立的审计机构,审计工作由院党政办公室负责协调,审计人员由党政办公室主任兼任。

2. 主要工作

学院的审计工作主要是按照财政、教委、学校要求,邀请或配合外部审计机关针对学院年度预算执行与财务决算,国有资产清查、管理和使用,重大工程、重点项目,领导干部经济责任和内部控制制度的建立与执行等事项进行审计。

2001—2010 年,学院完成的重点审计项目有:2007 年的资产清查审计(财政局);2010

年5月到12月,财务处陆续接受了有史以来最彻底、内容最丰富的各类审计12项,涉及资金达35 879.47万元。其中,学院委托会计师事务所进行了8项基础设施审计,教委委托会计师事务所进行了1项经济责任审计,财政委托会计师事务所进行了2项审计——资产清查审计和会计信息资料检查审计,学校委托会计师事务所对学院年初进行了1项预算和决算审计。

三、实验室及实践教学基地建设

(一)实验室

1. 概况

学院长期以来一直加大实践教学经费投入的力度,努力改善实践教学条件。目前,在校内已建成餐饮管理实训室、旅游管理电子化模拟实验室、饭店前厅模拟实验室、食品分析实验室、英语专业教学实验室、日本文化室、市场营销实训教室和财务管理实训教室。学院现有实验实训场所将近1700平方米,每年都投入资金购置、更新教学仪器设备,其总价值约为600万元,拥有计算机、多媒体、语音、餐饮服务等设备,完好率达到97%。各实验实训室可开设40余种实验实训课程,开课率达90%。

(1) 计算机教室

学院计算机教室始建于1993年,在1997年和2003年又分别建成2个机房。现有3503、3509、3513三个机房。实验室用房面积为644平方米。计算机教室有微机173台,微机教学系统2套,学生用机23台,交换机5台,服务器1台,另有投影仪、电子白板、摄像器材、视频卡等设备共计250件,总价值将近130万元。

计算机教室面向全院学生开放,让学生有大量时间进行计算机实际操作能力的开发和编程能力的训练,提高了学生计算机水平。实验室可开设计算机基础、数据库、会计电算化、网页设计与制作、网络技术应用等课程。

(2) 语音室

学院从1991年开始至2004年共建成8个语音室,语音室面积共有476平方米。

语音室设备主要有微机86台,微机教学系统2套,多媒体演播控制器4台,教师授课计算机1套,交换机5台,视听设备1套,模拟语音设备1套,专用电视通4个,数字语音室成套设备1套,另有投影仪、音箱、录像机等设备,总值达120多万元。

语音室面向全院各专业学生开放,可开设英语、日语、韩语等专业听力课程和公共英语听力课程。通过听力训练,使学生掌握听力技巧,提高了学生外语听力水平。

(3) 专业实验室

除满足公共基础课程教学需要的实验室外,2001年前及2004年、2005年、2006年,陆续改造、建设了满足和适应专业需要的专业教学实验室。包括餐饮管理实训室、旅游管理电子化模拟实验室、饭店前厅模拟实验室、食品分析实验室、英语专业教学实验室、日本文化室、市场营销实训教室和财务管理实训教室。

2. 教学科研实验室

(1) 旅游管理电子化模拟实验室

旅游管理电子化模拟实验室建于2005年,位于学院3202、3505室,实验用房使用面积约 150 平方米。实验室共有设备 100 多套，包括 94 套计算机设备、2 台服务器、3 台交换机、2 套教师机、1 块电子白板和 2 台投影仪等。设备总价值（包括软件在内）达 200 万元。

旅游管理电子化模拟实验室主要面向旅游管理、饭店管理、电子商务等专业的学生，开设电子商务实验、旅游企业人力资源开发与管理模块教学、旅游市场营销模块教学、旅游调查研究的方法与实践模块教学、旅游经济、产业与政策模块教学、旅游资源与开发模块教学、旅游企业业务流程等 20 种实践课程。通过实践教学，使学生在学校就能学习到目前旅游业所应用的现代化信息管理知识，掌握旅游企业普遍使用的技术手段，锻炼学生应用现代旅游管理技术手段的实际操作能力。

（2）餐饮管理实训室

餐饮管理实训室自 1997 年开始陆续建造，培养学生在餐饮管理、烹饪等方面应该掌握的各种技术与技能。实训室包括餐饮服务室、中餐室、西餐室、中西面点室和茶艺室。西餐室和中西面点室位于原学院 5 号楼地下一层，中餐室和餐饮服务室位于原 5 号楼 1 层，茶艺室位于原 5 号楼的 5211 室。实训室占地总面积为 211 平方米，主要仪器设备有中餐烹调设备、西餐烹调设备、中餐面点设备、西餐面点设备、餐饮服务、茶艺服务设备，共计 100 套（件），总价值约为 59 万元。

餐饮管理实训室主要面向膳食营养、烹饪、餐饮经营与管理专业的本科、高职学生开放。可开设的实训课程有餐饮服务与技巧、茶艺文化、中式冷菜工艺、中式烹饪工艺、西式烹饪工艺、西式面点工艺、中式面点工艺和酒水与酒吧。它也是学生的职业技能考核场所。

餐饮管理实训基地是北京市旅游局职业技能鉴定基地，2001—2010 年为社会、企业培训专业技术人员近 2000 人，为北京旅游行业技术考核鉴定约 1800 人；是全聚德集团技术培训基地；是北京市职业技能鉴定中心批准的高校职业资格考核的试点单位。

2001—2010 年，实训室接待、培训国际友人 300 余人，接待国内外专家、领导 500 人次。

（3）食品分析实验室

食品分析实验室于 2005 年建成，位于旅游学院七号楼 709 室，占地面积为 147 平方米。实验室主要设备有单、双目生物显微镜 18 架，投影生物显微镜 1 架，可见分光光度计 12 支，中央实验台 3 张，循环水泵 3 台，移液器 2 台，超声波清洗机 1 台，蛋白质、脂肪、粗纤维测定仪各 1 台，水分活动仪 1 台等设备，共计 95 件，总价值约为 31 万元。

食品分析实验室面向膳食营养和餐饮管理、烹饪等专业的学生开放，可开设食品化学、普通化学和食品微生物学等课程。

3. 文化实验室

（1）日本文化室

日本文化室建立于 2004 年，位于学院三号楼五层，占地面积约 50 平方米。日本文化室具备茶道等日本传统文化用具及电视、DVD 等设备，总价值约为 2 万元。

日本文化室主要面对日语专业三、四年级本科生和三年级高职生开放。在日本文化室授课可以使学生感受到日本文化的气氛，更好地理解日本文化的礼仪、习俗等内容。

日本文化室管理制度依照学院实验实训室管理办法，由专业课教师负责教学及日常管理工作。日语专业课教师和外教经常在日本文化室开展一些活动，让学生能够亲身体验到日本文化的精髓,加强了学生的专业修养,使其能够胜任中日两国之间的翻译、导游与文化交流等工作。文化室可开设日本文化、日本茶道、插花等培训课程,并经常举办有关竞赛活动。

(2) 外语模拟导游教室

外语模拟导游教室于2006年7月建成,位于学院3408室,占地面积为154平方米。外语模拟导游教室主要有金属拼接幕布3块,专业功放2台,控制台1台,中央控制机1套,网络交换机1台,索尼彩色摄像头2个,专业音箱4个,舞台灯光和话筒反馈声抑制器等设备,共计38件。

外语模拟导游教室主要面向英语、日语等外语专业的学生开放,可以让学生有身临其境的感觉,在教室里就能进行导游训练,使学生打好专业基础,具备胜任导游工作的良好素质。外语模拟导游教室可开设的课程有英语北京导游和日语北京导游。

4. 管理机构与制度

2006年以前,实验室的管理是两种管理模式:计算机、语音室等公共课实验室,归属电教部门统一管理,有四位教师专职负责,同时由兼职和专业课教师共同管理;专业课实验室,由申报建设的系一级教学单位负责管理,有专职实验室老师负责。2006年,学院整合全院实践教学的资源,成立了旅游服务与管理实践教学中心,以旅游专业技能综合训练场所的校外实习为龙头,以全院所有专业的基础实践教学需要的实训场所为平台,将原有的专业实验室系一级管理模式统一到学院平台进行管理。2010年,随着学院整体教学单位、部门格局的调整,成立了"五系两中心",其中的一个"中心"就是"旅游实践教学中心",这既体现出学院对实践教学的重视,同时明确了学院教学资源的统一管理部门。

随着实验室硬件设施的建设与完善,学院不断加强各项规章制度的建设,制定了包括实验室人员管理、值班制度、设备使用安全等一整套管理制度。主要有《实践教学管理办法》《实践教学工作条例》《计算机机房管理办法》《实践教学人员岗位职责》《实验实训室安全制度》等,形成了《旅游学院实践教学管理制度汇编》。并将制度挂于计算机、实验室等场所,要求有关人员遵守。

(二) 院内外实训基地

1. 概况

2001—2010年,学院共建有1个北京市级校外人才培养基地,1个校级大学生人才培养基地,以及多个院级校外人才培养基地。

学院与北京首都旅游集团有限责任公司在长期校企合作的基础上,2008年双方续签了校外人才培养基地战略合作协议,展开实践教学的深度合作,集团各企业每年为学院旅游管理、餐饮服务、烹饪营养、外语、财务等专业提供近2000个实践教学岗位,多年来在应用性旅游人才的培养上取得了显著的成果。2009年,"北京联合大学首旅集团实践教学基地"被评为北京市级校外人才培养基地。2010年,学院与北京金融街洲际酒店签署战略合作框架协议。洲际酒店是一家大型的具有综合类业务范畴的跨国酒店集团。通过该集团中高层管理人员走进校园课堂的形式,使学生在校期间就开始接受酒店管理的培训与实践教学,为学生的实习和就业提供了一个较高的起点和广阔的平台。作为校级大学生人才培养基地,学院与洲际酒店的合作还在不断地深入和建设。除此之外，各专业和系还有自己建设的校外实训基地，如旅游管理专业的国家旅游局实习基地、北京市旅游委员会实习基地、中国国家旅行社实习基地等。

2. 任务

校外实训基地建设，以学院发展为方向，结合学院培养一流的旅游人才目标和“产教结合、实践育人”的实践教育理念，联系实际，通过实践教育平台，培养综合素质高、应用能力强、具有国际视野和创新精神的旅游管理应用型人才。

校外实训基地建设把握旅游产业发展趋势，开拓创新，突出特色，适应旅游新业态发展。同时强化实践教育地位，完善实践教育体系和实践教育模式，优化实践教学方法和评价方法，培育实践教学师资队伍，提升基地社会服务功能。将基地建设成为教育理念先进，实习环境优良，管理运行规范，资源高效共享，师资队伍强大，学生综合能力稳步提高，具有一定的引领和示范作用的实训基地。

3. 管理

校外实训基地实行规范化管理，创立了以制度为保障、双方共同管理的长期稳定的管理模式。校企双方签署正式合作协议，共同制订了《北京联合大学旅游学院校外人才培养基地建设规划》《北京联合大学旅游学院校外实践教学基地管理办法》等有关实践教学的一系列文件和管理办法。建立从决策层到执行层的组织架构，保证了基地实践教学高效有序地运行。成立了北京联合大学旅游管理校外实践教育基地管理委员会，成员由校企双方高层领导共同出任。委员会负责确定基地建设发展方向，签署校企战略合作框架，调配集团内部的实践教育资源，监督基地实践教育质量。在管理委员会下设管理办公室，由双方主管部门领导组成，主要负责组织制定实践教育方案，设计开发实践项目，协调解决基地运行中的问题。在管理办公室的组织下，建立实践项目工作组，由学院相关专业负责人、实践教学指导教师和企业部门人力资源总监、高级技术人员和管理人员组成，主要负责学生实践项目的实施和管理。

四、校园信息化建设

（一）校园网络建设

2000 年下半年，学院宣传部配合电化教育技术中心完成了学院网站的制作、设计工作，并于当年开通运行；2005 年，学院对网站进行改版。

2006 年 5 月，学院建立党建网。围绕党建评估工作，开辟了 11 个栏目，为学院党建和思想政治工作深入开展搭建了新的平台。

2010 年 3 月，学院组织宣传部牵头，完成了对学院原有网站的再次改版工作。此次网站建设参照了国内外各高校的建设形式，其风格具有国际化和学院自身的特色。网站以“主视觉区”图片展示的形式，突出宣传学院教学科研成就及师生员工的风采。网站还增加了“博雅新闻网”以及各单位、部门的二级网站。栏目设置合理，信息丰富，截至 2010 年年底，点击率超过 10 万次。学院还制定了网站建设的检查评比制度，于每年年底组织评比，对网站建设先进单位进行通报表彰。

学院注重新闻通讯员和网站信息员队伍建设。自2005年起,学院每年至少组织一次以新闻写作、摄影及网站管理维护为主要内容的培训活动,提升通讯员和信息员业务能力,同时还通过表彰、奖励等激励举措,提高大家的工作积极性。

(二)多媒体教学设施建设

2001年前,学院的多媒体教室共有31套多媒体设备及教学一体机,占地面积约2630平方米。学院三号教学楼共有29间多媒体教室,其中3106、3108、3208、3308室分别为容纳110人的大教室,3103、3105室为容纳70人的中型教室,其余的均为35人的小教室;七号楼共有两间大的多媒体教室:701、708室,分别容纳167人。2010年,学院对三号教学楼实施了一次大的改造工程,为适应教学班招生人数的发展趋势,将三号楼的小教室进行了打通改造,共有多媒体教室23间,容纳65人的中型教室9间,100人以上的教室3间,并安装了新式连排座椅,教室环境有了极大的改观。每个教室均设有多媒体教学一体机,包括计算机、音响、DVD及投影等。

教学一体机的开锁方式2010年之前是人工的,需要上课之前由电教部门的老师逐个教室开锁。2010年起,学院试运行了刷职工卡的方式进行自动开锁,使教学设施的自动化建设又迈了一大步,同时为与校本部打通教室使用资源,创造了有利条件。

2001—2009年,多媒体教室归学院电教部门统一管理。自2010年起,随着学院职能部门的改革,取消电教管理部门,成立旅游实践教学中心,多媒体教学设施的管理和维护也随之归旅游实践教学中心统一负责。

五、图书与档案管理

(一)图书资料基本情况

旅游管理专业资料室始建于2006年,面积213.84平方米,筹建初期有图书1000余册。经过几年的建设,藏书量现已达到5100册,包括中文图书、英文原版图书、音像教学光盘等。图书种类包括旅游管理、休闲、酒店管理、营销、服务、电子商务、网络建设、财务管理、审计、交通管理、生态学、环境科学、旅游地理、旅游安全、旅游经济、世界旅游事业、旅游事业史、旅游规划与管理体制、旅游事业建设与发展、旅游企业组织与管理、旅游经济地理、旅游心理学、统计学、大学生就业与创业指导、旅游商品学、民俗学、法律法规以及各类工具书、地图集、会议文集、社会经济和旅游统计年鉴等19大类图书。另外,中外文专业期刊60种,其中核心期刊12种,外文原版的旅游、休闲类期刊13种,专业报刊10种。

旅游管理专业资料室依托学院休闲与旅游管理系,以学科建设内容为主旨,通过学院经费、专项经费、横向课题、纵向课题等各种渠道筹集资金购买图书资料,为学科建设、模块化教学提供了大量高品质的支持与服务。休闲与旅游管理系的教师还从各种国内外会议上收集资料,并通过学者访问的机会交换了大量资料。另外,学院从历年退休教师和调离的教师手中收集了许多资料、非出版物、旅游规划、策划书和论文集等。对资料室的一贯重视,是学院学科、专业可持续发展的基石。专业资料室建设对《旅游调查研究的方法与实践》教材建设起到有力支撑作用。该套教材在几年的编写过程中,通过资料室查阅了纸质文献140部以上。

2006年7月，学院成立专业资料室并将其临时放在教务处开展工作。学院教务处安排专人负责专业资料室工作。应高等学校本科教学评估对图书资料的要求，学校图书馆给学院拨款80万，用于专业图书资料的购置。

2007年12月18日，根据学院整体发展和教学科研工作的需要，经院长办公会研究决定，成立专业信息资料中心，并决定原教务处副处长担任专业信息资料中心主任，中心管理人员设1人。教务处获批图书馆电子化管理系统专项资金27万元，购买了一系列图书馆设备，包括联想计算机11台、服务器、电子图书管理系统软件等。截至12月底，专业资料室共购置专业图书21 000余册。

2010年3月，学院决定休闲与旅游管理系、酒店与餐饮管理系，英语旅游文化系、日语旅游文化系的专业资料室并入专业信息资料中心。为此，专业信息资料中心图书增至49 000余册。鉴于学院综合实训楼的建设，专业信息资料中心所在的八号简易楼全部拆迁。

（二）档案管理

1. 档案室基本情况

1988年，院领导把档案工作纳入学院整体工作中，制定文书工作制度，建立档案室。档案室隶属党政办公室，在主管院领导、党政办公室主任的监督和指导下集中负责除教职工人事档案、在校学生档案和会计档案外档案的收集、整理、鉴定、保管、统计、移交等工作。学院各系、部、处、室均设一名由部门领导主管的兼职档案员，负责本部门档案的收集、整理、立卷、归档和移交。

学院历年档案基本能够做到按时归档，并于每年3月中旬召开档案工作会，布置、检查、总结、验收档案工作并提出新的要求，保证全院档案的归档质量，不断强化各部门对档案工作重要性的认识，使得档案工作逐步规范化、标准化。

2. 档案的鉴定与移交进馆

2007年，学院接到北京市下达的档案移交进馆任务，对年限达到20年(含)以上的档案进行再次鉴定和整理，并于12月20日向北京市档案馆移交了1979—1988年的永久文书档案113卷(北京档案馆全宗号325，目录号1，案卷号1-113)。主要内容为各类通知、决定、规定、办法、制度、通知、请示、批复、工作计划、工作总结、学院大事记、各类报表、会议纪要、学院基本情况、外国文教专家教师任课情况、学院职称评定等文件。

3. 档案管理制度执行情况

学院按照《北京联合大学旅游学院党政机关管理制度汇编》(第二分册)中的《北京联合大学旅游学院档案管理办法》《北京联合大学旅游学院文书立卷制度》《北京联合大学旅游学院各类文件材料归档范围及保管期限表》《北京联合大学旅游学院档案借阅制度》《北京联合大学旅游学院档案安全保密制度》等相关制度的要求对档案进行严格管理。

4. 档案的利用与编研

2001—2010年，档案室共提供档案利用949人次、2288卷次，为学院的建设、发展以及各级领导决策提供参考依据，为毕业生深造提供帮助(见表5.6-5)。

表 5.6-5 2001—2010 年档案收集、保管和提供利用数据情况一览表

年份	室存全部档案案卷/卷	室存全部照片档案/张	室存永久、长期档案/卷	年度接收档案案卷/卷	移交北京市档案馆卷数	年度利用档案人次	年度利用档案卷次
2001	1609	938	1475	251	/	113	270
2002	2167	938	1996	558	/	181	511
2003	2384	938	2194	217	/	140	346
2004	2574	938	2377	190	/	75	223
2005	2759	938	12 554	185	/	37	79
2006	3066	938	2859	307	/	95	180
2007	4009	938	3027	1056	113	101	259
2008	4729	938	3596	720	/	90	165
2009	5548	938	3993	819	/	57	131
2010	5811	938	4254	263	/	60	124

六、后勤改革与保障

(一) 机构设置与改革

2001 年至 2010 年 1 月,学院按照北京市高校后勤社会化改革进程的要求,将总务处改制为后勤服务总公司,下设办公室、运输服务中心、物业服务中心、餐饮服务中心、综合开发办、学生公寓管理中心。总公司试行企业化管理,修订了与运行机制相适应的各项管理制度,编写了《北京联合大学旅游学院行政管理文件汇编·后勤篇》。人事管理实行老人老办法的过渡措施,档案由学院管理,后勤服务总公司有独立用人自主权,所有人员实行聘任制,按需设岗,按岗定编,打破工人与干部的界限,人员实行公开招聘,双向选择,择优上岗。收入分配上实行岗位定级,以岗定津贴的办法。运行经费由学院全额拨付,各机构实行经费包干办法,员工福利不足部分自筹解决。公司干部员工克服大量困难,成功保证了学院"文明校园评估""抗击非典""本科教学工作水平评估""党建评估""校庆""迎奥运""校园咨询日"等多项重要任务的完成。2004 年和 2008 年,两次更换了公寓、食堂、教室、办公室的家具。2004 年,在教室、办公室装配了空调;2007 年,在学生宿舍装配空调。2009 年,通过专项经费彻底改造了食堂,同时,积极采用"优质服务月"等形式为学院中心工作和师生提供较满意的服务。

2010 年 1 月,后勤服务总公司与行政办公室合并,建立了学院行政管理处,下设运输、物业、餐饮、学生公寓、办公室、医务室、基建 7 个部门。医务室于当年年底与校医务室合并。

行政管理处是学院行政管理的一个职能部门,管理干部由学院统一聘任确定。全部人员实行聘任制,按岗位定责。截至 2010 年年底,有正式员工 32 人,外聘员工 33 人。运行经费及职工福利待遇由学院统一预算支付。2010 年 7—9 月,对学生公寓实施了抗震加固工程,总金额为 7 962 212.80 元,费用来源于专项经费。2010 年 3—5 月举办了优质服务月活动。

(二) 管理与保障

1. 资产管理

2010 年 2 月以前,学院的资产管理工作主要由行政管理处负责;2010 年 3 月以后,资产管理办公室并入财务处,由财务处负责。根据北京市教委、市财政局在相关文件中提出的对

资产管理以及政府采购工作的新的规定，财务处对学院原有资产管理制度作了补充和修订，2010 年 4 月起草了《旅游学院固定资产管理办法》，建立了资产管理和设备采购等管理制度，加强了学院的资产管理。

2. 伙食管理

2001—2010 年后勤服务总公司时期，食堂实行经费包干制，按用餐人数核定食堂运行经费，采取超支不补节约留用政策。2010 年设立行政管理处之后，食堂运行经费由学院支付。2009 年，主副食原材料价格不断上涨，为实现“数量不变、质量不变、价格不变”的“三不变”，学院长期给予学生用餐和食堂经营管理经费补贴。设立了学院伙食管理委员会；2006 年，建立了学生值班经理岗，依靠师生民主办伙。为满足师生不断提高的饮食要求，开设了教工食堂、学生食堂和风味餐厅，食堂每日服务时间从早 6:30 至晚 21:00，经营品种由 80 种增加到 100 多种。

2006 年、2009 年和 2010 年，食堂进行了三次大规模改造，并随之购进一批设备，使食堂服务能力大大提高，师生就餐环境得到根本改善。食堂为不断提高师生满意度，从 2008 年起，以市教委“标准化食堂”的各项要求规范食堂各项管理，建立健全了各项管理制度，参加全市高校统一采购，员工待遇视岗位而定，并多年坚持对职工的岗位技能培训。

3. 学生宿舍管理

随着学院招生规模扩大，学生住校需求增加，学院于 2007 年采取措施减少管理人员。办公室、医务室搬离学生公寓，通过挖潜大大增加了学生宿舍面积，同时由于学校给予北苑和校部 19 号楼床位的支持，基本实现了全校学生住校的目标，现共有 1729 名学生住校。学院陆续建立了《公寓管理职责》《公寓值班人员职责》《公寓防火安全制度》《公寓应急措施》等 11 项宿管制度。2003 年，建立了学生自管会，很大程度地调动了学生自我管理、自我服务、自我教育的积极性，实现了专职老师和学生自管会相结合的公寓管理模式。

4. 能源（水电节能）管理

2001—2009 年，此项工作由行政办公室负责，2010 年由行政管理处办公室兼管。2007 年和 2009 年，两次对学院照明、动力用电进行节能改造，节约用电 30%。2007 年，将浴室改造成锅炉烧水和太阳能两用，同时将原始的出水开关更换为计量刷卡，大大节约了用水。物业中心责成专人每天对全院水、电、气等设备进行检查，基本消除了跑、冒、滴、漏现象。

5. 交通运输管理

2001 年至 2010 年 1 月，运输服务中心是经营服务性实体，参照社会价格收取服务费用。2010 年 1 月以后，学院对运输服务中心实行经费定额核算方式，除政府补贴部分外，其余由学院支付。中心成立前 5 年，9 名司机均为正式在职人员；2010 年以后，3 名正式司机退休，中心外聘司机 1 人。建有购车、日常行车、日常车辆保养、驾驶员工作纪律和车辆报废等管理制度。根据学院发展需求，2007—2008 年全部更新了车辆，共有大小车辆 12 台，承担学院教学、科研、办公、教职工班车和领导用车等任务。

6. 绿化工作

学院绿地 15 000 平方米，采用乔木、灌木、草坪、花卉相结合的绿化理念。学院设校园绿化委员会，负责校园绿化规划工作。具体事宜由后勤落实。自 2001 年以来，学院全部绿地花木实行托管方式,由社会专业部门承包。学院临时性庆典活动的绿化美化由物业负责。

7. 校舍维修

自2001年以来,学院先后共14次对教学楼、办公楼、学生公寓、食堂等建筑进行全方位的改造,为师生的工作、学习、生活营造了一个较理想的环境。2001—2003年,院内保洁工作为自管;从2004年开始,保洁工作采用公开承包方式,由社会专业单位代管,校方监管。甲乙双方协商签订合作协议,每期合作期限为三年。

8. 医疗保健

2001—2009年,医疗保健工作隶属行政办公室。自2010年1月开始,医疗保健隶属行政管理处。2010年12月,学院医务室与学校医务室合并。医务室共有4名医务人员,负责全院人员的保健和公费医疗,承办每年200名学生献血工作。医务室配有相应的医疗设备。

(三)计划生育工作

2001—2009年,学院计划生育工作办公室设在医务室。2010年12月,医务室合并到学校后,此项工作由行政管理处办公室工作人员兼管。具体工作内容包括:负责学院教职工和在校学生生育服务证的审核和发放工作,负责离退休职工独生子女奖励费用的审核、发放工作,参加教委和地区的计划生育宣传工作。学院女职工179人,其中已婚育龄女职工166人。学院在此项工作上贯彻"实行党政一把手负总责,亲自抓,任期内逐年考核,离任时作出交代,工作失职时追究责任"的工作要求,成立了由院长任组长,主管领导为副组长的学院计划生育工作领导小组。2007年和2010年,学院两次获得市教委授予的"计划生育工作先进集体"称号。

七、安全与保卫工作

(一)组织机构与职责

学院重视安全稳定工作,组织机构建全,成立有综合治理领导小组(安全工作领导小组、治保委员会)、稳定工作领导小组、保密委员会(国家安全工作领导小组)及交通安全委员会。各领导小组组长或委员会主任均由学院党委书记或院长担任,职能部门及各系的负责人为成员,落实了校园安全"一把手"责任制。学院于2005年成立外事突发事件处置领导小组(京联旅院〔2005〕65号)。2006年成立应急指挥分中心(京联旅〔2006〕42号),负责对学院出现的公共突发事件及时采取应急处理措施。2007年,学院发布了《关于重新确定学院安全稳定工作领导小组成员的决定》(京联旅党〔2007〕21号)和《关于重新确定学院国家安全工作领导小组成员的决定》(京联旅党〔2007〕23号),对两个小组成员重新进行了调整。2008年成立"平安奥运行动"工作领导小组(京联旅党〔2008〕16号),为北京奥运会成功举办保驾护航。

学院设有保卫处(副处级),2001年,张琳为第一任处长;2003年6月,肖春林为第二任处长;2010年1月,保卫处调整为正处级部门,朱明跃为第三任处长(副处级,主持工作)。

2001年前,保卫处人员20人,其中干部4人,校卫队16人;2005—2010年保卫处人员17人,其中干部3人,工人4人,保安人员10人。为加强校园安全稳定,维护校园治安秩序,2005年学院取消了校卫队,开始聘用保安公司承担校园安全保卫职责。2005年至2007年12月,与北京市保安服务公司文安公司签订合同,聘用保安人员10名;2007年12月至2010年12月,保安公司更换为北京市保安服务总公司门头沟分公司。由于启用保安队伍进入校园参与管理,校园治安秩序有了明显提升,丢失、偷盗等行为减少,较好地维护了师生利益和校园的安全稳定。

保卫处主要职责：2004年前，主要任务是负责校园治安、交通安全、防火安全、户籍管理、外来人员管理工作以及校园治安案件的处置，维护校园安全与稳定。2004年后，随着社会形势的要求，保卫工作责任增大、工作任务增多，除负责校园治安、交通安全、户籍管理、外来人员管理等，还增加了大学生安全教育（要求做到"三进"——进教材、进课堂、落实学分）、政保、科技创安建设（视频监控、消防报警、应急指挥中心）、保安队伍管理工作，特别是加强了对校园突发事件的处置，维稳任务加剧。

（二）安全管理制度建设

2001年，学院制定《旅游学院影响校园安全稳定重大事件应急工作方案》（联旅院治〔2001〕3号）。

2004年，建立学院安全稳定工作责任制及追究制（联旅保〔2004〕039号）；根据《北京联合大学旅游学院政保、保密制度》请示的批复（联旅党〔2004〕44号），建立了学院政保、保密制度。

2006年，根据《关于成立北京联合大学旅游学院应急指挥中心的决定》（京联旅〔2006〕42号），成立了学院应急指挥中心。

2008年4月，保卫处起草并经院长办公会通过，编制了《旅游学院安全保卫工作制度汇编》。该汇编从组织机构、规章制度、法律法规、工作流程到各种工作预案等，基本涵盖了保卫处各项工作，为学院重大工作任务的顺利完成，提供了安全保卫依据。

2010年，保卫处制订了《学生宿舍消防疏散演练方案》，并于同年10月组织实际消防疏散演练，达到了良好效果。10月，编制了保卫处工作流程图，从而使保卫工作更加规范化、科学化，能够为师生提供更好的服务。11月，为加强校园机动车管理，制定了《校园机动车管理办法》，使机动车在校园内有序停放和行驶。

（三）主要工作

1. 治安管理

保卫处设有干部负责校园治安管理工作。其主要职责是：维护校园秩序、减少治安案件、管理保安队伍、排查安全隐患、发挥监控作用。校园治安管理2004年前主要是以人防为主，校园各类治安案件频发，特别是丢失案件较多。2004年后，学院加强了技防建设，使校园安全防范构成了人防、物防、技防三位一体的防范体系，校园治安形势明显好转，各类案件明显减少。2001—2010年，学院没有发生重大治安案件和刑事案件。

（1）科技创安工程建设

2003年4月，保卫处申报科技创安项目75万元（其中25万元用于132平方米的监控室建筑建设）。

2004年，科技创安一期工程开始建设并投入试运行。

2005年，申报二期科技创安工程58万元，监控中心当年建设并使用。

2007—2010年，先后申报科技创安三期工程建设和消防烟感、喷淋项目的建设。届时校园监控点达到158个，学生宿舍安装了烟感，食堂、餐饮系操作间、餐饮工艺系、资料室（已拆除）、7号楼等根据不同需要安装了烟感及喷淋系统，为消除校园安全隐患起到了技术防范性关键作用。校园监控系统覆盖率达到《首都教育安全稳定"十一五"规划》提出的80%以上的目标。

(2) 重大活动及事件

2002 年 10 月至 2005 年间，学院对自行车棚实施封闭式管理，由此杜绝了自行车丢失严重、影响正常教学秩序的情况，受到师生的好评。

2003 年 3 月底至 6 月，全国防范“非典”工作全面展开。保卫处在学院的统筹安排下，全力开展防护工作，实施校园封闭管理，严格控制出入人员及车辆，严格检测进出人员的体温，对进入车辆进行消毒，保证了校园的安全。

2004 年 7 月，完成了世界语大会的安全保卫任务。

2006 年 10 月中旬，教育部对学院进行本科教学工作水平评估。保卫处在此期间加大校园安全环境整治，全体保卫人员加班加点全力以赴，维护了校园良好的安全稳定秩序，保障了评估工作的顺利开展，并取得了较好成绩。

2007 年，上级开展党建评估工作，保卫处提供和编写了有关保卫工作的部分党建“指标体系”内容；积极申报经费对学院的重点部位，如学生宿舍、食堂、部分实验室安装了烟感报警系统，还对食堂、部分实验室安装了喷淋系统，为加强安全管理提供了技防措施，保证了学院的校园安全；积极落实北京市教育工委“十一五”规划要求，推进《大学生安全教育》进课堂的实施，与教务处共同组织了安全教育课程，保证了该项工作的顺利完成。同年 7 月 19 日，合作 12 年的三产用房合同到期，学院将收回三产用房。但当时的使用方 99 号健身休闲会所不愿交出，想与学院继续合作，未得到院方同意。于是，健身休闲会所经营人指使一名员工爬上附近变压器，以此威胁学院，造成长时间停电，引起社会人员围观，影响了学院的正常教学秩序和工作秩序。保卫处组织保安力量维持秩序，并协助公安机关在最短时间处置、平息事端，恢复了正常教学秩序，维护了校园安全稳定。

2008 年 3 月 24 日，学生宿舍东侧蜀国涮肉店租赁学院房屋的合同到期，但经营者不走，与学院发生争执，并在学院西门打出条幅堵塞大门，造成一定的社会影响。当时，学院已规划在此处建设餐饮工艺实训室。为了保证项目的实施，在属地公安部门的配合下，保卫处协同行政基建办公室拆除该建筑，收回了该地段，维护了学院的合法利益。8 月，北京举办第 29 届奥运会，校部田径场被确定为奥运会足球裁判员训练场地。为了保障安全，在此期间学校进行封闭管理，学院也全部纳入封闭管理区。保卫处根据学校安保工作要求，严守校门，严查进入车辆和人员，确保了奥运会期间的校园安全稳定，也为学院争了光。

2009 年 10 月 1 日是中华人民共和国成立 60 周年，北京举办了庆典活动。保卫处按照上级维稳工作部署，加强校园安全稳定工作，并派出干部参与学校国庆方队的安全管理工作，圆满完成了国庆庆典的安保任务。

2. 消防管理

保卫处设专职保卫干部，负责校园消防管理及日常防火工作。学院防火安全管理，坚持预防为主、防消结合的工作方针。每年年初，保卫处代表学院与单位(部门)签订二、三级综合治安、消防、交通安全责任书和重点部位消防安全责任书。每学期，进行师生消防安全知识教育，组织各部门、各系的安全员和学生安全员、住宿生及重点部位职工进行消防器材使用的培训，组织学生宿舍火灾逃生演练。加强对建筑物的检查巡查，及时发现问题并及时整改，消除火灾隐患。学院每年投入 4 万元用于消防设施、消防器材的检修和维护，保证其完好率。

2001 年，学院投资 11 万元将地下消防主管道更换，解决了消防压力不足问题，消除了安全隐患。工程线路为：食堂地下室东侧出口至塔楼南侧井口。同年，学院首次在 5 号楼及局部区域实施烟感探头设置。

2007年,申报专项经费对食堂、学生宿舍等重点部位安装烟感、喷淋系统,并将消防报警系统并入监控中心。随着教学专业的增设,针对实验室的需求,增加了部分二氧化碳液态灭火器。同年,学生宿舍、教学楼又增设了手动报警按钮和反馈线。

2009年,将食堂地下室消防泵及水箱更换,重做了排水系统;为使消防泵能正常启用,新增一条电源线,保证了消防泵的双路供电。

2010年,学生宿舍增设了广播系统;更换了所有消防水龙带和水枪头。

3. 交通管理

学院设有交通安全委员会。保卫处设专人负责交通安全管理工作,其主要职责是:对全院师生进行交通安全宣传教育,对校园机动车、非机动车进行管理,监督落实每年两次"百分验收"考核,协助交通管理中心对学院公用机动车驾驶人员进行安全教育,并签订单位(部门)全年交通安全责任书。

2004年后,随着私家车辆的增多,学院加强对校园车辆的管理,划定了校园机动车停车位,安装了交通指示标识,办理了职工机动车通行证。

4. 户籍管理

根据北京市高校学生户籍制度改革规定,自2004年开始,本市生源(农业)停止户籍迁移工作,学生在校集体户口逐步减少。在学校不断扩大非京籍生源招生规模后,集体户口人数又开始增加。截至2010年年底,学院集体户口人数177人,其中教职工集体户口68人。

(四) 获奖情况

保卫处在学院党委、院行政及安全工作领导小组的领导下,在原北京市公安局十四处(现为公安局文保总队)和国家安全局的指导下,落实和承担着学院政治稳定、治安安全、消防安全、交通安全等工作任务,并坚持开展和建立师生相关信息的采集,及时做好舆情上报工作。特别是在国家、北京市有重大活动期间,积极组织开展重点人员摸排,及时发现和处置各类矛盾及安全隐患。防范和开展了同"法轮功"等邪教组织的斗争,坚守并维护了校园安全和稳定,也较好地完成了北京市国家安全局、公安局文保总队各时期交办的各项工作任务,为此,保卫处多年来受到相关部门的多次表彰和奖励(见表5.6-6、表5.6-7)。

表5.6-6 保卫处集体获奖情况一览表

序号	获奖时间	奖项名称	授予单位
1	2005.12	集体嘉奖	北京市公安局
2	2006.12	集体嘉奖	北京市公安局
3	2007.11	集体嘉奖	北京市公安局
4	2007.12	先进集体	北京市国家安全局
5	2008.01	先进集体(安全稳定工作)	中共北京联合大学委员会
6	2008.12	集体三等功(29届奥运会)	北京市公安局
7	2008.12	先进集体	北京市国家安全局
8	2008.10	先进集体(平安奥运行动)	中共北京联合大学委员会
9	2009.12	集体嘉奖(国庆60周年)	北京市公安局
10	2010.12	集体嘉奖	北京市公安局

表 5.6-7 保卫处个人获奖情况一览表

姓名	获奖时间	奖项名称	授予单位
贺永久	2009.12	个人嘉奖	北京市公安局
张 岩	2010.12	个人嘉奖	北京市公安局

第七节 国际及港澳台交流与合作

一、基本情况

(一) 出访交流

2001—2010 年,学院教职工出国(境)参加国际会议、访问交流、进修学习等共计 229 人次,涉及法国、荷兰、加拿大、美国、俄罗斯等 20 个国家及中国台湾、香港、澳门地区(见表 5.7-1)。派出长短期学生赴境外实习、交流、开展学历教育等 500 余人。

表 5.7-1 2001—2010 年教职工出访交流活动一览表

年份	派出人次/人				出访国家/地区	总计/人
	国际会议	考察/访问/交流	进修/讲学	其他公务		
2001	—	8	—	2	法国、荷兰	10
2002	—	20	11	—	加拿大、澳大利亚、法国、荷兰	31
2003	—	3	—	—	法国	3
2004	—	5	1	—	美国、法国、荷兰	6
2005	2	11	1	1	法国、美国、韩国、意大利、爱尔兰	15
2006	—	10	2	3	挪威、加拿大、印度尼西亚	15
2007	—	9	12	2	印度尼西亚、波兰、捷克、中国台湾、俄罗斯、中国香港、中国澳门、爱尔兰、加拿大	23
2008	24	1	11	7	美国、俄罗斯、西班牙、日本、中国台湾、瑞士、西班牙、蒙古、韩国、德国、法国、爱尔兰	43
2009	21	3	—	1	中国台湾、挪威、韩国、法国、俄罗斯、新加坡	25
2010	45	3	3	7	中国澳门、英国、瑞典、日本、挪威、中国台湾、美国、加拿大、韩国、法国	58
合计	92	73	41	23		229

(二) 来访交流

2001—2010 年,学院共接待来自国外和港澳台的 419 人来院访问、交流和讲学,年平均接待来访代表团 16 个,其中,2006 年接待总人次最多,达到 186 人(见表 5.7-2)。

表 5.7-2 2001—2010 年来访交流情况一览表

年份	来访人次/人				来访国家/地区	总计/人
	考察访问	学术交流	短期讲学	其他公务		
2001	10	14	4	—	加拿大、荷兰、法国	28
2002	—	8	3	—	荷兰、法国、以色列	11
2003	8	3	—	—	英国、法国、挪威、荷兰	11
2004	5	9	4	—	法国、加拿大、韩国	18
2005	43	19	5	15	美国、日本、瑞士、法国、爱尔兰、印度尼西亚、韩国、加拿大、中国香港	82
2006	142	18	2	24	美国、法国、意大利、爱尔兰、中国香港、挪威、日本、韩国、新加坡、印度尼西亚、泰国、中国台湾	186
2007	9	14	1	—	美国、加拿大、英国、法国、澳大利亚、日本、韩国	24
2008	5	12	—	—	美国、英国、挪威、墨西哥、日本、中国台湾	17
2009		12			英国、瑞典、爱尔兰、日本、中国台湾	12
2010	12	15	3	—	美国、英国、法国、挪威、瑞典、日本、韩国、中国香港、中国台湾	30
合计	234	124	22	39		419

（三）外籍专家讲学

2001—2010 年，学院根据教育教学工作需要，长年聘请语言类外籍教师。他们来自的国家和地区包括美国、日本、英国、法国、韩国、牙买加（见表 5.7-3）。这些外籍教师的加入，不仅强化了学生的外语水平，还扩展了学生的国际视野，促进了学院外语支撑专业的办学理念。

表 5.7-3 2001—2010 年聘请长期外国专家一览表

年份	姓名	主要工作	国家/地区
2001	金井五郎、苗丽华、埃里克、克莱夫	教授外语	美国、日本、英国、法国
2002	金井五郎、苗丽华、埃里克、克莱夫	教授外语	美国、日本、英国、法国
2003	克莱夫、江口通、巴西姆、埃里克	教授外语	法国、日本、英国
2004	金井五郎、美兰妮・夏批柔、松井爱美、巴威、苗丽华、爱伦・康菲尔德	教授外语	日本、美国、法国
2005	大丰多子、苗丽华、李正爱、美兰妮、加麦、赤松卫、艾伦	教授外语	日本、美国、法国、韩国
2006	大丰多子、赤松卫、李正爱、美兰妮、艾伦、麦克、菊丽	教授外语	日本、韩国、美国、法国
2007	麦克、菊丽、李正爱、郭米肯、板仓真史、管谷纪和、田英淑、劳伦	教授外语	日本、韩国、美国、英国、法国
2008	菊丽、申善惠、大峯多子、井上亘、山孩子、克里弗	教授外语	法国、韩国、日本、美国、牙买加
2009	克莱夫、申善惠、大峯多子、田村真一子、苏利文、叶文杰、克里弗	教授外语	法国、美国、日本、韩国、牙买加
2010	佐藤芳之、申惠善、桥本安代、孔博雅、苗丽华、周伯通、罗琳娜	教授外语	美国、日本、韩国

二、重要项目

2001—2010 年,学院与国(境)外院校签署合作协议 24 项。学院学生赴爱尔兰唐道克理工学院的学历教育、赴日本大阪经济法科的学历教育项目在中国教育部留学服务中心备案。

(一)合作办学

在实施"请进来、走出去"办学特色的前提下,学院不断拓展、扩大、延深与合作院校的交流深度与广度,在近 10 年的国际交流合作中,学院接待 16 个国家、37 所大学、近 400 人次的参观访问,签订、修订、签署合作协议、备忘录 21 个。

表 5.7-4　2001—2010 年合作院校一览表

序号	合作方名称	国别/地区	合作起止时间	主要合作项目
1	克里西旅游学院	法国	2001—今	短期学习、教师互访
2	昂热大学	法国	2001—2005	学历教育
3	利瓦顿酒店管理学院	荷兰	2001—今	学历教育
4	斯塔文格大学	挪威	2004—今	学历教育
5	魁北克旅游与酒店管理学院	加拿大	2001—今	学历教育
6	唐道克理工学院	爱尔兰	2004—今	学历教育
7	佛罗里达酒店管理学院	美国	2004—今	教师培训
8	犹他州旅游学院	美国	2004—今	院际交流
9	培材大学	韩国	2002—今	学历教育
10	慧田大学	韩国	2002—今	学历教育
11	汉拿大学	韩国	2002—今	学术交流
12	大阪经济法科大学	日本	2008—今	学历教育
13	长野大学	日本	2002—今	学术交流、学历教育
14	高雄餐旅大学	中国台湾	2007—今	学历教育、教师互访
15	朝阳科技大学	中国台湾	2006—今	教师互访、学历教育
16	山梨大学	日本	2008—今	学生交流
17	明道管理学院	中国台湾	2006—2010	教师互访、学术交流
18	名樱大学	日本	2008—今	学生交流
19	爱尔兰大学	爱尔兰	2005—2010	学历教育
20	相爱大学	日本	2007—2010	学术交流
21	夏威夷大学茂宜分校	美国	2008—2010	学术交流、教师互访

(二)学生项目

提升学生国际化水平,是学院国际交流活动的另一重点。2001—2010 年,学院学生外出短期实习、交流总计 335 人次,派出留学生 120 人,主要涉及法国、美国、日本、英国、韩国。学院通过不断开创与摸索学生国际交流合作项目,给予学生更多出国学习、实习、进行文化交流活动的机会,开阔了学生国际化视野,达到了不断提升学院国际化水平的目的(见表 5.7-5、表 5.7-6)。

表 5.7-5　2001—2010 年学生外出短期实习、交流情况一览表

年份	人次	实习地点或活动名称
2001	26	法国克里西勒内-奥弗莱饭店管理学院
2002	20	法国克里西勒内-奥弗莱饭店管理学院
2003	22	法国克里西勒内-奥弗莱饭店管理学院
2004	22	法国克里西勒内-奥弗莱饭店管理学院
2005	24	法国克里西勒内-奥弗莱饭店管理学院、世界学生高峰论坛活动(日本)
2006	31	法国克里西勒内-奥佛莱旅游酒店管理学院
2007	30	法国克里西勒内-奥佛莱旅游酒店管理学院
2008	48	法国克里西勒内-奥弗莱饭店管理学院、日本多曼南卡文化节
2009	58	美国新泽西州克莱蒙顿主题公园、威斯康新州 Wilderness Resort、法国巴黎、日本多曼南卡文化节
2010	54	法国克里西勒内-奥佛莱旅游酒店管理学院、美国、日本名古屋
合计	335	

表 5.7-6　2001—2010 年派出留学生(半年以上)情况一览表

年份	人次	留学院校
2001	16	法国昂热大学、荷兰利瓦顿酒店管理学院
2002	7	荷兰利瓦顿酒店管理学院、法国昂热大学
2004	16	法国昂热大学、韩国培材大学
2005	10	法国克里西勒内-奥佛莱饭店管理学院、爱尔兰唐道克理工学院、韩国培材大学
2006	9	日本大阪经济法科大学、爱尔兰唐道克理工学院
2007	11	法国克里西勒内-奥佛莱饭店管理学院、爱尔兰唐道克理工学院、韩国培材大学
2009	13	日本名樱大学、韩国培材大学
2010	38	韩国建国大学、日本冲绳名樱大学、日本大阪经济法科大学、日本相爱大学、日本高知大学、日本新潟大学、韩国培材大学、山梨县立大学、法国克里西勒内-奥佛莱酒店学院、英国罗汉普顿大学、英国 Anglia Ruskin University、日本东京大学
合计	120	

(三)招收留学生

1993 年 9 月 23 日，学院经北京市高等教育局批准招收留学生。招生类别为：大学本科生、大学专科生、普通进修生、高级进修生、研究学者、语言生、短期生。同年 9 月，学院首次招收汉语班留学生。2000 年，学院首次招收学历留学生。学历留学生以四年制专业为主，学生主要来自亚洲、欧洲、北美洲、非洲。十年来，学院共招收留学生 1040 人，其中学历生 464 人)(见表 5.7-7)。留学生中文语言学习单独进行，专业学习随各专业教学班进行。学院下发了《外国留学生教育教学管理手册》，对留学生严格管理，并为其学习生活提供了良好环境。

表 5.7-7　2001—2010 年招收留学生情况一览表

年份	学历生/人	非学历生/人	国　别	合计/人
2001	7	76	日本、韩国、蒙古、俄罗斯、印度尼西亚、越南、马来西亚、加拿大、吉尔吉斯斯坦	83
2002	18	111	日本、韩国、蒙古、俄罗斯、印度尼西亚、越南、马来西亚、津巴布韦、吉尔吉斯斯坦	129
2003	17	—	韩国、蒙古、俄罗斯	17
2004	25	33	日本、韩国、蒙古、俄罗斯、印度尼西亚、越南、马来西亚、法国	58
2005	45	39	日本、韩国、蒙古、俄罗斯、越南、马来西亚、法国、新加坡	84
2006	63	55	日本、韩国、蒙古、俄罗斯、越南、印度尼西亚、马来西亚、法国	118
2007	47	65	日本、韩国、蒙古、俄罗斯、印度尼西亚、越南、马来西亚、法国、柬埔寨	112
2008	58	59	日本、韩国、蒙古、俄罗斯、印度尼西亚、越南、马来西亚、法国、柬埔寨、朝鲜	117
2009	94	55	日本、韩国、蒙古、俄罗斯、印度尼西亚、越南、马来西亚、法国、朝鲜、哈萨克斯坦	149
2010	90	83	日本、韩国、蒙古、俄罗斯、印度尼西亚、越南、马来西亚、法国、朝鲜、哈萨克斯坦	173
合计	464	576		1040

2001—2010 年，学院定期接收法国、爱尔兰、加拿大学生在酒店业进行专业实习。每年接待人数约 40 人，十年招收实习留学生共 344 人次，涉及国内酒店 40 余家(见表 5.7-8)。该项目得到市政府外事办公室的批准，并受到在京星级合作酒店的欢迎。

表 5.7-8　2001—2010 年接待外国实习生情况一览表

年份	接待人次	来自国家
2001	26	法国
2002	22	法国
2003	35	法国、加拿大
2004	35	法国、加拿大
2005	43	法国、加拿大
2006	44	法国、加拿大
2007	40	法国、加拿大
2008	31	爱尔兰、法国、日本
2009	34	爱尔兰、法国、日本
2010	34	爱尔兰、法国、韩国
合计	344	

(四) 企业人员外出学习培训

学院坚持产学研结合的国际化办学理念，与旅游行业、企业、业界保持良好合作关系，充分利用资源优势，借助学院品牌，帮助在京部分企业实施人才培养计划，有组织、有目的、有内容地带领企业人员赴境外参加培训与实习。2001—2010年，学院连续为企业进行短期专业培训项目2个，培训人员97人次(见表5.7-9)。通过组织企业人员出国学习，也提升了学院在行业与业界的知名度。

表5.7-9　2001—2010年企业人员赴境外培训情况一览表

年份	培训人次	培训内容	培训国家
2001	8	酒店与餐饮文化	法国
2002	15	前厅部管理、酒店运行模式	加拿大、法国
2003	8	酒店与餐饮文化	法国
2004	6	酒店与餐饮文化	法国
2005	8	酒店与餐饮文化	法国
2006	8	酒店与餐饮文化	法国
2007	9	酒店运行与餐饮文化	加拿大、法国
2008	4	酒店与餐饮文化	法国
2009	29	现代服务业管理、酒店与餐饮文化	法国、挪威
2010	2	酒店与餐饮文化	法国
合计	97		

三、出国出境管理

学院重视出国出境管理工作，依据北京市外事办公室制定的因公出访规定，采取了具体措施，主要包括：① 制订出访计划。每年十月开始，着手制订下一年度的因公出访团组计划，由外事处(外事办公室)提出，上报学院党政联席会进行审议，待学院批准后，按照计划开展下一年度的因公出访工作，并根据上级要求，办理各个团组的出访手续，做好出访前外事纪律的说明，以保证教职工在国境外遵守有关规定。② 认真执行因公出访换汇手续。按照《关于加强因公出国用汇开支管理的通知》(京财外〔2007〕2287号)要求，以《临时出国人员费用开支标准和管理办法》(财政部〔2001〕73号文)和《北京市财政局用汇审批及核销系统》两文件为依据，严格执行上级单位要求的因公出访批汇、换汇、核汇等手续。③ 加强制度建设。学院先后制定并修订了《北京联合大学旅游学院因公出国人员在外纪律条例(试行)》《北京联合大学旅游学院因公出访人员涉外守则》和《北京联合大学旅游学院出国访问人员管理规定(试行)》。同时，做好因公出访人员回国后的总结工作。教职工完成出访任务后，要及时上交出访总结，并在一定范围内进行交流，以便相互学习借鉴，扩大出访成果。

第八节　党的建设及工会、共青团、民主党派工作

一、党的建设及党的工作

(一) 党员(代表)大会

2003年5月28日，学院召开党员大会，完成出席学校第三次党代会的18名代表的选举工作。

2006年5月26—27日,旅游学院召开党员大会。校党委书记席文启等有关领导参加大会。大会的主题是:认真总结学院党的工作和改革建设发展的经验,为建设新型旅游学院而奋斗。院党委书记李因代表党委作题为“继往开来创新发展,为建设新型旅游学院而奋斗”的报告。该报告对学院建院以来的办学实践进行回顾与总结,提出了学院今后五年发展的目标:团结全院师生员工,解放思想,实事求是,开拓创新,努力构建产学研一体、国际化办学模式,实现规模、结构、质量、效益协调发展,全面提升学院的综合办学实力,使学院在全国旅游高等院校中位居前列,成为首都旅游高素质专门人才的培养中心,成为支撑旅游产业发展的典范,成为学校最有特色的学院之一,实现国内领先、国际知名,创造品牌,在建设新型旅游学院的道路上迈出坚实步伐。

全体与会党员以无记名投票方式,差额选举出学院新一届党委委员,共7人(按姓氏笔画排序):王美萍(女)、王培雅(女)、冯冬明、宁泽群、李因、李玉玲(女)、赵鹏。经党委第一次全体会议选举,党委书记为李因,副书记为李玉玲(女)、赵鹏。

2009年5月15日,根据《关于中国共产党北京联合大学第四次代表大会代表选举工作的通知》精神,学院召开全体党员大会,选举产生出席学校第四次党代会代表14名。

(二)重要活动

1.“三讲”教育“回头看”活动

2000年4月至6月,学院局处两级领导干部进行了“三讲”教育“回头看”活动。在“三讲”和“三讲”教育“回头看”活动中,党办作为具体办事机构,全力配合院党委和上级“三讲”工作巡视组的工作,严密计划,精心组织,认真实施,保证了任务的完成。

这两次教育都是在工作量大、要求严格、时间紧张、人手少的情况下开展的。之所以能顺利完成,主要原因有以下几点。

第一,领导重视是关键。学院党委在思想上重视,在组织上周密安排,在计划上扎实落实,为“三讲”教育和“三讲”教育“回头看”的顺利进行提供了可靠的领导保证和组织保证。

第二,学习理论是根本。在教育过程中,党委始终立足于学习提高,把学习贯穿于各个阶段,在学习篇目、学习时间、学习笔记、学习心得等方面提出具体要求。把学习理论同整顿思想、改进作风结合起来,要求干部紧密联系自己的思想和工作实际,做到了学用结合、有的放矢。在学习方法上,则采取集中学习和自学相结合,通过学习写出理论学习笔记,既保证了学习时间,也在一定意义上检验了学习成果。

第三,发动群众效果好。在“三讲”和“三讲”教育“回头看”的过程中,党委始终注意发动群众,依靠群众,听取教职工的意见。通过动员会、座谈会、个别谈心、设置意见箱、民主测评等方法,帮助干部查摆问题、搞好剖析,使广大干部受到了一次深刻的教育。

第四,落实整改重实效。通过学习,干部们表示要在思想上、政治上、作风上、纪律上有明显进步。广大群众对“三讲”教育寄予很大的期望,而期望实现的关键在于看成效如何。党委做到了边“讲”边改,以“整”促改,用整改的成效来检验“三讲”的效果,推动学院的各项工作,从而使群众的期望落到实处。

2.学习“三个代表”重要思想活动

2001年8月,学院按照上级要求,在全院党员中深入开展了学习贯彻“三个代表”重要思想系列活动。学习活动中,通过党委中心组引领、院领导宣讲等形式,带动全院师生员工的学习。学院注重借鉴“三讲”教育抓好理论学习的经验，采取规定阅读书目、开展专题研讨和组织党员过一次专题民主生活会等方式，推动学习。

各基层党支部坚持在“学原著”上下功夫，帮助广大党员学深、悟透“三个代表”重要思想精髓。先后组织党员观看了《“三个代表”与面向21世纪的党的建设》《江泽民同志“三个代表”重要思想是新时期加强党的建设的纲领性文件》及《按照“三个代表”要求，全面推进党的建设》等一系列视频报告片，帮助党员吸收和消化理论。

学院党委还注重把“三个代表”重要思想学习与庆祝建党80周年的“传承八十年传统，创新世纪伟业”主题党史教育活动相结合，与学习十六大精神等系列学习活动相结合，着眼推进学院改革发展，引导广大党员在学以致用上下功夫。通过理论学习和大量的实践活动，师生对“三个代表”重要思想的丰富内涵有了更为全面和深刻的理解，进一步坚定了马克思主义信仰、社会主义信念和改革开放与现代化建设的信心。

3. 保持共产党员先进性教育活动

根据市委教育工委和校党委的安排，2005年9月至12月底，学院开展了保持共产党员先进性教育活动。院党委出台了教育活动实施方案，成立了教育活动领导小组，组长为院党委书记李因。整体教育活动分为学习动员、分析评议、整改提高三个阶段。

学院坚持把能否解决党员和党组织中存在的突出问题，作为衡量这次教育活动质量高低、成效大小的一个重要标志，并认为这是实现教育活动目标要求的关键。活动体现了“真学、真查、真做、真改”的特色。例如，在整改提高阶段，党委针对院领导班子查找、认定的群众反应比较强烈的6类28个主要问题和“发展”与“管理”两大突出问题，制定并严格执行《北京联大旅游学院党委集体整改方案》。该方案明确了整改的时限、责任人、责任单位和详细的工作措施，力求使活动达到目标要求。通过此项活动，提高了党员素质，加强了基层组织建设，促进了学院各项工作。

4. 学习实践科学发展观活动

自2009年3月起，学院开展了学习实践科学发展观活动。按照市委、市教育工委的统一部署和要求，学院党委在校党委的领导和指导检查组直接指导下，认真贯彻《中共北京联合大学关于开展深入学习实践科学发展观活动的实施意见》，结合实际，突出科学发展这个主题，按照“党员干部受教育、科学发展上水平、人民群众得实惠”的总体要求，以“突出特色、提高质量、加强管理、促进发展”为目标，将教育活动不断推向深入。

活动中，党委重视抓好学习调研阶段、分析检查阶段和整改落实三个阶段的各环节工作，坚持把深入学习、统一思想贯穿始终，把解放思想、改革创新贯穿始终，把解决问题、完善体制机制贯穿始终，把依靠群众、发扬民主贯穿始终，使教育活动呈现出了学得深、氛围浓、全员参与、主题突出、效果明显、学习与工作两不误的局面。概括起来说，就是形成了“三个结合”的特色：一是学习实践活动与工作研究相结合，理论为基础，统一领导班子思想为先导；二是学习实践活动与推动学院创建“产学研一体化”发展模式相结合，使这一模式呈现跃升趋势；三是学习实践活动与学生的专业学习和社会实践相结合。

活动成效体现在：学院领导班子进一步明确了学院科学发展的目标和方向，提高了认识；中层干部受到教育，进一步明确了本单位（部门）科学发展的思路；教职工党员受到教育，强化了科学的教育观、质量观和人才观意识；学生党员进一步明确了全面发展的目标和要求。

5. 党建评估

2007 年 9 月 18 日,市委教育工委、市教委专家组对学校贯彻落实《北京普通高等学校党建思想政治工作基本标准》(以下简称《基本标准》)情况进行达标检查验收,学院被列为重点检查的单位之一。专家组在学院听取汇报、查阅材料、组织座谈、走访和观摩后,对学院"民主治校""学生党员发展""校园文化"等特色亮点给予高度评价。

迎评期间,学院开展的主要工作有:撰写了汇报材料《抓好党的建设,为创建新型旅游学院提供政治、思想和组织上的有力保证——北京联大旅游学院党建和思想政治工作评审报告》和《五个坚持不懈,开创基层党建工作新局面》《完善机制,夯实基础,注重培养,凸现成效》两个特色工作报告;召开了党建达标检查工作总结会,形成了《加强基础,突出特色,注重实效,创新发展——我院党建〈基本标准〉达标检查迎评工作总结》;建立了 146 盒党建支撑材料。其中,校级支撑材料 8 盒,院级支撑材料 66 盒,各系党总支和直属党支部支撑材料 72 盒;归档党建材料 10 卷;编印了学院党建材料汇编;制定了学院贯彻落实《基本标准》责任制实施细则及相关工作流程;召开学院党建创新工作研讨会,提交论文、调研报告 24 篇。

6. 创先争优活动

2010 年 5 月,在校党委统一部署和精心指导下,学院党委带领全院党组织和党员开展创先争优活动。为保证活动取得实效,学院成立了由党委书记、院长任组长的学院创先争优活动领导小组,并建立了学院领导班子成员联系基层制度。每位院领导根据分工和联系要求,指导分管部门和联系单位开展创先争优活动。

活动以"创建先进党组织,争当优秀共产党员,推动特色鲜明、国内一流旅游学院建设"为主题,以推动科学发展、加强基层组织建设、提高党员素质、服务师生员工、促进校园和谐为目标,以党组织按照"五个好",共产党员按照"五带头"为要求,具体分为三个阶段进行。从 2010 年 5 月开始至 2010 年年底,主要开展了"第一阶段"的相关活动:以党员作风建设年活动为专题,开展创先争优活动,通过"抓学习,抓作风,抓机制,促发展",进一步推进学习实践科学发展观活动整改落实方案的完成。

活动中,学院酒店与餐饮管理系教工党支部被评选为学校十佳党支部;酒店与餐饮管理系王帅同学荣获"北京高校成才表率"称号。

(三)组织工作

1. 领导班子和干部队伍建设

(1) 党委中心组理论学习和干部培训

学院党委严格执行中心组学习制度,并结合实际制定了《北京联合大学旅游学院党委中心学习组学习制度》(联旅党〔2004〕18 号)。每年初,党委都制订当年中心组学习计划,规定学习的时间、内容、形式,并做到每次学习有选题、有准备、有重点发言人、有结合实际工作的研讨题目。2005 年以来,党委中心组针对旅游产业发展的新形势,确定了以"专题式""体验式""研讨式"等学习模式组织学习,并取得学习研究的实效。例如在开展学习实践科学发展观活动中,党委中心组成员"带着理论研究问题"到各大旅游企业走访调研,特别是带领全体中层干部到全聚德集团开展的"走进百年老店全聚德,共畅校企合作新愿景"主题交流研讨活动,取得了很好的效果。2009 年 6 月,全聚德领导班子全体成员还一同来到学院,与学院领导班子就深化合作问题进行座谈研讨。此后,校企双方领导班子一直保持常态化沟通和交流，使双方合作不断深化，成为校企合作的典范。

党委中心组成员还在不同时期，以不同形式与国家旅游局、市旅游局（委）、各区县旅游局（委）以及首旅集团、洲际集团等各旅游企业领导座谈交流，广泛听取提升学院人才培养质量，尤其是加快“特色鲜明、国内一流旅游学院”建设步伐的意见和建议。在“走出去”的同时，还坚持“请进来”。党委先后邀请国家旅游局、北京市旅游委、首旅集团等政府和企业领导、专家来院讲座和座谈交流。例如，针对北京市政府颁布的《全面推进北京市旅游产业发展的意见》出台以及北京旅游产业年会的召开，2008 年 12 月，党委邀请市旅游局副局长于德斌来院，参与中心组学习研讨，解读首都旅游发展形势；针对《国务院关于加快发展旅游业的意见》（国发〔2009〕41 号）的学习，2010 年，党委先后邀请中国旅游发展研究院院长戴斌、国家旅游局办公室副主任彭德成以及著名旅游学家魏小安等来院作报告，解读文件精神，并为学院发展建言。

党委始终坚持把建设一支思想强、作风硬、工作能力突出的中层干部队伍作为提高办学质量，推动学院建设发展的重要保障来抓紧抓好。实践中，注重做好干部的培训工作，坚持不断探索创新培训形式，结合旅游教育及干部队伍建设实际，组织开展多种形式的培训活动，激发了全体干部爱党、爱国热情，达到了传承革命传统，立足本职，践行“三个代表”重要思想，落实科学发展观要求，全面推进“特色鲜明、国内一流”旅游学院建设的目的。同时，也进一步强化了干部的理想信念，使其牢固树立起建设中国特色社会主义的信心和为首都、为我国旅游业发展培养高素质人才的信心，增强了建设新型旅游学院的责任感和使命感。

学院组织中层干部参加校（院）各种培训，对干部学习有计划、有考勤、有记录、有检查、有总结。自 2005 年起，学院设立了干部培训专项经费，主要用于干部、党总支（党支部）书记及党员的学习培训、参观考察、党建课题研究等方面。并要求处级及以上干部每年撰写一篇理论学习文章。院领导班子中的局级干部都按要求参加了北京市组织的理论培训，他们撰写的文章在北京市局级领导干部理论文章评选中均获过奖。从 2007 年开始，处级干部要完成 40 学时的“北京市干部在线学习”课程。近五年来，学院中层及以上干部均按新一轮大规模培训干部的要求，完成了年均 110 学时的培训任务。

（2）思想作风建设

从 2005 年开始，院领导班子在每次调整后都及时公布班子成员的分工及所联系的系部，坚持院领导每周接待日制度，开办网上院长信箱，领导班子对师生的来信和教代会代表的提案做到每案必复。坚持院领导及学院中层干部听课制度，并向教务处提交听课记录。学院将为群众办实事的具体内容列入每年学院工作计划并公布，年底检查完成情况并汇报。学院对干部队伍实行严格管理，2004 年制定了《关于院中层以上干部请销假的规定》（联旅组〔2004〕21 号）《关于加强干部管理工作的若干规定》（联旅组〔2004〕49 号）。2006 年制定了《关于贯彻落实（关于党员领导干部报告个人有关事项的规定）的实施意见》（联旅党〔2006〕33 号）《关于选派中层干部到重点大学挂职锻炼的意见》（联旅党〔2006〕36 号）。2007 年制定了《关于加强和完善学院中层干部队伍建设与管理的工作意见》（京联旅党〔2007〕40 号）等制度，并执行谈话制度、交流回避制度、重大事项报告制度、收入申报和述职述廉等制度。

为推进民主集中制建设，2001—2010 年，学院建有院、系两级院务公开制度和党委会、院长办公会及系（处）务会制度，对重大问题实行集体讨论决定。院党委定期对院务公开工作及系(处)务会制度执行情况做检查。院、系(处)领导班子每年召开专题民主生活会,听取群众意见,完成群众对班子的测评。院党委推行党务公开,每学期向全院公布党委会和院务会纪要,将学院涉及教职工利益的重大事项提交院教代会、工会讨论,依法保证师生员工行使民主管理、民主监督的职权。

(3) 干部制度改革

2004 年,学院在"十一五"规划中制定了《关于加强和完善学院中层干部队伍建设与管理的工作意见》,提出处级干部"年龄在 45 岁以下的要占到 50%,其中 35 岁以下的年轻干部要达到 20%,平均年龄 45 岁"以及"35 岁以下,应具有硕士研究生以上学历、硕士及以上学位的要达到 50%"的目标要求。

学院在 2002 年、2003 年、2004 年和 2005 年的岗位聘任工作中,推进干部人事制度改革,坚持公开、平等、竞争、择优和民主集中制的原则,对处级岗位重新聘任,实行个人自荐与民主推荐相结合、竞争上岗与组织选拔相结合的方式,完成了干部聘用工作。学院执行干部交流规定,对在同一职位连续任职时间超过 8 年的,不允许再参加原任职务聘任;干部聘任实行任前公示制、任前廉政谈话制、诫勉谈话制等;对调离重点部位的干部进行经济责任审计。

2009 年年底至 2010 年年初,学院按照校党委统一部署进行处级干部重新聘任工作,并根据具体情况对部分副处级干部的岗位进行了调整。截至 2010 年 5 月底,学院共有处级干部 43 名(含副职院领导 2 人,正处级调研员 3 人)。其中,正处级干部 16 人,副处级干部 27 人。在 38 名处级实职干部(不含副职院领导)中,正处级干部 11 人,副处级干部 27 人。其中,具有硕士以上学位的 30 人,占处级实职干部总数的 79%;具有高级职称的 13 人,占处级实职干部总数的 34.2%。学院干部队伍的平均年龄降低为 39.7 岁,队伍结构也得到进一步优化。与 2005 年干部聘任情况相比,干部队伍呈现出了整体结构实现新老交替、构成年龄实现梯次配备和学历层次明显提高的特点。干部的知识背景进一步突显重点学科和专业特点,有一批年轻的"双肩挑"干部被选拔到重点业务部门和专业管理岗位,为处级干部队伍注入了新的生机活力。

(4) 干部考核

学院干部考核分为新任干部试用期考核和全体中层干部年度考核。新任干部试用期考核主要由院党委组织部按程序进行。在年度考核中,中层干部的考核结果由组织部门按照中层干部测评结果提请学院党委会研究,最后经院党委审定,并由主管部门院领导将考核结果反馈给本人。对年度考核基本称职人员进行诫勉谈话,限期改正或调整其领导职务;考核为不称职的人员或连续两年为基本称职的人员,按干部管理权限和法定程序做出降职或免职处理。

2007 年,学院制定了《北京联大旅游学院中层干部考核工作实施办法》(京联旅党〔2007〕30 号),考核主要包括德能勤绩廉五个方面,以岗位任务的完成情况为主要内容,以工作实绩为重点。中层干部考核成绩由院领导、群众和中层干部的测评打分三部分组成。考核测评权重为:院领导、群众和中层干部分别占 40%、30%和 30%。处级干部考核结果分为优秀、合格、基本合格和不合格。历年年度考核结果如下。

2001 年优秀人员:毕爱萍、王兵、赵丽、张卓立、冯冬明、赵幼芳、贾福龙、李渊峰(其余全部为合格)。

2002 年优秀人员：贾福龙、罗桂霞、王美萍、李雨燕、潘素玲、徐淑静、罗旭华(1 人基本合格,其余全部为合格)。

2002 年优秀人员：王美萍、李淑芳、姚晓梅、毕爱萍、潘素玲、徐淑静、宁泽群(1 人基本合格,其余全部为合格)。

2004 年优秀人员：宁泽群、李涛、石美玉、徐淑静、姚晓梅、李淑芳、刘敏、汪艳丽、梁磊、朱明跃(其余全部为合格)。

2005 年优秀人员：宁泽群、韩如冰、王美萍、纪廷许、汪艳丽、李淑芳、刘敏(其余全部为合格)。

2006—2007 学年优秀人员：王美萍、刘敏、李淑芳、赵丽、王培雅、于平、宁泽群、石美玉、刘爱服、穆洁华(其余全部为合格)。

2007—2008 学年优秀人员：刘敏、李淑芳、王培雅、洪宇、罗旭华、穆洁华、宁泽群、刘爱服(1 人基本合格,其余全部为合格)。

2008—2009 学年优秀人员：王静、刘敏、李淑芳、汪艳丽、于平、宁泽群、李雨燕、宋志伟、王培雅、洪宇,肖春林考核合格并获得特别嘉奖(1 人基本合格,其余全部为合格)。

2010 年度优秀人员：田雅琳、于平、穆洁华、张驰、汪艳丽、王春荣、肖春林(其余全部为合格)。

(5) 后备干部队伍建设

2005 年 12 月,学院制定了《学院中层后备干部队伍建设的若干规定(暂行)》(联旅党〔2005〕11 号)。2006 年,根据市委组织部《关于 2006 年调整补充局级领导班子后备干部工作的意见》和教育工委以及联大的"工作方案"的要求,4 月 6 日学院党委专门召开会议,按照《党政领导干部选拔任用工作条例》规定,研究了学院局级后备干部人选。根据推荐的情况以及学院中层干部的现状,结合学院今后的发展,经党委集体充分酝酿讨论,确定了 20 位后备干部。其中按照 1∶2 的比例提出副局级后备干部人选 4 位、正处级 6 位、副处级 10 位。2008 年进一步确定了选拔培养后备干部的基本原则：德才兼备;有发展潜力;注意优化结构(年龄、学历、职称、性别以及非中共党员)。6 月 3 日,学院党委会研究确定了 2008 年后备干部共 36 位。

(6) 干部交流、挂职锻炼

为加强学院中层干部队伍建设,发现和培养并储备一批有发展潜力的干部、特别是青年人才,自 2005 年先进性教育以来,党委注重加强与首都高校的合作,先后选派了 6 名在职和有发展潜力的干部到其他高校和对口单位挂职锻炼。

2. 基层党组织建设

(1) 基本情况

学院党的基层组织设置随着学院的发展、教学和行政机构的调整、党员队伍的变化及时调整。2003 年和 2005 年,两次集中调整党组织。2010 年,学院在新一轮岗位聘任后,又进行了系科和内设机构的调整工作,党组织设置也同时调整。

截至 2010 年年底,党委下设 6 个党总支、1 个直属党支部。党总支下设党支部 21 个,其中在职教职工党支部 10 个,学生党支部 8 个,离退休人员党支部 3 个(见表 5.8-1)。

表 5.8-1 2010 年基层党组织设置一览表

党总支(直属党支部)名称	下设支部
休闲与旅游管理系党总支	教工党支部
	学生第一党支部
	学生第二党支部
英语旅游文化系党总支	教工党支部
	学生第一党支部
	学生第二党支部
	学生第三党支部
日语旅游文化系党总支	教工党支部
	毕业班学生党支部
	非毕业班学生党支部
酒店与餐饮管理系党总支	教工党支部
	学生党支部
人文社科基础部直属党支部	
机关党总支	第一党支部
	第二党支部
	第三党支部
	第四党支部
	第五党支部
	第六党支部
离退党总支	离休党支部
	退休干部党支部
	退休工人党支部

学院党委按时进行党总支(党支部)正常换届工作。党总支书记(党支部书记)的任命实行"两推一选"制度,即分别在总支(支部)党员中及所在部门全体教职工中进行民主推荐,再在党内进行选举。院党委每年组织总支(支部)书记培训班和党务工作交流会,发放《党支部书记培训教材》《新编基层党的组织工作实务指南》等学习材料;组织党支部书记及党务干部外出考察,如 2006 年赴内蒙古参观,2010 年赴井冈山考察等。

(2) 党员教育管理

各党总支(支部)坚持"三会一课"制度,每月开展不少于一次的组织生活,每学年召开不少于一次的民主生活会。各党总支(支部)在保持党员先进性教育活动后,开展了"学习型支部"建设活动,院党委对各支部活动的开展情况进行检查。学院党委每年足额下拨党员活动经费,组织部除用该经费为各支部购买、订阅学习材料,组织集体活动外,还用于补助支部的活动经费并检查经费使用情况,确保支部活动的效果。例如,为了深入学习贯彻党的十七大精神,党委组织教职工收看了十七大开幕式电视直播,并制定下发《关于深入学习贯彻十七大精神的通知》,在全院师生员工中开展了有效的学习活动。2008 年 6 月,党委召开党的十七大精神专题学习交流会,各党总支和直属党支部的党员代表围绕"提高认识、坚定信念、保持先进"这一主题,交流了学习体会。11 月,学院各系组织党员赴国家军事博物馆参观"复兴之路"大型主题展览。

党委特别注重对党员的党性教育。每年"七一"组织预备党员宣誓活动,组织毕业生党员开展以“牢记党员责任，青春奉献祖国”为主题的教育活动，每年还下发“致毕业生党员的一封信”等。结合学院在不同阶段的工作重点，如在重大疫情和重大事件期间、在特殊时期、在本科教学工作水平评估以及北京奥运会等重要阶段，党委都召开党员大会，进行思想动员，对党员的表率作用提出具体要求。

（3）党员发展

2001年，学院学生党员占在校生的比例为1.19%。为加强学生党员发展工作，党委组织部和各系党总支、党支部每年制订发展学生党员工作计划，并由组织部检查督促计划的实施。学院和各系组成专兼职组织员队伍，加大入党积极分子的培养力度，特别注重加强低年级学生党员发展工作。2005年，大学生党员占在校生的比例达到9.61%。严格程序，是保证发展党员质量的关键。为此，党委制定了切实可行的制度和办法，如《关于发展党员工作的有关程序》等。英语旅游文化系党总支注重发扬民主，坚持走群众路线，总结出统一各方认识、确保群众基础和发展质量的工作方法，即做到团组织“推优”意见、班主任意见、学生党员意见和支委会意见“四统一”。各系党总支坚持标准、严格手续，成熟一个发展一个，做到了发展工作规范有序。如坚持“六个不发展”，即培养考察不到一年的、未获得党校学习结业证书的、未经过团组织推优的、学习态度不端正的、成绩较差的以及听到不同意见未核实清楚的都不发展，做到严格把关，从而确保了学生党员的发展质量。在党员发展工作上，还严格执行团组织推优入党制度、党员发展前和转正前的公示制度以及党员发展的票决制度等。党委每年召开发展学生党员工作研讨会，对发展党员工作做得好的党组织和党员个人予以表彰和奖励。2006年以后，学生党员占在校生比例一直保持在13%左右（见表5.8-2、表5.8-3）。

截至2010年年底，学院共有党员551名，其中正式党员440名，预备党员111名；女党员396名，少数民族党员43名；学生党员294名，教职工党员159名；35岁及以下党员345名，离退休党员98名；大学生党员占全日制在校生比例达到13.17%，35岁以下青年教师中党员比例超过为82.35%。

表5.8-2　2002—2010年学生党员发展情况一览表

单位：人，%

年份	学生人数	发展人数	发展比例	党员人数	党员比例	普通本科生数	普通本科生发展时年级情况			
							一年级	二年级	三年级	四年级
2002	—	38		48	3.2	28	—	—	—	—
2003	1605	40	2.49	67	4.17	34	0	11	22	1
2004	1671	89	5.33	113	6.76	98	7	41	23	3
2005	1749	76	4.35	168	9.61	134	7	26	24	13
2006	1843	149	8.08	223	12.10	103	0	37	44	22
2007	1851	123	6.65	251	13.56	201	3	27	34	29
2008	1971	134	6.80	279	14.16	234	0	35	36	23
2009	2205	148	6.71	298	13.51	253	0	54	43	15
2010	2232	99	4.43	294	13.17	241	0	17	34	12

表5.8-3　2001—2010年大学生党员占在校生比例一览表

年份	2001	2002	2003	2004	2005	2006	2007	2008	2009	2010
百分比/%	1.19	3.20	4.17	6.76	9.61	12.10	13.56	14.16	13.51	13.17

2005年,学院正式成立党校,由院党委书记担任校长。制定下发了《北京联大旅游学院党校工作暂行条例》《北京联大旅游学院党校及内设机构工作职责》等相关制度,规范了党校的各项条例和工作。党校在学院党委领导下,结合学生思想政治教育和德育工作,进行党的基本知识教育,并利用这个平台开展共产主义理想信念教育和学生党员、学生干部培训。各系按照学院党校的安排,做好党课组织工作,并结合党课和培训内容,适时组织进行参观考察和社会实践活动。党校学生班开班时间为每年9～10月。新生一入学,就全体参加党课第一讲的学习,其内容是听著名青年教育家、首都师范大学郭海燕教授讲人生理想。第一讲结束后,愿意继续上党校的学生,正式报名上后面的课程。这种做法收到了非常好的效果。仅2005年下半年,党校就培养了320余名学员,占2005级学生的70%,上党校期间提交入党申请书的有208人,占参加党校学习人数的65%;2006年,党校毕业学员达到366名,占2006级学生的83.8%,提交入党申请书的229人,占参加党校学习人数的62.57%,从而为学生党建工作的深入开展奠定了坚实的基础(见表5.8-4)。在学院党校培训的基础上,各系还分别组织"党校高级班",针对重点学生积极分子开展进一步的培训和培养。同时,对教职工入党积极分子办培训班进行培训(见表5.8-5)。

表5.8-4　学生入党积极分子培训班培训情况一览表

起止时间	参加人数	结业人数	结业比例/%
2005.09—2005.10	458	320	70.00
2006.09—2006.10	437	366	83.80
2007.09—2007.10	476	387	81.30
2008.09—2008.10	448	375	83.70
2009.12—2010.01	452	364	80.50
2010.11—2010.12	359	307	86.00
合计	2630	2119	80.60

表5.8-5　教职工入党积极分子培训班培训情况一览表

起止时间	参加人数	毕业人数
2001.04.20—2001.05.25	3	3
2002.01.21—2002.03.22	14	10
2006.03.15—2006.03.29	19	19
2007.10.19—2007.11.30	3	3
合计	39	35

3. 奖惩

学院党委按照上级党委工作布置,定期开展先进基层党组织和优秀党员的评选表彰活动(见表5.8-6)。党委每次都制订活动开展方案,指导基层党组织的评优工作;结合学院具体工作,开展一些专项表彰,如防控"非典"疫情和党员先进性教育活动的表彰等(见表5.8-7)。

表 5.8-6 2001—2010 年先进基层党组织、优秀共产党员和党务工作者名单

年份	校级		院级	
	先进基层党组织	优秀共产党员	先进基层党组织	优秀共产党员
2001			日语系党支部、餐饮工艺系党支部、党委机关党支部、离休干部党支部	王瑞林、魏敬安、罗振鹏、王美萍、刘爱服、栾扶桂、李雨燕、靳洁、衣玉芳、杨艳萍、李渊峰、方朗
2002				王美萍、张宾华、宁泽群、贾福龙、罗桂霞、毕爱萍、赵幼芳、王培雅、田志民、王瑞林、张践、魏庆芳、刘坤茹、张惠芬、杨艳萍、曹庆红、张卓立、张志敏、刘艳华、刘继红
2003	后勤服务公司党支部、国际酒店管理系党支部	刘爱服、王莉华	国际酒店管理系党支部、后勤服务公司党支部、外语旅游文化系第一党支部、餐饮管理系党支部	王芳、陈奇山、刘敏、冯丽霞、魏庆芳、刘建平、田普跃、杨汇雨、刘爱服、施尔薇、赵丽、王莉华、李萍、张岩、张建北、罗桂霞、靳洁、王美萍、汤利华、王丰民、吕勤、高珣、王常基、许青月、张玉凤、刘艳华
2005	国际酒店管理系直属党支部、后勤服务公司党支部	张志坚、李秀娜、姚晓梅	国际酒店管理系直属党支部、后勤服务公司党支部、餐饮管理系直属党支部、党委机关党支部	刘艳华、曹庆红、张蕾、褚荣静、石岳、张强、魏敬安、姚晓梅、龚彦钧、王瑞林、王培雅、李凌鸥、王美萍、刘燕、李永奎、刘敏、王彩玲、罗桂霞、李秀娜、赵欢、张岩、张志坚、王常基、白世慧、岳祚弗、胡乃琴、魏庆芳
2007	英语旅游文化系党总支、日语旅游文化系学生党支部	刘艳华、刘磊、李雨燕、赵丽、刘爱服、纪廷许、王美萍、王常基、魏庆芳、于平、吴宁、李淑芳、汪艳丽、杨艳萍、张志坚	英语旅游文化系党总支、日语旅游文化系学生党支部、酒店与餐饮系教工党支部、党委机关党支部、院行政机关党支部	刘艳华、韩如冰、曹芙蓉、刘磊、郑欣、李雨燕、赵丽、刘爱服、马飞翔、丁玫、程子琦、纪廷许、段继华、聂春玲、王美萍、刘燕、王常基、魏庆芳、何小庭、王春香、于平、马春丽、吴宁、张立纯、李淑芳、朱明跃、汪艳丽、刘朝霞、杨艳萍、张志坚
2009	酒店与餐饮管理系党总支、英语旅游文化系党总支	曹福荣、姜慧、张驰、杨昆、宋志伟、王彩玲、杨艳萍、张立纯	酒店与餐饮管理系党总支、英语旅游文化系党总支、培训中心党支部、休闲与旅游管理系党总支、人文社科基础部党支部	韩如冰、曹福荣、李璇、孙圣英、杨昆、王梦、权震红、姜慧、张驰、王常基、刘庄宜、宋志伟、张岩、王彩玲、刘守岭、杨艳萍、李渊峰、冯丽霞、李雨燕、王若洪、于平、吴宁、张立纯

学院党委严肃党的纪律，2001—2010 年，学院共有 5 名党员因违反财经纪律、擅离职守等问题，受到全院通报批评。

表 5.8-7 2001—2010 年受到其他类别表彰的党组织和党员名单

年份	表彰名称	表彰级别	获表彰个人	获表彰集体
2003	防治非典型肺炎工作先进个人/集体	校级	王　芳	外语旅游文化系直属党支部、餐饮管理系直属党支部
2005	以能力建设为中心的先进性教育主题实践活动先进共产党员	校级	宁泽群、刘捷、魏敬安、王培雅、王丰民、汪艳丽、王莉华、张志敏、张瑶、褚荣静、刘磊、胡晶晶、王宇、刘晓涛、沈洁、王娜、冯晓璐	
		院级	宁泽群、曹福荣、刘捷、魏敬安、梁宝恒、高苏、韩如冰、王培雅、王丰民、汪艳丽、张建北、杨艳萍、肖春林、李永奎、王莉华、张志敏、张瑶、褚荣静、李昆、刘磊、胡晶晶、王宇、刘晓涛、卢瑶、沈洁、王娜、聂晶、苏珊珊、冯晓璐	
2010	成才表率	市级	王　帅	
		校级	王　帅	

4. 人才工作

(1) 优秀人才资助

党委严格按照《北京市优秀人才培养资助实施办法(试行)》的规定,综合考察申请人的思想政治素质、学术水平、科研能力和研究方向,向上级推荐学风端正、发展潜力大、确需资助支持的优秀人才。

为提高北京市优秀人才资助项目申报的成功率,党委组织申报工作培训,要求以党总支(直属党支部)为单位,对申报人员进行综合排序,严格控制推荐人员数量,并要求申请资助的类别要有所区别。2004—2010 年,共有 9 人获得市优秀人才资助,资助总金额为 23.5 万元(见表 5.8-8)。

表 5.8-8 2004—2010 年北京市优秀人才资助获得者名单

序号	姓名	资助项目名称	资助类别	金额/万元	资助年份
1	李　享	定量工商管理课程研修	B	2.00	2004
2	徐菊凤	参加第三届中国旅游论坛	C	1.00	2006
3	刘志红	撰写《中国文化概览》	E	2.00	2006
4	穆洁华	撰写《日汉对照奥运小事典》	D	2.50	2006
5	石美玉	撰写《奥运会特许商品的开发与营销》	E	2.00	2006
6	王　静	挪威斯坦万格大学高级访问学者	A	3.00	2007
7	刘亭立	基于中国资本市场的董事会治理与盈余质量研究	E	2.00	2008
8	石金莲	北京旅游者生态意识调查与对策研究	D	4.00	2008
9	姜　慧	中式菜肴——炖菜标准化体系的建立	D	5.00	2009
合　计				23.50	

(2) 政工职称评审

学院政工职称评审工作按照北京市政工职评工作办公室和校党委组织部的要求进行，学院成立有政工职称初级评审推荐小组，由党委书记任组长。政工高级职称的评审由学院推荐到学校参评，学校通过后参加北京市组织的评审(见表 5.8-9)。

表 5.8-9　2001—2010 年思想政治工作专业评审情况一览表

序号	姓名	性别	获得职称	获评时间	评审机构
1	李玉玲	女	高级政工师	2001.10	市高评委
2	刘　敏	女	高级政工师	2001.10	市高评委
3	李雨燕	女	高级政工师	2001.10	市高评委
4	李　帆	女	助理政工师	2001.06	学院初评委
5	赵幼芳	女	高级政工师	2002.11	市高评委
6	王锡英	女	助理政工师	2003.05	学院初评委
7	吕　勤	女	助理政工师	2003.05	学院初评委
8	张　琳	男	助理政工师	2003.05	学院初评委
9	刘　燕	女	助理政工师	2004.05	学院初评委
10	刘建平	男	助理政工师	2004.05	学院初评委
11	肖春林	男	政工师	2004.06	学校中评委
12	李　帆	女	政工师	2005.06	学校中评委
13	张立纯	男	助理政工师	2009.05	学院初评委
14	王培雅	女	高级政工师	2009.11	市高评委

(四) 宣传思想政治工作

1. 教职工思想政治教育

学院始终重视教职工思想政治教育工作，并做到“规定动作不走样，自选动作出亮点”。尤其是进入“十一五”发展时期以来，学院结合实际组织的“我为新型旅游学院建设作贡献”和“推动特色鲜明、国内一流旅游学院建设步伐”等专题教育活动，坚持常态化开展，并取得了实效。

学院坚持在每学期开学初或在重大活动、重要事件等特殊时期，开展师生思想调查，及时掌握师生思想动态，增强了开展教职工思想政治教育的针对性。

学院坚持以社会主义核心价值体系作为教职工思想教育的核心内容，扎实开展“传承长征精神”“社会主义荣辱观”等系列教育活动，还注重结合重大事件，先后围绕党的十六大、校庆、十七大及历次全会召开和改革开放 30 年、国庆 60 周年等，开展主题教育活动。自 2001 年起，在师生中陆续对新颁布的国家保密法、计划生育法、高等学校学生管理规定等法规进行宣传，加强普法宣传教育。

党委重视在教师队伍中开展师德教育。2010 年，学院结合校园文化建设，在总结以往办学实践中形成的“三创”(创业、创新、创优)精神的基础上，提出在教师队伍中弘扬提倡“五种精神”(锐意改革的创新精神、争先创优的进取精神、攻坚克难的拼搏精神、敬业爱校的奉献精神、协力同心的团队精神)，并围绕这“五种精神”深入开展师德教育和宣传活动，通过校内媒体，加大了对师德先进集体和个人的宣传力度，树典型、树形象，提高了教职工对师德重要性的认识。

学院重视开辟教职工思想政治教育的新平台,2010 年,组织宣传部在学院网站上开辟了“教职工学习专栏”“理论园地”等专题栏目,为基层组织学习活动及教职工自主学习搭建了平台。

2. 宣传阵地建设

(1) 窗口建设

2006 年,学院以迎接本科教水平评估为契机,对校园室内外宣传栏、通知栏、电子显示屏、校园广播系统、室内外标识牌、引导牌等进行了改造建设,使宣传阵地硬件的建设水平得以充实提升。为确保宣传阵地作用的发挥,党务工作办公室(组织宣传部)负责对相关制度进行了修改完善,进一步明确了各分管部门的责任,并开展检查评比活动,推动各部门围绕“党建风采”“教学改革”“科研创新”以及“服务社会”等主题,做好橱窗宣传。

学院广播台是由学生处和团委管理的校园宣传机构。设有“新闻周刊”“体育加油站”“情感空间”“点为你狂”和“音乐 you&me”5 个新闻类、娱乐类栏目,均采用采编播控一体化的制作流程,每天制作各类广播节目近 30 分钟,是校园里不可或缺的宣传沟通渠道及娱乐休闲元素。

(2) 校园文化

学院对在长期办学实践中形成的校园文化精神进行凝练总结,形成了校园文化精神主题词——“博识雅行,学游天下”。2008 年,学院邀请著名书法家欧阳中石先生题写了这一主题词。同年,学院启用了新的标识系统。并以此为契机,加强宣传品牌化建设,在各类印刷品、校园门牌标识、网站建设等方面均规范了学院标识系统的运用。

学院自 2005 年起,策划校园文化主题雕塑建设工作。2006 年 9 月,校园文化主题雕塑“翔”在校园中心广场落成。“翔”采用铝银金材料,长 7.6 米,宽 5.5 米,高 6 米。“翔”为翻卷的书册造型,象征高等学府的高洁优雅、渊博通达、志向非凡、心智无疆;又似腾飞之鹏,象征学院莘莘学子学业有成,一飞冲天,翱翔万里。“翔”高雅中蕴含灵动,激越而不失安详,形象地诠释了“博识雅行,学游天下”的校园文化主题词内涵,体现了学院文化特色。

3. 对外宣传

学院重视对外宣传工作,尤其是自 2008 年以来,学院以服务奥运、教学改革、建院 30 周年、“庆祝北京联合大学旅游学院与法国克里西勒内-奥弗莱饭店旅游管理学院合作办学 15 周年” 等活动为宣传契机,加大外宣力度,实现了对外报道的不断突破。2010 年,媒体报道学院的数量超过 50 篇。

2008 年,学院师生在服务北京奥运中作出了重要贡献。媒体对学院承担的“中文菜单英文译法”等工作进行了报道。北京电视台就“后奥运问题”来院采访了刘德谦教授和宁泽群教授。相关采访内容在北京电视台“北京您早”栏目中播出。

自 2001 年以来,学院坚持探索产学研一体、国际化办学发展之路,教学改革、校企合作进一步深化,培养的人才素质提升,受到业界及社会媒体的广泛关注。《中国教育报》《中国旅游报》《新京报》、千龙网、首都教育新闻网等报纸和媒体对学院产学研一体化办学、“中法合作教育 15 周年”等进行了大量报道。

2010 年 9 月 26—29 日,学院参加了在天津梅江会展中心举行的“2010 中国旅游产业节”。作为首都旅游教育的重要组成部分，学院支撑北京市旅游委参加了产业节首次开设的中国旅游教育暨旅游人才开发合作洽谈展区和旅游项目规划设计成果展。学院参展内容以“中国旅游高素质专业人才的摇篮”为主题，用图文并茂的形式展示了学院的发展历程、教育教学、科学研究(贡献社会)、办学特色及未来发展愿景。

2001—2010年，学院根据各时期对外宣传和交流的需要，共印制宣传画册、宣传折页5期。

4. 30年校庆工作

学院30年校庆筹备工作于2007年3月启动。学院校庆工作领导小组负责校庆工作的策划和组织实施。筹备工作启动之后，学院先后开展了“在媒体上发布院庆公告和专题文章”、编辑出版纪念旅游学院30周年回忆录——《学旅情游》(此书列入联大30周年校庆系列丛书，2008年由北京出版社正式出版)、编辑印制30周年宣传画册、拍摄制作30周年纪念专题片《勇立潮头歌大风》、编辑印发《校友访谈录》及制作校庆纪念品等多项工作。

学院校庆庆典大会于2008年10月17日下午召开。出席庆典大会的嘉宾共72人，包括上级领导，行业领导机关和单位的代表，学院离休、退休、调离的老领导，长期与学院合作的企业单位代表、新闻出版界代表、兄弟院校代表、校友理事会代表等。大会由学院党委副书记李玉玲主持。校党委书记徐永利代表学校祝贺学院建院30周年华诞；中国旅游协会教育分会秘书长李南，北京市旅游局副局长、北京奥组委奥运村和残奥村建设团队副主任、校友于德斌，中国旅游饭店业协会副会长、首都旅游集团副总裁、学院兼职副院长李中根，校友代表、北京国贸饭店总经理、校友理事会副会长辛涛，校友理事会成员、海外校友代表西学康，学院教师代表、学院第一届旅游管理专业留校毕业生刘艳华，学生代表、学生会主席、日语旅游文化系学生杨威等在大会上致辞或发表感言；学院党委书记李因、院长赵鹏分别在大会上致辞。参加庆典大会的有教职工代表、学生代表、离退休教职工代表、前来祝贺的各界人士共400余人。当天，“北京联合大学校友会旅游学院分会”成立大会在贵州大厦召开。

校庆期间，学院举办了庆祝建校30周年校史展——“继往开来 共创辉煌”、教职工书画展、教职工摄影作品展、学生社团风采展示、奥运志愿者风采摄影展、“学术活动月”“学生科研文化”等系列活动。

(五) 纪检、监察工作

1. 组织机构及工作职责

2002年，学校制定《关于加强我校纪检监察干部队伍建设的意见》(京联党〔2002〕19号)，明确各学院要聘任一名兼职纪检监察员，接受学院党委和校纪委的双重领导。决定由党办副主任洪宇兼任学院纪检监察员。2003年12月，学校第三次党代会召开，李玉玲当选学校纪委委员。2004年，根据学校《关于进一步加强纪检监察工作的意见》(京联党〔2004〕38号)要求，学院明确了党委副书记为院党委纪检委员，分管纪检监察工作，并设专职纪检监察员。2004—2009年，学院党委副书记李玉玲担任纪检委员，分管学院纪检监察工作；2009年和2010年，学院党委书记李因分管纪检监察工作；2010年学院党委副书记范蓓分管纪检监察工作。2002—2010年，先后由以下同志担任专职纪检监察员：洪宇、陈奇山、王培雅、张京。学院纪检监察办公室在2010年合并到党政办公室。

学院纪检监察工作包括党的纪律检查和行政监察督查两项职能。

党的纪律检查职能主要包括：检查党组织和党员贯彻执行党的路线、方针、政策和决议的情况;开展党风廉政建设和反腐败工作,协调、督促学院各部门完善各种规章制度,建立健全惩治和预防腐败体系;开展勤政廉政建设,协助和监督院务公开和"三重一大"制度的执行,推进依法治院和民主管理;实施党内监督,做好党风党纪和廉洁从政的宣传、教育、监督工作;协助校纪委受理、检查、处理违纪案件。

监察督查职能主要包括:监督检查贯彻执行国家法律、法规、政策和学校决定、规章制度的情况,并依照有关法律、法规保护监察对象正当行使职权;协助校纪委对学院招生考试、教育收费、经费管理、基建和修缮工程、政府采购、干部、教师聘任、专业技术职务评审等工作实施重点监察;受理、调查教职工违纪违法行为的检举、控告,受理不服行政处分的申诉;协助校纪委、国家司法机关等对违纪违法案件、重大事故开展的调查及处理工作。

2. 主要工作

(1) 党风廉政宣传教育

2001—2010年,学院党委每年开展党风廉政宣传教育活动,组织干部学习党风廉政建设文件,观看典型教育录像片,参观校外反腐倡廉展览和警示教育基地等教育活动。

2002年,学院组织全体党员干部观看"优秀党员干部汪洋湖同志和方工同志事迹报告会"的录像;组织处级干部学习关于党风廉政及财务管理、物资管理方面的规章制度;组织相关人员学习《普通高等学校招生监察工作的暂行规定》;在宣传教育月活动中,各党(总)支部提交以"树立正确的利益观"为主题的征文4篇。

2003年,学院以学习"三个代表"重要思想为教育主题,组织"学习贯彻'三个代表'重要思想"教育活动,制定了学院《廉政公约》,组织全院副处级及以上领导干部参加廉洁从政知识测试。

2004年,以"求真务实、勤政为民"为主题,学习《江泽民论党风廉政建设和反腐败斗争》《胡锦涛总书记在中纪委三次全会上的重要讲话》《党内监督条例》《中国共产党纪律处分条例》,组织中层及以上干部参加市纪委组织的党纪条例知识测试活动。

2005年,组织党员参观在中华世纪坛举办的"北京市反腐倡廉警示教育展";以经济纪律教育为重点,组织中层及以上领导干部参加 "财经法规和财经纪律知识"讲座及测试。

2006年,开展"学习党章、贯彻党章"主题教育活动,在全院党员中举办"学习党章、贯彻党章"的党课辅导,参加全国"红船杯"学习党章知识竞答活动。

2007年,学院展出了由海淀区检察院制作的"惩治与预防腐败展览";开展了"加强作风建设,促进社会和谐"的主题教育活动,组织中层及以上干部参加"加强领导干部作风建设"宣传教育月活动,邀请校纪委书记黄海洋前来指导;组织党员干部观看警示教育片《警示与反思》,学习《领导干部党风廉政建设学习材料汇编》《关于严格禁止利用职务上的便利谋取不正当利益的若干规定》《北京联合大学重点部位和关键环节监督体系(试行)》;组织相关人员参加学校举办的"预防高校职务犯罪"讲座。

2009年,以加强反腐倡廉建设为主题,在中层干部中传达并认真学习周燕书记《在2009年教育纪检监察工作会议上的讲话》和学校《关于对处级干部实行任职廉政谈话、诫勉谈话、警示谈话和函询的暂行办法》。

2010年,学院领导和全体中层干部参加了学校与朝阳区检察院举办的 "预防职务犯罪专题报告会",观看了宣传展板;在塔楼举办了教育系统职务犯罪警示教育案例展览;组织相关人员参观教育系统反腐倡廉预防职务犯罪展览;结合新一轮岗位聘任工作,学院对新任处级干部进行集体廉政谈话，对全体处级干部进行廉政教育并签订《廉政责任和廉洁自律承诺书》。

学院党委落实校党委廉政文化进校园的要求，党委主要负责人给中层干部上反腐倡廉党课，如讲授《实践“三个代表”重要思想，牢固树立正确的权力观》《干干净净为国家和人民工作》等系列党课。

(2) 党风廉政建设责任制落实

学院将党风廉政建设计划纳入党委每年的工作计划，并与学院工作一起部署、检查和考核。每年年初，党委制定《党风廉政建设和反腐败工作主要任务分工》，按照文件规定及干部管理权限，与处级干部签订《处级领导干部廉政责任和廉洁自律承诺书》。对新上任的干部进行廉政谈话。每年年底，党委对领导班子及成员履行党风廉政建设责任制情况进行民主测评和自查。2008—2010年，还接受了学校纪委对学院党风廉政建设责任制贯彻、落实情况的检查。

2001—2010年，党委结合学院实际，出台和落实完善了党风廉政的制度及规定。2004年实施院务公开，定期向教职工通报与学院教育改革、管理密切相关和直接涉及教职工切身利益的事项以及师生员工关注的热点问题、容易诱发或滋生腐败的重点问题。同年，党委制定了《北京联大旅游学院院、系两级党员领导干部民主生活会制度》(联旅党〔2004〕19)《中共北京联大旅游学院委员会会议制度和议事规则》(联旅党〔2004〕20)《北京联大旅游学院民主评议领导干部制度》(联旅党〔2004〕21)《北京联合大学旅游学院关于建立同领导干部谈话制度的若干规定》(联旅党〔2004〕17)。2005年，学院修订了《关于落实“三重一大”制度的实施细则》(联旅党〔2005〕48号)。

(3) 教育、制度、监督并重的惩治和预防腐败体系建设

2006年，学院党委按照《中共北京联合大学委员会关于贯彻落实〈建立健全教育、制度、监督并重的惩治和预防腐败体系实施纲要〉的具体办法》(京联党〔2006〕8号)文件要求，制定出学院的任务分解表，要求各职能部门全面梳理各自管辖范围内的规章制度，并按惩防体系要求修订完善，初步建立起反腐倡廉的制度框架。2006年、2008年和2009年，学院组织副处级及以上领导干部签署了《廉政责任和廉洁自律承诺书》。2007年，学院按照上级文件要求，组织全体党员学习《中共中央纪委关于严格禁止利用职务上的便利谋取不正当利益的若干规定》，开展自查并填写自查登记表。

2008年，学院依据校党委《北京联合大学重点部位和关键环节监督体系(试行)》(京联党〔2008〕23号)文件精神，对学院重点部位和关键环节工作人员进行法规教育，与相关责任人签订廉政风险防范管理责任书。

从2009年开始，学院将自1999年以来执行的各项规章制度，对照惩防体系基本制度建设的要求开展自查自建工作。同时，按照北京市统一部署，学院成立工作领导小组，制定工作实施方案，以学院工作流程的排查为重点，以查找制度的缺陷为突破口，清理学院存在的风险，评定风险等级，制定防控措施。

2010年，廉政风险防范管理工作在学院所有领域铺开，学院制订《2010年推进廉政风险防范管理工作的实施方案》(京联旅党〔2010〕24号)，在院领导和全体中层干部参加学校召开的廉政风险防范管理推进工作动员大会的基础上，又召开了推进廉政风险防范管理工作动员部署会，以统一思想，提高认识，掌握廉政风险防范管理的基本理念和工作方法。党委组织专题培训两次，党员领导干部培训覆盖率达到100%。在全院进行了各部门工作廉政风

险点的查找和风险等级的评定,在10大类别中,共整理出22项重要工作事项,查找出80个风险点,并针对风险点,制定了相关防控措施。同时,为将防控措施进一步深化、细化,提高针对性和可操作性,学院共梳理、细化了230个工作流程,涉及学院政务、党务、教务、科研、人事、组织、学生、行政、财务等方面,并汇编成册。

(4) 信访和案件查办

学院信访受理主要是党政办公室(纪检)、组织部、工会、人事处、离退休办公室、学生处等部门。同时,党政办公室(纪检)按照上级信访工作规定,对信访件有重点地进行核查。受理信访的各部门,对信访件进行归类和分析,提出具体处理意见报给党委,做到信访答复率100%。院党委对涉及领导干部工作作风问题的信件,提醒相关部门和干部改进;对确有缺点错误,或出现轻微违纪行为,但尚不构成纪律处分的干部,学院主管领导按照干部管理权限分别与其进行提醒谈话、诫勉谈话;对举报件中需要本人说明的问题,采取纪检函询的形式,要求被举报干部个人向组织说明情况。2004年,学院制定了《北京联合大学旅游学院纪检监察信访举报工作实施办法》(联旅纪〔2004〕26号)。学院每年都对信访工作进行总结,不断加强和规范信访及案件查办工作。

(5) 民主监督

为促进党风廉政建设,拓宽民主管理和民主监督的渠道,保证教学、科研任务的顺利进行,根据《中共北京市委教育工作委员会关于党风廉政监督员工作的几点意见》的有关规定,学校党委下发了《聘请党风廉政监督员的规定》。《规定》中明确党风廉政监督员的主要职责为:协助学校贯彻执行党的方针、政策和国家法律、法规以及上级领导机关的工作部署、决定和措施;为学校领导决策和涉及全局性的重大问题、重要工作提供咨询、建议和意见;参加学校党风廉政建设工作有关会议,听取学校反腐倡廉工作的情况通报;协助学校加强勤政、廉政建设,依照国家有关法律、法规对全校处级以上领导干部落实党风廉政责任制情况进行民主监督;参与学校组织的对有关工作的检查、监督活动;办理纪检监察部门委托和交办的其他事项。

2004年,在学院的推荐下,王锡英被校纪委聘请为学校党风廉政监督员。2006—2010年,经学院党委研究、推荐,李京颐被校纪委聘请为学校党风廉政监督员。

根据学校的统一安排,党风廉政监督员参加了学校党风廉政建设工作有关会议,听取了学校反腐倡廉工作的情况通报,并积极提出了建议和意见。

(6) 行政监察

学院纪检监察部门承担了学院招生考试、政府采购、基建项目招投标、科研评审、岗位聘任、干部聘任、职称评定、教师申诉、学生申诉等过程的监督监察;每年部署春季和秋季教育收费专项治理工作。

2002年,学院成立审计小组,加强财务管理和对院内经济活动的审计监督。

2003年,成立学院招投标工作领导小组;并按照上级要求,加大治理教育乱收费工作的力度。

2004年,成立“检查治理教育乱收费工作领导小组”,开展治理教育乱收费工作;完成了《关于贯彻执行中共北京市纪委京纪通〔2004〕2号文件的通知》提出的专项治理工作。经检查,学院没有发现不经集体讨论擅自决策投资和担保的以及利用领导职权、在设备采购、产品销售、材料供应等经营活动中,与亲友、子女开办的经商机构进行不正常关联交易,谋取私利的和利用业务处置权，在经营活动中谋取私利，造成国有资产流失的问题。

2005年6月，根据学校相关文件要求，学院开展了关于对经济往来中收受回扣情况的自查自纠专项清理工作。

2006年，学院成立招生录取工作小组、学生申诉处理分委员会和治理商业贿赂专项工作领导小组，开展了治理商业贿赂专项工作。

2007年，党委组织党员学习《中共中央纪委关于严格禁止利用职务上的便利谋取不正当利益的若干规定》，按照学校部署，对照中央规定，开展了自查工作，全院管理岗位的党员都填写了自查情况登记表，未发现有规定中禁止的行为。

2008年和2010年，先后重新调整了学院"检查治理教育乱收费工作领导小组"。

2009—2010年，按照学校部署，学院开展了"小金库"问题的自查工作。经检查，学院个别单位、部门有坐收坐支和资金滞留问题。针对发现的问题，学院领导高度重视，要求各单位、部门要汲取教训，引以为戒；要认真制定详细的工作流程，进一步明确岗位职责，确定防范措施，加大财务监管。同时，学院加强对领导干部、项目负责人的法规教育，增强其合规操作意识，提高廉洁从政观念。

（六）统战工作

1. 基本情况

学院统战工作的主要对象包括：各民主党派成员、无党派代表人士、党外知识分子、少数民族人士、在学院就读的港澳台学生、海外侨胞和归侨侨眷等。截至2010年年底，学院共有民主党派成员13名（含退休教职工）。其中，民建1人、民盟4人、民革2人、民进3人、农工党3人（洪华曾任民进北京市教育委员会委员）。

学院党委始终重视统战工作，形成了学院统战工作由党委书记主抓，党委职能部门牵头，各基层党组织通力合作的工作机制。2007年，学院结合工作实际，制定下发了《关于进一步加强统一战线工作的意见》（京联旅党〔2007〕17号）。坚持推动民主治校，定期征求在教学一线工作的党外教师对学院教学、科研、管理、服务及办学思路方面的意见和建议。

2. 主要工作

（1）民主党派工作

学院党委要求党委成员与民主党派成员交朋友，为他们提供各种帮助。截至2010年，在学院中层实职干部中，有1名民主党派人士担任副处级领导干部。

（2）党外代表人士工作

党委有意识地开展党外代表人士的培养、选拔和教育培训工作。例如，推荐党外高级知识分子参加市级及以上有关荣誉的评选；选派民主党派成员参加市侨联组织的党外中青年优秀干部培训；选拔党外教师担任中层干部；支持非党教师、干部攻读学位等。目前，在学院中层实职干部中，有2名党外人士担任副处级领导干部。

（3）民族与宗教工作

2007年4月，学院下发文件《关于成立民族宗教工作领导小组的决定》（京联旅党〔2007〕18号），成立了民族宗教工作领导小组，加强学院的民族工作和宗教工作。党委组织党支部书记学习、宣传、贯彻党的民族、宗教政策，支持教师开展宗教研究或担任有关专业委员会的理事和专家等。学院尊重外籍教师的宗教信仰，为其提供良好的工作和生活环境。

(4) 港澳台学生工作

学院国际交流合作处和港澳台学生所在系的党支部,共同负责港澳台学生的管理与服务工作,及时帮助他们解决学习、生活中遇到的困难。学院安排港澳台学生住在院内留学生公寓,为他们提供了安全、方便的生活和学习条件。每年院(系)都开展节假日慰问活动,并组织学生开展集体活动。

二、工会工作

(一) 组织机构与职能

1. 机构

2005 年 12 月,旅游学院召开第二届教职工代表大会暨第五届工会会员代表大会。选举出 11 名"教职工代表大会"和"工会会员代表大会"(以下简称"双代会")委员,以及工会经费审查委员会。李玉玲为工会主席,王培雅为工会常务副主席。

2010 年 5 月,学院因工会领导变动,在院党委建议下,双代会委员召开会议,选举范蓓为工会主席、洪宇为工会常务副主席。同年 6 月,获市教育工会批准。

2010 年,学院工会按照学校关于理顺工会工作体系的相关要求,服从学校大局,完成了理顺工会工作体系的各项工作。2010 年 11 月,中国教育工会北京联合大学旅游学院委员会结束了长达 32 年的具有法人资格的组织构架,变为学校的二级工会组织。同年 12 月,取消学院工会经费独立账户,学院工会经费及工会资产全部转入校工会账户统一管理。

表 5.8-10 "双代会"组织机构及委员名单

届次 职务	第一届教职工代表大会暨第四次工会会员代表大会(2005.12 以前)	第二届教职工代表大会暨第五届工会会员代表大会(2005.12—今)
主席	李玉玲	李玉玲(2001.01—2010.05) 范蓓(2010.05—今)
常务副主席	工会工作负责人: 张志坚(2001.01—2002.11) 贾福龙(2002.11—2003.09) 张琳(2004.01—2005.06) 陈奇山(2005.06—2005.12)	王培雅(2005.12—2010.05) 洪宇(2010.05—今)
副主席(兼职)		魏敬安(2005.12—2010.02)
委员		王宏、王培雅、宁泽群、冯冬明、汤利华、刘爱服、李玉玲、李秀娜、张志敏、孟祥萍、魏敬安(退休后增补纪廷许)

2. 职能

学院工会依照《中华人民共和国工会法》《中国工会章程》,在院党委和校工会的领导下,坚持以邓小平理论和"三个代表"重要思想为指导,深入贯彻落实科学发展观,以围绕中心,服务大局,全心全意为教职工服务为宗旨,积极维护教职工的合法权益,组织引导教职工参与学院的民主管理,开展以培养良好师德为核心的"三育人"等教育宣传评优活动,不断完善工会的自身建设,在维护学院稳定、营造和谐校园、推进学院整体发展中发挥积极作用。

自2001年以来，伴随学院管理体制的改革以及学科专业的调整，学院分工会的设置随之进行多次调整。分工会的调整方案始终坚持以党(总)支部为单位组建分工会的原则，有效地发挥了党组织对工会组织的领导作用。

(二) 主要工作

1. 职业道德教育及教师技能竞赛

(1) 职业道德教育

2004年7月13日，学院成立"三育人"先进集体、先进个人及师德先进个人表彰领导小组。此后，学院每两年开展一次"三育人"和师德先进评选活动，并于每年教师节召开庆祝教师节表彰会，表彰教龄满三十年的教职工和获得荣誉称号的先进集体及先进个人。院级及以上各类获奖情况详见表5.4-13。

2006年4月，学院成立教师风范领导小组，组长为李玉玲，副组长为王培雅，成员包括李淑芳、汪艳丽、徐菊凤、宁泽群、赵丽、纪廷许、王美萍、毕爱萍、张岩。6月，经学院教师风范领导小组研究决定，推荐休闲与旅游管理系宁泽群、英语旅游文化系洪华、日语旅游文化系徐跃、酒店与餐饮管理系王美萍参加学校教师风范展示。9月，开展学习贯彻"胡锦涛总书记给北京大学孟二冬同志女儿的回信"精神的活动。2007年12月，召开退休教师与青年教师座谈会，大家围绕教学和科研工作的经验、体会以及工作中遇到的困难和问题进行了交流。2010年11月，学院召开师德建设研讨会并形成论文集。党委书记曹长兴出席研讨会并发表讲话。学院"双代会"委员，各分工会主席、副主席，相关职能部门领导等参加会议。参会人员认为，学院发展的新形势新任务对师德建设提出了更高要求，学院应通过营造氛围和完善相关制度来提升教师的师德水平，进而提高全院教师建设特色鲜明旅游学院的积极性和创造性。

(2) 教师技能竞赛

开展青年教师教学基本功比赛，提高青年教师的业务技能是学院的一项重要工作。学院先后于2004年、2006年、2008年组织开展青年教师教学基本功比赛，获奖教师还被推荐参加上一级比赛，从而使优秀青年教师脱颖而出(见表5.8-11)。

表5.8-11 青年教师教学基本功比赛成绩一览表(院级)

年份	届次	一等奖	二等奖	三等奖	最佳教案奖	最佳演示奖
2004	一	李涛	秦明			
2006	二	梁宝恒、李峥	王静	刘亭立、于春玲、肖轶楠、秦岭南		
2008	三	郑晶	权震红	姜慧	刘燕繁	李萱

2. 依法维权工作

依法维权，化解矛盾。学院劳动人事争议调解委员会的主要职责是配合北京市及学院的人事制度改革，依法保障教职工和学院双方的合法权益，做好相关调解工作。劳动人事争议调解委员会在历次学院岗位聘任工作中都发挥了监督、调解作用。

重视女工工作，关心女教职工群体。女教职工委员会隶属学院工会委员会，职责是维护女教职工的特殊权益，配合学院工会，开展适合女性特点的学习教育活动，引导女教职工树立自尊、自信、自立、自强精神，参与学院的建设，并为之作出积极贡献。女教职工委员会配合学院工会坚持每年开展独具特色的活动,如举办如何保持身心健康、服装服饰搭配、饮食与营养保健的讲座;每年的"三八"国际劳动妇女节,送上学院对全体女教职工的一份节日问候;坚持定期完成女教职工特殊疾病保险、教职工意外伤害保险和子女意外伤害保险的投保与续保工作。

3. 文体活动

工会开展了丰富多彩的文体活动,提升了教职工的精神生活,并增强了他们的体质。工会每年组织新年联欢会、歌咏比赛、摄影展、书画展、手工艺制作及各种专题讲座、参观等活动;组织教工践行"每天锻炼一小时,健康工作五十年,幸福生活一辈子"的健身计划,普及广播操、太极拳及瑜伽,开展健身走、趣味运动会、踢毽、跳绳、乒乓球等比赛;为满足教职工的不同兴趣和爱好,先后成立了教职工合唱团、棋牌社、足球队、乒乓球协会、羽毛球协会、网球协会等社团组织,定期开展踏青、长走、登山等活动,丰富教职工的业余文化生活。

4. 送温暖活动

工会积极响应各级政府号召,提倡互助互爱精神,每年组织向不同地区、不同群体捐款捐物的"献爱心"活动(见表 5.8-12)。在学院内部,关心教职工生活,开展节日慰问、为教职工过生日等活动;关注弱势群体,帮扶困难教职工,及时探望生病住院教职工,为患重大疾病和生活困难的教职工申请困难补助和爱心基金,帮助他们解决实际困难。

表 5.8-12 教职工对外捐款及受资助情况一览表

<table>
<tr><th rowspan="2">年 份</th><th colspan="3">捐款情况</th><th colspan="3">受助情况</th></tr>
<tr><th>项 目</th><th>人 次</th><th>金额/元</th><th>项 目</th><th>人 次</th><th>金额/元</th></tr>
<tr><td>2003</td><td>向远郊区县贫困家庭子女捐款</td><td></td><td>2885</td><td></td><td></td><td></td></tr>
<tr><td>2005</td><td>献手足情 暖职工心</td><td>265</td><td>8422.80(另有衣物820件)</td><td></td><td></td><td></td></tr>
<tr><td>2008</td><td>四川汶川地震</td><td>313</td><td>714 090</td><td>校爱心基金</td><td>15</td><td>27 100</td></tr>
<tr><td rowspan="2">2009</td><td></td><td></td><td></td><td>慰问困难职工</td><td>7</td><td>7600</td></tr>
<tr><td></td><td></td><td></td><td>校爱心基金</td><td>35</td><td>264 100</td></tr>
<tr><td rowspan="3">2010</td><td>青海玉树地震</td><td></td><td>46 385.43</td><td>校爱心基金</td><td>19</td><td>59 700</td></tr>
<tr><td>市爱心基金</td><td>143</td><td>5075</td><td></td><td></td><td></td></tr>
<tr><td>校爱心基金</td><td>158</td><td>6545</td><td></td><td></td><td></td></tr>
</table>

5. 教职工之家建设

学院于 2007 年完成了"双代会"文件汇编,进一步规范了各项规章制度,为"双代会"工作提供了制度保证;党委于 2009 年下发《关于加强和改进我院工会工作的意见》,为规划工会长远建设和发展打下了良好的基础。

学院工会于 2007 年 6 月 19 日,通过北京市教育工会合格教职工之家验收,随后在不断深化学院教职工之家建设的同时,扎实推动系级分工会"建小家"工作。2009 年上半年,休闲与旅游管理系、英语旅游文化系、日语旅游文化系和酒店与餐饮管理系先后召开了第一届教职工大会,学院二级教代会建设进入一个新的发展阶段。学院党委组织考核评估小组于 7 月初对各分工会"建小家"工作进行检查验收。评审会上,各分工会认真准备自评报告,不仅全面总结“建家”经验、做法，而且将会议作为工作交流、学习的平台。考核评估小组根据考核评估条件，对各个分工会的“建家”工作进行了打分，并对考核评估结果进行综合分析评定，英语旅游文化系、休闲与旅游管理系、酒店与餐饮管理系和日语旅游文化系 4 个分工会获得学院“模范教职工之家”称号；另有 5 个分工会获得了“先进教职工之家”称号，1 个分工会获得“合格教职工之家”称号。考核评估结果凸显了学院“小家”建设工作取得的成效。

表 5.8-13 工会系统院级及以上各类获奖情况一览表

<table>
<tr><th>年 份</th><th colspan="2">奖 项</th><th>级 别</th><th>获奖名单</th></tr>
<tr><td>2005</td><td colspan="2">教育创新标兵</td><td>市 级</td><td>宁泽群</td></tr>
<tr><td rowspan="3">2006</td><td colspan="2">优秀女教职工</td><td>校 级</td><td>衣玉芳、穆洁华</td></tr>
<tr><td colspan="2" rowspan="2">教育创新标兵</td><td>市 级</td><td>王美萍</td></tr>
<tr><td>校 级</td><td>王美萍</td></tr>
<tr><td rowspan="4">2007</td><td colspan="2">优秀女教职工</td><td>校 级</td><td>顾红、孟祥萍</td></tr>
<tr><td colspan="2">优秀女教职工委员会</td><td>校 级</td><td>旅游学院女教职工委员会</td></tr>
<tr><td colspan="2" rowspan="2">教育创新标兵</td><td>市 级</td><td>赵 丽</td></tr>
<tr><td>校 级</td><td>赵 丽</td></tr>
<tr><td rowspan="2">2008</td><td colspan="2">北京市总工会奥运立功标兵</td><td>市 级</td><td>吴宁、冯丽霞</td></tr>
<tr><td colspan="2">经审工作考核三等奖</td><td>市 级</td><td>旅游学院</td></tr>
<tr><td rowspan="10">2009</td><td colspan="2">北京市教育工会先进工作单位</td><td>市 级</td><td>旅游学院</td></tr>
<tr><td colspan="2">北京市职工体育先进集体</td><td>市 级</td><td>旅游学院</td></tr>
<tr><td rowspan="5">首都教育先锋</td><td>先进集体</td><td rowspan="5">市 级</td><td>酒店与餐饮管理系</td></tr>
<tr><td>科技创新个人</td><td>田雅琳</td></tr>
<tr><td>教学创新个人</td><td>刘爱服</td></tr>
<tr><td>管理创新个人</td><td>张立纯</td></tr>
<tr><td>技术创新个人</td><td>付月辉</td></tr>
<tr><td colspan="2">财务竞赛三等奖</td><td>市 级</td><td>旅游学院</td></tr>
<tr><td colspan="2">工会工作创新优秀集体</td><td>校 级</td><td>旅游学院</td></tr>
<tr><td colspan="2">优秀女教职工</td><td>校 级</td><td>郑晶、张鸿燕</td></tr>
</table>

（三）教职工代表大会

1. 机构设置及职能

教职工代表大会（以下简称“教代会”）制度，是学院管理体制的重要组成部分，是在学院党委的领导下，教职工依法行使民主权利，实行民主管理、民主决策、民主监督的基本制度和形式，也是学院党政领导班子广泛听取教职工意见，促进决策科学化、民主化的重要渠道。其职能是：听取和讨论院长工作报告，对学院的办学指导思想、发展规划、重大改革方案、财务年度工作报告及其他有关学院发展的重大问题提出意见和建议；讨论通过学院提出的院内教职工聘任、奖惩、分配等改革的原则和办法及其他与教职工权益有关的重要规章制度；参与民主评议领导干部、民主推荐学院领导人选；制定、修订、废止本级教代会的文件。

学院“双代会”委员会，是“双代会”闭会期间的领导机构。其主要职责是：负责大会的各项筹备工作；组织并主持会议及处理大会闭会期间其他重要问题；协商处理教代会闭会期间临时出现的属于“双代会”职权范围内的其他重大问题等。

2. 历次会议及主要内容

2005—2009年,学院第二届教代会暨第五次工代会共召开五次会议。第一次会议于2005年召开并完成换届工作。2006年的第二次会议主要讨论了学院"十一五"规划。第五次会议专题讨论学院2009年的聘用工作,审议了学院2009年全员岗位聘用文件,并通过大会决议(见表5.8-14)。

表5.8-14 第二届教代会暨第五次工代会的召开时间和主要内容一览表

届次		召开时间	大会主要内容
第二届教代会暨第五次工代会	第一次会议	2005.12.29—30	通过了院长赵鹏《积极进取,锐意创新,开创学院跨越式发展新局面》的学院工作报告;通过了工会负责人陈奇山《围绕中心,健全组织,履行职责,开拓创新,为建设新型旅游高等院校做贡献》的工会工作报告,换届选举
	第二次会议	2006.12.29	听取和讨论了赵鹏院长所做的《以评促建,全面推进建设新型旅游学院各项工作》学院工作报告、冯冬明副院长所做的《2006年财务工作报告》;听取和审议了王培雅同志所做的《与时俱进,求真务实,努力开创学院工会工作新局面》工会工作报告、王宏同志所做的"双代会"提案工作报告、朱英丽同志所做的工会经费审查报告,讨论了学院"十一五"规划
	第三次会议	2007.12.29	听取和讨论了赵鹏院长《全面贯彻落实十一五规划,积极推进学院各项工作迈上新台阶》的2007年学院工作报告、冯冬明副院长《北京联合大学旅游学院2007年财务工作报告》,听取和审议了院工会常务副主席王培雅所做的《以建设合格职工之家为契机,不断健全和完善工会工作的体制和机制》工会2007年工作报告,双代会提案委员会主任王宏所做的"双代会"第三次会议提案工作报告,工会经审委员会主任朱英丽所做的工会经费审查报告
	第四次会议	2008.12.19	听取并讨论了赵鹏院长2008年学院工作报告、冯冬明副院长2008年度学院财务工作报告;听取和审议了工会常务副主席王培雅《以人为本,积极推进工会各项工作》的工会2008年工作报告、双代会提案委员会主任王宏所做的"双代会"第四次会议提案工作报告和双代会经审委员会主任朱英丽所做的工会经审工作报告
	第五次会议	2009.12.31	专题讨论学院2009年聘用工作相关文件。会上,王美萍副院长作《北京联合大学旅游学院2009年全员岗位聘用文件》的报告,各代表团分组讨论审议了聘用文件,并通过了大会决议

3. 工作开展情况

履行职能,坚持对学院重大问题的审议制度。教代会上,代表们听取院长工作报告、学院财务工作报告、提案工作报告等,讨论学院"十一五"规划、全员岗位聘用文件以及学院的有关管理制度和涉及教职工切身利益的重大问题,充分发挥了教代会的职能。

建言献策,落实教代会的各项提案。征集大会提案是每次召开双代会的重要内容之一。在双代会前做好征集提案的宣传组织工作,动员双代会代表为学院的发展积极建言献策。双代会闭会期间,做好提案的整理、立案、督办和反馈等工作,通过民主对话、个别访谈等形式,加强与承办提案的职能部门、提案人的沟通,促进对提案问题的理解,督促提案的办复,提高提案人对提案办复的满意率。及时沟通和解决了涉及教学科研、职工福利、行政管理、后勤服务的各种问题，如购买中国知网的《中国优秀博硕士学位论文全文数据库》和《中国博士学位论文全文数据库》，支持教师的进修和培训，增加医药费报销时间，调整班车行车线路，维护运动场地卫生，及时处理废旧体育器材等。

加强领导，发挥双代会委员会的核心作用。双代会委员会是双代会的领导机构，主持双代会的日常工作。在双代会闭会期间，双代会委员会关心学院的发展以及关系教职工切身利益的大事，积极参与学院重大事件的讨论。

三、共青团工作

（一）基本情况

2005 年，学院团委与学生处合署办公，团委书记由学生处长梁磊兼任；2007 年，任命吴宁为团委书记；2010 年，任命冯丽霞为团委书记。

学院团委在英语旅游文化系、日语旅游文化系、酒店与餐饮管理系、休闲与旅游管理系设立 4 个团总支，负责本系学生和青年教工共青团的工作。

（二）团员教育管理

学院采取了项目化运作模式对学生团员干部进行培养锻炼，即校园内的各项活动，都由学生团干部自行招标、自行取舍、自行组建团队，然后再由组建的团队进行策划，完成活动的实施。在整个过程中教师只起到引导和辅助的作用，这就使学生干部由被动变为了主动，由活动的客体变为了主体，从而增加了他们的主人翁意识和责任感，提高了他们发现问题、解决问题的能力以及领导、策划和组织实施的能力，为实现学生干部培养打下了坚实的基础。

学院积极开展多种形式的团员教育，如组织广大团员参观抗日英雄纪念馆、佟麟阁纪念馆等；围绕“五四”青年节开展主题教育，进行唱红歌、主题演讲、诗朗诵等活动。

（三）志愿服务

1. 奥运志愿者活动

2007 年，学院 43 名志愿者参加“好运北京”拳击测试赛赛事服务。之后，学院志愿者陆续参加了“好运北京”系列测试赛的赛事服务，获得好评。

2008 年 7 月，学院 226 名师生报名参加“奥运应急献血志愿者”队伍。8 月至 9 月，学院近 500 名志愿者分别参加奥运赛场服务、住宿服务、机场服务及城市志愿者服务。他们以热情周到的服务、吃苦耐劳的品质、熟练流利的语言博得了各方好评。

2. 奥运村服务工作

2008 年 4 月，学校奥运村（残奥村）住宿服务团队成立，学院由冯丽霞老师带领学生参加，经过 3 月份的报名、面试、体检和 5、6 两个月的培训，志愿者们熟练掌握了服务技能，出色完成了服务工作。

在此期间，带队老师采用多种形式调动学生积极性，进行心理调节，成立党小组，保证了服务工作的顺畅有序完成。

3. 国庆 60 周年群众游行

2009 年，全院各系近 160 名师生参与了国庆 60 周年的群众游行活动。他们作为能源方阵的代表,与来自联大其他学院、北京科技大学的学生一起,在2009年10月1日迈着整齐的步伐,走过天安门广场,接受国家领导及社会各界的检阅。

表5.8-15 2001—2010年志愿服务市级及以上获奖者名单

序号	年 份	姓 名	获奖名称	获奖级别	颁发单位
1	2008	冯丽霞 郭 鹏	奥运会立功标兵 国际体育场团队奥运工作先进个人	市级 市级	北京市总工会 北京奥组委
2	2009	冯丽霞	首都高校社会实践先进工作者	市级	团市委

(四)学生科研立项与竞赛

学生处、团委在常规管理工作中重视学生科研工作,围绕"挑战杯"等大赛,结合学院专业优势,力争有所突破,以此增强学生的科研能力和意识(见表5.8-16、表5.8-17、表5.8-18)。

表5.8-16 2006年学生课外科技作品大赛立项项目一览表

年份	序号	项目名称	项目负责人	指导老师
2006	1	北京早点经营现状与发展对策	施晓冉	姜 慧
	2	我国存在隐患的烹调方法及其改进措施	张 蕊	闫喜霜
	3	蜜月游市场特点及相关分析——针对北京蜜月游出游市场	金 珊	李 享
	4	北京市城镇老年旅游市场的现状、问题及开发策略研究	肖 雪	李 享
	5	浅谈日本动漫文化对亚洲青少年的影响	王丽媛	穆洁华
	6	从北野武电影《花火》看日本国民性	楼 垚	穆洁华
	7	北京红桥市场现状及发展趋势	沈 朔	王静、罗振鹏
	8	从足球与旅游的成功结合看北京奥运会的旅游策略	崔 凯	马飞翔
	9	全聚德亚运村店卫生状况分析与改进措施	佟冠楠	许荣华
	10	十渡风景区面临的困境及几点建议	伍 迪	马飞翔
2007	11	不同烹调方式与富贵病的关系	刘凯寅	闫喜霜
	12	孕妇早餐营养分析	任飞飞	姜 慧
	13	对东城区特色四合院旅游资源及设施的调查与思考	张旭,等	徐 跃
	14	北京名人故居游的发展	佟冠楠	王 静
	15	关于大学生对毒品防范意识的调查与思考	董昊轩	王若洪
	16	甘肃省天祝藏族自治县旅游现状分析及营销策划	王 依	石美玉
2008	17	由瓜农卖瓜难引发的思考——西瓜的深加工	张京京	姜 慧
	18	酒店信息化指标体系的比较研究	陈梦蝶	陈文力
	19	面向残疾游客的北京旅游路线策划	张一泓	王 静
	20	应用型大学就业状况调查报告	杜晓娜	刘继红
	21	开放经济环境下大学生交往关系的调查与思考	丁 静	王若洪
	22	胶原蛋白在人们心中的认知程度	杨 蕊	姜 慧
	23	酒店价值创造过程研究	冯婷婷	刘婷立
	24	高考考生的早餐调查与分析	高 洁	许容华
	25	关于中外主题公园消费之行为以及营销的对比分析	李凌霄	赵晓燕
	26	中西公共营养的比较研究	郭小娟	闫喜霜
	27	我国公共营养教育活动调查与分析	卞雨薇	许容华
	28	旅游景区管理门户网站方案与设计	刘艳红	宁 华
2010	29	特色商业街对旅游者的旅游吸引力调查与分析	勾 爽	宁泽群

表 5.8-17　2010 年本科生科学研究计划项目立项一览表

序号	项目名称	项目负责人	指导老师
1	金融危机背景下北京酒店业对大学生就业需求的分析——以商务会议型酒店为例	黄　媛	田彩云
2	基于人才市场需求，提升大学生就业竞争力研究	邢丽丽	冯丽霞
3	大学生职业规划调查分析	丁　静	张　蕾
4	面向残疾游客的北京旅游线路策划	张一泓	王　静

表 5.8-18　2008 年、2009 年“挑战杯”创业大赛获奖情况一览表

年份	届次	作品名称	参赛选手姓名	指导老师	所获奖项
2008	第二届	情侣旅行社创业计划书	孙璐、苏艺、刘艳红、刘凯、李野、刘睿、张玉石	宁华、陈文力	校级银奖
		“京城往事”创业计划书	刘瑶、张静、王晓琳、张丹、李晓晨	宁泽群、李享	校级铜奖
		北京自助游乐园网站建设	胡冬雪、齐爽、王斯宇、段宏宇、张琳、成玥	裴正兵	校级铜奖
		“这儿不是餐厅”餐厅	高洁、卞雨薇、王曼、施嘉、岳颖、孙亚博	闫喜霜、姜慧	校级铜奖
2009	第三届	健身房餐厅创意	刘静、王惠珩、李静雅、陈骥洲、李谌、丁聪慧	刘　捷	北京市铜奖、校级银奖
		家膳儿童营养主题餐厅	高洁、卞雨薇、孙金楠、刘双双	许荣华	校级银奖
		My Kitchen（我的厨房）	魏畅、姜然、张晨、杨子譞	杨劲松	校级银奖
		楼顶绿化及资源开发	杨洋、刘洋、祁晋、刘玥晨	赵晓燕	校级银奖
		博游教育旅行社有限公司	闫至明、张苗苗、张斌、杜文斌、邢丽丽、刘恒硕、汪淏	冯丽霞	校级“创业青春、青年使命”二等奖，校级铜奖
		假面主题酒吧	李嘉芸、蒋容之、聂鑫、曹卉、万芊		校级铜奖

（五）学生组织

院学生联合会（以下简称“学生会”）在院党委的领导和院团委的指导下开展工作，下设文艺部、公关部、学习部、体育部、宣传部、志愿者部。2006 年，学院成立了社团联合会，2008 年成立了青年志愿者协会。从 2001 年开始，学生处和团委在每年的 10 月份，举办学生干部培训班，提高学生干部的工作水平和管理能力。

1. 学生联合会

学院学生会成立后，依据《北京联合大学学生会管理制度》对学生会干部的言行举止及工作范围进行了明确规定。2010 年，学生年龄进入了“90 后”时代，学院根据学生新特点，对学生会管理制度进行了修订和扩充，明确了学生会的地位、职责，同时对各部门的分工进一步明确，并建立考勤制度、会议制度及学生会干部的绩效考核制度。

表 5.8-19　学生会主席、副主席任职情况一览表

序号	年　份	主　席	专　业	副主席	专　业
1	2006	王平娜	旅游管理	张蕾蕾	英　语
2	2007	隋　逸	酒店管理	杨　威	酒店管理
3	2008	杨　威	酒店管理	尹嘉男	酒店管理
4	2009	张　茜	酒店管理	闫至明	旅游管理
5	2010	闫至明	旅游管理	李　琳	财务管理

学生会在配合学院搞好正常教学秩序和自身建设的同时，积极开展各项活动，发挥了学生自我教育、自我管理、自我服务的作用。结合学院学生特点，学生会先后举办了旅游文化节、导游员风采大赛、新生歌会等活动，极大地丰富了校园文化生活。

2. 社团联合会

社团联合会于2006年成立，至2010年下设有办公室、文艺部、社活部、体育部。其中，文艺部下设音乐社、动漫社、摄影社、话剧社、法语社；社活部下设爱心社、绿风社、辩论社、手工社、职业发展协会；体育部下设街舞社、轮滑社、跆拳道社、棋牌社。

社团联合会成立后颁布了《北京联合大学旅游学院社团联合会规章制度》。随着社团的不断发展壮大，编辑了《北京联合大学旅游学院社团联合会活动手册》，颁布了《北京联合大学旅游学院社团考核标准》，在发挥社团影响力的同时，不断创新社团的管理模式，规范社团的日常管理。

四、其他组织

(一) 关心下一代工作委员会

2005年4月，学院党委按照学校要求，成立了关心下一代工作委员会(以下简称"关工委")，主任由张连波(退休，原学院党委书记)担任，成员包括离退休办公室、党政办公室、组宣部、学生处、人事处、教务处、基础部的负责人，委员以离退休老同志为主。关工委办公室设在离退休工作办公室。

关工委成立后，发挥老同志优势，主动开展工作。例如，在学院党建工作上，任命了组织员；在教学工作上，组织青年教师基本功大赛，对青年教师的教学和大学生的学习情况给予帮助和指导；在学生工作上，组织老教授与学生座谈、向青年学生赠书、请老教授给青年学生讲党课等。

(二) 校友会分会

2008年，根据《北京联合大学校友会章程》，北京联合大学校友会旅游学院分会成立，建立了由学院教师、优秀校友共48人组成的理事会，会长由李洪海担任，副会长由于德斌、李彬、辛涛担任，秘书长由李雨燕担任，副秘书长由梁磊、洪宇担任。理事会第一次会议通过了《北京联合大学校友会旅游学院分会章程》。

校友会分会成立后，充分发挥了在校友与母校之间的沟通作用。例如在2008年10月开展的庆祝学院成立30周年的校庆活动中，配合各系联系了1000余名校友返校参加庆祝活动。从2009年起，学院每年召开一次校友会理事会，讨论校友会工作计划，促进校友资源的整合，共商学院发展大计。

第六章　继续教育学院

概　　述

北京联合大学继续教育学院主要从事成人高等学历教育和非学历继续教育，同时承担北京市委教育工委对高校干部的培训任务。学院成立于 1994 年，位于西城区西单北大街丰盛胡同 13 号院。2003 年 4 月，学校制定文件《关于成人教育部并入继续教育学院的意见》（京联党组〔2003〕43 号），位于什刹海的学校成人教育部（原化工局职工大学，2001 年 1 月并入）并入继续教育学院。至此，学院拥有两个校区，分别是西城区西单北大街丰盛胡同 13 号院丰盛校区和西城区鼓楼大街前海东沿 50 号院的什刹海校区。

截至 2010 年年底，学院总占地面积 5916.69 平方米，约合 8.88 亩；校舍建筑面积13 817 平方米，建筑占地面积 3825.26 平方米。其中，丰盛校区占地面积 3666.69 平方米，约合 5.5 亩；建筑面积 10 119 平方米，建筑占地面积 1974.26 平方米；什刹海校区占地面积 2250 平方米，约合 3.38 亩；建筑面积 3698 平方米，建筑占地面积 1851 平方米。

学院根据社会对人才的需求特点，加强学科建设和专业改造，并建立了一支能适应成人教育教学特点、结构合理、教学经验丰富、专兼职相结合、稳定的教师队伍。教师队伍中具有高级职称的教师达 70%以上。

学院的教学任务包括学历教育和非学历教育。学历教育包括夜大学、中央党校函授教育、奥鹏远程网络教育；非学历教育包括组织和培训学生参加北京市人力资源和社会保障局职业技能培训、国家人力资源和社会保障部组织的摄影师职业资格考试、北京教育考试院组织的北京英语口语证书考试、全国信息技术高级人才水平考试（NIEH）、Adobe 中国教育认证考试、北京财政局批准进行的会计证考证培训和会计人员继续教育等。

学院为适应专业建设和学科发展的需要，相继建设了多媒体教室、多媒体语言实验室、计算机网络教室以及摄影棚、暗房、会计等专业实验室，教学设施齐全。

学院的成人高等学历教育形成了以英语、艺术设计、信息管理与信息系统为特色的本科专业和以计算机应用、广告摄影、财会等专业为骨干的专科专业。

学院紧紧围绕北京经济建设和社会发展，特别是一线建设对人才的需要，坚持学校“面向大众，服务首都；应用为本、争创一流”的办学定位，坚持“办学为民，应用为本”的办学理念，坚持“发展应用性教育，培养应用性人才，建设应用型大学”的办学宗旨，坚持“学以致用”的校训，依托北京高等教育资源优势，加强学科和专业建设，优化课程体系，改善办学条件，提高教学质量和办学效益，努力服务首都经济。在十年的成人高等学历和非学历教育中，为首都经济的发展和建设共培养了外语、计算机、艺术、经济和法律等专业的专门人才12 000 余名，获得教育部、市教委成人高等教育教学评估“优良校”的评价。

第一节　管理体制与组织机构

一、管理体制

继续教育学院为学校二级法人学院，副局级建制。在 2005 年 9 月之前，学院设中国共产党北京联合大学继续教育学院总支部委员会，实行院长负责制，接受联大党委领导。

学院同时承担北京市高校干部培训中心教学和培训的日常管理工作。该培训中心是北京市委教育工委和北京市教委共同举办的培训机构，依托继续教育学院办学。培训中心办公室设在学院内，人员编制在学院，2010 年以前具有独立法人资格，2010 年被取消法人资格后财政归入学院。

2005 年 9 月，根据《关于成立中国共产党北京联合大学继续教育学院委员会的决定》(京联党组〔2005〕97 号)精神，撤销原中国共产党北京联合大学继续教育学院总支部委员会，成立中国共产党北京联合大学继续教育学院委员会。同年 12 月，根据《关于继续教育学院管理体制变更的决定》(京联党组〔2006〕2 号)要求，学院的管理体制变更为党委领导下的院长负责制。

为保证党委领导下的院长负责制的贯彻执行，学院党委和行政加强规章制度建设，不断提高履职能力。

2003 年 4 月，学院出台《院长办公会会议制度及议事规则》(京联继〔2003〕9 号)和《中层干部例会制度》，加强学院民主管理与民主监督工作，完善学院的管理和制约机制。

2004 年 5 月，学院总结应对北京非典型肺炎疫情工作的经验教训，出台《学院防治非典型肺炎工作预案》(京联继〔2004〕10 号)，建立起行政应急制度，提高了学院预防、控制和处置重大突发事件的能力。

2006 年 1 月，参照学校党委《关于在应用文理学院等五所学院进一步完善党委领导下院长负责制的若干规定(试行)》的要求，学院制定了《关于进一步完善党委领导下院长负责制的若干规定》(京联继党〔2006〕5 号)和《学院党委理论中心组学习制度》(京联继党〔2006〕3 号)，以提高院党委、院行政班子履行职责的能力和领导班子及干部队伍思想建设。同时，下发了《关于落实“三重一大”制度的实施细则》(京联继党〔2006〕7 号)，强化学院关于重大事项决策、重要干部任免、重要项目安排和大额度资金使用方面的管理和监督。同年 10 月，下发了《继续教育学院院务公开实施意见》(京联继党〔2006〕27 号)，加强学院民主管理与民主监督工作，完善学院的管理和制约机制。

2007 年，院党委转发《北京联合大学进一步加强各级领导班子思想政治建设的制度》等文件，对加强党的先进性长效机制建设提出具体的要求与措施。

2010 年 3 月，院党委制定了《关于加强领导干部作风建设的若干规定》(京联继党〔2010〕11 号)；12 月下发了《学院关于加强党风廉政建设工作十项制度》(京联继党〔2010〕29 号)，加强了学院的制度建设，规范了权力运行，提高了管理水平，促进了依法行政。

二、组织机构

学院 2001 年至 2003 年 4 月，行政机构中有处级机构 3 个，即教务处、院办、总务处；科级机构2个,即保卫科、财务科;教学处室1个,即北京市高校干部培训中心办公室。

2003年4月,学院根据《关于成人教育部并入继续教育学院的意见》(京联党组〔2003〕43号)精神,设处级机构9个。其中,党政处室5个,即院办总支办(党办)、教务处、人事处、财务处、行管处;教学处室4个,即招生办、教学部、继续教育研究所、北京市高校干部培训中心办公室。

2006年1月,撤销了人事处、招生办公室和教学部。人事工作划归办公室;招生和教学管理工作统归教务处。增设培训一部、培训二部和后海校区综合办。

2007年4月,行管处和综合办公室合署办公,培训一部、培训二部合并,成立培训部。

2009年12月,学院根据《北京联合大学二级法人学院内部机构设置方案》(京联党〔2009〕56号)文件精神,对内设机构进行调整,设5个处级党政管理部门,即党政办公室、人事处、财务处、教务处、行政管理处;2个处级教学部门,即培训部、高校干部培训中心办公室;2个科级机构,即保卫科、后海校区综合办公室,隶属行政管理处(见表6.1-1)。

表6.1-1　2001—2010年党政机构设置及负责人一览表

序号	机构名称	正　职	任职时间	副　职	任职时间	备注
1	党政办公室	石春永 朱超伦 李纪春	2001.01—2003.03 2003.04—2004.04 2004.04—今	安丽香 杨海燕 杨　力 王　莹	—2003.03 2003.03—2005.12 2007.04—2010.01 2010.01—今	
2	人事处	王　扬	2003.04—2006.01	李秀玲	2010.01—今	2006年1月撤销,2009年12月恢复
3	财务处	张　琪	2008.03—今	张　琪 任　飞	2003.04—2008.03(主持工作) 2003.04—2005.12	
4	研究所			李铁军 车雅军	2003.04—2006.06(主持工作) 2006.06—2010.03	2009年12月撤销
5	教务处	赵丽珠 朱超伦	—2002.04 2006.01—2010.01	车雅军 李铁军 王存浩 柴永红 杨海燕 车雅军 肖革芹	2003.04—2004.04(主持工作) 2004.04—2005.12(主持工作) 2003.04—2005.12 2006.04—2006.09 2006.09—2008.06 2010.02—今(主持工作) 2010.01—今	
6	教学部			赵永溪 李纪春	2003.04—2005.12(主持工作) 2003.04—2004.04	2006年1月撤销

续表

序号	机构名称	正　职	任职时间	副　职	任职时间	备注
7	行政管理处 （总务处）	温福生	—2003.04	安丽香 柴永红 王存浩 柴永红 王　巍	2003.04—2007.04（主持工作） 2007.04—2008.06（主持工作） 2008.06—2009.12（主持工作） 2008.06—2009.12 2010.01—今（主持工作） 2009.12—今	
8	综合办公室			李铁军 柴永红 王存浩 柴永红	2005.12—2006.09（主持工作） 2006.09—2008.06（主持工作） 2008.06—2009.12（兼） 2008.06—2009.12（兼）	2009年12月并入行管处改为科级部门
9	招生办公室	朱超伦	2003.04—2006.01	王淑琴	2003.04—2005.12	2006年1月撤销
10	培训一部	石春永	2006.01—2007.01	王存浩	2005.12—2008.06	
11	培训二部			赵允溪 王淑琴	2005.12—2006.06（主持工作） 2005.12—2010.01	
12	培训部			王淑琴 王存浩 杨海燕	2005.12 —2010.01（主持工作） 2005.12—2008.06 2008.06—今	2007年4月培训一部、二部合并为培训部
13	高校干部 培训中心	石春永	—2006.01	杨海燕 杨　力	2005.12—2006.09（主持工作） 2006.09—今	

三、专门委员会等机构设置及调整

学院常设专门委员会（领导小组）及负责人调整情况见表6.1-2。

表6.1-2　2001—2010年常设专门委员会一览表

序号	名　称	主任（组长）	副主任（副组长、委员）	调整日期
1	职称评审组	徐天立	高　林	2003.06.12
2	安全领导小组	赵振武	董英辅	2003.06.17
3	制订学院发展规划领导小组	徐天立	郭俊晏、单金成、赵振武、谭文丛	2003.06.25
4	学术委员会	徐天立	郭俊晏、单金成	2003.07.09
5	防治“非典”领导小组	徐天立	郭俊晏、单金成、赵振武	2003.04.08
6	防汛工作领导小组	赵振武		2003.06.26
		耿晓冬	柴永红	2010.04.16

续表

序号	名　称	主任(组长)	副主任(副组长、委员)	调整日期
7	聘任工作领导小组	徐天立	郭俊晏、单金成、赵振武	2003.09.01
		李洪飞	单金成	2009.12.16
8	保密工作领导小组	徐天立	郭俊晏、单金成	2003.09.28
		李纪春	杨　力	2007.11.30
		单金成	李纪春、耿晓冬	2009.06.02
		李洪飞	单金成、李纪春	2010.04.16
9	政工专业职称评审委员会	徐天立	郭俊晏、单金成、赵振武、李纪春	2004.05.17
10	教学质量督导小组	徐天立	郭俊晏、单金成	2004.05.27
11	社会治安综合治理领导小组	赵振武	董英辅	2003.06.17
		徐天立	赵振武、唐小恒	2005.04.25
		耿晓冬	柴永红	2007.11.30
				2010.04.16
12	保持共产党员先进性教育活动领导小组	周明珠	徐天立、单金成	2005.08.18
13	治理商业贿赂领导小组	周明珠	郭俊晏	2006.06.22
14	党风廉政建设责任制领导小组	单金成	耿晓冬、李纪春	2007.11.30
		李洪飞	单金成、李纪春	2010.04.16
15	稳定工作领导小组	单金成	耿晓冬	2007.11.30
		李洪飞、单金成	耿晓冬、赵振武、李纪春	2010.04.16
16	预防和处置突发事件工作领导小组	单金成	耿晓冬、赵振武	2007.11.30
		李洪飞、单金成	耿晓冬、赵振武、李纪春	2010.04.16
17	应急指挥中心	单金成	耿晓冬、赵振武	2007.11.30
		李洪飞、单金成	耿晓冬、赵振武、李纪春	2010.04.16
18	老干部工作领导小组	单金成	李纪春	2007.11.30
		李洪飞	李纪春	2010.04.16
19	学科建设领导小组	单金成	赵振武	2007.11.30
		赵振武	车雅军	2010.04.16
20	学士学位评定组	赵振武	朱超伦	2007.11.30
		单金成	赵振武	2010.04.16
21	考试管理领导小组	赵振武	朱超伦	2007.11.30
			车雅军	2010.04.16
22	治理教育乱收费工作领导小组	单金成	赵振武、李纪春	2007.11.30
				2010.04.16
23	30周年校庆筹备工作委员会	李纪春	杨海燕、李秀玲	2007.11.30
24	校务公开领导小组	单金成	李纪春、耿晓冬	2007.11.30
		李洪飞	单金成、李纪春	2010.04.16
25	劳动人事争议调解委员会	李纪春	柴永红	2007.11.30
			耿晓冬	2010.01.06
26	基建修缮工程、物资采购工作小组	耿晓冬	柴永红、张琪	2007.11.30
				2010.04.16
27	处级干部岗位应聘上岗考核测评小组	单金成	李洪飞、李纪春、赵振武、耿晓冬、杨秀岩、尚显彪	2010.01.06
28	中级职称评选委员会	单金成	赵振武	2010.04.16

续表

序号	名　称	主任(组长)	副主任(副组长、委员)	调整日期
29	审计工作小组	徐天立	郭俊晏、单金成	2004.04.09
		李纪春	张　琪	2010.04.16
30	廉政风险防范管理工作领导小组	李洪飞	单金成、李纪春	2010.04.16

四、领导分工与任免变更

(一)领导班子调整

学院领导班子调整情况见表6.1-3、表6.1-4。

表6.1-3　2001—2010年历任党委领导人一览表

正　职	姓　名	任职时间	副　职	姓　名	任职时间
总支书记	徐天立	2003.04—2004.06	总支副书记	单金成	2003.04—2005.09
总支书记	周明珠	2004.06—2005.09	总支副书记	郭俊晏	2003.04—2005.09
党委书记	周明珠	2005.09—2007.03	党委副书记	单金成	2005.09—今
党委书记	李洪飞	2009.12—今	党委副书记	郭俊晏	2005.09—2006.12
			党委副书记	耿晓冬	2007.10—2009.12
			党委副书记	李纪春	2009.12—今

表6.1-4　2001—2010年历任行政领导人一览表

正　职	姓　名	任职时间	副　职	姓　名	任职时间
院　长	熊家华	—2002.02(兼)	副院长	单金成	2002.03—2005.11
临时负责人	单金成	—2002.04	副院长	郭俊晏	2003.04—2006.12
院　长	徐天立	2002.03—2005.11	副院长	赵振武	2003.04—2010.07
院　长	单金成	2005.11—今	副院长	谭文丛	2003.10—2009.12(兼)
			副院长	李纪春	2006.12—2009.12
			副院长	张　琴	2008.12—2009.06
			副院长	耿晓冬	2009.12—今

(二)领导班子分工

1. 2001年至2002年4月领导班子分工

院长熊家华(兼):主持学院全面工作和高校干部培训中心工作。

临时负责人单金成:负责学院全面工作和高校干部培训中心工作。

2. 2002年4月至2005年9月领导班子分工

院长徐天立:主持学院全面工作,分管党委、院长办公室和人事处。

党总支书记周明珠:负责党建思想政治工作,协助院长分管党委、院长办公室和人事处。

副院长单金成:分管财务处、高校干部培训中心。

副院长郭俊晏:分管教务处、教学部、招生办。

副院长赵振武:分管行管处。

副院长谭文丛(兼)：主要在联大任职。

3. 2005 年 11 月至 2009 年 12 月领导班子分工

党委书记周明珠：主持学院党委工作，分管党委、院长办公室和人事处。

院长单金成：主持学院行政工作，分管财务处、高校干部培训中心。

党委副书记兼副院长郭俊晏：分管教务处、教学部、招生办(2003.04—2006.12)。

党委副书记耿晓冬：分管行管处、工会。

副院长赵振武：分管教务处、培训部(2007.01—2010.07)。

副院长李纪春：兼任党委、院长办公室主任(2006.12—2009.12)。

副院长张琴：分管教务处(2008.12—2009.06)。

副院长谭文丛(兼)：主要在联大任职。

4. 2009 年 12 月至 2010 年 12 月

党委书记李洪飞：主持学院党委工作，分管党政办公室、人事处。

院长单金成：主持学院行政工作，分管财务处、高校干部培训中心办公室。

副院长耿晓冬：分管行管处。

副院长赵振武：分管教务处、培训部。

党委副书记李纪春：兼任党政办主任；协助党委书记分管党政办公室、人事处；负责工会工作。

第二节　成人高等学历教育

一、基本情况

2001 年以来，学院办学始终坚持社会主义办学方向，贯彻党的教育方针，本着成人教育面向社会的办学指导思想，集思广益、改革创新、改变观念，确定了与时俱进的发展方向，调整专业结构，提高办学层次，坚持成人教育改革，为构建终身教育体系，创建全民学习、终身学习的社会环境作出了贡献。

学院的成人高等学历教育主要包括成人夜大学(大专、专升本)教育、奥鹏远程教育和中央党校函授教育。

2003—2005 年，学院夜大学招生与教务教学工作分别由招生办公室、教务处和教学部承担。招生办公室负责各类招生录取工作和各种短期培训；教务处负责教学计划的制订、学籍管理和教务教学管理；教学部负责教师管理、教学计划的实施和教学质量监控。2006 年年初，学院党委决定将此三个部门合并为教务处，统一负责学院夜大学的学历教育。学院成立培训部，专门负责非学历培训工作和奥鹏远程教育。

二、成人夜大学(大专、专升本)教育

(一) 招生与学制

学院成人夜大学(大专、专升本)教育招生情况见表 6.2-1。

表 6.2-1　2001—2010 年夜大学招生情况统计表

层　次	2001	2002	2003	2004	2005	2006	2007	2008	2009	2010
专升本(人)	102	80	98	96	81	67	110	71	127	144
专科(人)	166	79	306	265	141	120	282	256	257	232
总计(人)	268	159	404	361	222	187	392	327	384	376

从 2003 年开始,根据教育部的统一安排,成人高等学历教育改为下半年招生、考试、录取,次年春季入学。

根据北京市教委的有关文件精神,从 2007 年开始,专科和专升本的学制由 3 年改为 2.5 年;高中起点升本科的学制仍为 5 年。

(二) 专业建设

2003 年,学院摄影协会成立。2006 年成人学历夜大学首次开设多媒体设计与制作(专科,艺术类)专业和艺术设计摄影方向(本科,艺术类)。

1. 专业设置、调整和培养目标

(1) 专业设置与调整

学院 2001—2010 年大专和本科(专升本)专业设置与调整情况如表 6.2-2 所示。

表 6.2-2　2001—2010 年专业设置与调整情况一览表

年份 / 专业	2001	2002	2003	2004	2005	2006	2007	2008	2009	2010
保　险	√	√	√							
会　计	√	√	√	√	√	√	√	√	√	√
电子商务			√	√	√	√	√	√	√	
多媒体设计与制作						√	√	√	√	√
工商管理							√	√	√	√
广告设计与制作						√	√	√	√	√
广告摄影	√	√	√	√	√	√	√	√		
会计学	√	√	√	√	√					
计算机科学与技术	√	√	√	√	√	√				
计算机软件				√	√	√				
计算机网络技术						√	√	√		
金融学	√	√								
商务英语							√	√	√	
网络工程		√	√	√						
信息管理与信息系统				√	√	√	√			
艺术设计			√	√	√	√	√	√	√	√
英　语	√	√	√	√	√	√	√	√	√	√

(2) 培养目标

学院培养目标是:培养坚持四项基本原则,有坚定的政治方向,热爱祖国,热爱中国共产党,有强烈社会责任感,掌握各专业的基本知识和技术,理论与实践相结合,为首都经济建设服务的技术应用型人才、高等技术专业人才和适应社会主义建设的实用型人才,达到大专或本科文化水平。

为达到这一培养目标,学院构建了包括良好的思想道德素质、健康的心理素质、突出的创新素质、高水平的业务素质和高度的文化素质等几大方面的继续教育培养目标体系。

2. 教学计划与课程设置

2001—2010 年，学院主要的招生专业有 7 个，其中本科 3 个，专科 4 个(这 7 个专业是全校夜大学各个专业中由继续教育学院主办的专业)。

(1) 英语(专升本)

英语(专升本)为专科起点本科外语类成人高等教育。旨在培养德、智、体全面发展的，面向世界、面向未来、面向现代化的，掌握扎实英语基础知识、基础理论，具有较高听、说、读、写、译能力的，适应北京经济建设需要的本科层次应用型人才。

教学计划与课程设置等具体情况见表 6.2-3。

表 6.2-3　英语专业(外语类、专升本)教学进程

课程类别	序号	课程名称	学时安排			学分	考核方式		学年学期课程时数安排					
									第一学年		第二学年		第三学年	
			总学时	理论学时	实践教学		考试	考查	1	2	3	4	5	6
基础课	1	中国近代史纲要	40	40		2	√				40			
	2	思想道德修养	40	40		2	√		40					
	3	计算机应用	40	20	20	2	√				40			
	4	应用文写作	40	40		2	√		40					
专业基础课	5	实用语法	60	60		3	√		60					
	6	大学英语	120	120		6	√		60	60				
	7	口语	80	40	40	4		√	40	40				
	8	实用文写作	40	20	20	2	√				40			
	9	中级阅读	120	120		6	√		60	60				
	10	第二外语	160	160		8	√			40	40	40	40	
专业课	11	高级阅读	180	180		9	√			60	60	60		
	12	中译英	80	80		4	√				40	40		
	13	英译中	160	160		8	√		40	40	40	40		
	14	美国概况	40	40		2	√				40			
	15	报刊阅读	40	40		2	√					40		
	16	跨国文化交际	40	40		2		√				40		
	17	英美文学选读	60	60		3	√			60				
	18	英美文学	60	60		3	√					60		
	19	视听说	40	20	20	2		√					40	
	20	口译	40	20	20	2	√						40	
	21	英语讲座	40	40		2		√				40		
	22	论文写作	20	20		1	√						20	
	23	毕业论文	200		200	10							200	
合计			1740	1420	320	87			340	360	340	360	340	

(2) 艺术设计专业—摄影方向(专升本)

艺术设计—摄影方向(专升本)为专科起点本科艺术类成人高等教育。旨在培养具有坚定的政治方向、强烈的社会责任感，为 21 世纪首都社会主义建设服务的本科层次的摄影专业技术人才。

本专业教学计划与课程设置等具体情况见表6.2-4。

表6.2-4 艺术设计—摄影方向(艺术类、专升本)教学进程

课程类别	序号	课程名称	学时安排			学分	考核方式		学年学期课程时数安排					
			总学时	理论学时	实践教学		考试	考查	第一学年		第二学年		第三学年	
									1	2	3	4	5	6
基础课	1	中国近代史纲要	40	40		2	√		40					
	2	大学英语	240	240		12	√		60	60	60	60		
	3	应用文写作	40	40		2	√			40				
	4	计算机应用	60	30	30	2	√		60					
	5	思想道德修养	40	40		2	√			40				
专业基础课	6	相机与镜头	60	30	30	3	√		60					
	7	感光材料与曝光控制	60	40	20	3	√			60				
	8	美术	120	80	40	6	√		120					
	9	色彩构成	60	60		3	√			60				
专业课	10	摄影构成	60	30	30	3	√				60			
	11	艺术设计	120	80	40	6	√				120			
	12	专题摄影	200	40	160	10	√			100	100			
	13	摄影史	60	60		3	√					60		
	14	摄影滤光镜及影调控制	60	40	20	3	√					60		
	15	作品赏析	120	120		6	√					120		
	16	摄影与视觉心理	60	60		3	√						60	
	17	数码摄影及后期制作	120	60	60	6	√					60	60	
	18	毕业创作与制作	220	20	200	11	√						220	
合计			1740	1110	630	87			340	360	340	360	340	

(3) 会计学(专升本)

会计学(专升本)为专科起点本科经管类成人高等教育。旨在培养德才兼备,适应社会主义市场经济,能从事财务会计工作的高层次实用型人才。

本专业教学计划与课程设置等具体情况见下表6.2-5。

表6.2-5 会计学(经管类、专升本)教学进程

序号	学期 / 课程名称	课时		第一学期		第二学期		第三学期		第四学期		第五学期	
		理论	实践	考试	考查	考试	考查	考试	考查	考试	考查	考试	考查
1	线性代数线性规划	80		80									
2	大学英语	240		60		60		60		60			
3	计算机基础	20	40	60									
4	数据库原理与应用	20	40			60							
5	中国近现代史纲要	60		60									
6	运筹学	60				60							
7	管理信息系统	60						60					
8	基础会计学	80		80									
9	西方经济学	60				60							

续表

序号	学期 课程名称	课时		第一学期		第二学期		第三学期		第四学期		第五学期	
		理论	实践	考试	考查	考试	考查	考试	考查	考试	考查	考试	考查
10	货币银行学	80							80				
11	国际金融	60								60			
12	管理学	40					40						
13	国际贸易	60						60					
14	中级财务会计	80				80							
15	财务管理	80										80	
16	成本会计	60						60					
17	管理会计	60								60			
18	高级财务会计	60								60			
19	审计	80								80			
20	税法	60						60					
21	会计实务与电算化	20	60									80	
22	毕业论文		180									180	
	合计	1420	320	340	0	320	40	300	80	320	0	340	0

(4) 多媒体设计与制作(专科)

多媒体设计与制作(专科)为高中起点专科艺术类成人高等教育。旨在培养具有较高艺术修养,掌握计算机设计理论与技能,并能将传统的设计手段与现代多媒体技术相结合,具有创新设计思维、系统专业理论、实践操作能力的应用型技术人才。

本专业教学计划与课程设置等具体情况见下表 6.2-6。

表 6.2-6　多媒体设计与制作专业(艺术类、专科)课时分配一览表

序号	课程名称	学时安排				考核方式	
		合计		其中		考试	考查
		学时	学分	理论	实践		
1	邓小平理论	54		54			
2	数学	72		72			
3	基础英语	216		216			
4	计算机应用基础	72		18	54		
5	造型基础	216		72	144		
6	三大构成	72		36	36		
7	手绘效果图	108			108		
8	设计概论	54		54			
9	Java	72		18	54		
10	Macromedia flash 2004 二维多媒体设计	40		8	32		
11	3D Studio Max 三维多媒体设计	120		20	100		
12	Adobe After Effects 后期制作	18			18		
13	Character Studio 特技制作	18			18		
14	多媒体设计项目实训课	18			18		
15	HTML 与 XML	54		18	36		
16	JavaScript 与 ASP	54		18	36		
17	Macromedia Dreamweaver	40			40		

续表

序号	课程名称	学时安排				考核方式	
		合计		其中		考试	考查
		学时	学分	理论	实践		
18	Adobe Photoshop	40			40		
19	Macromedia Authorware	40			40		
20	互动多媒体开发项目实训课	18			18		
21	Sonic Foundry Sound Forge	18			18		
22	Adobe Premiere	18			18		
23	Macromedia Director	54		18	36		
24	马亚 3D 建模与动画	72		18	54		
25	马亚 3D 建模与动画项目实训	18			18		
26	多媒体集成开发项目实训课	72			72		
27	毕业设计	120					
	合　计	1768		640	1008		

(5)广告设计与制作(专科)

广告设计与制作(专科)为高中起点专科艺术类成人高等教育。旨在培养具备广告设计专业必备的理论知识,同时具有较强的综合应用多种广告学科知识和解决广告设计所涉实际问题能力的专业人才。

本专业教学计划与课程设置等具体情况见下表 6.2-7。

表 6.2-7　广告设计与制作专业(艺术类、专科)教学进程

课程类别	序号	课程名称	学时安排			学分	考核方式		学年学期课程时数安排					
			总学时	理论学时	实践教学		考试	考查	第一学年		第二学年		第三学年	
									1	2	3	4	5	6
基础课	1	哲学	60	60		3	√		60					
	2	邓小平理论	60	60		3	√			60				
	3	计算机应用	60	30	30	6	√		60					
	4	英语	120	120		6	√			60	60			
	5	应用文写作	60	60		3	√		60					
专业基础课	6	照相机	60	40	20	3	√		60					
	7	摄影构图	60	40	20	3	√					60		
	8	曝光技术	60	40	20	3	√			60				
	9	暗房技术	60	40	20	3	√				60			
	10	广告学原理	60	60		3	√		60					
	11	平面与色彩	60	40	20	3		√				60		
专业课	12	人像摄影	60	40	20	3	√				60			
	13	专题摄影实习	380	60	320	19		√			190	190		
	14	广告实务	60	60		3	√					60		
	15	用光与用色	60	40	20	3	√						60	
	16	广告摄影	120	60	60	6	√						120	
	17	摄影美学	60	40	20	3	√						60	

续表

课程类别	序号	课程名称	学时安排			学分	考核方式		学年学期课程时数安排					
									第一学年		第二学年		第三学年	
			总学时	理论学时	实践教学		考试	考查	1	2	3	4	5	6
专业课	18	作品赏析	30	30		1.50		√						30
	19	数码相机	30	20	10	1.50		√						30
	20	毕业作品创作	220	20	200	11								220
合计			1740	960	780	87			300	180	370	370	240	280

（6）电子商务（专科）

电子商务（专科）为高中起点专科经贸类成人高等教育。旨在培养德、智、体全面发展的掌握本专业所必需的电子商务基本理论、计算机和网络的基础知识，能够适应互联网经济发展的需要，能在与电子商务有关的机构、网站和企业从事电子商务实际工作，又有较强开展电子商务实际事务能力的应用型人才。

本专业教学计划与课程设置等具体情况见表 6.2-8。

表 6.2-8　电子商务专业（经贸类、专科）教学进程

课程类别	序号	课程名称	学时安排			学分	考核方式		学年学期课程时数安排					
									第一学年		第二学年		第三学年	
			总学时	理论学时	实践教学		考试	考查	1	2	3	4	5	6
专业课	1	邓小平理论	60	60				√	60					
	2	法律基础思想道德	40	40				√		40				
	3	经济数学	120	120			√		60	60				
	4	基础英语	240	240			√		80	80	80			
	5	应用写作	40	40				√	40					
专业基础课	6	专业英语	80	80			√						80	
	7	计算应用基础	120	60	60		√		60	60				
	8	计算机网络基础	120	60	60		√			60	60			
	9	数据库基础	80	40	40		√					80		
	10	VB 可视化编程	120	60	60		√				60	60		
	11	HTML 语言网页制作	120	60	60		√				60	60		
专业基础课	12	VB 和 Java 脚本设计与 ASP 动态网页	120	60	60		√					60	60	
	13	网站建设与管理	80	40	40		√						80	
	14	经济学基础	40	40				√			40			
	15	电子商务概论	80	40	40		√					80		
	16	市场信息学	40	20	20		√		40					
	17	网络营销基础	80	80			√						80	
	18	国际贸易实务	40	40				√				40		
	19	现代企业管理	40	40				√						40
	20	网络安全技术	40	40			√					40		

续表

课程类别	序号	课程名称	学时安排			学分	考核方式		学年学期课程时数安排					
									第一学年		第二学年		第三学年	
			总学时	理论学时	实践教学		考试	考查	1	2	3	4	5	6
专业课	21	金、财、税、知识	40	40				√				40		
	22	电子商务社会实践	60		60			√					60	
	23	毕业实践环节	100		100									100
	24	毕业设计	200	100	100									200
合　计			2100	1400	700				340	300	300	460	360	340

(7) 会计(专科)

会计(专科)为高中起点专科文史类成人高等教育。旨在培养具有扎实的会计学基本理论、基本知识和熟练的专业技能,符合社会需求的会计专业人才。

本专业教学计划与课程设置等具体情况见下表6.2-9。

表6.2-9　会计专业(文史类、专科)教学进程

课程类别	序号	课程名称	学时安排			考核方式		学年学期课程时数安排									
								第一学年		第二学年		第三学年		第四学年		第五学年	
			总学时	理论学时	初中教学	考试	考查	1	2	3	4	5	6	7	8	9	10
专业课	1	邓小平理论	80	80		√		80									
	2	哲学	60	60			√		60								
	3	英语	240	240		√		120	120								
	4	微积分	80	80		√		80									
	5	经济数学	80	80		√			80								
专业基础课	6	计算机基础	120	60	60	√				120							
	7	应用文写作	40	20	20		√						40				
	8	基础会计学	60	40	20	√		60									
	9	财政金融	60	60		√						60					
	10	国际商法	100	80	20	√						100					
	11	应用统计	60	40	20	√				60							
	12	国际贸易	80	60	20	√						80					
	13	西方会计	80	60	20	√					80						
	14	国际金融	100	80	20	√					100						
专业课	15	国际贸易实物	100	80	20		√						100				
	16	财务管理	100	80	20	√						100					
	17	成本会计	100	80	20	√				100							
	18	模拟会计	60	20	40	√					60						
	19	电算会计	60	30	30	√					60						
	20	商业会计	100	60	40	√					100						
	21	外贸会计	60	60			√			60							
	22	企业会计	100	60	40	√			100								
	23	毕业论文	220		220								220				
合　计			2140	1510	630			340	360	340	400	340	360				

（三）教学保障

为了加强专业建设，进行好教学，学院注重教学基础设施建设和教师队伍建设，积极推动继续教育的开展。

1. 加强教室建设

学院教学设施齐全，特别是各类教室基本能够满足教学的需要（见表 6.2-10、表 6.2-11）。

表 6.2-10　多媒体教室情况一览表

类别	丰盛校区	什刹海校区
多媒体教室个数	9	9
总座位数	500	520
总面积（平方米）	788	717

表 6.2-11　专业教室（语音室、机房）一览表

类别	丰盛校区	什刹海校区
机房个数	2	5
语音室个数	1	0
暗房个数	1	0
影棚个数	1	0
总座位数	180	195
总面积（平方米）	351	317

2. 加强教师队伍建设

2001—2006 年，学院共设有 3 个教研室，有专职教师 16 名，其中副教授 4 名，讲师 12 名；外聘教师共 50 名，其中教授 7 名，副教授 15 名，讲师 28 名。2007 年以后，学院共有外聘教师 151 名，其中教授 20 名，副教授 39 名，讲师 92 名。

学院注重专职教师队伍建设，采取各种措施提高教师的思想素质和业务水平。2004 年，教学部刘振华获学校青年教师教学基本功大赛三等奖，赵允溪获校级教学成果二等奖；郭志青获学院论文一等奖，王扬、李铁军、戴琳和赵凤云获学院论文二等奖。2005 年，在学院教学基本功大赛中，戴琳获一等奖，王莹、郭志青获二等奖，潘峰、杨艳芳和赵海燕获三等奖。

（四）毕业与学位授予情况

学院 2003 年之前只有成人专科毕业生，从 2003 年开始迎来首批成人本科毕业生（见表 6.2-12）。学院一直严格遵守国家和学校关于成人高等教育本科毕业生学士学位授予规定，本着严格要求、择优授予的原则，成功完成了成人本科毕业生的学位授予工作。

表 6.2-12 成人高等教育毕业生及学位授予情况一览表

年　份	毕业生总数/人	其中本科毕业生数/人	授予学位数/人
2001	94	0	0
2002	87	0	0
2003	354	95	24
2004	319	55	32
2005	225	62	31
2006	286	91	53
2007	290	91	8
2008	199	67	33
2009	430	138	37
2010	312	61	27

三、奥鹏远程教育

(一) 概述

"奥鹏远程教育"(以下简称"奥鹏")是我国首个由教育部批准成立的国家级远程教育公共服务体系,也是中国最大的网络教育超市。受各高校的委托,奥鹏为其开展网络教育提供招生组织、教学支持、学生事务、考试组织等服务。

奥鹏汇集了近百所著名高校,通过全国 1300 多家奥鹏学习中心,为学员提供学习支持服务。截至 2010 年,已有 30 多万名学员通过奥鹏报读高校网络教育,实现自己的"大学梦"。

参加奥鹏学习中心学习,要通过入学测试,入学测试以评估学生基本水平为主,并由报考院校自主命题,网上提供考试大纲和模拟题等辅导资料。

入学后,学生可以自主选择学习时间,接受网络授课。课程配置和教学方法符合成人教育特点:"以人为本"的课程考核体系,使考试内容更为精练,考试方式更加灵活,期末主讲教师在网上提供考试复习提纲,部分课程提供复习串讲课件;平时作业成绩在课程总成绩中占有一定比例,部分课程采用开卷考试、论文考试和作业考试的方式,采用学分制和弹性学习期限,更加适合成人的特点,是在职人士学习进阶的最佳选择。

学生通过学习,获得足够的学分后,可获得国家承认的大学专科或本科学历证书。本科学生符合规定条件者,还可获得相应的学士学位证书。毕业证书和学位证书由所报考的大学颁发,国家承认学历。其证书可以在中国教育部高等学历教育网站上备案查询。

(二) 办学情况

北京联合大学奥鹏学习中心是经北京奥鹏远程教育有限公司(奥鹏管理中心)正式批准于 2005 年 6 月成立的远程教育学习中心,由继续教育学院承办。本中心办学严谨,办学条件好,成人教育经验丰富,能为学生提供更规范和更优质的学习服务。

学历教育办学机构的授权情况:北京大学、北京交通大学、北京航空航天大学、南开大学、东北财经大学、中国医科大学、大连理工大学授权本中心开展网络招生、学生事务、考试组织等教学服务工作。

截至 2010 年年底,已毕业学生 196 人,取得学士学位的有 9 人;在读学生为 230 人。

表 6.2-13　奥鹏学习中心 2005—2010 年学生录取情况一览表

年　份	2005	2006	2007	2008	2009	2010
录取人数	22	61	89	220	84	50

（三）授权高校招生专业一览表

授权高校招生专业详见表 6.2-14。

表 6.2-14　授权高校招生专业一览表

<table>
<tr><th>授权高校</th><th>层　次</th><th>招生专业</th><th>入学测试科目</th><th>学分</th><th>学　费</th><th>学习时限/年</th></tr>
<tr><td rowspan="12">北京大学</td><td rowspan="12">专升本</td><td>广告学</td><td>大学语文、艺术概论、英语</td><td rowspan="10">85</td><td rowspan="12">120 元/学分（首次学费按30学分预缴）书费预缴500元</td><td rowspan="12">2.5～5</td></tr>
<tr><td>人力资源管理</td><td>大学语文、行政管理、英语</td></tr>
<tr><td>法学</td><td>大学语文、民法、英语</td></tr>
<tr><td>财务管理</td><td rowspan="5">高数（二）、会计学原理、英语</td></tr>
<tr><td>国际经济与贸易</td></tr>
<tr><td>金融学</td></tr>
<tr><td>市场营销</td></tr>
<tr><td>风险管理与保险学</td></tr>
<tr><td>汉语言文学</td><td>大学语文、文学概论 、英语</td></tr>
<tr><td>信息管理与信息系统</td><td>大学语文、计算机应用基础、英语</td></tr>
<tr><td>计算机科学与技术</td><td>高数（一）计算机应用基础、英语</td><td>88</td></tr>
<tr><td>行政管理</td><td>大学语文、行政管理、英语</td><td>85</td></tr>
<tr><td rowspan="9">北京交通大学</td><td rowspan="5">高起专</td><td>物流管理</td><td rowspan="5">英语
数学</td><td rowspan="5">80</td><td rowspan="9">100 元/学分（首次学费按30学分预缴）书费预缴500元</td><td rowspan="9">2.5～5</td></tr>
<tr><td>汽车运用技术</td></tr>
<tr><td>计算机应用技术</td></tr>
<tr><td>工商企业管理</td></tr>
<tr><td>会计</td></tr>
<tr><td rowspan="4">专升本</td><td>物流管理</td><td rowspan="4">大学英语
高等数学</td><td rowspan="4">85</td></tr>
<tr><td>计算机科学与技术</td></tr>
<tr><td>会计学</td></tr>
<tr><td>工商管理</td></tr>
<tr><td rowspan="13">北京航空航天大学</td><td rowspan="8">高起专</td><td>法学</td><td rowspan="8">语文
数学
英语</td><td rowspan="6">78</td><td rowspan="13">按年缴费，分两年缴清，计算机专业5000元/年；其他专业4250元/年，书费预缴500元</td><td rowspan="13">2.5～5</td></tr>
<tr><td>公共事业管理</td></tr>
<tr><td>工商管理</td></tr>
<tr><td>国际经济与贸易</td></tr>
<tr><td>会计学</td></tr>
<tr><td>土木工程</td></tr>
<tr><td>计算机科学与技术</td><td rowspan="2">85</td></tr>
<tr><td>计算机科学与技术（动漫设计）</td></tr>
<tr><td rowspan="5">专升本</td><td>法学</td><td rowspan="5">大学语文
大学英语</td><td rowspan="5">78</td></tr>
<tr><td>公共事业管理</td></tr>
<tr><td>工商管理</td></tr>
<tr><td>国际经济与贸易</td></tr>
<tr><td>会计学</td></tr>
</table>

续表

授权高校	层次	招生专业	入学测试科目	学分	学费	学习时限/年
北京航空航天大学	专升本	土木工程	大学英语 高等数学	85	按年缴费,分两年缴清,计算机专业6000元/年;其他专业4875元/年,书费预缴500元	2.5～5
		计算机科学与技术				
		计算机科学与技术(动漫设计)				
东北财经大学	高起专	法律事务	语文 计算机基础	80	120元/学分(首次学费按30学分预缴)书费预缴500元	2.5～5
		工程质量监督与管理				
		建筑工程管理				
		金融与证券财务管理				
		会计学				
		行政管理				
		国际经济与贸易				
		电子商务				
		旅游管理				
	专升本	会计学				2.5～6
		金融学				
		工程管理(含建造师方向)				
		法学(含跨专业)				
		财务管理				
		行政管理				
		国际经济与贸易				
		电子商务				
		旅游管理(含酒店管理方向)				
	高起本	会计学		150		5～8
		法学				
		国际经济与贸易				
		金融学				
南开大学	高起专	计算机科学与技术(单证/双证)	语文、数学(理)、英语	80	120元/学分(首次学费按30学分预缴)书费预缴500元	2.5～4
		旅游管理(单证/双证)	语文 数学 英语			
		市场营销(单证/双证)				
		人力资源管理				
		工商管理				
		保险				
		会计学				
		法学				
		行政管理				
		国际经济与贸易				

续表

授权高校	层　次	招生专业	入学测试科目	学分	学　费	学习时限/年
南开大学	高起本	计算机科学与技术(单证/双证)	语文、数学(理)、英语	150	120 元/学分(首次学费按30学分预缴)书费预缴500元	5～7
		旅游管理(单证/双证)	语文 数学 英语			
		市场营销(单证/双证)				
		人力资源管理				
		工商管理				
		会计学				
		法学				
	专升本	计算机科学与技术(单证/双证)	大学英语、高等数学、计算机基础	80	120 元/学分(首次学费按30学分预缴)书费预缴500元	2.5～4
		旅游管理(单证/双证)	大学语文 计算机基础 大学英语			
		市场营销(单证/双证)				
		人力资源管理				
		工商管理				
		保险				
		会计学				
		法学				
		财政学				
		财务管理				
		行政管理				
		国际经济与贸易				
		广播电视新闻学				
大连理工大学	高起本	计算机网络工程	英语 数学	81	100 元/学分	2～4
		房地产与物业管理				
		经济管理				
		法学				
		土木工程				
		土木工程(道桥方向)				
		土木工程(工程管理方向)				
	专升本	计算机网络工程	英语 高等数学	81		2～4
		房地产经营管理				
		工商管理				
		计算机信息管理				
		法学				
		土木工程				
		土木工程(道桥方向)				
		土木工程(工程管理方向)				
中国医科大学	中专起点专科	护理学	护理学综合(含护理学基础、内科护理学)、英语		按学年缴费3200元/年书费预缴500元	3
		临床药学	药学基础(含无机化学、有机化学)、英语			
	专升本	基础医学(属相关医学专业)	大学语文、医学基础(含解剖学、生理学)、英语			
		护理学				

续表

授权高校	层　次	招生专业	入学测试科目	学分	学　费	学习时限/年
中国医科大学	专升本	临床药学	大学语文、药学基础（含无机化学、有机化学）、英语		按学年缴费3200元/年书费预缴500元	
	中专起点本科	护理学	护理学综合（含护理学基础、内科护理学）、英语			5
		临床药学	药学基础（含无机化学、有机化学）、英语			

注：南开大学的单证/双证中，单证指毕业证，双证指毕业证和资格证书。

四、中央党校函授教育

（一）概况

中共中央党校函授学院北京市委机关分院北京联合大学继续教育学院学区，2001—2008年在本学区和北京市监狱管理局清河分局校区进行本、专科层次的招生培养工作。在北京市委机关分院领导和北京市监狱管理局清河分局领导的支持下，招生人数不断增加，教学质量不断提高，并在2006年创学区招生数量之最。本学区领导和管理人员努力做好服务学员的各方面工作，在2006年学区最后一届招生工作后（2006年根据上级有关文件精神，停办该函授教育），积极做好在校学员的教学和各项收尾工作，获得上级分院和学员们的好评。

本学区办学以马列主义、毛泽东思想、邓小平理论和江泽民同志“三个代表”重要思想为指导，以提高学员的政治思想素质为重点，以增强学员的党性锻炼为核心，保证了教学质量。学员毕业后由中央党校函授学院颁发毕业证书。

（二）招生与毕业情况

本学区的招生与毕业情况见表6.2-15。

表6.2-15　2001—2006年招生及毕业情况一览表

年　份	2001	2002	2003	2004	2005	2006
专科招生人数	71	79	83	110	0	0
本科招生人数	216	181	153	182	304	408
毕业生总人数	265	252	220	267	288	402

第三节　高等教育自学考试

高等教育自学考试，是对自学者进行以学历考试为主的高等教育国家考试，是个人自学、社会助学和国家考试相结合的高等教育形式。2001年到2004年，学院响应国家号召，积极组织，开办了自学考试助学班，为提高国民素质作出了贡献（见表6.3-1）。

学院高等教育自学考试助学班的专业设置为计算机应用、网络技术与服务、市场营销。4年中共招收学生675人。

表 6.3-1　2001—2004 年自考助学班招生情况一览表

年　份	2001	2002	2003	2004
人　数	95	194	281	105

第四节　非学历教育

一、培训教育

（一）会计从业资格证书〈会计证〉考前辅导班

会计从业资格考试(会计证取证)是财政局统一组织的执业资格考试。学院特聘请多年从事会计工作和会计从业资格证辅导的优秀教师开办考前辅导班。授课采取面授集中培训方式。学院每年下半年培训“财经法规与职业道德”“会计基础与实务”“初级会计电算化”三科,共计 40 学时。辅导内容全面系统,针对性强,使学生能够掌握重点难点,丰富应考经验,学生考试通过率高达 95%。

（二）会计人员继续教育

学院的继续教育培训中心,作为北京市财政局认定的继续教育培训点,对于已取得会计从业资格证的人员进行每年一次的继续教育培训。会计人员继续教育工作的重点,是做好新会计准则的培训工作,提高持证人员业务水平和会计职业道德素质。

培训采取集中面授方式,每期 24 学时;聘请多年从事会计专业教学或长期从事会计工作的专家进行授课。2001—2010 年共培训 1341 人次(见表 6.4-1)。

表 6.4-1　会计人员继续教育情况一览表

年　份	2003	2004	2005	2006	2007	2008	2009	2010	合计
培训人数	70	91	—	204	334	200	319	123	1341

（三）成人高考考前辅导班

学院常年举办成人高考考前辅导班,聘请多年从事成人高考考前辅导的专业教师授课。参加辅导班学员的成人高考录取率达 98%。

表 6.4-2　成人高考辅导班情况一览表

年　份	2003	2004	2005	2006	2007	2008	2009	2010	合计
培训人数	150	42	—	—	100	30	30	30	382

二、资格证书

（一）Adobe 认证培训考试项目

Adobe 中国教育认证计划(Adobe China Education Certification Program, Adobe CECP)是美国 Adobe 公司在中国推出的面向个人用户的长期教育培训认证考试项目,旨在推动 Adobe 系列产品和技术的应用及普及,满足广大用户对产品技术培训的需求,以规范运作的方式,逐步树立 Adobe 认证项目良好的品牌形象。Adobe 认证目前已经成为考核和衡量设计师水平的一种行业标准。

认证考试科目:

1. Adobe Photoshop CS/Adobe Photoshop CS2/Adobe Photoshop CS3
2. Adobe Illustrator CS/Adobe Illustrator CS2/Adobe Illustrator CS3
3. Adobe InDesign CS/Adobe InDesign CS2/Adobe InDesign CS3
4. Adobe Acrobat 6.0 Pro/Adobe Acrobat 7.0 Pro/Adobe Acrobat 8 Pro
5. Adobe GoLive CS
6. Adobe After Effects 6.5/Adobe After Effects CS3
7. Adobe Premiere Pro 1.5/Adobe Premiere Pro CS3
8. Macromedia Dreamweaver MX2004/Macromedia Dreamweaver 8/Adobe Dreamweaver CS3
9. Macromedia Flash MX2004/Macromedia Flash 8/Adobe Flash CS3
10. Macromedia Fireworks MX2004/Macromedia Fireworks 8/Adobe Fireworks CS3

该项目 2008 年启动。2008—2010 年,先后有百余名学员进行了培训,并取得认证证书。

(二)北京英语口语证书考试

北京英语口语证书考试(BOEC),是北京教育考试院在 2001 年我国申办第 29 届奥运会时,一举获得成功的项目,是围绕北京申奥需要推出的标准统一、重点突出、针对性强,适应北京人提高英语口语及听力水平需要的考试。

学院 2006 年申请取得了考点资质,每年上、下半年各举办 1 次,2006—2010 年累积参考人数达 2715 人(见表 6.4-3)。

表 6.4-3 北京市英语口语证书考试情况一览表

年 份	2006	2007		2008		2009		2010		合 计
第次	第 8 次	第 9 次	第 10 次	第 11 次	第 12 次	第 13 次	第 14 次	第 15 次	第 16 次	
人数/人	704	115	498	274	127	189	238	249	321	2715
及格率/%	—	—	—	67.90	64.60	75.10	59.70	52.60	65.10	

(三)中高级摄影师资格考试培训

摄影师职业资格考试是由国家人力资源和社会保障部组织的权威考试,分为初级、中级、高级,通过相应级别的考试后,由国家人力资源和社会保障部颁发等级证书,全国有效。

中级摄影师培训内容为照相机的基本原理及使用入门,包括快门和镜头的使用与作用、测光、曝光控制、调焦系统、闪光灯使用技巧、相机的维护与选择等;专题摄影,包括人像摄影、风光摄影(风光摄影中的构图技巧、光线的运用等)、新闻及会议摄影、数码后期基础等内容。

高级摄影师培训内容为专题摄影,包括时尚人像摄影、摄影化妆、风光摄影、摄影色彩、广告摄影、婚纱摄影等内容。

学院自 2007 年开展培训、鉴定工作,聘请全国知名专家授课。2007—2010 年,共有 1000 多名学员取得了中、高级摄影师证书,平均及格率 95%以上。

表 6.4-4　中高级摄影师培训情况一览表

年份	2007	2008	2009	2010	合计
中级摄影师培训人数	256	214	206	203	879
高级摄影师培训人数	71	110	95	135	411

三、北京市高校干部培训中心

（一）概述

北京市高校干部培训中心（以下简称“高培中心”），是隶属北京市委教育工委和市教委的培训机构，委托联大继续教育学院具体负责教学任务和培训的日常管理工作。高培中心的主要任务是负责对北京高校校级干部、校级后备干部、优秀青年干部进行各种培训，并负责指导、协调、示范、服务各高校基层党校的干部培训工作。还根据高校的实际需要，组织处级干部对口培训。

高培中心未建立专职师资队伍，而是充分利用首都及高校的人才优势，聘请知名专家学者授课。2001 年 1 月至 2010 年 12 月期间，高培中心累计举办各种不同类型的培训班及报告会 58 期，参加培训的北京高校领导干部累计达 6271 人次。

（二）领导体制与组织结构

北京市高校干部培训中心在市委教育工委、市高教局领导之下设立领导小组，负责审定年度及各期培训计划并检查计划执行情况；审定、检查培训经费预算及执行情况，研究培训工作涉及的各种相关事项。

高培中心下设办公室（处级教学部门），定编 4 人，负责培训和教学管理工作。其他工作（如人事、后勤、财务等）都依托继续教育学院。

2001—2010 年，高培中心主要领导人情况见表 6.4-5 和表 6.4-6。

表 6.4-5　2001—2010 年高培中心历任行政领导人一览表

正　职	姓　名	任职时间	副　职	姓　名	任职时间
主　任	熊家华（兼）	—2002.02	副主任	单金成	—2005.11
主　任	徐天立	2002.03—2005.11			
主　任	单金成	2005.11—今			

表 6.4-6　2001—2010 年高培中心办公室负责人一览表

正　职	姓　名	任职时间	副　职	姓　名	任职时间
主　任	石春永	2001.01—2006.01	副主任	杨海燕	2006.01—2006.09（主持工作）
			副主任	杨　力	2006.09—今

（三）培训教学工作

2001 年以来，高培中心积极与上级业务主管部门、科研单位和在京高校合作，举办了不同类型的培训班若干期，既丰富了培训内容、交流了培训经验，也取得了较好培训效果（见表 6.4-7）。

高培中心努力改善教学方法和教学手段,在经费十分有限的情况下购置了各种先进的多媒体教学设备和音像录制设备,并在实际培训和档案整理工作中最大化地发挥了其应有的作用。2007年高培中心创建了自己的互联网网站,并以此为主要服务和宣传平台,把培训通知的发布、报名信息的搜集、学员的学习和交流、相关政策的传达等事项从电话、传真等传统方式逐渐转移到网络平台上来,既节约了成本,提高了效率,也加强了与各培训单位的联系力度。

表6.4-7 2001—2010年高培中心举办培训班情况一览表

年份	培训班名称	培训日期	培训人次
2001	加强党建和思想政治工作研讨班	4.3—4.6	166
	第十五期教育管理干部培训班	3.22—5.31	177
	第二期北京高校中青年干部培训班	9.14—12.14	214
	北京高校实践"三个代表"加强党风建设研讨班	11.14—11.16	80
2002	加入WTO与高等教育的应对研讨班	4.17—4.19	214
	第十六期教育管理干部培训班	3.20—6.12	75
	北京高校中青年干部培训班	9.2—12.20	37
	学习十六大精神培训班	12.2—12.4	137
	高等教育学研究生课程班(第二期)	2000.7—2002.7	87
	企业管理研究生课程班	1999.11.7—2001.11	40
2003	北京市属市管干部科研管理班	3.16—3.22	53
	学习贯彻"三个代表"重要思想培训班(第一期)	10.9—10.11	65
	学习贯彻"三个代表"重要思想培训班(第二期)	10.12—10.13	67
	高职、中专校领导系列讲座	4—12月	38
	教学质量与教学评估培训班	12.8—12.10	141
	联大新任处级干部培训班	12.12—12.14	55
	联大博士学位人员党校培训班	12.19—12.21	48
2004	市属市管高校校长培训班	3.30—4.1	31
	高职学院、中专学校领导干部专题讲座	5.12	265
	市属市管高校党委书记研讨班	6.13—6.17	31
	北京民办高校举办者、办学者培训班	6.23—6.25	39
	学习贯彻十六届四中全会精神培训班(第一期)	10.18—10.20	184
	学习贯彻十六届四中全会精神培训班(第二期)	11.8—11.10	122
2005	北京高校组织、统战部长联谊会	1.13—1.14	82
	高等教育管理高级研修班	3.9—6.22	92
	北京市属市管高校及部分民办高校书记、校长研讨班	4.23—4.29	59
	市属市管新任副校级领导干部培训班	5.26—6.11	53
	高职、中专领导干部专题讲座	4.28	418
	第二期北京高校领导干部教育管理高级研修班	11.14—12.12	37

续表

年　份	培训班名称	培训日期	培训人次
2006	2006 北京教育系统财务管理培训班	4.3—4.7	116
	第一期高职学院、中专学校领导干部培训班	4.8—4.27	30
	第二期高职学院、中专学校领导干部培训班	5.16—6.2	30
	北京市属市管高校正职领导干部教育管理专题研讨班	6.27—6.30	61
	学习《江泽民文选》研讨班	9.21—9.22	69
	第二期高等教育管理研修班	10.17—10.20	131
	学习贯彻十六届六中全会精神培训班	11.2—11.3	159
	考试院 2006 年处级干部培训班	11.6—11.10	55
	第三期北京高校领导干部教育管理高级研修班	11.13—12.15	30
	北京民办高校领导干部培训班	12.4—12.8	39
2007	北京高校组织部长工作会暨组织部长、统战部长联谊会	2.6—2.7	96
	北京高等艺术院校教学评估培训班	3.28—3.30	66
	北京高校第三期高等教育管理研修班	4.17—4.20	91
	第四期北京高校优秀中青年干部培训班	5.14—7.6	36
	北京高校学习贯彻十七大精神培训班(第一期)	11.5—11.7	280
	北京高校学习贯彻十七大精神培训班(第二期)	11.8—11.10	235
	北京高校正职领导干部学习贯彻十七大精神专题研讨班	11.24—11.25	119
	第四期北京高校领导干部教育管理高级研修班	12.12—2008.1.8	37
2008	学习两会精神培训班	4.2—4.9	282
	北京高校党外代表人士培训班	5.7—5.16	55
	第五期北京高校领导干部教育管理高级研修班	11.10—12.5	37
2009	统战干部培训班	3.24—4.1	60
	北京高校党外代表人士培训班	5.5—5.15	63
	北京高校学习贯彻十七届四中全会精神培训班	10.22—10.23	269
	高等教育管理培训班(第四期)	12.1—12.4	142
2010	新任处级干部培训班	5.19—5.21	182
	北京高校党外代表人士培训班	6.22—7.2	68
	高等教育管理培训班(第五期)	12.20—12.22	109
	十七届五中全会培训班	11.10—11.11	217
合计	共 58 期		6271

第五节　队伍建设与人事管理

一、人员构成基本情况

(一) 人员编制

北京市机构编制委员会办公室《关于调整北京联合大学继续教育学院人员编制的函》(京编办事〔2003〕100 号),同意将联大成教部(原北京市化工集团职工大学)的 56 个全额拨款事业编制划入学院。调整后,学院全额拨款事业编制 130 名,处级领导职数 15 名。学院设处级机构

9个。截至2010年3月,保留现有处级机构7个。2010年年底,延用130名编制数。

(二)教职工数量及结构

1. 编制内教职工

2001—2010年,在职职工总体呈递减状态。2003年11月,学校成教部并入学院后,职工总人数为87名。2006年,专任教师队伍整建制转出26名后,职工平均年龄偏大。特别是近三年间,接近退休年龄人员较多。2010年年底,在职职工总数为49名。

2001—2010年,为提高教职工整体素质,学院继续鼓励教职工在职学习,完成大学本科学历的进修。对攻读硕士学位的人员,学院给予学费资助补贴。2010年年底,在管理岗位和非专业技术人员岗位工作的职工中,大学本科及以上学历的人员达到95.9%。其中,取得大学本科学历的人员39名,取得硕士学历(学位)的人员7名。

2. 编制外人员

学院的编制外人员主要包括外聘教师、退休人员、外地农民工。

(1)外聘教师

由教务处直接管理。按照《北京联合大学继续教育学院关于外聘教师管理的规定》,由教务处对应聘教师的资格进行认定,符合条件者,由教务处提出意见,主管院长审定后,报人事处备案,双方签订聘用协议。外聘教师的薪酬由学院统一发放。学院长期外聘教师平均每学年100人左右。部分短期聘用的教师由培训部按短期培训班的要求进行选聘。

(2)外地农民工

由行管处按照岗位职责和要求进行选聘和管理,学院统一发放薪酬,其主要从事电工、清洁、门卫等工作。2008年,新《劳动合同法》实施后,学院与编外人员签订《聘用合同》(与返聘人员签订书面协议),并按国家规定为其缴纳社会保险(养老险、失业险、医疗险)。截至2010年年底,学院聘用的外地农民工、返聘人员总数为11人,其中返聘7人,缴纳保险的4人。

二、人事管理

(一)聘用合同制

北京市人民政府办公厅于2002年11月20日颁布了《北京市事业单位聘用合同制试行办法》(京政办发〔2002〕50号)。据此,学校制订了《北京联合大学首次实行聘用合同制的实施方案》。学院于2003年8月与全院教职工签订了聘用合同。此次签订聘用合同共涉及学院85名教职工。签订1年期限43名,无固定期限34名(符合政策规定签订无固定期限合同者)。根据相关文件,1名副局级干部不参与聘用合同签订。另外,因内退(2名)、长休(2名)、托管(2名)、患精神病暂无行为能力长期住院(1名)等原因,共有7人未签订聘用合同。至此,学院完成了实施聘用合同制的首次签约工作。

从2004年8月20日起,一直到2010年年底,学院在对新进教职工办理报到手续的同时,办理签订聘用合同的手续。对已签订聘用合同的教职工,在其到达退休年龄前一个月,由人事处向本人发出填写退休转移通知单的通知,与各部门完成交接后交予人事处,办理相关退休事宜,至此聘用合同终止。

2008年1月,新《劳动合同法》实施后,根据北京市人事局和学校的要求,学院与编制外人员也签订了聘用合同(由学校提供统一文本),与退休返聘人员签订书面协议。对已签订聘用合同的编制外人员在其合同到期前一个月，由人事处向本人发出通知，办理续聘相关事宜。

（二）岗位聘用制

10 年来，学院共组织实施了 3 轮职工岗位聘任及续聘工作，均由学院制订聘任方案并组织实施。其聘任结果与教职工的岗位津贴（绩效工资）相关联。

1. 岗位聘任

2003 年 8 月的首次聘任，设管理关键岗位和管理一般岗位，副处以下人员属管理一般岗位。设管理关键岗四级：一级，二级 A、二级 B，三级，四级 A、四级 B（依次为正院长、常务副院长、副院长、正处长、副处主持工作、副处长）。设管理一般岗四级：一级 A 类、一级 B 类，二级，三级，四级（依次为正科长、副科长、科员及科员以下人员）。设教师岗四级：教师一级 A 类、一级 B 类，二级，三级，四级（依次为教研室主任、教研室副主任、教师、助教、见习）。设工人岗五级：技师岗、一级、二级、三级、四级（依次为技师、高级工、中级工、初级工、学徒）。2004—2008 年学院与教职工续签聘用合同。2009 年 12 月，学校实施了全校范围内统一的全员聘任，学院按要求组织教职工参加聘任。在本次聘任中，处级及以下人员全部参加岗位聘任。正处级岗位由学校负责聘任，副处级及以下岗位由学院负责聘任。这次聘任实行三类岗位，即管理岗、非教师专业技术岗和工勤岗。学院共有 49 名教职工参加了聘任。其中，管理岗 29 名、非教师专业技术岗 11 名、工勤岗 7 名，正、副处级调研员各 1 名。工勤人员聘至管理岗位的 4 名，非教师专业技术人员聘至工勤岗的 1 名。对聘任上岗的教职工发放绩效工资，岗位工资与薪级工资依据本人档案工资采取就高原则。本次聘任后，全院实行绩效工资制，其标准由学校统一制定。

2. 专业技术职务聘任

学院涉及的专业技术职务包括工程、研究、实验、政工、教育管理等系列。

2001—2005 年，实行专业技术职务评审与聘任相结合的制度。学院设专业初级评审委员会，初审通过的相关材料由人事处整理汇总上报学校人事处。2005 年以后，根据上级关于《北京市高等学校教师职务聘任管理办法（试行）》和学校《关于 2005 年职称评审工作有关问题的通知》（京联人〔2005〕44 号）文件精神，普通高校实行教师职务聘任制。自颁布之日，同时停止高等学校教师职务任职资格评审，不再颁发北京市专业技术职务任职资格证书。评审办法和评审推荐条件仍按《北京联合大学专业技术职务评审办法（试行）》（京联人〔2004〕28 号）文件和《北京联合大学专业技术职务基层评审推荐条件（试行）》（京联人〔2004〕29 号）执行。同时学校适当考虑不同学科的结构比例，以利于今后的教师职务聘任制的实施。从 2007 年起，正式实施专业技术职务聘任制度。2006 年，教师队伍整建制转出后，学院涉及申报专业技术职称的人员为非教师专业技术岗位。申报专业技术职称人员的申报材料经学院初审后由人事处整理上报学校人事处，由学校统一聘任。被聘任的专业技术人员由学校统一发放《北京市专业技术职务聘任证书》。

2007 年，学院不再进行专业技术职务的认定，凡申请晋升专业技术职务的人员须参加社会化评审获得资格后由学校（院）聘任。2008 年起，参加社会考评的人员，须按申报等级的标准参加相应级别的职称英语、计算机水平考试，取得计算机科学与技术专业硕士学位的人员可免试中级职称计算机应用水平考试。

（三）考核

学院实行年终考核制。处级干部的考核由学院党政办牵头，按照学校组织部和学院党委的要求进行。考核内容主要包括德、能、勤、绩、廉五个方面。先由个人按照履行岗位职责和完成年度工作任务的情况撰写述职报告;然后在学院领导、中层干部、党支部书记、工会委员、党风廉政监督员范围内进行述职;再由参会人员结合平时了解掌握的情况填写测评表;最后考核领导小组根据测评统计情况对处级干部确定考核结果。一般职工的考核由人事处牵头,按照学院制定的年度教职工考核办法及教职工考核细则进行。职工要根据岗位职责的要求,撰写个人工作总结;以部门为单位汇报个人总结;群众评议;处长(主持工作副处长)结合群众评议给出考核等级建议,报考核领导小组确定考核结果。

考核结果分为优秀、合格、基本合格、不合格。考核优秀人员的比例为15%。全院在岗职工均须参加年度考核并填写年度考核登记表。本年度病、事假累计超过半年,或新进单位不足半年的人员不参加考核。

每个考核年度中,考核均为合格及以上的人员可以晋升一级薪级工资,享受考核津贴(本人年度岗位津贴的10%);考核为不合格人员不晋升工资,并停发本年度岗位津贴的10%。

对考核为优秀的教职工进行为期七天的公示;对考核结果有疑义或不同意的教职工,考核领导小组进行重新审议确定。

年度考核工作结束后,有关考核材料由人事处按规定立卷归档并存入本人档案。

(四)工资福利待遇

2001—2010年,学院教职工的工资福利待遇呈上升趋势,特别是2009年起,福利待遇有较大程度的提高。

1. 基本工资(岗位工资+薪级工资)

2001—2006年,教职工的基本工资包括职务工资和津贴。职务工资依据本人的职务和职级确定,津贴依职务工资的标准核算。2001年1月和10月、2003年7月,北京市共三次调整了职务工资标准。2006年7月,进行了工资套改。基本工资分为专业技术岗位系列、管理岗位系列和工勤岗位系列三类,每类工资均由岗位工资和薪级工资构成。岗位工资主要体现工作人员所聘岗位的职责和要求,即教职工的职务和职级。薪级工资主要体现工作人员的工作表现和资历,即教职工的工龄和任职年限。在这次套改中,特别要求教职工自己选择工资系列,且要求此次系列选定后不得再更改。此次学院参加工资套改的共有61人。该项工作于2006年年底完成,2007年1月按新工资标准执行。

2. 岗位津贴(绩效工资)

绩效工资主要体现工作人员的实绩和贡献。2001—2008年,学院在完成教职工岗位聘任后,自行制定岗位津贴的构成及标准,自行发放。2009年,学校进行了校内全员聘任工作后,学院执行学校统一的绩效工资标准,自行发放。该绩效工资由市政补贴、岗位津贴、工龄津贴、实职津贴等项构成。每月发放绩效工资(岗位津贴+实职津贴)总额的90%(12个月),年终考核合格后发放其余10%。自2010年3月起正式执行。

三、离退休人员管理

(一)基本情况

学院离退休人员数量在2001—2010年逐年增长,特别是近三年,到达或接近退休年龄人员增多。2010 年，有离退休人员 67 名，离退休人员与在职教职工的比例为 1∶1.38。

（二）管理工作

离退休人员的服务与管理，由学院人事处负责。主要任务是向离退休人员通报学院工作，组织离退休人员参加健康体检、一年一次的春游和秋游、新年团拜会等活动，还组织他们参加学校老教协组织的书画展、健康长走、歌咏比赛等活动。学院领导和有关人员每年都慰问看望重病和生活困难的离退休人员。

（三）退休制度

根据国家和北京市的有关规定，男教职工满 60 岁、女教职工中的干部满 55 岁、女教职工中的工人满 50 岁应办理正式退休手续。学院对于即将到达退休年龄的教职工，提前一个月通知职工填写退休转移单，以便与各部门做好工作交接。

第六节　办学保障

一、办学经费与管理

学院财务处是一个处级管理部门，有处长 1 名、会计 2 名、出纳 1 名。其中，会计师 2 名，助理会计师 1 名，会计员 1 名，全部持证上岗，负责学院各方面的财务经济活动。学院经费由三部分构成：一是财政统一拨款且逐月到账；二是成人教育学费；三是学院开展创收补充教育事业费的不足部分。

（一）财务管理

为适应北京市财政管理体系的逐步完善和深化，根据学院实际，自 2001 年以来学院先后修改、补充、制定了一系列财务管理制度，细化了财务处各岗位职责。例如，2004 年 3 月 11 日制定并颁布了《继续教育学院财务管理实施办法》（京联继〔2004〕6 号）《继续教育学院银行存款管理规定》（京联继〔2004〕6 号）《继续教育学院经费开支报销审批程序规定》（京联继〔2004〕6 号）《继续教育学院大额度资金使用审批制度》（京联继〔2004〕6 号）《继续教育学院内部审计工作暂行规定》（京联继〔2004〕6 号）《继续教育学院基本建设施工项目的管理办法》（京联继〔2004〕6 号）《继续教育学院部门年度预算制度》（京联继〔2004〕6 号）等。2004 年 9 月 21 日，修订并经第 40 次院长办公会通过了《继续教育学院财务开支审批手续的补充规定》。2010 年，又先后用半年时间和很大精力对学院“财务管理”制度、办法进行修改和完善，形成了系统的财务制度汇编。为了方便教职工办理财务业务，财务处又编制了《财务报账手册》和《财务报销流程图》，缩短了办理报销业务的时间。由于财务管理制度健全，所以学院的会计核算工作在历年的财务大检查、验收及评估工作中都顺利通过，并得到好评。

（二）经费来源与运行情况

学院 2001—2010 年的经费来源与运行情况详见表 6.6-1～表 6.6-4。

表 6.6-1　2001—2010 年各项资金来源明细　　单位：万元

年　份	人员经费拨款	专项经费拨款	公用经费拨款	基建经费拨款	自　筹	合　计
2001	155.48	211	513.9		0	880.38
2002	158.91	95	215.37		0	469.28
2003	420.58	0	245.41		0	665.99
2004	575.63	54.50	169.76		0	799.89
2005	573.93	48.70	161.14		6	789.77
2006	507.04	164.08	235.77		57.63	964.52
2007	498.31	100.91	220.67		89.29	909.18
2008	540.53	136.78	189.70		97.21	964.22
2009	541.30	0	181.56		112.29	835.15
2010	816.64	2.35	213.70		146.15	1178.84
总计	4788.35	813.32	2346.98		508.57	8457.22

表 6.6-2　2001—2010 年预算外收入与支出情况一览表　　单位：万元

年　份	收　入				支　出			
	总　数	校办产业	夜大学	其　他	总　数	教学科研	奖励基金	生产支出
2001	161.66		98.91	62.75	84.37			84.37
2002	119.45		119.45		162.01			162.01
2003	153.59		153.59		153.59			153.59
2004	149.33		149.33		193.02			193.02
2005	203.89		203.89		228.18			228.18
2006	273.76		273.76		275.05			275.05
2007	265.49		265.49		265.49			265.49
2008	270.62		270.62		268.06			268.06
2009	226.88		226.88		224.71			224.71
2010	227.68		226.66	1.02	231.21			231.21
总计	2052.35		1988.58	63.77	2085.69			2085.69

表 6.6-3　2001—2010 年教育事业费支出明细　　单位：万元

年　份	总支出额	人员经费支出	专项经费支出	公用经费支出	基本建设经费支出
2001	342.98	155.48	53.44	134.06	
2002	611.86	158.91	203.74	249.21	
2003	718.35	420.58	0	297.77	
2004	831.62	527.48	24.50	279.64	
2005	838.45	573.93	78.70	185.82	
2006	908.16	507.04	164.08	237.04	
2007	819.89	498.31	100.90	220.68	
2008	862.81	536.33	136.78	189.70	
2009	720.68	541.30	0	179.38	
2010	1036.22	816.64	2.35	217.23	
总计	7691.02	4736	764.49	2190.53	

表 6.6-4 2001—2010 年固定资产总额统计表 单位：万元

年份	2001	2002	2003	2004	2005	2006	2007	2008	2009	2010	总计
固定资产总额	255.55	299.74	637.53	670.55	711.40	640.78	705.21	720.81	681.91	500.51	5823.99

（三）高校干部培训中心经费说明

北京市高校干部培训中心 2010 年 6 月以前单独设立账户，进行财务核算。年度经费主要来源为财政拨款和自筹经费；经费支出主要是教师酬金、教师交通费、教材资料费、教学设备购置款及招生费用、办公费等。根据北京市教育经费使用管理的规定和银行基本账户开设管理规定，北京市高校干部培训中心的财务工作于 2010 年 6 月 9 日并入学院，注销了其账户，其经费核算和管理也统一在学院进行。

二、审计工作

（一）机构设置

学院审计工作没有专门独立的机构，一直分别挂在学院办公室和财务处，由主管院领导、部门负责人和兼职人员负责(见表 6.6-5)。10 年来，审计工作伴随着学院的内部体制改革和发展，经历了逐渐成熟成长的过程，在推动学院发展、有效监督和规范财务管理方面起到了重要作用。

表 6.6-5 2001—2010 年审计工作机构和人员情况一览表

年　份	主管院长	负责人	内审兼职人员	隶属部门
2001			安丽香	办公室
2002	徐天立		安丽香	办公室
2003	徐天立		张　琪	财务处
2004	单金成	张　琪	张晚霞、刘林	财务处
2005	单金成	张　琪	张晚霞、刘林	财务处
2006	单金成	张　琪	张晚霞、刘林	财务处
2007	单金成	张　琪	张晚霞、刘林	财务处
2008	单金成	张　琪	张晚霞、刘林	财务处
2009	单金成	张　琪	张晚霞、刘林	财务处
2010	单金成	李纪春	张晚霞、王迎	党政办公室

（二）主要工作

10 年来，学院审计工作在校审计处的指导下，在学院党政的直接领导下，按照高校内部审计工作的要求，开展了有成效的工作。

2001 年，主要办理了对校内基建工程(校内所有建筑外墙的粉刷、校园伸缩门的安装与中直礼堂墙的修缮)的审计，同时接受了上级对副院长孟月乔同志经济责任的离任审计。

2002 年，制定了《北京联合大学继续教育学院内部审计工作实施办法》(京联继院

〔2002〕22号),对孟月乔离任经济责任审计提出的关于加强财务管理和国有资产管理的整改意见进行了整改。

2003年,学校成教部并入学院,校审计处委托社会中介对成教部进行了资产审计,提出了审计意见。同年,对学院2003年1月至9月的预算执行情况进行了审计。

2004年,完成了2003年的财务预决算审计和对2004年的教育收费审计。

2005年,完成了对学院2005年1月至9月专项经费预算及收支执行情况的专项审计。主要是针对楼顶防水工程、更换水箱、更换门窗三个项目,提出了审计建议。

2006年,开展了财政专项清理工作,对学院2005年1月至2006年3月的所有收费、固定资产和财经管理情况进行了自查和分析,提出了整改意见和措施。对学院专项经费修缮和改造工程项目进行了全面参与和监督,做到及时跟进和提出建议,保证了工程顺利进行。完成了2005年度财务预决算审计,出具了审计结论和审计建议,对学院的财务管理提出了建设性意见。

2007年,完成了对学院2007年1月至10月预算执行情况的审计。开展了对学院2006年预算执行情况的自查,撰写了自查报告。

2008年,进行了对学院2008年预算执行情况审计前的调查工作,包括组织填写调查问卷、内控制度调查、收费许可证项目调查和对2007年1月至10月预算执行审计发现问题整改情况的落实检查等。

2009年,完成了对学院2009年1月至4月和1月至9月预算执行情况的审计,出具了审计结论和审计建议。

2010年,学院根据内部体制改革的情况和重新聘任后机构调整的需要,将审计工作由原财务处转到党政办公室,人员也发生了变动。主要完成了2009年预算执行情况的自查自纠工作。

三、档案管理

学院于2003年设立档案室,隶属党政办公室,负责学院档案的管理、收集、整理与鉴定、销毁等工作。档案室配备兼职工作人员1名,各部门设兼职档案员1名。全院档案为一个全宗,每年6月底前各部门兼职档案员将整理、立卷后的档案移交档案室。

学院制定了档案管理制度——《继续教育学院档案工作相关制度》(京联继〔2009〕4号),包括《学院档案管理办法》《各类文件材料归档范围及保管期限》《不归档材料范围及销毁办法》《档案安全保密制度》《档案借阅制度》《档案统计工作制度》《档案库房保管制度》《档案工作突发事件应急处置预案》等8项档案工作制度。

2003—2010年,学院共保存782案卷文书档案,其中永久档案331卷,长期档案398卷,短期档案53卷。编辑档案案卷目录10部,移交目录1部。档案室为学院的教学、管理、基建、校志编纂、校庆等各项工作提供了服务。

四、校园网建设

学院校园网建设开始于2003年,同年成立了学院网站(网络信息)领导小组,负责整体网络的规划和建设。

1. 网站建设

2003 年 1 月至 3 月，完成学院网站的建设，网站设置了“学院概况”“夜大学”“党校函授”“高校干部培训中心”“工会”和“院内办公”等栏目，并及时进行日常维护和更新。

2004 年 7 月，进行学院网站局部改版，增加了“学生论坛”功能。

2006 年初，对学院网站进行全面改版，简化了版面，突出了学院招生工作相关内容，增加了“自学考试”“远程教育”和“短期培训”等栏目。

2010 年 10 月，对网站“夜大学”栏目进行改版，增加了“规章制度”“班级管理”“教师管理”“教学管理”和“成绩查询”等子栏目。

2. 网络环境建设

2003 年之前，学院内没有局域网，各部门通过 ADSL 独立上网。2003 年暑假，完成了丰盛校区的网络布线工程，9 月建立了学院内部的局域网，通过两条 ADSL 线路共享上网。建立了 FTP 文件服务器。

2009 年年初，通过应用文理学院（南院）校园网连接，正式加入到学校校园网内。

五、后勤改革与保障

（一）机构设置

学院后勤工作由行政管理处（处级管理部门）负责，主要承担学院的国资管理、房屋管理、安全保卫、医疗、教职工住房补贴、冬季取暖费核查、维修修缮（含电工）及工程、车队、食堂、门卫、环境卫生等项工作。

截至 2010 年，行政管理处有处级干部 2 名。下设保卫科（2 人，其中科长 1 人）和什刹海综合办公室（3 人，其中主任 1 人、门卫 1 人）。还有国资管理人员 1 人，房产管理人员 1 人，医务室（含计划生育）工作人员 1 人，电工 3 人（含外聘人员 1 人），司机 3 人，门卫 8 人（在职 2 人，外聘 6 人），保洁员 4 人（全部外聘）。

总务处历任处长为温福生，行管处历任副处长为安丽香、柴永红、王存浩、柴永红、王巍。保卫科历任科长为王少英、徐凤来、杨秀岩，什刹海综合办公室主任宣国良。

（二）食堂

为加强对伙食工作的管理，改善服务，提高伙食质量，学院成立了伙食委员会，主要由行管处负责人组成。伙委会每学期定期 2 次开会讨论改善伙食问题，并充分发挥师生民主参与管理的积极性，共同办好伙食。2006 年，食堂由丽华餐厅承包后，伙委会定期组织伙食讨论会，向其及时反馈师生意见。

（三）锅炉

截至 2010 年，学院有丰盛（供暖面积为 10119 平方米）、什刹海（供暖面积为 3698 平方米）两个校区。丰盛校区从 2002 年开始安装了两台 432 千瓦电锅炉，每年报请西城区质量监督局对供暖锅炉进行检验并对压力表进行检测。10 年来锅炉一直处于安全运行状态，锅炉管理达到质监局安全运行标准。什刹海校区于 2000 年安装了一台 360 千瓦电锅炉，运行比较正常。

（四）校园环境

学院爱国卫生委员会由主管院长任主任，委员由行管处副处长、行管处人员等担任。校园环境、教室卫生的具体工作由房产管理人员负责,建立了内部巡回检查制度。

六、医疗保健与计划生育

(一)医疗保健工作

学院公费医疗工作在主管院长领导下,由医务室和财务处负责日常工作。

学院教职工到医院看病,严格执行卫生局公费医疗报销制度,报销审核终审由合同医院人民医院负责。

正式教职工(含离退休)每年进行一次体检。同时,医务室每年根据季节性的常见病、突发病以及流行性疾病等情况,做好防病宣传和监督工作。医务室还购置了测温计、医疗急救箱等简易诊疗设备。

(二)计划生育工作

学院成立了计划生育领导小组,主管院长为组长,各科室负责人为小组成员,办公室设在医务室,负责日常具体工作。

学院认真宣传贯彻国家计划生育工作有关方针政策;每年与育龄人签订计划生育责任书;落实计划生育措施,如发放药具等。

2001—2010年,学院计划生育率为100%。学院的计划生育工作,连续被评为地区计生先进单位;负责院计划生育工作的同志,也年年被评为先进个人。

七、安全与保卫工作

(一)机构设置

保卫科在2003年4月之前是学院的直属科室。2003年4月,因北京化工职大整建制并入,所以学院进行了机构和隶属关系的调整,成立了行政管理处保卫科。保卫科有正式编制职工2人,门卫8人,负责学院丰盛和什刹海两个校区的安全保卫工作。

鉴于人员变动等原因,学院于2010年4月重新调整了社会治安综合治理委员会、稳定工作领导小组、预防和处置突发事件工作领导小组以及应急指挥中心(以上安全保卫领导小组办公室均设在保卫科)。

(二)制度建设与日常工作

学院制定完善了规章制度,包括《社会治安综合治理工作方案》《消防灭火应急预案》《大型群体活动应急处置预案》《处置影响稳定事件应急预案》《治安事件应急预案》《"两会"期间安全保卫工作预案》和《外来务工人员管理规定》等,并建立了"学院消防档案"。

学院每年年初与金融街办事处签订《社会治安综合治理目标管理责任书》;与应用文理学院、学院各处室及协作单位签订《治安保卫消防交通安全目标管理责任书》。

每年在全院举行一次灭火演习,举办两次消防知识讲座,以提高全院师生的消防安全意识和自防自救的能力。每月初还在全院范围内进行消防安全检查(每年不少于12次,节假日除外),发现隐患及时排除,随时做好消防设备、器材的维护保养和更换工作,使消防设备、器材处于良好备用状态。

开展科技创安工作。2008 年,由学校出资在丰盛校区修建了监控室,安装了 32 台摄像机、132 个烟感报警器。自此,学院未出现大的问题,监控设施运行比较正常。

第七节　党的建设和工会工作

一、党的建设及党的工作

(一) 组织工作

1. 党组织建设

2003 年年底,学院启动党建基本标准的制定实施工作。学院党总支根据当时的机构设置制定了党建工作基本标准的《实施办法》,共有 7 个模块、20 个类型、38 个要素、67 个观测点,总计 700 分,从 2004 年 1 月 1 日开始执行。2005 年 9 月,学院党委把党建基本标准的落实工作放在首位,并以此作为提升学院整体工作水平、推动教育改革的重要内容,在认真贯彻党的基本路线和教育方针、坚持社会主义办学方向、创新发展继续教育办学模式和办学特点、积极践行学院内部体制改革、扩大办学能力和提高办学水平等方面起到了重要作用。2007 年 4 月,接受并通过了由学校党委副书记孙权带队的党建评估互查互评工作小组的检查。

学院党委成立后,从组织和制度方面进一步加强了党的建设。调整了党支部设置,选举产生了支部书记;建立了党支部工作的相关制度,2005—2010 年,按照党建《基本标准》的要求,制定出台了一系列关于加强党委领导、突出党委核心地位、发挥党委领导作用的相关制度。例如,逐步建立健全了《院长办公会会议制度及议事规则(试行)》《关于进一步完善党委领导下院长负责制的若干规定》(京联继党〔2006〕5 号)《北京联合大学继续教育学院关于落实“三重一大”制度的实施细则》(京联继党〔2006〕7 号)《继续教育学院院务公开实施意见》(京联继党〔2006〕27 号)《北京联合大学继续教育学院党委理论中心组学习制度》(京联继党〔2006〕3 号)《继续教育学院领导班子民主生活会制度》(京联继党〔2006〕26 号)《北京联合大学继续教育学院院领导干部与教职工交流日制度》(京联继党〔2006〕6 号)《关于加强领导干部作风建设的若干规定》(京联继党〔2010〕11 号)《关于党费收缴、使用、管理的规定》(京联继党办〔2010〕8 号)等,明确了学院党委书记、院长的职责,明确了学院党委会和院长办公会的会议制度和议事规则,明确了学院党、政的关系和监督检查的制约机制,使学院领导体制的运行很快步入了正轨,形成了稳定有序、程序严谨的议事氛围,保证了学院党委在学院整体工作中的领导核心地位和开展各项工作的规范化、科学化、程序化,提升了学院整体工作水平。

表 6.7-1　2003—2010 年基层党组织设置一览表

年　份	支部名称	支部书记	党员数	支部委员
2003	院办系统支部	石春永	11	李秀玲
	教学教务支部	赵允溪	13	李宝生
	行政管理支部	安丽香	9	徐风来
	离退休支部	孙　柯	22	
2006	第一支部	张晚霞	5	
	第二支部	徐凤来	4	
	第三支部	朱超伦	12	车雅军、张耘
	第四支部	安丽香(后补选)	6	
	第五支部	杨海燕、王莹(后补选)	3	
	第六支部	李铁军	3	
2005	离退休支部	吴渝瑛	29	果立辉、孙柯
2010	第一支部	张晚霞	8	牟强、肖梅
	第二支部	徐凤来	9	郭志青、张金辉
	第三支部	刘振华	10	李宝石、尚宝琴
	第四支部	王　巍	7	杨秀岩、宣国良
	离退休支部	温福生	31	吴渝瑛、果立辉

表 6.7-2　2003—2010 年党员基本情况一览表

年份	党员人数	正式	预备	性别		年龄					学历			岗位			
				男	女	35岁下	36～54	46～54	55～59	60	研究生	大学	大专	高中以下	管理专业技术	工人	离退休
2003	57	53	4	26	31	6	7	16	9	19	1	29	11	10	35		22
2004	58	58		27	31	6	`6	16	9	21	1	30	11	18	35		23
2005	62	60	2	29	33	6	9	16	10	21	1	31	12	18	38		24
2006	59	58	1	30	29	7	6	16	5	25	2	28	12	17	30	2	27
2007	61	58	3	32	29	8	8	15	4	26	2	29	13	17	30	3	28
2008	65	62	3	33	32	8	9	15	7	26	2	36	12	15	32	4	29
2009	65	64	1	31	34	5	7	13	7	27	3	37	11	14	28	4	33

2. 党组织发展工作

学院党委重视党员发展工作,制定了党员发展的实施细则和具体程序办法。各党支部分别制订培养入党积极分子计划,党委集中举办了两期入党积极分子培训班,先后培养了 15 名入党积极分子,发展了 11 名党员。

3. 党员教育工作

党员教育工作主要有以下几项。

一是学院党委组织全体党员开展专题学习和主题教育活动。2003 年在教职工中组织了"三个代表"重要思想的系列学习讲座。2005 年开展了保持共产党员先进性教育活动,分学习动员、分析评议、整改提高三个阶段进行;目标是提高党员素质、加强基层组织、服务人民群众、促进各项工作;要求是坚持学习实践"三个代表"重要思想这条主线,坚持在"取得实效”和“真正成为群众满意工程”上下功夫，坚持推进基层党组织建设创新，坚持正面教育、自我教育为主，认真开展批评与自我批评，坚持发扬党内民主走群众路线，坚持领导干部带头发挥表率作用，坚持区别情况、分类指导，坚持舆论先行，努力营造良好氛围，坚持教育活动与各项工作“两不误、两促进”。2007 年党委提出“创建和谐校园，争创和谐处室”的工作要求，下发了《继续教育学院评选和谐处室条件及办法》，鼓励党员成为岗位工作的榜样、营建和谐的榜样，以党内和谐促进和谐学院的建设，还组织全体党员赴河北乐亭参观学习。2009 年围绕庆祝新中国成立 60 周年，开展了爱国主义教育活动和深入学习实践科学发展观活动以及一系列理论学习和教育活动。例如，在党员和积极分子范围举办学习实践科学发展观活动专题辅导报告会；在全体教职工范围召开学习实践活动调研报告专题会；以支部为单位，组织党员学习庆祝新中国成立 60 周年的相关文件、报刊等内容，进一步增强了大家的荣誉感和责任感。另外，每年七一前后，学院党委还安排一次有党委书记、副书记主讲的党课教育。

二是各党支部组织党员开展的学习、讨论和主题党日活动。各支部按照党委要求，积极开展学习型党组织建设，每个党员制订个性化学习计划，开展读一本书或提高一项工作技能活动，并撰写学习体会和经验，进行相互学习与交流，逐步提高党员的综合素质和工作水平。各支部还利用每学期每个党员 100 元的活动经费，结合部门工作，围绕学院中心开展了一系列教育活动，如组织党员到京郊红色景点举行参观学习和教育活动；按照上级党组织要求开展两年一度的先进党支部、优秀共产党员、优秀党务工作者的评选工作；开展“共产党员献爱心”捐献活动等。

表 6.7-3　2001—2010 年先进基层党组织、优秀共产党员和党务工作者名单

年　度	校　级			院　级		
	先进基层党组织	优秀共产党员	优秀党务工作者	先进基层党组织	优秀共产党员	优秀党务工作者
2001—2003		张　耘				
2003—2005	行管处党支部	张希平				
2005—2007	第一(学院党院办)党支部	王莹、王淑琴、李宝石				
2007—2009	第二(培训部、财务处)党支部	王存浩	张晚霞			
2009—2010	离退休党支部	杨秀岩		第三党支部	牟强、尚宝琴、郭志青、萧天一	张晚霞

(二) 宣传思想政治工作

1. 党委中心组理论学习

学院党委成立了理论中心学习小组(以下简称“中心组”)，由学院领导班子成员和处级干部、党支部书记组成，党委书记任组长。中心组每学期制订不少于 6 次的学习计划，主要学习党的理论、中共中央和北京市委、教委、校党委等有关文件精神；学习讨论学院的工作等等。中心组在提高领导干部的政治素质、统一思想认识、提升干部履职能力等方面发挥了积极作用。

2. 宣传教育工作

学院有关部门主要从三个方面围绕学院的中心任务,做好宣传教育工作。一是网络。2003年5月,学院正式开通网站,利用网络平台做好学院形象的对外宣传。二是信息。利用学院的内外网和学校的新闻网以及《联大信息》等各种渠道做好信息的报送和发布,随时报道学院的各种活动和重要内容。三是宣传版。通过校园内的宣传橱窗制作宣传展板,每年更换不少于两次,展示学院的工作计划、要点和不同阶段的工作成果等。例如,2006年,根据学院落实改革方案中心工作的需要和全校本科教学工作水平评估的具体要求,对校园宣传橱窗的内容进行了整体规划,对学院校园网进行了更新,使宣传网页的内容和形式更加符合学院的改革实际和迎评促建工作的需要,扩大和规范了对学院整体形象的宣传力度。2008年,学院党委配合建校30周年的校庆活动,做好校园环境的宣传和网络宣传,搜集整理了学院自成立以来的老照片,参加了联大校庆的相关活动,组织召开了教龄30年的教职工座谈会。

(三)纪检、监察工作

1. 机构和制度

学院党委成立前学院未设纪委,纪监工作由党政办公室负责。成立党委后,设立了专职纪检监察员和党风廉政监督员。纪监工作在校党委、纪委和学院党委的领导下,从2005年起每年都制定党风廉政建设和反腐败工作主要任务分工细则;每年年初制定党风廉政责任制分工,明确一岗双责的具体细则,落实和检查教育、制度、监督并重的惩治和预防腐败体系的建设工作;每年开展一次党风廉政教育宣传月活动;每年进行春季和秋季教育收费专项检查;制定完善了相关制度,其中包括《干部监督情况通报例会制度》(京联继党〔2004〕4号)《关于加强领导干部作风建设的若干规定》(京联继党〔2010〕11号)《继续教育学院关于加强党风廉政建设工作的十项制度》(京联继党〔2010〕29号)等。2009年开展了廉政风险防控管理工作,确定了5个重点部门的18个风险点,提出了可行性的防范意见和措施;2010年进一步明确了风险点、工作流程和防控措施,并且确定了学院领导班子的防控重点是"三重一大",把风险防控工作在局级领导干部中推开。

2. 教育、信访和违纪处理情况

为了加强对领导干部反腐败的警示教育,学院处级以上干部经常不断地参加反腐倡廉警示教育活动,如听报告、看展览等。2007年,学院党委还组织处级以上干部参观了北京清河茶淀监狱,使大家受到深刻教育。党员领导干部每半年向党组织申报个人收入情况,同时汇报个人的重大事项。

学院信访工作由党委主抓,党政办公室具体落实。

2001年10月,教务处一名党员因窃取试卷、泄露试题、藏匿并销毁试卷的问题,被北京联合大学纪律检查委员会给予留党察看的处分,11月被学校给予开除留用察看(一年)处分。

2008年6月,行管处一名党员因在收取什刹海教室管理费时,迟交了学冠教育和联想学校分别于2007年1月和2月所缴的1.894万元教室管理费,违反了学院《财务管理规章制度》和《中国共产党纪律处分条例》第一百二十六条的规定,构成了违反财经纪律的错误。学院党委依据《条例》第一百二十六条和第二十一条第四款的规定,经支委会研究和党支部全体大会讨论决定，给予该同志党内警告处分。

二、工会工作

(一) 机构与职能

按照《中共中央关于加强和改善党对工会、共青团、妇联工作领导的通知》精神，结合学院的工作实际，学院于 2003 年 4 月成立了工会委员会。副院长赵振武负责工会工作。工会委员 5 名：张晚霞、张忠魁、潘洁、赵福丽、张莉。全体教职工都加入了工会组织。

2006 年 6 月 7 日，学院召开了联大成教部并入继续教育学院后的第一届全体教职工大会暨全体工会会员大会(由于学院职工人数少，没有选举教职工代表，全体教职工暨工会会员参加会议)。会议听取和讨论了院长工作报告，审议了工会工作报告，选举产生了新一届工会委员会。党委书记周明珠当选为工会主席，教务处副处长柴永红当选为工会为副主席，秦卫新、张金辉、王迎当选为工会委员。学院工会成立了 5 个工会小组，分别是：党政办、人事处为第一小组；财务处、高培中心为第二小组；教务处为第三小组；行管处为第四小组；培训部为第五小组。

学院工会在学院党委领导下，在上级工会指导下开展工作。学院工会依据《工会法》《中国工会章程》，全面履行工会各项职能，贯彻落实学院党委和上级工会的工作部署和指导精神，充分调动教职工民主管理、民主参与、民主监督、民主决策的积极性，维护教职工的合法权益，团结动员全院教职工为推进学院改革发展而努力工作。

学院工会负责指导全院工会工作，并具体领导各工会小组的工会工作。每学期以工会小组为单位组织工会会员理论学习，加强工会思想建设、组织建设、制度建设和阵地建设；制订工会建设发展目标规划、年度工作计划，并组织实施。工会小组组织会员积极参与涉及教职工切身利益的法规、政策的调研和制定，反映教职工的合理权益诉求，依法维护教职工的合法权益；工会还配合党、政做好教职工的思想政治工作，树立典型，宣传先进人物的思想和事迹；组织开展具有教育特色的教职工职业道德建设和专业技术技能竞赛活动；关心群众生活，帮扶救助生活困难教职工，为教职工办实事，办好事；组织开展群众性文体活动；负责全院工会干部培训和工会系统先进集体、“三育人”(教书育人、管理育人、服务育人)和优秀女工、优秀女工工作者的评选表彰工作。收好、管好、用好学院工会经费。

(二) 工作与活动

工会工作围绕工会的建设、职工权利的维护、参政议政、推进民主法制进程等方面开展，同时，还开展了丰富多彩的文体活动，促进文化发展，活跃工作气氛，增进教职工身心健康。具体开展的工作有：

一是工会代表参加学院关系教职工切身利益的相关会议；

二是向学院及时反映工会会员的意见和建议，负责解释有关政策，协调关系，化解矛盾；

三是组织教职工唱红歌活动，积极参加校工会组织的歌咏比赛；

四是组织教职工课间广播体操、乒乓球比赛、登山等各种健身活动。

五是学院按照校党委、校工会有关文件精神，积极踊跃地向校爱心基金会捐款，并为学院重病和生活困难的职工、退休员工申请补助，以帮助他们渡过难关，体现了学院职工互帮互爱的团结精神(见表 6.7-4)。

表 6.7-4 2008—2010 年爱心互助基金补助情况一览表

单位：元

序号	年 份	姓 名	大病补助金额	困难补助	合 计	备 注
1	2008	朱文立	2000		2000	
2	2008	杨翠臣	2000		2000	
3	2008	赵志勤		500	500	
4	2008	杨翠臣	1500		1500	2009 年 9 月 1 日统计
5	2008	张树言	1400		1400	2009 年 9 月 1 日统计
2008 年小计			6900	500	7400	
1	2009	杨翠臣	4800		4800	
2	2009	朱文立	1700		1700	
3	2009	赵志勤	2900		2900	
2009 年小计			9400	0	9400	
1	2010	赵志勤	2800		2800	
2	2010	吴因生	10 000		10 000	
3	2010	李铁军	13 800		13 800	
2010 年小计			26 600		26 600	
总 计			42 900	500	43 400	

第七章　特殊教育学院

概　　述

北京联合大学特殊教育学院是我国第一所残健融合、综合性的从事特殊教育的学院，承担残疾人高等教育和特殊教育师资培养等基本任务。北京联合大学残疾人高等教育从1998年开始办学，由学校主办，学校商务学院和中医药学院承办，北京市第三聋人学校和北京市盲人学校协办，招收听障和视障大学生。2000年学校成立特殊教育学院，商务学院和中医药学院残疾人大学生转入特殊教育学院，2001年特殊教育学院第一届残疾大学生毕业。截至2010年12月31日，学院有教职工142名，学生741名。

学院设有应用技术系、医学系、特殊教育系，开设10个专业，其中本科专业5个，分别是特殊教育、学前教育、艺术设计（听障）、计算机科学与技术（听障）、针灸推拿学（视障）；高职专业5个，分别是听力语言康复技术、视觉传达艺术设计（听障）、计算机应用技术（听障）、园林技术（听障）、音乐表演（视障），专业涉及教育学、文学、工学、医学、农学等学科，面向全国招生的专业共有8个。2003年，学院在全国首次对残疾人成人实行单考单招政策，开辟了残疾人终身教育的新途径，填补了残疾人教育体系中继续教育的空白。

学院具有一支较高素质的人才队伍。师资队伍中具有教授、副教授职务的教师所占比例为32.4%，具有博士、硕士学位的教师的比例为80%。学院与社会单位、团体合作，在全国多个省市建立学生实训基地，为培养学生的职业素质和技能提供保证，有助于提高学生就业的竞争力。同时专门设置辅助残疾人教学的资源中心。2001—2010年，学院独立承担或与国内、外有关行业合作承担残疾人高等教育、特殊教育的多项国家级、省部级课题。

学院是中国残疾人联合会设立的“全国残疾人职业教育师资培训基地”和“全国特殊艺术人才培养基地”，是北京市教委设立的“北京市特殊教育中心”，是北京市残疾人联合会设立的“北京市残疾人体育训练基地”和“残疾人青年演员培训基地”。学院还是中国高等教育学会特殊教育研究分会、中国教育学会特殊教育分会秘书长单位、中国残疾人康复协会智力残疾康复专业委员会主任委员单位。

2001—2010年，学院受到各级领导和社会各界的关心与支持，全国人大原常委会副委员长许嘉璐、原中国残联主席邓朴方及原北京市委常委、市委教工委书记朱善璐等领导先后来学院调研考察，对学院建设和发展给予很大支持和帮助。经过10年的努力，学院取得较大发展，并在残疾人高等教育和特殊教育师资培养等方面获得一定的社会声誉，产生了一定的影响。

第一节　管理体制与组织机构

一、管理体制

2001—2010 年,特殊教育学院为学校下属的二级法人学院,处级建制。2010 年 12 月,根据市编办文件精神和学校《关于取消特殊教育学院法人设置并入校本部工作方案的决定》,特殊教育学院取消法人设置并入校本部。从 2010 年 12 月 31 日之后,特殊教育学院由学校处级法人学院体制调整为学校处级非法人学院体制运行。

2001—2002 年,学院实行党委领导下的院长负责制。2003—2006 年,学院实行党政共同负责制。2007—2010 年,学院实行党委领导下的院长负责制。

二、组织机构

(一) 党政机构

2000 年 9 月至 2001 年 12 月,学院设立 10 个部门:党委、院长办公室(合署),教务处,学生处,总务处,科研部,特教系,职教系,特教培训中心,工会,团委。临时负责人如下。

党委、院长办公室:王立霞(兼)、徐祖静

教务处:石明、鲍平秋、成娴莉

学生处:牛连华

总务处:金家平、景经

科研部:李正深

特教系:鲍平秋(兼)、刘全礼

职教系:张松岩

特教中心:周耿

工　会:王立霞(兼)、刘建平

团　委:刘川

2001 年,按照北京市教委《关于成立北京联合大学特殊教育学院的批复》精神和北京市编办的意见,考虑学院工作的实际需要,经学院党委研究决定,设立党政部门 9 个,其中管理部门 7 个,包括党委,院长办公室,教务处,学生处,后勤管理处,科研部,培训部,保卫科;群众组织 2 个——工会和团委。

2002 年,根据《关于成立北京联合大学特殊教育学院后勤服务公司董事会的决定》(京联特党〔2002〕11 号),学院后勤服务公司董事会成立,后勤服务公司下设运输中心、校园管理中心、宿舍管理中心。

2005 年,根据《北京联合大学特殊教育学院 2005 年岗位聘任方案(京联特党〔2005〕10 号)》的文件要求,考虑学院的实际情况和今后发展的需要,在新一轮岗位聘任工作的基础上,学院党政部门进行了调整或更名。调整后的机构设置为:党政机构 7 个,分别为学院办公室、教务处、学生部(处)、行政管理处、科研处、财务处、保卫处;群众组织 2 个,分别为工会和团委;其他机构 1 个,即后勤服务公司。

2010年,依据学校全员聘任文件要求和学院实际情况,学院按照《特殊教育学院内设机构和人员编制方案(京联特党〔2010〕2号)》对党政机构进行了调整,调整后的党政机构共8个,分别为党政办公室、组织宣传部、人事处、教务处、科研处、学生处、财务处、保卫处、行政管理处(见表7.1-1)。

表7.1-1　2001年12月至2010年党政机构设置及负责人一览表

序号	机构名称	正　职	任职时间	副　职	任职时间
1	党政办公室 (2010年1月前称党委、院长办公室)	王立霞 吕淑惠	2001.12—2002.10 2002.10—今	吕淑惠 张海川 王洪云	2001.12—2002.10 2002.10—2010.01 2005.09—2010.01
2	组织宣传部 (2010年1月成立)	王洪云	2010.01—今		
3	人事处 (2010年1月成立)	边　丽	2010.01—今		
4	教务处	石　明 张会文 刘建平	2001.12—2005.02 2005.02—2005.09 2005.09—今	成娴莉 刘建平 边　丽 马学军 刘国华	2001.12—2008.01 2004.03—2005.09 2005.09—2010.01 2008.01—今 2010.07—今
5	科研处 (2005年9月前称科研部)	冯玉惠	2001.12—2002.10	郝传萍	2002.11—今
6	学生处	牛连华 卢培勇	2001.12—2010.01 2010.01—今	卢培勇 张健萍	2001.12—2010.01 2010.01—今
7	行政管理处(2005年9月前称后勤管理处)	金　鑫	2001.12—今	景　经 寇文齐 李　红	2001.12—2002.11 2010.01—今 2010.01—今
8	财务处(2005年9月前隶属后勤管理处)	邱　毅	2005.09—今		
9	保卫处(2005年9月前称保卫科,为副科级单位)	石永恩 张道明 岳政武	2001.12—2009.06 2009.06—2010.01 2010.01—今		
10	工　会	王立霞	2001.12—今	鄂敬彬 (常务副主席)	2001.12—今
11	团　委	刘　川	2001.12—今		

(二)教学教辅机构

2001年,学院的教学机构有5个,分别为基础部、艺术系、特教系、生物与医学系、特教中心。

2005年,学院根据实际需要,对教学机构进行了调整或更名,调整后的教学教辅机构分别为基础教学部、特殊教育系、艺术系、生物与医学系、电子信息系、特教中心、图书馆、成教处(部)、特殊教育研究所。

2006年11月1日,院长办公会研究决定成立特殊教育资源中心,资源中心为院一级部门，是为残疾人学生提供适合其特殊需要的学习资料、技术、设备、专用教具、个别辅导的专门机构。

2009 年 6 月 15 日，经院党政联席会研究决定，校人事处同意，成立体育部，全面负责学院的体育工作(京联特〔2009〕39 号)。

2010 年，依据学校全员聘任文件要求和学院实际情况，学院按照《特殊教育学院内设机构和人员编制方案(京联特党〔2010〕号)》对教学及相关机构进行了调整，调整后的教学教辅机构分别为特教中心、资源中心、成教部、图书馆、基础教学部、体育部、特殊教育系、应用技术系、医学系(见表 7.1-2)。

表 7.1-2　2001 年 12 月至 2010 年教学教辅机构设置及负责人一览表

序号	机构名称	正　职	任职时间	副　职	任职时间
1	基础教学部	张会文	2001.12—2010.01	刘建平 冯希杰 孙玉民 宋志强	2001.12—2004.03 2001.12—2009.06 2003.09—今 2010.01—今
2	体育部	冯希杰	2009.06—今		
3	特殊教育系	刘全礼 毛荣建	2001.12—2002.10 2005.09—2010.01 2010.01—今	郝京华 王　梅 吴立平 毛颖梅	2001.12—2002.10 2002.10—2005.09 2005.09—2009.04 2010.01—今
4	艺术系 (2010 年 1 月撤并)	张松岩	2001.12—2010.01	徐烈忠	2001.12—2010.01
5	生物与医学系 (2010 年 1 月撤并)	鲍平秋	2001.12—2010.01	孙燕峰	2001.12—2009.07
6	电子信息系 (2010 年 1 月撤并)	李啟隆	2001.12—2008.04	郝增茹	2001.12—2010.01
7	应用技术系(2010 年 1 月成立，由面向所有听障学生专业组成)	毛世春	2010.01—今	张　雷 鲁彦娟	2010.01—今 2010.07—今
8	医学系(2010 年 1 月成立，由面向所有视障学生专业组成)	刘东明	2010.01—今	徐烈忠	2010.01—今
9	成教部(2005 年 9 月前称特教培训中心培训部，2010 年 1 月前称成教处)	麻一青	2001.12—今		
10	特教中心	曲学利 许家成	2001.01—2009.12 2009.12—今	周月霞 (常务副主任) 孙　颖 (常务副主任)	2001.12—2009.06 2010.01—今
11	资源中心 (2006 年 11 月成立)	钟经华	2006.11—今		
12	图书馆 (2005 年 9 月前隶属教务处)	白　威 吴朝晓 (代馆长)	2005.09—2007.11 2007.11—2010.06		

三、专门委员会等机构设置及调整

2001—2010年，学院共先后设立专门委员会达70个，常设专门委员会见下表7.1-3。

表7.1-3　2001—2010年常设专门委员会一览表

序号	名　称	主任（组长、总指挥）	成立或调整时间	成立（调整）文号
1	办公自动化、园林两个高职专业指导委员会	无	2001.01.18	联特文〔2001〕5号
2	学院本科教育水平评估领导小组	许家成	2003.02.17	联特文〔2003〕6号
3	特殊教育学院校园总体规划委员会	曲学利	2003.03.13	联特文〔2003〕16号
4	毕业生就业工作领导小组	王立霞	2003.06.02	联特文〔2003〕39号
5	职称工作领导小组和专业职务评审组	许家成	2003.06.06	联特文〔2003〕40号
6	就业指导工作办公室	牛连华	2003.03.28	联特办〔2003〕9号
7	学院职称工作领导小组和专业技术职务评审组	许家成	2004.07.05	联特文〔2004〕39号
8	体育运动委员会	耿晓冬	2004.03.09	联特办〔2004〕2号
		韩　萍	2008.10.08调整	京联特办〔2008〕13号
9	特殊教育学院保持共产党员先进性教育活动领导小组	曲学利	2005.09.02	联特党〔2005〕9号
10	学生思想政治教育工作领导小组	曲学利	2005.10.31	联特党〔2005〕17号
11	“十一五”规划工作领导小组和分项规划起草小组	无	2005.12.12	联特党〔2005〕19号
12	学院教学视导组	鲍平秋	2005.10.31	联特文〔2005〕49号
13	特殊教育学院奥运会志愿者工作领导小组	曲学利	2006.09.07	京联特党〔2006〕26号
14	特殊教育学院军训评估工作领导小组	曲学利	2006.12.10	京联特党〔2006〕33号
15	特殊教育学院实践教学领导小组	姜春梅	2006.04.25	联特文〔2006〕18号
16	特殊教育学院教学质量监控委员会	姜春梅	2006.07.20	京联特〔2006〕46号
17	特殊教育学院教师职务聘任委员会	许家成	2006.11.28	京联特〔2006〕65号
		曲学利 许家成	2008.12.09调整	京联特〔2008〕76号
		滕祥东 许家成	2009.12.24调整	京联特党〔2009〕24号
18	特殊教育学院应急指挥中心	曲学利 许家成	2007.07.04	京联特党〔2007〕10号
19	校园改扩建期间校舍周转工作领导小组	赵振江	2007.07.18	京联特〔2007〕35号
20	教学事故认定委员会	姜春梅	2007.07.17	京联特〔2007〕36号
21	校园改扩建期间校舍改造工作小组	赵振江	2007.07.20	京联特〔2007〕40号
22	特殊教育学院学生心理危机干预工作组	王立霞	2007.10.12	京联特〔2007〕51号
23	特殊教育学院本科评估整改专家回院考察工作领导小组	曲学利 许家成	2007.11.06	京联特〔2007〕64号
24	北京联合大学特殊教育学院改扩建项目工作小组	冯　虹	2008.05.04	京联特〔2008〕21号
25	北京联合大学30周年校庆特殊教育学院筹备工作领导小组	许家成	2008.05.06	京联特〔2008〕23号
26	学位工作小组	许家成	2008.05.15	京联特〔2008〕26号

续表

序号	名　称	主任(组长、总指挥)	成立或调整时间	成立(调整)文号
27	学士学位复议工作组	李敢隆	2008.05.15	京联特〔2008〕27号
28	特殊教育学院学生资助工作领导小组	王立霞	2008.06.03	京联特〔2008〕32号
29	劳动争议委员会	王立霞	2009.12.24	京联特党〔2009〕25号
30	实践教学领导小组	李敢隆	2009.06.16	京联特〔2009〕61号

四、领导分工与任免变更

(一)领导班子调整

2001—2010年学院历任党委和行政领导人见表7.1-4和表7.1-5。

表7.1-4　2001—2010年历任党委领导人一览表

正　职	姓　名	任职时间	副　职	姓　名	任职时间
党委书记	曲学利	—2009.12	党委副书记	王立霞	2002.06—2010.12
党委书记	滕祥东	2009.12—今	党委副书记	耿晓冬	2003.09—2007.10

表7.1-5　2001—2010年历任行政领导人一览表

正　职	姓　名	任职时间	副　职	姓　名	任职时间
院　长	徐永利	—2002.06	副院长	王　骏	—2003.11
院　长	许家成	2002.06—今	副院长	许家成	2001.09—2002.06
			常务副院长	耿晓冬	2002.07—2007.10
			副院长	赵振江	2002.07—今
			副院长	姜春梅	2003.09—2008.02
			副院长	韩　萍	2006.04—今
			副院长	李敢隆	2008.03—今

(二)领导班子分工

2001年领导班子分工如下。

曲学利：负责党委全面工作。

徐永利：负责行政全面工作。

王　骏：协助院长负责行政全面工作。

方之朴：分管教学、科研工作。

王立霞：分管学生、工会、党务、老干部工作。

2002年领导班子分工如下。

曲学利：负责党委全面工作,分管外事、招生、财务、人事工作。

许家成：负责行政全面工作,分管学科建设、师资队伍建设、科研工作。

耿晓冬：分管教学、实训室建设,教学质量监控、体育工作。

王立霞：分管团委、学生、工会、老干部工作。

赵振江：分管后勤、成教、保卫、经济开发管理工作。

2003年领导班子分工如下。

曲学利：负责党委全面工作，分管外事、招生、财务、人事工作。

许家成：负责行政全面工作，分管学科建设、师资队伍建设、科研工作。

耿晓冬：协助院长全面负责行政工作。分管人事、保卫、体育工作。

王立霞：分管团委、学生、工会、老干部工作。

赵振江：分管后勤、成教、经济开发管理工作。

姜春梅：分管教学、实训室建设，教学质量监控工作。

2006 年领导班子分工如下。

曲学利：负责党委全面工作，分管外事、招生、财务、人事工作。

许家成：负责行政全面工作，分管学科建设、师资队伍建设、科研工作。

耿晓冬：协助院长全面负责行政工作。分管人事、体育工作。

王立霞：分管团委、学生、工会、老干部工作。

赵振江：分管后勤、成教、保卫、经济开发管理工作。

姜春梅：分管教学、实训室建设，教学质量监控工作。

韩 萍：分管资源中心。

2008 年领导班子分工如下。

曲学利：负责党委全面工作，分管外事、招生、财务、人事工作。

许家成：负责行政全面工作，分管学科建设、师资队伍建设、科研工作。

王立霞：分管团委、学生、工会、老干部工作。

赵振江：分管后勤、成教、保卫、经济开发管理工作。

韩 萍：分管图书馆、资源中心、体育运动委员会。

李啟隆：分管教学、实训室建设，教学质量监控工作。

2010 年领导班子分工如下。

滕祥东：负责党委全面工作，分管党政办公室（含国际交流）、组织宣传部（组织、统战、纪检监察）、财务处、成教部。

许家成：负责行政全面工作，分管科研处（含文献情报室）、人事处（含审计）、特教中心、特殊教育系。

王立霞：分管学生处（含就业），团委、组织宣传部（宣传、离退休、关工委）、工会。

赵振江：分管行政管理处（含基建、后勤公司、医务室、国资）、保卫处（含 610 工作办公室）。

韩 萍：分管图书馆、资源中心、体育部（含体委）。

李啟隆：分管教务处（含招生、电教中心、信息网络中心）、基础部、医学系、应用技术系。

第二节 教学改革与发展

一、本科教育

（一）专业设置及调整

2001 年前，学院设有特殊教育本科专业 1 个。为适应首都经济和社会发展对相关专业人才的需求，推动了学院的整体发展，学院在专业建设调研论证的基础上，2001 年增设艺术设计本科专业,2002 年增设针灸推拿学本科专业,2003 年增设学前教育和计算机科学与技术 2 个本科专业。2006 年 1 名视障学生从针灸推拿学专业转到特殊教育专业,开始了残疾人大学生融合教育的探索。

表 7.2-1　2001—2010 年本科专业设置及招生情况一览表　　单位:人

招生专业＼招生年份	2001	2002	2003	2004	2005	2006	2007	2008	2009	2010	合　计
特殊教育	60	40	25	24	26	23	21	31	30	35	315
艺术设计	15	25	30	23	30	30	30	21	20	20	244
针灸推拿学	—	10	16	10	14	15	15	15	15	16	126
学前教育	—	—	23	20	20	20	20	28	26	30	187
计算机科学与技术	—	—	16	10	14	14	14	14	14	14	110
合　计	75	75	110	87	104	102	100	109	105	115	982

学院 2005 年开始招收高等职业教育升本科(简称"专升本")学生,2005 年招收学前教育专业健全生(非师范),插班上课。2007 年艺术设计专业、计算机科学与技术专业也开始招收高等职业教育升本科学生(听障),插班上课。2009 年,学院 1 名学生从计算机应用技术(听障)专业升本转到特殊教育专业,开始了听障生的个别化教学计划的教学工作。

表 7.2-2　2005—2010 年高等职业教育升本科专业设置及招生情况一览表　　单位:人

招生专业＼招生年份	2005	2006	2007	2008	2009	2010	合　计
学前教育	6	17	4	2	7	14	50
艺术设计	—	—	1	—	3	2	6
计算机科学与技术	—	—	2	—	4	4	10
特殊教育	—	—	—	—	1	—	1
合　计	6	17	7	2	15	20	67

(二) 教学基本建设

1. 学科与专业建设

(1) 学科建设

学院重视学科的发展,不断整合优化学科结构、凝练学科专业特色,实施学科专业一体化建设,形成了市、校、院三级重点学科建设体系和国家、市、校、院四级骨干特色专业建设体系。学院依托北京首善之区的社会背景,探索与国际发展趋势一致的,具有民族性的新一代特殊教育理论,实现了学科—专业建设从外延式发展转向以提高教育教学质量的内涵发展,逐步形成了满足特殊教育需求的应用性教育的学科专业。

表 7.2-3　2001—2010 年校级及以上重点建设学科一览表

学科名称	学科类别	学科级别	备　注
特殊教育学	教育学	北京市重点建设学科、校级重点建设学科	2004 年

(2) 专业建设

在专业建设方面,学院立足凝练应用型专业方向,以国家社科基金课题为龙头的省部委课题和校、院级教学改革课题的教科研项目群来开展学科—专业建设，重点建设骨干特色专业，建立了22个学科专业实践基地，学科—专业建设取得了显著的成效。2005年成功申报北京市"首都特殊教育"创新团队。特殊教育专业2006年成为校级骨干专业建设项目；2007年被学校推荐申报教育部"第二类特色专业"；2008年被评为市级骨干专业和市级特色专业(见表7.2-4)。

师资队伍建设是学科专业建设的基础，学院重视教学团队的建设和培育，建设了2个校级及以上优秀教学团队，刘全礼教授在2010年被评为校级教学名师(见表7.2-5)。

表7.2-4　2001—2010年校级及以上重点建设专业一览表

序号	专业名称	学科门类	专业大类	重点建设级别
1	特殊教育	教育学	教育学类	市级特色专业建设点、校级骨干专业
2	学前教育	教育学	教育学类	校级新办专业
3	针灸推拿学	医学	医学类	校级新办专业

表7.2-5　2001—2010年校级及以上优秀教学团队一览表

团队名称	负责人	级　别	评定时间/年
特殊教育教学团队	刘全礼	校级优秀教学团队	2009
特殊教育教学团队	许家成	市级优秀教学团队	2010

2. 课程与教材建设

(1)课程建设

在课程建设方面，学院出台了《北京联合大学特殊教育学院残疾本科生大学英语课程教学与管理的暂行规定》(京联特教〔2006〕20号)，在重点做好公共基础课程建设的基础上，着力培育、建设精品课程，建立了市、校、院三级本科精品课程建设体系。根据学院总的教学工作思路，具体的课程建设上的思路是：以精品课程建设为龙头，吸收借鉴国内外特殊教育先进的教育理念和改革成果，深化课程内容和教学方法改革，通过精品课程的示范作用，带动学院的整体课程建设，取得了显著的成效。截至2010年12月，学院有"教育部—IBM精品课程"建设项目1门，校级精品课程2门，院级精品课程建设项目2门，它们在学院的课程建设中发挥着重要的示范与带头作用(见表7.2-6)。

表7.2-6　2001—2010年院级及以上本科精品课程一览表

序号	课程名称	负责人	精品课程级别
1	特殊教育导论	刘全礼	2006年校级精品课程
2	基于RUP的软件测试实践	姚登峰	2007年"教育部—IBM精品课程"
3	素描	张松岩	2007年院级精品课程建设项目
4	推拿手法学	刘东明	2009年校级精品课程
5	毛泽东思想和中国特色社会主义理论体系概论	宋志强	2010年院级精品课程

(2)教材建设

教材是体现教学内容和教学方法的知识载体，教材的质量直接影响着教学质量和人才培养质量。学院建立了国家、市、校、院四级精品(规划)教材建设体系，并针对部分专业教学缺乏适用教材的现状，下发了《特殊教育学院教材管理办法(试行)》(联特教〔2005〕7号)。

学院本着“重在质量,坚持选用与编写相结合,突出特色、重点支持”的原则,建立了教材选用与评估制度,并投入建设经费积极支持教师编写、出版教材。学院教材建设成果显著,已出版全国高等特殊师范教育规划教材系列13本、特殊教育专业教材4本。

表7.2-7　2001—2010年校级及以上本科精品教材一览表

序号	教材名称	适用专业	主　编	获批时间/年	教材类别
1	特殊教育导论	特殊教育	刘全礼	2001	市级精品教材建设项目
2	盲文	特殊教育	钟经华	2007	校级精品教材建设项目
3	推拿学基础	针灸推拿学	孙燕峰	2007	校级精品教材建设项目

表7.2-8　2001—2010年教师编写出版的教材一览表

序号	教材名称	主　编	出版社	出版年
1	行为改变技术	刘全礼	天津教育出版社	2007
2	特殊儿童的家庭教育	刘全礼	天津教育出版社	2007
3	学习障碍儿童教育概论	刘全礼	天津教育出版社	2007
4	智力落后儿童的特点与教育纲要	刘全礼	天津教育出版社	2007
5	学业不良儿童教育学	刘全礼	天津教育出版社	2007
6	随班就读教育学	刘全礼	天津教育出版社	2007
7	特殊儿童心理咨询概论	刘全礼	天津教育出版社	2007
8	视力残疾儿童的心理与教育	刘全礼	天津教育出版社	2007
9	盲文	刘全礼	天津教育出版社	2007
10	残障儿童的早期干预概论	刘全礼	天津教育出版社	2008
11	基于RUP的软件测试实践	姚登峰	清华大学出版社	2008
12	素描	张松岩	华夏出版社	2009
13	因材施教教育学——因材施教的理论与实践研究	刘全礼	新蕾出版社	2009
14	临床家庭教育学导论	刘全礼	新蕾出版社	2009
15	教育咨询学引论	刘全礼	新蕾出版社	2009
16	特殊儿童游戏治疗	毛颖梅	文苑出版社	2010

3. 教学管理制度建设

科学的教学管理规章制度是实现教学管理科学化的基础。学院一直重视管理制度的建设,力求使学院教学管理走上制度化、规范化的轨道。2004年,学院教务处编制了《特殊教育学院教学管理文件汇编》;2006年,学院又对原有院级教学管理制度进行了全面梳理,编制了新的教学管理文件汇编,涵盖了专业建设管理、培养计划管理、课程建设管理、教材建设管理、学生学籍管理、教师教学管理、实践教学管理、教学质量监控管理、教学研究管理等所有教学管理环节,特别是针对学院残疾学生的学籍管理、英语教学、学位授予等制定了管理细则,使学院教学管理工作规范、有序。2009年,学院开始在学校统一安排下,使用“正方教务管理信息系统”进行教学管理,使系一级教学管理职能强化,学院一级教学管理职能进一步强化,教学管理更加规范、科学。

(三)教育教学改革与发展

1. 人才培养模式改革

学院积极开展教学改革研究,不断探索残疾人高等教育应用型人才培养模式。2001年启动、2002年自主完成了2002版教学计划制(修)订工作,编制了2002版教学计划汇编和课程简介汇编。在学校统一部署下,2003年又完成了2003版培养计划制(修)订工作,并在2004年和2005年分别对2004级、2005级培养计划进行修订,分专业(含公共课)编制了2004版教学一览,将课程教学大纲、课程简介、教师简介分别收录其中;2008年完成2007版培养计划的制(修)订工作。经过三次修订教学计划,学院的应用型人才培养目标越来越清晰,人才培养定位越来越细化,在总学分和总学时基本保持稳定的前提下,选修课比例和实践教学环节比例逐步增加,教学周数从2002级的17周压缩到2005级的15周,增加了2周集中实践教学环节,并从2007版开始以培养专业应用能力为核心构建培养计划和课程体系。在学校2007版培养计划评审中,特殊教育专业的培养计划被评为优秀。适应残疾人高等教育建设需要,学院建立了"听障生应用性人才培养创新实验区"。2009年,该实验区被评为校级人才培养模式创新实验区。

2. *教育教学改革研究*

学院鼓励教师进行教育教学改革,设立了院级教育教学改革项目,为教师申报校级及以上教育教学改革项目创造了条件。学院申报的"无障碍教学理念下听障学生课堂教学模式的研究",2006年被列为北京市教委教育教学改革研究项目;"聋人高等教育计算机专业教学内容和课程体系改革的研究"和"残疾人高等教育资源配置研究"2007年被列为中国高等教育学会课题,"残疾人大学生个别化教育计划的研究与实践""听障大学生高等职业教育课程体系建设",2010年被列为中国高等教育学会课题。另外,"残疾人高等教育教师专业发展的支持保障体系研究"等15个项目分别被列为校级及以上教育教学改革课题,其中中国高等教育学会立项项目5项,北京市教委立项1项,校级教改项目立项9项(见表7.2-9)。

表7.2-9　2001—2010年校级及以上教育教学研究项目一览表

序号	项目名称	项目来源	级　别	立项时间/年	负责人
1	聋人高等教育计算机专业教学内容和课程体系改革的研究	中国高等教育学会	省部级	2007	毛世春
2	残疾人高等教育资源配置研究	中国高等教育学会	省部级	2007	边　丽
3	北京市残疾人受教育状况及公平性研究	中国高等教育学会	省部级	2007	麻一青
4	残疾人大学生个别化教育计划的研究与实践	中国高等教育学会	省部级	2010	刘建平
5	听障大学生高等职业教育课程体系建设	中国高等教育学会	省部级	2010	李啟隆
6	无障碍教学理念下听障学生课堂教学模式的研究	教育教学改革项目	市级	2006	李啟隆
7	针灸推拿学本科专业(视障)毕业临床实践及考核方式的研究与实践	教育教学改革项目	校级	2006	刘　峰
8	残疾人本科专业课程标准的研究与实践	教育教学改革项目	校级	2007	曲学利
9	特殊教育专业培养计划优化研究	培养计划研究项目	校级	2007	钟经华
10	北京市残疾人受教育状况调查研究	教育教学改革项目	校级	2007	麻一青
11	残疾人大学生教学管理的研究与实践	教育教学改革项目	校级	2008	刘建平
12	北京市残疾人受教育状况调查研究	教育教学改革项目	校级	2009	麻一青
13	听障大学生程序设计课程整合的研究	教育教学改革项目	校级	2009	李啟隆
14	基于职业能力培养的Linux课程教学改革	教育教学改革项目	校级	2009	李　明
15	残疾人本科教学质量保障及监控体系的构建与实施	教育教学改革项目	校级	2009	边　丽

3. 教育教学成果及奖励

2001—2010年,13项教育教学成果获得了校级及以上教育教学成果奖(见表7.2-10)。

表7.2-10 2001—2010年校级及以上教育教学成果获奖项目一览表

序号	成果题目	获奖者姓名	获奖级别	获奖时间/年
1	经络语音模型(头部)	孙燕峰、冯岸英	校级二等奖	2004
2	聋人汉语阅读与写作课程建设	张会文、吕会华、吴铃	校级二等奖	2004
3	视障学生练习与考试系统	安俊英、付百文	校级三等奖	2004
4	听障儿童言语训练标准教程	吴立平、胡萍、郝传萍	校级一等奖	2006
5	残疾人高等教育本科人才培养体系的研究与实践	姜春梅、许家成、张会文、边丽、张松岩、孙燕峰、李敢隆	校级二等奖	2006
6	听障学生学习计算机编程语言的教学研究与实践	韩玉敏、李敢隆、姚登峰、刘文红、毛世春	校级一等奖	2008
7	高等特殊教育本科课程考核质量评价研究与实践	边丽、姜春梅、张海丛、孙玉民、祝平	校级三等奖	2008
8	全国特殊师范教育专业课规划教材	刘全礼、毛荣建、许华红、毛颖梅、钟经华	校级二等奖	2010
9	对残疾特长生实施个别化教育的探索与实践	刘建平、许家成、边丽、华薇、王文明	校级二等奖	2010
10	聋人园林技术专业建设	鲍平秋、张雷、丁艳丽、付涌玉、周博	校级三等奖	2010
11	专著类:听力语言训练	吴立平	市级高等教育科研成果一等奖	2006
12	论文:在特殊教育领域中培养高级技术应用性专门人才	曲学利	市级高等教育科研成果三等奖	2006
13	论文:培养具有复合硕士的应用型特殊高等教育师资	钟经华	市级高等教育科研成果三等奖	2006

4. 学科专业竞赛及奖励

学院积极组织学生参加各级各类的学科竞赛,促进了学生动手能力的提升(见表7.2-11)。

表7.2-11 2001—2010年学生参加学科专业竞赛获校级及以上奖励情况一览表

序号	成果题目	获奖者姓名	获奖级别	获奖时间/年
1	全国青少年迎奥运机器人竞赛	张润平、吴丽霞(听障)	机器人接力全国一等奖	2006
2	全国青少年迎奥运机器人竞赛	夏爱新、巩佳境(听障)	机器人投篮全国一等奖	2006
3	全国青少年迎奥运机器人竞赛	赵琛、刘庆媛(听障)	机器人相扑全国二等奖	2006
4	全国青少年迎奥运机器人竞赛	陈汉斌、董露(听障)	机器人跨栏全国三等奖	2006
5	全国青少年迎奥运机器人邀请赛	赵鹏、刘华欣(听障)	机器人短跑全国一等奖	2007
6	全国青少年迎奥运机器人邀请赛	李超、唐旭楠(听障)	机器人接力全国一等奖	2007

续表

序号	成果题目	获奖者姓名	获奖级别	获奖时间/年
7	全国青少年迎奥运机器人邀请赛	谢琪、史晓倩(听障)	机器人篮球全国一等奖	2007
8	全国青少年迎奥运机器人邀请赛	李涛、王旭(听障)	机器人相扑全国二等奖	2007
9	全国青少年迎奥运机器人邀请赛	周桐、王彦(听障)	机器人跨栏全国二等奖	2007
10	全国青少年迎奥运机器人邀请赛	陈亮、陈洋(听障)	机器人篮球全国二等奖	2007
11	全国青少年迎奥运机器人邀请赛	杜学杰、张云霞(听障)	机器人相扑全国三等奖	2007
12	全国职业院校 2008 机器人运动会	姚星、郭睿(听障)	机器人奥运火炬接力市级二等奖	2008
13	全国职业院校 2008 机器人运动会	谢琪、史晓倩(听障)	机器人打靶市级二等奖	2008
14	全国职业院校 2008 机器人运动会	杜鹏、李涛(听障)	机器人打靶市级二等奖	2008
15	全国职业院校 2008 机器人运动会	张宾、卢峰(听障)	机器人奥运火炬接力市级三等奖	2008
16	英语演讲比赛	李小娟(视障)	市级三等奖	2009
17	广告大赛公益类作品	卢剑飞(听障)	校级入围奖	2007
18	全国广告大赛校内选拔赛	王川(听障)	校级三等奖	2009
19	全国广告大赛校内选拔赛	胡琨(听障)	校级三等奖	2009
20	全国广告大赛校内选拔赛	田濛(听障)	校级三等奖	2009
21	全国广告大赛校内选拔赛	杨倩(听障)	校级三等奖	2009
22	全国广告大赛校内选拔赛	晁健(听障)	校级入围奖	2009
23	全国广告大赛校内选拔赛	任路曼(听障)	校级入围奖	2009
24	全国广告大赛校内选拔赛	王帆(听障)	校级入围奖	2009
25	全国广告大赛校内选拔赛	高为敏	校级入围奖	2009
26	全国广告大赛校内选拔赛	尹思思(听障)	校级入围奖	2009
27	全国广告大赛校内选拔赛	祝若(听障)	校级入围奖	2009
28	全国广告大赛校内选拔赛	黄瑛瑜(听障)	校级入围奖	2009
29	全国广告大赛校内选拔赛	任路曼(听障)	校级入围奖	2009
30	全国广告大赛校内选拔赛	成丽娟(听障)	校级入围奖	2009
31	全国广告大赛校内选拔赛	晏瑶(听障)	校级入围奖	2009
32	全国广告大赛校内选拔赛	李烨(听障)	校级入围奖	2009

5. 学位授予情况

学院严格毕业标准和学位授予标准，学生的毕业率和学位授予率一直比较稳定。为了保证残疾学生的学位授予，学院出台了《北京联合大学特殊教育学院学位授予实施细则》(京联特教〔2006〕16 号)和《北京联合大学特殊教育学院残疾本科大学生英语课程与管理的暂行规定》(京联特教〔2006〕20 号)管理文件，规范了学院对残疾学生学位授予的英语标准和学位授予的标准。

表 7.2-12　2004—2010 届毕业生学位授予情况一览表

年份	毕业生总数/人	准予毕业数/人	毕业率/%	结业数/人	授学位数/人	准予毕业不授学位数/人	学位授予率/%
2004	60	60	100	0	52	8	86.70
2005	79	79	100	0	65	14	82.30

续表

年份	毕业生总数/人	准予毕业数/人	毕业率/%	结业数/人	授学位数/人	准予毕业不授学位数/人	学位授予率/%
2006	62	58	93.5	4	49	9	84.50
2007	112	112	100	0	95	17	84.80
2008	118	118	100	0	105	13	89.00
2009	103	102	99.0	0	96	6	94.10
2010	94	94	100	0	90	4	95.70
合计	628	623		4	552	71	

（四）重要教育教学活动

1. 本科教学工作水平评估

自2003年学校启动本科教学工作水平评估以来，学院遵循“以评促建，以评促改，以评促管，评建结合，重在建设”的原则，按照学校的统一部署，分阶段制订了具有可操作性的评估计划。通过多次广泛层层动员发动，开展学习评估指标体系和自查整改，发挥了评估对教学质量的“集中提速”作用，“迎评促建”取得了丰硕成果，其突出成效有以下几个方面。

(1) 应用型办学宗旨与定位进一步明确

在以评促建过程中，经过多次总结研讨，学校对办学宗旨、定位等带有根本性的问题已有了系统表述，并深入人心。为实现办学宗旨、定位大家献计献策，探索规律积累了经验，提高了全体师生员工建设应用型大学的信心和责任感，凝聚了和谐发展的团队精神。

(2) 应用性学科专业建设得到加强

学院深入总结应用性学科专业建设经验，更加重视实践教学，新增一批就业实习基地，修订了培养计划，重点建设学科达到北京市领先水平。进一步整合专业，优化资源配置，精品课程与教材有所增加，招生和就业状况比较好。

(3) 教风、学风明显好转

通过制度建设与管理教育，教师增加了教学精力的投入，全部整理或补充了教案，教师执教能力得到提高。学生教学纪律明显加强。先后成立的学生社团活动更加丰富多彩。

(4) 教学管理水平得到提高

从学院到各职能部门教学系(部)，系统梳理了教学管理文件，增添了不少新文件，并且和学校相关文件加强对接，教学管理队伍得到加强，建立了行之有效的日常教学质量管理检查监督机制，促使教学管理向科学化、制度化和规范化方向发展。

(5) 校园环境得到改善

教学经费的投入力度加大，生均教学科研仪器设备值，生均年进书量等均有所增加。2008—2010年，学院进行改扩建工程，解决了学生宿舍不足问题，调整扩大了教学科研用房，绿化美化了校园环境，大大改善了教学条件，营造了文明典雅的育人环境。

在2006年教育部本科教学工作水平评估专家进驻学校检查期间，学院全院师生以良好的精神面貌、积极的努力为学校顺利通过评估验收作出了贡献。

2. 统一单考单招听障生基础课考试说明

为进一步推进和规范残疾人高等教育单考单招工作，为教育行政部门进一步统筹和完善相应的政策和考试要求提供科学依据，2007 年 4 月，在中国残疾人联合会教育就业部的支持下，由中国高等教育学会特殊教育研究分会在学院组织召开了残疾人高等教育单考单招研讨会，经过与会人员的充分讨论，决定由中国高等教育学会特殊教育研究分会牵头，委托北京联合大学特殊教育学院、天津理工大学聋人工学院、长春大学特殊教育学院首先分别组织由有关高校和部分基础特殊教育学校参加的工作小组，负责制定高校单考单招的语文、数学、英语三门公共科目的考试说明。

2007 年 9 月 21 日，在长春大学特殊教育学院召开的中国高等教育学会特殊教育研究分会 2007 年年会上，三所负责学校就语文、英语、数学考试说明的制定过程及结果在会上进行了汇报，并研究决定将语文、数学、英语三科考试说明的试行稿发给相关高校征求意见，并在广泛征求意见的基础上再次进行修订。

2007 年 10 月 13 日，中国高等教育学会特殊教育研究分会在天津理工大学聋人工学院召开语文、数学、英语考试说明修改、审定研讨会，北京联合大学特殊教育学院、长春大学特殊教育学院及天津理工大学聋人工学院参加。会议根据各高校的意见进行了修改，进一步完善了《语文、数学、英语三门公共科目考试说明(试行稿)》。

语文、数学、英语三门公共科目考试说明的规范与统一，是残疾人高等教育单考单招工作的一个重要进展，为今后进一步完善和推进残疾人高等教育单考单招工作和逐步与国家的高考并轨打下了良好的基础。

3. 研究生教育

2005 年，学院开始与首都师范大学教育技术系联合培养课程与教学论专业特殊教育与技术方向的硕士研究生，许家成、曲学利担任导师(见表 7.2-13)。

表 7.2-13 2005—2010 年研究生招生情况一览表

届次	第一届	第二届	第三届	第四届	第五届	第六届
硕士研究生数	2	3	4	1	2	2
入学时间/年	2005	2006	2007	2008	2009	2010
毕业时间/年	2008	2009	2010			

二、高等职业教育

(一) 专业设置及调整

2001 年学院在原有高职专业设置的基础上新增园林专业(听障)和听力语言康复专业。2002 年新增钢琴调律专业(视障)；按摩专业(专科)改为针灸推拿学专业(本科)，以后不再招收专科学生。2005 年园林专业改名为园林技术专业，钢琴调律改名为音乐表演专业，装潢广告设计专业改名为视觉传达艺术设计专业，办公自动化专业改名为计算机应用技术专业，听力语言康复专业改名为听力语言康复技术专业。2008—2009 年音乐表演专业停招 2 年，2010 年恢复招生(见表 7.2-14)。

表 7.2-14　2001—2010 年高职专业设置及招生情况一览表　单位：人

招生专业＼招生年份	2001	2002	2003	2004	2005	2006	2007	2008	2009	2010	合计
听力语言康复	102	80	73	60	50	40	40	47	42	30	564
装潢广告设计	15	15	20	21							71
办公自动化	20	20	25	26							91
园林	15	25	20	22							82
按摩	12										12
钢琴调律		15	15	15							45
视觉传达艺术设计					21	30	30	30	37	35	183
计算机应用技术					26	34	34	30	21	20	165
音乐表演					14	14	14			12	54
园林技术					22	15	15	17	15	15	99
合计	164	155	153	144	133	133	133	124	115	112	1366

（二）教学基本建设

1. 专业建设

2001—2010 年，学院加大在高等职业教育上的投入力度，建立实验实训室，建设重点专业、精品课程和规划精品教材等，有力地保障了教育教学质量。听力语言康复技术专业 2006 年评选为北京市级重点建设专业，在专业建设上取得了显著成效。

表 7.2-15　2001—2010 年校级及以上高职示范专业一览表

专业名称	专业负责人	级　别	获批时间/年
听力语言康复技术	郝京华	市级高职重点专业	2003
听力语言康复技术	吴立平	校级示范专业	2007
聋人园林技术高职示范专业	鲍平秋	校级示范专业	2009
园林技术	鲍平秋	校级高职示范建设专业项目	2010
视觉传达艺术设计	刘晓陶	校级高职示范建设专业项目	2010

表 7.2-16　2001—2010 年高职校级优秀教学团队一览表

专业名称	专业负责人	级　别	获批时间/年
园林技术专业高职特殊教育教学团队	鲍平秋	校级优秀教学团队培育项目	2008
聋人汉语阅读与写作课程	张会文	校级优秀教学团队培育项目	2008
残疾学生计算机数字图像技术课程群教学团队	李啟隆	校级优秀教学团队培育项目	2009

2. 课程建设

学院重视课程建设，在抓好基本课程建设的同时，研究听障生的课程建设，建立了市、校级的精品课程(见表 7.2-17)。

表 7.2-17 2001—2010 年校级及以上高职精品课程一览表

序号	课程名称	精品课程级别	负责人	获批时间/年
1	园林植物繁育技术	市 级	鲍平秋	2006
2	大学语文(听障)	校 级	张会文	2006
3	计算机应用基础(听障)	校 级	毛世春	2007

3. 教材建设

学院针对高职专业—听力语言康复技术专业缺乏教材的现状,着手出版专业教材,同时,针对国家缺少听障生专门用教材的现状,撰写了相关专业的教材,以便学生学习使用(见表 7.2-18)。

表 7.2-18 2001—2010 年校级及以上高职精品教材一览表

序号	教材名称	适用专业	主 编	获奖级别	获批时间/年
1	听障儿童语言训练	听力语言康复技术	吴立平	市级精品教材	2007
2	听障儿童语言训练	听力语言康复技术	吴立平	校级精品教材	2006
3	听障儿童康复教师职业道德修养	听力语言康复技术	曲学利	校级精品教材	2006
4	聋人汉语阅读教程(上下册)	视觉传达艺术设计	张会文	北京市精品教材建设项目	2007
5	园林植物繁育技术	园林技术	鲍平秋	北京市精品教材建设项目	2007
6	园林植物的生态类群与应用	园林技术	鲍平秋	北京市精品教材建设项目 校级精品教材建设项目	2009
7	计算机应用基础	计算机应用技术	毛世春	校级精品教材建设项目	2009

(三)教育教学改革与发展

1. 人才培养模式创新

学院在高等职业教育人才培养上,坚持以能力培养为导向,强化实践教学,同本科一起进行了 2002 版教学计划、2004 版培养计划、2007 版培养计划的制(修)订工作,明确了高等职业教育人才培养规格。在学校 2007 版培养计划评审中,听力语言康复技术专业的培养计划被评为优秀。学院重视对学生基本理论与基本技能的培养和训练,为突出应用性人才的培养特色,学院以学生就业为导向,努力提高学生的通用技能和职业技能,适时修订并不断完善专业培养计划,加强实践教学环节,增加综合性、设计性实验教学的比例,将实践技能课程的学习和职业资格证书培训相结合,使学校教育与社会需求直接接轨,取得了明显的成效。在各级各类高等职业教育学生参加的学科专业竞赛(如广告大赛、数学建模与计算机应用竞赛、英语演讲比赛等)中,多人获得了校级以上的奖励。

2. 教育教学改革

学院以切实提高教学质量为目标,加强各个教学环节的建设和管理力度,建立了较为完整的教学管理体系,成立了学院教学指导委员会、学位委员会、教学质量监控委员会、教学督导组、教育科研项目工作小组、实践教学工作领导小组等管理机构,制定了各类教学规章制度,构建了符合学院实际的、科学完善和运行有效的院、系(部)教学质量监控体系和运行机制,保证了学院正常教学秩序的稳定和教学质量的提高。吴立平撰写的《听力语言训练》2006 年荣获北京市高等教育学会第六次优秀高等教育科研成果专著类一等奖;韩玉敏等人撰写的论文《仿真技术在中国聋人高等教育中的应用与研究》获北京市高等教育学会第七次优秀高等教育科研成果一等奖;张会文主持完成的"聋人汉语阅读与写作课程建设"荣获2004年校级教学成果二等奖;鲍平秋主持的"聋人园林技术专业建设"获2010年校级教学成果三等奖。

三、继续教育

(一)成人高等教育

学院继续教育工作经过10年改革与调整形成的办学指导思想是:以科学发展观统领学院继续教育各项工作,紧紧围绕残疾人终身教育、建立学习型社会这个中心,转变观念、开拓创新,积极谋求我国残疾人高等继续教育的规模、结构、质量、效益的健康与可持续发展,推进北京市学习型城市建设。残疾人高等继续教育定位是:全国领先,挖掘学院资源,稳定专科、发展本科;以市场为导向,积极开拓新的培训项目,努力实现规模、质量、结构、效益的协调发展。

2003年,经教育部、北京市教委批准,学院成人教育面向残疾人实行单考单招政策,在我国社会教育文化活动中产生较大影响,受到社会各界的普遍关注。考试和发放录取通知书期间北京教育考试院、中国残疾人联合会、北京市残疾人联合会的领导亲临现场指导检查工作;中央电视台、北京电视台、北京人民广播电台及时准确地进行了报道,《京华时报》《中国青年报》《北京晨报》《信报》《现代教育考试报》《政协报》等报纸详细介绍了残疾人单独考试和录取工作,新闻报道篇数达到500多篇。成人教育面向残疾人单考单招,是我国特殊教育事业的一个新的里程碑,完善了我国招生考试制度的框架,具有深远的社会和政治意义。学院建有云南、湖南、贵州、山西教学基地,与中国盲人协会等部门合作招生。

1. 专科专业设置及招生情况

学院夜大专科的培养目标是:针对成人的特点,根据北京市经济建设的需要,培养具有一定基础理论和专业知识、有较强实际操作能力的德、智、体全面发展的专业人才。2001—2010年学院夜大共招收专科生1208人(见表7.2-19)。

表7.2-19 2001—2010年夜大专科专业设置及招生情况一览表 单位:人

招生年份 招生专业	2001	2002	2003	2004	2005	2006	2007	2008	2009	2010	合计
听力语言康复技术	—	53	44	52	26	41	34	16	9	—	275
计算机应用技术	—	—	17	62	—	—	—	—	—	—	79
钢琴调律	—	—	9	1	—	—	—	—	—	—	10
针灸推拿学	—	—	—	—	24	55	60	46	140	70	395
计算机网络技术	—	—	—	—	52	58	47	41	37	26	261
艺术设计	—	—	—	—	47	39	42	40	1	8	177
文化事业管理	—	—	—	—	—	—	—	—	6	5	11
合 计	—	53	70	115	149	193	183	143	193	109	1208

2. 本科和专科起点本科专业设置及招生情况

学院夜大本科的培养目标是:培养德、智、体全面发展,具有扎实的专业理论知识和技能、良好的文化与科学素质的应用型专门人才。2001—2010 年学院夜大共招收专科起点本科生 631 人(见表 7.2-20)。

表 7.2-20　2001—2010 年夜大专科起点本科专业设置及招生情况一览表　　单位：人

招生专业 \ 招生年份	2001	2002	2003	2004	2005	2006	2007	2008	2009	2010	合计
教育学	30	30	30	79	31	40	36	32	42	15	365
艺术设计			15	17	10	1	14	13			70
针灸推拿学			23	15	11	8	13	32	38	31	171
计算机科学与技术				2	3						5
公共事业管理									11	9	20
合　计	30	30	68	113	55	49	63	77	91	55	631

3. 新专业申报

2001 年，申报教育学(特殊教育)新专业。

2002 年，申报听力语言康复技术新专业。

2003 年，申报钢琴调律、针灸推拿学、计算机应用技术新专业。

2004 年，申报针灸推拿学新专业(专升本)。

2005 年，申报教育学(听力语言康复)、计算机网络技术、艺术设计专业。

2009 年，申报文化事业管理专业。

4. 教学管理

成教部负责成人教育系列的学生日常管理及学籍管理工作。包括：学生报到、注册、学籍资料的存储与填报、学生学籍异动及处分的管理与申报、学生毕业资格审查与毕业证的发放、学位资格审查与学位证书的发放；负责各种职业技能证书的申报、审定与发放。2001 年，学院成教部门启动了学籍管理电子化工作，于 2003 年完成了电子注册管理工作。2008 年，成教学生的学籍变动改由学校网上统一办理。2009 年，学校统一成教学生招生工作，学院的招生代码 067 停止使用。

学院重视继续教育教学质量保障体系建设。成教部负责学院成人教育系列教学的教学监控管理，相关系、部等教学部门负责各专业的教学计划制订、专业设置的调研与调整、教师授课安排等教务工作。学院成立了成人夜大教学视导组，实现了按教学计划、教学大纲对教学进行管理，并对管理过程进行控制。成教部有听课查课、检查学生考勤等制度。2009 年，对本科学生的毕业论文/设计采用统一的指导手册，记录学生毕业设计过程、教师指导过程和答辩评阅内容。成教部在成人教育招生与考试过程中，认真负责和严格把关。成教部每年 4 月至 12 月承担北京市成人高考面向残疾人单考单招工作，负责咨询、报名及报名数据上传、命题、组考、考场、阅卷及成绩上传、配合考试院录取及录取数据上传等项工作。

5. 毕业生情况

2001—2010 年夜大毕业生为专科 623 人；本科 372 人；取得学士学位的 102 人(见表 7.2-21)。

表 7.2-21　2001—2010 年夜大本专科毕业生情况一览表

年份	专　业	学历种类	毕业生人数	取得学士学位人数
2004	听力语言康复技术	专科	47	—
	教育学	专科起点本科	27	4
2005	教育学	专科起点本科	28	4
2006	听力语言康复技术	专科	39	—
	钢琴调律	专科	5	—
2007	听力语言康复技术	专科	46	—
	计算机网络技术	专科	13	—
	钢琴调律	专科	1	—
	教育学	专科起点本科	66	33
	艺术设计	专科起点本科	14	
	针灸推拿学	专科起点本科	23	
2008	听力语言康复技术	专科	26	—
	计算机网络技术	专科	52	—
	艺术设计	专科	47	—
	针灸推拿学	专科	15	—
	教育学	专科起点本科	42	23
	计算机科学与技术	专科起点本科	2	
	艺术设计	专科起点本科	14	
	针灸推拿学	专科起点本科	15	
2009	听力语言康复技术	专科	33	—
	计算机网络技术	专科	92	—
	艺术设计	专科	41	—
	针灸推拿学	专科	24	—
	教育学	专科起点本科	33	20
	计算机科学与技术	专科起点本科	1	
	艺术设计	专科起点本科	41	
	针灸推拿学	专科起点本科	12	
2009	听力语言康复技术	专科	24	—
	计算机网络技术	专科	34	—
	艺术设计	专科	32	—
	针灸推拿学	专科	52	—
	教育学	专科起点本科	31	18
	艺术设计	专科起点本科	10	
	针灸推拿学	专科起点本科	13	
合　计			995	102

(二) 高等教育自学考试及电大远程教育

学院是北京市考试院自考办公室批准的教学点，设有网络技术应用、办公自动化等专业，2001 年至今共招收自考学生 1000 余人。

在北京市残疾人联合会教育就业部大力支持下，经中央广播电视大学批准，北京广播电视大学北京联合大学特殊教育学院教学点(以下简称"联大特教教学点")2005 年正式成立。联大特教教学点秉承全心全意为残疾人终身教育服务的指导精神，认真履行本职工作，使残疾人学生足不出户地接受现代的远程学历教育,为残疾人学生提供了难得的学习机会。联大特教学点开设专科学历教育,设有数字媒体设计与制作专业,现有在籍学生40人,其中残疾人10人,占学生总数的25%。

(三)非学历教育

2005年,学院培训中心由院成教部注册成立。中心面向社会、行业、各专业领域,依托学院为社会提供培训服务,是社会在职人员参加手语、语言康复师等岗位培训的继续教育基地。在非学历教育中,主要对专业技术人员进行短期培训和面向社会进行成人高考考前辅导。2009年、2010年承担中残联、北京市残联的阳光工程,先后培训了近百名全国各地视障人员。此外,成教部还与中国盲人按摩协会开通了培训考试网,搭建了自主招生与合作平台,对学院各类成人招生和辅导班招生工作起到了积极的推动作用。学院培训机构先后举办了“NIT能力考试”“中国手语等级”“语言康复师等级”考试辅导班和主考业务。

(四)合作办学

2004年8月与云南省残疾人联合会直属云南华夏中专合作办学;

2004年8月与湖南省残疾人联合会直属湖南特殊教育学校合作办学;

2009年1月与中国盲人协会合作办学;

2009年5月与北京市盲人按摩指导中心共同承担“国家阳光工程培训计划”至今;

2009年8月与贵州省残疾人联合会合作办学。

第三节 科学研究与社会服务

一、科研机构

经2003年7月10日学校党委第92次常委会研究,成立北京联合大学特殊教育研究所。该研究所为校级科研机构。院长许家成教授担任所长,赵向东博士为专职研究人员。

学院设有文献室,主要收藏特殊教育、学前教育、心理学、医学康复等与特殊教育相关的专业文献。文献室致力于为学院了解国内外学科发展动态和凝练学科研究方向服务;为教师和研究人员的研究课题提供相关文献检索服务;为特殊教育及相关专业的大学生专业学习和毕业论文写作提供文献资料查询。文献室收藏有70种公开发表的中文期刊、15种中文内刊,最早订阅年份可追溯至1994年;28种特殊教育权威英文期刊,最早订阅年份可追溯至2000年;专业图书包括中文港台图书220余册,英文图书660余册。

二、科研管理

(一)机构设置

学院于2001年设立科研部,2005年更名为科研处。

(二)科研工作重要决定及事项

2004年,《汉语盲文简写方案》(04BYY005)被批准为国家社科基金项目。2009年通过结项评审,国家社科基金评审专家对该项目给予了高度评价,鉴定等级为优秀。

2005年3月,与奥组委讨论"手语项目"工作。2005年4月为北京市教委撰写2008年奥运会残疾人服务培训方案,开始参与2008年奥运会志愿者培训工作。2006年6月为奥组委起草《北京残奥志愿者行动方案》《北京残奥会志愿者培训大纲》《北京残奥会志愿者培训试点方案》。2006年12月承担残奥会志愿者试点培训工作。2007年9月被批准为"北京残奥会志愿者综合型培训基地",承担三期北京残奥会志愿者培训师资的培训工作。2007年11月承担北京残奥会助残技能教学片的设计与拍摄工作。2008年1月至7月承担北京残奥会1—14期骨干志愿者的培训工作。

2005年,建立特殊教育学科基地,基地学校有北京市海淀培智中心学校、北京市宣武区培智中心学校、北京市东城区特殊教育学校、北京市西城培智中心学校、北京市第二聋人学校、北京市昌平区巩华中心小学、北京市宣武区上斜街小学、北京市东城区西总布小学、北京市朝阳区新源西里小学。

2006年11月,与美国IBM公司合作,开展聋人语音识别问题的合作研究。

2006年,与首都师范大学合作,申报北京市教委专项"残障学生数字化教学实验室建设",该项目得到北京市教委领导孙善学的支持。数字化无障碍教学技术创新平台开发由资源中心、数字化教学空间(数字化教学实验室)和个别化学习系统(个别化学习实验室)和个人学习终端等四部分构成。

2006—2008年,特殊教育创新团队成为北京市第一批学术创新团队,带头人为许家成教授。2009至今成为北京市第二批学术创新团队。

2008年3月,受教育部基教司委托承担"培智学校义务教育课程标准的研制"工作,许家成教授担任组长。2009年12月结项。

2008年9月,受北京市教委委托,承担了第一期北京市学前特殊教育师资培训工作,培训了80名学前特殊教育师资。2010年9月受北京市教委委托,承担了第二期北京市学前特殊教育师资培训工作,培训了130名学前特殊教育师资。

2009年1月,开始筹备教育学学科的申硕工作,许家成教授为学科牵头人。

2009年12月26日,召开2009年度北京市重点建设学科学术月活动,对北京市特殊教育重点建设学科暨首都特殊教育创新团队学术研究成果进行全面整理和提炼。

(三)科研工作重要会议

2003年,召开学科建设与科研工作会,出台了学院《2003—2008年学科建设规划》《2003—2008年科研工作规划》。

2004年1月9日,在校本部举行"北京联合大学特殊教育研究所成立暨首届学术演讲会"。

2004年11月19日,召开中青年骨干教师学科建设座谈会,40余名中青年骨干教师参加了会议。许家成教授作了《在"首都教育"理念下的"首都特殊教育"学科建设》的报告。

2004年12月17日,召开"关于建立特殊教育学科研究平台座谈会",拟建立两个学科平台和一个基地,两个平台是信息资料平台和研究模式平台,一个基地是特殊教育实验基地。

2005年3月28—30日举办"特殊教育与音乐治疗讲座",开始启动音乐治疗研究工作。

2005年9月24日召开香港与内地合作的"弱智儿童语文校本课程编写及教学实验"项目成果发布会。会议发布了国内第一套依据普通话版本的儿童语言发展阶梯编制的、适合于弱智儿童使用的特殊教育语文课程套件。

2005年12月17—18日召开首都特殊教育学科专业建设及实习基地建设工作会。学院领导、基地学校的校长及部分教师参加了会议。

2007年6月3日召开“首都特殊教育创新团队基地学校工作会”，西总布小学、上斜街小学、新源西里小学、海淀培智、西城培智、第二聋人学校、巩华中心小学、安华学校、东城培智、启华中心、宣武培智及特殊教育学院的学科骨干教师参加了会议。

2007年12月22—23日召开随班就读学校支持性教育课堂教学策略研讨会。

2008年6月14—15日召开特殊教育创新团队结题工作研讨会，同年特殊教育创新团队通过绩效考评。

2009年6月召开学科与科研工作会，会议对学科与科研工作进行了回顾与总结，制定了学科与科研工作下一阶段的思路。

三、科研成果

（一）重大科研项目

2001—2010年学院重大科研项目情况详见表7.3-1。

表7.3-1　2001—2010年重大科研项目一览表

序号	项目名称	项目编号	项目来源	负责人	立项时间/年
1	因材施教的理论与研究	DHB010621	全国教育科学规划办公室	刘全礼	2002
2	残疾人中等与高等职业教育专业与课程设置和衔接的研究	教基司函(2002)38号	教育部基教司	曲学利	2002
3	大差异班级教育的基本理论与模式研究	教基司函(2002)38号	教育部基教司	覃海琪	2002
4	孤独症儿童少年教育安置和相关教学策略的理论与实践研究	教基司函(2002)53号	教育部基教司	王　梅	2002
5	音乐治疗在智障儿童教育中的作用	教基司函(2002)38号	教育部基教司	陈　莞	2002
6	智力落后和孤独症儿童早期干预模式与实施方法的实验研究	ACA02180	北京市教育科学规划办公室	王　梅	2002
7	弱智学校语文课本套件的编制与教学实验	横　向	香港保良局	许家成	2002
8	听力语言康复专业的整体课程改革与实验研究	DIA030164	全国教育科学规划办公室	吴立平	2003
9	网络技术在北京市残疾人教育中应用的研究与实验	ACA03033	北京市教育科学规划办公室	曲学利	2003
10	聋人笔谈系统训练	ECB03096	北京市教育科学规划办公室	吴　铃	2003
11	野生堇菜属植物综合开发利用的研究	KB200311417154	北京市教委	孙燕峰	2003
12	随班就读资源教室建设与资源教师的培养研究	横　向	北京市教委	刘全礼	2003
13	菊属植物多倍体的产生及进化途径	横　向	北京大学	鲍平秋	2003

续表

序号	项目名称	项目编号	项目来源	负责人	立项时间/年
14	关于建设延庆县青少年环境教育活动中心具体方案的研究	横　向	北京自然博物馆	鲍平秋	2003
15	汉语盲文简写方案	04BYY005	全国哲学社会科学规划办公室	钟经华	2004
16	基于 PASS 理论对智力落后儿童认知特点及尝试性干预的研究	SM200411417001	北京市教委	许家成	2004
17	高等教育与残疾人——北京 15 所高等残疾学生现状调查	SM200411417010	北京市教委	赵向东	2004
18	中国残疾人大学生就业状况调查及对策研究	横　向	中残联教就部	许家成	2004
19	智力残疾预防与康复(一期)	横　向	中残联康复部	许家成	2004
20	北京市随班就读资源教室	横　向	北京市教委	许家成	2004
21	关于提高几种园林地被植物抗寒、抗旱性能的研究	KM200511417006	北京市教委	鲍平秋	2005
22	汉语盲文同音词缩写方案的研究	SM200511417009	北京市教委	钟经华	2005
23	中韩手语比较研究	横　向	韩国拿撒勒大学	吴　铃	2005
24	菊花染色体研究	横　向	北京大学	鲍平秋	2005
25	菊属染色体倍性研究	横　向	北京大学	鲍平秋	2005
26	创新团队(第一期)	专　项	北京市教委	许家成	2005
27	学科建设资助(100 万元)	专　项	北京市教委	许家成	2005
28	创新团队(第一期)	专　项	北京市教委	许家成	2006
29	音乐治疗在特殊教育早期干预中的应用研究	ACA06056	北京市教育科学规划办公室	陈　莞	2006
30	聋人教学无障碍研究	SM200611417012	北京市教委	李啟隆	2006
31	聋教育仿真教学平台	KM200711417010	北京市教委	韩玉敏	2007
32	盲人定向行走训练技术标准	横　向	中残联康复部	钟经华	2007
33	儿童自闭症研究	横　向	中国残疾人福利基金会	曲学利	2007
34	残疾人高等教育院校教育资源配置研究		中国高等教育学会	边　丽	2007
35	北京市残疾人受教育状况及公平性研究		中国高等教育学会	麻一青	2007
36	聋人高等教育计算机专业教学内容和课程体系改革的研究		中国高等教育学会	毛世春	2007
37	残疾人就业辅导研究	横　向	远东集团	许家成	2007
38	智力残疾预防与康复(二期)	横　向	中瑞合作	许家成	2007
39	语文校本课程(二期)	横　向	香港保良局	许家成	2007
40	无障碍教学环境研究	专　项	北京市教委	许家成	2007
41	普通学校教师特殊教育培训支持体系建设研究	ACA08016	北京市教育科学规划办公室	钟经华	2008

续表

序号	项目名称	项目编号	项目来源	负责人	立项时间/年
42	孤独症机构建设评估标准	横　向	中残联康复部	王　梅	2008
43	全国培智学校课程标准	横　向	教育部基教司	许家成	2008
44	残奥会骨干志愿者培训模式研究	横　向	奥组委志愿者部	许家成	2008
45	残奥会志愿者培训模式与体系研究	横　向	奥组委志愿者部	许家成	2008
46	残奥会志愿者培训教学模式研究	横　向	奥组委志愿者部	许家成	2008
47	学科与研究生教育——残疾人用品用具专利应用研究	专　项	北京市教委	钟经华	2008
48	科研基地(科技创新平台)首都特殊教育	专　项	北京市教委	许家成	2008
49	科研基地(科技创新平台)——数字化无障碍教学技术	专　项	北京市教委	许家成	2008
50	科研基地——首都特殊教育科研平台	专　项	北京市教委	许家成	2008
51	北京市重点建设学科——特殊教育	专　项	北京市教委	许家成	2008
52	北京市学前特殊教育师资培训	专　项	北京市教委	许家成	2008
53	游戏治疗在孤独症幼儿康复训练中的应用研究	SM200911417006	北京市教委	毛颖梅	2009
54	残疾人高等教育个案研究	09YJE880002	教育部高教司	麻一青	2009
55	创新团队(第二期)	专　项	北京市教委	许家成	2009
56	北京市小学生语文学习障碍课程本位测量题库的研制及试用	SM201011417003	北京市教委	张　旭	2010
57	“特娇”“特俏”月季新品种耐旱性抗逆性研究	KM201011417012	北京市教委	鲍平秋	2010
58	学科与研究生教育(重点学科)——特殊教育学	专　项	北京市教委	许家成	2010
59	学科与研究生教育(学科建设重点学科)——特殊教育学	专　项	北京市教委	许家成	2010
60	科研基地(科技创新平台)——首都特殊教育科研平台	专　项	北京市教委	许家成	2010
61	听力障碍大学生思想政治教育模式的研究	1109JC1101	北京市委教工委	陆忠华	2010
62	“十二五”特教设施重大规划研究	横　向	北京国信兴业国际工程咨询有限公司	许家成	2010
63	盲人盲文的水平等级评定	横　向	中国科学院自动化研究所	许家成	2010

(二)重要学术著作与论文

1. 重要学术著作

2001—2010年学院教职工出版的重要学术著作见表7.3-2。

表7.3-2 2001—2010年教职工出版的重要学术著作一览表

序号	著作名称	主　编	出版社	出版年
1	改变和塑造孩子的行为	刘全礼	中国妇女出版社	2001
2	发现和培养孩子的才能	刘全礼	中国妇女出版社	2001
3	有效提升孩子的学习能力	刘全礼	中国妇女出版社	2001
4	听障儿童康复教师职业道德修养	曲学利	新华出版社	2004
5	智障儿童的音乐治疗	陈　莞	华夏出版社	2004
6	儿童行为塑造及行为问题矫治	刘全礼	中国妇女出版社	2004
7	听障儿童言语训练标准教程	吴立平	中国青少年音像出版社	2006
8	生态设计	刘晓陶	山东美术出版社	2006
9	生态雕塑	刘晓陶	山东美术出版社	2006
10	生态园林	刘晓陶	山东美术出版社	2006
11	生态建筑	刘晓陶	山东美术出版社	2006
12	视力残疾儿童教育学	钟经华	华夏出版社	2006
13	资源教室的建设与运作	许家成	华夏出版社	2006
14	特殊儿童心理咨询概论	毛颖梅	天津教育出版社	2007
15	孤独症儿童的教育与康复训练	王　梅	华夏出版社	2007
16	学业不良儿童教育学	刘全礼	天津教育出版社	2007
17	随班就读教育学	刘全礼	天津教育出版社	2007
18	残障儿童的早期干预概论	刘全礼	天津教育出版社	2007
19	特殊的家庭教育	刘全礼	天津教育出版社	2007
20	学习障碍儿童教育概论	毛荣建	天津教育出版社	2007
21	智力落后儿童的特点与教育纲要	刘全礼	天津教育出版社	2008
22	聋人大学生汉语课程开发	张会文	华夏出版社	2009
23	孤独症儿童情绪调整与人际交往训练指南	王　梅	中国妇女出版社	2009
24	残疾人大学生思想政治教育研究	宋志强	中央民族大学出版社	2009
25	学业不良儿童的特征与对策	刘全礼	新蕾出版社	2009
26	教育咨询学引论	刘全礼	新蕾出版社	2009
27	特殊儿童游戏治疗	毛颖梅	文苑出版社	2010
28	残疾人犯罪与法律援助研究	党建强	中国商务出版社	2010
29	唐代隶书略论	姚铁力	吉林文史出版社	2010

2. 重要学术论文

2001—2010年学院教职工发表的重要学术论文数量统计见表7.3-3。

表7.3-3 2001—2010年发表的重要学术论文数量统计表

年　份	2001	2002	2003	2004	2005	2006	2007	2008	2009	2010	合　计
篇　数	8	7	5	12	22	16	10	11	20	14	125

（三）专利技术

2003—2010 年学院授权专利详见表 7.3-4。

表 7.3-4　2003—2010 年授权专利一览表

序号	专利名称	发明人	专利类型	授权号	授权日期
1	盲文数学运算正写字板	钟经华	实用新型	02252421.5	2003
2	盲文插算算盘	钟经华	实用新型	200420092368.7	2005
3	盲文作图板	钟经华	实用新型	200420013904.X	2006
4	新特视障人员考试系统	安俊英	软件著作权登记	2006SR07391	2006
5	聋人安全紧急惊醒装置	钟经华	实用新型	200620008784.3	2007
6	低视力阅读定行架	钟经华	实用新型	200720187117.0	2008
7	听障学生学习计算机程序设计语言的仿真教学仪	韩玉敏	实用新型	ZL200720305511.X	2008
8	聋教育仿真教学系统 V1.0	韩玉敏	软件著作权登记	2008SR13288	2008
9	月季新品种“特俏”	鲍平秋	发明专利	20080026	2008
10	月季新品种“特娇”	鲍平秋	发明专利	20080025	2008
11	盲文几何图形模板	钟经华、李朝煦（外校）、国家亮（外校）	实用新型	ZL200820114917.4	2009.03.04
12	盲文曲线绘图单点钳	钟经华、韩玉敏、刘金华（外校）	实用新型	ZL200820114670.6	2009.03.04
13	联大数字电路仿真教学软件	李啟隆	外观设计专利、软件登记	2009SR017080	2009.05.10
14	盲童学习机	韩玉敏	实用新型	ZL200820114484.2	2009.06.10
15	机器人电路学习机	韩玉敏	实用新型	ZL200820134945.2	2009.06.24
16	盲文绘图模板	钟经华、曲欣、高雪珍（外校）	实用新型	ZL200820178420.9	2009.09.16
17	正余弦函数图像盲文模板	钟经华、郝传萍	外观设计专利、软件登记	ZL200830249416.2	2009.11.04
18	盲文模板（抛物线函数图像）	钟经华、曲欣、国家亮（外校）	外观设计专利、软件登记	ZL200830249414.3	2009.11.04
19	双曲线函数图像盲文模板	钟经华、韩玉敏、刘金华（外校）	外观设计专利、软件登记	ZL200830249415.8	2009.11.04
20	盲用多功能计量教具	韩玉敏	实用新型	ZL200920145633.6	2010.02.03
21	盲文模板（正切弦函数图像）	钟经华	外观设计专利、软件登记	ZL200830249417.7	2010.02.15
22	低视力阅读专用窗	曹　艳	实用新型	ZL201020137861.1	2010.03.01
23	椭圆函数图像盲文模板	钟经华	外观设计专利、软件登记	ZL200830249413.9	2010.05.12
24	现行盲文简写标注软件	钟经华、韩萍、李啟隆	成果转让	2010SR022943	2010.05.17

续表

序号	专利名称	发明人	专利类型	授权号	授权日期
25	盲文插算盘	钟经华、韩玉敏、曲欣	实用新型	ZL200920216472.5	2010.06.23
26	盲文辅助学习器	韩玉敏	实用新型	ZL200920157724.1	2010.08.08
27	聋人唤醒报警器	钟经华、黄标	实用新型	ZL200920216471.0	2010.09.15

(四)重要奖项

2006年刘全礼老师的《特殊教育导论》获北京市第九届哲学社会科学优秀成果二等奖。

四、主办(承办)的国际国内重要学术会议和学术报告

2004年7月,举办"2004年国际特殊教育学者讲坛",邀请美国堪萨斯大学毕奇残障家庭研究中心路得特·恩布尔、安特·恩布尔、王勉及北京师范大学、中残联的领导与专家。主题为:智力残疾儿童早期干预教育家庭教育的新发展、智力残疾新概念、正向行为支持的理论与技术、智力残疾儿童教育课程与教学改革的新进展、智力障碍教育新趋势。

2005年10月24—28日,举办"2005年国际特殊教育学者讲坛",邀请国际著名特殊儿童音乐治疗大师克莱夫·罗宾斯博士进行音乐治疗方法体系的讲座。邀请全国10所高等教育院校的音乐教师和20余所特教学校音乐教师参加了讲座。

2006年10月21日,举办"2006年国际特殊教育学者讲坛",邀请美国智力障碍协会前任主席、国际智力障碍者生活质量研究组领导人、美国内布拉斯州黑斯廷斯学院心理学教授夏洛克进行"智力障碍者生活质量、支持性生活和支持性就业"的演讲。苏珊教授进行适应体育的演讲。挪威专家进行特殊教育研究方法的讲座。

2007年7月,举办"2007年国际特殊教育学者讲坛",邀请美国、韩国、日本、英国、加拿大等国家、港澳台及国内的著名特殊教育专家学者出席并进行演讲。美籍华人张大伦教授进行了残疾人职业教育与转型策略专题学术报告。

2008年10月,举办"2008年国际特殊教育学者讲坛",邀请美国、中国台湾、中国香港的专家进行了智力残疾康复、培智学校课程方面的演讲。

2009年10月,举办"2009年国际特殊教育学者讲坛",邀请美国、中国台湾学者进行了适应体育、游戏治疗等专题演讲。

2010年5月26—30日,举办环太平洋地区残疾人特殊教育研讨协作暨首都特殊教育创新团队学术研究与成果交流会,邀请了美国、新西兰、澳大利亚、泰国和中国香港以及国内北京师范大学、华东师范大学、西南大学、重庆师范大学的专家参加会议。

五、产学研合作及社会服务

(一)校企合作

2002年9月19日,学院生物与医学系与北京大地科技发展有限责任公司合作承担的市科委项目"紫叶酢浆草繁殖研究"通过专家鉴定。

2004年10月14日,学院与美国IBM公司签署《特殊教育领域合作框架协议》,拟就面向残疾学生的Linux及其他开放标准和开放源码技术的课程建设和人才培养、残疾人应用

软件开发等项目开展合作。院长许家成与IBM公司大中华区人力资源部总监郭希文女士作为授权代表在协议书上签字。

2005年6月7日，IBM公司与中国残疾人福利基金会共同签署信息无障碍助残项目启动。中国残联党组成员、中国残疾人福利基金会常务副理事长刘雪冬、中国盲人协会常务副主席李伟洪、中国聋人协会主席杨洋、中国残疾人福利基金会副秘书长邢建绪、中国盲人出版社社长张伟、IBM全球信息无障碍中心主任王馥明、IBM大中华区战略发展部总监吴宝淳、IBM中国信息无障碍中心主任郭维德、学院党委书记曲学利、院长许家成及相关领导和师生参加。

（二）智力支持与成果转化

1. 2007年，学院成为2008年残奥会志愿者培训组织基地。应北京奥组委的要求，学院承担了协助奥组委制定残奥会志愿者培训工作方案，编写培训教材，组织试点培训工作及制订培训基地方案等多项工作。许家成教授被聘请为顾问，韩萍、郝传萍、钟经华、冯希杰作为专家参与此项工作。

2. 2008—2010年，学院参与《中国盲文》《中国盲文音乐符号》《中国盲文数学、物理、化学符号》国家标准的起草工作。

3. 2008—2009年，承担中国残疾人联合会委托的制定《盲人定向行走训练指导师任职标准》的项目。

4. 受教育部委托，承担制定全国培智学校课程标准的项目，许家成教授任项目组组长，各省智障教育专家组成专家小组。2009年12月完成《培智学校义务教育课程标准》的制定。

（三）学生项目与活动

学院利用暑期（2002—2010年共开展6次）到内蒙古自治区兴安盟科尔沁右翼前旗进行社会实践，将专业知识技能用于社会服务。学生们深入贫困地区的贫困家庭或有残疾儿童的家庭开展支教活动，始终和贫困家庭的子女生活在一起，与他们同吃、同住、同学习、同劳动。利用这短短的时间将自己所学的知识传授给当地学生，将自己学习到的康复技能用于脑瘫孩子的康复训练，手把手地将康复手段与技术传授给残疾儿童的家长，学生们用自己的行动影响着社会，在实践中实现为社会服务的高校职能。

学院社团在服务社会方面不断探索新途径。按摩社团全部是视障学生，他们用"示范社团"的标准要求自己，经常在校内外开展公益活动。他们开办的按摩活动站在社区产生很大影响，2004年5月被丰台东铁营街道团委评为"先进志愿服务团队"。针灸推拿社还在学院内部开展了一系列健康论坛、讲座活动，为学院师生讲授健康知识，帮助大家解决一些日常生活保健的小问题。"虽然我们的专业知识还比较有限，但是我们还是希望用自己的所学为大家多做一些"，同学们是这么说的，更是这样做的，他们利用午休和晚自习时间，多年坚持为教师提供健康保健按摩。手语社以听障生和健全生为主，至今已成功举办了四届北京市高校大学生手语比赛，几任社长中有3名残疾大学生，他们在学校和北京市高校大学生手语普及活动中做了大量工作，成绩显著，受到高校学生的信任和好评，在北京市高校大学生中具有一定影响。

第四节　队伍建设与人事管理

一、师资队伍建设

（一）基本情况

2001年，学院共有教师56人，其中副高级职称16人，中级职称25人，初级职称15人。教师中有硕士学位者4人，其余均为本科学历。面对基础薄弱的师资队伍现况，学院采取了各种措施进行教师资源的优化配置，制定了提高师资队伍学历的《关于教师进修培训的规定》(联特文〔2002〕22号)文件，通过师资引进和内部培养相结合的多种方式，优化教师队伍结构，提高教师的整体水平。经过10年的发展，2001—2010年学院引进、培养博士9人、硕士36人、在读硕士2人。截至2010年12月31日，学院有专职教师65人，教师中有教授4人，占教师总数的6.2%；副教授17人，占教师总数的26.2%；讲师41人，占教师总数的63.1%；助教3人，占教师总数的4.6%。博士生10人，占教师总数的15.4%；硕士生42人，占教师总数的64.6%；本科生13人，占教师总数的2%。10年中学院的师资队伍数量和结构有了较大的提高和改善(见表7.4-1)。

表7.4-1　2001—2010年在职正高级专业技术人员及享受政府特殊津贴人员名单

年　份	正高级专业技术人员	享受政府特殊津贴人员
2001	许家成	许家成
2002	许家成	许家成
2003	许家成	许家成、姜春梅
2004	许家成	许家成、姜春梅
2005	许家成、刘全礼	许家成、姜春梅
2006	许家成、刘全礼、钟经华、曲学利	许家成、姜春梅
2007	许家成、刘全礼、钟经华、曲学利	许家成、姜春梅
2008	许家成、刘全礼、钟经华、曲学利	许家成、姜春梅
2009	许家成、刘全礼、钟经华、曲学利	许家成
2010	许家成、刘全礼、钟经华、滕祥东、王梅	许家成

（二）建设措施与制度

为优化师资队伍结构，提高其整体水平，培养人才、引进人才和用好人才，学院制定了有利于调动广大教师工作积极性，有利于鼓励优秀人才脱颖而出，有利于吸引人才、爱才用才的制度，制订并实施了学院学科专业队伍建设规划，建立梯队，为各类人才发挥聪明才智提供良好的条件，创建了特教“事业留人、感情留人、待遇和机会留人”的良好环境。

1．重要制度

学院实行“引进”和“培养”相结合的人才队伍建设制度。

学院为加强人才队伍建设，不断加强人才引进的力度。人才引进工作由主管人事工作的院领导亲自负责，职能管理部门为人事处。学院按照学校《北京联合大学关于校本部引进人才暂行办法》(京联人〔2003〕14 号)、《关于印发〈北京联合大学关于引进人才暂行办法〉的补充办法的通知》(京联人〔2004〕23 号)、《关于印发〈北京联合大学 2005 年引进人才暂行办法〉的通知》(京联人〔2005〕5 号)、《关于印发〈北京联合大学 2006 年引进人才办法〉的通知》(京联人〔2006〕3 号)等文件开展人才引进工作。人事处每年负责按教学单位的实际情况和生师比情况制订下一年度的人才需求计划,经学院党政联席会研究通过后报校人事处,根据校人事处核定的指标发布招聘信息、负责人才招聘和考核工作及协调落实引进人才的相关待遇。

在人才引进的同时,为了鼓励在职教师提高学历层次和综合素质,学院根据学校关于师资队伍培养的文件精神,制定了师资队伍培养的文件《关于教师进修培训的规定》(联特文〔2002〕22 号)文件,对教师岗前培训、研究生主要课程进修、硕士学位进修、博士学位进修、国内访问学者、教授学术休假、单科进修、转岗培训、外语进修、新教师培训等各类教师培训项目进行了规定,对教师攻读硕士学位给予报销 2/3 学费和 500 元资料费。行政管理人员报销 1/2 学费。同时,学院还认真组织实施了教师的岗前培训及行业企业实践。10 年间,学院所有教师都参加了岗前培训;5 名教师攻读并取得了博士学位,12 名教师攻读并取得了硕士学位;12 名教师赴国内外高校研修;33 名教师完成了行业企业实践;全院教师均参加了北京市人才强教项目的培训,积累了丰富的教学实践经验。

2. 措施

(1) 加强师德师风建设,把师德师风建设作为教师思想政治工作的重要内容,组织开展了“师德规范知识问答“活动和”践行师德师风”征文活动,提升教师的思想修养,加强师德规范意识,提高教师的思想政治素质,使教师树立正确的人生观、献身特殊教育事业的理想和信念。

(2) 设立师资队伍建设基金(含教研、科研奖励基金),用于教师的进修、学习、学术活动、人才引进以及教研、科研经费、奖励等开支。

(3) 提高师资队伍学历。出台文件鼓励在职中青年教师攻读硕士、博士学位。努力创造有利条件,鼓励在职教师分期分批到高校进修、攻读学位,更新知识,提高业务水平和学历层次。

(4) 大力开展各种能力建设。学院在师资队伍建设中还加强了对教师执教能力的建设,举办了多期手语、盲文培训班,以提高教师的特殊教育技能。2003 年、2005 年、2006 年、2008 年分别举办了四届“青年教师教学基本功大赛”,组织青年教师到长春大学特教学院和长春特教学校进行“深入课堂,走访魅力人物”的实地考察活动,通过各种活动全面提高教师的执教能力和水平。

(5) 学院各专业积极从实习医院、科研机构、高校聘请一批有丰富实践经验、高水平的副教授、教授为兼职教师,请他们到学院举办讲座或承担教学任务,或承担实习带教任务,建立了一支稳定的、高水平的兼职教师队伍,提高了教学质量。

(6) 建立教师考核和表彰制度。在量化考核的基础上,建立科学有效的教师考核评价制度,完善教学督导制,从德、能、勤、绩等方面定期进行考核,使教师考核工作制度化、规范化和科学化。设立优秀教师、优秀教学成果奖、优秀科研成果奖、优秀教学奖、优秀论文奖、优秀教案奖等奖项,对在教学、教研、科研以及教书育人等方面做出突出成绩的教师予以表彰。

(7) 加大学院人事制度和分配制度的改革力度。在完善全员聘任制的基础上,进一步深化改革,按照“按需设岗,评聘分开,竞争上岗,择优聘用,优劳优酬”的原则,实行"一流人才,一流业绩,一流报酬"的分配政策,建立起符合学院实际、促进学院发展的全新的人事制度和分配制度。

(8) 关心教师的工作和生活,逐年提高教师待遇。为了充分调动广大教师的积极性和创造性,各级干部都非常关心教师的工作和生活,进一步优化教学、科研环境,帮助解决教师的实际困难。在教育事业不断发展的同时,学院通过不断深化人事制度改革逐年提高教师的待遇,努力做到“事业留人,感情留人,政策留人,待遇留人”。

(9) 成立以院长为组长的师资队伍建设领导小组。把师资队伍建设作为学院教育教学工作的首要任务,负责师资队伍建设的组织与领导工作,负责制定相应的政策与制度,并督促贯彻落实。人事处负责师资队伍建设的具体管理与实施工作。

二、人事管理

(一) 人员构成基本情况

2010 年 12 月 31 日,学院有在编教职工 142 人,人事代理人员 18 人,临时工 37 人。在编教职工中有专职教师 65 人,非教师专技人员 32 人,一般管理人员 12 人。

(二) 人事管理制度及其改革

1. 深化各项内部管理体制的改革

学院在 2001 年根据北京市和学校文件的精神,同时参考校本部以及各法人学院的经验,进行了首次岗位聘任和工资分配制度的改革,完成了从中等师范学校工资系列向高校工资系列的转制。2002 年 9 月,在首次聘任的基础上,进一步完善了岗位聘任和工资分配办法,提高了全体教职工的校内工资。

2004 年 4 月,在借鉴学校校本部人事分配制度改革的基础上,学院进一步深化人事分配制度改革的工作,以岗定编,以岗定薪,重新设置了岗位系列和级别,实行岗位聘任,逐步实现各类队伍从身份管理向岗位管理的转变。

2005 年,在学院原有岗位聘任文件的基础上,经过征求干部群众的意见,学院坚持“一切从实际出发,实事求是”“保持岗位聘任的稳定性和连续性,解决突出问题”“按需设岗,公开招聘,平等竞争,择优聘任,择优录取,严格考核,合同管理”等原则,顺利完成了又一次岗位聘任。

2008 年,根据国家和北京市相关文件的要求,学校于 2008 年 12 月 5 日,发布《北京联合大学 2008 年岗位设置管理实施办法》,并于 2008 年年底在全校范围内实施了统一的教职工分类分级聘任。聘任分为专业技术人员(分为教师和非教师专业技术系列)、管理人员、工勤人员三类,每类中又按不同的级别进行划分,统一执行学校制定的聘任标准。

2009 年,根据学校《关于 2009 年全员岗位聘用工作的指导意见》(京联党〔2009〕54 号)文件精神,学院制定了《特殊教育学院 2009 年全员岗位聘用实施办法》(京联特党〔2010〕1 号)文件,开展了全体教职工聘用工作,岗位分为管理岗位、专业技术岗位、工勤技能岗位三种类别。专业技术岗位分为教师岗位和非教师专业技术岗位。通过几次聘任,使人事分配制度改革方案更加合理,更能调动教师的积极性。

2. 专业技术职务晋升制度

2002年根据上级规定,学院按照上级文件精神对所有教师进行了并入高校教师系列的转系列工作,转系列后每年按照上级的规定高级职称在北京市评审,中级职称在学校评审。2006年、2007年根据学校下发的《关于印发〈北京联合大学教师职务岗位设置办法(试行)〉的通知》(京联人〔2006〕48号)、《关于印发〈北京联合大学教师职务聘任工作实施方案〉的通知》(京联人〔2007〕43号)、《关于印发〈北京联合大学专业技术职务社会化评审的申报和聘任方案〉的通知》(京联人〔2007〕44号)及《关于印发〈北京联合大学专业技术职务晋升聘任的必备条件〉的通知》(京联人〔2007〕45号)等文件精神,学院教师专业技术职称评审工作改革为聘任工作,正高级职务由学校聘任,副高级及以下人员由学院聘任。2009年学院制定并执行《关于印发〈北京联合大学特殊教育学院专业技术职务晋升聘任的必备条件〉的通知》(京联特〔2009〕47号)开展评聘工作。2010年依然沿用上述文件开展专业技术职称评聘工作。

3. 考核制度

学院自2002年开始教职工聘任考核工作。规定按学期进行考核,并将考核分为优秀、合格、不合格三个等级,优秀比例控制在在编在岗人员的15%,考核优秀人员给予奖励。程序为被考核人进行个人总结,并填写考核登记表;部门负责人在听取群众意见的基础上,根据被考核人平时工作情况和个人总结写出评语,初步提出考核等级意见;院考核领导小组对各部门申报的考核意见进行审核,确定考核等级;部门负责人将考核结果以书面形式通知被考核人,并归入个人考核文书档案。

4. 福利制度

学院教职工的福利制度主要执行国家、北京市相关规定。此外,依据国家《残疾人教育条例》中"从事残疾人教育的教师、职工根据国家有关规定享受残疾人教育津贴及其他待遇"的法律规定,经上级批准,2007年5月24日,学院制定并下发了《特殊教育津贴发放办法(试行)》(京联特〔2007〕22号)文件,设立了特殊教育津贴。特殊教育津贴由基础特殊教育津贴和岗位特殊教育津贴组成。基础特殊教育津贴的发放标准为在编在岗教职工、人事代理在岗教职工每人每月140元,院管在岗临时工每人每月70元。2007年12月出台《教学部门岗位特殊教育津贴标准及发放办法》(京联特〔2007〕72号)文件,从2007年9月开始执行岗位特殊教育津贴,"以承担学院残疾学生课程的课时为基数,以院教务处按学院相关规定计算出的折合课时为准,每折合课时3元"。2009年3月,根据北京市副市长丁向阳来校调研时关于特教津贴的指示精神,学院调整了特殊教育津贴的发放办法,不再区分特殊教育津贴的项目组成,统称特殊教育津贴,标准调整到每人每月300元。

(三)离退休人员管理

2001年,学院在院党政办公室设立了离退休人员管理岗位,设专职管理人员1人,院党委副书记负责对离退休工作的领导。到2010年年底,学院有离休人员3人,退休人员100人。

在院党委的领导下,学院负责离退休工作的管理人员认真贯彻落实国家对于离退休干部的各项方针政策,落实离退休人员各项待遇,配合离退休党支部做好离退休人员的政治学习、文件传达、参加有关会议和政治活动的组织工作。认真做好老同志的思想政治工作,及时了解、宣传和表扬离退休人员中的好人好事,鼓励他们发扬革命传统,保持革命晚节。组织离退休人员的健康修养、参观工农业生产、科技园地、春游秋游等活动;按有关政策组织离退休人员继续发挥他们的政治优势和技术专长,实现“老有所为”,为首都的经济建设和学院的发展再做贡献。配合有关部门认真做好老同志的医疗保健和每年一次的体检工作。每年对离退休人员进行家访和慰问、探望住院病人,及时了解和反映他们的意见和要求,合理解决他们的实际困难。组织老同志春节团拜会、迎新春文艺联欢会及各种有意义的大型集体活动。配合家属处理好老同志病故善后工作。协助老教育工作者协会积极组织开展丰富多彩的文化、体育、娱乐活动。充分发挥老同志政治优势,协助学院关工委做好关心教育下一代工作。

第五节　学生教育管理

一、学生管理

(一) 组织机构与工作机制

学院设立学生处,全面负责学生教育管理和服务工作。学院在学生教育管理工作具体实践中,通过经验积累与规律探索,在学习借鉴兄弟院校学生教育管理经验的基础上,建立了由院党委副书记分管,学生处、团委、党院办以及基础部思想政治教研室负责的学生工作模式。注重德育教师队伍的建设,除专职学生工作干部外,还为每一个班级配备了兼职班主任。《中共中央国务院关于进一步加强和改进大学生思想政治教育的意见》(中发〔2004〕16号)文件颁布后,学院又根据文件精神的相关要求,配备了专职辅导员,建成了一支比较完备的专职与兼职相结合的德育工作队伍。

(二) 重点工作

为了确保学院培养目标的实现,学院坚持以思想教育为先导,坚持规范化管理,建立与完善学生管理方面的规章制度。根据中华人民共和国教育部令2005年第21号《普通高等学校学生管理规定》的精神和首都大学生行为准则的要求,制定了学生自觉遵章守纪和大学生文明行为养成教育工作、学风建设工作、学生健康发展和成才培养工作、特困生助学工作、优秀学生奖励等一系列学生管理制度,为加强学生的日常管理教育提供了依据和保证。

1. 家庭经济困难学生资助工作

学院在德育工作中,坚持以关爱学生为原则,把开展思想政治教育和解决学生的实际困难结合起来,全力做好特困生工作,动之以情,晓之以理,取得良好的效果。

学院残疾人学生家庭经济困难的比较多,占学院学生总数的50%以上。学院从家庭经济困难学生,特别是家庭经济困难残疾人学生生理、心理特点出发,坚持人道主义,对残疾人学生在学习、生活等方面加大扶持力度。为了帮助贫困学生解决后顾之忧,从新生入学时绿色通道的开辟、特困生信息库的建立、家庭经济困难生的资格认定、国家和社会各项奖助学金评选评定到各项奖助学款项的发放,老师们都以高度的责任感认真细致地去做,并且不断规范工作程序,以做到资助工作有法可依。同时,注意掌握家庭经济困难学生的思想动态,做好心理扶助和思想工作，引导学生正确理解资助的目的和意义，使他们心怀感恩之心，更加自尊、自信、自立、自强，更加勤奋学习，积极回报社会。以2007—2010年为例，每年学院平均完成国家、北京市和社会等奖助学项目10项之多，平均每年落实奖、助学金百万元以上。

2. 学风建设工作

学风建设的水平对人才质量的培养起着重要作用。学院始终把加强学风建设列入学院发展规划，列入重要议事日程，出台文件，成立领导小组，号召全院教职工积极参与。学生处有计划、有组织、创新性地加以落实：一是坚持对学生严格管理，教育学生从小事做起，从点滴的事做起，对残疾人学生不降低要求，做到在校规校纪面前人人平等；二是开展"大学生文明形象标兵"的评选，开展"弘扬志愿精神，建设优良学风""加强诚信教育，严格考试纪律"等一系列教育活动。2001—2010年共举办各种类型的报告会、学术讲座数十场，参加的学生人数达到95%以上；三是开展学习"三性"（自主性、自觉性、创新性）教育，设立了"勤学学子"的评选奖项，开展"优良学风班"评选、"助我成材"读书与演讲、"诚实做人、诚信考试"承诺签名等活动；四是广泛开展社会实践，发动师范生到小学与教育对象紧密接触，利用假期为小学生组织家教，组织学生与企业相关人员座谈、与毕业生座谈等。让学生从实践中汲取学习动力，激发学生树立不断进取的精神；五是全面落实相应的学生学习管理教育激励制度，充分发挥"学生综合素质测评""学生奖励"各项激励作用，坚持"课堂双考勤""课风双评价""早自习检查和考勤"和"班级信息周上报"制度等。坚持管理到位，以营造良好的学风氛围，确保学风建设收到实效。严格的管理制度和生动的教育活动推进学风、校风建设的进程，每年获得国家、北京市、学校、学院和社会各级各类奖学金学生占在读学生人数的35%以上。学院学生处2003—2004学年度、2007—2008学年度分别两次荣获学校"三育人先进单位"光荣称号。

3. 就业指导工作

学院领导高度重视学生就业工作，始终把就业工作作为一把手工程，列为学院建设和发展的重要工作内容。

（1）加强队伍建设

2003年6月学院成立了由党委书记、院长牵头的就业工作领导小组和由学生处处长牵头的学生就业工作指导中心，并选聘了专职人员专门从事就业工作。

（2）建立长效机制，认真规范就业指导工作

为了全面落实好一把手工程，学生处和就业指导中心根据学院学生类别的特殊性，一方面认真全面的规划就业工作方案，另一方面遵照学院的办学思路，从入学第一天起就把职业意识和就业教育作为重要内容列入入学教育内容。并且在学院统筹安排下，将就业指导课作为必修课列入教学计划，在机制上很好地保证了就业教育和就业指导工作的到位。就业指导课的教学，对学生全面正确的了解就业形式、端正就业观念、提高就业能力、合理定位自己给予具体的指导和帮助。

（3）加大和确保就业工作经费的投入，按学生人数有比例如数下拨就业工作经费

（4）建立激励机制，动员一切力量做好就业推荐工作

学院专门出台了《关于教职员工推荐毕业生落实就业岗位的奖励办法》，调动更多的力量参与到就业推荐工作当中来，这一措施的实施对提高就业率起到积极作用。

(5)广开就业渠道、加大服务力度、确保就业率的不断提高,主要采取了以下措施。

第一,对于特殊教育和听力语言康复技术专业的学生而言,学院充分利用特教中心和特教系这一重要资源,随时抓住特教系统开会或活动的机会,了解掌握特教学校的需求信息,并请他们的校长等为学生介绍学校的人才需求标准,动员学生在校期间就主动到学校与学生接触,与学校建立推荐联系,这些措施的实施与探索,为毕业生落实就业单位打下了较好的基础。

第二,从2002年起,学院就积极联系媒体、并通过媒体向社会呼吁给残疾人大学生一个平等的就业机会;并与中国残疾人联合会、北京市残疾人联合会以及北京青年报社等有关部门共同合作,建立了"社会支持"性就业机制,建立就业基地,努力拓展残疾生就业渠道。为了解决全国所有残疾人大学生的就业出路和就业政策问题,在党委书记、院长的带领下,学院还承担了中残联的《关于残疾人大学生就业问题及对策研究》课题的研究。同时积极做好毕业生的追踪与用人单位的调查,并就毕业生的访谈内容及用人单位的意见及时整理向教学部门提出教学改革的建议。这一切都为学生的就业的能力或核心竞争力的提高,帮助学生顺利实现就业发挥了重要作用。

第三,开拓进取,探索残疾人学生顺利就业的新思路。学院紧紧围绕学校培养应用性人才的办学定位,加强学科、专业建设的针对性,增强课程建设和教学的应用性和实践性,并联合和依靠社会残疾人的服务机构,争取社会的更大支持,有针对性地向用人单位推荐毕业生。

在学院教职员工的共同努力下,毕业生就业率逐年提高。院学生处2009年和2010年连续两年荣获学校"就业先进单位"光荣称号。

4. 军训工作

学院领导高度重视学生军训工作,始终把学生军训工作作为学院德育工作和素质教育的重要工作去落实。建立、健全军训工作领导机构。2002年6月成立了由学院主管学生工作院领导、学生处以及各职能部门负责人组成的军训领导小组,定期研究、部署、指导和协调学生军训各项工作事宜,为军训工作的顺利开展提供了切实的组织保障。具体负责部门学生处注重学生军训工作各项规章制度的建设。自2001年开始,先后制定了《北京联大特教学院学生军训工作管理规定》《军训工作管理补充规定》《北京联合大学特殊教育学院学生军训基本要求》《北京联合大学特殊教育学院学生军训注意事项》等相关制度和规定。军训前,与承接军训的单位密切配合,协同做好军事技能训练科目的设计和编排、研究国防教育课程的讲授,做好全面规划,并会同各职能部门做好各项军训保障等工作,使军训工作逐渐制度化、规范化。自2001年—2008年学院分别在中国人民解放军装甲兵工程学院、中国少年军校、北京军区某高炮营进行学生军训。自2007年起,学院在军事技能训练完成的同时,还按照北京市教委军训办公室和学校学生处、武装部的规定,完成军事理论的教学计划和课程讲授工作。2009年、2010年学院严格遵循《北京联合大学军训工作方案》并在学校学生军训指挥部领导组织下实施学生军训工作。学院在军训工作的各个方面成绩突出,在2009年和2010年学校统一组织的学生军训活动中,学院连续两年荣获北京联合大学学生军训活动"优秀组织奖"。

5. 学生违纪处理申诉工作

为规范学生违纪处理工作,加强对违纪学生的全面深入教育引导工作,从2006年学生违纪处理申诉处理分委员会成立起，学院进一步加强和规范了学生违纪处理和违纪学生处理申诉的处理工作，做到学生违纪处理事实清楚确凿，处理依据准确，处理结果合法合理。在对违纪学生违纪行为处理前后注重对学生做深入细致的教育引导工作，提高违纪学生对所犯错误的性质、原因、危害性和改正错误途径的自觉认识。截至 2010 年，违纪学生受到纪律处分后未出现申诉情况，都对处理决定表示认可并在老师的教育引导下积极努力改正错误，争取进步。

（三）重要规章制度

学院制定和规范学生工作相关制度，根据《北京市高校学生管理办法》和《首都大学生行为准则》的要求，制定并编辑了特殊教育学院的《学生手册》。其中，包括：《特殊教育学院学生行为规范》《学生综合素质测评条例》《学生奖励办法》《学生违纪处理条例》《学生考勤管理规定》《学生宿舍管理规定》《特困学生勤工助学活动管理办法》等规章制度，为学生工作的开展创造了条件，提供了保障。

二、思想政治教育

（一）机构设置

1. 学生党建工作负责机构

学院学生党员的培养、发展和教育管理等学生党建工作，是在学院党委领导下由学院学生处党支部(学院第三党支部)负责并具体实施。

2. 学风建设领导小组

为强化和规范学生学风建设，2001 年学院成立了以学院党委副书记为组长，学生处处长为副组长，各系部主任等有关部门负责人组成的学风建设领导小组。

3. 毕业生就业指导中心

为加强学院毕业生就业工作的领导，2003 年 6 月 2 日经学院研究，决定成立学院毕业生就业工作领导小组。组长：王立霞。副组长：牛连华。成员：王文明、李啟隆、吴立平、张松岩、鲍平秋。毕业生就业工作领导小组办公室设在学生处，办公室主任为牛连华(兼)，专职工作人员为王文明。

4. 学生心理危机干预工作组

大学生心理健康教育是大学生德育教育的重要组成部分，学院非常重视学生心理危机干预工作。2008 年 5 月学院成立了由主管学生工作的副书记为组长，各相关部门、各系部负责人及特教系心理教师为组员的学生心理危机干预工作组。

5. 学生违纪处理申诉处理分委员会

为规范学生违纪处理工作，2006 年 3 月 6 日经学院研究，决定成立学生违纪处理申诉处理分委员会。主任：王立霞。副主任：张海川、牛连华、刘建平。成员：卢培勇、刘川、孙玉民、吕淑惠、金鑫、景经、石永恩、陈惠英、邓洋。

6. 学生资助工作领导小组

为推动和规范家庭经济困难学生资助工作，2008 年 6 月 3 日经学院研究，决定成立特教院学生资助工作领导小组。组长:王立霞。副组长:牛连华。成员:王昕、王文明、卢培勇、刘川、吕淑惠、金鑫、邱毅。领导小组办公室设在院学生处,负责日常工作。

7. 学生军训领导小组

2002 年 6 月成立了由主管学生工作院领导、学生处以及各职能部门负责人组成的军训领导小组,定期研究、部署、指导和协调学生军训各项工作事宜。

(二) 内容与形式

1. 学生思想道德建设工作

学院根据社会发展对人才发展的新要求和学生培养目标,结合学生特点,搭建教育平台,创新德育工作模式,创建学生全面、生动、健康发展的和谐校园环境。主要涉及以下几个方面。

(1) 抓好入学教育,引领学生迈好大学生活第一步

利用新生入学教育的契机,深入开展"珍惜大学生活,迈好大学生活第一步"的主题教育活动,邀请优秀毕业生介绍大学学习成长经历、就业指导老师作职业生涯辅导、专业老师介绍专业设置和培养方向、教育专家作理想教育专题讲座等,引导学生进入角色,培养职业意识,从而明确自己在大学生活的目标和努力的方向。邀请学院院长、特教专家为特教、学前、语康专业的学生上专业教育的第一课;在残疾人学生教育方面,邀请身有残疾却在工作中表现突出的残疾人教师与他们心灵沟通,给学生现身说法,以增强学生的自信,使学生一进校就能有自己学习的榜样。

(2) 重视思想政治理论课课程建设,促进德育工作的深入开展

学院思想政治理论课的教学工作由基础教学部下设的思想政治理论课教研室承担,开设的课程有"马克思主义基本原理""毛泽东思想和中国特色社会主义理论体系概论""思想道德修养与法律基础""中国近现代史纲要""形势与政策"等五门必修课和"北京历史文化"选修课。多年来,学院思想政治理论课教师积极探讨适合残疾人学生特点的教学及考试方法,在研究残疾人教学规律、提高教学效果上取得了许多经验。例如,根据残疾人大学生的心理和认知特点,采取针对性强的教学方式和方法提高教学效果;研究、创造思想政治理论课专业词汇手语,解决交流障碍,保证与听障生沟通的效果。充分利用视障生小班授课的形式,组织大量课堂讨论,以满足他们喜欢发表意见、喜欢争论的特点。制定视障的课程标准,使教学更符合他们的实际。根据学生特点和考试内容,采用多种考核、考试方法,以适合他们的特点。根据学生的实际,精心安排"形势与政策"教学内容。随着思想政治理论课课程的建设,帮助学生树立了正确的世界观、人生观、价值观,促进德育工作的深入。

(3) 搭建道德教育平台,推动精神文明建设

2001 年以来,学院开展"社会主义荣辱观"教育活动,实施"大学生文明形象教育工程",结合迎奥运,全面启动"青春奥运 文明修身"大学生自我教育主题系列活动。活动内容实在,活动形式新颖,学生参与面大、受益面广,教育效果突出。在系列教育活动中,立足于学生自己教育自己,把学习宣传教育的重点定为"知、辨、行"三个阶段,即通过荣辱观教育要让学生知道八荣八耻的内容,要能正确分辨身边的八荣八耻现象,自觉践行社会主义的荣辱观。通过全体同学的共同努力,营造了知荣辱、树新风、建和谐的良好校园环境。在"大学生文明形象教育工程","青春奥运 文明修身"大学生自我教育活动中,探索既符合时代特点又

符合学生需求的教育模式，把学生引导到自觉参加“青春奥运 文明修身”活动中来。具体做法有以下几点。

一是成立由学生党员、重点培养对象组成的“大学生自我教育巡讲团”，下设“红色宣讲团”“奥运宣讲团”“心理健康知识普及宣讲团”“文明礼仪宣讲团”四个小分队，由学生处老师作指导教师，组织巡讲活动，听讲学生达 90%以上，且人均听讲四五次。系列教育活动的开展，既培养锻炼了学生骨干，又丰富和活跃了大学生的业余文化生活；既树立了优秀大学生榜样，又搭建了学生自我展示的平台，促进和谐校园和学风建设。

二是围绕大学生文明修身八项活动，采取普遍宣传、全面教育、重点突破等方式，积极开展“党员文明活动日”“校园清洁日”“校园文明月”“一分钟劳作”“迎奥运文明示范之窗”摄影展、“节约水电”等活动，还设计印制发放了奥运宣传卡片。

三是树身边榜样，发挥表率引路作用。2008 年在北京残奥会上，学院多名残疾人学生一度成为媒体的焦点人物。2008 级计算机应用技术(视障)专业学生杜进冉、2005 级针灸推拿学(视障)专业学生姚永全，夺得男子盲人门球金牌。2007 级针灸推拿学专业学生谢青(视障)，被中国残疾人联合会选为 2008 年北京残奥会火炬传递手，同时在 2008 年北京残奥会上，获得 S11 级女子 100 米自由泳金牌，并刷新了该项的世界纪录。2009 级针灸推拿学(视障)专业学生林珊，在 2008 年北京残奥会女子门球比赛中获得银牌，在 2010 年亚残会女子盲人门球比赛中获得金牌。2009 级针灸推拿学(视障)专业学生朱鹏凯，在 2008 北京残奥会男子标枪 F11/12 级决赛中以 63.07 米的成绩夺冠，并打破世界纪录。2007 级特殊教育专业学生姜馨田担任中国残疾人艺术团手语主持人。2008 年 8 月，姜馨田成为北京残奥会圣火采集使者。他们彰显了自强不息、敢于拼搏的奋斗精神，展示了当代残疾人大学生的风采，为国家、学校和学院争得了荣誉。学院残疾人学生姚永全、谢青、杜进冉、林珊、姜馨田分别获得五四奖章和“三八红旗手”“北京教育十大新闻人物”等荣誉称号。2008 年 9 月 29 日，北京奥运会残奥会总结表彰大会在北京人民大会堂隆重举行。学院学生谢青、姚永全荣获中共中央、国务院授予的“奥运会、残奥会先进个人”荣誉称号。2008 年 9 月，学院被中共北京市委、北京市人民政府、北京奥组委授予“北京奥运会残奥会先进集体”称号。学校、学院为残奥冠军组织明星宣讲团巡讲活动，为广大学生树立自强不息，用勇于拼搏，努力成才的榜样。

2. 学生党建工作

学院党委重视学生党建工作，确定把学生党建作为学生思想教育工作的龙头，全面推动学生思想教育工作。学院学生处党支部(学院第三党支部)负责学生党建工作，组建由学生入党积极分子参加的党课学习小组，对积极分子开展了一系列内容丰富、形式多样的教育活动。利用重大纪念日开展“继承光荣传统、做有志青年”的系列活动，在学生中产生了很大的反响，激发起青年学生的崇高理想和坚定信念。2003 年 6 月发展了学院第一名健全学生党员。残疾人大学生由于交流沟通障碍及对党的认识了解的缺乏，发展起来具有更大的难度。学生处党支部针对残疾人的思想特点积极开展工作，从心怀感恩之情入手，进行爱党、爱国、爱人民的思想及情感教育。通过多种教育途径和形式，打开特殊学生的心扉。经过努力，2004 年 7 月学院发展了第一名残疾人大学生党员，这名听障生加入党组织后，在残疾人学生中引起很大反响。之后，学院根据不同类型学生的特点，分类引导与培养，整体推进，一步步地提升他们的思想认识水平和政治觉悟，增强他们的使命感。由于采取了“广施肥、建良圃、选好种、育好苗”重点培养的做法,为学生党员的培养和发展奠定了基础。2003—2010 年,学院共发展学生党员 68 名,其中发展健全学生党员 38 名,残疾人学生党员 30 名。

3. 学生心理健康教育和心理危机干预工作

大学生心理健康教育是大学生德育教育的重要组成部分,学院非常重视。2007 年招聘一名心理教师从事大学生心理健康教育与辅导工作。首先从建立组织机构做起,2008 年 5 月学院成立了由学院主管学生工作的副书记为组长,各相关部门、各系部负责人及特教系心理教师为组员的“学生心理危机干预工作组”,以监测全体学生心理动态,预防心理危机,防止恶性事件发生,促进学生心理健康发展。2008 年成立“心理咨询办公室”,在学生中组建“学生心理社团”,成立“心语·阳光——大学生心理健康协会”,选聘学生心理委员等,保证了有效的组织协调工作;其次,组织学生心理委员成员培训,由专业老师讲解,共同学习心理危机预防与干预的相关知识;再次,充分调动心理老师、学工干部、辅导员、班主任各方面的积极性、协同作战,加强对学生心理状况的筛查工作,建立健全学生心理状况档案。多年来,针对学生存在的学习压力、就业压力、情感纠葛等问题,老师们始终充满爱心,坚持以教育学、心理学的理论为指导,大力开展每年一度的“5·25”心理健康主题教育服务月活动,抓紧抓实学生心理健康教育、团体辅导、心理咨询各个层面的工作,引导学生保持健康向上的心理,增强其生活的信心,调动其学习积极性。特别是残疾人学生出现心理问题的时候,老师们更是通过多种教育途径,坚持个别化深度辅导,发动学生家长和各方面力量,解决多起心理问题隐患,防止了意外发生,为学院的稳定、为学生顺利完成学业作出了最大努力。

(三) 建设与研究

1. 思想政治理论课改革

学生工作的教师积极探索思想政治课以及军事理论课、心理辅导课、就业指导课的改革,紧密结合社会现实设计课程内容,紧密结合学生关心的热点问题充实课程内容。在课程规定的内容之外,开办各种讲座、设计有教育意义的主题班会。在教学方式和手段等方面也做了多项改革尝试,如采用多媒体教学、案例式教学,讨论式教学、增加社会实践环节等,均收到良好效果。

2. 思想政治工作队伍建设

学院组织学生工作的教师,参加学校及上级机关举办的学生思想教育相关课程的培训,每年召开全院的学生工作研讨会,探讨新形势下思想政治教育工作的规律和特点,表彰先进。2001—2010 年,党委专门拨款,组织院系学生工作队伍利用暑假期间,先后奔赴延安、内蒙古等地进行社会考察。从 2002 年起,学生以团支部为单位开展走进街道社区的志愿服务活动,学生在活动中得到锻炼的同时实现了传递爱心的目的;践行雷锋精神,为社区的老人们送温暖、送服务、献爱心,使社区里的老人们感受到来自大学生的活力与阳光。

3. 科学研究

学院注意跟踪大学生思想政治教育理论的新发展,开展研究工作。2001—2010 年,学院有关学生思想政治教育工作和教学的研究成果见表 7.5-1。

表 7.5-1　2001—2010 年理论研究论文及教材等主要代表作品一览表

发表时间	论文名称	作者	发表刊物
2003.12	试论如何加强聋人大学生德育工作	吕淑惠	《北京联合大学党建和思想政治工作研究》
2004.08	论残疾人大学生的就业问题	曲学利、牛连华、王文明	《中国大学生就业》
2005.01	青年学生入党和人的全面发展	张健萍	《北京联合大学党建和思想政治工作研究》
2005.07	谈以人为本的德育观	党建强、牛连华、卢培勇	《教学研究》
2005.10	浅谈加强残疾人大学生的素质教育	吕淑惠	《中国高等教育学会特殊教育研究分会2005 年学术研究会论文集》
2006.06	残疾人大学生入党积极分子思想状况的分析与思考	吕淑惠	《北京联合大学党建和思想政治工作研究》
2008.12	听障大学生思想道德状况实证研究	宋志强	《理论探讨》(12 月增刊)
2010.04	中外残疾人就业立法比较分析及其对我国的启示	王立霞、许家成、胡晓毅	《大学生就业指导教学与实践》
2010.04	残疾人大学生就业现状调查以及对策初探	王立霞、王文明	《大学生就业指导教学与实践》
2010.04	关于加强残疾人大学生管理的几点思考	陆忠华	《科技信息》
2010.12	残障大学生创业的制约因素及对策研究	张松岩、张健萍、王文明	《大学生就业研究基地平台建设论文集》

2004 年 9 月，学院党委书记曲学利主编，学生处、团委工作干部牛连华、卢培勇、刘川、党建强参编国家“十五”重点课程教材《聋儿语言康复教师职业道德修养》。

2007 年 7 月，学院思想政治理论课教研室宋志强撰写并出版《残疾人大学生思想政治教育研究》。

2008 年 10 月，学院学生处王昕申请的学校学生思想政治工作研究会课题“全纳教育视野下不同大学生群体的心理特点与对策研究”结题。

第六节　办学保障

一、校园规划与建设

（一）校园规划

学院是在原北京市第一师范学校（以下简称“一师”）基础上建立的，于 2000 年整建制归并入联大，其校址在北京市永定门外蒲黄榆。合并时一师有全日制在校中专学生 743 名，学院占地 37.8 亩，总建筑面积为 18464.6 平方米，生均占地面积为 28 平方米，生均教学行政用房面积为 9.3 平方米，生均宿舍面积为 3.5 平方米。

随着特殊教育事业的发展,学院的办学条件远远不能满足首都残疾人群体对高素质教育日益增长的需要。一是学院建筑面积不达标,学院占地面积、校舍条件与国家规定的办学条件、建设标准等都具有很大的差距,与首都国际大都市的地位极不相称,难以适应办学的需要。二是学院建筑陈旧,严重影响学校正常教学与生活。校园内宿舍楼、教学楼等主要建筑均为20世纪50年代建筑,已接近使用年限,2003年经北京房屋安全鉴定总站鉴定,宿舍楼已成为危房。三是建筑布局分散、功能不完备、设施不全等问题,供残疾人学生使用的教学和生活支持性设备及无障碍设施远不能满足残疾人学生的需要,严重影响了残疾人教育教学的质量,制约了学院的建设和发展。

2007年,由于办学条件的限制,建设一所设施完备、功能齐全的现代化特殊教育学院迫在眉睫。学院在尽量保留改造原有建筑(此项投资向财政部门另行申请支持)的基础上,决定拆除布局分散的部分原有建筑,集中建设教学楼和学生宿舍,对校园整体布局进行科学合理的调整,以适应特殊教育发展需要。

(二)校园建设

1. 新校园改扩建工程论证与前期准备

2002年7月,学校开始对学院校区建设进行研讨。2002年9月,北京市教委在学院召开北京市特教中心校园建设专家论证会,并邀请相关专家来学院对特殊教育中心的建设方案进行论证。2003年3月院长办公会议研究决定,成立特殊教育学院校园总体规划委员会,曲学利任主任,赵振江任副主任。2004年2月,学院举行校园建设专家论证会,主要介绍市教委对校园的意见与要求,即"精品、窗口、示范",论证了校园需求分析、承担功能、规模等。2007年3月市领导召开协调会,确定在学院原址进行改扩建,学院的改扩建工程为市重点工程,由北京市发展和改革委员会、北京市规划委员会、北京市教育委员会组成北京联合大学特殊教育学院规划建设领导小组,启动项目前期准备工作。

2. 八大处周转办学阶段

为保证学院原址改扩建项目的顺利进行,按照上级领导的要求,学院经多方寻找,经过对近20处可租借的场地反复比较,最终确定了北京军区八大处招待所作为学院改扩建工程期间的周转校区。在北京市教委和北京市财政局的大力支持和帮助下,学院进行了充分的搬迁准备和周密的安排,在学院全体师生员工,特别是广大残疾人学生的理解、支持和积极努力下,经过近一个月的艰苦搬迁过程,学院教学、办公、生活的主体部分安全、顺利地搬迁到了八大处周转校区。

2008年1月到2011年3月,学院在八大处周转校区办学。期间,学院租用北京军区八大处招待所两座楼作为办公、学生住宿等功能性使用,校园面积和教学条件有限,条件较为艰苦。

3. 新校园建设阶段

2008年12月18日,学院改扩建工程奠基。建设地点为丰台区永外蒲黄榆二巷北口,东至蒲黄榆一里,南至北京市供电局家委会,西至蒲黄榆西里,北至北京丰台职业中心学校。项目规划建设用地面积为25 985.0平方米,建设教学设施面积30 620.0平方米,包括教学楼20 057平方米,学生公寓10 563平方米(见表7.6-1)。

表 7.6-1　新校园功能分区及面积分配一览表

建筑名称	功能分区	建筑面积/平方米
综合教学楼(新建)	教　室	3000
	图书馆	3200
	实验室实习场所及附属用房	4306
	会　堂	1400
	生活福利与其他附属用房	1784.20
	校行政用房	1000
	系行政用房	800
	地下车库	3192
	人　防	1375
	合　计	20 057.20
学生公寓(新建)	学生宿舍	8625
	教工宿舍	300
	生活福利与其他附属用房	1638
	合　计	10563
总　计		30 620.20

项目工程总投资 12 550.4 万元，包括工程费用 10 222.5 万元(其中，建安投资 9276.4 万元，室外工程费 468.8 万元，外部市政费用 477.3 万元)，工程建设其他费用 1186.9 万元，基本预备费 1140.9 万元。

经过 1 年半的建设，2010 年 6 月 10 日，学院改扩建工程综合教学楼、学生宿舍楼主体结构封顶。

二、办学经费与管理

(一) 机构设置与管理体制

2001—2010 年，学院具有独立法人资格，在财务管理体制上实行独立核算。

2001 年财务室从总务处分离出来成立财务处，人员配备 5 人。

学院财务处根据《会计法》所赋予的职能，执行国家的财经法规，按北京市发改委、北京市财政局、北京市教委、校财务处的相关规定履行其独立核算职能。

在预算管理上，学院财务处根据学院总体发展所需资金上报学校财务处，由学校财务处以一个预算编码面对北京市财政局及北京市教委，统一上报市财政局。财政预算下达后，校财务处根据学校分配政策做出年度预算分配方案，经校党委常委会批准后下达给学院。学院财务处根据学院分配方案下达给各处室执行。

院财务处按月将办学经费的使用、核算、管理上报校财务处。

院财务处代表学院，独立负责工商、税务、公费医疗等管理工作，担负相应的管理责任。

(二) 经费收支情况

2001—2010 年学院经费收支情况详见表 7.6-2、表 7.6-3。

表 7.6-2　2001—2010 年经费收入一览表

单位：万元

年份	财政拨款	事业收入	经营收入	附属单位缴款	其他收入	收入合计
2001	741.63	197.50	0	0	164.48	1103.61
2002	797.25	257.05	105.83	10.51	64.08	1234.72
2003	1009.94	305.25	127.09	8	119.85	1570.13
2004	982.82	385.73	82.04	8	109.76	1568.35
2005	1838.73	401.23	76.52	8.34	86.94	2411.76
2006	1321.86	484.34	74.46	8	458.52	2347.18
2007	2630.77	467.21	66.92	8	35.44	3208.34
2008	2533.72	488.99	49.72	0	468.59	3541.02
2009	3387.94	491.23	40.26	0	39.06	3958.49
2010	3844.94	589.58	14.05	0	9.32	4457.89

表 7.6-3　2001—2010 年教育事业费支出一览表

单位：万元

年份	人员支出	日常公用经费支出	对个人和家庭补助支出	其他资本性支出	支出合计
2001	331.10	388.83	162.82	167.07	1049.82
2002	437.04	249.15	231.38	272.62	1190.19
2003	529.56	740.61	264.72	0	1534.89
2004	692.46	538.98	318.85	0	1550.29
2005	571.51	1492.56	347.88	0	2411.95
2006	880.64	1002.26	397.04	0	2279.94
2007	104.84	1193.05	460.78	892.55	3251.22
2008	1243.84	1168.75	716.96	230.32	3359.87
2009	1192.72	1339.25	584.43	862.28	3978.68
2010	1445.59	1307.54	1017.37	74.42	3844.92

（三）固定资产情况

学院的资产统一由后勤管理处(2005 年 10 月更名为行政管理处)负责管理。物资采购分两个部分：教学设备仪器由教务处采购并实施管理；办公用品、低值易耗品、劳保用品、运输工具等全部由后勤管理处负责采购并实施管理。

（四）财务制度建设及重大财务事项

学院财务处成立以来，教育事业费数额逐年增加，开支范围扩大，财务处除执行学校财务管理制度外，还制定了适合学院财务管理的 14 项规章制度。在重大财务事项方面，主要有以下两项。

1. 财政制度改革

2004 年 10 月起，财政基本经费拨款由零基预算的管理模式改按生均综合定额的拨款模式。

2006 年起，财政单独为学院制定了《联大特殊教育类生均综合定额标准》。

2006 年起，北京市规范离休人员工资，将高校离休人员经费从生均综合定额拨款中剥离出来，按规范工资要求单独拨款。

2007—2008年，为了保障高等学校教学质量与教学改革工程以及发挥北京市属市管高校科学研究力量，提升北京市属市管高校科学研究和研究生教育建设水平，市财政局单独制定拨款标准，增加市级引导教学公用经费及市级引导科研公用经费拨款。

2008年起，市财政进行了非税收入改革。

2009年起，退休人员经费从生均综合定额拨款中剥离出来，按照人均31800元/年标准拨款。

2010年为加强学校实践教学，提高教学质量的实习、实践及提高学校科研能力，市财政局单独制定拨款标准，增加市属高校教学质量与科研水平提高经费拨款。

2. 财务核算重大事项

2006年起财务核算软件由《打天下》变为《天翼系统核算软件》；

2009年市教委统一财务决算说明模板。

（五）审计工作

学院的审计工作在校审计处的指导和学院党委的领导下，归口在学院办公室进行管理，2010年3月，学院成立人事处，审计工作归口在学院人事处管理。在审计工作中，学院不断加强审计制度建设，规范内部审计工作。根据上级的统一布置和加强学院内部财务经济管理的需要，学院成立审计组，开展下述审计工作。2006年7月审计组对学院2006年1月至5月的预算执行与财务收支情况进行了内部审计；2006年11月配合校审计处对学院2006年1月至9月的预算执行情况、财务收支情况进行了审计。根据《关于开展2008年预算执行情况审计审前调查工作的通知》（京联审〔2008〕8号）文件的要求，2008年12月开展对学院当年1月至9月预算执行情况的审前调查工作。委托北京中宣盛育工程咨询有限公司对学院的5个基建修缮项目进行审计。根据《北京联合大学科研经费审签办法》，2009年3月对学院“市教委科技发展计划面上项目——聋教育仿真教学平台”项目进行审计。根据校审计处《关于开展2009年预算执行和决算审计（第一阶段）工作的通知》（京联审〔2009〕7号）要求，2009年6月开展对学院当年1月至4月预算执行情况的审计工作。根据校审计处《关于开展2009年预算执行与决算审计（第二阶段）工作的通知》（京联审〔2009〕12号）文件要求，2009年10月开展对学院当年1月至9月预算收支执行情况进行审计，重点审计项目资金的执行情况。根据《北京联合大学2009年预算执行情况自查工作方案》（京联发〔2010〕4号）的要求，2010年3月对学院2009年预算执行情况进行审计，配合校审计处，对学院前任书记进行离任审计。

三、实验室及实践教学基地建设

实践教学是学院教学体系的重要组成部分。学院为落实学校应用性教育的办学宗旨，理顺实践教学管理体制，建立健全实践教学管理规章制度，加大实践教学设施与环境建设的力度。

（一）实验室建设

1. 本科实验室建设

2001—2010年，学院建立本科专业实验室37个，促进学院实践教学工作质量的提高（见表7.6-4）。

表 7.6-4 2001—2010 年本科实验/实训室一览表

序号	所属系部	面向专业	实验/实训室名称
1	医学系	针灸推拿学	针灸实训室、综合实训室、推拿手法室、功法实训室、人体解剖实训室、中药实训室、中医内科模拟诊室、针灸推拿模拟诊室、康复理疗室、针灸推拿实训室
		所有专业	琴房
2	应用技术系	计算机科学与技术 计算机应用技术	网络实验室、仿真实验室、数字媒体技术实训室、网页设计与软件开发实训室、计算机硬件实训室、电子工艺实验室、办公自动化实验室
		艺术设计 视觉传达艺术设计	动漫设计制作实验室、平面制作实训室、雕塑造型实训室、材料工艺实训室、绘画临摹实训室、摄影摄像实训室
3	特殊教育系	特殊教育 学前教育	心理学实验室、心理测量室、游戏活动室、玩教具实训室
4	应用技术系	所有专业	计算机教室Ⅰ、计算机教室Ⅱ、计算机教室Ⅲ、计算机教室Ⅳ、计算机教室Ⅴ、计算机教室Ⅵ、计算机教室Ⅶ、计算机教室Ⅶ
5	实践教学中心	所有专业	英语视听说教室

2. 高职实验室建设

学院积极开展高职专业的实践教学工作，建立高职专业实验、实训室 11 个(见表 7.6-5)。

表 7.6-5 2001—2010 年高职实验/实训室一览表

序号	所属系部	面向专业	实验/实训室名称
1	应用技术系	园林技术	化学实验室、生理实验室、数码显微互动实验室、植物组织培养实验室
2	特殊教育系	听力语言康复技术	听力检测实验室、语言训练实验室、特殊儿童认知实验室
3	医学系	音乐表演	立式钢琴调修实训室、三角钢琴调修实训室、琴弦制作工作室、电脑音乐制作实训室

(二) 实训基地建设

1. 本科实训基地建设

学院在积极建设院内实验室的基础上，大力开展校外实训基地建设，签约校外实践教学基地 22 个。2009 年，学院立项建立校级首都特殊教育大类专业应用性本科人才培养模式创新实验区、校级听障生应用性人才培养模式创新实验区；2010 年立项校级实践教学中心。截至 2010 年，学院共建有校级校外人才培养基地 4 个(见表 7.6-6)。学院以提高学生综合素质和实践能力作为实践教学的指导思想，深化实践教学内容改革，注重理论教学和实践教学的有机结合，积极推进实验室开放教学，构建了适应高等特殊教育需要的应用性人才培养实践教学体系。

表 7.6-6　2001—2010 年校级本科实践教学基地建设一览表

序号	项目名称	面向专业	项目负责人	项目类型	获批时间/年
1	医学综合实验室项目	针灸推拿学	孙燕峰	校级开放实验室	2007
2	听障大学生应用性人才培养创新实验区	听障生专业	曲学利	人才培养模式创新试验区	2009
3	首都特殊教育大类专业应用性本科人才培养模式创新试验区	特殊教育	许家成	人才培养模式创新试验区培育项目	2009
4	针灸推拿学专业(视障)校外人才培养基地	针灸推拿学	边　丽	校外人才培养基地	2009
5	特教学院实验教学中心	所有专业	李啟隆	校级实验教学中心	2010

2. 高职实训基地建设

建立校级高职校外实践教学基地 3 个(见表 7.6-7)。截至 2010 年,学院签约校外实习基地 16 个。学院以提高学生综合素质和实践能力作为实践教学的指导思想,积极组织学生参加校级学生实践能力提升计划项目,2010 年共立项校级 5 项,培养了学生的科学研究精神和动手能力(见表 7.6-8)。

表 7.6-7　2001—2010 年校级高职实践教学基地建设一览表

序号	项目名称	面向专业	项目负责人	项目类型	获批时间/年
1	聋人园林技术专业实践教学基地	园林技术	鲍平秋	示范性实践教学基地项目	2007
2	聋人园林技术专业校外人才培养基地	园林技术	鲍平秋	校外人才培养基地	2009
3	天津市灵感创然动画制作有限公司人才培养基地	视觉传达艺术设计	李啟隆	校外人才培养基地	2010

表 7.6-8　2010 年校级高职学生实践能力提升计划项目一览表

序号	项目名称	负责人	指导教师	立项时间/年
1	北京不同区域园林土壤污染情况调查分析	曹　荣	周　博	2010
2	北京护城河及周边水质调查分析	吴　畏	马密霞	2010
3	园林植物组合盆栽市场调查及能力培养	王　苗	丁艳丽	2010
4	依托“红旗杯”全国大学生开源软件技术竞赛,提高听障大学生创新实践能力	逄淑文	李　明	2010
5	促进听障大学生高层次就业	逄淑文	李　明	2010

四、校园信息化建设

(一) 校园网络建设

学院设有网络中心,隶属于学院教务处,为更好地开展技术服务,2002 年学院网络中心划归电子信息系,由该系进行直接管理,从而正式开展起了学院网络信息的建设工作。网络中心负责学院的校院网络环境及学院设备维护等工作。2003 年学院推广使用办公自动化系统,自主研发出第一代网上教学系统,实现课程全部上网,加入“国际聋人高等教育网(PEN 项目)”,完成视频会议系统建设并投入使用。2004 年完成校园网二期工程,并通过验收,完成全网范围内的网络防杀毒软件的安装,提升了网络使用的科学性和安全性。2005年参加校园网三期建设,实现了实名上网认证机制,开始了视频会议二期工程并于2006年完成视频会议系统的升级与完善。2007年完成校园网三期工程,并于当年10月顺利通过验收。2008年在北京军区招待所临时校区,建设了“ADSL+SWITCH”的上网方式,为学院日常的办公与教学提供网络服务。2009年完成了北京军区招待所临时校区的无线网络的建设工程,实现了北京军区招待所临时校区无线网的全覆盖。

(二) 多媒体教学设施建设

2002年学院成立电教中心,隶属于学院教务处,主要负责多媒体教室建设、摄影摄像和后期编辑、会场会议设备管理等相关工作。截至2010年,学院分批次建成23个多媒体教室。多媒体教室设备先进齐全,自动化程度高,在简化教师工作的同时给学生提供了良好的教学环境,对全院教学活动给予了充分支持。

五、图书与档案管理

(一) 图书馆工作

学院图书馆馆舍建筑面积约600平方米。馆内设采编部、流通部、技术部、图书馆办公室、阅览部。阅览部下设期刊报纸阅览室、盲文阅览室、综合阅览室、电子阅览室,阅览位有230多个。

图书馆工作人员8人,其中副高职称1人,中级职称5人,初级及以下职称2人。

馆藏图书按照《中国图书馆图书分类法》类别采编分类。特色馆藏是较为齐全的特殊教育类以及盲文图书。藏书量由2001年初的5万多册增加至2010年年底的11.1万册,其中包括盲文图书1100余册。馆藏音像资料3000余种。每年订购期刊230余种、报纸40余种。

2003年实现了现代电子化图书馆信息网络管理,师生通过计算机网络检索、借还图书,阅览电子图书。为视障生提供了盲文复印、利用语音读屏软件上网、有声读物阅览、助视阅读等特色服务。

2008年1月至2010年年底,学院进行新校园改扩建工程,启用周转校区——八大处校区。在八大处校区设立了使用面积约90平方米的图书馆,为师生提供图书检索、阅览、图书借还及助视阅读、有声读物阅览等特色服务。阅览座位30余个,上机阅览及查询检索图书机位共7个,常存图书6000册左右,报纸40余种,期刊230余种。根据师生对图书借阅的需求,部分图书在两校区流通。同时,蒲黄榆校区图书馆继续开馆,为广大师生服务。

(二) 档案管理

学院的档案管理工作由学院院长主管。2001—2009年,档案管理工作由党委院长办公室负责,2010年学院党政机构进行调整后,学院的档案工作由党政办公室负责。办公室设一名兼职档案管理人员,负责学院的档案管理,并对学院各部门的立卷、归档工作进行督促检查和业务指导。学院各部门设一名兼职档案员,对本部门形成的文件进行管理,并按要求进行立卷,每年6月底前向办公室归档。学院执行学校档案工作管理制度,接受学校档案馆的业务指导。

除文书档案外,学院接收的财会档案有326卷,基建档案有57卷,实物档案有93件。

表 7.6-9　2001—2010 年档案收集和提供利用情况一览表

年份	年度接收档案案卷/卷			年度利用档案人次	年度利用档案卷次
	永久档案/卷	长期档案/卷	短期档案/卷		
2001	42	13	20	9	20
2002	49	32	38	47	68
2003	36	41	9	38	64
2004	86	33	9	30	34
2005	52	31	2	60	65
2006	56	57	0	40	47
2007	66	34	1	45	76
2008	57	40	0	20	30
2009	48	6	0	21	40
2010	68	84	4	20	32

六、特殊教育资源中心

2006 年 11 月 1 日，学院院长办公会研究决定正式成立特殊教育资源中心。资源中心为学院一级部门，主要职责是为残疾人大学生适配适合个体需求的辅助器具、提供符合学生需要的特殊教育资源、技术服务和个别辅导转介服务；为从事残疾人大学生教学的教师提供相应的辅助设备和技术咨询服务；为残疾人大学生各级各类考试提供试卷与辅助技术方面的支持服务；组织教师进行手语、盲文、特殊教学法和辅助技术等方面的培训。

至 2010 年年底，资源中心翻译印制盲文学习资料 117 种、620 余册，盲文触觉图形 350 余张；为低视力大学生放大复印教学资料 11 册；制作有声读物 5G；为随班就读视障生制作电子教材 25 册；为听障生教学资料配字幕 24 张光盘；翻译印制盲文期末考试试卷 241 套、单考单招盲文试卷 24 套、成人教育盲文试卷 16 套；建设了无障碍学习资源库，建立、丰富了无障碍学习资源和助残人力资源。

七、后勤改革与保障

(一) 机构设置与改革

学院 2001 年成立设后勤管理处，正科级。2001—2002 年 10 月后勤管理处集行政管理和服务工作于一身。后勤管理处负责学院的房产、地产、教学和办公所需的一般设备的管理、使用以及调配；负责校园规划的制订和落实；负责学院师生的卫生保健工作和常见疾病的门诊工作。管理人员 5 人。

2002 年 11 月，按照高校后勤社会化改革的总体要求，学院开始全面实施后勤社会化改革，实现了管理职能与经营服务职能的规范分离，成立了后勤服务公司董事会，后勤保障工作形成了甲、乙方的管理模式，实现了管、办分离。

2005 年学院后勤管理处更名为行政管理处。行政管理处主要承担基建、设备管理、房管、节能、医务室等职能。后勤服务公司组建了四个服务实体：校园管理中心、宿舍管理中心、运输服务中心、饮食服务中心。四个中心负责校园环境管理卫生与绿化；负责水电管理及其设备的维修和学校建筑、设备的修建等；负责学院的交通和通讯工具的管理；负责学生宿舍的安排调配和管理；承办教职工和学生食堂，保障师生生活。四个中心主任采取竞聘上

岗,共有管理和服务人员 23 人

2010 年,后勤管理公司职能纳入行政管理处,行政管理处全面负责学院行政管理工作,承担基建、国有资产、后勤服务、医疗卫生等工作。后勤服务公司承担饮食宿舍管理、校园服务、运输服务后勤等职能。

(二)管理与保障

1. 伙食管理

随着高校后勤管理改革的全面深入进行,学院的伙食管理 2001—2002 年由后勤管理处全面负责。2002—2010 年,后勤服务公司通过服务收费,把学院食堂办成自主经营、独立核算、自负盈亏的经济实体,负责全院师生的膳食工作。其中,2008—2010 年食堂对外承包经营,由鑫香香鸟公司和百灵鸟公司负责为师生提供餐饮服务,饮食服务中心派管理人员进行管理。这些管理及运行模式的不断转变,对学院的后勤服务保障以及改善师生的饮食条件起到了很好作用。同时,学院为加强对伙食管理的监督力度,分别下发了《关于成立院伙委会的通知》(联特办〔2001〕11 号)和《关于调整学院伙食管理委员会组成人员的通知》(京联特〔2007〕70 号)文件。

2. 医疗卫生管理

学院的医疗卫生工作由医务室负责。师生的公费医疗按照上级文件和规章制度执行。学院根据上级要求和学院发展的实际,先后出台了《关于印发〈医务室门诊制度〉和〈学生公费医疗管理暂行规定〉的通知》《关于〈学生医疗实施办法〉的通知》(京联特〔2008〕51 号)。

学院每年安排一次教职工体检;每年为新生进行健康体检。

学院重视对流行病和传染病的防治,特别是在 2003 年全国蔓延的非典型性肺炎、2005 年的防控禽流感疫情、2009 年防控"甲型 H1N1 流感"疫情的几次行动中,学院转发了《关于转发院防治非典型性肺炎工作文件的通知》(联特办〔2003〕12 号);下发了《关于成立北京联合大学特殊教育学院防治非典型肺炎工作领导小组的通知》(联特文〔2003〕24 号)《关于成立北京联合大学特殊教育学院预防控制"非典型肺炎"工作组织机构的通知》(联特文〔2003〕26 号);制定了《学院预防非典工作预案》(联特文〔2003〕29 号)、《关于进一步做好学院防治"非典"工作的安排》(联特文〔2003〕30 号)、《关于成立北京联合大学特殊教育学院防控禽流感疫情工作领导小组及工作办公室的通知》(联特文〔2005〕56 号)、《关于印发〈北京联合大学特殊教育学院防控"甲型 H1N1 流感"疫情工作预案〉的通知》(京联特〔2009〕34 号)、《防控甲型 H1N1 流感分工及补充细则》(京联特〔2009〕68 号)文件。这些文件的制定和实施,有效地预防控制"非典"疫情、防控禽流感疫情和防控"甲型 H1N1 流感"疫情在校园蔓延,确保学院师生的生命健康安全。2003 年 7 月,学院石永恩、王桂玲被评为学校防治非典型性肺炎工作先进个人;学生处被评为校防治非典型性肺炎工作先进集体。

3. 人口与计划生育工作

2002 年 11 月,学院结合实际情况,经党委和行政办公会研究决定,学院计划生育工作领导小组组长为常务副院长耿晓冬,副组长为党院办主任吕淑惠、医务室大夫王桂玲,成员为人事干部王洪云和女工委员周启华。

学院每年按照上级计生工作有关新精神、新政策开展工作,年初召开计划生育工作会,年底进行工作总结。学院工会对计生工作进行组织学习和宣传，医务室负责发放计划生育药品并承担相关咨询工作。

八、安全与保卫工作

（一）组织机构与职责

学院设有保卫科（2005 年 10 月变更为保卫处），正科级。保卫科的主要工作职能是维护学院的安全与稳定，为学院教育教学、教学科研和在校师生日常生活提供良好的安全环境，与属地公安机关、地区综合治理办公室协调对校园及周边治安进行综合治理。负责学院的安全管理，组织并处置校园突发事件。设科长 1 人，治安防范岗 1 人，消防防范岗 1 人，门卫岗 2 人（临时人员）。

（二）安全管理制度建设

2001 年 11 月，为加强对办公场所的安全管理，学院制定了《关于印发办公场所安全规定的通知》（联特办〔2001〕10 号）。

2002 年 4 月，为进一步贯彻执行公安部 61 号令《机关、团体、企业、事业单位消防安全管理规定》，学院下发了《关于做好防火工作的通知》（联特办〔2002〕3 号）；5 月，为全面贯彻、落实北京市教育委员会〔2002〕21 号和 29 号文件关于在 2002 年 6 月 1 日至 6 月 30 日开展安全月活动的精神，学院下发了《关于全面开展 2002 年安全月工作的通知》（联特办〔2002〕4 号），要求在全院师生中开展交通安全、防火安全、校园安全方面法律、法规教育，突出“安全责任重于泰山”的宣传月主题，认真开展安全工作自查，逐级落实岗位责任制，确保校园的稳定和安全，创造良好的教育教学环境，迎接中国共产党第十六次代表大会的召开。

2003 年 3 月，为加强学院的安全管理，学院下发了《关于成立特殊教育学院国家安全工作领导小组的通知》（联特党〔2003〕2 号）《关于成立特殊教育学院综合治理委员会的通知》（联特党〔2003〕3 号）《关于成立特殊教育学院交通安全委员会的通知》（联特文〔2003〕13 号）《关于成立特殊教育学院防火委员会的通知》（联特文〔2003〕14 号）《关于成立特殊教育学院外来人口管理小组的通知》（联特文〔2003〕15 号）等文件。

2004 年 2 月，学院转发《关于中共北京市纪委北京市监察局关于严明纪律确保安全生产工作部署全面落实的紧急通知的通知》（联特党〔2004〕4 号），要求党组织要加大对安全生产的监督执纪力度，明确各部门在各自职责范围内对安全生产所负的监管职责，各部门要认真落实各项工作措施，维护学院工作秩序和稳定，确保学院师生员工健康安全。

2006 年 4 月，为确保学院的安全稳定，学院下发了《关于成立北京联合大学特殊教育学院稳定工作领导小组的通知》（联特党〔2006〕7 号）；5 月，下发了《特殊教育学院关于对法轮功练习者摸排情况和建立各项机制情况的报告》（联特党〔2006〕13 号），重新调整充实了安全稳定领导小组，把防范和处理邪教工作摆上工作的重要位置。

2007 年 7 月，为切实做好防范和及时处置各类突发事件工作，进一步完善学院处理突发事件组织指挥系统，学院下发了《关于成立北京联合大学特殊教育学院应急指挥中心的通知》（京联特党〔2007〕10 号）；9 月，为坚决贯彻落实京教工〔2007〕84 号文件精神，下发了《关于进一步做好学院学生食堂工作维护学院稳定的紧急通知》（京联特党〔2007〕14 号）。

2008 年 5 月,为扎实推进学院“平安奥运行动”的各项工作,学院下发了《关于成立“平安奥运行动”工作领导小组的通知》(京联特〔2008〕25 号)。

2009 年 5 月,为充分认识到做好敏感期维护稳定工作的重要性,确保两个校区的安全稳定,学院制定了《关于贯彻切实做好近期学校安全稳定工作的通知的实施意见》(京联特党〔2009〕11 号);6 月,按照上级工作安排和学院工作需要,又下发了《关于成立保密工作委员会的通知》(京联特党办〔2009〕2 号)。

(三) 主要工作

学院保卫科在院党委领导下,在上级公安、综治等职能部门的大力支持下,坚持“思想重视、机制健全、防范切实、保障有力、地方支持”的工作思路,积极开展“平安校园”建设。

2001 年 9 月,完成中残联主席邓朴方、市人大常委会副主任张燕丽为北京听力语言康复技术学院揭牌及调研时校园周边及校区内安全交通工作。

2002 年 4 月,完成全国人大常委会副委员长许嘉璐、北京市人大常委会副主任张燕丽、北京市人大常委会教科文主任林浦生、北京市教委副主任张国华等领导到学院调研的安保工作任务;5 月完成波兰总统夫人来学院参观演讲的校内安保任务。

2003 年 4 月至 7 月,保卫科全力投入防范“非典”工作,组织实施校园封闭管理,严格控制出入人员及车辆,实施车辆消毒,检测进出人员体温。

2006 年 6 月,完成学院本科教学水平评估期间维护学院安全稳定秩序的任务。

2007 年 11 月,加强校园治安秩序和周边治安环境整治工作,完成党的“十七大”期间校园安全稳定和综合治理任务。

2008 年 8 月,完成北京第 29 届奥运会期间学院及周边综合治理和安全保卫工作。

2009 年 10 月,完成国庆 60 周年庆典活动的校园安全稳定工作任务。

第七节 国际及港澳台交流与合作

一、基本情况

在校党委领导下,遵循学校国际化发展的路线政策,学院与国(境)外高等特殊教育院校(系)广泛展开合作,拓宽与国(境)外各高校的联系,推进学院国际化发展。

(一) 出访交流

随着国际影响力的提升,学院与世界各地及港澳台地区的兄弟院校和科研机构开展交流、合作,学院的相关领导和教师多次外出考察、访学和开展学术交流活动,涉及欧洲、美洲,亚洲等多个国家和地区(见表 7.7-1)。

表 7.7-1 2004—2010 年教职工出访交流活动一览表

出访时间	交流事宜	出访国家/地区
2004.02	党委书记曲学利、教师罗丹接受美国 PEN 项目邀请赴美国参观访问	美国
2004.05	生物与医学系副主任孙燕峰赴香港参加亚太地区盲人按摩研讨会	中国香港

续表

出访时间	交流事宜	出访国家/地区
2004.05	艺术系主任张松岩、特教系教师张海丛、特教中心教师柳晓英应邀赴香港参观访问	中国香港
2004.09	党委书记曲学利和生物与医学系副主任孙燕峰赴日本参加国际研讨会	日本
2004.12	党委、院长办公室主任吕淑惠和教务处长刘建平前往香港特殊教育学校和机构参观考察	中国香港
2005.03	团委书记刘川作为交换教师被派往韩国拿萨勒大学教授中国手语	韩国
2005.06	党委书记曲学利赴韩国考察访问	韩国
2005.06	党院办主任吕淑惠应中国教育学会特殊教育分会的邀请赴韩国考察访问	韩国
2005.06	院长许家成和英语教师罗丹赴美国罗切斯特理工大学及美国国家聋人工学院参观访问	美国
2005.10	院长许家成受瑞典乌普萨拉大学邀请，与中国残联康复部、北京大学和天津医科大学等专家 6 人一行前往瑞典进行了为期 1 周的工作访问	瑞典
2009.11	李霞老师赴韩国参加韩国聋人百年周年纪念会活动	韩国
2009.11	党委书记曲学利随中残联团赴意大利考察特殊教育	意大利
2009.12	张海川、宋欣蔓老师赴港澳参加北京市教委京港澳三地特教交流	港、澳
2010.01	吕会华、吴铃、张会文老师赴香港中文大学参加中文大学举办的“亚洲手语语言学及聋人教育会议”并作大会发言	中国香港
2010.04	曲欣老师赴美国参加中国青年交流中心举办的专业培训	美国
2010.06	应国际聋人高等教育网络组织(简称“PEN 项目”)邀请，校党委副书记付晨光，学院党委书记滕祥东参加了在美国罗彻斯特举行的 PEN 项目年会暨国际聋人高等教育研讨会	美国
2010.06	毛世春老师通过人才强教项目赴德国参加学习	德国

（二）来访交流活动

学院每年都接待大量国外和港澳台地区兄弟院校的领导、专家学者和学生来院进行学习交流、学术讲座、参观考察等活动，不仅开阔了师生视野，也提高了学院国际化办学水平(见表 7.7-2)。

表 7.7-2　2001—2010 年来访交流情况一览表

来访时间	来访国家/地区	来访团组
2001.10	比利时	比利时莫尼肯里德非营利机构特教代表团一行三人来访
2002.05	波兰	波兰总统夫人来学院参观演讲
2002.07	澳大利亚	澳大利亚新英格兰大学教师代表团来访，部分师生参加了座谈
	中国香港	香港英华渔人协会副主席鲍瑞美女士来学院考察，洽谈资助学院教师培训及合作办学事宜
2002.11	美国	美国罗彻斯特理工大学特教专家詹姆斯·迪卡罗博士及夫人帕特马吉德·迪卡罗代表团一行四人来学院访问
	韩国	韩国拿撒勒大学一行四人到学院参观考察
	日本	日本宫城教育大学一行五人到学院参观访问交流
2003.01	韩国	韩国拿撒勒大学校长、教务长等一行五人到院参观访问并签署姐妹学校合作协议书
2004.03	日本	日本筑波技术短期大学校长大昭直纪教授与艺术设计及按摩专业的教授等一行七人来学院参观访问

续表

来访时间	来访国家/地区	来访团组
2004.06	中国台湾	中国台湾著名特殊教育专家孟英茹教授来学院讲学
2004.07	美国	美国智力残疾协会主席、堪萨斯大学比奇残障中心主任安特・恩布尔教授、路得特・恩布尔教授和王勉博士应邀来学院讲学，主题是“智力障碍者研究与教育的新进展”
2004.09	美国	国际著名学者、残疾人生活质量研究的学术带头人夏洛克教授来学院讲学，主题是“特殊教育领域：新挑战、新思维——智力残疾人生活质量的理论与实践”
2004.10	韩国	韩国国家教育部特殊教育研究院一行四人来院参观访问
2004.11	挪威	挪威特殊教育代表团一行 37 人来学院参观访问
2005.06	韩国	韩国残联 28 人代表团到学院参观访问
2005.07	意大利	意大利蒙塞拉特基金会一行 3 人来学院访问
	韩国	韩国残疾人机构领导代表团 27 人来学院参观并参加学院举办的中韩残疾人工作者教育研讨会
2005.10	美国	美国罗彻斯特大学副校长及国际聋人高等教育网络项目总裁一行 4 人、天津理工大学聋人工学院院长一行 2 人来学院参观
2006.07	澳门	澳门特殊教育工作者暨青年局一行 20 人来学院参观访问，并举行座谈
2006.10	美国	IBM 人力资源部副总裁罗恩・格洛佛先生为学生带来了一场精彩的演讲
	日本	日本花艺专家堀啓子教授到学院举行池坊学派花艺义务讲座和表演
2010.09	美国	美国高立德大学代表团在校外事处处长庞明、国际交流学院副院长吴中平和中国驻美国大使馆教育处处长杨嘉伟的陪同下访问特教学院

（三）外籍专家讲学

学院定期聘请国(境)外国际知名专家到学院进行专业讲学与交流，以提高师生的国际视野，提升学术前瞻(见表 7.7-3)。

表 7.7-3　聘请国(境)外专家一览表

时间	姓名	身份	国家/地区	工作内容
2003.09—2004.09	詹妮弗・麦克莱恩	美籍教师	美国	教授英语、美国手语和师资培训
2003.12	大昭直纪	日本筑波技术短期大学校长、医学博士	日本	客座教授
2004.03	苏周简开	博士	中国香港	客座教授
	谢宗义			
	林小玲			
2004.09.25—29	夏洛克	国际著名学者、残疾人生活质量研究的学术带头人	美国	进行主题是“特殊教育领域：新挑战、新思维——智力残疾人生活质量的理论与实践”的讲学
2004.10	特雷西・麦克格雷迪	NBA 球星	美国	学院篮球队“荣誉教练”

二、重要项目

（一）合作办学

学院党委、行政领导一直重视与国（境）外兄弟院校和特殊教育组织的合作交流，开展了大量外事工作。学院先后与美国、英国、日本、加拿大、韩国、意大利等国家及港澳台地区的高校、科研院所、学术机构展开合作，建立了友好交流协作关系（见表 7.7-4）。学院与日本筑波技术大学，韩国拿撒勒大学结为友好姊妹院校。2003 年 3 月，学院正式加入总部位于美国罗彻斯特的国家聋人工学院的国际高等教育网络，成为 PEN 项目的成员，与世界分享聋人高等教育的契机与成就。学院与美国高立德大学合作，尝试建立听障大学生合作培养办学形式，努力拓宽残疾人高等教育国际合作的空间与渠道。

表 7.7-4　2003—2010 年国际合作情况一览表

时间	国家/地区	合作内容
2003.03	美国	与国际高等教育网络签订协议，学院正式成为 PEN 项目会员并获得项目资助
2003.11	韩国	与韩国拿撒勒大学结为姊妹校
2004.03	日本	与日本筑波技术大学结成姊妹校
2004.10	美国	与 IBM 公司签署《特殊教育领域合作框架协议》，拟就面向残疾人学生的 Linux 及其他开放标准和开放源码技术的课程建设和人才培养、残疾人应用软件开发等项目开展合作
2006.03	韩国	与韩国三星集团帮助犬服务中心签订合作协议
2006.03	日本	召开由日本筑波技术大学主办，学院承办的聋人就业问题研讨会，7 个国家的 9 个高校的代表参会，就听障生的就业问题进行会议交流并就存在的困难与问题进行研讨
2007.07	国际	承办 2007 北京特殊教育国际论坛
2005.05	国际	国际无障碍教学研讨会在学院召开
2006.10	韩国	与韩国江南大学签订合作办学框架协议
2006.09	意大利	与意大利伦巴第大区、蒙塞拉特基金会在意大利蒙塞拉特北京代表处举行“残疾人教育师资培训合作项目”的签约仪式
2007.10	韩国	与韩国江南大学签订合作协议，开展学生合作、教师交流、学术交流等
2008.11	国际	启动由意大利政府支持，意大利蒙塞拉特协会、中国残联和特教学院共同实施的“为促进中国残疾人就业对培训师资进行培训的试点项目”
2009.10	国际	由北京市教育委员会主办，学院参与承办第二届北京特殊教育国际论坛
2010.05	国际	承办环太平洋地区残疾人特殊教育研讨协作暨首都特殊教育创新团队学术研究与成果交流会，会议由学校主办，环太平洋地区特殊教育研究中心、中国残疾人康复协会智力残疾人康复专业委员会、北京联合大学特殊教育研究所协办
2010.09	美国	与美国高立德大学洽谈本科生、专科生“2＋2，3＋1，3＋2”等联合培养、教师深造硕士博士项目

（二）学生项目

为培养具有国际视野，通晓国际文化，能够参与国际事务并具有竞争力的学生，学院大力推进学生交换留学工作，每年选拔优秀学生赴韩国建国大学、韩国首尔市立大学、中国台湾云林科技大学、中国台湾建国科技大学、中国台湾朝阳科技大学等高校交换学习，全面培养学生的综合能力(见表 7.7-5)。

表 7.7-5　学生参与的合作教育项目情况一览表

年份	国家/地区	参与人数	项目类型
2004	韩国	18	韩国拿撒勒大学留学生
	韩国	14	赴韩国拿撒勒大学期半年学习,主要学习韩国文化及特殊教育的相关专业
2010	中国台湾建国科技大学		长期交换生项目
	中国台湾云林科技大学		长期交换生项目
	韩国建国大学		长期交换生项目

(三)承办第一届和第二届北京特殊教育国际论坛

2007 年 7 月 11—12 日,由北京市教育委员会主办,特殊教育学院参与承办的 2007 特殊教育国际论坛在北京召开。论坛以"平等、参与、共享"为主题,共组织了"教育立法""智障教育""听障视障教育""高等特殊教育"四个分论坛,邀请国际视障协会、亚太区聋教育委员会、美国、韩国、日本、俄罗斯、英国、加拿大、澳大利亚、菲律宾、港澳台及内地的 40 余名特殊教育专家、学者出席并进行演讲,并有全国几十个省市的 200 余名特殊教育专家、学者、一线教师和残疾人康复工作者参加会议,为国内外特殊教育同人提供了一个沟通交流的良好平台,成为特殊教育界的一次国际盛会。与会者就特殊教育立法、智障教育、听障与视障教育、高等特殊教育的各方面问题进行学术交流,并提交了 200 多篇论文。

2009 年 10 月 22—23 日第二届北京特殊教育国际论坛在京民大厦召开。论坛由北京市教育委员会主办,北京市国际教育交流中心、特殊教育学院承办,中国教育学会特殊教育分会和中国高等教育学会特殊教育研究分会共同协办。论坛邀请了来自美国、英国、加拿大、土耳其、新西兰、瑞典、港澳台及内地 34 位特殊教育专家,围绕"公平、质量、发展"的主题进行了精彩的演讲。论坛下设"教师专业化发展,课程与教学,融合教育、多重障碍、早期教育,特殊教育政策支持与服务"四个分论坛。国内 200 余位特殊教育机构及学校的领导和教师代表参与了论坛,并与专家进行了充分的交流。

第八节　党的建设及工会、共青团、民主党派工作

一、党的建设及党的工作

(一)党员(代表)大会

2000 年 8 月,学院党委成立。2002 年 12 月,学院召开了首次党员大会,选举产生了新一届党委委员,新一届党委会由曲学利、王立霞(女)、耿晓冬、赵振江、张松岩组成,曲学利为学院党委书记,王立霞为党委副书记。院党委在党员大会上提出:"团结奋进,不断发展,实现创建一流特教学院"的发展目标。为实现发展目标,党委在学院党的工作上提出,要切实加强和搞好党的建设,党的工作要为实现学院的发展目标提供坚强的政治保证和组织保证。

2007 年 12 月,学院召开了第二次党员大会。会议总结了五年来在学院建设发展中,院

党委带领全院广大师生员工在推进学院高质量、高水平、有特色的协调发展，为建设国内一流、国际知名的特殊教育学院付出的努力。大会的主题是高举中国特色社会主义伟大旗帜，在党的十七大制定的路线方针指引下，坚持邓小平理论和“三个代表”重要思想，深入贯彻落实科学发展观，全面加强党的建设，解放思想，统一认识，抓住契机，团结一致，调动学院内外一切力量，为继续建设一流特殊教育学院而努力奋斗。会议明确了今后教育教学、学生、科研、对外合作、后勤工作和党建工作的规划，选举产生了新一届党委委员，新一届党委会由曲学利、王立霞(女)、赵振江、张松岩、吕淑惠(女)组成，曲学利为学院党委书记，王立霞为党委副书记。

2009 年 12 月，党委会由滕祥东(女)、王立霞(女)、赵振江、张松岩、吕淑惠(女)组成，滕祥东为学院党委书记，王立霞为党委副书记。

(二) 重要活动

1. 学习“三个代表”重要思想活动

2001 年下半年，学院党委在全院范围内深入开展了“三个代表”重要思想的学习活动，并将其作为多年思想政治教育的第一要务，学院党委研究制订了专门的学习计划，分期分批地对广大师生开展教育培训，不仅组织全院的集中培训，同时开展了以党支部为单位的分散学习，学习过程注重形式多样，采取研读教材为主、参观活动为辅的方式进行，并力求将“三个代表”重要思想融入日常课堂教学，特别是马列主义思想政治课中。

2. 保持共产党员先进性教育活动

根据北京市委和校党委的统一部署，学院于 2005 年 9 月至 12 月底开展保持共产党员先进性教育活动，分为学习动员、分析评议、整改提高三个阶段。学院党委专门成立了保持共产党员先进性教育活动领导小组，组长为曲学利。学院党委注重听取群众的意见，接受群众的监督。在先进性教育活动全面动员前，召开座谈会，对存在问题进行调研。在分析评议阶段，采取召开座谈会、寄送征求意见函、发放征求意见表、设立意见箱、个别谈话等多种方式，广泛征求对党委班子及成员的意见和建议，共召开各党支部代表、民主党派和具有副高职称以上教师代表、教学部门和机关行政部门主要负责人座谈会 4 次，53 人参加，向上级主管机关和友邻单位寄发征求意见函 8 件，发放征求意见表 50 份，开展谈心活动 90 次，共征求意见 96 条。广大党员广泛开展多层次的谈心活动，据不完全统计，各党支部共开展谈心活动 466 人次。在教育活动中，9 个党支部全部参加，参学率 100%；121 名党员中 120 名参加，参学率 99.17%；广大党员按计划认真学习规定的文章，撰写读书笔记，深刻自我剖析，积极开展评议，制订整改计划，落实整改行动。群众满意度测评的满意率和比较满意率为 97.72%。

3. 学习实践科学发展观活动

学院作为北京市第二批学习实践科学发展观活动的单位，从 2009 年 3 月开始，在全院党员特别是党员领导干部中开展深入学习实践科学发展观活动。自学习实践活动开展以来，学院围绕“整合和优化资源配置，加强软硬件建设，统一思想，增强凝聚力，促进科学发展”的主题，科学安排，精心组织，做到了“两手抓、两不误、两促进”。从总体上看，学院的学习实践活动开展顺利，基本上达到上级的要求，取得了较为明显的成效，实现了广大党员干部提高思想认识、解决突出问题，创新体制机制，促进科学发展的目标要求。

2009 年 3 月初至 7 月中旬，学院学习实践活动主要开展了学习调研、分析检查、整改落实三个阶段的学习工作。

3月19日,学院召开深入学习实践科学发展观活动动员大会,对学院开展深入学习实践科学发展观活动进行全面动员和部署,副校长冯虹、校深入学习实践科学发展观活动联系指导组副组长冯凡、组员麻淑仙以及院党政领导、全体党员、民主党派、教授和学生代表共100余人参加,会议由院党委副书记王立霞主持。学院及时召开党委会,研究并制订学院学习实践活动的实施方案,成立活动领导小组,小组由党委书记曲学利任组长,党委副书记王立霞、副院长赵振江任副组长,副院长李啟隆、党委委员张松岩、吕淑惠、组织部门负责人及各党支部书记为成员,并下设办公室。

(1) 广泛动员,充分做好前期准备工作

前期准备工作包括:一是制订方案,成立组织机构。学院及时召开党委会,研究并制订学院学习实践活动的前期准备工作包括实施方案,成立活动领导小组,小组由党委书记曲学利任组长,党委副书记王立霞、副院长赵振江任副组长,副院长李啟隆、党委委员张松岩、吕淑惠、组织部门负责人及各党支部书记为成员,并下设办公室。

二是组织培训,做好各项准备。多次召开党支部书记和领导小组办公室会议,进行集中学习培训,为活动的开展做充分的思想准备、组织准备和工作准备。

三是召开大会,深入广泛动员。全院干部和广大党员统一了思想,提高了认识。

(2) 扎实推进,认真抓好学习调研阶段工作

学习调研阶段工作包括:一是结合学院实际,精心组织部署。制定阶段活动的具体安排,对每个环节的工作提出明确要求。

二是立足特殊教育,强调集中学习。除通过发放学习资料,要求支部集中学习和个人自学外,学院组织三场关于特殊教育的专题报告会,分别请学院院长许家成、北京市残联副理事长马大军、学院党委书记曲学利主讲,全院教职工和学生党员参加,提高了广大师生对于特殊教育的认识,开阔了广大师生以科学发展观为指导发展特殊教育学院的思路。学习参与率高,学习效果显著。

三是领导调研深入,全员建言献策。院领导班子组成两个调研组,分别由党委书记曲学利、院长许家成带队,到6个教学和管理部门进行调研,并根据学校的要求开展建言献策活动,举办思想解放大讨论和“联大科学发展建言论坛”。广大教职员工关心学院发展,在调研中和论坛中,积极查找制约学院发展的问题,并为学校学院发展提出合理性意见建议;同时,学院领导班子成员积极撰写调研报告,为分析检查阶段的工作奠定了良好的基础。

(3) 深入剖析,全面深刻地做好分析检查

分析检查工作包括:一是广泛征求意见。学院结合实际,在认真学习调研的基础上,发放征求意见表、设立征求意见箱、电子信箱、召开教职工代表座谈会、党支部专题组织生活会等活动,广泛征求师生、党员、群众对学院发展过程中的意见,共征求到群众提出的意见和建议41项76条。

二是认真开好领导班子专题民主生活会。5月9日,学院召开领导班子专题民主生活会,着重从思想观念、工作作风、工作方法、思路举措等方面,深入开展批评与自我批评,深刻剖析原因,总结了经验教训,并提出了努力和改进的方向。

三是写好分析检查报告。院党委从学习实践活动一开始,就把撰写分析检查报告作为重要环节来抓,先后召开党委会和学习实践活动领导小组会进行了专题研究,党委主要领导

全程主持起草工作，对报告的总体思路、突出问题、主要原因、对策措施提出具体明确的指导意见。初稿形成后，召开相关人员座谈会征求意见，并将梳理后的意见建议充分吸收到分析检查报告中。修改稿形成后，又召开党委扩大会对报告进行了认真反复的推敲，最终形成了《特殊教育特教学院深入学习实践科学发展观活动分析检查报告》，及时将分析检查报告提交指导检查组审定，得到了指导检查组的充分肯定。

四是结合实际，组织群众评议。按照工作要求，学院于6月2日分别召开了机关职能部门代表和系部教师代表座谈会，对分析检查报告进行评议。党委书记曲学利主持会议，并引导参评人员着重从认识深不深、问题找得准不准、原因分析得透不透、思路理得清不清、措施定得可行不可行等方面进行评议，参评人员对分析检查报告给予充分肯定，群众评议结果于会后进行了公示。

(4) 讲求实效，做好落实整改阶段的工作

落实整改工作包括：一是制订整改落实方案。学院学习实践活动领导小组以分析检查报告为依据，对查找出来的突出问题，反复研究制订了整改落实方案，并印发征求意见，在党政班子会上，组织班子成员集中进行讨论修改，形成《特殊教育特教学院整改落实方案》，对学院科学发展的主要思路和措施进一步细化，明确了整改的主要内容、目标、时限、措施和责任，并及时公布接受党员、群众监督。

二是集中解决突出问题。在前二个阶段的学习工作，学院已经解决了一些群众关心的问题，如图书阅览的问题、网络资源的问题等，取得了初步的成效。在整改落实阶段我们主要对需向上级请示，不易解决的问题做出了进一步的沟通协调，积极推进问题的解决。比如，为了加强干部队伍建设，解决干部队伍的提升和后备干部培养问题，通过积极争取，得到校党委的支持，在学习实践活动中为逐步增加学院副处级干部职数，为学院管理人员的发展提供了一定的空间；特教津贴是全院职工最为关注的问题，通过积极与部门沟通，得到原则性答复后，召开座谈会听取和集中群众意见，提高了院内特教津贴标准；其他事关学院发展、教育教学和师生利益的有关问题，学院也在积极努力解决。

三是完善体制机制。从学院建设的实际出发，对学院建院以来发文的规章制度进行整理，共97项，并结合实际进行了废改立保工作，共废除10项，拟修订8项，新立5项，保留74项。并根据上级的指示精神和要求，进一步加强干部队伍建设，突出党风廉政建设、干部的培养培训和后备干部的培养等工作。

4. 党建评估

2007年9月，市委教育工委组织专家按照《北京市普通高等学校党建和思想政治工作基本标准》(以下简称《基本标准》)的要求对学院党建和思想政治工作水平进行了达标验收。为迎接此次党建评估、加强学院党建评估迎评工作的领导，学院成立党建评估迎评工作领导小组，组长为曲学利；成立接待和宣传组、材料组、环境和后勤保障组、安全保障组四个工作小组负责具体事务；制订迎评方案，将党建评估迎评工作分为动员部署、自查自评、互查互评、整改提高、专家预评、正式评估等阶段。3月16日，学院召开党建评估迎评动员部署会。3月20日前各党支部进行组织动员。3月21—31日，各党支部和机关职能部门分别按照各自职责，根据《基本标准》的要求和院党建评估办公室下达的任务分解书的要求，准备支撑材料，自我检查评分，查找差距、明确方向、边查边改，并根据自查情况撰写自查报告。4月5日前，学院党建评估办公室撰写学院自查报告，并提交院党委会讨论修改。4月1—8日，院内

党支部和机关职能部门按不同类型划分为二个组,由组长安排组织进行院内互查互评。至5月前,学院党建评估办公室、各党支部和机关职能部门,针对自查互查找出的差距,制定并实施整改措施,修订制度、补充材料、落实措施。6月,校领导小组入院完成了学院整改检查工作,并完成了迎接校领导小组聘请北京市有关专家对学院党建和思想政治工作进行预评估工作。9月,学院党委圆满完成了迎接市委教育工委专家组进校评估工作。

5. 创先争优活动

2010年6月,学院党委按照校党委的整体部署,以创建先进基层党组织、争当优秀共产党员为主要内容,在全院党支部和党员中深入开展创先争优活动。学院党委成立深入开展创先争优活动领导小组,组长滕祥东,副组长王立霞;出台《北京联合大学特殊教育学院在全院基层党组织和党员中深入开展创先争优活动方案》(京联特党〔2010〕18号),作为学院深入开展创先争优工作的指针;同时,为了将工作细化和引向深入,出台在学生党员和离退休党员中开展创先争优工作的指导文件。2010年下半年,学院党委开展了校"十佳党支部"和院"先进党支部"的创建申报工作,经学校和学院两级评审,1个党支部被评为"十佳党支部",2个党支部被评为院级创建支部。

(三)组织工作

1. 领导班子和干部队伍建设

(1) 思想作风建设

坚持理论学习,加强两个队伍建设,制定了《北京联合大学特殊教育学关于加强干部培训工作的意见》(京联特党〔2009〕16号)、《2009年党员干部培训计划》以及《关于调整北京联合大学特殊教育学院党校领导机构的通知》等文件,把干部培训学习,特别是青年教师的培训纳入党校培训计划。学院党委按照高等教育改革发展的要求和学院发展的任务,结合学院党员干部的思想实际,组织领导干部和党员认真学习马列主义、毛泽东思想、邓小平理论以及"三个代表"重要思想,学习党的十六大、十七大会议精神,在学习中努力领会学习内容的精神实质。以邓小平理论和"三个代表"重要思想为指导,认真贯彻落实中央和北京市关于组织工作的部署和要求,紧紧围绕首都教育事业发展的大局,全面落实科学发展观,牢固树立正确的政绩观,以加强党的执政能力建设和先进性建设为主线,以巩固扩大先进性教育活动成果、建立健全保持共产党先进性长效机制为重点,大力加强高校领导班子思想政治建设和能力建设。

自贯彻实施《基本标准》以来,学院党委认真组织党委委员和党支部书记学习,并先后制定了《北京联合大学特殊教育学院关于贯彻落实〈北京普通高等学校党建和思想政治工作基本标准〉三年规划》(联特党〔2004〕1号)《特殊教育学院落实〈北京普通高等学校党建和思想政治工作基本标准〉党委和党支部书记责任分工》《特殊教育学院有关部门贯彻落实〈北京普通高等学校党建和思想政治工作基本标准〉三年规划指标分解及承包责任制》和《北京联合大学特殊教育学院党建和思想政治工作评估支撑材料目录》(联特党〔2005〕4号)4个相关文件,并多次举办以贯彻落实《基本标准》为主要内容的党支部书记和党员中层干部党建和思想政治工作培训研讨学习班。同时,围绕学校和学院的中心工作,坚持科学发展观,认真贯彻邓小平理论,积极践行"三个代表"重要思想,在党的各项工作中取得了较好的成绩。

加强思想建设和领导班子民主集中制建设,健全贯彻民主集中制的各项具体制度。坚持重大事项集体讨论制度。在学院重大问题决策方面，领导班子坚持和努力健全民主集中制，按照“集体领导、分工负责、个别酝酿、会议决定”的原则，在充分征求相关部门和群众意见的基础上，由学院党政领导班子共同研究决定，凡涉及学院建设、改革、干部人事安排等重大事项，都在班子会上充分讨论酝酿，经党委会认真研究作出决定。充分发挥了集体领导的组织优越性和个体的能动性、创造性。学院党委对群众关注的人、财、物事项，坚持领导班子集体讨论研究，院领导班子在坚持党委会议制度和院长办公会议制度的基础上，党政领导分工负责，相互配合，作到了科学决策、依法决策，并注意充分发挥教代会、工会和民主党派的积极作用，作到集体决策、院务公开。

(2) 促进干部队伍建设，深化干部制度改革

学院党委认真贯彻《党政领导干部选拔任用工作条例》，规范干部选拔任用工作，按建设高素质党政干部队伍的要求，推进人事制度改革。在聘任工作中充分听取广大教职工的意见，按照民主集中制和公开、公平、择优、注重实绩的原则，做到把德才兼备的同志选拔到关键岗位上来。学院党委重视中层干部思想教育和作风建设，制订了干部队伍建设规划，坚持与干部谈心制度和集中培训，并严格坚持定期对中层以上干部和关键岗位人员进行考核和民主评议的制度。2004 年，学院党委讨论通过了《关于加强和改进学院人才工作的实施意见》，进一步加强对干部的管理、培训、监督、考核力度。大力加强干部作风建设，制定了《中层干部履职管理规定》，加强对中层干部坐班、参加会议、报送文件等履职情况的考核。

2. 基层党组织建设

(1) 基本情况

学院党委对基层党支部的建设高度重视，制订了明确的工作计划和措施，建立每学期至少两次的支部工作专题研究与汇报制度；党委书记、副书记每年定点联系一两个党支部，党委主要领导经常深入各支部一起研究支部工作，就党支部如何开展工作给予具体的指导，及时解决支部建设中存在的问题；落实党支部的活动经费。例如，针对学院教学单位党支部书记兼职多、工作量大的实际情况，党委与院行政落实了党支部书记行政待遇的部分问题，增强了基层党组织的凝聚力、战斗力。

为切实加强学院基层党组织建设，根据《中国共产党普通高等学校基层组织工作条例》和学校党委《关于进一步加强系(处)级教学单位党组织建设的意见》，院党委结合学院实际制定了《北京联合大学特殊教育学院系级教学单位党支部书记岗位职责和要求(试行)》，在征求基层党组织意见的基础上，将原有的 9 个党支部调整为 10 个党支部，选派优秀老党员担任党支部书记，并及时为新上任的党支部书记举办培训班。新选派的 10 个党支部书记中，3 人具有副高职称，6 人具有中级职称，素质较高。

2003 年，为了切实加强学院基层单位党组织建设，根据《中国共产党普通高等学校基层组织工作条例》等上级党委的文件精神和学校党委《关于进一步加强系(处)级教学单位党组织建设的意见》，学院党委结合学院实际情况，在征求基层党支部意见的基础上，将原有的 5 个党支部，调整为 9 个党支部，并选派优秀的老党员担任党支部书记。在调整党支部后，学院党委及时组织新上任的党支部书记学习有关文件，并强调党组织要把加强思想建设放在首位。2010 年，根据学院党建工作的形势和需要，再次对党支部设置进行调整，截至 2010 年年底，学院共有 8 个党支部(见表 7.8-1)。

表 7.8-1 党支部设置一览表

支部名称	组成单位	支部书记
第一支部	党政办、组宣部、人事处、财务处、工会	鄂敬彬
第二支部	教务处、科研处、图书馆	马学军
第三支部	学生处、成教部、团委、学生党员	卢培勇
第四支部	行管处、保卫处	金　鑫
第五支部	基础部、体育部	冯希杰
第六支部	应用技术系、医学系、资源中心	毛世春
第七支部	特教系、特教中心	毛荣建
第八支部	离退休人员	陈光远

(2) 党员教育管理

各党支部坚持支部组织生活制度,有年度、学期工作计划和总结,做到定期交流思想、研究工作,初步实现了基层党组织建设的规范化。在"学习实践'三个代表'重要思想,保持共产党员先进性"主题教育活动中,党政办组织的"党支部征求群众意见"情况统计表明,群众对支部和党员作用发挥的满意率均为80%以上。

各党支部积极组织党员参与本部门重大问题的讨论,发挥党员的能动性和先锋作用,发现和解决本部门存在的矛盾和问题,保障了全院各项工作的顺利开展。各党支部多次组织党员学习党委制定的《北京联合大学特殊教育学院关于贯彻落实〈北京普通高等学校党建和思想政治工作基本标准〉的三年规划》,并且把工作落实到人。

学院党委重视党员和入党积极分子的教育培训工作。2001年1月18日,学院业余党校成立暨第一期培训班开学。截至2010年,学院党校已邀请院内外资深党务工作者和专家学者为学院党员和入党积极分子开课多次,如"中国共产党十六大的思想理论准备""从党章的修改与完善看中国共产党与时俱进""保持共产党员先进性教育活动主题党课"等,同时,学院举办了以党支部书记和支部委员为主要培训对象的党员干部培训班多次。

(3) 党的发展工作

党员发展工作一直是学院的一项重要工作,学院党委每年都制订发展计划,积极组织入党积极分子参加业余党校培训,严格按照"坚持标准、保证质量、改善结构、慎重发展"的要求做好发展党员工作,努力建设一支素质优良、结构合理、规模适度、作用突出的党员队伍。

学院党委重视在青年教师,特别是在青年骨干教师中发展党员,积极与教学单位党支部协调,充分发挥基层党组织的作用,动员青年骨干教师向党组织靠拢,组织入党积极分子参加学院业余党校培训。

学院残疾人学生占学生总数的60%以上,培养和发展工作难度较大,学生党员比例较低,学院党委针对这一实际情况,逐年加大学生党员的培养力度。2004年,对发展残疾人学生党员工作虽然有所突破,但对残疾人学生进行党的知识教育的任务仍然相当繁重,需要克服许多特殊的困难。针对这一问题,2004年党委制定了《关于加强和改进大学生党员发展工作的实施意见》,要求对学生党员发展工作实行同抓共管,教学党支部在做好教职工的培养发展工作的同时配合学生所在党支部承担学生党员的培养发展工作任务,得到各党支部的响应。

建院十年来,学院共发展党员58人,其中教职工党员14人,学生党员44人,包括残疾人学生15人。截至2010年年底，学院共有党员162名。

3. 奖惩

2002年、2003年和2005年学院先进党支部和优秀党员名单见表7.8-2。

表7.8-2　先进党支部和优秀共产党员名单

年份	先进党支部	优秀共产党员
2002	第一党支部	王立霞、牛连华、张松岩、赵惠五、郭岳涛、肖阳梅、郝京华、石永恩、冯希杰、石明
2003	第三党支部、第四党支部	刘川、牛连华、赵振江、杨秀文、石永恩、岳政武、吕淑惠、鲍平秋
2005	第三党支部、第六党支部	张松岩、吕淑惠、刘建平、王立霞、秦文英、岳政武、吕会华、马学军、吴立平、陈光远

（四）宣传思想政治工作

1. 教职工思想政治教育

对于教职工的思想政治教育，学院党委非常重视，及时了解教职工的思想动态，注意调动教职工参与学院改革和发展的积极性，在专业技术职务聘任、岗位聘任、考核评优等关系教职工切身利益的问题上，努力做好理顺情绪、化解矛盾。通过细致的思想工作，把矛盾解决在基层。对于有关学院发展稳定的重大事项，及时做好思想动员，统一思想认识，充分调动教职工投身教学、科研、管理、服务的积极性。

党政协调配合，利用材料学习、组织报告、观看录像、外出参观等多种形式，抓好政治思想教育，开展爱国主义教育、集体主义教育、社会主义教育，正确的世界观、人生观、价值观教育，社会主义荣辱观和师德教育。为纪念红军长征胜利70周年，学院组织党员到河北省邯郸市爱国主义教育基地、易县狼牙山和北京顺义焦庄户参观接受教育。

严格两周一次的学习制度，保证学习时间及效率，并结合学院的工作有针对性地组织教职工的学习，使全院教职工深入掌握邓小平理论和“三个代表”重要思想的内涵。

2009年学院深入开展学习科学发展观活动，学院党委高度重视，各党支部认真负责，党员积极参加，各项活动出勤率较高，保持在96%以上，前后安排了三次辅导报告，辅导对象涵盖了所有教职工、学生党员及部分离退休党员。各党支部根据《中共北京联合大学特殊教育学院委员会关于在全院党员中开展深入学习实践科学发展观活动的实施方案》制订了支部具体的学习方案，保证了每个党员、中层干部和教授每周不少于一次的集体学习。

党委为加强师德教育，制定和健全了《师德规范》等管理制度，积极开展“三育人”活动，提高教职工对高等特殊教育的认识，更新教育理念，树立开拓精神，热爱特殊教育事业，全心全意为教学、为学生服务，增强残疾人事业的责任感及创办一流特殊教育学院的信心。

经过几年的实践，学院的师德建设工作取得了较好的成绩，涌现了一批“师德先进集体”和“师德先进个人”，为促进学院的改革与发展和高等特殊教育的改革与发展，提供了师资保障。

2. 宣传阵地建设

党委重视宣传思想政治工作阵地建设，加大投入，建成信息刊物、广播台、网络、橱窗四种宣传媒介，对于增强校园文化氛围，展示成果起到了很好的作用。

党委根据学院残疾人学生与健全学生同校的实际情况，积极建设具有学院特色的校园文化，形成“残健融合，残健互助”的良好校园文化氛围，并逐渐培育和凝练“自尊、自强、自立、自信”的校园精神。

学院宣传思想政治教育工作由党委统一领导，党政齐抓共管；学院宣传工作具有明确的职责范围，建成了一支专兼职相结合的宣传工作队伍，形成学院党委指导和自我教育相结合的教育模式；逐步制定相关规章制度，做到工作有章可循，每年的工作有计划、有总结，建立了有效的领导体制和工作机制。

学院党委能够及时贯彻中央和市委有关精神，定期研究，积极探索适合特殊教育的宣传思想政治教育的有效途径和方法。在宣传思想政治教育工作中，党委明确了“对内培育特教精神，对外树立特教形象”的工作思路。

(五)纪检、监察工作

学院领导班子重视自身的思想组织作风建设，充分认识到，加强党风廉政建设是从严治党、反腐倡廉、抨击时弊、明辨是非，是从源头上预防和治理腐败的重要举措。

1. 党风廉政责任制

学院党委制定了《中共北京联合大学特殊教育学院委员会关于贯彻落实〈建立健全教育、制度、监督并重的惩治和预防腐败体系实施纲要〉的具体办法和任务分解》《北京联合大学特殊教育学院党风廉政公约》和学院党风廉政工作计划，坚持做好党风廉政建设和反腐败任务分解工作。

2. 领导干部廉洁自律

在保证党风廉政建设各项工作任务落实的同时，学院党委坚持求真务实、廉政办学的指导思想，本着“高校无小事、特教无小事、残疾人学生无小事”的原则，积极参加校党委的党风廉政建设宣传教育月活动；党院办和工会每年都组织以反腐倡廉为主要内容的座谈会，征求党内外同志对领导班子的意见；学院党委对征求的意见和教代会的提案认真落实，对暂时落实不了的意见和提案，班子成员耐心解释，把“三个代表”重要思想落到实处。

3. 查处案件和纠风

针对上级纪检监察部门转来的信访件和学院收到的信访件，学院党委都能责成有关部门认真查办，做到有案必查、依法办案，做到确保办案质量、办案综合效应显著。

4. 加强源头治理工作

学院党委认真开展党风廉政宣传教育，组织党员干部学习党风廉政建设和廉政法规，进行党性党风党纪条规教育。党委和行政还先后制定了《中共北京联合大学特殊教育学院委员会纪律监督检查办法(试行)》《北京联合大学特殊教育学院大额度资金审批制度(试行)》《北京联合大学特殊教育学院关于严格执行“收支两条线”管理的规定(试行)》《北京联合大学特殊教育学院采购工作程序(试行)》和《北京联合大学特殊教育学院招投标实施细则(试行)》和制定了《北京联合大学特殊教育学院关于加强治理商业贿赂的措施》等相关文件和制度。

(六)统战工作

学院有民盟、民革、农工党和致公党等4个民主党派，7个民主党派人士，其中5个有硕士研究生及以上学历。6 个在职人员中，3 个担任中层干部，1 个区人大代表。6 人全部为教学骨干，教授 2 人，副教授 3 人。

各民主党派人士除积极参加其组织活动外，还在学院的各项工作中发挥重要作用，为推进学院的发展作出了贡献。

二、工会工作

（一）组织机构与职能

截至 2010 年年底，学院有工会委员 7 人，设有工会主席、工会常务副主席（专职主持日常工作）、女工主任、组织委员、生活委员、文体委员、宣传委员、教育委员、工会会计。工会下设女工委员会、经审委员会、劳动争议调解委员会、福利委员会和 9 个工会小组（见表 7.8-3）。

表 7.8-3　2003—2010 年工会委员情况一览表

委员会名称	职务	负责人姓名	任职时间/年
工会委员会	工会主席	王立霞	2003—2010
	常务副主席	鄂敬彬	2003—2010
	女工主任	刘建平	2003—2010
	组织委员（兼生活委员）	陆忠华	2003—2010
	教育委员（兼会计）	苑　力	2003—2010
	文体委员	冯希杰	2003—2010
	宣传委员	员　健	2003—2008
		张　颖	2008—2010
女工委员会	主任	刘建平	2003—2010
	委员	周启华、楚艳萍	2003—2006
		贾宁、曲艳	2006—2010
经审委员会	主任	王立霞	2003—2010
	委员	邱毅、苑力	2003—2010
劳动争议调解委员会	主任	王立霞	2003—2010
	委员	鄂敬彬、孙玉民、毛颖梅、吴春梅	2003—2010
福利委员会	主任	王立霞	2003—2010
	委员	鄂敬彬、刘建平、吕淑惠、王洪云	2003—2010

截至 2010 年年底，学院工会有会员 161 人，入会率达 100%。其中，在编教职工 142 人，人事代理 19 人；女会员 98 人，占全体会员的 62%。

工会委员会的基本职责是：履行参与、维护、建设、教育四项职能，以促进人的全面发展为核心，围绕学院改革、发展大局，紧紧依靠全院教职员工，积极推进学院民主建设，努力营造文明、和谐的校园氛围。

（二）主要工作

1. 加强素质教育

2005 年，工会将 50 多位从不同角度评选出的各个级别的先进人物事迹，结集出版为宣传册,在全院范围内学习宣传。

2006年,工会组织部分教师赴内蒙古自治区兴安盟科尔沁右翼前旗进行了参观考察,开展职业认知教育。参观了兴安盟特殊教育学校,考察了旗残联聋儿语训中心和地区的聋人学校,并和部分教师进行座谈交流。

2007年,为促进学院师德教育活动的进一步深化,学院工会策划了回访毕业生的活动。带领部分骨干教师及系部主任,对四川省残疾人受教育情况以及学院毕业生就业情况进行实地考察。

2008年,学院工会继续延伸师德教育计划,组织青年教师到长春大学特教学院和长春特教学校进行"深入课堂,走访魅力人物"的实地考察活动。

2009年,为了全面落实学院和谐校园建设的目标,推进师德师风建设的创新,工会在全院教职工中开展了践行"师德师风"征文活动。评选出优秀稿件24篇,并在全院教职工大会进行了交流演讲。

2010年,学院工会组织开展了师德规范知识问答活动,以此来提升教职工的思想修养,加强师德规范意识,并推动其在工作实践中努力理解、体现师德规范。

学院高度重视青年教师的培养。为提升青年教师严谨笃学、爱岗敬业精神和业务素质及教学水平,更好地担负起教书育人的责任,在工会的精心策划下,2003年、2005年、2006年、2008年,学院分别举办了四届"青年教师教学基本功大赛",并为此成立了青年教师基本功大赛领导小组和评委会,制定了初赛方案和严格的评分标准。在初赛之前,还召开了评委委员预备会,讨论学习评分标准和评分纪律。活动中,青年教师从方方面面展示了各自的教学基本功。共计有39名青年教师获得院级奖项,3名青年教师获得校级奖项,青年教师参赛率达95.1%,不仅调动了青年教师不断学习、共同提高教学质量的积极性和能动性,也为学院教学水平的进一步提高奠定了坚实的基础,促进了青年教师的成长。

通过各项教育活动的开展,教职工素质明显提高。在工会系统的评优和竞赛中,涌现出一批获奖集体和个人(见表7.8-4)。

表7.8-4　2002—2010年工会系统院级及以上各类获奖情况一览表

<table>
<tr><th>年份</th><th>奖项</th><th>级别</th><th>获奖名单</th></tr>
<tr><td rowspan="9">2002</td><td rowspan="4">"三育人"先进集体、先进个人</td><td rowspan="2">校级</td><td>先进集体:基础部</td></tr>
<tr><td>先进个人:丁艳丽</td></tr>
<tr><td rowspan="2">院级</td><td>先进集体:学生处</td></tr>
<tr><td>先进个人:周启华、王桂玲、陈秀丽、鄂敬彬、陆忠华、刘建平、员健、麻一青</td></tr>
<tr><td>师德先进个人</td><td>校级</td><td>郝京华</td></tr>
<tr><td rowspan="2">十佳女教职工</td><td>校级</td><td>刘文霞</td></tr>
<tr><td>院级</td><td>鲍平秋、郝增茹、刘素华、牛连华、周启华、刘秀琴、李玉霞、石明、郝京华</td></tr>
<tr><td>英汉双语演讲比赛</td><td>校级</td><td>胡晓毅</td></tr>
<tr><td>合格工会之家</td><td>校级</td><td>特殊教育学院</td></tr>
</table>

续表

年份	奖项	级别	获奖名单
2003	十佳女教职工	校级	周月霞
		院级	肖阳梅、马同梅、陈莞、牛连华、王莉娟、成娴莉、陆荣春、邱毅、楚艳萍
	模范职工小家	市级	基础部
	先进教职工之家	院级	工会
	先进女教工工作者	院级	刘建平
	优秀教育工作者	院级	曲学利
	学院首届青年教师基本功比赛奖	院级	毛颖梅、曲艳、罗丹、张雷、马学军、刘颂、李妍、姚铁力、曲欣、楚艳萍
2004	“三育人”先进集体、先进个人	校级	先进集体：党院办
			先进个人：邱兆熊
		院级	先进集体：特教系、教务处
			先进个人：毛颖梅、孙玉民、李妍、岳政武、周启华、刘国华、王文明
	师德先进个人	市级	楚艳萍
		院级	李敢隆
	优秀德育工作者	校级	周启华
	创新标兵	校级	钟经华、麻一青
	优秀教师	市级	张会文
	学校青年教师基本功比赛奖	校级	毛颖梅
2005	优秀青年教师工程师	市级	蒋雪峰
	优秀女教职工	校级	郝传萍
		院级	楚艳萍、郝京华、刘建华、安俊英、陈秀丽、李元稚、李珍、李兰、杨萍
	优秀教师	校级	钟经华
	优秀教育工作者	校级	刘淑毓
	学院教师手语比赛奖	院级	丁艳丽、曲欣、陈秀丽、冯希杰、吴玲、付涌玉
	学院职工手语比赛奖	院级	刘建平、刘国华、李珍、李元稚、周启华、顾久琴
2006	“三育人”先进集体、先进个人	校级	先进集体：党院办
			先进个人：马密霞
		院级	先进集体：基础部
			先进个人：张会文、杨万莉、郝增茹、吴春梅、吕淑惠、卢培勇、赵国庆、吴立平
	师德先进个人	市级	鲍平秋
		院级	李敢隆、孙玉民
	创新标兵	市级	安俊英
		校级	许家成
	优秀女教职工	校级	姜春梅
	先进女教工工作者	校级	王莉娟
	先进女教工委员会	校级	学院
	学院第二届青年教师基本功比赛奖	院级	党建强、宋志强、马密霞、孙华梅、张颖、安俊英、毛荣建、李明、宋铭

续表

<table>
<tr><th>年份</th><th>奖项</th><th>级别</th><th>获奖名单</th></tr>
<tr><td rowspan="4">2006</td><td>学院教案奖</td><td>院级</td><td>党建强、宋志强、毛荣建</td></tr>
<tr><td>学院课堂演示</td><td>院级</td><td>党建强、宋志强、孙华梅</td></tr>
<tr><td>学校青年教师基本功比赛</td><td>校级</td><td>党建强</td></tr>
<tr><td>北京市教委拔尖人才</td><td>市级</td><td>刘全礼</td></tr>
<tr><td rowspan="9">2007</td><td>先进集体</td><td>市级</td><td>基础部</td></tr>
<tr><td>创新集体单项奖</td><td>校级</td><td>工会</td></tr>
<tr><td>先进女工委员会</td><td>校级</td><td>女工委</td></tr>
<tr><td>集体创新奖</td><td>校级</td><td>电子信息系</td></tr>
<tr><td rowspan="2">优秀女教职工</td><td>校级</td><td>王立霞</td></tr>
<tr><td>院级</td><td>李玉兰、韩玉敏、王亮娣、吴立平、顾久琴、陆忠华、吴春梅、曲艳</td></tr>
<tr><td>先进女教工工作者</td><td>校级</td><td>刘建平</td></tr>
<tr><td>创新标兵</td><td>校级</td><td>李啟隆、吴立平</td></tr>
<tr><td>孟二冬式的优秀教师</td><td>市级</td><td>鲍平秋</td></tr>
<tr><td rowspan="14">2008</td><td>创新标兵</td><td>市级</td><td>陈莞</td></tr>
<tr><td>优秀女教职工</td><td>校级</td><td>韩玉敏</td></tr>
<tr><td>先进女教工工作者</td><td>校级</td><td>贾宁</td></tr>
<tr><td>先进女工委员会</td><td>校级</td><td>女工委</td></tr>
<tr><td>首都文明职工</td><td>市级</td><td>郝传萍</td></tr>
<tr><td>学院第三届青年教师基本功比赛奖</td><td>院级</td><td>曲艳、甄玮、张旭、李晓梅、姚登峰、胡可、付涌玉、刘峰、孙华梅、胡江宁</td></tr>
<tr><td>教育先锋集体</td><td>市级</td><td>院体委</td></tr>
<tr><td>模范教职工之家</td><td>校级</td><td>工会</td></tr>
<tr><td>奥运巾帼奉献奖</td><td>市级</td><td>韩萍</td></tr>
<tr><td rowspan="4">“三育人”先进集体、先进个人</td><td rowspan="2">校级</td><td>先进集体：学生处</td></tr>
<tr><td>先进个人：张道明</td></tr>
<tr><td rowspan="2">院级</td><td>先进集体：教务处</td></tr>
<tr><td>先进个人：崔恒祥、王立霞、刘峰、毛荣键、陆忠华、甄玮、曲艳、边丽</td></tr>
<tr><td>师德先进个人</td><td>校级</td><td>刘晓陶</td></tr>
<tr><td rowspan="5">2009</td><td>优秀教职工之友</td><td>校级</td><td>王立霞</td></tr>
<tr><td>优秀工会工作者</td><td>校级</td><td>鄂敬彬</td></tr>
<tr><td>优秀工会积极分子</td><td>校级</td><td>冯希杰、苑力、刘建平</td></tr>
<tr><td rowspan="2">优秀女教职工</td><td>校级</td><td>吕会华</td></tr>
<tr><td>院级</td><td>华薇、周博、王梅、张海丛、杨万莉、郝增茹、贾宁、曹艳、高宏、王昕、吴春梅、王洪云、王青</td></tr>
<tr><td rowspan="5">2010</td><td>创新优秀集体</td><td>校级</td><td>工会</td></tr>
<tr><td rowspan="2">“三育人”先进集体、先进个人</td><td rowspan="2">校级</td><td>先进集体：教务处</td></tr>
<tr><td>先进个人：冯希杰</td></tr>
<tr><td>学校师德先进个人</td><td>校级</td><td>陆忠华</td></tr>
<tr><td>北京市师德先进个人</td><td>市级</td><td>陆忠华</td></tr>
</table>

2. 维权工作

关心女教职工，维护女教职工权益，是工会的重要工作。工会女工委员会的工作有计划、有总结，活动情况有记录。为维护女教职工的合法权益，工会充分发挥了女工委员会的作用。女工委员们主动配合学院计划生育小组、医务室做好妇女“五期”保健知识和节育知识的宣传工作；做好已有一个子女的在职育龄女职工的管理、宣传与服务工作；通过工会小组向全院的女教职工发放了大量的计划生育宣传资料，并为全院的女教职工建立了安康互助保险，参保率100％。

劳动争议调解委员会重视维护广大教职员工的切身利益，在院内工资调整和特殊教育津贴标准制订等重大事项上，广泛征求和听取广大教职员工意见和建议，为学院制定标准提供科学、合理、可行的依据。

2006年，成立了学校女教授协会特殊教育学院分会。分会组织了多次丰富女教授业余文化生活的有益活动：举办了插花讲座、妇女卫生知识讲座、跳棋比赛、手工艺制作展、参观花卉大观园等，受到女教授的欢迎。

为充分调动女教职工的积极性，宣传、表彰在学院教学、科研、管理岗位上作出突出贡献的女教职工，院工会在女教职工中多次开展了“岗位创佳绩”的竞赛和优秀女教职工评选活动，并在每年的“三八”节期间进行表彰。10年来，工会共评选出院级优秀女教工55名、校级优秀女教工7名，并在学院宣传橱窗中宣传她们的光荣事迹。由于工会女工委员会的努力工作，2006年、2007年、2008年连续被学校评为“先进女工委员会”。

从2008年开始，经校爱心互助基金会的审核批准，学院共有11人次享受大病补助，5人次享受困难补助，2人因病故给予一次性补助。学院和工会领导坚持每年走访困难和大病职工并送去慰问金。被慰问的教职工非常感动，感谢校、院领导对他们的关心和帮助。通过开展爱心互助活动，进一步增强了学院的凝聚力，达到了建设和谐校园的目的。

3. 开展文体和捐献活动

10年来，工会组织了各种文化、体育、娱乐活动。例如，组织了广播操、24式太极拳、乒乓球、羽毛球、台球、跳绳、爬山、趣味运动会等体育活动；组织了摄影比赛、交谊舞学习班、卡拉OK等文艺活动。假期组织全院教职工到厦门、武夷山、井冈山等地进行红色之旅考察活动。另外，还组织教职工参加了校工会第九届、第十届、第十一届教职工运动会以及健美操、跳绳、篮球、乒乓、书法、摄影等比赛活动且取得了好成绩，教职工参与率达90％以上。

2008年5月12日，汶川大地震发生后，院工会立即组织会员向灾区献爱心，150名会员很快就筹集到17000元钱，由党委书记曲学利和工会主席王立霞送到了学校。

自2008年开展捐献爱心互助基金以来，以“仁爱互助，滴水成河”为宗旨，以自愿交纳为原则，按照学校爱心互助基金会的要求，在全院教职工中多次开展了向爱心互助基金会捐款活动，捐款金额共计4965元。

4. 加强工会自身建设

工会在建家工作中，注意把提高工会干部自身素质作为建家的保证，建立了必要的工作、学习制度，每年定期举办工会干部培训班，安排一定的时间学习党的方针政策和有关文件精神，并通过学习培训、会议交流、院校互访、专题调研等方式，不断提高工会干部的理论和业务水平。工会曾四次组织工会干部进行培训，并邀请各系部主任和各支部书记参加。

培训内容主要为《工会法》学习及新时期工会工作职责的研讨等。培训使工会干部和工会小组长对基层工会工作的重要性有了更深刻认识,推动了工会工作的开展。因此,学院工会2001年被学校评为“合格教职工之家”,2002年被学校评为“先进教职工之家”,2008年被学校评为“模范教职工之家”,2010年被学校评为“创新优秀集体”。

学院各工会小组也有很大发展。2005年,1个工会小组被评为市级“模范小家”,2个工会小组被学院评级“先进小家”,6个工会小组被学院评为“合格小家”。2007年,2个工会小组被学院评为“模范小家”,6个工会小组被学院评为“先进小家”,1个工会小组被学院评为“合格小家”。

(三)教职工代表大会

1. 机构设置及职能

学院教职工代表大会的主要职责是:听取院长的工作报告,讨论学院的发展规划、重大改革方案、财务预决算等重大问题,并提出意见和建议;讨论与教职工切身利益密切相关的基本规章制度,提出意见和建议;讨论通过教职工福利费管理使用的原则和办法,以及其他有关教职工的福利事项;监督学院各级行政领导干部,可以进行评议、表扬、批评、推荐,必要时可以建议上级机关予以嘉奖、晋升,或予以处分、免职。

教代会设常设主席团是教代会闭会期间的领导机构,其主要职责是负责大会的各项筹备工作;组织并主持会议及处理大会闭会期间其他重要问题;协商处理教代会闭会期间临时出现的属于教代会职权范围内的其他重大问题等。

2003—2010年,提案委员会主任为鄂敬彬,委员为孙玉民、员健(任职至2008年)。

表7.8-5 第一届、第二届教代会常设主席团成员名单

届次 职务	第一届 (2003—2008)	第二届 (2008—今)
主 席	王立霞	王立霞
成 员	许家成、曲学利、刘建平、李啟隆、景经、鄂敬彬	毛颖梅、毛世春、许家成、曲学利、刘建平、刘川、张会文、鄂敬彬

2. 历次教代会主要内容

学院首届教职工代表大会第一次会议于2003年1月21—23日召开,参加大会的有正式代表35人。听取了学院工作报告;审议并通过了《北京联合大学特殊教育学院教职工代表大会条例》《关于代表资格的审查报告》《提案审查工作报告》;讨论了《学院“十五”发展规划》、学院工作报告和《聘用制实施方案细则》;选举了学院第一届工会委员会,成立了女工、福利、经费审查、劳动争议调解和提案审查五个工作委员会;选举产生院首届教职工代表大会常设主席团。本次教代会征集提案26件。

首届教代会第二次会议于2004年1月9—10日召开。代表听取并讨论了学院2003年工作总结、2004年工作要点、《北京联合大学特殊教育学院院务公开实施意见(试行)》及提案落实情况的报告。本次会议收到提案15件。

首届教代会第三次会议于2005年1月19—20日召开。代表听取了学院2004年工作总结、2005年工作计划、《对教学事故认定和处理办法》的说明及提案落实情况的报告;讨论和审议了《对教学事故认定和处理办法》。本次会议收到提案 38 件。

首届教代会第四次会议于 2005 年 11 月 14 日召开。首届教职工代表大会常设主席团主席王立霞汇报了教代会第三次会议提案落实情况。

首届教代会第五次会议于 2007 年 1 月 17—18 日召开。代表听取了学院 2006 年工作总结、2007 年工作计划、关于《北京联合大学特殊教育学院“十一五”时期事业发展规划》的说明及第四次会议提案的落实情况。本次会议收到提案 16 件。

首届教代会第六次会议于 2008 年 1 月 17—18 日召开。代表听取了学院 2007 年工作总结、2008 年工作计划、搬家动员报告及第五次会议提案的落实情况。本次会议收到提案 16 件。

第二届教代会第一次会议于 2008 年 12 月 26 日召开。代表听取了学院工作报告和工会工作报告，选举了学院第二届工会委员会；选举产生了院第二届教职工代表大会常设主席团；还听取了首届教代会第六次会议提案的落实情况。本次会议收到提案 12 件。

第二届教代会第二次会议于 2010 年 1 月 12 日召开。代表讨论通过了关于《北京联合大学特殊教育学院 2009 年全员岗位聘用工作指导意见》，听取了第一次会议提案落实情况的汇报。

3. 工作开展情况

提案落实工作。在教代会闭会期间主要做了教代会提案的落实和督办工作，2003—2010 年共计落实提案 123 件。

参与学院重大决策。2003—2010 年先后通过了《学院“十五”发展规划》《聘用制实施方案细则》《院务公开文件》《对教学事故认定和处理办法》《北京联合大学特殊教育学院“十一五”时期事业发展规划》《北京联合大学特殊教育学院 2009 年全员岗位聘用工作指导意见》等重要文件。

三、共青团工作

（一）基本情况

中国共产主义青年团北京联合大学特殊教育学院委员会（以下简称“院团委”），在学院党委和学校团委的指导下开展工作。院团委下设：组织部、宣传部，有团支部 38 个，全院团员总数为 741 人，其中少数民族团员 43 人，保留团籍的党员 19 人，青年教师团员 4 人。院团委指导院级学生组织——院学生会、院社团联合会、北京联合大学残疾人大学生艺术团等开展活动。

（二）团代会

学院团委第一次代表大会于 2004 年 5 月召开。校团委书记尹福斌出席开幕式并宣读校团委贺信，与会代表 55 人。大会审议并通过《积极实践、勇于创新，开创学院共青团工作新局面，为建设全国一流的特教学院而努力奋斗》的工作报告，选举产生了第一次院团代会委员，委员会选举刘川为院团委书记。

（三）团员教育管理

学院团委自 2000 年 9 月成立以来，先后出台了《关于开展大学生课外科技文化活动的意见》《关于团组织向党组织推荐优秀团员作党的发展对象的实施意见》《大学生暑期社会实践活动的实施意见》等相关文件，开展了内容丰富的团组织活动，特别是在历年的学雷锋纪念日、五四、全国助残日（每年 5 月的第二个星期日）、十一、一二九、元旦等重大节日、纪念日和与残疾人的相关的重要纪念日学院团委都要举办不同层面的纪念活动,各支部开展的纪念活动或主题团日活动作为学院历年达标创优活动的基本材料由院团委负责考评。

(四)志愿服务

学院志愿活动主要由学生会志愿者部负责组织实施。

2007 年北京奥运会筹备期间,学院有 300 多人报名参加“好运北京”赛事志愿者,经选拔 12 名同学参加了在北京工人体育馆举行的“好运北京”拳击赛志愿服务活动。

2008 年北京奥运会期间,有 50 多名同学参加城市志愿服务活动,33 人参加场馆赛事志愿服务活动,20 名听障学生参加残奥会开幕式演出活动。

2008 年 8 月 28 日上午,北京残奥会圣火取火仪式暨火炬接力启动仪式在北京天坛举行,学院听障生姜馨田作为圣火采集使者在祈年殿前点燃残奥会圣火。

(五)学生科研立项与竞赛

2010 年学院本科生科研立项项目见表 7.8-6。

表 7.8-6　本科生科研立项项目一览表

项目名称	负责人	级别	立项时间/年
关于北京市大学本科生中地域差异对交往影响的调查	宗　佳	市级	2010
北京 NGO(非政府机构,组织)发展现状调查	徐　杰	市级	2010
特殊儿童青春期教育情况调查	徐　杰	市级	2010
聋人大学生汉语学习策略与听人大学生英语学习策略比较研究	王迎凤	校级	2010
聋人早期受教育形式对汉语的影响	聂　宁	校级	2010

2009 年和 2010 年学院学生科技竞赛获奖情况见表 7.8-7。

表 7.8-7　学生科技竞赛获奖情况一览表

获奖年份	竞赛名称	参赛项目	负责人	级别
2009	文科计算机大赛	文科计算机大赛回味无穷	肖晓萌	校级二等奖
		数学家高斯的故事(Authorware)	陈代月	院级一等奖
		忆江南(PPT)	曲永杰	院级二等奖
2009	学生科研竞赛	《五线谱上星星的游戏》	王　齐 紫翠红	院级一等奖
		《关于北京市大学本科中地域差异对交往影响的调查》	宗　佳	院级二等奖
		《特殊儿童青春期教育情况调查》	徐　杰	院级二等奖
		《北京 NGO 发展现状调查》	徐　杰	院级三等奖
		《未成年人权利与义务》	聂鑫卉	院级三等奖
2010	创业计划大赛	健康食疗配餐店	李　丹	校级三等奖

(六)学生组织

1. 学生联合会

院学生联合会(以下简称“院学生会”)成立于 2001 年。自成立以来,开展的主要工作有:

(1)制度建设:制定了干部考核制度,完善了干部考核和管理工作,每学年的干部考核工作对学生干部的综合素质提升起到了积极的作用。

(2) 培养干部：学院原则上每两年大规模调整一次学生干部，每次调整之后都要对新干部进行系列的培训工作，10多年来学院培养了一批批综合素质较高的学生干部，并发挥其在学生会工作中的示范带头作用。

(3) 维护学生权益：定期召开学生代表座谈会，了解同学们在校生活、学习、娱乐等方面的需求和愿望，及时反映给学院相关部门和领导，为同学们的日常生活分忧解难。

(4) 开展校园文化活动：根据校学生会工作安排和院团委的工作布置，结合学院自身特点，开展了系列的校园文体、学术活动，为丰富校园文化生活贡献了力量。

表 7.8-8 学生会主席、副主席任职情况一览表

主席	任职时间/年	副主席	任职时间/年
董金亮	2001.09—2004.03	郭巧玲	2008.09—2009.07
解　薇	2004.03—2005.07	宋　杰	2008.09—2010.07
张亚琦	2005.07—2006.07	刘　昆	2010.11—今
王　维	2006.07—2008.07	周梦佳	2010.11—今
张　飞	2008.09—2010.07		
李美麒	2010.11—今		

2. 学生社团联合会

院学生社团联合会(以下简称"社团联合会")成立于2004年，其前身为院社团活动中心。社团联合会参照学校社团管理章程组织开展了体现社团风貌的学生活动。开展了以下日常工作：社团联合招新、新社团成立审批、社团年度考核、社团文化节、社团活动申报审批、社团活动资料收集等。

2010年，学院登记注册的学生社团有6大类别，共计21个学生社团组织(见表7.8-9)。手语社、针推社、理论社等社团曾荣获校级精品社团荣誉。

表 7.8-9 2010 年学生社团一览表

序号	社团名称	负责人	登记人数	社团类型
1	心理社	崔　爽	30	学术型
2	计算机协会	张志强	20	学术型
3	手语社	屈　尧	65	实践型
4	英语社	刘　晨	60	学术型
5	ESC	葛玉娇	15	文艺型
6	推拿社	王晴、孟维利	25	实践型
7	相声社	段艳琴	15	文艺型
8	日语社	李　贺	20	学术型
9	动漫社	赵　鑫	20	学术型
10	理论社	薛蓝显	25	理论型
11	爵士舞社	张婷婷	45	文艺型
12	名澈茶园社	张　浩	20	学术型
13	爱心社	王婷婷、张宇	15	公益型
14	聋人书面语研究社	刘　爽	25	学术型
15	书法社	娄祎阁	32	爱好型

续表

序号	社团名称	负责人	登记人数	社团类型
16	青年之声社	郭聪聪	42	公益型
17	Linux	李　哲	20	学术型
18	教研社	高　静	20	学术型
19	钢琴表演社	葛永栋	34	爱好型
20	街舞社	黄富强	30	文艺型
21	计算机维护社团	杨　楠	30	学术型
22	总计		608	

3. 北京联合大学残疾人大学生艺术团

北京联合大学残疾人大学生艺术团(以下简称“艺术团”)成立于 2010 年 5 月 16 日,是在校残、健大学生(以残疾人大学生为主)组成的群众性业余文艺团体。艺术团下设办公室,指导舞蹈、合唱、民乐三部分艺术社团开展工作。艺术团共有 90 余名团员。

艺术团从筹备到正式成立的过程中,受到学校及北京市残联各级领导的高度重视与支持。艺术团的成立标志着北京市残疾人文化艺术领域又多了一个重要的阵地。在成立“北京联合大学残疾人大学生艺术团”的基础上,学院向北京市残联申请成立了北京市残疾人青年演员培训基地。2010 年年底,学院被教育部、中残联命名为全国特殊艺术人才培养基地。

艺术团成立以来演出 11 场,由听障大学生表演的舞蹈《欢乐阿里郎》在北京市第六届特教学校文艺汇演中获得金奖,另有 7 个节目分获了不同奖项。

四、其他组织

(一) 关心下一代工作委员会

1. 基本情况

2006 年 6 月,学院党委按照上级要求,成立了院关心下一代工作委员会(以下简称“关工委”),其办公室设在老干部处。关工委的主要成员为:

顾问:曲学利、许家成

主任:陈光远、王立霞

委员:胥森林、孙玉兰、张海川、吕淑惠、胡文斗、牛连华、刘川、刘建平

2. 主要工作

关工委成立后开展了一系列工作,主要是:

(1) 组织人员慰问老干部

2006 年 11 月 2 日,为纪念红军长征胜利 70 周年,院党委副书记王立霞、关工委主任陈光远和老干部及学生代表 10 人,到参加过红军长征的原红军第一方面军警卫团机枪排排长、97 岁高龄的黄稼祥、爱人也是离休老红军 90 岁高龄的杨菊亭家慰问学习。

2007 年 10 月 22 日,学院关工委与团委组织 100 多名积极要求入党的青年学生参加了由李正深老师主讲“构建社会主义和谐社会的几点想法”的报告会。

2007 年“七一”,学校党委开展了“共产党员献爱心”捐款活动和“一个党支部与一名贫困学生手拉手活动”。2007 年 7 月,关工委与第一位同学罗娟建立手拉手关系。2008 年 3

月19日，关工委与学生处在八大处校区举行了与第二位学生“手拉手”助困仪式。2010年3月25日，又组织了与第三位学生——2007级学生宋杰“手拉手”助困仪式。

2009年6月5日，关工委、老干部处、团委、学生处共同组织纪念国庆60周年“颂祖国、弘扬革命精神”活动，一行11人前往老红军杨菊亭家中慰问学习。12日，又组织了与学生座谈活动，老同志用自己亲身经历给学生讲祖国的发展变化，进行革命传统教育。12日还组织了校关工委为庆祝新中国成立60周年出版《老兵心声》一书授书仪式，学院胥森林、周耿、李正深、覃海琪四位退休教师，为其投稿。

(2) 召开研讨会

2008年10月29日，院首届关工委工作研讨会在八大处校区召开。参会人员有党委书记曲学利、院长许家成、关工委主任王立霞、陈光远以及全体关工委委员等。2009年11月22日，学院关工委工作研讨会在平谷教工疗养院召开。2010年11月28日，学院又召开了2010年关心下一代工作总结研讨会。

(3) 校关工委出版《师德与师艺》一书

学院退休教师李正深写的《谈特殊教育院校老师的课堂教学能力》一文收入该书中。市教委关工委主编的《德艺双馨的艺术院校名师》，收录了学院退休教师郝大慈写的文章《德艺双馨——忆祖父郝寿臣先生》。

2010年4月2日，退休教师周耿为学院青年教师做了题为“北京市特殊教育师资培训历程回顾”专题报告。

3. 取得的成绩

2007年6月27日，退休教师李正深被评为北京市教育系统关心下一代党建工作先进个人；

退休教师陈光远被评为2008年学校关心下一代工作先进个人。

(二) 校友会特殊教育学院分会

2008年10月18日，北京联合大学校友会特殊教育学院分会成立，审议通过了特殊教育学院分会第一届理事会理事候选名单和负责人候选名单，选举院长许家成为会长，党委副书记王立霞和党委委员、党院办主任吕淑惠为副会长，吕淑惠兼秘书长。

2008年为学校建校30周年，学院严格按照学校的有关精神要求，参加、配合学校校庆有关工作安排，做好学院自身的校庆工作计划和实施。

学院成立了以院长许家成为组长、党委副书记王立霞为常务副组长、副院长赵振江、李啟隆、韩萍为副组长，党院办、教务处、学生处、团委等有关部门负责人组成的“校庆工作领导小组”，并下设办公室，具体实施校庆相关工作。

学院配合学校完成各项校庆活动。配合学校做好《校友名录·2000—2008年联大特殊教育学院卷》；配合学校举办老照片展览、编写《回忆录》及画册等活动，学院校庆办全面提供了表现学院发展历程、教学科研成果、思想文化建设、国际交流合作等方面有历史意义和价值的珍贵照片，展示了学院成立以来所取得的成就，为学校30年来动态发展历程提供素材；配合学校征文活动，提交了反映学院办学特色，总结学院办学经验的征文；在校庆捐赠活动上，学院作为首个捐赠单位向学校赠送了两万多册《北京残奥会志愿者培训教材》；在庆典开幕式上，学院残疾人大学生表演的“星星，你好!”节目，获得好评，为庆典增添了特色和欢乐。

学院举办了一系列具有特色的庆祝活动。结合学院办学特色举办“国际特殊教育论坛”、学前特殊教育学术研讨、残疾人支持性教育与社区康复研讨等系列学术活动。

（三）中国高等教育学会特殊教育研究分会秘书长单位

1. 2005年7月29日,中国高等教育学会特殊教育研究分会由民政部2005年第392号文件正式批准成立。2005年10月21日，在郑州召开中国高等教育学会特殊教育研究分会成立大会。学院当选为秘书长单位,学院党委书记曲学利为秘书长。2011年11月16日,研究分会年会在北京召开,进行理事会改选,选举第二届理事会,学院连续当选为秘书长单位,学院党委书记滕祥东为秘书长。

2. 积极发挥学会作用

研究分会自成立以来,始终牢记办会宗旨,以马列主义、毛泽东思想和邓小平理论为根本指针,贯彻党和国家的教育方针和“百花齐放、百家争鸣”的方针,遵守宪法和法律,团结与高等特殊教育有关的学科、机构和专业人员,开展高等特殊教育专业和残疾人高等特殊教育理论和实际问题的研究,总结经验,探索规律,为促进和发展有中国社会主义特色的高等教育事业和学科服务。

3. 坚持科研先行,加强学术交流与合作

研究分会始终坚持学术立会的方针,重视开展科研学术活动,每年定期举行学术年会,邀请国内外业内知名专家讲学,为各地区高等特殊院校开阔视野,搭建交流平台,提供合作机遇,并同期出版论文集,及时记录和汇总国内高等特殊教育研究成果;定期召开学术研讨会和专业研讨会,开展国内国际学术交流;研究分会关心基层教师,积极为教师申报课题给予帮助和服务。参与承办2007和2009年两届北京特殊教育国际论坛,邀请美国、韩国、日本、英国、加拿大等国家,中国港澳台及内地的著名特殊教育专家学者出席并进行演讲,为加强特殊教育事业的国内国际交流,促进我国特殊教育事业的进一步发展,做出了贡献。与国际聋人高等教育网络组织(PEN项目)共同主办“庆奥运——无声的彩色世界”全国首届聋人大中专学生美术作品展,从一个侧面反映了改革开放以来我国聋人教育的成果,展示了聋人对艺术的理解、对生命的理解、对世界的理解,表现了残疾人自强不息的奋斗精神。

4. 立足服务社会、服务基层,为我国高等特殊教育发展做好“参谋助手”

2007年研究分会在学院组织召开残疾人高等教育单考单招研讨会,经过充分研讨,制定、规范并统一了听障生语文、数学、英语三门公共科目的考试说明,为进一步推进和规范残疾人高等教育单考单招工作,为教育行政部门进一步统筹和完善相应的政策和考试要求提供了科学依据,是残疾人高等教育单考单招工作的一个重要进展,为今后进一步完善和推进残疾人高等教育单考单招工作打下了良好的基础。

（四）中国教育学会特殊教育分会秘书长单位

1. 当选秘书长单位

中国教育学会特殊教育分会是全国研究特殊教育科学的群众性学术团体,主要开展基础特殊教育领域的全国性的研究与交流活动,是中国教育学会的一个分支机构,成立于1982年。2004年8月3日中国教育学会特殊教育分会第五次代表大会在北京召开,选举产生第五届理事会，学院当选秘书长单位，学院党委书记曲学利当选秘书长。2010 年 10 月 3 日中国教育学会特殊教育分会第六次代表大会在北京召开，选举产生第六届理事会，学院再次当选秘书长单位，学院院长许家成当选秘书长。

2. 支持分会发挥作用

当选秘书长单位以来，学院积极支持特殊教育分会开展工作，特殊教育分会继续坚持以“为特殊教育改革和发展服务，为繁荣特殊教育科学服务，为第一线教师和教育工作者服务，当好教育行政部门的助手和参谋”为宗旨，充分发挥群众性学术团体的优势，积极开展学术研讨、教学研究与实验、师资培训、论文评比、对外交流等活动，推动了群众性教育科研的开展，促进了我国特殊教育事业的发展。2004 年、2009 年两次被评选为“中国教育学会系统先进单位”。学院党委书记、分会秘书长曲学利被评选为“2004—2009 年度中国教育学会系统先进工作者”。

3. 协助分会开展工作

开展学术交流、教学研究方面：开展学术研讨，组织召开学术研讨会几十次，参与协办北京市教委主办的 2007 年、2009 年两届特殊教育国际论坛；开展教学研究，结合不同学校的教学特色分别在 6 所盲校开展了 12 个学科的教研活动；开展论文评比，开展了全国聋校德育论文征文比赛、全国盲校教育教学论文评比、全国聋校语言教学论文评比、全国聋校美育教育论文评比、全国聋校校本课程论文和教材评比等活动，并和《现代特殊教育》编辑部合作开展了四届全国特殊教育论文大赛；开展教师培训，开展了 2006 年、2008 年两届特教学校青年教师信息技术综合应用能力大赛，分别于 2007 年、2009 年举办了中部和中西部全国培智学校青年教师基本功大赛。

发挥参谋助手作用方面：参与了全国培智学校课程设置方案的研制和培智学校课程标准的编写工作，组织了聋校 11 个科目的课程标准的修订工作；在《国家中长期教育改革和发展规划纲要(2010—2020 年)》(以下简称《纲要》)制定过程中，多次组织专家向起草小组提供关于特殊教育方面的建议，并于 2009 年 9 月组织部分专家、研究人员和有关省特殊教育行政领导在北京参加《纲要》特殊教育部分撰写研讨会。2010 年 3 月，召开征求意见座谈会，邀请基础特殊教育和高等特殊教育学校代表参加，就《纲要》第二轮公开征求意见稿开展讨论，就“特殊教育”部分提出了修改思路，并具体提出 5 条修改意见和 5 条补充意见。

特殊教育事业和学术成果宣传方面：借助北方特殊教育网，打造了特教分会的信息平台，建立了盲教育的信息交流平台，开通了以“现代特教研究”命名的博客网站，建立了全国培智教育信息交流和共享平台，开展了“全国特殊教育信息资源管理系统”的开发工作；开办了《现代特教研究》《中国视障教育》等刊物，刊发全国特殊教育学校一线教师的科研和教研论文，免费寄送全国主要特殊教育科研机构和相关特殊教育学校；编辑出版了《聋校语言教育研究》和《特殊教育信息技术与职业教育丛书》。

开展国际国内合作交流方面：多次组织我国特殊教育学校校长、教师到韩国、日本、美国等国家及港澳台地区考察、参加国外举办的特殊教育研讨会，和国际视障教育学会、香港匡智会和台湾中华沟通障碍协会等民间学会组织建立了良好的关系，多次邀请其有关专家到国内讲学、参观考察；分别于 2007 年和 2009 年在兰州举办西部特殊教育教师培训，邀请全国著名特殊教育专家、优秀特殊教育学校校长授课，内容涉及特教学校课程改革，教学研究、学校管理和残疾学生康复训练等各方面；支持云南省特殊教育师资培训中心开展中西部地区骨干教师专题培训，发动向西部特殊教育学校捐助教学设施设备建设低视资源教室，支持西部地区特殊教育的发展。

（五）中国残疾人康复协会智力残疾康复专业委员会主任委员单位

中国残疾人康复协会智力残疾康复专业委员会经中华人民共和国民政部批准，于 2009 年 2 月正式成立，学院院长许家成为当选为专业委员会主任。该委员会主要从事理论研究、继续教育、专业培训、学术交流、国际合作和咨询服务等工作。

第八章 信息学院

概 述

信息学院成立于1998年1月，位于学校的小营校区（北京市朝阳区北四环东路97号）。2001年至2002年4月，学院是副局级建制，实行党委领导下的院长负责制，是学校下属的独立法人学院。2002年4月，根据北京市机构编制委员会《关于同意北京联合大学机械工程学院等3所学院并入北京联合大学的函》（京编办〔2002〕2号）和学校2002年3月25日《关于校本部进行专业调整并重新组建学院的意见》（京联党〔2002〕11号）文件要求，撤销校本部内原信息学院、应用技术学院、机械工程学院建制，调整专业，重新组建信息学院、机电学院、自动化学院和管理学院。重新组建的信息学院取消法人资格，改为正处级建制，纳入校本部直接管理。

学院在"十一五"期间，提出了"以培养学生全面发展为目的，以提高教育教学质量为核心，以学科专业建设为基本任务，以师资和管理干部队伍建设为基础，以从严治教强化管理为支撑"的指导思想；坚持质量立院、学科兴院、人才强院、科学发展，全面贯彻落实学校的办学宗旨和办学定位，学科建设得到了长足的发展。2006年2月，学院的"计算机应用"学科成为学校首批硕士点之一。2009年11月，教育部批准学校建立国家级暨北京市服务外包人才培养模式创新实验区，学院为实验区的主干学院。2010年7月，学院的通信工程专业获批国家级特色专业建设点。截至2010年12月，学院有计算机科学与技术、通信工程、电子信息工程、电子信息科学与技术4个本科专业；以学院为主要依托的计算机应用技术学科是北京市重点建设学科，学院的通信与信息系统学科是校级重点学科；信号与信息处理、电路与系统两个学科是校级重点建设学科。

学院按照学校要求和自身发展需要，围绕学科专业、人才培养模式、课程体系、实践教学、教师、学生、招生就业、教学管理等教学过程中的8个关键要素，进行教学品质提升建设。2001—2010年，学院有国家级精品教材4部，全国高校优秀教材2部，"十一五"国家级规划教材15部，市级精品教材16部，北京市高等教育精品教材3部。此外，学院获国家级教学成果奖二等奖1项，北京市级教育教学成果奖4项。

学院重视科学研究和开展学术研讨交流，有高水平的科研平台。2010年9月，学校以信息学院为主体，聚合全校资源，成功获批北京市信息服务工程重点实验室。2001—2010年，学院教职工公开发表科研论文910篇，其中核心刊物264篇，SCI，EI，ISTP检索论文数245篇；学院有校级以上科研项目87项；科研经费达935.66万元；获批专利23项。

2001年12月，学院有教职工162人，其中专职教师90人，教授7人，副教授39人。享受国务院政府特殊津贴专家2人。2010年12月，学院有教职工123人，包括专职教师78

人,其中教授8人,副教授30人,学科带头人3人,中青年骨干教师10人。享受国务院政府特殊津贴专家1人,全国优秀教师1人,北京市高等学校教学名师1人,北京市教委高层次人才1人。

2001年6月,学院有在校生2917人,其中本科生2002人,专科生915人(含高职生125人)。2001届本科毕业生368人,专科毕业生208人,成教毕业生153人。2010年12月,学院有在校全日制本科生2512人,研究生22人。学院以培养高水平应用性工程技术人才为目标,毕业生就业方向广泛,可在企业、事业、信息服务业等相关部门从事与信息技术相关的产品开发、系统设计、系统维护、技术支持、信息管理和信息服务等方面的工作。学院从2008年秋季开始,分别在2008、2009和2010年级设立了实验班。

学院先后建设了数字信号处理(DSP)、光纤通信、移动通信、单片机与嵌入式系统、集成电路(IC)设计、混合信号与SoC技术、智能电子系统、网络系统集成、软件工程和北京市高校数字化技术创新基地等一系列具有国内先进水平的实验室和研究基地。学院与企业广泛开展产学研合作,建立了工程应用技术中心,向学生提供高水平的工程训练和教学科研环境。

学院与瑞典皇家理工学院、瑞典林雪平大学、中国台湾中原大学、英国安格里亚鲁斯金大学、爱尔兰阿斯隆理工大学等院校有多年的合作关系,与英国东伦敦大学、西敏斯特大学、安格利亚鲁斯金大学等高校建立了"3+1"中外教育合作交流项目,学生在校期间可通过"3+1"交流合作项目获得中英"双学士"学位,并可继续"3+2"本硕连读,还有机会参加美国、韩国、中国台湾等国家和地区的长期交换生项目。

第一节　管理体制与组织机构

一、管理体制

2001年1月至2002年4月,信息学院为副局级建制,实行党委领导下的院长负责制。

2002年4月,新组建的信息学院由学校的二级法人学院变为二级非法人学院,行政级别为正处级。根据学校要求,学院改革管理体制,成立党委,实行党政共同负责制,通过党委会、院务会、党政联席会等会议制度保证学院各项工作的开展。

2004年12月,制定《中共北京联合大学信息学院第一届委员会会议制度和议事规则》(京联信党〔2004〕28号)和《信息学院院长办公会议议事规则》(京联信院〔2004〕61号),强化学院关于重大事项决策的管理和监督,提高院党委、院行政班子履行职责的能力。

2004年12月30日,制定《北京联合大学信息学院实行院务公开制度的实施意见》(京联信院〔2004〕60号),促进学院民主政治建设。

2005年12月9日,制定《信息学院关于落实"三重一大"制度的实施细则(试行)》(京联信党〔2005〕16号),保证重大决策的科学化、民主化与制度化。

2007年7月20日,制定《北京联合大学信息学院党务公开制度》(京联信党〔2007〕31号),进一步保障党员的知情权、参与权与监督权。

二、组织机构

（一）党政机构

2001年1月至2002年3月，学院设立3个处级党政管理机构：党委办公室和院长办公室（两办合署）、教务处、学生工作处（与团委合署）。

2002年4月，学院设立党委、院长办公室，教学科研办公室和学生工作办公室。

2004年6月，根据学校《关于校本部四学院设立继续教育办公室的通知》（京联党办〔2004〕13号）的文件要求，增设继续教育办公室。

2009年12月，根据《关于在非法人学院建立校、院、系三级管理体制的意见》（京联党〔2009〕57号）文件精神，学院机构进行调整，设置综合办公室（原党委、院长办公室）、教学科研办公室、学生工作办公室。

2001—2010年学院党政机构设置及负责人详见表8.1-1。

表8.1-1　2001—2010年党政机构设置及负责人一览表

序号	机构名称	正　职	任职时间	副　职	任职时间	备注
1	综合办公室	耿春棉 匡志盈 李　茜 王学英 徐建华	—2002.03 2002.09—2003.04 2003.05—2006.01 2006.02—2009.12 2010.01—今	姜素兰 刘　蓉 刘宝姝 周月朋	—2002.03 2002.04—2002.07 2004.04—2009.12 2010.01—今	2009年12月前称党委、院长办公室
2	学生工作办公室	滕长建 牛　彤 王　翎 李凤英	—2002.03 2002.04—2003.12 2004.01—2007.05 2007.06—今	闫健美 叶继萱 李　平 刘　蓉	—2002.03 —2002.03 （兼） 2004.03—2007.06 2008.07—今	2002年4月前称学生工作处与团委合署
3	教学科研办公室	常敏慧 王育坚 钮文良 沈　洪 张　姝 李　超	—2003.02 2003.03—2004.02 2004.02—2006.07 2006.07—2008.01 2008.01—2009.12 2010.01—今	李　智 刘瑞祥	2005.11—今 2006.07—2007.06	2002年4月前称教务处
4	继续教育办公室	张　龙 卜铁雷 刘瀛淜	—2007.12 2007.12—2008.06 2008.06—2009.12	卜铁雷	2002.07—2007.12	2004年6月前称成教部 2009年12月撤销
5	工会	耿春棉 姜素兰 刘宝姝	—2002.03 2002.04—2009.12 2010.01—今			与综合办公室合署办公
6	团委	叶继萱 李　平 周月朋 唐　奇 王　玉	—2002.03 2002.04—2006.03 2006.04—2009.01 2009.02—2009.12 2010.01—今	高　蕾 周月朋 王　玉	2001.04—2002.02 2005.07—2006.03 2009.02—2009.12	与学生工作办公室合署办公

续表

序号	机构名称	正　职	任职时间	副　职	任职时间	备注
7	廊坊校区办公室	闫健美 刘　蓉 李　茜 刘　蓉 李凤英 白葆莉 刘　蓉 徐建华	2001.08—2002.07 2002.09—2004.07 2004.09—2005.07 2005.07—2006.07 2006.07—2007.07 2007.07—2008.07 2008.07—2008.11 2008.12—2009.07			2009年7月撤销

(二)教学机构

2001年1月至2002年3月,学院设有信息系、计算机系、自动化系和直属计算机信息管理教研室(见表8.1-2)。2002年4月,学院撤销系和直属教研室,依据《关于校本部进行专业调整并重组建学院的意见》(京联党〔2002〕11号)文件精神,实行教研部建制,设置多媒体教研部、软件教研部、电子教研部、信息系统教研部、通信教研部、网络教研部。

2006年3月,成立电路与系统教研部。

2007年6月,经学校党委批准,学院成立计算机系、电子工程系、通信工程系。

2007年9月,成立工程应用技术中心。

建系后,学院调整教学管理体制,取消原有各教研部,计算机系下设软件教研室、多媒体教研室、信息系统教研室,电子工程系下设电子教研室、电路与系统教研室,通信工程系下设通信教研室、网络教研室。

2010年2月,依据《关于在非法人学院建立校、院、系三级管理体制的意见》(京联党〔2009〕57号)文件精神,学院设置通信工程系、电子工程系、计算机工程系、软件工程系、工程应用技术中心5个教学单位。

表8.1-2　2001年1月至2002年3月教学机构设置及负责人一览表

序号	机构名称	行政正职	任职时间	行政副职	任职时间	党务负责人	任职时间
1	计算机系	鲍有文	—2002.03	李京平 沈　洪	—2002.03 —2002.03	耿凯燕	—2002.03
2	信息系	马芳芳	—2002.03	申功迈 佟建新	—2002.03 —2002.03	薛永毅	—2002.03
3	自动化系	高　扬	—2002.03	盛　宏	—2002.03	冯　凡	—2002.03
4	计算机信息管理教研室	冯克清	—2002.03				

2002年4月至2010年12月,学院教学机构设置及负责人详见表8.1-3。

表 8.1-3　2002 年 4 月至 2010 年 12 月教学机构设置及负责人一览表

序号	机构名称	行政正职	任职时间	行政副职	任职时间	党务负责人	任职时间
1	多媒体教研部	张　翼 袁家政 庄琴生 王育坚	2002.04—2003.07 2003.08—2004.03 2004.04—2005.06 2005.07—2007.09	袁家政 张燕杰	2002.04—2003.08 2002.04—2007.09	周海燕 黄静华	2002.04—2004.11 2004.12—2007.05
2	软件教研部	果晓来 周海燕 孙连英	2002.04—2003.07 2003.08—2005.07 2005.08—2007.08	果晓来	2005.08—2007.07	周海燕 黄静华	2002.04—2005.09 2005.10—2007.05
3	电子教研部	任力颖 常敏慧 钮文良	2002.09—2006.02 2006.03—2006.06 2006.07—2007.03	卢孟夏 许立群	2002.09—2006.02 2006.03—2007.06	周海燕 李金平 邹尔宁	2002.09—2004.11 2004.12—2005.09 2005.10—2007.05
4	电路与系统教研部	任力颖	2006.03—2007.09	卢孟夏	2006.03—2007.09	邹尔宁	2006.03—2007.09
5	信息系统教研部	冯克清 彭　涛	2002.04—2004.02 2004.03—2007.07	付百文	2005.08—2007.09	马　楠 黄静华	2002.04—2004.11 2004.12—2007.05
6	通信教研部	薛永毅	2002.04—2007.09	苏利敏 胡智娟	2004.04—2004.10 2004.11—2005.04	马　楠 薛永毅 马　楠	2002.04—2004.11 2004.12—2005.09 2005.10—2007.05
7	网络教研部	尚晓航 张　姝	2002.04—2003.08 2005.08—2007.09	李天工	2003.09—2007.03	马　楠	2002.04—2007.05
8	通信工程系	赵亦松 杜　煜	2007.06—2010.01 2010.02—今	杜　煜 薛永毅	2007.06—2010.01 2010.02—今	苏利敏	2010.02—今
9	电子工程系	李金平 刘元盛	2007.06—2010.01 2010.02—今	高维路 常敏慧 张　军	2007.06—2008.12 2008.12—2010.01 2010.02—今	吴晶晶	2010.02—今
10	计算机工程系	王育坚 张　姝	2007.06—2010.01 2010.02—今	袁　玫 黄静华	2007.06—2010.01 2010.02—今	刘振恒	2010.02—今
11	软件工程系	袁　玫	2010.02—2010.12	马小军	2010.02—今	马　楠	2010.02—今
12	工程应用技术中心	李哲英 刘瑞祥	2007.11—2010.01 （兼） 2010.02—今	许立群 钮文良 曹国良	2007.10—今 2007.10—2008.10 2007.10—2010.01	许立群 曹国良	2009.03—2010.01 2010.02—今

2007 年 10 月至 2010 年 1 月，学院教研室设置及负责人详见表 8.1-4。

表 8.1-4 2007 年 10 月至 2010 年 1 月教研室设置及负责人一览表

序号	机构名称	行政正职	任职时间	行政副职	任职时间	党务负责人	任职时间
1	通信教研室	苏利敏	2007.10—2010.01	段　丽	2007.10—2010.01	马　楠	2007.06—2010.01
2	电子教研室	张　军	2007.10—2010.01	申功迈	2007.10—2010.01	邹尔宁 刘　佳	2007.06—2009.02 2009.03—2010.01
3	电路与系统教研室	任力颖	2007.10—2010.01	卢孟夏	2007.10—2010.01	邹尔宁 刘　佳	2007.06—2009.02 2009.03—2010.01
4	软件教研室	孙连英	2007.10—2010.01	果晓来	2007.10—2010.01	黄静华 马小军	2007.06—2009.02 2009.03—2010.01
5	多媒体教研室	黄静华	2007.10—2010.01	张燕杰	2007.10—2010.01	黄静华 马小军	2007.06—2009.02 2009.03—2010.01
6	信息系统教研室	彭　涛	2007.10—2010.01	付百文	2007.10—2010.01	黄静华 马小军	2007.06—2009.02 2009.03—2010.01
7	网络教研室	张　姝	2007.10—2010.01	李天工	2007.10—2010.01	马　楠	2007.10—2010.01

三、专门委员会等机构设置及调整

2001—2010 年,学院常设专门委员会详见表 8.1-5。

表 8.1-5 2001—2010 年常设专门委员会一览表

序号	名　称	主任(组长)	任职时间	副主任(副组长)	任职时间
1	学术委员会	鲍　泓	2004.03—今	许贵才 鲍有文 李哲英	2004.03—今 2004.03—2009.01 2009.01—今
2	学士学位评审组	佟建新	2006.06—2008.06	钮文良 沈　洪	2006.06—2007.05 2007.05—2008.06
		鲍　泓	2008.06—今	佟建新 沈　洪	2008.06—2010.06 2010.06—今
3	教学指导委员会	鲍有文	2004.03—2010.04	李金平 佟建新	2004.03—2009.01 2004.03—今
4	聘用工作领导小组	许贵才 鲍　泓	2003.12—2004.03 2003.12—2004.03	李庆平 鲍有文 佟建新	2003.12—2004.03 2003.12—2004.03 2003.12—2004.03

续表

序号	名 称	主任（组长）	任职时间	副主任（副组长）	任职时间
5	教师职务聘任委员会(首设)	鲍 泓	2006.11—今		
6	专业技术职称评审领导小组	鲍 泓	2003.06—今	许贵才	2003.06—2005.07
7	专业技术职务聘任学科评审组	鲍 泓	2009.06—今		
8	政工职称评审委员会	许贵才	2004.05—今	鲍 泓	2004.05—今
9	体育运动委员会	张 龙 沈 洪	2006.05—2007.12 2008.01—今	李庆平	2006.05—今
10	毕业生就业领导小组	许贵才 鲍 泓	2003.05—今 2003.05—今	牛 彤 佟建新 李庆平 鲍有文 肖 芳 张 龙 沈 洪	2004.11—2005.03 2003.05—2005.11 2003.05—2005.05 2003.05—2006.12 2005.05—2005.11 2005.05—2007.12 2009.11—今
11	学生申述处理委员会	张 龙 沈 洪	2006.03—2007.12 2009.12—今		
12	安全稳定工作领导小组	许贵才 鲍 泓	2006.05—今 2006.05—今	李庆平 张 龙	2006.05—今 2006.05—2007.12
13	关心下一代工作委员会	李永俊	2010.05—今	许贵才 鲍 泓	2010.05—今 2010.05—今
14	学生工作领导小组	许贵才 鲍 泓	2003.09—今 2003.09—今	李庆平 佟建新	2003.09—今 2003.09—今
15	通信与电子专业建设委员会	赵长奎 王毓银	2003.08—2004.09 2003.08—2004.09	申功迈 佟建新	2003.08—2004.09 2003.08—2004.09
		肖方晨	2004.09—2006.02	李金平 赵亦松	2004.09—2006.02 2004.09—2010.03
16	通信专业委员会	李哲英	2005.09—今	张 宁 杜 煜	2005.09—2010.03 2010.03—今
17	电子专业建设委员会	李金平	2006.02—今	常敏慧 刘元盛	2006.02—2010.03 2010.03—今
18	计算机专业建设委员会	冯克清	2003.08—2006.02	袁 玫	2003.08—2006.02
		鲍有文	2006.02—2010.03	佟建新 叶明芷 (返聘)	2006.02—2010.03 2006.02—2007.04
		鲍 泓	2010.03—今	鲍有文 (常务) 王育坚	2010.03—2010.04 2010.03—今
19	学士学位授予工作领导小组	鲍 泓	2006.06—今	佟建新	2006.06—今
20	专业基础课教学指导专家组	李哲英	2005.10—今		
21	师资工作领导小组	许贵才 鲍 泓	2006.05—今 2006.05—今		
22	教授委员会	鲍 泓	2010.03—今	李哲英	2010.03—今

四、领导分工与任免变更

(一)领导班子调整

2001年1月,学院领导班子由3人组成:党委副书记张秀国主持学院党委全面工作,党委副书记许贵才分管学生工作,院长助理鲍泓主持学院行政工作。

2002年4月,学院领导班子进行调整。许贵才任党委书记,鲍泓任院长,耿凯燕任党委副书记,鲍有文、马芳芳、滕长建任副院长,张秀国调离。

2002年7月,佟建新任副院长,免去马芳芳副院长职务。

2002年10月,李庆平任党委副书记,耿凯燕调离。

2003年12月,滕长建调离。

2004年1月,牛彤任党委副书记,李庆平任党委副书记兼副院长。

2005年4月,肖芳任党委副书记,牛彤调离。

2006年1月,张龙任党委副书记,肖芳调离。

2006年4月,李哲英任副院长。

2007年12月,沈洪任党委副书记,张龙调离。

2010年1月,姜素兰任党委副书记;沈洪、田景文任副院长;鲍有文任正处级调研员,免去副院长职务;佟建新任副处级调研员,免去副院长职务。

2001—2010年,学院历任党委和行政领导人详见表8.1-6和表8.1-7。

表8.1-6 2001—2010年历任党委领导人一览表

正 职	姓 名	任职时间	副 职	姓 名	任职时间
书 记	许贵才	2002.04—今	副书记	张秀国	2001.01—2002.03(主持工作)
			副书记	许贵才	2001.01—2002.03
			副书记	耿凯燕	2002.04—2002.09
			副书记	李庆平	2002.10—今
			副书记	牛 彤	2004.01—2005.04
			副书记	肖 芳	2005.04—2006.01
			副书记	张 龙	2006.01—2007.11
			副书记	沈 洪	2007.12—2009.12
			副书记	姜素兰	2010.01—今

表8.1-7 2001—2010年历任行政领导人一览表

正 职	姓 名	任职时间	副 职	姓 名	任职时间
院 长	鲍 泓	2002.04—2010.10	副院长	鲍有文	2002.04—2009.12
			副院长	马芳芳	2002.04—2002.06
			副院长	佟建新	2002.07—2009.12
			副院长	滕长建	2002.04—2003.12
			副院长	李庆平	2004.01—今(兼)
			副院长	李哲英	2006.04—今
			副院长	沈 洪	2010.01—今
			副院长	田景文	2010.01—今

（二）领导班子分工

1. 2001 年 1 月领导班子分工

党委副书记张秀国主持学院党委全面工作，副书记许贵才分管学院学生工作，副院长助理鲍泓主持学院行政工作。

2. 2002 年 4 月领导班子分工

党委书记许贵才：主持党委全面工作，分管组织、审计、纪检、老干部（离退休工作）、统战、工会、党委办公室、安全稳定等工作；联系电子教研室。

院长鲍泓：主持行政全面工作，分管人事、财务、外事（含留学生管理）、院长办公室等工作；联系网络教研室。

党委副书记耿凯燕：分管宣传、学生、共青团等工作；联系多媒体教研室。

副院长鲍有文：分管科技开发、计算机电教实训基地；联系软件教研室。

副院长马芳芳：分管教学、工程中心等工作；联系通信教研室。

副院长滕长建：分管成人教育、廊坊校区等工作；联系信息系统教研室。

3. 2004 年 4 月领导班子分工

党委书记许贵才：主持学院党委全面工作，分管党政办公室、组织等工作；联系电子教研室。

院长鲍泓：主持学院行政全面工作，分管党政办公室、财务、外事等工作；联系通信教研室。

党委副书记牛彤：分管宣传、学生、共青团、就业等工作；联系网络教研室。

副院长李庆平：分管离退休、安全稳定、工会、统战、计划生育等工作；联系软件教研室。

副院长鲍有文：分管科研、工程中心、实训等工作；联系信息系统教研室。

副院长佟建新：分管教学、招生等工作；联系电路系统教研室。

4. 2007 年 12 月领导班子分工

党委书记许贵才：主持学院党委全面工作，分管党政办公室、组织等工作；联系网络教研室。

院长鲍泓：主持学院行政全面工作，分管党政办公室、财务、外事等工作；联系电子教研室。

党委副书记沈洪：分管宣传、学生、共青团、就业等工作；联系软件教研室。

副院长李哲英：分管科研、研究所等工作；联系信息技术研究所、微电子应用技术研究所。

副院长李庆平：分管纪检监察、安全稳定、统战、党校、工会、离退休、计划生育等工作；联系信息系统教研室。

副院长鲍有文：分管计算机中心、实训、成人教育等工作；联系工程应用技术中心。

副院长佟建新：分管教学、招生工作；联系电路系统教研室。

5. 2010 年 1 月领导班子分工

党委书记许贵才：主持学院党委全面工作，分管党政办公室、组织等工作；联系电子工程系。

院长鲍泓：主持学院行政全面工作，分管党政办公室、财务、外事等工作；联系通信工程系。

党委副书记姜素兰：分管宣传、学生、共青团、就业等工作；联系学生工作办公室。

副院长李哲英：分管研究所、工程中心等工作；联系信息技术研究所、微电子应用技术研究所。

党委副书记、副院长李庆平：分管工会、统战、党校、审计、保卫、计划生育等工作；联系综合办公室。

副院长沈洪：分管教学、招生等工作；联系计算机工程系。

副院长田景文：分管科研工作；联系软件工程系。

第二节　教学改革与发展

一、本科教育(含专升本)

(一) 专业设置及调整

2001 年，学院有自动化、通信工程、电子信息工程和计算机科学与技术 4 个普通本科专业招生。2002 年自动化专业转入新成立的自动化学院。2002—2005 年，学院有通信工程、电子信息工程和计算机科学与技术 3 个普通本科专业招生。2006 年 3 月，电子信息科学与技术(本科)专业从应用文理学院转入，学院普通本科专业增加到 4 个，2006—2010 年 4 个专业连续 5 年招生。

2003 年起，学院开始专升本招生，先后有 3 个专业招生，其中计算机科学与技术专业 2003—2010 年连续 8 年招生；通信工程专业只在 2003 年进行专升本招生；电子信息工程专业 2004—2010 年连续 7 年招生。

2001—2010 年，学院本科专业设置及招生情况见表 8.2-1。

表 8.2-1　2001—2010 年本科专业设置及招生情况一览表　　单位：人

招生年份 / 招生专业	2001	2002	2003	2004	2005	2006	2007	2008	2009	2010	合计
电子信息工程	70	134	132	120	180	132	124	124	132	132	1280
电子信息科学与技术						69	68	62	66	66	331
计算机科学与技术	253	313	199	223	212	180	180	186	196	198	2140
通信工程	140	135	132	120	180	133	124	124	132	132	1352
自动化	210										210
计算机科学与技术(专升本)			122	177	214	238	93	91	176	135	1246
通信工程(专升本)			25								25
电子信息工程(专升本)				48	49	59	30	33	58	59	336
合计	673	582	610	688	835	811	619	620	760	722	6920

2006 年，学院成立电子专业建设委员会，主任李金平，副主任常敏慧；计算机专业建设委员会主任鲍有文，副主任佟建新、叶明芷。2010 年 3 月，成立专业建设委员会：通信专业建设委员会主任李哲英，副主任杜煜；电子专业建设委员会主任李金平，副主任刘元盛；计算机专业建设委员会主任鲍泓，副主任鲍有文、王育坚。

（二）教学基本建设

1. 专业建设

学院通过特色骨干专业和其他专业的建设实践，形成专业建设、人才培养与市场需求紧密结合的专业建设思路与人才培养方案。2001—2010 年，通信工程专业建设成为市级特色专业建设点，计算机科学与技术、电子信息工程 2 个专业建设成为校级骨干专业；2006—2010 年，3 个特色、骨干专业招生占到当年招生总量的 88%。

2009 年 11 月，学院成为教育部和北京市教委批准的国家级暨北京市级“服务外包人才培养模式创新实（试）验区”的主体学院，其中计算机科学与技术专业主要承担实验区工作，并在计算机系设立“信息服务工程”实验班。通信工程专业于 2010 年 7 月获批教育部、财政部 2010 年度第六批高等学校特色专业建设点。2010 年，学院组织开展对所有专业的深入调研论证。经过多年专业建设，学院基本实现了适应首都发展、产业发展和学校发展需求的专业结构的转变，开始形成资源共享的集约化工学专业群。

2001—2010 年，学院专业建设情况见表 8.2-2。

表 8.2-2　2001—2010 年专业建设情况统计表

序号	专业代码	专业名称	学科门类	建设级别
1	080604	通信工程	工学	国家级/北京市特色专业建设点 校级骨干专业
2	080605	计算机科学与技术	工学	校级骨干专业
3	080603	电子信息工程	工学	校级骨干专业
4	071201	电子信息科学与技术	工学	
5	080602	自动化	工学	2002 年转出
6	080605	计算机科学与技术（专升本）	工学	校级本科骨干专业建设项目
7	080603	电子信息工程（专升本）	工学	
8	080604	通信工程（专升本）	工学	

学院校级及以上特色骨干专业简介如下。

（1）通信工程

该专业面向通信行业，培养从事通信系统与通信网络的设计、开发、维护、管理和工程建设等方面的高级应用型人才。主要专业方向是通信网络、移动通信、通信电子。学习的重点在通信系统集成、通信工程规划及开发应用等领域。毕业生可在高新科技企业、信息网络或通信行业、政府机关等相关领域从事设计、开发和通信管理与服务等工作，也可报考相关学科的硕士研究生。

（2）计算机科学与技术

该专业面向首都及地方社会发展和经济建设事业第一线，培养具有解决计算机应用领域实际问题能力的高级应用型专门人才。主要专业方向为计算机工程、软件开发技术、数字媒体技术。专业核心能力主要包括计算机工程应用能力、软件应用及开发能力、多媒体技术应用能力。毕业生可在政府、企业（电信、民航、铁路、航运、医院、证券公司等）及各类事业单位，从事软硬件开发、数据库应用、系统集成、软件测试、计算机系统维护、软硬件产品技术支持和信息服务等方面的工作，也可报考相关学科的硕士研究生。

(3) 电子信息工程

该专业培养能为社会主义现代化建设服务,德智体美全面发展,具有较高文化素质修养、敬业精神和社会责任感,掌握电子信息工程及相关专业的基本理论知识,具有较强的自学能力和工程实践能力,能从事电子信息系统和设备的研发、维护、运营和管理的应用型工程人才。主要专业方向为"集成电路与系统设计"和"电子技术应用"。毕业生既可在高新电子科技企业、广播电视行业、信息产业、国家政府机关以及事业单位从事电子信息系统和设备的研发、维护、运营和管理及其相关应用领域的工作,也可报考相关学科的硕士研究生。

2. 师资队伍建设

2002 年之前,学院教师分布在自动化、通信工程、电子信息工程和计算机科学与技术 4 个专业,共 90 人。2002 年,有 18 名教师转到自动化学院;2006 年,随电子信息科学与技术专业转入,有 5 名教师转入学院。

2004 年,学院制订了"北京联合大学信息学院 2005—2007 年师资队伍建设规划";2005 年,制订了"信息学院执教能力建设工作方案";2006 年,制定了"北京联合大学信息学院人才强院计划"。2007 年,学院在"十一五"规划中,进一步提出加强学科专业建设的思路;2009 年,通过进行师资队伍建设状况分析,进一步制定学院师资队伍建设的改进措施。

2001—2010 年,学院拥有北京市优秀教学团队 1 个,校级优秀教学团队 3 个,全国优秀教师 1 名,北京市高等学校教学名师 1 名,校级教学名师 1 名,北京市优秀教师 2 名,校级优秀教师 7 名,有 13 人入选北京市属高等学校人才强教深化计划并获资助。

2001—2010 年,校级及以上优秀教学团队见表 8.2-3。

表 8.2-3 2001—2010 年校级及以上优秀教学团队一览表

团队名称	负责人	级别	评定时间/年
通信工程专业通信与网络课程群教学团队	李哲英	市级	2009
基于行业学习(IBL)教育教学模式的《计算机科学与技术(专接本)》教学团队	鲍有文	校级	2009
软件技术专业教学团队(高职)	鲍有文	校级	2007
应用性本科通信工程专业教学团队	李哲英	校级	2007
北京市教育创新先进集体	鲍　泓	市级	2005

2001—2010 年,学院获奖教师名单见表 8.2-4。

表 8.2-4 2001—2010 年获奖教师名单

年份	奖励名称	奖励级别	教师姓名
2002	北京市教育创新先进个人	市级	鲍有文
2004	北京市优秀教师	市级	袁　玫
	北京市教育创新先进个人	市级	李金平
2005	创新拔尖人才资助	入选北京市属高等学校人才强教深化计划并获资助	李哲英
	中青年骨干人才资助	入选北京市属高等学校人才强教深化计划并获资助	赵亦松、张宁

续表

年份	奖励名称	奖励级别	教师姓名
2006	校级教学名师	校级	李金平
	北京市优秀教师	市级	鲍有文
	北京市教育创新先进个人	市级	王育坚
	北京市优秀青年工程师	市级	张宇宏、刘宏哲
	中青年骨干人才资助	入选北京市属高等学校人才强教深化计划并获资助	杜煜、彭涛、孙连英
2007	北京市高等学校教学名师	市级	李哲英
	北京市教育创新标兵	市级	李哲英
	中青年骨干人才资助	入选北京市属高等学校人才强教深化计划并获资助	王育坚
2009	全国优秀教师	国家级	李哲英
	北京市教育创新先进个人	市级	鲍有文
	首都教育先锋教学创新个人	市级	鲍有文
	高层次人才	入选北京市属高等学校人才强教深化计划并获资助	李哲英
	学术创新人才	入选北京市属高等学校人才强教深化计划并获资助	张　宁
	数字化技术研究团队带头人	入选北京市属高等学校人才强教深化计划并获资助	鲍　泓
2010	中青年骨干人才	入选北京市属高等学校人才强教深化计划并获资助	马楠、娄海涛、张睿哲

3. 课程和教材建设

(1) 课程建设

在重点做好专业基础课程建设的基础上，学院着力培育、建设精品课程，并以精品课程建设带动整体课程建设。2001—2010 年，校级本科精品课程见表 8.2-5。

表 8.2-5　2001—2010 年校级本科精品课程一览表

序号	课程名称	负责人	面向专业	获批时间/年
1	多媒体技术基础及应用	沈　洪	计算机科学与技术	2005
2	数字通信原理	许学梅	通信工程	2007
3	模拟电子技术	李金平	电子信息工程和电子信息科学与技术专业	2007
4	电路分析	任力颖		2009
5	数据库原理与应用	袁　玫	计算机科学与技术	2009

学院加强对双语教学课程的投入和建设，先后有 5 门课程实现双语授课。开展的双语教学模式主要采用英文教材、英文 PPT 及英文试卷等方式。2001—2010 年，院级双语教学课程见表 8.2-6。

表 8.2-6　2001—2010 年院级双语教学课程一览表

序号	系别	双语课程名称	主讲教师	建设时间
1	计算机系	计算机多媒体技术	刘宏哲	2003—2004 学年第一学期
2	计算机系	Web 技术	张　翼	2003—2004 学年第一学期
3	计算机系	操作系统(1)	李京平	2003—2004 学年第一学期
4	计算机系	操作系统(2)	李京平	2003—2004 学年第二学期

续表

序号	系别	双语课程名称	主讲教师	建设时间
5	计算机系	Web 开发技术(一)	张　翼	2003—2004 学年第二学期
6	计算机系	Web 开发技术 I	张　翼	2004—2005 学年第二学期
7	计算机系	操作系统	李京平	2004—2005 学年第一学期
8	通信系	多媒体技术	刘宏哲	2004—2005 学年第一学期
9	计算机系	网站建设与规划	孙　悦	2006—2007 学年第一学期
10	计算机系	网站建设与规划	马　楠	2006—2007 学年第一学期
11	计算机系	网站建设与规划	杜　煜	2006—2007 学年第一学期
12	计算机系	网站建设与规划	张　姝	2007—2008 学年第一学期
13	电子系	数字信号处理	张　军	2009—2010 学年第二学期
14	计算机系、通信系、电子系	计算机网络	英国外聘教师,杜煜、张姝为助教	2010—2011 学年第一学期

(2) 教材建设

学院重视教材建设。2001—2010 年,有 54 位教师参与教材编写,共出版本科教材 87 部,其中有国家级精品教材 4 部,全国高校优秀教材 2 部,“十一五”国家级规划教材 15 部,市级精品教材 14 部,北京市高等教育精品教材 3 部。2001—2010 年,校级及以上精品教材见表 8.2-7。

表 8.2-7　2001—2010 年校级及以上精品教材一览表

序号	教材名称	主编	精品教材级别	获批时间/年
1	计算机公共基础(修订版)	高林、袁玫	国家级	2006
2	C 语言程序设计教程(第三版)	谭浩强 张基温		2007
3	计算机网络技术基础(第三版)	尚晓航		2009
4	C 语言程序设计(第二版)	谭浩强		2009
5	多媒体实用技术基础	王　辉	市级	2001
6	电子电路仿真软件及其应用	王　源		2002
7	实用电子电路基础	刘维恒		2002
8	网络数据库应用教程	袁　玫		2002
9	QBASIC 语言教程(第二版)	谭浩强		2002
10	模拟集成电路基础	李金平		2003
11	现代交换技术与通信网	任力颖		2004
12	Visual Basic 程序设计(第二版)	谭浩强		2004
13	网络管理基础	尚晓航		2004
14	计算机网络安全与应用技术	袁家政		2004
15	现代电信交换技术与通信网	黄静华		2004
16	电子系统设计	李金平		2007
17	Visual C++面向对象编程教程	王育坚		2006
18	实用电子电路基础	刘维恒		2006
19	计算机网络(第二版)	袁家政		2006

续表

序号	教材名称	主编	精品教材级别	获批时间/年
20	网络数据库应用教程	袁　玫	校级	2002
21	模拟集成电路基础	李金平		2003
22	网络系统管理——Windows 2000 实训篇	尚晓航		2003
23	通信电子电路	申功迈		2003
24	计算机网络技术基础(第二版)	尚晓航		2004
25	计算机网络安全与应用技术	袁家政		2004
26	现代电信交换技术与通信网	黄静华		2004
27	Visual C++面向对象编程教程	王育坚		2006
28	网络系统管理——Windows 2000 实训篇	尚晓航		2006
29	计算机网络(第二版)	袁家政		2006
30	数字通信	许学梅		2007

2001—2010 年,国家级规划教材立项项目见表 8.2-8。

表 8.2-8　2001—2010 年国家级规划教材立项项目一览表

序号	项目名称	主编	获批时间/年
1	电子技术基础	申功迈	2002
2	数字电路逻辑设计(第二版)	王毓银	2002
3	C 语言程序设计(第 2 版)	谭浩强	2006
4	计算机网络	袁家政	2006
5	计算机网络安全与应用技术(第 2 版)	袁家政	2006
6	计算机公共基础(第 2 版)	高林、袁玫	2006
7	移动通信系统原理及工程技术	马芳芳	2006
8	计算机网络基础	杜　煜	2006
9	三维动画设计与制作	沈　洪	2006
10	计算机网络工程与实训(第 2 版)	沈　辉	2006
11	Visual C++面向对象编程教程(第 2 版)	王育坚	2006
12	IT 工程监理实务	叶明芷	2006
13	计算机网络技术基础(修订版)	尚晓航	2006
14	电子技术及其应用基础(第 2 版)	李哲英	2006
15	电子设计自动化	杨　静	2006
16	电子科学与技术导论	李哲英	2006
17	网络系统管理——Windows 2000 实训篇	尚晓航	2006
18	网络管理基础(第 2 版)	尚晓航	2006
19	天线技术	许学梅	2006
20	C++面向对象程序设计	谭浩强	2006
21	多媒体计算机技术基础及应用(第 2 版)	沈　洪	2006
22	C 程序设计教程	谭浩强	2006

2001—2010年,其他获奖教材见表8.2-9。

表8.2-9 2001—2010年其他获奖教材一览表

序号	教材名称	作者	获奖名称及等级	获奖时间/年	出版社
1	计算机公共基础	高林、袁玫	全国普通高等学校优秀教材二等奖	2002	高等教育出版社
2	数字电路逻辑设计(第三版)	王毓银、杨静、赵亦松	全国普通高等学校优秀教材二等奖	2002	高等教育出版社

2001—2010年,学院教师编写出版的教材见表8.2-10。

表8.2-10 2001—2010年教师编写出版的教材一览表

序号	教材名称	作者/主编	出版社	出版年
1	多媒体实用技术基础	王　辉	北京邮电大学出版社	2001
2	QBASIC语言教程(第二版)	谭浩强	电子工业出版社	2002
3	计算机网络基础	杜　煜	人民邮电出版社	2002
4	计算机网络安全与应用技术	袁家政	清华大学出版社	2002
5	数字电路逻辑设计(第三版)	王毓银、杨静、赵亦松	高等教育出版社	2002
6	现代电信交换技术与通信网	黄静华	北京航空航天大学出版社	2002
7	计算机公共基础	高林、袁玫	高等教育出版社	2002
8	网络管理基础	尚晓航	清华大学出版社	2002
9	综合布线实用教程	江云霞	国防工业出版社	2003
10	电子电路学习要点与例题精解	何希才	北京航空航天大学出版社	2003
11	全国计算机等级考试二级考试参考书——Visual Basic语言程序设计	袁　玫	高等教育出版社	2003
12	全国计算机等级考试二级考试参考书——C语言程序设计	周海燕	高等教育出版社	2003
13	模拟集成电路基础	李金平	清华大学出版社	2003
14	Visual Basic 程序设计(第二版)	谭浩强	清华大学出版社	2003
15	数字移动通信技术及应用	何希才	机械工业出版社	2003
16	Visual Basic 6.0 程序设计教程	黄静华	人民邮电出版社	2003
17	电子商务概论	沈　辉	高等教育出版社	2003
18	多媒体技术概论	张　翼	高等教育出版社	2003
19	新编计算机基础知识与操作	袁　玫	电子工业出版社	2003
20	C程序设计(第二版)	周海燕	电子工业出版社	2003
21	计算机网络与 Windows 2000 实用教程	尚晓航	清华大学出版社	2003
22	Visual C++面向对象编程教程	王育坚	清华大学出版社	2003

续表

序号	教材名称	作者/主编	出版社	出版年
23	模拟电子电路	何希才	科学出版社	2003
24	C语言程序设计教程	周海燕	人民邮电出版社	2003
25	网络系统管理——Windows 2000 实训篇	尚晓航	人民邮电出版社	2003
26	三维动画设计与制作	沈　洪	中国铁道出版社	2003
27	数据库技术	周海燕	人民邮电出版社	2004
28	多媒体计算机技术基础及应用	沈　洪	人民邮电出版社	2004
29	现代交换技术与通信网	任力颖	电子工业出版社	2004
30	实用电路基础	王　源	机械工业出版社	2004
31	计算机网络技术基础(第二版)	尚晓航	高等教育出版社	2004
32	计算机网络(第二版)	袁家政	西安电子科技大学出版社	2004
33	计算机网络安全与应用技术	袁家政	清华大学出版社	2004
34	现代交换技术与通信网	黄静华	电子工业出版社	2004
35	计算机网络	袁家政	西安电子科技大学出版社	2004
36	天线技术	许学梅	西安电子科技大学出版社	2004
37	计算机接口技术	庄琴生	西安电子科技大学出版社	2004
38	可编程器件 EDA 技术与实践	沈明山	机械工业出版社	2004
39	实用电子电路基础	刘维恒	电子工业出版社	2004
40	网络管理基础实用教程	尚晓航	清华大学出版社	2004
41	C语言程序设计	张宝森	机械工业出版社	2004
42	数据结构辅导与习题集	付百文	人民邮电出版社	2004
43	EDA 技术即可编程器件应用实训	沈明山	科学出版社	2004
44	接入网技术	薛永毅	机械工业出版社	2005
45	计算机网络技术教程(修订本)	尚晓航	人民邮电出版社	2005
46	计算机网络技术基础学习指导与题解	尚晓航	高等教育出版社	2005
47	传感器技术及应用	何希才	北京航空航天大学出版社	2005
48	通信技术概论	卢孟夏	高等教育出版社	2005
49	数字电路逻辑设计	王毓银	高等教育出版社	2005
50	IT 工程监理实务	叶明芷	电子工业出版社	2005
51	移动通信技术实用教程	胡智娟	国防工业出版社	2005
52	电磁波与天线	申功迈	高等教育出版社	2005
53	新型电子电路应用实例	何希才	中国电力出版社	2005

续表

序号	教材名称	作者/主编	出版社	出版年
54	计算机公共基础(修订版)	高林、袁玫	高等教育出版社	2006
55	网络系统管理——Windows 2000 实训篇	尚晓航	人民邮电出版社	2006
56	计算机网络工程与实训(第二版)	沈　辉	北京希望电子出版社	2006
57	计算机公共基础(第二版)	高林、袁玫	高等教育出版社	2006
58	C 语言程序设计教程(第三版)	谭浩强	高等教育出版社	2007
59	数字通信	许学梅、苏利敏、杨延嵩	高等教育出版社	2007
60	电子系统设计	李金平、沈明山、姜余祥	电子工业出版社	2007
61	Visual C++面向对象编程教程(第二版)	王育坚	清华大学出版社	2007
62	现代物业设备的运行维护指南	张燕杰、杨　静、邹尔宁	机械工业出版社	2008
63	网络管理基础(第 2 版)	尚晓航	清华大学出版社	2008
64	Authorware 多媒体开发实训教程	沈　洪	中国铁道出版社	2008
65	现代交换技术	黄静华 任力颖	机械工业出版社	2008
66	多媒体技术与应用实例教程	沈　洪	清华大学出版社	2008
67	移动通信系统原理及工程技术	马芳芳	高等教育出版社	2008
68	网络管理系统管理——Windows Server 2003 实训篇(第 2 版)	尚晓航	人民邮电出版社	2008
69	计算机网络基础教程	杜　煜	人民邮电出版社	2008
70	电子技术及其应用基础(模拟部分)(第二版)	李哲英 钮文良	高等教育出版社	2008
71	综合布线实用教程(第 2 版)	江云霞 杨延嵩	国防工业出版社	2008
72	计算机网络技术基础(第三版)	尚晓航 马　楠	高等教育出版社	2008
73	网页制作教程	常敏慧	机械工业出版社	2008
74	中老年学数码照片处理	刘宏哲、沈洪、张敬尊	中国铁道出版社	2008
75	中老年学上网	尚晓航	中国铁道出版社	2008
76	C 语言程序设计(第 2 版)	谭浩强	清华大学出版社	2008

续表

序号	教材名称	作者/主编	出版社	出版年
77	电子技术及其应用基础(数字部分)(第2版)	李哲英、钮文良	高等教育出版社	2009
78	通信网教程	黄静华 任力颖	机械工业出版社	2009
79	C语言程序设计(第2版)学习辅导	谭浩强	清华大学出版社	2009
80	GSM数字移动通信应用系统	赵长奎	国防工业出版社	2009
81	电子技术基础	许立群 王淑英 韩　玺	北京航空航天大学出版社	2009
82	多媒体技术与应用案例汇编	沈　洪	清华大学出版社	2009
83	Internet技术与应用(第二版)	尚晓航 张　姝	中国铁道出版社	2009
84	电子设计自动化	杨　静	高等教育出版社	2009
85	天线技术(第二版)	许学梅、杨延嵩	西安电子科技大学	2009
86	计算机网络安全与应用技术(第2版)	袁家政	清华大学出版社	2010
87	电子科学与技术导论	李哲英	电子工业出版社	2010

4. 实践教学建设

学院在实践教学建设上不断加大投入和资源整合力度，逐步实现了对实验室的统一管理，并与校内外实践教学基地建设相结合，为培养应用型人才提供了环境和硬件支持。2001—2010年，学院从实践环境、企业实习、各类竞赛、社会实践等多方面进行实践教学建设。

(1) 校内实践环境建设

学院实验室实现了从分散管理到集中共享的整合过程。2002年4月之前，实验室归各系管理。2002年4月，学院取消系的建制，成立教研部；2002年4月至2007年10月，实验室分布到各教研部管理。为便于资源共享和统一管理，2007年9月，学院建立实验教学示范中心——工程应用技术中心，实行实践教学资源统一管理，为学生提供高水平的工程训练和教学科研环境。2001—2010年，学院实验室规模不断扩大。2001—2002年，学院仅有4个实验室，即电子电路实验室、电路分析实验室、电话交换实验室、计算机实验室。2003年，学院在实验楼先后建设了数字信号处理(DSP)实验室、光纤通信技术实验室、移动通信实验室、单片机与嵌入式系统实验室、集成电路(IC)设计实验室、混合信号与SoC技术实验室、智能电子系统实验室、计算机网络集成实验室、软件工程实验室和北京市高校数字化技术创新基地等一系列具有国内先进水平的实验室和研究基地。2003年7月，成立信息工程监理研究中心。2004年6月，建立北京市数字化技术创新基地；同年建成数字化技术创新实验室。2005年5月，成立IC设计实验室；2005年12月，与台湾掌宇股份公司合作成立IC联合研发中心。2010年3月，学院与乐成3G创意产业研发基地合作建立研发中心——“3G移动开发实验室”，为学校承办市级计算机应用大赛提供了硬件条件。2010年8月，建立北京市信息服务工程重点实验室。重点实验室的成功建设,对学院学科建设、科研工作和教育教学改革起到了积极的推动作用。

(2) 校企合作建设

学院积极拓展学生校外实践环境,推进校企合作。2001—2010 年,建立了 10 个校外实习基地,2 个校级校外人才培养基地,8 个院级校外人才培养基地。其中,2010 年 3 月,建设 2 个校级校外人才培养基地,即文思创新服务外包校外人才培养基地、乐成集团 3G 创意产业校外人才培养基地;通过与企业开展实习合作,建立了长效、可持续的学生校外培养体制。

学院重视学生实践教学,组织学生到企业进行大规模实习。2001—2010 年,共组织 20 多次大规模的学生企业实习。其中,2009 年、2010 年与中百信等 23 家公司合作,对 520 名学生进行了不同类型的专业强化实践活动。

2001—2010 年,学院校外人才培养基地建立情况详见表 8.2-11。

表 8.2-11　2001—2010 年校外人才培养基地一览表

序号	校外基地名称	实习内容	面向专业	签约时间	签约单位
1	与北京百思特迅捷电子科技有限公司联合办学	技能培训	电子信息工程	2001.12	北京百思特迅捷电子科技有限公司
2	与易系统数据有限公司联合办学	校外实践教学基地	计算机科学与技术	2002.01	易系统数据有限公司
3	北京创利世纪软件有限公司委托信息学院对日软件开发	技术开发	计算机科学与技术	2004.03	北京创利世纪软件有限公司
4	软件工程开发技术实训基地	软件订单项目培训	计算机应用	2004.02	北京创立世纪科技有限公司
5	光通信实训基地	光通信方面的实训	通信工程	2004.10	北京全路光通信技术有限公司
6	与豪力海文科技发展有限公司开展产学研合作	校外实践教学基地	计算机科学与技术	2005.07	豪力海文科技发展有限公司
7	软件技术研发中心	软件开发、毕业设计	计算机科学与技术	2005.09	北京联合易系统数据有限公司
8	信息学院/中科辅龙有限公司开发中心	毕业设计、实习	计算机科学与技术	2005.09	北京中科辅龙有限公司
9	毕业设计中讯实习基地	软件开发、毕业设计	计算机科学与技术	2005.09	中讯计算机系统有限公司
10	软件开发实习基地	软件开发	计算机科学与技术(专升本)	2005.09	北京亚和维信息技术有限公司
11	电子信息专业技能校外实习基地	技能实习	电子信息专业	2005.09	中天技源科技有限公司、太极计算机集团公司、视信易德有限公司、惠普辛迪电子技术公司、国家广播电视产品质量监督检测中心、北京计算机一厂

续表

序号	校外基地名称	实习内容	面向专业	签约时间	签约单位
12	网络运行维护训练基地	思科,华为网络设备应用训练,网络运维训练	通信技术、网络技术等	2007.02	北京汉远网智公司
13	文思创新服务外包校外人才培养基地(校级)	技能培训	计算机科学与技术	2010.03	文思创新软件技术有限公司
14	乐成集团3G创意产业校外人才培养基地(校级)	技能培训	计算机科学与技术	2010.03	乐成3G

2009—2010年,学生企业实习基本情况详见表8.2-12。

表8.2-12 2009—2010年学生企业实习基本情况统计表

实习时间(年)	企业名称	人数	实习内容/岗位
2009	中百信工程咨询有限公司	4	顶岗实习
	文思创新软件技术有限公司	4	顶岗实习
	中国铁通集团有限公司北京分公司	5	客户服务中心
	北京掌宇集电科技有限公司	8	技术部工程师助理
	北京网桥工程监理有限公司	5	助理工程师
	航天长征火箭技术有限公司	2	技术部工程师助理
	中国国际企业合作公司	3	助理工程师
	北京金通世纪通信设备有限公司	2	技术员
	北京亚和维信息技术有限公司	7	技术员
	北京吉百佳科贸中心	3	技术员
	北京轩源嘉信息咨询有限公司	1	技术员
	三星科技	1	手机测试员
	弛跃翔	5	通信监理
	中国铁通	5	客服
	奇虎科技	1	网络维护员
	千禧维讯	1	通信监理
	东光橡塑制品有限公司	1	销售
	中科大洋	1	技术服务
2010	安博教育集团科技有限公司(中程在线科技有限公司)	361	顶岗实习
	乐成3G创业产业研发基地	66	顶岗实习
	文思创新软件技术有限公司	20	顶岗实习
	中百信工程咨询有限公司	10	顶岗实习
	北京软件产品质量检测检验中心	4	顶岗实习

5. *教学管理制度建设*

2001年至2002年4月,学院实施校、院、系三级教学管理体系。2002年4月,学院设置教学科研办公室负责教学管理工作;学院教学管理制度执行学校相关制度。2004年12月,学院建立教学工作联席会制度,定期研究学院教学实施过程中出现的问题。2002年始,学院使用学校金安桥系统进行教学管理。2009年,在学校统一安排下,学院利用“正方教务管理信息系统”进行教学管理,使学院教学管理职能进一步强化,教学管理更加规范、科学。

2002 年 4 月始,学院的教学管理制度建设由学院制定各类教学管理制度,改为在学校总体管理制度框架下制定二级学院的实施细则。2006 年,学院对原有院级教学管理制度进行了全面梳理,编制了教学管理文件汇编,涵盖专业建设管理、培养计划管理、课程建设管理、教材建设管理、学生学籍管理、教师教学管理、实践教学管理、教学质量监控管理、教学研究管理等所有教学管理环节。

学院重视教学质量和教学督导工作,根据教学质量监控工作的基本思路,构建了适应学院教学管理模式的教学质量监控体系。2005 年 12 月,成立学院教学督导组。2006 年 9 月,成立学院教学质量监控领导小组,本科教学质量监控体系以规范教学过程和保障教学质量为目标,由监控环节、质量标准、责任单位、监控机构等组成,以教学设计、课堂教学、作业答疑、成绩考核和毕业设计等 5 个基本教学环节为教学质量的监控重点,实行教学监督与教学相结合的工作原则。

学院按照学校规定,实施开学初、期中和期末的教学检查制度,督导专家听课制度,领导干部听课制度,并有效实施。2006 年始,学院坚持每学期执行学生评教制度。

为适应学校和学院教学改革的需要,切实提升学院教学质量,学院除继续执行既有的教学管理制度外,2009 年新制定了一系列的院级教学管理制度,包括针对不同培养目标的实验班和试验班的选拔制度、实验班学生流动制度(根据学生学习情况流进或流出实验班)、实验班导师制、实验班督导制等教学管理规范制度。通过选拔制度,建立以培养学校学术创新型人才为目标的拔尖人才实验班、以培养面向产业结构的复合型人才为目标的服务外包试验班、以培养工程技术应用或专业技术人才为目标的技术专才班,并通过实验班管理制度的建设,进一步促进学生学风建设,保障学生的学习过程。

(三)教育教学改革与发展

1. 教育教学改革

(1)技术应用性本科改革

2002—2004 年,为贯彻学校建设应用型大学的建设思路,学院在计算机科学与技术、通信工程、电子信息工程 3 个专业部分班级中试点应用性本科改革。从培养目标、培养方案等方面进行教学改革。在培养目标中,明确提出应用性工程技术人才的培养目标,要求学生学业上除获得本校毕业证书、学位证书外,还将经过有企业认证的专业培训并经考试合格后获得专业技能认证证书的培养环节;在培养方案中,在对学生培养的基本要求、课程设置、实践环节等方面进行改革。

① 基本要求方面:在普通本科生培养要求基础上,增设知识要求、素质要求、能力要求和技术与技能要求 4 方面培养要求。

② 课程设置方面:学院对 2003 年技术应用性本科进行课程类型设置方面的探索,打破普通本科公共基础、学科基础、专业必修、专业选修的设置模式,设置基础部分(分公共基础部分、技术基础部分)、专业技术与技能(分为必修课、选修课两类)两大类。

③ 实践环节方面:对 2002—2004 年电子信息工程专业的技术应用性本科班级,增加实践环节的学分,设置大学分的企业实习实践环节,三年学分设置分别为 11 分、10 分和 9 分。

2001—2004 年,学院应用性本科专业见表 8.2-13。

表 8.2-13　2001—2004 年应用性本科专业一览表

年级	专业名称	班级(班号)
2001	通信工程	0104343、0104344
2001	计算机科学与技术(计算机网络应用与开发)	0104355、0104356
2001	计算机科学与技术(计算机信息管理)	0104361、0104362
2002	电子信息工程	0204333、0204334
2002	通信工程	0204343、0204344
2002	计算机科学与技术(计算机网络应用与开发)	0204355、0204356、0204357
2002	计算机科学与技术(计算机信息系统)	0204361
2003	电子信息工程	03043333、03043334
2004	电子信息工程	04043333、04043334

(2) 实验班改革探索

2008—2010 年,学院为响应学校教学改革的要求,建立实验班(见表 8.2-14),进行分层教学实验,提炼出“以生为本,人人成才,因材施教,全面发展”的人才培养理念。

表 8.2-14　院级实验班设置一览表

年级	班级名称	学生数/个	专业	系
2008	0808030401A	28	通信工程	通信工程系
2008	0808030301A	31	电子信息工程	电子工程系
2008	0808030501A	34	计算机科学与技术	计算机工程系
2009	0908030301	29	电子信息工程	电子工程系
2009	0908030401	27	通信工程	通信工程系
2009	0908030501	29	计算机科学与技术	计算机工程系
2010	信息电子 1001	32	电子信息工程	电子工程系
2010	信息电子 1002	35	电子信息工程	电子工程系
2010	信息通信 1001	29	通信工程	通信工程系
2010	信息通信 1002	29	通信工程	通信工程系
2010	信息计算机 1001	33	计算机科学与技术	计算机工程系
2010	信息计算机 1002	27	计算机科学与技术	软件工程系
总计		363		

2008 年,实验班工作作为教育教学改革的一部分正式开始启动。学校成立了信息学院教育教学改革试点领导工作小组,校党委书记徐永利多次到学院调研和指导工作。学校领导工作小组由校长柳贡慧任组长,党委副书记付晨光任副组长;学院领导工作小组由党委书记许贵才、院长鲍泓分别担任正、副组长;教学和学生管理部门建立了日常工作小组。实验班的成立得到了廊坊分校、外语部、基础部、社科部、体育部、实训基地等学校相关合作单位的支持和响应。

实验班人才培养模式采用分层教学、分类指导培养,主要是根据学生的学习能力、发展需求,采取测试方法,选拔出基础较好、学习能力强的学生组成实验班,对其进行重点培养;实验班配备优质的师资力量和专职班级导师及辅导员,优化教学资源和教学计划,改变教学方式和管理方式,将授课重点放在提高学生的学习兴趣、学习的主动性和自学能力等方面,努力使实验班的学生成为高素质的优秀人才,以此带动其他各层次的学生共同进步,提升学院整体教学质量。

在实验班的建设过程中,学院提炼出“以生为本,人人成才,因材施教,全面发展”的人才培养理念,并在此基础上进行教学改革,将学生分为三个类别进行培养:第一类是以培养学术创新型人才为目标的拔尖人才实验班,该班以考研升学和出国交流为目标,以期进一步促进学校“新三率”(考研率、出国率、就业率)的提高;第二类是以培养面向产业结构的复合型人才为目标的服务外包试验班,该班以计算机科学与技术、服务科学管理工程和管理科学与工程等学科为支撑,以期构建一个多学科融合的信息服务人才培养教学体系;第三类是为培养工程技术应用或专业技术人才为目标的技术专才班,该班主要以职业目标为导向,注重学生的技术应用能力和素质培养。

2008 年成立第一期实验班,该班是通过测试学生的数学、英语能力而建立的课程班;2009 年,对课程班进行了专业基础课测试、选拔,并进一步调整为按专业划分的实体实验班。2009 级实验班是经学生自愿报名,依据高考成绩并经统一测试、选拔产生。2008—2010 年学院共设有 10 个实验班,分别设在计算机科学与技术、通信工程、电子信息工程 3 个专业,其中 2008 级实验班 100 人,占本年级人数 18.1%;2009 级实验班 104 人,占本年级人数20.23%;2010 年,分别在通信工程系、电子工程系各设置 1 个班,软件工程系设置 2 个班,共 118 人,为年级人数的 25%左右。实验班的比例逐年扩大,学院将其培养方式和理念辐射到其他各班,让更多学生受益,进一步体现人人成才的教育目标。

首批实验班成立不到 1 年,参加校级、市级乃至国家级各项赛事均获佳绩,2009 年,在全国 ITAT 大赛中,实验班有 9 人获奖,其中获得全国一等奖 1 名;在全国 C 类英语竞赛中,实验班有 9 人获奖,其中获二等奖 1 名;获北京市大学生外语口语竞赛优秀奖 1 名;2009 年,在全国部分省市大学生物理竞赛中,实验班获二等奖 3 名、获三等奖 3 名(2007 年 1 个三等奖、2008 年 4 个三等奖),2008 级实验班平均获奖率达 90%以上。

实验班的整体水平在各项统考中也得到凸显。在 2009 年 12 月的全国大学英语四级考试中,08 级实验班 98 人提前半年参加考试,86 人通过,总通过率 87.8%,其中计算机专业 51A 班通过率 94.3%,通信专业 41A 班通过率 86.2%,电子专业 31A 班通过率 82.6%,最高分数 607 分,取得了创历史纪录的好成绩。本次四级考试 2008 级首次通过率提高到 16.7%,远高于 2006 级、2007 级同期四级考试分别为 6.1%和 8%的首次通过率。在实验班的带动下,学院 2008 级学生的英语水平得到大幅度提升。

(3) 针对专升本学生,开展“基于行业的学习(IBL)”教学法的研究与实践

2005 年起,学院致力于“计算机科学与技术(专升本)”专业的教学改革,并与北京亚和维信息技术有限公司合作,共同创建软件项目实践基地。

2005 年始,每年设置计算机科学与技术(专升本)试点班,开展“基于行业的学习(IBL)教学法的研究与实践,强调“教学做”合一的教学模式,依托企业培养软件应用型人才,开展教学改革和教学建设,对“高职专升本”教育的教学模式、培养计划及教学组织方式进行研究和改革。专业改革的突破点确立为:研究与实践 IBL 教学法紧密依托校企合作,实施专升本“1+1”人才培养改革方案。将试点班第二学年全部设置为实践环节,开设了 3 门长周期实践课程(“软件系统开发实习”12 周,“软件测试实习”7 周,“软件项目开发”18 周)。至 2010 年,一直在该专业试点、接受培训的学生基本在 IT 行业的软件开发、测试和维护的岗位上工作。

2. 教育教学成果及奖励

2001—2010 年，学院本科教育教学成果共有国家级二等奖 2 项，北京市级教育教学成果奖 4 项，校级教育教学成果奖 16 项（见表 8.2-15）。

表 8.2-15　2001—2010 年校级及以上教育教学成果获奖项目一览表

序号	成果题目	获奖者姓名	适用层次	获奖名称	获奖级别	获奖时间/年
1	《数字电路逻辑设计（脉冲与数字电路第三版）》	王毓银	本科	全国普通高等学校优秀教材奖	国家级二等奖	2002
2	《计算机公共基础（一套）》	高林、袁玫	本科	全国普通高等学校优秀教材奖	国家级二等奖	2002
3	模拟集成电路基础	李金平	本科	北京市精品教材 精品教材	北京市级二等奖 校级一等奖	2004
4	《通信技术概论》课程的研究与实践	卢孟夏、薛永毅、胡智娟、杨延嵩、段丽	高职	教学成果奖 精品课程	北京市级二等奖 校级一等奖	2004
5	计算机网络安全与应用技术	袁家政、付百文、张翼	本科	教学成果奖	校级一等奖	2004
6	《计算机网络安全与应用技术》教材	袁家政	本科	精品教材	校级一等奖	2004
7	《通信技术概论（课程）》	卢孟夏、薛永毅、胡智娟、杨延嵩、段丽	高职	精品课程	校级一等奖	2004
8	网络数据库应用教程	袁玫、林志英、刘劲松	本科	教学成果奖	校级二等奖	2004
9	《计算机科学与技术（专接本）》专业教学模式及培养方案改革——基于 IBL 教育法研究与实践	鲍有文、袁玫、张姝、曹国良、佟建新	专升本	教学成果奖	校级一等奖	2006
10	《计算机网络》第二版教材	袁家政	高职	精品教材	校级二等奖	2006
11	《多媒体技术基础及应用》精品课程	袁家政	高职	精品课程	校级三等奖	2006
12	多媒体技术基础及应用	沈洪、袁家政、俞必忠、刘宏哲、杨丽珍	高职	教学成果奖	校级三等奖	2006

续表

序号	成果题目	获奖者姓名	适用层次	获奖名称	获奖级别	获奖时间/年
13	“基于行业学习(IBL)”教学法的研究与实践——“高职专接本”教育类型的教学模式改革	鲍有文、张姝、曹国良、袁玫、佟建新	专升本	教学成果奖	北京市级二等奖	2008
14	程序设计课程改革的应用性研究与教学实践	李金平	本科	教学成果奖	校级三等奖	2008
15	“创新应用型本科人才培养模式,深化专业课程改革”	鲍洁、高林、曹辉、鲍有文、张景秋	本科	教学成果奖	北京市级二等奖	2009
16	适应国家产业结构调整,创新服务外包人才培养模式	柳贡慧、鲍泓、杨宜、周华丽、沈洪、袁玫、薛万欣、牛爱芳、肖芳、孙连英	本科	教学成果奖	校级一等奖	2010
17	通信工程特色专业应用型人才培养体系建设	杜煜、李哲英、薛永毅、赵亦松、苏利敏	本科	教学成果奖	校级一等奖	2010
18	应用型人才分类指导、分层教学的探索与实践——实验班教学改革	鲍泓、滕长建、谢职安、徐建华、孟庆丰、邢春峰、梁怡、刘东、张建敏、苏利敏	本科	教学成果奖	校级二等奖	2010
19	电子类专业基础课程理论与实验协同性研究	李金平、任力颖、张军、姜余祥、吴晶晶	本科	教学成果奖	校级三等奖	2010
20	优化课程体系,培养“三创”应用型人才	沈洪、佟建新、张姝、王育坚、赵亦松、李金平、张建敏、孟宪东、李伟、高润泉	本科	教学成果奖	校级三等奖	2010

(四)重要教育教学活动

1. 随学校接受本科和高职教学工作水平评估

2003年,学校启动本科教学工作水平评估,遵循“以评促建,以评促改,以评促管,评建结合,重在建设”的方针,按照学校的统一部署,学院分阶段制订了可操作性的评估计划。

2006年10月，接受教育部组织的评估检查；学院按照学校统一部署，完成了各项工作，得到了教育部评估专家组的肯定和好评，取得的成果表现在以下四个方面。

第一，应用型办学宗旨与定位进一步明确。

第二，应用性学科专业建设得到加强。学院深入总结应用性学科专业建设经验，更加重视实践教学，新增一批就业实习基地，修订了培养计划，重点建设学科达到北京市领先水平，培植了新的硕士学科点；进一步整合专业，优化资源配置，精品课程与教材有所增加，招生和就业状况良好。

第三，教风、学风明显好转。通过制度建设与管理教育，教师加强了教学精力的投入，全部整理或补充了教案，教师执教能力得到提高，教风建设带动学风好转，学生教学纪律明显加强。

第四，教学管理水平得到提高。从学院到各职能部门、教研部，系统梳理、健全了教学管理文件，与学校相关文件加强对接，教学管理更加规范，建立了行之有效的日常教学质量管理检查监督机制。

2. 承办市级计算机应用大赛

“北京市大学生计算机应用大赛”(以下简称“大赛”)是北京市教委主办的大学生学科竞赛之一。首届大赛始于2010年12月，由学院发起并组织承办，主要面对在京高校的本科及高职学生。大赛主题为“3G智能手机创意设计”，主题特色鲜明，紧密结合IT行业的热点技术，积极推动教学内容更新和专业教学改革，充分发挥学科竞赛在创新人才培养中的作用，得到了北京市教委及参赛师生的认可和好评，正逐渐成为首都及华北地区高校中影响力较大的学科竞赛之一，也成为学校对外宣传的一个良好途径。此次大赛共有36所高校参赛，收到有效作品137件，大赛设一等奖8个、二等奖15个、三等奖30个、优秀奖40个。学院学生踊跃参赛，取得了较好成绩，其获奖情况详见表8.2-16。

表8.2-16　学生参加2010年首届北京市大学生计算机应用大赛获奖情况一览表

获奖等级	作品名称	参赛学生姓名	指导教师
北京市一等奖	绿色星球	王雨、吴尚俊、岳鑫、章磊、马文静	马　楠
北京市二等奖	基于校园的信息聚合平台	姜军、付天隆、吕轩、任敬地	梁　军
北京市二等奖	变脸2010	郝凌冰、马一博、张龙、谢万万	娄海涛
北京市三等奖	心语背包	王汕汕、王鼎、周林、李长军、阳平	张　姝

3. 服务外包人才培养模式创新实验区建设

2009年11月，教育部批准学校建立国家级服务外包人才培养模式创新实验区(教高〔2009〕27号)，2009年11月，北京市教育委员会批准学校为市级人才培养模式创新试验区(京教函〔2009〕63号)。2010年1月，学校国家级服务外包人才培养模式创新试验区建设项目正式启动。

2009年，学院作为教育部和北京市教委批准的国家和北京市“服务外包人才培养模式创新试验区”的主体学院，在试验区内设立“信息服务工程”实验班，培养国际化信息服务人才。制定了以“两个平台”为基础、“三个结合”为原则、“五项计划”为保障，以专业核心能力和综合职业素质培养为主线的人才培养方案，形成“一体两翼　三三分流”的人才培养模式

(“一体两翼　三三分流”服务外包人才培养模式框架如图 8.2-1 所示)。

试验区人才培养模式改革思路包括以下三个方面。

(1) 建立“特区化”管理理念

全程提供优质教育资源和特惠政策,培养具备开阔的国际化视野、务实的本土化态度、精湛的业务能力、较强的跨文化理解沟通能力和团队合作能力的复合型服务外包人才。满足服务外包企业对人才、知识、能力和素质的要求。

(2) 创建“一体两翼 三三分流”人才培养模式

面向服务外包产业和首都经济建设要求,紧密围绕复合型人才培养目标,建立“一体两翼 三三分流”的人才培养新模式,三个阶段为“大类培养、行业认知”“分流培养、职场体验”“实战训练、职业定向”;三类服务外包人才为“ITO(信息技术外包)”“BPO(业务流程外包)”“服务外包企业管理”。

(3) 构建“两个平台、三个结合、五项计划”支撑的开放式教学体系

“两个平台”是指校内综合集训、校外企业顶岗实践;“三个结合”是指工管结合、产学结合、国内外结合,实行开放办学;“五项计划”是指学科交叉计划、名师讲学计划、综合实力拓展计划、企业践学计划和跨文化教育计划。

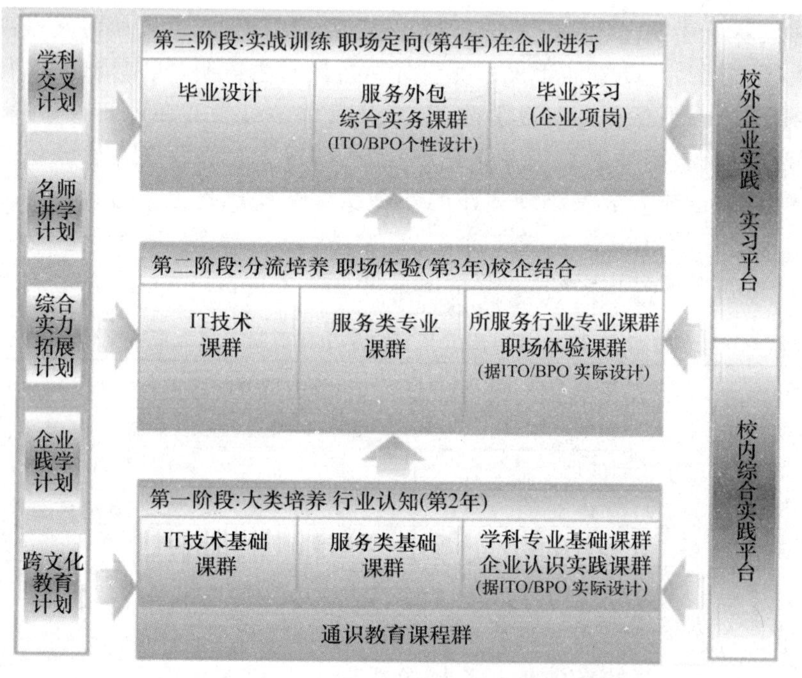

图 8.2-1　“一体两翼 三三分流”服务外包人才培养模式框架图

二、高等职业教育

(一) 专业设置及调整

2000—2007 年,学院的高职专业不断调整,先后有 9 个高职专业对外招生。

2000 年,学院共有计算机应用技术、电子技术、通信技术 3 个高职专业,其中计算机应用

技术专业分为计算机应用技术(网络管理员)和计算机应用技术(软件设计员)两个方向。

2001年增加自动化技术(网络与办公自动化)专业,只招生一届。2004年增加多媒体艺术设计专业。2005年增加电脑艺术设计、软件技术专业,减少计算机应用技术、电子技术专业。2007年增加计算机多媒体技术、计算机网络技术和电子信息工程技术专业。

2008年学院的高职专业全部转到应用科技学院,2008年起停止招收高职生。

2002年12月,通信技术专业被评为全国高职高专示范建设专业和精品专业。2004年,计算机应用软件技术专业成为校级高职重点建设专业。

2001—2007年,学院高职专业设置与招生情况详见表8.2-17。

表8.2-17 2001—2007年高职专业设置与招生情况一览表

单位:人

招生年份 招生专业	2001	2002	2003	2004	2005	2006	2007	合计
计算机应用技术(网络管理员)	58							58
计算机应用技术(网络技术)		30	35	35				100
计算机网络技术							61	61
计算机应用技术(软件设计员)	129							129
计算机应用技术(软件技术)		28	70	70				168
软件技术					35	35	62	132
计算机应用技术(多媒体技术)		24	71	35				130
多媒体艺术设计				30				30
电脑艺术设计					25	30	30	85
计算机多媒体技术							31	31
电子技术	58	23	32	35				148
自动化技术(网络与办公自动化)	98							98
自动化技术(智能建筑与楼宇自动化)	29							29
通信技术	68		67	65	35	30	62	327
通信技术(现代通信与网络)		57						57
通信技术(计算机与通信网络)		25						25
电子信息工程技术							30	30
合计	440	187	275	270	95	95	276	1638

(二)教学基本建设

2001—2007年,学院在高等职业教育中,加强了精品课程和精品教材的建设力度,保障了教育教学质量,学院教师卢孟夏负责的高职课程通信技术概论于2003年被评为校级精品课程和市级精品课程。2001—2007年,学院12名教师参与高职教材的编写工作,共出版高职教材12本,其中卢孟夏教师主编的高职教材《通信技术概论》于2003年获批北京市高等教育精品教材建设工程立项项目。2001—2010年,学院教师编写出版的高职教材详见表8.2-18。

表 8.2-18　2001—2010 年教师编写出版的高职教材一览表

序号	教材名称	作者/主编	出版社	出版年
1	网络数据库应用教程	袁　玫	人民邮电出版社	2002
2	平面设计技术	俞必忠	人民邮电出版社	2003
3	新编计算机基础知识与操作	袁　玫	电子工业出版社	2003
4	高频电子线路	申功迈	西安电子科技大学出版社	2003
5	Visual Basic 6.0 程序设计教程	黄静华	人民邮电出版社	2003
6	组建网络技术	奚荣华	人民邮电出版社	2003
7	通信电子电路	申功迈 钮文良	机械工业出版社	2003
8	网络数据库应用教程(修订本)	袁　玫	人民邮电出版社	2004
9	计算机网络技术基础(第二版)	尚晓航	高等教育出版社	2004
10	计算机网络(第二版)	袁家政	西安电子科技大学	2004
11	实用电子电路基础	刘维恒	电子工业出版社	2004
12	网络管理基础使用教程	尚晓航	清华大学出版社	2004
13	自动控制专业英语(第二版)	鲍　泓	清华大学出版社	2006
14	电气控制与 PLC 技术(第二版)			
15	EDA 技术			
16	电子技能实训教程			
17	EDA 技术基础			
18	PLC 原理与应用(三菱 FX 系列)(第二版)			
19	电路分析基础			
20	工厂电气控制技术(第二版)			
21	单片机应用实训教程			
22	MCS-51 单片机原理与应用			
23	电视技术			
24	自动控制专业英语			
25	PLC 原理与应用			
26	移动通信技术(21 世纪高职高专电子信息类规划教材)	段　丽 许菁菁	人民邮电出版社	2009

三、研究生教育

(一) 学科建设(含本科)

1. 基本情况

学院在“十一五”发展规划中,将学科建设列为重要任务。2001—2010 年,学院坚持以行业需求为导向,以专业建设为基础,以学科建设为支撑的发展模式,学科建设得到了长足发展。

为提升学科建设与科研工作,2002 年,学院计算机应用技术学科申报北京市重点建设学科,同年获批。

2003 年，学院通信与信息系统学科申报校级重点建设学科，同年获批。

2006 年 1 月，计算机应用技术学科成为学校首批硕士点之一，实现了硕士研究生培养和硕士学位点“零”的突破。

2010 年，计算机应用技术和通信与信息系统 2 个学科点被批准为校级重点学科。同年，学院获批了 2 个校级重点建设学科点电路与系统和信号与信息处理。

2001—2010 年，校级及以上本科重点建设学科见表 8.2-19。

表 8.2-19　2001—2010 年校级及以上本科重点建设学科一览表

学科名称	学科类别	学科级别	备注
计算机应用技术	工学	市级重点建设学科 校级重点学科	2002 年被评为市级重点建设学科，2006 年被国务院学位委员会评定为硕士学位授权学科点
通信与信息系统	工学	校级重点学科	
电路与系统	工学	校级重点建设学科	
信号与信息处理	工学	校级重点建设学科	

2. 北京市重点建设学科——计算机应用技术简介

该学科 1995 年被北京市高教局评为重点建设学科（B 类）；2002 年，被北京市教育委员会评为北京市重点建设学科，学科带头人为鲍泓；2003 年，经北京市教育委员会批准，成为北京市重点学科建设项目（2003—2007）；2006 年，经国务院学位委员会批准，成为硕士学位授权学科点；2007 年，通过北京市重点学科建设项目（2003—2007）专家评审和验收；2008 年，经北京市教育委员会批准，成为北京市重点学科建设项目（2008—2012）。

学科点研究方向有以下四个方面。

（1）网络与分布式计算研究方向

研究重点在分布式系统及应用、信息网络传输模型与光接入等研究领域，并在量子计算与通信的基础研究方面进行探索等。

（2）信息系统工程研究方向

研究信息系统规划、集成、监理和测试技术，研究异构系统间的数据集成、数据交换、数据共享和协同工作；研究数据仓库和数据挖掘技术在应用领域中的数据分析与处理、决策支持与辅助预报等；以及在非经典数理逻辑等方面的基础研究。

（3）嵌入式系统研究方向

研究软件无线电理论与技术、重点研究多 CPU 芯片结构设计理论与方法、OFDM/MIMO 专用芯片设计理论与技术；研究流媒体和动媒体通信理论与应用技术。

（4）智能控制技术方向

主要研究进化算法、神经网络、模糊逻辑技术等智能控制理论及其应用，以控制理论和系统理论为基础，研究解决自动控制系统和人工智能的问题。重点研究复杂系统的建模、控制、优化，研究网络化控制技术、智能测控技术、模式识别；研究人工心理与分布式智能主体理论；研究基于人工生命的信息处理技术和综合自动化系统中信息融合技术，如以污染处理为对象研究多传感器信息融合方法及应用、污染处理系统的建模、状态识别及智能优化控制、污染处理用机器人技术等。

（二）研究生培养

1. 概况

学院的计算机应用技术学科在独立招收硕士研究生前已与北京科技大学、北京交通大学、北京化工大学合作培养研究生，具有担任研究生导师经历的教师10多人，合作培养硕士生20余人。

2006年，学校获得硕士学位授予单位资格，学院的"计算机应用技术"学科成为学校首批硕士学位授权学科点，9位教师获得研究生导师资格授权。2007年，学院开始了硕士研究生自主招生和培养工作。2007—2010年，学院共招收培养了4届硕士研究生共31名（见表8.2-20）。2010年7月，首届2007级研究生共9人毕业并全部获得硕士研究生学位。

2010年，学院"软件工程"学科获批为一级学科硕士学位授予点。

表8.2-20　2007—2010年学院自主培养研究生统计表

单位：人

学科		学科代码	培养研究生人数				人数总计
一级	二级		2007	2008	2009	2010	
计算机科学与技术	计算机应用技术	081203	9	10	9	3	31

2001—2010年，学院硕士点学科见表8.2-21。

表8.2-21　2001—2010年硕士点学科一览表

学科名称	学科类别	学科级别	获批年份
计算机应用技术	工学	二级学科	2006
软件工程	工学	一级学科	2010

2. 研究生培养

为做好硕士生培养工作，学院加强了学科在培养工作中的指导作用，由学科组长与硕士生导师组成培养团队，发挥团队作用，保证研究生全程培养质量。同时，抓好研究生开题报告的工作，学院对论文开题委员会成员的人数、职称、工作程序等都有规定，并开展有利于发挥学术群体作用的研究生学术报告系列讨论活动，更多地采用启发式、研讨式的培养方式，加强研究生的自学、动手、表达、写作能力的训练和培养。

计算机应用技术学科点有网络与分布式系统应用技术、信息系统工程、嵌入式系统与SoC技术、智能控制技术4个研究方向。要求必修学位课20学分，研究方向课4～8学分，选修课4～8学分，必修实践课程4学分，应修总学分为32～42学分，最低不得低于32个学分，最高不得高于42个学分，其中两年半学制最低学分不得低于32学分，三年制最低学分不得低于36学分。

具体培养方案详见学校篇。

四、继续教育

2001—2003年，学校继续教育由各学院分散办学。2004年6月，学院按照学校的总体要求，对成人教育的管理模式、运行机制进行改革，实施集中管理，成立继续教育办公室，负责学院的成人教育培训工作。

继续教育办学指导思想是以科学发展观统领学院继续教育各项工作，紧紧围绕实现终身教育、建立学习型社会这个中心，转变观念，开拓创新，积极谋求学院继续教育的规模、结构、质量、效益的健康与可持续发展，努力为构建高等教育"立交桥"、推进首都学习型城市建设做贡献。

成人高等教育情况：2001—2010 年，夜大招生专科 1417 人，专科起点本科 371 人。

1. 专科专业设置及招生情况

培养目标：针对成人的特点，根据北京市经济建设的需要，培养具有一定基础理论和专业知识、有较强实际操作能力的德、智、体全面发展的专业人才。

2001—2010 年，学院夜大专科专业设置及招生情况详见表 8.2-22。

表 8.2-22　2001—2010 年夜大专科专业设置及招生情况一览表　　单位：人

招生年份 招生专业	2001	2002	2003	2004	2005	2006	2007	2008	合计
计算机网络技术	211	180	120	80	80	120	40	70	901
商务英语	10	35			65	14	28	20	172
电子商务					150	80	86		316
计算机应用	14								14
工商管理	14								14
合计	249	215	120	80	295	214	154	90	1417

2. 专科起点本科专业设置及招生情况

培养目标：培养德、智、体全面发展，具有扎实的专业理论知识和技能、良好的文化与科学素质的应用型专门人才。

2001—2010 年学院夜大专科起点本科专业设置及招生情况详见表 8.2-23。

表 8.2-23　2001—2010 年夜大专科起点本科专业设置及招生情况一览表　　单位：人

招生年份 招生专业	2001	2002	2003	2004	2005	2006	2007	2008	合计
计算机科学与技术		33	15	35	38	25	65	20	231
通信工程			54	22	26	45	26		173
合计		33	69	57	64	70	91	20	404

3. 教学管理

继续教育办公室负责成人教育系列的学生日常管理及学籍管理工作，包括学生报到、注册、学籍资料的存储与填报、学生学籍异动及处分的管理与申报、学生毕业资格审查与毕业证的发放、学位资格审查与学位证书的发放。

学院重视继续教育教学质量保障体系建设。继续教育办公室坚持教学监控管理，相关系、部等教学单位负责各专业的教学计划制订、专业设置的调研与调整、教师授课安排等教务工作。学院坚持按教学计划、教学大纲对教学进行管理，并对管理过程进行控制；坚持听课查课、检查学生考勤等制度；对本、专科学生的毕业论文采用统一的指导手册，记录学生毕业设计过程、教师指导过程和答辩评阅内容。

4. 毕业与学位情况

2001—2010 年，夜大毕业生专科 1561 人，本科 427 人，取得学士学位 151 人(见表 8.2-24)。

表 8.2-24　2001—2010 年夜大本专科毕业生情况一览表

单位：人

年份	专业	学历种类	毕业生人数	取得学士学位人数
2001	商务英语	专科	25	
	计算机应用	专科	92	
	工商管理	专科	27	
	电子信息工程	专科起点本科	4	
	电子与信息应用技术	专科起点本科	9	
2002	商务英语	专科	11	
	计算机应用	专科	40	
	工商管理	专科	13	
	电子与信息应用技术	专科起点本科	19	
	计算机科学与技术	专科起点本科	33	
2003	计算机网络技术	专科	147	
	商务英语	专科	9	
	计算机应用	专科	16	
	工商管理	专科	11	
	电子与信息应用技术	专科起点本科	16	
2004	计算机网络技术	专科	171	
	商务英语	专科	33	
	计算机应用	专科	13	
	工商管理	专科	12	
	电子与信息应用技术	专科起点本科	3	
2005	计算机网络技术	专科	111	
	计算机科学与技术	专科起点本科	13	9
	通信工程	专科起点本科	51	31
2007	计算机网络技术	专科	190	
	电子商务	专科	144	
	商务英语	专科	61	
	计算机科学与技术	专科起点本科	73	33
	通信工程	专科起点本科	45	22
2008	计算机网络技术	专科	115	
	电子商务	专科	74	
	商务英语	专科	12	
	计算机科学与技术	专科起点本科	24	21
	通信工程	专科起点本科	43	15
2009	计算机网络技术	专科	38	
	电子商务	专科	84	
	商务英语	专科	25	
	计算机科学与技术	专科起点本科	51	9
	通信工程	专科起点本科	24	9
2010	计算机网络技术	专科	64	
	电子商务	专科	4	
	商务英语	专科	19	
	计算机科学与技术	专科起点本科	19	2
合计			1988	151

第三节　科学研究与社会服务

一、科研机构

2004年9月，成立校级科研机构——信息技术研究所。研究所依托学院开展研究工作，所长鲍泓。2004年6月，学院建立了数字化技术创新基地。

2007年1月，成立校级科研机构——微电子应用技术研究所。研究所依托学院开展研究工作，所长李哲英。

2010年6月，成立校级科研机构——可靠性检测与传感网技术研究所。研究所依托学院开展研究工作，所长田景文。

2010年8月，信息服务工程实验室获批北京地区普通高等学校北京市重点实验室。

二、科研管理

学院科研管理工作是在学校科研处的指导下，由教学科研办公室负责日常工作，组织实施教师各级各类科研项目的申报、结题、科研工作量统计和科研奖励等项工作，以及学院各种与科学研究、学科建设、学术队伍建设和科技成果转化与产业化有关的数据统计及分析工作。

三、科研成果

（一）重要学术著作与论文

2001—2010年，学院教职工公开发表科研论文910篇，其中核心刊物264篇，SCI、EI、ISTP检索论文245篇；校级以上科研项目100多项；科研经费达1000多万元。

2001—2010年，学院教师主持的主要科研项目详见表8.3-1。

表8.3-1　2001—2010年教师主持的主要科研项目一览表

序号	项目名称	项目负责人	立项日期	项目来源
1	文物数字化支撑环境的研究	鲍　泓	2002	教育部
2	公共安全科技问题战略规划研究	孙连英	2003	国家中长期科学与技术发展战略规划办
3	煤层气（瓦斯）预测和三维可视化研究	孙连英	2003	国家自然科学基金项目
4	公共安全发展战略与经济政策研究	孙连英	2004	国家中长期科学与技术发展战略规划办
5	空间信息预测系统研究	孙连英	2005	国家科技部973计划
6	北京数字博物馆平台——徐悲鸿纪念馆数字化建设项目	杜　煜	2006	北京市信息化办公室
7	矿山地质灾害主动认知与决策关键技术研究	孙连英	2006	国家自然科学基金项目
8	科技兴贸信息网地方网站可持续发展模式研究	高维路	2006	科技部科技项目子课题

续表

序号	项目名称	项目负责人	立项日期	项目来源
9	煤矿事故预测预警技术研究	孙连英	2007	国务院科技支撑计划
10	防渗层修补钻探导引技术及设备研发	杨　萍	2008	中国环境科学研究院(863子课题)
11	基于视觉感知的中国书画图像语义自动分类研究	鲍　泓	2009	国家自然科学基金项目
12	电工电子学科虚拟实验研发及示范应用	鲍　泓	2009	科技部
13	顺、抗磁性混合气体在梯度磁场中的流动及磁场控制技术研究	尚晓航	2002	北京市教委
14	金属腐蚀失效诊断软件系统研究	李京平	2002	北京市教委
15	市文物局文物数字化规划	鲍　泓	2001	北京市文物局
16	数学、统计软件二次开发平台语言研究	张　翼	2001	北京市委组织部
17	Soundscape——声音景观的研究	陆宏瑶	2002	北京市教委
18	网络环境图像数据库研究及在文物数字化中的应用	鲍　泓	2002	北京市教委
19	首都文博信息化五年发展规划	鲍　泓	2002	北京市文物局
20	数据整合及数据挖掘的研究与实现	黄静华	2002	北京市委组织部
21	果蝇脑分子遗传学结构及功能分析设备和软件研制	李京平	2002	北京市委组织部
22	跨平台视频会议管理系统的研究与开发	赵亦松	2003	北京市教委
23	基于人工神经网络的制冷压缩机智能仿真系统研究	鲍有文	2004	北京市教委
24	分布式实时系统安全性的应用研究	杜　煜	2004	北京市委组织部
25	计算机技术在视障学生辅助学习中的应用研究	付百文	2004	北京市委组织部
26	信息工程监理智能搜索引擎的研究	彭　涛	2004	北京市委组织部
27	基于本体的信息共享和交换机制研究	孙连英	2004	北京市委组织部
28	移动流媒体处理器及其信息安全的研究与应用	李金平	2005	北京市教委
29	信息工程监理协同工作平台的研究与开发	叶明芷	2005	北京市教委
30	居民小区低谷电供暖网络控制技术研究	袁　玫	2005	北京市教委
31	基于SVG在虚拟文物数字化应用研究	袁家政	2005	北京市委组织部
32	基于语义网络的数字博物馆分布式体系架构研究	鲍　泓	2006	北京市教委
33	基于三维图像和Web GIS的虚拟博物馆研究	曹　彤	2006	北京市教委
34	高速宽带IP over WDM光网络关键技术研究	张　宁	2006	北京市教委
35	基于北京1号小卫星的数字化影像测量系统(科技成果转化)	鲍　泓	2006	北京市科委
36	北京1号小卫星遥感数据在北京市不可移动文物保护中的应用	鲍　泓	2006	北京市科委
37	北京市不可移动文物点三维立体景观建设与展示	鲍　泓	2006	北京市教委
38	“低谷电供暖系统用户终端控制器”成果转化	鲍有文	2007	北京市教委

续表

序号	项目名称	项目负责人	立项日期	项目来源
39	专用DSP器件设计的DFG方法研究	李哲英	2007	北京市教委
40	基于上下文分析方法的图像分类算法研究	苏利敏	2007	北京市委组织部
41	149科研基地—远距离图像数据无线传输的技术平台	李哲英	2008	北京市教委
42	面向IP的新一代光交换与光联网技术研究	张　宁	2008	北京市教委
43	SOPC设计与应用研究	钮文良	2008	北京市教委
44	基于GIS空间数据模型的城市三维可视化研究与应用	王育坚	2008	北京市教委
45	图像语义自动标注研究	鲍　泓	2008	北京市教委
46	无线传感网络设计与应用研究	许立群	2008	北京市教委
47	预报系统数据集成与决策支持的研究与应用	鲍有文	2009	北京市教委
48	基于分子指纹的化学结构检索算法研究	彭　涛	2009	北京市委组织部
49	数字多媒体视频解码技术研究	张　欢	2009	北京市委组织部
50	基于混沌方式的流媒体信息加密算法研究	张　军	2009	北京市委组织部
51	科技成果转化—产学研合作项目—多功能数字系统	李哲英	2009	北京市教委
52	国家技术转移示范机构分类管理研究	高维路	2010	北京技术市场管理办公室
53	异构无线网络的QoS管理与控制	杜　煜	2010	北京市教委
54	DSP技术在无线图像传输中的应用研究	刘元盛	2010	北京市教委
55	基于统计学习的Blog话题发现技术研究	苏利敏	2010	北京市教委
56	基于语义相似度的领域数字资源即时集成技术研究	刘宏哲	2010	北京市教委
57	图像处理专用NoC算法与结构研究	刘　佳	2010	北京市教委
58	基于主动半监督学习的遥感影像分类	何　宁	2010	北京市教委
59	特色科普网站案例研究推介	鲍　泓	2010	北京数字科普学会
60	SQL Server应用系统性能改善调查分析	袁　玫	2008	企事业单位
61	北京市既有建筑节能监管技术体系	鲍　泓	2008	企事业单位
62	医疗图像增强中自动特征监测和控制算法的研究	段　丽	2008	企事业单位
63	数字林业引进	张　翼	2002	企事业单位
64	科技发展部网上办公系统开发	付百文	2002	企事业单位
65	轴流式转轮流场分析的计算机仿真合同	常敏慧	2003	企事业单位
66	供热信息管理系统	马小军	2004	企事业单位
67	带通滤波器的软件研发设计	马　楠	2004	企事业单位
68	电码化综合测试仪	李金平	2004	企事业单位
69	区间轨道电路状态实施监测系统	李金平	2004	企事业单位
70	基于手机查询的电子商务网站的研制、开发	袁　玫	2005	企事业单位
71	高功率镍氢动力电池SoC模拟估算	尉林明	2005	企事业单位
72	《剧场电声系统工程规范》文化行业标准制定	陆宏瑶	2005	企事业单位
73	经济信息资源开发	鲍　泓	2006	企事业单位
74	资料库平台开发	张玉祥	2007	企事业单位
75	智能传感器网络系统的设计	王育坚	2007	企事业单位
76	移动终端编程实验研究	赵亦松	2007	企事业单位

续表

序号	项目名称	项目负责人	立项日期	项目来源
77	RF 放大器 ADS 仿真试验研究	胡智娟	2007	企事业单位
78	ADC 集成电路结构研究	李哲英	2007	企事业单位
79	通用仪器总线结构研究	李哲英	2007	企事业单位
80	光通信教学仪器改革研究	薛永毅	2007	企事业单位
81	城市三维建模与可视化应用系统	庄琴生	2007	企事业单位
82	高铁锰矿井水处理设备自动控制系统软件开发	黄静华	2007	企事业单位
83	《演出场所音响专业术语》文化行业标准的编制	陆宏瑶	2007	企事业单位
84	《舞台音响接线柜、箱、盒》文化行业标准的编制	陆宏瑶	2007	企事业单位
85	综合数字总线研究	李哲英	2007	企事业单位
86	SoC 技术开发	李哲英	2007	企事业单位
87	首届城市管理科普知识动漫创意大赛作品规划与设计	沈　洪	2008	企事业单位
88	数字校园三维可视化系统	王育坚	2008	企事业单位
89	特殊教育文献管理信息平台	付百文	2008	企事业单位
90	电脑绘画类实训课城教学系统设计与开发	袁家政	2008	企事业单位
91	城市绿地节水灌溉自动控制系统研究	张　军	2008	企事业单位
92	信号灯自动控制系统的技术开发	王郁昕	2008	企事业单位
93	新型数字比相仪的研制	李金平	2008	企事业单位
94	数字 IC 验证平台	王淑英	2009	企事业单位
95	基于支持向量机的城市实体分类系统	王育坚	2009	企事业单位
96	15MHz 信号源技术指标分析研究	刘　佳	2009	企事业单位
97	家用太阳能供电系统研究	许立群	2009	企事业单位
98	TD-SCDMA 通信试验系统研究	李哲英	2009	企事业单位
99	基于信息隐藏的数字图像分析研究	何　宁	2009	企事业单位

(二) 专利技术

2001—2010 年,学院获批专利 19 项(见表 8.3-2)。

表 8.3-2　2001—2010 年授权专利一览表

序号	专利名称	发明人	专利类型	授权号	授权日期
1	节能房屋一体设备	刘瀛溯	实用新型	ZL 01227013. X	2002. 11
2	发声钥匙链	田景文	实用新型	ZL 200520122287. 1	2006. 11
3	CMOS 200MHz 模数转换器	李哲英	集成电路设计	BS. 07500003. 2	2007. 02
4	带有温度报警指示的奶瓶套	田景文	实用新型	ZL 200620012516. 9	2007. 03
5	200MHz 模数转换器	李哲英	集成电路设计	BS. 08500192. 9	2008. 09
6	40bit 计数器	李哲英	集成电路设计	BS. 08500193. 7	2008. 09
7	一种单工语音/数据无线通信系统及其实现方法	李金平	发明专利	ZL 200510103593. 5	2009. 04
8	电阻式传感器	杭和平	实用新型	ZL 200820109062. 6	2009. 05

续表

序号	专利名称	发明人	专利类型	授权号	授权日期
9	恒流激励传感器	杭和平	实用新型	ZL 200820109058. X	2009. 05
10	计数器方式的光电液位开关	杭和平	实用新型	ZL 200820109061. 1	2009. 05
11	一种基于网络的远程电子电路实验方法及系统	刘元盛	发明专利	ZL 200510134240. 1	2009. 05
12	一种复杂电路系统通用总线	李哲英	发明专利	ZL 200710118291. 4	2009. 06
13	一种通过短信信息远程监控被控设备的方法	姜余祥	发明专利	ZL 200510112795. 6	2009. 10
14	城市多功能三维浏览系统 V1. 0	王育坚	软件登记	2009SR052600	2009. 11
15	一种生物信息诱鱼器	田景文	发明专利	ZL 200810111619. 4	2010. 02
16	一种自动提取中国书画作品中印章图像的方法	娄海涛	发明专利	ZL 200710143946. 3	2010. 07
17	一种嵌入式传感网络终端评估系统及方法	姜余祥	发明专利	ZL 200710119593. 3	2010. 07
18	多舵机上位控制软件 V1. 0	马　楠	软件登记	2010SR049369	2010. 09
19	一种测量岩石渗透率的实验装置及方法	田景文	发明专利	ZL 200810227133. 7	2010. 10

四、产学研合作及社会服务

2006 年，学院“基于北京 1 号小卫星的数字化影像测量系统”项目实现了科技成果转化，项目负责人鲍泓；2006 年与北京 21 世纪空间技术有限公司进行了卫星遥感数据在北京市不可移动文物保护中的应用合作。

2007 年，学院“低谷电供暖系统用户终端控制器”项目实现了科技成果转化，项目负责人鲍有文。

2009 年，学院“多功能数字系统”项目实现了科技成果转化，项目负责人李哲英。

第四节　学生教育管理

一、学生管理

（一）工作机制与组织机构

1. 工作机制

学院学生工作在校、院党委领导和学生工作领导小组指导下，由学生工作办公室负责实施。学生工作办公室是学院学生管理的职能部门，负责对全院各系学生工作的领导。系党总支副书记主抓系学生工作，辅导员、班导师具体实施。2007 年 7 月起，学院试行专职辅导员制，按 1∶200 师生比为各系选聘专职辅导员，负责学生日常管理；班导师是班级学生学习指导的第一责任人。

系学生管理的重大事项由系学生工作组提出意见，报送学生工作办公室，学生工作办公室研究后提出意见,报学院分管学生工作的党委副书记研究决定。

学院学生管理的重大事项由学生工作办公室提出初步意见,报学院分管学生工作党委副书记,经院党政联席会或党委会讨论研究后最终决定。

2. 组织机构

2002 年 4 月之前,学院学生工作机构设学生处和团委两个职能部门,全面负责学生日常工作。学生处和团委的行政级别分别是正处级和副处级,团委书记兼学生处副处长。2002 年 4 月之后,设立学生工作办公室和团委两个正科级职能部门,另设学生党总支负责学生党建工作,与学生办合署办公。学生工作办公室负责学生日常管理、思想政治教育、学风建设、评优奖励、违纪处理、困难学生资助、心理健康教育、学生工作队伍建设、就业工作、武装部工作、思想教育教研室教学实施等项工作。学生党总支负责学院学生党建、学生基层党组织的管理和建设、住宿学生日常管理教育等项工作。团委负责团员思想教育、团的组织建设、团支部建设、团员培训、团员"推优入党"并指导学生会、学生社团开展各项活动等项工作。

学生工作办公室设主任、副主任及相应职数的专职辅导员若干名。学生办主任负责全面工作,副主任负责奖学金、助学金、贷学金、征兵等具体工作的督办和落实;专职辅导员或兼各系学生工作组组长和系党总支副书记职务,负责各系学生日常管理教育工作。学生工作办公室下设就业办公室,设专岗辅导员 1 名,负责毕业生就业指导与服务工作。学生党总支设专职书记 1 名,负责学生党总支工作。团委设专职书记 1 名,负责学院共青团各项工作。

(二) 重点工作

1. 学生奖惩

(1) 奖励

学生奖励设为个人和集体两类。个人奖励项目有校级学生奖学金、院级奖学金(分一、二、三等)和校、院两级三好学生、优秀学生干部、优秀团员、优秀团干部及单项奖;集体奖励项目有校、院两级先进班集体、先进团支部。奖励标准分别为校级学生奖学金2000 元/人,院级一等奖学金 1500 元/人,院级二等奖学金 1000 元/人,院级三等奖学金500 元/人。院先进班集体、先进团支部奖励 100 元/班。

学院根据《北京联合大学学生奖励办法》《北京联合大学学生综合测评实施办法》《北京联合大学学生奖励条例》等相关文件精神,坚持"公平、公正、公开"的原则,在评奖过程中,所有获奖的个人和集体都要经班级评选、系学生工作小组审核,并逐级报请学院学生工作办公室和学校学生工作部(处)审批后公示,报院务会通过后确定并进行表彰。

2001—2010 年,学生获院级奖学金情况详见表 8.4-1。

表 8.4-1 2001—2010 年学生获院级奖学金情况统计表

学年	一等奖学金		二等奖学金		三等奖学金		单项奖
	人数/人	金额/元	人数/人	金额/元	人数/人	金额/元	人数/人
2000—2001	4	1500	32	1000	98	500	46(奖品)
2001—2002	7	1500	32	1000	61	500	5
2002—2003	15	1500	68	1000	106	500	185
2003—2004	19	1500	83	1000	117	500	98

续表

学年	一等奖学金		二等奖学金		三等奖学金		单项奖
	人数/人	金额/元	人数/人	金额/元	人数/人	金额/元	人数/人
2004—2005	4	1500	28	1000	87	500	142
2005—2006	15	1500	38	1000	99	500	147
2006—2007	16	1500	143	1000	378	500	175
2007—2008	18	1500	166	1000	425	500	182
2008—2009	2	1500	139	1000	390	500	108
2009—2010	9	1500	138	1000	343	500	无

注：2009—2010 学年校级优秀学生奖学金获得者 11 人。

2001—2010 年，学院获各种奖励学生人数详见表 8.4-2。

表 8.4-2　2001—2010 年获各种奖励学生人数统计表

学年	三好学生人数			优秀学生干部人数			优秀班集体个数		
	市级	校级	院级	市级	校级	院级	市级	校级	院级
2000—2001	5		6	3		22	3		8
2001—2002	4		12	1		16	2		7
2002—2003	5		25	2		34	2		3
2003—2004	5		18	2		23	4		7
2004—2005	6		30	2		32	2		12
2005—2006	4	35	74	1	25		2	5	
2006—2007	3		152	1	30	85	1	79	14
2007—2008	5		145	1		86	1		13
2008—2009		58			20			7	
2009—2010		67	130		22	79			10

2001—2010 年，学院获市级先进集体和个人名单详见表 8.4-3。

表 8.4-3　2001—2010 年市级先进集体和个人名单

学年	先进集体	优秀学生干部	三好学生
2000—2001	0004351 班 990434 班 9812 班	张雪、杨韬、王义	
2001—2002	0004351 班 990413 班	陈娟、卢晶晶	梁薇、赵晶、张娜、陈雄硕
2002—2003	0004333 班 0204344 班	孙强、丁强	赵辰、曹磊、郭少威、李丽、朱琳
2003—2004	03043254 班 03043342 班 03043252 班 0204332 班	王楠、岑旭	王雨清、郭莹、张宇、孟庆琳、王妍
2004—2005	04043334 班 04043251 班	徐磊、孙雷	刘芳、张丽娜、唐婧、龙立、常烨、孙淼
2005—2006	05043255 班 05043343 班	徐伯雅	蔡静、季常珊、李娟、王雷欧、李双江

续表

学年	先进集体	优秀学生干部	三好学生
2006—2007	05043342 班	唐智星	李宁荣、李维姗、石勇、张冬梅、杜鹏
2007—2008	06043351 班	曹国胜	张青、何兵、王乐宇、姜珊
2008—2009	0808030404 班	金　鑫	徐成、周扬、赵发全、陶媛
2009—2010	0808030301A 班	裴亚伟	孙毅、徐莹、吴尚骏、高启滨

2004—2010 年,学院获国家奖学金学生名单详见表 8.4-4。

表 8.4-4　2004—2010 年获国家奖学金学生名单

年份	获奖学生
2004	关元元、王晓菊
2005	张春玉、王峥、白瑞雪、孙洋、马涛
2006	龙立、石勇、邢彬彬、李宁荣
2007	宫新、王晶、张鑫蕊、庄冰冰、石勇、唐智星、孔令婷
2008	权琦峰、张青、李兆民、刘庆波、石勇、唐智星、汪伟
2009	蔡畅、晏婷、张青、刘芳芳、权琦峰、任敬地、王宵楠
2010	王汕汕、任敬地、权琦峰、张辉、徐成、秦宇晟

(2) 处罚

根据《北京联合大学学生处分办法》,学院对违纪学生的处罚有 5 种形式:警告、严重警告、记过、留校察看及开除学籍。学院通过组织学生学习《学生手册》并进行考试、召开主题班会、签署考试诚信书等措施,严肃学院纪律,规范学生管理。

2002 年 4 月之前,学生处分审批处理程序为:各系学生组核实违纪事实无误,找学生谈话,学生写出书面检查后,由学院学生处依据《北京联合大学学生违纪处分条例(修订)》的相关规定,提出书面处理意见,报院务会;院务会根据相关处理文件进行审批。严重警告处分以下(含严重警告)的处理,院务会可直接批复,下达处分决定;记过处分以上(含记过处分)的处理,需上报学校学生处(部),经研究同意后,做出处理决定。

2004 年 4 月至 2009 年 8 月,警告、严重警告、记过、留校察看处分由学院学生办提出拟处分建议,报院长办公会审批决定,并报学校学生处备案;开除学籍处分由学院院长办公会讨论提出处分建议,报学校校长办公会决定。2009 年 9 月起,学生处分由学院提出拟处分建议,报学校学生处审批决定。

对学生违纪处分的解除,学院 2008 年始执行《北京联合大学解除学生违纪处分管理办法(试行)》。凡符合解除处分条件的学生,毕业前向学院学生办公室提出书面申请,由学生工作办公室审核,报院务会批准,方可解除处分。

2006 年始,学院执行《北京联合大学学生申诉管理办法(试行)》,学生对违纪处理有异议,可以进行申诉。2006 年 3 月,成立学生申诉处理分委员会(京联信院〔2006〕24 号),接待处理学生申诉事宜。在具体申诉过程中,学院负责成立由学生工作办公室、教学科研办公室、综合办公室、学校团委、学生处、保卫处等负责人以及教师和学生代表共同组成的学院申诉处理分委员会,受理学生的具体申诉要求。学校学生工作部(处)负责学生申诉处理日常工作。

2001—2010 年,学生违纪处分情况详见表 8.4-5。

表 8.4-5　2001—2010 年学生违纪处分情况一览表　　单位：人

年份	警告	严重警告	记过	留校察看	勒令退学	开除学籍	合计
2001	14	22	19	11	2		68
2002	4	1	7				12
2003	6	8					14
2004	1	10	14	6			31
2005	9	5	2	23		4	43
2006		2	12	4			18
2007	2	3	10	3			18
2008	1	1	7	1			10
2009	1	5	10	2			18
2010	3		6	2		1	12

2. 学生资助

学院配合学校为家庭经济困难的学生开通“绿色通道”，并制定了减缓交纳学费的有关规定。根据《北京联合大学家庭经济困难学生认定的实施办法》(京联学〔2008〕5 号)、《北京联合大学学生勤工助学管理办法》(京联学〔2007〕5 号)和《北京联合大学国家奖学金、国家励志奖学金和北京市国家助学金管理实施办法》(京联学〔2007〕7 号)等文件精神，实施对家庭经济困难学生的认定、资助及奖励工作。2004 年起推行北京市国家助学金评选；2007 年起，推行国家励志奖学金评选，进一步加大对贫困学生资助与奖励的力度。2001—2010 年，获得国家励志奖学金 358 人，获得北京市国家助学金 1473 人；申请国家助学贷款 568 人，近 300 人通过“绿色通道”顺利入学；年均 600 余名被认定为困难生，进入家庭经济困难学生档案库；年均 100 余人获得勤工助学岗位。

3. 征兵工作

学院学生工作办公室负责征兵动员和宣传、组织工作。志愿入伍的学生报名后，经学院初选，学校武装部审核，区武装部体检，体检、政审合格者应征入伍。

2006—2010 年，学院在校生征兵入伍情况详见表 8.4-6。

表 8.4-6　2006—2010 年在校生征兵入伍情况一览表

序号	姓名	入伍时间	复员时间
1	王　斌	2006	2008
2	李延旭	2007	2009
3	李　然	2008	2009 年考入大连舰艇学院
4	陈明惠	2009	服役中
5	郭　帅	2010	服役中
6	郭　威	2010	服役中

4. 就业工作

学院重视“就业指导”和“就业服务”两个环节，2008 年始开设就业指导必修课。通过召开毕业班就业工作培训会、毕业班学生家长会、京外毕业生座谈会、就业指导专题讲座、企事业单位专家学者宣讲报告会、为家庭经济困难学生发放就业帮扶基金等形式，开展就业指导和咨询，并鼓励学生自主创业。2006—2010 年，学生就业率一直保持在 95%以上。

5. 宿舍管理

学生工作办公室主抓学生宿舍管理工作。2009年起,由学生党总支配合学校学生宿舍管理中心具体负责学生宿舍工作。学生党总支指导学生自我管理委员会开展宿舍文化建设、宿舍评比表彰等活动。2001—2010年,未发生重大安全事故。

6. 学风建设

2001—2010年,学院每年开展两次"优良学风月"的学风建设活动。活动内容有优良学风班评选、优良学风标兵评选、学生座谈会、"最受欢迎的教师评选"等形式。

2003年,学院在学风建设中提出了新举措,即在全院开展"师生共建文明课堂"活动,旨在深化教育教学改革,优化教育教学秩序,提升教师执教能力,营造良好学习环境,提高学生创新能力,促进学生全面发展。

为端正学生的学习动机和学习目的,激发学习的主动性和积极性,加强自律,挖掘潜能,达到建设和巩固优良学风的目标,各系定期组织召开不同层次的学风建设工作会,研究、探讨、贯彻学风建设的实施意见,开展了"小先生助学"、班内"一帮一"助学活动等各具特色的学风建设活动。各系以创建优良学风、班风为重点,注重学生专业思想教育,使学生树立主人翁意识,端正学习目标,明确成才方向。

学校领导重视学风建设,2007年1月,柳贡慧校长亲临学院通信工程系"小先生助学"活动授课现场,聆听"小先生"授课。

7. 学生科技立项与竞赛

学院通过开展讲座和组织学生科技文化活动来提升学生对专业学习的认知和积极性。2008年科技文化节共举办了17项赛事,400余人报名参加了6项科技类赛事,10支队伍参加智能车大赛,科技立项16个。2009年,累计有153人次在校、市级以上广告大赛、电子设计竞赛、ITAT大赛、智能车、挑战杯等大赛中获奖。2010年,由学院5名学生为主力组成的智能车团队获得全国二等奖;在数学建模比赛中,学生鹿博获得北京赛区第一名,10名学生分获北京市电子设计竞赛二、三等奖。学院团委与学院实训中心合作,举办科技创意文化节,开展C语言程序设计大赛、Photoshop平面设计大赛、Flash大赛、DIY装机大赛(计算机硬件大赛)、机器狗制作大赛、HTML网页制作大赛、Auto CAD大赛共八大赛事,参与学生达300人。2009—2010年,学院学生科技立项项目详见表8.4-7。

表8.4-7 2009—2010年学生科技立项项目一览表

年份	序号	项目名称	项目负责人	指导老师	级别
2009	1	智能音乐喷泉控制系统	王磊(小)	张燕杰	校级
	2	网络实验室机架设备集中控制和管理服务器	徐惟正	沈 辉	校级
	3	基于高频跳频技术和USB通讯协议的研究与应用	鹿 博	潘 峰	校级
	4	USB空中三维鼠标	穆 舟	王 玉	校级
	5	基于SVG的文物图片的矢量化表示研究	王磊(大)	张睿哲、袁家政	校级
	6	3G网络资源管理中的多业务呼叫接纳控制研究	温 森	郝秀兰、许菁菁	校级

续表

年份	序号	项目名称	项目负责人	指导老师	级别
2009	7	基于J2ME的“手机娱乐空间”开发	刘　凯	许菁菁	校级
	8	基于SVG的文物数据库储存与检索研究	李　昊	张敬尊、袁家政	校级
	9	当前世界经济危机背景下首都高校学生就业期望的调查研究	郭少斐	尹雪云	校级
	10	大学生进行职业生涯设计与求职	赵　飞	尹雪云	校级
	11	通过《劳动法》看大学生就业权益保障维权意识	刘芳芳	尹雪云	校级
	12	网络菜谱订餐系统	晏　婷	刘振恒	校级
2010	13	大学生就业指导全程化的研究	郭　维	尹雪云	市级
	14	Turbo码编码器设计及其在WCDMA通信系统中的应用研究	晏　婷	许学梅	市级
	15	嵌入式电气火灾监控系统主机的研制	徐　成	姜余祥	市级
	16	基于人眼识别的智能控制系统设计与实现	鹿　博	王　玉	市级
	17	汽车防追尾报警系统的设计与实现	陈　慧	章学静	市级
	18	人脸智能识别系统的设计与开发	任敬地	袁家政	市级
	19	基于SVG文物图库系统的设计与开发	苑　琳	沈　洪	市级
	20	基于手机短信平台的成绩管理系统	阴　悦	商新娜	市级
	21	气象元数据的抽取、存储与应用研究	沙　辰	袁　玫	市级
	22	基于FDAHP的移动网络业务质量评价算法的研究	王　鹏	杜　煜	校级
	23	基于OPnet的校园网性能仿真与分析	潘　岩	杜　煜	校级
	24	数字卫星与移动通信QPSK系统建模设计与性能仿真分析研究	王　辰	许学梅	校级
	25	工程化程序设计(VB)训练体系设计与实现	任敬地	袁　玫	校级
	26	直接数字频率合成模块(DDS)软核设计与验证	刘庆波	陈婷婷	校级
	27	家庭场景智能控制系统设计与实现	黄和彪	李金平	校级
	28	基于LabVIEW的温室环境远程监测系统的应用研究	米文涛	薛　琳	校级
	29	机器人听觉定位跟踪声源的研究与实现	刘　凯	王　玉	校级
	30	MTK手机实验平台开发	郭　勇	张　欢	校级
	31	智能车研究与设计	李冬梅	李红星	校级
	32	基于FPGA的计算机接口转换卡设计	张卫华	李哲英	校级
	33	全数字锁相环的设计及实现	王　峤	李月琴	校级
	34	基于开源的Android平台手机游戏开发	吴庆宏	刘振恒	校级
	35	基于Google Maps API的校园地图设计及应用	李玉龙	商新娜	校级
	36	北京联合大学教研管理系统设计与实现	孔　维	张冰峰	校级
	37	可视化开发环境下软件易用性设计研究与应用	胡　阳	付百文	校级
	38	北京联合大学大学生就业创业服务系统开发	林　键	马　楠	校级
	39	数字博物馆Web信息存储与立体展示系统设计	孟令楠	马　楠	校级

2001—2010年，学院学生参加学科专业竞赛获市级以上奖励情况详见表8.4-8。

表 8.4-8 2001—2010 年学生参加学科专业竞赛获市级及以上奖励情况一览表

获奖年份	学科专业竞赛名称	获奖学生	获奖等级
2001	全国大学生电子设计竞赛北京赛区比赛	吴迪、汤吟、王征、刘瑞、陈晨、刘国超	市级二等奖
		何冠中、李顺达、赵楠、朱斌、朱笛、李杰、焦丁、王源、林倩倩、唐伟、杨磊、芮浩学	市级三等奖
	世界大学生数学建模竞赛	李岩、朱斌	二等奖
	“挑战杯”首都大学生课外学术科技作品竞赛	刘天泽	市级鼓励奖
	北京大学生数学建模与计算机应用竞赛	李岩、朱斌	市级一等奖
		刘阳、张勇	市级二等奖
2002	全国大学生电子设计竞赛北京赛区比赛	姚良、孙岩、吴洁、朱超、梁薇、贺瑾、焦婕	市级三等奖
2003	全国大学生电子设计竞赛北京赛区比赛	陈婴、陈淼、戎洋	市级二等奖
		徐平、马瑛、王涛	市级三等奖
	北京大学生数学建模与计算机应用竞赛	呼世亮	市级二等奖
2004	全国大学生英语竞赛北京赛区比赛	李丽	市级二等奖
		娄蕾、冯菁菁	市级三等奖
	全国大学生电子设计竞赛北京赛区比赛	杨帆、金鑫	市级二等奖
		安磊、李志翔、贾仙、卜振钊	市级三等奖
	北京大学生数学建模与计算机应用竞赛	高文静	市级三等奖
2005	全国大学生英语竞赛	耿垒、张坤、王昊	国家级 A 级二等奖
		郝立洲、赵博、武翠芳、芮子岳	国家级 A 级三等奖
	“挑战杯”首都大学生课外学术科技作品竞赛	庄天宇、张佳硕(指导教师:李金平、姜余祥、申功迈)	市级一等奖
		朱光甫(指导教师:庄琴生)	市级二等奖
		张硕、刘媛媛、李万杰(指导教师张燕杰) 张琦(指导教师周海燕) 杨占坡(指导教师刘宏哲) 程小龙(指导教师李平)	市级三等奖
	全国大学生广告艺术大赛“中凯杯”北京赛区比赛	李晔、安付玉、张超	市级三等奖
		王毅、杨添予	市级优秀奖
	全国大学生电子设计竞赛北京赛区比赛	庄天宇、张佳硕、程小龙、李雪、董新、赵磊	市级二等奖
		贾瑞军、赵朋、李崴、霍冬梅、陈京伟、李晨	市级三等奖
		卢华兴、龙诣、李俏、杨柯、李志翔、彭海龙、马杰、赵雷、李万杰、郝立洲、何连华、徐磊	市级成功参赛奖
2006	全国大学生英语竞赛	李涵清	国家级 A 级特等级
		蒋珏	国家级 A 级一等奖
		徐莹、柏吉春、李梦雅、赵雪峰	国家级 A 级二等奖
		张晓杰、王昊、刘雪洁	国家级 A 级三等奖
	第 23 届全国部分地区大学生物理竞赛北京赛区比赛	张赫明	市级三等奖
	全国大学生电子设计竞赛北京赛区比赛	李文燕	市级二等奖
		李春爽	市级三等奖

续表

获奖年份	学科专业竞赛名称	获奖学生	获奖等级
2007	“正保教育杯”第三届全国ITAT教育工程就业技能大赛	韩峰	国家级二等奖
		陈炜钊、权琦峰	国家级三等奖
	全国大学生英语竞赛	宫勋	国家级一等奖
		樊曼劼	国家级二等奖
		庄冰冰、王世峰、郑艳柳、徐莹	国家级三等奖
	北京大学生数学建模与计算机应用竞赛	王晶、石勇、王辰	市级甲组二等奖
	第四届“挑战杯”首都大学生课外学术科技作品竞赛	康乐、张鑫蕊、唐智星(指导教师娄海涛)	市级二等奖
	全国大学生电子设计竞赛北京赛区比赛	石勇、闫松伟、冯超、刘波、施美娟、孔玲婷	市级二等奖
		郑瑞军、郑艳柳、杨美玲、王晶、杨萌、郭悦、王禹、刘源、姜勇、张春玉、任海林	市级三等奖
		杨雪、姚文嘉、丁秀菊、王占奎、王瀚、程锦、刘珊珊、张立宝、赵丹阳、王雪峰、狄玉伟、秦巍	市级成功参赛奖
2008	“正保教育杯”第四届全国ITAT教育工程就业技能大赛	权琦峰	国家级二等奖
		漆家辉、任敬地	国家级三等奖
		韩要翔	国家级优胜奖
	全国大学生英语竞赛	程阳	国家级三等奖
	全国大学生电子设计竞赛北京赛区比赛	廖芝宜、杨克宇	市级三等奖
		尹超	市级成功参赛奖
2009	“正保教育杯”第五届全国ITAT教育工程就业技能大赛	任敬地	国家级一等奖
	全国大学生英语竞赛	刘芳芳	国家级C类二等奖
		孔令裔、张青、邓少杰、孙晓伟、任敬地、庄园	国家级C类三等奖
	第四届全国大学生“飞思卡尔杯”智能汽车竞赛华北赛区比赛	徐东方、全敦燎(指导教师钮文良)	华北赛区三等奖
	北京大学生数学建模与计算机应用竞赛	鲍晶晶、周洁茜、张迪	市级甲组二等奖
		史鹏、王京京、黄硕	市级成功参赛奖
		李世超、鹿博、蔡悠笛	市级一等奖
		米连胜、曹亮、李可蕊	市级二等奖
	第五届“挑战杯”首都大学生课外学术科技作品竞赛	胡正坤、王迪菲、张南、王真真(均为研究生)	市级二等奖
	第26届全国部分地区大学生物理竞赛北京赛区比赛	赵谦	市级非物理类B组三等奖
	北京市物理实验竞赛	乌月汗、孙超、晏婷	市级二等奖
	全国大学生电子设计竞赛北京赛区比赛	徐东方、全敦燎、晏婷、杨少臣、刘垚、刘丽	市级二等奖
		王向珍、李晓林、刘凯	市级三等奖
	IEEE全国大学生“电脑鼠走迷宫”竞赛北京赛区比赛	徐东方、刘尧、刘丽	市级三等奖

续表

获奖年份	学科专业竞赛名称	获奖学生	获奖等级
2010	第五届全国大学生“飞思卡尔杯”智能汽车竞赛	李文龙、刘磊、邹琪、王鹏程、闫小凯(指导教师潘峰)	国家级二等奖
	IEEE全国“电脑鼠走迷宫”竞赛全国总决赛	周磊、吴彦儒、郭人	国家级优秀奖
	第五届全国大学生“飞思卡尔杯”智能汽车竞赛华北赛区比赛	李文龙、孟伟哲、刘磊、邹琪、王鹏程、闫小凯(指导教师潘峰)	华北赛区一等奖
		闫小凯、贾琼、罗敏(指导教师潘峰)	华北赛区三等奖
	北京大学生数学建模与计算机应用竞赛	阳平、肖斌、增长东	市级二等奖
	全国大学生电子设计竞赛北京赛区比赛	郭人、李彤	市级二等奖
		秦宇晟、高光杰、周磊、刘磊、徐成、唐秀丹、陈川智、薛轶	市级三等奖
	IEEE全国大学生“电脑鼠走迷宫”竞赛北京赛区比赛	周磊、吴彦儒、郭人	市级一等奖
		李彤、康梦、徐化天	市级三等奖
	北京市大学生计算机应用大赛	王雨、岳鑫、吴尚骏、章磊、马文静	市级一等奖
		姜军、傅天隆、吕轩、任敬地、郝凌冰、马一搏、张龙、谢万万	市级二等奖
		王汕汕、王鼎、周林、李长军、阳平	市级三等奖
		裴亚伟、李骁然、易璐璐、赵杰、许曼华、邱正强、胡玥、洪明萱、王星、胡长利、张聪、李爽、石硕	市级优秀奖

8. 学生社会实践与志愿服务

2001—2010年,学院团委每年都组织服务基层、面向社会的暑期社会实践,始终坚持“按需设项、据项组团”的原则,结合社会发展和学生专业内容的实际需要,开展以专业实践、理论宣讲、志愿服务、主题调研、环境保护和奥运宣传等为主要内容的实践活动。同时,不断巩固学院社会实践的传统工作项目成果,完善大学生社会实践立项制度,努力培养大学生的综合能力。

学院为支持“村官”工作,开展与“村官”所在村镇的“手拉手”社会实践互动活动;同时为提高学生的基层工作能力,还开展了为朝阳区大屯地区等社区主任当助理的社会实践活动等。

2001年,204名学院优秀学生参加在北京举办的第21届大学生运动会志愿者活动。2005年,学院青年志愿者参加由市委宣传部等8家单位联合开展的“青春献祖国 志愿迎奥运——文明交通伴我行”活动。2006年,响应学校青年志愿者协会号召,学院举办“文明伴我行”志愿服务活动。宣传倡议校园文明,提倡学生不抽烟、不喝酒,保护环境,树立良好校风。2007年,学院志愿者踊跃参与“排队推动日”活动。2007年,学院青年志愿者协会协办“弘扬奥运精神,激情为我中华”五环旗签名献旗活动。2008年,学院100余名志愿者参与工人体育馆拳击赛、学校足球裁判训练场、首都机场、奥运会残奥会开幕式演出、奥运村住宿、奥林匹克青年营、奥运安保等志愿服务；并承担接待100多名安徽省、吉林省的奥运会残奥会志愿者的任务。2008年2月，学院10名奥运志愿者前往首都体育馆，参加了由中共北京市委宣传部等单位主办的“雪在手中融化 爱在心中传递”大型赈灾义演活动。2009年，王玉、徐建华、张进生3名教师率学院162名国庆方阵志愿者在庆祝中华人民共和国成立60周年大会群众游行活动中参加“能源发展”方阵的游行活动。2010年，8名志愿者参加2010年北京首届世界武博运动会志愿活动，承担颁奖礼仪、引导员、新闻宣传、成绩统计等工作，并得到共青团北京市委副书记邓亚萍接见。

2004年起，学院参加社会实践的人数及组建的团队逐步增多。2004—2010年学院社会实践团队及参与人数统计见表8.4-9。

表8.4-9 2004—2010年社会实践团队及参与人数统计表

年份	2004	2005	2006	2007	2008	2009	2010
团队数(个)	7	9	9	62	40	40	61
参与人次	924	837	798	1413	1421	1321	1843

截至2010年，学院获得“北京联合大学社会实践先进单位”称号，10个具有一定特点和特色的团队被评为北京市和学校社会实践优秀团队，13名教师被评为北京市高校系统社会实践工作先进个人和学校暑期社会实践优秀指导教师，32名学生被评为“北京联合大学社会实践先进个人”。2003—2010年，学院获市级优秀社会实践团队及个人名单见表8.4-10。

表8.4-10 2003—2010年获市级优秀社会实践团队及个人名单

年份	社会实践团队或个人
2003	北京联合大学信息学院防治非典实践服务团
2004	北京联合大学信息学院经济普查团结湖社区小组实践分队
2005	北京联合大学东方信息技术学院赴冉庄地道战、西柏坡小分队
2010	张 聪
2010	安博企业实习团队

9. 科技文化活动和学生社团组织

2001—2010年，学院邀请多名校内外知名学者和专家来学院讲学，为学生开办50余场讲座、座谈，组织了几十场校园歌手大赛、颠球大赛、三分球擂台赛、拔河比赛、中秋晚会、新春晚会等校园文化活动。

在校生社团组织有如下几个。

(1) 科学技术协会

成立于2003年。2007年10月从院学生会科技部独立出来，成为院团委旗下的协会组织。2009年10月，承办全国ITAT大赛，全校有380人参加。2010年11月，由团委主办、科技协会承办科技创意大赛，近300学生参加。

(2) “帮吧村校通”服务站

“帮吧在线公益活动联盟”旨在实现农民、居民与大学生、高等院校的直接对接，培养新型农民和新型市民,推进社会主义新农村信息化建设与城乡和谐。学院于2007年12月17日成为首批高校会员。2008年1月8日,"帮吧村校通"服务站正式揭牌。学院拨出专项经费,组织学生志愿者利用课余时间在线为农民提供服务。2008年12月,学院帮吧服务站获得全国志愿服务先进集体荣誉称号。

(3) 英语协会

成立于2006年。协会与国际交流学院合作,每年12月份举办中美学生联欢;每年5月份举办中泰学生联欢,让英语协会成员零距离与留学生接触,体验异国文化;每年10月份举办演讲大赛;每周四晚举办"英语角"活动,邀请各国留学生和外教与中国学生自由交谈。协会每年定期组织中国和印度尼西亚等国留学生间的汉语交流活动,也称"汉语角"。每学期期中及四六级考试前两周,举办讲座,外请教师讲解四六级考试各环节注意事项,让学生体验四六级考试的氛围、并训练对考试时间的掌控,参与培训学生达400~500人。

(4) 学生自我管理委员会

成立于2010年3月。每年4—5月承办"学风建设月"活动,包括检查学生自习情况、安全知识竞赛、检查宿舍学生卫生及安全问题、召开班级主题班会,参与者有自管会全体成员和部分学生;每年10—11月承办"优良学风月"活动,包括班长学委座谈会、和谐课堂评选、优秀教师评选;每年4—5月举办职业生涯规划大赛,参与者是自管会全体成员和学院部分学生。

二、思想政治教育

(一) 机构设置

2002年4月之前,学生思想政治教育在学院党委、行政的统一领导下,由学院学生处、学生党总支、团委共同负责。学院学生处负责学生日常思想政治教育,学生党总支主要负责学生党员的教育管理,团委主要负责团员的教育与管理。2002年4月之后,原学院学生处工作由学院学生工作办公室全面负责,学生工作办公室还负责配合校社科部、校就业指导中心,共同负责思想政治理论课程的教学工作。

(二) 内容与形式

1. 建设学生业余党校教育平台,发挥学生党员和学生党支部的作用

学院党委充分发挥学生业余党校的教育平台作用,培养优秀学生入党。2001—2010年,一年级新生参加党校初级班,学院每年举办一期党校高级班培训。2001—2010年,参加学生业余党校初级班人数基本覆盖全体新生,参加党校高级班人数逐年递增;发展学生党员700余名。发展党员人数分别为:2004年100名,2005年71名,2006年88名,2007年89名,2008年66名,2009年120名,2010年76名。

为加强对学生党员的教育,2008年5月,学院学生党总支开展在学生党员所在宿舍悬挂"学生党员宿舍"标识牌活动,让学生党员宿舍在住宿学生中起到模范表率作用,进一步推动思想政治工作进学生公寓,学院通过建设学习型学生党支部,带动全院学生思想政治工作迈上一个新台阶。学生党总支开展一系列丰富多彩的教育活动,如纪念"一二・九"活动,参观抗日战争纪念馆和卢沟桥抗战遗址,参观中关村高科技产业园区、安博电子产业基地等活动,开展"小先生"助学活动等。在学校学生处、团委的统一安排下,每年暑期及"五一""十

一”期间，开展有主题、有重点的社会实践活动；组织学生党员学习党的方针政策、重要会议精神等，拓展学生党员的视野，提高党性修养，增强战斗力。

2. 发挥思想政治理论课的主渠道教育作用

学院注重发挥思想政治理论课在大学生思想教育过程中的主渠道作用，通过加强和改革马克思主义理论课、思想道德修养与法律基础课、形势与政策课以及军事理论课等课程，提高教学效果，帮助学生树立正确的世界观、人生观、价值观，提高理论水平以及分析、认识、处理问题的能力。2001—2010 年，相继开设了世界贸易组织（World Trade Organization，WTO）、党的十六大报告解读、抗击“非典”斗争中获得的重要启示、和谐社会建设、社会主义核心价值体系教育、奥运会与志愿者、中共十七大报告解读、学习实践科学发展观、纪念五四运动 90 周年、庆祝新中国成立 60 周年——爱党爱国教育、学习贯彻中国共产党第十七届中央委员会第四次会议精神、《政府工作报告》（2010 年 3 月 5 日）解读等一系列主题鲜明的时事教育课程，引导学生了解世情、国情、民情，明确学习方向，加强使命感与责任感。

学院面向所有学生开设《形势与政策》课，面向毕业生开设“就业指导”专题讲座。2003 年将《就业指导》列入必修课；2005 年将《军事理论》列入必修课；2007 年，学校学生心理素质教育中心将《大学生心理素质教育》列入必修课。学院的辅导员配合各开课部门开展相关课程教学和相关科研工作，承担起这 4 门必修课的授课任务。

3. 开展主题教育活动

2001—2010 年，学生工作办公室联系学生思想实际，开展了多种主题教育活动。例如，2005 年，以迎接本科教学水平评估为契机，开展加强学生思想政治工作，全力建设文明校园活动；2006 年为贯彻落实胡锦涛总书记关于社会主义荣辱观的重要论述，开展“八荣八耻”社会主义荣辱观教育活动；2007 年，加强奥运精神和奥运知识的宣传教育，引导学生增强人文奥运理念，2008 年，开展“我参与、我奉献、我快乐”的奥运志愿精神培育活动；2008 年上半年，加强中共十七大报告的学习，开展使学生进一步坚定理想信念，永远跟党走的活动；2008 年下半年，深入学习实践科学发展观，开展增强社会主义核心价值体系影响力的论坛活动；促使学生树立正确的道德观，开展“感恩社会、志愿回报”活动；2009 年，结合庆祝新中国成立 60 周年，开展以“爱国、责任、使命”为主题的系列爱国主义教育活动等。

4. 做好新生入学教育

学院每年组织为期一周的新生入学教育和两周的军事训练。通过学生工作办公室、学校教务处、保卫处、图书馆、各系（部）分别对新生进行军训动员、学业学籍解读以及安全、图书资源利用和专业教育等，让新生简要、全面地了解大学，明确如何学习和所学专业发展的方向。

军事训练是新生入学教育的重要环节，由学校学生工作部（处）负责组织，学院学生工作办公室配合组织实施。2001—2008 年，学院全体新生在廊坊大学城开展军训，2009 年和 2010 年分别在昌平八一军训基地和昌平盛华人才培训中心开展军训。

5. 开展心理健康教育

2006 年起，学院每年配合学校心理健康教育中心对新生心理健康进行测试，为全院学生建立心理健康档案；学院学生工作办公室辅导员兼职心理咨询老师已为 50 余名学生提供个别辅导和日常咨询；每年举行“5・25”心理健康日活动，为学生开办心理健康专题讲座、心理知识宣讲、心理电影赏析等,引导学生充分认识心理健康对于个人成长的重要意义,提高学生参与心理健康教育活动的参与度和认知度。

6. 关注贫困学生全面成长

学院贫困学生占在校生总数的15%左右。学生工作办公室以贫困学生"自立、自强、自尊、自信"为主线,每年开展"勤工助学伴我成长""自立、自强、自尊、自信——优秀贫困生成长经验交流会""感恩社会志愿服务""暖心工程""贫困学生走访""贫困学生新年慰问座谈会""贫困学生征文"等多项教育活动。2006年,通信工程系建立"爱心基金",为贫困学生捐款捐物。

7. 坚持就业教育

学院通过就业指导专题讲座、辅导员"一对一深度辅导"、召开毕业生家长会、企业进校园宣讲会等教育活动,帮助毕业生树立积极的就业观,引导学生到基层、到农村、到祖国需要的地方就业。

2006—2010年,学院毕业生当大学生"村官"和支教、支西近30人。学院多次组织系主任、辅导员由学院党委副书记带领,到房山区、平谷区、石景山区、大兴区等看望当"村官"和支教的毕业生,并召开座谈会了解其工作、学习、生活情况,鼓励他们克服困难,脚踏实地做出成绩,为校院争光。

8. 学生思想教育进宿舍

为全面加强大学生的思想教育,学院把学生思想政治工作、学生党建工作做进了宿舍。一是成立宿舍学生自我管理委员会,调动学生自我教育、自我管理的积极性;二是学生辅导员深入宿舍,及时了解和掌握住宿学生的思想状况,化解矛盾、解决问题;三是发挥学生党员的作用,使其成为创建文明宿舍的表率;四是加大奖励机制,以树典型、学典型的方式,推进文明宿舍的建设和良好风气的形成。

(三)建设与研究

学院党委不断探索新时期学生思想政治教育的规律,确立了思想政治工作的目标与任务,并通过年度"三育人"(教书育人、管理育人、服务育人)先进评选,以及工会开展的"最受欢迎的教师"评选活动等,调动全院教职工积极性,形成了全员育人的工作格局。

1. 加强制度建设

2007年,学院出台《北京联合大学信息学院辅导员制实施方案》《北京联合大学信息学院关于试行班主任(导师)制实施方案》《信息学院辅导员、班主任岗位期末考核补充规定》等文件,就做好辅导员、班主任(班导师)的选拔聘用、工作职责与任务分工、工作考核等制定了一系列制度措施,进一步推动学生工作队伍的建设和发展。

2. 加强思想政治工作队伍建设

学院选聘思想素质好、业务水平高、奉献精神强的教师,担任辅导员及班主任。2007—2010年,学院的专、兼职辅导员按照1∶200的师生比例配置。学院要求辅导员每两周召开一次主题班会,每周要到班与学生谈心等。还要求辅导员、班主任要以身作则,言传身教,当好学生的引路人。

学院组织辅导员、班主任参加校院开展的各个层次的学历教育和非学历教育的培训活动，以多种形式提高他们的理论水平和工作能力。2001—2010 年，参加培训 100 余人次，2 人获得研究生学历，3 人获得博士、硕士学位。2010 年底，学院辅导员硕士及硕士以上学历者达 100%，高级职称者占 20%。

2001—2010 年，学院专职学生工作干部获奖名单见表 8.4-11。

表 8.4-11　2001—2010 年专职学生工作干部获奖名单

年份	姓名	奖项
2001	李　平	北京市社会实践先进个人
2004	王学英、王翎	北京高校优秀辅导员
2008	王仰飞	北京高校优秀辅导员
2010	李凤英	北京高校优秀辅导员
2008	周月朋	北京市社会实践先进个人
2008	徐建华、周月朋	北京市奥运先进指导教师，奥运会残奥会志愿者先进个人
2007	刘　蓉	北京联合大学学生思想政治工作十年年功表彰 北京联合大学优秀班主任
2008	白葆莉、王仰飞	北京联合大学优秀辅导员
2009	徐建华	北京联合大学优秀辅导员，校级十佳辅导员
2010	李茜、许亚玲、 李凤英、白葆莉	北京联合大学优秀辅导员

3. 开展科学研究

2001—2010 年，学院定期对在校学生进行思想状况调查，为进一步加强学生思想政治工作提供了建设性意见。2010 年 10 月，许贵才、姜素兰主编的信息学院学生状况调研文集《把握信息开拓进取》由北京出版社出版。2001—2010 年，学院专职学生工作干部发表思想政治工作研究论文 30 余篇，主持校级课题 4 项，其中 1 项获学校优秀成果奖。2004 年，学院党委、院长办公室主任李茜担任北京市《党员手册》编委。2006 年 10 月，李平担任全国职业指导师指定教材《360 职业生涯——职业指导教学训练指导手册》编委。

第五节　国际及港澳台交流与合作

一、概况

学院重视国际交流学习的机会。2002—2010 年，每年派出学生进行交换学习，派出老师作为访问学者进行交流学习，与国外 8 个高校进行学生交换学习。2006 年，学院通过国际交流学院与美国恩波利亚州立大学签订学生教育交流项目协议书。2007 年，选派学生参加韩国建国大学国际暑期项目。2008 年，派出学生到英国西敏斯特大学交换学习。2009 年，参加学校合作办学“3+1”项目选派学生到英国安格利亚鲁斯金大学交换学习。2010 年，增派学生到韩国首尔市立大学、韩国建国大学、美国恩波利亚州立大学、英国安格利亚鲁斯金大学、格罗斯特郡大学等学校进行交换学习。

在开展国际交流与合作的同时,学院派学生到台湾中原大学、建国科技大学(台湾)留学,开展交流与合作。

1. 教职工出国研修与交流活动

2002—2010年,学院共有34人次参加了国外研修和交流活动,涉及7个国家和地区。

2. 聘请外籍教师和专家

随着学院对外交流与合作的深入发展,每年都有一些外籍专家学者应邀加盟学院的师资队伍,提高了学院的教学水平。2010年,英国安格里亚鲁斯金大学来访教师为2008级计算机、通信和电子专业实验班共105名学生教授计算机网络课程。

二、重要项目

留学生学历教育项目主要有"3+1"和"1+1"两种形式。2002—2010年,学院共派出留学生105人次,分别赴英国东伦敦大学、英国西敏斯特大学、英国安格利亚鲁斯金大学、韩国首尔市立大学、韩国建国大学、美国恩波利亚州立大学等学校学习(见表8.5-1)。

表8.5-1 2002—2010年学生参加境外学历教育项目一览表

年份	人次	留学院校
2002	22	英国东伦敦大学
2003	23	英国东伦敦大学
2004	10	香港城市大学、英国东伦敦大学
2005	13	英国东伦敦大学
2006	2	英国东伦敦大学
2007	3	英国西敏斯特大学
2008	2	英国西敏斯特大学、英国安格利亚鲁斯金大学
2009	7	英国安格利亚鲁斯金大学、韩国首尔市立大学
2010	23	英国安格利亚鲁斯金大学、韩国建国大学、美国恩波利亚州立大学

第九章　机电学院

概　　述

机电学院成立于2002年4月，根据北京市机构编制委员会在2002年年初下发的《关于同意北京联合大学机械工程学院等3所学院并入北京联合大学的函》(京编办〔2002〕2号)和学校在2002年3月25日印发的《关于校本部进行专业调整并重新组建学院的意见》(京联党〔2002〕11号)文件要求，撤销校本部内原信息学院、应用技术学院、机械工程学院建制，调整专业，重新组建信息学院、机电学院、自动化学院和管理学院。由原机械工程学院机械工程系、材料工程系、应用技术系汽车类专业和原应用技术学院机电系组成机电学院。学院不再承担财务管理、人事管理、资产管理、后勤管理，以及基础课程、英语课程、思想政治课程和体育课程教学任务。学院坚持以机械工程为主要学科发展方向，培养首都现代制造业及生产服务业急需的高级应用型人才。

学院位于朝阳区白家庄西里，占地面积约1.6万平方米，建筑面积约2万平方米。

学院开设机械类相关全日制本科、高职专业和成人学历本科、专科专业。其中，机械工程及自动化专业是国家级特色专业建设点及北京市特色专业建设点；材料科学与工程(检测与质量管理)专业、工业工程(现代制造工程管理)专业是学校本科骨干专业；数控技术专业、汽车检测与维修技术专业是学校高职示范专业。截至2010年11月，学院全日制在校生1532人，其中本科学生701人、专升本学生157人、高职学生674人，另有成人本、专科学生491人。

2010年12月，学院有教职工104人(不含离退休人员)。有专任教师52人，27人具有高级技术职称，教授7名，具有博士学位的专任教师16名。

学院以“质量工程”为抓手，形成了一整套规范的教学管理和教学质量监控体系。同时，以精品课程建设带动整体课程建设，以精品教材建设和教学法改革深化教育教学改革。2002—2010年，有1门本科课程被评为市级精品课程，10门本科课程和5门高职课程被评为校级精品课程；有16部教材被评为国家级规划教材，1部被评为国家级精品教材，3部被评为北京市级精品教材，5部被评为校级精品教材。此外，还建设和培育了1个市级优秀教学团队和4个校级优秀教学团队。

学院注重实践教学，形成鲜明特色，建有校级实践教学中心——现代制造工程技术中心及其下属的25个实验室和工程技术训练室，建成4个校级校外人才培养基地。

学院积极加强应用性研究,鼓励教师申请专利和研究横向课题,设有1个校级院管科研机构——北京联合大学传动研究所。

学院的产学合作教育在全校形成特色,与西门子(中国)有限公司、SMC(中国)有限公司、FESTO(中国)有限公司、北京奔驰-戴姆勒·克莱斯勒汽车有限公司、北京现代汽车有限公司、北京华德液压工业集团有限责任公司等国内外一流高新技术企业在专业建设、实践能力培养及校内外教学、科研基地建设等方面建立了长期紧密的合作关系。

学院积极培养国际型工程技术人才,积极组织并参与学校多项国际交流项目,培养具有国际化视野的应用型人才。学院积极开拓国外就业市场,将毕业生直接推荐到国外就业。

学院支持学生参加学科专业竞赛活动,每年组织学生参加各级各类学科专业竞赛,获得了两项国家级二等奖,并获得了多项市级奖励。

学院毕业生主要面向首都现代制造业及生产服务业就业,就业率较高,专业对口率高。

第一节　管理体制与组织机构

一、管理体制

机电学院是学校下属的二级非法人学院,即校本部学院,处级建制。学院实行党政共同负责制。工作实行民主集中制,通过党委会、院务会(党政联席会)等制度保证学院各项工作的开展。

二、组织机构

(一) 党政机构

2002年,学院成立时设有党政管理机构3个,即党委、院长办公室(合署),教学科研办公室和学生工作办公室。

2004年6月,根据学校《关于校本部四学院设立继续教育办公室的通知》(京联党办〔2004〕13号)要求,增设继续教育办公室。

2010年3月,根据学校《关于在非法人学院建立校、院、系三级管理体制的意见》(京联党〔2009〕57号)要求,学院设置党政管理机构3个,即综合办公室、教学科研办公室、学生工作办公室。

2003—2009年,由于学院顺义校区和廊坊校区工作需要,分别设置校区办公室,负责日常党政事务。

2002—2010年,党政机构设置及负责人情况见表9.1-1。

表 9.1-1　2002—2010 年党政机构设置及负责人一览表

序号	机构名称	正　职	任职时间	副　职	任职时间	备　注
1	党委、院长办公室	马雅湘 刘晋毅 王　锐	2002.04—2004.05 2004.08—2007.08 2007.08—2010.02	刘　欢 刘晋毅 王　锐 闵莉艳	2002.04—2009.12 2002.04—2004.08 2004.08—2007.08 2007.08—2010.02	
2	综合办公室	王　锐	2010.03—今	闵莉艳	2010.03—今	2010 年 3 月设立
3	教学科研办公室	孟宪庚 黄　标 李秀彩	2002.04—2005.02 2005.02—2010.01 2010.03—今	侯季邕 李秀彩 杨爱君	2002.04—2005.07 2005.09—2010.02 2005.09—今	
4	继续教育办公室	杨长安 孟昭勇	2004.06—2005.02 2005.03—2009.08			2004 年 6 月设立 2010 年 3 月撤销
5	学生工作办公室	宁　琳 焦　阳 韩　松 丁兆明	2002.04—2003.12 2004.01—2009.03 2009.03—2009.07 2009.07—今	焦阳(团委书记兼) 韩松(团委书记兼) 程永清 那日松 孙丽娟(团委书记兼)	2002.04—2003.12 2004.01—2009.03 2009.07—2010.02 2010.03—今 2010.03—今	
6	顺义校区办公室(院设临时机构)	孟宪庚 唐　武	2003.09—2004.02 2004.03—2008.06			2003 年 9 月设立 2008 年 6 月撤销
7	廊坊校区办公室(或称学生工作组)	焦　阳 丁兆明	2004.07—2007.08 2007.09—2009.07			2004 年 7 月设立 2009 年 7 月撤销

（二）教学机构

2002 年，学院设有机电自动化教研部、CAD/CAM 教研部、建筑环境与设备工程教研部、材料工程与质量检测教研部、汽车与交通教研部、工业工程教研部、计算机与自动化教研部和实验实训中心。

2003 年 9 月，机电自动化教研部与 CAD/CAM 教研部合并，成立机械工程及自动化教研部。

2005 年 8 月，成立工业工程与工业设计教研部。

2009 年 9 月，撤销工业工程与工业设计教研部，成立工业工程教研部。

2010 年 3 月，根据学校《关于在非法人学院建立校、院、系三级管理体制的意见》（京联党〔2009〕57 号）文件精神，设置“四系一部一中心”6 个教学单位，即机械工程及自动化系、工业工程与物流系、检测与质量工程系、汽车服务工程系、工程基础教学部和金工实习中心。

2002年4月至2010年2月,教学教辅机构设置及负责人情况见表9.1-2。

表9.1-2 2002年4月至2010年2月教学机构设置及负责人一览表

序号	机构名称	行政正职	任职时间	行政副职	任职时间	党务负责人	任职时间	专业主任
1	机电自动化教研部	陈瑞阳	2002.04—2003.08			彭伯平	2002.04—2003.08	毛智勇
2	CAD/CAM教研部	雷　红	2002.04—2003.08			彭伯平	2002.04—2003.08	彭伯平
3	机械工程及自动化教研部	饶　军 黄迷梅 田宏宇	2003.09—2004.08 2004.09—2005.08 2005.08—2010.02	田宏宇 刘长青 郭洪红	2003.09—2005.08 2005.08—2010.02 2006.09—12(代理)	宋今朝 王淑芳	2003.09—2008.05 2008.05—2010.02	陈瑞阳
4	建筑环境与设备工程教研部	付　力	2002.04—2009.08	田沛哲	2005.08—2009.08	付　力 韩国军	2002.04—2008.05 2008.05—2009.08	李春旺
5	汽车与交通教研部	田春芝 徐志军	2002.04—2007.09 2005.08—2010.02	弋国鹏 田春芝	2005.08—2007.09 2007.09—2010.02	黄　标	2002.04—2005.02	黄　标
6	材料工程与质量检测教研部	马永新 周友苏	2002.04—2003.08 2003.09—2010.02	唐希源 王训伟	2003.09—2005.07 2005.08—2010.02	黄　标	2002.04—2005.02	杨　飒 马永新
7	工业工程与工业设计教研部	杜会英 张慧姝 孙秀芳	2002.04—2002.12 2003.01—2005.08 2005.08—2009.08	张慧姝 孙秀芳 许翰锐	2002.04—2002.12 2003.01—2005.08 2005.08—2009.08	黄　标 许翰锐	2002.04—2005.02 2005.02—2009.08	程　光
8	工业工程教研部	孙秀芳	2009.09—2010.02	孙　静	2009.09—2010.02	孙　静	2009.09—2010.02	
9	工程基础教研部	孟昭勇 雷　红	2002.04—2003.08 2003.09—2010.02	张京辉 董芩华 刘自萍	2003.09—2005.07 2003.09—2004.06 2005.08—2010.02	彭伯平 宋今朝	2002.04—2003.08 2003.09—2010.02	
10	计算机与自动化教研部	王　缅 王　锦	2002.04—2003.08 2005.08—2010.02	杨继萍	2005.08—2010.02	黄　标	2002.04—2005.02	
11	CAM实验室	昝　华	2002.04—2003.08			昝　华	2002.04—2003.08	
12	实验实训中心	方　新	2003.09—2010.02(兼)	昝　华 刘　惠 嵇　伟	2005.08—2010.02 2005.08—2010.02 2005.08—2010.02	李明海	2003.09—2010.02	

2010 年 3 月至 12 月，学院教学机构设置及负责人详见表 9.1-3。

表 9.1-3　2010 年 3 月至 12 月教学机构设置及负责人一览表

序号	机构名称	行政正职	任职时间	行政副职	任职时间	党务负责人	任职时间
1	机械工程及自动化系	赵林惠	2010.03—今	王淑芳 雷保珍	2010.03—今 2010.03—今	王淑芳	2010.03—今
2	工业工程与物流系	邬洪迈	2010.03—今	孙秀芳	2010.03—今	孙　静	2010.03—今
3	检测与质量工程系	马永新	2010.03—今	王　锦	2010.03—今	程永清	2010.03—今
4	汽车服务工程系	于增信	2010.03—今	田春芝	2010.03—今	那日松	2010.03—今
5	工程基础教学部	雷　红	2010.03—今	夏齐霄	2010.03—今	夏齐霄	2010.03—今
6	金工实习中心	杨志勤	2010.03—今	张金玉	2010.06—今	王清林 夏齐霄	2010.03—2010.06 2010.06—今

三、专门委员会等机构设置及调整

2002—2010 年学院常设专门委员会详见表 9.1-4。

表 9.1-4　2002—2010 年常设专门委员会一览表

序号	名　称	主任（组长）	任职时间	副主任（副组长）	任职时间	备　注
1	学术委员会	薛立军 张恩祥 方　新 毛智勇	2002.04—2003.10 2003.10—2008.01 2008.03—2010.01 2010.04—今	程　光 杨　飒 王　玮	2010.04—今 2010.04—今 2010.04—今	京联机办〔2010〕4 号
2	教学指导委员会	张恩祥 杨　飒 程　光	2002.04—2004.04 2004.04—2010.01 2010.01—今			
3	学科、专业建设委员会	张恩祥 方　新 毛智勇	2003.07—2008.01 2008.01—2010.01 2010.01—今	方　新 杨　飒 高　东	2003.07—今 2003.07—今 2003.07—今	京联机〔2003〕37 号
4	教学质量监控委员会	张恩祥 张建林 方　新 黄建华	2004.12—2008.01 2004.12—2007.04 2008.01—2010.01 2008.01—2009.06	杨　飒 张立珊	2004.12—2010.01 2004.12—2009.03	京联机〔2004〕55 号
		毛智勇 王　玮	2010.03—今	程　光 焦　阳	2010.03—今 2010.03—今	京联机教〔2010〕1 号
5	聘任（用）和考核工作领导小组	张恩祥 方　新 毛智勇	2004.06—2008.01 2008.01—2010.01 2010.01—今	黄建华 杨　飒	2005.04—2008.01 2005.04—2008.01	
6	毕业生就业工作领导小组	张恩祥 方　新 王　玮 毛智勇	2004.04—2008.01 2008.01—2010.01 2010.04—今 2010.04—今	焦　阳 黄　标	2010.04—今 2010.04—今	京联机党〔2010〕9 号

续表

序号	名　称	主任（组长）	任职时间	副主任（副组长）	任职时间	备　注
7	体育工作领导小组（院体育运功委员会）	张立珊 焦　阳	2008.06—2009.03 2010.04—今	黄建华 黄　标	2008.06—2009.06 2010.04—今	京联机党〔2010〕9号
8	安全稳定工作领导小组	张建林 张恩祥	2006.04—2007.04 2006.04—2008.01	张立珊 黄建华	2006.04—2008.05 2006.04—2008.05	京联机通〔2006〕8号
		黄建华 方　新	2008.05—2009.06 2008.05—2010.01	张立珊 程　光	2008.05—2009.03 2008.05—2010.01	京联机办〔2008〕8号
		王　玮 毛智勇	2010.04—今	焦　阳 黄　标	2010.04—今 2010.04—今	京联机党〔2010〕7号
9	师德师风建设领导小组	高　东	2002.04—2004.05			
		张恩祥 张建林	2006.04—2008.01 2006.04—2007.04			京联机通〔2006〕9号
		黄建华	2007.04—2009.06 2009.06—2010.04			
		王　玮	2010.04—今	程　光 黄　标	2010.04—今 2010.04—今	京联机党〔2010〕9号
10	“三育人”先进集体和先进个人、师德先进个人活动评选工作领导小组	高　东 张建林	2002.04—2004.05 2004.05—2007.04	张恩祥 杨　飒 张立珊	2002.04—2007.04 2002.04—2007.04 2002.04—2007.04	
		黄建华	2007.04—2009.06			
		王　玮 毛智勇	2010.04—今	黄　标	2010.04—今	京联机党〔2010〕9号
11	中央16号文件落实工作领导小组	张建林 张恩祥	2006.03—2007.04 2006.03—2008.01	张立珊 韩　松	2006.03—2009.03 2006.03—2008.07	京联机通〔2006〕5号
		黄建华 方　新	2007.04—2009.06 2008.01—2010.01			
		王　玮 毛智勇	2010.04—今	焦　阳	2010.04—今	京联机党〔2010〕9号
12	辅导员考核领导小组	王　玮 毛智勇	2010.04—今	焦　阳	2010.04—今	京联机党〔2010〕9号
13	学生申诉处理委员会	张立珊 焦　阳	2006.04—2009.03 2009.05—今			京联机通〔2006〕7号
14	关心下一代工作委员会	张立珊	2009.01—2009.03	陈保平 谭　娟	2009.01—今 2009.01—今	京联机党〔2009〕3号
		焦　阳	2010.04—今			京联机党〔2010〕9号

四、领导分工与任免变更

（一）领导班子调整

2002年4月学院成立时，根据校党委任命决定，学院领导班子由党委书记高东（兼）、党委副书记张立珊、院长薛立军、副院长张恩祥、方新组成；党委由高东、薛立军、张恩祥、黄建华、张立珊、方新组成。

2002 年 12 月，学院召开党员大会，选举出第一届委员会，由高东、薛立军、张恩祥、黄建华、张立珊、方新、付力组成，高东为党委书记（兼），张立珊为党委副书记。

2003 年 4 月，学校任命张恩祥为院长、杨飒为副院长，免去薛立军院长职务，调任学校师范学院院长。

2004 年 5 月，校党委任命张建林为学院党委书记，校党委副书记高东不再兼任学院党委书记。

2007 年 4 月，校党委任命黄建华担任学院党委书记，免去张建林院党委书记职务，调任学校商务学院党委书记。

2008 年 1 月，学院召开党员大会，选举新一届党委委员，第二届党委由方新、付力、张立珊、张恩祥、黄建华、黄标、程光组成，黄建华为党委书记，张立珊为党委副书记。

2008 年 1 月，学校任命方新担任院长，免去张恩祥院长职务，调任学校生物化学工程学院院长。

2009 年 6 月，校党委任命王玮担任学院党委书记，原党委书记黄建华任正处级调研员。

2010 年 1 月，学校任命毛智勇为院长，杨飒、程光为副院长；3 月，学校任命黄标为副院长。至此，学院新一届领导班子组成；党委书记王玮、党委副书记焦阳、院长毛智勇、副院长杨飒、程光、黄标。

2002—2010 年，学院历任党委和行政领导人详见表 9.1-5 和表 9.1-6。

表 9.1-5　2002—2010 年历任党委领导人一览表

正　职	姓　名	任职时间	副　职	姓　名	任职时间
书　记	高　东	2002.04—2004.05 （兼）	副书记	张立珊	2002.04—2009.03
书　记	张建林	2004.05—2007.04	副书记	黄建华	2003.12—2004.06 （兼，主持工作） 2004.06—2007.03 （兼）
书　记	黄建华	2007.04—2009.06	副书记	焦　阳	2009.05—今
书　记	王　玮	2009.06—今			

表 9.1-6　2002—2010 年历任行政领导人一览表

正　职	姓　名	任职时间	副　职	姓　名	任职时间
院　长	薛立军	2002.04—2003.04	副院长	张恩祥	2002.04—2003.04
院　长	张恩祥	2003.04—2008.01	副院长	方　新	2002.04—2008.01
院　长	方　新	2008.01—2010.01	副院长	黄建华	2002.04—2008.04
院　长	毛智勇	2010.01—今	副院长	杨　飒	2003.04—今
			副院长	毛智勇	2003.06—2009.12
			副院长	程　光	2008.04—今
			副院长	黄　标	2010.03—今

（二）领导班子分工

1. 2002年4月领导班子分工

党委书记高东：主持学院党委全面工作，负责教职工思想政治教育、组织、统战、体育、创收、工会等工作；联系汽车与交通教研部。

院长薛立军：主持学院行政全面工作，负责师资队伍建设、人事、成人教育、预算内经费使用、学院发展规划等工作；联系材料工程与质量检测教研部、计算机与自动化教研部。

副院长方新：负责科研、培训、对外联合办学、实验室和实训基地建设等工作；联系机电自动化教研部、CAD/CAM教研部和实验实训中心。

党委副书记张立珊：负责学生、就业、宣传、纪检等工作，协助负责金工实习教学工作；分管学生工作办公室、团委；联系金工实习组。

副院长张恩祥：负责日常教学运行、教学设备管理、专业建设、招生工作、基地建设、金工实习等工作；分管教学科研办公室；联系建筑环境与设备工程教研部、工业工程教研部。

党委副书记兼副院长黄建华：负责行政管理、安全、校区后勤及有关部门的协调等工作；分管党、院办公室、工会。

2. 2003年9月领导班子分工

党委书记高东：主持学院党委全面工作，负责组织、统战、工会、体育、计划生育、学院自有资金的使用等工作；联系汽车与交通教研部。

院长张恩祥：主持学院行政全面工作，负责学科和专业建设、人事、师资队伍建设、教学运行经费、专项经费和院长基金的使用、合作办学、成人教育等工作；联系建筑环境与设备工程教研部、工业工程与工业设计教研部。

党委副书记兼副院长黄建华：协助书记完成学院党委的有关工作，负责宣传、职工的思想教育；全面负责白家庄校区的基本建设、后勤、物业、安全保卫及学校有关部门在校区工作单位的协调等工作；分管党院办公室、工会。

党委副书记张立珊：负责学生的思想教育及日常管理、学生就业、纪检等工作；分管学生工作办公室、团委；联系金工实习组。

副院长杨飒：负责日常教学管理、日常教学运行经费的管理、招生工作等；分管教学科研办公室；联系材料工程与质量检测教研部、计算机与自动化教研部。

副院长方新：负责科研、实训基地建设、外事、网络建设、创收工作，协助院长完成专业建设等工作；联系机械工程及自动化教研部、工程基础教研部、实验实训中心。

副院长毛智勇：负责顺义校区的工作；分管顺义校区办公室。

3. 2005年9月领导班子分工

党委书记张建林：主持学院党委全面工作，负责学院党建、组织、统战、宣传及计划生育工作，联系指导廊坊校区学生工作；联系汽车与交通教研部。

院长张恩祥：主持学院行政全面工作，负责学科和专业建设、人事、师资队伍建设、教学经费、专项经费和院长基金的使用、合作办学、继续教育等工作；分管继续教育办公室；联系建筑环境与设备工程教研部。

党委副书记兼副院长黄建华：协助书记完成党委有关工作，负责档案工作及白家庄校区安全保卫、后勤等学校有关部门在该校区工作单位的协调工作；分管党院办公室、工会。

党委副书记张立珊:负责学生、就业、体育、纪检等工作;分管学生工作办公室、团委。

副院长杨飒:负责日常教学管理、日常教学运行经费的管理等工作;分管教学科研办公室;联系材料工程与质量检测教研部、计算机与自动化教研部。

副院长方新:负责科研、实践教学、外事等工作;联系机械工程及自动化教研部、实验实训中心。

副院长毛智勇:负责顺义校区、金工实习、招生、校企合作、学生就业基地的建设等工作;联系工程基础教研部、金工实习组。

院长助理程光:完成院长交办的有关工作,协助毛智勇副院长做好顺义校区工作;联系工业工程与工业设计教研部。

4. 2007 年 4 月领导班子分工

党委书记黄建华:主持学院党委全面工作,负责党建、组织、统战、宣传及计划生育工作,联系指导廊坊校区学生工作;负责联系汽车与交通教研部。兼副院长工作:负责档案、白家庄校区安全保卫和后勤等学校有关部门在该校区工作单位的协调工作;分管党院办公室、工会。

院长张恩祥:主持学院行政全面工作,负责学科和专业建设、人事、师资队伍建设、教学经费、专项经费和院长基金的使用、合作办学、继续教育等工作;分管继续教育办公室;联系建筑环境与设备工程教研部。

党委副书记张立珊:负责学生、就业、体育、纪检等工作;分管学生工作办公室、团委。

副院长杨飒:负责日常教学管理、日常教学运行经费的管理等工作;分管教学科研办公室;联系材料工程与质量检测教研部、计算机与自动化教研部。

副院长方新:负责科研、实践教学、外事等工作;联系机械工程及自动化教研部、实验实训中心。

副院长毛智勇:负责顺义校区、金工实习、招生、校企合作、学生就业基地的建设等工作;分管顺义校区办公室;联系工程基础教研部、金工实习组。

院长助理程光: 完成院长交办的有关工作,协助毛智勇副院长做好顺义校区工作;联系工业工程与工业设计教研部。

5. 2008 年 3 月领导班子分工

党委书记黄建华:主持学院党委全面工作,负责组织、统战、工会、教代会、计划生育等工作;分管党、院办公室(党务工作)、工会;联系建筑环境与设备工程教研部。

院长方新:主持学院行政全面工作,负责行政管理、学科和专业建设、人事(含师资队伍建设)、财务(包含教学经费、专项经费、院长基金的使用)、合作办学、继续教育;分管党、院办公室(行政工作)、继续教育办公室;联系机械工程及自动化教研部、汽车与交通教研部、实验实训中心。

党委副书记张立珊:负责学生党建、宣传、信息、学生、共青团、就业、纪检监察、校友等工作;分管学生工作办公室、团委。

副院长杨飒:负责教学(包含日常教学管理、日常教学运行经费的管理);分管教学科研办公室;联系材料工程与质量检测教研部、计算机与自动化教研部。

副院长毛智勇:负责顺义校区、招生、产学合作教育、校外实践教学(含金工实习)、学生就业基地建设等工作;联系工程基础教研部、金工实习组。

院长助理程光:协助院长负责协调日常行政工作;负责科研、外事,与学校保卫、后勤、医疗等有关部门在白家庄校区工作单位的协调工作;联系工业工程与工业设计教研部。

6. 2008年8月领导班子分工

党委书记黄建华:主持学院党委全面工作,负责党建、宣传、统战、工会教代会、计划生育工作;分管党、院办公室(党务工作)、工会;联系建筑环境与设备工程教研部。

院长方新:主持学院行政全面工作,负责学科和专业建设、人事(含师资队伍建设)、财务(包含教学经费、专项经费、院长基金的使用)、信息化建设、合作办学、继续教育等工作;分管党、院办公室(行政工作)、继续教育办公室;联系机械工程及自动化教研部、汽车与交通教研部、实验实训中心。

党委副书记张立珊:负责组织、学生、就业、共青团、纪检监察、体委、校友等工作;分管学生工作办公室、团委。

副院长杨飒:负责日常教学(教学运行、考试、学籍及日常教学运行经费管理),教学工作量核定,教学质量监控,四六级考试、教学计划及教学大纲、教研教改项目等相关管理工作;分管教学科研办公室;联系材料工程与质量检测教研部、计算机与自动化教研部。

副院长毛智勇:负责招生、实验室建设、毕业设计、产学合作教育、校外实践教学(含金工实习)、学生就业基地建设等工作;联系工程基础教研部、金工实习组。

副院长程光:协助院长负责日常行政工作;负责科研、外事,与学校保卫处、后勤服务公司、门诊部等有关部门在白家庄校区工作单位的协调工作;配合学校行政管理处、基建处等学校相关部门在白家庄校区的工作;联系工业工程与工业设计教研部。

7. 2009年6月领导班子分工

党委书记王玮:主持学院党委全面工作,负责党建、组织、宣传、统战、纪检监察、信息化建设、计划生育等工作;分管党、院办公室(党务工作);联系建筑环境与设备工程教研部。

院长方新:主持学院行政全面工作,负责行政管理、学科建设和专业建设、质量工程、人事(含师资队伍建设)、财务(包含教学经费、专项经费、院长基金的使用)、国有资产管理、合作办学、继续教育、工会、教代会等工作;分管党、院办公室(行政工作)、继续教育办公室、工会;联系机械工程及自动化教研部、汽车与交通教研部、实验实训中心。

党委副书记焦阳:负责学生、就业、共青团、体委等工作;分管学生工作办公室、团委。

副院长杨飒:负责日常教学(教学运行、考试、学籍及日常教学运行经费管理),教学工作量核定,教学质量监控,四六级考试、教学计划及教学大纲、教研教改项目等相关管理工作;分管教学科研办公室;联系材料工程与质量检测教研部、计算机与自动化教研部。

副院长毛智勇:负责招生、实验室建设、毕业设计、产学合作教育、校外实践教学(含金工实习)、学生就业基地建设、校友等工作;联系工程基础教研部、金工实习组。

副院长程光:协助院长负责协调日常行政工作;负责科研、外事、安全稳定,与校保卫处、后勤服务公司、门诊部等有关部门在白家庄校区工作单位的协调工作,配合学校行政管理处、基建处等学校相关部门在白家庄校区的工作;联系工业工程与工业设计教研部。

8. 2010年3月领导班子分工

党委书记王玮:主持学院党委全面工作,负责党建、组织、宣传、统战、纪检监察、信息化建设、计划生育等工作；联系工程基础教学部。

院长毛智勇：主持学院行政全面工作，负责学科建设和专业建设、质量工程、人事（含师资队伍建设）、财务（包含教学经费、专项经费、院长基金的使用）、招生、产学合作教育、学生就业基地建设、合作办学、校友等工作；联系机械工程及自动化系，金工实习中心。

党委副书记焦阳：负责学生、就业、共青团、体育、住宿学生的思想教育等工作；分管学生工作办公室、团委。

副院长杨飒：负责科研、对外交流合作、固定资产管理等工作；联系检测与质量工程系。

副院长程光：负责本科专业和高职专业学生教学组织和管理、继续教育、实验室建设和管理、协助院长做好师资队伍建设和对教师的业务考核等工作；分管教学科研办公室；联系工业工程与物流系。

副院长黄标：负责日常党务和行政、工会、教代会工作，协助院党委书记负责组织、宣传、纪检、统战工作，负责社会治安综合治理、安全保卫和环境卫生等工作；负责与校保卫处、后勤服务公司、门诊部等有关部门在白家庄校区工作单位的协调，配合校行政管理处、基建处等学校相关部门在白家庄校区的工作；分管综合办公室；联系汽车服务工程系。

第二节　教学改革与发展

一、本科教育

（一）专业设置及调整

2002 年 4 月，学院初设立时有 3 个普通本科专业招生，分别为机械工程及自动化专业、建筑环境与设备工程专业和材料科学与工程专业。其中，机械工程及自动化专业分计算机控制、产品创新和外贸英语三个专业方向单独招生，产品创新方向招收了一个职教师资班。

2003 年，机械工程及自动化专业不再分专业方向单独招生，改为按专业统一招生，该专业的职教师资班因北京市中职毕业生减少而停招；工业工程（现代制造工程管理）专业恢复招生；新增设工业设计专业并于当年招生。

2005 年，机械工程及自动化专业新增汽车服务工程专业方向。

2006 年，汽车服务工程专业单独招生，同时工业设计专业停止招生，学院专业数为 5 个。

2007 年，工业设计专业恢复招生。

2009 年 8 月，建筑环境与设备工程专业、工业设计专业转入生物化学工程学院。

2010 年，学院有 4 个普通本科专业招生，分别为机械工程及自动化专业、材料科学与工程（检测与质量管理工程）专业、工业工程（现代制造工程管理）专业和汽车服务工程专业。

2002—2010 年，保持连续招生的专业有机械工程及自动化专业和材料科学与工程专业，学院按照学校专业调整布局进行专业调整，涉及学院之间的转出、增设和停招专业，学院在此期间增设的新专业都进行了调研论证，适应了首都经济和社会发展对相关专业人才的需求，推动了学院整体发展。

2002—2010 年，学院本科专业设置及招生情况详见表 9.2-1。

表 9.2-1　2002—2010 年本科专业设置及招生情况一览表　　单位：人

招生年份 招生专业	2002	2003	2004	2005	2006	2007	2008	2009	2010	合计
机械工程及自动化(计算机控制)	38									38
机械工程及自动化(产品创新)	33									33
机械工程及自动化(外贸英语)	40									40
机械工程及自动化(产品创新)(职教师资班)	40									40
机械工程及自动化(机电一体化、计算机辅助设计/制造、计算机控制、外贸英语)		130								130
机械工程及自动化			144	130	104	87	63	105	105	738
材料科学与工程	34									34
材料科学与工程(检测与质量管理工程)		24	28	32	35	29	31	36	36	251
建筑环境与设备工程	55	54	56	64	70	58	63			420
工业工程(现代制造工程管理)		28	28	32	35	29	31	36	36	255
工业设计		28	28	32		29	31			148
汽车服务工程					35	29	31	35	35	165
合计	240	264	284	290	279	261	250	212	212	2292

2003 年，学院开始招收高等职业教育升本科(简称“专升本”)学生，招生专业和学生规模基本保持稳定。2003—2008 年，机械工程及自动化、建筑环境与设备工程 2 个专升本专业连续招生，机械工程及自动化专业一直是单独编班上课，建筑环境与设备工程专业插班上课。2009 年院系专业调整，建筑环境与设备工程专业转入学校生物化学工程学院。2009 年新增工业工程(物流管理)专业，单独编班上课。

根据学校要求，从 2010 年开始将专升本教育划入高等职业教育系列单独管理，设置了专业负责人。2003—2010 年，学院高等职业教育升本科专业设置及招生情况详见表 9.2-2。

表 9.2-2　2003—2010 年高等职业教育升本科专业设置及招生情况一览表　　单位：人

招生年份 招生专业	2003	2004	2005	2006	2007	2008	2009	2010	合计
机械工程及自动化	57	41	25	45	38	30	58	72	366
建筑环境与设备工程	18	12	5	6	7	5			53
工业工程								30	30
合计	75	53	30	51	45	35	58	102	449

(二) 教学基本建设

1. 专业建设

学院重视专业的发展，实施学科专业一体化建设，使每一个本科专业都有相应的重点建设学科做支撑，形成了国家、市、校、院四级专业建设体系。

校级及以上骨干和特色专业简介如下。

(1) 机械工程及自动化专业

该专业为国家级特色专业建设点和北京市级特色专业建设点。专业特色为注重培养学生应用计算机解决工程问题的能力，尤其是在计算机和机电结合方面的能力。毕业生具备机械制造、自动化、计算机、测控基础知识与基本理论，具备现代制造业企业现场工程师的基本素质，具有较强机电一体化、数控技术方面的实践能力、技术应用能力、新技术学习能力及技术创新能力，能在现代制造业企业生产第一线从事产品制造、技术应用、技术革新、生产管理等工作。

(2) 材料科学与工程专业（检测与质量管理工程）

该专业（检测与质量管理工程）为校级骨干专业。毕业生具备较宽泛的机电、材料和质量管理工程的基本知识，具备较强的工程实践能力，能在现代制造业、服务业和相关领域从事材料及机电产品质量检测、质量设计、质量控制以及质量管理等工作。

(3) 工业工程专业（现代制造工程管理）

该专业（现代制造工程管理）为校级骨干专业。毕业生具备现代工业工程和系统管理等方面的知识和应用能力，能在现代制造产业和其他领域从事生产、经营、服务等管理系统的规划、设计、评价等工作。

(4) 建筑环境与设备工程专业

该专业为北京市级特色专业建设点。毕业生具有扎实的建筑环境与设备工程专业基本知识、基本理论和较强实践能力，具有创新创业精神和社会责任感，能从事暖通空调系统和建筑环境智能控制系统的设计、工程管理、优化运行和节能管理等工作。

2002—2010 年，学院校级及以上重点建设专业设置情况详见表 9.2-3.

表 9.2-3　2002—2010 年校级及以上重点建设专业一览表

专业名称	学科门类	专业带头人	重点建设级别
机械工程及自动化专业	机械工程	方　新	国家级重点专业建设点 北京市特色专业建设点
建筑环境与设备工程专业	机械工程	张恩祥	北京市特色专业建设点
材料科学与工程专业（检测与质量管理工程）	机械工程	杨　飒	校级骨干专业
工业工程专业（现代制造工程管理）	机械工程	程　光	校级骨干专业

为了强化专业建设，经学校批准，学院设立校级骨干专业专业带头人，学院内部审核认定院级骨干专业专业负责人；为各课程群设立负责人。此类人员一般由专业中具有高学历、高专业技术职务（教授或博士副教授）的人员担任，负责专业的发展方向、课程的组织建设、科研项目申报的组织和本专业师资队伍的规划与建设等任务。2006 年，根据学校《关于加强实践教学队伍建设的意见》（京联人〔2006〕34 号）精神，学院又在各专业中增设了实践教学负责人。

2005—2010 年，学院专业负责人详见表 9.2-4。

表 9.2-4　2005—2010 年专业负责人一览表

序号	专业名称	层次	等级	专业带头人/专业负责人	任职时间	实践教学负责人
1	机械工程及自动化	本科	校骨干专业	方　新 毛智勇	2005—2010 2010—今	陈瑞阳
2	建筑环境与设备工程	本科	校骨干专业	张恩祥	2005—今	陈福祥
3	材料科学与工程	本科	校骨干专业	杨　飒	2005—今	马永新
4	工业工程	本科	校骨干专业	程　光	2005—今	邬洪迈
5	工业设计	本科		张慧姝	2005—今	何伟民
6	汽车服务工程	本科		于增信	2006—今	嵇　伟

注：2009 年建筑环境与设备工程专业和工业设计专业转入生物化学工程学院。

2005—2009 年，学院课程群负责人详见表 9.2-5。

表 9.2-5　2005—2009 年课程群负责人一览表

序号	课程群名称	负责人
1	工程力学、工程制图、机械设计基础课程群	孙建东
2	机械制造技术基础课程群	彭伯平
3	计算机基础课程群	杨继萍
4	微机、测试技术课程群	赵双华
5	材料工程类课程群	马永新
6	空调专业课程群	靳包平、韩国军
7	空调实践课程群	陈福祥
8	机械专业课程群 1(自动控制)	陈瑞阳
9	机械专业课程群 2(数控)	饶　军
10	机械专业课程群 3(专业英语、管理、高职实践)	雷保珍
11	机械专业课程群 4(液压控制基础类)	黄迷梅
12	汽车专业课程群	田春芝
13	毕业设计	唐希源
14	工业工程类课程群	邬洪迈
15	工业设计课程群	何伟民(院聘)
16	机械设计基础课程群	舒小龙(院聘)
17	金工实习	杨志勤(院聘)

注：2002—2010 年，学院培育有 1 个市级和 4 个校级本科优秀教学团队。

2002—2010 年，校级及以上本科优秀教学团队详见表 9.2-6。

表 9.2-6　2002—2010 年校级及以上本科优秀教学团队一览表

团队名称	负责人	级别	评定年份
技术应用性本科综合性课程建设教学团队	方　新	市级和校级	2007
空调自控综合性课程教学团队	张恩祥	校级	2007
“检测与质量管理工程”专业应用性本科教学改革与实践团队	杨　飒	校级	2008
机械工程基础教学团队	孙建东	校级	2009

2. 课程和教材建设

学院重视课程及教材建设，建立了市、校、院三级本科精品课程建设体系和国家、市、校、院四级精品(规划)教材建设体系。课程建设方面，在重点做好公共基础课程建设的基础上，着力培育、建设精品课程，并以精品课程建设带动整体课程建设。

2002—2010 年，学院本科课程有 1 门被评为市级精品课程，10 门被评为校级精品课程或校级精品课程建设项目(含预建设项目)(见表 9.2-7)。

表 9.2-7　2002—2010 年校级及以上本科精品课程统计表

序号	课程名称	负责人	精品课程级别
1	制冷技术	雷　霞	2002 年校级精品课程建设项目
2	机电液讯一体化实训	陈瑞阳	2002 年校级精品课程建设项目
3	CAD/CAM	雷　红	2002 年校级精品课程建设项目
4	质量检测基本技能实训	马永新	2003 年校级精品课程预建设项目
5	机电液讯一体化实训	陈瑞阳	2007 年校级精品课程
6	数控机床与编程	饶　军	2008 年校级精品课程
7	工程材料	杨　飒	2008 年校级精品课程
8	工程技术应用项目	方　新	2009 年校级精品课程
9	机械设计基础	孙建东	2009 年校级精品课程
10	机械工程技术综合实践	方　新	2010 年市级精品课程 2010 年校级精品课程

教材建设方面，2002 年 4 月成立教材建设委员会(组成人员同教学指导委员会)。学院每年继续推进各专业教材建设，为优秀教材评奖，给重点建设教材一定的资助。2002—2010 年，学院有 1 部本科教材被评为国家级规划教材，1 部本科教材被评为北京市级精品教材，4 部本科教材被评为校级精品教材(见表 9.2-8)。

表 9.2-8　2002—2010 年校级及以上精品教材和国家级规划教材一览表

<table>
<tr><th>教材名称</th><th>主编姓名</th><th>级别</th><th>获批时间/年</th></tr>
<tr><td rowspan="3">数控机床与编程</td><td rowspan="3">方　新</td><td>国家级规划教材</td><td>2006</td></tr>
<tr><td>市级精品教材</td><td>2008</td></tr>
<tr><td>校级精品教材</td><td>2008</td></tr>
<tr><td>机械设计基础</td><td>孙建东</td><td>校级精品教材</td><td>2008</td></tr>
<tr><td>机械工程及自动化专业核心课系列精品教材建设</td><td>方　新</td><td>校级精品教材</td><td>2009</td></tr>
<tr><td>质量管理统计技术</td><td>周友苏</td><td>校级精品教材</td><td>2009</td></tr>
</table>

2002—2010 年,学院教师编写出版的本科教材见表 9.2-9。

表 9.2-9 2002—2010 年教师编写出版的本科教材一览表

序号	教材名称	教师姓名	出版社	出版年
1	I—DEAS 产品创成式加工指南	方 新	机械工业出版社	2002
2	液压气动密封与泄漏防治	黄迷梅	机械工业出版社	2003
3	制冷原理	雷 霞	机械工业出版社	2003
4	上海凯越轿车维修手册	徐志军	人民交通出版社	2004
5	机械设计学基础(下册)	孙建东	机械工业出版社	2004
6	机电一体化控制技术	陈瑞阳	高等教育出版社	2004
7	机械设计基础	张京辉	西安电子科技大学出版社	2005
8	机械设计学基础(上册)	孙建东	机械工业出版社	2005
9	数控机床与数控技术	饶 军	中国林业出版社 北京希望电子出版社	2006
10	数控机床电气控制技术	田宏宇	中国林业出版社 北京希望电子出版社	2006
11	数控加工工艺与编程	雷保珍	中国林业出版社 北京希望电子出版社	2006
12	工业机器人技术	郭洪红	西安电子科技大学出版社	2006
13	产品造型计算机辅助设计	张慧姝	北大出版社	2006
14	机械设计基础	孙建东	清华大学出版社	2007
15	机械制图及习题集	孙建东	西安电子科技大学出版社	2007
16	工业工程与系统仿真	程 光	冶金工业出版社	2007
17	数控机床结构与维修	田宏宇	上海交通大学出版社	2007
18	测试技术	刘晓彤	科学出版社	2008
19	数控机床加工工艺与编程基础	田宏宇	上海交通大学出版社	2008
20	机电一体化应用实例集锦	杨志勤	国防公业出版社	2008
21	机械制图/本科	孙建东	北京航空航天大学出版社	2008
22	数控技术	田宏宇	科学出版社	2008
23	电气控制与 PLC 应用技术	刘长青	科学出版社	2008
24	单片机应用技术	赵林惠	科学出版社	2008
25	电机驱动技术	王淑芳	科学出版社	2008
26	机械制图习题集/本科	孙建东	北京航空航天大学出版社	2008
27	工业工程与系统仿真应用	程 光	冶金工业出版社	2009
28	西门子工业自动化项目设计实践	陈瑞阳	机械工业出版社	2009
29	数控车床实训	杨志勤	国防工业出版社	2009
30	质量管理统计技术	周友苏	北京大学出版社	2010
31	人机界面组态与应用技术	席 巍	机械工业出版社	2010
32	LOGO! 控制器实训教程	张子义	机械工业出版社	2010
33	机械设计 VB 编程基础及应用实例	夏齐霄	国防工业出版社	2010

注:学院教师为主编、编著、第一编著者予以收录;副主编、参编、第二编著及以后者未收录

3. 教学管理制度建设

学院不断完善教学管理制度，积极探索校、院、系三级教学管理体系的建设。

学院重视教学经验总结和推广，除了建立日常教学工作例会制度外，从2005年开始每年召开一次全院教学工作会(此前采用暑期干部工作会名义)，总结上一年度教学工作，布置下一阶段教学工作重点，在全院营造重视教学工作、以教学为中心的良好氛围。

(三) 教育教学改革与发展

1. 人才培养模式改革

学院积极开展教学改革，不断探索应用型人才培养模式。学院设有校级本科人才培养模式创新试验区——机械类专业应用性本科人才培养模式创新试验区。

学院人才培养模式改革成果《培养技术应用性人才的产学合作教育运行机制探究》获得2004年北京高等教育教学成果奖一等奖；《应用性工科产学合作教育人才培养模式创新实践研究》获得2010年学校教育教学成果奖三等奖。

此外，各专业也积极开展人才培养模式改革，如机械工程及自动化专业的成果《机械工程及自动化专业现场工程师人才培养模式的研究与实践》获得2008年学校教育教学成果奖二等奖；材料科学与工程(检测与质量管理工程)专业的成果《材料科学与工程(检测与质量管理工程)复合型应用性本科专业教学改革与实践》获得2008年学校教育教学成果奖二等奖；工业工程专业的成果《构建新型工业工程专业应用人才培养模式的探索与实践》获得2008年学校教育教学成果奖三等奖。

2. 教育教学改革

学院鼓励教师进行教育教学改革，设立院级教育教学改革项目，为教师申报上级教育教学改革项目创造了条件。通过教改项目的实施，培育了教师投入教学和教学研究的氛围，推动了专业建设和课堂教学质量的提升。2002—2010年，校级及以上教育教学研究项目详见表9.2-10。

表9.2-10　2002—2010年校级及以上教育教学研究项目一览表

序号	项目名称	结题年度	负责人
1	建筑环境与设备工程技术应用性本科课程体系研究	2002	张恩祥
2	机械工程及自动化专业课程体系改革的研究与实践	2002	方　新
3	机类开放性实验实训开发体系	2003	陈瑞阳
4	实践课程“实验设计与数据处理”的提高与完善	2003	隗幼鹏
5	机械设计基础综合实训实践教学体系开发	2003	张京辉
6	电喷汽车电器综合实验台	2003	林世生
7	质量管理内审员实务实训	2003	周友苏
8	数控系统维护及编程实验	2003	饶　军
9	建筑环境智能控制实训室实训项目体系开发	2004	李春旺
10	人机工程学(实验)实训课程开发	2004	程　光
11	计算机辅助工业设计课程设计建设	2004	张慧姝

续表

序号	项目名称	结题年度	负责人
12	工科技术应用性本科人才教育教学体系建设	2005	张恩祥
13	应用性本科毕业设计与就业相结合的运行模式及质量评价标准的研究与实践	2005	杨　飒
14	“专接本”专业入学选拔方式及课程体系改革的研究与实践	200	方　新
15	材料科学与工程技术应用性本科专业教改项目	2005	杨　飒
16	机电类产学合作应用性教育教学改革的研究与实践	2006	张恩祥
17	材料科学与工程(检测与质量管理工程)专业的改革与实践	2006	杨　飒
18	工科技术应用性人才培养教育教学体系建设	2006	张恩祥
19	应用型本科专业教学改革——材料科学与工程(检测与质量管理工程)专业	2006	杨　飒
20	机械制造技术基础	2007	方　新
21	测试技术	2007	杨　飒
22	北京联合大学机电学院华德液压有限公司实践基地	2007	方　新
23	北京联合大学机电学院奔驰-戴姆勒克莱斯勒汽车有限公司实践教学基地	2007	张恩祥
24	机械工程及自动化专业建设	2007	方　新
25	材料科学与工程(检测与质量管理工程)专业建设	2007	杨　飒
26	建筑环境与设备工程专业建设	2007	张恩祥
27	单片机应用技术实验室	2007	赵双华
28	实践性教学环节质量控制研究	2007	方　新
29	技术学科教育专业课程开发方法研究与实践	200	张恩祥
30	技术应用型本科学院引ISO9000质量管理体系的研究与实践	2007	杨　飒
31	应用型大学本科机械工程及自动化专业建设	2008	方　新
32	“专升本”《电机及驱动技术》课程建设	2009	王淑芳
33	《检测与质量管理技术应用项目》综合性课程建设	2009	马永新
34	机械设计与制造类工程技术应用项目的开发与实践	2009	雷　红
35	产学合作校外实践教学基地长效运行机制问题研究	2010	赵林惠

3. 教育教学成果及奖励

2002—2010年,学院本科教育教学成果有1项获得北京市级教育教学成果奖,15项获得校级教育教学成果奖,其中校级一等奖4项(见表9.2-11)。

表 9.2-11 2002—2010 年校级及以上教学成果获奖项目一览表

序号	成果题目	获奖者姓名	获奖名称	获奖等级
1	培养技术应用性人才的产学合作教育运行机制探究	张恩祥、方新、杨飒、毛智勇、李春旺	2004 年北京高等教育教学成果奖	市级一等奖
2	深层次产学合作教育的研究与实践	张恩祥、方新、杨飒、毛智勇、李春旺、黄标	2004 年校级教学成果奖	校级一等奖
3	建筑环境与设备工程专业实践教学基地的实践与研究	张恩祥、李春旺、丁容仪、陈福祥、付力	2004 年校级教学成果奖	校级三等奖
4	与就业相结合的应用性本科毕业设计运行模式及质量保证机制的研究与实践	杨飒、毛智勇、周友苏、付力、黄标	2006 年校级教学成果奖	校级一等奖
5	建筑环境智能控制试验室“基于工作过程”的实践项目体系规划与开发	李春旺、田沛哲、吴义民、丁容仪、陈萍	2006 年校级教学成果奖	校级一等奖
6	机电液讯一体化实训课程建设	陈瑞阳、席巍、毛智勇、刘长青、田宏宇	2006 年校级教学成果奖	校级二等奖
7	基于人机工程学的实践教学体系建设	程光、张慧姝、邬洪迈、孙秀芳、许翰锐	2006 年校级教学成果奖	校级三等奖
8	“企业全程介入”技能型人才培养模式的探究	毛智勇、方新、饶军、雷保珍、昝华	2008 年校级教学成果奖	校级一等奖
9	材料科学与工程(检测与质量管理工程)复合型应用性本科专业教学改革与实践	杨飒、马永新、周友苏、王训伟、万春萍	2008 年校级教学成果奖	校级二等奖
10	机械工程及自动化专业现场工程师人才培养模式的研究与实践	方新、陈瑞阳、饶军、毛智勇、雷红	2008 年校级教学成果奖	校级二等奖
11	工科技术应用性本科人才教育教学体系建设	张恩祥、方新、毛智勇、李春旺、陈瑞阳、雷红、杨飒	2008 年校级教学成果奖	校级二等奖
12	基于“技术单元综合化”的工程训练课程开发	李春旺、朱永林、田沛哲、张恩祥、陈福祥	2008 年校级教学成果奖	校级三等奖
13	一种综合性实践教学课程教学模式的研究与实践	方新、陈瑞阳、赵林惠、席巍、刘长青	2010 年校级教学成果奖	校级二等奖
14	应用性工科产学合作教育人才培养模式创新实践研究	毛智勇、程光、赵林惠、雷保珍、王淑芳	2010 年校级教学成果奖	校级三等奖
15	引入 ISO9000 质量管理理念提高教育服务管理水平的研究与实践	杨飒、马永新、黄标、李秀彩、唐武	2010 年校级教学成果奖	校级三等奖
16	构建新型工业工程专业应用人才培养模式的探索与实践	程光、孙秀芳、邬洪迈、孙静、常军乾	2010 年校级教学成果奖	校级三等奖

4. 学位授予情况

学院严格毕业标准和学位授予标准,学生的毕业率和学位授予率一直比较稳定。

2006—2010 届学生毕业、结业、学位授予情况详见表 9.2-12。

表 9.2-12　2006—2010 届学生毕业、结业、学位授予情况一览表

届次	毕业生总数/人	准予毕业数/人	毕业率/%	结业数/人	授学位数/人	学位授予率/%
2006	273	265	97	8	208	78
2007	249	227	91	22	183	81
2008	343	332	97	11	262	79
2009	316	310	99	6	292	96
2010	238	234	98	4	213	89

(四) 重要教育教学活动

1. 本科教学水平评估工作

自 2003 年启动本科教学工作水平评估以来,学院遵循"以评促建,以评促改,以评促管,评建结合,重在建设"的方针,按照学校的统一部署,分阶段制订了可操作的评估计划。通过开展一系列的学习评估指标体系和自查整改,发挥了评估对教学质量的提升作用,"迎评促建"取得了成果,主要表现在如下四个方面。

(1) 学院教学工作思路进一步明确

在以评促建过程中,经过多次研讨、凝练,学院教学工作思路有了系统表述。即以校企合作为手段、以课程建设为核心、以实践教学为突破口、以招生就业为重点,转变观念、深化改革、科学管理,全面提高教育教学质量;面向首都现代制造业,为现代制造业企业生产、建设、管理、服务一线,培养高级技术应用型人才。

(2) 应用性专业建设得到加强

学院的机械工程及自动化专业、建筑环境与设备工程专业被评为学校首批技术应用性本科试点专业。在此基础上,结合 2004 年初学校党委《关于将机电学院作为试点学院,全面进行技术应用性人才培养试点工作的决定》,学院深入开展应用性专业的建设,制订了专业建设规划,不断增强产学合作教育,38 家企业与学院签订了正式的产学合作协议,其中 18 家企业成为各专业校外实践教学基地挂牌企业。

(3) 教风、学风明显好转

通过制度建设与管理教育,教师加强了教学精力的投入,教师执教能力得到提高,学生素质得到提高。

(4) 教学管理水平得到提高

学院重新梳理了教学管理文件,积极加强校本部一系列新教学管理文件的学习和执行,加强教学管理,并建立了行之有效的日常教学质量管理检查监督机制,促使教学管理向科学化、制度化和规范化方向发展。2008 年,学院教学科研办公室被评为校级优秀教学管理部门。

2006 年 10 月 16 日,教育部评估专家凌云教授、袁军堂教授到学院走访,听取张恩祥院长工作汇报,查阅教学文件,与师生进行交流,考察实验(实训)室。

2006 年 10 月 17 日,评估专家组朱传礼组长、夏建国教授在高林副校长、张恩祥院长、毛智勇副院长的陪同下，走访了地处亦庄北京经济技术开发区的学院校企合作单位 SMC（中国）有限公司和华德液压集团公司。这两家公司既是学院的校外实践教学基地，也是学院毕业生的就业基地。专家们认真听取了 SMC 公司人力资源部傅沛明部长和华德液压集团公司杜旭东总经理关于企业发展概况、产学合作经历、产学合作双赢成果的介绍以及对今后长期合作的设想，询问了企业对北京联合大学技术应用性人才的使用效果和看法，了解了历届毕业生在校所学知识到企业的应用和在企业的个人发展情况。专家充分肯定了学校对培养技术应用性人才的定位和产学合作的做法。

2006 年 10 月 18 日，教育部评估专家袁军堂再次来到学院听课。

为进一步提高学院本科教育教学质量，切实密切产学合作关系，2005 年 9 月，经学院推荐、学校聘任，SMC（中国）有限公司总经理赵彤博士（教授、博士生导师）担任学院的名誉院长；此后，学院陆续聘任知名企业、行业的专家、负责人担任学院兼职教授。

2. 教学工作会

2005 年开始，学院每年召开一次教学工作会议，在全面总结每一年学院教学工作的基础上，研讨学院的重要教学工作。

2005 年 9 月，机电学院召开首次教学工作会。副校长高林出席会议并做了重要讲话；院长张恩祥做了工作报告及本科教育工作预评估倒计时动员，重点布置了预评估工作；方新副院长做题为“技术应用性人才之中外比较”的重点发言；毛智勇副院长做题为“构建技术应用性本科人才培养的支撑环境”的重点发言。

2007 年 8 月，教学工作会主题为“加强教风和学风建设”。与会教师围绕“教什么、怎么教、怎么管和怎么考”开展课程建设和教学方法、考核方法进行研讨；与会管理人员围绕“管什么、怎么管”，如何监控和如何更好地为师生服务，加强自身工作作风建设，支持并促进教师教风建设和学生学风建设等问题进行研讨。周友苏、陈瑞阳、付力和雷红 4 位教师进行了经验交流并发言。

2008 年 7 月教学工作会上，毛智勇、丁容仪、魏雪英、马永新、饶军、周友苏、韩国军等 7 位教师进行了重点发言，共有 37 位教师提交教学研究论文。

2009 年 8 月教学工作会上，方新院长做题为“本科教学与高职教学的联系与区别”的主旨报告，汽车服务工程、工业工程、汽车技术服务与营销、物流管理 4 个专业负责人分别作题为“凝炼专业特色、规范培养目标”的主题发言。

2010 年 12 月教学工作会上，对学院教学品质提升工作进行研讨。各系（部）主任分别对一年来的教育教学成果和不足进行了总结，教学科研办公室报告了学院教学管理工作的主要业务流程。

3. 成立“现代制造工程技术实践教学中心”

学院将全部实验（实训）室统一管理，成立学院直属教学单位实验实训中心，设主任 1 人和副主任 3 人，主任由分管实践教学的院领导兼任。学院将全院实验（实训）室整合规划为“现代制造工程技术实践教学中心”，2007 年获批校级实践教学中心，中心使用面积近 5000 平方米，设备资产近 2000 万元，可同时容纳 750 人进行相关的实验和工程训练。

该中心面向全院各本科和高职专业开设实验、训练课程，下设工程基础、工业设计、制造及自动化、工业工程、检测与质量管理、建筑环境与设备、汽车服务工程等7个分中心，包含37个实验室，其中7个实验室为企业投资数百万元共建实验室。

4. 成立“技术应用性人才专家指导委员会”

2005年6月，学院召开技术应用性人才专家指导委员会成立大会。时任市教委副主任张国华和副校长高林出席并讲话，学校党委副书记孙权向参加会议并受聘担任学院专家指导委员会委员的北京现代汽车有限公司、北京吉普汽车有限公司、SMC(中国)有限公司、北京京城机电控股有限公司、北京华德液压集团公司等制造企业和行业的专家颁发聘书，时任北京市教委高教处处长徐宝力受聘担任专家指导委员会名誉主任。张恩祥院长与委员会成员单位签署了校企合作协议书。校党委副书记高东，市人大代表李敬，专家指导委员会委员庄杰、吴元炜、李济生、杜旭东、陈冬亮、赵彤、聂启明、黄静、童志远的代表，市教委高教处祁昕，学院相关人员和多家媒体记者出席会议。学院党委书记张建林主持成立大会。

5. 承办机电学院产学合作教育研讨会

2006年1月9日，学校党委在学院召开机电学院产学合作教育研讨会。北京市教委主任耿学超、校党委书记席文启、副校长高林到会并讲话。研讨会由校党委副书记孙权主持，全校各学院、各相关部门的领导约120人参加了会议。张恩祥院长做题为“走产学合作教育之路，培养技术应用性人才”的主题报告。

6. 承办全校实践教学现场会

2007年11月，校党委在学院召开实践教学中心建设现场会，同时为学院作为学校首个技术应用性人才培养试点学院揭牌。校党委书记席文启、校长张妙弟，副书记孙权、高东，副校长张铃、高林、韩宪洲及各学院、各相关部门的领导参加了会议。会议由校党委副书记孙权主持，校长张妙弟和副校长高林分别讲话，张恩祥院长做题名《实践教学——培养技术应用性人才的基本保证》的主题报告。

二、高等职业教育

(一) 专业设置及调整

2002年，学院设有9个高职专业：汽车商务、汽车商务(现代交通技术)、楼宇机电设施管理、室内环境控制工程、现代材料营销与管理、图像图形艺术设计、机电应用技术(计算机控制)(单招)、室内环境控制工程(单招)、现代汽车应用技术(单招)专业。

2003年，新增设物流管理专业、材料科学与工程(材料检测与微机应用)专业并招生，停招现代材料营销与管理专业。

2005年，停招材料科学与工程(材料检测与微机应用)专业，规范专业名称后机电应用技术专业分为机电一体化技术和数控技术两个专业，学院高职专业数为7个。

2008年，压缩高职规模，停招供热通风与空调工程技术专业。

2009年，专业调整，物业设施管理专业转入生物化学工程学院。

2010年，高职专业5个，即数控技术、机电一体化技术、汽车检测与维修技术、汽车技术服务与营销、物流管理。

在举办高等职业教育期间，形成了两条不同的途径：一是依托本科办高等职业教育，如依托机械工程及自动化本科专业办机电一体化技术和数控技术高职专业、依托材料科学与工程本科专业办高职材料科学与工程(材料检测与微机应用)专业;二是先办高职专业积累办学经验、引进培养师资,再申报本科专业,如先办汽车检测与维修技术、汽车技术服务与营销高职专业,再办汽车服务工程本科专业。

2002—2010 年,学院高职专业设置及招生情况详见表 9.2-13。

表 9.2-13　2002—2010 年学院高职专业设置及招生情况一览表　　单位:人

招生专业＼招生年份	2002	2003	2004	2005	2006	2007	2008	2009	2010	合计
汽车商务	30	60	28							118
汽车商务(现代交通技术)	25									25
汽车商务(单招)		26	27							53
现代材料营销与管理	30									30
物流管理		30	28	20	65	65	68	70	70	416
材料科学与工程(材料检测与微机应用)		25	27							52
图像图形艺术设计	30	28								58
室内环境控制工程	30									30
楼宇机电设施管理	30		27							57
楼宇机电设施管理(单招)		25								25
机电应用技术(计算机控制)(单招)	30									30
机电应用技术		40	55							95
机电应用技术(单招)		26								26
现代汽车应用技术(单招)	30	30								60
现代汽车应用技术			27							27
室内环境控制工程(单招)	27	26								53
室内环境控制工程			27							27
汽车检测与维修技术				63	64	32	68	36	36	299
汽车技术服务与营销				50	32	64	34	36	36	252
物业设施管理				32	32	32	38			134
数控技术				32	33	33	34	36	36	204
机电一体化技术				32	33	33	34	36	36	204
供热通风与空调工程技术				32	32	32				96
合　计	262	316	246	261	291	291	276	214	214	2371

2005—2009 年,学院高职专业带头人/负责人详见表 9.2-14。

表 9.2-14　2005—2009 年学院高职专业带头人/负责人一览表

序号	专业名称	层　次	等　级	专业带头人/专业负责人	任职时间
1	机电一体化技术	高　职	校骨干专业	方　新 毛智勇	2005—2008 2008—今
2	供热通风与空调工程技术	高　职	校骨干专业	张恩祥	2005—今
3	汽车检测与维修技术	高　职	校骨干专业	于增信	2005—今
4	汽车技术服务与营销	高　职		徐志军	2005—今
5	数控技术	高　职		方　新 毛智勇	2005—2008 2008—今
6	物流管理	高　职		程　光 邬洪迈(代管)	2005—今
7	物业设施管理	高　职		张恩祥 李春旺(代管)	2005—今

(二)教学基本建设

学院重视在高等职业教育上的基本建设,建立实验实训室,建设重点专业、精品课程和规划精品教材等,有力地保障了教育教学质量。

2002—2010 年,学院有 5 门校级高职精品课程或精品课程预建设项目(见表 9.2-15);有 1 部国家级高职教材,3 部市级高职精品教材,4 部校级高职精品教材。

2008 年,学院的“数控技术”产学合作人才培养教学团队被评为校级优秀教学团队,团队负责人为毛智勇。

表 9.2-15　2002—2010 年校级高职精品课程及预建设项目一览表

序号	课程名称	负责人	精品课程级别
1	施工组织与管理	张恩祥	2003 年校级精品课程预建设项目
2	产品造型设计与模型制造	程　光	2003 年校级精品课程预建设项目
3	暖通空调施工技术与组织管理	张恩祥	2007 年校级精品课程
4	液压与气压传动	毛智勇	2007 年校级精品课程
5	汽车发动机构造与原理	于增信	2008 年校级精品课程

2002—2010 年,校级及以上高职精品教材和规划教材详见表 9.2-16。

表 9.2-16　2002—2010 年校级及以上高职精品教材和规划教材一览表

教材名称	主　编	级　别	获批时间/年
数据库技术及其在网络中的应用	王育平	国家级规划教材	2002
机械 CAD/CAM	方　新	国家级规划教材	2004
		市级精品教材	2002
制冷原理	雷　霞	国家级规划教材	2004
		校级精品教材	2004
机械 CAD/CAM(第 2 版)	方　新	国家级规划教材	2006
机械工程检测技术(修订版)	陈瑞阳	国家级规划教材	2006
机电控制技术	陈瑞阳	国家级规划教材	2006
中文 3ds max 7 角色设计案例教程	季红益	国家级规划教材	2006
中文 3ds max 7 装饰设计案例教程	季红益	国家级规划教材	2006
中文 Flash 8 动画设计案例教程	孟昭勇	国家级规划教材	2006
中文 Dreamweaver 8 应用和网页界面设计案例教程	孟昭勇	国家级规划教材	2006
中文 Authorware 7.0 案例教程	傅　浩	国家级规划教材	2006
中文 Visual Basic 6 程序设计案例教程	刘彩虹	国家级规划教材	2006
Visual Basic. NET 程序设计案例教程	张恩祥	国家级规划教材	2006
ASP. NET 语言程序设计案例教程	魏雪英	国家级规划教材	2006
Visual Basic 程序设计案例教程	刘彩虹	国家级精品教材	2008
		市级精品教材	2008
		校级精品教材	2008
液压与气压传动	毛智勇	市级精品教材	2008
		校级精品教材	2008
轿车自动变速器故障诊断与分析	嵇　伟	校级精品教材	2008

2002—2010 年，学院教师编写出版的高职教材详见表 9.2-17。

表 9.2-17　2002—2010 年学院教师编写出版的高职教材一览表

序号	教材名称	教师姓名	出版社	出版年
1	《自动变速器结构拆装与故障检修》VCD	嵇　伟	人民交通出版社	2002
2	用 Python 学编程	刘彩虹	清华大学出版社	2002
3	机械 CAD/CAM	方　新	高等教育出版社	2003
4	《大众自动变速器结构原理与故障检修》VCD	嵇　伟	人民交通出版社	2003
5	自动变速器故障诊断与检测(基础篇)	嵇　伟	机械工业出版社	2003
6	自动变速器故障诊断与检测(资料篇)	嵇　伟	机械工业出版社	2003
7	汽车营销实战	王　缅	机械工业出版社	2004

续表

序号	教材名称	教师姓名	出版社	出版年
8	物流管理	程　光	机械工业出版社	2005
9	汽车防抱制动系统(ABS)工作原理与故障检修	嵇　伟	人民交通音像电子出版社	2005
10	现代汽车故障诊断与维修	嵇　伟	人民交通出版社	2005
11	机械工程检测技术(第二版)	陈瑞阳	高等教育出版社	2005
12	Access 2003 数据库原理与应用标准教程	杨继萍	清华大学出版社	2005
13	汽车发动机构造与维修	徐志军	中央广播电视大学出版社	2006
14	高级轿车故障码详解	徐志军	国防工业出版社	2006
15	ASP 基础教程	魏雪英	人民邮电出版社	2006
16	中文 Photoshop 8.0 案例教程	王　锦	人民邮电出版社	2006
17	中文 Visual Basic 6.0 案例教程	于建海	人民邮电出版社	2006
18	中文 Visual Basic 6.0 基础教程	郭　政	人民邮电出版社	2006
19	ASP.NET 语言程序设计案例教程	魏雪英	中国铁道出版社	2007
20	Java 程序设计案例教程	魏雪英	中国铁道出版社	2007
21	汽车运行材料	嵇　伟	人民交通出版社	2007
22	轿车自动变速器故障诊断与分析	嵇　伟	机械工业出版社	2007
23	液压与气压传动	毛智勇	机械工业出版社	2007
24	汽车空调	田春芝	中央广播电视大学出版社	2007
25	汽车电喷发动机常见故障诊断与分析	嵇　伟	机械工业出版社	2008
26	Visio 2007 图形设计从新手到高手	杨继萍	清华大学出版社	2008
27	Access 2007 数据库应用与开发从新手到高手	杨继萍	清华大学出版社	2008
28	Visual Basic 程序设计案例教程	刘彩虹	中国铁道出版社	2008
29	Visual C# 2005 程序设计教程	杨继萍	清华大学出版社	2008
30	计算机导论(第 6 版)	杨继萍	清华大学出版社	2009
31	Java 实用教程(第 4 版)	杨继萍	清华大学出版社	2009
32	机械工程检测技术	陈瑞阳	高等教育出版社	2010
33	机电控制技术	陈瑞阳	高等教育出版社	2010
34	汽车性能与使用	徐志军	化学工业出版社	2010
35	中文 AutoCAD 2008 建筑设计应用教程	季红益	清华大学出版社	2010
36	Visio 2007 图形设计标准教程	杨继萍	清华大学出版社	2010
37	汽车发动机电控系统原理与检修彩色图解	嵇　伟	机械工业出版社	2010

注：学院教师为主编、编著、第一编著者予以收录；副主编、参编、第二编著及以后者未收录

（三）教育教学改革与发展

学院在高等职业教育人才培养上，坚持以能力培养为导向，强化实践教学，先后进行了2002版教学计划、2004版培养计划、2007版培养计划制（修）订工作，明确了高等职业教育人才培养质量要求。

学院重视开展高职专业的教育教学研究，并取得相应成果。2002—2010年，校级高职教育教学研究项目情况详见表9.2-18。

表9.2-18 2002—2010年校级高职教育教学研究项目一览表

序号	项目名称	结题年份	负责人
1	室内环境控制工程专业高职高专课程体系研究	2002	张恩祥
2	机电应用技术专业课程体系改革的研究与实践	2002	方　新
3	数控技术专业建设	2007	毛智勇
4	汽车技术服务与营销专业课程体系研究与实践	2009	徐志军
5	高职数控机床与编程课程建设	2009	雷保珍

三、继续教育

2002年以后，学院曾撤销成人教育的管理机构，原机构中一部分人员编制在学院教学科研办公室，另一部分人员编制在教学系部，继续从事成人教育工作。

2004年，根据学校《关于校本部四学院设立继续教育办公室的通知》（京联党办〔2004〕13号），学院成立继续教育办公室。在分管院长领导下独立管理成人教育。继续教育办公室人员编制采用“2＋3”模式，其中3人校内工资（岗二、岗四）自筹。

2009年，按照学校《关于在非法人学院建立校、院、系三级管理体制的意见》（京联党〔2009〕57号）要求，校本部学院不再设置继续教育办公室，相关职能和管理人员并入学院教学科研办公室。

2005年2月，经学校批准，学院向朝阳区教委申请了“北京联合大学机电培训中心”社会力量办学许可证。该培训中心与学院继续教育办公室“两块牌子，一套人马”，院长任法人代表（2005年至2009年3月法人代表张恩祥，2009年3月至2009年年底法人代表方新）。2010年年初，经学院申请，“北京联合大学机电培训中心”社会力量办学许可证注销。

（一）成人高等教育

1．专业设置及招生情况

培养目标：针对成人的特点，根据北京市经济建设的需要，培养具有一定基础理论和专业知识、有较强实际操作能力的德、智、体全面发展的专业人才。

2002—2010年，学院成人学历教育专业设置及招生情况详见表9.2-19。

表 9.2-19　2002—2010 年学院成人学历教育专业设置及招生情况一览表　单位：人

专业名称	层　次	招生人数							
		2002	2004	2005	2006	2007	2008	2009	2010
艺术设计	专　科					21	24	13	13
机械制造与自动化	专　科						21	53	16
会　计	专　科				5	12	21	20	17
外贸会计	专　科	15		24					
工商管理	高起本	37	37	19	26	17	30	19	28
工商管理	专　科	16							
工商管理	专升本	20	15	19	9	23	22	38	17
机械设计制造及其自动化	专升本					30	21	32	28
艺术设计	专升本								15
汽车技术服务与营销	专　科				12	6			
汽车技术与管理	专　科		7	29					
计算机科学与技术	高起本	48	52	21					
计算机科学与技术	专升本		8	6	20	23			
商务管理	专　科		18		5				
英　语	专升本				12				
计算机网络技术	专　科		23	23					
电子信息工程	高起本	42	13						
计算机应用	专　科	53							
商务计算机技术	专　科	24							

2. 教学管理

学院继续教育部门负责成人教育系列的学生日常管理及学籍管理工作。包括学生报到、注册、学籍资料的存储与填报、学生学籍异动及处分的管理与申报、学生毕业资格审查与毕业证的发放、学位资格审查与学位证书的发放；负责各种职业技能证书的申报、审定与发放。

自 2006 年起，学校统一成人学历教育招生工作，学院原有招生代码停止使用。

2010 年，学院成人学历教育毕业证书由原教育部统一版毕业证书改为学校版毕业证书。

学院重视继续教育教学质量保障体系建设。继续教育部门负责学院成人教育系列的教学监控管理，联系相关系、部等教学部门，负责各专业的教学计划制订、专业设置的调研与调整、教师授课安排等教务工作。在计算机基础与微积分等夜大基础课教学中，按市教委规定所有学生都必须按照教学计划参加北京市统一测试，期末组织教师对统测课程考试及考试成绩进行分析，直到2004年后市教委取消了统一测试。2004年学院成立了夜大学教学视导组，实现了按教学计划、教学大纲对教学进行管理，并对管理过程进行控制。成教部门有听课查课、检查学生考勤等制度。夜大学对本科学生的毕业论文/设计采用统一的指导手册，记录学生毕业设计过程、教师指导过程和答辩评阅内容。

3. 教育教学成果

(1) 申报新专业

2006年，申报了“机械设计制造及其自动化”专升本专业。

2009年，申报了“机械制造与自动化”专科专业。

(2) 为社会培养人才

2002—2010年夜大毕业生为专科654人，本科780人，取得学士学位214人(见表9.2-20)。

表9.2-20 2002—2010年夜大本专科毕业生情况一览表

专业名称	层次	2002	2003	2004		2005		2006		2007		2008		2009		2010	
		毕业人数	毕业人数	毕业人数	获学位人数	毕业人数	获学位人数	毕业人数	获学位人数	毕业人数	获学位人数	毕业人数	获学位人数	毕业人数	获学位人数	毕业人数	获学位人数
艺术设计	专科													15		16	
会计	专科	4		28										15			
外贸会计	专科	8	36			15						23				19	
工商管理	高起本		3	8	4	12	5	16	7	29	11			31	6	21	7
工商管理	专科		17	23		14											
工商管理	专升本		7	11	8	20	11			13	6	13	2	26	8	19	4
机械设计制造及其自动化	专升本													27	8	17	2
汽车技术服务与营销	专科													5			
汽车技术与管理	专科													20			
计算机科学与技术	高起本					41	23	29	15	44	11			47	9	1	3
计算机科学与技术	专升本									8	5	3		28	3	9	
商务管理	专科									17				7			
英语	专科													12	8		
计算机网络技术	专科									23		21		1			
电子信息工程	高起本					39	21	38	21			14	6				
计算机应用	专科	15	1	22		39		36						1			
商(业实)务计算机技术	专科	34	29	58		48		24									

(二)高等教育自学考试

学院培训部和后来注册成立的北京联合大学机电培训中心,面向社会、面向行业、面向各专业领域,依托学院为社会提供培训服务,是社会在职人员参加岗位培训的继续教育基地。

学院是北京市教委成人教育考试指导中心批准的高等教育自学考试高职专业的助学院校,是北京市教委考试院自考办公室批准的"北京市高等教育自学考试应用技术教育《数控技术应用专业》(专科)、《智能建筑控制技术》(专科)、《汽车应用技术》(专科)"的主考院校,负责北京市该专业的教学指导与考试考务工作。2006 年此类自学考试取消。

2002—2010 年,学院共招收自考应用技术教育脱产和业余学生 1500 余人,其中脱产学生借用朝阳区教委停办的北京市延静里中学教室和计算机房上课,业余学生在学院上课。

(三)非学历教育

学院每年不定期举办成人高考考前补习班。

2007—2010 年,学院受全国重点建设职教师资培训基地(北京联合大学师资培训基地)委托,承接教育部全国中职学校数控技术应用专业和机电技术应用专业骨干教师国家级培训。先后举办 6 期,培训了近 300 名来自全国各地的中职学校骨干教师。

四、实验室与校外人才培养基地

建院以来,学院在实践教学建设上不断加大投入和资源整合力度,逐步实现了实验室统一管理、校内外实践教学基地建设相结合,为培养应用型人才提供了环境和硬件支持,现有各类实验室和实训室 27 个(见表 9.2-21),建成 1 个校级实验教学示范中心——现代制造工程技术实践教学中心以及 4 个校级校外人才培养基地(见表 9.2-22)。

学院陆续与德国西门子、北京奔驰汽车有限公司、日本 SMC 公司和北京现代汽车有限公司、北京北开电器股份有限公司、北京汽车股份有限公司北京分公司、北京华德液压有限公司等国内外一流高新技术企业在专业建设、实践能力培养及校内外教学、科研基地建设等方面建立了紧密的合作关系。先后累计与 38 家企业签订产学合作协议,其中挂牌企业 18 家。

表 9.2-21 实验室基本情况一览表

序号	实验室名称	实验室功能	面向专业
1	机械设计基础实验室	1.通过对常用机构的绘制和常用零件的观察和分析,了解机构和零件的选用方法和原则。 2.通过对各种减速箱的拆装和分析,了解常有机构和零件在通用设备的应用。 3.通过机构的组合创新试验,了解和学会机械设计方案的提出和对比。 4.通过齿轮范成和带传动的效率试验,了解机械传动涉及的主要性能	机械工程及自动化
2	工程力学实验室	1.通过金属材料的拉伸、扭转等实验,初步掌握测量和分析金属材料力学性能指标的方法。 2.通过测定梁发生纯弯曲时正应力的分布规律,初步掌握电测法测量梁横截面上应力与应变的方法。 3.初步掌握缺口敏感性指标的测定方法、金属冲击试验方法、平面应变断裂韧度的测试方法	机械工程及自动化

续表

序号	实验室名称	实验室功能	面向专业
3	测试技术实验室	1. 通过传感器系统试验仪，初步掌握电容传感器，电感传感器，电阻应变片式传感器等十几种常见传感器的工作原理和使用方法。 2. 初步掌握 LabView 软件的使用方法，可编写简单程序。明确转子实验台，环形输送线实验台的工作流程，了解测试的各个过程。 3. 初步掌握 NI ELVIS 的使用方法，可以搭建简单测试电路	机械工程及自动化
4	测量技术实验室	1. 初步掌握常用量具的选择和使用方法。 2. 通过立式光学计和电感测微仪等工具，掌握尺寸的微差测量法。 3. 通过对平尺直线度误差的测量，初步掌握床身导轨形状误差的测量及数据处理方法，并熟悉自准直仪的基本原理 。 4. 掌握用水平仪测量平板平面度的方法、学习确定平面度误差的数据处理计算方法。 5. 掌握用偏摆仪测量圆柱工件的径向圆跳动的方法。 6. 熟悉用光切显微镜测量表面粗糙的方法；练习用表面粗糙度样板评定表面粗糙度	机械工程及自动化
5	单片机应用技术实验室	1. 掌握 MCS-51 系列单片机内部结构、指令系统及程序设计方法；训练设计简单的 MCS-51 系列单片机应用系统硬件及相应的控制程序的能力。 2. 训练单片机测控系统输入输出通道的设计、编程与调试能力。 3. 训练单片机热工测控的编程和调试能力。 4. 训练单片机的 C 语言编程能力，掌握 51 系列单片机的信号采集、处理和显示方法	机械工程及自动化
6	CAD 训练室	1. 训练计算机辅助设计能力，包括 AutoCAD、CAXA 计算机绘图、Protel 计算机辅助电路设计能力等。 2. 训练运用软件熟练绘制机械装配图、零件图及进行零件的三维造型能力。 3. 训练计算机辅助设计机械产品的初步能力	机械工程及自动化
7	SMT 实验室	1. 掌握 SMT 技术与工艺流程，训练 SMT 工艺设计及 SMC/SMD 的组装能力。 2. 掌握 SMT 设备原理，训练 SMT 设备操作技能、以及 SMT 生产线运行与维护的能力。 3. 掌握组装质量检测与控制技术，训练 SMC/SMD 检测与返修的能力。 4. 进行焊膏涂覆、贴装、回流焊接、质量检测、返修等工艺的研究	机械工程及自动化
8	数控加工工艺实验室	1. 完成《数控机床与编程课程》的实验教学（认知数控车削加工的基本步骤，掌握数控车削加工的基本方法）。 2. 完成《机械工程技术综合实践》课程的实践环节教学任务（初步掌握机械加工工艺设计与实施的方法，机械零件数控车削加工操作的基本技能）。 3. 承担本科生毕业设计中部分机械加工工艺验证和数控车削加工。 4. 完成《机械制造技术基础》课程的实验教学（认知常用机床夹具，车刀基本角度的测量、绘制刀具角度图，掌握装配工艺尺寸链的计算方法）。 5. 完成《数控机床与编程课程》的实验教学（认知数控铣削加工的基本步骤，掌握数控铣削加工的基本方法）。 6. 完成《机械工程技术综合实践》课程的实践环节教学任务（初步掌握机械加工工艺设计与实施的方法，机械零件数控铣削加工操作的基本技能）。 7. 承担本科生毕业设计中部分机械加工工艺验证和数控铣削加工	机械工程及自动化

续表

序号	实验室名称	实验室功能	面向专业
9	数控实验室	1. 完成《数控原理》课程的实验教学(SIEMENS和FANUC数控系统的操作、报警文本制作、系统初始化、基本参数设置、驱动器的调试、车床和铣床系统调试的方法;掌握数控系统的软件、硬件故障诊断方法;测量和补偿丝杠/螺母驱动时反向间隙的方法。) 2. 完成《数控机床与编程课程》的实验教学(认知数控车削、铣削加工的基本步骤,掌握数控车削、铣削加工的基本方法)。 3. 完成《机械工程技术综合实践》课程的实践环节教学任务(初步掌握机械加工工艺设计与实施的方法,机械零件数控车削、铣削加工操作的基本技能)。 4. 承担本科生毕业设计中部分机械加工工艺、编程操作验证。 5. 训练手工编程能力	机械工程及自动化
10	自动化控制实验室	1. 掌握可编程控制器(PLC)的控制技术,训练PLC控制系统的设计与维护能力。 2. 掌握自动化生产线控制系统的硬件构成、模板参数的组态、工业网络通信和上位监控软件的应用技术,训练小型工业自动化系统的设计能力 3. 掌握工业机器人示教及软件编程的方法、简单工业机器人的控制方法。 4. 训练生产线中机械装置的拆装、气动系统的安装与调试、电气系统的安装与控制、工业机器人的应用等能力。掌握机电产品加工设备及自动生产线控制系统设计、组装、编程、调试、维护及维修方法。 5. 掌握PLC的控制技术,训练PLC控制系统的设计与维护能力。 6. 通过综合工程训练帮助学生了解过程控制装置,加深对被控对象的动态特性、主要参数对过程的影响规律及主要调节规律、控制算法的理解,培养学生具有过程控制系统的分析、设计、调试、投运和参数整定及分析处理过程控制中各种实际问题的综合能力	机械工程及自动化
11	电机驱动与控制实验室	1. 学习电机实验的基本要求与安全操作注意事项。 2. 熟悉直流他励电动机的运行特性及起动、制动与调速的方法。 3. 熟悉三相异步电动机的运行特性及起动、制动与调速的方法。 4. 熟悉步进电机工作原理与定位控制技术。 5. 学习变频器的原理与应用技术。 6. 认识实验中所用的继电器、接触器、按钮及仪表等组件的使用方法	机械工程及自动化
12	流体传动与控制实验室	1. 通过对液压气动系统设计,掌握设计方法,了解元件选择。 2. 通过对液压与气动回路的组装、液压气动系统的调试及系统故障分析,掌握液压与气压传动、控制的方法。 3. 初步掌握机电设备中气压、液压系统故障诊断与维修的基本技能	机械工程及自动化
13	液压实验室	1. 验证理论推导的小孔流量—压力特性式(流量计算公式)的正确性。 2. 学会小孔流量—压力特性的实验方法。 3. 通过对节流阀和调速阀组成的进口节流调速回路性能实验,做出它们的速度—负载特性曲线,分析比较它们的调速性能。 4.通过拆装,对照课本了解常用液压元件结构,了解常用液压元件装配关系。加深理解常用液压泵、液压阀工作原理。 5.通过对液压回路的组装、液压系统的调试及系统故障分析,掌握液压传动、控制的方法。 6.初步掌握机电设备中液压系统故障诊断与维修的基本技能	机械工程及自动化

续表

序号	实验室名称	实验室功能	面向专业
14	CAD/CAM训练室	1. 训练使用Pro/E软件完成计算机辅助设计/制造功能。 2. 训练计算机辅助机械零件几何造型、特征建模、装配建模、曲面造型的能力。 3. 训练计算机辅助编制工艺规程的能力，训练数控仿真、图形交互数控自动编程的能力	机械工程及自动化
15	检测与质量工程实验室	1.熟悉三坐标测量机使用过程中的基础工作，如探针的选择与校准、坐标系的建立、几何形状的构造等。 2.制定高效率的自动测量方案，对零件进行形位公差的测量与评定。 3.采集点云数据进行逆向工程，建立实物的三维模型，以用于后续设计和加工。 4.在质量检测相关实训中，采用Minitab软件处理质量数据，高效获取直观、准确的分析结论。 5.质量策划	材料科学与工程
16	材料工程实验室	金属材料的热处理、金相样品制备、建筑材料性能检测。 1.通过热处理工艺基本操作，研究碳钢在不同热处理状态下的性能特点和热处理工艺对钢组织性能的影响。 2.试样的截取、镶嵌、磨光、机械抛光和显示等为材料的组织分析、显微照相和定量金相分析做准备。 3.建筑石材放射性检验，釉面砖急冷急热性能、吸水率检验	材料科学与工程
17	无损检测实验室	金属材料硬度测试、材料的性能测试(包括探伤、软磁性能测试) 1. 掌握工件材质衰减系数的测定方法。 2. 掌握布氏、洛氏、维氏、显微硬度的测定方法。 3. 锻件和焊缝超声波缺陷探伤。 4. 零件的失效分析	材料科学与工程
18	微构分析实验室	材料的结构、组织分析、薄膜材料性能测试等。 1. 掌握二元合金相图的测定方法、金属材料显微组织分析法。 2. 掌握物相定性分析法、德拜法测定物质点阵常数的方法。 3. 金相显微镜的使用技能、显微照相技术和定量金相分析技术。 4. 训练零件断口的检验技术	材料科学与工程
19	物流工程实验室	1. 掌握自动立体仓库的仓库作业。 2. 简单应用堆垛机的手动和自动操作。 3. 应用电子标签辅助拣货系统的订单设置、分拣作业、盘点作业。 4. 针对固定的生产对象，对其进行制作工艺分析，生产流程分析和标准工时的制定、流水线平衡设计、生产过程管理	工业工程
20	人机工程实验室	1. 掌握环境品质测量、人体测量及疲劳测量方法和技术。 2. 理解人机系统中人、机及环境的相互关系，理解人的生理心理特点	工业工程

续表

序号	实验室名称	实验室功能	面向专业
21	数字仿真实验室	1. 从人因工程角度出发,在产品设计过程中,通过对人的可及度范围、合适度、舒适度以及视域等重要事项的实验,创建概念模型,将设计数据导入虚拟场景中进行可视化,加强节约成本、提高效率的基本技能。 2. 通过对离散事件系统和连续流体系统(如液压、化工、水力)的建模、仿真、分析与优化设计,掌握设计方法,理解部件选择的功效。 3. 通过对常用档案格式的整合(如 3D 的模型、2D 图形或音效等),运用互动行为模块的实时 3D 环境虚拟实境编辑软件,制作网际网络、计算机游戏、多媒体、建筑设计、交互式电视、教育训练、仿真与产品展示等多种 3D 产品,掌握三维虚拟操作方法	工业工程
22	汽车检测与诊断实验室	1. 利用气缸压力检测表检测汽车发动机密封性。 2. 进行汽车点火系点火波形检测和汽车车轮定位检测。 3. 利用尾气分析仪进行汽车尾气成分,烟度检测。 4. 汽车制动性能检测,验证汽车制动系统的性能。 5. 汽车发动机电控系统检测与诊断。 6. 利用常用检测设备对汽车故障进行实车检测与诊断	汽车服务工程
23	汽车构造与维修实验室	1. 进行汽车构造现场教学,展示汽车发动机、底盘各重要总成的结构和工作原理。 2. 进行汽车构造(发动机、底盘)分组拆装实习。 3. 进行汽车维修和故障诊断专业综合训练。 4. 进行发动机性能试验	汽车服务工程
24	汽车电器实验室	1.进行汽车点火系统的电路原理分析、线路连接、故障诊断与排除练习。 2.汽车启动系统的电路原理分析、线路连接、故障诊断与排除练习。 3.汽车照明系统的电路原理分析、线路连接、故障诊断与排除练习。 4.汽车信号系统的电路原理分析、线路连接、故障诊断与排除练习。 5.汽车辅助电器设备系统的电路原理分析、线路连接、故障诊断与排除练习。 6.汽车空调系统原理与检修项目	汽车服务工程
25	汽车发动机实验室	1.测量发动机功率、转速和燃料消耗等性能参数。 2.发动机负荷特性测试及曲线的制作。 3.发动机速度特性测试及曲线的制作	汽车服务工程
26	金工实习中心	进行车工、铣工、钳工、铸造和焊接 6 个工种的金工实习训练	机械类
27	计算机基础训练室	1.进行计算机基本应用能力训练。 2.训练使用 C 语言、VB 语言进行程序设计的初步能力。 3.训练应用数据库的能力,以及进行数据库程序设计的初步能力。 4.进行网线的制作、连接、连通性测试方法的训练;进行交换机、路由器的性能和使用方法的训练;进行应用网络的各种技能训练	机械类

表 9.2-22　校级校外人才培养基地情况一览表

序号	人才培养基地名称	面向专业	负责人	合作单位	获批时间
1	北京京城机电控股有限责任公司校外人才培养基地	机械类	毛智勇	北京京城机电控股有限责任公司	2010.08
2	北京华德液压工业集团有限责任公司校外人才培养基地	机械类	方　新	北京华德液压工业集团有限责任公司	2009.06
3	北京奔驰-戴姆勒克莱斯勒汽车有限公司校外人才培养基地	机械类	杨　飒	北京奔驰-戴姆勒克莱斯勒汽车有限责任公司	2009.06
4	SMC(中国)有限公司校外人才培养基地	机械类	毛智勇	SMC(中国)有限公司	2009.06

第三节　科学研究与社会服务

一、科研机构

学院设有1个校级院管科研机构——北京联合大学传动研究所,成立于2010年,孙建东教授为所长。该所有兼职科研人员12人,其中有教授3名,副高级职称人员5名,博士及博士后2名,在读博士2名。主要研究方向是机械变速器,液力变速器和电子调速装置等。主要研究内容是新型通用机械无级变速器的开发和应用,机械传动设备的改造,液力传动设备的开发和应用,电子调速装置的应用技术等。

二、科研管理

(一)机构设置

自建院以来,学院科研管理工作在校科研处的指导下,由学院教学科研办公室负责日常工作,设立科研管理岗,负责组织实施学院教师申报各级各类科研项目工作,对本学院教师科研项目进行过程及结题管理,组织实施学院教师科研工作量、科研奖励等工作,组织实施学院教师科技成果转化与产业化工作,学院各种与科学研究、学科建设、学术队伍建设以及科技成果转化与产业化有关的数据统计及分析工作。

(二)科研工作重要决定及事项

1. 学科建设

学院的机械制造及其自动化学科为校级重点建设学科。

学科定位:面向大北京地区现代制造业、现代生产服务业,从事机电、汽车、微电子制造领域新技术、新产品的设计研发,质量保证,效益提升的研究。

学科研究方向:生产材料运储管理、产品研发设计、制造工艺研究、生产方法研究、产品质量监控、作业条件改善、生产效率提升、生产管理、产品全寿命周期服务等整个制造业链条。

学科拥有8个研究平台:精密测量实验平台(德国蔡司三坐标测量仪、超声波探伤仪、微机控制荧光磁粉探伤机);精密制造试验平台(德国德玛吉五轴五联动加工中心、快速成型机);系统仿真优化试验平台(生产及物流过程仿真软件(FLEXSIM、WITNESS 等软件)、三维设计软件、物流工程实验设施及立体库、生产过程组装装配线等);人机功效试验平台(工作能力测试系列仪器装置、"达索"虚拟人机交互系统及软件);液压测试试验平台(30kW 液压阀类试验台、在线压力流量测试仪);功率测试实验平台(发动机测功机、自动数据采集与处理系统);机械臂实验平台(10T 材料试验机、自动椭圆偏振测厚仪);质量控制与保证分析平台(X 射线衍射仪、永磁材料特性测量仪)。

2. 科研管理制度

2005 年 9 月,学院按照学校教职工考核文件要求,出台对未完成科研工作量的教学岗位和实验岗位人员扣发学年岗 4 津贴的办法。

2009 年 6 月,学院制定了《关于院级科研课题结题验收的规定》(京联机教〔2009〕1 号),从制度上规范院级科研工作的管理。

(三) 科研工作重要会议

2010 年 8 月,学院召开学科建设研讨会。会议形成了"十二五"时期学科建设及科研重点发展思路;明确了学科建设方向;确定了学科建设目标,即着力建设现有校级重点建设学科——机械制造及其自动化,"十二五"期间争取建成校级重点学科,力争在"十二五"末期申报一级学科机械工程硕士学位点。

2010 年 9 月,学院召开科研工作会。院长毛智勇提出学院学科建设及科研工作发展思路,要求积极采取有效举措,提升学科研究水平。副院长杨飒作了学院科研工作报告。

三、科研成果

学院以学科建设为龙头,按照学科研究方向鼓励并支持教师,特别是中青年教师开展科研工作。

2002—2010 年,学院科研项目的立项数量和层次呈上升态势。省部级课题不断增加,横向课题成效显著,且项目完成情况良好,获得许多重要成果。

学院的立项项目有北京市教委项目、北京市科委项目、北京市人事局"北京市人才强教计划"中青年骨干教师资助项目,还有有关部委项目、学会项目、合作项目、横向委托项目以及院立项目。

2002—2010 年,学院共承担各类课题 168 项,获得各类科研经费约 400 万元(见表 9.3-1)。

表 9.3-1 2002—2010 年科研项目数和科研经费统计表

年份	2002	2003	2004	2005	2006	2007	2008	2009	2010	合计
科研项目数/个	10	13	30	24	27	21	10	14	19	168
经费/万元	13	26	44	31	29	60	57	71	69	400

(一) 重大科研项目

学院承担的纵向课题项目经费主要来自北京市科委、科协、教委。2002—2010 年,纵向课题项目情况详见表 9.3-2。

表 9.3-2 2002—2010 年纵向课题项目情况一览表

序号	项目名称	负责人	项目来源单位	立项年份
1	河、湖、渠除草船的研制	彭伯平	北京市教委	2002
2	高压开关磁畴壁定位光电压式电流互感器的研究与开发	张慧姝	北京市教委	2003
3	电机软启动智能控制系统	程　光	北京市教委	2004
4	汽车电喷系统用高温新型密封材料的研制与应用	杨　飒	北京市教委	2004
5	中小能力编组站自动化驼峰减速装置的研制	毛智勇	北京市科协	2005
6	被动式下肢体康复训练器的研究与制造	孙建东	北京市教委	2006
7	北京市在用车三元催化器老化过程研究	于增信	北京市教委	2007
8	大压力恒压压片机液压系统研制	黄迷梅	北京市教委	2007
9	光盘产品 VI 设计规范	程　光	北京市科委	2008
10	同轴式脉动无级变速器的研究与制造	孙建东	北京市教委	2009
11	现代制造企业离散生产系统效率改善技术研究与应用	程　光	北京市教委	2009
12	汽车电喷系统用高温新型密封材料的应用研究	杨　飒	北京市教委	2009
13	下肢训练器发明专利的实施	孙建东	北京市教委	2009
14	十二辊可逆式冷轧机液压系统可靠性研究	毛智勇	北京市教委	2009
15	柴油机冷启动柴油预热技术研究	徐志军	北京市教委	2010

（二）重要学术著作与论文

2002—2010 年，学院教师出版著作 2 部（见表 9.3-3），发表高水平（被国际三大检索 SCI、EI、ISTP 收录的）学术论文 35 篇（见表 9.3-4）。

表 9.3-3 2002—2010 年教职工独著、主编（或第一作者）学术著作情况一览表（教材除外）

著作名称	作　者	出版社	出版年
工业工程与系统仿真	程　光	冶金工业出版社	2007
工业工程与系统仿真应用	程　光	冶金工业出版社	2009

表 9.3-4 2002—2010 年国际检索收录的论文数量统计表

年　份	2002	2003	2004	2005	2006	2007	2008	2009	2010	合　计
篇　数	0	0	3	1	2	1	7	9	12	35

（三）专利技术

学院坚持突出应用研究和加强产学研合作的科研方向，积极推进科研成果转化工作。2002—2010 年，共获得授权专利 32 项，其中发明专利 15 项，实用新型专利 17 项（见表 9.3-5）。其中，孙建东教授有 1 项专利成功转让（见表 9.3-6）。

表 9.3-5　2002—2010 年授权专利一览表

序号	专利名称	发明人	专利类型	授权号	授权日期
1	用稀土超磁致伸缩材料制作的数动器直接驱动的液压泵	黄迷梅	实用新型	ZL200420092966.4	2005.07.06
2	一种模块化组态电气控制教学综合实验装置	张恩祥	实用新型	ZL200520114515.0	2007.03.28
3	同轴式凸轮无级脉动变速器	孙建东	发　明	ZL200510132747.3	2007.08.08
4	对试件两端主动加载式液压万能试验机	隗幼鹏	实用新型	ZL200620149020.6	2007.10.24
5	同轴式连杆无级脉动变速器	张恩祥	发　明	ZL200510132746.9	2007.12.05
6	捆绑物手提钩	王　超	实用新型	ZL200720140923.2	2008.02.13
7	多功能升降桌	王　超	实用新型	ZL200720002837.5	2008.04.09
8	垃圾处理滚筒筛装置	王　超	实用新型	ZL200720140924.7	2008.04.30
9	小螺钉自动运送机	方　新	实用新型	ZL200720173264.2	2008.06.25
10	被动式下肢训练器	孙建东	发　明	ZL200610078861.7	2008.09.17
11	手机塑料焊接机的工装结构	方　新	实用新型	ZL200720173265.7	2008.10.01
12	机床单向寻边装置	程　光	发　明	ZL200710107341.9	2009.01.14
13	一种生产密封材料的离心造粒方法及其产品与用途	杨　飒	发　明	ZL200710122050.7	2009.03.04
14	一种双平面升降机构	王　超	实用新型	ZL200820108226.3	2009.03.25
15	一种滑轮牵引式双层升降平台	王　超	实用新型	ZL200820108374.5	2009.03.25
16	一种有阀压电泵	夏齐霄	实用新型	ZL200820080782.4	2009.04.15
17	一种液体输送混合用无阀压电泵	夏齐霄	实用新型	ZL200820080781.X	2009.04.15
18	一种阀一振子一体有阀压电泵	夏齐霄	实用新型	ZL200820080780.5	2009.05.15
19	摄影测量中亚象素级轮廓线提取方法	方　新	发　明	ZL200610109242.X	2009.06.03
20	超高压工具的液压动力源	毛智勇	实用新型	ZL200820124391.8	2009.09.09
21	对试件两端主动加载的液压万能试验机	昝　华	发　明	ZL200710102074.6	2009.09.30
22	用于零件加工高效率成组夹具	程　光	发　明	ZL200810222048.1	2009.11.04
23	一种带 IC 卡片的轴承及其管理方法	王　超	发　明	ZL200810101849.2	2009.11.18
24	一种建立人工独特型网络的方法	赵林惠	发　明	ZL200710117674.X	2009.12.23
25	用于超高压工具的液压增压器及使用该增压器的超高压系统	毛智勇	实用新型	ZL200920106304.0	2009.12.30
26	流量分配器及使用该流量分配器的差动式热量表	孙建东	发　明	ZL200810225449.2	2010.06.09
27	分类精选滚筒筛装置	王　超	发　明	ZL200710118611.6	2010.06.09
28	一种阀—振子—体有阀压电泵	夏齐霄	发　明	ZL200810112451.9	2010.06.23
29	一种液体输送混合用无阀压电泵	夏齐霄	发　明	ZL200810112452.3	2010.07.14
30	改进型差动式无源热量表	孙建东	发　明	ZL200710195619.2	2010.09.15
31	用于管道焊接的管口整形机	毛智勇	实用新型	ZL200920278123.6	2010.10.27
32	车载太阳能制冷系统	张子义	实用新型	ZL201020046851.7	2010.10.27

表 9.3-6　2002—2010 年专利技术转让情况一览表

专利名称	发明人	专利号	专利受让单位	专利转让金额	转让时间
被动式下肢训练器	孙建东	ZL200610078861.7	北京龙福康科技发展有限责任公司	6 万元	2010.10

四、承办的国际国内重要学术会议

2009 年 10 月 22—23 日，学院承办了 IEEE 第 16 届工业工程与工程管理国际学术会议(IE&EM'2009)。工业工程与工程管理国际学术会议是工业工程与工程管理领域每年一次由我国举办的重要国际性学术会议，会议的主要目的是为国际工业工程与管理领域的专家学者与企业界人士提供一个交流研究成果的学术平台。

此次会议由中国机械工程学会工业工程分会主办，国家自然科学基金委员会管理科学部、国家自然科学基金委员会工程与材料科学部、教育部管理科学与工程教学指导委员会、美国工业工程学会、日本工业工程协会、天津大学、天津市工业工程学会、北京机械工程学会等 8 家单位为支持单位。学院副院长程光教授任本届会议组委会主席。

会议开幕式由中国机械工程学会工业工程分会理事长齐二石教授主持。本届大会主席、校长柳贡慧教授致开幕词。北京市科学技术学会副主席周立军、中国机械工程学会副秘书长王瑞刚应邀出席会议并讲话。西安交通大学的汪应洛院士、大连理工大学的王众托院士与来自美国、印度、日本，以及中国台湾和中国香港等国家和地区的 12 位专家学者应邀作了大会主题报告。

来自美国、印度、日本、匈牙利、德国、泰国、马来西亚，以及我国香港、澳门、台湾和内地的 300 多位专家学者参加了大会，并在会议上就各自研究成果做了交流。

本次大会共收到论文 1500 多篇，会议论文集《Proceedings 2009 IEEE 16th International Conference on Industrial Engineering and Engineering Management》及其光盘出版物已经由 IEEE Press 出版发行，程光担任该书第二主编。该论文集通过专家评审共收录论文 350 篇，全部被 IEEE Xplore 收录并同时被 EI 检索。

第四节　学生教育管理

一、学生管理

(一) 工作的机制与组织机构

1. 工作机制

学院学生工作在院党委和行政共同领导下，在校学生工作部(处)指导下，由学生工作办公室负责实施。学生工作办公室是学院学生管理的职能部门，负责对各年级、各专业、各系学生工作的领导，各年级、各专业、各系辅导员、班主任具体实施。

学院学生管理的重大事项由学生工作办公室提出初步意见，报分管学生工作党委副书记，经院务会(党政联席会)研究后最终决定。

建院以来，学院学生管理工作经历了如下 7 种模式。

第一,2002 年 4 月至 2003 年 8 月,学院学生管理工作实行年级管理制。学院按年级配备辅导员、班主任。

第二,2003 年 9 月至 2004 年 8 月,学院成立顺义校区,学院学生管理工作实行白家庄校区年级管理和顺义校区单独管理并行制。白家庄校区按年级配备辅导员,顺义校区高职专业大一学生配备辅导员。

第三,2004 年 9 月至 2005 年 8 月,学院新增廊坊校区,学院学生管理工作实行白家庄校区、顺义校区和廊坊校区分别单独管理并行制。白家庄校区根据本科专业及高职专业情况,按照年级配备辅导员。顺义校区高职专业大一学生和廊坊校区本科专业大一学生单独配备辅导员。廊坊校区成立学生工作组,学院每学年选定 2～3 名辅导员驻廊坊分校工作,接受学校廊坊分校党委领导和学院党委指导,学生工作组负责人由学院指定。

第四,2005 年 9 月至 2008 年 8 月,根据重新聘任后岗位设置及职责,学院学生管理工作实行专业管理以及顺义校区、廊坊校区单独管理并行制。白家庄校区根据本科专业及高职专业情况,按照 3 个专业组配备辅导员,顺义校区高职专业大一学生和廊坊校区本科专业大一学生单独配备辅导员。

第五,2008 年 9 月至 2009 年 8 月,顺义校区撤销,学院学生管理工作实行白家庄校区专业管理、廊坊校区单独管理并行制。

第六,2009 年 9 月至 2010 年 1 月,廊坊分校撤销,学院学生管理工作实行专业管理制。

第七,2010 年 1 月开始,按照学校《关于在非法人学院建立校、院、系三级管理体制的意见》(京联党〔2009〕57 号)规定,学院成立 4 个系,学生管理工作实行系级管理制,辅导员进入各系办公室办公,班主任则由各系负责选派。

2. 组织机构

学院学生工作办公室与团委合署办公,团委书记兼任学生工作办公室副主任。

学生工作办公室负责学生日常管理、思想政治教育、大学生党建、学风建设、评优奖励、违纪处理、困难学生资助、心理健康教育、学生工作队伍建设、学生就业指导和服务、征兵等工作;团委负责团员思想教育、团的组织建设、团支部建设、团员培训、团员“推优入党”并指导学生会、学生社团开展各项活动等工作,负责组织学生参加社会实践和科技活动。学院在顺义校区和廊坊校区办学期间,顺义校区综合办公室和廊坊校区学生工作组承担以上相关工作职能。

(二) 重点工作

2002—2010 年,学院学生工作在院党委和行政领导及校学生工作部(处)(含武装部和心理素质教育中心)指导下,深入贯彻落实中央和北京市委关于加强和改进大学生思想政治教育工作的重要精神以及学校的办学方针,紧密围绕校、院中心工作,以搭建“五个平台”(思想教育平台、学风建设平台、心理健康平台、贫困生资助平台、干部队伍建设平台)为工作主线,推进学生工作规范化、科学化、专业化、精细化建设,不断探索新时期学生工作的规律,加强教育,强化管理,周到服务,以促进学生综合素质全面提高。

1. 学生奖惩

(1) 奖励

学院严格按照《北京联合大学国家奖学金、国家励志奖学金和北京市国家助学金管理实施办法》(京联学〔2007〕7 号)评选各类奖学金。学院奖励设为个人和集体两种类别。对个人的奖励项目有优秀学生奖学金(分三等)、三好学生、优秀学生干部、优秀毕业生及单项奖;对集体的奖励项目为先进班集体。

根据《北京联合大学学生评优奖励条例(试行)》(京联学〔2006〕18 号)及《北京联合大学学生综合素质测评办法(试行)》(京联学〔2006〕19 号)等相关文件精神,学院始终坚持“公平、公正、公开”的原则,在评奖过程中,所有受奖的个人和集体都要经班级评选,学生工作办公室审批,报学院院务会(党政联席会)通过后确定,并进行全院表彰。

2002—2010 年,学院学生获奖励情况详见表 9.4-1。

表 9.4-1　2002—2010 年获各种奖励学生人数统计表

类别	三好学生人数		优秀学生干部人数		优秀班集体个数		优秀毕业生人数		获国家奖学金人数	获国家励志奖学金人数
学年 \ 级别	校级	市级	校级	市级	校级	市级	校级	市级		
2001—2002	45	3	16	1	3	1			2	2
2002—2003	48	2	32	1	3	1	11	8		
2003—2004	20	3	11	1	3	1	14	5		
2004—2005	16	3	35	1	5	1				
2005—2006	15	3	15	1	6	1			3	
2006—2007	45	3	15	1	6	1	13	13	5	67
2007—2008	44	3	15	1	5	1	12	3	5	66
2008—2009	29	3	10	1	4	1	13		5	53
2009—2010	31		10		3	1	13		3	54
合计	293	23	159	8	38	9	76	29	23	242

2002—2010 年,市级先进集体和个人名单详见表 9.4-2。

表 9.4-2　2002—2010 年市级先进集体和个人名单

学　年	先进班集体	先进个人	
		三好学生	优秀学生干部
2001—2002	01211	黄树博、牛鸿涛、李媛	李　喆
2002—2003	0206321	常萌、张伟、张腊梅	陈　雪
2003—2004	03063221	陈伟、唐金玉、孟庆荣	麻晓晴
2004—2005	03063351	张娣、贾少峰、杨洁	邱　薇
2005—2006	04063311	王倩、蔡琦、刘畅	梁　晨
2006—2007	04063331	樊辰宇、孙孟华、曲巍	林彦杰
2007—2008	06063351	孙杉、马丁、焦新华	刘　鹏
2008—2009	0709030201	曹亮、周中华、郑玉玲	张雪姣
2009—2010	0909030102	张雪姣、张伟翔、徐溪瑶	鄂李然

2005—2010年,获国家奖学金学生名单详见表9.4-3。

表9.4-3　2005—2010年获国家奖学金学生名单

学　年	姓　名
2005—2006	王贺佳、周春燕、王博娟
2006—2007	汪京、国立葳、李妍、时迎雪、林彦杰
2007—2008	赵有秋、张浩、曲巍、孙孟华、樊辰宇
2008—2009	孙杉、夏海威、周中华、刘杰、王臻
2009—2010	张雪姣、田硕、曹亮

(2) 处罚

按照《北京联合大学学生违纪处分条例(试行)》(京联学〔2005〕77号和京联学〔2008〕7号)的规定,学院对违纪学生的处分分为五等,即警告、严重警告、记过处分、留校察看、开除学籍。学院本着规范学生管理,强化制度建设,严肃学院纪律,净化校园环境的原则,加大学生管理力度,一方面通过组织学生学习《学生手册》并进行考试、召开主题班会、签署考试诚信书等方式,使学生管理的各项纪律深入人心,尽可能减少违纪现象;另一方面遵循审批程序,严肃处理违纪事件,教育和警示学生。

学生处分的处理流程。严重警告处分(含)以下的处理,学生工作办公室可直接批复,下达处分决定;记过处分(含)以上的处理,需上报学院分管学生工作党委副书记,最后经院务会(党政联席会)研究后,提出处分决定的意见,报校学生处核准。

解除学生违纪处分。学院自2008年5月开始执行《北京联合大学解除学生违纪处分管理办法(试行)》(京联学〔2010〕97号),学院本着加强对受处分学生的教育和管理,激励违纪学生改正错误,积极上进,成为合格大学生的原则,严格执行相关文件。符合解除处分条件的学生在毕业前向学生工作办公室提出书面申请,由学生工作办公室审核,院务会(即党政联席会)提出解除处分的意见,报校学生处复核,由校长会议批准生效。解除处分工作于每年毕业生资格审查前集中办理。

学生申诉制度。学院自2006年开始执行《北京联合大学学生申诉管理办法(试行)》(京联学〔2005〕80号)。学校申诉处理工作分为院、校两级管理,学校设立学生申诉处理委员会,学院下设学院申诉处理分委员会,由党院办公室(综合办公室)、教学科研办公室、学生工作办公室、团委、学院兼职纪检员、教师代表、学生代表等共同构成,学院申诉处理分委员会办公室设在学生工作办公室,负责学生申诉处理日常工作。

2. 学生资助

对生活特别困难的学生,学院积极落实党和政府、学校对家庭经济困难学生的各项资助政策,除配合学校为其开通"绿色通道"外,还执行学校关于减缓交纳学费的有关规定。根据《北京联合大学家庭经济困难学生认定的实施办法》(京联学〔2008〕5号)、《北京联合大学学生勤工助学管理办法》(京联学〔2007〕5号)和《北京联合大学国家奖学金、国家励志奖学金和北京市国家助学金管理实施办法》(京联学〔2007〕7号)等文件精神,学院实施对家庭经济困难学生的认定、资助及奖励工作。

学院自2002年起推行国家奖学金评选,2004年起推行北京市国家助学金评选,2007年起推行国家励志奖学金评选，并进一步加大对贫困学生资助与奖励的力度。

上述举措实施以来，30余人获得了国家奖学金、300余人获得了国家励志奖学金；400余人申请了国家助学贷款；近600人通过“绿色通道”顺利入学；2000余名家庭经济困难学生被认定为困难生，进入家庭经济困难学生档案库；1000余人获得了勤工助学岗位。

自2005年9月起，中国红十字会开始对学院困难学生进行捐助。截至2010年年底，已有10余人获得捐助；SMC(中国)有限公司自2008年起在学校设立“SMC青苗班奖学金”，奖励学院数控技术专业(高职)品学兼优学生。截至2010年年底，已有近10人获得企业奖学金。

3. 征兵工作

学生工作办公室依据相关政策，积极部署征兵工作，在全院学生中广泛宣传动员，并以此为契机对学生深入进行国防教育，激发学生的爱国之心和报国之志。学院确保每年征兵任务的完成。2006—2010年，学院在校生征兵入伍情况详见表9.4-4。

表9.4-4　2006—2010年学院在校生征兵入伍情况统计表

入伍时间/年	2006	2007	2008	2009	2010
人　数	1	5	3	1	5

4. 就业工作

学院重视就业工作，把就业工作作为“一把手工程”，每年研究制定符合学院实际的毕业生就业工作意见，加强对毕业生就业工作的领导，并通过建立责任机制将毕业生就业工作层层落实，狠抓“就业指导”和“就业服务”。在积极为学生提供就业信息的同时，还努力开拓就业市场，鼓励学生自主创业。

学院一直保持较高的就业率。2003年为70.2%(受“非典”影响)，2004年为97.4%，2005年为99.2%，2006年为96.4%，2007年为95.46%，2008年为96.4%，2009年为98.48%，2010年为96%。学院连续多年被评为学校“就业先进集体”，36名教职工荣获“就业先进个人”称号。

5. 宿舍管理

学院通过加强和改进公寓学生的教育管理模式，完善教育管理机制，提高教育管理水平。如成立学生自我管理委员会，督促学生自我管理；建立宿舍管理办公室与学生工作办公室的联席会议制度；建立宿舍卫生安全定期检查制度；坚持每年组织住宿学生进行“火灾逃生演习”和消防知识培训。

学院学生工作办公室在做好住宿学生的思想政治教育工作同时，还协助校后勤服务公司宿管中心和校保卫处的派驻机构共同做好宿舍管理工作。

2009年11月，学院承办学校“树窗口服务形象，创无烟楼”现场会，副校长韩宪洲出席会议。校行政管理处、学生处、保卫处、后勤服务公司、团委及各学院的分管领导参加了会议，会议由学院党委副书记焦阳主持。与会人员参观了学院宿舍楼，了解学院的学生宿舍管理情况。学院副院长程光介绍了学院宿舍管理经验，得到韩宪洲副校长等参会人员的肯定。

6. 学风建设

学院重视学风建设工作，不断探索新时期学风建设的新思路、新方法。例如，组织召开不同层次的学风建设研讨会;组织开展“做文明联大人,创优良学风班”等主题活动;开展“校园十大不文明现象”等学风状况调查;制定《机电学院创建优良学风实施方案(京联机〔2009〕2号)》等管理文件。

(三)规章制度建设

学院执行学校相关规章制度,进行日常事务管理。

结合学院实际情况,2005年制定了《北京联合大学机电学院关于大力整顿课堂、校园秩序,创造良好教学环境的措施》(京联机〔2005〕43号)、《关于机电学院学生课上使用手机处理办法的补充规定》《机电学院大学生文明修身工程实行方案》《机电学院大学生文明守则》《北京联合大学机电学院学生考勤管理办法》《机电学院创建优良学风实施方案》;2010年制定了《机电学院关于落实〈北京联合大学关于进一步加强教风学风建设的意见〉实施细则》等。

二、思想政治教育

(一)机构设置

学生思想政治教育在学院党委、行政的统一领导下以及校学生工作部(处)和校团委的指导下,由学生党总支、学生工作办公室和团委协同负责。学生党总支主要负责学生党员的教育管理;学生工作办公室负责学生日常思想政治教育;团委主要负责团员的教育与管理。

(二)内容与形式

学院重视并大力加强大学生思想政治教育工作,把全面提高人才培养质量作为工作的重中之重。

学生党总支坚持每年组织学生党员开展“红色1+1”活动。其中,“赴平谷党建与奥运宣讲主题社会实践团队”在学生党总支书记宁琳指导下,被中宣部、中央文明办、教育部、共青团中央共同评选为2007年度全国大中专学生志愿者暑期“三下乡”社会实践活动优秀团队。

1. 建设学生业余党校教育平台

学院党委重视学生业余党校的建设,充分发挥学生业余党校的教育平台作用,培养优秀学生入党。2002—2010年,学院由学生党总支具体负责每年分别举办一期党校初级班、中级班、高级班。其中,参加学生业余党校中级班人数为1285人,结业人数为1093人;参加党校高级班人数为818人,结业人数为765人。

2. 发挥思想政治理论课的主渠道教育作用

2002—2010年,学院认真组织形势与政策课程教育,相继开展了中国共产党十六大报告解读、学习弘扬“八荣八耻”、和谐社会建设、社会主义核心价值体系教育、奥林匹克运动会与志愿者、中国共产党十七大报告解读、学习实践科学发展观解读等活动。

3. 开展主题教育活动

2002—2010年,学院结合学生思想实际,开展了多种主题教育活动。例如,围绕纪念五四运动90周年,迎接国庆60周年庆典,开展一系列爱国主义主题教育活动;贯彻落实胡锦涛总书记关于社会主义荣辱观的重要论述,开展“八荣八耻”社会主义荣辱观教育活动;加强奥运精神和奥运知识的宣传教育,引导学生增强人文奥运理念,开展“我参与、我奉献、我快乐”的奥运志愿精神培育活动;深入学习实践科学发展观,开展增强社会主义核心价值体系影响力的论坛活动;促使学生树立正确的道德观,开展“感恩社会、志愿回报”活动。

4. 广泛开展心理健康教育

学院与校心理素质教育中心建立联系,每年在全院学生中开展心理普查工作,为学生建立心理健康档案;通过日常咨询的方式为400余名学生提供了个别辅导,妥善应对学生出现的突发心理问题。

2007年,学院成立“舞动心灵”心理社团,该社团一直秉承“舞动青春、传递微笑”的宗旨,为全院学生举办各种心理健康活动,每年“5·25”心理健康日举行丰富多彩的活动,如心理健康测试、心理健康讲座、心理电影赏析、发放心理健康宣传资料,引导大学生充分认识心理健康对于个人成长的重要意义。

5. 关注贫困学生的全面成长

学院贫困学生占在校生的15%左右。学生工作办公室贯彻以贫困学生“自立、自强、自尊、自信”为成长主线的精神,每年开展“勤工助学促成长”“为贫困生发放红十字基金”“贫困学生座谈会”“暖心工程”等多项教育活动。每年寒暑假,学院领导慰问家庭经济困难学生。

6. 坚持就业教育

学院注重毕业生的就业观教育,在校就业中心的指导下为学生开设了就业指导课和就业导航课程,根据以往学生中存在的问题,教师详细讲解就业形势、政策,帮助学生解决就业中的具体问题,帮助毕业生树立积极的就业观,引导学生到基层、到农村、到祖国需要的地方就业。

2006—2010年,学院毕业生中“大学生村官”约40人。学院领导多次分赴怀柔区、昌平区、通州区、大兴区看望“大学生村官”,了解他们的工作、学习、生活情况,鼓励他们坚定信心,克服困难,做出成绩,为校争光。2008—2010年,学院担任“大学生村官”的毕业生名单详见表9.4-5。

表9.4-5 2008—2010年学院担任“大学生村官”的毕业生名单

年份	姓名	专业	单位名称
2008	靳思源	建筑环境与设备工程	北京市朝阳区孙河乡人民政府
	周欣楠	建筑环境与设备工程	北京市密云县人事局
	冯江燕	工业工程(现代制造工程管理)	北京市怀柔区雁栖镇人民政府
	靳超会	材料科学与工程(检测与质量管理	北京市平谷区金海湖镇人民政府
	张晓曦	工业工程(现代制造工程管理)	北京市房山区人才交流服务中心
	赵鹏宇	物流管理	北京市门头沟区人事局
	李　杰	汽车技术服务与营销	北京市平谷区大兴庄镇人民政府
	郝二振	机械工程及自动化	北京市房山区人才交流服务中心
	王　涛	机械工程及自动化	北京市平谷区王辛庄镇人民政府
	孙　孟	建筑环境与设备工程	北京市门头沟区人事局
	王　倩	建筑环境与设备工程	北京市大兴区人才交流服务中心

续表

年　份	姓　名	专　业	单位名称
2009	陆　玉	机械工程及自动化	北京市怀柔区杨宋镇
	马　静	材料科学与工程(检测与质量管理)	北京市大兴区人才服务中心
	邓杰利	材料科学与工程(检测与质量管理)	北京市通州区人才服务中心
	刘　阳	机械工程及自动化	北京市怀柔区雁栖镇人民政府
	郭　倩	工业工程(现代制造工程管理)	北京市通州区人才服务中心
	焦英齐	机械工程及自动化	北京市顺义区高校毕业生到农村工作办公室
	王　峻	建筑环境与设备工程	北京市昌平区人事局
	杨　杨	物流管理	北京市通州区人才服务中心
2010	董　翔	工业工程(现代制造工程管理)	北京市昌平区人力资源和社会保障局
	王亚军	工业工程(现代制造工程管理)	北京市通州区人才服务中心
	郑启萌	工业工程(现代制造工程管理)	北京市房山区人才交流服务中心
	韩　雪	物流管理	北京市通州区人才服务中心
	李　鑫	机电一体化技术	北京市顺义区高校毕业生到农村工作办公室

7. 学生思想教育进宿舍

一是成立宿舍学生自我管理委员会,定期召开会议,开展工作,调动学生自我教育、自我管理的积极性;二是学生辅导员深入宿舍,及时了解和掌握住宿学生的思想状况,化解矛盾,解决问题;三是发挥学生党员的作用,使其成为创建文明宿舍的表率;四是加大奖励机制,以树典型、学典型的方式,推进文明宿舍的建设和良好风气的形成。

8. 开展校园文化活动

2002—2010年,学院通过邀请名师和专家学者来院讲学、举办讲座,提升文化活动品质。例如,请校关心下一代工作委员会张铃主任主讲《美国金融危机对中国经济的影响和启示》;请校社科部孟宪东教授主讲《中国特色社会主义理论体系》;请美国 Danny Lacy 教授辅导英语学习;请中国人民大学 6sigma 质量管理研究中心主任何晓群教授主讲《6sigma 管理与统计应用》;请学院方新教授主讲《中国制造业发展前景与机械工程及自动化专业就业的关系》;请北京师范大学心理咨询主任聂振伟教授主讲《大学生择业心理与生涯规划》。

学院成立了多个社团组织,由社团联合会负责日常管理。开展丰富的社团活动,形成了青年志愿者协会、国旗班、心理社团等品牌社团。

9. 推进社会实践活动

学院团委负责组织学生参加社会实践。学院大学生暑期社会实践工作始终坚持"按需设项、据项组团"的原则,结合社会发展和学生专业学习的需要,重视发挥人才和智力优势,开展了以专业实践、理论宣讲、志愿服务、主题调研、环境保护和奥运宣传等为主要内容的社会实践活动。同时,不断完善大学生社会实践立项制度,拓展大学生的综合素质。

学院团委与三里屯街道、东四十条社区等建立友好合作关系,为学生社会实践搭建平台。

2006年学院被评为"北京联合大学社会实践先进单位"。

2002—2010年,学院近20支队伍被评为"北京联合大学社会实践优秀团队",近百名学生被评为"北京联合大学社会实践先进个人"。

2004—2010 年，社会实践团队数与参与人数详见表 9.4-6。

表 9.4-6　2004—2010 年社会实践团队数与参与人数统计表

年　份	2004	2005	2006	2007	2008	2009	2010
团队数	7	9	9	62	40	40	61
参与人数	924	837	798	1413	8254	1321	3243

10. 开展志愿者服务

2007 年 4 月，青年志愿者协会成立，负责组织学生参加北京市各种志愿服务活动，如国庆 60 周年志愿服务、奥运志愿服务等，“两会”社会志愿者。此外，还与多家单位及社区结成共建合作关系，组织各种公益活动，如交通协管志愿服务、好运北京岗亭城市志愿者、春节志愿者、5 • 11 志愿者排队日活动、5 号线地铁通车志愿者、东城区智障人士与志愿者手拉手参与公益活动、三里屯街道艾滋病宣传服务活动、赴社区宣传奥运及十七大精神活动、保护母亲河日宣传。

学院多项志愿服务活动受到社会的认可，并被多家媒体报道。如 2010 年寒假期间，龚美琳等志愿者在“孙茂芳志愿服务岗亭”开展的春节“蓝立方”城市志愿者服务工作被《中国青年报》报道。

11. 建设学生第二课堂

学院注重学生科技活动的开展。由院团委负责广泛动员并组织学生参加各种科技活动，指导学生申报学生课外科技作品立项。

学生在各类科技竞赛活动中取得优异成绩。2003 年由黄帆老师指导、学生肖楠晔完成的第八届“挑战杯”全国大学生课外学术科技作品《梁的强度与刚度可视化全自动审核系统》获得全国二等奖；2005 年由赵双华、张子义等老师指导、学生李扬、常惠莉、于凯完成的全国大学生电子设计竞赛作品获得当年全国二等奖；2010 年，王学志、龚美琳、晏鑫鑫 3 名同学获得北京市大学生物理实验竞赛一等奖；2006 级学生战德龙申请的实用新型专利《多功能救援手套》获得国家知识产权局的实用新型专利授权通知书。

2003—2010 年，学院学生科技竞赛获奖情况详见表 9.4-7。

表 9.4-7　2003—2010 年学院学生科技竞赛获奖情况一览表

获奖时间/年	学科专业竞赛名称	获奖学生	指导教师	获奖级别
2003	第八届“挑战杯”全国大学生课外学术科技作品竞赛	肖楠晔	黄　帆	国家级二等奖
	第二届“挑战杯”首都大学生课外学术科技作品竞赛	肖楠晔	黄　帆	市级一等奖
		王　真	昝华、隗幼鹏	科技发明制作B类市级三等奖
2004	第一届中国青年机电一体化竞赛	张林涛、郭安祺		优胜奖
2005	2005 年全国大学生电子设计竞赛	李扬、常惠莉、于凯	赵双华、张子义、郑业明、段凯禄	国家级二等奖
	2005 年全国大学生电子设计竞赛（京瓷杯）（北京赛区）	李扬、常惠莉、于凯	赵双华、张子义、郑业明、段凯禄	市级一等奖
		袁慧、刘立明、张娣		市级三等奖

续表

获奖时间/年	学科专业竞赛名称	获奖学生	指导教师	获奖级别
2008	“亿维讯－CAI”杯首都高校第四届机械创新设计大赛	赵然、孙硕、赵兰、李万军	杨志勤、陈雪花	市级三等奖
	2008年大学生制冷空调科技竞赛北京地区邀请赛	李昂、隋云亮、赵昭	陈福祥	市级特等奖
		张千、孙磊、张征		市级二等奖
2009	第四届全国大学生“飞思卡尔杯”智能汽车竞赛(华北赛区光电组)	联合大学“袋鼠”队	赵双华	华北赛区三等奖
	第一届首都高校物流大赛	高鑫森、李莹、绍明林、徐凯、郑启萌	常军乾	市级三等奖
	北京电子设计竞赛	秦昌、黄玲辉、徐松	赵双华	市级二等奖
		张　冉		市级三等奖
	2009年“高教社杯”全国大学生数学建模竞赛(北京赛区甲组)	曹亮、李可蕊、米连胜	贾文敬	市级二等奖
	北京联合大学第二届智能汽车竞赛	马兴、王研、刘玉龙、战德龙、张凌通	赵双华	校级一等奖
		“袋鼠”队		校级第一名
		“勇敢的心”队		校级第四名
2010	2010年北京市高校大学物理实验竞赛	王学志、龚美琳、晏鑫鑫	宗广志、赵双华	市级一等奖
		刘志强、李硕、古建铮	高兴茹	市级二等奖
	2010年全国大学生数学建模竞赛	王鹏、龚关、梁怡	张　静	市级一等奖
	北京市首届计算机应用大赛	刘峰、张博、孟然、曾智威、陈旭	唐武、魏雪英	市级三等奖
	首都高校第五届机械创新设计大赛	梁舰、田冬雪、王宏涛、江楠、刘石磊	杨志勤、孙丽娟	市级三等奖
	北京联合大学第三届智能汽车竞赛	马兴、张凌通、刘玉龙、高阳、田川	赵双华	校级三等奖
	北京联合大学首届计算机应用大赛	刘峰等15人	魏雪英、唐武、焦阳、那日松	校级三等奖
	北京联合大学第三届大学生物理实验竞赛	刘志强、李硕、古建铮	宗广志、高兴茹、赵双华	校级二等奖
		龚美琳、王学志、晏鑫鑫		校级三等奖
		徐旻、李向东、贺京杰		校级三等奖

(三)建设与研究

学院重视学生思想政治工作队伍建设，不断探索新时期学生思想政治教育的规律和新举措,并调动全院教职工的积极性,形成全员育人的工作格局。

1. 加强制度建设

根据工作需要,学院及时修订《班主任工作职责》和《班主任工作考核办法》,2004年修订了《关于进一步加强和改进大学生思想政治教育的意见》,明确了新时期学生工作的指导思想和基本原则,确立了全员参与、开创学生工作新局面的工作目标。

2. 提高思想政治工作队伍的素质

学院坚持选聘思想素质好、业务水平高、奉献精神强的教师,担任辅导员及班主任。为了帮助辅导员和班主任提高理论水平和工作能力,学院每年还选派辅导员、班主任参加各类培训活动,如就业和心理辅导专业化培训、全球职业规划师培训、京师辅导员大讲堂等,累计参加培训近百人次。其中,2010年1月丁兆明参加了中共北京市委教育工作委员会组织的香港学生事务管理高级研修班学习。

学院鼓励辅导员在职攻读学位,提高学历层次。2002—2010年,1人攻读博士学位,3人攻读硕士学位(其中1人取得硕士学位)。截至2010年年底,学院辅导员中拥有硕士学位人数的比例超过70%。在学校历年辅导员考核评优中,2008年程永清被评为“北京市优秀辅导员”;2010年宁琳和卢丹蕾被评为“北京市优秀辅导员”,宁琳被评为“北京联合大学十佳辅导员”。

2010年12月,学院的专、兼职辅导员已基本达到上级规定的1∶200的师生比例。

3. 开展科学研究

学院要求全体辅导员积极开展思想政治教育工作的研究和经验总结。2010年,有3项研究课题结题并公开发表研究论文4篇;有1项课题获批立项北京市2010年首都大学生思想政治教育课题。结题的课题分别为:地方性高校贫困生认定的难点及对策探析(蒋丽萍主持)、应用型和研究型高校学生社会公德状况对比分析及对策(卢丹蕾主持)和高校学生网络道德培育与和谐校园建设(张菊玲主持)。获批立项市级课题的项目为:学习型辅导员成长路径实证研究(丁兆明主持)。

第五节 国际及港澳台交流与合作

一、基本情况

学院国际交流与合作工作在校国际交流合作处(港澳台事务办公室)指导下开展工作。

2002—2010年,学院组团出国访问2次;组团或参团赴国(境)外考察23人,派出教师国外访问学者1人,参加国(境)外学术访问、进修培训活动24人;接待国(境)外代表团来访4次;派出留学生及短期交流学习学生49人。

学院积极开拓国外就业市场,将毕业生直接推荐到国外就业。2004年,学院与日本宫腰公司开展国际交流合作,双方议定从2005年开始由学院推荐优秀毕业生直接到日本本土宫腰公司工作。2005年8月,3名毕业生分别被日本宫腰公司、三协株式会社录用;2006年8月,6名毕业生分别被日本三协株式会社、三和总业、NEC公司、新日本建设公司录用。

二、国际交流与合作的重要项目

(一)出访交流活动

1. 以合作办学为重点的主要出访活动

为深入了解国(境)外大学的办学情况,进一步开展合作办学项目,2002年学院派出以高东为团长,马雅湘、黄标为成员的代表团到荷兰协商合作办学事宜。

2007年1月,学院派出以张建林为团长,张立珊、刘晋毅和雷红为成员的代表团到澳大利亚进行学术考察。

2. 教职工出国研修及交流活动

组织教师出国访问、考察、进修培训是学院国际交流与合作的组成部分,也是学院实施人才强教的重要举措。2002—2010年,共有25人参加了国外学术访问、进修培训活动,23人参加国(境)外考察交流(见表9.5-1)。

表9.5-1 2002—2010年教职工出访交流活动一览表

年份	派出人次/人			出访国家/地区	总人次
	进修培训	访问学者	考察交流		
2002		杨 飒		美 国	1
2003	张立珊、马永新			加拿大	26
	程 光			澳大利亚	
			毛智勇	德 国	
			张恩祥、孟宪庚	俄罗斯	
			教学骨干和管理骨干20人	中国香港	
2004	靳包平			加拿大	3
	杨继萍			澳大利亚	
	马啸飞			英 国	
2008	黄迷梅、田沛哲			中国香港	3
	陈雪花			英 国	
2009	卢丹蕾			英 国	6
	张子义			中国台湾	
	黄 标			美 国	
	毛智勇、田春芝、刘自萍			中国台湾	
2010	王淑芳、雷保珍、刘长青、席巍、郑业明、张子义			德 国	9
	王 玮			德 国	
	邬洪迈、李秀彩			中国台湾	

（二）来访交流活动

1. 以合作办学为重点的来访活动

2002—2010年，学院接待4个国家代表团的访问，围绕学生"3＋1""4＋1"项目、合作培训乃至学生就业等进行谈判（见表9.5-2）。最终，学生毕业后直接到国外就业的项目得到落实。

表9.5-2　2002—2010年以合作办学为重点的来访活动统计表

年份	交流事宜	来访国家
2003	与新西兰UCOL理工学院就"3＋1""4＋1"项目进行谈判、签约	新西兰
2004	与加拿大百年理工学院及多特奥特公司初步签署三方合作协议，进行学生交流项目和汽车技术管理培训	加拿大
	与日本宫腰公司、千叶银行开展国际校企合作，确定从2005年开始输送毕业生直接到日本宫腰公司工作的工作流程	日本
	与德国北莱茵州应用科学大学机械学院进行学生赴德留学合作项目谈判	德国

2. 学习交流、参观考察等来访活动

2009年，台湾建国科技大学温坤礼教授等4人来学院进行学术访问；德国教育专家Wolfgang Voiss教授来学院开展学术讲座。

外籍专家学者和台湾同行的来访，不仅开阔了师生视野，也给学院带来了德国和台湾先进的教育教学理念。

（三）聘请外籍教师和专家

鉴于学院与日本企业建立就业合作关系，需要对毕业生加强日语培训。2005年，经校国际交流合作处批准，学院聘请日本籍教师水上雄一为学生讲授日语选修课。

为更好地掌握德国项目-行为教学法，2009年9月，学院聘请德国教育专家Wolfgang Voiss教授为国家级特色专业——机械工程及自动化专业的全体教师进行为期三周的项目-行为教学法培训，并指导教师完成课程设计作业。

（四）派出留学生

1. 学历教育

留学生学历教育项目主要有"3＋1"和"4＋1"两种形式。2002—2010年学院共派出留学生19人，分别赴荷兰、英国学习（见表9.5-3）。

表9.5-3　2002—2010年学生参加境外学历教育项目一览表

年　份	人　数	留学院校	说　明
2002	5	荷兰，乌特列支应用大学	
2003	3	荷兰，乌特列支应用大学	"3＋1"项目，攻读学士学位
	1	荷兰，乌特列支应用大学	"4＋1"项目，攻读硕士学位
2004	2	英国，东伦敦大学	"3＋1"项目

续表

年　份	人　数	留学院校	说　明
2005	5	英国,东伦敦大学	“3+1”项目和“4+1”项目
		英国,西敏斯特大学	
2006	2	英国,东伦敦大学	“3+1”项目和“4+1”项目
2009	1	英国,安格利亚鲁斯金大学	“3+1”项目

2. 短期交流学习

学生短期交流学习项目从2005年开始,主要在暑假期间,交流时间一般为1～2周,主要活动是听课、参观、访问。2005年和2006年各有1名学生赴韩国首尔市立大学参加短期交流项目。

3. 交换学生学习

“交换生”项目主要是与韩国及我国台湾地区相关大学开展的。根据学生自愿、学业成绩、校间可接受的专业及人数等情况选拔推荐交换学生,交换时间为一学期。2002—2010年,学生参加境内外交换生教育项目详见表9.5-4。

表9.5-4　2002—2010年学生参加境内外交换生教育项目一览表

年　份	派出人数	学　校
2006	1	中国台湾,建国科技大学
2007	4	中国台湾,建国科技大学
2008	4	中国台湾,建国科技大学
	2	韩国,首尔市立大学
2009	4	中国台湾,建国科技大学
	2	韩国,首尔市立大学
2010	8	中国台湾,建国科技大学
	1	中国台湾,国立云林科技大学
	1	韩国,首尔市立大学
	1	韩国,建国大学

第十章　自动化学院

概　　述

自动化学院成立于2002年4月10日。根据北京市机构编制委员会在2002年年初下发《关于同意北京联合大学机械工程学院等3所学院并入北京联合大学的函》(京编办〔2002〕2号)和学校2002年3月25日《关于校本部进行专业调整并重新组建学院的意见》(京联党〔2002〕11号)文件要求,撤销校本部内原信息学院、应用技术学院、机械工程学院建制,调整专业,重新组建信息学院、机电学院、自动化学院和管理学院。原信息学院的自动化系和机械工程学院的电气工程系,调整合并,成立自动化学院。学院以本科教育为主,为首都经济建设和社会发展培养高级技术人才和管理人才。截至2010年年底,学院设有综合办公室、教学科研办公室、学生办公室、工程控制系、自动化工程系、建筑电气工程系和实践教学中心。2002年4月至2008年12月,学院全日制在校生规模在2000～2240人之间,随后逐渐减少,2010年10月,学院全日制在校生为1767人。2002年4月至2010年7月,学院共有本科毕业生3151人,高职毕业生1299人。

自动化学院拥有一支爱岗敬业、教学经验丰富、科研能力和学术水平较高、结构合理的师资队伍。2010年,学院有教职工102人,专任教师73人,其中教授9人,副教授26人。教师中具有博士学位者9人,硕士以上学位的教师比例达到90%以上。2008—2010年,学院2名教师获得国家留学基金委—IBM中国优秀教师奖教金,1人获得"首都教育先锋"称号,1人获评北京市优秀教师,1人入选北京市市属高校学术创新团队负责人,1人入选北京市市属高校优秀教学团队负责人,1人获得全国优秀辅导员称号,2人获得北京市优秀辅导员称号。

学院注重教育教学改革,在专业设置上主动适应首都经济建设和产业结构调整的需要,在改造传统专业的基础上,适时增设新兴专业。在"宽口径,厚基础,重实践"的专业建设思想指导下,坚持改革教学内容和教学方法,引进双语教学,不断提高教育教学质量和人才培养质量,学生的一次就业率稳定在98%以上。学院重视并积极开展教学研究。

学院在保证教学质量的前提下,积极开展科学研究。学院设有3个研究机构,成立了2个科研团队,其中1个团队入选北京市市属高校学术创新团队。2006—2010年,学院共承担和完成了国家级、省部级和校级教研教改项目37项,发表教研论文110篇。获得北京市教育教学成果奖二等奖1项,入选北京市市属高校优秀教学团队1个。2门课程获得北京市精品课程,4本教材获得北京市精品教材。4名教师在北京市和学校青年教师比赛中获奖。学院教师在国家级出版社出版各类教材40余本。2006—2010年,学院教师主持和参与完成了20多项国家863、国家自然科学基金、北京市自然科学基金等纵向科研项目。同时还积极承担和完成企业横向合作项目50余项。2008—2010年,学院教师在核心期刊及国际学术会议上发表学术论文406篇,其中SCI、EI、ISTP索引115篇;出版专著和译著10余部;拥有发明专利4项,实用新型专利23项,外观设计1项,计算机软件著作权登记2项。

学院注重学生创新、创业能力和工程实践能力的培养,拥有较为完善的实践教学体系和先进实验室设备。学院重视学生科技活动,2006—2010年,学生在全国"挑战杯"竞赛、CCTV全国大学生机器人电视大赛、全国电子设计竞赛、全国智能车大赛等赛事中获得一、二等奖和优胜奖。2010年,音像技术专业学生刘达同学在第128届国际音频工程师协会(AES)学生录音竞赛中荣获一等奖,这是中国大学生第一次在国际上获此殊荣。

学院积极拓展对外交流与合作,截至2010年年底,学院已与英国、美国、德国、韩国等国家和我国台湾地区的多所大学保持着较为密切的学术联系,选派教师和学生前往这些国家和地区的大学进修和学习。

第一节　管理体制与组织机构

一、管理体制

学院是学校下属的二级非法人学院,即校本部学院,处级建制;学院成立党委,实行党政共同负责制;工作实行民主集中制,通过院务会、党政联席会、党委会等制度保证学院各项工作的开展。

二、组织机构

(一)党政机构

2002年4月,学院设立3个党政管理机构,即党委、院长办公室(合署),学生工作办公室,教学科研办公室。

2004年10月设立继续教育办公室,办公室数量增至4个。2010年1月继续教育办公室部分工作合并到校培训中心,剩下的招生工作、尚未毕业的学生相关工作以及2010年以前已经毕业学生需回校办理补授学位的相关工作合并到教学科研办公室。

2010年3月,学院根据学校《关于在非法人学院建立校、院、系三级管理体制的意见》(京联党〔2009〕57号)文件精神,对内设机构进行调整,形成了3个党政管理部门,即综合办公室(与工会办公室合署办公)、教学科研办公室、学生工作办公室。

2002—2010年,学院党政机构设置及负责人详见表10.1-1。

表10.1-1　2002—2010年学院党政机构设置及负责人一览表

序号	机构名称	正　职	任职时间	副　职	任职时间
1	党委、院长办公室	叶继萱	2002.04—2010.03	吴巧慧	2004.10—2010.03
2	综合办公室 (与工会办公室合署)	叶继萱	2010.03—至今	王利荣	2010.03—至今
3	教学科研办公室	张建敏 梁爱琴	2002.04—2005.08 2005.09—至今	刘明连 陈　清	2002.04—2003.04 2010.03—至今

续表

序号	机构名称	正　职	任职时间	副　职	任职时间
4	继续教育办公室	李崇競	2004.10—2009.12		
5	学生工作办公室 （与团委合署）	闫健美 孟秀霞 高蕾（团委书记） 马振龙（团委书记） 王鹤（团委书记） 冯玮（团委书记）	2002.04—2007.04 2007.04—至今 2002.04—2003.09 2003.09—2006.12 2006.12—2010.02 2010.02—至今	高　蕾 张桂芝	2002.04—2003.09 （兼） 2010.03—今

（二）教学机构

学院在 2002 年 4 月成立时，设有 5 个教研部，即电气信息教研部、网络多媒体教研部、控制工程教研部、信息自动化教研部、电子技术教研部，1 个实验中心。

2003 年 3 月管理学院音响工程教研部转入，教研部增至 6 个。

2004 年 6 月新成立建筑智能化教研部，教研部总数达 7 个。

2010 年 3 月，根据学校印发的《关于部分学院系级（教学）机构设置的决定》（京联发〔2010〕3 号）文件精神，学院组建 3 个系：自动化工程系、建筑电气工程系、工程控制系。教研部人员归入系里。系的职责范围按照学校〔2009〕57 号文件执行。

2002 年 4 月至 2010 年 3 月学院教学机构设置及负责人详见表 10.1-2。

表 10.1-2　2002 年 4 月至 2010 年 3 月学院教学机构设置及负责人一览表

序号	机构名称	正　职	任职时间	副　职	任职时间
1	电气信息教研部	窦晓霞 李　战	2002.04—2004.04 2005.08—2010.03 2004.04—2005.07		
2	网络多媒体教研部	周冠玲 夏立文 董南萍	2002.02—2006.03 2006.03—2006.12 2007.01—2010.03	于丽杰 赵丽鲜	2004.06—2005.09 2005.09—2010.03
3	控制工程教研部	张　和 钱琳琳	2002.04—2004.04 2004.04—2010.03	李秀丽 李永霞	2002.04—2005.09 2008.12—2010.03 2005.09—2008.12
4	信息自动化教研部	李　平	2002.04—2010.03	夏明萍	2002.04—2010.03
5	电子技术教研部	刘继承	2002.04—2010.03	艾　兰	2002.04—2010.03
6	音响工程教研部	万平英 张福贵 宋静华	2003.03—2004.03 2004.04—2006.12 2007.01—2010.03	毛　羽	2004.01—2006.12
7	建筑智能教研部	苏　玮	2004.06—2010.03		
8	实验中心			寇玉民 王克明	2002.04—2010.03 2002.04—2007

2010 年 3 月至 12 月，学院教学机构设置及负责人详见表 10.1-3。

表 10.1-3　2010 年 3 月至 12 月学院教学机构设置及负责人一览表

序号	机构名称	正　职	任职时间	副　职	任职时间
1	自动化工程系	李红星	2010.03—今	童启明 张益农	2010.03—今 2010.03—今
2	工程控制系	李　平	2010.03—今	夏明萍	2010.03—今
3	建筑电气工程系	范同顺	2010.03—今	苏　玮 张福贵	2010.03—今 2010.03—今
4	实践教学中心	寇玉民	2010.03—今	冯占英	2010.03—今

三、专门委员会等机构设置及调整

学院根据工作需要,常设学术委员会等委员会及工作领导小组(见表 10.1-4)。

表 10.1-4　2002—2010 年常设专门委员会一览表

序号	名　称	主任(组长)	任职时间	副主任(副组长)	任职时间
1	学术委员会	高　扬 孙建京 方建军	2004.12—2007.05 2007.05—2010.04 2010.04—今	李红星 田景文 李淑芬	2004.12—今 2007.05—2010.04 2010.04—今
2	学士学位评定组	郑　坚 盛　宏	2006.06—2010.05 2010.05—今	李淑芬 田景文 闫健美	2006.06—2007.09 2007.09—2010.05 2007.09—2010.05
3	教学指导委员会	高　扬 刘　莹 盛　宏	2002.12—2004.12 2004.12—2010.04 2010.04—今	何镇湖 李淑芬 梁爱琴	2002.12—2004.12 2004.12—2010.04 2010.04—今
4	教材建设委员会	郑　坚	2006.03—今	梁爱琴	2006.03—今
5	教学督导组	高　扬 孙建京	2006.03—2009.06 2009.06—今	郑　坚 盛　宏	2006.03—今 2006.03—今
6	教学(师)风范工作领导小组	廖文国 高　扬 孙建京	2006.03—2008.11 2006.03—2008.11 2008.11—今	郑　坚 刘明连 王爱民	2006.03—今 2006.03—2008.11 2008.11—今
7	聘用委员会	孙建京	2009.12—今	李淑芬	2009.12—今
8	聘任(用)和考核领导小组	高　扬 廖文国 孙建京 冯　凡 方建军	2004.03—2007.06 2004.03—2007.06 2007.06—2010.06 2007.06—2007.12 2010.06—今	李淑芬 王爱民	2008.06—2010.06 2010.06—今
9	职称评审小组	高　扬	2004.06—今	李红星	2004.06—今
10	教师职务聘任委员会	孙建京 方建军	2007.10—2010.06 2010.06—今	李淑芬 王爱民	2007.10—2010.06 2010.06—今
11	师资工作领导小组	孙建京 方建军	2007.07—今 2010.04—今		

续表

序号	名　称	主任（组长）	任职时间	副主任（副组长）	任职时间
12	师德先进个人“三育人”先进集体和先进个人活动评选工作领导小组	李淑芬 王爱民	2008.05—2010.05 2010.05—今	李九丽	2010.05—今
13	优秀教师和优秀教育工作者评选小组	孙建京	2009.06—今		
14	学生工作领导小组	冯　凡 王爱民 孙建京	2006.06—2009.06 2009.06—2010.04 2010.04—今	李九丽 盛　宏	2010.04—今 2010.04—今
15	毕业生就业工作领导小组	孙建京 方建军	2007.07—今 2010.04—今	闫健美 刘明连 王爱民 李九丽	2007.07—2009.06 2007.07—2009.06 2009.06—2010.04 2010.04—今
16	劳动争议调解小组	王爱民	2009.03—今		
17	学生申述处理分委员会	冯　凡 闫健美 王爱民 李九丽	2006.03—2007.10 2007.10—2009.06 2009.06—2010.04 2010.04—今	郑　坚	2006.03—2009.06
18	安全稳定工作领导小组	廖文国 高　扬 孙建京 方建军	2006.03—2007.09 2006.03—2007.09 2007.09—今 2010.04—今	冯　凡 刘明连 叶继萱 闫健美 王爱民 李淑芬 李九丽	2006.03—2007.09 2006.03—2008.11 2006.03—2010.04 2007.09—2010.04 2008.11—今 2008.11—2010.04 2010.04—今
19	辅导员工作考核小组	孙建京	2009.06—今	王爱民 李九丽	2009.06—2010.04 2010.04—今
20	关心下一代工作委员会	廖文国	2008.07—2010.04	冯　凡 孟秀霞 靳　宇	2008.07—2010.04 2010.04—今 2010.04—今
21	毕业设计工作领导小组和毕业实践工作领导小组	高　扬 孙建京 方建军	2006.03—2009.12 2009.12—2010.05 2010.05—今	盛　宏 郑　坚	2006.03—今 2006.03—2009.12
22	毕业设计答辩委员会	盛　宏	2009.12—今		

四、领导分工与任免变更

（一）领导班子调整

2002年4月，学院领导班子由党委书记廖文国、党委副书记冯凡、院长高扬、副院长盛宏、刘莹组成。

2002年12月，学院召开党员大会，选举出新一届委员会，由廖文国、冯凡、高扬、闫健美、盛宏组成，廖文国为党委书记，冯凡为党委副书记。

2003年4月,学校任命刘明连为副院长。

2004年10月,学校任命田景文为学院副院长。

2006年1月,学校免去刘莹学院副院长职务,任命郑坚担任学院副院长。

2007年1月,学校党委免去廖文国学院党委书记职务,任命冯凡担任学院党委书记,免去其学院党委副书记职务。

2007年4月,学校党委任命闫健美为学院党委副书记。

2007年4月,学校免去高扬学院院长职务,任命孙建京为学院院长。

2007年6月,学校党委免去冯凡学院党委书记职务,任命孙建京兼任学院党委书记。

2007年7月,校党委任命李淑芬为学院党委副书记

2007年12月,学院召开党员代表大会,选举新一届党委委员,新一届党委由王珏、刘明连、闫健美、孙建京、李淑芬、郑坚、盛宏组成,孙建京为党委书记,闫健美为党委副书记。

2008年10月,学校免去刘明连学院副院长职务,任命王爱民为学院副院长。

2009年3月,学校党委免去闫健美学院党委副书记职务。

2010年1月,学校免去田景文学院副院长职务。

2010年1月,学校党委任命李淑芬为学院副院长,免去其学院副书记职务;任命盛宏、王爱民为学院副院长,免去郑坚学院副院长职务。

2010年3月,学校党委任命方建军为学院院长,免去孙建京学院院长职务。

2010年3月,学校党委任命李九丽为学院党委副书记。

2002—2010年,学院历任党委和行政领导人详见表10.1-5和表10.1-6。

表10.1-5　2002—2010年历任党委领导人一览表

正　职	姓　名	任职时间	副　职	姓　名	任职时间
书　记	廖文国	2002.04—2007.01	副书记	冯　凡	2002.04—2007.01
书　记	冯　凡	2007.01—2007.06	副书记	闫健美	2007.04—2009.03
书　记	孙建京	2007.06—今	副书记	李淑芬	2007.07—2010.01
			副书记	李九丽	2010.03—今

表10.1-6　2002—2010年历任行政领导人一览表

正　职	姓　名	任职时间	副　职	姓　名	任职时间
院　长	高　扬	2002.04—2007.04	副院长	盛　宏	2002.04—今
院　长	孙建京	2007.04—2010.03	副院长	刘　莹	2002.04—2006.01
院　长	方建军	2010.03—今	副院长	刘明连	2003.04—2008.10
			副院长	田景文	2004.10—2010.01
			副院长	郑　坚	2006.01—2010.01
			副院长	王爱民	2008.10—今
			副院长	李淑芬	2010.01—2010.11(去世)

(二)领导班子分工

1. 2002年4月领导班子分工

党委书记廖文国:主持学院党委工作,同时负责教职工思想政治教育、组织、工会、安全

保卫等工作。

院长高扬：主持学院行政全面工作，负责师资队伍建设、人事、预算内经费使用、学院发展规划等工作。

副院长盛宏：负责科研、实践教学、成人教育、固定资产、培训办班、招生、对外联合办学、实验室、实训基地建设等工作。

党委副书记冯凡：负责学生、就业、宣传、德育教育等工作。

副院长刘莹：负责日常教学运行、专业建设等工作。

2. 2003年4月至2004年9月领导班子分工

党委书记廖文国：全面负责学院党委工作，同时负责组织、统战、工会、体育、计划生育、职工的思想教育等工作。

院长高扬：全面负责学院教学及行政管理工作，同时负责学科和专业建设、人事、师资队伍建设、教学运行经费、专项经费和院长基金的使用、合作办学等工作。

党委副书记冯凡：负责学生的思想教育及日常管理、团委、学生会、学生就业、宣传纪检等工作。

副院长刘莹：负责日常教学管理、日常教学运行经费的管理等工作。

副院长盛宏：负责实训基地建设、实践教学、固定资产等工作。

副院长刘明连负责安全保卫、成人教育、创收、招生、科研、外事、后勤等工作。

3. 2004年10月至2005年12月领导班子分工

党委书记廖文国：全面负责学院党委工作，同时负责组织、统战、工会、体育、计划生育、职工的思想教育等工作。

院长高扬：全面负责学院教学及行政管理工作，同时负责学科和专业建设、人事、师资队伍建设、教学运行经费、专项经费和院长基金的使用、合作办学等工作。

党委副书记冯凡：负责学生的思想教育及日常管理、团委、学生会、学生就业、宣传纪检等工作。

副院长刘莹：负责日常教学管理、日常教学运行经费的管理等工作。

副院长盛宏：负责实训基地建设、实践教学、固定资产等工作。

副院长刘明连：负责安全保卫、成人教育、创收、招生、外事、后勤等工作。

副院长田景文：负责科研工作。

4. 2006年1月至2006年12月领导班子分工

党委书记廖文国：全面负责学院党委工作，同时负责组织、统战、体育、计划生育、职工的思想教育等工作。

院长高扬：全面负责学院教学及行政管理工作，同时负责学科和专业建设、人事、师资队伍建设、教学运行经费、专项经费和院长基金的使用、合作办学等工作。

党委副书记冯凡：负责学生的思想教育及日常管理、团委、学生会、学生就业、宣传纪检等工作。

副院长郑坚：负责日常教学管理、日常教学运行经费的管理、招生等工作。

副院长盛宏：负责实训基地建设、实践教学、固定资产等工作。

副院长刘明连：负责安全保卫、工会、成人教育、创收、招生、外事、后勤等工作。

副院长田景文：负责科研工作。

5. 2007年4月至2008年9月领导班子分工

党委书记冯凡：全面负责学院党委工作，同时负责组织、统战、计划生育、纪检、职工的思想教育等工作。2007年6月退休，由孙建京兼任党委书记。

院长孙建京：全面负责学院教学及行政管理工作，同时负责学科和专业建设、人事、宣传、师资队伍建设、教学运行经费、专项经费和院长基金的使用等工作；2007年6月后，同时兼任党委书记全面负责学院党委工作，同时负责组织、统战、计划生育、纪检、职工的思想教育等工作。

党委副书记闫健美：负责学生的思想教育及日常管理、团委、学生会、学生就业等工作。

党委副书记李淑芬：负责人事、宣传、外事等工作。

副院长郑坚：负责日常教学管理、日常教学运行经费的管理、招生等工作。

副院长盛宏：负责实训基地建设、实践教学、固定资产等工作。

副院长刘明连：负责安全保卫、工会、成人教育、创收、招生、后勤等工作。

副院长田景文：负责科研工作。

6. 2008年10月至2009年2月领导班子分工

党委书记孙建京：全面负责学院党委工作，同时负责组织、统战、计划生育、纪检、职工的思想教育等工作。

院长孙建京：全面负责学院教学及行政管理工作，同时负责学科和专业建设、师资队伍建设、教学运行经费、专项经费和院长基金的使用等工作。

党委副书记闫健美：负责学生的思想教育及日常管理、团委、学生会、学生就业等工作。

党委副书记李淑芬：负责人事工作、固定资产、宣传等工作。

副院长郑坚：负责日常教学管理、日常教学运行经费的管理等工作。

副院长盛宏：负责实训基地建设、实践教学等工作。

副院长王爱民：负责安全保卫、工会(老干部)、继续教育、外事、体育、招生等工作。

副院长田景文：负责科研工作。

7. 2009年3月至2009年12月领导班子分工

党委书记孙建京：全面负责学院党委工作，同时负责组织、统战、计划生育、纪检、职工的思想教育等工作。

院长孙建京：全面负责学院教学及行政管理工作，同时负责学科和专业建设、师资队伍建设、教学运行经费、专项经费和院长基金的使用等工作。

党委副书记闫健美：负责学生的思想教育及日常管理、团委、学生会、学生就业等工作。

党委副书记李淑芬：负责人事工作、固定资产、宣传等工作。

副院长郑坚：负责日常教学管理、日常教学运行经费的管理等工作。

副院长盛宏：负责实训基地建设、实践教学、固定资产、继续教育、招生等工作。

副院长王爱民：负责学生的思想教育及日常管理、团委、学生会、学生就业、工会(老干部)、体育等工作。

党委副书记李淑芬：负责人事工作、宣传、安全保卫、外事等工作。

副院长田景文：负责科研工作。

8. 2010 年 3 月至 2010 年 12 月领导班子分工

党委书记孙建京：全面负责学院党委工作，同时负责组织、统战、计划生育、纪检、宣传、职工的思想教育等工作。

院长方建军：全面负责学院教学、行政管理工作，同时负责学科和专业建设、师资队伍建设、教学运行经费、专项经费和院长基金的使用等工作。

党委副书记李九丽：负责学生的思想教育及日常管理、团委、学生会、学生就业等工作。

副院长盛宏：负责日常教学管理、日常教学运行经费的管理、实训基地建设、实践教学、招生等工作。

副院长王爱民：负责人事、工会、安全保卫、外事等工作。

副院长李淑芬：负责科研、固定资产工作。

第二节 教学改革与发展

一、本科教育

（一）专业设置及调整

2002 年 4 月，学院设有 2 个普通本科专业，即电气工程与自动化、自动化。

2003 年 3 月，电子信息工程（音响视听）专业由管理学院转入自动化学院。

2003 年 7 月，电子信息工程（音响视听）专业更名为电子信息科学与技术（音响工程）专业招生。

2004 年 7 月，电子信息科学与技术（音响工程）专业更名为电子信息科学与技术（视听工程）专业。

2009 年 7 月，学院增设建筑电气与智能化专业招生。

2010 年 7 月，增加物流工程专业招生。

2002—2010 年，学院本科专业设置及招生情况详见表 10.2-1。

表 10.2-1 2002—2010 年学院本科专业设置及招生情况一览表 单位：人

招生年份 招生专业	2002	2003	2004	2005	2006	2007	2008	2009	2010	合 计
电气工程与自动化	104	137	155	127	122	101	104	62	69	981
自动化	218	238	237	272	292	239	227	218	192	2133
电子信息科学与技术		26	32	40						98
建筑电气与智能化								48	58	106
物流工程									58	58
合 计	322	401	424	439	414	340	331	328	377	3376

2002—2010 年，学院有 1 个专业招收专升本学生，为电气工程与自动化专业，具体招生情况见表 10.2-2。

表 10.2-2　2002—2010 年电气工程与自动化专业专升本招生情况一览表　单位：人

招生年份	2002	2003	2004	2005	2006	2007	2008	2009	2010	合　计
招生人数	33	24	33	25	51	30	23	32	27	278

（二）教学基本建设

1. 学科专业建设

2009—2010 年，学院分别召开科研工作会和校级重点建设学科研讨会，剖析了学校在北京市乃至中国高等教育中所处的地位，学院当前办学所面临的突出问题和今后的工作思路、发展目标，学院学科建设中存在的问题，围绕两个校级重点建设学科凝练学科方向、整合研究队伍，提出下一步学科建设的明确思路和建设目标，为学院的学科建设、专业建设和人才培养确定方向。

截至 2010 年年底，学院共设有两个校级重点建设学科：控制理论与控制工程学科和模式识别与智能系统学科(见表 10.2-3)。其中控制理论与控制工程学科于 2004 年 10 月被学校批准为校级重点建设学科。该学科共设有 3 个研究方向：第一个研究方向是智能控制理论与技术，该研究方向主要从事有关智能控制理论与技术在复杂系统的建模、控制、优化等方面的应用研究，其特色是在网络环境下研究智能控制技术与算法，并应用于 FCS 和 DCS 解决复杂系统的控制问题；第二个研究方向是计算机测控技术，本方向完成各种原始信息的获得、处理和利用，其特色是环境保护方面的测控技术及应用、虚拟测量技术及网络测量、智能测控设备的开发、多传感器信息融合；第三个研究方向是电气传动自动化，本方向主要进行开关磁阻电机调速系统控制理论及控制技术的研究，其特色在于进行开关磁阻电机四象限运行调速系统的研究，侧重于在石油领域的应用。

表 10.2-3　2002—2010 年校级重点建设学科一览表

学科名称	学科类别	备　注
控制理论与控制工程	工　学	2004 年被评为校级重点建设学科
模式识别与智能系统	工　学	2010 年被评为校级重点建设学科

2002—2010 年，校级及以上建设专业情况详见表 10.2-4。

表 10.2-4　2002—2010 年校级及以上建设专业一览表

序号	专业名称	负责人	职　称	项目来源	立项时间
1	电气工程与自动化	童启明	副教授	市级品牌建设专业	2005.07
		田景文 童启明	教　授	校级本科骨干专业	2008.07
2	自动化	李红星 薛为民	教　授	校级本科骨干建设专业	2008.07
		李红星	教　授	校级本科骨干专业	2009.06
3	建筑电气与智能化	范同顺	教　授	校级新办专业	2009.06

2002—2010 年，校级及以上优秀教学团队情况详见表 10.2-5。

表 10.2-5 2002—2010 年校级及以上优秀教学团队一览表

团队名称	负责人	职称	级别	评定时间
楼宇智能化工程技术专业教学团队	范同顺	副教授	校级 市级	2007.09 2008.10
自动化专业应用性本科教学改革与实践团队	李红星	教授	校级	2007.09
音响工程技术专业教学团队	孙建京	教授	校级	2008.09
电气传动控制技术教学团队	窦晓霞	副教授	校级	2009.05

2. 课程和教材建设

2002—2010 年，校级及以上精品课程详见表 10.2-6。

表 10.2-6 2002—2010 年校级及以上精品课程一览表

序号	课程名称	负责人	职称	精品课程级别	立项时间
1	自动控制原理	李红星	教授	校级	2006.05
2	办公自动化信息系统	李平	副教授	校级	2006.05
3	电子技术基础	刘继承	副教授	校级	2006.05
4	建筑设备控制技术	蒋蔚	副教授	校级	2007.05
5	音响工程技术	孙建京	教授	市级	2007.09
6	办公自动化信息系统	李平	副教授	市级	2008.05
7	计算机软件技术基础	李淑芬	教授	校级	2008.05
8	可编程控制器原理及应用	梁岚珍	教授	校级	2009.06

2006—2008 年，校级及以上精品教材和国家级规划教材详见表 10.2-7。

表 10.2-7 校级及以上精品教材和国家级规划教材一览表

序号	教材名称	主编	级别	获批时间
1	电子技术基础实验	王传新	国家级规划教材	2006.02
2	建筑电气控制技术	窦晓霞	校级精品教材	2006.10
3	数据库原理与应用	张俊玲	校级精品教材	2006.10
4	网络办公自动化技术与应用	李平	校级精品教材	2006.10
5	电子技术基础	刘继承	校级精品教材	2006.10
6	经典电影与音乐视盘赏析	孙建京	校级精品教材	2006.10
7	音响工程设计与应用	孙建京	市级精品教材	2008.02
8	计算机网络管理基础	夏明萍	校级精品教材	2008.05
9	管理信息系统	李平	校级精品教材	2008.05

2007—2009 年，校级及以上精品教材建设立项项目详见表 10.2-8。

表 10.2-8 校级及以上精品教材建设立项项目一览表

序号	项目名称	负责人	职 称	级 别	立项时间
1	计算机安全技术	于 鑫	讲 师	校 级	2007.07
2	面向应用的单片机实用技术	田景文	教 授		2007.07
3	计算机应用数学	李 平	副教授		2009.07
4	建筑智能化工程施工技术	范同顺	教 授	市 级	2009.07

2006 年,国家级规划教材选题项目详见表 10.2-9。

表 10.2-9 2006 年国家级规划教材选题项目一览表

序号	项目名称	负责人	职 称	立项时间
1	控制系统数字仿真与监控组态软件应用	童启明	副教授	2006.11
2	数字电子技术	张明莉 王 斌	讲 师 讲 师	2006.11
3	计算机图文处理	高美娟	副教授	2006.11
4	现代音响工程(修订版)	孙建京	教 授	2006.11
5	电子技术基础实验——分析、调试、综合设计	王传新	副教授	2006.11

2002—2010 年,学院教师编写出版的教材详见表 10.2-10。

表 10.2-10 2002—2010 年教师编写出版的教材一览表

序号	教材名称	姓 名	参编情况	出版社	出版年
1	现代音响工程(第一版)	孙建京	主 编	人民邮电出版社	2002
2	虚拟现实技术	夏立文	主 编	希望电子出版社	2002
3	可视化程序设计 VB	刘 莹	主 编	希望电子出版社	2002
4	电机与电器技术	王 珏 王利亮	主 编	军医出版社	2004
5	建筑电气控制技术	窦晓霞	主 编	高等教育出版社	2004
6	计算机网络安全教程	薛为民	主 编	清华大学出版社	2004
7	网络办公自动化技术	李 平	主 编	西安电子 科技大学出版社	2004
8	建筑配电与照明	范同顺	主 编	高等教育出版社	2004
9	计算机网络与应用教程	董南萍	主 编	清华大学出版社	2005
10	Java 应用教程	薛为民	主 编	清华大学出版社	2005
11	计算机网络管理	夏明萍	主 编	清华大学出版社	2005
12	现场总线控制技术	刘泽祥	主 编	机械工业出版社	2005
13	计算机网络与应用教程	董南萍	主 编	北京交通 大学出版社	2005
14	电子技术基础	刘继承	主 编	高等教育出版社	2005
15	电子技术基础	刘继承	主 编	科学出版社	2006
16	多媒体技术及应用	薛为民	主 编	清华大学出版社	2006

续表

序号	教材名称	姓　名	参编情况	出版社	出版年
17	电子技术基础实验	王传新	主　编	高等教育出版社	2006
18	声频测量技术	万平英	主　编	国防工业出版社	2006
19	网络系统管理与维护	薛为民	主　编	中央广播电视大学出版社	2007
20	楼宇自动化工程技术训练	苏　玮	主　编	山东大学出版社	2007
21	FPGA 设计基础	王传新	主　编	高等教育出版社	2007
22	数据库原理及应用	王秀英	参　编	人民邮电出版社	2007
23	Visual C＋＋实用教程	周　进	主　编	人民邮电出版社	2008
24	现代音响工程（修订版）	孙建京	主　编	人民邮电出版社	2008
25	Eclipse 基础与应用	夏明萍	主　编	清华大学出版社	2008
26	自动测试与检测技术	李红星	主　编	邮电大学出版社	2008
27	网页制作从入门到精通	周　进	参　编	人民邮电出版社	2008
28	操作系统原理与应用	胡立栓	主　编	清华大学出版社	2008
29	中文 AutoCAD 2008 建筑设计案例教程	王育平	主　编	电子工业出版社	2008
30	电工与电子技术	张益农	主　编	邮电大学出版社	2008
31	数字电子技术	张明莉	主　编	机械工业出版社	2008
32	建筑智能化工程技术实训教程	范同顺	主　编	清华大学出版社	2009
33	综合布线	杨晓玲	主　编	中国电力出版社	2009
34	PLC 原理与应用	李　媛	主　编	邮电大学出版社	2009
35	智能建筑系统集成	杜明芳	主　编	中国建筑工业出版社	2009
36	软件技术基础	李淑芬	主　编	机械工业出版社	2009
37	现代视频工程	万平英	主　编	国防工业出版社	2009
38	电路分析与应用基础	张益农	主　编	邮电大学出版社	2010
39	数据库原理与应用(第二版)	王秀英	副主编	清华大学出版社	2010
40	音响系统工程	吴　帆	参　编	人民邮电出版社	2010

3. 实践教学建设

自建院以后，学院实践教学中心发展迅速。建院初期仅有单片机实验室、电气传动实验室、PLC 实验室和仪表检测实验室。

2003 年 12 月至 2005 年 12 月建成了智能检测技术实验室、智能控制网络实验室、自控原理实验室和网络集成实验室。

2004 年 3 月至 2009 年 7 月建成了智能建筑控制工程实验室、智能机器人实验室、嵌入式实验室；撤销仪表检测实验室，改建成信号与系统实验室。2004 年 9 月管理学院的视频技术实验室转入自动化学院。

2010 年 3 月建成了分布式控制实验室、音响灯光实訓室。

截至 2010 年 12 月，自动化学院共有实验室 14 个(见表 10. 2-11)。实践教学中心根据培养应用型人才的理念,可进行自动化专业、电气工程与自动化专业、建筑电气与智能化专业的实践教学工作。实践教学中心使用面积1455平方米。

表10.2-11　2010年实验室情况一览表

序号	实验室名称	实验室功能	面向专业	主要仪器设备的数量	主要仪器设备的总值
1	智能控制网络实验室	过程控制实验与研究	自动化	温度场3台 西门子控制器10套 三溶水箱2台 计算机20台	2,602,207.55
2	智能建筑控制工程实验室	智能建筑及传感器实验与研究	智能建筑工程	计算机20台 空调1台 电梯1套 消防系统1套 安防系统1套	5,101,539.00
3	电气传动实验室	电机调速与电力电子实验与研究	电气工程及自动化	直流电机发电机组8套 电机及电气技术实验装置13套	2,957,918.00
4	智能检测技术实验室	虚拟仪器实验及检测实验	自动化	计算机35台 传感器20台 虚拟仪器设备20套	2,319,594.37
5	智能机器人实验室	机器人实验	自动化	计算机20台 机械手1台 机器人20套	1,897,046.00
6	自控原理实验室	自控原理及控制实验	自动化	计算机25台 自控实验箱40套	623,280.00
7	网络集成实验室	网络集成实验	自动化	计算机42台 交换机6套	1,759,821.00
8	单片机应用实验室	单片机及16位机实验及实习	自动化	计算机20台 实验箱40套	791,057.86
9	PLC实验室	欧姆龙PLC及控制实验	自动化	计算机20台 实验台12套	796,931.00
10	音响灯光实训室	视听节目制作实训	视听工程	音视频录放系统1套	911,529.00
11	视频技术实验室	设备应用与系统实现	视听工程	常用音频设备1套	1,468,674.80
12	嵌入式实验室	嵌入式实验	自动化	计算机20台 实验箱40套	1,739,648.28
13	信号与系统实验室	信号与系统实验	自动化	计算机40 信号系统实验箱20套	636,780.00
14	分布式控制实验室	分布式控制实验	自动化	计算机15台 分布式控制 ACF800 1套 ACM800 1套	444,202.00

2002—2010年,院级及以上实践教学建设项目详见表10.2-12。

表 10.2-12 2002—2010 年院级及以上实践教学建设项目一览表

项目名称	类型	负责人	职称	级别	立项时间
电气工程与自动化专业实验室建设	实验室建设	童启明	副教授	校级	2006.07
电气工程与自动化专业实验室完善建设	实验室建设	盛宏	副教授	院级	2007.04
嵌入式系统	一把手直抓项目	李淑芬	教授	校级	2007.04
音响实训/数字视音频实训	一把手直抓项目	孙建京	教授	校级	2007.04

2003—2010 年,学院校外实践教学基地情况详见表 10.2-13。

表 10.2-13 2003—2010 年校外实践教学基地一览表

序号	实践教学基地名称	面向专业	签约时间
1	北京天川科技发展有限公司	电气工程与自动化、建筑电气与智能化	2003.01
2	北京帅安控制技术有限公司	电气工程与自动化、建筑电气与智能化	2005.10
3	北京中科天地网络技术有限公司	自动化	2005.10
4	北京康邦科技有限公司	自动化、电气工程与自动化	2005.11
5	北京辉达汉威科技发展有限公司	自动化、电气工程与自动化	2005.11
6	汇智协同信息科技有限公司	自动化	2005.10
7	北京易索福科技有限公司	自动化、电气工程与自动化	2006.03
8	北京顺科宇泰智能建筑技术顾问有限公司	电气工程与自动化、建筑电气与智能化	2006.03
9	北京亚嵌科技有限责任公司	自动化、电气工程与自动化	2006.06
10	北京天碟电气设备有限责任公司	自动化、电气工程与自动化	2006.06
11	北京玻璃研究院	自动化、电气工程与自动化	2006.07
12	与北京达乐控制系统技术有限公司	电气工程与自动化、建筑电气与智能化	2005.12
13	北京冠林盈科智能系统集成有限公司	电气工程与自动化、建筑电气与智能化	2006.07
14	工业自动化高技能人才培训站	电气工程与自动化、自动化	2009.08
15	北京科苑文化交流有限公司	电子信息科学与技术、自动化(视听工程)	2005.07
16	北京市东城区明升培训学校	电子信息科学与技术、自动化(视听工程)	2005.11
17	北京志朋佳音数码科技有限公司	电子信息科学与技术、自动化(视听工程)	2005.11
18	天创中电有限技术公司	电子信息科学与技术、自动化(视听工程)	2006.10
19	北京海创兴科技有限公司	电子信息科学与技术、自动化(视听工程)	2006.06
20	北京昆光职业技能培训学校	电子信息科学与技术、自动化(视听工程)	2007.07
21	北京东方佳联影视技术有限公司	电子信息科学与技术、自动化(视听工程)	2007.10
22	上海新启邦威音响工程有限公司	电子信息科学与技术、自动化(视听工程)	2007.10
23	北京帅安控制技术有限公司人才培养基地	自动化	2010.04
24	北京直真视通科技有限公司	电子信息科学与技术、自动化(视听工程)、建筑电气与智能化(视听工程)	2010.11

4. 教学管理制度建设

学院不断完善教学管理制度,积极探索校、院两级教学管理体系建设。从 2005 年 12 月开始,学院的教学管理制度建设由自主制定各类教学管理制度,变为在学校总体管理制度下开展工作。从2009年开始，在学校统一安排下，利用“正方教务管理信息系统”进行教学管理，使学院一级教学管理职能进一步强化，教学管理更加规范、科学。

学院重视教学质量和教学督导工作，认真贯彻学校关于领导干部听课、学生评教制度并有效实施。学院重视教学经验总结和推广，建立了日常教学工作例会制度，从2002年7月开始，每年召开一次全院教学工作会，总结上一年度教学工作，布置下一年度和下一阶段教学工作重点，在全院营造重视教学工作、以教学为中心的良好氛围。

(三) 教育教学改革与发展

1. 人才培养模式改革

学院积极开展教学改革研究，不断探索应用型人才培养模式。在学校统一部署下，2003年完成了2003版培养计划制(修)订工作。2004—2008年，对2004级、2005级培养计划进行修订，分专业编制了培养方案、教学计划汇编；完成2007版培养计划制(修)订工作。经过教学计划的不断调整与修订，学院的应用型人才培养目标越来越清晰，人才培养定位越来越细化，从2007版培养计划开始以培养专业应用能力为核心，构建培养计划和课程体系。

2. 教育教学改革

学院鼓励教师进行教育教学改革，设立了院级教育教学改革项目，为教师申报上级教育教学改革项目奠定了基础。至2010年年底，学院分别在专业建设、精品课程建设、教材建设、教学团队建设、实践教学建设等方面开展教育教学改革，共设立项目53项。

2002—2010年，校级及以上教育教学研究项目详见表10.2-14。

表10.2-14　2002—2010年校级及以上教育教学研究项目一览表

<table>
<tr><th>序号</th><th>项目名称</th><th>项目来源</th><th>级　别</th><th>立项时间</th><th>负责人</th><th>职　称</th></tr>
<tr><td>1</td><td>应用型大学实践教学基地建设研究</td><td rowspan="10">教育教学改革项目</td><td>市　级</td><td>2006.07</td><td>孙建京</td><td>教　授</td></tr>
<tr><td>2</td><td>计算机应用数学课程建设与教学研究</td><td rowspan="3">校　级</td><td rowspan="3">2007.07</td><td>李　平</td><td>副教授</td></tr>
<tr><td>3</td><td>《可编程控制器应用》课程及其实践体系建设</td><td>梁岚珍</td><td>教　授</td></tr>
<tr><td>4</td><td>建筑智能化相关实践教学体系的研究与实践</td><td>苏　玮</td><td>副教授</td></tr>
<tr><td>5</td><td>应用型大学工科专业人才培养方案研究</td><td>市　级</td><td>2008.05</td><td>孙建京</td><td>教　授</td></tr>
<tr><td>6</td><td>工程型智能建筑实践教学体系构建与案例开发</td><td rowspan="5">校　级</td><td rowspan="5">2009.11</td><td>杜明芳</td><td>讲　师</td></tr>
<tr><td>7</td><td>以提高就业率为目标改进嵌入式实验体系</td><td>刘艳霞</td><td>讲　师</td></tr>
<tr><td>8</td><td>应用能力系统化实践课程的研究与实践</td><td>盛　宏</td><td>副教授</td></tr>
<tr><td>9</td><td>《传感器原理及应用》课堂教学的改革与实践</td><td>李淑芬</td><td>教　授</td></tr>
<tr><td>10</td><td>基于智能建筑工程的毕业设计质量管理模式的研究与实践</td><td>苏　玮</td><td>教　授</td></tr>
</table>

续表

序号	项目名称	项目来源	级　别	立项时间	负责人	职　称
11	应用型大学本科教学体系与人才培养模式研究	中国高教学会全国教育科学"十一五"规划课题	相当于省部级	2006.07	孙建京	教　授
12	楼宇智能化工程技术专业综合性职业集中训练体系研究	2007版培养计划专题教学改革项目	校　级	2007.07	范同顺	副教授
13	应用性大学自动化类"I"型课程体系研究	2007版培养计划专题教学改革项目	校　级	2007.07	孙建京	教　授
14	楼宇智能化工程技术专业综合性职业集中训练体系研究	2007版培养计划专题教学改革项目	校　级	2007.11	范同顺	副教授
15	自动化专业应用性本科的综合性课程研究与实践	2007版培养计划专题教学改革项目	校　级	2007.11	李红星	教　授
16	应用性大学自动化类"I"型课程体系研究	2007版培养计划专题教学改革项目	校　级	2007.11	孙建京	教　授
17	基于"I"字形教学体系应用型人才培养的创新与实践	全国教育科学"十一五"国家级课题子课题	相当于省部级	2008.05	刘继承	副教授
18	《传感器与自动检测技术》课程体系优化与教材建设	全国教育科学"十一五"国家级课题子课题	相当于省部级	2008.05	李淑芬	教　授
19	应用型大学电子信息人才培养模式研究	全国教育科学"十一五"国家级课题子课题	相当于省部级	2008.05	孙建京	教　授
20	应用型大学发展与学科专业建设研究	全国教育科学"十一五"规划2008年度教育部规划自筹经费课题	省部级	2008.05	孙建京	教　授
21	特色专业师资队伍建设比较研究	全国教育科学"十一五"规划课题子课题	相当于省部级	2009.08	郑　坚	副教授
22	特色专业培养方案比较研究	全国教育科学"十一五"规划课题子课题	相当于省部级	2009.08	盛　宏	副教授

3. 教育教学成果及奖励

2002—2010年，学院校级及以上教学成果获奖项目详见表10.2-15。

表 10.2-15　2002—2010 年校级及以上教学成果获奖项目一览表

序号	成果题目	获奖者姓名	获奖名称	获奖级别	获奖时间/年
1	校企合作应用性教育教学模式的探索与实践——组态王培训中心的建设与运行	蒋蔚、王克明、曹丽婷、杨晓玲、刘彦彬	校级教学成果奖	校级二等奖	2004
2	以就业为主导智能建筑专业教学体系的研究与实践	范同顺、苏玮、蒋蔚、曹丽婷、杨晓玲	校级教学成果奖	校级二等奖	2004
4	《数据库原理与应用》(教材)	张俊玲、王秀英、郭凤英	校级教学成果奖	校级二等奖	2006
5	应用型人才培养电类基础课课程体系的创新与实践	刘继承、王传新、张明莉、王珏、艾兰	校级教学成果奖	校级三等奖	2006
6	楼宇智能化工程技术专业教学体系的构建与实施	范同顺、郑坚、苏玮、杜明芳、黄娜	北京市教育教学成果奖(高等教育)	市级二等奖	2008
7	楼宇智能化工程技术专业	范同顺、苏玮、杨晓玲、杜明芳、刘彦彬	校级教学成果奖	校级一等奖	2008
8	应用型大学实践教学基地研究与实践	孙建京、陈恒荣、方新、孙建华、赵红、尤克、张福贵、孙晓鲲	校级教学成果奖	校级三等奖	2008
9	《自动控制原理》课程教学模式与实验改革	李红星、张益农、李平、李媛、钱琳琳	校级教学成果奖	校级三等奖	2008
10	建筑电气与智能化专业实践教学体系构建与实践	范同顺、苏玮、曹丽婷、杜明芳、黄娜	校级教学成果奖	校级一等奖	2010
11	《可编程控制器应用》课程及其实践体系建设	梁岚珍、宋玉秋、任俊杰	校级教学成果奖	校级一等奖	2010

4. 学位授予情况

2003—2010 届学生毕业、结业、学位授予情况详见表 10.2-16。

表 10.2-16　2003—2010 届学生毕业、结业、学位授予情况一览表

届次	毕业生总数/人	准予毕业数/人	毕业率/%	结业数/人	授学位数/人	准予毕业不授学位数/人	学位授予率/%
2003	343	337	98.25	6	233	104	69.14
2004	376	364	96.81	12	258	106	70.88
2005	408	386	94.61	22	246	140	63.73
2006	364	343	94.23	21	239	104	69.68
2007	362	355	98.07	7	281	74	79.15
2008	425	415	97.65	10	335	80	80.72
2009	438	423	96.58	15	396	27	93.62
2010	435	424	97.47	11	386	38	91.04
合计	3151	3047		104	2374	673	

（四）重要教育教学活动

学院从2003年9月起，随全校进入本科评估的准备阶段：学院遵循“以评促建，以评促改，以评促管，评建结合，重在建设”的方针，按照学校的统一部署，开展学习评估指标体系和自查整改工作。2006年10月15日至20日，教育部本科教学工作水平评估专家进驻学校检查，学院通过评估验收。

2005年3月，学校与北京工业大学软件工程学院签订联合培养软件工程专业硕士研究生协议，自动化学院作为教学点，由继续教育办公室负责教学运行、课程编排、组织考试、上报成绩等工作。截至2008年7月，共有27名学生获得软件工程硕士学位，有两届学生顺利毕业。

2008年12月，学院召开了以“提高教学质量，规范教学秩序”为主题的2008年教学工作会，由院党委副书记李淑芬主持，副院长田景文为大会致辞，副院长郑坚作教学工作报告，两位教师做了发言，院长兼院党委书记孙建京总结发言。郑坚在报告中总结了前一时期学院的教学工作、专业建设、师资队伍建设、教学管理工作、取得的教学成果以及存在的主要问题和今后的工作目标等。两位教师介绍了他们在课程建设及实践环节教学方面的经验和体会。同时，学院围绕规范教学秩序起草了两份文件，供与会代表讨论。与会人员进行了认真的讨论，对学院的发展建设提出了很多宝贵的意见和建议。孙建京院长在讲话中肯定了学院在专业建设等方面取得的进步，指出了学院近两年来教学质量逐步提高，在教学改革、教学管理方面的思路越来越明确，强调了学院今后应进一步加强专业建设、课程建设、师资队伍建设、实践教学建设、学风建设等方面的建设，全面推进教学工作，提高教学工作的水平。

2010年11月，学院召开“自动化学院2010年教学工作会”，全面启动实施教学品质提升计划。会议由院长方建军和党委书记孙建京分别主持，副院长盛宏作教学工作报告，6位教师代表进行了大会交流，方建军院长做了总结发言。此次会议是在联大2010年5月召开教学工作会之后举办，教学工作会的核心内容是针对《北京联合大学关于实施教学品质提升计划的意见》的要求，总结和梳理了学院教学品质的现状，分析、确定了下一步工作的目标和重点，制订了学院落实教学品质提升计划的可行方案。

二、高等职业教育

（一）专业设置及调整

2002—2010年，高职专业不断调整，先后有9个高职专业对外招生（见表10.2-17）。

2002年4月，学院有自动化技术、智能建筑控制工程、多媒体网络技术3个高职专业。

2003年7月，新增音响工程专业招生。

2005年7月，学院高职专业设置进行了较大调整，停招之前的全部专业，新设置并招生音响技术、楼宇智能化工程技术、计算机应用技术、网络系统管理4个专业，其中音响技术专业于2007年7月更名为音像技术。

随着学校整体布局的调整，学院于2009年7月停招网络系统管理专业，2010年7月停招计算机应用技术专业，2010年7月只招收音像技术、楼宇智能化工程技术2个专业学生。

表 10.2-17 2002—2010 年高职专业设置及招生情况一览表 单位:人

招生年份 招生专业	2002	2003	2004	2005	2006	2007	2008	2009	2010	合计
自动化技术	84	61	64							209
智能建筑控制工程	28	56	58							142
多媒体网络技术	57	62	60							179
音响工程		32	27							59
计算机应用技术				60	62	66	57	30		275
音响技术				31	31					62
楼宇智能化工程技术				59	57	60	54	36	27	293
网络系统管理				31	31	35	28			125
音像技术						30	29	30	16	105
合　计	169	211	209	181	181	191	168	96	43	1449

(二)教学基本建设

学院加大对高等职业教育的投入力度,建立实验实训室,建设重点专业、精品课程和精品教材等,有力地保障了教育教学质量。2007 年和 2008 年音响工程技术、办公自动化信息系统两门课程被评为市级精品课程,有 5 部教材被评为国家规划教材,3 部教材被评为北京市精品教材。2009 年 9 月楼宇智能化工程技术专业和计算机应用技术专业被评为校级高职示范重点建设专业和校级高职示范建设专业。

2007—2009 年,校级高职专业建设项目详见表 10.2-18。

表 10.2-18 2007—2009 年校级高职专业建设项目一览表

项目名称	项目来源	负责人	职　称	立项时间
楼宇智能化工程技术高职改革示范建设专业	评估整改试点、示范建设专业	范同顺	副教授	2007.09
计算机应用技术	高职示范建设专业	李　平	副教授	2009.09
楼宇智能化工程技术专业	高职示范重点建设专业	苏　玮	副教授	2009.09

2002—2010 年,校级及以上高职精品课程详见表 10.2-19。

表 10.2-19 2002—2010 年校级及以上高职精品课程一览表

课程名称	负责人	精品课程级别
办公自动化信息系统	李　平	2006 年校级精品课程 2008 年市级精品课程
音响工程技术	孙建京	2007 年校级精品课程 2007 年市级精品课程
建筑设备控制技术	蒋　蔚	2007 年校级精品课程

2002—2010 年，市级高职精品教材及国家规划教材详见表 10.2-20。

表 10.2-20　2002—2010 年市级高职精品教材及国家规划教材一览表

序号	教材名称	主编姓名	获奖级别	获批时间/年
1	现代音响工程	孙建京	北京市精品教材	2004
			国家规划教材	2006
2	控制系统数字仿真与监控组态软件应用	童启明	国家规划教材	2006
3	计算机图文处理	高美娟	国家规划教材	2006
4	数字电子技术	张明莉	国家规划教材	2006
5	数据库原理与应用	张俊玲	北京市精品教材	2006
6	建筑电气控制技术	窦晓霞	北京市精品教材	2007
7	应用数学基础	邢春峰、李平	国家规划教材	2008

（三）教育教学改革与发展

学院在高等职业教育人才培养上，坚持以能力培养为导向，强化实践教学。学院制(修)订了 2003 版教学计划、2007 版培养计划，明确了高等职业教育人才培养目标。学院教师李平、盛宏、赵丽华、王秀英、马丽等主持的高职教育教学项目——校企合作培养应用性计算机应用技术专业(高职)人才的教学建设，获得 2006 年校级教学成果一等奖。

2002—2010 年，校级高职教改项目详见表 10.2-21。

表 10.2-21　2002—2010 年校级高职教改项目一览表

项目名称	项目来源	立项时间	负责人	职　称
提升高职教学质量的对策研究	教育教学改革项目	2007.07	孙建京、顾志良	教　授
高职综合技术应用技能实训教学模式的研究与构建	教育教学改革项目	2009.05	董南萍	副教授

三、继续教育

学院继续教育主要有成人高等教育和成人非学历教育培训。2004 年 4 月，学院成立继续教育办公室，各教研部教师参与教学，继续教育办公室进行管理。2010 年 1 月，继续教育办公室撤销，原承担的工作合并到学校培训中心，尚未毕业学生的相关工作及 2010 年以前已经毕业学生需回校办理补授学位的相关工作合并到教学科研办公室。

（一）成人高等教育

1. 招生情况

2003—2008 年，学院成人高等教育招生人数为 371 人，其中专科 223 人，专升本 148 人。

培养目标：针对成人的特点，根据北京市经济建设的需要，培养具有一定基础理论和专业知识、有较强实际操作能力的德、智、体全面发展的专业人才。

2. 专业情况

2004 年,学院设有计算机应用技术专业、计算机网络技术专业、办公自动化专业、计算机科学技术、自动化专业;2005 年设有办公自动化专业、计算机网络技术专业、自动化专业;2006 年设有计算机网络技术专业、计算机科学技术专业、通信工程专业;2007 年设有自动化专业、计算机科学技术专业、通信工程专业;2008 年设有计算机科学技术专业、自动化专业、通信工程专业、影视动画专业、计算机应用技术;2009 年设有自动化专业、计算机网络技术专业、影视动画专业。

3. 申报新专业

2002 年,申报自动化专业(专升本),于 2003 年获得批准。

2004 年,申报电视节目制作专业(高起专),2005 年专业名称改为影视动画。

4. 教学管理

继续教育办公室负责成人教育系列的学生日常管理及学籍管理工作。包括学生报到、注册、学籍资料的存储与填报、学生学籍异动及处分的管理与申报、学生毕业资格审查与毕业证的发放、学位资格审查与学位证书的发放;负责各种职业技能证书的申报、审定与发放。2008 年,学生的学籍变动改由学校网上统一办理。2009 年,学校统一招生工作,学院的招生代码停止使用。2010 年,改用北京联合大学版毕业证书。

学院重视继续教育教学质量保障体系建设。继续教育办公室负责学院继续教育系列的教学监控管理,相关教学部门负责各专业的教学计划制订、专业设置的调研与调整、教师授课安排等教务工作。在基础课教学中,规定所有学生都必须按照教学计划参加统一测试,期末组织教师对统测课程考试及考试成绩进行分析。

5. 毕业生情况

截至 2010 年,学院共有 205 名专科生和 135 名本科生毕业。

(二)非学历教育培训

学院继续教育办公室依托学院为在校学生提供培训服务,配合学院信息自动化教研部做好后勤保障工作,与企业建立教育合作关系,协助教研部老师组织报名、安排考试,协调与企业人员关系,沟通校企向深层次开展合作关系。2005 年 3 月学院与 IBM 公司确定了合作伙伴学校关系。通过工作配合,分担信息自动化教研部教师的工作负担,让教师专心做好讲课培训工作。2005—2010 年,共有 500 名学生参加考证,考试通过率超过 90%。

第三节 科学研究与社会服务

一、科研机构与科研管理

学院依照学校校级科研机构管理办法(京联科〔2010〕4 号),以促进学科建设和科学研究为宗旨，以科技成果推广、转化和科技咨询、开发为手段，以提升学院整体科技实力、扩大学院社会影响力、争取更高水平的科研项目和产出高水平科技成果为目标，开展科研工作。2010 年 5 月成立 3 个校级院管科研机构。

学院的科研管理工作在学校的统一部署和领导下进行，教学科研办公室为学院的科研管理服务机构。校级院管科研机构设置情况详见表 10.3-1。

表 10.3-1　校级院管科研机构一览表

序号	机构名称	成立时间	现任负责人	历任负责人	主要研究领域
1	北京联合大学自动化工程研究所	2010.05	李红星		网络化先进控制技术、物联网技术、电气传动控制技术
2	北京联合大学现代物流研究所	2010.05	李　平	李淑芬	物流信息服务、物流系统的规划设计与资源优化配置、物流运作过程规划与控制和智能物流工程
3	北京联合大学智能建筑工程技术研究所	2010.05	范同顺		建筑电气与智能化工程技术、建筑节能、公共安全

二、主持或参与的重大科研项目及成果

学院教师主持或参与的重大科研项目情况详见表 10.3-2。

表 10.3-2　教师主持或参与重大科研项目一览表

序号	项目名称	项目来源	负责人	立项时间/年	科研经费/万元
1	智能测控系统中的拟人多信息融合系统	北京市教委	刘　东	2005	9
2	生态化资源化污水处理系统的优化控制研究和装置研制	北京市教委	田景文	2005	9
3	楼宇环境下嵌入式无线定位通讯技术研究	国家 863 子项目	田景文	2006	22
4	利用 PKiPK 震相研究地球内核结构	国家自然基金（与中科院地球物理所合作申请）	高美娟	2006	10
5	开关磁阻电机四象限运行控制系统的研究	北京市教委	李永霞	2006	10
6	多现场总线的多接口网桥的设计与研究	北京市教委	李淑芬	2006	8
7	基于 Profibus 现场总线的多变量智能控制系统	北京市教委	李红星	2006	8

续表

序号	项目名称	项目来源	负责人	立项时间/年	科研经费/万元
8	信息处理与身份验证系统	北京市教委	李　媛	2006	8
9	多模态情感数据分析与处理	国家自然科学基金子课题	薛为民	2007	3
10	视觉刺激条件下的声音掩蔽效应研究	国家自然基金(与中国传媒大学合作申请)	吴　帆	2007	5
11	面向心理危机的情感虚拟人交互理论及关键技术研究	国家自然科学基金子项目	李红星	2008	8
12	基于模糊神经网络的嵌入式中央空调控制器研发	北京市教委	范同顺	2009	12
13	基于认知机制的情感虚拟人交互模式与技术研究	北京市教委	董南萍	2009	12
14	嵌入式系统下明渠流速流量检测系统研究	北京市教委	梁岚珍	2009	6
15	基于工业以太网的复杂系统先进控制应用研究	北京市教委	李红星	2010	12
16	基于神经网络的嵌入式智能脱扣器研发	北京市教委	苏　玮	2010	15
17	基于工业以太网的复杂系统先进控制应用研究	北京市教委	李红星	2010	12

三、主要学术论著

2002—2010年,学院教职工发表专著详见表10.3-3。

表10.3-3　2002—2010年教职工发表专著一览表

序号	著作名称	作　者	出版社	出版年
1	人工神经网络算法研究及应用	田景文	北京理工大学出版社	2006
2	大学生职业生涯规划与求职案例点评	李九丽	北京出版社	2010
3	小波变换及其工程应用	李　媛	北京邮电大学出版社	2010

四、专利技术的基本情况和突出事项

2002—2010年,学院授权专利详见表10.3-4。

表 10.3-4 2002—2010 年授权专利一览表

序号	专利名称	发明人	专利类型	专利范围	申请号	申请日期	授权号	授权日期
1	智能门禁系统	高美娟、田景文	实用新型	国内	200520128179.5	2005.10.28	ZL200520128179.5	2007.03.21
2	杠杆直接驱动的减肥保健床	田文杰	发明专利	国内	200610000610.7	2006.01.09	ZL200610000610.7	2010.08.08
3	可在潮湿环境下使用的供电装置	田文杰、薛伟	实用新型	国内	200620001638.8	2006.01.23	ZL200620001638.8	2007.04.18
4	一种新型空调智能传感器	万平英	发明专利	国内	200610059840.0	2006.03.15	ZL200610059840.0	2009.04.29
5	一种新型空调智能传感器	万平英	实用新型	国内	200620002985.2	2006.03.15	ZL200620002985.2	2007.03.07
6	测热式风速计	田景文	实用新型	国内	200620012514X	2006.04.28	ZL200620012514X	2007.04.04
7	一种自动开合智能窗	田景文	实用新型	国内	2006200125154	2006.04.28	ZL2006200125154	2007.05.30
8	带有温度报警指示的奶瓶套	田景文	实用新型	国内	2006200125169	2006.04.28	ZL2006200125169	2007.03.14
9	公共交通车站监视系统	田景文	实用新型	国内	2006201157491	2006.06.06	ZL2006201157491	2007.07.04
10	公共交通车辆运行监视系统	田景文	实用新型	国内	2006201157487	2006.06.06	ZL2006201157487	2007.10.03
11	移动触发传感器	田文杰、薛伟	实用新型	国内	200620138487.0	2006.09.04	ZL200620138487.0	2007.11.07
12	可改变音量的喇叭控制装置	田文杰、薛伟	实用新型	国内	200720141722.4	2007.03.26	Zl200720141722.4	2008.03.19
13	能迷惑窃贼的灯光控制装置	田文杰、薛伟	实用新型	国内	200720141723.9	2007.03.26	Zl200720141723.9	2008.09.17
14	电器设备的无线控制装置	曹丽婷、吴楠(学)、侯珏(学)	实用新型	国内	ZL200720126587.6	2007.08.29	ZL200720126587.6	2008.06.11
15	一种测量岩石渗透率的实验装置及方法	田景文、高美娟	发明专利	国内	200810227133.7	2008.01.01	ZL200810227133.7	2010.10.29
16	具有障碍探测功能的手杖	曹丽婷、张兆莉、杨硕(学)	实用新型	国内	ZL200820005017.6	2008.03.21	ZL200820005017.6	2008.12.17
17	具有导向功能的手杖	曹丽婷、蒋蔚、张兆莉	实用新型	国内	ZL200820005016.1	2008.03.21	ZL200820005016.1	2008.12.17
18	一种生物信息诱鱼器	田景文、高美娟	发明专利	国内	200810111619.4	2008.05.16	ZL200810111619.4	2010.02.24
19	电视信号增强器	寇玉民、金祎	实用新型	国内	200820080611.1	2008.05.16	ZL200820080611.1	2009.02.04
20	汽车电子节油装置	金祎	外观设计	国内	200830085318X	2008.05.16	ZL200830085318.X	2009.05.27
21	汽车电子节油装置	金祎	实用新型	国内	200820080621.5	2008.05.16	ZL200820080621.5	2009.01.28
22	电冰箱停用保护器	寇玉民、苏秀丽	实用新型	国内	200820108996.8	2008.07.02	ZL200820108996.8	2009.05.06

续表

序号	专利名称	发明人	专利类型	专利范围	申请号	申请日期	授权号	授权日期
23	电荷耦合器件的雷达信号视频积累电路	寇玉民、赵飞	实用新型	国　内	200820108994.9	2008.07.02	ZL200820108994.9	2009.03.25
24	梳状滤波器	寇玉民、盛宏	实用新型	国　内	200820108995.3	2008.07.02	ZL200820108995.3	2009.03.25
25	线性恒温控制器	寇玉民、黄娜	实用新型	国　内	200820108997.2	2008.07.02	200820108997.2	2009.03.25
26	家电限流保护器	盛宏、寇玉民	实用新型	国　内	200820109068.3	2008.07.07	ZL200820109068.3	2009.03.25
27	大棚恒温控制器	寇玉民、杨青	实用新型	国　内	200820110108.6	2008.09.08	200820110108.6	2009.07.08
28	电动机缺相保护器	寇玉民、李淑芬	实用新型	国　内	200820123223.7	2008.10.23	ZL200820123223.7	2009.08.19
29	空气清新除尘装置	寇玉民、袁峥	实用新型	国　内	200820123225.6	2008.10.23	ZL2008201232256	2009.07.08
30	负离子发生器	赵飞、寇玉民	实用新型	国　内	200820123224.1	2008.10.23	ZL200820123224.1	2009.07.08
31	臭氧发生器	寇玉民、方遒	实用新型	国　内	200820123816.3	2008.11.13	ZL200820123816.3	2009.12.30
32	空气质量实时监测装置	曹丽婷、刘艳霞	实用新型	国　内	200820130250.7	2008.12.15	ZL200820130250.7	2009.12.30
33	粮食湿度检测器	寇玉民、陈辉东	实用新型	国　内	200920106303.6	2009.03.02	ZL200920106303.6	2010.01.06
34	一氧化碳报警器	寇玉民、盛宏	实用新型	国　内	200920109526.8	2009.06.30	ZL200920109526.8	2010.03.03
35	电冰箱停电保护插座	寇玉民、苏秀丽、黄娜	实用新型	国　内	200920109527.2	2009.06.30	ZL200920109527.2	2010.03.03
36	可燃气体泄漏报警器	寇玉民、赵飞、袁峥	实用新型	国　内	200920110083.4	2009.07.16	200920110083.4	2010.05.12
37	一种医用输液器加热装置	杨晓玲、黄娜、薛晶	实用新型	国　内	200920306792.X	2009.07.24	ZL200920306792.X	2010.04.21
38	螺旋波纹管对接电热熔焊接机	杨晓玲、苏玮、范同顺	实用新型	国　内	200920307335.2	2009.08.04	ZL200920307335.2	2010.04.14
39	光控人体感应照明灯具控制器	寇玉民、赵飞、袁峥	实用新型	国　内	200920222356.4	2009.09.03	200920222356.4	2010.05.26
40	电话自动控制照明灯	寇玉民、金祎	实用新型	国　内	200920246141.6	2009.09.29	200920246141.6	2010.06.02
41	动态称重装置	梁岚珍	实用新型	国　内	200920246858.0	2009.11.19	ZL200920246858.0	2010.11.10
42	工业网络环境下的立式电加热炉智能化模糊温控系统	李红星	实用新型	国　内	200920179975.X	2009.12.09	ZL200920179975.X	2010.08.04
43	台灯自动调光控制器	寇玉民、冯占英	实用新型	国　内	201020138116.9	2010.03.23	ZL201020138116.9	2010.11.17
44	停电应急自动照明电路	寇玉民、袁峥	实用新型	国　内	201020157242.9	2010.04.13	ZL201020157242.9	2010.11.17
45	高灵敏度心脏病监测报警器	寇玉民、赵飞	实用新型	国　内	201020166441.6	2010.04.22	ZL201020166441.6	2010.11.17
46	电缆断点检测器	李淑芬、寇玉民	实用新型	国　内	201020166430.8	2010.04.22	ZL201020166430.8	2010.11.17
47	工业生产现场信息监控系统	李红星	软件登记	国　内	2010SR072880	2010.11.15	2010SR072880	2010.12.25

五、产学研合作及社会服务

(一)校企合作

学院大力开展国家和地方经济建设所需要的应用研究和开发研究,各系及各科研机构加强与企业、政府部门、事业单位的合作,广泛开展横向课题研究(见表10.3-5)。

学院在工业控制网络技术、网络化先进控制技术、无线传感器网络、虚拟仪器开发、立式加热炉的监测与先进控制、煤化生产和电厂脱硫的监控系统、生产现场信息管理与监控系统等方面开展研究工作,先后与北京帅安控制技术有限公司等企业合作开发相应软硬件产品,完成企业的信息化改造项目等4项;在资源优化、节能减排、先进智能控制和物联网技术等领域也有深入研究;在智能建筑设备控制、节能技术、智能照明、智能建筑现场总线技术,以及智能建筑系统集成等方面取得多项成果。此外,主编国家工程建设标准《智能建筑工程施工规范》GB 50606—2010;参与国家工程建设标准《建筑信息模型(BIM)-2012》4个子课题的研究与编制;完成北京画院智能化、北京体育大学智能化等10多项工程项目的工程设计、顾问、监理等。

表10.3-5　校企合作项目一览表

序号	项目名称	负责人	项目来源	总经费/万元	签约时间	项目起止时间
1	图书馆自动存取图书机械手的研制	方建军	北京中通柯翔科技有限公司	10	2010.11	2010.11—今
2	污废水非法排放自动采样决策与无线报警系统的研发	万平英	环境科学部	26	2010.06	2010.06—今
3	远景呈现模拟仿真平台中音频系统的研发	吴　帆	北京直真视通科技有限公司	3	2010.12	2010.12—今
4	无人机设备调试方法研究	李淑芬	北京航空航天大学	4	2010.07	2010.07—2010.08
5	信息化技术在校园网站建设中的应用	李淑芬	邯郸市文杰教育咨询服务有限公司	3	2010.05	2010.05—今
6	车辆器具安全管理系统	李　媛	北京中瑞特通讯科技有限公司	5	2010.03	2010.03—2010.06
7	隔音耳麦研制	浦剑涛	北京中科纳信息技术有限公司	4.6	2010.11	2010.11—今
8	驱油模拟过程岩石模型电阻率测	高美娟	中国石油大学	4.8	2009.05	2009.05—2009.06
9	基于嵌入式无线油田安防系统设计开发	蒋　蔚	北方电器实业公司	4	2009.03	2009.03—2009.05
10	基于VB无线报警系统监控软件设计开发	蒋　蔚	北方电器实业公司	4	2009.03	2009.03—2009.05
11	基于工业以太网的现场信息采集系统设计	李　媛	北京帅安控制技术有限公司	3	2009.09	2009.09—2010.05
12	智能建筑可燃气体监控系统	田文杰	北京天安东方科技有限公司	7	2009.09	2009.09—2010.05

续表

序号	项目名称	负责人	项目来源	总经费/万元	签约时间	项目起止时间
13	北京中煤矿山工程有限公司轨道交通公司门户网站开发与实现	夏明萍	北京中煤矿山工程有限公司	3	2009.10	2009.10—2010.02
14	青海庆华煤化有限责任公司工业现场信息监控系统	张益农	北京帅安控制技术有限公司	8	2008.12	2008.12—2010.05
15	立体停车库控制系统设计	任俊杰	北京华泰达科技发展有限公司	2	2008.12	2008.12—2009.04
16	云南浩宏物集团供应商筛选系统设计	钱琳琳	北京神州鼎慧管理咨询有限公司	1	2008.09	2008.09—2009.06
17	DQC-II型流量计算仪研究开发	梁岚珍	新疆一昊源水文仪器销售公司	1.32	2008.06	2008.06—2009.01
18	教学机器人控制系统研发	杨清梅	北京博创兴工科技有限公司	3	2008.06	2008.06—2008.07
19	轻型车道路普及其排放因子的研究	吉素霞	北京新领域汽车装饰有限公司	1.2	2008.05	2008.05—2008.11
20	高速叠图机精度叠图技术的研究	曹丽婷	北京万奥海瑟科技有限公司	5	2008.04	2008.04—2008.12
21	建筑智能化工程管理体系研究	苏　玮	北京顺科宇泰智能建筑技术顾问有限公司	4.5	2008.01	2008.01—2008.06
22	音乐喷泉控制器	陈德鹏	北京金瀑布环境艺术有限责任公司	1.1	2008.01	2008.01—2008.12
23	水驱油模拟仿真研究数据采集系统	高美娟	北京石油大学	3.6	2007.12	2007.12—2008.06
24	可检测CO气体的智能传感器	田文杰	北京科华创新科技发展有限公司	1	2007.11	2007.11—2008.05
25	智能监控防盗报警系统	万平英	河南新乡豫合圣通商贸有限公司	4	2007.10	2007.10—2007.11
26	建筑智能化相关专业实践教学体系的研究	范同顺	北京华安北海消防安全工程有限公司	5	2007.04	2007.04—2008.04
27	医用消毒设备控制核心板开发	冯占英	北京天华丽工程咨询公司	1	2007.04	2007.04—2008.03
28	多台电梯群控分组分区运行控制	贺玲芳	北京四季海星电梯工程有限公司	1.8	2007.03	2007.03—2007.12
29	嵌入式Linux系统内软中断设计在微量液体滴加控制设备中的应用	王　珏	北京东联化工有限公司	1	2007.01	2007.01—2007.12
30	脱硫系统的数据采集与监控系统	李红星	北京帅安控制技术有限公司	3	2006.07	2006.07—2008.12
31	智能建筑工程质量监理体系的研究	范同顺	北京大正建设工程监理有限公司	4	2006.05	2006.05—2007.05
32	Hybris集团电子物流系统	陆　顺	北京朗利夫服装有限公司	2	2006.04	2006.04—2008.01

续表

序号	项目名称	负责人	项目来源	总经费/万元	签约时间	项目起止时间
33	电子信息类双证课程教学研究	王育平	信息产业部第一职业技能鉴定站	4	2006.04	2006.04—2008.07
34	室内无人自动断电节能装置	田景文	北京百盈恩科技术发展有限公司	3	2006.04	2006.04—2006.11
35	非均质大模型驱油物理模拟多路智能数据采集系统	田景文	大庆石油学院	5	2005.01	2005.01—2006.05

第四节　学生教育管理

一、学生管理

（一）工作机制与组织机构

1. 工作机制

学院学生工作在校院党委和校学生处领导下，由学生工作办公室负责实施。学生工作办公室是学院学生管理的职能部门，负责对全院学生的教育管理工作。院学生工作由院党委副书记领导，辅导员具体实施。学院试行专职辅导员制，按生师比 200∶1 配备专职辅导员。辅导员是学生管理的专职人员，对学生日常管理负主要责任。全院学生管理的重大事项由学生工作办公室提出初步意见，报主管学生工作的院党委副书记，经院务会研究后最终决定。

2. 组织机构

院学生工作专职机构设学生工作办公室、学生党总支和团委 3 个职能部门。学生工作办公室负责学生日常管理、思想政治教育、学生党建、学风建设、评优奖励、违纪处理、困难学生资助、心理健康教育、学生工作队伍建设、就业工作、武装部工作；院学生党总支负责院学生党建、学生基层党组织建设；院团委负责团员思想教育、团的组织建设、团支部建设、团员培训、团员“推优入党”并指导学生会、学生社团开展各项活动等。

学生工作办公室设主任、副主任及相应职数的专职辅导员。学生办下设就业办公室，1 名辅导员专门负责毕业生就业工作；学生党总支设专职书记 1 名，全面负责学生党总支工作；院团委设专职书记 1 名，全面负责学院共青团工作。

（二）重点工作

1. 学风建设

学院党委不断探索新时期学风建设的新思路、新方法。2002 年 4 月，学院党委提出“三多一严”即多奖励、多活动、多发展、严管理的学生工作理念。2005 年 9 月，学院开展“以党建带班风促学风”为主题的学风建设活动。2010 年 9 月，学院学生工作确定“以学生为本，以教学为中心，采取分层分类教育，为学生发展和可持续发展服务”的学生工作理念。

2. 学生奖励与处罚

(1) 奖励

学院奖励设为个人和集体两类。对个人的奖励项目为校级学生奖学金(共分三等),校院两级三好学生、优秀学生干部、优秀团员,院级社会工作奖、社会工作成就奖、优秀学生党员、优秀学生及单项奖;对集体的奖励项目为校院两级先进班集体、先进团支部。奖励标准分别为校级一等奖学金1500元/人,二等奖学金1000元/人,三等奖学金500元/人。建院9年来,学院根据《北京联合大学学生奖励办法》《北京联合大学学生综合测评实施办法》《北京联合大学学生奖励条例》文件精神,坚持"公平、公正、公开"的原则,获奖个人和集体经班级评选、学生工作小组审核后上报院学生办公室,学生办公室上报校学生工作部(处)审批,进行公示,报院务会通过后在全院学生中进行表彰。

2002—2010年,学院学生获校级奖励情况详见表10.4-1。

表10.4-1 2002—2010年校级奖励情况一览表

单位:人

奖励类型 学年	一等奖学金	二等奖学金	三等奖学金	三好学生	优秀学生干部	优秀班集体
2002—2003	4	96	197	40	43	7
2003—2004	6	128	201	15	39	5
2004—2005	8	131	198	17	72	6
2005—2006	7	129	223	44	17	5
2006—2007	4	1123	226	50	21	6
2007—2008	3	1143	185	46	15	8
2008—2009	14	1126	255	42	18	6
2009—2010	8	1113	250	38	15	5

2003—2010年,学院有首都高校"先锋杯"优秀团支部6个,首都大学生各校特色实践团队1个。市级先进集体5个,市"达标创优"竞赛活动"五四红旗团支部"1个,学生市级先进个人42人。

(2) 处罚

根据《北京联合大学学生处分办法》对违纪学生的处罚分为五等:警告、严重警告、记过处分、留校察看、开除学籍。学生处分有严格的审批程序,处理程序为:学生办核实违纪事实无误,由学生办依据《北京联合大学学生违纪处分条例(修订)》,提出书面处理意见,报院务会审批。严重警告处分以下(含严重警告)的处理,院务会可直接批复,下达处分决定;记过处分以上(含记过处分)的处理,需上报校学生处(部),最后经研究同意后,做出处理决定。2002—2010年,有112名学生受到记过及以上处分。

2006年9月,学院成立了由学生工作办公室、教学科研办公室、党委院长办公室、校团委、校学生处、校保卫处负责人以及教师和学生代表共同组成的学院申诉处理分委员会,受理学生的申诉要求。学生工作部(处)负责学生申诉处理日常工作。2008年4月,执行《北京联合大学解除学生违纪处分管理办法(试行)》,受到处分的学生,在毕业前向学院学生办公室提出书面申请,由学生办公室审核,报院务会批准后方可解除。

3. 学生资助

学院落实党和政府、校院对家庭经济困难学生的各项资助政策,对生活特别困难学生,除配合学校为其开通“绿色通道”外，还制定了减缓交纳学费的有关规定。同时根据《北京联合大学家庭经济困难学生认定的实施办法》(京联学〔2008〕5 号)、《北京联合大学学生勤工助学管理办法》(京联学〔2007〕5 号)和《北京联合大学国家奖学金、国家励志奖学金和北京市国家助学金管理实施办法》(京联学〔2007〕7 号)等文件精神，实施对家庭经济困难学生的认定、资助及奖励工作。2002 年 10 月开始推行国家奖学金评选；2004 年 10 月开始推行北京市国家助学金评选；2007 年 10 月开始推行国家励志奖学金评选，进一步加大对贫困学生资助与奖励的力度。2007—2010 年，456 人获得了国家励志奖学金，1836 人获得了北京市国家助学金，532 人申请了国家助学贷款，256 人获得了勤工助学岗位。

4. 就业工作

就业工作是学院的重点工作之一，学院通过召开毕业班就业工作培训会、全体毕业生动员会、毕业班学生家长会、京外毕业生动员会、就业指导专题讲座、发放家庭经济困难学生就业帮扶基金，根据毕业生的实际开展就业分类指导和咨询，帮助学生树立正确的人才观、价值观和择业观，增强就业竞争力。2006 —2010 年，学院毕业生就业率保持比例为 97%。

5. 学生科技活动

学院针对学生科技活动，制定《关于成立自动化学院学生课外科技活动指导委员会的草案》；成立专业教师专项指导小组长期进行相关竞赛项目的指导；采取“高年级带低年级”的良性循环组队模式。

2010 年 11 月，学院团委出版《大学生课外科技创新作品集》，收集了学院 2005—2010 年学生参加科技活动的作品。2008—2010 年，学生科技立项共计 25 项，参与学生共计 200 余人。2006—2010 年，获电子设计比赛二等奖 5 人、三等奖 14 人、成功参赛奖 32 人；获得“飞思卡尔杯”全国大学生智能汽车竞赛光电组华北赛区二等奖；全国比赛光电组的二等奖；获得全国机械创新大赛(慧鱼组)市级三等奖。在大学校“挑战杯”创业计划竞赛中，二等奖 1 人，三等奖 10 人；在“挑战杯”首都高校大学生课外科技作品竞赛中，二等奖 1 人，三等奖 4 人，校级三等奖 4 人。1 人获得第 128 届国际音频工程师协会(AES)学生录音竞赛两项第一名。第二届“亚龙杯”大学生智能建筑工程实践技能竞赛中，1 人获二等奖；“IBM 校园创新设计大赛”中，17 人获优秀奖。全国大学生英语竞赛中，获国家一等奖 1 人，二等奖 5 人，三等奖 11 人。英语演讲赛中，1 人获得市级三等奖，1 人获得数学建模比赛市级二等奖。

2002—2010 年，学院学生参加科技竞赛获奖情况详见表 10.4-2。

表 10.4-2　2002—2010 年学生科技竞赛获奖情况一览表

获奖时间	竞赛名称	获奖学生	指导教师	获奖等级
2003.07	第二届“挑战杯”首都大学生课外学术科技作品竞赛	张　焱	高　蕾	市级二等奖
		王　颖	高　蕾	市级三等奖
2004.10	北京市大学生电子设计竞赛	李晓旭、晋璐稀	王传新	市级二等奖
		刘峰、安楠、李佶、肖磊、王杨、刘志辉、郑宇、成俊鹏、李海涛、崔殿东	王钰、盛宏、高蕾、冯占英、刘明连	市级三等奖

续表

获奖时间	竞赛名称	获奖学生	指导教师	获奖等级
2004.11	全国大学生数学建模竞赛北京赛区比赛	孙斌、郭友、张辞	尚学海	市级一等奖
		郑宇、曹成、成俊鹏、吕荣杰、董宇	张静、尚学海	市级二等奖
2005.10	全国大学生电子设计竞赛北京赛区比赛	沈洁、李然、周淼、张大航、程志刚、李文超	田景文、王传新	市级二等奖
		肖磊、李佶、姚丽莎、王兆晖、王路、郭淼、刘亭、付饶、赵欣	冯占英、张世德、寇玉民	市级三等奖
2005.12	2005年“索尼探梦实验铁人赛”	王　昕	田景文	国家级总冠军
		赵振峰	高兴茹	国家级最佳试验奖
		郭　鹏	马振龙	国家级优秀奖
2006.06	2006年“IBM校园创新设计大赛”	李林、吴昊、王晓亮、孙晓明、尹冀、李然、于爱竹、李慧、裴伯硙、闫超、郝建平、刘旭连、高瑜、张石、刘刚、赵毅、薛奇威	李平（小）、孙雪、胡立栓、马丽	国家级优秀奖
2006.06	第四届“挑战杯”首都大学生创业计划竞赛	昌东军、田颖、宿井明、徐立松	田景文、高美娟	市级三等奖
2006.06	2006年北京联合大学学生计算机程序设计大赛	张鹏、祝阿雄、刘鹏、刘扬、张辞、孙斌、张贺寅、房江南、刘洪	李平（小）、孙雪、胡立栓、马丽	校级二等奖
2006.07	第二届“博创杯”全国大学生嵌入式设计大赛	张大航	田景文	国家级二等奖
2006.09	北京市大学生电子设计竞赛	何金菊、陈兴伟、卞中英、李俊兴	寇玉民、张世德、王传新	市级成功参赛奖
		李俊兴、陈兴伟		市级三等奖
2007.03	北京联合大学第二届“挑战杯”学生课外科技作品竞赛	张然、李响、刘亮	刘继承	校级二等奖
		刘　达	刘　智	校级二等奖
		孙利、苏婷、李静、李晶	王克明	校级三等奖
2007.09	“正保教育杯”第三届全国ITAT教育工程就业技能大赛	吕勇阳、王宇	无	教育部三等奖
2007.09	全国大学生电子设计竞赛北京赛区比赛	史跃虎、尚梓恒、孙楠、韩清泉、李叶、李华	寇玉民、田文杰、张兆丽、张世德、刘继承、冯占英、李媛、李永霞、廖文江	市级三等奖
		李飞、张宏、穆新、张霓、王欣欣、徐晨希、蒋威、李晓宇、高博、任杰、刘妍倩、高媛、张然、李响、魏利		市级成功参赛奖

续表

获奖时间	竞赛名称	获奖学生	指导教师	获奖等级
2007.09	第四届"挑战杯"首都大学生课外学术科技作品竞赛	刘 达	刘 智	市级二等奖
		张然、李响、刘亮	刘继承	市级三等奖
2007.12	北京联合大学首届智能汽车竞赛	解子岩、廖佳林、王子安、房江南、张贺寅	李平(大)	校级二等奖
2008.03	北京联合大学第二届"挑战杯"创业计划竞赛	侯雅婕、张晨、张遥、张贺寅	王 鹤	校级三等奖
2008.06	2008 年 CCTV 全国大学生机器人电视大赛	张然、李响、赵策、张利	冯占英	国家级成功参赛奖
2008.06	北京市大学生电子设计竞赛	刘硕、王玲悦	寇玉民、张世德、王传新	市级三等奖
		张贺寅、解子岩、王舸、孙绍慈、陈希、蔡玉		市级成功参赛奖
2008.07	第三届全国大学生"飞思卡尔杯"智能汽车竞赛华北赛区比赛	解子岩、房江南、张贺寅	李平(大)	华北赛区二等奖
2008.12	第 25 届全国部分地区大学生物理竞赛(非物理类)	王伟、李文鹏	母小云	市级三等奖
2008.12	全国首届大学生创作作品大赛	张 超	万平英	国家级三等奖
		张 超	万平英	国家级优秀奖(3 个)
2009.05	第十一届全国大学生英语竞赛(NECCS)	曹潇巍	赵 培	国家级三等奖
2009.06	"廉洁,我们共同的责任"主题征文比赛(湖南省)	王 会	无	市级一等奖
2009.06	第五届"挑战杯"首都大学生课外学术科技作品竞赛	王 旭	刘 智	市级三等奖
2009.09	北京大学生数学建模与计算机应用竞赛	李可蕊	贾文敬	市级二等奖
2009.09	全国大学生电子设计竞赛北京赛区比赛	解子岩、刘凯、王姝、王松宏、张海麟、张欢	张世德、冯占英	市级二等奖
		王伟、杨潇芃、陈红、陈启、张理朝、徐亮	寇玉民、刘继承、冯占英	市级三等奖
		彭金龙、沈剑飞、王玫月、李文鹏、郭冠杰、王少华	寇玉民、刘继承	市级成功参赛奖
2009.10	第二届北京市物理实验竞赛三等奖	毛建森、罗耀祖、余文宇	孙会娟	市级三等奖
2009.12	北京市物理竞赛	涂明、肖斌、罗敏	母小云	市级三等奖

续表

获奖时间	竞赛名称	获奖学生	指导教师	获奖等级
2009.12	第26届全国部分地区大学生物理竞赛	涂明、罗敏、刘金晶、曾长东、孟伟哲、罗耀祖	母小云	市级三等奖
2010.03	2010年"獬豸杯"第八届香港国际武术节大赛	邵光毅	无	国家级一等奖
2010.03	北京联合大学第三届"挑战杯"创业计划竞赛	张鑫、李周洋、庄园、郝凌冰、历东洋、司玄煜	解　瑜	校级三等奖
2010.04	2010年全国机械创新大赛(慧鱼组)	毛闻聪、张月兵、杜灵军、薛睿、王斌	童启明、窦晓霞	市级三等奖
2010.05	2010年北京市跆协杯跆拳道比赛	吕文拓	无	市级一等奖
2010.05	第十二届全国大学生英语竞赛(NECCS)	高佳、孟伟哲	吴丹、刘晓霞、万昕蔚	国家级二等奖
		揭林、陈亚、赵宇航、李志研、陈晨、梁云清	罗晨辉、李桂琴、赵培	国家级三等奖
2010.06	第128届国际音频工程师协会(AES)学生录音竞赛	刘　达	吴　帆	国际级一等奖
2010.07	第五届全国大学生"飞思卡尔杯"智能汽车竞赛华北赛区比赛	王华兵、孟伟哲	潘峰、冯玮	市级一等奖
		李文鹏、李娇娣、王靖宇	潘峰、刘继承	市级二等奖
		贾琼、罗敏	潘峰、梁岚珍	市级三等奖
2010.08	第五届全国大学生"飞思卡尔杯"智能汽车竞赛(光电组)	王华兵	潘峰、冯玮	国家级二等奖
2010.09	全国大学生数学建模竞赛北京赛区比赛	赵香荣、孔祥玲、陈平	张　静	市级一等奖
		张　锐	王　笛	市级二等奖
2010.10	第三届全国电子信息实践教学研讨暨2010全国大学生电子信息创新作品评选会	王华兵	潘　峰	国家级二等奖
2010.10	第二届"亚龙杯"大学生智能建筑工程实践技能竞赛(总决赛)	李楠、李晓川	黄娜、杨晓玲	国家级二等奖
2010.11	北京市大学生英语演讲比赛	赵宇航	温　波	市级三等奖
2010.11	全国大学生电子商务"创新、创意及创业"挑战赛	刘金晶	高　超	国家级三等奖
2010.12	第27届全国部分地区大学生物理竞赛	曹忠升	母小云	市级一等奖
		高佳、王德政、郑川	母小云	市级三等奖

6. 学生社会实践与志愿服务

2002—2010年,学院团委每年都组织服务基层、面向社会的暑期实践团,始终坚持"按需设项、据项组团"的原则,结合社会需求和学生专业内容的实际需要,开展了以专业实践、理论宣讲、志愿服务、主题调研、科技实践等为主要内容的实践活动。

2004—2010 年,学院团委获“校级学生暑期社会实践先进单位”5 次,被评为“北京联合大学五四红旗团委”1 次;学院“北京市居民体育锻炼与心理健康状况调查”实践团获首都大学生各校“特色实践团队”称号;3 名指导教师获校级“优秀指导教师”荣誉称号、8 名同学获校级“社会实践先进个人”荣誉称号、4 个团队获校级“社会实践优秀团队奖”;寒假社会实践,8 人获得校级“先进个人”称号,3 个团队获校“优秀团队”称号;学院被评为“校级寒假社会实践先进单位”。

2008 年 8 月,学院组织 500 余名奥运、残奥会志愿者于工人体育场、首都国际机场、奥运公交场站、东城区和朝阳区各街道志愿者站点、地铁 5 号线和 10 号线开展奥运会、残奥会志愿服务活动;组织 187 名学生赴奥运村开展服务。学院有 389 人获得“优秀志愿者”荣誉称号。学院获得校级“奥运服务先进单位”;7 人获“好运北京”国际拳击邀请赛优秀志愿者,16 人获“好运北京”体育赛事首都机场优秀志愿者,2 人获“好运北京”体育赛事志愿者工作优秀信息员。

7. 学生文体活动和学生社团组织

学院注重学生自我管理与自我服务能力的培养,为了让学生在各个方面都得到发展,不断提升综合能力,学院设立了各类基层学生组织,开展丰富的课外文体、科技活动。基层学生组织包括学院学生会、学生科技协会,社团联合会等。学院团委于 2003 年荣获北京市共青团“达标创优”竞赛活动组织奖。

学院学生会主要服务于广大同学的学习、生活和文体活动。通过组织学习经验交流会、英语讲座、考研辅导等营造良好的学习氛围,提升学习兴趣;通过组织篮球赛、运动会、歌手大赛、“乐海放歌”文艺晚会等丰富同学的业余文化生活,增强集体凝聚力;通过每周的宿舍检查评比、设立维权邮箱、生活委员座谈会等积极向相关部门反馈同学遇到的问题,维护同学的合法权益。

自 2003 年 12 月开始,学院每年 12 月份举办“乐海放歌”文艺晚会。2010 年 3 月 12—15 日,学院 0810121101 班学生邵光毅取得杨式太极拳竞赛套路冠军,集体太极拳项目亚军。

学院团总支主要负责团员的管理、主题团日的设计开展、假期社会实践的组织与落实、日常志愿服务活动的有序开展等。

学院科技协会成立于 2006 年 9 月,主要为学生提供科技立项和竞赛咨询服务、对相关竞赛进行组织管理、针对比赛项目提供经验交流等。自 2008 年开始,每年 4 月份举办的校智能车大赛均由院团委主办,院科技协会承办,参与学院和人数逐年提升。同时,学生科技协会还承担了学院参与科技活动学生的日常管理,各类大赛的报名及组织工作。2009—2010 年,在院团委的组织下,学生科技协会成功举办了“博士论坛”;组织校园科技文化节;举办学生科技作品展。

社团联合会主要负责院社团的管理,2002—2010 年,学院现有社团 8 个:英语协会、职业发展协会、跆拳道社、空手道社、足球社、乒乓球社、辩论协会和 Java 社。

学院职业发展协会成立于 2009 年 4 月,该社团旨在服务于广大学生,提升学生职业规划意识,提高就业创业技能,该社团每年 10—11 月举办职业发展大赛,3—4 月举办模拟面试大赛,2010 年 11 月,该社团承办了“品牌中国”的校园宣讲会,同时该社团也协助校招生就业处组织各类专题讲座。

学院英语协会成立于 2009 年 5 月,在每年的 5 月份均针对英语四六级进行模拟测试,提升社团内部学生的英语应对能力;社团还与学生会学习部联合组织考前四六级讲座,每次参与者有200~300人;学院英语协会利用每周四晚上播放英文经典电影,在英语语境中提高社团成员的听说能力。

二、思想政治教育

(一)机构设置

学生思想政治教育在学院党委、行政的统一领导下,由院学生工作办公室、学生工作党总支、团委共同负责。学生党总支主要负责学生党员的教育管理,学生工作办公室负责学生日常思想政治教育及就业工作,团委主要负责团员的教育与管理。

(二)内容与形式

学院党委认真贯彻党的教育方针,深入落实中共十六大、十七大精神,把全面提高人才培养质量作为工作的重中之重。学院思想政治教育工作形成了传统与特色相结合的内容与形式,为培养合格大学生提供了良好的育人环境。

2003年9月,院学生工作部门主讲《形势与政策》《法律基础》课程,负责开展"就业指导"专题讲座。2003年,学院将《就业指导》列入必修课;学院教师承担针对本院学生的《就业指导》课的讲授工作。2005年9月开设《军事理论》为必修课,学院教师参与了相关的教学辅助工作。2007年9月至2009年9月,校心理素质教育中心把学院作为《大学生心理素质教育》必修课的试点学院之一,学院有心理咨询师执业资格证的教师承担授课任务。从2010年9月起,《大学生心理素质教育》作为必修课,在全校范围内开设。2010年学院以"四进"方式发挥党员的先锋模范引领作用。"四进"即党建进班级,以党建带班风促学风;党建进社会,开展社会公益活动;党建进网络,占领网络高地;党建进宿舍,打造宿舍文明环境。2002—2010年,学院开展爱校荣校教育、文明校园从"我"做起的活动;2006年开展社会主义荣辱观教育活动;2007—2008年开展"我参与、我奉献、我快乐"的奥运志愿精神培育活动。2006年以来一直开展"诚信教育、诚信考试"主题教育月活动,开展"感恩社会、志愿回报"活动,开展毕业生的就业教育;开展以"爱国、责任、使命"为主题的系列爱国主义教育活动等。

2006—2010年,学院每年都配合校心理健康教育中心对新生心理健康进行测试,为全院学生建立了心理健康档案;每年举行"5·25"心理健康日活动。开展"勤工助学伴我成长""自立、自强、自尊、自信——优秀贫困生成长经验交流会""感恩社会志愿服务""贫困生职业生涯团体辅导与就业帮扶""暖心工程""贫困学生走访""贫困学生新年慰问座谈会""贫困学生征文"等多项教育活动。

(三)建设与研究

学院党委不断探索新时期学生思想政治教育的规律,不仅确立了思想政治工作的目标与任务,而且通过每年的"三育人"(教书育人、管理育人、服务育人)先进评选,以及工会开展的"最受欢迎的教师"评选活动等,调动了全院教职工的积极性,形成了全员育人的工作格局。

2002—2010年,学院先后修订了《北京联合大学自动化学院辅导员工作职责》《2010年北京联合大学自动化学院班导师工作职责》。到2010年年底,学院的辅导员已达到上级规定的1∶200的师生比例。学生辅导员硕士学历比例达到100%。学生办获得2004年、2010

年校级就业先进集体，2009年校级“三育人”先进集体1次、2006年校级优秀党支部、2010年校级军训组织奖1次。学生办辅导员有8人获得2003—2010年校级优秀就业工作先进个人、2人获得2005年校级德育先进个人、1人获得2007年校级“三育人”先进个人、2人获得2008年首都教育系统奥运服务先进工作者、1人获得2008年北京市奥运工作先进个人、1人获得2009年北京市十佳辅导员、1人获得2009年校社会实践先进工作者、1人获得2010年校级十佳辅导员。2002—2010年，辅导员发表40余篇研究论文；主持并完成教育部课题1项；主持完成首都大学生思想政治教育课题1项；主持并完成“十二五”规划重点课题1项；主持完成校级课题1项；参与首都大学生思想政治教育重点课题项目1项；参与校级课题6项；出版著作1部和教材1部。

第五节　国际及港澳台交流与合作

一、概况

1. *以合作办学为重点的主要出访活动*

为深入了解国（境）外大学的办学情况，进一步开展合作办学项目，2008—2010年学院3次派出代表团到国外进行以合作办学为重点的出访活动。2008年，由院领导孙建京带队赴新西兰考察访问，商谈合作办学事宜，进行学术交流；2009年，由院领导孙建京带队赴英国协商合作办学事宜，进行学术交流；2010年由院领导孙建京带队赴加拿大协商合作办学项目，进行学术交流。

2. *教职工出国研修与交流活动*

2003—2010年，学院教职工出访交流情况详见表10.5-1。

表10.5-1　2003—2010年教职工出访交流活动一览表

年　份	交流事宜			出访国家/地区	总人次
	进　修	访问学者	考　察		
2003	1			加拿大	1
2004	1			加拿大	1
2006	3			澳大利亚、英国	3
2007	1			美　国	1
2008	3			中国香港	3
2009		1	5	美　国	6
2010			1	中国台湾	1
总　计	9	1	6		16

二、短期交流学习项目

学生短期交流学习项目，主要在英国，时间一般为三周，主要活动为参加学生暑期夏令营。2010年8月，由孟秀霞带队，一行12人赴英国参加了短期交流项目。

第十一章 管理学院

概 述

2002年4月，根据北京市机构编制委员会在2002年年初下发的《关于同意北京联合大学机械工程学院等3所学院并入北京联合大学的函》(京编办〔2002〕2号)和学校2002年3月25日《关于校本部进行专业调整并重新组建学院的意见》(京联党〔2002〕11号)文件要求，撤销校本部内原信息学院、应用技术学院、机械工程学院建制，调整专业，重新组建信息学院、机电学院、自动化学院和管理学院。管理学院是以原应用技术学院为主体，合并校内部分管理学相关专业组建而成。

管理学院是一所以经济管理类学科为主的本科学院。学院以企业管理学、金融学、管理科学与工程、区域经济学等学科为依托，以北京中小企业发展研究中心、首都金融研究中心、首都经济与企业发展研究所等科研机构为平台，设有金融学(含保险方向)、信息管理与信息系统、工商管理(含国际商务方向)、会计学、电子商务5个本科专业；同时设有信息管理与信息系统、工商管理、会计学、电子商务4个专升本专业。2005年学院开启了研究生教育工作，2005年、2006年、2008年先后与北京化工大学联合培养三届企业管理学硕士研究生，共计13人。2010年在校本专科学生约2500人。

学院为国家级暨北京市服务外包人才培养模式创新实(试)验区核心成员，同时创立了校级"经管类应用性本科人才培养模式创新试验区"，面向学院各专业按照"工商管理"大类招收本科生，实行"大类招生、分级教学、学生自主、多元发展"的方针，采用中期分流、因材施教等措施，建立起促进学生多元成才的激励机制。2006年，设立校级"金融学"实验班、院级"电子服务实验班"，直接聘请来自重点高校、企业的名师授课，为金融学专业、信息管理与信息系统专业、电子商务专业的学生拓宽专业视野和项目体验搭建了平台，充分调动学生学习的积极性和主动性，为北京金融业、电子服务业培养应用型高级经济管理人才。学院自2010年起率先实现在京外一本招生。

学院实验教学中心为北京高等学校实验教学示范中心，拥有经济管理类专业实验室10个，总面积1000平方米，资产总值近千万元，经济管理类专业实验教学软件40余个，为学生的专业学习提供了良好的实验教学环境，培养了学生的专业实践能力和创新能力，提高了学生的专业适应能力和就业竞争力。2002—2010年学生参加了"三创电子商务大赛""挑战杯科技创业大赛"等竞赛，获奖近200项。

学院倡导产学研合作，与中逸会计师事务所、北京市北郎中农工贸集团、北京阳坊胜利集团、金象大药房等合作建立校外人才培养基地，为学生的社会实践活动提供了广阔平台。学院与英国利兹城市大学、东伦敦大学、美国安波利亚大学、荷兰格罗宁根汉斯大学、韩国建国大学、台湾建国科技大学、台湾阳明科技大学等开展交流与合作，探寻国际国内应用性高等教育的先进理念和最新进展，提升了办学水平，形成了学院的办学特色。

学院长期致力于学院文化建设，把党的建设、思想政治工作和教育教学工作融为一体，形成了以科学发展的理论武装人、以健康和谐的环境培育人、以严谨治学的氛围陶冶人的良好学院氛围。

第一节　管理体制与组织机构

一、管理体制

管理学院为学校下属的二级非法人学院，处级建制。学院实行党委领导下的院长负责制，院党委在校党委制定的关于学院发展、运行的总原则的指导下，具体负责学院的党建、教学、队伍建设、学生教育等工作。院党委对教学、行政、科研、党务、学生及教育教学的改革、学院发展等重大问题进行决策。院长领导的行政管理系统，坚决执行党委决定，认真履行各自的职责。

二、组织机构

（一）党政机构

2002 年，学院成立时设有 3 个党政管理机构，即党委、院长办公室（合署，含工会），教学科研办公室（简称教科办）和学生工作办公室（简称学工办）。

2005 年 10 月，根据《关于设立继续教育办公室的通知》（京联管院〔2004〕29 号）文件精神，设立继续教育办公室，级别等同于其他办公室。

2009 年 12 月，根据学校《关于在非法人学院建立校、院、系三级管理体制的意见》（京联党〔2009〕57 号）文件精神，撤销继续教育办公室；2010 年 3 月，根据学院实际情况，将原继续教育办公室工作并入教学科研办公室。

2002—2010 年，学院党政机构设置及负责人详见表 11.1-1。

表 11.1-1　2002—2010 年党政机构设置及负责人一览表

序号	机构名称	正　职	任职时间	副　职	任职时间
1	党委、院长办公室	王学英 李玉桂 张　莉	2002.04—2003.06 2003.06—2006.03 2006.03—今	闫建中	2002.06—今
2	教学科研办公室	张　芸 陈　浩	2002.04—2005.02 2005.05—今	韩　萌 吴印玲	2002.04—2007.10 2007.10—2010.02
3	学生工作办公室	张逸薇	2002.04—2010.02	马俊红	2002.04—2010.02
4	继续教育办公室	田小兵	2004.10—2008.04	任旭刚	2008.04—2010.02 （主持工作）

（二）教学机构

2002 年建院之初，学院设有信息管理与信息系统、电子商务、工商管理、金融学、工程管理、装饰工程、音响工程等 7 个教研部。

2003年3月,因专业调整,音响工程教研部撤销。

2004年6月,学院成立实验实训中心。2004年9月,建筑装饰工程教研部和工程管理教研部合并,统称工程管理教研部。

2006年10月,根据《关于加强企业经营管理实验教学中心管理的暂行办法》(京联管〔2006〕34号)文件精神,实验实训中心更名为企业经营管理实践教学中心,简称实践教学中心。

2010年2月,根据学校《关于在非法人学院建立校、院、系三级管理体制的意见》(京联党〔2009〕57号)文件精神,学院撤销工商管理教研部、金融保险教研部、信息管理教研部、工程管理教研部、电子商务教研部,设置"四系一中心"5个教学单位,即工商管理系、金融与会计系、信息管理电子商务系、工程管理系和企业经营管理实践教学中心。

2002—2010年,学院教学教辅机构设置调整及负责人详见表11.1-2和表11.1-3。

表11.1-2 2002年4月至2010年1月教学机构设置及负责人一览表

序号	机构名称	正 职	任职时间	副 职	任职时间
1	企业经营管理实践教学中心 (2006年10月前称实验实训中心)	刘在云 董 焱	2002.04—2006.11 2006.11—2010.01 (兼)	薛晓霞 陈 晨	2002.04—2006.11 2006.11—2010.01
2	工商管理教研部	李宇红 陈 琳	2002.04—2008.11 2008.11—2010.01 (兼)	赵伯庄 李锡玲 苏艳芳	2002.04—2010.01 2002.04—2010.01 2008.11—2010.01
3	金融保险教研部	王德全 房 燕	2002.04—2008.11 2008.11—2010.01 (兼)	房 燕 梁 红	2002.04—2010.01 2008.11—2010.01
4	信息管理教研部	郭凤英 张士玉	2002.04—2008.11 2008.11—2010.01 (兼)	樊月华 赵森茂	2002.04—2010.01 2002.04—2010.01
5	工程管理教研部 (2004年9月由装饰工程教研部和工程管理教研部合并成立)	王健男 计永毅	2002.04—2008.11 2008.11—2010.01 (兼)	芦笑梅	2002.04—2010.01
6	电子商务教研部	支芬和 薛万欣	2002.04—2008.11 2008.11—2010.01 (兼)	王 磊 李英侠	2002.04—2010.01 2008.11—2010.01
7	建筑装饰教研部 (2004年9月并入工程管理教研部)	蔡 红	2002.04—2004.09		

表11.1-3 2010年2月至2010年12月教学机构设置及负责人一览表

序号	机构名称	正 职	任职时间	副 职	任职时间
1	企业经营管理实践教学中心	董 焱	2010.02—今 (兼)	陈 晨	2010.02—今
2	工商管理系	陈 琳	2010.02—今	李锡玲 温 强	2010.02—今 2010.02—今
3	金融与会计系	房 燕	2010.02—今	傅宏宇 梁 红	2010.02—今 2010.02—今
4	信息管理与电子商务系	薛万欣	2010.02—今	张士玉 于丽娟	2010.02—今 2010.02—今
5	工程管理系	蔡 红	2010.02—今	芦笑梅	2010.02—今

三、专门委员会

2002—2010 年，学院常设专门委员会详见表 11.1-4。

表 11.1-4　2002—2010 年常设专门委员会一览表

序号	名　称	主任(组长)	任职时间	主要成员	任职时间
1	学术委员会	李培均 顾志良 杨　宜	2002.06—2006.04 2006.04—2008.08 2008.08—今	祁　梅 杨　宜 董　焱 陶秋燕	2002.06—2004.12 2004.12—2008.08 2006.04—2010.03 2010.03—今
2	学士学位评审委员会	章泽英 刘在云	2006.06—2008.06 2008.06—今	李九丽 董　焱	2006.06—2010.03 2006.06—今
3	教学工作委员会	李培均 杨　宜	2002.06—2008.06 2008.06—今	田建敏 李九丽 章泽英 刘在云	2002.06—2004.12 2004.12—2010.03 2004.12—2008.06 2008.06—今
4	教学指导委员会	顾志良 杨　宜	2005.11—2008.08 2008.08—今	李九丽 章泽英 刘在云	2006.03—2010.03 2004.12—2008.06 2008.06—今
5	学风建设领导小组	顾志良 杨　宜	2005.11—2008.08 2008.08—今	李九丽 章泽英 刘在云	2006.03—2010.03 2004.12—2008.06 2008.06—今
6	学生申诉处理分委员会	李九丽	2006.03—2010.03	章泽英 刘在云	2006.03—2008.06 2008.06—今
7	新进教师试讲测评小组	董　焱	2006.03—今	房　燕 郭凤英	2006.03—今 2006.03—今
8	教师风范领导小组	顾志良 陶秋燕	2006.03—2008.08 2006.03—今	陈　浩 张　莉	2006.03—今 2006.03—今
9	体育运动委员会	顾志良 杨　宜	2005.11—2008.08 2008.08—今	马俊红 陈　浩 张　莉	2006.03—今 2006.03—今 2006.03—今
10	本科论文答辩委员会	董　焱	2006.03—今	章泽英 杨　宜 张士玉	2006.03—2008.08 2006.03—今 2006.03—今
11	考试管理领导小组	李九丽	2006.06—2010.03	房　燕 陈　浩	2006.03—今 2006.03—今
12	教学质量监控委员会	杨　宜	2006.09—今	陶秋燕 陈　浩	2006.03—今 2006.03—今
13	学生工作领导小组	顾志良 杨　宜	2005.11—2008.08 2008.08—今	李九丽 章泽英 刘在云	2004.12—2010.03 2004.12—2008.06 2008.06—今

四、领导分工与任免变更

(一)领导班子调整

2002年4月学院成立初始,领导班子由党委书记顾志良、院长李培均、党委副书记李九丽、副院长祁梅、田建敏、陶秋燕6人组成。

2004年2月,副院长祁梅公派出国留学,章泽英任副院长。

2004年4月,杨宜任副院长。

2005年5月,刘在云任院长助理。

2006年1月,李培均院长退休,党委书记顾志良兼任院长;杨宜任常务副院长,陶秋燕、章泽英、董焱任副院长。

2007年7月,杨宜任院长,免去顾志良兼任院长的职务。

2008年4月,刘在云任副院长,章泽英因到退休年龄免去副院长职务,聘任陈浩担任院长助理。

2009年3月,学校决定免去顾志良党委书记职务,任命尹庆民为党委书记,另免去祁梅副院长职务。

2010年3月,学校决定免去李九丽党委副书记职务,任命谢飞雁为党委副书记。

2002—2010年,学院历任党委和行政领导人详见表11.1-5和表11.1-6。

表11.1-5 2002—2010年历任党委领导人一览表

正 职	姓 名	任职时间	副 职	姓 名	任职时间
书 记	顾志良	2002.04—2009.03	副书记	李九丽	2002.04—2010.03
书 记	尹庆民	2009.03—今	副书记	谢飞雁	2010.04—今

表11.1-6 2002—2010历任行政领导人一览表

正 职	姓 名	任职时间	副 职	姓 名	任职时间
院 长	李培均	2002.04—2006.01	副院长	祁 梅	2002.04—2009.03
院 长	顾志良	2006.01—2007.07(兼)	副院长	田建敏	2002.04—2005.05
院 长	杨 宜	2007.07—今	副院长	杨 宜	2004.04—2007.07
			副院长	章泽英	2004.02—2008.04
			副院长	刘在云	2008.04—今
			副院长	陶秋燕	2002.04—今
			副院长	董 焱	2006.01—今

(二)领导班子分工

自2002年4月起,领导班子对学院工作进行了分工并公布至全院。在此分工的基础上,根据领导班子成员的变动又进行了几次大的分工调整。

1. 2002年3月领导班子分工

党委书记顾志良:主持党委全面工作,分管宣传、人事、统战、纪检、工会等工作。

院长李培均:主持学院全面工作。

党委副书记李九丽：负责学生工作、组织工作。

副院长祁梅：负责招生、教学计划、教学改革、专业建设、课程建设和教材建设等工作。

副院长田建敏：负责教学运行、教学质量管理与监控、教学工作量核定和实验教学工作。

副院长陶秋燕：负责师资队伍建设、科研及外事工作。

2. 2004 年 4 月领导班子分工

党委书记顾志良：主持党委全面工作，分管宣传、人事、统战、纪检、工会等工作。

院长李培均：主持学院全面工作。

副院长杨宜：负责教学改革、科研与学科建设等工作。

副院长田建敏：负责招生、实训基地建设及设备管理、成人教育及培训等工作。

副院长陶秋燕：负责师资队伍建设、外事及校企合作等工作。

副院长章泽英：负责教学运行、评估、质量监控等工作。

3. 2006 年 1 月领导班子分工

党委书记兼院长顾志良：主持学院党政全面工作。

党委副书记李九丽：负责学生、组织、统战、纪检、工会等工作。

常务副院长杨宜：协助院长工作，并负责本科教学评估、学科建设、专业建设等工作。

副院长陶秋燕：负责师资队伍建设、对外宣传、外事、校企合作、合作办学等工作。

副院长章泽英：负责教学运行、教学质量管理与监控、学籍等工作。

副院长董焱：负责科研、教学改革、研究生、毕业论文(设计)等工作。

院长助理刘在云：负责招生、成教、实验教学基地建设等工作。

4. 2008 年 3 月领导班子分工

党委书记顾志良：主持党委全面工作，分管宣传、人事、统战、纪检、工会等工作；2009 年 3 月调离，由尹庆民接任。

院长杨宜：负责本科教学评估、学科建设、专业建设等工作。

党委副书记李九丽：负责学生、组织、统战、纪检、工会等工作。

副院长陶秋燕：负责师资队伍建设、对外宣传、外事、校企合作、合作办学等工作。

副院长章泽英：负责校友会工作。

副院长董焱：负责科研、教学改革、研究生、毕业论文(设计)等工作。

副院长刘在云：负责教学运行、教学质量管理与监控、学籍、招生、成教等工作。

院长助理陈浩：负责招生、成教、实验教学基地建设等工作。

5. 2010 年 1 月领导班子分工

党委书记尹庆民：主持学院党委的全面工作。

院长杨宜：主持学院行政工作，全面负责学院教学、科研、行政管理工作。

党委副书记李九丽：分管学院学生(含研究生、继续教育学生)工作。

副院长陶秋燕：分管学院科学研究、学科建设、研究生教育、固定资产管理及对外交流工作。

副院长董焱：分管学院人事、师资、日常行政及安全工作。

副院长刘在云：分管学院本、专科学生教学组织和管理工作。

第二节　教学改革与发展

一、本科教育

(一) 专业设置及调整

2002 年,在管理学院建院初期,有材料科学与工程(2003 年停办)、计算机应用技术(2003 年停办)、工程管理和工商管理 4 个本科专业,工商管理专业还设有金融保险、电子商务、计算机应用技术等专业方向。

2003 年,工商管理专业的金融保险、电子商务、计算机应用技术等专业方向停止招生。学院设立金融学、金融学(保险)、电子商务、信息管理与信息系统等 4 个本科专业和工商管理、信息管理与信息系统 2 个专升本专业,并于同年开始招生。工商管理专业新设的国际商务专业方向也开始招生。

2005 年,学院设立电子商务专升本专业、工程管理专业设立装饰工程管理专业方向,均于同年开始招生。

2006 年,工商管理专业面向体育特长生招生,并单独编班。原应用文理学院的信息管理与信息系统专业并入管理学院。

2009 年,原应用文理学院的金融学、会计学等专业并入管理学院,根据京联发〔2009〕14 号文件精神,学院新增会计学本科专业(学制 4 年)招生。

2010 年,学院的工程管理专业和该专业学生整体并入生物化学工程学院。

2004—2010 年,学院本科专业设置(含专升本)及招生情况详见表 11.2-1。

表 11.2-1　2004—2010 年本科专业设置(含专升本)及招生情况一览表　　单位:人

招生专业 \ 招生年份	2004	2005	2006	2007	2008	2009	2010	合　计
工程管理	32	32	58	30	31	37		220
工商管理	67	63	87	87	58	58	25	445
工商管理(国际商务)	36	36	31	32	37	36		208
金融学	66	63	63	66	67	73	42	440
金融学(保险)	34	36	29	34	32	35		200
电子商务	67	66	58	63	68	65		387
信息管理与信息系统	67	64	61	58	73	74		397
工程管理(装饰工程管理)		29	27	20	33			109
会计学(专升本)						38	41	79
工商管理类							325	325
工商管理(专升本)	167	245	225	147	172	232	159	1347
信息管理与信息系统(专升本)	32	12	105	78	71	109	108	515
电子商务(专升本)			143	78	68	73	71	433
合　计	568	646	887	693	710	830	771	5105

（二）教学基本建设

1. 学科专业建设

2004年，管理学院和生物化学工程学院联合申报的企业管理学科成为校级重点建设学科；2006年，又升级为校级重点学科。2006年，金融学学科成为校级重点建设学科。2008年，区域经济学成为校级重点建设学科（培育项目）。学院形成了以“企业管理学”为核心学科，以“应用经济学”“管理科学与工程”为支持（配套）学科的结构合理、相互支持的学科群，并初步凝练了研究方向，涌现了一批以“中小企业”为特色的研究成果。

2007年10月，学院召开了2007年学科建设工作会，会议中心议题是总结管理学院自2003年启动学科建设工作，特别是2007年初制订学院学科发展规划及相关政策以来取得的建设成果和经验，并确定至2010年各部门学科建设工作的基本目标、任务和措施。学院领导及各学科骨干参加会议，校长柳贡慧和副校长冯虹出席会议并讲话。柳贡慧在讲话中主要就地方应用型大学的学科专业建设、学科建设与专业建设和课程建设的关系，学科建设如何服务于学校的人才培养以及如何开展应用性的学科专业建设提出了自己的系统思考，为学院学科专业建设拓宽了思路，提供了及时有效的指导和帮助。冯虹则主要介绍了学校经管类学科的申硕工作和重点学科建设的基本思路。两位领导都高度肯定了管理学院近年来在学科建设工作中所取得的成绩。会议由学院副院长董焱主持。学院院长杨宜做了题为“管理学院学科建设的基本思路”的主题发言，系统总结了本学院对地方应用型高校学科建设工作问题的系统思考与成功经验。学院各教研部的学科负责人也分别就“企业管理学”“区域经济学”“金融学”“管理科学与工程”的学科建设与科研工作等问题提出了各自的计划和具体的工作措施。学院党委书记顾志良指出，管理学院要进一步统一学科建设的思路，继续做好学科方向的论证、选优和培育工作，致力打造学科特色；要以创业精神和超常规的工作干劲做好学科建设工作；同时做好学术团队建设和骨干人才的培养，提高学科骨干队伍的政治、业务素质；建立良好的科研激励机制，坚持特色化的发展道路。此次会议明确提出学科建设要立足于服务北京地区社会经济发展的需要，考虑北京高等教育和学校学科布局，构建结构合理、相互支持的经济管理类学科群，做好学科队伍建设，争取多出、早出高水平成果，形成特色，并在北京市及国内产生一定的学术影响。

2008年9月，学院召开2008年度学科建设与科研工作会，全学院教职工参加了本次会议。商务学院副院长刘允新及部分专家代表应邀出席会议。学院院长杨宜做了题为“管理学院学科建设工作的回顾与任务”的主题报告，报告回顾了2007—2008学年管理学院学科建设的进展、成果和存在的问题，提出了近两年管理学院学科建设及科研工作的主要任务，明确了今后的努力方向。学院各教研部的学科专业带头人、应用经济与管理研究所、社区建设与城市管理研究所的负责人等汇报了本部门开展学科建设和科学研究工作的情况，并提出了本部门的学科建设规划和设想；教学科研办公室对2007—2008年度学院的科研成果进行了统计分析。刘允新及商务学院部分专家、代表就商务学院学科专业和研究基地建设等状况作了简要介绍。学院党委书记顾志良作了总结讲话，强调在重点学科建设上要加强校内合作及校内外资源的整合，要明确各个专业的发展目标和发展方向。

2009年12月，管理学院召开了2009年度学科建设与科学研究工作会。副校长冯虹出席会议。会议由董焱主持，商务学院副院长黄玉丽及朱传华教授应邀参会。杨宜院长做了题为"抓住机遇、突出特色、努力提高学科建设水平"的报告。总结了学科建设取得的成果以及存在的问题,并对今后学科建设的目标与任务提出了设想,明确了工作计划。各教研部主任分别对近几年学科建设工作进行了回顾和总结。同时,各教研部也围绕"企业管理学""金融学""管理科学与工程"等重点建设学科制订了工作计划。中小企业研究所负责人陶秋燕教授在会上汇报了研究所成立以来的工作进展。此次工作会还提交了《管理学院2010—2012年学科建设与科研发展计划(征求意见稿)》《管理学院科研奖励暂行办法(修订,征求意见稿)》和《管理学院重要中文核心期刊名录(修订,征求意见稿)》三个文件。与会人员针对三个文件进行了热烈的分组讨论。学院党委书记尹庆民提出,学院要培育新的学科增长点,继续凝练学科方向,提高办学层次,研究所应当贴近学院、贴近学科、贴近专业、贴近团队。

2010年,学院参与了成功申报"工商管理学"一级学科硕士学位授予点工作。

2010年设立会计学专升本专业(学制2年),并于同年开始招生。

根据北京市经济社会发展对经管类人才的实际需求,学院加大建设力度,努力培育优势明显、特色鲜明的本科专业。特别是自2007年开展教学质量与教学改革工程以来,学院围绕学校的办学目标和办学定位,积极推动专业建设。截至2010年年底,在学院现有的5个本科专业中,金融学成为国家级特色专业建设点;工商管理、电子商务2个专业成为校级骨干专业;信息管理与信息系统专业成为校级骨干建设专业(见表11.2-2)。

表11.2-2　校级及以上重点建设专业一览表

序号	专业名称	负责人	获批时间/年	骨干专业级别
1	工商管理专业	陈　琳	2008	校级骨干专业
2	电子商务专业	薛万欣	2008	校级骨干专业
3	信息管理与信息系统专业	于丽娟	2009	校级骨干建设专业
4	金融学专业	杨　宜	2010	国家级特色专业建设点

2. 师资队伍概况

截至2002年年底学院共有教师78人,占教职工总数的79.5%;截至2010年年底共有教师87人,占教职工总数的81.7%。2002—2010年,学院共接收教师99人,其中调入教师36人,接收应届本科、硕研、博研毕业生63人。共调出教师68人。

2002—2010年,学院师资队伍的学历(学位)构成变化较大,研究生学历的教师、特别是博士研究生教师有较大幅度的增长。截至2002年年底共有研究生学历(学位)教师47人,占教师总数的60.2%;截至2010年年底共有研究生学历(学位)教师77人,占教师总数的88.5%。

专业技术职务方面,学院师资队伍的专业技术职务结构呈橄榄型:初级和高级职务人员较少,中级职务人员较多。高级职务的人员数量和其所占教师总数的比例建院以来变化不大,截至2002年年底共有教授1人、副教授34人,占教师总数的44.8%;截至2010年年底共有教授10人、副教授28人,高级专业技术职务人员占教师总数43.6%。

学院分别在2005年、2008年和2009年向学校推荐审核认定了三批双师型教师,共22人(见表11.2-3)。

表 11.2-3 双师教师名单

年 份	双师教师名单
2005	苏艳芳、梁红、王德全、钟礼松、李蕾、佟翠玲、曲喜和、马刚、温强
2008	陈琳、李锡玲、陈锷、黄艳、杜梅
2009	杨宜、田玲、李英侠、董爽、房燕、张波、何勤、边婷婷

2002—2010 年,校级优秀教学团队详见表 11.2-4。

表 11.2-4 2002—2010 年校级优秀教学团队一览表

序号	团队名称	负责人	类 型	评定时间/年
1	电子商务应用创新人才培养实践与研究团队	薛万欣	校级优秀教学团队培育项目	2008
2	经贸管理类实践教学团队	董 焱	校级优秀教学团队	2009
3	管理理论与实践系列课程教学团队	陈 琳	校级优秀教学团队培育项目	2009

2007—2010 年,市级中青年骨干人才资助名单详见表 11.2-5。

表 11.2-5 市级中青年骨干人才资助名单

年 份	姓 名
2007	薛万欣、陶秋燕、董焱、张荣齐、芦笑梅、郭凤英、陈琳、杨宜、王德全
2008	薛万欣、陶秋燕、董焱、张荣齐、芦笑梅、郭凤英、陈琳、杨宜
2009	薛万欣、陶秋燕、董焱、张荣齐、芦笑梅、郭凤英、陈琳、杨宜
2010	温强、张峰、牟静、程翔

3. 课程和教材建设

(1) 课程建设

学院通过精品课程建设,实现了精品课程的教案、大纲、习题、实验、教学文件以及参考资料等教学资源上网开放,供学院师生免费使用。截至 2010 年年底,"电子商务网站建设"被评为市级精品课程,另有 8 门本科课程被评为校级精品课程,其中 5 门平台课程几乎覆盖了管理学院的全部本科专业,提高了优质教学资源的覆盖率(见表 11.2-6)。

表 11.2-6 校级及以上本科精品课程一览表

序号	课程名称	负责人	获批时间/年	精品课程级别
1	市场营销	叶 敏	2003	校级
2	商业银行业务管理	杨 宜	2003	校级
3	经济学	李锡玲	2006	校级
4	管理信息系统	杨 燕	2008	校级
5	管理学	陈 琳	2008	校级
6	会计学	曲喜和	2008	校级
7	电子商务网站建设	薛万欣	2009	市级
8	人力资源管理	何 勤	2009	校级
9	信息管理学	张士玉	2010	校级

(2) 教材建设

学院重视教材建设，鼓励教师编写国家规划教材和各种创新教材，开发新教材，完善已有优秀教材。学院承担了2部“十一五”本科规划教材的编写工作，1部市级精品教材建设项目，6部校级精品教材建设项目(见表11.2-7)。

表11.2-7 国家规划教材和校级及以上精品教材立项项目一览表

序号	教材/项目名称	主编/负责人	获批时间/年	级 别
1	计算机网络及应用规划教材	周 立	2006	“十一五”国家规划教材
2	企业连锁经营与管理规划教材	张荣齐	2006	“十一五”国家规划教材
3	客户关系管理理论与实践	刘在云	2010	市级精品教材建设项目
			2009	校级精品教材建设项目
4	电子商务网站建设(新编)	薛万欣	2007	校级精品教材建设项目
5	商业银行业务管理	杨 宜	2007	校级精品教材建设项目
6	电子商务与信息系统规范化开发	刘在云	2007	校级精品教材建设项目
7	电子商务英语	支芬和	2008	校级精品教材建设项目
8	电子商务网站建设(修订)	薛万欣	2009	校级精品教材建设项目

4. 实践教学建设

2002年，学院确定了“以学科专业的知识体系为基础，以培养应用能力为导向，根据经济管理类学科专业知识体系及相关行业与职业岗位群的要求，以及学校作为地方教学型大学承担普及大众化教育的现实情况，构建符合学校办学定位的经济管理类实验教学模式，突出人才培养的特色和质量，促进学科建设，拓展社会服务功能”的实践教学建设思路。2008年，学院的实验教学中心被评为北京高等学校实验教学示范中心。

学院深化校企合作，使在合作企业锻炼成为学生专业实践能力培养的重要环节和学校教育形式的重要补充，也使合作企业成为教师开展科研和培训的重要基地。校企合作形式有校企共建专业、开展双证书教育、学校企业合作共建实训基地、为企业提供技术咨询与培训服务、开展项目研究、培训学院的师资队伍等。截至2010年年底，1个合作基地被评为校级校外人才培养基地(见表11.2-8)。

表11.2-8 校外实践教学基地建设一览表

序号	实践教学基地名称名称	负责人	立项时间/年	备 注
1	经贸实验教学中心	董 焱	2008	市级实验教学示范中心
2	中逸会计事务所有限公司校外人才培养基地	傅宏宇	2010	校级校外人才培养基地

5. 教学管理制度建设

学院重视教学质量，完善教学管理制度，积极探索校、院两级教学管理体系的建设。自2005年开始本科教学水平评估工作以来，学院严格执行学校的教学管理文件，规范管理流程，通过应用“金安桥”和“正方”教务管理系统，使运行管理、计划管理、课程管理、学籍管理、学生评教等日常的教学管理更加规范。

学院重视教学经验的总结和推广，除建立日常教学工作例会、教学管理与学生管理的联席会议外，每年度还召开全院的教学工作会议，及时总结教学工作的成果和不足，布置下一阶段教学工作重点，在全院营造了以教学为中心的良好氛围。

（三）教育教学改革与发展

1. 人才培养模式改革与创新

学院深入研究应用性经济管理类学科自身的规律与特点及其与应用性经济管理类专业的关系，使学科在支撑专业向应用性方向发展方面发挥更大的作用。学院努力构建布局合理、体系清晰的经管类专业体系，培育优势明显、特色鲜明的专业。2009 年，学院在校级经管类人才培养培养模式创新试验区的基础上，全面进行人才培养模式的改革。按照培养人文素质和科学素养深厚、基础扎实、创新能力和实践能力强的复合型应用性人才的要求，实行“大类招生、分级教学、学生自主、多元发展”的人才培养模式，并于 2010 年在校内率先实施按学科大类进行招生，成为学校第一个在京外进行一本招生的本科学院。

为适应北京市社会经济的发展对服务外包人才培养的需求，学院作为服务外包人才培养模式创新试验区的核心单位，于 2010 年年底成立电子服务外包实验班，学生为来自电子商务、信息管理与信息系统 2 个专业的三年级学生。实验班根据社会对人才的需求特点，实施了学科交叉计划，即用“整合”或“集成”的思想，重建服务外包知识体系与课程内容，设置服务外包的课程模块，培养社会急需的服务外包人才。

学院一直坚持“以赛带练”的专业学习模式，根据学校应用性办学特点和学院学科专业设置情况，以提高学生的专业能力与职业素养为目标，以参加各种大赛为平台，积极推动学生参加各种科技实践活动来培养学生的专业能力和职业能力。设立学院学生科技学术竞赛指导委员会，由学院团委总体牵头协调，相关 5 个专业教研部为专业指导，学院实践教学中心为平台，学生自由跨专业组队。

2. 教育教学改革研究

学院从多学科的角度进行理论探索，在教育观念、培养方案设计、课程体系构建、教学过程与教学策略等方面开展了系列教育教学改革与建设工作。学院承担了学校经管类本专科专业绝大部分的教学改革任务，在学校经济管理类专业的教学改革中发挥了重要作用。自 2002 年以来，学院教师作为主持人获得校级教学成果奖多项。

学院市级以上教学研究项目详见表 11.2-9。

表 11.2-9　市级及以上教学研究项目一览表

项目名称	项目类别	级别	立项时间	负责人	备　注
项目驱动进行电子商务专业建设的探索与实践	教改立项项目	市级	2002.11	支芬和	
立足国际商务环境，开展工商管理本科专业课程的双语教学	教改立项项目	市级	2002.11	陶秋燕	
《项目管理使用教程》	精品教材建设立项项目	市级	2002.11	支芬和	
服务外包人才培养模式创新实验区	教改立项项目	国家级	2009	鲍　泓	管理学院为主要联合申报单位

学院校级教学成果获奖项目详见表11.2-10。

表11.2-10　校级教学成果获奖项目一览表

成果题目	主要完成人	获奖等级	获批时间/年	备　注
应用性本科双语教学的研究与实践	陶秋燕、李锡玲、温强、黄瑛、赵睿	三等奖	2004	
经营模拟课的自动化	张士玉、瞿国忠	三等奖	2004	
经管类应用性本科教学改革的研究与实践	顾志良、杨宜、陶秋燕、李九丽、刘在云	一等奖	2006	
工商管理应用性本科双语教学的研究与实践	陶秋燕、李宇红、李锡玲、温强、陈锷	一等奖	2006	
以电子金融实训室建设促进经管类应用型人才培养	杨宜、顾志良、田建敏、魏志光、赵睿	二等奖	2006	本专科综合
应用性本科经管类专业《管理学》课程改革与实践	陈琳、苏艳芳、刘成、李英爽、温强	二等奖	2008	
以赛带练,提升学生专业素养与职业竞争力	马俊红、李九丽、刘在云、尹福斌、张逸薇、温强、周瑾、张静	二等奖	2008	本专科综合,合作单位校团委、用友公司
经管类实践教学中心建设的改革与创新	刘在云、陈晨、周瑾、董焱、周晓璐	三等奖	2008	
产学研联动,打造UEB“校园企业”应用创新人才培养服务平台的系统规划与建设	李英侠、顾志良、常胜军、薛万欣、支芬和、陈晨、薛晓霞、陈建斌、马俊红、尹福斌	三等奖	2008	合作单位商务学院、校团委
基于创新人才培养的电子商务网站建设课程建设	薛万欣、王晓红、薛晓霞、李立威、裴一蕾	三等奖	2010	
经贸实验教学中心(市级示范中心)建设	董焱、赵红、陈晨、黄金燕、周晓璐、刘在云、孙长宾	二等奖	2010	合作单位商务学院

(四)重要教育教学活动

自2003年启动本科教学工作水平评估以来,学院组织教职工认真学习评估指标体系,采用多种方式开展对评估指标体系的宣传动员,帮助教职工理解评估指标体系的内涵,有针对性地开展评建工作,特别是扎实做好各项基础性工作;按照教育规律和评估标准,规范教学行为,优化管理流程,强化质量监控;精心部署评估各个阶段的主要任务,加强整改,促使师生员工以良好的精神状态和工作、学习业绩,迎接评估。

2005年11月,在接受北京市教委组织的预评估中,学院的工作受到了预评估专家的好评。在2006年10月教育部的正式评估和2007年10月教育部的评估整改检查过程中,学院按照学校的统一部署,完成了各项工作,得到了教育部评估专家组的肯定和好评。

2005年5—6月,为充分利用人才资源,组织院内博士利用每周五下午的学习时间,就其所研究的领域为全院教职工开办博士论坛系列讲座。第一讲是由金融保险教研部的王德全博士谈“资本市场与股权分置改革”，内容涵盖了我国资本市场体制性的缺陷，以及股权分置改革给资本市场带来的新生；第二讲是由工商管理教研部的陈琳博士谈“‘十一五’规划提出‘自主创新’的战略背景及意义”；第三讲是由副院长董焱博士谈“企业信息化的文化环境建设”。

二、高等职业教育

（一）专业设置及调整

2002 年 4 月学院成立时，以原应用技术学院设置的专业为主体，合并了校内部分管理学相关专业，高职专业设有计算机应用技术、国际金融与保险、音响工程、建设工程管理、建筑装饰、电脑美术设计、电子商务。从 2002 年开始，计算机应用技术、电脑美术设计专业不再招生，音响工程专业调整至自动化学院。

2003 年，增设国际商务、计算机信息管理专业开始招生，建筑装饰专业停止招生。

2004 年教育部统一高职专业目录。从 2005 年开始，学院高职专业的名称规范为计算机信息管理、金融保险、电子商务、国际商务、建筑工程管理。

2007 年，学院停止国际商务专业的招生。

2008 年，学院所有高职专业停止招生。2010 年，原有高职学生毕业，学院不再有高职专业。

2004—2007 年，学院高职专业设置及招生情况详见表 11.2-11。

表 11.2-11　2004—2007 年高职专业设置及招生情况一览表　　单位：人

招生专业＼招生年份	2004	2005	2006	2007	合　计
国际金融与保险	65				65
金融保险		29	32	34	95
建设工程管理	37				37
建筑工程管理		30	32	32	94
电子商务	99	59	32	60	250
国际商务	123	63			186
计算机信息管理	35	30	32	32	129
合　计	359	211	128	158	856

（二）教学基本建设

1. 专业建设

自建院以来，学院加强制度建设，加大经费投入，支持高职专业的建设。学院根据高等职业教育的特点，重视师资队伍的建设，特别强调使学生具备“在一线和基层解决实际问题的知识、能力和素质”的培养目标，在充分考虑职业岗位的基础上，增设课程模块，以提高学生的就业竞争力。2007 年，学院的高职教学团队——电子商务教学团队被评为市级优秀教学团队，该团队负责人为支芬和。

2. 课程建设

学院重视课程建设,2004 年出台了《关于深化课程建设的几点意见》(京联管院〔2004〕21 号),指导课程建设:明确课程教学目标入手,把专业培养目标逐层分解,做出五级课程目标体系框架,为"应用和科学设课"打下基础,突出了实验教学体系;以教改立项推动课程建设的深化。2002—2010 年,学院在高职专业课程中,有 1 门课程被评为国家级精品课程,1 门课程被评为市级精品课程,2 门课程被评为校级精品课程(见表 11.2-12)。

表 11.2-12　2002—2010 年校级及以上高职精品课程一览表

序号	课程名称	精品课程级别	负责人	获批时间/年
1	Web 技术应用(高职)	国家级	樊月华	2003
2	项目管理(高职)	市级	支芬和	2007
3	网页设计与制作(高职)	校级	王晓红	2007
4	网络信息编辑(高职)	校级	王晓红	2009

3. 教材建设

学院积极鼓励教师参与教材建设工作,2006—2008 年共有 7 部高职教材被列为"十一五"规划教材。其中,2008 年有 2 部"十一五"规划教材被评为国家级精品教材。市级及以上精品教材、精品教材立项项目和高职规划教材详见表 11.2-13。

表 11.2-13　市级及以上精品教材、精品教材立项项目和高职规划教材一览表

序号	项目名称	负责人	项目性质
1	计算机网络及应用	周　立	2006 年国家级规划教材
2	网页设计与制作(修订版)	周　立	2006 年国家级规划教材
3	墙面装饰构成与工艺技术	蔡　红	2006 年国家级规划教材 2008 年国家级精品教材
4	建筑装饰工程招投标与合同管理	蔡　红	2006 年国家级规划教材 2008 年国家级精品教材
5	网页设计与制作	王晓红	2006 年国家级规划教材
6	电子商务网站建设	薛万欣	2006 年国家级规划教材
7	证券投资学(第 2 版)	杨　宜	2006 年国家级规划教材
8	网络信息编辑	王晓红 赵伯庄 陈　琳	2007 年市级精品教材建设立项项目

(三)教育教学改革与发展

学院采取各种措施,开展高等职业教育的教育教学改革。自 2002 年以来,各高职专业曾先后获得校级及以上教改立项 10 余项;学院教师作为主持人获得市级教学成果二等奖 1 项,校级教学成果一等奖 2 项、二等奖 1 项(见表 11.2-14)。

表 11.2-14　校级及以上高职教学成果获奖项目一览表

序号	成果题目	主要完成人	获奖级别	获批时间/年	合作单位
1	“Web 技术应用基础”课程建设	樊月华、周立、陈文博、郭凤英、黄艳	校级一等奖	2004	
			市级二等奖	2005	
2	校企深度合作，全面共建基于实际项目工作历程的高职《项目管理》精品课程	支芬和、李英侠、李月琴、任广文、吕广革、陈浩、陈道志	校级一等奖	2008	应用科技学院
3	校企合作，促进教学建设	支芬和、房燕、李培均、刘在云、李宇红、杜梅	校级二等奖	2004	

2005 年 6 月，在北京市高等教育学会进行的第六次优秀高等教育科研成果评选活动中，管理学院李培均的论文《高等职业教育课程改革策略的几点思考》和陶秋燕的专著《高等技术与职业教育的专业和课程——以澳大利亚为个案研究》被评为优秀高等教育科研成果二等奖。

三、继续教育

（一）成人高等教育

学院成人教育办公室成立于 2002 年，按照“调整规模结构，整合教育资源，依法规范管理，统筹协调发展”的总体要求，对成人教育的管理模式、运行机制实施集中管理；下设夜大岗位、远程教育岗位、自考岗位。2002 年，学院与哈尔滨工业大学远程教育学院签订合作协议，成立“哈尔滨工业大学现代远程教育北京联合大学管理学院学习中心”。2009 年年底，学校对成人教育管理机构进行调整（《关于在非法人学院建立校、院、系三级管理体制的意见》（京联党〔2009〕57 号）文件），学院成人教育办公室被撤销；2010 年 3 月，原先成人教育办公室的部分工作并入学院教学科研办公室，成为教学科研办公室成人教育单独岗位，主要负责哈工大远程教育招生工作和成人自考工作。2010 年，成人夜大学停止招生。

学院继续教育工作紧紧围绕“实现终身教育、建立学习型社会”中心，转变观念、开拓创新，积极谋求学院继续教育的规模、结构、质量、效益的健康与可持续发展，努力为构建高等教育“立交桥”、推进首都学习型城市建设做贡献。学院继续教育发展定位是，在保持原有传统继续教育项目基础上，充分挖掘学院资源，对成人学历教育稳定专科、大力发展本科；继续努力办好自学考试助考点；实现规模、质量、结构、效益的协调发展。

1. 成人夜大学学历教育

2002—2009 年，学院夜大招生人数为专科 758 人，本科（含专科起点本科）246 人。

（1）专科专业设置及招生情况

培养目标：针对成人的特点，根据北京市经济建设的需要，培养具有一定基础理论和专业知识、有较强实际操作能力的德、智、体全面发展的专业人才。

2002 年，学院夜大学的专科设有电子商务、计算机网络技术、办公自动化、英语 4 个专业。2008 年，申报并获批设置会计学专业，并于同年开始招生。

2002—2009 年，学院夜大专科专业设置及招生情况详见表 11.2-15。

表 11.2-15　2002—2009 年夜大专科专业设置及招生情况一览表　　单位：人

招生专业＼招生年份	2002	2003	2004	2005	2006	2007	2008	2009	合　计
电子商务	53	19	16	15	23	83	88	22	319
计算机网络技术	35	79	126	92	14				346
办公自动化	9								9
英语大专班	30								30
会计学							15	39	54
合　计	127	98	142	107	37	83	103	61	758

(2) 专科起点本科专业设置及招生情况

自 2002 年起,成人夜大学招收工商管理(专科起点)本科专业。

2005 年,申报获批工程管理(脱产)专升本新专业。

2008 年,申报电子商务专升本新专业。

2002—2009 年,学院夜大专科起点本科专业设置及招生情况详见表 11.2-16。

表 11.2-16　2002—2009 年夜大专科起点本科专业设置及招生情况一览表

招生专业＼招生年份	2002	2003	2004	2005	2006	2007	2008	2009	合计
工商管理	23	17	26	27	25	14			132
工程管理				19	32				51
电子商务							26	37	63
合　计	23	17	26	46	57	14	26	37	246

(3) 教学管理

成教办公室负责成人教育系列的学生日常管理及学籍管理工作。包括学生报到、注册、学籍资料的存储与填报、学生学籍异动及处分的管理与申报、学生毕业资格审查与毕业证的发放、学位资格审查与学位证书的发放;负责《学生手册》的编纂与修订。

学院重视成人教育教学质量保障体系建设。成教办公室负责成人教育系列的教学监控管理,相关系、部等教学部门负责各专业的教学计划制订、专业设置的调研与调整、教师授课安排等教务工作。在夜大基础课教学中,规定所有学生都必须按照教学计划参加北京市统一测试,并组织任课教师参加市教委统一备课会,期末组织教师对统测课程考试及考试成绩进行分析。学院成立了夜大学教学视导组,实现了按教学计划、教学大纲对教学进行管理,并对管理过程进行控制。成教部门有听课查课、检查学生考勤等制度。2007 年,对本科学生的毕业论文/设计采用统一的指导手册,记录学生毕业设计过程、教师指导过程和答辩评阅内容。

(4) 毕业生情况

2002—2010 年夜大毕业生为专科 873 人,本科 172 人,取得学士学位 69 人(见表 11.2-17)。

表 11.2-17　2002—2010 年夜大本专科毕业生情况一览表

单位：人

年　份	专　业	学历种类	毕业生人数	取得学士学位人数
2002	外贸会计	专　科	77	
	办公自动化	专　科	22	
	空调制冷	专　科	9	
2003	外贸会计	专　科	77	
	办公自动化	专　科	18	
	暖通专业	专　科	15	
	计算机网络技术	专　科	13	
2004	办公自动化	专　科	29	
	空调制冷	专　科	1	
	计算机网络技术	专　科	29	
	电子信息应用技术	专　科	14	
2005	办公自动化	专　科	3	
	计算机网络技术	专　科	6	
	英　语	专　科	27	
	电子商务	专　科	52	
	工商管理	专科起点本科	12	
2006	电子商务	专　科	11	
	计算机网络技术	专　科	56	
2007	电子商务	专　科	23	
	计算机网络技术	专　科	75	
	工商管理	专科起点本科	17	8
	工程管理	专科起点本科	19	6
2008	电子商务	专　科	15	
	计算机网络技术	专　科	91	
	工商管理	专科起点本科	27	14
	工程管理	专科起点本科	32	10
2009	电子商务	专　科	106	
	工商管理	专科起点本科	39	26
2010	电子商务	专　科	83	
	会　计	专　科	15	
	计算机网络技术	专　科	6	
	电子商务	专科起点本科	26	5
合　计			1045	69

2. 成人远程学历教育

2002 年 7 月，学院成立“哈尔滨工业大学现代远程教育北京联合大学管理学院学习中心”。依托哈工大网络教育资源优势和管理学院的应用性办学特色，借鉴哈工大先进的教育理念和完善的教学管理模式，通过哈工大远程教育学院不断建设和丰富的远程教育教学资源，共享学院的所有教学资源，为北京地区的学生提供不受时间、地点、内容限制的身临其境的远程教育学习环境和学习条件。按照教育部规定，学习中心是接受试点高校的委托，根据试点高校统一要求和工作安排，配合试点高校进行招生宣传、生源组织、学生学习支持、学籍和日常管理,开展现代远程教育支持服务的机构。远程教育日常教学教务管理、学籍管理、收费管理等日常教学教务管理,都由哈工大统一组织、管理、安排和实施,学习中心的主要职责是为远程教育学生网络学习提供支持和服务。

学习中心自2002年起至2010年共招收学生958人(其中公共管理专业883人、工商管理专业15人、其他专业60人),已毕业学生600人,现有在校生358人。

(二)高等教育自学考试

学院是北京市教委成人教育考试指导中心批准的高等教育自学考试高职专业的助学院校,是北京市教委考试院自考办公室批准的"北京市高等教育自学考试《电子商务》(专科)"的主考院校,负责北京市该专业的教学指导与考试考务工作。2010年以前还承担原"装饰艺术自学考试"专业的主考工作,2010年之后学院教学科研办成教岗主要负责"《电子商务》(专科)"专业。

自考学生在学院成教办公室的组织安排下,参加国家统一考试,通过国家所规定的全部课程后,由北京市高等教育自学考试委员会和主考院校联合颁发高等教育自学考试毕业证书。本科生通过学院组织的论文答辩,可获得学士学位证书。

2002—2010年,学院共招收自考学生2000余人(见表11.2-18)。

表11.2-18 招收自考生情况一览表

单位:人

专业	层次	2002	2003	2004	2005	2006	2007	2008	2009	2010	合计
工商管理	高起专	35	41	26	22	38	34	28	26	20	270
	专升本	40	35	28	29	40	28	22	35	24	281
工程管理	高起专	25	30	29	36	14	22	21	22	28	227
	专升本	15	25	29	28	26	29	35	10	26	223
计算机科学与技术	高起专	20	25	35	34	22	15	22	35	32	240
	专升本	28	15	25	21	24	39	29	36	27	244
电子商务	高起专	25	30	36	39	39	50	44	45	52	360
	专升本	49	35	39	41	50	55	30	51	48	398
合计		237	236	247	250	253	272	231	260	257	2243

四、实验室及实训基地建设

(一)基本情况

2005年,以计算机网络实训室(1999年建成)、电子商务实训室(2000年建成)、电子金融实训室(2003年建成)和管理信息系统实训室(2004年建成)为基础,成立了北京联合大学企业经营管理实践教学中心,隶属管理学院。2006年,该中心被评为学校实践教学示范中心。

2008年2月,学校根据相关专业整合与建设的实际需要,学校将企业经营管理实践教学中心(管理学院)和商务实践教学中心(商务学院)合并成为学校的"经贸实验教学中心"(以下简称"中心"),包括北校区(管理学院)和东校区(商务学院)两个分中心。

2008年7月18日,《北京市教育委员会关于公布2008年北京高等学校实验教学示范中心名单的通知》(京教函〔2008〕412号)发布,中心被评为北京高等学校实验教学示范中心。

2009年，中心被评为校级优秀教学团队，获2009年、2010年校级教学成果二等奖2项。

（二）中心（北校区）建设

截至2010年，中心（北校区）拥有实验教学场地面积990平方米，实验教学设备固定资产总值862.88万元。北校区分中心设有电子金融实验室、电子商务实验室、营销谈判实验室和小企业家综合实训室等8个专业实验室，可面向学校金融学、工商管理、电子商务等经管类5个本科专业的本科学生和研究生的培养教育，同时也承担了应用经济学、工商管理学以及管理科学与工程的学科建设、科学研究以及社会服务的任务。2010年，中心开设各类实验课程145个，完成实验教学任务达22.90万人机时/年。

中心（北校区）在实际运行中，实行校、院两级管理，并且采取集中与分散相结合、各有重点与各具特色的管理模式，制定了17项实验教学规章制度，并在实验教学运行过程方面提出了"自动化、精细化、动态化和可视化"的建设要求。

中心（北校区）实验教学队伍分为专兼职实验教学指导教师、实验教学管理人员、实验教学运行保障人员三个部分。2010年，中心拥有实验教学指导教师15人（由理论教师兼任），实验教学管理和教学保障人员6人。

2005—2010年，中心（北校区）共获得各类建设项目资金590.55万元，拥有主要实验教学软件24个。实验教学软件分别是，商业银行业务处理软件、证券外汇期货交易软件、用友ERP软件、金蝶ERP沙盘、助理电子商务师考试系统、工程预算软件、资料管理软件、P3管理软件、企业在线培训系统、市场调查系统、商业计划模拟系统、公司运营系统、企业经营决策模拟教学软件、财务会计模拟教学软件、人力资源管理系统教学软件、金融投资模拟教学软件、客户关系管理教学软件、供应链管理模拟教学软件、物流管理系统模拟教学软件、网络协同审批系统、进出口业务管理系统、银行国际业务教学系统、银行信贷管理教学系统、人才测评系统。

2005—2010年，中心（北校区）建设专项项目详见表11.2-19。

表11.2-19　2005—2010年中心（北校区）建设专项项目一览表

序号	项目名称	负责人	金额/元	立项年份
1	小企业家经济管理综合训练中心	刘在云	750 000	2005
2	实验室建设——企业经营管理综合训练中心环境建设	董　焱	599 995	2006
3	实验室建设——营销谈判室改造	温　强	390 000	2006
4	实验室建设——计算机网络	董　焱	474 466	2006
5	实验室建设——小企业家创业孵化中心	董　焱	989 800	2007
6	实验室建设——企业经营管理实践教学中心硬件环境补充建设	董　焱	539 898	2008
7	实验室建设——经贸实验教学中心（北校区）整体网络环境部署整合	董　焱	780 000	2009
8	实验室建设——管理信息系统实训室更新	张士玉	406 502	2009
9	实验室建设——电子金融实验室硬件环境补充建设与更新	张　峰	703 000	2009
10	实验室建设——工程管理实践教学中心二期建设	蔡　红	271 800	2009

(三)承担实验教学任务情况

2006—2010年,中心(北校区)累计完成实验教学任务688 524人机时(见表11.2-20)。

表11.2-20　2006—2010年实验教学任务统计表

学　年	实验教学任务		
	专业实验、实训课程数/门	学时数	人机时数
2006—2007	110	3982	135 810
2007—2008	106	4574	148 434
2008—2009	116	7025	175 316
2009—2010	145	7976	228 964
合　计	477	23 557	688 524

(四)开放实验室情况

在完成实验教学工作的同时,中心(北校区)还为学院各系的科研活动、学生课外科技活动、学院的对外合作等提供了大量的实验室开放时间。2007—2010年累计完成实验室开放项目97个,包括国家职业资格助理电子商务师考试、北京地区用友"沙盘"比赛参赛队训练比赛、世华财讯第二届全国大学生金融投资模拟交易大赛、CRF项目等,共接待学生、教师和社会考试人员8585人,完成实验室开放任务184 123人机时(见表11.2-21)。

表11.2-21　2007—2010年实验室开放情况统计表

学　年	实验室开放情况			
	开放项目/个	学生、教师和社会考试人员数/人	开放学时	开放人机时数
2007—2008	31	2758	934	82 531
2008—2009	30	2261	1653	59 917
2009—2010	36	3566	1627	41 675
合　计	97	8585	4214	184 123

(五)学习交流、参观考察等来访活动

2007—2010年,中心(北校区)多次接待校外专家、学者以及北京市多所研究机构的专家学者和大中型企业的负责人来中心进行学习交流、参观考察等活动(见表11.2-22)。

表11.2-22　2007—2010年中心(北校区)接待参观考察等来访交流活动统计表

年　份	来访国家/地区	来访人次
2007	美国、澳大利亚、中国台湾及大陆地区	27
2008	联合国教科文组织、中国大陆地区	11
2009	国　内	16
2010	国　内	12
总人次		66

第三节　科学研究与社会服务

一、科研机构

2003 年 7 月，经学校党委 193 次常委会决定，成立北京联合大学应用经济和管理研究所，吴勤学教授任所长；成立首都经济与企业发展研究所，尹庆民教授任所长。同年，应用经济与管理研究所也成为校级院管研究所。

2003 年 8 月，学校与北京市民政局联合建立校级社区建设与城市管理研究所，李培均院长任所长。

2005 年 12 月，成立学院电子商务研究中心。

2008 年 10 月，根据《关于成立北京联合大学管理学院中小企业研究所的决定》(京联管〔2008〕31 号)文件精神，成立北京联合大学管理学院中小企业研究所。

2010 年 4 月，在原来学院的 2 个校级院管研究所和 2 个院级研究所的基础上，成立了北京中小企业研究中心、首都金融研究中心、首都经济与企业发展研究所、应用经济与管理研究所等 4 个校级科研机构。2010 年 6 月，经校科研处重新认定，学院设立上述 4 个校级院管科研机构。

二、科研管理

学院科研管理工作在学校科研处的指导下，由教学科研办公室负责日常工作，组织实施教师各级各类科研项目的申报、结题、科研工作量统计和科研奖励等项工作，以及学院各种与科学研究、学科建设、学术队伍建设等方面的数据统计及分析工作。

2006 年 12 月，学院召开首次“学科建设与科研工作会”。

在 2007 年 3—4 月，学院先后制定颁发了《北京联合大学管理学院“十一五”期间学科建设及科研发展规划》《北京联合大学管理学院科研奖励暂行办法》，以及配套文件《国内重要核心期刊名录》。

2007 年 10 月、2008 年 9 月、2009 年 12 月、2011 年 1 月，学院分别召开了年度的“学科建设和科研工作会”，明确了学科建设及科研发展的主要方向。

三、科研成果

(一) 重大科研项目

自 2002 年建院以来，学院教职工承担的各种科研项目详见表 11.3-1。

表 11.3-1 科研项目一览表

序号	项目名称	项目来源	负责人	立项时间
1	金融发展的适度性与金融监管	北京市教育委员会科研项目	杨　宜	2003.02
2	网络技术与应用	北京市委组织部优秀人才专项基金资助项目	薛万欣	2003.07
3	西红门社会经济发展规划	国家发改委委托项目	张荣齐	2004.11
4	北京农村中小企业融资体系研究	北京市委组织部优秀人才专项基金资助项目	杨　宜	2004.12
5	北京高科技中小企业融资路径选择与优化研究	北京市自然科学基金项目	杨　宜	2005.01
6	北京民营中小企业融资问题研究	北京市教育委员会科研项目	杨　宜	2005.01
7	弹体荧光磁粉无损探伤的自动图像信息处理	北京市委组织部优秀人才培养资助项目	郭凤英	2005.01
8	科技工作者权益保护研究	北京市科学技术协会调研项目	钟礼松	2005.01
9	北京市信访民意调查统计分析	国家信访局委托项目	张士玉	2005.03
10	北京市连锁经营模式推广应用研究	北京市教育委员会科研项目	张荣齐	2005.11
11	北京小企业信贷机制创新研究	北京市委组织部优秀人才培养资助项目	杨　宜	2006.01
12	应用性经济管理人才培养模式和开发途径研究	国家劳动部委托项目	顾志良	2006.05
13	经济全球化条件下北京金融业的发展与风险防范对策研究	北京市哲学社会科学规划项目	吴勤学	2006.10
14	产业群与北京市中小企业自主创新路径研究	北京市教育委员会科研项目	陈　琳	2007.01
15	北京市人才强教项目——图像信息识别系统的设计与实现	北京市委组织部优秀人才培养资助项目	郭凤英	2007.01
16	北京市中小企业培训体系设计与课程开发研究	北京市发改委委托项目	陶秋燕	2007.01
17	外汇储备转化研究	国家发改委委托项目	吴勤学	2007.01
18	农业与农村发展的金融服务保障体系政策研究	北京市教育委员会科研项目	杨　宜	2007.01
19	产业群与北京市中小企业自主创新模式研究	北京市委组织部优秀人才培养资助项目	陈　琳	2007.01
20	北京中小企业培训现状与对策研究	北京市发改委委托项目	顾志良	2007.02
21	开发性金融理论在铁路产业中的适用性研究	国家开发银行委托项目	赵　睿	2007.04
22	北京市现代服务业知识运营管理研究	北京市委组织部优秀人才培养资助项目	张　波	2007.09
23	北京市中小企业培训服务体系研究	北京市教育科学规划项目	陶秋燕	2007.09
24	2006—2007 中国社区发展报告	国家商务部委托项目	张荣齐	2007.09
25	美国次贷危机发展跟踪研究	国家发改委委托项目	吴勤学	2007.12

续表

序号	项目名称	项目来源	负责人	立项时间
26	密云水库流域环境服务价值评估和生态补偿机制研究	国家自然科学基金项目	郑海霞	2008.01
27	美国次贷危机对我国的影响	国家发改委委托项目	吴勤学	2008.01
28	北京市对周边水源区的生态补偿机制与协调研究	北京市哲学社会科学规划项目	郑海霞	2008.01
29	中国流域生态服务补偿机制与政策研究	北京市委组织部优秀人才培养资助项目	郑海霞	2008.01
30	中国企业对外投资理论	国家发改委委托项目	吴勤学	2008.01
31	北京地区上市公司融资行为与结构研究	北京市教育委员会科研项目	房　燕	2008.05
32	密云水库流域环境服务和生态补偿机制研究	北京市自然科学基金项目	郑海霞	2008.11
33	北京市中小企业适应性成长力系统研究	北京市教育委员会科研项目	陶秋燕	2008.12
34	基于公共治理的北京市水资源区生态补偿机制的研究	北京市教育委员会科研项目	郑海霞	2008.12
35	北京市人才强教——炮弹弹体裂纹自动识别图像处理系统的设计与实现	北京市委组织部优秀人才培养资助项目	郭凤英	2009.01
36	北京市中小企业热点问题研究	北京市经信委委托项目	温　强	2009.05
37	国有文化资产监督管理研究	国家文化部委托项目	钟礼松	2009.05
38	北京市中小企业政策资金支持方式研究	北京市发改委委托项目	杨　宜	2009.05
39	2008年北京市中小企业发展年鉴	北京市发改委委托项目	张　波	2009.06
40	国有文艺演出演团体制改革实务操作研究	国家文化部委托项目	钟礼松	2009.07
41	首都高校优质教学资源共享研究	北京市教育科学规划项目	张　波	2009.09
42	首都高新科技企业人才流失预警系统研究	北京市委组织部优秀人才培养资助项目	边婷婷	2009.10
43	农业与农村发展重大战略研究	中国科学院科研项目	杨　宜	2010.01
44	北京市中小企业节能减排评测体系研究	北京市教育委员会科研项目	张　波	2010.01
45	北京市中小企业劳动关系预警机制研究	北京市教育委员会科研项目	何　勤	2010.01
46	高校学习型学生党支部建设研究	北京市委教育工作委员会项目	李九丽	2010.04
47	物流企业财务风险评估国家标准编写	国家标准化技术委员会委托项目	王永萍	2010.04
48	北京市产业集群信息化研究	北京市委组织部优秀人才培养资助项目	黄　艳	2010.10
49	基于信息不对称下的中小企业关系型贷款研究	北京市教育委员会科研项目	杨　宜	2010.10
50	北京市促进中小企业发展地方立法研究	北京市经信委委托项目	陶秋燕	2010.10

(二)重要学术著作

自2002年以来,学院教师共出版著作14部(见表11.3-2)。

表11.3-2 2002—2010年教职工独著、主编(或第一作者)学术著作情况一览表(教材除外)

序号	著作名称	所在单位	作者	主要合作者	出版社	出版年
1	Bayesian网推理及应用	会计系	薛万欣		吉林大学出版社	2006
2	企业技术创新的制度环境分析	管理学院	陈琳		中国经济出版社	2007
3	企业连锁经营与管理	工商管理教研部	张荣齐		科学出版社	2008
4	产业群与中小企业自主创新路径研究——以北京为例	管理学院	陈琳		国防工业出版社	2008
5	北京老字商号产权多元化改革研究	党政办公室	尹庆民	林妍梅、高洪力、李秀芹、刘静、孙青、鲍晖、王玲	同心出版社	2008
6	企业信息文化建设	综合办公室	董焱		西苑出版社	2009
7	电子商务中客户关系管理的研究	会计系	田玲		知识产权出版社	2009
8	民营中小企业融资问题研究——以北京为例		杨宜	张峰、赵睿	科学出版社	2009
9	管理会计学	金融与会计系	李秀芹		解放军出版社	2010
10	中国流域生态服务补偿机制与政策研究——基于典型案例的实证分析	管理学院	郑海霞		中国经济出版社	2010
11	基于价值网的电信商业模式研究	信息管理与电子商务系	董爽	梁雄健(外)	北京邮电大学出版社	2010
12	Influence of Culture on Learning Object Design and Evaluation	信息管理与电子商务系	祁梅		LAP LAMBERT Academic Publishing AG & Co. KG	2010
13	中小企业成长力系统研究	综合办公室	陶秋燕		中国经济出版社	2010
14	文化创意的人文理论和产业研究——人文精神与商业体系:文化创意经济的发展	经济管理系	李宇红	赵晶媛	中国物资出版社	2010

四、主办(承办)的重要学术会议

2004年10月,学院与中国社会转型学术论坛合作举办的首届“中国海外投资”论坛,在校学术报告厅举办。主题是“从西班牙焚鞋事件看中国海外投资与贸易的保护策略”。

2004年12月,学院举办第二届“中国海外投资与贸易”论坛,主题是“从彩电反倾销事件看中国海外投资与贸易中面临的反倾销问题”。

2005 年 11 月，学院承办第二届中小企业创业者(北京)论坛，论坛主题围绕“股权与中小企业的发展”开展。

2006 年 4 月，学院承办第四届中小企业创业(北京)论坛，论坛以“优势互补、合作共赢”为主题开展了“中小企业如何有效降低通讯成本”“精练常用的商务礼仪”等分议题讲座，并对“中小企业低成本运营”和“中小企业经营风险规避”等热点问题进行了自由讨论。

2006 年 8 月，学院承办第五届北京中小企业创业合作论坛，论坛的主题为“创业发展与政策环境”。

2009 年 10 月，由学院承办的“2009 中小企业发展国际论坛”在北京会议中心举办。主题是“中小企业成长与适应性”。国家工业和信息化部、北京市中小企业服务中心的领导，国内外高校和研究机构的知名专家学者，企业家，以及学校的部分师生参加了论坛。

2010 年 12 月，学院承办了北京市法学会金融与财税法学研究会第二次会员代表大会暨“‘十二五’规划建议与财税金融法的新发展”主题研讨会。中国法学会、北京市法学会、北京市政府法制办、中国人民银行的领导和专家学者参加了大会

五、产学研合作及社会服务

2009 年年初，学院中小企业研究中心开展了大量的有关中小企业立法的比较研究和实证研究，承担了由北京市经济和信息化委员会委托的“北京市中小企业地方立法”课题研究工作，并完成了关于制定《北京市中小企业促进条例》的立项论证报告。该立项论证报告经过十几次研讨会讨论，数十次修改，最终由市经信委报送人大常委会并获得通过，得到了市人大领导的肯定。2010 年中小企业研究中心作为主要起草成员单位，开始参与《北京市中小企业促进条例》草案立法的制定工作。

2009 年 8 月，学院与宣武区组织部合作举办了“2009 年宣武区中小企业家研修班”。培训主题是“应对挑战、提振信心；勇担责任、实现科学发展”，旨在帮助中小企业分析当前面临的宏观经济政策与发展环境，提升中小企业竞争力，促进中小企业健康成长，共有 60 名中小企业家参加培训。

第四节　学生教育管理

一、学生管理

(一) 工作机制与组织机构

1. 工作机制

学院学生工作在党委领导下，由学生工作办公室负责实施。学生工作办公室是学院学生管理的职能部门，负责对各系学生工作的领导。系的学生工作由系党支部书记主管，辅导员、班主任具体实施。2010 年，学校建立校、院、系三级管理体制，学院为各系选配了专职辅导员，辅导员是学生管理的专职人员，对学生日常管理负主要责任；班主任是班级学生管理

的第一责任人。

全院学生管理的重大事项由学生工作办公室提出初步意见,报主管学生工作党委副书记,经院长办公会研究后最终决定。

2. 组织机构

学院设学生工作办公室和团委两个学生工作机构。院学生工作办公室与院团委合署办公,这两个学生管理部门也统称为学生工作办公室,学院团委书记兼任学生工作办公室副主任。学生工作办公室负责学生日常管理、思想政治教育、学生党建、学风建设、评优奖励、违纪处理、困难学生资助、心理健康教育、学生工作队伍建设、就业工作、武装部工作;团委负责团员思想教育、团的组织建设、团支部建设、团员培训、团员"推优入党"并指导学生会、学生社团开展各项活动等。

(二) 重点工作

2002—2010 年,学院学生工作在校、院党委和行政的领导支持下,深入贯彻中央和北京市委关于加强和改进大学生思想政治教育工作的重要精神以及学校的办学方针,紧密围绕校院中心工作,以"一个中心"——学生成长成才为中心、"五个平台"——思想教育平台、学风建设平台、心理健康平台、贫困生资助平台、辅导员队伍建设平台为工作主线,推进学生工作规范化、科学化、专业化、精细化建设,不断探索新时期学生工作的规律,加强教育,强化管理,周到服务,以促进学生综合素质全面提高。

1. 学生奖惩

(1) 奖励

学院奖励设为个人和集体两类。对个人的奖励项目为优秀学生奖学金(共分三等)、校长特别奖学金、新生入学奖学金、考取研究生奖、三好学生、优秀学生干部、优秀毕业生、优秀团干部、优秀团员;对集体的奖励项目为先进班集体、先进团支部。奖励标准分别为院级一等奖学金 1500 元/人,二等奖学金 1000 元/人,三等奖学金 500 元/人。校长特别奖学金 10 000元/人,新生入学奖 2000 元/人,考取研究生奖 1000 元/人。先进班集体、先进团支部奖励 300 元/班,其他奖项为物质奖励。

在 2009 年庆祝国庆成立 60 周年之际,学院共 171 名师生参与完成国庆当天的任务。院党委授予在国庆任务中表现突出的闫梦茜等 68 名学生"国庆 60 周年庆典活动先进个人"荣誉称号。

(2) 处罚

对违纪学生的处罚分为五等:警告、严重警告、记过、留校察看、开除学籍。学院本着规范学生管理,强化制度建设,严肃学院纪律,净化校园环境的原则,加大学生管理力度,一方面通过组织学生学习《学生手册》并进行考试、召开主题班会、签署考试诚信书等方式,使学生管理的各项纪律深入人心,尽可能减少违纪现象;另一方面严肃处理违纪事件,教育学生,吸取教训。

学生处分有严格的审批程序,其处理过程为:各系核实违纪事实无误,找学生谈话,学生写出书面检查后,由系依据《北京联合大学学生违纪处分条例(修订)》的相关规定,提出书面处理意见,报学生工作办公室;学生工作办公室根据相关处理文件进行审核,再经院长办公会研究同意后,形成处理建议,最后报校学生工作部(处)审批。

关于学生违纪处分的解除，学院从2008年开始执行《北京联合大学解除学生违纪处分管理办法(试行)》。本着加强对受处分学生的教育管理，激励违纪学生改正错误、积极上进的原则，凡符合解除处分条件的学生，要在毕业前向学院学生工作办公室提出书面申请，由学生工作办公室审核，并报校学生工作部(处)批准，方可解除。

学生对违纪处理有异议时，可以进行申诉。学院从2006年开始执行《北京联合大学学生申诉管理办法(试行)》。学院成立了由学生工作办公室、教科研办公室、纪检人员、团委、负责人以及教师和学生代表共同组成的学院申诉处理分委员会，受理学生的申诉要求。学生工作办公室负责学生申诉处理日常工作。

2．学生资助

对生活特别困难的学生，学院积极落实党和政府、校院对家庭经济困难学生的各项资助政策，除配合学校为其开通“绿色通道”外，还制定了减缓交纳学费的有关规定。同时根据《北京联合大学家庭经济困难学生认定的实施办法》(京联学〔2008〕5号)、《北京联合大学学生勤工助学管理办法》(京联学〔2007〕5号)和《北京联合大学国家奖学金、国家励志奖学金和北京市国家助学金管理实施办法》(京联学〔2007〕7号)等文件精神，实施对家庭经济困难学生的认定、资助及奖励工作。2002年推行了国家奖学金评选；2004年推行了北京市国家助学金评选；2007年推行了国家励志奖学金评选，进一步加大了对贫困学生资助与奖励的力度。建院9年来，学生共有8人获得了国家奖学金，322人获得了国家励志奖学金，1231人获得了北京市国家助学金；150人申请了国家助学贷款，62人通过“绿色通道”顺利入学；720名家庭经济困难学生被认定为困难生，加入家庭经济困难学生档案库；260人获得了勤工助学岗位。

3．就业工作

学院党委重视就业工作，把毕业生就业工作作为“一把手工程”，每年研究制定符合学院实际的毕业生就业工作意见，并通过建立责任机制将毕业生就业工作层层落实。

在就业工作中，学院本着“求真务实，开拓创新”的理念，根据就业形势和学生实际，狠抓“就业指导”和“就业服务”两条线，通过召开毕业班主任工作培训会、毕业班学生家长会、京外毕业生座谈会、开展就业指导专题讲座、邀请有关企事业单位的专家学者做报告、开设就业指导必修课(2009年开始)、为家庭经济困难学生发放就业帮扶基金、开展深入就业指导和咨询等多种教育和服务形式，帮助学生树立正确的人生观、价值观和择业观，增强就业竞争力。在积极为学生提供就业信息的同时，还努力开拓就业市场，鼓励学生自主创业。经过全院上下的共同努力，学院一直保持较高的就业率(见表11.4-1)。

表11.4-1　2002—2010年学生就业率统计表

年份	2002	2003	2004	2005	2006	2007	2008	2009	2010
学生就业率/%	98.60	99.20	99.60	99.00	98.70	96.80	98.90	99.40	99.40

4．学风建设

学院党委重视学风建设工作，不断探索新时期学风建设的新思路、新方法。经过广大师生员工多年的共同努力，已基本形成了制度完善、措施得力、具有学院特色的全员参与学风建设的良好局面。一方面，大力表彰先进，努力营造比、学、赶、帮、超的良好氛围，形成严谨、勤奋、进取的学风。每年学院召开两次学生表彰大会,表彰学习成绩突出的先进个人、优良学风班,并通过多种形式,大力宣传受表彰同学的先进事迹,做到用学生身边的先进事迹教育学生。另一方面,充分调动班主任的积极性,形成营造良好学风的合力。为了充分调动班主任的积极性,每学期初都召开班主任工作会议,就本学期的工作目标与班主任进行沟通和交流。学期末召开工作总结会,对本学期学生工作做全面总结,找出存在的问题,总结出成功的经验,为以后的工作的提供宝贵的指导意见。

5. 学生各类专业竞赛活动

学生在学工办、团委老师的组织和指导教师的专业指导下,踊跃参加国内外各类科技竞赛等活动,"以赛带练"平台包括以专业为基础建设的高校企业模拟经营沙盘对抗赛(ERP)、电子商务三创大赛、世华杯金融模拟交易大赛、GMC 国际企业管理挑战赛、金蝶杯(BOS)企业信息化设计大赛、智能车竞赛、本科生研究项目立项、大学生课外科技学术作品立项、挑战杯比赛、"e 路通"杯全国大学生网络商务创新应用大赛等竞赛体系。具体以学院 5 个本科专业为基础,分别联系设立 9 项全国性学科专业比赛,真正达到"以赛带练,学以致用"的目的。2003—2010 年,学院学生参加学科专业竞赛获校级及以上奖励情况见表 11.4-2。

表 11.4-2　2003—2010 年学生参加学科专业竞赛获校级及以上奖励情况一览表

<table>
<tr><th>获奖时间</th><th>学科专业竞赛名称</th><th>获奖集体/个人</th><th>指导教师</th><th>获奖等级</th></tr>
<tr><td rowspan="3">2003</td><td>全国大学生英语竞赛</td><td>夏　强</td><td>无</td><td>一等奖</td></tr>
<tr><td>全国数学建模(北京赛区)(本科)</td><td>高利、高彭</td><td></td><td>二等奖</td></tr>
<tr><td>全国数学建模(北京赛区)(专科)</td><td>赵衍、郝萁、张博</td><td></td><td>一等奖</td></tr>
<tr><td>2004.12</td><td>首届全国电子商务大赛</td><td>申　晋</td><td></td><td>第六名</td></tr>
<tr><td rowspan="2">2005.03</td><td rowspan="2">首都第三届"挑战杯"竞赛</td><td>马强、王恒</td><td></td><td>二等奖</td></tr>
<tr><td>阎继新</td><td></td><td>三等奖</td></tr>
<tr><td rowspan="3">2005.03</td><td rowspan="3">首届全国电子商务大赛团体赛</td><td>常胜军</td><td></td><td>团体金奖
个人参赛</td></tr>
<tr><td>"买乐庄园、梦想数码"团队</td><td></td><td>创业优秀团队奖</td></tr>
<tr><td>高　超</td><td></td><td>最佳客户</td></tr>
<tr><td rowspan="2">2005.06</td><td rowspan="2">全国大学生英语竞赛</td><td>王　晶</td><td></td><td>二等奖</td></tr>
<tr><td>张景丽、宋文萍、李卉龙、刘丽娜</td><td></td><td>三等奖</td></tr>
<tr><td rowspan="2">2006.05</td><td rowspan="2">全国大学生英语竞赛</td><td>王丹萍、李晔</td><td></td><td>二等奖</td></tr>
<tr><td>李卉龙、李旷怡、高一源、陈思、任筱潇、钟娴娜、李韦漫、王莹</td><td></td><td>三等奖</td></tr>
<tr><td rowspan="2">2006.06</td><td rowspan="2">首都第四届"挑战杯"创业竞赛</td><td>连惠鹏、李鑫、刘博、许博、魏雅彬</td><td></td><td>三等奖</td></tr>
<tr><td>常胜军、高超、李淼、李梦佳</td><td></td><td>三等奖</td></tr>
</table>

续表

获奖时间	学科专业竞赛名称	获奖集体/个人	指导教师	获奖等级
2006.08	环迅杯第二届中国电子商务大赛网络营销实践创业赛	吴桐、张爱迪、张妍、毕昆、荣杰、王龙、谢昕、李硕、柳林、李梦其、崔萌、王世匡		二等奖
2006.12	第二届全国ITAT教育工程师就业技能大赛(办公自动化高级应用组)	时　硕		一等奖
		宫　旭		三等奖
2007.02	首届全国大学生金融投资模拟交易大赛	管理学院		优秀参赛团队奖
2007.04	工行"金融家"全国大学生电子商务竞赛企业实践赛	张光宇、胡松		二等奖
		马一雯		三等奖
2007.04	"用友杯"全国财经类院校ERP沙盘对抗赛联合大学赛区预选赛	"峥峰"队		一等奖
		陈阳、胡斐然		一等奖
2007.05	全国财经类院校ERP沙盘对抗赛	郭鑫、陈佳、陈阳、张硕、胡斐然		三等奖
2007.09	首都第四届挑战杯课外学术科技作品竞赛	王　昕		三等奖
2007.12	第八届北京青年学术演讲比赛	赵　磊		一等奖
2008.03	第二届全国大学生金融投资模拟交易大赛(股票组,华北赛区)	管理学院		第七名
2008.04	中国互联网协会建行"e路通"杯全国大学生网络商务创新应用大赛(北京赛区)	曹永邮、张岩、刘兆婷、张宏波、马赛、贾微	无	二等奖
2008.05	2008年全国大学生英语竞赛	许馨文		C类一等奖
		姚铮、彭鹏、郑浩、喻柳杏、王雪、杨菲菲		C类二等奖
		张正元、谢丹、唐眉、刘璇、杨蔚、卢路、张璐、谭宇超、袁广材、虞崇辉、王娟、蔡凌波、景浩、罗莎		C类三等奖
		谢若嘉		D类二等奖
		闫璐阳、张春月		D类三等奖
2008.08	中国大学生"明日网商"挑战赛	张春月		睿智英才奖
2008.12	正保教育杯第四届全国ITAT教育工程师就业技能大赛(Office办公自动化高级应用组)	刘　颖		优秀奖
2008.12	正保教育杯第四届全国ITAT教育工程师就业技能大赛(C语言程序设计组)	熊腾飞		三等奖

续表

获奖时间	学科专业竞赛名称	获奖集体/个人	指导教师	获奖等级
2009.05	2009全国大学生条码自动识别知识竞赛	刘玉立、任亮		个人赛优秀奖
		马　静		个人赛二等奖
		王　磊		优秀辅导教师奖
2010	2010“三创”大赛	侯江宁	薛万欣	全国一等奖
		陈治华	牟　静	全国三等奖
		陈　正	盛晓娟	市级特等奖
		陈飞、管硕	盛晓娟、常胜军、高超	一等奖
		赵一然、侯江宁、陈治华	薛万欣、邵彦铭、牟静	二等奖
		杨振、陈婷、王楠、李娜、胡健	马丽仪、于丽娟、王磊、祁梅、牟静、张波	三等奖
		吴鸿飞、杨金蕊、周添、郑末凡、朱云嘉、孙彦、何承杰、刘颖、柴春杰、马欣、冯博、张春月、杨薇、杨祎明、于洋洋、周翔、李蕊、周丹、陈曦、宗海曼、刘磊、纪星宇、文祺	祁梅、于丽娟、王晓红、李立威、裴一蕾、王磊、王艳娥、郭开宇、田玲、黄艳、薛万欣、董爽、周立、梁磊、田玲、邵彦铭、李英侠	优秀奖
2010	全国第一届国泰安杯投资争霸赛	刘　建	程翔、田寰宇	第三名
		金融理财协会		团体优胜奖
2010	机器人项目设计与制作	陈赫泽、洪晨	周　立	二等奖、优秀指导教师奖

（三）规章制度

为进一步创建良好的学习氛围，规范学生的日常行为，针对学生工作中出现的各种问题和现象，学院2002年制定《管理学院学生工作办公室职责》《管理学院辅导员工作职责》《管理学院学生党总支职责》《管理学院系学生党支部职责》；2004年制定《中共北京联合大学管理学院委员会关于加强大学生党员发展工作和大学生党支部建设的意见》《发展转正党员材料审查要求》；2005年制定《关于加强管理学院学生课外科技活动指导工作的意见》《管理学院学生课外科技活动讲座相关规定》《管理学院教师指导学生课外科技活动奖励细则》《管理学院关于加强就业工作的几点意见》等制度。

二、思想政治教育

（一）机构设置

学生思想政治教育在学院党委、行政的统一领导下，由学生工作办、学生党总支、团委、综合办共同负责。学生党总支、综合办主要负责学生党员的教育管理；学生工作办负责学生日常思想政治教育；团委主要负责团员的教育与管理。

（二）内容与形式

学院党委重视并大力加强思想政治教育工作，把全面提高人才培养质量作为工作的重中之重。建院9年的总结与探索，使学院思想政治教育工作形成了传统与特色相结合的内容与形式，为培养合格大学生提供了良好的育人环境。

1. 建立学生理论社团教育平台

学院党委重视学生党员的教育，2004年3月建立燧石学生理论社团，以“研读马列、日积月累、探究现实、与时俱进”为宗旨，宣传党的各种知识，让学生学习党的理论、路线、方针、政策，研讨现实社会问题、历练人生、培育共产主义信念；通过开办党课的形式，为党总支筛选人才、检验党员的学习能力以及对党的了解，培养优秀学生入党。2002—2010年，共举办10期党校初级班；举办12期党校高级班。参加学生业余党校初级班人数为1863人，结业人数为1531人；参加党校高级班人数为729人，结业人数为582人。2002—2010年，共发展学生党员1204人。

2. 开展主题教育活动

2002—2010年，学生工作部(处)联系学生思想实际，开展了多种主题教育活动。例如，2006年以迎接本科教学水平评估为契机，开展进一步加强学生思想政治工作，全力建设文明校园的活动；为贯彻落实胡锦涛总书记关于社会主义荣辱观的重要论述，2007年开展“八荣八耻”社会主义荣辱观教育活动；2008年加强奥运精神和奥运知识的宣传教育，引导学生增强人文奥运理念，开展“我参与、我奉献、我快乐”的奥运志愿精神培育活动；2009年加强中共十七大报告的学习，开展使学生进一步坚定理想信念、永远跟党走的活动；深入学习、实践科学发展观，开展增强社会主义核心价值体系影响力的论坛活动；促使学生树立正确的道德观，开展“感恩社会、志愿回报”活动；2009年结合庆祝新中国成立60周年，开展以“爱国、责任、使命”为主题的系列爱国主义教育活动等。

在平时，学生党支部还开展了一系列教育活动。例如，纪念“一二・九”活动，参观“复兴之路”大型主题展览、汶川地震灾后恢复重建主题展览等活动；为在非典中献身的医护人员扫墓；暑期开展有主题的京郊社会实践；组织学生党员学习党的方针政策、重要会议精神，等等。这一系列活动不仅拓展了学生党员的视野，而且提高了党性修养，增强了战斗力。

为推进大学生科学就业观教育，培养大学生服务于新农村建设的热情和积极性，加强大学生党员与基层党组织的交流与合作，学院以学生党支部为基石展开“红色1+1活动”；在庆祝建党90周年之际，学院举办“党在我心中”党史知识竞赛、党史征文等系列活动；课余之际在各学生党支部当中开展康昕心理素质训练营、经典党史电影赏析、“祖国在我心中”演讲比赛、学雷锋主题党日活动等。

3. 做好新生入学教育

为使新生能够顺利完成学业,尽快适应大学的学习和生活,从 2002 年起,学院每年组织为期一周的入学教育和两周的军事训练。2002—2010 年学院按照学校的总体安排对新生进行军训动员、学业学籍解读以及安全、图书资源利用和专业教育等,使新生较全面地了解了大学、学习和专业发展方向。

军事训练是按照校学生工作部(处)的安排。分别在廊坊分校、昌平八一军训基地、昌平盛华人才培训中心等进行军事训练。从 2007 年 9 月开始,军训时间由原来的 10 天改为 14 天。2005 年 9 月起,军事理论课正式列为大学生的必修课。

4. 开展心理健康教育

2002 年 7 月,学院在各个班级建立了心理委员职位,学校成立了心理咨询中心。通过心理健康测试,为全院学生建立了心理健康档案;通过日常咨询,已为 230 余名学生提供了个别辅导;通过每年举行的“5·25”心理健康日活动,为学生开办了心理健康漫谈、专题讲座、心理电影赏析、心理知识宣讲等,引导学生充分认识心理健康对于个人成长的重要意义,提高学生参与心理健康教育活动的热情。2006 年成立了心理社团——心理工作坊。

5. 关注贫困学生的全面成长

学院贫困学生占在校生的 18%左右,除了解决他们的经济困难,使他们正常学习生活外,为使他们健康成长,学生工作办公室贯彻以贫困学生“自立、自强、自尊、自信”为成长主线的精神,在贫困学生中每年都开展“勤工助学伴我成长”“自立、自强、自尊、自信——优秀贫困生成长经验交流会”“暖心工程”“贫困学生走访”“贫困学生新年慰问座谈会”等多项教育活动。

6. 坚持就业教育

学院注重毕业生的就业观教育。通过就业指导专题讲座和就业指导课,帮助毕业生树立积极的就业观,引导学生到基层、到农村、到祖国需要的地方就业。在 2002—2010 年的毕业生就业工作中,涌现出很多到基层、到西部、到边疆工作的优秀毕业生。2006—2010 年,当“村官”和支教的毕业生共 56 人。

7. 学生思想教育进宿舍

为了全面加强大学生的思想教育,学院把学生思想政治工作做进了宿舍。主要体现在四个方面:一是成立宿舍学生团总支,定期召开会议,开展工作,调动学生自我教育、自我管理的积极性;二是学生辅导员深入宿舍,及时了解和掌握住宿学生的思想状况,化解矛盾,解决问题;三是发挥学生党员的作用,使其成为创建文明宿舍的表率;四是加大奖励机制,以树典型、学典型的方式,推进文明宿舍的建设和良好风气的形成。

8. 推进社会实践活动深入发展

社会实践一直是学院团委的重点工作,有着良好的工作传统,也受到学院领导的重视与大力支持。2002—2010 年,学院大学生暑期社会实践工作,始终坚持“以专业为基础,以团队为核心”的原则,结合社会发展和学生专业内容的实际需要,重视发挥人才和智力优势,开展了以专业实践、理论宣讲、志愿服务、主题调研、环境保护和奥运宣传等为主要内容的实践活动。同时,不断巩固学院社会实践的传统工作项目成果,完善“大学生社会实践立项制度”，培养了大学生的综合能力。

2003—2009 年，学院连续七年荣获“北京联合大学社会实践先进单位”称号；21 个结合专业、形成一定特点和特色的团队，被评为北京市和学校社会实践优秀团队；26 名教师被评为北京市高校系统社会实践工作先进个人和学校暑期社会实践优秀指导教师；87 名同学被评为“北京联合大学社会实践先进个人”；整理出版成果集 5 本。

（三）建设与研究

学院党委不断探索新时期学生思想政治教育的规律，不仅确立了思想政治工作的目标与任务，而且通过每年的“三育人”（教书育人、管理育人、服务育人）先进评选，以及工会开展的“最受欢迎的教师”评选活动等，调动了全院教职工的积极性，形成了全员育人的工作格局。2006 年学院团委获评为北京共青团两型（学习型、服务型）组织建设优秀项目奖；同年学院团委荣获北京市德育工作先进集体。

1. 加强制度建设

2002—2010 年，学院相继修订了《班主任工作职责》和《班主任工作考核办法》等文件，还制定了一系列新的规章制度。2010 年 6 月，制定了《管理学院学生工作办公室职责》《管理学院辅导员工作职责》《管理学院学生党总支职责》《管理学院系学生党支部职责》，就加强学生辅导员及班主任队伍建设的重要意义、做好学生辅导员及班主任的选拔聘用、学生辅导员及班主任的工作职责与任务、加强学生辅导员及班主任的培养、切实加强对学生辅导员及班主任的管理、制定积极措施，进一步推动学生辅导员及班主任建设 6 个方面作了明确规定，为创新学生工作提供了队伍保障。

2. 培养高素质思想政治工作队伍

学院始终坚持选聘思想素质好、业务水平高、奉献精神强的教师，担任辅导员及班主任，截至 2010 年，学院的专、兼职辅导员已经达到了上级规定的 1∶200 的师生比例。

为了提高思想政治工作队伍的工作水平，学院坚持每学期召开辅导员、班主任工作会议，交流经验，研讨学生工作中的问题。例如 2010 年 12 月，召开学院首届学生工作会议，学生工作办就学院学生工作作了翔实汇报；各系党支部副书记作了学生工作经验交流；优秀班主任代表也做了发言。

学院对辅导员、班主任工作有严格的具体要求，要求班主任每两周召开一次主题班会，每周三次到班与学生谈心等；还要求辅导员、班主任要以身作则，言传身教，当好学生的引路人。

学院鼓励辅导员队伍参加各个层次的学历教育和非学历教育的培训活动，以多种形式提高他们的理论水平和工作能力。建院 9 年来，这支队伍参加培训人次已逾百人，2 人获博士学位。通过培养和锻炼，优化了辅导员结构，学生辅导员的学历和职称结构呈上升趋势。目前，辅导员学历为硕士及硕士以上的占 85%，高级职称占 15%。

2002—2010 年，学院的辅导员 1 人荣获北京市十佳优秀辅导员，1 人获校教学成果二等奖，12 人次获校优秀辅导员，2 人获北京市先进德育工作者。

3. 开展科学研究

为使学院的思想政治工作更符合社会和学生的要求，从 2002 年起学院把思想政治工作的研究成果纳入年终的科研统计和考核中，督促思想政治教育工作者自觉地、长期地坚持开展研究活动，促进了学生思想政治工作队伍的快速成长。截至 2010 年年底，学院思想政治工作者发表了100余篇研究论文;主持市级及以上课题1项、参与市级及以上课题6项、主持校级课题5项;作为主编或副主编、编委,出版著作和教材3部。

第五节 国际及港澳台交流与合作

(一)出访交流活动

2009年3月,副院长董焱一行6人前往荷兰,与汉斯大学国际商学院商谈两校合作事宜。

2010年3月,党委书记尹庆民、副院长陶秋燕一行9人赴台湾成功大学、交通大学、南亚技术学院、台湾中小企业协会洽谈合作事宜。

(二)国际交流与合作的重要项目

2002年4月,学院与加拿大中华风险投资有限公司签订合作办学协议。

2002年9月,学院与加拿大北大西洋学院签订联合办学协议。

2003年1月,学院与凯普波瑞顿大学(UCCB)商学院签订合作办学协议。

2005年7月,学院与英国利兹城市大学就合作办学的课程认证签订协议,项目惠及工商管理、金融学、电子商务等专业的学生。

2006年10月,学院与美国威斯康星拉克罗斯大学(University of Wisconsin-La Crosse)就教师互访、学生交流、学术研究等方面初步达成合作意向。

2009年4月,学院与汉斯大学国际商学院就各项合作办法达成协议。

第十二章　国际交流学院

概　　述

国际交流学院的前身是北京联合大学国际交流培训中心，2005 年 4 月 28 日，经学校研究并报市教委批准，做出《关于我校“国际交流培训中心”更名为“国际交流学院”及相关事宜的决定》(京联党〔2005〕20 号)，将“国际交流培训中心”更名为“国际交流学院”。2005 年 5 月，国际交流学院正式成立。

学院负责校本部外国留学生的招生、管理及教学质量监督、“3＋1”项目以及国际交流合作处委托的其他国际交流合作项目的实施。

2005 年，学院成立之初，共有教职员工 11 人，其中专任教师 3 人。此后，教职员工队伍不断发展壮大，到 2010 年底拥有教职员工 21 人，其中学院领导 3 人，教师 9 人，管理人员 6 人。

截至 2010 年年底，学院接收语言生、本科生、研究生等多种层次的外国留学生，由学院教研部负责对外汉语教学工作。成绩合格者分别获得学校颁发的结业证、毕业证及学位证书。截至 2010 年年底，学院共有在读本科生 262 人，长期语言生 177 人，短期语言生 55 人，已有 213 名本科生毕业，2000 余名语言生完成了汉语学习。

第一节　管理体制与组织机构

一、管理体制

国际交流学院位于校本部小营校区，是学校直属的二级非法人学院，处级建制。学院实行党政共同负责制，通过院务会、党政联席会、党委会等制度保证学院各项工作的开展。

二、党政机构

学院在 2005 年成立时，设有综合办公室，负责日常各种行政事务；学院党支部直属校党委，负责党的建设和思想教育工作。

2010 年 3 月，学院根据学校《关于在非法人学院建立校、院、系三级管理体制的意见》(京联党〔2009〕57 号)文件精神，对内设机构进行调整，设有综合办公室、行政办公室、教学科研办公室等管理部门(见表 12.1-1)。

表 12.1-1　2005—2010 年党政机构设置及负责人一览表

序号	机构名称	正　职	任职时间	副　职	任职时间
1	综合办公室	王乐鹏 杨晓麟	2005.05—2010.09 2010.09—今	刘朝阳	2005.05—2010.09
2	行政办公室	徐金庆	2010.03—2010.12		
3	教学科研办公室	金海燕	2010.03—今		

综合办公室是学院行政综合办事机构，负责统筹协调、公文处理、对外联络、留学生招生及签证管理等工作。

行政办公室全面负责留学生公寓和外国专家公寓的管理工作。

教学科研办公室是负责学院教学运行、教学管理、教学研究、教学质量监控管理的职能部门。

三、教学机构

学院在 2005 年成立时，设有对外汉语教研室，2010 年 3 月改为教研部(见表 12.1-2)，负责对外汉语教学工作的规划、组织、实施和检查，包括对外汉语教学的课程设置、教学大纲、教学计划的制订；负责安排课程，保证教学质量的有效落实、教学进度的有序进行。

表 12.1-2　2005—2010 年教学机构设置及负责人一览表

序号	机构名称	正　职	任职时间	副　职	任职时间
1	对外汉语教研室	申　莉	2005.05—2010.03	王天虹 刘春宇	2005.05—2010.03 2005.05—2010.03
2	教研部	申　莉	2010.03—今	王天虹 刘春宇	2010.03—今 2010.03—今

四、专门委员会等机构设置及调整

2005—2010 年，学院常设的专门委员会及负责人见表 12.1-3。

表 12.1-3　2005—2010 年常设专门委员会一览表

序号	委员会名称	主　任	任职时间	副主任	任职时间
1	学术委员会	程建芳 杨亚军	2005.05—2009.06 2009.06—今	庞明、吴中平	2005.05—今
2	外国留学生奖学金评审委员会	程建芳 杨亚军	2005.05—2009.06 2009.03—今	庞明、吴中平	2005.05—今
3	校友会	杨晓麟	2010.09—今		

五、领导分工与任免变更

(一) 领导班子调整

2005 年 5 月学院成立时，学院领导班子由 3 人组成：院长程建芳(兼党支部书记)，副院长庞明、吴中平(其中庞明副院长为国际交流合作处处长，同时兼任副院长，主要负责外事政策方面的工作)。

2005 年 9 月,学校任命陈军科为直属支部书记,程建芳不再兼任直属支部书记。

2006 年 1 月,陈军科调任校图书馆馆长,2 月学校任命程建芳为直属支部书记。

2009 年 2 月,校党委免去程建芳担任的院长职务及其他兼任的相应职务,办理退休手续,3 月学校任命杨亚军为直属支部书记兼任院长。

2005—2010 年,学院历任党支部和行政领导人详见表 12.1-4 和表 12.1-5。

表 12.1-4　2005—2010 年历任党支部领导人一览表

正　职	姓　名	任职时间
书　记	程建芳	2005.05—2005.09 2006.02—2009.02
书　记	陈军科	2005.09—2006.01
书　记	杨亚军	2009.03—今

表 12.1-5　2005—2010 年历任行政领导人一览表

正　职	姓　名	任职时间	副　职	姓　名	任职时间
院　长	程建芳	2005.04—2009.02	副院长	庞　明	2005.04—今
院　长	杨亚军	2009.03—今 (兼)	副院长	吴中平	2005.04—今

(二)领导班子分工

1. 2005 年 5 月领导班子分工

院长程建芳兼任直属支部书记:主持学院党支部全面工作,同时负责教职工思想政治教育、师资队伍建设、人事、经费使用、学院发展规划等工作。

副院长庞明:分管对外交流合作、留学生招生工作。

副院长吴中平:负责科研、实训基地建设、工会、安全等工作。

2. 2009 年 6 月领导班子分工

党支部书记、院长杨亚军:主持学院党政全面工作,全面负责教学、科研、行政管理工作;分管学科建设和专业建设、质量工程、人事、财务;分管党建、组织、统战、纪检监察、信息化建设。

副院长庞明:分管对外交流合作、留学生招生工作。

副院长吴中平:分管教学组织和管理、师资队伍建设、并负责组织对教师的业务考核及工会等工作。

第二节　教学基本建设与留学生管理

一、专业建设

学院成立之初,只招收汉语言文学专业本科生。随后增加了汉语言(经贸)、国际经济与贸易专业,并制订了汉语言(经贸)、国际经济与贸易专业培养计划和教学大纲;2007年开始了汉语言(师范)专业的教学,同年制订汉语言(师范)专业培养计划和教学大纲。2008年增加了汉语言(旅游)、国际商务专业,同年制订汉语言(旅游)、国际商务专业培养计划和教学大纲。

2010年底,学院本科专业主要有国际经济与贸易、汉语言文学、国际商务等专业。

汉语言文学专业开设了经贸、旅游和师范3个方向的课程。汉语零起点的留学生经过3个学期语言平台课的学习后,汉语水平可以达到HSK五级,从第4个学期开始逐步进入专业课学习。为了使学生更好地掌握汉语,为进入专业课学习打下较好的基础,学院在开设语言平台课的同时,还开设了关于中国文化、中国人文地理、中国国情的专业基础课程。从第5个学期开始,学生开始进入专业必修课和选修课的学习。学院每个学期免费开设HSK辅导班,为参加考试的同学提供有效的考前训练和准备。

国际商务专业是主要针对外国留学生的全英文授课专业。该专业旨在培养面向国际市场,具有开阔的视野、扎实的国际商务理论基础,基本掌握国际法规和国际惯例、人际沟通能力、协调能力和团队合作意识,熟悉国际商务运作的复合型、应用型国际商务经营管理人才。专业以全球化的视角涉及与国际商务有关的诸多因素:政治、文化及商务体系的相互作用;货物、服务、金融、贸易机制在国际市场上的演进;金融及商务战略;营销学基础及人力资源管理;国际商法及信息系统等,从而为专业领域的进一步学习打下基础。该专业的一大特色是与时俱进,探讨时事对国际商务的重大影响,涉及国际贸易、外资、国际政治冲突、金融危机等诸多方面。

国际经济与贸易专业旨在为外国来华留学生从事与中国相关的国际商务、贸易、经营、投资活动中发挥领导者的作用提供必要的准备,使之成为该领域的高级专门人才。

二、课程设置

1. 长期语言进修生课程设置

语言技能课旨在全面提高留学生的汉语听、说、读、写各项语言技能,从而培养并不断提高留学生用汉语交际的能力。通过文化课的学习,使各国留学生了解中国文化和中国社会。

语言技能课:汉语综合课、口语、听力、报刊阅读、写作。

文化课:中国社会概览、太极拳、书法、剪纸、绘画、中国歌。

2. 短期语言进修生课程设置

语言技能课集中强化训练留学生的听说能力,旨在短期内提高汉语交际能力。文化课可使各国留学生了解中国文化和中国社会。

语言技能课:口语、听力。

文化课:中国功夫、书法、剪纸、绘画、中国歌、中国结、中国烹饪。

3. 汉语言本科生课程设置

语言技能课:汉语综合课、口语、听力、报刊阅读、写作。

文化课:中国社会概览、太极拳、书法、剪纸、绘画、中国歌。

专业课:中国文化概论、现代汉语、古代汉语、中国古典文学、中国现当代文学、中国电影欣赏、中国地理、中国历史、中国当代经济、中国国情、中国民俗、语言学。

4. 国际经济与贸易本科生课程设置

语言技能课：汉语综合课、经贸口语、听力、报刊阅读、应用写作、公司汉语。

文化课：中国社会概览、太极拳、书法、剪纸、绘画、中国歌。

专业课：中国文化概论、中级经贸课程、中国电影欣赏、中国地理、中国历史、中国当代经济、中国国情、现代汉语、会计原理与实务、法律基础、经济法、国际贸易、商务汉语、管理概论、商务谈判、沟通技巧、外贸英语。

5. 国际商务本科生(全英文授课)课程设置

基础课：商务信息技术(I)、商务信息技术(II)和自学指导、核心语言(I,II,III)、商务统计学。

专业课：商业概论、国际商务、市场营销概论、财务会计、市场营销原理与实践、管理基础、微观经济原理、宏观经济原理、中小企业管理、经营战略、人力资源管理、国际金融、组织行为学、消费者行为学、国际贸易、管理会计学、项目监理。

三、师资队伍

学院成立时，由于专职教师不能满足教学需要，学院大量外聘兼职教师来完成教学任务，外聘教师每学期有30余人。上岗之前，学院对外聘教师进行严格的审核，先从简历中筛选，然后进行试讲，试讲通过才能带课；学期中通过学生评分、专家检查等各项工作，检查教学情况，并实行末位淘汰制，对不合格的教师进行淘汰。在学院任教的兼职教师有教授、博士、硕士，其中许多教师有在本院兼职5～6年的经历，成为本院教学水平较高较稳定的师资队伍。

截至2010年年底，学院共有专职教师9名，其中40岁以上教师4名，30～40岁教师5名；拥有博士学位教师3名，硕士学位教师5名；具有高级职称的3人，中级职称的6人。全部教师拥有国家对外汉语教学资格证书。从学历及职称结构上，教师素质得到极大提升。

为提高教师的业务能力、全面提升教学质量，学院定期召开教学工作会议，总结教学工作的经验和教训；学院还聘请名校专家开展讲座，针对对外汉语教学中的问题进行研讨，并分课型对教师进行培训。

四、留学生教育与管理

学院根据学校的办学定位与办学思路，以学生为本，加大课堂教学改革的力度，强化汉语教学工作中的研究，积极、稳妥、有效地深化汉语课程改革实验，努力使汉语课堂从低效到高效迈进，全面提高学生汉语水平。

学院坚持留学生培养的全面发展原则，在提高学生专业素质的同时，培养留学生对中华文化的认知和认同，增强留学生的中华文化适应性；坚持学校服务于首都经济社会发展的定位，增强留学生对北京历史、文化等方面知识的学习；培养一批对华友善、熟谙北京历史文化，具有较高素质的来京留学生。

(一) 留学生管理机构

学院设有留学生管理机构——留学生办公室，在校主管领导和国际交流合作处的指导下开展工作。留学生办公室设有专人负责留学生招生、签证、学籍、教学、公寓管理及其他日常活动管理工作。

学院对留学生严格日常管理。为了保证留学生的顺利学习,除每班配有班主任外,还根据专业配有相应的指导老师,指导学生们的选课、学习等。此外,定期给留学生开会,加强学风建设,保证正常的教学秩序。

学院采用国际通行的审核、考查、考试等相结合的灵活招生方式规范和改善招生工作。设立切实可行的留学人员进入专业学习的标准,严格新生学籍及学历电子注册制度,完善留学人员信息建设。

定期开展从事留学生工作的相关管理人员的培训,提高留学生管理工作水平与艺术。

(二)本科生教育与管理

学院针对各国留学生的不同情况,采用了不同于中国学生的相应学籍管理等制度,实行学分和学制相结合的管理制度,本科学制 4 年,共修 160 学分,如果提前修满学分可以提前毕业。从其他院校转来的学生,在补齐学分的情况下,汉语水平考试成绩达到 5 级以上可直接插入二年级学习,汉语水平考试成绩达到 7 级以上可直接插入三年级学习。留学生修满学分,成绩合格者可获得学校本科毕业证书和学士学位证书。

为推动泰国中文师范教育的开展,提升泰国中文师资的质量,学校与泰国东方大学从 2007 年起联合开展中文师范教育课程的合作。项目学制 4 年,采用“2+2”办学模式。一年级、二年级学生在泰国东方大学学习,包括汉语言及专业基础课程;三年级、四年级在学院学习汉语言文学师范学士学位课程。成绩合格者可获得学校及泰国东方大学的本科毕业证书和学士学位证书。学生在校学习期间,学院组织学生进行教学观摩、安排教学实践等专业实习课程。大部分学生获得了 HSK 中高级证书,毕业回国后部分在泰国中小学任汉语主讲教师,部分继续留在中国深造,也有部分选择在商企从事中泰翻译工作。从 2010 年开始,学院与泰国诗纳卡琳威洛大学展开了“3+1”中文专业项目。学生在泰国的 3 年学习期间,学习部分专业基础课程,第四年在学院学习汉语言文学专业学位课程。在校学习期间,学生都已获得 HSK 中高级证书。毕业回国后都找到了与中文相关的工作。

(三)语言生教育与管理

1. 长期语言进修生

学习时间在一个学期以上,旨在全面培养留学生的汉语听、说、读、写各项语言技能,不断提高留学生用汉语交际的能力。主要课程包括汉语综合课、口语、听力、报刊阅读、写作。通过社会概览、文化交流、太极拳、书法、绘画等文化课的学习,使留学生对中国文化和中国社会有比较全面的了解。

2. 短期语言进修生

学习时间在 18 周以内。针对短期语言进修生学习时间短的特点,学院开设口语和听力单项语言技能课,集中强化训练留学生的听说能力,旨在短期内提高汉语交际能力。通过学习中国功夫、书法、剪纸、绘画、中国歌、中国结、中国烹饪等文化课可以使留学生了解中国文化和中国社会。

语言生成绩合格者,颁发学校结业证书。

（四）留学生奖学金评审

北京市教委于2006年12月宣布，拨款3000万元人民币作为外国留学生奖学金，对在华品学兼优留学生的学费进行资助。学院获得了北京市“外国学生奖学金”授予权，当年度发放总金额70万元。

2006年12月25日，学院成立北京市外国留学生奖学金评审委员会。评审委员会成员如下：

主　任：程建芳 国际交流学院院长

副主任：庞明 国际交流合作处处长、国际交流学院副院长

副主任：吴中平 国际交流学院副院长

成　员：申莉 教研部主任

王天虹 长期进修生教研部负责人

刘心莲 本科生教研部负责人

王晓婷 留学生管理负责人

毛云骅 留学生管理负责人

2009年3月，评审委员会调整，成员如下：

主　任：杨亚军 国际交流学院院长

副主任：庞明 国际交流合作处处长、国际交流学院副院长

副主任：吴中平 国际交流学院副院长

成　员：王树国 国际交流合作处副处长

王乐鹏 国际交流学院留学生办公室主任

申莉 国际交流学院教研部主任

金海燕 国际交流学院教科办主任

2010年10月，评审委员会调整，成员如下：

主　任：杨亚军 国际交流学院院长

副主任：庞明 国际交流合作处处长、国际交流学院副院长

副主任：吴中平 国际交流学院副院长

成　员：王树国 国际交流合作处副处长

杨晓麟 国际交流学院留学生办公室主任

申莉 国际交流学院教研部主任

金海燕 国际交流学院教科办主任

学校重视外国留学生奖学金的管理与发放，制定了《北京联合大学外国留学生奖学金项目管理和实施办法》等相关文件。本着公平、透明的原则，专款专用，对申请奖学金的留学生进行全面考核，综合留学生一年来的表现，根据学生出勤、平时成绩、期末考试成绩等，评选出获奖留学生并发放奖学金。

针对本科生：学院每学期为150多名品学兼优的本科生提供一等奖学金10000元/人，二等奖学金5000元/人，三等奖学金3000元/人。全勤奖500元/人。

针对语言生：学院每学期为100多名品学兼优的语言生提供一等奖学金5000元/人，二等奖学金3000元/人，全勤奖500元/人。

2007—2010年，学院留学生获北京市政府外国留学生奖学金评定情况详见表12.2-1。

表 12.2-1 北京市政府外国留学生奖学金评定情况统计表

年份	获奖人数	金额/万元
2007	90	70
2008	86	100
2009	150	150
2010	272	150

第三节 国际交流与合作

一、招收、派出留学生

(一) 招收留学生情况

招收留学生情况见表 12.3-1。

表 12.3-1 2005—2010 年招收留学生情况统计表

年份	本科生	长期语言生	短期语言生	生源国家
2005	74	476	99	韩国、印度尼西亚、蒙古、越南等
2006	128	403	320	俄罗斯、印度尼西亚、泰国、加拿大等
2007	329	272	406	泰国、韩国、越南、加拿大、俄罗斯、巴西、蒙古等
2008	227	328	220	韩国、印度尼西亚、泰国、蒙古、俄罗斯、奥地利、乌兹别克斯坦等
2009	584	223	30	韩国、英国、越南、泰国、蒙古、俄罗斯、印度尼西亚、巴西等
2010	557	322	247	越南、韩国、印度尼西亚、泰国、蒙古、俄罗斯、日本等

(二) 派出留学生情况

学院派出留学生情况见表 12.3-2。

表 12.3-2 2005—2010 年派出留学生(学历教育)统计表

年份	人数	派出学院	派往国家	在外所学专业
2005	52	信息、管理、机电、旅游、国际语言文化、自动化	英国	市场营销、国际商务、传媒、计算机、电子工程
2006	18	旅游、国际语言文化、管理、自动化、机电	英国	国际商务、电子商务
2007	33	管理、商务、国际语言文化、应用文理、师范、信息、旅游、机电	英国	国际商务、电子商务、市场营销、计算机、翻译
2008	20	管理、旅游、自动化、师范、信息、国际语言文化、应用文理	英国	计算机、电子工程、财务、商务
2009	34	管理、旅游、自动化、信息、师范	英国、瑞典	工商管理、计算机、户外教育
2010	44	信息、生物化学工程、管理、自动化、旅游、师范、机电、应用科技	英国、瑞典	户外教育、计算机、建筑、服装设计、国际商务、市场营销、英语、电气工程、人力资源

二、国际交流与合作的重要项目

学院积极开展对外合作与交流，利用国外优秀的教育资源，开拓跨境教育，选定了国外一些名校合作开展跨境教育项目。跨境办学项目模式包括非学历教育（学生短期互换，由校国际交流合作处负责）和学历教育。例如，“3＋1”项目，即在学院学习3年，在国外同类学校学习1年，成绩合格者，同时国内和国外两所高校的学士学位；“3＋1＋1”，即在“3＋1”的基础上，继续攻读硕士学位；“4＋1”，即本科阶段在学校就读，第五年赴国外攻读硕士学位。

自2005年以来，学校共有600多名中国学生参加了为此项目举办的英语强化培训班，英语的听、说、读、写能力都有了较大程度的提高。共有200多名学生赴国外大学学习，99％的同学取得了学士学位。95％的学生继续在英国攻读硕士学位和博士学位，回国就业的学生也都找到了较好的工作，大部分学生在四年内获得了国内外高校两个学位，或五年内获得了三个学位，涉及计算机技术、网络工程、通信工程、商务管理、国际商务交流、传媒等20多个专业。

1. 与兰彼得威尔士大学合作项目

兰彼得威尔士大学是威尔士大学在威尔士地区的分校，该校设有本科、研究生、MBA教育体系。主要学科包括：法学与人文学、商业与管理、考古学、人类学、古代史、神学、计算学与多媒体、媒体与设计、卫生与社会关怀、社会科学、运动与训练、工程与技术、科学、休闲与旅游、市场营销/公共关系等。在课程设置上，以人文学科为重点；在教学方式上，以小班教学、注重理论与实践相结合为特色。该校在计算机、商务与旅游、艺术设计戏剧及表演、教育及社会融合、儿童早期教育、特殊教育等专业接收学校留学生。

2. 与瑞典林雪平大学合作项目

瑞典林雪平大学位于瑞典林雪平市，成立于20世纪70年代。学校拥有学士、硕士及博士授予权，是瑞典规模较大的大学之一。该校的继续教育、创业与创新研究、移民研究、性别研究，以及各种跨学科研究在瑞典享有盛名。

与学校合作项目：户外教育硕士，学制一年。被选拔参加本项目的学生可获得学费减免或享受奖学金。

3. 与爱尔兰阿斯隆理工学院合作项目

阿斯隆理工学院建于1970年，学校坐落于爱尔兰心脏地带的城市——阿斯隆，是爱尔兰21所国立高等学府之一，在校生5700人（含全日制和非全日制学生）。在会计学、计算机软件、交叉毒物学、环境科学、酒店旅游管理以及单细胞和分子毒理学等领域的教学与研究优势非常明显。学院下设商学院、人文学院、理学院和工程学院4个学院，提供不同种类的本科、硕士及博士学位课程。所有学位证书均获国际认可，学院的教学重点也着眼于与工商界之间的研究活动和联系。学院的研究学者在移动电子商务软件、高分子工程学、生态毒物学、环境工程和细胞及分子毒物学领域享有一定的国际声誉。

该校的计算机和财务等专业接收学校留学生。

4. 与英国罗汉普顿大学合作项目

罗汉普顿大学，位于伦敦西南部，是公立大学；下设4所学院，即商业与社会科学学院、艺术学院、教育学院及人文生命科学学院。罗汉普顿大学拥有一批著名教授学者和丰厚的研究基金,所有科研人员都亲自授课。依据 RAE 2008(英国大学研究水平权威报告),罗汉普顿大学有 33%的研究达到国际一流水准,更有 80%达到国际知名水平。

该校在教育、艺术、管理、翻译、文化等专业与学校合作,接收学校留学生。

5. 与格罗斯特郡大学合作项目

格罗斯特郡大学(University of Gloucestershire)坐落于英格兰西南部的古镇切尔腾纳姆(Cheltenham)和格罗斯特市内,共 5 个校区。

与学校合作,招收学校留学生的专业主要有会计、商业管理、人力资源管理、市场营销学、计算机、传媒,艺术和通信等。

6. 与英国西敏斯特大学合作项目

西敏斯特大学位于伦敦市中心,是英国教育部直属院校。该校的"英语作为外语"的培训基地及"高级技术和高级专业语言"培训基地有很高的国际声望;其传媒、翻译及交流专业在英国名列前茅。两校在国际商务、艺术、师资、翻译及交流、计算机等专业领域签订了合作协议。

7. 与英国安格利亚鲁斯金大学合作项目

安格利亚鲁斯金大学位于英格兰东部,是一所大型、现代化综合性大学,校区分别设在剑桥镇和切尔姆斯福特。从商业与管理、教育、卫生与社会工作、文学及艺术、语言、法律等社会科学到各种理工科类都与学校有合作,以培养学生的职业技能为目标。

第十三章　广告学院

概　　述

广告学院是学校下属的二级学院，以培养广告传媒与艺术专业人才为主。

学院成立于2000年，并于当年开始招生。先后设立了广告学、艺术设计、绘画、表演等本科专业和营销与策划、现代传播、广告设计与制作、网络广告、视觉传达艺术设计、表演艺术等高职专业。学院经过十余年的发展与建设，逐步形成了艺术素养与现代技术相结合、广告与艺术相结合的办学思路和特色发展格局。至2010年，学院拥有校级重点建设学科一个，校级院管研究机构一个，并在校外建立了几十个学生实习、实训基地。学院依托行业，坚持特色，发挥优势，打造精品，已成为培养广告传媒与艺术专业人才的应用型高等教育院校。

学院设有广告、艺术设计、表演3个教学系。截至2010年8月底，有全日制本、专科在校生2738人，其中本科生1961人，高职高专生777人。学院全日制本、专科毕业生共3719人，其中本科毕业生1457人，专科毕业生2262人。2010年毕业生就业率达到96.3%。

学院为培养高素质的应用型人才，强化学生的实践能力，建有广告运营实训室、数字艺术实验室、影视训练中心、实验剧场、录音剪辑实训室，以及计算机基础应用实验室、英语语音实验室和多媒体教室等。

学院根据各专业特点开设了形式多样的实践课程，并与多家公司、企业签订了合作协议，将其作为学院实习基地，为学生提供实践锻炼的机会。同时，鼓励学生在专业教师的指导下参加政府和行业举办或学院承办的国际国内各级各类大学生广告、艺术、表演等赛事。2003—2010年，学院共承办3届全国大学生广告艺术大赛，5届北京市大学生风筝比赛暨北京联合大学风筝节，1届“怀柔杯”国际大学生公益广告节。

学院注重国际合作与学术交流，已与俄罗斯、日本、英国等国家以及我国台湾、我国香港地区的多所大学建立了良好的校际学术研讨和交流培养机制，可互派教师和学生进行交流。

2010年，学院共有教职工80人，其中专任教师48人，管理人员32人。专任教师中具有硕士学位的占72.9%，具有博士学位的占10.4%，中青年教师占89.6 %。多数教师既有丰富的教学经验，又有实践工作经历。学院同时聘有来自国内外媒体、广告行业、影视界等企事业单位的资深专家、学者，组成了一支稳定的高水平外聘教师队伍，保证了教学质量。

学院党总支在校党委的领导下，围绕学校的中心工作，充分发挥党组织的战斗堡垒作用和党员的先锋模范作用，加强思想作风建设和党风廉政建设，维护校园安全稳定，创建和谐校园。

学院办学之初（2000年）校址在北京市西城区黄化门街5号，2001年3月搬至东城区126中学，2001年8月搬入北京市海淀区温泉镇东埠头村百亭鱼乐园，2010年7月迁入学校昌平校区(北京市昌平区石牌坊村南)。

第一节 管理体制与组织机构

一、管理体制

2000年2月,经北京市教委批准(京教计〔2000〕006号),学院由北京联合大学与人民日报社所属的北京诺贝广告有限公司合作创办,是全国第一所依托行业、与企业合作举办高等职业技术教育的公办试点院校。2000年4月—2009年7月学院为校企合作办学阶段。

2006年以前,学院实行管理委员会领导下的院长负责制,按照民办机制运作,有相对的独立性,自负盈亏。学院聘请了教育界著名教授张岂之先生为名誉院长,成立了由教育专家和行业资深人士组成的学院教育指导委员会,以保证教学质量。

2006年1月21日,学校与北京诺贝广告有限公司签署了《关于继续合作举办北京联合大学广告学院的协议》,成立了由甲乙双方组成的董事会,学院管理体制实行董事会领导下的院长负责制。董事会由5人组成,其中学校2人,北京诺贝广告有限公司3人,设董事长1人,副董事长1人。

2009年7月,经学校党委全委会研究决定,并报市教工委和市教委批准,学校与北京诺贝广告公司合作协议到期后,不再续签协议。学校根据实际情况对学院进行了体制改革。学院作为校直属学院统一管理,实行党政共同负责制。学院的党政联席会是学院的决策机构,会议成员由正副院长、党总支正副书记等组成。学院的人才培养、科学研究、学科专业建设、师资队伍建设、思想政治工作和行政管理等的重大事项必须经党政联席会决定(京联党〔2009〕42号)。

学院制定了《北京联合大学广告学院工作报告制度(试行)》(京联广〔2010〕49号)和《北京联合大学广告学院党政联席会议制度和议事规则(试行)》(京联广〔2010〕50号)。

二、组织机构

(一)党政机构

2001年,学院党政机构设置为:院办公室、教务处、学生处(与团委合署办公)。

2002年,增设成教处。

2004年,增设保卫处(隶属学院办公室)、科研处。

2005年,增设广告大赛办公室。

2007年,增设督导室。

2009年,学院体制改变后,党政机构调整为:党院办公室、教学办公室、科研办公室、学生工作办公室、保卫办公室、行政后勤办公室。

2010年1月,学院根据学校聘任工作的要求,将教学办公室与科研办公室合并为教学科研办公室。党政机构调整为:党院办公室、教学科研办公室、学生工作办公室、保卫办公室、行政后勤办公室。

2010年7月,学院迁入昌平校区后,保卫办公室并入校保卫处统一管理。党政机构调整为：党院办公室、教学科研办公室、学生工作办公室、行政后勤办公室。

2001—2009 年 7 月(改制前)，学院党政机构设置及负责人详见表 13.1-1。

表 13.1-1 2001—2009 年 7 月(改制前)党政机构设置及负责人一览表

序号	机构名称	正职	任职时间	副职	任职时间	备注
1	院办公室	金惠芬 佟建寅 王敏华	—2003.09 2003.09—2004 2004.08—2009.07	赵婷	2004.02—2007.03	2009 年 8 月改制为校直属学院党院办公室
2	教务处	高阳力 赵丽珠 王敏华 李秀珍 王庆芳 李群	—2001.09 2001.09—2004.03 2004.03—2004.08 2005.06—2006.12 2007.04—2008.02 2008.04—2009.07	李耕夫	2003.09—2004	2009 年 7 月改制为校直属学院教学办公室
3	学生处	陈华 王恩江 张文杰	2002—2005(兼) 2005.06—2007.01 2007.01—2009.07	王恩江 张鼎映 崔雅芬	2002.09—2005.06 2005.09—2006 2007.03—2009.07	2009 年 7 月改制为校直属学院学生工作办公室
4	成教处	赵丽珠	2002.02—2009.07	董桂华	2004.06—2008	2009 年 12 月撤销
5	科研处	张振兴	2003.04—2008.04			2003 年前称科技开发部，2010 年并入教学科研办公室
6	督导室			张树田	2007.03—2008.10	
7	大赛办公室	郭有霞	2004.09—2009			
8	保卫处			李刚 李和平	2004.09—2005 2005.09—2009.07	2009 年改制前隶属于院办公室，2009 年改制后更名为保卫办公室

2009 年 7 月—2010 年(改制后)学院党政机构设置及负责人详见表 13.1-2。

表 13.1-2 2009 年 7 月—2010 年(改制后)党政机构设置及负责人一览表

序号	机构名称	正职	任职时间	副职	任职时间	备注
1	党院办公室	王敏华 李志剑	2009.07—2010.01 2010.01—今	王敏华	2010.01—2010.07	京联广〔2010〕5 号
2	教学科研办公室	李群 贾真光	2009.07—2010.01 2010.02—今	李群	2010.01—今	2010 年 1 月由教学办公室与科研办公室合并为教学科研办公室
3	学生工作办公室	张文杰 张赫	2009.07—2009.11 2009.11—今	晏强	2010.01—今(兼)	京联广〔2010〕5 号
4	保卫办公室			李和平	2009.07—2010.07	学院迁入昌平校区后并入校保卫处
5	行政后勤办公室			白月 赵国欣	2009.08—2010.10(主持工作) 2010.04—今(主持工作)	

（二）教学教辅机构

学院从2001年开始招收广告学专业本科生和高职高专学生，当时没有设立专门的教学机构，全部教学工作由教务处负责。随着学院的发展，招生人数专业不断增加，开始设置相应的教学机构。

2003年3月，设立广告系、艺术系、英语教研室、体育教研室。

2003年12月，设立表演系。

2007年，增设基础部(英语教研室、体育教研室并入基础部)、影视艺术中心。

2008年，英语教研室改为英语教研部，划出基础部独立管理。

2009年7月，学院改制后，教学机构设置为：广告系、艺术设计系、表演系、影视艺术中心、基础部、英语教研部。教辅部门设有实验实训教学中心和图书馆(这两个部门隶属学院教务处管理)。

2010年1月，影视艺术中心并入表演系，基础部和英语教研部并入学校相关部门。教学机构也随之进行了调整，按学科专业设置为：广告系、艺术设计系、表演系。教辅部门设有：实践教学中心和图书馆(学院搬迁至昌平校区后划归校图书馆统一管理)。

2001—2010年，学院教学教辅机构设置及负责人详见表13.1-3。

表13.1-3　2001—2010年教学教辅机构设置及负责人一览表

序号	机构名称	正　职	任职时间	副　职	任职时间	备注
1	广告系	姚　莉 张振兴 刘瑞武	2003.03—2004.08(兼) 2004.08—2008.04 2008.04—2009.07(兼)	吴敏荣 傅晓琦	2003.09—2008.01 2008—2010.01	京联广院〔2003〕15号
2	艺术设计系	李景彬 郭钟永	2003.03—2008.01 2009.10—今	刘　楠 夏　航 傅晓琦	2007.03—2010.01 2009.03—今 2010.01—今	京联广院〔2003〕15号
3	表演系	王　领	2003.12—今	梅　斐	2010.02—今	2003年12月成立
4	影视艺术中心			钟　越	2007.06—2010.01	2010年1月并入表演系
5	外语教研部	李静新	2003.03—2010.01	刘　凤	2009.06—2010.01	2007年前称外语教研室，2007年划归基础部，2008年独立设置，更名为外语教研部，2010年1月并入校本部
6	基础部			赵　婷	2007.03—2010.01	2009年12月并入校本部
7	广告研究所	刘瑞武 孔昭林	2004.06—2009.07 2009.08—今			2004年6月成立
8	实践教学中心	孙春林	2010.01—今	石可尼 王　峰 郭殿龙 张雯博	2001—2002(主持工作) 2002—2005(主持工作) 2005—2006(主持工作) 2007—2009.12(主持工作)	2005年前称电教中心，2008年前称信息网络中心，2010年1月前称实验实训教学中心。2010年1月由隶属于学院教务处管理改为独立设置

续表

序号	机构名称	正　职	任职时间	副　职	任职时间	备注
9	图书馆			刘敏慧 赵和平 穆克松	2004.06—2009.01（主持工作） 2009.06—2009.12（主持工作） 2010.01—2010.07（主持工作）	2010年7月由隶属于院教务处改为并入校图书馆（京联广〔2010〕5号）

三、专门委员会等机构设置及调整

学院2001—2010年常设的专门委员会有：教育指导委员会、学术委员会、学士学位委员会、专业技术职称委员会、教材建设委员会、教育质量监控委员会等(见表13.1-4)。

表13.1-4　2001—2010年常设专门委员会一览表

序号	名　称	主任（组长）	任职时间	副主任（副组长）	任职时间	备　注
1	管理委员会	高　林	—2006	刘瑞武	2000.04—2006	委员：高　萍
2	教育指导委员会	耿学超（顾问） 王正在（主任）	2001.06—今			委员名单：吕德春、郑慧坚、王建琪、鄢钢、姜弘、欧树芳、郭素友、丁俊杰、路胜章、王惠连
3	学术委员会	刘瑞武 张俊玲 孔昭林	2003—2007 2007.09—2009 2009.10—2010.10	耿凯燕、姚力 张俊玲 孔昭林	2003—2008 2007.09—2009 2009.10—今	院长办公会决定 京联广〔2009〕32号
4	学士学位评定委员会	刘瑞武 张俊玲 孔昭林	2006.05—2007 2007.09—2009 2009.09—今	耿凯燕、姚力 张俊玲 孔昭林、张龙	2006.05—2008 2008.12—2009.03 2010.04—今	院长办公会决定 京联广〔2009〕32号 京联广〔2010〕59号
5	教学指导委员会	刘瑞武 张俊玲 孔昭林	2006.05—2007 2007.09—2009 2009.09—今	耿凯燕、姚力 张俊玲 孔昭林、张龙 高玉培	2003.05—2008 2007.09—2009 2009.09—2010 2010.10—今	院长办公会决定
6	教材建设指导小组 教材建设委员会	刘瑞武 孔昭林	2005.04—2009 2010—今	耿凯燕、姚力 张俊玲	2005—2007.09 2007.09—2010.09	院长办公会决定
7	专业技术职务聘任工作领导小组	刘瑞武 张俊玲 孔昭林	2005.03—2009 2009.09—2010.10 2010.10—今	耿凯燕、姚力 张俊玲 孔昭林	2005.03—2007 2007.09—2009.07 2009.09—2010.10	院长办公会决定
8	教育质量监控委员会	姚　莉 刘瑞武	2003.10—2008 2006.07—2009	赵丽珠、李耕夫 耿凯燕、姚力 张树田	2003.10—2004 2006.07—2008 2006.07—2009.07	京联广院〔2003〕26号 京联广〔2006〕30号

续表

序号	名　称	主任（组长）	任职时间	副主任（副组长）	任职时间	备　注
9	教学事故认定委员会	刘瑞武	2007.05—2009	姚　力	2007.05—2008.05	京联广〔2007〕3号
10	毕业设计(论文)领导小组	刘瑞武	2007.05—2009	姚　力	2007.05—2008.05	院长办公会决定
11	专项经费申报工作领导小组	刘瑞武	2007.06—2009	姚　力 张文杰	2007.06—2008.05 2007.06—2010.01	院长办公会决定
12	爱国卫生运动委员会	张文杰	2009.04—2010	王敏华 刘瑞建	2009.04—2010.07	京联广院〔2009〕1号
13	治安综合治理委员会	张　利	2002.03—2002.07	石晓路、罗玮	2002.03—2003	院长办公会决定
14	消防安全委员会	张　利	2002.06—2002.07	刘瑞建 石晓路	2002.06—2010.07	院长办公会决定
15	交通安全委员会	陈　华	2002.11—2005.06	王恩江 王文辉	2002.11—2007	院长办公会决定
16	毕业生就业领导小组	陈　华 刘瑞武	2003.04—2005.06 2006.10—2009	张金玉、姚樱 王恩江 张文杰	2003.04—2005 2006.10—2007.01 2008.09—2010.01	京联广院〔2002〕19号 京联广院〔2006〕52号 京联广〔2008〕37号
17	安全保卫领导小组	耿凯燕	2003.09—2007.09	陈华、佟建寅 刘瑞建	2003.09—2005 2003.09—2010.07	

四、领导分工与任免变更

（一）领导班子调整

2001年7月，经学院管理委员会批准，李庆平调出，张利调入任副院长，学院领导班子成员为：高萍、张利。

2002年5月，经学院管理委员会批准，同意高萍辞职，刘瑞武任院长，耿凯燕调入任常务副院长。学院领导班子成员调整为：刘瑞武、耿凯燕、张利。

2002年7月，经学院管理委员会批准，张利调出，陈华调入任副院长。学院领导班子成员调整为：刘瑞武、耿凯燕、陈华。

2002年9月，学校党委批准学院成立党支部，任命耿凯燕为党支部书记。

2003年3月，经学院管理委员会批准，聘任原吉林大学姚力教授为副院长。学院领导班子成员调整为：刘瑞武、耿凯燕、姚力、陈华。

2005年6月，经学院管理委员会批准，陈华调出，王恩江调入。学院领导班子调整为：刘瑞武、耿凯燕、姚力、王恩江。同时，学校党委批准学院成立党总支，任命耿凯燕为党总支书记，王恩江为党总支副书记。

2007年1月，经学院管理委员会批准，王恩江调出，张文杰调入，校党委任命张文杰为党总支副书记。学院领导班子调整为：刘瑞武、耿凯燕、姚力、张文杰。

2007年9月，经学院管理委员会批准，耿凯燕病休，张俊玲调入任副院长。学院领导班子调整为：刘瑞武、张俊玲、姚力、张文杰。

2008年3月，学校党委任命张俊玲为学院党总支书记。

2008年5月，经学院管理委员会批准，姚力辞职，学院领导班子调整为：刘瑞武、张俊玲、张文杰。

2009年7月，学院改制，学校党委任命张俊玲为党总支书记，孔昭林和张文杰为党总支副书记。同时，任命张俊玲为常务副院长，孔昭林、张龙、毛连生为副院长。学院领导班子调整为：张俊玲、孔昭林、张文杰、张龙、毛连生。

2010年1月，张文杰调出，王鹤调入任学院党总支副书记。学院领导班子调整为：张俊玲、孔昭林、王鹤、张龙、毛连生。

2010年9月，张俊玲调出，高玉培调入任学院党总支书记。学院领导班子调整为：高玉培、孔昭林、王鹤、张龙、毛连生。

2010年10月，孔昭林任院长。

2002—2010年，学院党组织领导人详见表13.1-5。

表13.1-5 2002—2010年党组织领导人一览表

正 职	姓 名	任职时间	副 职	姓 名	任职时间
党支部书记	耿凯燕	2002.09—2005.06	党支部副书记	王恩江	2005.06—2007.01
党总支书记	耿凯燕	2005.06—2008	党总支副书记	张文杰	2007.01—2010.01
党总支书记	张俊玲	2008.03—2010.09	党总支副书记	孔昭林	2009.07—今
党总支书记	高玉培	2010.09—今	党总支副书记	王 鹤	2010.01—今

2001—2010年，学院历任行政领导人详见表13.1-6。

表13.1-6 2001—2010年历任行政领导人一览表

正 职	姓 名	任职时间	副 职	姓 名	任职时间
院 长	高 萍	—2002.05	副院长	李庆平	—2001.07
院 长	刘瑞武	2002.05—2009.07	副院长	张 利	2001.09—2002.07
名誉院长	刘瑞武	2009.07—今	常务副院长	耿凯燕	2002.05—2007.07
院 长	孔昭林	2010.10—今	副院长	陈 华	2002.07—2005.06
			副院长	姚 力	2003.03—2008.04
			副院长	张俊玲	2007.07—2009.07
			常务副院长	张俊玲	2009.07—2010.09
			副院长	孔昭林	2009.07—2010.10
			副院长	张 龙	2009.07—今
			副院长	毛连生	2009.07—今

（二）领导班子分工

2001年，院长高萍负责全面工作；副院长李庆平分管学生工作。

2001年7月，院长高萍负责全面工作；副院长张利分管学生工作。

2002年5月,院长刘瑞武负责全面工作;常务副院长耿凯燕分管院办公室及教学工作;副院长张利分管学生工作。

2002年7月,院长刘瑞武负责全面工作;常务副院长耿凯燕分管院办公室及教学工作;副院长陈华分管学生工作。

2003年3月,院长刘瑞武负责全面工作;党支部书记、常务副院长耿凯燕分管学院党务工作、院办公室工作;副院长姚力分管教学工作;副院长陈华分管学生工作。

2005年6月,院长刘瑞武负责全面工作;党总支书记、常务副院长耿凯燕分管党务工作和院办公室工作;副院长姚力分管教学工作;党总支副书记王恩江分管学生工作。

2007年1月,院长刘瑞武负责全面工作;党支部书记、常务副院长耿凯燕分管学院党务工作和院办公室工作;副院长姚力分管教学工作;党总支副书记张文杰分管学生工作。

2007年9月,院长刘瑞武负责全面工作;副院长张俊玲分管学院日常工作和院办公室工作;副院长姚力分管教学工作;党总支副书记张文杰分管学生工作。

2008年5月,院长刘瑞武负责全面工作;党总支书记、副院长张俊玲分管学院日常工作和院办公室工作及教学工作;党总支副书记张文杰分管学生工作。

2009年7月,学院改制,党总支书记、常务副院长张俊玲负责全面工作;副院长、党总支副书记孔昭林分管教学和科研工作;党总支副书记张文杰分管学生工作;副院长张龙分管保卫、夜大、高自考工作;副院长毛连生分管实践教学中心、图书馆、广告大赛、工会、后勤工作。

2010年1月,党总支书记、常务副院长张俊玲负责全面工作;副院长、党总支副书记孔昭林分管教学和科研工作;党总支副书记王鹤分管学生工作;副院长张龙分管保卫、夜大、高自考工作;副院长毛连生分管实践教学中心、图书馆、广告大赛、工会、后勤工作。

2010年9月,党总支书记高玉培负责学院党的全面工作,分管党建、组织、统战、政治思想工作;副院长、党总支副书记孔昭林分管教学和科研工作;党总支副书记王鹤分管学生工作;副院长张龙分管保卫、夜大、高自考工作;副院长毛连生分管实践教学中心、工会、后勤工作。

2010年10月,党总支书记高玉培负责学院党的全面工作,分管党建、组织、统战、政治思想工作;院长、党总支副书记孔昭林负责学院行政的全面工作,分管人事、财务、教学运行、外事工作;党总支副书记王鹤分管学生、共青团、宣传、纪检工作;副院长张龙分管科研、保卫、夜大、高自考工作;副院长毛连生分管实践教学中心、工会、后勤工作。

第二节　教学改革与发展

一、本科教育

(一)专业设置及调整

2001年学院开始设置广告学本科专业,首届招生48人。2003年增设艺术设计专业;2004年增设表演(影视表演艺术)专业。这些新增专业均以广告学专业为依托,旨在从艺术素养、现代技术等不同角度来培养应用型广告人才。

学院经过不断调整完善，形成了以广告学为中心，广告与艺术相结合的办学思路。以实际应用为本，根据所设专业的特点加强实践教学创新，与用人单位、公司签订了合作协议，作为学院实习基地；鼓励学生在专业教师的指导下参加政府、行业主办的各类大学生广告艺术、表演等赛事，开创了以赛代练、以赛促教的实践教学新模式。

学院将专业人才培养目标确定在文化创意产业方向上，着重培养文艺演出业、影视制作和交易业、动漫与网络游戏研发制作以及交易业、广告会展业和设计创意业等文化创意产业方面的专业人才。

广告学专业面向国家和首都知识服务外包产业的蓬勃发展需要，培养德、智、体、美全面发展的，具有较宽厚的基础理论和较扎实的广告学专门知识，具备市场调研、营销策划、广告创意、广告制作等专业能力和突出的广告设计执行能力，能在营销、广告、传媒行业领域从事品牌策划、客户管理、广告设计、媒体策划、信息咨询等工作的高素质应用型专门人才。

艺术设计（网络传播、数字艺术）专业面向国家和首都经济社会发展需要，紧密结合艺术设计行业新技术、新理念、新动向，培养具有传统艺术素养和先进数字技术并具备较好文化素质和创新意识的高素质应用型专门人才。要求毕业生系统掌握艺术设计的基本理论和专业知识，并对其分支学科有一定的认识，掌握运用现代科学技术手段进行艺术设计创作的方法，具备较强的实践动手能力、创新创业精神和社会责任感，并具备较强的适应能力和可持续发展能力。该专业依托于广告行业及文化创意产业，重点为平面艺术、网页艺术、传媒艺术、数字影像艺术、动画艺术等领域输送应用型高级艺术设计人才。

绘画专业面向首都文化创意产业发展需要，培养德、智、体、美全面发展的，具有较宽厚绘画基础理论知识和较扎实绘画基础造型能力，具备以绘画为手段，并能利用不同载体进行创作的专业能力，能在文化创意产业领域从事绘画创作与艺术研究工作的高素质应用型专门人才。

表演（影视表演、儿童剧表演、综艺节目主持）专业培养具有一定的马克思主义基本理论素养，具备良好的文化素养、艺术底蕴，能自觉以社会主义创作原则为指导，掌握表演艺术的理论和知识，具有在戏剧、影视等作品中独立完成不同人物形象塑造的能力和技巧，具有影视表演、儿童剧表演、综艺节目主持的综合理论知识，掌握表演艺术的创作规律与技能，有较高的艺术品格和良好艺术素质的应用型表演艺术专门人才。学生在经过两年的表演学科专业基础及相关理论学习后，可根据自己的专业兴趣并通过专业测试选择相关的专业方向进一步深造学习。不仅可以胜任演员工作，而且可以服务于机关企事业等单位，完成相关文化宣传、群众文化普及、艺术培训等工作。

2001—2010 年，学院本科专业设置及招生情况见表 13.2-1。

表 13.2-1　2001—2010 年本科专业设置及招生情况一览表　　单位：人

招生专业 \ 招生年份	2001	2002	2003	2004	2005	2006	2007	2008	2009	2010	合计
广告学	48	65	31	30	30	28	30	31	56	66	415
绘画				78	53	40	51	55	50	30	357
艺术设计（网络传播）			93	173	256	302	228	200	165	59	1476
艺术设计（数字艺术）							52	50	50	99	251

续表

招生年份 招生专业	2001	2002	2003	2004	2005	2006	2007	2008	2009	2010	合计
表演(影视表演艺术)				23	70	75	49	45	42	90	394
表演(综艺节目主持)							48	22	20		90
表演(编导艺术)								23	20		43
表演(模特)									18		18
合计	48	65	124	304	409	445	458	426	421	344	3044

学院2003年开始招收高等职业教育升本科(简称专升本)学生,招生专业和学生规模基本保持稳定(见表13.2-2)。

表13.2-2　2003—2008年高职升本科专业设置及招生情况一览表　　单位:人

招生年份 招生专业	2003	2004	2005	2006	2007	2008	2009	2010	合计
广告学(营销策划)	36	30	28	35	16	21	26		192
广告学(国际广告)								13	13
艺术设计(数字艺术)							42	67	109
艺术设计(网络传播)							45	71	116
表演(专科起点)								7	7
合计	36	30	28	35	16	21	113	158	437

(二)教学基本建设

学院注重开拓应用性教育的特色和亮点,2002年立项《广告学应用性本科试点》课题,2006年2月结题。根据办学宗旨,在专业设置、课程体系、教学内容等方面进行大胆改革,充分发挥校级重点学科"传播学"对本科专业的支撑作用,进一步强化品牌意识,努力创新、创业、创品牌,以提高应用型广告人才的培养质量。学院经过几年的探索,逐渐形成了实践教学融入理论教学的教育模式,围绕广告产业的人才需求,构建复合型广告人才的培养模式,把广告学、艺术设计、表演、绘画等专业的课程设置进行相互融和,使学生在广告策划、广告创意、广告设计及制作、广告编导、表演等方面广泛学习,拓宽知识面。学院深化教学改革,完善实践教学体系,使教学与实践相结合,教学与就业相结合,培养出了具备较强的语言表达能力、公关能力、协调应变能力、团队协作和组织能力的广告人才,满足了社会经济发展的需要,为推动首都文化创意产业的发展做出了贡献。

1. 学科与专业建设

2004年10月,学院传播学(广告学方向)被评为校级重点学科,涵盖了学院的广告学、艺术设计(网络传播)、绘画、表演(影视表演艺术)4个本科专业,并带动了现代传播、营销与策划等6个高职专业的建设和发展。

2004年9月—2007年9月,广告学专业被评为校级重点学科建设项目(B类),2008年被评为校级本科骨干建设专业。

2. 课程与教材建设

学院根据学校"发展应用性教育、培养应用性人才、建设应用型大学"的办学宗旨,自

2003 年起，着力培育、建设精品课程，创建了围绕广告业、以职业能力为导向独具特色的专业课程体系，同时分三批建设精品课程的精品教材，并组织建设了一批体现应用性特色的教材。第一批 4 部教材于 2004 年 8 月正式出版，第二批 5 部教材列入教育部“十五”国家级规划教材，并于 2006 年全部完成。2001—2010 年，学院教师编写出版的各类教材见表 13.2-3。

2005 年根据《北京联合大学教材工作管理办法》(京联教〔2005〕41 号)的要求，成立了学院教材建设指导小组，负责制定教材建设规划和年度实施计划。

根据北京市“十一五”教材建设规定和学校教学质量与教学改革工程中关于精品教材建设项目的要求，并结合学院教材建设的实际情况，于 2007 年 4 月学院制定了《北京联合大学广告学院教材建设工作管理办法(试行)》。2001—2010 年，院级及以上本科精品课程、精品教材见表 13.2-4。

表 13.2-3　2001—2010 年教师编写出版的教材一览表

序号	教材名称	教师姓名	出版社	出版年	备　注
1	新模式英语快速记忆法	李静新	人民日报出版社	2001	
2	广告文案写作	姚　力	高等教育出版社	2003	参著第四、六、八章
3	必由之路——高等职业教育产学研结合指南	耿凯燕	高等教育出版社	2004	参著
4	创新思维方法	王惠连 赵欣华 伊　嫱	高等教育出版社	2004	普通高等教育“十五”国家级规划教材
5	文明的征程	邵鈫瑜 李静新	北京燕山出版社	2004	
6	应用广告原理	刘瑞武	高等教育出版社	2004	2006 年评为高等教育精品教材
7	广告创意与案例分析	姚　力 王　丽	高等教育出版社	2004	
8	广告监督管理	刘林清 刘　斌	高等教育出版社	2004	普通高等教育“十五”国家级规划教材
9	创新思维学引论	卢明森 何名申	高等教育出版社	2005	
10	广告设计与制作	李景彬	高等教育出版社	2006	普通高等教育“十五”国家级规划教材

续表

序号	教材名称	教师姓名	出版社	出版年	备　注
11	广播电视广告原理	姚　力	高等教育出版社	2006	普通高等教育"十五"国家级规划教材
12	企业形象导入——优势整合时代的CI计划	刘瑞武	高等教育出版社	2006	普通高等教育"十五"国家级规划教材
13	数据库原理与应用习题及辅导	张俊玲	清华大学出版社	2007	

表13.2-4　2001—2010年院级及以上本科精品课程、精品教材一览表

序号	课程(教材)名称	负责人	项目类别	精品课程级别
1	应用广告原理	刘瑞武	精品课程、教学改革项目建设	2002年校级精品课
2	创新思维方法	王惠连	精品课程、教学改革项目建设	2002年校级精品课
3	商品符号学	孙维张	精品课程、精品教材、教学改革项目建设	2003年校级精品
4	企业形象导入	刘瑞武	普通高等教育"十五"国家级规划教材项目	2009年市级精品教材

3. 实践教学建设

学院在实践教学建设上不断加大投入和资源整合力度,逐步实现了实验室统一管理、校内外实践教学基地建设相结合的实践教学体系。从2004年开始,学院设立实践教学基金,对实践教学效果好的专业进行额外奖励。2010年3月,学院为了落实应用型人才培养目标,做好为期两周的集中实践教学与理论教学的衔接,并完成了《广告学院本科专业实践教学大纲汇编》,规范了实践教学,保证了教学的系统性。经过几年的建设,学院形成了以赛代练,以练促教;专业系列讲座进入课堂;建设校内广告艺术实训实验中心;依托行业开拓校外实习基地的四大实践教学特点。

(1) 实践教学特色之一:以赛代练、以练促教

学院将不同层次、级别的赛事活动融入教学,以实际演练促进教改,搭建了立竿见影的实践教学平台。2002—2010年,在专业老师的指导下,鼓励学生参与了大学生语言艺术大赛(院级)、"怀柔杯"国际大学生公益广告节(校级)、北京市大学生风筝比赛暨北京联合大学风筝节(市级)、全国大学生广告艺术大赛(国家级)、"金犊奖"广告设计大赛(行业)、"金铅笔"广告创意大赛(行业)等赛事。此外,学院还承办了全国大学生广告艺术大赛、"怀柔杯"国际大学生公益广告节、北京市大学生风筝比赛等各级赛事(见表13.2-5)。借助这些比赛平台,实现了教与学互动,从而极大地推进了学院的实践教学水平。尤其是2005年开始的全国大学生广告艺术大赛,给广大学生搭建了演练能力的舞台。

表 13.2-5　2001—2010 年承办的各类比赛项目一览表

序号	比赛项目	项目级别	比赛项目专题	时间
1	全国大学生广告艺术大赛(共承办 3 届)	国家级	第一届全国大学生广告艺术大赛,主题:“创意我独有”	2005
			第二届全国大学生广告艺术大赛,主题:“创意我飞扬”	2007
			第三届全国大学生广告艺术大赛;主题:“创意我更牛”	2009
2	北京市大学生风筝比赛暨北京联合大学风筝节(共承办 5 届)	市级(北京科技活动中心主办广告学院承办)	北京市第一届大学生风筝比赛暨北京联合大学第一届风筝节,主题:“放飞理想,弘扬个性,以人为本,崇尚健康”	2002.05
			北京市第二届大学生风筝比赛暨北京联合大学第二届风筝节,主题:“放飞理想,弘扬个性,以人为本,崇尚健康”	2004.05
			北京市第三届大学生风筝比赛暨北京联合大学第三届风筝节主题:“放飞理想,弘扬奥运精神;以人为本,健康身心”	2006.05
			北京市第四届大学生风筝比赛暨北京联合大学第四届风筝节,主题:“放飞理想,弘扬奥运精神;同贺同庆,共创联大辉煌”	2008.05
			北京市第五届大学生风筝比赛暨北京联合大学第五届风筝节,主题:“携手共进,放飞梦想”	2010.05
3	大学生语言艺术大赛(共举办 3 届)	院级	“青春风采”——首届大学生语言艺术大赛	2007.04
			“青春风采”——第二届大学生语言艺术大赛	2008.05
			“青春风采”——第三届大学生语言艺术大赛	2009.04
4	首届“怀柔杯”国际大学生公益广告节	校级(北京联合大学和怀柔区主办,广告学院和怀柔区商委会承办)	“怀柔杯”国际大学生公益广告节,主题:“环保与生活——环保让生活更美好”	2010.10

(2) 实践教学特色之二:专业系列讲座进入课堂

为了丰富学生的专业知识,明确专业发展方向,学院根据专业和教学进度特点,每学期安排 4～5 次行业专家讲座,以生动的实例使学生的课堂知识得到验证,为学生学习打开了一个新的窗口,提高了学生的学习兴趣,凸显了应用性教学的特色。2001—2010 年,学院举办的广告策划创意实务系列讲座情况详见表 13.2-6。

表 13.2-6　2001—2010 年广告策划创意实务系列讲座一览表

序号	专　题	主讲专家	讲座单位	时　间
1	广告天地广阔,广告业大有作为	周建梅	北京邮政广告公司创意 总监	2001.09.28
2	广告市场教育	王　正	北京市工商管理局副局长	2001.10.12
3	标志、设计、纵横	张春燕	北京诺贝广告有限公司 副总经理	2001.11.05
4	加入 WTO 后中国广告业的发展	姜　弘	北京大成广告公司总经理	2001.11.16

续表

序号	专　题	主讲专家	讲座单位	时　间
5	WTO与中国广告	张亚萍	北京广播学院专题组负责人	2001.11.23
6	挑战人生	周士渊	清华大学 教授	2001.12.18
7	IT在汽车中的应用	田　中	日本ITS协会理事	2002.04.23
8	广告与经济关系	刘亚军	亚洲论坛研究员	2002.04
9	CIS发展与国别模式系列讲座——CIS国别与区域模式剖析	程　春	北京燕兴同仁广告行销研究所所长	2002.05.08
10	CIS发展与国别模式系列讲座——东西方CIS的异同	罗文坤	台湾中国文化大学广告系主任	2002.05.15
11	CIS发展与国别模式系列讲座——导入CIS企业案例介绍	张百清	智得广告有限公司总经理	2002.05.22
12	专题广告	陈亦斌	台湾鼎新集团	2002.06
13	品牌核变——快速创建强势品牌	赵一鹤	北京正一堂广告有限公司创意总监	2003.10.14
14	现代广告代理公司的基本功效与运作	李　勤	北京诺贝广告有限公司 副总经理	2003.10.15
15	客户服务技巧与现代PQ传播	王晓东	赛迪顾问有限公司策划总监	2003.10.29
16	广告媒体策略	王　卉	北京诺贝广告有限公司 副总经理	2003.11.05
17	广告表现策略	李　勤	北京诺贝广告有限公司 副总经理	2003.11.12
18	广告策划主要解决的问题	沈　榆	北京诺贝广告有限公司 副总经理	2003.11.19
19	广告公司建立策划营销新概念	张百清	智得广告常务董事	2004.03.10
20	广告武林秘籍	张乐山	智得广告总经理	2004.03.17
21	如何做一位称职的AE	刘恬颐	智得广告业务总监	2004.03.24
22	如何做好广告策划	许寓婷	智得广告业务主任	2004.03.31
23	创意到底是干什么!	黄世扬	人民日报所属北京诺贝广告有限公司　副总经理	2004.04.07
24	广告创意专题——企业标识设计及应VI应用	朱闽佳	智得广告美术指导	2004.04.14
25	广告创意专题——方便面包装设计制作	付　强	智得广告美术指导	2004.04.21
26	广告创意专题——创意之道!	刘　威	智得广告撰文指导	2004.04.28
27	广告创意专题——如何做好行销策划	陈瑞贤	智得广告业务总监	2004.05.12
28	电通广告公司市场营销、广告制作讲座——电通的业务、特点	八木信人	电通广告公司	2004.05.14
29	市场营销、广告制作、内容业务等广泛的领域	八木信人	电通广告公司	2004.05.21
30	如何成为一名优秀的演员	冯远征	北京人民艺术剧院 表演艺术家	2005.03.30
31	如何做出好的广告	莫康孙	麦肯光明广告公司 总经理	2005.05.23
32	营销策划与管理	舒国华	北京中视金桥广告公司国际广告营销策略高级顾问	2005.10.12

续表

序号	专　题	主讲专家	讲座单位	时　间
33	广告策划与创意	赵宏伟	北京金桥国际广告有限公司执行创意总监	2005.10.19
34	广告媒体策划	崔　锐	北京金桥国际广告有限公司媒介总监资深媒介专业人士	2005.10.26
35	精品视觉化创意实践	江绍雄	蓝道广告公司创意 总监	2006.03.20
36	与表演系学生座谈交流	宋丹丹	北京人民艺术剧院 表演艺术家	2006.03.29
37	83 的胜算——品牌视觉化创意实践	江绍雄	蓝道广告公司创意总监	2006.03.29
38	国画近代作品欣赏与演示	蒋正鸿	国画大师、教授	2006.04.09
39	讲座	劳双恩	著名广告人	2006.05.31
40	广告运行规律	薛振添	智威汤逊北京公司 创意总监	2006.08.28
41	《数码影视工程》讲座	李　勇 吴中玉	中科院新科海学校 中央电视台第一设计师	2007.03.28
42	如何认识广告创意、如何组织参加大赛	张　翔 江绍雄	北京工商大学新闻传播学院院长 蓝道广告公司创意总监	2007.04.20
43	胜冈 CI 设计	胜冈重夫	日籍国际设计大师	2007.12.01
44	精确制导的品牌引爆	王汉武	中国品牌研究中心 主席	2008.10.23
45	英语系列专题讲座	Danny Lacy	美国密西根大学　教授	2008.10.29
46	职场新锐	楚　戈 张　宇	北京达彼思创意群　总监 北京达彼思创意群　制片人	2008.11.12
47	表演艺术讲座	杨立新	北京人民艺术剧院 表演艺术家	2009.06
48	文化创意产业人才培养教育	劳　博	广告专业网站“广告门”首席执行官、主编	2010.03.09
49	摄影与职业文化	黑　冰	黑冰工作室艺术总监	2010
50	新媒体环境营销传播	雷少东	北京一八零品牌营销咨询公司总裁	2010

学院除了安排系统专业讲座外，学生“百亭学社”的课外讲座也从未间断过，营造了良好的校园学术气氛和文化氛围。

(3) 实践教学特色之三：建设校内实验实训教学中心

为了充分发挥实验室的资源优势，培养学生的创新实践能力，2007 年 4 月学院制定了《北京联合大学广告学院实验室开放实施细则》，不仅增加了学生的动手机会，也加强了实验室管理。

① 广告艺术实验实训中心。

学院 2001 年迁入百亭校区后就开始了校内实验实训中心的建设，经过多年的筹建，院内实验室从简单的计算机房和电教设备，逐步建成了以广告学专业为核心的广告艺术实验实训教学中心。包括广告运营实训室、网络艺术实验室、网络媒体整合实训室、非线性剪辑实训室、数字艺术实验室、影视中心录音剪辑实训室等，可承担多种实践教学任务。

2010 年 7 月，学院迁入昌平校园后重建了天光画室、绘画作品展厅、体能训练室、实验剧场等实训场地。实验实训教学中心还把实践教学环节进行有机整合，为学生创造了良好的实践教学环境。

② 表演专业实践教学平台。

2005年6月,学院建立了影视表演实训中心,2010年9月建成实验剧场。同年,还成立了“广告学院实验艺术团”,为表演系学生搭建了实践教学及展示教学成果的舞台。

2010年4月8日,柳贡慧校长和付晨光副书记为学院实验艺术团揭牌,这标志着学院实验艺术团正式建立。实验艺术团由副院长张龙担任总监、表演系主任王领老师担任团长。老师们利用课余时间,为实践教学和实验艺术团编写剧本。学院实验艺术团的成立,为表演专业学生搭建了实践能力训练的平台,成为综合实践教学体系的重要组成部分。2008—2010年学院原创、改编剧目见表13.2-7。

表13.2-7　2008—2010年学院原创、改编剧目一览表

序号	原创剧目	类　型	编　剧	备　注
1	《共产党员》	情景剧	王领、梅斐	校内巡回演出
2	《红领巾》	情景剧	王领改编	校内巡回演出
3	《寂静世界里的爱》	情景剧	张　龙	赴英国文化交流活动
4	《消失的山后部落》	话　剧	张　龙	08级表演本科毕业剧目
5	《妞妞》	话　剧	张　龙	09级表演本科毕业剧目

③ 学生作品展厅。

学院为了更好地展示、讲评学生作品,激发学生的艺术创意,促进实践教学,于2007年建立学生作品展厅,每学期组织2～3次学生作品展示。教师对学生作品进行讲评,学生间开展互评,学生作品展厅成为学生相互学习、交流的平台和对外展示教学成果的窗口。2010年11月,“广告学院实践教学国画展”在昌平校区艺术展厅开幕,展出作品近百幅。

(4) 实践教学特色之四:依托行业开拓校外实习基地

学院从建院开始就依托行业建立起校外实习基地。随着学院的不断发展和学生人数的不断增加,校外实习就业基地成为实践教学不可或缺的重要环节。2002—2010年学院校外实习基地情况详见表13.2-8。

表13.2-8　2002—2010年校外实习基地一览表

序号	实习基地名称	合作单位	面向专业	建立时间
1	校外实习基地	北京诺贝广告有限公司	艺术设计、广告学	2002.09
2	实习、就业基地	北京新干线广告有限公司	艺术设计、广告学	2005.04
3	实习、就业基地	北京华君广告有限公司	艺术设计、广告学	2005.03
4	实习、就业基地	北京科讯科技有限公司	艺术设计、广告学	2005.05
5	校外演艺人才培养基地	北京艾克赛文影视文化传播公司	影视表演专业	2008
6	北京联合大学演艺人才校外培养基地	北京儿童艺术剧院股份有限公司	儿童剧专业	2009
7	北京联合大学演艺人才校外培养基地	北京海淀区文化馆	影视表演专业	2010.05
8	艺术设计/广告校外实习基地	怀柔区商委	艺术设计、广告学	2010.10

4. 教学管理制度建设与教学工作会议召开

学院按照学校的要求，建立了校、院、系三级教学管理体系。2002 年 10 月学院制定了《教师教学工作规范》(京联广〔2002〕7 号)。2003 年针对教学工作制定了《教学过程组织工作条例》(京联广〔2003〕35 号)，对教学过程的管理工作规定了直接责任人及评价条件，对教师资格审定和教学任务提出了明确要求。同时还出台了《广告学院教学管理违纪事故及处理试行办法》(京联广〔2003〕36 号)和《教学质量评价工作实施办法》(京联广〔2003〕27 号)等教学管理文件，确保了教学质量的不断提高。从 2005 年开始，学院的教学管理由自主制定各类教学管理制度，转变为在学校总体管理制度框架下制定学院一级的实施细则。

2006 年，学院对原有院级教学管理制度进行了全面梳理，编制了《教学管理文件汇编》，涵盖了专业建设管理、培养计划管理、课程建设管理、教材建设管理、学生学籍管理、教师教学管理、实践教学管理、教学质量监控管理、教学研究管理等所有教学管理环节，做到了有规可循。

2007 年，教务处创办《教务简报》，这是反映学院及教学管理情况的工作快报。《教务简报》快速反映了学院教育实践、教育改革、教员管理等情况，为教学工作开拓了交流学习体会的园地。

根据《北京联合大学全日制普通高等教育学士学位授予工作办法》和《北京联合大学本科大学英语课程教学与管理的暂行规定》的精神，并结合学院艺术生的实际情况，于 2007 年 3 月，学院制定了《北京联合大学广告学院本科大学英语考试与毕业及学位授予的实施细则》(京联广教〔2007〕2 号)，明确了本科英语考试对艺术类学生和非艺术类学生的不同要求，并制定了相关的鼓励政策。

为了更好地组织实施教学质量工程，2007 年 3 月，学院出台了《北京联合大学广告学院精品课程建设管理办法(试行)》，同年 4 月制定了《北京联合大学广告学院教学改革项目管理办法》。

学院重视教学质量。2002 年聘请 20 位重点高校的知名专家学者，对学院的课堂教学进行了一次总体把脉和诊断，为学院教学督导体系建立打下了良好基础。2002 年以来，学院坚持每年聘任校内督导专家进行听课、教学项目咨询和评审等活动。2006 年 7 月 22 日正式建立了督导室(《关于建立北京联合大学广告学院教学督导室的决定》京联广〔2006〕31 号)，聘请张树田教授担任主任，聘任校内外有教学经验的专家作为督导专家。督导室在学院教学质量监控委员会(领导小组)的领导下开展工作，并制定了《北京联合大学广告学院督导室职责》。这不仅保证了学院的教学质量，也为日后的本科教学工作水平评估打下了良好基础。

同时，为了掌握教学一线情况，学院于 2003 年建立了听课制度，制定了《干部教师听课制度》(京联广〔2003〕25 号)。2007 年 9 月，学院督导室重新制定了《关于中层干部听课制度的规定》，使领导干部听课、学生评教制度化。

2007 年，学院制定了《北京联合大学广告学院教师监考奖惩条例》(京联广〔2007〕5 号)，从而保证了教学质量主要手段的公正。

2007 年 4 月，学院制定了《北京联合大学广告学院实验室开放实施细则》，加大了实验室开放的力度，提高了实践教学资源的使用效率。

2009 年 10 月，在学校统一安排下，开始利用“正方教务管理信息系统”进行信息化教学管理,使学院一级的教学管理智能化进一步加强,教学管理更加规范、科学。

学院重视教学经验的总结和推广,除了建立每周的教学工作例会制度外,还从2002年开始,每年召开一次教学工作会,总结上一年度的教学工作,布置下一阶段教学工作的重点。例如,2002年9月,针对教学工作中出现的问题,教学工作会的主要内容是强化教风和学风,制定了《关于主讲教师教学质量评估执行办法》,以建立教学监控体系,整顿教学秩序。2003年教学工作会的主题是"开展教育创新,进行教学改革"。2005和2006年教学工作会的主题是"围绕本科教学工作水平评估的各项要求,完善各项制度,加强教师队伍建设,提高教师执教能力及教学质量"。2007年教学工作会的主题是"抓好评估整改方案的落实,严格教学管理,巩固评估成果"。2008年教学工作会的主题是"加强教学管理,深化教学改革,提高教学质量"。学院建立了教务管理的工作平台,规范了教务管理和学籍管理、教学运行、教学实践等日常教学工作流程,理顺了二级教学管理的工作关系。2009年教学工作会的主题是"提升教学管理水平,稳定教学秩序,保证教学质量,进一步规范教学管理"。由于学校对教学管理文件进行了重新修订,所以学院于2009年10月召开教学工作会,组织师生全面贯彻落实学校文件精神,对学校教学工作的三大管理文件进行了详细的解读。同时召开了不同范围的培训会,分别对教师、班主任和学生代表进行了培训,并根据培训计划,对全体师生进行考核。2009年12月召开实践教学工作会,落实学院教学督导制度。会议邀请了校教务处领导、校内外教学督导、校外实践教学指导专家,广告学院党政领导以及全体教职工出席了会议。在会上,各系进行了实践教学经验交流。此次会议对学院实践教学具有重大的指导意义,进一步提升了实践教学水平。2010年教学工作会的主题是"加强学科和专业建设,加大实践教学力度,促进特色学院发展"。校长柳贡慧出席并作讲话,校教务处副处长牛爱芳、高职处副处长孙晓鲲以及部分合作企业的嘉宾和外聘教师代表也应邀参加会议。会议按照学校的要求,针对学科专业整合优化的改革方向,开展了人才培养模式的创新研究和调研,组织新版培养计划、教学大纲的修订。与政府和企业合作,建立了实践教学体系,推进校内外实践教学环境的建设,做好实践教学内容、方法及模式的改革与创新工作,强化实践环节质量管理。教学工作会的召开,在学院营造了以教学为中心,重视教学工作的良好氛围。

(三)教育教学改革与发展

学院根据学校的办学宗旨,在专业设置、课程体系、教学内容等方面进行了大胆改革,充分发挥了校级重点学科"传播学"对本科专业的支撑作用,进一步强化了品牌意识,努力创新、创业、创品牌,提高了应用型广告人才培养的质量,开拓了学院应用型特色和亮点。学院经过多年的探索,逐渐形成了理论与实践教学相结合的教育模式。

2009年改制后,学院加强师资队伍建设,不仅建设了一支年轻的、多才多艺的双师型专职教师队伍,而且建设了一支相对稳定的由国内外媒体、广告行业、影视界等专家、学者、资深人士组成的高水平的外聘教师队伍。

学院鼓励教师进行教育教学改革,设立了院级教育教学改革项目,为教师申报上一级教育教学改革项目创造了条件。2010年学院根据《北京联合大学关于实施提升教学品质计划的意见》,专款支持39个院级教学质量提高项目,以此作为学院教学品质提升的抓手,极大地调动了全院教职员工的教学研究积极性。

1. 人才培养计划的制(修)订

10年来,学院对应用型人才培养模式进行了不断探索。2001年启动、2002年完成了

2002 版教学计划制(修)订工作,并在此基础上编制了 2002 版教学计划汇编和课程简介汇编。在学校统一部署下,2003 年完成了 2003 版培养计划制(修)订工作。自 2004 年建系以来,学院又多次进行了教学计划、教学大纲的制(修)订工作。在以评促建精神的指导下,2005 年对 2004 级、2005 级本科的教学培养计划进行了第一次修订,2006 年进行了第二次修订;同时还修订完善了各科教学大纲。

为了更好地发展应用性教育,改革完善实践教学体系,使教学与实践相结合,教学与就业相结合,2007 年学院贯彻学校 07 版教学计划制定原则和适应综合性课程开发的需要,进行了第三次人才培养计划的修订工作。2007 年本科专业分类情况见表 13.2-9。

2010 年学院根据学校的要求,组织各系进行专业调研,经过专家的广泛论证,完成了 2011 版人才培养计划的修订工作。对课程的设置、人才培养的定位和培养目标更加明确;进一步优化、融通了专业课程体系,分类构建了全校统一的公共基础课程平台、学科专业大类课程平台、专业核心课程群及全校通识教育课程群;有效地促进了各类课程优质资源的共享,建立了"互通立交"和适应多层次人才培养需要的特色课程体系。该版人才培养计划的定位更加符合应用型大学的办学要求和学院的发展特色。

表 13.2-9　2007 年本科专业分类一览表

学科大类	专业名称	专业代码	学科门类	二级学科	学制
文科	广告学(国际广告)	050303	文学	新闻传播类	四年
艺术	表演(影视表演艺术、主持艺术、编导艺术)	050412	文学	艺术类	四年
艺术	绘画	050404	文学	艺术类	四年
艺术	艺术设计(网络传播、数字艺术)	050403	文学	艺术类	四年

2. 教育教学改革及研究

为了加强教学改革管理和提高教学改革效果,2007 年 4 月,学院制定了《北京联合大学广告学院教学改革项目管理办法(试行)》,同年 6 月又出台了《北京联合大学广告学院教学质量与教学改革工程 2007—2010 年实施方案》,结合学院的教学建设与发展的实际情况,对专业结构调整与专业建设、深化教学改革和教学资源建设、实践教学与人才培养模式改革创新、教学团队与高水平教学队伍建设、教学管理系统与质量监控 5 个方面,以及 20 个问题进行了系统具体地规划部署。该实施方案明确了学院教育改革的方向,调动了全院教职员工教育教学改革的积极性,并推动了教育教学工作的发展。

从 2009 年 9 月开始,按照学校《关于教学品质提升计划的意见——教学管理效能提升计划》的精神,学院加强教育教学改革建设。在学院的支持下,教科办根据学院的专业特点设立了《探索建立培养广告文化创意人才的教育管理平台》的研究课题,从相关专业广告文化创意人才培养计划融通、实践教学的专业课程系统化的设想、实践教学的考核标准及监测手段三个方面着手进行了研究。进一步明确了教育管理岗位的工作目的,把教学管理从事务型工作提升到研究型工作。借助该项目还修订了相关的教学管理文件,研讨了集中实践教学与理论教学的衔接问题,制定了集中实践教学大纲,完善了学院专业特色教育管理模式,提升了学院的整体教学管理水平。

2006—2007 年,校级及以上教育教学研究项目见表 13.2-10。

表 13.2-10 2006—2007 年校级及以上教育教学研究项目一览表

项目名称	项目类别	级别	负责人	备注
《技术应用性本科试点专业教育科学改革》	教育教学研究	校级	刘瑞武	2002—2006.03 通过验收
《应用广告学课程体系改革与探索》	市教委研究课题	市级	刘瑞武	2002.10—2005.10 结题
《应用性大学的产学研合作教育模式与运行机制研究与实践》	教改项目	校级	刘瑞武	2004.12—2006.12 结题
广告设计基础	精品课程	校级	刘　楠	2005—2006.05 结题
学生创新能力培养实践课程的研究	教育教学改革项目	市级	王惠连	2005.03—2008.05
《应用性(本科、高职、专升本)实践课程的改革与创新》	教育教学改革项目	校级	刘瑞武	2007.05—2008.05
广告学院诺贝实践教学基地	校外示范性实践教学基地项目	校级	刘瑞武	2007.11
广告学专业实践教学改革研究	教学改革本科	校级	刘瑞武	2007.11

3. 教育教学成果及奖励

2001—2010 年,学院共有 40 项教学成果获得奖励(见表 13.2-11～表 13.2-13)。

表 13.2-11 2001—2010 年教学成果获奖项目一览表

序号	成果题目	获奖单位/个人	成果形式	获奖等级	授予单位/级别	获奖年份
1	外语学习兴趣与学习效率关系的研究	李静新	论文	一等奖	中国高等教育学会	2001
2	建设应用性大学	刘瑞武	论文	一等奖	中国管理科学研究委员会	2006
3	“以企业为主”的合作办学模式及其案例	刘瑞武 耿凯燕	论文	二等奖	北京市高等教育学会	2006
4	《校企合作的新教育机制在腾飞——北京联合大学广告学院高等教育基层统计析》	白　月	论文	三等奖	市级	2007
5	《企业形象导入》精品教材	刘瑞武	教材	精品教材	市级	2008
6	师生沟通从爱开始	毛美娜	论文	一等奖	国家基础教育实验中心全国优秀教育成果	2008
7	创设环境改善人际关系	毛美娜	论文	二等奖	国家基础教育实验中心全国优秀教育成果	2008
8	北京国际广告创意趋势论坛《创意媒体的广告创意表现》	广告学院	报告	荣誉单位奖杯	北京国际广告创意趋势论坛	2008

表 13.2-12　2001—2010 年各类比赛教师获市级以上奖励情况统计表

序号	比赛名称	获奖者单位/个人	成果形式	奖项名称及等级	授予单位	获奖年份
1	中国青年卡设计大赛	学院团委	作品	优秀组织奖	中央教育电视台	2003
2	首届全国大学生广告艺术大赛“优秀指导老师”	于　雷 刘　楠	作品	国家级优秀奖		2005
3	2006 年全国大学生英语竞赛优秀组织个人	杨　晨 许丽丽	报告	国家级优秀组织奖	2006 年全国大学生英语竞赛组委会	2006
4	CCTV 全国英语演讲大赛	许丽丽	报告	国家级辅导奖	2006 年全国大学生英语竞赛组委会	2006
5	第四届中国国际茶叶包装大赛	乔鸿雁	作品	国家级银奖		2007
6	第二届全国大学生广告艺术大赛“优秀指导老师”	于　雷	作品	国家级优秀指导教师奖		2007
7	第二届全国大学生广告艺术大赛“优秀指导老师”	刘　楠 卢　楠 王　领 郭　盛	作品	市级优秀指导教师奖		2007
8	全国大学生广告艺术大赛	广告学院	赛事	市级二等奖		2008
9	2008 年“扬帆青岛”第二届奥帆招贴画大赛	乔鸿雁	作品	国家级银奖		2008
10	第二届雅图仕包装与印刷创新设计大赛“优秀指导教师奖”	夏　航	作品	国家级优秀指导教师奖		2008
11	北京市高校第二届多媒体教育软件大奖赛	于　雷 孙　蓉	课件	市级三等奖		2009
12	第三届全国大学生广告艺术大赛“优秀指导老师”	乔鸿雁 刘　楠 高璐静	作品	国家级优秀指导教师奖		2009
13	第三届全国大学生广告艺术大赛“优秀指导老师”	杨士云 于　雷 王　领 郭　盛 夏　航 乔鸿雁 于　雷 王　欢	作品	市级优秀指导教师奖		2009
14	2010 年“金刺猬”全国大学生戏剧节开幕式文艺演出	学院实验艺术团	演出	国家级特约演出奖	中国文联剧协、大学生戏剧节组委会	2010

表 13.2-13　2005—2010 年表演系学生参与中央电视台电视剧等项目一览表

序号	剧目名称	参与学生	指导教师	合作单位	获奖年份
1	《神探狄仁杰》《神探狄仁杰 2》《神探狄仁杰 3》	2005、2006、2007、2008 级学生	王　领	中央电视台电视连续剧	2005—2010
2	《猎鹰 1949》《英雄》	2006、2007、2008 级学生	王　领	中央电视台电视连续剧	2006—2008
3	《丑女无敌》《清风明月佳人》《福星高照》	2004、2005、2006 级学生	王　领	中央电视台电视连续剧	2005—2008
4	《仁弼时》《大漠朝阳》	2005、2006 级学生	王　领	中央电视台电视连续剧	2005—2007
5	《女人不哭》《青苹果乐园》	2005、2006 级学生	王　领	中央电视台电视连续剧	2006—2007
6	《南下!》	2006、2007、2008 级学生	王　领	中央电视台建国 60 周年献礼	2007—2008
7	《神探狄仁杰 4》	2007、2008 级学生	王　领	中央电视台电视连续剧	2009—今
8	《红孩子》	2005 级金珊王文君	王　领 郑忠立	北京电视台北京儿童艺术剧院联合	2008
9	《长袜子·皮皮》	2006 级刘瑶任女二号	王　领	中国儿童艺术剧院和瑞典导演合作	2007
10	《简·爱》(主演:王洛勇、袁泉;艺术总监:徐晓钟)	2006 级刘瑶	中国国家话剧院邀请	著名导演王晓鹰执导的年度大戏	2008
11	《爱秀电影》节目	表演系学生	毛美娜 梅　斐 徐　莹	中央电视台电影频道	2005—2008
12	“明骏女孩”组合	2007 级女生	徐　莹		2008—2010
13	“七度空间”	2005 级兰玉洁	毛美娜	(著名女性品牌)的形象代言人	2006—2007
14	丰田威驰汽车、全国大学生广告艺术大赛形象代言人	2006 级文梦洋	毛美娜	形象代言人	2007—2009

4. 学科专业竞赛及奖励

学科专业竞赛是检验教学质量的重要参考指标,学院非常支持学生参加学科专业竞赛活动,每年都组织学生参加各级各类学科专业竞赛。2001—2010 年共获得国家级及以上奖励 170 项(见表 13.2-14),获得市级奖励 123 项(见表 13.2-15),获得校级奖励 60 项(见表 13.2-16)。

表 13.2-14　2003—2010 年学生参加学科专业竞赛获国家级/国际级奖励情况一览表

获奖年份	学科专业竞赛名称	获奖学生	指导教师	获奖级别
2003	“神舟五号”Logo 设计	张子楠		特殊贡献奖
2004	动感地带 M-ZONE 第十三届广告金犊奖	陆敏、穆克松、张萌、陈珂、张司南、肖潇、卢燕楠、唐芸、陈梦飞、胡迪、康阳、孙鸣	姚力、叶国淞	入围奖

续表

获奖年份	学科专业竞赛名称	获奖学生	指导教师	获奖级别
2005	第十四届时报广告金犊奖	李朱男、吴双		大陆区 铜奖
	2005年度CCTV模特大赛、世界模特大赛中国区	王　玉		冠军
	张三丰杯全国书画大赛青年组	徐　军		全国银奖
	第九届希望杯全国师生书画印大奖赛（油画）	徐　军		全国大学组二等奖
	第九届希望杯全国师生书画印大奖赛（水彩画）	徐　军		全国大学组三等奖
	第三届全国师生优秀美术作品评选活动	徐　军		全国优秀奖
	第一届全国大学生广告艺术大赛	张亚欧、张存、周旸、李朱男、辛欣、孙溪之、孟祥慧		全国平面二等奖
		康雯，等		全国影视二等奖
		田立京，等		全国影视三等奖
		张　巍		全国影视入围奖
		李　婉		全国网络二等奖
		李明皓		全国广播一等奖
		王　星	周天睿	全国广播入围奖
		李瑛超、李玮婧	周天睿	全国策划入围奖
		吴双、张存、王盛通、闫超、闫嘉怡、谭竹、王烨、李朱男、孙溪之、陈鑫、于灏清、辛欣、彭记化、朱健、兰小桥、孙艺涵	刘楠、于雷	全国平面三等奖
		张亚欧		全国评委会奖
		薛艺、闫嘉怡、辛欣、闫嘉怡、谭竹、田洁、裴雄伟、蒋剑宇、王丽芳、于灏清、何斌、胡云龙、孙溪之、曹珊珊、柯洋、秦潇潇、马敬伯、张晓彤、部捷、武澐、兰小桥、周旸、皮丽媛、张存、孙艺涵、禹润润、张一舟、郑尚晶、鲍姗姗、彭记化、董嘉、叶思斯	刘楠、夏航	全国平面入围奖

续表

获奖年份	学科专业竞赛名称	获奖学生	指导教师	获奖级别
2007	第二届全国大学生广告艺术大赛	王烨、常心宇	刘 楠	全国平面优秀奖
		谢思林		全国公益三等奖
		甘 露		全国公益优秀奖
		郝铎、李瀚、祝婧、王悦	孙 蓉	全国策划优秀奖
		潘景毅、朱彤	于 雷	全国广播二等奖
		何庆龙、刘鸿鹏		全国影视三等奖
		刘昕、栗英亮、王莎莎、庄海燕、王芳	邢 丹	全国影视优秀奖
		张帆、张宇涵、江思、常心宇	谷雨、王玮	全国平面一等奖
		张旻、王金玉、刘胜男、杨艳、吕尤、张麦、张超、张之垚、王妤萌、张方明、潘景毅、李政、兰小桥、董炎鑫、万紫千、孙博凝、刘畅、刘洋、陈超、王可鑫、程樱、黄宇、张默、刘阳、朱林、骆捷、李林蓓	孙海垠、赵国玲、于雷、刘楠、张振兴、徐大鹏、邢丹、杨丽珍	全国平面二等奖
		寇 平	张 卓	全国公益二等奖
		孙利萍、李雪琳、屈万杰、邹桂钧、宋婧、黄衫、李雪鹏、赵丁九、曹晶晶、袁晓菲	姚力、赵国玲、邢丹、孙海垠、于雷	全国公益三等奖
		金珊、张环、张艺、王娜	王 领	全国影视一等奖
		栗英亮、王莎莎、庄海燕、张超		全国影视二等奖
		张浡洋、周阳、毛宁、朱彤、刘蕾、阎妮、刘阳、李鸿泽、张恩忠、赵九丁、于诗洋、曹晶晶	王领、姚力	全国影视三等奖
		潘景毅	于 雷	全国广播三等奖
2008	第二届雅图仕包装与印刷创新设计大赛	郭 迎	夏 航	评委特别奖
		夏陶然	夏 航	最佳创意奖
		叶新海	夏 航	佳作奖
	第三届全国大学生广告艺术大赛	郑晓梅、朱雪梅	刘楠、乔鸿雁	全国一等奖
		蔡海波、陈杰、毛晓萌	高璐静、郭然	全国二等奖
		张勉、陈宇飞、赵颖、杜君阳、葛兰、张勉、姚宇曦、黄韵秋、李冉、赵越洋、徐云峰、张震、王茹婷	戴文俊、刘瑞武、戴文俊、夏航、刘飞、蔡立松、于雷、王欢	全国三等奖

续表

获奖年份	学科专业竞赛名称	获奖学生	指导教师	获奖级别
2009	2009 年全国大学生英语竞赛	吴　霞	杜晋红	D 类一等奖
		范苗苗	杜晋红	D 类二等奖
		赵华、谭乐	杜晋红	D 类三等奖
	第 11 届莫斯科人文大学国际学生广告大赛	蔡晨、朱雪梅	乔鸿雁	国际金奖
	2009 年美丽世界小姐大赛总决赛	周悦冰		冠军
	视觉中国“下吧用户”最佳贡献奖	蒋立平		一等奖
	2009 上品校园模特大赛	郭晓璐		第二名
	第四届全国大学生环保创意大赛	韩植任		海报设计类二等奖
		柳泽宇		海报设计类三等奖
	中央电视台梦想中国艺术精英电视大赛	张思腾		铜奖
	2009 年第十一届亚洲艺术节	张丹丹		哈萨克族代表及代言人称号
	2009 国际旅游小姐网络中部赛区	南　丁		冠军
	2009“中国影响”全国摄影大赛	张艺婷		三等奖
	“我爱三角猫，爱吃三角猫”全国动漫形象设计大赛	高振威		三等奖
2010	第 12 届莫斯科人文大学国际大学生广告大赛	李楠、柳泽宇	夏航、王竹宝	国际金奖
		王雪进		国际入围奖
	中国澳门国际数字电影节暨数字技术博览会中国学院奖动漫 DV 短片制品展	刘思楠、高振威		国际入展奖
	“尼路华”杯环球旅游小姐中国赛区	周悦冰		冠军
	“尼路华”杯环球旅游小姐世界比赛	周悦冰		世界友谊小姐
	2010 年世界杯荷兰宝贝比赛	王梦婷		最佳才艺奖
		王梦婷		最佳上镜奖
	2010 年国际摄影学会摄影模特大赛	张丹丹		冠军
	2010 全国世博星主播大赛	南　丁		第三名
	2010 年国际旅游小姐网络赛区总决赛	南　丁		冠军
	2010 年上海世博会开闭幕式	阮　洁		优秀旗手

续表

获奖年份	学科专业竞赛名称	获奖学生	指导教师	获奖级别
2010	2010ACG央视风云全国大学生ACG作品大赛	连玉洁、贾文倩		佳作奖
	第十九届时报金犊奖	张晓红、张广、邢宇、杨茜、仲举、李俊阳、王腾、郑晓迪、唐蕊、张迪、吴楠、张玉冰、张蔚、纪德仁、毕自成、王超、苏伟龙		优秀奖
		苏伟龙、仲举		入围奖
	2010中国广告协会广告大赛	何鸿学		入围奖

表13.2-15　2001—2010年学生参加学科专业竞赛获市级奖励情况一览表

获奖年份	学科专业竞赛名称	获奖单位/学生	指导教师	获奖级别
2003	北京广告人艺术作品展	赵爱维		市级铜奖
2004	北京市第二届大学生风筝比赛	广告学院		市级最佳空中效果奖
				市级团体第二名
2005	北京市第二届大学生风筝比赛	广告学院		市级优秀组织奖
	第一届全国大学生广告艺术大赛北京赛区	李明皓		市级广播类一等奖
		张亚欧、张存、周旸、李朱男、辛欣、孙溪之、孟祥慧		市级平面类二等奖
		康雯,等		市级影视类二等奖
		李　婉		市级网络类二等奖
		吴双、张存、王盛通、闫超、闫嘉怡、谭竹、王烨、李朱男、孙溪之、陈鑫、于灏清、辛欣、彭记化、朱健、兰小桥、孙艺涵	于雷、刘楠	市级平面类三等奖
		田立京,等		市级影视类三等奖
		张亚欧		市级平面评委会奖
		薛艺、辛欣、闫嘉怡、谭竹、王烨、田洁、裴雄伟、蒋剑宇、王丽芳、于灏清、何斌、胡云龙、徐良、孙溪之、曹珊珊、柯洋、刘姮、李长征、张扬、秦潇潇、马敬伯、张晓彤、郜捷、武澐、兰小桥、周旸、皮丽媛、张存、孙艺涵、禹润润、张一舟、郑尚晶、鲍姗姗、彭记化、董嘉、叶思斯	刘楠、夏航	市级平面类入围奖
		张　巍		市级影视类入围奖
		李瑛超、李玮婧	周天睿	市级策划类入围奖

续表

获奖年份	学科专业竞赛名称	获奖单位/学生	指导教师	获奖级别
2007	第二届全国大学生广告艺术大赛北京赛区	王烨、常心宇	刘 楠	市级平面类优秀奖
		谢思林		市级公益类三等奖
		甘 露		市级公益类优秀奖
		何庆龙、刘鸿鹏		市级影视类三等奖
		刘昕、栗英亮、王莎莎、庄海燕、王芳	邢 丹	市级影视类优秀奖
		潘景毅、朱彤	于 雷	市级广播类二等奖
		郝铎、李瀚、祝婧、王悦	孙 蓉	市级策划类优秀奖
2008	中国4A大师进校园——技巧及面试现场	刘 剑		北京，二等奖
	“遏制艾滋病红丝带飘扬”主题海报征集大赛	葛 兰		市级三等奖
2009	北京市大学生英语口语大赛（北京联合大学赛区）	臧福翔、吴霞	杜晋红	一等奖
		陈斐、周雨潇、谭乐	杜晋红	三等奖
	第三届全国大学生广告艺术大赛北京赛区	郑晓薇、朱雪梅	刘楠、乔鸿雁	市级一等奖
		蔡海波、陈杰、毛晓萌	高璐静、郭然	市级二等奖
		张勉、陈宇飞、赵颖、杜君阳、葛兰、张勉、姚宇曦、黄韵秋、李冉、赵越洋、徐云峰、张震、王茹婷	戴文俊、刘瑞武、夏航、刘飞、蔡立松、于雷、王欢	市级三等奖
		陈莉、李楠、陈香凝、乔释锋、袁莎莎、郗慧影、黄仁泽、黄石庆、杜君阳、吴丹、蒋莹、王天林、张晔、陈硕、张玉冰、郑晓迪、张红伟、李美萱、丁卯、陈香凝、李禕、李翰雄、王硕、卢一璨、翟木儿子、田然、李美、赵世彬、王琪、叶灿、张正、岳荻叶、黄硕、马巍、肖洁、朱清、刘兴月、赵世彬、李珊珊、李雪、余远明、贺颉、贾广泽、石晶、王霞、孟凡雪、郭迎、程光敏、彭娜、唐娜、郭海、王纯孝、李正飞、贾晶晶	邢丹、杨士云、于雷、毕旭超、徐秀丽、高昆、刘楠、李榕桓、高璐静、乔鸿雁、伊嫱、白月、夏航、王领、郭盛、夏航、杨昌林、郭然、李晓莹、徐明磊、王欢、戴文俊	市级优秀奖
2010	北京广告协会“北京公益类优秀广告作品”	王 倩		市级一等奖
		王倩、程谦宇、金鑫、蔡海波		市级三等奖

表 13.2-16　2002—2010 年学生参加学科专业竞赛获校级奖励情况一览表

获奖年份	学科专业竞赛名称	获奖学生	指导教师	获奖级别
2002	北京联合大学第七届科技文化艺术节舞蹈比赛	广告学院		校级优秀表演奖
	北京联合大学第七届科技文化艺术节“新世纪风采”摄影大赛	张　楠		校级一等奖
				校级二等奖
				校级三等奖
	北京联合大学首届校际网页制作大赛	张伟、石永鑫、王鲲鹏		校级一等奖
		鲍　芳		校级三等奖
2005	北京联合大学第八届科技文化节首届服饰风采大赛	广告学院		校级银奖
	北京联合大学校级广告艺术大赛	孟祥慧、辛欣		校级公益广告一等奖
		兰小桥、孙艺涵	于雷、刘楠	校级公益广告二等奖
		彭记化、孙艺涵、叶思斯、朱健	夏　航	校级公益广告三等奖
		辛　欣		校级公益广告入围奖
		李瑛超、李玮婧、潘竹颍、苏醒、陈晨、王思思	周天睿	校级广告策划二等奖
		苏雅拉	于　雷	校级广告策划三等奖
		谢超、谭夏娇、许兵、安娜、倪浩	王文华、周天睿	校级广告策划入围奖
		康雯、腾孟蕾、丁洁		校级影视一等奖
		李明皓		校级影视二等奖
		田立京、陈明、张卓、张震、李娜		校级影视入围奖
		李明皓		校级广播广告二等奖
		郭聪颖		校级广播广告三等奖
		李　婉		校级网络广告入围奖
		张亚欧、闫嘉怡、谭竹、王　烨	刘　楠	校级平面广告一等奖
		周旸、王盛通、孙艺涵		校级平面广告二等奖
		张存、禹润润		校级平面广告三等奖

续表

获奖年份	学科专业竞赛名称	获奖学生	指导教师	获奖级别
2005	北京联合大学校级广告艺术大赛	李朱男、王丽芳、曹珊珊、孙溪之、何斌、胡云龙、许良、兰小桥、张坤、于灏清、黄欣、郑尚经、鲍姗姗、禹润润、张一舟、吴双、辛欣、闫嘉怡、谭竹、王烨、张存	于雷、刘楠	校级平面广告入围奖
2007	北京联合大学学生学科竞赛	谢思林		策划三等奖
2010	北京联合大学第三届文科计算机设计大赛	赵晨辉		校级一等奖
		张　蕊		校级二等奖
		白云雪		校级二等奖

5. 学位授予情况

自 2005 年学院首届本科生毕业，至 2010 年，学院共有 1457 名本科生毕业，其中 1336 人获得学士学位。学院严格掌握毕业标准和学位授予标准，学生的毕业率和学位授予率一直比较稳定。在 2005 年后，学校逐步统一学籍管理制度，严格留降级要求，2005—2010 年学生毕业率和学位授予率都在 90%以上（见表 13.2-17）。

表 13.2-17　2005—2010 届毕业生学位授予情况一览表

届次	毕业生总数/人	准予毕业数/人	毕业率/%	结业数/人	授学位数/人	准予毕业不授学位数/人	学位授予率/%
2005	84	84	100	0	84	0	100
2006	94	94	100	0	78	16	83.0
2007	149	148	99.3	1	124	24	83.8
2008	255	240	94.1	15	217	23	90.4
2009	415	404	97.3	11	383	21	94.8
2010	460	457	99.3	3	450	7	98.5
合计	1457	1427		30	1336	91	

（四）重要教育教学活动

1. 本科教学工作水平评估

2003—2006 年，学校进行本科教学工作水平评估。学院遵循“以评促建，以评促改，以评促管，评建结合，重在建设”的方针，按照学校的统一部署，分阶段制订了可操作性的评估计划，成立了教学评估领导小组，院长刘瑞武全面负责。虽然学院建立时间不长，但通过多次广泛的逐层动员和深入开展评估指标体系的学习以及自查整改，评估工作对教学质量的“集中提速”还是发挥了重要作用，“迎评促建”取得了一定成果。2006 年 10 月学校通过教育部的教学评估。

(1) 应用型办学宗旨与定位进一步明确。在迎评促建过程中，学院经过自查、总结、研讨,提高了全体师生员工建设应用型大学的信心和责任感,凝聚了和谐发展的团队精神。

(2) 应用型学科专业建设得到加强。学院深入总结应用型学科专业建设经验,更加重视实践教学,新增一批就业实习基地,并修订了培养计划。

(3) 教风、学风明显好转。通过制度建设与管理教育,教师加强了教学精力的投入,全部整理或补充了教案,教师执教能力得到提高。学生教学纪律明显加强,学生社团活动丰富了校园文化生活。

(4) 教学管理水平得到提高。学院系统梳理了教学管理文件,也增添了不少新文件,而且和学校相关文件加强对接,教学管理队伍得到加强,并建立了行之有效的日常教学质量管理检查监督机制,促使教学管理向科学化、制度化和规范化方向发展。

(5) 校园环境得到改善。学院教学经费投入力度加大,生均教学科研仪器设备值、生均年进书量等均有所增加;开辟了2020平方米的校内停车场,绿化了足球场、宿舍区花坛,增加了草坪面积;统一了校园标识、宣传标语、橱窗和教室的布局设置,营造了良好的大学氛围。

(6) 应用性教育研究取得重要教学成果。学院加强"能力为主、应用为本"的教学研究,通过各种不同的活动、赛事,探索了文科和艺术类专业的教学改革方向。

2. 承办各级专业赛事

学院先后发起并承办了国家级、市级、校级、院级各级专业赛事。

2005—2009年,承办了三届全国大学生广告艺术大赛。学院设有专门的机构——大赛办公室,负责校内选拔赛及全国各高校参赛作品的筛选。大赛从启动到评比结束,经历了动员、各赛区高校的分区评比阶段、全国赛区评比阶段,每届历时八个月。在2005年首届全国大学生广告艺术大赛中,学院学生取得了三等奖3名、优秀奖14名,北京分赛区一等奖1名、二等奖9名、优秀奖32名的好成绩。2007年,在第二届全国大学生广告艺术大赛中,学院荣获二等奖1个、三等奖2个。2009年,在第三届全国大学生广告艺术大赛中,学院有391个作品入围全国赛区,并获一等奖2个、二等奖2个、三等奖6个、优秀奖34个。另外,还有北京赛区和校内奖项等。

2002—2010年,学院承办了五届由北京联合大学、北京市风筝协会共同主办的北京大学生风筝比赛暨北京联合大学风筝节。

2007—2009年,学院创办的"青春风采"——大学生语言艺术大赛共举办了三届。

2010年,举办了首届"怀柔杯"国际大学生公益广告节。此赛事是由联大和北京市怀柔区主办,学院和怀柔区商委承办的合作赛事。

二、高等职业教育

学院根据市场需求,体现校企合作办学的特色优势,坚持"就业为宗旨,服务为导向,产学研结合的发展道路"的方针,在市场调研的基础上,确定了高职高专各专业人才的培养目标,并围绕广告学专业设置,明确了切实可行的高职高专专业发展方向。高职专业从2001年的5个,发展到2010年的6个(营销与策划、信息传播与策划、广告设计与制作、艺术设计、视觉传达艺术设计、表演艺术)(见表13.2-18),收到了较好的社会效益。截至2010年,学院高职专业共有毕业生2262人(见表13.2-18)。

表 13.2-18　2010 年高职专业设置一览表

序号	专业名称	专业代码	系　别
1	营销与策划	620403	广告系
2	信息传播与策划(现代传播)		广告系
3	广告设计与制作	670112	艺术设计系
4	艺术设计(网络广告)	670101	艺术设计系
5	视觉传达艺术设计(展示艺术设计)	670103	艺术设计系
6	表演艺术	670201	表演系

表 13.2-19　2003—2010 届高职高专学生毕业、结业、授予学位情况一览表

专业 / 届	毕业人数							结业人数	准予毕业人数
	营销与策划	信息传播与策划	广告设计与制作	艺术设计	视觉传达艺术设计	表演艺术	合计		
2003	75	36	175			22	308	3	305
2004	93	87		41			221	2	219
2005	91	87	38	33		7	256	29	227
2006	63	122	72	36	36		329	2	327
2007	86	65	76	43	18	8	296	34	262
2008	99	53	82	36		16	286	21	265
2009	61	58	66	39	26	15	265	8	257
2010	41	74	80	50	40	16	301	16	285
合计	609	582	589	278	120	84	2262	115	2147

（一）专业设置及调整

2001 年学院高职专业设置有 5 个，2003 年，学院确立了以广告学理论为核心，以营销策划理论和媒体传播理论为支撑的高职专业建设思路。增设了展示艺术设计专业，专业设置达 6 个，其中广告(媒体传播)专业是教育部批准的高职高专教育改革试点专业。

2006 年，广告(媒体传播)专业更名为现代传播专业。

2007 年，为了对专业进行规范，根据北京市教委统一要求，现代传播专业更名为信息传播与策划；展示艺术设计专业更名为视觉传达艺术设计；广告(营销与策划)专业更名为营销与策划；广告(设计与制作)专业更名为广告设计与制作；广告(网络广告)专业更名为艺术设计；广告(影视表演)专业更名为表演艺术(模特、表导、舞美造型)。

2009 年信息传播与策划(现代传播)专业，申报学校高职示范建设专业，获得批准。

2001—2010 年，学院高职高专专业设置及招生情况详见表 13.2-20。

表 13.2-20　2001—2010 年高职高专专业设置及招生情况一览表　　单位：人

专业	2001	2002	2003	2004	2005	2006	2007	2008	2009	2010	合计
广告(营销与策划)	45	97	63	75	75	61					416
营销与策划							60	57	59	47	223
广告(设计与制作)	45	45	72	70	75	65					372
广告设计与制作							75	75	68	68	286
广告(媒体传播)	45	95	122	50	50						362
现代传播						59					59
信息传播与策划							60	57	59	47	223
广告(网络广告)	50	41	36	55	55	39					276
艺术设计							40	35	35	35	145
展示艺术设计			36	35		26					97
视觉传达艺术设计							34	35	35	35	139
表演艺术(模特、表导)	15	9						27	12		63
表演艺术				25	25	16	25		13	15	119
表演艺术(舞美造型)								6			6
合计	200	287	329	310	280	266	294	292	281	247	2786

（二）教学基本建设

1. 专业建设

学院高职专业从 2000 年 9 月开始招生，截至 2010 年，共培养了 8 届学生；制订人才培养计划 4 套，分别是 2000 版培养计划、2003 版培养计划、2005 版培养计划、2007 版培养计划。2005 版培养计划是学院按照学校统一要求制订的，该计划对学院的课程体系和课程内容做了最初步的规定。学院本着“明确就业方向，实施就业教育，开拓就业市场”的办学指导思想和不断提高教学质量的原则，进行高职高专人才的培养。2010 年学院又组织各系进行充分的调研和论证，修订了 6 个高职专业的 2011 版人才培养教学计划。

2. 课程建设

学院在高职专业课程建设上不断谋求创新。2005 年，傅晓琦老师被学校评为“百名优秀青年教师之一”，她所倡导的“以使用为基础”的教学方法获得学院领导的肯定，并首先在“实用美术与广告设计”课堂上采用学生感兴趣的教学方法授课，改变了原有的课堂教学方式。刘泓淼老师针对广告系高职专业的“广告策划”课程所做的设计和改革，被评为“2004 年院级教改”一等奖。陈燕老师的“广告文案”应用性课程，受到当时业界的肯定，并受邀到广告公司进行专业讲座。2009 年，于雷老师和孙蓉老师制作的高职“广告案例与分析课程”的教学课件，获得北京市高校第二届多媒体教育软件大奖赛三等奖。

3. 教材建设

由于广告高职专业专门教材很少，所以学院于 2002 年就成立了由专业教师与行业专家组成的教材编辑委员会。2004 年出版了 4 部针对高职广告专业的系列教材，即《应用广告原理》(2004 年第一版)、《广告创意与案例分析》(2004 年第一版)、《广告监督管理》(2004 年第一版)、《创新思维方法》(2004 年第一版)，见表 13.2-21。这 4 部教材出版后，学院一直沿用至今。

表 13.2-21　2004 年教师编写出版的高职高专教材一览表

序号	教材名称	教师姓名	出版社	出版年	备注
1	应用广告原理	刘瑞武	高等教育出版社	2004	2006 年评为高等教育精品教材
2	广告创意与案例分析	姚　力 王　丽	高等教育出版社	2004	
3	广告监督管理	刘林清 刘　斌	高等教育出版社	2004	普通高等教育“十五”国家级规划教材
4	创新思维方法	王惠连 赵欣华 伊　嫱	高等教育出版社	2004	

2001—2007 年，学院坚持在高等职业教育上的投入，建立实验实训室，建设重点专业、精品课程和规划精品教材等，有力保障了教育教学质量(见表 13.2-22)。2006 年，学院制定了《北京联合大学广告学院精品课程建设管理办法(试行)》(京联广教〔2006〕6 号)。

表 13.2-22　2001—2010 年校级及以上高职精品课程一览表

序号	课程名称	负责人	精品课程级别	备注
1	应用广告原理	刘瑞武	2003 年市级精品课程	第一批建设项目
2	广告设计基础	李景彬	2003 年市级精品课程	第一批建设项目
3	创新思维方法	王惠连	2003 年市级精品课程	第一批建设项目
4	视觉传达与设计	刘　楠	2007 年校级精品课程	

(三) 教育教学改革与发展

学院高职专业以专业核心能力培养为目标，构建了理论与实践一体化的课程体系。其中实践教学体系主要由第一课堂(课堂教学)和第二课堂(校园文化、广告公司和广告媒体实践)组成，以培养学生理论联系实际的能力，使学生获得较为系统的职业技能训练。学院的高职高专教学经过十几年的探索，在几个主要环节上已经形成了自己的特色。学院在高等职业教育人才培养上，坚持以能力培养为导向，强化实践教学，明确了高等职业教育人才培养的任务与目标。2001—2010 年高职高专教学成果见表 13.2-23。

1. 建立了院领导直接负责的高职高专教学改革研究团队，承担了教育部高职高专教育改革试点专业项目和学校高职示范建设专业项目。为完成教育部、北京市重点专业建设项目——“重点高职广告专业建设”，学院对广告学 2003、2004 年的高职重点专业课程体系进行了改革试点，2003 年 11 月，学校专款支持该项目 10 万，改革试点取得显著成效。

2. 将广告领域的最新理论知识和操作程序、方法等植入教学中，整合专业培养计划，使之更加符合学校的应用型办学宗旨。形成了具有专业特色的实践教学体系，提升了学生的知识水平和应用能力，使学生的实际操作能力和工作能力得到进一步加强，提高了学生的就业率和专业对口率。

3. 积极进行校企合作，建立了具有一定水平的校外实践教学基地，并以大学生公益广告大赛为突破口，建设了具有联大特色的专业赛事平台，来提高学院的知名度，并创造名牌专业。

4. 通过不断改革和多年实践，学院高职高专教学形成了"三重四双"(重技能、重实践、重文化基础；双师型、双证书、双基地、双课堂)的教学模式和特色，这使学生的专业能力明显提高。

表 13.2-23　2001—2010 年高职高专教学成果一览表

序号	成果题目	获奖者姓名	成果形式	获奖(项目)级别	获奖时间
1	高等职业教育的行业依托性	高　萍	论文	全国高职教育研讨会获奖	2001.11
2	重点高职广告专业建设	刘瑞武	实施项目	教育部、北京市国家级重点专业建设项目	2003—2006
3	浅谈高职网络游戏人才的培养与教育	刘　楠	论文	高等技术与职业教育学术研讨会论文	2005
4	表演艺术专业综合实践专题研究	张　龙	综合实践教学体系合订册	北京联合大学优秀奖	2010

三、继续教育

2000 年学院建立后，面向社会，面向企业，面向市场和服务行业开展成人教育。学院于 2000 年 12 月 5 日申报举办成人高等教育夜大学专升本广告学专业，2001 年北京市教委批准学院举办成人高等教育本、专科班。

2001 年 4 月 26 日，学院申报承担广告学、广告本专科高等教育自学考试 2 个专业的主考任务。2001 年 7 月 24 日，北京市教育考试院批准学院从 2001 年 10 月开始承担广告(专科)和广告学(本科)的主考工作。同年，学院开展了广告(专科)和广告学(本科)自考助学的培训工作。

2002 年 10 月，学院申办双证书教育获得批准，并于同年开始招生。

(一) 成人学历教育

2001 年，学院开始举办夜大学艺术设计专科、广告学本科班，学制均为三年。每年招生名额 50 名(专科 20 名、本科 30 名)。2009 年学院体制改革后停止招生。

2001—2003 年，夜大学的办学地点为：北京市东城区船板胡同 1 号(126 中学院内)；负责教师：董桂华、庄清竹。

2003—2009 年，夜大学的办学地点为：北京市东城区南小街干面胡同 10 号；负责教师：董桂华、杨鸿雁、徐磊、刘冬。

夜大学广告学本科专业的主要课程有：马克思主义基本原理、毛泽东思想概论、英语广告设计基础、广告法规、广告学概论、广告管理学、中外广告史、广播电视广告、广告媒体分析、广告经营与管理、电脑图文、电脑三维、平面艺术设计、广告摄影与摄像、影视广告制作、创新思维学、新闻事业管理、中外文学作品选、美学等20门课程。学习结束进行论文答辩，成绩合格者授予文学学士学位。

艺术设计专科主要课程有：思想道德修养与法律基础，毛泽东思想、邓小平理论和“三个代表”重要思想概论，大学语文，计算机基础，英语，新闻写作，图案与美术字，广告心理学，广告策划，广告文案，广告设计与制作，市场调查与预测，VI设计，市场营销学，传播学，公共关系学，速写，素描和印刷。

2004—2010年，夜大学共有毕业生863人，其中本科毕业生611人，专科毕业生252人（见表13.2-24）。

表13.2-24　2004—2010年夜大本专科毕业生人数统计表

毕业年份	2004	2005	2006	2007	2008	2009	2010	合计
专科毕业人数	6	27	4	22	50	127	16	252
本科毕业人数	35	41	20	103	146	165	101	611
合计	41	68	24	125	196	292	117	863

（二）高等教育自学考试

1. 高自考非笔试考试

2001年北京市考试院高等教育自学考试委员会，批准学院承担广告（专科）、广告学（本科）2个专业的主考任务。2004—2010年共组织17 926人次参加高自考的非笔试考试，共有155人通过高自考取得学士学位（见表13.2-25）。

表13.2-25　2004—2010年参加高自考非笔试考试人数统计表

考试年份	2004	2005	2006	2007	2008	2009	2010	合计
参加非笔试考试人数（次）	2012	3250	2875	2623	2660	2481	2025	17 926
获得学位人数		8	18	24	29	32	44	155

注：高自考非笔试考试每年考试2次

2. 高自考助学培训

2001—2009年，高等教育自学考试助学培训共招生4332人，其中在校生7714人次（见表13.2-26）。成教处赵丽珠等20名教师承担此任务。

表13.2-26　2001—2009年高等教育自学考试培训情况一览表

年份	2001	2002	2003	2004	2005	2006	2007	2008	2009	合计
招生人数	38	53	115	465	863	973	692	641	492	4332
在校生培训人次	38	91	205	580	1400	1500	1500	1300	1100	7714

(三)非学历教育

从2002年开始,学院面对在校生进行双证书教育培训及岗位技能培训,开展了广告资格上岗证书ADOBE AUTODESK即平面工程师、网页工程师、3D工程师、影视制作工程师、玛雅,以及创新能力、通用管理能力、美术师的培训,共计招生3133人(见表13.2-27)。

表13.2-27 2002—2009年双证书教育、岗位技能培训人数统计表 单位:人

年份	2002	2003	2004	2005	2006	2007	2008	2009	合计
广告资格上岗证	250	500	300	200	787	200	150	150	2537
3D、平面、网页、玛雅、创新能力等		30	50	80	86	150	100	100	596
合计	250	530	350	280	873	350	250	250	3133

另外,学院还办有高等教育自学考试考前培训班(200人/年),成人高考辅导班(30人/年)及绘画、表演辅导班(50人/年)。

四、合作办学

学院与英国津桥教育交流中心合作办学,并于2003年7月28日签署了合作办学协议。协议主要内容:招收学生举办出国本科预科班和硕士预科班培训与英国相关大学共同培养国际化人才。招收了一个班20人,每门专业课都用英语教学。

与加拿大派特森学院合作办学,并于2003年8月8日签署了合作办学协议。协议主要内容:联合开办“留学加拿大出国预科班”“加拿大派特森学院大专班”“美国纽约理工学院硕士学位班”等。共招三届,每届20人,其中前两届共有5名学生赴加拿大学习。

与北京市外国语学校合作办学,并于2003年2月27日签署了合作办学协议。协议主要内容:建立职高和高职相互融通的“立交桥”,解决好职高毕业生升入高职后在专业培养方向、教学计划、课程设置、能力培养等方面的问题,探讨学历教育与非学历教育合作办学问题,开办艺术类加试辅导班、预科班等。举办了艺术生考前辅导班一个,共计30人。

与Discreet和授权培训中心合作办学,并于2003年7月28日签署了合作办学协议。协议主要内容:通过与Discreet和授权培训中心(DTC)合作,开展“Discreet认证设计师”和“Discreet应用工程师”的培训工作。2003—2008年,共培训3D工程师、网页设计师、平面设计师490人次。

与北京市国际艺术学校合作办学,并于2003年11月27日签署了合作办学协议。协议主要内容:建立中专和大专、本科相互融通的“立交桥”,解决好艺术类表演专业在培养方向、教学计划、课程设置、技能提高方面的问题,开办艺术类加试考前辅导班等。艺术类考前辅导班,每年招生20人。

与北京市艺术设计学院中专部合作办学,并于2003年12月31日签署了合作办学协议。协议主要内容:建立中专和大专、本科相互融通的“立交桥”,解决好艺术类表演专业在培养方向、教学计划、课程设置、技能提高方面的问题,开办艺术类加试考前辅导班等。艺术类考前辅导班,每年招生20人。

国际班HND,2007—2009年共招收三届学生,前两届为30人/届,最后一届20人。

第三节　科学研究与社会服务

一、科研机构

广告研究所成立于2004年6月，为校级院管科研机构。自成立至2009年7月，由刘瑞武教授担任所长。2009年8月起，由孔昭林教授担任所长。

（一）宗旨与目标

广告研究所紧密结合学校“发展应用性教育，培养应用性人才，建设应用型大学”的办学宗旨，确立了“立足应用性研究，服务首都经济”的办所宗旨，依托学院校企合作的优势，整合广告学界和业界的优势资源，以“符合首都经济特点的应用性广告研究”为目标。

（二）研究方向和内容

广告研究所研究的学科领域为传播学的广告学方向。自成立以来，针对中国现代广告业的基本特征、中国民族广告业、中外广告经营管理制度的比较、中国广告与中国文化、跨文化传播、广告创意的美学原则和艺术手法等问题，进行了深入的理论探索和研究。

在新媒体传播背景下，注重对广告教育的发展趋势、广告学教学创新模式、实践教学等方面的研究，并以科研带动教学，以实践促进理论研究。

二、科研管理

2001年，学院起步传播学、广告学的教育科研。院长刘瑞武负责科研工作，并牵头成立了科技开发部。2003年4月24日，学院成立科研处，并任命张振兴教授为科研处处长，主持学院的科研管理工作。2009年7月，学院改制以后，科研处更名为科研办公室。2010年1月，科研办公室并入教学科研办公室。2009年9月，经学院党政联席会决定，由副院长孔昭林分管科研工作；2010年10月，经学院党政联席会决定，由副院长张龙分管科研工作。

2010年11月，学院召开“传播学——校级重点建设学科建设研讨会”，校长柳贡慧、副校长鲍泓、校研究生处处长熊黑钢、学院党总支书记高玉培和院长孔昭林、江西师范大学传播学院院长邱新友教授以及相关教师等30人参加了会议。研讨会上，孔昭林院长首先作了“传播学——校级重点建设学科建设情况”的汇报；鲍泓副校长介绍了服务外包人才培养模式创新实验区的情况；熊黑钢处长分别以“各种核心类型期刊及影响因子介绍——如何提高在核心期刊上发表文章的概率”和“学科与专业的区别及联系”为题做了发言；夏航等5位教师代表分别对科研情况进行了汇报；邱新友教授作了特邀发言；最后，柳贡慧校长进行了总结。

三、科研成果

(一)重大科研项目

2001—2010年,学院完成的重大科研项目见表13.3-1。

表13.3-1　2001—2010年重大科研项目一览表

序号	项目名称	负责人	项目级别	项目来源单位	立项时间
1	重点高职广告专业建设	刘瑞武	省部二级	教育部、北京市	2001
2	技术应用性人才培养基地建设	刘瑞武	委办局	北京市教委	2003
3	大众文化的时间困境	姚力	省级	吉林大学社会	2002.3
4	应用广告学课程体系改革与探索	刘瑞武	市级横向科研项目	北京市教委	2002.10

(二)重要论文

2001—2010年,学院教职工发表重要学术论文23篇,其中刊登在国内外核心期刊上的有7篇。

四、产学研合作及社会服务

2006年7月,表演系师生赴山东,开展了"山东东营油城慰问演出"活动。

2010年,受河南省新乡市政府邀请,学院实验艺术团赴新乡社会主义新农村建设典型——裴寨新村慰问演出。观众达数千人之多,新乡电视台全程转播。同年6月,该艺术团承办了第七届海淀文化节"海淀和谐建设者之歌"的专场文艺演出,受到北京市海淀区委的高度评价。北京电视台、海淀电视台和《海淀报》等多家传媒机构对此进行了报道。

第四节　队伍建设与人事管理

一、师资队伍建设

(一)基本情况

1. 数量及结构

2001—2010年,学院年招生人数、专业不断增加,师资队伍的总量呈不断上升的态势,由2001年的3人发展到2010年的49人,分别占当年教职工总数的8.1%和49.5%。

2001—2010年,学院师资队伍的学历(学位)构成变化较大,研究生学历的教师有较大幅度的增长。2001年9月,研究生学历(学位)的教师只有2人。2009年学院改制后,接收应届研究生和调入了大量的具有研究生学历(学位)的教师。截至2010年年底,学院具有研究生学历(学位)的教师达31人。

在专业技术职务构成方面,2001年有教授1人,副教授1人,无职称人员1人;2010年有教授3人,副教授3人,讲师12人,助教28人,无职称人员3人。

在年龄结构方面，2001 年 35 岁以下教师 1 人，2010 年 35 岁以下教师 37 人。

由于学院招生数量逐年迅速增长，为了满足教学的需要，每年聘用了大量的校外人员承担教学任务，2001 年外聘教师 36 人，2010 年外聘教师 71 人（见表 13.4-1）。

表 13.4-1　2001—2010 年师资队伍结构一览表

年份	教职工总数	专职教师数	占教职工总数/%	专职教师学历结构		专职教师职称结构					专职教师年龄结构			外聘教师数
				研究生	本科	教授	副教授	讲师	助教	其他	35 岁以下	35—55 岁	55 岁以上	
2001	37	3	8.1	2	1	1	1			1	1	2		36
2002	41	10	24.4	2	8	1	2			7	7	2	1	75
2003	56	18	32.1	4	14	4	2	1	11		12	2	4	53
2004	77	27	35.1	5	22	5	2	2	18		20	2	5	46
2005	83	35	42.2	8	27	6	2	4	13	10	27	2	6	38
2006	100	39	39	13	26	6	2	4	17	10	31	2	6	138
2007	99	43	43.4	13	30	6	3	4	17	13	34	2	7	84
2008	104	47	45.2	18	29	3	2	10	25	7	39	5	3	85
2009	109	48	44.0	21	27	3	2	13	20	10	4	6	1	81
2010	99	49	49.5	31	18	3	3	12	28	3	37	9	3	71

2. 队伍基本构成

2001—2009 年，学院的管理体制是校企合作的模式，学院的教师队伍主要由两部分组成：主讲理论课程的专职教师和主讲专业实务课程的外聘教师。外聘教师由广告行业主管部门、广告行业协会的有关领导和广告公司、广告媒体的业务骨干构成。2009 年 7 月学院改制以后，师资队伍逐步稳定，教师素质和教学水平得到不断提高，2010 年已初步形成了由高等院校教师和行业企业专家共同组成的“双师型”教师队伍。

表 13.4-2　2001—2010 年在职正高级专业技术人员名单

年份	人数	正高级专业技术人员	享受政府特殊津贴人员
2001	1	刘瑞武	
2002	1	刘瑞武	
2003	4	刘瑞武、姚力、张振兴、李景彬	
2004	5	刘瑞武、姚力、张振兴、李景彬、王领	王　领
2005	6	刘瑞武、姚力、张振兴、李景彬、王领、李静新(院聘)	王　领
2006	6	刘瑞武、姚力、张振兴、李景彬、王领、李静新(院聘)	王　领
2007	6	刘瑞武、姚力、张振兴、李景彬、王领、李静新(院聘)	王　领
2008	6	刘瑞武、姚力、张振兴、李景彬、王领、李静新(院聘)	王　领
2009	3	孔昭林、王领、郭钟永	王　领
2010	3	孔昭林、王领、郭钟永	王　领

2004 年 10 月，学院传播学（广告学方向）被批准为校级重点学科，院长刘瑞武为学科带

头人和专业负责人。2003年,学院聘任原中央民族大学教授李景彬为艺术设计专业负责人;2004年,聘任原北京人民艺术剧院演员队队长、国家梅花奖获得者王领为表演专业负责人。

(二)建设措施与制度

1. 教师职务聘任

由于学院管理体制的制约,2007年以前,学院教师的专业技术职务评聘没有纳入学校人事处管理,教师的专业技术职务是学院自己认定的。2007年4月,经学院与校人事处沟通,专职教师初级专业技术职务的确认由学院认定,讲师及以上专业技术职务的评审聘任,纳入学校教师专业技术职务评审聘任工作。2007年,学院有1名教师符合聘任条件被聘任为讲师;2008年,有3名教师符合聘任条件被聘任为讲师;2009年,有5名教师符合聘任条件被聘任为讲师。学院改制以后,教师职务聘任工作正式纳入学校统一管理,2010年,有3名教师符合聘任条件被聘任为讲师。

2. 管理制度

在学院校企合作的模式下,为促进教师队伍建设,学院相继采取了有效的管理措施,制定了一系列规章制度。

2002年制定《教师教学工作规范》(京联广院教字〔2002〕7号)。

2003年制定《关于见习教师和助教导师制的有关规定》(京联广院人字〔2003〕18号)、《干部教师听课制度》(京联广院字〔2003〕25号)。

2004年制定《关于教师内部晋升职称的有关规定》(京联广院字〔2004〕26号)。

2005年,学院配合学校评估工作,以评估为动力,加强师资队伍建设,提高教师执教能力,对全院教师举办了"迎评促建、提高教师执教能力"的系列讲座。还先后颁布了《广告学院关于加强执教能力建设的工作计划》(京联广院字〔2005〕12号)、《北京联合大学广告学院2005年引进人才计划》(京联广字人〔2005〕12号)、《北京联合大学广告学院关于加强执教能力建设的方案》(京联广院字〔2005〕38号)。

2006年制定《北京联合大学广告学院师资队伍建设规划(修改稿)》(京联广院〔2006〕6号)。

2008年制定《关于专兼职教师教学工作量执行标准及相关问题的通知》(京联广人〔2008〕8号),召开教职工师德研讨会,并编辑印制了《为人师表以德育人——2008年教职员工是的研讨会发言汇编》。

2009年制定《关于教职工相关工作量执行标准和院内兼职的有关规定》(京联广人〔2009〕4号)。7月学院改制后,师资队伍的管理按照学校相关规章制度进行管理。

二、人事管理

(一)人员构成基本情况

学院人事管理可划分为两个阶段,改制前为自主管理阶段,改制后作为校本部直属二级学院,人事管理权限划归校人事处,按照学校人事管理规定进行管理阶段。

1. 自主管理阶段

2001—2009 年,学院是学校下属的校企合作学院,没有人事权,没有正式编制,除个别院领导外,其余人员均为聘用人员。学院不套用行政级别,实行聘任制的用人制度,各级管理人员以"按需设岗、公开招聘、平等竞争、择优聘任、严格考核、合同管理"为聘任原则,根据实际情况制定岗位职责,按照民办机制运作。学院聘用的人员主要来源于社会上应届毕业生、高校和企业或事业单位的退休人员。每年年终进行考核,考核不合格者不再继续聘用。特点是 35 岁以下和 50 岁以上的人员较多,人员流动性也较大。

2. 学校人事管理制度管理阶段

2009 年 7 月学院改制后,人员划分为学校正式编制人员和学院编制人员两部分。其中,学校正式编制的人员不断增加,学院编制的人员逐渐减少。学院需要用人,由学校人事处统一调配。2001—2010 年学院人员构成情况见表 13.4-3。

表 13.4-3　2001—2010 年人员构成情况一览表

年份	2001	2002	2003	2004	2005	2006	2007	2008	2009.7	2009.9	2010
教职工总数	37	41	56	77	83	100	99	104	109	114	99
学校正式编制人数	2	3	3	2	2	2	2	2	2	5	34
学院自主聘用人数	35	38	53	75	81	98	97	102	107	109	65

(二) 人事管理制度及其改革

学院成立以后,先后制定了有关人事管理的各项规章制度。

2002 年制定《关于教职工考勤管理的规定》(京联广院人字〔2002〕1 号)、《教师的聘任及管理制度》(京联广院人字〔2002〕10 号)、《专、兼职班主任考核条例》(京联广院字〔2002〕11 号)、《北京联合大学广告学院工作人员聘任办法(试行)》(京联广院人字〔2002〕12 号)及《北京联合大学广告学院工资分配办法(试行)》。

2003 年制定《关于人事调配的有关规定》(京联广院人字〔2003〕16 号)、《关于对教职工违纪违规处理的有关规定》(京联广院人字〔2003〕17 号)。

2004 年制定《北京联合大学广告学院教职工考勤管理的规定(2004 年 3 月试行)》(京联广院字〔2004〕7 号)、《关于教职工年度考核工作的规定》(京联广院字〔2004〕22 号)、《关于教职工考核与奖惩制度》(京联广院字〔2004〕24 号)、《关于辞职、辞退工作的有关规定》(京联广院字〔2004〕25 号)。收集整理了建院以来的 71 个制度和管理办法,规范了从院长到清洁员每个岗位的职责范围,并印制了《北京联合大学广告学院规章制度汇编(试行)》和《北京联合大学广告学院岗位职责汇编(试行)》。

2006 年的学校评估工作,促进了学院的规范化管理。学院将所有规章制度和岗位职责重新进行了修订,印制了《北京联合大学广告学院规章制度汇编》《北京联合大学广告学院岗位职责汇编》。

（三）教职工获奖情况

2004—2010年学院获奖集体和教职工名单见表13.4-4。

表13.4-4　2004—2010年获奖集体和教职工名单

获奖年份	奖励级别	奖励名称	奖励人员	奖励集体
2004	院级	先进工作者	姚力、傅晓琦、夏航、李冰、来凤云、杨鸿雁、陈英	
2005	院级	先进工作者	张振兴、于雷	
2006	院级	先进工作者	姚力、王敏华、赵丽珠、白月、刘敏慧、于雷、夏航、余虹、宋学海、徐磊	
	校级	优秀示范教师	傅晓琦	
	校级	暑期社会实践优秀指导教师	张卓、毛美娜、王蕾	
2007	校级	暑期社会实践优秀指导教师	晏强、王丹、白月	
	院级	先进工作者	于雷、夏航、毛美娜、杨晨、刘辉、相丹、卢楠、张雯博、宋广荣、张兰英、张文杰、赵丽珠、赵国欣、王文辉	
2008	院级	先进工作者	郭峰、乔鸿雁、马君蕊、刘凤、王丹、李榕桓、王秋霞、胡跃华、穆克松、高璐静、孙威、刘默、宋学海、赵丽珠、刘楠	
	校级	优秀辅导员	张文杰、王丹、宋广荣、毛美娜	
	校级	十佳辅导员	王　丹	
2009	院级	先进工作者	杨宁、王凯歌、贾志辉、马林、高璐静、乔鸿雁、王丹、梅斐、韩晓东、杜晋红、王领、王敏华	
	校级	优秀班主任	余虹、赵国欣、于润波、靳淑春、张卓	
	校级	优秀辅导员	张赫、宋广荣、孙蓉、王丹	
2010	市级	北京高校优秀辅导员	张　赫	
	校级	优秀辅导员	卜铁琼、晏强、刘莎、王涛	
	校级	“三育人”先进集体、先进个人	张　赫	表演系
	校级	师德先进个人	乔鸿雁	

2004—2007年学院举办的青年教师教学基本功比赛获奖名单见表13.4-5。

表13.4-5　2004—2007年青年教师教学基本功比赛成绩一览表(院级)

年份	届次	获奖人员	获奖等级
2004	第一届	刘　楠	一等奖
		夏航、金月	二等奖
2006	第二届	傅晓琦	一等奖
		刘宏淼	二等奖
		谢嵩、于雷	三等奖
2007	第三届	夏　航	一等奖
		解嵩、杜晋红	二等奖
		邢丹、戴文俊、刘楠	三等奖

第五节　学生教育管理

一、学生管理

(一) 组织机构与工作机制

1. 组织机构

学生管理机构由学生工作办公室(简称：学工办，2009 年改制前为学生处)和系辅导员组成，学工办下设心理素质教育中心和就业指导中心。2009 年改制前，各系设有学生工作负责人，各班设有专职班主任或兼职班主任，由各系负责聘任和考核。2009 年改制后，学生工作负责人改称为辅导员，院、系辅导员的聘任和考核改由学工办负责，并由学工办和系对其进行双重管理。

2. 工作机制

学院学生工作在党总支的领导下，由学工办具体负责实施。学生管理的重大事项由学工办研究后，上报主管学生工作的党总支副书记，经学院党政联席会(2009 年改制前经院长办公会)研究决定后实施。学院的专兼职辅导员、专兼职班主任，负责对学生的日常管理工作。

(二) 重点工作

学工办负责学生日常管理、思想政治教育、学生党建、学风建设、评优奖励、违纪处理、学生资助、心理健康教育、学生工作队伍建设、就业工作、军训、征兵等工作。

1. 日常教育管理

学工办通过各系辅导员和班主任对学生进行日常管理。各班班主任是学生工作的第一责任人，直接接触学生，学生出现问题时能够及时反应并尽快解决。各系辅导员(改制前为学生工作负责人)负责本系学生工作的统一管理，包括检查学生到课情况、学生活动的组织指导、协助解决学生生活和学习中遇到的问题等。2003 年 11 月，学院又成立了“学生咨询服务中心”，以便及时妥善解决学生生活中的各种问题，同时为学院领导在决策上提供信息支持。这样的管理体制，在学生日常教育管理中发挥了积极作用。例如，2003 年“非典”时期，学院于 4 月 23 日，建立了预防“非典”工作学生联络网，形成了值班人员、班主任、各班班长、各班小组长、各小组组员相互负责的有机联系网络，保证了学生健康信息与学习生活安排信息的畅通。

2. 学生奖惩

(1) 奖励

从学校来讲，奖励设置分为校级和院级两个级别。校级奖励设有优秀学生奖学金(特等、一等、二等、三等)、三好学生、优秀学生干部、先进班集体、优良学风标兵、优良学风班、学习型学生党支部及优秀团员。校级奖励标准统一遵照学校规定，特等奖学金 3000 元/人、一等奖学金1500元/人、二等奖学金1000元/人、三等奖学金500元/人、三好学生和优秀学生干部分别为300元/人,以及其他奖项为物质奖励。院级奖励设有三好学生、优秀学生干部和优秀班集体。

根据《北京联合大学学生综合素质测评办法(试行)》《北京联合大学学生评优奖励条例(修订)》等相关文件精神,多年来学院始终坚持"公平、公正、公开"的原则,在评奖过程中按照制度程序要求,所有奖励都要经过班级评选、系学生工作小组复查、学工办审核,并报学院党政联席会(院长办公会)通过后,再上报校学生处确定,最后才在全院学生中进行表彰。

根据北京市和学校的统一安排,学院每年还从符合要求的校级三好学生、优秀学生干部和先进班集体中,择优推荐优秀学生和集体参加北京市三好学生、优秀学生干部和先进班集体的评选(见表13.5-1～表13.5-3)。

表13.5-1 2001—2010年学生获校级及以上奖励情况一览表

单位:人

学年	北京市三好学生	北京市优秀学生干部	北京市先进班集体	北京市优秀毕业生	校级优秀学生奖学金	校级三好学生	校级优秀学生干部	校级先进班集体
2001—2002	2	1	1					1
2002—2003	1	1	1			2		1
2003—2004	2	1	1	1		2	2	1
2004—2005	2	1	1	8		44	46	5
2005—2006	3	1	1	4		25	22	5
2006—2007	3	1	1	11	17	51	17	5
2007—2008	4	1	1	12	11	58	21	4
2008—2009	4	1	1	16	9	58	18	5
2009—2010	4	1	1	16	10	57	20	5

表13.5-2 2001—2010年学生获院级奖励情况一览表

单位:人

学年	一等奖学金	二等奖学金	三等奖学金	三好学生	优秀学生干部	先进班集体
2001—2002					2	
2002—2003				7	11	
2003—2004	2	14	46	9	11	3
2004—2005	3	29	86	44	46	
2005—2006	5	44	127	51	35	6
2006—2007	16	58	175	20	34	3
2007—2008	11	113	205	35	51	3
2008—2009	28	147	267	75	44	7
2009—2010	19	143	275	74	44	4

表 13.5-3　2001—2010 年市级先进集体和个人名单

学年	先进班集体	三好学生	优秀学生干部
2001—2002	2001 级媒体传播 1 班		
2003—2004		李一良、刘珊珊	张　卓
2004—2005			
2005—2006	2005 级艺术设计系网络传播 1 班	许媛媛、金珊、柯洋	郑英明
2006—2007	2006 级营销策划班	常亚楠、陆腾飞、刘莎	许　祥
2007—2008	2007 级广告学班	黄旭、白燕飞、刘姝、钱明	陆腾飞
2008—2009	2007 级艺术设计系网络传播 2 班	蒋立平、高波、孙利佳、宋旋	张腾飞
2009—2010	2008 级广告学班	刘晓瑞、全娜、武玥、代小同	于　珊

（2）处分

学院根据《北京联合大学学生处分条例（修订）》的规定，对违纪学生处罚分为五等：警告、严重警告、记过、留校察看、开除学籍。学院本着规范学生管理，强化制度建设，严肃学院纪律，净化校园环境的原则，加大对学生的管理力度。一方面在新生的入学教育中，组织学生学习《学生手册》，并在学习之后进行学习效果测试，还通过召开主题班会、在考前对学生进行诚信教育并与学生签订考试诚信书等方式，把学校的各项规章制度在平时就灌输给学生，以尽量减少违纪现象的发生；另一方面，则严格按照学校的规章制度办事，严肃处理学生的违纪事件，在处理过程中教育学生。

学生处分有严格的审批程序，其处理程序为：学工办在事件发生后，找学生谈话、了解事情的缘由、要求学生写出事情经过；同时录入询问笔录，根据事实内容起草调查报告，并依据《北京联合大学学生违纪处分条例（修订）》的相关规定，提出书面的拟处理建议书，报学院党政联席会（院长办公会）讨论通过后，下达学院拟处分决定书，以上材料汇总后上报学校学生处审批。校学生处审批并正式行文返回学院后，处分才生效。

关于学生违纪处分的解除，学院严格执行《北京联合大学解除学生违纪处分管理办法（试行）》。本着加强对受处分学生的教育管理，激励违纪学生改正错误、积极上进的原则，对符合解除处分条件的学生，只要其在毕业前向学工办提出书面申请并附相应解除处分的支撑材料后，经学工办审核并上报学校学生处批准，就予以解除。学生对于违纪处理不服时，遵照《北京联合大学学生申诉管理办法（修订）》，可以进行申诉。

2001—2010 年学院学生违纪处分情况见表 13.5-4。

表 13.5-4　2001—2010 年学生违纪处分情况一览表　　单位：人

学年	通报批评	警告	严重警告	记过	留校察看	开除学籍	合计
2000—2001	0	2	4	0	0	0	6
2001—2002	0	2	12	0	0	0	14
2002—2003	0	18	6	0	0	0	24
2003—2004	2	4	14	2	0	0	22

续表

学年	通报批评	警告	严重警告	记过	留校察看	开除学籍	合计
2004—2005	0	14	0	0	28	0	42
2005—2006	0	9	8	26	4	2	49
2006—2007	0	28	17	37	23	1	106
2007—2008	1	12	11	7	7	2	40
2008—2009	5	13	5	10	2	0	35
2009—2010	0	3	5	7	4	0	19
合计	8	105	82	89	68	5	357

3. 学生资助

学院认真落实国家、学校有关家庭经济困难学生的各项资助政策,对困难生进行了认定、资助及教育工作。2003 年开始进行国家助学贷款和勤工助学工作。2004 年学院制定了《广告学院国家助学贷款管理实施办法》和《广告学院特困优秀学生奖学金评定实施办法》(京联广学〔2004〕27 号)。2005 年开展国家奖学金、国家助学金、联大奖助学金评选工作。2006 年进行家庭经济困难学生认定工作,建立了困难生基础数据库。2007 年开展国家励志奖学金、金隅奖助学金评选。8 年来,学院共有 29 人获得国家奖学金,275 人获得国家励志奖学金,1371 人获得国家助学金,8 人获得金隅奖助学金,4 人获得联大奖助学金,1 人获得融信助学金,8 人获得爱心成就未来助学金,9 人获得红十字会资助,582 人获得国家助学贷款,251 人获得勤工助学补助,3 人获得学院特困奖学金,3 人获得学费减免,3 人获得住宿费减免(见表 13.5-5)。

表 13.5-5　2003—2010 年学生资助情况一览表

单位:人

年份	合计人数	资助项目及人数									
		国家奖学金	国家励志奖学金	国家助学金	联大奖助学金	金隅助学金	融信助学金	爱心成就未来助学金	红十字会资助	国家助学贷款	勤工助学
2003	12	1			1						10
2004	33				1					22	10
2005	118	2		49	1				1	55	10
2006	155	2		49	1				2	91	10
2007	415	6	68	206		2			2	121	10
2008	636	6	67	385		2			2	125	49
2009	580	6	69	314		2			2	109	78
2010	589	6	71	368		2	1	8		59	74
合计	2538	29	275	1371	4	8	1	8	9	582	251

4. 学风建设

学院重视学风建设工作,根据新时期要求和学生特点不断探索学风建设工作的新思路、新方法。

学院学风建设主要做法有：设置班级考勤员，实行月上报、月考核制度；每月进行课风检查评比活动；进行“创优良课风班，做文明联大人”的主题教育活动；召开院系两层次的学风动员大会和座谈会，研究、研讨学风建设的实施意见和工作方法；实施教师教学水平提升计划，提高教师教学水平，师生共建文明课堂，营造良好的学习环境；积极开展学术活动，实施本科学生科研计划，营造浓厚的学术气氛；进行实践教学和社会实践活动，提高学生对专业学习的关注度和实践应用能力；开展“名师讲堂”系列活动，邀请业内和行业内的专家、知名人士来学院讲座，提高学生的专业和人文素养，促进学生学习的积极性。

2001 年请原北京广播学院专题组负责人张亚萍作《WTO 与中国广告》的报告，请清华大学教授周士渊作《挑战人生》的讲座；2002 年请日本 ITS 协会理事田中先生作《IT 在汽车中的应用》讲座；2005 年请著名广告人莫康孙作《如何做出好的广告》讲座，请冯远征作《如何成为一名优秀的演员》讲座；2006 年请北京人艺著名演员宋丹丹与学生座谈；2008 年请美国密西根大学 Danny Lacy 教授为学生举办英语系列专题讲座；2009 年请中国社科出版社编辑室主任、著名评论家王兆胜作《林语堂的人生哲学》讲座；2010 年请中央编译局副秘书长、中央马克思主义工程专家杨金海研究员作《马克思主义基本理论研究现状与发展趋势》讲座，等等。

5. 就业工作

2003 年学院成立就业指导中心。学院就业工作领导小组具体负责就业工作，就业指导中心负责实施。学院加强对毕业生就业工作的领导，将毕业生就业工作视为“一把手工程”，通过建立责任制将毕业生就业工作逐层落实。2010 年还建立了创新创业实验室，指导学生的就业实习。

在就业工作中，学院根据学生特点和就业形势，做好就业指导和就业服务工作，通过召开毕业班班主任培训会、毕业班学生家长会、就业指导专题讲座，开设就业指导必修课，发放家庭经济困难学生就业补助，对毕业生进行深度就业指导等多种指导与服务形式，帮助学生树立正确的人生观、价值观和择业观，增强就业竞争力。学院还积极为学生提供就业信息，鼓励学生自主创业，对有创业意向的学生予以指导。

表 13.5-6 2003—2010 年毕业生就业率一览表

届次	2003	2004	2005	2006	2007	2008	2009	2010
毕业生数	308	230	362	423	444	618	680	758
就业率/%	99.03	96.52	83.43	97.16	99.10	98.54	98.50	99.10

表 13.5-7 2007—2010 年毕业生考研人员名单

序号	姓名	性别	班级	考取学校
1	陈倩菱	女	03 广告本科班	中国人民大学
2	林 莹	女	04 广告本科班	中国传媒大学
3	刘靖子	女	05 广告本科班	湖北师范大学
4	韩丽萍	女	05 艺术设计(网络传播)1 班	上海大学
5	吕笑敏	女	05 艺术设计(网络传播)1 班	中国传媒大学

续表

序号	姓名	性别	班级	考取学校
6	刘　舒	女	05绘画班	中央美术学院
7	赵建泽	男	04艺术设计(网络传播)3班	武汉大学
8	寇　森	女	06艺术设计(网络传播)1班	东英格利亚大学
9	刘瀚涛	男	06艺术设计(网络传播)1班	法国高等信息传播学院
10	宋　佳	女	06艺术设计(网络传播)3班	美国中央俄克拉荷马大学
11	齐　妍	女	06艺术设计(网络传播)4班	香港教育学院
12	刘　冉	女	06艺术设计(网络传播)4班	中央兰开夏大学(英)

6. 征兵工作

学院根据相关政策,对各系进行部署,通过横幅、宣传板、宣传画、网络宣传和主题班会等形式对全院学生开展应征入伍的宣传动员,并以此为契机对学生深入进行国防教育,激发学生的爱国热情。通过向学生宣传应征入伍的优抚政策,充分调动了学生关心国防、报名参军的积极性。学生报名后,经学院初选、校武装部审核,进行体检。体检合格后进入政审,政审合格后应征入伍。在持续的努力下,学院在每年完成征兵任务的同时,也使得征兵的数量和质量逐年提高(见表13.5-8)。

表13.5-8　2008—2010年在校生征兵入伍情况一览表

序号	入伍时间/年	复员时间/年	姓　名	专业
1	2008	2010	李泰然	网络传播
2	2009	服役中	于　洋	网络传播
3	2009	服役中	白　杨	广告设计与制作
4	2009	服役中	肖　栋	网络传播
5	2009	服役中	林　青	广告设计与制作
6	2009	服役中	胡　然	网络广告
7	2010	服役中	李金龙	数字艺术
8	2010	服役中	王照星	营销策划
9	2010	服役中	张　凯	数字艺术

(三)重要规章制度

2005年为了维护学院正常的教学和生活秩序,建设优良的学习、生活环境,规范管理、依法治院,学院制定颁发了《住宿管理规定》《北京联合大学广告学院学生住宿违纪处罚办法》《关于实行校园治安综合治理责任制的规定》《预防和处置突发性事件预案》《校内交通安全管理制度》《安全防火管理制度》《关于应对急、重、危、病学生工作预案》《学生公寓安全管理制度细则》《学生文明安全承诺书》《北京联合大学广告学院学生走读责任书》《学生违纪处罚办法》等一系类规章制度。

2006年3月,为进一步加强和改进班主任工作,充分发挥教师教书育人作用,提高人才培养的质量和学生管理工作水平,学院制定了《北京联合大学广告学院班主任(辅导员)工作条例》。

2007 年 3 月，为了完善心理危机预防和干预机制，实现全覆盖，学院制定颁发了《北京联合大学广告学院学生班级心理委员管理规定》，增设心理委员为班干部。同年，还制定了《广告学院班委会工作条例》《班主任安全责任书》《课风优良班评选方法（试用）》。

2008 年对以往的规章制度进行整理修订，印制了《学生工作规章制度汇编》。

2010 年 11 月，为更好地激励促进就业工作，制定《广告学院就业工作奖励办法》。

二、思想政治教育

（一）机构设置

学生思想政治工作在学院党总支统一领导下，由学院党总支、学工办、团委、基础部（2009 年后合并到校人文社科部）分工负责。学院党总支负责学生党员的组织管理；学工办负责学生日常思想政治教育；团委负责团员的教育与管理；基础部负责思想政治理论课的教学工作。

（二）内容与形式

1. 新生入学教育

为使新生尽快适应大学的学习和生活，学院自 2000 年起，每学年开学初组织为期一周的入学教育和为期 2～3 周的军事训练。学工办、教科办、各系（部）分别对新生进行军训、学籍管理规定、安全、宿舍管理、图书资源利用和专业等方面的教育，使学生一入学就能全面了解大学的学习、生活，明确专业发展方向。入学教育一方面帮助学生尽快适应了大学生活，另一方面也通过团体辅导、讲座、主题班会等形式，有意识地培养了学生的大学生涯规划和职业规划意识。

军事训练由学工办负责组织，军训地点为空军某部、北京军区 38 集团军装甲 6 师、北京圣博锋青少年综合素质教育发展中心（中国人民解放军 61382 部队承训）、北京通信团驻地、昌平盛华人才培训中心等。2005 年 9 月起，军事理论课正式列为大学生必修课。

2. 主题教育

学院根据学生思想实际，结合重大事件和重要节日开展了一系列主题教育活动，如每学期开学都举行升国旗仪式，对学生进行爱国主义教育。

2002 年开展了“争做文明大学生，创广告学院品牌”活动。2004 年为促进学风考风建设，开展了诚信教育活动。2005 年开展了“大学生角色转换”“校情校规”“习惯成就未来”等相关主题教育活动。2006 年以“迎评促建”为契机，开展了课风建设系列活动和“宿舍文化节”活动。2008 年为加强班级建设，形成良好学风，开展了学风建设月和“我的班级我的家”活动以及“青春奥运，文明修身”主题教育活动。2009 年为深入学习实践科学发展观，开展了“青年与科学发展观”主题活动，内容包括主题讨论、专题学习、演讲比赛、诗歌朗诵、知识竞赛、主题会议、实践体验等；为纪念汶川地震一周年，开展了“关心灾区孩子成长，捐赠优秀少儿读物”活动；还组织各班开展了“创优良学风班，做文明联大人”的主题教育活动。2010 年以“唱红歌、学党史”教育为切入点，举办了以“红色经典励青春，红歌唱响爱国情”为主题的大型系列活动；为促使学生树立良好的道德观，开展了“感恩回报，志愿服务”活动；为提高学生的安全防范意识和能力，开展了安全教育月活动和“争创文明校园，禁烟从你我做起”的主题教育活动等。

学院还特别注重加强学生党建工作,开展了多种形式的主题教育活动。2002 年 10 月 11 日,学生党小组成立,直属于学院党支部。

3. 心理健康教育

2006 年 10 月,学院成立职业规划与心理指导中心,配备 1 名专职心理教师和若干名兼职教师,建立了心理咨询室,隶属学工办。2009 年 10 月,职业规划与心理指导中心更名为心理素质教育中心,并设立了专门工作小组。学院还建立并完善了心理危机预防与干预体系,配备了专、兼职结合的教师队伍和学生工作队伍。由此,心理素质教育活动在学院普遍开展,心理课程基本普及,有效维护了学生的心理健康并促进了心理素质的提高。2007 年 3 月,学院制定了《广告学院学生班级心理委员管理规定》,并从 2006 级学生开始执行。截至 2010 年,共选拔培训了 182 名心理委员。2007 年 11 月,学院成立心理危机干预小组,采取春秋季开学集中排查、新生入学普查和平时排查相结合的方式,及时发现学生的心理问题,并进行了有效干预。

自 2006 年开始,开展了"5.25"心理健康周活动;2008 年又开展了心理健康节活动。截至 2010 年,共举办了三届心理健康节和五届心理健康周。通过心理讲座、心理电影展播、心理主题班会、心理测试、心理漫画比赛、心理剧展演等多种形式,普及了心理健康知识,提高了学生心理健康水平。2010 年,又成立了学生心理组织——彤心协会,广泛吸纳心理委员和爱好心理学的同学加入,增强了心理健康教育工作的力量。自 2010 年起,学院针对大学一年级新生,开设了《大学生心理素质教育》必修课和《大学生心理训练》选修课,并完善了课程体系。

4. 就业教育

学院重视毕业生的就业教育,特别是就业观念教育。通过就业指导专题讲座等教育活动,引导学生到基层、到农村、到祖国建设需要的地区就业。在 2003—2010 年的毕业生中,涌现出很多到基层、到西部、到边疆工作的优秀毕业生。例如,2005 年、2008 年分别有 2 名学生志愿支援内蒙古,杨捷同学志愿服务期满后扎根内蒙古。2004—2005 年共有 9 名同学服务北京基层,2006—2010 年共有 65 名毕业生进入北京基层工作,其中村官 48 名、农村支教教师 3 名、社区工作者 14 名。

5. 关注贫困生成长

对家庭经济困难的学生,学院除了给予经济扶助外,还从学习、心理、生活等方面给予关怀和帮助,开展了励志成才、感恩回报等思想教育活动。学院每年定期召开困难生座谈会,并以全体摸查形式来了解困难生的思想动态和需求,还发动专业教师、辅导员、班主任、宿管老师等参加教育,将教育和关怀融入日常教学和管理中。多年来,学院通过"暖心工程""助学政策、助我成才征文活动""春节走访慰问""奖助学金获得者考评""优秀特困生座谈会"等多种形式,开展教育关怀活动,促进了困难生的成长成才。

(三)建设与研究

1. 制度建设

2010 年,学院重新修订了《辅导员(系)岗位职责》和《辅导员工作制度》,包括:班会制度、日志制度、联系制度、听课制度、例会制度、档案制度、责任制度等,加强了学生思想政治工作的力度，同时也进一步完善了班级助理的选聘程序和工作职责。

2. 思想政治教育课程及工作改革

学院不断进行思想政治教育工作的探索与创新，边实践，边改革。从 2002 年起，学院抓思想政治理论课的建设，将其作为学生思想政治教育的重要平台和途径，建立了专职教师与一线辅导员(兼职)相结合的教学队伍。2005 年，学院将心理素质教育作为学生思想政治教育的一个重要环节来抓。2006 年配备了 1 名专业心理教师并建立了心理指导中心，同时建立和完善了心理危机预防与干预体系，广泛地开展了心理素质教育活动，开设了心理课程等。为促进就业工作，学院制定了详细、明确的奖励办法，以调动就业人员的积极性。另外，适应大学生就业和发展的需要，2010 年成立了创新创业实验室，加大了对学生创业实践的指导。

2009 年学院改制，学生处改为学生工作办公室，各系的专职班主任统一纳入学生工作办公室考核和管理。同时，还进行了辅导员覆盖模式的改革，辅导员和学生按 1∶200 的比例进行配备，并按年级和专业进行覆盖，建立了新的学生工作模式。

3. 思想政治工作队伍建设

2002 年，学院重新组建学生处，根据需要聘任了专职班主任，建立起专兼职班主任队伍，共有 14 人，其中专职班主任 4 人，兼职班主任 10 人。制定了学生处各项规章制度，明确了各项工作职责，特别是坚持了每周 1 次的班主任例会和每月 1 次的班主任工作交流座谈会制度，这对提高班主任队伍的整体素质、工作水平和促进班主任改进工作，起到了积极作用。

2003 年，学院转变学生管理思路，按照以“学生为本”的教育理念，研究在新形势下做好学生工作的办法和措施，变消极管理为积极引导。

2004 年，学院教学机构的设置有广告系、艺术设计系、表演系。学生处建立起以系为基础的学生工作管理队伍，共有专、兼职班主任 27 人，其中专职班主任 4 人，兼职班主任 23 人。成立了系学生工作组和团总支，明确了岗位职责和分工，加强了系学生工作的力度。为抓好班主任工作队伍建设，学院重新制定了《专兼职班主任考核条例》，并定期组织学习培训，总结交流经验，提高了班主任的思想素质和管理水平。

2005 年，学院共有辅导员和专、兼职班主任 29 人，其中辅导员 16 人(含学生处 7 人、广告系 1 人、艺术设计系 1 人、表演系 1 人、专职班主任 6 人)，兼职班主任 13 人。学院按照学校思想教育研究会第九次年会精神，为各系配备专职辅导员，作为系学生工作的负责人，加强了对各系专兼职班主任的管理。新学年开学，开展了班主任培训，组织班主任学习了相关规章制度，交流了工作经验。还结合评估，建立健全了各项管理制度和各种相关资料，并要求班主任做好班主任工作记录，学期末要将班主任工作手册交学生处检查。

2006 年，学院共有辅导员和专、兼职班主任 34 人，其中辅导员 23 人(含学生处 8 人、广告系 2 人、艺术设计系 2 人、表演系 1 人、专职班主任 10 人)，兼职班主任 11 人。结合学校迎评促建工作，学院制定了《北京联合大学广告学院班主任(辅导员)工作条例》，加强辅导员、班主任工作制度的建设，使学生工作制度化、规范化。8 月 24 日学院举办班主任培训班，刘瑞武院长作了“以评促建，展班主任风采”的讲话，王恩江处长作了“分析学院学生特点，做合格班主任”的讲话，吴敏荣、张兰英、赵建萍作了经验介绍，最后党总支书记、常务副院长耿凯燕作总结发言。

2007年,学院共有辅导员和专、兼职班主任39人,其中辅导员10人(含学生处7人、广告系1人、艺术设计系1人、表演系1人),专职班主任12人,兼职班主任17人。学院继续坚持班主任例会制度,立章建制,规范课风和学风建设。

2008年,学院共有辅导员和专、兼职班主任37人,其中辅导员12人(含学生处7人、广告系1人、艺术设计系2人、表演系1人、影视中心1人),专职班主任11人,兼职班主任14人。学院编印了《学生工作制度汇编》,设立了每周学生信息汇报、通报制度;以课风抓学风,采取逐级检查、各系推荐、学生处综合评比的方式,评选课风优良班,这不仅促进了辅导员、班主任工作管理水平的提高,同时也落实了每月1次的班主任例会制度和班主任培训制度。为加强辅导员和班主任的选拔、培训与考核,进一步明确了考核量化标准。2008年11月22日,学院召开德育研讨会。会议由学生处长张文杰主持,26位班主任参加,主要议程有三个:一是总结学院一年来的德育工作;二是优秀班主任经验交流;三是自由发言。通过总结交流,参会的每位老师对德育工作有了更深刻的理解,更好地掌握了德育工作的方法技巧,提高了学生思想政治工作队伍的整体水平。会后,学院将研讨会收集到的15位优秀班主任的德育工作论文,汇编成《广告学院德育研讨文集》,以供大家参考学习。

2009年,学院共有辅导员和专、兼职班主任42人,其中辅导员14人(含学工办8人、广告系1人、艺术设计系3人、表演系1人、影视中心1人),专职班主任11人,兼职班主任17人。为加强辅导员、班主任队伍建设,学院组织辅导员、班主任参加学校的辅导员培训、"京师辅导员讲堂"培训、"北京高校辅导员心理挫折与创伤"培训,还召开辅导员座谈会等。同时,落实每个月的班主任例会制度和班主任工作月报制度,并坚持学生工作以"学生为本、管理育人"的宗旨,努力使辅导员和班主任做到工作态度主动化,工作程序规范化、制度化、细节化,工作方法科学化、人性化。

2010年.学院共有辅导员和专、兼职班主任46人,其中辅导员13人(含学工办8人、广告系2人、艺术设计系2人、表演系1人),专职班主任4人,兼职班主任29人。学院依据《北京联合大学辅导员专业团队建设暂行办法》(京联学〔2010〕96号),进行了团队建设申报工作,共有8名辅导员加入校大学生职业生涯规划团队,1名辅导员加入心理素质教育团队,1名辅导员加入大学生党建工作团队,1名辅导员加入青年工作研究团队,1名辅导员加入大学生事务管理团队,1名辅导员加入思想政治教育团队,1名辅导员加入大学生党建工作团队。同年3月,学院召开学生工作研讨会,组织辅导员针对学生特点,就学生管理、心理健康教育、评优处分、学风建设、日常考勤、就业等工作进行深入探讨。大家提出了宝贵的建议,认为成立系学生会将会促进系学生工作的开展,老师有了抓手,学生有了工作的平台;学生工作要加强管理、增强引导,要和教学紧密结合,要全员参与,围绕学院的中心工作来开展;从教学到实践再到就业,要形成体系,这样才能更好地促进就业工作的深入开展。

学院积极支持辅导员参加北京市、学校组织的心理健康教育、职业规划与就业、学生事务等相关培训。2000—2010年张奕、宋广荣两位教师通过岗前培训获得了高校教师资格证并承担教学工作,宋广荣还获得国家二级心理咨询师职业资格证书、国际心理训练师证书,张奕获得职业指导师、全球职业规划师证书;王鹤、张赫两位教师通过了北京市辅导员专业化培训。2009—2010年学院组织辅导员参加北京师范大学辅导员研究基地举办的专业培训达114人次。

学院每学年进行辅导员考核评优工作，组织辅导员进行考核答辩，通过辅导员互评、院领导评分、学生评分来综合评定。2005—2006 学年，有 4 名班主任获得“校级优秀班主任”称号；2006—2007 学年，有 6 名班主任获得“校级优秀班主任”称号；2008—2009 学年，有 4 名辅导员获得“校级优秀辅导员”称号，5 名班主任获得“校级优秀班主任”称号，1 名辅导员获得“学校十佳辅导员”称号；2009—2010 学年，有 4 名辅导员获得“校级优秀辅导员”称号，4 名班主任获得“校级优秀班主任”称号。

4. 研究成果

在不断进行工作改革的同时，学院也注重进行学生工作的研究和应用创新。在研究工作对象成长规律与思想动态的基础上，探讨和创新工作机制、工作方法。2005—2010 年，辅导员、班主任共发表思想政治教育论文 16 篇；主编或参编著作 5 部：《“以学生为本”教育思想在办学理念和综合制度中的应用研究》《论邓小平的青少年思想教育观》《感受大学，感受师恩》《大学生心理案例解析》和《大学生心理素质训练》；主持或参与各类课题 4 项：学校校德育研究会创新支持课题——艺术类单亲大学生心理行为特点分析及对策研究、学校教研课题——大学生思修课程教学方式探究、学校党建课题——大学生党员教育管理有效机制探究和学校横向课题——大学生生涯规划与工业文化对接研究。

第六节　办 学 保 障

一、校园规划与建设

2000 年 4 月，学院经北京市教委批准成立，地址为西城区黄化门 5 号。

2001 年初，学院迁入北京站西街船板胡同 126 中学。同年 8 月，迁入海淀区温泉镇东埠头村 1 号百亭鱼乐园，占地面积 44 万平方米。学校对园区进行了改造，将园内的娱乐用房分别改造成普通教室和阶梯教室，当年完成改造面积 700 平方米；计算机房安装了现代化教学音响设备，改善了教学条件；园区内的别墅客房改造成了学生和教师宿舍，使学院初步具备了办学条件。

2005 年，学院制定了《北京联合大学广告学院 2005—2008 校园环境建设规划》（京联广院〔2005〕32 号），并加大投入力度，完成了 7 项建设项目。

第一项：教学环境改造与建设工程。整合了 2 个网络媒体实验室及计算机基础实验室；重新修建了运动场；建设了计算机辅助动画实训室；改造装修了影视表演实训中心和图书馆；新建了广告艺术实训中心。

第二项：学生宿舍的修缮、改建与扩建。2005 年 6 月，新建了 2200 平方米的学生宿舍和 1100 平方米的教学楼；更新了校园的消防管道。

第三项：安全环境建设。2006 年，完成了液压自动消防供水工程和安全保卫监控工程。

第四项：公共服务环境建设。2006 年 9 月，为了满足师生医患需要，学院对现有的的医务室和浴室进行了改造和扩建；修建了 2020 平方米的校内停车场；保证饮水卫生达标及做好污水处理工作；实施电力设施改造等。

第五项：办公环境建设。学院投资 200 万，翻新改建了办公楼。

第六项：校园绿化工程。绿化了足球场、宿舍区花坛，增加了草坪面积，更换了树木。2007年3月，学院被北京市海淀区温泉镇评为绿化美化先进单位。

第七项：校园文化建设(包括硬件和软件建设)。学院根据自身办学定位和特色的要求，制作了校园标志、宣传标语和橱窗，进行了教室布置，创造了良好的大学文化氛围。

2009年，学校投资500万元，对学院已有的26间多媒体教室进行了改造，新建多媒体教室7间、多功能英语语音教室3间、广告运营实训室2间，极大地改善了学院的教学条件。

2010年，学院搬迁至昌平校区，学校对校区内的教学设施，进行了统一改建和装修，校园规划和建设也由学校统一安排。

二、办学经费与管理

(一) 办学经费情况

学院是学校的二级学院，办学经费由学校财务统一管理。根据学校与北京诺贝广告有限公司2000年3月23日签订的合作办学协议中的相关约定，学校提供二级财务账户和有关财务票据，不注资，但对二级财务有管理和审计责任。学校对学院的资产使用采取内部核算办法，在财务上采取独立核算、自负盈亏的原则。学院每年将学历教育(含日校生和夜大生)学费毛收入的20%作为物业管理费上缴学校，将10%作为行政管理费上缴学校；将各种培训等非学历教育毛收入的10%，作为行政管理费上缴学校。学院采取计划内学费收入与企业投入分账核算的方式，所收取的办学费用和积累资金，职能应用于自身发展，不得挪作他用。学校负责支付学院计划内全日制在校生的公费医疗费用，超支部分由学院负担。北京诺贝广告有限公司为学院提供200万元办学经费，从2000年起，3年到位；负责支付学院计划内全日制在校生的奖学金；解决教学设备，实习实训基地等办学条件问题，要保证学院正常运转所需要的各种物质条件。

2006年1月21日，学校与北京诺贝广告有限公司继续签署了《关于继续合作举办北京联合大学广告学院的协议》。在协议第十项甲方的投入方式及责任中约定：学校以校名、校誉等无形资产和教育、教学管理经验等教育资源作为投入；提供二级财务账户和有关财务票据，对二级财务有管理和审计责任；根据国家规定，按照北京市的标准，将学院计划内全日制在校生的公费医疗和副食补贴全额拨给学院，超支部分由学院负担；国拨生均经费由学校统一支配，支持学院申报学校专项项目经费，改善部分办学条件。在协议第11项乙方的投入方式及责任中约定：北京诺贝广告有限公司以其深厚的传媒、广告背景等无形资产、有形资产作为投入；将学院成立以来乙方投入的财、物继续由学院使用；企业投资设立特困优秀学生奖学金，用于奖励家庭困难、成绩优秀的大学生。在协议第12项财务管理中约定：学院的财务管理必须贯彻执行《会计法》《行政事业单位会计制度》，严格执行收支两条线政策；学院为非独立法人的二级办学机构，执行学校统一的收费管理制度，严格执行国家、北京市政策法律、学校的财务政策规定，严格按照收费许可证审批的项目和标准收取各项费用；财务采取相对独立核算、自负盈亏的原则；学院每年将学历教育(包括夜大学历教育)学费收入的10%以及夜大和各种培训等非学历教育毛收入的5%，作为行政管理费上缴学校；学校同意每年将学院学历教育(包括夜大学历教育)学费收入的20%以及夜大和各种培训等非学历教育毛收入的10%，作为学校提供给学院使用的办学场所及相关硬件配套设施的使用、维护、维修及行政管理费用。

为了使经费有效地用于教学，2007 年 6 月，院长办公会决定成立学院专项经费申报工作领导小组，以落实好每一项教学经费的使用。

（二）固定资产管理

为了加强学院固定资产管理，使有效资源发挥最大效益，学院制定了《固定资产管理办法》（京联广院字〔2004〕27 号）、《固定资产及教学仪器设备的个人保管办法》（京联广院字〔2004〕28 号）、《关于财产损失丢失赔偿细则》（京联广院字〔2004〕29 号）等管理制度，并设定专人按照学校的要求对学院固定资产进行管理。

2010 年上半年，学院对 3543 项学校资产和 1242 项学院资产进行了全面清查核实，并针对发现的问题，采取了相应的解决措施，做到了合理使用、责任到人，这既避免了国有资产流失，也为学院搬迁做好了准备。

三、实验室及实践教学基地建设

（一）基本情况

学院电教中心成立于 2001 年，2005 年更名为信息网络中心；随着专业建设的需求与发展，2008 年又更名为实验实训教学中心。2009 年 5 月，学院成立广告艺术人才培养创新实验区。2010 年 1 月，实验实训教学中心更名为实践教学中心，负责学院实验室及多媒体教室的使用、维护和管理。

2003 年，学院建立广告编辑演播实训室；2006 年，建立网络媒体整合实训室、非线性剪辑实训室；2007 年，建立语音教室 1 间和网络艺术实验室；2009 年建立广告运营实训室并对全院多媒体教室进行升级改造，更换了 33 套网络中控、视频摄像头等，还建立了英语四六级语音广播系统、数字艺术实验室和 3 间语音教室。2010 年，学院搬迁至昌平校区，对部分实验室进行了整合。

（二）实验室建设

1. 数字艺术实验室

数字艺术实验室建立于 2009 年，配备苹果计算机 50 台，可容纳 50 人。其作为专业平面设计实验室，既可承担电脑平面设计课程的所有实践项目，也可作为 Adobe 平面设计师认证的机试考场。实验室每学年开课 1440 学时，年接待学生人数为 86400 人次。实验室的服务对象主要为本科广告学、艺术设计（网络传播）、绘画专业的学生；高职艺术设计（网络广告）、广告设计与制作、视觉传达艺术设计（展示艺术设计）、现代传播、营销与策划专业的学生。

2. 网络艺术实验室

网络艺术实验室建立于 2007 年，共有 Dell 计算机 60 台，可容纳 60 人。实验室既可承担计算机基础、电脑平面设计、多媒体设计、界面艺术设计、3DMAX 电脑三维设计等课程的所有实验实训项目，也可作为 3DMAX 动画工程师认证的机试考场。实验室的服务对象为所有在校学生，包括：本科广告学、艺术设计（网络传播）、绘画、表演（影视表现艺术）专业的学生和高职艺术设计（网络广告）、广告设计与制作、视觉传达艺术设计（展示艺术设计）、现代传播、营销与策划专业的学生。

3. 网络媒体整合实训室

网络媒体整合实训室建立于2006年,有清华同方机61台,可容纳61人。实训室可承担网页设计与制作、多媒体设计、电脑平面设计、多媒体设计、界面艺术设计、3DMAX电脑三维设计等课程的所有实训项目。实训室的服务对象主要是:本科广告学、艺术设计(网络传播)、绘画专业的学生和高职艺术设计(网络广告)、广告设计与制作、视觉传达艺术设计(展示艺术设计)、现代传播、营销与策划专业的学生。

4. 录音剪辑实训室

录音剪辑实训室建立于2003年,原名为影视编辑实训室。学院搬迁至昌平校区后,于2010年12月更名,并充实更新了设备。实训室主要进行影视后期剪辑、录音等相关工作,拥有数字电影摄像机、数字摄像机、AVID影视编辑系统、数字编辑机、数字调音台、话筒等主要设备,可承担"摄影摄像""影视后期编辑""影视广告""播音主持"等课程的实践教学任务。

5. 广告运营实训室

广告运营实训室建立于2010年,有清华同方机40台,可承担电脑平面设计课程的所有实践项目,并能开展广告运营方面的其他实践教学活动,有效地促进了学生理论与实践相结合的知识结构的形成。实训室的服务对象主要是:本科广告学、广告学(营销策划)等专业的学生和高职营销与策划、现代传播专业的学生。

6. 非线性剪辑实训室

非线性剪辑实训室建立于2006年,有DELL计算机40台,可容纳40人。实训室既可承担计算机基础、电脑平面设计、多媒体设计、HTML语言及编程、3DMAX电脑三维设计、MAYA电脑三维设计等实践课程的所有实践项目,也可作为3DMAX动画工程师认证的机试考场。实训室的服务对象为所有在校学生,包括:本科广告学、广告学(营销策划)、艺术设计(网络传播)、绘画、表演(影视表现艺术)专业的学生和高职艺术设计(网络广告)、广告设计与制作、视觉传达艺术设计(展示艺术设计)、现代传播、营销与策划、表演艺术专业的学生。

7. 广告编辑演播实训室

广告编辑演播实训室建立于2003年,面积为60平方米,设备主要有:2台计算机工作站、9台DV、1台DVCOM、3台数码照相机、1个背投、1台录像机、1个调音台,可10人一组进行实践教学活动。实训室主要用于电视广告、广播广告等课程的教学、实训、实践课程以及广告摄影方面的实践课程,要求学生在学习广告基础理论和基本知识的基础上,既能创意、设计、创作脚本,又能熟练地掌握广播电视广告的拍摄、制作技能和技巧以及广告摄影技能。在实训室中,学生可以进行广播电视广告摄制和广告后期编辑制作这两项影视广告最重要的实践环节的操作。学生未出校门,就能检验课堂中所学到的理论知识,并能够胜任各项影视广告前期拍摄、后期制作的操作工作。实训室体现了教、学、研的结合,是师生从事广告实践活动的试验场地,也是学院与社会接轨的直接窗口和桥梁。实训室的服务对象主要是本科艺术设计(网络传播)、绘画专业的学生和高职艺术设计(网络广告)、广告设计与制作、视觉传达艺术设计(展示艺术设计)等专业的学生。

四、校园信息化建设

1. 校园网络建设

学院从2002年开始筹建校园网，在学校的支持投入下，2003年10月校园网建设开工，实现了与学校网络的连接。2004年，校园网扩建工程完工，建设了网络实训室、视频会议室、多媒体礼堂等。

2009年，学院加强信息化建设，完成了学校教学管理信息系统建设工作，开通了学生无线网络，试运行校内OA网，启动了图书馆自动化借阅系统，并开展了联大校园一卡通的信息采集工作，为进一步推进学院的信息化办公奠定了基础。

2. 多媒体教学设施建设

2001年，学院建有3间多媒体教室。经过不断的投资建设，截至2008年已有26间多媒体教室。2009年学院改制后，学校又投资500万元，对所有多媒体教室进行改造，更新了设备；新建了多功能语音室、广告运营实训教室、天光画室等，极大地改善了学院教学条件。2010年7月，学院迁入昌平校区，学校调拨部分设备，充实了多媒体教学设施；重建画室4间、雕塑室1间；艺术展厅、实验剧场等实训场地也均已安装多媒体设备。

五、图书与档案管理

（一）图书馆工作

学院图书馆2002年3月建立。学院投资3万元购置了专业书籍，并得到学校图书馆赠书19 776册，以及高教出版社、海洋出版社和广告界著名人士捐赠的图书2600多册。2004年，图书馆建立了电子图书阅览室。2005年，学院又投资35万元，扩建了阅览室，并新购图书1.4万余册，图书馆藏书面积达到900平方米。2007年，新购图书21 717册。至2009年，藏书达6万余册，学院图书馆成为学校有广告艺术特色的图书馆。2010年学院迁入昌平校区后，学院图书馆并入学校昌平校区图书馆。

（二）档案管理

档案管理是学院办公室工作的一部分。2004年，学院设置了专门档案管理人员，建立了档案室，开始对学院自成立以来的文书档案进行归集整理。截至2010年年底，共整理归集文书档案571卷(其中：永久卷324卷，长期卷218卷，短期卷29卷)。2001—2009年，档案由学院档案室保管；2010年6月，移交至学校档案馆。从2010年起，学院每年的档案经整理立卷后，均移交学校档案馆统一管理。

六、后勤改革与保障

从学院成立至2009年改制前，学院实行校企合作的管理体制，后勤保障实行社会化管理。学院的食堂、动力维修、卫生保洁、学生宿舍均由北京万兴博致教育科技发展有限公司承担。2010年7月，学院迁入昌平校区后，后勤服务工作统一由学校后勤服务公司管理。

七、安全与保卫工作

2001—2010年7月，学院地处海淀区温泉镇，校园面积44万平方米，有4000多学生学习生活在校园里,校园的安全保卫工作十分繁重。

2002年,学院安全保卫工作由物业公司负责。为了确保学生及教学设备的安全,物业公司定期对学生宿舍、教学区、办公区、食堂进行安全检查,发现问题及时解决。例如,改造了学生宿舍用电线路、配备了消防器材、建立了防盗设施,并积极向学校反映,解决了校园消防水源问题等。

2003年,学院加强校园的防火安全检查工作,对校园内易发生火灾的部位进行了重点检查,购置了防火器材。

2004年,学院成立保卫处,设置专职保卫人员负责校园的安全保卫工作。学院重视校园的安全管理,以预防为主,以防火、防安全事故、防食物中毒为重点,对学生、教职工、物业服务人员等进行安全讲座和培训,同时抓住重点部位、部门集中检查整改11次,补充消防器材124具,增设应急装置10台。

2005年,为保证消防安全,学院对校园别墅区的消防通道进行了改造,同时对整个园区进行消防管道的增设和更新,调整和加强了安保队伍,建立了校内110抢险队,并制定预案及相关措施,保护学院和学生的安全。本学年共组织安全大检查6次,组织有关方面的专题安全演习4次,进行法制教育2次。学院被温泉地区防火安全委员会评为消防、安全生产先进集体。

2006年,学院按照学校的要求,努力做好学生和教职工的安全稳定教育工作,在非常时期保证了学生思想的稳定和校园秩序的稳定。

2007年,学院建立了安全稳定工作责任体系和长效机制,坚持开展日常安全教育活动,制定了一系列突发事件处置预案和应急措施。

2008年,开展了师生员工平安奥运教育活动,同时进一步建立健全了学院安全稳定工作责任体系,完善了相关规章制度、突发事件处置预案和应急措施,加强了检查防范力度,保证了学院的安全稳定。

2009年,学院坚持把消防安全建设作为校园安全的中心工作来抓,开展了以"珍爱生命,远离火灾"为主题的消防安全教育活动:聘请北京市火灾预防中心的专业教师为全院教职工举办消防安全讲座;对全体学生干部进行消防安全培训;举办了"消防安全知识竞答"晚会,以文艺表演、知识竞赛等灵活多样的形式,向学生们宣传消防安全知识,以增强学生的消防安全意识。学院团委将编印的《消防安全知识特刊》发放到各个学生班级。学院还建立了校园消防应急指挥系统和保安技术防范控制中心,制订了突发事件反应预案,并在校园内安装监控探头68个,以确保校园安全。保卫办公室(改制前为保卫处)加大安全保卫力度,加强保安的24小时执勤警力,建立了快速反应小分队,进行24小时消防治安巡逻。再北京市第十九届"11·9消防宣传周"期间,学院组织了生动的"11·9消防日"宣传活动,并在当日的北京电视台"法制进行时"栏目播出。在国庆节前夕,学生校园安保志愿者成立了"学生志愿者自治安全委员会",师生共同担当起确保国庆和校园安全稳定的责任。2009年度,学院再次被温泉地区防火安全委员会评为消防、安全生产先进集体。

2010年,学院面临搬迁。为了进一步增强广大教职工的消防安全意识,明确消防安全责任,学院于2010年4月15日,举行了消防安全责任书签订仪式。副院长张龙及各系、各部门的主管领导出席了会议。会上,张龙副院长首先传达了《北京教育委员会、北京市公安局关于认真贯彻落实高等学校消防安全管理规定的通知》精神,介绍了学院消防工作的现状，并对食堂、宿舍、办公区、机房等重点部门的防范工作作出具体部署。张龙副院长指出：校园是学生高度聚集的公共场所，同时教学仪器多、科研设备价值昂贵、用电量大，各类设备和易燃物多，一旦发生火灾事故，影响大、损失大，易发生群死群伤的恶性事件，这将直接影响教学、科研工作的正常进行。他强调各部门要按照学院统一要求进行自查，查找存在的安全隐患，并设立专门的安全责任人，切实落实消防安全责任。各部门负责人与学院签订了校园安保责任书。保卫办公室也加强巡视、排查和防范工作，确保了校园安全稳定。同年7月，学院迁至昌平校区，安全保卫工作纳入学校保卫处统一管理。

第七节　国际及港澳台交流与合作

一、基本情况

2001—2010年，学院出国出境访问9人次，接待国(境)外代表团来访约31人；派出学生短期交流学习64人。

(一) 出访交流

2004—2010年，共有9人次参加了国外研修和交流活动(见表13.7-1)。

表13.7-1　2004—2010年教职工出访交流活动一览表

年份	派出人次/人		出访国家/地区	总计/人
	国际会议	考察		
2004		1	中国台湾	1
2005		1	加拿大、美国	1
2009	1	2	美国、英国、德国	3
2010	1	3	俄罗斯、英国、中国台湾	4
总计	2	7		9

(二) 来访交流

2001—2010年，学院接待了6个国家和地区的13所大学(机构)、32人次的参观访问(见表13.7-2)。

表13.7-2　2001—2010年主要来访交流情况一览表

时间	交流事宜	来访国家和人员	来访人次
2001.10	讲座《汽车市场暨丰田市场战略》	日本丰田公司驻北京代表大高英昭社长、牧野局长	2
2002.04	商讨两校合作办学事宜	德国勃兰登堡大学语言学院院长凯琴学	1
2002.04	讲座《IT在汽车中的应用》	日本ITS协会理事田中先生	1
2003.07	商讨合作办学事宜	加拿大派特森国际教育集团董事长白宁博士一行四人	4

续表

时间	交流事宜	来访国家和人员	来访人次
2004.05	讲座、参观	德国高等教育专家 Cwid、德国学院代表 Schwauz 博士	2
2005.04	讲座、参观	美国加州州立大学 Fresno 分校两名学者	2
2007.12	系列讲座	日籍国际设计大师胜冈重夫	1
2008.06	协商合作办学及具体合作事宜	美国底特律大学人文教育学院院长 Dr. Charles E. Marske 一行两人	2
2010.11	协商合作办学及具体合作事宜	韩国建国大学副校长金宇峰教授	1
2010.12	与表演系师生交流	英国威尔士大学孔子学院表演系师生	6

二、重要项目

1. “代思博报堂”赴日留学项目

“代思博报堂”赴日留学项目，自 2007 年启动至 2009 年结束，由日本代思株式会社和博报堂株式会社资助，日本国际教育支援会与日本法政大学合作，经刘瑞武院长推荐每年接收 2～3 名获得“代思博报堂”奖学金的优秀学生，赴日本法政大学进行为期一学年的专业学习，回国后参加代思株式会社与博报堂株式会社在华公司的招聘考试。2007—2009 年，学院共派出留学生 7 人参加该项目。

2. 交换生项目

“派出交换生”项目主要是学校与韩国及港台等地大学开展的。学院根据学生自愿、学业成绩、校间可接受的专业及人数等情况，选拔推荐交换学生。交换时间为一学期。

2009—2010 年，学院共派出 18 名学生参加交换生项目，其中 2009 年派往韩国建国大学、台湾云林科技大学、台湾建国科技大学 7 人；2010 年派往韩国首尔市立大学、台湾云林科技大学、台湾建国科技大学 11 人。

3. 学生短期交流活动

学生短期交流活动，从 2010 年开始，时间一般为 1～2 周，主要内容是听课、参观、访问及参加学科竞赛等实践教学活动。2010 年共有 12 名学生参加了短期交流项目，其中 9 人赴英国格鲁斯特大学参加夏令营活动，3 人赴俄罗斯莫斯科人文大学参加第 12 届国际大学生广告节。

三、出国出境管理

学院认真执行学校出国出境的管理制度，严格出国出境人员的审批手续，并要求公职出国出境人员出访回来后，必须写出访总结，必要时还要在学院中层干部会议上进行汇报。学院加强对出国出境活动的管理监督，提高了出国出境活动的效益。

第八节　党的建设及工会、共青团、民主党派工作

一、党的建设及党的工作

（一）重要活动

1. 保持共产党员先进性教育活动

2005 年，学院党总支按照学校党委的要求，在全院党员中开展了保持共产党员先进性教育活动。学院成立了保持共产党员先进性教育办公室，组织全体党员观看了由市委党校薛玫同志主讲的保持共产党员先进性教育活动专题党课的录像，重温了“三个代表”重要思想。活动中，广告系 05 级营销策划班的郑英明同学，代表学院参加了学校举办的关于“学生党员保持共产党员先进性教育”演讲比赛，并荣获二等奖。

2. “我是广告学院一名党员”主题系列活动

2008 年，学院党总支开展了“我是广告学院一名党员”的主题系列活动。活动内容主要包括：学习党章、佩戴党徽、实施“大手拉小手”计划、举办“我是广告学院一名党员”的主题演讲等。通过召开党员大会、学习、讨论、演讲，历时 2 个月（10 月 6 日—12 月 12 日）的活动落下帷幕，全院九个党支部的 130 余名党员及要求入党积极分子参加了活动。这次主题系列活动上交学习心得 85 篇，征文 78 篇，14 名同志参加了演讲比赛。总结会上，对荣获创新活动奖支部、优秀组织奖支部以及演讲、征文活动中的优胜奖获得者进行了表彰奖励，并请获得创新活动奖的党支部进行了经验交流。还对组织员进行了重新聘任，并颁发了聘书。

3. 学习实践科学发展观活动

2009 年 3 月，按照学校党委的总体部署和要求，学院党总支制定了《关于在全院党员中开展深入学习实践科学发展观活动的实施方案》（京联广党〔2009〕4 号），成立了深入学习实践科学发展观活动领导小组，由党总支书记任组长，院长、副书记任副组长。领导小组的职责是研究制定活动的总体方案并负责活动的组织实施。领导小组下设办公室，负责组织、协调全院学习实践活动各个阶段的日常具体工作。教育活动历时 3 个月，主要内容包括：组织全体党员参加了学校的“学习科学发展观”动员会；通过集中学习和个人自学等方式，学习了《毛泽东邓小平江泽民论科学发展》《科学发展观重要论述摘编》《科学发展观学习读本》等相关材料；开展了“我为学院科学发展献一策”活动，举办了院级“联大科学发展建言论坛”；召开了学院领导班子民主生活会和支部组织生活会；深入调查研究，仔细分析问题，切实找准学院和个人在贯彻落实科学发展观方面存在的不足和问题，提出了今后的工作思路和对策。在落实整改阶段，学院党总支根据查找出的问题，制定落实整改方案，集中整改解决实际问题，进一步完善了相关制度，自觉接受党员和群众的监督。

4. 创先争优活动

根据市委组织部、北京市教委和学校党委的要求，学院党总支从 2010 年 5 月起，在全院党组织和党员中开展创先争优活动。党总支制定了《关于在全院党组织和党员中深入开展

创先争优活动的实施方案》,成立了创先争优活动领导小组,加强对活动的领导和指导。2010年6月,学院召开创先争优动员大会,120余名党员师生参加会议。会上,党总支副书记孔昭林传达了学校开展"创先争优"活动动员大会的精神。党总支副书记王鹤结合了学院实际工作,部署了学院"创先争优"活动方案。2010年10月,在全院党员教职工中开展了"创先争优,从我做起"主题实践活动。通过下发刻录的《孟二冬先进事迹报告》光盘及《孟二冬》电影网址、撰写学习孟二冬心得体会、上交承诺书等方式,要求党员教职工结合各自的具体工作,向孟二冬学习,将创先争优精神落实到具体行动中。党总支还组织党员师生参加全市100名"群众心目中的好党员"评选活动,并以支部为单位,组织党员、教职工学习教育系统"群众心目中的好党员"候选人的先进事迹。还开展了学习型党组织创建活动以及走访、座谈活动等。

(二)组织工作

学院经学校党委批准,于2002年9月建立党支部,耿凯燕同志担任党支部书记。

2005年7月,经学校党委批准,学院建立党总支,耿凯燕同志担任党总支书记、王恩江同志担任党总支副书记。

2010年,学院党总支下设了7个党支部:机关党支部,支部书记张赫;教师党支部,支部书记王竹宝;艺术系学生第一党支部,支部书记邱润迪;艺术系学生第二党支部,支部书记景云;艺术系学生第三党支部,支部书记庞华;表演系学生党支部,支部书记方菲;广告系学生党支部,支部书记刘思。

(三)宣传思想政治工作

2002年,中国共产党第十六次代表大会召开,学院党支部组织全院教职工和学生收听收看有关新闻,党支部书记耿凯燕对十六大文件精神进行了讲解,并组织教职工参加有关十六大精神的答题,促进了学习的深入开展。针对学院建院时间不长,面临许多困难和问题的情况,结合学院的改革发展,党支部对教职工进行了正确看待发展中困难的教育,引导教职工从学院发展的大局出发,充分认识学院美好未来与今天努力的关系,团结起来,以积极的态度去工作、去克服困难。还教育大家充分认识学生是学校的主体,培养学生成才是学院工作的大局。党支部特别重视党员的教育管理,以召开党员大会、重温入党誓词、学习党员的权利与义务等形式,要求在学院工作的全体党员,不管组织关系是否在学院,都不要忘记自己是一名党员,要加强学习、摆正关系、严格自律、多讲奉献,围绕学院的根本任务和中心工作,充分发挥党员的先锋模范作用。同时,学院也采取了一些措施,如改进领导作风;改革管理机制;建立必要的规章制度;对发现的问题及时解决,化解矛盾,调动教职工的积极性等。学院提出了"一个中心、四个重点"的工作方针,即以制定落实各级岗位责任制,提高全体教职员工的责任心、敬业精神为中心,抓好教学秩序的整顿、课程体系的改革、教材体系的建设、师资队伍的整合。经过一个学期的努力,全院教职工的思想基本达成统一,凝聚力增强了,干实事的人多了,说闲话的人少了,对工作起到了积极促进作用。

2003年,党支部在组织教职工通读十六大文件的基础上,重点学习了其中有关教育的论述,以使大家更新教育思想,转变教育观念,增强教育创新意识,拓宽办学思路。学院召开全院动员大会,为"迎评促建"工作的开展做好准备。并结合学院的改革发展,组织教职工开展讨论,使大家树立起全员责任意识和服务意识,积极发挥集体智慧,为学院的发展献计献策。还完善了各项规章制度，坚持以德立校依法治校。党支部传达贯彻党的十六届三中全会精神，传达了代市长王岐山关于实践“三个代表”的重要讲话，并召开支部会进行认真讨论，使大家加深了对“三个代表”重要思想的认识，提高了贯彻执行“三个代表”重要思想的自觉性。根据新时期对教育工作者的要求，学院重点抓了提高中青年教师整体素质的工作。针对中青年教师在教学和职业道德方面普遍存在的懒散、缺乏工作责任感和敬业精神的问题，设置了7个专题，开展研讨活动：对人格双重性的探讨；师道尊严的内涵是什么；新时期学生工作的特点；怎样理解“学为人师，行为世范”的道理；“学而不厌，诲人不倦”与教师和教学的关系；教与学的内涵包括哪些内容；教师形象与学院形象的关系。通过讨论，中青年教师受到了启发和教育，提高了加强职业道德修养和搞好教学工作的积极性、自觉性。学院加强宣传工作的力度，布置校园的文化环境，借助各类媒体搞好学院对内、对外的宣传，扩大了学院的影响。

2004年，党支部以邓小平理论、“三个代表”重要思想和党的十六届四中全会精神为指导，继续贯彻学院提出的“一个中心，四个重点”的工作方针，始终把政治学习和思想教育工作放在首位，在抓好相关学习和培训的同时，采取有效措施，在“强化”和“深入”基础上做到“三落实”：学习计划落实、学习组织落实、学习考核落实。制订了每周五学习计划，修订、完善了岗位责任制，建立健全了各项规章制度，编制了学院《岗位职责汇编》和《规章制度汇编(试行)》。

2005年，学院成立党总支。根据学校工作要点，结合学院实际情况，学院进一步调整工作方针，即以增强责任心和评估为中心，以提高领导班子办学能力、部门履职能力、教师执教能力和加强学生课风、班风、学风建设为重点。学院围绕“迎评促建”开展学习教育活动，以“加强教师执教能力和部门履职能力建设”为主题，安排专题讲座3次，研讨活动1次。还开展了“教职工思想道德建设”“爱的教育”“教师风采”等系列师德教育活动。通过宣传教育，使全体教职工树立了责任意识、法律意识和服务意识，思想统一，目标明确，工作质量进一步提高。学院多次召开教职工和学生会议，宣讲学校的办学宗旨、定位、办学特色及评估要求和评估的重大意义等，发放《迎评促建知识测评试卷》2300份，对教职工和学生进行了考核，使校园内人人了解评估，参与评估，为评估作贡献。学院投入20万元，设立了永久性的灯光宣传栏、学习园地、首都大学生文明守则等宣传设施42个；加大舆论宣传力度，不定期地出版《联大广告学院信息》，及时宣传报道学院的新闻事件；利用宣传橱窗宣传党的方针政策、学校迎评促建工作的要求、学院迎评促建工作的进展情况等；对学院网页进行了修改和补充。

2006年，结合学校本科教学工作水平评估，党总支多次组织开展了对评估知识的学习、宣传、讲座、测试、座谈及辅导活动，使学校的办学理念、办学宗旨和定位、办学特色及评估要求和评估的重大意义、指标体系等深入人心。全院师生在思想认识上达到了高度的统一，并在各自的岗位上践行、创新和发展。为迎接评估，充分展现学院的文化氛围，在北京诺贝广告有限公司的全力支持下，学院制作展板120块、横幅30条，分别悬挂在校园的显著部位，还充实改建了校园网，及时在校园网上发布相关新闻和信息并同时向学校宣传部报送。

2007年，围绕评建整改和党建评估工作，学院在继续贯彻“一个中心，四个工作重点”工作方针的基础上，大力倡导“主动性工作精神”，开展了“主动性工作精神”的学习、交流、研讨活动，旨在增强教职工的责任意识、竞争意识和创新意识，提高工作水平和管理水平。学院还组织教职工学习《把信送到加西亚》一书，召开了研讨会交流学习心得，促使教职工增强了工作的主动性,推进了学院各项工作的开展。

2008年,党总支采用专题讲座、自学和写读书笔记等多种形式,组织党员和师生学习贯彻党的十七大精神,并坚持思想教育为先导,以人为本的原则,开展全院性的师德师风教育,先后召开了2次“教书育人、为人师表”师德研讨会,23名教师、行政管理人员和班主任分别结合本职工作发言,畅谈学习心得和工作体会。由于准备充分、交流广泛、研讨内容深刻,因此,强化了教职工积极主动工作的意识,增强了教师的责任感和使命感。学院的宣传工作加强力度,及时准确地报道了学院的重要活动和信息,尤其是对北京奥运会期间学院的相关活动、学校运动会、校庆、风筝节等的报道更加充分,其中有40篇报道刊登在学校信息网上,6篇报道被《联大信息》采用。

2009年,根据学校重点工作要求,学院党总支以深入学习实践科学发展观为指导,以构建和谐校园、稳定校园为中心,以“党员干部受教育、科学发展上水平、人民群众得实惠”为目标,组织教职工学习党的十七届四中全会精神。在学习过程中,对全院师生进行分类指导,采取集中与分散相结合的学习方法,严格要求、加强辅导,并精心组织了各类调研活动、多种座谈会和建言献策活动。学院重视将开展学习活动与做好各项工作有机结合,做到学习、工作“两手抓、两不误、两促进”。同年7月,学院进行体制改革。针对学院现状和教职工思想产生的波动,学院召开了暑期工作会,校领导和各职能处室负责人,学院改制工作组和党政领导、有关教师参加了会议。校长柳贡慧、副校长张连成和黄先开在会议上讲话。此次会议的召开,对稳定教职工的思想情绪、保证学院各项工作的顺利进行,起到了重要作用。在学院改制和国庆节期间,学院的安保维稳及隐患排查等项工作都落到了实处,确保了校园安定和谐。学院的体制改革工作平稳顺利进行。

2010年,党总支积极宣传党和国家的大政方针及学校各项政策,制定了《北京联合大学广告学院宣传工作管理条例(试行)》(京联广〔2010〕48号),加强中心组的理论学习,全面落实学校的理论学习规划。并以德育课题、党建课题的申报为抓手,努力提高学院党建工作的水平,增强德育工作队伍的科研能力。同时利用各种机会进行师德教育,营造良好的政治环境和舆论环境。针对学院搬迁工作,党总支加强宣传教育,把搬迁工作与争先创优工作相结合,并以此为契机,激发全院师生的积极性、主动性和创造性,使师生一条心,上下齐努力,促进了校区搬迁工作的顺利完成。学院迁入新校区后,党总支利用每周五学习的时间,开展政治理论学习,组织教师学习“宣讲家”网站的教育内容(www.xj71.com)。还组织了“忆党史、唱红歌、铸党魂”活动,优秀党员答辩会,入党宣誓仪式,献爱心活动,红色之旅教育活动和关注困难学生活动等。

(四)纪检、监察工作

1. 加强教育

学院始终坚持“教育为主、预防在先”的方针,通过专题学习、各种会议、个别谈话等形式,落实对领导干部的廉洁自律教育。另外,学院以党风党纪教育、警示教育、法制教育为内容,采取集中学习、专题辅导和自学、参观相结合的方法,通过不同层次、形式多样的学习教育活动,来提高机关干部和教师拒腐防变的能力。

2. 健全制度

学院制定了《广告学院党政联席会议制度和议事规则(试行)》(京联广〔2010〕50号)和

《广告学院工作报告制度(试行)》(京联广〔2010〕49号),对重大事项决策、重要干部任免、重要项目安排、大额度资金的使用进行集体讨论和决策。

学院严格遵守各级财经法律、法规制度,按学校规定执行预决算制度。各项收费全部纳入财务统一管理,没有隐瞒、截留、挪用、私设“小金库”行为。

3. 强化监督

学院坚持完善领导班子民主生活会制度,积极开展批评与自我批评;坚持院领导联系基层系、办制度,坚持院领导以普通党员身份参加所在党支部的组织生活会;严格执行学校有关领导班子成员个人重大事项报告制度、领导干部收入申报制度、领导班子民主生活会制度等。

4. 加强领导

学院在研究制定年度、学期工作计划时,都把党风廉政建设纳入其中,与改革发展一起规划,同各项工作一起部署、一起落实、一起检查。学院设立了党风廉政监督员,将廉政责任分解到人,落实到位。在年度考核中,坚持中层干部述职述廉制度,重视对述职述廉程序的监督和民主测评结果的运用。党总支2009年制定了《党风廉政建设和反腐败工作主要任务分工》(京联广党〔2009〕5号),2010年制定了《北京联合大学广告学院2010年推进廉政风险防范管理工作的实施方案》(京联广院〔2010〕7号)。

二、工会工作

(一) 组织机构

2003年1月,建立学院工会。陈华副院长任工会主席,主持工会工作。2007年3月,张文杰副书记担任学院工会主席,组织开展工会活动。

学院改制后,经校工会批准,2009年9月4日,学院召开首届工会会员大会,选举产生了第一届工会委员会(名单见表13.8-1),并通过了《北京联合大学广告学院工会委员职责》。

表13.8-1　第一届工会委员会委员名单

职　务	姓　名
主　席	张俊玲
副主席	郭　峰
委　员	郭峰(科研委员)、杨宁(财务委员、组织委员、生活福利委员)、高璐静(宣传委员)、王丹(青年委员)、徐莹(文艺委员、体育委员)、何芸(女工委员)

2010年9月,张俊玲调离学院。2010年11月5日,毛连生同志任学院工会主席。

(二) 主要工作

学院工会以重大活动、重要时期为契机,积极开展工作。

2005年,首次组织教职工外出旅游;首次组织学院篮球队参加学校“信息杯”篮球比赛,并取得第二名的好成绩;组织教职工开展跳绳比赛,同时选拔人员参加学校工会组织的职工跳绳比赛,有2名职工获得二等奖;参与组织学院的年终表彰总结会(在以后的几年中,一直参与该项活动的组织)。

2006年,组织教职工开展跳绳比赛,并选拔人员参加学校工会组织的职工跳绳比赛,有

1 名职工获得三等奖。

2007 年,组织了“和谐婚姻家庭观”座谈会。

2008 年,参与组织抗震救灾募捐工作。

2009 年 3 月,组织女教工趣味运动会;4 月,组织教职工举行一年一度的登山活动;9 月,召开学院第一届教职工大会暨第一届工会会员大会,按照程序选举产生了工会委员会和教职工大会常设主席团;11 月,组织开展教职工跳绳比赛。

2010 年 3 月 8 日,举办女教职工讲座,邀请表演系专业教师为女职工讲授形象设计系列课程;4 月 9 日,组织教职工举行一年一度的登山活动;12 月 3 日,组织全体教职工在昌平校区实验剧场举行“团结奋进 爱岗敬业 再创辉煌”的主题教育活动。

三、共青团工作

(一)基本情况

学院设立共青团委员会,有书记 1 人、干事 1 人。团委设有办公室、组织部、宣传部、实践部、院刊部等部门,同时各系建立系团总支,各系辅导员兼任团总支书记,各班成立团支部。

学院团委负责指导院学生会、院社团联合会的工作。指导学团组织开展各项学生活动,并努力做好思想宣传工作,积极推进学团组织与学生相互融合,促进学生健康发展。同时负责对院学生会、社团联合会工作的具体指导与管理。

系团总支负责各系学生的思想教育、党团活动、推优入党、社会实践等相关共青团工作。2007—2010 年学院团员情况详见表 13.8-2。

表 13.8-2　2007—2010 年团员情况一览表

单位:人

年份	2007	2008	2009	2010
28 岁以下青年总数	1964	1979	2822	2666
学生团员数	1701	1714	2521	2433
教工团员数	24	26	24	29
女团员数	1015	1071	1696	1713
发展新团员数	62	58	13	20
团员入党数	44	47	58	28
推优数	133	213	140	65

(二)团员教育管理

1. 思想教育工作

团委思想教育工作的重心,以弘扬红色革命精神、促进学生思想道德提升为宗旨,积极开展贴近学生、迎合时事的思想教育活动,得到了同学们的踊跃参与和各团支部的积极配合。

2005 年,根据《共青团中央关于在全团开展以学习实践“三个代表”重要思想为主要内容的增强共青团员意识主题教育活动的意见》精神及校团委的统一安排,结合自身的实际情况,团委于 10 月—12 月,在全院共青团员中开展了增强共青团员意识的教育活动。活动的主题为“六个一”,即每一名团员上一次团课,学一遍团章,读一本学习辅导材料,写一篇学习心得，参加一次讨论活动，过一次民主生活。同时开展了“新时代新风采”团员标准大讨论和“我为团旗添光彩”主题实践等活动，全面加强了对团员的思想教育工作。

2002—2010 年，共组织 9 届“新生杯”辩论赛，以帮助学生进一步树立正确的世界观、人生观、价值观，提高学生分析、认识、处理问题的能力。每年以纪念“一二·九”运动为契机，要求各个团支部组织各种系列活动，对团员青年进行革命传统教育。例如，2007 年组织了“光阴的故事”合唱节，以歌咏比赛的形式，使团员青年了解革命历史、弘扬革命精神。2010 年举办了以“红色经典励青春，红歌唱响爱国情”为主题的大型红歌系列活动。活动以“画”红歌——“红色经典励青春”书画创作比赛、诵红歌——“诵红色经典，抒爱国情怀”诗歌朗诵比赛、唱红歌——“红歌唱响爱国情”校园歌手大赛、演红歌——情景红歌合唱剧“光阴的故事”公演四个方面组成，全院共有 23 个班、千余名学生参加该项活动。

团委一直组织团员青年开展学雷锋活动，近几年已经逐渐形成品牌，现已拓展为雷锋月系列活动，范围及时间逐年延长。各系团总支、各班团支部积极响应号召，开展了“回收旧衣献爱心”“为老师做一件事”“雷锋月劳作”等一系列活动，丰富了学生的校园生活，宣传了雷锋精神，提高了学生的思想境界。

2. 校园文化活动

团委以英语学习节、金秋文化艺术节、女生节、宿舍文化节、广告节、大学生风筝节、“新生杯”辩论赛等活动为主线，以学生社团、社会实践为支点，努力营造青春、和谐、创新的校园科技文化氛围，不仅丰富了学生的课余文化生活，而且增强了学生的凝聚力，为广大同学提供了展现自我的大舞台。

校园歌手大赛。2002—2010 年，学院共举办了 9 届校园歌手大赛。该项活动是学院参与人员最广，影响力也较大的活动之一。前后共有千余名学生参加了比赛，既增强了学生的文化素养，也增进了学生间的情感交流。

大学生风筝节。2002—2010 年，学院承办了 5 届大学生风筝节。学生以放飞风筝的形式，进行文化交流，既为学院学生提供了良好的交流学习机会，也促进了学院与其他院校间的交流互动和融合。

运动会。学院每年举办一次运动会，学生们都积极参与，在强健学生体魄的同时，一些学生还取得了良好的竞技成绩。

2003 年 5 月，创建了团刊《广告先锋》(现改为《广告风采》)，并一直坚持每月 1 刊，为学生创建了文化、科技活动的信息交流平台。

除上述经常性的活动外，学院还组织了其他校园文化活动：

2005 年 10 月，为活跃校园文化艺术氛围，丰富同学们的课余生活，使学生有更多展示自我的空间，学院学生会举办了第二届电子竞技大赛。

2006 年，为了充分展示学生的活跃思维和创新思想，更好地挖掘同学们在艺术设计方面的专业知识，促进学生将所学的技能运用到实际生活中，学院学生会举办了“广告学院首届手绘贺卡大赛”。

2007 年，“我型我秀”选拔赛在北京 8 所高校设立赛区，学院被选为校园选拔赛的承办高校之一。4 月 12 日晚，在学院礼堂进行了海选活动，有近 200 名学生参加了海选，除学院学生参赛外，还有北京大学、中央美术学院、培黎职业学院等高校的选手参赛。在经过个人才艺展示初选后，最终有 10 名参赛选手进入复赛。此次活动得到院领导的大力支持以及主办单位领导的赞扬。

2008年,由学院主办(影视艺术中心和团委具体承办)的"2008大学生语言艺术大赛",于5月30日举行了总决赛。刘瑞武院长、张文杰副书记全程观看了比赛。大赛以"展现青春风采,放飞理想希望"为主题,旨在坚定大学生的远大理想,激发同学们的爱国情怀,从而使他们更珍惜大学生活,并对"校园"留下美好记忆,让青春绽放光彩。大赛共评选出特等奖1名,一等奖2名,二等奖3名,三等奖6名,优秀奖9名。"2007编导主持班"的许珍妮同学,获得了最佳风采奖和最佳上镜奖、丰瑶瑶获得了最佳潜质奖、刘玥获得了最佳口才奖。

2010年4月,学院艺术设计系举办了"我爱家乡"摄影展。

3. 团员"达标创优"活动

团委自2004年起,每年开展团员"达标创优"评比活动。通过团支部答辩、优秀团员事迹报告会、团干部述职等形式,把符合条件、工作突出的各类先进评选出来,并在全院树立典范,进行宣传表彰。

院级优秀团员的评选,各系所报名额不超过其团员总数的4%;优秀团干部的评选,各系所报名额不超过其团员总数的2%。院级优秀团员、优秀团干部、优秀团支部的评选,由各系团总支组织学生,根据民主原则,通过各班团支部评议大会,自行评定。

校级优秀团员、优秀团干部的评选,则在各系推荐的院级优秀团员和优秀团干部的基础上,由各系团总支负责人和团委老师进行综合评定。

在每年开展的寒暑期社会实践中,团委对表现突出的社会实践先进个人和团队进行表彰奖励,并根据校团委的相关规定,推荐先进个人和团队参加校级和市级的各项奖励评比活动。

2004—2010年学院达标创优与社会实践评奖情况见表13.8-3。

表13.8-3 2004—2010年达标创优与社会实践评奖人数统计表 单位:人

年份	达标创优						社会实践			
	院级优秀			校级优秀			院级先进		校级先进	
	团员	团干	支部	团员	团干	支部	个人	团队	个人	团队
2004	24	12	5	10	6	2	9	3	3	1
2005	42	22	5	22	11	2	10	3	5	1
2006	78	42	8	32	18	3	5	5	2	2
2007	53	27	7	23	16	3	9	4	2	1
2008	69	37	8	22	14	4	17	11	10	6
2009	81	52	8	31	14	5	10	8	3	1
2010	67	41	8	25	8	3	11	7	5	3
合计	414	233	49	165	87	22	71	41	30	15

4. 团组织推优入党工作

根据每学期党总支的统一部署和安排,团委每年进行两次团员推优入党工作(上下半年各一次)。

推荐的基本条件是:年龄在18周岁以上、28周岁以下;参加团内生活一年以上;向党组织递交了入党申请书;基本具备或接近党员条件的优秀共青团员。优秀共青团员的标准是:① 具有坚定的共产主义信念和坚持走社会主义道路的信心,坚决拥护并自觉执行党的基本路线,具有高度的事业心和强烈的责任感。② 德、智、体全面发展,学习刻苦努力,成绩良好,在班级建设中起到先锋模范作用。③ 认真学习马列主义、毛泽东思想和邓小平理论。④ 自觉地把党和人民的利益放在首位,个人利益服从党和人民的利益,克己奉公,乐于奉献。⑤ 参加过业余党校的培训并获得结业证书。⑥ 出色完成党团组织交给的各项任务,模范遵守国家法规,团的纪律,坚持真理,勇于开展批评与自我批评,敢于同违法乱纪行为做斗争。

推荐的基本程序是:① 团支部委员会根据基本条件要求,在充分征求团员青年意见的基础上,提出推荐对象名单。② 召开团支部大会,介绍推荐对象基本情况,被推荐对象作思想汇报。③ 团员以团小组为单位,对推荐对象进行民主评议。④ 团支部委员会根据评议结果,遵照民主集中制的原则讨论确定推荐人,填写《团组织推荐优秀团员作党的发展对象登记表》,并报院团委审定。⑤ 团支部在形成推荐意见和做出推荐决定时,必须经过团支部委员会集体讨论,对推荐对象意见不一致时,不急于做出决定,待对推荐对象做进一步培养考察后,再进行讨论。

(三)社会实践与志愿服务

社会实践一直是学院团委的重要工作之一,并有着良好的工作传统,同时受到学院领导的重视与大力支持。结合学院的实际情况,按照学校《关于进一步加强和改进学生社会实践的意见》要求,在学院党组织的统一领导下,成立了由分管领导牵头的学生社会实践领导小组,并根据每年学校团委相关工作的通知精神,开展社会实践活动。

2001—2010年,学生暑期社会实践,始终坚持"按需设项、据项组团"的原则,结合社会发展和学生专业内容的实际需要,重视发挥人才和智力优势,开展了以专业实践、理论宣讲、志愿服务、主题调研、主题宣传和环境保护为主要内容的实践活动,帮助大学生的成长与成才,积极打造适合学生发展的实践锻炼新平台。

2007年暑期,学院组织社会实践团队23个,其中校级重点团队10个,有302名学生参与团队实践,此外还有个人(或小组)实践项目25个,参与学生达653人。

2008年暑期,学院组织社会实践团队11个,有145名学生参与团队实践;同时,个人(或小组)结合所学专业特点,深入公司或其他单位开展自主实践活动的学生达572人。除此之外,学院还有62名学生分别参加了奥运会期间工体馆、机场、开幕式演员、颁奖礼仪以及城市志愿服务等工作。

2009年,为表彰学院在2008年北京奥运会、残奥会期间,51名奥运服务志愿者和9名颁奖礼仪志愿者出色的工作表现,北京奥组委向学院赠送奥运会、残奥会颁奖礼仪服装两套。有6人被评为奥运工作先进个人,有7人被评为志愿者服务先进个人,有32人被评为优秀志愿者。

2009年暑期,学院组织社会实践团队18个,参与团队实践的学生共130人;同时,个人(或小组)结合所学专业特点,深入公司或其他单位开展自主实践活动的学生达677人。除此之外,学院还有30名学生分别参加了国庆广场合唱的排练工作。

2010年暑期,学院组织社会实践团队2个,参与团队实践的学生共285人,主要参与学院暑期搬迁等志愿服务工作;同时,个人(或小组)结合所学专业特点,深入企业或其他单位开展自主实践活动的学生达542人。

(四)学生组织

1. 学生联合会

学院设有学生联合会(以下简称"学生会")主席团,设主席1名、副主席2名,负责主持学生会工作。各系下设系学生会,各系团总支负责本系学生会日常工作的督导和管理工作。2004—2010年学院学生会主席、副主席任职情况见表13.8-4。

院学生会下设:宣传与组织部、学习部、公关部、生活部、体育部、文艺部。宣传与组织部(学生会日常事务中心)的主要职责为:负责学生会日常事务的综合协调、组织以及学生会的建设和外部宣传工作等。学习部的主要职责为:负责师生之间的交流沟通、营造良好的学习氛围、开展各种竞赛,以实现"寓教于乐"的目的。公关部的主要职责为:负责学生会对内对外的交流联系、大型活动的公关接待、寻求活动赞助等。生活部的主要职责为:负责与学校后勤部门建立紧密联系、展现宿舍文化、反映学生生活方面的问题、开展与学生日常生活贴近的活动等。体育部的主要职责为:负责开展学生体育活动并配合学校各项体育活动的开展。文艺部的主要职责为:负责开展校园文化艺术类的活动,即结合学院专业特色,开展文艺演出等活动,以丰富校园文化生活,提高学生的专业实践能力。

表13.8-4 2004—2010年学生会主席、副主席任职情况一览表

年份	届 次	主 席	副主席
2004	第四届	吕随意	柯洋、郑英明
2005	第五届	王 培	郝玥、王秋萍
2006	第六届	王 培	郝玥、王秋萍
2007	第七届	许 祥	许媛媛、范妍、李赞
2008	第八届	李杨、朱青	韩磊、姜山
2009	第九届	于梦洋、刘玉瑾	
2010	第十届	庞 元	蒲 赛

2. 社团联合会

学院社团联合会是在学院共青团指导下的学生组织,负责学院社团的日常管理和组织建设工作,是校园社团管理的重要力量。2002—2010年学院学生社团情况见表13.8-5。

表13.8-5 2002—2010年学生社团一览表

序号	社团名称	成立时间	负责人	社团人数	宗旨与活动简介
1	百亭学社	2002.09	徐小晶 贾 琼	80	学以致用,加强校内外联系,为广告专业学生提供一个实习和聆听讲座的机会,激发同学的学习兴趣,逐步熟悉广告业,丰富校园文化生活
2	摄影社	2002.09	张 祺 王 玉	35	让有摄影方面爱好的同学学有所获,拍摄身边的一切。活动主要以座谈式教学、图片交流、图片欣赏、实地拍摄和社会交流的形式进行

续表

序号	社团名称	成立时间	负责人	社团人数	宗旨与活动简介
3	三棋社	2004.02	张　扬	58	以推动校内棋类发展,丰富校园文化生活为组社目的。旨在提高广大同学对棋类运动的兴趣和水平。主要活动包括:讲授棋谱、组织社员对弈及组织校内外比赛
4	登临文化社	2004.11	许　巍	128	弘扬中国传统文化,提高同学文化修养,扩展"中国文化概念"这门课程的教学空间。为爱好文学及中国传统文化的同学搭建一个交流发展的平台
5	English Club	2003.02	常　娟	92	培养同学们对英语学习的兴趣,在英语学习中增加趣味性,生动性。活动内容主要为组织讲座和社内交流
6	棍秀社	2003.09	禹润润	66	丰富校园文化生活,培养同学团结精神。由社长及高级社员教授,从双节棍基本功动作学起,循序渐进,做到安全第一。另外穿插一些与其相关的文化讲解
7	乒乓球社	2003.09	王　望	82	丰富同学们的课外生活,把乒乓球有兴趣的同学集合起来,扩大国球的影响力。主要内容为举行社内比赛及与外校乒乓球团体联谊
8	羽毛球社	2003.04	张　鹏	69	给校内的羽毛球爱好者一个展示的舞台
9	人鱼漫画社	2003.09	马静翳	134	支持动漫事业,丰富课余文化,挖掘个人潜力,促进同学间的交流
10	足球社	2004.04	季　洁	31	使同学们在学校发展自己的兴趣爱好,培养团队精神,锻炼同学们的体魄
11	跆拳道社	2005.04	周　影	70	教授跆拳道,让同学们知道和了解跆拳道.通过此活动达到丰富同学课余生活的目的
12	闪动社	2007	张　凯	30	动漫带给人的乐趣是无限地,同学们在漫画中一起玩耍,一起成长,哪怕只是开心也好
13	爱心社	2005.09	邵楚楚	30	自古以来,爱心是老师和家长口口相传的教育品德,不仅在校园里同学们要有爱心,走上社会,更要有爱心去帮助别人。只有人人心里都充满爱,世界才会和谐
14	墨香社	2009	郑　阳	27	下笔若有神,心中则开怀,墨香社力求提高同学们对中国书法和古典绘画的理解。一点一滴从写字开始,用点、横、竖、撇、捺勾勒大学美好的时光
15	炫羽社	2009	冯　畅	28	这是一个充满年轻和活力的社团。以合作为基本要求,以团结为信念和支持,为求建立一个供热爱羽毛球的学生交流的平台而努力
16	跆拳道社	2010	张碧涵	25	体育运动中,跆拳道是一种健康向上的锻炼方式,对于心智的历练更是起到了不可磨灭的作用。这种运动会带给同学们德智体全面发展的机会
17	街舞社	2010	赵乾屹	25	街舞时尚、动感,是年轻人喜欢并且追捧的炫酷方式。在这里,同学们有最前沿的音乐和舞蹈动作,并让每一个来到这里的同学都有难忘的学习和演出机会

注:跆拳道社成立于2005年4月,但因故中途解散。所以,2010年由张碧涵负责的新跆拳道社成立。

重点社团简介:

(1) 百亭学社

百亭学社成立于2002年9月25日,是学院最大的学生社团之一。学社专注广告专业,成立的目的就是为在校学生提供与广告界交流互动的最佳平台。学社不定期邀请广告界知名人士来学院举办大型专业讲座,现已成功举办20多场。例如,2005年6月13日,邀请了国际广告协会副会长、BBDO亚太地区董事长苏雄先生到学院演讲,来自首都15所高校的500余名学生参与,5家媒体也同时进行了报道。学社还组织百亭会员去大型(4A)广告公司参观学习、推荐学社优秀会员去4A公司实习等。学社已与北京多家高校结成"中国广告网高校大学生联盟"。

(2) 爱心社

爱心社成立于2005年9月,是由在校学生自发组织的学生团体,是学生了解社会、关爱他人、关注社会弱势群体的平台。

该社以把自己打造成为一个最温暖的社团组织为目标,继承弘扬中华民族的传统道德精神,借鉴吸收现代社会的文明价值观念,立足于社会道德自律和自身素质的提高。其活动涉及儿童、助残、校园、护老四个方面。该社"呼唤爱心,奉献爱心,自我教育"的宗旨,经过一届届社员的传播与实践,深入人心。

(3) 墨香社

墨香社成立于2009年,其宗旨是集结全院喜欢、热爱绘画的学生,无论是否有基础,共同学习,共同进步。该社以提高社员绘画水平、活跃校园文化为目标,以弘扬中华民族传统书画艺术,培养绘画爱好者、书法精英、进行绘画学习为主要活动内容。该社每周组织社团成员进行绘画方面的交流活动,并定期外出写生,提高绘画技巧,增加了社团成员之间的情感。

第十四章　应用科技学院

概　　述

为了深入落实学校“发展应用性教育，培养应用性人才，建设应用型大学”的办学宗旨，进一步优化高等职业教育专业结构和布局，整合高等职业教育资源，为学校今后的可持续发展打下良好基础，经学校党委和行政研究决定《关于成立应用科技学院（筹）的通知》（京联党〔2007〕8 号）成立应用科技学院。

2008 年 4 月 14 日，应用科技学院正式挂牌成立，学院专门从事高等职业教育，设立电子信息、经济管理、媒体艺术、外语 4 个系和公共基础部。学院的专业由学校信息学院、管理学院、东方信息技术学院、网通软件职业技术学院和国际语言文化学院的高职专业组成，以 IT 类、管理类为主，面向北京市加快发展的现代服务业和高新技术产业，培养服务于文化创意产业、商贸服务业、现代物流业和高新技术业一线的高素质技能型人才或高素质技术服务人才。

学院办学地点位于北京市昌平区石牌坊路，为租地办学，租地面积 13.33 万余平方米，建筑面积 5 万余平方米（包括教学楼、学生公寓、食堂、图书馆、塑胶体育场等建筑）。截至 2010 年年底，教职工 117 人，其中专任教师 72 人、具有副高以上专业技术职称的 17 人、教授 3 人。电子商务专业、市场营销专业被评为北京市级优秀教学团队，支芬和、李宇红教授被评为北京市教学名师，支芬和教授在 2009 年被评为北京市级创新人才。2010 年 3 月，学院有在校生 1738 人。从 2008 年 4 月建院到 2010 年年底，学院已毕业 1689 名学生。

2008 年建院到 2010 年底，教职工作为第一作者发表国内核心期刊论文 13 篇，国内普通期刊论文 52 篇，国外普通期刊论文 3 篇，国外论文集论文 37 篇（其中 22 篇被 EI 检索，8 篇被 ISTP 检索）。2009 年 6 月，出版论文集《高素质技能型人才培养研究与实践》，2010 年，出版《高素质技能型人才培养研究与实践（2010）》。

截至 2010 年年底，学院共有 4 门国家级精品课程，3 门北京市精品课，2 门校级精品课程，5 项发明专利，5 个校级示范专业，多名教师指导学生在国家级、北京市级比赛中获得一、二、三等奖。2009 年 11 月，教育部批准学校建立国家级《服务外包人才培养模式创新实验区》（教高〔2009〕27 号），北京市教育委员会批准学校为市级《人才培养模式创新试验区》（京教函〔2009〕63 号），学院承担其中的子课题高技能服务外包人才培养模式创新实验区。2010 年，建立校级校外人才培养基地——阿里巴巴电子商务公司校外人才培养基地。

学院积极开展对外交流与合作，每年都选派部分优秀毕业生或在校学生，赴日本、古巴等国家或地区留学，或进行短期学习交流。

第一节　管理体制与组织机构

一、管理体制

应用科技学院为学校下属二级非法人学院,处级建制,实行党政共同负责制。工作实行民主集中制,通过院务会、党政联席会、党委会等制度保证学院各项工作的正常运行。学院院长对学院行政事务行使管理权,定期向本学院和全体教职工汇报工作。学院党委书记负责学院的党政思想建设,保证党和国家的路线、方针、政策和学校各项决定在本学院的贯彻执行,支持并保证院长履行其职责。

二、组织机构

(一)党政机构

2008年4月学院成立时,有4个党政管理机构,党委院长办公室(与工会合署办公)、行政与保卫办公室、教学与科研办公室、学生工作办公室。群众团体有工会和团委。

截至2010年1月底,学院机构设置调整为3个,综合办公室(含工会)、教学科研办公室、学生工作办公室(含团委);撤销行政与保卫办公室,见表14.1-1。

表14.1-1　2008—2010年党政机构设置及负责人一览表

序号	机构名称	正　职	任职时间	副　职	任职时间	备　注
1	综合办公室(与工会合署)	姚志敏	2010.01—今	姚志敏 任　斌 李琳琳(工会)	2008.06—2010.01(主持工作) 2010.01—今 2010.01—今	2010年1月前称党委院长办公室
2	教学科研办公室	杨　芳	2008.06—2009.12	李　珊	2010.01—今(主持工作)	
3	学生工作办公室	刘　洋	2008.04—今	周广军(团委) 李　鹤(学生党总支)	2008.04—今 2008.04—2010.12	
4	行政与保卫办公室			俞　涛	2009.06—2010.01	2010年1月撤销

(二)教学教辅机构

2008年4月学院成立时,有3系2部1馆1基地,即电子信息系、经济管理系、媒体艺术系、公共基础部和国际语言文化部,图书馆,实验实训基地。其中图书馆隶属校本部图书馆,规模较小,仅有1名工作人员,见表14.1-2。随着广告学院的迁入,学校在昌平校区新建图书馆。

2010年1月底,国际语言文化部改为外语系。

表 14.1-2　2008—2010 年教学教辅机构设置及负责人一览表

序号	机构名称	正　职	任职时间	副　职	任职时间	备　注
1	电子信息系	申功迈 钮文良	2008.08—2009.09 2009.09—今	王廷梅 （支部书记）	2008.04—今	
2	经济管理系	李宇红	2008.08—今	彭爱美 苏艳芳	2008.06—今 2009.10—今	
3	媒体艺术系	鲁彦娟	2008.08—2010.07	俞必忠 （支部书记）	2008.06—今 （主持工作）	
4	公共基础部	张　耘	2008.08—今	张洪颖 （支部书记） 闫晓峰 （支部书记）	2008.06—2010.01 2010.01—今	
5	外语系	郝金梅	2008.08—2010.07	程　可 张洪颖	2008.06—今 2010.01—今	2010 年 1 月前称国际语言文化部
6	实验实训基地			吕广革	2008.06—今	
7	图书馆					仅有 1 名工作人员

三、专门委员会等机构设置及调整

2008—2010 年学院常设专门委员会详见表 14.1-3。

表 14.1-3　2008—2010 年常设专门委员会一览表

序号	名　称	主任（组长）	任职时间	成　员
1	就业工作领导小组	王　洪 丛　森	2008.09—今	匡志盈、刘洋、申功迈、李宇红、鲁彦娟、郝金梅
2	应用科技学院就业工作办公室	刘　洋	2008.09—今	刘俊、周广军、刘世清、张苏雁、王雅芹、叶青
3	聘任委员会	王　洪 支芬和	2009.01—2010.08 2010.01—今	丛森、匡志盈、王辉、王颖、劳凤学、马振龙、李宇红、钮文良、鲁彦娟、张洪颖、李鹤
4	安全稳定工作领导小组	丛　森 王　洪	2008.09—今 2009.01—2010.08	刘世清、孙熙清、杨建钧、姚志敏、李琳琳、杨芳、关民、刘洋、周广军、申功迈、李宇红、鲁彦娟、张耘、郝金梅、程可
5	第一届学术委员会	王　洪	2008.11—2010.08	丛森、支芬和、李宇红、申功迈、鲁彦娟、张洪颖、程前
6	学生申诉处理分委员会	匡志盈	2008.12—2010.06	支芬和、王颖、刘洋、杨芳、周广军、姚志敏、郝金梅、赵文博
7	学生体质健康达标测试领导小组	马振龙	2009.10—今	梅进松、刘洋、体育组全体教师、周广军、杨芳、孙熙清
8	第二届学术委员会	支芬和	2010.04—今	丛森、李宇红、匡志盈、王辉、劳凤学、钮文良、程前、张洪颖、鲁彦娟、李鹤
9	教学科研指导委员会	支芬和	2010.04—今	丛森、王辉、匡志盈、马振龙、劳凤学、李宇红、郝金梅、吕广革、李珊、赵劲松、刘洋、姚志敏、钮文良、程可、张洪颖、鲁彦娟、张耘

续表

序号	名　称	主任（组长）	任职时间	成　员
10	安全稳定工作领导小组	丛　森 支芬和	2010.02—今	劳凤学、马振龙、俞涛、孙熙清、李春源、姚志敏、李琳琳、李珊、吕广革、刘洋、周广军、钮文良、李宇红、鲁彦娟、张耘、郝金梅、程可
11	国有资产清查领导小组	支芬和 丛　森	2010.05—今	王辉、劳凤学、马振龙、钮文良、李宇红、鲁彦娟、郝金梅、张耘、姚志敏、李珊、刘洋、俞涛、易路曦、吕广革

四、领导分工与任免变更

（一）2008—2009 年领导班子分工

书记丛森：主持学院党委工作，负责班子建设、思想政治、党建、党风廉政等工作和国际语言文化学院建制撤销后的收尾工作；

院长王洪：主持学院全面行政工作，负责教学、科研、财务等工作和网通软件职业技术学院建制撤销后的收尾工作；

常务副院长支芬和：主持学院教学（负责教学计划制订、教学管理日常运行、教学质量监控）和招生、合作办学工作；

副书记匡志盈：负责学生、就业、宣传、政治保卫、工会、外事工作，辅助书记负责党建、党风廉政工作，主管国际语言文化学院的工作；

副院长王辉：负责实验室建设、师资、科研工作，并负责原网通软件职业技术学院的教学工作，配合支芬和常务副院长做好教学工作；

副院长王颖：协助院长负责学院行政事务工作，负责联系园区，监控园区提供的后勤保障工作质量，负责学院安全保卫工作；主管原网通软件职业技术学院的学生工作。

（二）2009—2010 年领导班子调整及分工变更

2009 年 6 月 19 日，马振龙调入应用科技学院任副书记，匡志盈到北京市教委挂职。马振龙接管匡志盈原先承担的工作。

2009 年 11 月 30 日，劳凤学调入应用科技学院任副院长，王颖调出。劳凤学接管王颖原先承担的工作。

2010 年 3 月，王洪学术休假；支芬和任院长，兼管教学工作。

2010 年 6 月，匡志盈正式调出。

2010 年 8 月，王洪退休。

2008—2010 年，学院历任党委和行政领导人详见表 14.1-4 和表 14.1-5 所示。

表 14.1-4　2008—2010 年历任党委领导人一览表

正　职	姓　名	任职时间	副　职	姓　名	任职时间
书　记	丛　森	2008.04—今	副书记	匡志盈	2008.04—2009.06 2009.06—2010.06 （挂职）
			副书记	马振龙	2009.06—今

表 14.1-5　2008—2010 年历任行政领导人一览表

正　职	姓　名	任职时间	副　职	姓　名	任职时间
院　长	王　洪	2008.04—2010.08	副院长	支芬和	2008.04—2010.03
院　长	支芬和	2010.03—今	副院长	王　辉	2008.04—今
			副院长	王　颖	2008.04—2009.06
			副院长	劳凤学	2009.11—今

第二节　教学改革与发展

一、专业设置及调整

学院 2008 年 4 月建院，由原国际语言文化学院（商务英语专业、商务日语专业、应用西班牙语专业、应用法语专业）、网通职业技术学院（计算机多媒体技术两年制专业、软件技术两年制专业、计算机网络技术两年制专业、电脑艺术设计两年制专业）、东方信息技术学院（体育场馆管理专业）、信息学院（通信专业、计算机多媒体技术专业、软件技术专业、计算机网络技术专业）和管理学院（国际商务专业、电子商务专业、金融保险专业、计算机信息管理专业）合并而来。教学单位设置为 3 系 2 部，分别为经济管理系、电子信息系、媒体艺术系、国际语言文化部和公共基础部。

2008 年招生专业（方向）共计 12 个，经济管理系下设 5 个专业，分别是：体育场馆管理（两年制）、国际商务、电子商务、金融保险、计算机信息管理；电子信息系下设 4 个专业（方向），分别是：软件技术（两年制）、通信技术、软件技术和计算机网络技术；媒体艺术系下设 3 个专业（方向），分别是：电脑艺术设计、计算机多媒体技术（动漫设计）、计算机多媒体技术（影视技术）。

2009 年招生专业（方向）共计 14 个。经济管理系下设 7 个专业（方向），分别是：国际商务、电子商务（网络营销、网络编辑）、金融保险、计算机信息管理、电子商务（医药）和市场营销（医药）、体育场馆管理（两年制）；电子信息系下设 3 个专业（方向），分别是：通信技术、软件技术、电子信息工程技术；媒体艺术系下设 3 个专业，分别是：电脑艺术设计、计算机多媒体技术（动漫设计）、计算机多媒体技术（影视技术）；国际语言文化部下设 1 个专业，为应用西班牙语。

2010 年 1 月，取消两年制专业，招生专业共计 14 个。2010 年 1 月底，撤销国际语言文化部，改称外语系。经济管理系下设 6 个专业，分别是：国际商务、电子商务、金融保险、电子商务、会计、和市场营销（医药）；电子信息系下设 3 个专业，分别是：软件技术、电子信息工程技术、通信技术；媒体艺术系下设 3 个专业（方向），分别是：电脑艺术设计、计算机多媒体技术（动漫设计）、计算机多媒体技术（影视技术）；外语系下设 2 个专业，分别是：应用西班牙语和商务日语。

二、教学基本建设

(一)专业建设

学院在专业建设方面实施学科专业一体化建设,使每一个本科专业都有相应的重点建设学科做支撑;立足凝炼应用型专业方向,重点建设骨干特色专业。截至2010年,学院拥有校级示范专业5个(见表14.2-1)。

表14.2-1　2009—2010年校级示范专业一览表

序号	专业名称	负责人	获批时间/年
1	电子商务	支芬和	2009
2	计算机多媒体技术	鲁彦娟	2009
3	国际商务	李宇红	2009
4	金融保险	彭爱美	2010
5	软件技术	王　辉	2010

在专业建设上,学院投入大量精力对北京市经济文化发展情况进行调研,努力实现学院专业与现代服务业(金融、商贸、连锁经营)文化创意产业(动漫、影视制作、电脑艺术设计)信息服务业(软件、通信)相对应,并据此修改培养方案。

截至2010年年底,围绕专业建设,学院已建成设计基础实训室、影视后期编辑与制作实训室、营销与谈判实验室、营销模拟实验室、电子商务与信息管理实验室、通信基础实验室。

(二)课程建设

学院在专业调研基础上,进行课程建设,包括:公共基础课程、专业基础课程、专业理论课程、专业实践课程(实训、实习、实验)的建设。在建设中充分发挥理论课程与实践课程的融合、高职课程与人文教育的融合、高职课程与企业现状的融合、高职课程与项目任务的融合、高职课程与学科体系的融合。

截至2010年年底学院拥有国家级精品课程4门,市级精品课程3门,校级精品课程2门(见表14.2-2)。

表14.2-2　2003—2010年校级及以上本科精品课程一览表

序号	课程名称	负责人	职称	专业	申请时负责人	精品课程级别
1	Web技术应用基础	薛晓霞	副教授	计算机应用技术	樊月华	2003年国家级精品课程
2	应用数学与计算	陈玉华	副教授	数学	王信峰	2003年国家级精品课程
		张　耘	讲师	化工		
3	通信技术概论	钮文良	教授	电子	卢孟夏	2003年市级精品课程

续表

序号	课程名称	负责人	职称	专业	申请时负责人	精品课程级别
4	公共关系概论	支芬和	教授	高等教育管理	李兴国	2005年国家级精品课程
		丛　森	副研究员	应用经济		
5	项目管理	支芬和	教授	高等教育管理	支芬和	2007年市级精品课程
		吕广革	高级实验师	软件功能		
6	市场营销实务	李宇红	教授	工商管理	李宇红	2009年市级精品课程
7	多媒体色彩设计	鲁彦娟	副教授	设计艺术学	鲁彦娟	2009年校级精品课程
8	网络信息编辑	敖静海	副教授	管理科学与工程	王晓红	2009年校级精品课程
9	工程化程序设计	王　辉	副教授	电子工程	王　辉	2010年国家级精品课程

注：序号1—5为建院时由合并学院带来的课程。

（三）教材建设

学院重视高职专业的教材建设，鼓励并支持各专业教师编写适合本专业的高职教材（见表14.2-3）。

表14.2-3　2008—2010年教师编写出版的高职教材一览表

序号	教材名称	作　者	出版社	出版年
1	人力资源管理原理与实践	殷智红	国防工业出版社	2009
2	计算机专业英语	张洪颖	中国铁道出版社	2009
3	日语中级多媒体会话	刘希玲	南开大学出版社	2009
4	市场营销实践教程	李宇红	人民邮电出版社	2009
5	文化创意学	李宇红	中国经济出版社	2010
6	高频电子线路(第三版)	钮文良	西安电子科技大学出版社	2010.01
7	市场调研实务	苏艳芳	科学出版社	2010
8	会计实务	王文媛	人民邮电出版社	2010
9	电子商务概论	支芬和	中央广播电视大学出版社	2010
10	职业生涯规划	殷智红	北京大学出版社	2010
11	新编保险法	彭爱美	清华大学出版社	2010

（四）教学管理

在遵循学校制定的各项教学管理制度的基础上，如《北京联合大学关于制(修)订教学大纲的规定》(京联教〔2005〕9号)、《关于专业设置调整管理的暂行规定》(京联教〔2003〕27号)、《校本部排课、调课、停课管理规定》(京联教办〔2005〕14号)、《北京联合大学教学检查工作规定》(京联教〔2005〕11号)的基础上，认真实施高职各专业的教学计划，在组织教学的过程中进行教学质量的监控，以保证稳定的教学秩序。

三、教育教学改革与发展

(一)参与学校人才培养模式创新实验区建设

2009年9月,应用科技学院开始参与学校高技能服务外包人才培养模式创新试验区的项目建设,试验区的负责人为王洪院长。同年11月,教育部、财政部批准北京联合大学建立国家级“服务外包人才培养模式创新实验区”(教高〔2009〕27号)。2010年,试验区开始承担职业教育服务外包人才培养模式创新试验区的建设,学院组建了由院长、书记挂帅的实验区领导小组,负责培养方案总体设计与组织实施,负责师资队伍和教学条件建设、协调政策保障、指导管理运行、研究解决培养过程中的重大问题、总结教学改革实践经验,提供创新实验的实效。

实验区聘请高职教育专家与合作企业专家组成专家指导委员会,定期研究教学改革创新人才培养实验,结合服务外包行业发展和实验区工作实际,总结经验,提出创新建议。由各系部负责人与合作企业负责人组成校企业合作委员会,负责制定委员会章程,明确校企双方权利与义务。校企合作委员会负责制定各类人才校内教学计划、企业培训计划、顶岗实习计划,开发相关课程和教材,并负责与各个合作单位进行联系、沟通与协调。由各个专业方向组成专业教学组,专业教学组包括校外兼职教师、校内专职教师和学生顶岗实习指导小组。设计、实施各种教学活动,并对各项教学活动监控与考核。

此外,为保证实验区日常运转,领导小组下设实验区管理办公室,制定学生选拔、学籍管理、教师配备、质量监控等相关政策,负责实验区日常的教学管理与运行,与院学生管理部门共同负责学生政治思想工作等。

分别由电子信息系、经济管理系、媒体艺术系3个系部申报试验区子课题,由钮文良负责服务外包电子信息类人才培养改革实施方案子课题;李宇红负责服务外包经济管理类人才培养方案子课题;鲁彦娟负责服务外包媒体艺术设计人才培养实施方案子课题。课题立项后,各子课题组到华南国际市场调查公司、塞迪呼叫中心、北京世纪工场传媒有限公司、幸星数码科技有限公司、北京软件与信息业促进中心等多家服务外包型企业调研,了解企业的实际用人需求,并将其跟学院各专业的服务外包人才培养相结合,坚持职业迁移能力与职业岗位能力培养并重的原则,通过与服务外包企业签署深度的校企合作合同,运用产学合作教育的方式,构建工学结合的高技能服务外包人才培养模式。人才培养模式框架如图14.2-1所示。

(二)教学改革

高职教学改革的主要内容是改革课程的教学内容和方法,加大实践教学学时,使教学内容和方法成为短线的、实用的、技术的,应体现职业的、面向实际并侧重于专业理论的应用,让学生完成学业后一般具备进入企业所需的能力和资格。以金融保险专业为例(见表14.2-4)。

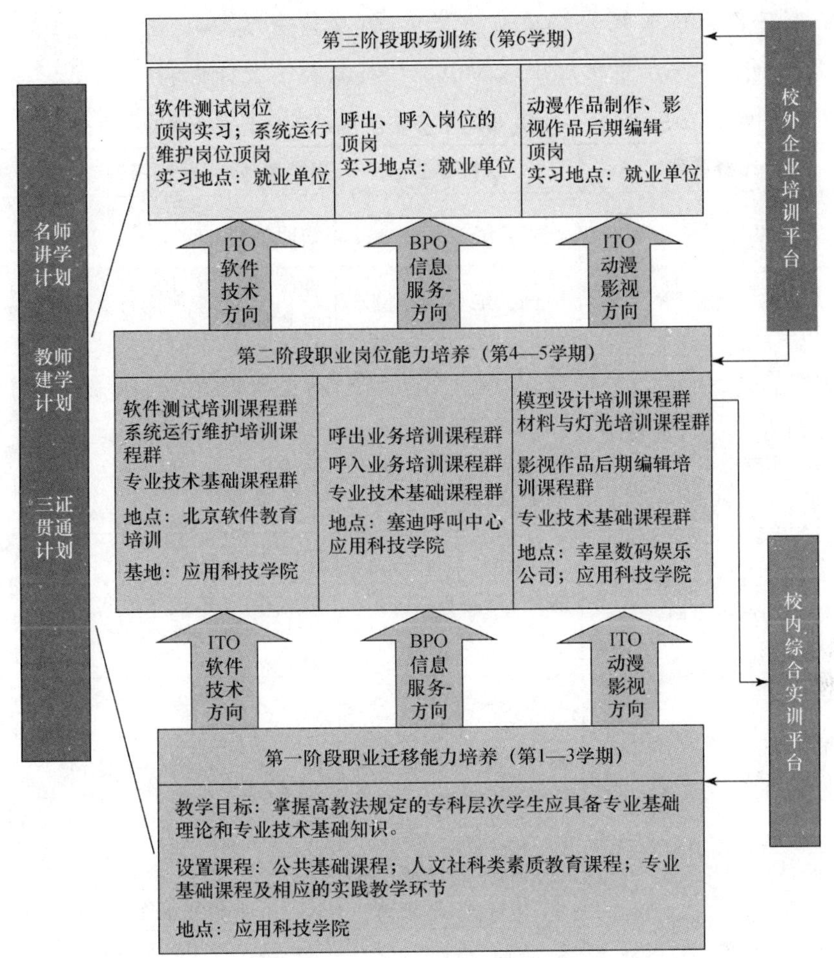

图 14.2-1　人才培养模式框架

表 14.2-4　金融保险专业课程及学时安排表

课程类别与性质	课程代码	课程名称	总学时	学分	理论学时	实践学时	上机学时	修读学期与学时						考核方式
								1	2	3	4	5	6	
实践技能训练	ECT020101L	团队合作训练	24	1		24			24					考查
	MAK020101L	EXCEL 应用	24	1		12	12		24					考查
	FIA030116L	会计电算化	24	1		12	12			24				考查
	ECT020102L	ERP 沙盘实训	24	1		24				24				考查
	FIW030101L	证券投资模拟	24	1			24			24				考查
	FIW030102L	银行业务模拟	24	1		12	12				24			考查
	FIW030201L	保险业务实践	48	2		48					48			考查
	PTL031201L	顶岗实习	288	12		288						288		考查
	PTL031601L	毕业综合实践	384	16		384							384	考查
	总计		864	36	0	804	60	0	48	72	72	288	384	

（三）学生在各类科技竞赛等活动获奖情况(含体育学科)

2009—2010年，学院学生参加市级及以上比赛获奖情况详见表14.2-5。

表14.2-5 2009—2010年学生参赛获市级及以上奖励情况一览表

获奖时间	比赛名称	获奖学生	指导教师	获奖级别	主办单位
2009.11	全国大学生广告大赛	薛　玥	杨丽珍	全国优秀奖、北京市三等奖	教育部高等教育司
		赵歆、纪小婧、尉舒	鲁彦娟 俞必忠	全国优秀奖	
2010	第二届全国大学生电子商务"创新、创意及创业"挑战赛	刘炜潼、赵为民、高继航	敖静海 陈道志 王　秦	国家级一等奖	教育部高等学校电子商务专业教学指导委员会主办
		胡妍、杨弘博、淳于靖涵、江智劼	陈道志 吕广革	国家级二等奖	
2010	北京市大学生数学建模与计算机应用竞赛	厉超、赵建良、张韧	玲　玲	市级一等奖	教育部高教司和中国工业与应用数学学会共同主办
2010	北京市大学生计算机应用大赛	宫殿琦、张励涛、崔筱婧、汪天琪、刘敬茹	肖　琳	市级一等奖	北京联合大学和北京高等教育学会计算机基础教育研究会共同承办
2010	第三届"e路通"杯全国大学生网络商务创新应用大赛	高继航、刘祎潼、林童、江智劼、赵为民	陈道志	北京赛区专科组冠军	中国互联网协会
		高继航、刘祎潼、林童、江智劼、赵为民	陈道志	全国总决赛专科组综合一等奖	
		贾媛媛、赵宇、徐珊、刘红娅、郭秦	陈道志	全国总决赛专科组网络营销与策划奖	
2010.10	第四届红旗杯全国大学生开源软件技术竞赛	张博、昝颖、藏思禹、赵程祎	陈战胜	国家级二等奖	中国软件协会
2010.10	IEEE全国"电脑鼠走迷宫"竞赛全国总决赛	徐化天、吴彦茹、张尧	王　辉	国家级一等奖	中国计算机协会
2010.10	第四届全国商科院校技能大赛	张博、高然、齐占颖	陈占胜 敖静海	国家二等奖	中国计算机协会
2010.10	全国商科院校移动商务大赛	贾媛媛、赵宇、赵雪莹、陈佳欣、朱萌、王彦人、梁雨、王佳、徐珊	敖静海	全国三等奖	中国商业联合会

第三节　科学研究与社会服务

一、科研管理

学院的科研工作归校科研处统一管理，学院有分管科研工作副院长1人，教学科研办公室有科研管理工作兼职人员一名(同时兼教学管理工作)，负责全院的科研管理工作。院学术委员会办公室设在教学科研办公室，负责学院学术委员会的日常工作。

2008年11月，学院成立第一届学术委员会。主任：王洪；副主任：丛森、支芬和；委员：李宇红、申功迈、鲁彦娟、张洪颖、程前。

2010年4月，经学院2010年第8次党政联席会研究决定，对学院第二届学术委员会成员进行调整。主任：支芬和；副主任：丛森、李宇红；委员：匡志盈、王辉、劳凤学、钮文良、程前、张洪颖、鲁彦娟、李鹤。

二、科研成果

(一) 论文

2008年建院到2010年年底，教职工作为第一作者发表国内核心期刊论文13篇，国内普通期刊论文52篇，国外普通期刊论文3篇，国外论文集论文37篇(其中22篇被EI检索，8篇被ISTP检索)。

2009年和2010年出版的两本论文集《高素质技能型人才培养研究与实践》(知识产权出版社2009年6月出版)和《高素质技能型人才培养研究与实践(2010)》(中国经济出版社2010年6月出版)，收录了应用科技学院教职工撰写的100多篇论文。

(二) 专著

2008—2010年学院教职工出版的专著详见表14.3-1。

表14.3-1　2008—2010年教职工出版的专著一览表

序号	著作名称	主编	出版社	出版年
1	解读红色经典：《青春之歌》的文本张力与生产机制	周春霞	中国广播电视出版社	2009
2	文化创意的人文理论和产业研究——人文精神与商业体系：文化创意经济的发展	李宇红	中国物资出版社	2010

(三) 科研项目

2008—2010年校级及以上科研项目情况详见表14.3-2。

表 14.3-2 2008—2010 年校级及以上科研项目一览表

序号	项目名称	负责人	项目性质	级别	项目来源单位	立项时间	经费/万元	备注
1	北京联合大学教职工思想教育研究	丛　森	纵向	校级	校党委宣传部	2009.12	0.20	
2	镍氢电池荷电态估算的神经网络模型研究	尉林明	纵向	校级	校级科研项目	2010.01	2.00	
3	基于 FPGA 的总线桥控制器研究与设计	钮文良	纵向	校级	校级科研项目	2010.01	2.00	
4	色彩与色彩营销应用研究	鲁彦娟	纵向	校级	校级科研项目	2010.01	1.00	
5	基于云计算的数据负载平衡的研究	刘　琨	纵向	校级	校级科研项目	2010.01	2.00	
6	电机工况在线检测与故障诊断的研究	龙建雄	纵向	校级	校级科研项目	2010.01	2.00	
7	项目规划子系统	王廷梅	横向	无	北京联达讯科技有限公司	2010.30	3.00	
8	基于服务外包型企业动漫设计制作人才培养模式研究	鲁彦娟	横向	无	幸星数字娱乐科技(北京)有限公司	2010.03	1.00	
9	北京低碳城市发展路径研究	李慧凤	纵向	校级	北京学基地	2010.04	1.20	
10	北京现代服务业经济特点与技能型大学需求及培养问题研究	支芬和	纵向	校级	学校	2010.06	2.00	校级教育科学规划项目
11	党政工团形成合力共建和谐校园	丛　森	纵向	校级	学校	2010.06	1.00	校级教育科学规划项目
12	网络教学与科研资源研究开发	盛鸿宇	横向	无	北京师范大学	2010.06	1.20	
13	高职商务英语应用型人才培养模式的研究与实践——北京市人才强教中青年骨干教师资助	王小梅	纵向	委办局	北京市教委(人才强教项目)	2010.08	12.00	分三年拨款
14	北京东方石油化工有限公司员工培训开发与实践	殷智红	横向	无	北京东方石油化工有限公司	2010.10	0.50	
15	高职软件技术专业容纳企业文化的专业课程建设	李爱菊	纵向		全国教育科学“十一五”规划办公室	2010.10	自筹经费	教育部重点课题企业分课题的子课题

续表

序号	项目名称	负责人	项目性质	级别	项目来源单位	立项时间	经费/万元	备注
16	高职应用型人才培养英语教材评估体系的研究与应用——北京市优秀人才培养资助	王小梅	纵向	委办局	北京市委组织部	2010.10	2.00	
17	商务日语语料库的建设与应用研究	郝金梅	纵向	委办局	北京市委组织部	2010.10	3.00	
18	北京现代服务业技能型人才需求及培养问题研究	支芬和	纵向	委办局	北京市教育科学规划办	2010	自筹经费	北京市教育科学"十一五"规划项目一般课题

2010年5月进行的2011年度北京市教委科研计划项目申报评选中，学院有2个项目通过北京市教委评审，分别是钮文良的"基于多FPGA的SoC验证平台研究与设计"项目（获批经费15万元）和李慧凤的"北京低碳城市发展路径研究"项目（获批经费5万元），从2011年1月起正式立项实施。

2010年10月进行的2011年度学校校级科研项目申报评选中，学院有5个项目通过评审，分别是：肖琳的"基于延迟满足的流媒体资源调度策略研究"、王秦的"基于OTP的移动商务身份认证机制的研究"、任斌的"中国共产党的多党合作和政治协商思想与实践"、刘希玲的"日本中小企业在京情况调查"、程可的"英汉/汉英翻译实务与服务区域经济的研究与探索"项目，自然科学类每个项目获经费2万元，社会科学类每个项目获经费1万元，从2011年1月起正式立项实施。

（四）专利

2008—2010年学院的专利申请和授权情况详见表14.3-3。

表14.3-3　2008—2010年专利技术一览表

序号	专利名称	发明人	专利类型	申请日	授权日
1	一种传感网络节点结构评估系统及方法	钮文良、李哲英等	发明专利	2007.07.04	2009.10.28
2	集成电路布图设计登记证书	李哲英、蒋昊、钮文良等	登记书	2008.04.21	2008.09.02
3	一种基于结构特征的中国书画印章图像自动提取方法	娄海涛、胡正坤、鲍泓、张南、王迪菲、王真真	发明专利	2009.04.15	
4	一种基于机器学习的中国书画颜色分层分析方法	娄海涛、胡正坤、鲍泓、王迪菲、王真真、张南	发明专利	2009.04.15	
5	电子控制瓦斯安全阀	陈景霞、钮文良、肖琳、李爱菊、王廷梅	实用新型	2010.01.28	

三、产学研合作及社会服务

（一）产学研合作

2008年由王洪院长为第一任负责人的“高技能型服务外包人才培养模式创新试验区”项目获批学校质量工程，为学院在服务外包领域开创了新局面，其中以媒体艺术系和幸星国际的合作；经济管理系与用友公司等单位开展了服务外包的实践探索。

2009年丛森接任第二任负责人，继续深入在政产学研用方面不断拓展，多次举办项目深度推进会，在外包企业实习实训的学生汇报交流。丛森书记于2010年在台湾龙华大学举办的第12届职业教育海峡会议上，以服务外包为主题进行交流发言。此后作为负责人与李宇红教授等申办了劳动和社会保障部《北京服务外包人才培养途径研究与实践》的项目。

在学校获批教育部国家级“服务外包人才培养模式创新实验区”之后，支芬和院长承办了子课题——高职服务外包人才的培养方面，落实学校提出的“一体两翼”（面向现代服务业，以服务科学知识、服务意识、服务能力培养为主体；以信息技术运用能力培养为一翼；以服务外包业务领域工作能力培养为另一翼）的服务外包人才培养思想和“三三分流”的人才培养方案。

（二）校企合作

自建院以来，学院与阿里巴巴电子商务公司、特力屋（上海）商贸有限公司北京分公司、用友中企数据公司、中国人寿保险公司、幸星数字娱乐科技（北京）有限公司、北京同美世纪科技有限公司等多家企业建立合作关系。截至2010年年底，学院深度的合作行业、企业有20家（见表14.3-4），一般性的合作行业、企业近60家。

表14.3-4　校企合作项目一览表

序号	项目名称	合作单位	服务系部	合作形式、内容	备注
1	北京联合大学应用科技学院幸星国际产、学、研实训基地	幸星数字娱乐科技（北京）有限公司	媒体艺术系	2008年6月合作，2010年9月签订基础合作协议校企合作，投资建设幸星实验室，合作申报政府资助科研项目；教学资源库研发建设协议；动画设计工作室项目协议；教师参加专业实践协议	
2	教师讲课	北京世纪光年传媒文化有限公司		电视后期制作、在线包装定制班	
3	培训学生	中视科华科技有限公司		电视后期制作	
4	合作培训	中国流行色协会		提供学生培训	
5	外语类毕业生实习基地	龙脉温泉度假村	外语系	接受学生实训、实习	
6	平安奥运项目	昌平区十三陵风景特区		学院学生为景区提供英日西法四个语种翻译服务	

续表

序号	项目名称	合作单位	服务系部	合作形式、内容	备注
7	校外实训基地	7-Eleven(北京)有限公司	经管系	订单培养、合作办学、合作育人、合作就业、合作发展	日本连锁经营企业
8	校外实训基地、服务外包	北京易才博普奥服务外包有限公司		订单培养、合作办学、合作育人、合作就业、合作发展	
9	校外实训基地、服务外包	FESCO子公司北京多柏管理咨询有限公司		订单培养、合作办学、合作育人、合作就业、合作发展	
10	校外实训基地	阿里巴巴电子商务公司		提供职业培训课程、实习岗位	全球上市公司
11	校外实训基地	中国人寿保险股份有限公司(北京市分公司第二营销服务部)		提供职业培训课程、实习岗位	全球上市公司,中国最大保险公司
12	校外实训基地	特力屋(上海)商贸有限公司北京分公司		订单培养、合作办学、合作育人、合作就业、合作发展	台湾连锁经营企业
13	校外实训基地	华南国际市场研究公司		提供职业培训课程、实习岗位	中英合资公司,总部位于英国伦敦
14	校外实训基地	国匙网电子商务公司		提供职业培训课程、实习岗位	中国互联网公司
15	校外实训基地	中国人民健康保险股份有限公司		订单培养、合作办学、合作育人、合作就业、合作发展	中国知名保险公司
16	昌平校区设立理财工作室	中国人民健康保险公司北京分公司海淀支公司		订单培养、合作办学、合作育人、合作就业、合作发展	
17	校外实训基地、服务外包	CEAC信息化培训认证管理办公室	电子系	为学生进行IT服务行业培训	
18	校外实训基地	普易达信息技术有限公司		为学生提供培训	
19	校外实训基地	安博公司		为学生提供培训	
20	校外实训基地	杰创永恒科技有限公司		与学院在电子行业、通信行业合作	

第四节　学生教育管理

一、学生管理

(一) 工作机制与组织机构

1. 工作机制

学院学生工作在学院党委的直接领导下,由学生工作办公室具体负责实施。学生工作办公室是学院学生管理的职能部门,负责全院的学生工作。系学生工作,由系党支部书记负责,辅导员、班主任具体实施,辅导员是学生管理的专职人员,对学生日常管理负主要责任;班主任是班级学生管理的第一责任人。

系学生管理的重大事项,首先由系学生工作小组提出意见,然后报院学生工作办公室,学生工作办公室研究后提出意见,再上报主管学生工作的党委副书记做最终决定。

全院学生管理的重大事项由学生工作办公室提出初步意见,报主管学生工作党委副书记,经院务会研究后最终决定。

2. 组织机构

学院学生管理部门分为学生工作办公室和团委,学生工作办公室负责学生日常管理、思想政治教育、学生党建、学风建设、评优奖励、违纪处理、困难学生资助、心理健康教育、学生工作队伍建设、就业工作、武装部工作、思想教育教研室建设;团委负责团员思想教育、团组织建设、团员培训、团员"推优入党"并指导学生会、学生社团开展各项活动等。

(二) 重点工作

学院成立以后,学生工作紧密围绕校院中心工作,紧抓学生奖惩、资助、学风建设、心理健康和就业工作,深入推进学生工作规范化、程序化和专业化,不断探索学院学生工作的规律,强化管理,热情服务,促进学生综合素质全面提高,逐渐形成学院学生管理模式。

1. 学生奖惩

(1) 奖励

学院严格按照《北京联合大学学生手册》进行奖励项目的设置和奖励资金的发放,严格执行《北京联合大学学生手册》中的评优奖励条例(试行)相关文件精神,秉承"公平、公正、公开"的原则,三年来学院始终坚持在评奖过程中,所有受奖的个人和集体都要经班级评选、系学生工作小组审核,院学生工作办公室审批,报院务会通过后公示,再上报校学生处。2008—2010年梯级奖励情况见表14.4-1。

表14.4-1 2008—2010年校级奖励情况一览表

单位:人

学年	一等奖学金	二等奖学金	三等奖学金	三好学生	优秀学生干部	优秀班集体
2008—2009	10	80	177	97	59	7
2009—2010	7	85	217	78	48	5

(2) 处罚

对违纪学生的处罚分为五等:警告、严重警告、记过、留校察看、开除学籍。学生处分审批程序为:核实违纪事实无误,找学生谈话,学生写出书面检查后,学生工作办公室依据《北京联合大学学生违纪处分条例(修订)》的相关规定提出书面处理意见,报学院院务会,学院院务会通过后上报校学生处。

关于学生违纪处分的解除,学院执行《北京联合大学解除学生违纪处分管理办法(试行)》。本着加强对受处分学生的教育管理,激励违纪学生改正错误、积极上进的原则,凡符合解除处分条件的学生,需向学院学生工作办公室提出书面申请,由学生工作办公室审核后上报院务会,院务会通过后上报校学生处。2009—2010年学院学生违纪处分情况详见表14.4-2。

表 14.4-2　2009—2010 年学生违纪处分情况一览表　　单位：人

年份	警告	严重警告	记过	留校察看	开除学籍
2009	1	2	1	0	0
2010	1	3	5	0	0
合计	2	5	6	0	0

2. 学生资助

对生活特别困难学生，学院积极落实党和政府、校院对家庭经济困难学生的各项资助政策，除配合学校为其开通“绿色通道”外，还制定了减缓交纳学费的有关规定。同时根据《北京联合大学家庭经济困难学生认定的实施办法》（京联学〔2008〕5 号、《北京联合大学学生勤工助学管理办法》（京联学〔2007〕5 号）和《北京联合大学国家奖学金、国家励志奖学金和北京市国家助学金管理实施办法》（京联学〔2007〕7 号）等文件精神，实施对家庭经济困难学生的认定、资助及奖励工作。3 年来，学生共有 14 人次获得了国家奖学金、106 人次获得了国家励志奖学金、846 人次获得了北京市国家助学金。63 人次申请了国家助学贷款、65 人次通过“绿色通道”顺利入学。388 名家庭经济困难学生被认定为困难生（北京生源持低保证、低收入证、救助证三证之一；外地生出具盖有户口所在地民政部门公章的家庭经济情况调查表），加入家庭经济困难学生档案库。145 人次获得了勤工助学岗位。

3. 征兵工作

征兵工作是学生工作中的一项重要工作。院学生工作办公室依据相关政策，积极部署，通过横幅、展板、班会等形式在全院内进行宣传动员，并以此为契机对学生深入进行国防教育，激发学生的爱国之心和报国之志。通过向学生宣传应征入伍优抚政策，调动学生关心国防、报名参军的积极性。学生报名后，经校武装部审核，进行体检。体检合格后进入政审，政审合格后方可应征入伍。2009—2010 年学院在校生征兵入伍情况详见表 14.4-3。

表 14.4-3　2009—2010 年在校生征兵入伍情况一览表

序号	入伍时间	复原时间	姓　名	专业
1	2009	服役中	刘　宾	软件技术
2	2009	服役中	于泽华	软件技术
3	2010	服役中	朱海光	电子信息工程
4	2010	服役中	田　赛	会计

4. 就业工作

学院党委重视就业工作，把毕业生就业工作作为“一把手工程”，每年研究制定符合学院实际的毕业生就业工作意见，加强对毕业生就业工作的领导，并通过建立责任机制将毕业生就业工作逐层落实。

学院根据就业形势及高职学生特点，尽早做准备，全员为就业，狠抓“就业指导”和“就业服务”两条线，通过召开毕业班主任工作培训会、毕业班学生家长会、学生座谈会、开展就业指导专题讲座、邀请有关企事业单位的专家学者做报告、开设就业指导课、为家庭经济困难学生发放就业帮扶基金，开展深入就业指导和咨询等多种教育和服务形式，帮助学生树立正确的人才观、价值观和择业观，增强就业竞争力。在积极为学生提供就业信息的同时，努力开拓就业市场，鼓励学生自主创业。经过全院上下的共同努力，学院一直保持较高的签约率，2008 年为 96.43%、2009 年为 95.62%、2010 年为 97.61%。

5. 宿舍管理

学院从 2008 年成立起，就与校后勤管理公司合作，通过加强和改进宿舍学生的教育模式，坚持"教育育人、管理育人、服务育人"的宗旨，把学生宿舍管理及教育作为学生工作的一项重要任务，使学生宿舍成为学生教育的又一块重要阵地。

在日常管理中，学院采取辅导员定期下宿舍制度，并将其作为辅导员考核中的一项重要内容，同时，成立学生自我管理委员会、建立宿舍长制度，定期与保卫处举办消防安全演习和安全知识教育及安全隐患检查。学生工作办公室与学生会生活部共同开展宿舍文化节活动，通过加强宿舍文化建设、开展文体竞赛、开展宿舍评比表彰等多种形式，为学生营建了团结、进取、和谐的公寓氛围，提供了文明、安全、整洁的公寓环境。

6. 学风建设

学风建设历年来都是学生工作的重中之重，学院党委将其作为每年的重点工作来抓，根据高职学生特点，不断探索新时期学风建设的新思路和新方法。学院学生工作办公室推出了"师生共建文明课堂""学风建设月""考风考纪月"活动、团委组织"上好每一堂课从我做起"活动等，旨在创造良好的学习环境，提高学生的创新能力，促进学生全面发展，培养学院良好的学习风气。

为了更好地激发学生学习的主动性和积极性，端正学生的学习动机和学习目的，增强学生的自律性，各系定期组织召开不同层次的学风建设大会，研究探讨适合本系的学风建设的相关办法，并开展了各具特色的学风建设活动。例如，电子系注重学生专业思想教育，经管系注重以赛促学，媒体系针对艺术生开展学风建设，外语系狠抓出国教育等。

2009 年起，学院开展"党员一帮一"和" 一对一结对子"等活动，让每名共产党员帮扶一名家庭困难的学生，每个班级一个学习成绩好的学生帮扶一名学习差的同学，共同成长共同进步。2010 年起，举办了系列学风建设宣讲会，推举优秀学生在学院各系中进行学习方法、学习目标设定等方面的宣讲，启发和引导学生树立自我教育、自我管理意识，注重在日常学习、生活中养成良好的学习风气。

（三）规章制度

学院自 2008 年成立以后，严格执行《北京联合大学学生手册》中的相关管理规定，除此之外，学院还制定了学院内部的相关管理规章制度：2008 年 10 月制定了《应用科技学院早晚自习实施办法》和《应用科技学院早锻炼实施办法》，2009 年 1 月出台了《应用科技学院优秀学生推荐升入本科学习的相关办法》等。

二、思想政治教育

（一）机构设置

学生思想政治教育在学院党委、行政的统一领导下，由学生工作办公室及团委具体负责。学生工作办公室负责学生日常思想政治教育；团委主要负责团员的教育与管理。

（二）内容与形式

3年来，学院建立了7个平台来促进学院的思想政治教育质量，为培养合格大学生提供了良好的育人环境。

1. 第一平台——学生党建教育

学院党委重视学生业余党校的建设，充分发挥学生业余党校的教育平台作用，培养优秀学生入党。由于学院全部为高职学生，在校时间短，学院将学生党校由每学年一期更改为每学期一期，2008—2010年已举办党校培训班6期，参加党校培训的学生有2149人，结业人数为1695人，结业率为78.87%。从2008—2010年共发展学生党员139人。

学院开展了在学生党员所在宿舍悬挂“学生党员宿舍”标识牌的活动，让学生党员宿舍在住宿学生中起到模范表率作用，进一步推动了思想政治工作进学生公寓工作；开展学习型学生党支部建设，带动了全院学生思想政治工作又迈上一个新台阶。

学生党支部开展了一系列教育活动。例如，纪念“一二·九”活动；“红色1+1”系列活动；组织学生党员学习党的方针政策、重要会议精神；“高举团旗跟党走”系列活动，拓展了学生党员的视野，提高了党性修养，增强了战斗力。

2. 第二平台——新生入学教育

为了使新生顺利完成从高中到大学的转变，尽快适应大学的学习和生活，每年开学伊始，学院学工办、教科办、保卫处、图书馆、各系部都会举办联席会议，共同研讨新生入学教育方案，分别从学生管理、学籍教育、安全教育、专业教育等方面对新生进行专门的讲解，使学生能比较全面的了解大学生活及未来的发展方向。

学生军训是学生入学教育的重要环节，由学生工作办公室负责组织。除了2008年学院自行组织在北京八一军训基地实施军训外，2009年和2010年都是配合学校集中军训。军训时间为期14天，同时完成学生的军事理论课教学工作。

3. 第三平台——心理健康教育

学院成立伊始，就成立了心理咨询中心，隶属于学生工作办公室，有专门的心理辅导员负责。每年坚持对全体学生进行心理健康测试，为全学院学生建立了心理健康档案，对存在心理隐患的学生进行个别辅导。每年举办“5·25”心理健康活动，内容包括：心理健康漫谈、专题讲座、心理电影赏析、心理知识宣讲等活动。同时，学院还成立了专门的心理社团，定期组织学生活动。

4. 第四平台——学生资助教育

贫困学生占在校生的15%左右，学院历年来都遵循帮助贫困生自立、自强、自尊和自信为主线开展活动，除了日常的资助外，还组织了“爱在心田、自强不息”座谈会、“心怀感恩、立志成才”座谈会、“优秀励志奖学金助学金学生经验交流会”“感恩社会志愿服务”“暖心工程”“贫困学生走访”“贫困生职业生涯团体辅导与就业帮扶”“贫困学生新年慰问座谈会”“贫困学生征文”等多项教育活动。这使贫困学生受到了来自多方面的关心和帮助，促进了他们的全面成长。

5. 第五平台——加强就业教育

学院通过就业专题讲座和就业指导课等平台，帮助毕业生树立积极的就业观，引导学生到基层、到农村、到祖国最需要的地方就业。在2008—2010年的毕业生就业工作中,涌现出很多到基层、到西部、到边疆工作的优秀毕业生,如2005年,语言文化系2005届毕业生赵艳涛同学,就选择了到内蒙古自治区呼和浩特市北郊的厂汉板小学支教。

2008—2010年,立志当"村官"和支教的毕业生共15人。在院党委副书记的带领下,学院多次去各区县看望当"村官"和支教的学生,并召开座谈会了解他们的工作、学习、生活情况,鼓励他们坚定信心、克服困难、做出成绩,为校争光。

6. 第六平台——文化体育活动

学院重视通过校园文化体育活动对学生进行思想教育,2008年5月,学院组织了为"5·12"汶川大地震募捐的捐款及义演活动,共募集善款5000多元。为加强教师与学生之间的沟通和交流,增进彼此之间的了解,学院于2008年6月组织了第一届师生篮球赛。北京奥运会期间,学院共派出200余名学生担任志愿者,从事志愿服务工作,学生志愿者圆满地完成了各项任务,为学院赢得了荣誉。

奥运志愿精神在后奥运时代被传承了下来,2009年,学院的志愿者们来到位于朝阳区牛王庙的左家庄街道托老所,慰问这里的老人。这样的志愿服务活动学院一直坚持下来,学院已建成4个志愿服务基地,每年派出300余人次参加志愿服务活动。

7. 第七平台——社会实践活动

历年的社会实践工作,都会在每年6月初开始具体策划,确定社会实践的总体方案。学院成立了由党政领导、专业教师、学生辅导员组成的社会实践领导小组和社会实践成绩评定小组,对全院系学生社会实践做出部署。在放假前对学生提出明确要求,做出指导安排。由学院专业教师根据专业培养计划并结合社会热点问题制定既有社会价值又有学术价值的社会实践课题供同学们参考,并召开专门的社会实践课题宣讲会对全院学生进行培训,讲授社会实践的组织开展及注意事项、如何开展社会调查、撰写调查报告等方面的知识,广泛动员同学们积极参与。

第五节　办学保障

一、校园规划与建设

2008年,学院租用位于昌平区涉外经济学院的校舍用于学校的昌平校区办学,校区内建有教学楼、学生公寓、食堂、图书馆、塑胶体育场等建筑。校内有可容纳600多人同时就餐的大学生食堂和部分风味餐厅以及北京联合大学学生专用食堂,可为学生提供清真及多种风味的用餐选择。此外,校区内还设有学生公寓、开水房、公共浴室、大学生超市等生活服务场所,为学生在校期间的学习生活提供了保障。

2010年9月,校区完成修缮改建并交付使用,2011年8月综合楼建设完工并交付使用。

2010年9月,校区规划可使用占地面积21.93万平方米,绿化率超过70%。园区划分为:北区(3.52万平方米)、中区(12.51万平方米)、南区(5.84万平方米)。

(一) 昌平校区宿舍资源

2008年4月—2010年8月校区共有学生床位2870张,总电力为2300万伏安。2010年

9月，学校广告学院搬入校区，学院和广告学院共用昌平校区。学生住宿的资源分布在三个区域：

(1) 南区学生宿舍：总建筑面积为6050平方米，房间216间，每间容纳5张床位，可容纳1000人。2010—2011学年起，由涉外经济学院使用。

(2) 中区学生宿舍：总建筑面积为1125所以1平方米，为四层、U型结构，房间317间，每间容纳6张床位，可容纳1902人(学院和广告学院共同使用)。

(3) 北区学生宿舍：4栋楼，其中2栋为四层，两栋为3层。房间470间，其中可容纳7张床位的357间，5张床位的113间，共可容纳学生3064人(学院和广告学院共同使用)。

(二) 办学资源

2008年4月—2010年8月，学院共有教室(包括实验室、机房)49间，分别在南区U型教学楼的一层5间，二层13间，三层12间，四层9间，办公教学楼10间。应用科技学院办公室用房在办公教学楼10间。

2010年9月—2010年年底，学院在中区主楼的三层，建设了"学生活动中心"，约600平方米，可容纳近300人。在北区平房院，学院共有6间办公室。办公楼办公室24间，办公楼2层有1间会议室。实训教学区——"软件工厂"实训基地，位于U型教学楼三层北侧，使用教室13间。实验教学区，位于中区新建教学楼，由一层的中部的2间百人的机房以及二层3间80工位的多功能语音室组成。课堂教学区，主要是南区U型教学楼二至四层。职业教育图书馆，现位于南区图书馆，中区综合楼建成后，将迁至建筑面积约为3300平方米的标准图书馆。

2010年8月，新建教学楼37间教室中分配给学院29间。其中，多媒体教室9间，计算机房4间，语音教室4间，实训室类教室数量6间，画室数量5间，阶梯教室1间。风雨操场中区三馆中间一层做表演专业教室使用，其中，表演教室7间，实验剧场1间，二层多媒体教室5间。U形楼一层多媒体教室11间和四层多媒体教室3间，形体教室1间。主楼三层多媒体教室1间。

广告学院和应用科技学院共用体育活动和学生活动场所。

二、图书与档案管理

学院图书馆归学校统一管理，2010年7月广告学院迁入学校昌平校区，广告学院图书馆划归校图书馆管理，两学院共用昌平校区图书馆。截至2010年年底昌平校区图书馆应用科技学院藏书情况详见表14.5-1。

表14.5-1 2010年12月图书馆昌平分部应用科技学院馆藏图书数量统计表 单位：册

种类	中文图书	外文图书
原有图书	171 052	0
新增图书	3248	0
现有图书	174 300	0
合计	174 300	

学院重视档案工作,将每年的党政联席会会议纪要,校企合作协议、党组织关系,学院发文等重要文件、图片、影像内容进行整理归档。2009 年学院综合办公室共计归档 16 卷,其中科党 14 卷,科院 2 卷。2010 年学院综合办公室共计归档 10 卷,其中科党 7 卷,科院 3 卷。

三、后勤保障

学院的后勤服务工作统一由学校后勤服务公司管理。

2008 年 9 月,为了保证教职员工家校之间和学院至校本部之间交通方便,学院开通了 3 条班车路线,分别是早晚的小营－昌平的东线和公主坟－昌平西线,以及中午的小营－昌平线。

2009 年 5 月,学院成立甲型 H1N1 流感防控工作领导小组(京联科院发〔2009〕2 号)。领导小组组长王洪、丛森,副组长王颖、支芬和、王辉,成员任斌、孙熙清、刘洋、周广军、杨芳、李宇红、鲁彦娟、张耘、郝金梅、程可、陈鸽、谷胜军、杨建钧、各班班主任。

2009 年 9 月,学院从昌平校区实际出发,调整了作息时间(京联科院办〔2009〕7 号)。

四、安全与保卫工作

2008 年 9 月,图书管理员、食堂负责人、实验员、实训基地全体教师签署工作安全责任书,规范安全工作职责范围及责任落实要求。

2008 年 9 月,经学院党委会议研究决定,成立北京联合大学应用科技学院安全稳定工作领导小组。组长:丛森、王洪,副组长:王颖、匡志盈,成员:刘世清、孙熙清、杨建钧、姚志敏、李琳琳、杨芳、关民、刘洋、周广军、申功迈 、李宇红、鲁彦娟、张耘 、郝金梅、程可。

2009 年 4 月 19 日中午,学院南区学生宿舍二层 221 房间起火。在昌平区消防支队和学院值班老师、园区保卫人员的共同努力下将初起火势扑灭。由于本次起火发生时间是在学生周末离校尚未返校期间,因此未造成人员伤亡及大面积恐慌。

第六节　国际及港澳台交流与合作

一、概况

学院成立后,原来与国际语言文化学院合作的日本长冈大学、敬爱大学、长野大学、南山大学、东京女子馆、爱知文教大学继续与学院合作。每年学院选派优秀毕业生到日本学习进修。2008 年以后与台湾建国科技大学和台北科技大学也有学生短期学习交流合作。与韩国建国大学、美国埃弗里特社区学院、西班牙纳瓦拉公立大学、丹麦尼尔斯布鲁克哥本哈根商学院和菲律宾威斯里安学院等多所院校建立良好的合作关系。

二、公派出国交流和留学

在学生的境外派出方面,学院主要是参加学校的国际交流项目,派出方式分长期学历教育和短期交换生学习。2008—2010 年,学院公派出国交流和留学生共 55 人(见表 14.6-1)。

表 14.6-1　2008—2010 年学院公派出国交流和留学统计表

年份	2008	2009	2010
人数	15	21	19

2008—2010 年学院学生参加境外学历教育项目情况详见表 14.6-2。

表 14.6-2　2008—2010 年学生参加境外学历教育项目情况一览表

年份	人次	派往院校	学习专业	项目形式
2008	15	敬爱大学、长野大学、长冈大学、南山大学	商务日语	3+2
2009	21	敬爱大学、长野大学、长冈大学、南山大学	商务日语	3+2
2010	19	敬爱大学、长野大学、长冈大学、南山大学	商务日语	3+2

学院 2009 级和 2010 级学生参加境外交换生教育项目情况详见表 14.6-3。

表 14.6-3　2009 级和 2010 级学生参加境外交换生教育项目情况一览表

学生姓名	专业和年级	派往院校	项目形式	境外学习时间	备注
王　力	2010 级商务日语	东京女学馆	公派交换留学	半年	免学费和住宿费
田骥川	2010 级商务日语	日本新潟大学		半年	免学费
王苗、赵宏业	2010 级商务日语	日本爱知文教大学		一年	免学费
弓元浩、桂斌、刘笑夕	2009 级西班牙语	墨西哥拉萨尔大学		半年	
唐朝欣、赵文俊、杨宗昊、郭振华	2010 级西班牙语	西班牙纳瓦拉公立大学		半年	

学院 2010 级学生参加境外留学项目情况详见表 14.6-4。

表 14.6-4　2010 级学生参加境外留学项目情况一览表

学生姓名	专业和年级	派往院校	项目形式	境外学习时间	备注
李君、田骥川	2010 级商务日语	日本长野大学企业情报学部	国外专升本	编入 2 年级	半费
张翔宇、黄秋媛、刘玥	2010 级商务日语	日本长野大学环境旅游学部		编入 2 年级	半费

第十五章　平谷学院

概　　述

平谷学院前身为北京联合大学应用技术学院(平谷校区),位于北师大附属平谷中学校园内,2000 年校址迁至平谷成人中专(平谷区迎宾路七号)。2004 年 5 月,市教委发布《关于同意北京联合大学应用技术学院(平谷)更名的批复》(京教人〔2004〕20 号),同意北京联合大学应用技术学院(平谷)更名为北京联合大学平谷学院,列入联大二级学院序列,为北京联合大学下属的不具有独立法人资格的二级学院。同年 9 月,学院举行揭牌仪式暨新学期开学典礼。学院设有电子信息、生物工程、新医药、新材料、光机电一体化、汽车制造、体育休闲、旅游会展和信息咨询等专业,开展多形式、多层次的成人教育、继续教育、高职专科教育。2004 年,学院招收首批新生 220 人。

学院自成立以来始终坚持以就业为向导、以职业能力为核心,把培养中高级应用型技术人才和管理人才,确立为办学培养的目标;把多元办学、多极发展作为学院的基本思想;把专业企业化、管理人性化、发展国际化作为学院发展的基本方针。学院以专业设置为龙头,广泛深入企业进行教研,吸收企业、行业高级技术人才参加学院专业建设委员会,使课程设置更贴近生产生活实际,毕业生更具有就业竞争力。

第一节　管理体制与组织机构

一、管理体制

根据 2004 年 3 月学校与平谷区人民政府签订的《北京联合大学与平谷区人民政府合作办学协议》,北京联合大学平谷学院(以下简称"学院")属合作双方共有,学校负责学生的专业教育、教学管理等,平谷区政府负责学院的办学、发展用地,校园建筑及教学实验基础设施、设备等硬件投入。

学院的决策机构为由平谷区政府、学校与学院共同组成的管理委员会,负责确定学院建设发展中的方针、大事。管理委员会由平谷区主管教育的副区长、区教委主任各 1 人,学校领导 1 人、学院院长及主管教学副院长各 1 人,共计 5 人组成。其中管理委员会主任由平谷区政府人员担任,学校委派人员任副主任。学院实行党总支领导下的院长负责制,学校选派 1 名主管教学的副院长常驻平谷。

根据自身特点学院选择独特的办学模式:① 专业不固定,按社会需要灵活设置专业;

② 不设专职教师，所需教师全部由学校选派；③ 除简单常规实验设备外，原则上不建实验室，由学校提供实验条件；④ 学生全部自费；⑤ 学院设少量固定编制，由平谷区解决，其他工作人员由平谷县和联大共同解决。

二、组织机构

（一）党政机构

2005—2010 年学院党政、群团机构设置及负责人详见表 15.1-1。

表 15.1-1　2005—2010 年党政、群团机构设置及负责人一览表

序号	机构名称	正　职	任职时间	副　职	任职时间
1	办公室	王玉荣	2004—今	孔祥革	2004—2007
2	教务处	陈宝忠	2004—今	王连凤 陈伟东	2004—今 2004—今
3	学生处	邓长安 王福涛	2004—2009 2009—今		
4	总务处	贾春喜	2004—今	金自鹏 胡国华 黄爱军	2004—2009 2009—今 2010.01—今
5	团委	刘红霞	2004—今		
6	工会	刘云春	2004—今		
7	安保处	王长岭	2004—今		
8	住宿办	孙书凤	2004—今		
9	招生就业办	王福涛	2004—今		
10	成教处	王　荣	2004—今		
11	对外交流处	贾会贤	2004—今		

（二）教学机构

2005 年，学院设经济贸易系、生物工程系、机电建筑系、计算机信息管理系。2009 年调整为计算机系、旅游管理系、金融保险系见表 15.1-2。

表 15.1-2　2009—2010 年教学机构设置及负责人一览表

序号	机构名称	行政正职	任职时间	党务负责人	任职时间
1	计算机系	李俊金	2009—今	贾纯喜	2009—今
2	旅游管理系	张鹏娟	2009—今	贾会贤	2009—今
3	金融保险系	左卫丰	2009—今	邓长安	2009—今

三、专门委员会

为加强专业建设，学院于 2006 年成立专业建设委员会，同年 1 月举行第一次会议。

管理学院支芬和副教授、赵伯庄副教授、李蕾副教授，旅游学院刘艳华副教授，文理学院李兴国副教授，自动化学院薛为民副教授，实训基地郑坚副教授以及平谷区信息中心李云总工程师、平谷区商务局苗润松副局长、工商银行平谷支行武志勇副经理、平谷区人保公司安龙副经理、平谷区旅游局杨庚主任、平谷区广电中心王久武副主任、泰华公司朱长河高级工程师被聘为委员会委员。

四、领导分工与任免变更

学院成立后，学校任命单文谦为教学副院长；2009 年任命张永敬为教学副院长。2004—2010 年学院历任党政领导人详见表 15.1-3。

表 15.1-3　2004—2010 年历任党政领导人一览表

正　职	姓　名	任职时间	副　职	姓　名	任职时间
院　长	王春广	2004—今	副院长	刘佩东 李连芳 单文谦 张永敬	2004—今 2004—2008 2004—2009 2009—今
党总支书记	刘长金	2004—今	党总支副书记	李国芹	2004—今
			党总支副书记	王春广	2004—今 (兼)

第二节　教学改革与发展

一、专业设置及调整

平谷学院成立之前，学校的自动化学院、旅游学院、商务学院、职业技术师范学院、应用技术学院、管理学院及应用文理学院先后在平谷校区办学，所办专业有计算机应用技术、机械、自动化、市场营销、旅游管理、文秘、广告策划、电子商务、金融保险等 10 余个专业，这些学院的办学为 2004 年平谷学院的成立奠定了基础。

2005 年，学院有 4 个普通专科专业招生，2006 年增加了电子商务专业和网络系统管理专业，2009 年增加了计算机应用技术专业和计算机网络技术专业，网络系统管理专业停止招生。

2005—2010 年，专业调整基本上是在学院内部进行，主要是增设专业，专业总数从 4 个增加到 7 个。

2005—2010 年学院专科专业设置及招生情况详见表 15.2-1。

表 15.2-1　2005—2010 年专科专业设置及招生情况一览表　　单位：人

招生专业 \ 招生年份	2005	2006	2007	2008	2009	2010	合计
国际商务(文、理)	30	52	25	32			139
国际商务(单)	35		5		30		70
国际商务(国际物流)(文、理)					32	58	90
金融保险(文、理)	32	25		32	32	29	150

续表

招生专业＼招生年份	2005	2006	2007	2008	2009	2010	合计
旅游管理(文、理)	30	25	25	52	32	29	193
旅游管理(单)			5		30	36	71
广告设计与制作(文、理)	30	25	52	53	30	29	219
广告设计与制作(单)			10	10	33		53
网络系统管理(文、理)		27	27	32			86
网络系统管理(单)			5	10			15
电子商务(文、理)		25	25	32	32	29	143
计算机应用技术(文、理)					32	29	61
计算机网络技术(单)					30	36	66
合计	157	179	179	253	313	275	1356

二、教学基本建设

1. 专业建设

为加强专业建设,学院于2006年成立专业建设委员会,由相关专业教授、行业企业的专家、行家及学校青年骨干教师组成。专业建设委员会负责教学基本建设,主要研究专业方向、知识体系、职业能力和行业规范,议定指导性培养计划、教学大纲,研究指导教学内容、教学方法和教学模式的改革。专业委员会下设金融保险、电子商务、国际商务、计算机网络管理、机电一体化、广告策划与制作、旅游管理7个专业组。同年1月举行第一次会议。

2. 教材建设

2007—2009年学院教师编写出版的教材详见表15.2-2。

表15.2-2 2007—2009年教师编写出版的教材一览表

序号	教材名称	姓　名	参编情况	出版社	出版年
1	商业空间设计	朱敬婷	编　委	中南大学出版社	2007
2	北京导游基础	李秀霞	副主编	经济日报出版社	2007
3	当代北京概况	李秀霞	副主编	经济日报出版社	2007
4	看图巧学模拟电路入门	熊连荣	主　编	中国电力出版社	2008
		李俊金	编　委		
5	新编大学英语课文辅导大全	郭华英	副主编	山东电子音像出版社	2008
6	大学体验英语课文辅导大全	郭华英	副主编	新华出版社	2008
7	商业空间设计	朱敬婷	编　委	中南大学出版社	2009
8	艺术设计史	朱敬婷	编　委	哈尔滨大学出版社	2009
9	高职大学生就业指导	左卫丰 王福涛	编　委	北京邮电大学出版社	2009

续表

序号	教材名称	姓　名	参编情况	出版社	出版年
10	旅游概论	李秀霞	编　委	清华大学出版社	2009
11	新编饭店经营管理与实务	李秀霞	编　委	清华大学出版社	2009
12	旅游经济学	李秀霞	副主编	清华大学出版社	2009
13	税法	李　靖	编　委	北京工业大学出版社	2009

3. 召开教学工作研讨会和全体任课教师会

学院于2007年8月召开首届教学工作研讨会。确定学院的发展与改革方向是："两个加强"，即加强"双师型"教师队伍的建设，进一步加强实践教学。同年9月，教务处召开全体任课教师会，对实践教学的具体操作进行详细的辅导。一是以专业案例、科研成果、研究项目为载体，培养学生知识技能、创新精神和科学态度；二是要把学生的需要放在首位，贴近学生就业需要；三是要让学生进入专业实际中学习和探索，把课堂延续到课下；四是要充分利用实习基地和实训室，重点提高学生的实际操作能力。

三、教育教学改革与发展

1. 完成2007版教学大纲的制定和汇编

2008年9月，学院完成了2007版教学大纲的制定及汇编工作。

2. 教育教学研究成果

学院教育教学研究成果情况详见表15.2-2和表15.2-3。

表15.2-2　重要教育教学研究项目情况统计表

项目名称	负责人	来源	获批时间
平谷学院高职教育实践教学的研究与实践	崔永良、陈宝忠、郭华英	联合大学教改立项	2007.01

表15.2-3　教育教学研究论文一览表

序号	论文名称	姓　名	期刊名称	期刊性质	发表时间	备注
1	浅谈广告设计教育	赵国玲	教师教育与管理	国内正式发行期刊	2006.09	
2	高职教育实践教学的研究与实践	郭华英	教育教学实践	全国	2007.12	第一作者
3	高职教育初中教学的研究与实践	陈宝忠	教育教学实践	全国	2007.11	第二作者
		崔永良				第三作者
4	"任务驱动法"在数据库教学中的应用	李俊金	现代教育理论与实践指导全书	全国	2007.04	第一作者
5	浅谈"任务驱动法"在计算机教学中的运用	贾连华	中国科技教育	全国	2007.10	第一作者
6	对当前体育教学中存在问题的几点认识	闫慧林	平谷教育	平谷	2007.05	第一作者

续表

序号	论文名称	姓　名	期刊名称	期刊性质	发表时间	备注
7	课堂教学中要重视培养学生的创新思维	黄爱军	平谷教育	平谷	2007.12	第一作者
8	浅析高职高专教师教学中存在的问题	李　靖	中华教育科研文丛	全国	2009.02	第一作者
9	教师教学行为有效性的研究方法	李　靖	中华教育科研文丛	全国	2009.02	第一作者
10	我国有效教学的研究现状与问题	李　靖	中华教育科研文丛	全国	2009.02	第一作者
11	浅谈高职学生的特点和教育对策	张海霞	中华教育科研文丛	全国	2009.04	第一作者

第三节　科学研究

一、科研管理

学院设立教科研办公室，负责全院的科研管理工作。2006 年 11 月，学院教研室主持召开教科研会议，学习了《北京联合大学平谷学院关于教科研工作的管理规定(试行)》，明确教科研工作的范畴、管理办法及奖励措施。

二、科研成果

2006—2009 年学院教职工发表的科研论文详见表 15.3-1。

表 15.3-1　2006—2009 年科研论文一览表

序号	论文名称	姓　名	期刊名称	期刊性质	发表时间	备注
1	科技型中小企业的协同进化研究	徐淑平	商场现代化	全国中文核心期刊	2006.09	
2	研发(R&D)产业化可行性研究	徐淑平	现代教育通讯	国内正式发行期刊	2006.09	
3	板料在半圆形拉深筋中的变形研究	郭华英	锻压技术	全国中文核心期刊	2006.12	
4	Study of sheet-d Deforming in the Semi-Circle Drawbead	郭华英	The proceeding of the China Association for Science and Technology	全国	2007.11	第一作者
5	艺术设计教育与艺术设计人才培养之我见	赵国玲	时代文学	全国核心	2007.10	第一作者
6	申遗热冷思考	李秀霞	《理论探讨》专刊	全国	2007.12	第一作者
7	民间艺术中汉字图形的运用及其审美文化内涵	朱敬婷	苏州工艺美术职业技术学院报	全国	2007.12	第一作者
8	浅谈我国商业银行绩效考评	田建涛	商业文化	全国	2007.12	第一作者

续表

序号	论文名称	姓　名	期刊名称	期刊性质	发表时间	备注
9	中国高等教育融资之政策环境分析	李　靖	当代中国教育文萃	全国	2008.10	第一作者
10	中国高等教育融资环境分析	李　靖	当代中国教育文萃	全国	2008.10	第一作者
11	中国高等教育融资税收环境分析	李　靖	当代中国教育文萃	全国	2008.10	第一作者
12	新时期工业旅游发展之粗浅研究	李秀霞	消费导刊	全国核心	2008.10	第一作者
13	基于因子分析法的中小企业自主创新状况评价	付树梅	商场现代化	全国核心	2008.06	第一作者
14	试论完善我国企业劳动争议调解制度	李丽颖	法制与社会	全国	2008.10	第一作者
15	解读《接骨师的女儿》的叙事结构	葛　兰	长春工业大学报	全国	2008.02	第一作者
16	个性化推荐技术在电子商务中的实现	徐春选	电脑知识与技术	全国	2008.06	第一作者
17	国外商业银行客户经理绩效考核成功经验	田建涛	商业文化	全国	2008.11	第一作者
18	谈战国策士的战略思想	田建涛	商业文化	全国	2008.11	第三作者
19	人生起点的基石	熊连荣	北京联合大学建校三十周年丛书	全校	2008.10	第一作者
20	C语言教学中常用排序方法分析	徐春选	电脑知识与技术	全国	2009.04	第一作者
21	认知语义学对英语词汇教学的指导意义	付华倩	中国科教创新导刊	全国	2009.01	第一作者
22	浅析江南地区历史文化村镇旅游合作	洪燕芳	网络财富	全国	2009.05	第一作者

第四节　师资队伍建设

一、基本情况

学院成立之前,为保证教学质量,学校应用技术学院平谷校区公共课和专业课由学校的教师承担。学院成立后,为有利于学院独立办学能力的提高以及师资队伍的成长,逐步将一些公共课改由学院的部分教师承担(属平谷区教师编制),主要专业基础课和专业课仍由学校相关学院教师承担。

学院成立后,把培养一支思想过硬、业务精良、教学科研双突出的教师队伍作为重点。2010年,任课教师120人,其中专业教师和专业技能指导教师70人,具有副教授以上职称者(含高级工程师、高级实验师)50余人,博士、硕士20余人,同时还聘请了国内学者、专家为本院兼职教授,80%专业教师达到了“双师型”标准。

二、措施与制度

1. 招聘高学历优秀毕生

学院每年从高校优秀硕士毕业生中招聘5~6人,充实学院的专业教师队伍。

2. 聘请学校相关学院教师与学院老师"结对子"传、帮、带,提高新任教师的教学水平

学院先后聘请管理学院支芬和、赵伯庄、李蕾副教授,旅游学院刘艳华副教授,文理学院李兴国副教授,自动化学院薛为民副教授,实训基地的郑坚副教授定期到学院讲学,来指导年轻教师的教学工作。

第五节 学生教育管理

一、学生管理

(一)工作机制与组织机构

1. 组织机构

学院成立后,成立学生处、团委,负责全院的学生管理工作,各系设副主任一名,负责各系的学生管理工作。

2. 工作机制

学生工作在学院党总支领导下,由学生处负责实施。学生处制订年度工作计划,重要事项由学生处提出工作意见,报学院党总支或院长办公会审批后执行。各系主持的重大学生活动或学生管理事项,经与学生处或团委讨论议定,报学院党总支主管学生工作副书记审批后实施。

各系设有学生工作组,由系党支部负责人任组长,成员包括辅导员、团总支书记和班主任。

(二)重点工作

学生工作要始终坚持"育人为本,德育为先"的工作原则,全面贯彻党的教育方针,加强学风建设和校园文化建设,为学生的全面成长成才创造条件、提供服务。

1. 日常教育管理和学生奖励

学院从加强学生日常教育管理入手,制定或修订了多项学生日常教育管理制度,通过加强纪律教育和学生素质测评、奖惩等项工作,规范学生日常行为,引导学生做文明有礼的大学生。2005—2009 年学院学生获得奖学金人数及优秀毕业生人数统计详见表 15.5-1。

表 15.5-1 2005—2010 年获得奖学金人数及优秀毕业生人数统计表 单位:人

学年	国家奖学金	国家励志奖学金	市级优秀毕业生	校级优秀毕业生
2004—2005	1	/	/	/
2005—2006	1	/	/	5
2006—2007	1	17	/	8
2007—2008	1	2	8	1
2008—2009	1	20	4	4
2009—2010	3	21	6	4

2007 年 6 月,2006 级广告设计与制作团支部被评为 2006—2007 年度首都高校"先锋

杯”优秀团支部。

2004—2010年学院学生获校级先进集体和个人名单详见表15.5-2。

表15.5-2 2004—2010年校级先进集体和个人名单

学年	先进集体	三好学生	优秀学生干部
2004—2005	03级电子商务班 04级国际商务2班	赵丽丽、李童非、芮海平、陈静、王莉、尉迎新、崔伯娟、吴萧、江翰喆、常柳、周正春、刘双颖、刘婉馨、刘珊珊、刘杰英、王洪钧、王巍、齐贺、米进超	王京、杨宁、张磊、尹然、贾猛、赵巍君、耿明明、陈静、张雅迪、马迁、陈启裕、路小静、杨阳、杜宏远媛
2005—2006	05级国际商务1班	赵巍君、王洪钧、陈启裕、赵丽丽、吴萧、孙彦、于森、李露、陈林、姜利侠	赵晨龙、杨宁、张磊
2006—2007	05级国际商务1班	黄依文、孙彦、李明明、陈林、李蕊、杨佳思、张俊、梁松林、刘冉、王娇、赵玉蕊、侯晓齐	杨硕、丁建强、李冠群、刘毅
2007—2008	07级金融保险1班	高媛、马萌萌、聂晨、张子键、张晓玮、王森、刘冉、范慧萍、程宝娜、李蕊、李静、宋云京、刘学雅、赵玉蕊	丁建强、王珊、齐海亮 、罗洪拉喆、芮继山
2008—2009	08级金融保险1班 08级网络系统管理2班	周兆博、王旭、马萌萌、武萍、王毅、杜娟、柳浩博、郭静雯、张璐、赵欢、栾莹、卢希、池宝凤、杨晗、王森	冉赛、王东、刘河、善盈臣、井海龙
2009—2010	09级国际商务1班 08级网络系统管理2班 09级旅游管理1班	李颖、季东莹、王迪、江潮、刘甄真、刘畅、池宝凤、郭静雯、王金颖、彭帏、于健、陈婉春、齐静娴、刘小利、王毅、张媛媛、王娜、宋欣、张庆如、秦梦琪、张伟蒙、袁祎、王聪	李颖、冉赛、王雪驹、井海龙、张璐、吴亮、边梦頔、郭桢

2. 军训

2004年首批新生入学至2010年，每年都开展了新生军训工作。军训期间，除了常规的军事队列科目训练以外，还安排国防教育、安全教育、校规校纪教育、成长教育等内容。

3. 社会实践

学院重视实践与专业教学的结合，要求各系除了安排学生参与社会服务、志愿者工作外，主要开展与专业相结合的对口单位实习，帮助学生加强对专业的理解，提高专业学习的动力。

4. 参加学校及社会上组织的各种活动情况

2005年4月，参加学校艺术节“服饰大赛”，杜瑞娟同学获得“服饰之星”奖。

2006年，首次参加学校春季运动会，共派出38名学生运动员，取得4金、1银、1铜和男子团体总分第四名的成绩。

张桢、孟欣、杨玚同学在学校“2006年计算机程序设计大赛”中获团体三等奖。

2006年11月，16名学生参加全国ITAT教育工程就业技能大赛，赵晨龙、张露晨两位同学进入复赛。

2006年12月，2005级国际商务（1）班李露、庞一平、2006级旅游班郭忱三位同学组队参加学校科普知识竞赛，获得第三名。

2007年8月，学生暑期社会实践团一行50人深入平谷区罗营镇玻璃台村宣传奥运知识和社会调研。

2008年，组织200人参加奥运拉拉队。两次到奥运比赛现场助威。

2008年10月，获北京联合大学足球联赛第四名。

2008年12月，2007级金融保险专业学生鲍菲夺得MIX-BOX中国大学生校花大赛冠军；成为MIX-BOX产品形象代言人以及《新锐》杂志专属模特。

二、思想政治教育

（一）机构设置

学生思想政治教育在学院党总支的领导下，由学生处、团委负责。学生处负责学生日常管理和思想政治教育；团委主要负责团员的教育与管理。

（二）内容与形式

1. 学生党建工作

学院充分发挥学生业余党校的作用，健全党校机构，完善党校培训机制及课程。2004年12月，学院业余党校成立，至2010年，党校共举办学生入党积极分子初级培训班7期，结合不同阶段的特点和形势任务采用授课辅导、个人自学、研讨交流、参观实践等方式对学员进行教育，共有400余名学生参加党校初级班培训。党校为学生开设了“中国共产党的宗旨与指导思想”“中国共产党的性质、纲领与任务”“审时度势，做新时期合格共产党员”“入党的条件与程序”“共产党员的理想信念”和“当代世界社会主义与中国特色社会主义发展前景”等基本理论课程。

学生党支部开展了多项教育活动。例如，每年清明节组织学生入党积极分子，到盘山烈士陵园进行祭扫活动。每年重阳节组织学生到平谷敬老院，给老人们干一些力所能及的事。

2. 思想政治理论课

2005年，按照教育部规定，开设“思想道德修养与法律基础”“中国近现代史纲要”“毛泽东思想、邓小平理论和‘三个代表’重要思想概论”“马克思主义基本原理概论”和“形势与政策”5门课程。

2007年，按照教育部要求，“毛泽东思想、邓小平理论和‘三个代表’重要思想概论”课程更名为“毛泽东思想和中国特色社会主义理论体系概论”。

3. 心理健康教育

2006年9月，学院心理咨询室开始接待学生，心理咨询室配备专职人员开展心理咨询和教育工作，主要帮助学生克服发展过程中遇到的各种心理与行为问题，促进学生身心健康发展。每年开展对大一新生的心理普查和在校生心理危机排查工作,建立了学生心理档案,为心理教育提供依据。

4. 入学与毕业教育

入学教育在校规教育的基础上,加入专业教育、成长教育、理想信念教育、职业教育等内容。从强化形式入手,赋予开学典礼和毕业典礼更加具有时代特点、学院特色、师生互动环节的形式与内容,达到对学生进行爱校、荣校教育的目的。

5. 围绕重大活动开展主题教育

学院成立之初,组织平谷杰出青年校园行活动,并结合这项活动,开展多种形式的加强学风建设的教育活动。

院团委借助北京举办2008年奥运会的契机,举行"大手拉小手"奥运知识普及活动,到平谷山区小学进行奥运知识普及。培养学生的爱国主义精神和民族自豪感。

6. 寓教于乐的校园文化活动

根据学生特点,学院成立了舞蹈社、动画社、足球社、激进爱心社等7个学生社团,学生处每年还组织生活小常识竞赛、主题辩论赛等活动,丰富了学生的业余生活。

第六节 办学保障

一、校园规划与建设

根据《北京联合大学与平谷区人民政府合作办学协议》,平谷区政府负责学院的办学、发展用地,校园建筑及教学实验基础设施、设备等硬件投入,学校投入部分经费用于学院购置、更新教学设备,保证学生正常上课秩序、改善教学条件。

学院成立时暂时与平谷第二职业学校在同一校园内办学,从2005年起独立使用校园。

2005—2010年,平谷区政府逐步改善了学院教学、办公条件,主要改造工程见表15.6-1。

表15.6-1 2005—2010年基础设施建设、改造情况一览表

时间	项目名称
2004.10	完成学院大门改造、甬路铺设、校园照明设施改造,培训实习楼前绿化
2004.11	完成学院西部300多米围墙扩建,铺设水泥地面积3000多平方米,上下管道300多米,规划出篮球场地2个,羽毛球场地2个
2006.04—2006.06	操场改建工程,建成高标准400米跑道的塑胶操场,占地面积2万平方米,建有篮球场、足球场、羽毛球场等运动场所

2007年10月,北京市高校物业管理协会检查团到学院检查评比,在16所院校的检查评比中,学院排第7名。

二、办学经费与管理

政府拨款主要用于专业教学设施、设备等基本条件建设、学生副食补贴、招生录取、学籍管理、教学管理等费用。所收学费，根据学校与平谷区政府的责任和义务及办学成本分配，平谷校区支配50%，所办专业的相关学院支配50%。

三、实训室及实训基地建设

2004—2010年学院实训室及实训基地建设情况详见表15.6-2。

表15.6-2　2004—2010年实训室及实训基地建设情况一览表

时间	项目名称
2004.11	在北京歌华有线电视平谷分公司、平谷区经济普查办建立了实训基地
2005.04	与大兴职教集团合作建立平谷就业培训基地、完成学院设计专业实训室建设
2007	完成学院旅游模拟、金融保险、语音机房、网络机房、商务谈判、软件调试等12个高标准实训室的建设，联手香港IT联合会建立“北京栢力软件实训基地”

四、图书、档案及出版物

学院拥有馆藏38万册的数字图书馆和6万册图书的普通图书馆。2005年5月完成了数字图书馆建设，该数字图书馆图书内容涉及政治、哲学、艺术、宗教等10大门类，拥有独立的服务器和交换机，可使校园内5000余个信息点通过内网实现同时阅读。

第七节　国际及港澳台交流与合作

一、概况

学院成立后，成立对外合作交流办公室，专门从事对外合作与教育教学交流工作。学院坚持国内教育与国际教育的接轨，与英、美、澳、加、韩、日等国家的大学、学院建立了学术研究与交流。2004年，学院加入GCN-国际院校网络组织，每年可选送优秀学生到GCN成员院校(7个国家，14个国际院校)去学习，并享受免学费的奖学金。

2005—2010年共进行如下合作交流、合作办学、留学生培养任务：

2005年1月，与国际(美加)教育协会签订教育合作备忘录。双方将共同合作发展北京市平谷区的中加、中美学术交流项目，开展中国与加拿大政府及教育机构间各层次教师/学生交流、培训、互换活动。

2005年3月，邀请英国迪蒙特福特大学教师、英籍华人杨宏戟博士来院，交流探讨学院的管理、学术研究的模式、教育教学管理模式、专业设置与授课模式以及学院文化活动等多方面内容。

2007年3月，与英国迪蒙特福特大学(DMI)合作办学，签订“3+1”办学协议。

2007年6月，与澳大利亚阳光海岸大学达成合作办学项目，为学院学生赴澳大利亚阳光海岸大学“专升本”留学开辟通道。

2010 年学院参加境外留学项目的学生和公派出国的教师名单详见表 15.7-1。

表 15.7-1 2010 年参加境外留学项目的学生和公派出国的教师名单

班级/教师	姓名	性别	年龄	留学地点
04 级国商(1)	魏晓宇	男	20	韩国庆北科技大学
04 级保险	焦晓溪	女	21	韩国庆北科技大学
04 级国商	孙　琳	女	20	英国奇切斯特学院
教师	杨宝清	男	40	英国奇切斯特学院
教师	付树梅	女	28	英国奇切斯特学院

注：2008、2009 年都有毕业生到英、韩等国留学，但学生留学人员名单不详。

第八节　党的建设

一、组织结构

2010 年年底，学院党总支下设党支部 3 个，见表 15.8-1。

表 15.8-1 2004—2010 年基层党组织设置一览表

支部名称		职务	姓名
平谷学院党总支		书记	刘长金
		副书记	王春广(兼)、李国芹
		组织委员	刘佩东
		纪检委员	陈宝忠
		宣传委员	王福涛
2004—2008	第一党支部	书记	王玉荣
		副书记	马红梅、金自鹏
	第二党支部	书记	徐书平
		副书记	王银凤、滕海洋
	第三党支部	书记	王连凤
		副书记	刘书平、秦春虎
2009—2010	第一党支部	书记	贾会贤
		副书记	马红梅、焦艳茹
	第二党支部	书记	王连凤
		副书记	卢景春、杨秀云
	第三党支部	书记	贾纯喜
		副书记	金自鹏、孙书凤

二、党建重大活动

2005年9月，学院深入开展了党员保持先进性教育活动。活动分三个阶段，第一阶段为学习动员阶段。党总支以集中学习和自学的形式，学习了胡锦涛同志的相关文章，利用党员电化室观看蔡霞教授的辅导录像。学后召开了学习心得体会交流会。第二阶段为分析评议阶段。党总支对每一位党员都提出了评议意见，肯定成绩，指出不足，提出整改建议并向党员本人反馈。第三阶段为整改提高阶段。认真总结前两个阶段的成果和不足，明确了要解决的突出问题，召开了整改提高动员大会，提高了具体要求。

2007年12月，开展学习贯彻十七大精神系列活动。院党总支书记刘长金为全体党员和教职工作题为“认真学习贯彻十七大精神，把握精神实质”的专题报告，使全体党员、教师真正领会十七大精神，并制订了切实可行的计划，精选内容、突出学习重点。

2009年3月—7月，开展学习实践科学发展观活动。根据学校部署，学院开展学习实践科学发展观活动（以下简称“学习实践活动”），活动分为学习调研、分析检查、整改落实三个阶段。

三、党员发展

2004—2010年学院党员发展情况详见表15.8-2。

表15.8-2　2004—2010年党员发展情况统计表

年份	学生人数	发展学生党员名单	教职工人数	发展教职工党员名单
2004	4	张俊峰、刘芳、焦磊、于明杰	7	滕海洋、安国霞、贾艳荣、费秋云、李维东、王淑琴、耿连庆
2005	6	景媛媛、刘婉馨、杜宏媛、胡杰、赵志勇、黄浦	8	张清瑞、胡国华、王长岭、陈艳芳、刘文莲、崔满秋、张琳颖、胡占军
2006	14	张黎明、张娜、杨蕊、崔伯宇、顾驰、郑颖、褚晓青、张磊、杨宁、包阳光、耿明明、米进超、杨阳、高洁		
2007	14	吴潇、于森、李明明、刘成、陈光、李红、郭银玉、张萌、王一、王肖、刘毅、关小飞、康晶晶、张敬亚	2	熊连荣、张立霞
2008	13	董春艳、杨佳思、李蕊、刘佳、范慧萍、侯晓齐、张俊、张桢、赵国玲、赵玉蕊、赵娜清、于森、张海佳	3	刘金善、秦立新、闫慧林
2009	10	程宝娜、凌汇泽、张浩、张绍然、李蕊、陈子玉、冉赛、王静、朱亚楠、李冠群	4	贾瑞雪、刘国平、李丽颖、徐春选
2010	17	韩梦嫣、贺艳娥、王超、王晓婉、李爽、池宝凤、王菲、张璐、芮继山、张金、刘楠、王建刚、王尚志、胡然、贾相辰、刘晨、王伯阳	5	王安琪、史爱华、朱敬婷、葛兰、乔俊丽

四、表彰先进

2005—2010 年学院各类先进党员名单详见表 15.8-3。

表 15.8-3　2005—2010 年先进党员名单

<table>
<tr><th>年份</th><th>学院先进党员</th><th>学校先进党员</th><th>平谷区教育系统先进党员</th></tr>
<tr><td>2005</td><td>马红梅、金自鹏、王书琴、李维东、赵义泉、刘长金、王银凤、崔永良、安国霞、崔义霞</td><td>王银凤</td><td>崔永良、金自鹏、赵义泉</td></tr>
<tr><td>2006</td><td>李维东、陈宝忠、于昆山、王荣、焦艳茹、邓长安、徐淑平、崔永良、王小燕、王连凤、赵义泉、秦春虎、安国霞</td><td rowspan="2">徐书平</td><td>李维东、焦艳茹、赵义泉</td></tr>
<tr><td>2007</td><td>孔祥革、徐书平、邓长安、崔义霞、焦艳茹、王春广、王国文、王玉荣、李国芹、马红梅、李维东、于昆山、崔永良、刘长金</td><td>崔义霞、邓长安、孔祥革</td></tr>
<tr><td>2008</td><td>崔永良、李国芹、王玉荣、王春广、刘长金、赵义泉、邓长安、李维东、马红梅</td><td></td><td>崔永良、邓长安、马红梅</td></tr>
<tr><td>2009</td><td>熊连荣、焦艳茹、马红梅、李维东、杨秀云、卢景春、程飞、孙书凤、王长岭</td><td></td><td>孙书凤、熊连荣、杨秀云</td></tr>
<tr><td>2010</td><td>张琳颖、赵国玲、刘文莲、王书琴、闫慧林、卢景春、李淑芬、程飞、陈艳芳</td><td></td><td>闫慧林、程飞、刘金善</td></tr>
</table>

第十六章　撤销学院、分校

第一节　应用技术学院

一、概述

应用技术学院成立于1998年1月，位于朝阳区北四环东路97号校本部院内，是一所以培养高级技术应用型人才为主的理工科学院，为学校所属的非法人副局级单位。学院的基础教学、图书资料、后勤、保卫、人事管理、财务管理、干部任免由校部负责；学院承担专业教学工作、学生工作和党务工作三项任务。2002年3月，根据北京市机构编制委员会在当年年初下发的《关于同意北京联合大学机械工程学院等3所学院并入北京联合大学的函》（京编办〔2002〕2号）和学校2002年3月25日文件《关于校本部进行专业调整并重新组建学院的意见》（京联党〔2002〕11号）要求，撤销校本部内原信息学院、应用技术学院、机械工程学院建制，调整专业，重新组建信息学院、机电学院、自动化学院和管理学院。

2001年1月至2002年3月，学院设管理、电子信息、机电和材料4个系，1个电工电子实训中心，1个成人教育办公室。有本、专科专业（含专业方向）13个，形成了本、专科相互衔接配套的专业格局。2001年1月在校生2116人，其中本科生945人，专科生1171人。2001年，全院共有教职工125名，其中专任教师93人。专任教师中，具有高级职称教师35人，占全部教师总数38%；45岁以下中青年教师中具有研究生以上学历的56人，占全部教师总数60%；具有博士学位的4人；具有较强工程实践能力的“双师型”教师达30%以上。

学院开设5个本科专业，分别为工商管理（金融保险）、工商管理（电子商务）、工程管理、工商管理和计算机科学与技术（网络）；开设8个专科（高职）专业，分别为计算机网络技术、计算机应用技术、计算机通信管理、建筑工程管理（项目管理）、建筑工程管理（造价管理）、建筑装饰工程、电子商务与信息管理和国际金融与保险。

在实践教学方面，学院设有电工电子实训中心、音响视听、计算机网络、电子商务、空调制冷技术、金融保险和建筑装饰设计（CAAD）等校内实训实习基地。

2001年1月，管理系保险营销专业被确定为北京联合大学重点示范专业和北京市高职高专重点建设示范专业之一。

学院一贯重视与相关政府机构、行业、企业合作办学，2001—2002年与环陆海天网络技术有限公司、台湾全球华人保险行销集团、太平洋保险公司北京分公司、泰德股份有限公司、中国录音协会及建设部的行业协会等单位进行了广泛的合作，共获得企业投资100万元。

二、管理体制与机构

(一)管理体制

2001年1月至2002年3月,学院实行党委领导下的院长负责制(见表16.1-1)。党委是学院的领导核心,党委坚持民主集中制,保证院长独立负责地开展工作。

学院党委在校党委制定的关于学院发展、运行的总原则的指导下,具体负责学院的党建、教学、队伍建设、学生教育等工作;对教学、行政、科研、党务、学生及教育教学的改革、学院发展等重大问题进行决策。

学院由一名副院长主持行政工作,院务会议及院长办公会一般合二为一,主要由学院党政主持工作领导、系处负责人组成。会议主要研究解决办学过程中的具体问题及学院发展规划等。为解决院务会、院长办公会人员不齐的问题,以不定期召开处级干部和教学关键岗会议的方式弥补。

表16.1-1　2001年1月—2002年3月党政领导人一览表

序号	职务	主要负责人	任职时间
1	党委副书记	白志平	—2002.03(主持工作)
2	副院长	李培均	—2002.03(主持工作)

(二)党政机构(及部分团体)

2001年1月—2002年3月,学院设党院办、教务处、学生处3个党政机构和工会、团委等群众团体(见表16.1-2、表16.1-3)。

表16.1-2　2001年1月—2002年3月党政机构和群众团体设置及负责人一览表

<table>
<tr><th>序号</th><th>机构名称</th><th>正　职</th><th>任职时间</th><th>副　职</th><th>任职时间</th></tr>
<tr><td>1</td><td>党院办</td><td>李玉桂</td><td>—2002.03</td><td>陈　华</td><td>—2002.03</td></tr>
<tr><td>2</td><td>教务处</td><td>顾志良</td><td>—2002.03</td><td>李　群</td><td>2001.01—2002.03</td></tr>
<tr><td>3</td><td>学生处</td><td colspan="2">无正职</td><td>李九丽</td><td>—2002.03</td></tr>
<tr><td>4</td><td>团委</td><td>马俊红</td><td>—2002.03</td><td>韩　青</td><td>—2002.03</td></tr>
<tr><td>5</td><td>工会</td><td>高志远</td><td>—2001.03</td><td></td><td></td></tr>
</table>

表16.1-3　2001年1月—2002年3月各基层支部负责人一览表

<table>
<tr><th>职务</th><th>姓　名</th><th>任职时间</th><th>职务</th><th>姓　名</th><th>任职时间</th></tr>
<tr><td>材料系党支部书记</td><td>姜春梅</td><td>—2002.03</td><td>机电系党支部书记</td><td>付　力</td><td>—2002.03</td></tr>
<tr><td rowspan="2">管理系党支部书记</td><td rowspan="2">张振厚
李庆平</td><td rowspan="2">—2001.07
2001.08—2002.03</td><td>电子信息系党支部书记</td><td>樊月华</td><td>—2002.03</td></tr>
<tr><td>电子信息系
党支部副书记</td><td>张翠霞</td><td>—2002.03</td></tr>
<tr><td>党院办党支部书记</td><td>陈　华</td><td>—2002.03</td><td>学生处党支部书记</td><td>李九丽</td><td>—2002.03</td></tr>
<tr><td>学生党支部书记</td><td>王学英</td><td>—2002.03</td><td>学生党支部副书记</td><td>韩　青</td><td>—2002.03</td></tr>
</table>

（三）教学机构

2001 年 1 月—2002 年 3 月，学院教学机构包括 4 系 1 中心：管理系、电子信息系、机电系、材料系和电工电子实训中心，见表 16.1-4。

表 16.1-4　2001 年 1 月—2002 年 3 月教学机构设置及负责人一览表

序号	机构名称	正　职	任职时间	副　职	任职时间
1	管理系	王滨有	—2001.12	田建敏	—2001.12
2	电子信息系	无正职		祁　梅 陆宏瑶	—2001.12
3	机电系	张恩祥	—2001.12	孟昭勇	—2001.12
4	材料系	高元植	—2001.12	章泽英	—2001.12
5	电工电子实训中心	张翠霞(负责人)	—2001.12		
6	成人教育办公室	刘贵庆	—2001.12		

（四）专门委员会等机构设置及调整

2001 年 1 月—2002 年 3 月，学院常设的专门委员会有 6 个，见表 16.1-5。

表 16.1-5　2001 年 1 月—2002 年 3 月常设专门委员会一览表

序号	名　称	主　任	任职时间	委员	任职时间
1	学术委员会	林中村	—2002.03	李培均、孙建京	—2002.3
2	学位委员会	李培均	—2002.03	白志平、林中村、石明、刘贵庆、高元植、张振厚、樊月华	—2002.03
3	教学指导委员会	李培均	—2002.03	林中村、李九丽、陆宏瑶	—2002.03
4	专业技术职务任职资格评审委员会	李培均	—2002.03	林中村、顾志良、樊月华、高元植、刘贵庆、张振厚	—2002.03
5	保密委员会	白志平	—2002.03	李玉桂、顾志良、蓝星、李九丽	—2002.03

三、人才培养

（一）本科教育

1. 专业设置及调整

2001 年 1 月—2002 年 3 月期间学院设有 5 个本科专业，分别为工商管理(金融保险)、工商管理(电子商务)、工商管理、工程管理和计算机科学与技术(网络)。其中，工程管理专业为 2001 年 3 月 6 日 教育部批准学院新增的本科专业。

2001 年 8 月，管理系招收第一届金融与保险专业技术应用型本科生。

2. 教学基本建设

(1) 专业建设

2001 年 3 月 25 日，管理系建立保险营销专业与行销集团信息资料室。机电系 98 级机电专业学生毕业设计全部采用与文百公司合作的实际课题。9 月 20 日，学院申报录音艺术、信息管理与信息系统和建筑环境与设备工程本科三个专业。9月28日，建筑环境与设备工程专业申报获校学术委员会讨论通过。12月27日，学院举办教案选展，共收到教案和讲稿25份。

（2）教材建设

2001年，管理系教师周立主编的本科教材《网页设计》由高等教育出版社出版；管理系教师周立、支芬和、李宇红、田建敏等参加了高林副校长主编的电子商务系列教材编写，2001年承担其中的《网页设计》《网络营销》《管理信息系统》的主编工作。

（3）实训基地建设

院内原有实训室为电工电子、金融保险、电子商务和计算机网络实训室。

2001年1月，学院机电系与香港合资北黄自动化设备安装公司、美国ALC公司共同设计并合资建设北京联合大学建筑环境校内实训基地。

2001年3月，机电系与北京重型电机厂建立校企合作关系，共建校外实训基地。

3. 师资队伍建设

2001年学院共引进6名教师，分别是2月由平安保险公司调入管理系任教师的黄芳，3月调入管理系的金融学博士杨宜，6月调入管理系的李慧凤和邢秀芹，11月调入管理系的叶敏和佟翠萍。

（二）高等职业教育

1. 专业设置及调整

2001年1月—2002年3月，学院设有8个高职专业，分别为计算机网络技术、计算机应用技术、计算机通信管理、建筑工程管理（项目管理）、建筑工程管理（造价管理）、建筑装饰工程、电子商务与信息管理和国际金融与保险专业。

其中，建筑工程管理（项目管理）和建筑工程管理（造价管理）两个专业是2001年1月经市教委批准学院新增的高职专业；管理系国际金融与保险专业是2001年3月对保险营销（高职）专业更名后的名称。

2. 教学基本建设

（1）专业建设

2001年，管理系保险营销专业被确定为学校重点示范专业，随后被确定为北京市高职高专重点建设示范专业之一，被教育部认定为国家级高职高专教育教学改革试点专业。

2001年7月，电子信息系的计算机应用技术专业被评为教育部国家级高职高专教育教学改革试点专业。

2001年12月，学院参加北京市高职重点建设专业申请工作，组织第二批高职重点专业的申报，申报专业为电子信息系的音响工程专业，机电系的室内环境控制工程专业和管理系的电子商务与信息管理专业，通过学校专家组答辩并被推荐参加北京市选拔。

（2）教材建设

2001年1月，管理系主任王滨有副教授和通信管理教研室教师张士玉合作完成了计算机通信管理专业内部讲义之一——《通信企业管理简明教程》的编写，突出了高职特征。

（3）实训基地建设

学院高职教育的实训基地包括校内实验实训室和校外实训基地。校内实验实训室主要有电工电子、金融保险、电子商务、音响工程和计算机网络实训室。2001 年 3 月机电系与北京重型电机厂共建校外实训基地除为本科专业服务外,也为高职专业服务。

3. *教育教学活动*

2001 年 3 月 22 日,与台湾保险行销集团合作签字仪式在学校领导主持下举行,保险行销集团向学校赠书,此次合作对学院国际金融与保险专业建设及高职教育专业化、企业化、市场化起到了积极的推进作用。

2001 年 3 月 26 日,学院举办首届高职教育学术研讨会,共有 21 篇高职研究论文参加交流,其中 12 篇在学校本年度高职优秀论文评选中获奖。

2001 年 4 月 19 日 ,召开院高职教育学术研讨会,校党委书记兼校长熊家华、副校长高林及有关部门领导出席了会议,院党委副书记白志平同志主持会议,林中忖教授致开幕词,副院长李培均作题为“在实践中创新,在改革中发展”的讲话。

2001 年 10 月 12 日,学院电子信息系教师参加组织并筹办了“全国高等院校计算机基础教育研究会高职高专专业委员会成立大会暨全国高职高专教育研讨会”。

四、学生教育与管理

1. *招生*

2001 年学院专业设置及招生情况详见表 16.1-6。

表 16.1-6　2001 年专业设置及招生情况一览表　　单位:人

专业名称	本科(高中起点)	本科(专科起点)	高职
计算机科学与技术(网络)	63		
工商管理(金融保险)	29		
工商管理(电子商务)	27		
工程管理	49		
工商管理	139		
计算机网络技术			49
建筑工程管理(项目管理)			30
建筑工程管理(造价管理)			29
计算机应用技术			63
电子商务与信息管理			59
计算机通信管理			53
建筑装饰工程			24
国际金融与保险			29
小计	307	0	336
合计	643		

2001 年 8 月,管理系国际金融与保险专业招收学院首届高职专科生。

2. 学生日常管理

学院提出学生日常管理与教育的方针是：全面推进素质教育，围绕学习和学风，持之以恒地强化学生工作。

学院采取多种措施，如召开全体学生大会对通过英语四六级的同学进行表彰奖励，以提高学生英语四级通过率。据2001年9月统计，学院97级与96级相比，英语四级累计通过率提高幅度达22.6%，增幅在学校各学院中排名第一，累计通过率高于校本部各学院平均水平；99级英语四级通过率与98级相比，增幅在学校各学院排名第二。高职专科英语B级通过率达到44.8%，在学校各学院排名第一。

此外，学院组织团员开展科技活动和校园文化活动，形成一种健康向上的文化氛围，2001年4月，院学生会举办了应用技术学院首届校园歌手大赛；9861班获得2001年度北京市“红旗团支部”称号；9841班获得北京市“先锋杯”优秀团支部称号。

3. 学生党建工作

学院设学生党支部，2001年有学生党员41名。

2001年3月19—21日，组织业余党校高级培训班，57名学生入党积极分子参加了培训。10月13—15日，组织业余党校高级培训班，73名入党积极分子参加了培训。12月初，院团委组织学生干部进行培训，院团委、学生会、社团、系团总支和班长、团支部学生代表90人参加了培训，培训后发展学生党员30名。

4. 学生日常思想教育及活动

2001年1月6日，1999级学生参加献血活动，306人体检合格并献血。3月22日，2000级学生参加献血活动，358人体检合格并献血。

2001年3月2日，管理系党支部组织教师和学生在系实训基地开展主题为“崇尚科学、拒绝邪教”的签名活动。

2001年3月27日，学生会举办“救助新疆野生小动物”募捐活动。

2001年5月，美国UT斯达康公司技术总监赵发林来学院给学生作基于UNIX的“网络安全与维护”的讲座；MOTOROLA技术部经理杨巍来学院给学生作“共同关注——现代大学生如何从容步入社会”的讲座；牟俊工程师来学院给学生作关于IT业未来的发展趋势的讲座；中科院的高晶教授来学院给学生作关于大学生交际心理学的讲座；学生会宣传部举办“奥运狂想”宣传画设计大赛，并举行全院宣传工作交流会；院团委组织30名团干部和学生会干部前往中央电视台录制“家园栏目”节目；由校团委组织的考察团到上海同济大学、上海机电专科学校等高校考察学习，学院有部分师生参加；北京师范大学心理咨询中心主任聂振伟教授应邀为学院学生作“心理健康”的讲座。

2001年8月，组织暑期大学生社会实践，深入京郊平谷县的水泥二厂和马昌营乡进行实际考察调研。

2001年11月，学院聘请微软(中国)公司技术专家组组长祝文彬教授给学生作题为“挑战未来，走进IT”的讲座；同月，学院召开2000级学生家长会，500多名家长参加会议，李培均副院长在讲话中重点讲述了高等教育大众化与就业现状及如何提高人才的培养质量等问题；教务处处长顾志良汇报了学生学籍处理、获得学位情况；学生处副处长李九丽讲解了学生管理的规定；各系系主任介绍了专业概况及发展前景。

2001年12月，院学生会开展了“一二·一”艾滋病防疫日宣传；院学生会举办了冯晶同学的“冬日暖阳”个人书画展；院团委召开2001学年度表彰大会；电子系团总支邀请北京迈波斯咨询服务有限公司讲师及部分优秀毕业生来学院与学生们交流，并为广大学生作职业指导；团委《心灵闪光》期刊问世；中国建设工程造价管理协会课题组顾问王华年先生结合建筑业加入WTO的大背景给材料新专业4个班的学生作专业报告，进一步加强了学生的专业思想；学院举办“应用技术学院首届音乐节”。

5. 荣誉与奖励

2001年3月，学生处在教学楼召开99级全体学生大会，对通过英语四六级的同学进行了表彰奖励；机电系97级学生刘念毕业设计《多功能自动弯曲成型装置的研制》(指导教师：张恩祥、程光)获学校优秀毕业论文一等奖。

2001年4月，院学生会举办“应用技术学院首届校园歌手大赛”，990552班学生丁旭获得一等奖，990541班学生李莹和9742班学生田东箭获得二等奖。同年4月，9861班获得2001年度北京市“红旗团支部”称号；9841班获得北京市“先锋杯”优秀团支部称号。

五、党的建设

党委下设综合办、管理系、电工电子系、机电系、材料系、学生处党院办及学生7个党支部，共有党员教工71名。党支部围绕教育教学、完成评估任务、发展党员、迎接建党80周年、保持学院稳定等项工作，发挥战斗堡垒的作用。

2001年3月，管理系党支部被学校推荐为市先进党支部；2001年6月，材料系党支部组织全体党员和积极分子及部分职工参观了抗日战争纪念馆及卢沟桥；学院60多名党员参加了北京市组织的建党80周年知识竞赛活动。

2001年7月，学院召开全体党员大会庆祝建党80周年。10月，学院结合学习“七一”讲话精神，组织工会委员、女工委员到革命根据地——西柏坡参观学习，接受革命传统、爱国主义思想再教育；11月，组织业余党校高级培训班，教师党员34人和部分教师入党积极分子19人参加了此次培训。

六、科研与社会服务

2001年5月，管理系通信管理教研室主任张士玉老师与电子商务与信息管理教研室主任支芬和副教授，合作完成北京市教育委员会教育改革科研课题《经营决策模拟自动化》。

2001年10月12日，电子信息系教师参加全国高等院校计算机基础教育研究会高职高专专业委员会成立大会暨全国高职高专研讨会的组织筹办及会务工作。

2001年10月，管理系支芬和副教授作为中央电视台10频道《网人网技》节目嘉宾拍摄8集电子商务专题，并于12月播出，扩大了学校在网络界的影响，促进了电子商务教学的进一步发展。

2001年11月，管理系成为北京高校管理科学研究会理事单位；同月，电子信息系教师参加在上海举办的中国青年声学会学术会议。

2001年12月15日，管理系支芬和副教授在中国市场学会第三届年会中被推选为理事，中国市场学会承诺无偿提供五套《市场营销导刊》并为专业建设提供了很多帮助。

七、教职工获得的荣誉

2001年6月,50名教职工参加校工会组织的纪念建党80周年歌咏比赛并获二等奖。

2001年10月,在学校2001年高等职业教育优秀论文评选中,机电系的《高等职业教育实训教材的探索与实践》获得二等奖,《高等工科职业教育的一种课程模式》和《浅议技术创新在高等职业技术教育中的地位与作用》获得三等奖;

2001年10月,在学校第九届田径运动会上,郭燕、陈华老师分别取得女子50米托球跑、女子50米运球跑项目的第一名,李亚梅、韩青、温强、许汇冬老师取得男、女50米混合接力赛第一名。学院获得"最佳创意奖"和男子团体第六名;在校工会组织的"我为联大推进全面素质教育献一计"征文比赛中,学院教工阎建中获得一等奖。

2001年11月,学院在校健美操比赛中获得第一名;院管理系刘在云老师指导的毕业设计获校毕业设计一等奖。

管理系通信管理教研室主任张士玉,被中国共产党北京市委员会组织部选入北京市优秀人才库,同时资助张士玉副教授人民币10000元,赴北京邮电大学,作为访问学者参与有关信息产业部的国家级科学研究课题的研发;院电子实训中心张翠霞同志,当选为清华大学电子工业训练中心副理事长;机电系李春旺老师获得"北京市优秀青年工程师"称号。

第二节 机械工程学院

一、概述

机械工程学院位于朝阳区白家庄西里,占地面积61336平方米。前身是在北京工业学校旧址成立的北京工业大学第一分校,是一所市属走读型普通高等工科院校。2000年12月13日学院与学校校本部合并,属于学校的二级学院,不再具有独立法人地位,保留原有建制,学校党委和行政对学院实行统一领导,直接管理。学院重点做好教学工作、学生工作、党务和群众团体工作。学院坚持"高教为主、三教统筹",为首都经济建设培养应用型人才的办学方针。

2001年,学院在岗教职工197人,其中专任教师107人。教职工中,教授和研究员3人、副高级职称62人、中级职称78人。

2001年,学院招收全日制学生667人,夜大学生718人,在校学生达3688人,为建院以来在校学生最高峰。

根据北京市机构编制委员会在2002年年初下发的《关于同意北京联合大学机械工程学院等3所学院并入北京联合大学的函》(京编办〔2002〕2号)和学校2002年3月25日文件《关于校本部进行专业调整并重新组建学院的意见》(京联党〔2002〕11号)要求,学校撤销校本部内原信息学院、应用技术学院、机械工程学院建制,调整专业,重新组建信息学院、机电学院、自动化学院和管理学院。

二、管理体制与机构

（一）管理体制

2001年—2002年3月，学院实行党委领导下的院长负责制，见表16.2-1和表16.2-2。党委是学院的领导核心，党委坚持民主集中制，保证院长独立负责地开展工作，学院重大问题由党委集体讨论决定。

表16.2-1　2001年—2002年3月党委领导人一览表

职　务	姓　名	任职时间	职　务	姓　名	任职时间
党委副书记	张仲林	—2002.03（主持工作）	副书记	高　东	—2002.03

表16.2-2　2001年—2002年3月行政领导人一览表

职　务	姓　名	任职时间	职　务	姓　名	任职时间
副院长	关仲和	—2002.03（主持工作）	院长助理	薛立军	—2002.03

（二）组织机构

2001年1月—2002年3月，学院党政机构设置有：党委办公室、院长办公室（合署），教务处，学生工作部（处），均为正处级单位；群众团体组织有工会和团委，均为副处级单位，见表16.2-3。

教学单位有机械工程系、电气工程系、材料工程系、应用技术系、计算机与信息中心和成教部见表16.2-4。其中计算机与信息中心为副处级单位，其余教学单位为正处级单位。

表16.2-3　2001年1月—2002年3月党政机构及群众团体负责人一览表

序号	机构名称	正　职	副　职
1	党委办公室、院长办公室（合署）	黄建华	吴圣廉
2	教务处	王　洪	孟宪庚
3	学生处（学生工作部）	马雅湘	宁　琳
4	工会	陈保平	
5	团委		焦　阳（主持工作）

表16.2-4　2001年1月—2002年3月教学机构设置及负责人一览表

序号	机构名称	行政正职	行政副职	党务负责人
1	机械工程系	方　新	陈瑞阳	彭伯平
2	电气工程系	高满茹	刘　莹	廖文国
3	材料工程系	杨　飒	马永新	张立珊
4	应用技术系		黄　标（主持工作） 陶秋燕	黄　标
5	计算机与信息中心	王　缅	魏雪英	
6	成教部	杨长安		

2001年1月—2002年3月,学院根据工作需要,成立了相关的专门工作机构,见表16.2-5。

表16.2-5 2001年1月—2002年3月专门工作机构一览表

序号	名称	主任(组长)	任职开始时间	副主任(副组长)	任职开始时间	成员
1	实习科管理体制调整工作小组	薛立军	2001.03.19	张立珊 孟宪庚 胡钺	2001.03.20 2001.03.20 2001.03.20	
2	2001年职称评审组	关仲和	2001.04.03	张仲林 高东 薛立军	2001.04.06 2001.04.06 2001.04.06	吴圣廉、高满茹方新、杨飒、黄标、魏雪英、王洪、杨长安、董尚勇
3	电气工程系新生在校本部上课工作协调小组	孙宏亮	2001.09.11			刘进英、靳宇
4	校园网施工工作领导小组	高东	2002.01.18	薛立军 王缅	2002.01.18 2002.01.18	

三、队伍建设

学院积极加强在职教师队伍建设,全面提高师资队伍业务水平。继续坚持鼓励教师在职攻读博士学位和硕士学位。2001年1月—2002年3月,在读博士2人,在读硕士8人。

学院积极加强双师型教师队伍建设,并以此作为搞好高职教育的重要环节之一。2001年有近10名教师取得相关职业教育培训证书。

2001年,学院职称评定情况见表16.2-6。

表16.2-6 2001年职称评定情况一览表

序号	姓名	所在单位	晋升职务	等级
1	杨志勤	机械工程系	高级实验师	副高级
2	田宏宇	机械工程系	讲师	中级
3	雷保珍	机械工程系	讲师	中级
4	郭洪红	机械工程系	讲师	中级
5	那日松	材料工程系	工程师	中级

四、人才培养

(一)本科教育

1. 专业设置

学院2001年共有5个普通本科专业招生,机械工程及自动化分3个专业方向招生,见表16.2-7,其中的自动化控制方向有1个班为中职毕业生中招收的职教师资班。

表 16.2-7　2001 年本科专业设置及招生情况一览表

序号	专业名称	招生人数
1	工商管理(信息管理)	45
2	材料科学与工程(现代材料及计算机应用)	35
3	机械工程及自动化(自动化控制,工程软件,汽车运用工程)	130
4	电子信息工程(多媒体网络技术,信息处理与传输,计算机应用,电子商务与外贸)	90
5	电气工程与自动化(控制网络技术,计算机控制工程,智能建筑控制工程,电子商务与外贸)	90
6	机械工程及自动化(自动化控制)(职教师资班,单招单考)	42
合计		432

2. 教学研究

学院鼓励教师积极开展教学研究,并总结具有推广价值的教育教学成果。2001 年,田春芝负责的教育教学研究项目《以职业能力为主线,构建汽车运用工程高职专业的课程体系》和方新负责的教育教学研究项目《以核心能力为本位的机电应用技术专业课程体系开发》被评为校级教育教学研究项目。

2001 年,学院教师获得国家教育部教育教学成果(高等教育)二等奖 1 项,以及北京市教育教学成果(高等教育)一等奖 1 项、二等奖 1 项,详见表16.2-8。

表 16.2-8　2001 年获市级及以上优秀教学成果项目一览表

序号	成果题目	获奖者姓名	获奖级别	获奖名称及等级
1	高职教育实训基地建设的研究与实践	孙建京、关仲和等5人	国家级	2001 年国家教育部教育教学成果(高等教育)二等奖
2	高职教育实训基地建设的研究与实践	孙建京、关仲和等5人	市级	2001 年北京市教育教学成果(高等教育)一等奖
3	机类现代高等应用型人才实践教学教学体系的创立	方新、陈瑞阳、毛智勇、王瑞岷、郑业明	市级	2001 年北京市教育教学成果(高等教育)二等奖

3. 学生参加学科专业竞赛

2001 年,学院组队参加 2001 年全国大学生电子设计(北京赛区)竞赛,学生张玮、杨阳、王键等组成的参赛队获得二等奖,另外两支参赛队获得鼓励奖。

(二) 高等职业教育

学院 2001 年有 6 个专业面向普通高中毕业生及中职毕业生招生,见表 16.2-9。机电应用技术专业于 5 月 30 日被国家教育部评为第一批国家级高职高专教育改革试点专业。

表 16.2-9　2001 年高职专业设置及招生情况一览表

序号	专业(方向)名称	招生人数
1	商业实务电脑技术(图形设计、信息管理)	60
2	机电应用技术(自动化控制)	30
3	多媒体网络技术	30
4	汽车运用工程(汽车营销)	30
5	机电应用技术(工程软件应用)(单招)	30

续表

序号	专业(方向)名称	招生人数
6	智能建筑控制工程(单招)	30
7	多媒体网络技术(单招)	30
8	室内环境控制工程(单招)	35
合计		275

(三)成人教育

学院成人教育工作由成教部负责。2001 年,学院成人学历教育招生专业中高中起点本科专业 3 个,即工商管理、计算机科学与技术和电子信息工程;专科专业 3 个,即汽车技术与管理、计算机应用和商务计算机技术,见表 16.2-10。另外,有 4 个专科专业的学生毕业,即外贸会计、计算机应用、商务计算机技术和实用电子电器,见表 16.2-11。

表 16.2-10　2001 年成人学历教育专业设置及招生情况一览表

序号	专业名称	层次	人数
1	工商管理	高中起点本科	16
2	计算机科学与技术		31
3	电子信息工程		39
4	汽车技术与管理	高中起点专科	4
5	计算机应用		68
6	商务计算机技术		50
合计			208

表 16.2-11　2001 年成人教育毕业生情况一览表

序号	专业名称	层次	人数
1	外贸会计	专科	18
2	计算机应用	专科	16
3	商务计算机技术	专科	13
4	实用电子电器	专科	1
合计			48

此外,成教部还积极开展自考高职教育。受市自考办委托,完成了“智能建筑控制技术”“装饰艺术”两个新专业教学计划的制订,并通过了学校专家组和市专家组的论证。

五、学生教育与管理

(一)工作机制与组织机构

学院学生工作在院党委领导下,由学生工作部(处)和团委负责实施。

学生工作部(处)负责学生日常管理、思想政治教育、大学生党建、学风建设、评优奖励、违纪处理、困难学生资助、学生工作队伍建设、学生就业指导和服务等工作;团委负责团员思想教育、团的组织建设、团支部建设、团员培训、团员"推优入党"并指导学生会、学生社团开展各项活动等工作,负责组织学生参加社会实践和科技活动。

学生工作部(处)坚持辅导员例会制度,组织辅导员理论学习和业务交流,集体研究工作。

(二)学生教育

1. 思想教育工作

学生工作部(处)组织学生认真学习江泽民同志关于"三个代表"的重要讲话;开展了以理想、信念为核心的主题教育活动,并邀请"人民满意的公务员"、国家环保总局污控司水处处长刘鸿志博士来院与学生座谈;开展了以"遵纪守法、崇尚科学、抵制邪教"为主要内容的"校园拒绝邪教"的宣传教育活动;安排各学生党支部学习《正确把握基本纲领与最高纲领的辩证统一关系》,向各学生党支部印发了《恩格斯怎样对待马克思主义》《列宁主义的革命风格》《新经济政策市"暂时的退却"吗?》《新民主主义理论的意义》《科学理解邓小平同志对社会主义本质的新概念》的学习资料;组织全院学生观看北京师范大学杨耕教授"七一讲话"辅导报告录像。

学生工作部(处)与团委共同组织"跟党走,我们走进新世纪"五四纪念活动,参加学校举办的中国共产党建党八十周年知识竞赛,学院学生代表队获得二等奖;把"了解奥运、支持奥运、参与奥运"主题教育与"热爱党、跟党走""共产党好、社会主义好、改革开放好"教育结合起来,学生工作部(处)配合团委组织全院申奥知识竞赛;组织学生学习《公民道德建设实施纲要》,学生工作部(处)印发了《提纲挈领学习纲要》等学习辅导资料。此外,学院还围绕国庆节、一二·九、申奥成功、加入 WTO、国足冲出亚洲等重大事件,开展了形式多样的宣传教育活动。

学生工作部(处)积极做好在学院调整过程中学生的稳定工作,加强学生思想动态收集、分析工作。

2. 学风建设

2001 年,学生工作部(处)对 1999 级学风状况进行了问卷调查,进行了统计与分析,以改革的精神向学院提出改善学风状况的建议和措施。

学生工作部(处)要求各系辅导员、班主任组织 2000 级学生开展英语早读活动。其中,电气工程系让高年级的学生党员担任英语早读的管理工作,使其既可以向低年级学生传授英语学习的经验,又锻炼了自己的工作能力。

根据专业特点和市场需求,学生工作部(处)请各系专业教研室向学生介绍就业前景和学习方法。

3. 社会实践

学生工作部(处)和团委积极组织学生参加社会实践和公益劳动。其中,应用技术系与朝阳区南三里屯东区居委会签订共建协议;电气工程系与 43 路公共汽车团支部签订共建协议,并到松堂临终关怀医院慰藉孤寡老人;电气工程系和材料工程系的学生向希望工程捐款,资助 4 名贫困学生完成了义务教育阶段学习。

4. 入学教育

2001年秋季开学,由于学院2001级学生分别在白家庄校区和小营校区学习(电气工程系2001级新生在小营校区学习),学生工作部(处)把新生入学教育的一部分内容安排到军营,穿插在军训中。

(三) 学生管理

1. 奖学金评定工作

学生处负责组织各项奖学金的评定与发放的工作。

2000—2001学年第二学期,全院共有470人获得各项奖学金。其中,一等奖3人、二等奖28人、三等奖84人、四等奖190人,单科优秀奖37人,社会工作奖128人。

2001—2002学年第一学期,全院共有344人获得各项奖学金。其中,一等奖5人、二等奖14人、三等奖47人、四等奖135人,单科优秀奖44人,社会工作奖99人。

学生工作部(处)还负责组织评选先进班集体、三好学生、优秀学生干部,并进行表彰。2001年度,学院评出三好学生21名,其中市级三好学生5名;优秀学生干部47名,其中市级优秀学生干部1名;先进班集体11个,其中市级先进班集体1个。

2. 违纪处分工作

2000—2001学年第二学期,因违纪,给予10名学生纪律处分,其中1名开除学籍,3名勒令退学,1名留校察看,3名记过,1名严重警告,1名警告。

在2001届16名受过处分的毕业生中,对3名表现突出的学生给予撤销处分处理。

2001年秋季开学后,经学生处提议,院长办公会决定,学院改变校、院两种学生违纪处理的办法(老生老办法,2001级新生新办法)并存的状况,在校各年级学生均执行《北京联合大学学生违纪处罚条例》。

3. 学生献血工作

2001年,学院献血计划数为292人,实际完成327人,超额完成组织献血的任务。

4. 勤工助学工作

2000—2001学年第二学期,学院安排勤工助学岗百余人次,一次性困难补助2人,减免学费1人,共发放勤工助学款6100元。

2001—2002学年第一学期,学院安排勤工助学岗百余人次。前往平谷、顺义、大兴、昌平等远郊区以及市区进行特困生调查,经研究,给予36名特困生一次性困难补助100～500元不等,对1名家庭收入低于社会保障线的新生给予了每月60元的补助。

5. 就业工作

学生处负责做好就业政策宣传、就业信息收集、组织招聘会、办理签约手续、督促班主任提高各班就业率等工作。

为做好湖北省葛洲坝地区定向生的首届毕业生就业工作,学生处严格执行定向生就业政策,对学生进行耐心的政策宣讲。

6. 招生工作

学生处负责学院招生工作。2001年招生录取前,组织咨询人员培训,参加北工大、海淀区、大兴区、延庆县及全市性单招与普招的咨询活动，组织部分教师到中职学校现场咨询。

2001年，学生处还负责组织单招的所有考务工作。

2001年，为拓宽机械工程及自动化专业（汽车运用工程方向）的生源渠道，学院与湖北省十堰市教委联系，签订10个计划的定向生合同。

7. 学生科技活动

2001年，学生在学校举办的各项学科专业竞赛活动中取得校级及以上奖励情况见表16.2-12。

表16.2-12 2001年学生参加学科专业竞赛获校级及以上奖励情况一览表

序号	学科专业竞赛名称	获奖学生	获奖等级	获奖级别
1	2001年全国大学生电子设计竞赛北京赛区比赛	张玮、杨阳、王键等	二等奖	市级
2	首届“挑战杯”首都高校大学生课外学术科技作品竞赛	边国华、刘文洋、李泽恒、娄虬、宋晓笛	鼓励奖	市级
3	北京联合大学首届校际网页设计制作大赛	飞翔小组	最佳人气奖	校级
		97522班	最佳原创内容奖	

六、科研与社会服务

（一）科研项目

学院加强在研课题管理，随时掌握课题进展情况。电气工程系的《科研院所综合评价指标体系和方法》和《电力配电系统高压智能分断器》等项目参加了2001年北京高新技术产业活动周；《科研院所综合评价指标体系和方法》申报了北京市科技进步奖，并获得三等奖。

学院2001年市教委课题立项情况见表16.2-13。

表16.2-13 2001年市教委课题立项情况一览表

序号	项目名称	负责人	所在单位	项目来源单位
1	网络型大功率智能补偿式交流稳压电源研制	王如泉	电气工程系	北京市教委
2	基于Windows98的数控机床通讯软件系统的开发研究	雷保珍	机械工程系	北京市教委

（二）社会服务

学院所属“汇联汽车驾校”2000年7月21日被北京市教育委员会正式批准为北京市学生汽车驾驶实训基地。2001年7月8日正式揭牌，时任北京市委副书记、公安局局长强卫，时任北京市教委主任徐锡安、时任学校党委书记熊家华出席揭牌仪式。该基地占地11.33万平方米，有实训车辆50辆。办学方针为“以学生为本，面向社会，以服务为宗旨，讲究质量，注重信誉，安全第一”。该实训基地面向学校和其他高校的学生。该基地的建立，为北京市经济发展培养实用型人才开辟了一条新路。

七、管理与保障

学院建于通州区次渠工业开发区(即北京第三开关厂)内的新金工实训基地于2001年3月正式启用,占地面积1100平方米。该基地一期传统实训设备投入130余万元。时有车床33台、铣床8台、磨床4台及其他实训设备12台,有钳工实训台位42个,可同时容纳百余名学生实训。

在北京市计划委员会和北京市教育委员会的支持下,投资250万元的学院食堂翻建工程于2001年12月24日竣工,并于12月28日正式启用。该食堂面积1200平方米,可同时容纳400余人就餐。

第三节　国际语言文化学院

一、概述

国际语言文化学院是1989年3月经北京市高等教育局批准成立的民办外语类高等院校,位于海淀区西三环北路厂洼街4号。学院成立初期挂靠在民办海淀走读大学,校名为"海淀走读大学国际语言文化学院"。经北京市批准,国际语言文化学院从1993年9月1日起,挂靠到学校,成为学校下属一所相对独立的、仍为民办性质的办学实体。2003年3月,国际语言文化学院重组后正式并入学校,学院的性质也由民办转变为公办。学院位置迁移至北京市昌平区石牌坊路南。与网通软件职业技术学院共同租赁智慧园办学,截至2007年,共同使用占地面积为84582平方米。2007年3月,学校党委和行政研究决定成立应用科技学院,并下发《关于成立应用科技学院(筹)的通知》(京联党〔2007〕8号)。2008年4月,网通软件职业技术学院与国际语言文化学院合并成立应用科技学院。

学院本科设有英语和日语专业,专科(高职)开设了商务英语、商务日语、应用西班牙语等专业,目的是为国家培养了一批既懂外语,又能掌握一定的商务方面专业知识的复合型和应用型人才。学院每年根据国家的招生计划,从参加全国高等学校统一入学考试的学生中按国家规定的分数段录取本、专科学生。2008年4月,学院高职专业并入联大应用科技学院。

为了保证和不断提高教学质量,学院从各外语院校选聘了一支专兼职教师相结合的教学水平较高的师资队伍。

二、管理体制与机构

2003年3月,学院重组且正式并入学校后,成为学校下属的二级非法人学院,即校本部学院,处级建制,由学校正式派出管理人员及教师接管的工作。学院实行党政共同负责制,工作实行民主集中制,通过院务会、党政联席会等制度保证学院各项工作的开展。

(一)党政机构

2003年3月—2008年3月,学院设有党政管理机构3个,即党委、院长办公室(合署),教学科研办公室和学生工作办公室,见表16.3-1。

表 16.3-1　2003 年 3 月—2008 年 4 月党政机构设置及负责人一览表

序号	机构名称	正　职	任职时间
1	党委、院长办公室	侯丽明	2005—2008.04
2	教学科研办公室	李　珊	2004.07—2008.04
3	学生工作办公室	刘世清	2003—2008.04
4	团委	刘　洋	2005.09—2008.04
5	教务办公室	李　珊(非在编)	2004—2008.04
6	招生就业办公室	刘世清(非在编)	2003—2008.04

2003 年 3 月至 2008 年 4 月学院历任党政领导人详见表 16.3-2。

表 16.3-2　2003 年 3 月—2008 年 4 月历任党政领导人一览表

序号	职　务	姓　名	性　别	任职时间	职　称
1	党委书记兼院长	从　森	男	2004—2008.04	副教授
2	副院长	杨亚军	男	2004—2007.06	副教授
3	副书记	匡志盈	男	2003—2008.04	讲师(高校)

(二) 专门委员会等机构设置及调整

2005—2008 年学院常设专门委员会详见表 16.3-3。

表 16.3-3　常设专门委员会一览表

序号	名　称	主　任	任职时间	成　员
1	国际语言文化学院教学指导委员会	从　森	2005.04.21—2008.04	冯媛媛、匡志盈、李威伦、杨亚军、周德荣、修海燕、郝金梅、程前
2	国际语言文化学院学术委员会	从　森	2005.04.21—2008.04	匡志盈、李威伦、杨亚军、周德荣、程前
3	“两课”教学指导委员会	从　森	2005.04.21—2008.04	匡志盈、杨亚军、侯丽明、崔永华、李珊、丁祥贵

三、队伍建设

截至 2008 年 3 月，学院在编人员 21 人，非在编人员 3 人，共计 24 名教职工，另有外聘教师 27 名，教师名单见表 16.3-4。

表 16.3-4　2008 年 3 月教师队伍名单

序号	机　构	姓　名	性　别	职　称
1	英语系	程　可	男	中教一级
2	英语系	冯媛媛	女	讲师(高校)
3	英语系	王英伟	女	
4	英语系	王小梅	女	
5	英语系	侯晓丽	女	助教(高校)
6	日语系	郝金梅	女	讲师(高校)
7	日语系	刘希玲	女	

续表

序号	职　务	姓　名	性　别	职　称
8	日语系	李润华	女	
9	日语系	杨俏村	女	助教(高校)
10	西班牙语系	张红颖	女	
11	西班牙语系	修海燕	女	助理编辑
12	西班牙语系	张敏娜	女	助教(高校)
13	法语系	苗　娟	女	
14	法语系	陈韶琼	女	
15	英语系	程　前	男	副教授

四、教学与人才培养

(一) 专业设置及调整

2003 年 9 月,学院重新组建,教学单位的设置有英语系和日语系。英语系设经贸英语 1 个专业,当年招生 2 个自然班;日语系设经贸日语 1 个专业,当年招生 1 个自然班。

2004 年 9 月,新增西班牙语系。同年 9 月 3 个系招生,共 6 个自然班:英语系招收经贸英语专业,3 个自然班;日语系招收经贸日语专业,2 个自然班;西语系设应用西班牙语 1 个专业,1 个自然班。

2005 年 9 月,学院发展为 4 个系,英语系、日语系、西语系和法语系。当年有 5 个专业招生,其中本科专业 2 个,高职专业 3 个,设置 8 个自然班。英语系设英语(本科)和商务英语(高职)2 个专业,4 个自然班;英语专业,1 个自然班;商务英语专业,3 个自然班。日语系下设日语(本科)和商务日语(高职)2 个专业,日语专业 1 个自然班,商务日语专业 2 个自然班;西语系设应用西班牙语 1 个高职专业,1 个自然班。

2006 年,商务英语、商务日语和应用西班牙语 3 个高职专业招生,设置 7 个自然班:英语系商务英语专业招生,设置 3 个自然班;日语系商务日语专业招生,设置 2 个自然班;西语系应用西班牙语专业招生,设置 2 个自然班。

2007 年,6 个专业招生,其中本科专业 2 个,高职专业 4 个,共设置 8 个自然班:英语系英语(本科)专业,1 个自然班;商务英语专业,3 个自然班。日语系日语(本科)专业,和商务日语专业,各招收 1 个自然班。西语系应用西班牙语专业,招收 1 个自然班。法语系下设应用法语 1 个专业,招收 1 个自然班。

(二) 教学基本建设

1. 专业建设

2004 年,学院成功申办应用西班牙语专业(高职);2005 年,学院成功申办英语和日语 2 个本科专业,提升了学院办学层次;2007 年,学院成功申办应用法语专业(高职)。

2004 年 9 月,根据市场用人需求,学院将开办十余年的经贸英语和经贸日语专业,调整为商务英语和商务日语专业。在课程设置上加大贸易类专业知识,努力将学生培养为既懂外语又懂商务贸易的复合型人才,从而提升学生就业的综合实力。

2. 教材建设

学院重视高职专业的教材建设，鼓励各专业教师编写适合高职专业的教材。2003—2008年学院教师编写出版的教材详见表16.3-5。

表16.3-5　2003—2008年教师编写出版的教材一览表

序号	教材名称	作　者	出版社	出版年
1	新世纪高职高专英语1(学生用书)	杨亚军	上海外语教育出版社	2003
2	新世纪高职高专英语1(教师用书)			2003
3	新世纪高职高专英语2(学生用书)			2003
4	新世纪高职高专英语2(教师用书)			2003
5	新世纪高职高专英语3(学生用书)			2004
6	新世纪高职高专英语3(教师用书)			2004
7	商务英语实用教程		高等教育出版社	2004
8	新世纪高职高专英语4(学生用书)		上海外语教育出版社	2005
9	新世纪高职高专英语4(教师用书)		上海外语教育出版社	2005
10	畅通英语(基础教程)学生用书		高等教育出版社	2005
11	畅通英语(基础教程)教师用书			2005
12	畅通英语(基础教程)练习用书			2005
13	畅通英语(初级教程1)学生用书			2005
14	畅通英语(初级教程1)教师用书			2005
15	畅通英语(初级教程1)练习用书			2005
16	畅通英语(初级教程2)学生用书			2005
17	畅通英语(初级教程2)教师用书			2005
18	畅通英语(初级教程2)练习用书			2005
19	畅通英语(中级教程)学生用书			2005
20	畅通英语(中级教程)教师用书			2005
21	畅通英语(中级教程)练习用书			2005
22	畅通英语(高级教程)学生用书			2005
23	畅通英语(高级教程)教师用书			2005
24	畅通英语(高级教程)练习用书			2005
25	高校日语专业多媒体系列教材——日语初级会话多媒体教材	刘希玲	南开大学出版社	2007
26	文秘英语	杨亚军	外语教学研究出版社	2008
27	实用旅游英语	程　前	清华大学出版社 北京交通大学出版社	2008
28	商务西班牙语	修海燕	中国商务出版社	2008
29	巴塞罗那及其周边	张红颖	暨南大学出版社	2006
30	《外派船员面试手册》轮机分册和驾驶分册	冯媛媛	人民交通出版社	2006

3. 课程建设

在课程建设方面，学院通过改革课程的教学内容和方法，在重点做好公共基础课程建设的基础上，加强各专业核心课程，同时还注重实践教学，面向实际并侧重于专业理论的应用，以西班牙语专业课程专业为例，2004 年西班牙语专业课程体系，如图 16.3-1 所示。

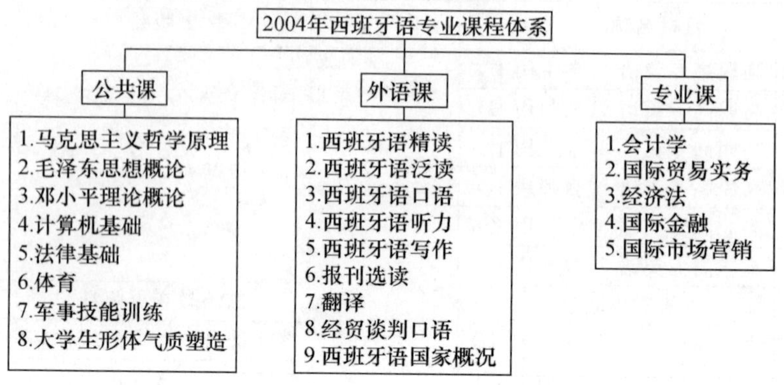

图 16.3-1　2004 年西班牙语专业课程体系

2007 年西班牙语专业课程体系修改如图 16.3-2。

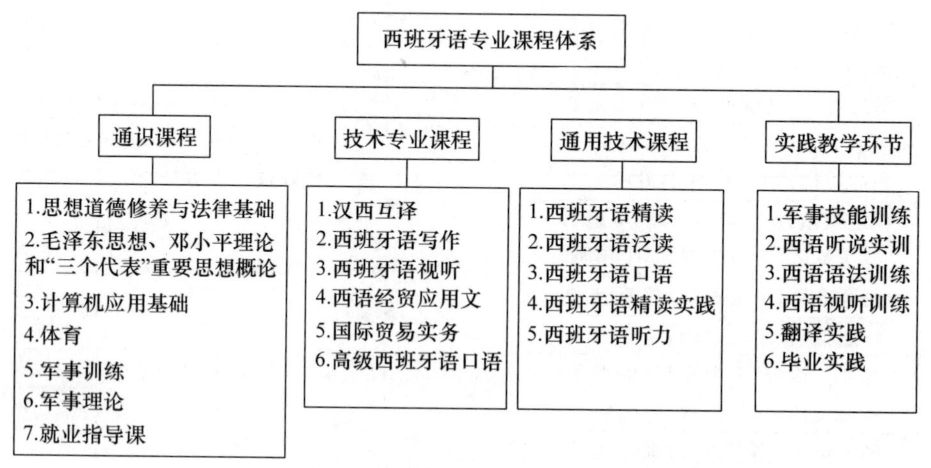

图 16.3-2　2007 年西班牙语专业课程体系

(三) 教育教学改革与发展

1. 教学管理

在遵循学校制定的各项教学管理制度的基础上，学院认真实施高职各专业的教学计划，在组织教学的过程中进行教学质量的监控，保证稳定的教学秩序。学院自行制定了院级教学管理文件。例如：2004 年制定《关于旁听我院开设课程规定(试行)》(国语教字〔2004〕04 号)；《国语学院免修课程规定(试行)》(国语教字〔2004〕05 号)；《北京联合大学国际语言文化学院考试规则》(国语教字〔2004〕07 号)；《北京联合大学国际语言文化学院监考工作程序》(国语教字〔2004〕08 号)；《关于北京联合大学国际语言文化学院试卷管理流程通知》(国语教字〔2004〕10 号)；《北京联合大学国际语言文化学院重修规定》(国语教字〔2004〕02 号)；

2005 年制定《北京联合大学国际语言文化学院教学事故认定暂行办法》(国语教字〔2005〕04 号);《关于印发国际语言文化学院教师听课制度的通知》(国语教字〔2005〕09 号);《关于转发北京联合大学教学督导工作暂行办法的通知》(国语教字〔2005〕16 号);《关于印发国际语言文化学院教学质量监控体系(试行)的通知》(国语教字〔2005〕17 号);2006 年制定《教师调课停课有关规定》(国语教字〔2006〕06 号);《关于学生查分的规定》(国语教字〔2006〕05 号);2007 年制定《关于国际语言文化学院语言实验室开放的实施细则》(国语教字〔2007〕26 号);《国际语言文化学院教师调(停)课的补充规定》(京联国语教〔2007〕12 号);《国际语言文化学院教室使用规定》(京联国语教〔2007〕11 号);《关于北京联合大学国际语言文化学院全日制普通高等教育往届毕业生毕业资格审查的报告》(京联国语教〔2007〕13 号)。

2. 教学改革

高职教学改革的主要内容是改革课程的教学内容和方法,加大实践教学学时,使教学内容和方法成为短线的、实用的、技术的,以便更适应具体职业的、面向实际并侧重于专业理论的应用,让学生完成学业后一般具备进入企业所需的能力和资格。学院鼓励学生参加相关考试,获得行业资格证书。获得证书者,可替代相关课程或实践教学环节的学分,以商务英语专业为例见表 16.3-6。

表 16.3-6　商务英语专业职业资格证书一览表

证书名称	颁证部门	必须/自愿考取	可替代课程或实践教学环节及学分	
			课程或实践教学环节	学分
翻译资格初级	国家人事部	自愿	商务英语翻译	2
翻译资格中级	北京市教育考试院	自愿	商务英语翻译	4
英语口语 7 级	英国三一学院	自愿	英语口语	4
商务英语证书	商务部	自愿	英语精读	6

学院在教学中,加大专业实践技能训练的比重,除第一学年第一学期外,每个学期都安排本专业的实践技能训练,以商务英语专业为例见表 16.3-7。

表 16.3-7　商务英语专业实践技能训练教学计划

课程编号	集中实践环节名称	考核方式		学分	折合学时	学年及学期分配(周数)					
		考试	考查			第一学年		第二学年		第三学年	
						1	2	1	2	1	2
31340011	语言实训(2)		√	2	48		2				
31340022	翻译实训(1)		√	2	48			2			
31340034	翻译实训(2)		√	2	48				2		
31340043	专业实践		√	8	192					8	
31340044	毕业实践		√	12	288						12

五、科研工作

学院重视科研工作,鼓励各专业教师发表科研论文及参与科研项目。2003—2008 年教师公开发表科研论文 21 篇,其中刊登在核心期刊的论文 5 篇。2003—2008 年校级及以上教学科研项目详见表 16.3-8。

表 16.3-8　2003—2008 年校级及以上教学科研项目一览表

项目名称	级别	负责人	专业	职称	立项时间/年
北京联合大学培养应用性人才培养一期工程(服务奥运人才工程)	市级	丛　森	应用经济学	副教授	2007
UNESCO-UNEVOC 网站翻译理论与实践项目	市级	程　前	英语语言文学	副教授	2007
高职高专日语会话教学模式与教材建设的研究和实践	校级	刘希玲	日语语言文学	讲师	2008
“英汉翻译实践教学与应用性翻译人才培养的探索”	校级	杨亚军	英语语言文学	副教授	2008

六、学生教育与管理

(一)学生管理

1. 工作机制与组织机构

学院的学生工作由学生工作办公室和团委全面负责,凡全院学生工作的重大事项均由学生工作办公室或团委提出初步意见,报主管学生工作党委副书记,经院务会研究后最终决定。

学生工作办公室负责学生日常管理、思想政治教育、学生党建、学风建设、评优奖励、违纪处理、困难学生资助、心理健康教育、学生工作队伍建设、就业工作、武装部工作、思想教育教研室建设;团委负责团员思想教育、团组织建设、团员培训、团员“推优入党”并指导学生会、学生社团开展各项活动等。

2. 重点工作

学院自 2003 年成立以来,学生工作紧密围绕校院中心工作,紧抓学风建设、心理健康、就业、奖勤助贷补工作,深入推进学生工作规范化,不断探索学院学生工作的规律,制定学院相关管理规定,强化管理,热情服务,促进学生综合素质全面提高,逐渐形成学院学生管理模式。

3. 就业工作

学院党委把毕业生就业工作作为“一把手工程”,每年研究制定符合学院实际的毕业生就业工作意见,加强对毕业生就业工作的领导,并通过建立责任机制将毕业生就业工作逐层落实。

学院根据就业形势及高职学生特点,早入手早准备,全员为就业,狠抓“就业指导”和“就业服务”两条线,通过召开毕业班主任工作培训会、毕业班学生家长会、学生座谈会、开设就业指导课等多种教育和服务形式,帮助学生树立正确的人才观、价值观和择业观,增强就业竞争力。在积极为学生提供就业信息的同时，努力开拓就业市场，鼓励学生自主创业。经过全院上下的共同努力，学院一直保持较高的签约率。学院成立来，涌现出很多到基层、到西部、到边疆工作的优秀毕业生，毕业生从事“村官”和“社区工作者”38人(见表16.3-9)。

表16.3-9　毕业生情况统计表

年份	毕业人数	出国人数	村官和社区工作者人数	升本人数	签约人数
2006	93	8	9	12	61
2007	194	14	12	25	124
2008	160	11	17	20	103

4. 奖励与处分

学院严格按照《北京联合大学学生手册》进行奖励项目的设置和奖励资金的发放，严格执行《北京联合大学学生手册》中的评优奖励条例(试行)相关文件精神，秉承“公平、公正、公开”的原则，在评奖时需院学生工作办公室审批，报院务会通过后公示，再上报校学生处。2003—2008年院级奖励情况详见表16.3-10。

表16.3-10　2003—2008年院级奖励情况一览表　　单位：人

学年	一等奖学金	二等奖学金	三等奖学金	三好学生	优秀学生干部	优秀班级
2003—2004		12	27	4	2	1
2004—2005	1	38	79	13	8	2
2005—2006	1	65	105	25	14	2
2006—2007	1	88	134	29	17	4
2007—2008	1	91	148	31	19	4

对违纪学生的处罚分为五等：警告、严重警告、记过、留校察看、开除学籍。学院本着规范学生管理，强化制度建设，严肃学院纪律，净化校园环境的原则，加大学生管理力度，一方面通过组织学生学习《学生手册》并进行考试、召开主题班会、签署考试诚信书等方式，使学生管理的各项纪律深入人心，尽可能减少违纪现象，一方面严肃处理违纪事件，教育学生，吸取教训。2003—2008年学生违纪处分情况详见表16.3-11。

表16.3-11　2003—2008年学生违纪处分情况一览表　　单位：人

年份	警告	严重警告	记过	留校察看	开除学籍
2004	1	1			
2005			2		
2006				1	
2007	1		3		
合计	2	1	5	1	0

5. 学生资助

学生资助工作是学院重点工作之一,对生活特别困难的学生,学院积极落实党和政府、校院对家庭经济困难学生的各项资助政策,除配合学校为其开通“绿色通道”以外,还制定了减缓交纳学费的有关规定。同时根据《北京联合大学学生勤工助学管理办法》(京联学〔2007〕5号)和《北京联合大学国家奖学金、国家励志奖学金和北京市国家助学金管理实施办法》(京联学〔2007〕7号)等文件精神,实施对家庭经济困难学生的认定、资助及奖励工作。同时,学院历年来都以帮助贫困生自立、自强、自尊和自信为主线开展活动,除了日常的资助以外,学院还组织座谈会、经验交流会、贫困生走访、暖心工程等多项教育活动,这使贫困学生受到了来自多方面的关心和帮助,促进了他们的全面成长。共有142名家庭经济困难学生被认定为困难生(北京生源持低保证、低收入证、救助证三证之一;外地生出具盖有户口所在地民政部门公章的家庭经济情况调查表)。

6. 日常管理

从2003年起,通过加强和改进学生宿舍的教育模式,把学生宿舍管理作为学生工作的一项重要任务,使学生宿舍成为学生教育的又一重要阵地。

在日常管理中,学院采取辅导员定期下宿舍制度,并将其作为辅导员考核中的重要一项内容。学生工作办公室与学生会生活部共同开展宿舍文化节活动,通过加强宿舍文化建设、开展文体竞赛、开展宿舍评比表彰等多种形式,为学生营建了团结、进取、和谐的氛围,提供了文明、安全、整洁的环境。

除严格执行《北京联合大学学生手册》中的相关管理规定之外,学院还制定了学院内部的相关管理规章制度:2004年10月制定了《国际语言文化学院早晚自习实施办法》《国际语言文化学院早锻炼实施办法》,2007年10月制定了《国际语言文化学院离宿制度》《国际语言文化学院关于实施学生综合素质拓展实践课的决定》等。

(二)思想政治教育

1. 机构设置

学生思想政治教育在学院党委、行政的统一领导下,由学生工作办公室及团委具体负责。学生工作办公室负责学生日常思想政治教育;团委主要负责团员的教育与管理。

2. 内容与形式

(1) 抓好学生党建工作

学院党委重视学生业余党校的建设,充分发挥学生业余党校的教育平台作用,培养优秀学生入党。由于学院全部为高职学生,在校时间短,学院将学生党校由每学年一期更改为每学期一期,2003—2008年共举办党校12期,参加党校培训的学生有2971人,结业人数为2195人,结业率为73.88%。2003—2008年共发展学生党员115人。同时,为拓展学生党员的视野、提高党性修养,推动学生思想政治工作的开展,学院还组织学生党员开展了一系列丰富多彩的活动,如纪念一二·九活动、“红色1+1”系列活动、“学生党员宿舍”悬挂标识牌活动等。

(2) 抓好新生入学教育

为了使新生顺利完成从高中到大学的转变,尽快适应大学的学习和生活,每年开学伊始,学院会制定新生入学教育方案,分别从学生管理、学籍教育、安全教育、专业教育等方面对新生进行专门的讲解，使学生能比较全面的了解大学生活及未来的发展方向。

学生军训是学生入学教育的重要环节，由学生工作办公室负责组织。自学院成立以来一直自行组织学生军训，军训时间为14天，同时完成学生的军事理论课教育工作。

（3）抓文明素质教育和学风建设

围绕良好学习风气的养成和学生整体文明素质的提高。学院每年定期举办相应的主题活动：① 从2004年开始，举办“学风建设月”活动，狠抓早晚自习，严格考勤，在确保出勤率的情况下切实提高学生在早晚自习时间的学习质量；加大正课考勤力度；召开经验交流会、学习情况展演、“一帮一结对子”等活动，让学生在交流中学习经验，掌握好的学习方法，对学习成绩的提高有很好的促进作用；对学习困难、旷课情况严重的学生进行深度辅导，并及时了解原因，快速解决问题。② 从2004年开始，举办“文明修身月”活动：围绕“文明修身从我做起”“做文明联大人从校园禁烟做起”的主题，召开主题班会、展板宣传、文明监督员上岗、条幅集体签名等活动，通过一系列活动的开展，大部分学生认识到了吸烟的危害性，校园吸烟人员明显减少，对促进文明校园建设起到了一定的积极作用。

（4）开展心理健康教育

学院学生工作办公室围绕学生的心理健康问题开展了以下工作，从2004年开始，每年定期组织“5.25心理健康周”活动，内容包括：大型签名活动、心理健康知识有奖问答、励志电影赏析、团体心理辅导、心理宣传书签发放、心理健康趣味定向越野比赛等；定期完成每年的新生心理普查工作，测评后对存在心理隐患的同学建立心理档案，随时跟踪；关注重点学生，对筛查出的存在心理隐患的学生进行单独辅导，排除心理障碍，使其安心学习。

（5）校园文化活动

学院重视通过校园文化活动对学生进行思想教育，历年都定期举办迎新晚会、元旦晚会、歌手大赛等活动，学院2005级赵娇娇同学荣获学校第六届文化节服饰表演组第一名，2006级李锐同学获得校园歌手大赛优秀奖等。另外，学院定期举办趣味运动会、篮球赛等体育活动，丰富学生的课余文化生活。学院话剧社、足球社活动获北京市优秀社团等荣誉称号。

（6）社会实践活动

学院重视学生的社会实践，每年6月初开始策划，确定当年社会实践的总体方案。学院成立了由党政领导、专业教师、学生辅导员组成的社会实践领导小组和社会实践成绩评定小组，对全院系学生社会实践作出部署。在放假前对学生提出明确要求，作出指导安排。由学院专业教师根据专业培养计划，并结合社会热点问题制定既有社会价值又有学术价值的社会实践课题供同学们参考。召开社会实践课题宣讲会对全院学生进行培训，讲授开展社会调查、撰写调查报告等方面的知识以及社会实践的注意事项等，动员学生积极参与。

第四节　网通软件职业技术学院

一、概述

2003年4月10日，学校与网通北京分公司、禾光永业科技有限责任公司签订合作办学协议,计划合作建立北京联合大学网通软件职业技术学院。2003 年 9 月 2 日,市教委发布《关于同意筹建北京联合大学网通软件技术学院的通知》(京教计〔2003〕90 号),同意学校与中国网络通信有限公司、禾光永业科技有限责任公司合作,筹建北京联合大学网通软件职业技术学院,12 月学院正式成立。2004 年 7 月—2005 年 7 月,学院租赁北京财贸职业学院的涿州校区办学。

2005 年 5 月,根据学院发展需要,经多方协调后,学院迁到昌平区石牌坊南涉外学园,与学校国际语言文化学院共同租赁智慧园办学,共同使用占地面积为 84582 平方米。

2008 年,学校与网通北京分公司、禾光永业科技有限责任公司解除合作关系。学院与国际语言文化学院合并成立北京联合大学应用科技学院。网通软件职业技术学院撤销建制,保留院名至学生全部毕业,原有专业并入应用科技学院。

截至 2008 年,学院有教职工 48 人,兼职人员 2 名。2007 年在校生 730 人,毕业生 343 人。

二、管理体制与机构

（一）管理体制

学院为学校下属的二级非法人学院,实行党政共同负责制。工作实行民主集中制,通过院务会、党政联席会、党委会等制度保证学院各项工作的正常运行。学院院长对学院行政事务行使管理权,定期向本学院和全体教职工汇报工作。学院党委书记负责学院的党政思想建设,保证党和国家的路线、方针、政策和学校各项决定在本学院的贯彻执行,支持并保证院长履行其职责。

学院领导班子职数及领导干部职务任免由学校党委决定。学院中层管理干部及其他管理人员由学院自主聘用,以聘用非本校人员为主。聘用学校在职人员做管理工作,由学院与校人事处共同商定后按照规定程序确定。

（二）党政机构

学院在 2005 年设有行政管理机构 3 个,即院长办公室、教学处和学生处。2006 年初,学院进入稳步发展期,提出了“夯基础,谋建设”的建设指导方针,调整了原部分机构,设置综合办公室、教务处、学生处、团委、招生就业处、实验实训与认证中心、财务处。

2003—2006 年学院党政机构设置及负责人详见表 16.4-1。

表 16.4-1　2003—2006 年党政机构设置及负责人一览表

序号	机构名称	正　职	任职时间	备　注
1	综合办公室	钱胤含 张　军 张学昭	2003.11—2005.07 2005.04—2005.10 2005.10—2007.07	2006 年前称院长办公室
2	教学处	卢　懋 李静澎	2005.01—2005.08 2005.08—2006.07	
3	学生处	孙丽娟	2003.11—2006.07	

2003—2008 年学院历任党政领导人详见表 16.4-2。

表 16.4-2　2003—2008 年历任党政领导人一览表

序号	职务	姓　名	任职时间
1	院长兼书记	张连城	2003.11—2007.07
2	副院长	汤爱民	2003.11—2007.07
3	副院长	王　巍	2003.11—2007.07
4	副院长	王　辉	2003.11—2008.04
5	副书记	于　熙	2004.10—2008.04
6	副院长	王　颖	2005.04—2007.07
7	书记	丛　森	2007.07—2008.04
8	院长	王　洪	2007.07—2008.04

（三）专门委员会等机构设置及调整

2005—2007 年学院常设专门委员会详见表 16.4-3。

表 16.4-3　2005—2007 年常设专门委员会一览表

序号	委员会名称	成立时间	文件号	成员
1	体育运动委员会	2005.10.08	京联网院办〔2005〕6 号	主任：张连城 副主任：王辉、王颖、于熙
2	申诉处理分委员会	2006.03.10	京联网院发〔2006〕5 号	王辉、于熙、王颖、张学昭、孙丽娟、张景艳、教师代表、学生代表
3	就业工作领导小组	2006.03.29	京联网院办〔2006〕4 号	组长：张连城 副组长：王辉、王颖 就业指导中心主任：王辉(兼) 就业指导中心办公室负责人：张景艳
4	治理商业贿赂专项工作领导小组	2006.06.26	京联网院发〔2006〕15 号	组长：张连城 成员：于熙、王辉、王颖、张学昭 领导小组办公室设在学院党办
5	稳定工作领导小组	2006.10.29	京联网院发〔2006〕19 号	组长：张连城 副组长：于熙 成员：张学昭、覃永贞、孙丽娟、张洪颖、张耘
6	国家安全工作领导小组	2006.10.29	京联网院发〔2006〕19 号	组长：张连城 成员：于熙、王颖、王辉、张学昭
7	保密委员会	2006.10.29	京联网院发〔2006〕19 号	主任：张连城 委员：于熙、王颖、王辉、张学昭
8	社会治安综合治理委员会	2006.10.29	京联网院发〔2006〕19 号	主任：张连城 委员：于熙、王颖、王辉、张学昭
9	规范编制外工作人员使用工作领导小组	2007.12.17	京联网院办〔2007〕17 号	组长：王洪 成员：王辉、于熙、王颖、张学昭

三、队伍建设

2008 年,网通软件职业技术学院有教职工 48 人,兼职人员 2 名,见表 16.4-4。

表 16.4-4 教职工名单

序号	姓 名	职务	性别	学历	备注
1	张连城	书记、院长	男	研究生	2007 年 7 月调出
2	于 熙	副书记	男	研究生	2008 年 4 月调出
3	王 辉	副院长	男	本科	
4	王 巍	副院长	男	本科	2006 年调出
5	王 颖	副院长	女	本科	
6	张学昭	党院办主任	女	本科	2005 年 10 月调入
7	晓 帆	党院办干部	女	本科	2007 年 7 月调出
8	张立东	学生处负责人	男	本科	2005 年 10 月调出
9	孙丽娟	团委书记	女	本科	2007 年 4 月调出
10	吉建兰	辅导员(班主任)	女	大专	
11	张 静	辅导员(班主任)	女	大专	2005 年 10 月调出
12	苏 涛	辅导员(班主任)	男	本科	2007 年 5 月调出
13	杜 传	辅导员(班主任)	男	本科	
14	刘 俊	辅导员(班主任)	女	本科	
15	于博源	辅导员(班主任)	男	本科在读	2007 年 2 月调出
16	罗 晶	辅导员(班主任)	女	本科	
17	王亚男	辅导员(班主任)	男	本科	2006 年 10 月调出
18	杨 萌	辅导员(班主任)	男	本科	
19	刘 丹	辅导员(班主任)	女	本科	2006 年 10 月调出
20	闫春霞	辅导员(班主任)、兼职教师	女	本科	2007 年 2 月调出
21	张景艳	辅导员(班主任)	女	大专	2007 年 7 月调出
22	李静澎	教务处负责人	女	研究生	2006 年 8 月调出
23	董 梁	教务员	女	本科	2006 年 8 月调出
24	梁 爽	教务员	女	研究生	
25	徐 伟	图书馆管理员	女	高中	
26	邱 枫	图书馆管理员	男	大专	
27	韩 勇	后勤管理办负责人	男	大专	
28	吕广革	实验实训中心主任	男	本科	
29	闫 蔚	实验实训中心负责人	女	大专	
30	朱冠宇	实验实训员	男	大专	2007 年 2 月调出
31	刘 浩	实验实训员	男	本科	
32	刘 军	实验实训员	男	本科	
33	冯军凯	实验实训员	男	本科	
34	王 烨	实验实训员	男	本科	
35	段友君	教师	女	研究生	

续表

序号	姓　名	职务	性别	学历	备注
36	王淑颖				兼职人员
37	王玉萍				兼职人员
38	桑晓燕	教务员	女	研究生	2006 年 7 月调入 2007 年 5 月调出
39	陈艳春	教务员	女	研究生	2006 年 7 月调入
40	张　耘	教师	女	研究生	2006 年 5 月调入
41	王敬哲	教师	女	研究生	2006 年 5 月调入
42	张洪颖	教师	女	研究生	2006 年 5 月调入
43	董晓霞	教师	女	研究生	2006 年 5 月调入
44	刘　琨	教师	女	研究生	2006 年 7 月调入
45	王成霞	教师	女	研究生	2006 年 7 月调入
46	李　鑫	教师	女	研究生	2006 年 7 月调入
47	玲　玲	教师	女	研究生	2006 年 7 月调入
48	袁俊娥	教师	女	研究生	2006 年 7 月调入
49	张苏雁	教师	女	研究生	2006 年 7 月调入
50	陈昱西	教师	女	研究生	2006 年 7 月调入
51	范　洁	教师	女	研究生	2006 年 7 月调入
52	赵允溪	教师	男	本科	2006 年 7 月调入 2007 年 3 月调出
53	覃永贞	学生处管理人员	女	研究生	2006 年 7 月调入
54	杜　丽	学生处管理人员	女	本科	2006 年 4 月调入 2007 年 7 月调出
55	丛　森	书记	男		2007 年 7 月调入
56	王　洪	院长	女		2007 年 7 月调入
57	陈艳燕	教师	女	研究生	
58	李爱菊	教师	女	研究生	
59	杜丽娟	教师	女	研究生	
60	石　明	教务处处长	女	大专	2007 年 6 月
61	任　斌	党院办干部	男	研究生	2007 年 8 月
62	李　娜	团委干部	女	研究生	2007 年 8 月
63	周广军	团委书记	男	研究生	2007 年 11 月
64	王平一	教师	男	本科	
65	白志平	教师	男	本科	
66	樊月华	教师	女	本科	
67	王滨有	教师	男	本科	
68	吴永玲	教师	女	硕士	

四、教学与人才培养

(一)教学管理

学院遵循学校制定的各项教学管理制度,如《北京联合大学校本部学生重考管理办法》(京联教办〔2005〕64号)、《北京联合大学关于制(修)订教学大纲的规定》(京联教〔2005〕9号)《北京联合大学教材工作管理办法》(京联教〔2005〕41号)、《北京联合大学教学检查工作规定》、(京联教〔2005〕11号)等相关文件的基础上,认真实施高职各专业的教学计划,在组织教学的过程中进行教学质量的监控,保证稳定的教学秩序。

学院实行两年学分制教学管理,坚持"以就业为导向,以行业需求为依据"的人才培养思路,突破传统的教学模式,开展两年制高职教育教学的研究与实践。2004年7月开始第一届招生工作,共招收学生341人,完成计算机信息管理、软件技术、计算机网络技术、多媒体技术、电脑美术技术共5个专业12个专业方向的建设,并开展相应教学管理工作。

2005年,学院根据国家教育主管部门制定的《普通高等学校高职高专教育专业设置管理办法(试行)》的要求,按照新修订的《普通高等学校高职高专教育指导性专业目录》对学院专业进行了调整,形成通信系统运行与管理、计算机信息管理、软件技术、计算机应用技术、计算机网络技术、计算机多媒体技术、动漫设计与制作和影视多媒体技术等8个专业。

2006年6月,学院首届学生毕业,签约率达93.5%。2007年在校生730人,毕业生343人,毕业生一次性就业率94.31%。

(二)教学改革

学院在遵循学校制定的各项教学管理制度,如《关于专业设置调整管理的暂行规定》(京联教〔2003〕27号)、《北京联合大学实践教学体系框架》(京联教〔2005〕39号)等相关文件的基础上对学院教学工作进行改革。

高职教学改革的主要内容是改革课程的教学内容和方法,加大实践教学学时,使教学内容和方法成为短线的、实用的、技术的,以便更适应具体职业的、面向实际并侧重于专业理论的应用,让学生完成学业后一般具备进入企业所需的能力和资格。2005年5月,学院选派了28名学生赴苏州,参加中国科技大学开展的软件实训活动。通过"实战式软件项目"的实训教学,以实现"奠定实用的理论基础;培养面向职业岗位的具有应用开发能力,具备可持续发展的应变创新素质,提倡团队精神的技术应用性高等职业技术人才;缩短与岗位要求的距离"的实训目标。

五、科研工作

2005年,"IT职业技能训练教学资源库构建与实践"项目获得学校教学成果奖二等奖,项目负责人为王辉;"二年制软件职业技术人才教学模式探索与研究"项目获得学校教学成果奖三等奖,项目负责人为王辉。

六、管理与保障

学院每年与北京智慧园签订治安防范目标管理责任书,交通安全目标管理责任书,消防安全目标管理责任书,社会治安综合治理领导干部任期目标管理责任书。

学院在2005年4月发文《关于加强关于学院值班工作的通知》(京联网院发〔2005〕6号)要求全体教职工加强责任意识,按照学院的值班安排认真做好值班工作,并确定值班时间周一至周五安排夜间值班,晚班时间为21：00—次日7：00双休日,节假日安排24小时值班。2005年10月,学院下发文件《关于加强学院领导值班制的通知》(京联网院发〔2005〕7号),并对院领导的值班时间和地点等细节做出了具体规定。

学院在2006年12月制定了《门卫治安秩序管理规定》(京联网院办〔2006〕20号),对学院作息时间进行了调整。

2006年9月,学院发布《关于班车运行和规范乘车的通知》(京联网院办〔2006〕11号)。每周一至周五;班车路线为首师大—南坞—齐园路—北沙滩—龙泽—昌平校区,周五和周日各增开一次员工接送班车,周五路线为昌平校区—龙泽—公主坟—军事博物馆,周日路线为公主坟—小营—龙泽—昌平校区。

七、学生教育与管理

(一) 学生管理

1. 工作机制

学院的学生工作由学生工作办公室和团委全面负责,学院学生工作的重大事项均由学生工作办公室或团委提出初步意见,报主管学生工作党委副书记,经院务会研究后最终决定。

2. 组织机构

学院学生管理部门分为学生工作办公室和团委,学生工作办公室负责学生日常管理、思想政治教育、学生党建、学风建设、评优奖励、违纪处理、困难学生资助、心理健康教育、学生工作队伍建设、就业工作、武装部工作、思想教育教研室建设等工作;团委负责团员思想教育、团组织建设、团员培训、团员"推优入党"并指导学生会、学生社团开展各项活动等工作。

3. 就业工作

学院党委重视就业工作,每年研究制定符合学院实际的毕业生就业工作意见。学院根据就业形势及高职学生特点,尽早做好准备,全员为就业,狠抓"就业指导"和"就业服务"两条线,通过召开毕业班主任工作培训会、毕业班学生家长会、学生座谈会、开设就业指导课等多种教育和服务形式,帮助学生树立正确的人才观、价值观和择业观,增强就业竞争力。

4. 规章制度

学院自成立以来,严格执行《北京联合大学学生手册》中的相关管理规定。

(二) 思想政治教育

1. 机构设置

学生思想政治教育在学院党委、行政的统一领导下,由学生工作办公室及团委具体负责。学生工作办公室负责学生日常思想政治教育;团委主要负责团员的教育与管理。

2. 主要内容

(1) 推动学院良好风气形成

学院良好学习风气的养成和学生整体文明素质的提高是学生思想政治工作的重点,为了能够更好地激发学生的学习积极性,同时提高学生的思想道德素质,学院每年定期举办相应主题活动。为推动学风建设,学院定期进行早晚自习抽查情况的通报,严格要求学生早晚自习的到课率,强化学风建设。2007 年学院共评选出 63 名优秀毕业生。为了更好地激发学生学习的主动性和积极性,端正学生的学习动机和学习目的,增强学生的自律性,学院定期组织召开不同层次的学风建设大会,研究探讨适合本系的学风建设的相关办法,并开展了各具特色的学风建设活动。

(2) 抓好学生党建工作

学院党委重视学生业余党校的建设,充分发挥学生业余党校的教育平台作用,培养优秀学生入党。2007 年 10 月 22 日,学院为加强院团委“推优”工作,切实做好组织建设,保证“推优”工作的顺利进行,颁布关于推荐优秀团员作党的发展对象工作实施办法。

(3) 关注学生心理健康

学院学生工作办公室围绕学生的心理健康开展了以下工作:定期组织心理健康活动;定期完成新生心理普查工作,测评后对存在心理隐患的同学建立心理档案,并进行随时跟踪;关注重点学生,对筛查出的存在心理隐患的学生进行单独辅导,解决学生存在的问题,使其安心学习。每年定期召开“关爱·自强”贫困生主题座谈会。

(4) 军训与校园文化活动

学院重视学生校园文化活动。坚持组织学生军训,时间为 14 天,同时完成学生的军事理论课教育工作。学院通过校园文化活动对学生进行思想教育,历年都定期举办迎新晚会、元旦晚会、歌手大赛等活动。学院每年都在新生入学组织迎新晚会,并组织板报设计(2007 年)、“胸怀民族复兴、立志奋发成才”(2007 年)主题演讲比赛等活动。

第五节　东方信息技术学院

一、概述

东方信息技术学院位于河北省廊坊市东方大学城内。2001 年 5 月,成立筹备组开始筹备建院,经北京市教委批准(〔2001〕58 号文件),于 2001 年 6 月 15 日正式成立。成立时,学院名称为“北京联合大学东方大学城信息技术学院”,是由东方大学城开发有限公司参与投资,公司与学校合作办学,为市属高等学校。2004 年 1 月,学院被列入学校所属学院系列,所有制形式、管理体制不变,属学校二级公办学院,同时更名为“北京联合大学东方信息技术学院”。2006 年,学校进行学科专业整合,决定从 2007 年起东方信息技术学院停止招生。2009 年 7 月,学校对所属院校进行整体调整,撤销东方信息技术学院建制。原有正式教职工 14 人并入学校,外聘教职工 22 人终止聘用合同,原在校学生已全部毕业。

学院以北京地区招生为主,同时面向河北等周边各省市。2001 年刚建立时,学院开设了计算机科学与技术、电子信息工程、计算机网络技术、软件技术、计算机通讯、体育场馆管理6个专科专业，当年共招收学生137人。从2002年起，学院拓宽办学渠道，不仅招收本科生，还招收专科生、高职生，并与北京计算机工业学校合作办学为其培养中专生。2004年，学院有在校生1437人，其中含大学本科、专科学生540人，与北京计算机工业学校合作办学的中专生797人，教职工44人。

二、管理体制与组织机构

（一）管理体制

2001年5月，由学校信息学院成立"东方大学城信息技术学院筹备组"，组长由信息学院院长鲍泓兼任，信息学院信息系副主任罗晓惠担任筹备组常务副组长，主持筹备组工作。

2001年11月，筹备组撤销，由学校与东方大学城开发有限公司共同派人组成"北京联合大学东方大学城信息技术学院董事会"，其领导体制是董事会领导下的院长负责制。院领导班子成员的任免需经董事会讨论后由学校任免，院人事工作由学校统一管理。学院首届领导为：院长滕长建，副院长罗晓惠。

2001年6月—2009年7月董事会成员详见表16.5-1。

表16.5-1　2001年6月—2009年7月董事会成员一览表

职　务	姓　名	任职时间	备注
董事长	金卫华	2001.06—2009.07	东方大学城有限公司总经理
副董事长	张　玲 韩宪洲	2001.06—2003.05 2003.05—2009.07	北京联合大学副校长 北京联合大学副校长、党委副书记
董事	鲍　泓 滕长建	2001.06—2009.07 2001.06—2009.07	北京联合大学信息学院院长 北京联合大学东方信息技术学院院长、党总支书记

2001年5月—2009年7月学院历任行政领导人详见表16.5-2。

表16.5-2　2001年5月—2009年7月历任行政领导人一览表

职　务	姓　名	任职时间	分管工作
筹备组组长	鲍　泓	2001.05—2001.11	
筹备组常务副组长	罗晓惠	2001.05—2001.11	主持学院筹备组的工作
院长	滕长建	2001.11—2009.07	主持学院全面工作
副院长	罗晓惠 姚淑娜 陈　华	2001.11—2007.04 2003.11—2005.07 2005.07—2009.07 （兼）	分管教学工作 分管行政和工会工作 分管学生和工会工作

学院党组织负责人由校党委任命。2001年11月，滕长建任东方大学城信息技术学院党支部书记。2004年6月，成立东方信息技术学院党总支委员会，滕长建任总支书记。2001年11月—2009年7月学院历任党总支（支部）领导人详见表16.5-3。

表 16.5-3　2001 年 11 月—2009 年 7 月历任党总支(支部)领导人一览表

职　务	姓　名	任职时间	分管工作
书　记	滕长建 于水波	2001.11—2007.03(兼) 2008.11—2009.07(兼) 2007.04—2008.11(兼)	党总支全面工作 党总支全面工作
副书记	徐建华 陈　华	2003.11—2005.07 2005.07—2009.07	

(二)组织机构

1. 党政机构

2003 年 1 月，学院设有 3 个党政管理机构：院办公室(含财务室)、学生办公室(与团委合署办公、下设学生宿舍管理办公室)、教务办公室，学院设有专职党务工作人员，由院办公室负责党的工作。2004 年 10 月，增设教学研究部。2006 年 4 月，成立图书馆，见表 16.5-4。

表 16.5-4　2001—2009 年党政机构设置及负责人一览表

序号	机构名称	正　职	任职时间	副　职	任职时间
1	院办公室	张振厚 孙秀明	2003.01—2005.01 2005.02—2009.07	关学岚 孙秀明	2003.01—2005.04 2004.03—2005.02
2	教务办公室	卢　懋 郭丰珍	2003.01—2005.01 2006.02—2007.07 2005.02—2006.01	张建华	2003.02—2008.07
3	学生办公室	张振厚 王作楼 姚志敏	2002.05—2003.01 2003.01—2007.04 2007.04—2008.01	李吉俊 宋　靖 姚志敏(主任助理) 张　曼(团委书记) 谢　瑜(团委书记) 黄永玲(宿管办主任) 吴宝荣(宿管办主任)	2002.07—2008.07 2004.07—2006.07 2005.07—2007.03 2002.09—2003.12 2004.01—2009.07 2002.01—2005.07 2005.08—2009.07
4	教学研究部	王廷梅	2004.10—2009.07		
5	图书馆	宋　靖	2005.10—2009.07		

2. 教学机构

2004 年 4 月前，学院没有专门教学机构，教学工作主要由院教务办与学校相关专业的院系、教研室共同协商解决。2004 年 4 月，经院办公会议决定成立教学研究部。同年 10 月，王廷梅任教研部主任。

3. 专门委员会机构设置及调整

学院常设的专门委员会及负责人情况见表 16.5-5。

表 16.5-5 2001—2009 年常设专门委员会一览表

序号	名 称	主任（组长）	任职时间	副主任（副组长）	任职时间
1	教学指导委员会	滕长建	2004.03—2009.07	罗晓惠	2004.03—2007.04
2	教学质量监控委员会	滕长建	2006.08—2009.07		
3	教学督导室	罗晓惠	2006.08—2007.04		
4	教师风范领导小组	滕长建	2006.04—2009.07	罗晓惠 陈 华	2006.04—2007.04 2006.04—2009.07
5	招生工作领导小组	滕长建	2001.11—2007.07	罗晓惠	2001.11—2007.04
6	毕业生就业工作领导小组	滕长建	2004.01—2009.07	罗晓惠 陈 华	2004.05—2005.07 2005.07—2009.07
7	毕业设计（论文）工作领导小组	罗晓惠	2006.04—2007.04	陈 鸽 王廷梅	2006.04—2009.07 2006.04—2009.07
8	学士学位评定组	滕长建 于水波	2008.05—2009.07 2008.05—2009.07	陈 鸽	2008.05—2009.07
9	体育领导小组	陈 华	2006.05—2009.07	王作楼 孙秀明	2006.05—2007.07 2006.05—2009.07
10	编制外工作人员使用工作领导小组	滕长建	2007.12—2009.07	陈 华	2007.12—2009.07
11	稳定工作领导小组	滕长建	2006.04—2009.07	陈 华 罗晓惠	2006.04—2009.07 2006.04—2007.07
12	贯彻落实《普通高等学校学生管理规定》情况检查工作小组	滕长建	2006.04—2009.07	陈 华 罗晓惠	2006.04—2009.07 2006.04—2007.07
13	学生申诉处理分委员会	陈 华	2006.03—2009.07	罗晓惠 姚志敏 （秘书长）	2006.03—2007.04 2006.03—2007.07

三、队伍建设

（一）师资队伍构成与建设

1. 基本情况

由于采用校企合作办学这一特殊办学机制，2001 年建院初期，学院仅有 2 名肩负院领导工作的在编教师，师资力量主要来源于校本部各学院，同时，聘请周边院校教师解决师资短缺问题。与学院有师资合作关系的院校为：中石化廊坊管道学院、华北航天学院、中国人民解放军导弹学院、中国人民解放军武警学院、北京工业大学、北京交通大学。学院先后共聘请了 30 名具有高级职称的教师。

2005—2006 年，学院引进 5 名专业教师，并陆续从学校调进一批兼任管理工作的双肩挑教师，学院教师人数达到 12 人。学院的师资队伍主要由教学人员和兼任管理工作的教师构成，其中以教学岗位的专任教师为主。

2001—2009 年，学院师资队伍的学历（学位）构成变化较大，研究生学历的教师有较大幅度增长。2001 年没有研究生学历（学位）的教师，截至 2009 年 7 月具有研究生学历（学位）

的教师达7人,占教师总数的58.33%。

在性别结构方面,女教师所占比例较高,占教师总数的66.66%。

在年龄结构方面,学院师资以中青年教师为主要力量。

2001年11月—2009年7月学院在编教师情况见表16.5-6。

表16.5-6　2001年11月—2009年7月在编教师名单

序号	姓　名	在职时间/年	性别	学历学位	职称	备注
1	滕长建	2001—2009	男	本科	高级政工师	院长
2	罗晓惠	2001—2007	女	本科	副教授	副院长
3	张建华	2001—2009	女	本科	讲师	实验室教师
4	姚淑娜	2003—2005	女	博士	副教授	副院长
5	徐建华	2003—2004	男	硕士	副教授	副书记
6	陈　华	2005—2009	女	本科	副教授	副书记兼副院长
7	陈　鸽	2005—2009	男	本科	讲师	教务办主任
8	王廷梅	2005—2009	女	硕士	讲师	专业教师
9	田丽艳	2005—2009	女	硕士	讲师	专业教师
10	杨　洁	2006—2009	女	硕士	助教	专业教师
11	赵　玮	2006—2009	女	硕士	助教	专业教师
12	陈战胜	2006—2009	男	硕士	助教	专业教师

2. 教师培训

对教师进行培训是学校的常态工作之一,贯穿于教师在学院工作的全过程。具体有以下几个方面:

(1) 岗前培训

由北京市高校教师培训中心负责,首都师范大学主讲,包括教育理论与技能培训。2005—2006年,学院有6名青年教师参加,并全部通过考核取得资格证书。

(2) 教育技术培训

2005年12月,结合本院师资队伍建设和实际办学情况,学院制定了教师培训计划,于2006年4—5月实施。培训内容包括:院长为全体教工做了题为"适应高校发展需要构建和谐校园"的报告;教务主任为教师举办两次讲座,讲解教育教学各环节的基本要求和质量评价标准;教研部每两周举行一次教学法研讨,连续举办了三期。2006年10月,开展青年教师课堂教学观摩,由二位新进青年教师做教学演示。

(3) 国外培训

2005年4月,选派青年骨干教师王廷梅赴澳大利亚莫道克大学进行工作交流和学习访问。

(4) 专业技能和实践培训

2006年4月,由计算机机房牵头,组织青年教师参加计算机机房系统维护实践训练和实验室设备维护培训。

（二）学生管理队伍建设

学院重视班主任工作，形成院长、书记—主管学生工作的副书记—学生办主任—……—各班班主任这样一种工作梯队。

学院班主任主要是从北京和廊坊当地招聘的人员，学院把对班主任的集中培训和日常培养结合起来。每年组织班主任参加学校的辅导员培训；每学年初学生办对班主任进行集中培训，学习内容主要包括：理论学习、班主任考核评估办法、法规教育、学院的各项管理规章制度，重点学习《班主任工作条例》及对学生的管理规章制度；请老班主任介绍工作经验，使班主任明确学院的工作目标、掌握工作方法，制订工作计划。学生办每两周召开一次学生工作会，汇总学生情况，交流工作经验，讨论制定有针对性的工作措施。按照《班主任工作条例》及“学生一日生活制度”的要求班主任坚持做到“三深入”：即深入到课堂——每周听课八节；深入宿舍——班主任每周三次和宿舍管理老师沟通交流学生情况；深入学生食堂——及时将学生饮食中存在的问题向学院反映。班主任还要做到“三到位”：即早操到位、早自习到位和晚自习到位。

加强班主任的考核，工作出色的班主任年终可以被评为学院优秀职工、校级优秀班主任，不合格的会被撤换。

四、教学改革与科技工作

（一）本科教育

1. 专业设置与调整

2002—2005年，学院连续四年招收本科生334人，其中2002年计算机软件（计算机科学与技术）专业招收27人，2003年计算机科学与技术专业春季招生90人、秋季招生34人，2004年计算机科学与技术专业春季招生140人，秋季招生22人，2005年计算机科学与技术专业招收21人，2006年学院停止招收本科生，见表16.5-7。

表16.5-7 2002—2005年本科专业设置及招生情况一览表

年份		专业名称	招生人数
2002		计算机软件（计算机科学与技术）	27
2003	春招	计算机科学与技术	90
	秋招	计算机科学与技术	34
2004	春招	计算机科学与技术	140
	秋招	计算机科学与技术	22
2005		计算机科学与技术	21
总计			334

2006—2009年，学院共有毕业生329名，准予毕业324名，5名学生结业，获得学位235名，见表16.5-8。

表 16.5-8　2006—2009 年本科生毕业结业及学位授予情况一览表

年份	专业	毕业生总数	准予毕业数	毕业率/%	结业	授学位数	准予毕业不授学位数	学位授予率/%
2006	计算机科学与技术	27	27	100		21	6	77.78
2007	计算机科学与技术(春招)	82	78	95.12	4	59	19	
	计算机科学与技术(秋招)	37	37	100		32	5	86.49
2008	电子信息工程(春招)	69	139	99.30	1	101	38	72.14
	计算机网络技术(秋招)	71	22					
	计算机网络技术	22		100		22		100
2009	计算机科学与技术	21	21	100		21		100
总计		329	324		5	256	68	

2. 教学基本建设

2002 年 3 月,学院投入 25 万元建立电子实验室、多媒体教室、VOD 点播机房、电子制作实验室、语音教室各 1 个,基本满足了教学要求。

2002 年 4 月,自动化学院调拨给学院一批实验设备:10 套微机原理实验箱、20 套单片机实验箱,由此建立了硬件技术实验室。

2003 年 5 月,学院投资 25 万元建立 2 个多媒体教室和一个有 60 台计算机的机房。

2003—2004 年学院先后投入 25 万元,于 2004 年 1 月建成一个网络实验室。

2004 年 3 月,学院与北京四通公司、北京迪然培训中心签约建立校外实习基地,至此共有 3 个本科校外实习基地。2002—2009 年学院校外本科校外实习基地情况见表 16.5-9。

表 16.5-9　2002—2009 年校外本科教学实践基地建设统计表

序号	实践教学基地名称	面向专业	签约年份
1	中国人民解放军 60921 部队	所有专业	2002
2	北京四通公司	计算机科学与技术	2004
3	北京迪然培训中心	电子信息工程　自动化工程	2004

2005 年 10 月,学院成立图书馆。2006 年 4 月,图书馆场馆建设项目通过学校项目验收组验收。4 月 10 日,图书馆正式投入使用。图书馆占地 1700 多平方米,藏书 10 万册,宋靖任图书馆负责人。

3. 教学管理制度建设

2002—2005 年,院务会先后制定并通过了以下规章制度:

教学指导方面:《教学指导委员会指责》《教学督导工作条例》。

教务管理方面:《教务办公室职责》《教务办公室主任岗位职责》《教务办公室副主任岗位职责》《开学第一周教学检查制度》《关于期中教学检查的规定》《考场纪律规定》《监考人须知》《违反考场纪律与考试作弊的处理程序》《期中、期末考试管理规定》《成绩的管理规定》《教学事故的认定与分类办法》《教学事故处理办法》《课表管理规定》《调课、停课管理办法》《教学信息反馈制度》《教室管理办法》。

机房实验室管理方面:《机房管理人员工作细则》《机房员工守则》《计算机机房规章制度》《学生上机守则》《机房实行定机定位制度的规定》《关于禁止在机房玩电脑游戏的规定》

《实验室职责与管理办法》《实验室规章制度》《仪器设备损坏丢失赔偿办法》《学生实验守则》《实验室机房安全守则》《多媒体管理人员工作细则》《多媒体教室管理规定》《语音室规章制度》《语音室工作人员管理细则》。

教师管理方面：《任课教师职责》《教师教学工作条例》《外聘教师管理办法》。

学籍管理执行《北京联合大学校本部全日制学生学分学籍管理办法》，学院重视教学质量和教学督导工作，建立了教学质量监控体系。2002 年 3 月 14 日，学院成立“教学督导委员会”，制定了工作条例和工作目标。2002—2008 年，学院每年组织教学督导专家听课、领导干部听课、学生评教制度并有效实施，督导专家组成员以各学院退休正高职称教师为主。

为了迎接评估，学院推进规范化管理，各部门将原有的零散文件搜集、整理、加工、完善。2005 年 4 月，将整理的文件汇编成《北京联合大学东方信息技术学院管理制度汇编》，分为学生分册、教学分册、行政分册三本。

4. 重要教育教学活动

学院虽未被列入本科评估范围，学院仍坚持“以评促建、以评促改、以评促管、评建结合”的原则，并坚持以本科评估指标体系为标准，进行教学建设。

2004 年 4 月 15 日，学院组织全体任课教师同校有关领导及专家进行教学研讨。副校长高林、专家王毓银、李金平、李哲英、任开隆、张新政等参加了研讨会并做了重要发言，会期为一天。

2005 年 4 月，整理教学管理文件并装订成册《北京联合大学东方信息技术学院管理制度汇编(教务分册)》，实现规范化管理。

（二）高等职业教育

1. 专业设置及调整

建院初期，根据北京经济发展需要，以信息技术应用为主导，以企业需要为导向，以就业为目标，依托本科办高等职业教育，学院设置了计算机应用、通讯技术、通讯工程等专科专业。

2004 年 3 月，学院向市教委申报设立“体育场馆信息管理专业”的报告获得批准，教育部将“体育场馆信息管理专业”列入 2005 年新增招生专业。

2006 年，学院取消本科招生，仅招收高职高专，同时取消各类合作办学，只保留了 4 个高职专业：软件技术、计算机网络技术、计算机通讯、体育场馆管理专业。使专业更加适应北京经济和社会发展的人才需求。

2001—2004 年学院高专专业设置及招生情况详见表 16.5-10。

表 16.5-10　2001—2004 年高专专业设置及招生一览表　　单位：人

招生年份 招生专业	2001	2002	2003	2004	合计
自动化技术	40				40
计算机应用	58	24	34		116
通讯技术	39	26			65
通讯工程		30			30
计算机应用技术				30	30
合计	137	80	34	30	281

2005—2006 年学院高职专业设置及招生情况详见表 16.5-11。

表 16.5-11 2005—2006 年高职专业设置及招生一览表

单位：人

招生年份	2005	2006	合计
体育场馆信息管理	70		70
体育场馆管理		121	121
软件技术	61	60	121
计算机通讯	58	58	116
计算机网络技术	62	61	123
合计	251	300	551

2004—2007 年学院高专毕业生毕业结业情况详见表 16.5-12。

表 16.5-12 2004—2007 年高专毕业生情况一览表

年份	专业	毕业生总数	准予毕业数	毕业率/%	结业数
2004	自动化技术	40	40	100	
	计算机应用	53	53	100	
	通讯技术	37	37	100	
2005	计算机应用(软件)	23	23	100	
	计算机应用与通讯网络	30	30	100	
	计算机应用与通讯网络	24	22	91.67	2
2006	计算机应用(网络技术)	34	29	85.29	5
2007	计算机应用	31	27	87.10	4
合计		272	261		11

2008—2009 年学院高职毕业生毕业结业情况详见表 16.5-13。

表 16.5-13 2008—2009 年高职毕业生情况一览表

年份	专业	毕业生总数	准予毕业数	毕业率/%	结业数
2008	计算机网络技术	63	61	96.83	2
	计算机通讯	53	52	98.11	1
	软件技术	61	58	95.08	5
	体育场馆管理	121	112	92.56	9
2009	软件技术	55	55	100	
	计算机网络技术	61	61	100	
	计算机通讯	60	60	100	
合计		474	459		17

2. 校外实习基地建设

2005—2006 年，学院先后与海淀体育中心、河北大学城物业总公司、朝阳体育中心、丰台体育中心、奥体中心等 5 个单位签约，接纳体育场馆信息管理专业学生毕业实习。至此，高职校外实习基地达 6 个。2004—2009 年高职校外实习基地情况见表 16.5-14。

表 16.5-14　2004—2009 年学院校外高职教学实践基地一览表

序号	实践教学基地名称	面向专业	签约时间
1	北京联通公司	计算机通讯专业	2004
2	河北廊坊大学城物业总公司	体育场馆信息管理专业	2005
3	海淀体育中心	体育场馆信息管理专业	2006
4	朝阳体育中心	体育场馆信息管理专业	2006
5	丰台体育中心	体育场馆信息管理专业	2006
6	奥体中心	体育场馆信息管理专业	2006

（三）中等职业教育

2002 年 1 月，学院与北京市计算机工业学校签署合作办学协议，每年接纳约 260 名新中专生。两校专业设置相近，由学院提供师资负责教学，同时负责学生的管理和食宿。2004 年 6 月，合作办学的中专生达 797 人。截至 2005 年年底，合作终止。

五、学生工作

1. 学生管理

(1) 工作机制与组织结构

学院学生工作受院党总支和校学生处、团委的共同领导，由院学生办（含学院团委）负责实施。院学生办是学院管理学生的职能部门，指导各班（各团支部）学生的工作。学院为各班配备了专职班主任，负责学生日常管理，班主任是班级学生管理的第一责任人。

学生管理的重大事项由学生办提出初步意见，上报主管学生工作的总支副书记，经院务会研究后做出决定。

学生办负责学生日常管理、思想政治教育、学生党建、学风建设、评优奖励、违纪处理、困难学生资助、心理健康教育、班主任队伍建设、新生报到、军训、毕业生就业工作、思想教育研究建设等工作，还负责指导共青团和学生会工作；团委负责团员思想教育、团的组织建设、团支部建设、团员培训、团员奖励、团员“推优入党”并指导学生会、学生社团开展各项活动等工作。

(2) 重点工作

2001—2009 年，院学生办在校、院党委（总支）和行政领导支持下，深入贯彻国家和市委关于加强和改进大学生思想政治教育工作的重要精神以及学校的办学方针，2003 年 1 月提出以“三个养成”（养成良好的学习习惯、良好的生活习惯和良好的文明道德习惯）为重点，以建立优秀学风为目标，以班主任队伍建设和学生干部队伍建设为抓手，以学生党建工作为突破口，围绕提高教育教学质量这个中心，通过积极营造、适时引导，量化检查、奖惩结合、以奖为主，促进学生综合素质全面提高。

(3) 学生奖惩

1) 奖励

学院奖励分为个人和集体两类。对个人的奖励项目为优秀学生奖学金、三好学生、优秀学生干部、优秀团员及单项奖；对集体的奖励项目为优秀班集体、优秀团支部。奖励标准分别为：学院级一等奖学金（750 元/人）、二等奖学金（500 元/人）、三等奖学金（300 元/人）；三好学生 200 元/人;优秀班集体 300 元/班,其他奖项为物质奖励。

评奖根据《北京联合大学东方信息技术学院学生奖励办法》《北京联合大学东方信息技术学院学生奖励条例》《北京联合大学学生综合素质测评办法(试行)》以及《北京联合大学学生评优奖励条例(试行)》等相关规定,坚持“公平、公正、公开”的原则,由班级评选、班主任联席会审核,学生办审批,上报院务会决议,并在全院召开大会进行表彰。2002 年,学院推行了国家奖学金评选,共有 5 名学生获得学校颁发的国家奖学金,375 人获得学院颁发的奖学金。

2004—2009 年学院学生获得各种奖励情况详见表 16.5-15。

表 16.5-15　2004—2009 年学生获得奖励情况统计　　单位:人

学年	奖学金			三好学生	优秀干部	优秀班集体
	一等	二等	三等			
2003—2004	10	18	20	6(校 3)	4(校 5)	
2004—2005	3	22	42	8		4
2005—2006	2	28	72	11	10	7
2006—2007	5	27	76	28	21	
2007—2008	5	17	28	11	9	2

注:2003 校级优秀团员 2 名(范珂,董乐乐);优秀团干部:杨晓斐。

2) 处罚

对违纪学生的处罚分为五等:警告、严重警告、记过、留校察看、开除学籍。处罚依据《北京联合大学学生违纪处分条例(试行)》的相关规定,对记过及以上处分的处理需经院务办公会研究做出处理决定。

对学生违纪处分的解除,从 2008 年开始,学院执行《北京联合大学解除学生违纪处分管理办法(试行)》,需由学生办审核,并上报院务办公会批准,方可解除。

对学生的申诉,从 2006 年开始,学院执行《北京联合大学学生申诉管理办法(试行)》。学生申诉处理委员会由学生办、教务处纪检部门、团委、党院办、教师和学生代表共同组成。

(4) 学生资助

学院根据《北京联合大学家庭经济困难学生认定的实施办法》(京联学〔2008〕5 号)和《北京联合大学国家奖学金、国家励志奖学金和北京市国家助学金管理实施办法》(京联学〔2007〕7 号)等文件精神,实施对家庭经济困难学生的认定、资助、奖励工作。

学院对家庭经济困难的学生实行减缓缴纳学费的政策。2004 年 7 月,学院推行北京市国家助学金评选,加大对贫困学生资助的力度。2001—2009 年,共有 73 名家庭经济困难学生被认定为困难学生,加入家庭经济困难学生档案库。截至 2009 年 12 月,学院共资助经济困难学生 16.86 万元。

(5) 征兵工作

征兵工作中,由学生自愿报名,经学院初选、校武装部审核、体检、政审等多个程序确定人员。学院先后共有 2 名学生应征入伍,分别是:2006 年计算机应用技术专业 04133131 班秦艳利和 2007 年软件技术专业 06134381 班李平。

(6) 军训工作

新生军训地点在学校军训共建单位——中国人民解放军 61923 部队营区内。

每年军训，学院都制定军训思想教育工作计划、军训宣传工作计划、军训宣传口号、军训卫生防病工作预案、军训动员大会议程和军训闭营议程，最后作军训书面总结。

2001—2006 年，每年学生参训率均接近 100%，军训优秀学员获评率达 30%，军训一直保持“零事故”纪录。

2006 年 9 月，在东方大学城第三届“青春旋律”军训风采汇报表演中，学院获得军训风采集体一等奖“精神文明奖”，男女方阵各获“最佳表演奖”。

（7）就业工作

2004—2009 年，学院每年根据当年毕业生实际情况，研究提出毕业生就业工作意见，并建立责任机制将毕业生就业工作逐层落实。

在就业指导工作中，学院每年开设就业指导必修课，开展就业指导专题讲座，召开毕业生班主任会、毕业生家长座谈会，同时努力开拓就业市场，积极为学生提供就业的信息。2004 —2009 年，学院五届毕业生 1074 人，平均就业率达 90%。

（8）宿舍管理

学生宿舍管理机制为：学生办下设“学生宿舍办”，包括 1 名宿管办主任和若干名专职宿舍员，实行 24 小时值班制度，并实行岗位责任制，建立“宿管日法”制度；同时，团委、学生会还协助宿舍成立“学生自我管理委员会”，建立宿舍长制度。学生宿舍自我管理委员会在团委学生会协助下开展了“和谐型文明宿舍”“学习型文明宿舍”评比活动。学生党支部在宿舍开展“党员宿舍”挂牌活动。学生办定期组织班主任到宿舍了解学生、关心学生、化解矛盾、解决问题，协助宿管办做好学生工作。

为保证学生用电安全，学院对学生宿舍用电系统进行改造。此外，还为学生宿舍安装护栏，实行封闭管理。2006 年，学院进一步加强了对宿舍的安全保障工作：定期检查并纠正违章电器、点蜡烛等现象，及时消除消防安全事故隐患；定期宣讲《治安管理处罚法》和《消防安全法》的知识，举办消防安全演习，并进行消防安全检查。2001—2009 年学生宿舍没有发生重大安全事故。2006 年 3 月，东方大学城管委会在学院宿舍召开了现场观摩交流会，学院宿管办被授予“标兵单位”，4 个学生宿舍被评为“标兵宿舍”。

（9）规章制度建设

2001 年，学生管理执行的是学校廊坊分校的规定，对一年级新生实行早锻炼、早晚自习制度。2003 年 4 月，根据学院实际情况，院务会制定了《关于“早锻炼、早自习管理办法”的补充规定》。

2004 年 8 月，院务会决定以下有关学生管理的规定执行学校的规定，分别是：《关于学生遵守校园秩序管理的若干规定》《学生德智体综合评分办法》《北京联合大学三好生评选办法》《北京联合大学优秀学生干部评选办法》《优秀团员、优秀团干部、优秀团支部评选条件（修订）》《学生违纪处分条例》《学生讲座管理办法》《北京联合大学学生刊物管理办法（试行）》《学生社团管理条例（试行）》《公费医疗暂行规定》。

2004 年 8 月，院务会研究通过了学院制定的以下规章制度：《学生工作办公室职责》《学生办主任岗位职责》《学生办大学部主任岗位职责》《学生办中专部主任岗位职责》《团委书记岗位职责》《班主任工作条例》《宿管办主任职责》《宿管员岗位职责》《学生住宿管理规定》《学生住宿须知》《学生公寓文明公约》《学生宿舍安全管理规定》《学生公寓奖惩条例》《作息时间表》等。

2004年9月,院务会研究通过了《北京联合大学东方信息技术学院奖学金评定条例规定》。2005年2月28日,院务会研究通过了《学生行为规范》。2005年3月2日,院务会研究通过《关于开展"每月课堂文明标兵班"评选活动的规定》。2005年4月8日,院务会研究通过了《课堂文明行为规范》,以上所有规章制度已于2005年4月汇编成册,收入《北京联合大学东方信息技术学院管理制度汇编(学生分册)》。

2. 共青团工作

在共青团的组织建设方面,院团委坚持党建带团建,加强对优秀团员的培养,认真做好推荐优秀团员入党的工作,为党组织输送新鲜血液,2002—2008年,共向党总支推荐85名优秀团员加入中国共产党,其中有82名先后入党。院团委的工作包括:党校初级班的组织、宣传工作;进行学生干部的培养和团干部培训,建立健全共青团例会制度,建立健全配套财务制度及资料库,积极发展新团员,指导各团支部的支部组织生活。2006年,004134331团支部还获得了2005—2006学年学校"达标创优"五四红旗团支部和2005—2006学年"达标创优"优秀团支部称号;张前前、薛一博两名同学获得了2005—2006学年学校"达标创优"优秀团干部称号;高爽等6名同学获得了"达标创优"优秀团员称号。

团委对学生社团的组成和活动开展进行指导和规范。学院的学生社团主要包括:青年志愿者协会、合唱团、430影院、读书社、足球协会、动漫社、电脑爱好者协会、棋牌社等。2007年4月和2008年4月、10月,院团委举办了三场"高雅艺术进校园"活动。举办了五届"魅力校园、绽放自我"校园十佳歌手大赛。2004年、2006年和2007年共举办了三届"科技改变生活、奥运连接你我"读书大赢家百科知识竞赛。此外,院团委还组织社团参加了校内外一些大型活动并获得良好成绩:《梦之羽翼动漫社》在学校第四届社团节活动中被评为"示范社",在东方大学城第四届艺术节活动中获得7个奖项;在学校第七届校园歌手大赛上,06134322班姬呖获十佳歌手称号;在2006年北京大中小学生"我心中的奥运"大型征文比赛中,学院13名学生获奖;在第二届全国ITAT教育工程就业技能大赛中,有11名学生拿到《ITAT全国"信息技术及应用培训"教育工程技能证书》,其中刘钧和王超获得三等奖。

社会实践活动由团委组织。2005年暑期社会实践中,学院的北京市大学生缅怀革命先烈——西柏坡红色之旅实践小分队获得北京市纪念抗战胜利60周年主题社会实践优秀团队奖,北京与老区——向希望小学献爱心社会实践小分队获得首都大学生扶贫济困阳光行动优秀团队奖,同时获得联大社会实践优秀团队奖,学院团委荣获学校社会实践先进单位。2007年,学院2个社会实践团队被评为校级优秀团队,10人荣获校级先进个人,3名教师获优秀指导教师称号。同年,"同一个世界同一个梦想"签名横幅获首都大学生社会实践优秀成果奖。

2006年5月28日,学院团委成立青年志愿者协会。奥运期间,志愿者积极参加校内外各种奥运志愿者活动,郑怡获得"北京市优秀奥运志愿者"称号;胡涟怡、王宇、樊超等13人获得学校优秀奥运志愿者金银奖。在北京市"微笑北京、志愿西部"大学生志愿服务活动中,学院的计算机应用专业04134331班学生王魁伟被选拔到西部服务,同时被选为学校志愿服务西部队长,计算机应用专业04134331班学生安芳芳被选拔到基层服务。

六、管理与保障

(一)后勤服务

学院师生的餐饮、住宿、医疗、娱乐、绿化、环境卫生、图书馆等设施均由大学城提供。学院行政办公室以东方大学城为后勤保障，不断完善各项服务措施。

班主任、宿管员随时收集学生对饮食卫生、质量、价格的反应，并及时汇报院学生办，统一向大学城有关领导汇报。学院为每位教职工免费提供一份午餐。

为保证教学正常进行，各部门管理人员一律住宿。截至2004年7月，学院为教工宿舍配备了电扇、蚊帐、冰箱、微波炉等设施。

学院设有医务室，校本部门诊部选派的医生为临时负责人，外聘2名医生，实行24小时值班制度，学院全体教职工、学生可随时就诊。

（二）“非典”中的工作

“非典”是学院办学历史上经历的特殊时期。2003年4月中旬，学院成立领导小组，制定和实施学院防控“非典”工作预案，实行院长负责制，责任落实到每一位班主任，联络落实到每一位学生。组织建立“学生健康观察”网络，由班主任通过网络获取学生的健康情况，每天记录两次学生体温，每周上报记录表。

“非典”中学生离校，根据文件《北京联合大学关于“健康观察”阶段教学工作基本要求》（2003年12号文件），学院成立了“学生远程学习”网络，通过网络组织教学。任课教师在网上公布教案和教学要求，通过电子邮箱与学生解答质疑，并每周交一次答疑表。班主任敦促学生主动与任课教师联系，了解学生学习动态。此外，学院还组织了所有课程的期中考试，教师出考试卷，学院负责邮寄与回收学生试卷，工作量很大，历时近三个星期。

为保证教学网络的畅通，及时沟通教学信息，学院安排人进行网络维护，每天查看邮箱并答复邮件。“非典”期间，共发布各种公告十几例，回答及解决各种教学问题几十例。

6月29日，按照学校党委要求，全体学生安全有序地返回大学城，并于6月30日复课。

（三）经费来源与管理

学院的财务实行独立核算，自负盈亏的制度。根据合作办学协议向学校有关部门提交规定比例的资金，其他资金归学院所有用于办学，重大资金流向提交董事会讨论。

七、党建、工会工作

（一）党的建设

1. 重要活动

（1）保持共产党员先进性教育活动

2005年9—12月，根据北京市第二批保持共产党员先进性教育活动安排，学院开展保持共产党员先进性教育活动。党总支组织全院党员学习中共中央文件，开展分析评议，制定整改方案等活动。边学、边整、边改，落实到改进工作、改善群众的生活条件上。在活动中促进团结，凝聚职工，推进工作。学习历时三个月，涉及全院三个党支部54名党员，三个阶段参加率均达100%。各阶段的学习教育活动均取得较好实效，达到校党委提出的先进性教育活动的预期目标。群众满意度测评的结果为100%。

（2）学习实践“科学发展观”活动

为认真贯彻落实党的十七大精神，按上级党委要求党总支开展学习实践科学发展观活动。每周组织一次学习，由领导带头学习，采取集中学习、个人自学、组织讨论等形式，学习新党章、十七大会议精神及相关文件。学习中注重实效创新学习方法，采用学习文件材料，领导上党课、专题宣讲辅导、观看警示教育片、组织座谈讨论，进行知识测试和撰写学习体会等多种形式，开展党风廉政和业务知识培训活动。

此外，还开展了以下工作：

加强组织建设：坚持开展党员先进性长效机制活动，完善规章制度促进组织建设，强化党员管理工作。

强化领导班子建设：重大问题集体讨论决策，院领导加强沟通交流各自分管工作，定期召开专题民主生活会，院领导每年深入党支部指导基层党支部工作并协助开展各项工作。

深化精神文明建设：评选优秀班主任和先进工作者并充分宣传、开展文体活动、“三八”“五一”“七一”“十一”等节日组织知识竞赛。

(3) 党建评估整改

2007年9月，学院接受了市委教育工委对贯彻《北京普通高等学校党建和思想政治工作基本标准》的达标检查验收，通过党建评估发现了存在的四个薄弱环节。结合学校“十一五”规划及学院实际和党建工作任务，制订了整改计划和措施，经过一年多的整改落实，取得了一定的成效。存在的问题及具体的整改措施有以下几点。

1) 教学改革不够深入、专业建设较薄弱

在教学改革和专业建设上，整改措施主要是加强监督指导，保证教学质量。重点是抓课堂教学，提高授课质量，坚持领导、教务、学生办“三结合”的教学管理体制；抓住关键督促检查，开展期中教学检查工作，发挥教学指导委员会的作用，加强专业指导、课程指导和教师培养，召开学生座谈会，与学生共同研究探讨学生问题。通过监督检查等措施，使学生到课率明显提高，课风明显好转，教学质量不断提高，在学校的大型会考、专升本考试中名列前茅，2008年学院毕业生张志华被录取研究生。

2) 师资队伍建设处于应付教学运行的状态，教学科研活动少

在师资队伍建设上，整改措施主要是强化管理，保证稳定。学院党政领导把保持学院稳定作为工作的重中之重，紧抓领导层，举办中层干部培训班，定期召开院长办公会和学院办公会，明确工作重点，制定措施；注重教职工队伍思想建设，把工会活动作为稳定队伍的重要途径，营造和谐氛围。

教学科研活动上采取两种方法：一是请校领导和专家教授开展系列专题讲座；二是举办技能比赛，开展教学研讨活动，组织青年教师进行基本功比赛，并大力表彰获奖者。

3) 基层党组织建设发展不平衡

整改措施主要是进一步加强党组织建设：学期初总支认真研究布置党组织工作；院领导亲自上党课，并多次邀请校领导和其他学院领导讲党课；各党支部组织党员分析存在的问题及如何发挥党员在党风建设和诚信考试中的先锋模范作用；开展献爱心、帮助特困学生活动，学院领导到特困学生家中慰问。宣传十七大精神，凝聚力量：组织学习十七大报告和新党章等材料，召开党员座谈会、演讲会、学生班干部培训会，院党总支和分校党委联合开展“歌唱心中的旗帜”主题党日活动，在学生党员中开展“永远跟党走，争做新一代”征文活动，共征集论文30篇，组织党员参加市委开展的《党的知识》竞赛和《中国政党制度》知识竞赛。通过开展系列活动，全体党员凝聚力增强。

2. 党员发展

2002年1月—2007年6月，学院有2名职工申请入党。2001—2007年，学院共组织6届

党校初级班，培训学员525人，组织5届党校高级培训班，培训学员347人，其中82名学生于2003年至2009年7月经过各所在党支部的考察，先后加入中国共产党（见表16.5-16）。

表16.5-16　2001年9月—2009年7月学生中发展党员统计表

年份	2001	2002	2003	2004	2005	2006	2007	2008	2009	合计
发展党员数/人	无	无	5	9	13	27	19	4	5	82

（二）工会工作

1. 基本情况

2004年5月，学院建立工会，工会主席姚淑娜，共有会员34名，其中学校正式教职工13名，外聘教职工21名，按院办、教务办、教研办、学生办分为4个工会小组，外聘教职工参加工会组织，与正式教职工一样管理、一样活动，一样表彰，每学期根据教职工人员的变动进行人员调整。2005年7月，陈华任工会主席。

2. 主要工作

（1）常态化工作

每年组织教职工春游、秋游。每年"三八"节开展纪念活动或召开专题讲座会，发放纪念品，女工生孩子工会领导到家中看望。节假日为教职工送温暖，元宵节、端午节、中秋节都请教职工吃特色餐。教职工患病工会领导前往探望，教职工直系亲属病故还会以学院名义慰问。

（2）为职工谋福利

为改善教职工宿舍居住条件，为宿舍添置电扇、冰箱、洗衣机和微波炉。在大学城众多食堂中为教职工定点选择了两个，发放午餐费。

（3）构建和谐校区

2006年底，学校加速学院和廊坊分校两个办学实体的融合，开展工会活动成了构建和谐校区的桥梁和纽带。2007年10月，学院和分校工会联合开展廊坊校区"歌唱心中的旗帜"主题活动，组织畅游泰山活动和羽毛球、跳绳比赛。2008年，学院和分校工会联合开展迎奥运、树新风，全民健身活动：组织教职工共同学练"二十四式太极拳"、组织"二十四式太极拳"表演及跳绳、拔河比赛等系列活动。

（4）开展文体活动

2004年6月，工会组织成立教职工柔力球协会和职工手工艺制作组。相继开展柔力球、二十四式太极拳、四十八式太极拳等健身活动。每周固定活动时间，并筹资为教职工发放运动服。

（5）组织捐款

2006年5月，院工会发动并组织教职工为贫困生巫刚同学捐款1600多元。2007年6月，与团委共同发动并组织师生为患白血病的2008届毕业生赵玉涛捐款一万余元。2008年四川汶川大地震，学院工会发动并组织教职工捐款2690元。

3. 师德建设

工会在师德建设上采取两种方式，一是注重师资队伍师德建设，请学校领导和专家教授开展系列专题讲座；二是强化技能训练，与教务办联合举办技能比赛，开展教学研讨活动。2004—2006年，两次组织青年教师进行基本功比赛。

八、管理岗职工名册

2004 年 1 月学院管理岗职工名册详见表 16.5-17。

表 16.5-17　2004 年 1 月管理岗职工名册

部门	职务	姓　名	性别	职称	备注
院领导	院长兼书记	腾长建	男	高级政工师	
	副院长	罗晓惠	女	副教授	
	副院长	姚淑娜	女	副教授	
	副书记	徐建华	男	副教授	
院办	主任	张振厚	男	副教授	外聘校内退休职工
	副主任	孙秀明	女	高级政工师	外聘
	副主任	王文平	男	中教高级	外聘
	采购员 司机	赵鹏安	男		
	会计	苏秋萍	女	会计师	外聘
	文印员	张天儒	男		外聘
	办事员	史亚红	女		外聘
学生办	主任	王作楼	男	高级政工师	外聘校内退休职工
	副主任	宋　靖	男	讲师	外聘
		李吉俊	男	中教一级	外聘
	班主任	陈庆元	男		外聘
		杨玉倩	男		外聘
		宋　靖	男	讲师	外聘
		朱丽华	女	护师	外聘
		李学让	男		外聘
		李玉明	男		外聘
		李玉琴	女	中教一级	外聘
		于国安	男		外聘
		张　荔	女		外聘
		李大刚	男		外聘
		王玉萍	女	中教二级	外聘
		何建芳	女		外聘
		高凤英	女		外聘
		张　晶	女		外聘
团委	书记	张　曼	女		外聘

续表

<table>
<tr><th>部门</th><th>职务</th><th>姓 名</th><th>性别</th><th>职称</th><th>备注</th></tr>
<tr><td rowspan="12">宿舍办</td><td rowspan="2">主任</td><td>黄永玲</td><td>男</td><td></td><td>外聘</td></tr>
<tr><td>吴宝荣</td><td>女</td><td></td><td>外聘</td></tr>
<tr><td rowspan="10">宿管员</td><td>项福云</td><td>女</td><td></td><td>外聘</td></tr>
<tr><td>吴宝荣</td><td>女</td><td></td><td>外聘</td></tr>
<tr><td>王长俊</td><td>男</td><td></td><td>外聘</td></tr>
<tr><td>钟大秋</td><td>男</td><td></td><td>外聘</td></tr>
<tr><td>陈子春</td><td>男</td><td></td><td>外聘</td></tr>
<tr><td>孙淑惠</td><td>女</td><td></td><td>外聘</td></tr>
<tr><td>靳西兰</td><td>女</td><td></td><td>外聘</td></tr>
<tr><td>王堂金</td><td>男</td><td></td><td>外聘</td></tr>
<tr><td rowspan="8">教务办</td><td>主任</td><td>卢 懋</td><td>男</td><td>副教授</td><td>外聘校内退休职工</td></tr>
<tr><td>副主任</td><td>张建华</td><td>男</td><td></td><td>外聘</td></tr>
<tr><td rowspan="3">实验员</td><td>张立国</td><td>男</td><td></td><td>外聘</td></tr>
<tr><td>刘新征</td><td>男</td><td></td><td>外聘</td></tr>
<tr><td>尹乡奇</td><td>男</td><td></td><td>外聘</td></tr>
<tr><td>实验教师</td><td>张建华</td><td>女</td><td>讲师</td><td></td></tr>
<tr><td rowspan="2">教务员</td><td>雷冬雪</td><td>女</td><td></td><td>外聘</td></tr>
<tr><td>李淑娜</td><td>女</td><td></td><td>外聘</td></tr>
</table>

第六节 廊坊分校

一、概述

随着高等教育的大众化和普及化，联大的生源不断扩充。为解决教学行政用房相对紧张的困难，学校决定在东方大学城建立廊坊分校。

1999 年 2 月，受学校党委委托，曹传福、刘凤阳、王淑芬、宋旭明、张龙 5 人到外企服务总公司联谊中心（位于廊坊市）商谈合作办学事宜。4—5 月，校党委书记熊家华、副校长高林分别到外企联谊中心考察。后经校党委讨论，决定与对方合作办学，建立联大分校。并决定从 99 级开始，把信息学院计算机专业的两个本科班、两个专科班放到分校学习，进行办学试点。5 月 24 日，副校长高林代表联合大学，与廊坊爱心日语学校（该学校依托外企服务总公司办学），在外企联谊中心签订合作办学协议。根据此协议，由外企服务总公司出资在外企联谊中心建设教学楼 1 座（四层 5000 平方米）、计算机室 2 间、语音室 2 间。7 月，党委副书记韩宪洲带领曹传福、刘凤阳到廊坊武警学院商讨聘请管理干部和任课教师事宜。武警学院选派4名教员负责分校外语和体育两门课教学,其余课程由学校教师自行承担。至此,分校开学的基础工作基本落实。9月14日,信息学院计算机专业99级新生156人,入驻分校学习。

对分校的办学,学校党委有具体要求。在《关于加强联大分校建设的意见》中,学校提出,分校要以全面提高大学生整体素质为目标,以搞好学风建设、打好基础为重点,以东方大学城为后勤保障,将分校办成新生教育管理和提高基础课教学质量的办学基地。在《关于加强北京联合大学分校工作的几点意见》中,进一步提出了分校的办学指导思想、工作任务和目标、领导体制和运行管理机制等。分校办学的指导思想是:“在校党委的领导下,坚持以讲团结、顾大局、齐心办好分校为基础;以讲改革、促发展、发挥联大整体优势为前提;以讲统一、严管理、推进素质教育、提高教育质量为目标;以讲成本、出效益、资源共享为手段,在分校建立行政管理统一、各学院教学相对独立的办学管理体制;建立能融合各学院优势,突出基础教学任务、强化学风建设的运行机制,把分校办成加强学生素质教育、提高基础课教学质量的办学基地”。2002年,学校在工作要点中,对分校进一步提出了明确要求:稳定规模、继续试点、加强管理、提高质量。据此,分校在对前一阶段工作进行总结的基础上,形成了新一阶段工作的指导思想:以教学为中心,以培养学生“三个养成”为重点,通过“教、学、管”三位一体的运行模式,使学生把良好的学风、班风和良好的基础课学习成绩带回各学院,把优秀学生干部、入党积极分子和一批党员带回各学院;使在分校工作的同志经过第一线锻炼,把工作经验和收获带回校本部和各学院。

经过不断探索与总结,分校逐渐形成了明确的工作思路:通过两级管理队伍建设,明确任务、分工负责,实施部门首长负责制;涉及几个部门的任务,确定主负责部门,其他部门协助,不搞“齐抓共管”。通过一系列规章制度建设,进行程序化、制度化管理,做到工作有秩序、管理有规范、忙而不乱、杂而有序。倡导“服务、协调、合作”的分校作风,以及“团结、进取、奉献”的分校精神。加强与各学院的沟通,尊重各学院意见,尽可能发挥学院的作用;加强与校本部各职能部门的交流沟通,尽可能多地争取各部门的理解和支持。

分校自1999年8月建立,到2009年7月撤销,共10年时间。这期间,不管是在办学试点与探索阶段(1999—2001年),还是在逐步规范与提高阶段(2002—2009年),在学校和分校党委领导下,全体教职员工兢兢业业,奋发图强,克服自身困难,全身心地投入工作,花费了大量的心血和精力,涌现出一批优秀教师和先进工作者;在办学条件十分困难的情况下,注重抓基础教学,规范教学管理,保证了教学质量;积极开展学生教育管理工作,创造出许多适合分校特点的教育管理方法,特别是在一年级学生中发展党员的经验,为各学院的学生党建工作提供了借鉴;建立了党委中心组学习制度、重大事项决策制度、大额度资金使用审批制度、财务管理工作制度、教学工作一系列制度、学生工作一系列制度、后勤管理工作一系列制度等,使日常工作有章可循,规范运行;努力改善办学环境,从最初临时租用的几十间房屋,发展成后来有固定校舍、教学设施配套、有一定后勤保障的办学实体,基本满足了办学需要。分校累计为联大各学院培养一年级学生1万多人,圆满地完成了办学任务。

二、管理体制与机构

对分校的管理体制，学校党委作了明确规定。2000 年 5 月 10 日，校党委第 40 次常委会决定进一步加强分校建设，发布了《关于加强联大分校建设的意见》(京联党〔2000〕25 号)，提出分校实行联大党委领导下的校长负责制。分校校长、副校长由校党委任命，各部门管理人员由学校选派。分校下设教学办公室、学生工作办公室和行政办公室。在分校的各学院学生，由分校统一领导。分校成立校务委员会，由校长、副校长、3 个办公室负责人、团委书记和基础部、外语部、社科部等教学单位负责人组成，在分校校长领导下全面负责分校工作。6 月 1 日，校党委第 42 次常委会(京联人字〔2000〕12 号文件)任命副校长张铃兼任分校校长，曹传福、宋淑卿为副校长。2001 年 7 月 6 日，校党委又发布了《关于加强北京联合大学分校工作的几点意见》(京联党〔2001〕24 号)，提出在联大党委领导下建立分校党委。分校党委与分校校长对分校全面工作共同负责，各学院和校机关派往分校的人员要明确分工、强化职责、加强合作，实现对教学工作、学生工作、行政工作的统一领导。分校对在分校办学的各学院教师、管理人员、学生统一管理，分工负责。

分校负责学生管理和教学运行，教师管理和教学安排由各教学部、各学院负责。实施(分)校(学)院两级管理模式，统一与分散相结合。学生管理由分校统一负责，各学院分头实施；教学硬件由分校统一管理、资源共享；校本部各学院的教学运行由分校统一管理，其他学院的教学运行由各学院教务处统一安排，由设在分校的各学院办公室具体执行。

2000—2009 年分校历任党委和行政领导人详见表 16.6-1 和表 16.6-2。

表 16.6-1　2000—2009 年党委领导人一览表

姓　名	职　务	任职时间	分管工作
张　铃	党委书记	2000.09—2002.01	主持全面工作
韩宪洲	党委书记	2002.01—2003.05	主持全面工作
耿晓冬	党委副书记	2001.07—2002.07	兼学生办主任
肖　芳	党委副书记	2002.07—2003.05	兼学生办主任
	党委书记	2003.25—2004.10	主持工作
于水波	党委副书记	2003.05—2004.10	兼学生办主任
		2004.10—2005.06	主持党委工作
	党委书记	2005.06—2008.11	主持工作
张　莉	副书记	2004.10—2005.04	兼学生办主任
崔爱玲	党委副书记	2004.06—2006.12	
牛　彤	党委副书记	2005.04—2009.07	兼学生办主任 兼办公室主任 和工会主席(2005.09—2009.07)
王恩江	党委副书记	2006.12—2009.07	兼学生办主任
滕长建	党委书记	2008.11—2009.07	主持全面工作

表 16.6-2　1999—2009 年行政领导人一览表

姓名	职务	任职时间	分管工作
曹传福	负责人	1999—2000.07	主持全面工作
张铃	校长	2000.06—2002.01(兼)	主持全面工作
韩宪洲	校长	2002.01—2003.05(兼)	主持全面工作
曹传福	副校长	2000.09—2003.05	兼教学办主任
	校长	2003.05—2007.07	主持工作
王惠连	副校长	2001.07—2002.07	常务副校长
张曙明	副校长	2003.05—2007.07	兼教学办主任
丛森	副校长	2003.05—2004.07(兼)	国际语言文化学院院长
陈恒荣	副校长	2007.09—2009.07	兼教学办主任
滕长建	校长	2007.07—2009.07(兼)	主持工作

1999—2009 年分校机构设置及负责人详见表 16.6-3。

表 16.6-3　1999—2009 年机构设置及负责人一览表

机构名称	正职	任职时间	副职	任职时间	备注
分校办	姚长生	2000.09—2001.07	郭宝元	2000.09—2001.07	
	仇瑞清	2001.07—2005.09	史曰珠	2001.07—2007.09	
			王惠明	2001.07—2002.07	学生公寓
			孙桂生	2002.03—2003.07	学生公寓
			杨培华	2003.09—2009.07	学生公寓
	牛彤	2005.09—2009.07(兼)	毛连生	2007.07—2009.07	
学生办	宋淑卿	2000.09—2001.07(兼)	牛彤	2000.09—2001.07	
			陈华	2000.09—2001.07	
	耿晓冬	2001.09—2002.07	宋淑卿	2001.09—2003.07	
			于水波	2002.03—2003.05	
	于水波	2003.05—2004.10	张莉	2003.09—2004.10	
	牛彤	2005.04—2006.12(兼)	高蕾	2005.06—2009.07(兼)	
			张文杰	2005.04—2007.01	
团委	张文杰	2000.09—2001.07(兼)			
	马俊红	2001.09—2002.07			
	于水波	2002.03—2003.09			
	张莉	2003.09—2005.04(兼)			
	高蕾	2005.06—2006.01			
	潘宏波	2006.09—2009.07			

续表

机构名称	正　职	任职时间	副　职	任职时间	备注
教学办	曹传福	2000.09—2003.05(兼)	刘凤阳	2000.09—2005.12	
	张曙明	2003.05—2007.07(兼)	郑　坚	2001.09—2002.07	
	陈恒荣	2007.09—2009.07(兼)	任伟宁	2002.07—2003.03	
			张建敏	2005.08—2009.07	
工会	王远声	2000.09—2001.07(兼)			
	李赤峰	2001.09—2002.07(兼)			
	刘朝生	2002.09—2003.07(兼)			
	仇瑞清	2003.09—2005.09(兼)			
	牛　彤	2005.09—2009.07(兼)			

1999—2009 年学院工作组负责人详见表 16.6-4。

表 16.6-4　1999—2009 年学院工作组负责人一览表

学院	学院工作组组长	任职时间	学院工作组副组长	任职时间	备注
信息学院	牛　彤	2000.09—2001.07			
	宋淑卿	2001.09—2002.07	平爱华、闫健美	2001.09—2002.07	
	刘　蓉	2002.09—2004.03	肖文泉	2004.03—2004.07 (临时负责)	
	李　茜	2004.09—2005.07			
	刘　蓉	2005.09—2006.07			
	李凤英	2006.09—2007.07			
	白葆莉	2007.09—2008.07			
	刘　蓉	2008.09—2009.01			
	徐建华	2009.02—2009.07			
应用技术学院	陈　华	2000.09—2001.07			
	胡连生	2001.09—2002.07	王　羽	2001.09—2002.07	
管理学院	马俊红	2002.09—2003.07			
	高元植	2003.09—2005.07			
	郭　燕	2005.09—2006.07			
	胡连生	2006.09—2008.07			
	郭开宇	2008.09—2009.07			
自动化学院	刘朝生	2002.09—2003.07			
	毛连升	2003.09—2007.07			
	杨　飞	2007.09—2009.07			

续表

学院	学院工作组组长	任职时间	学院工作组副组长	任职时间	备注
机电学院	焦　阳	2004.09—2008.07			
	丁兆明	2008.09—2009.07			
商务学院	孙鸿飞	2001.09—2004.07			
	谢宝春	2004.09—2005.07			
师范学院	桂溪娟	2001.09—2003.07			原职业技术师范学院
	王培荣	2003.09—2006.07			
	付丽霞	2006.09—2007.07			
应用文理学院	王作楼	2001.09—200 2.09			原文理学院
	陈秀英	2002.09—2004.11			
	刘学勤	2004.11—2008.07			
生物化学工程学院	陶瑞新	2001.09—2002.07	刘春增	2001.09—2002.07	原化学工程学院
	刘春增	2002.09—2003.07			
	谢　飞	2003.09—2004.07			
旅游学院	贾福龙	2001.09—2002.07			
国际语言文化学院	丛森(院长)	2003.09—2004.07	匡志盈(副院长)	2003.09—2004.07	

三、教学管理

(一)分校教学工作的指导思想与工作思路

分校在教育实践中,不断总结教学管理和提高基础课教学质量的经验,到2002—2003学年,进一步明确了教学工作的指导思想:以规范教学过程的管理为基础,以建立教、学、管三位一体的管理机制为重点,并在此基础上统一认识,形成满足高等教育大众化要求、符合联大学生特点的基础课教学质量标准,逐步推进教学内容、方法的改革,同时逐年提高基础课教学质量。据此,分校提出了"稳定教学秩序、规范教学过程、完善管理模式、推进教学改革"的工作思路。

(二)教学制度的研讨与建设

教学工作永远是一所学校最根本的任务。分校自建校后,始终对课堂教学常抓不懈、把提高教学质量作为各项工作的中心。近几年来,先后建立了教学质量月制度、视导组制度、教学质量监控体系制度等,还提出了围绕教学各环节的改进措施和方法。

1. 教学质量月制度

为从教与学两方面规范教学过程,分析、研究、解决教与学两方面存在的问题,促进教学质量进一步提高,分校在2002年4月,以课堂教学为重点,开展了首次教学质量月活动。此后连续3个学期，举办该活动。2004年3月30日，分校发布了《关于北京联合大学分校开展教学质量月活动的实施意见》(京联分〔2004〕06号)，将此项制度正式确定下来，并坚持以后每年都举办该活动。

2. 视导组制度

2002年4月8日，为加强教学管理、提高教学质量，强化对教学过程的监控，分校发布《北京联合大学分校教学视导租工作条例》(京联分〔2002〕05号)，成立了分校教学视导组。首任组长：葛德玉，副组长：张云汉、张丹海，组员：刘季稔、诸天寅、金章茂、华乐康、张曙明、翟世俊、王锡英。2004年3月12日，分校发布《北京联合大学分校第二届教学视导组成员名单》(京联分〔2002〕05号)。聘任的第二届视导组成员包括：王绍光、王惠莲、李铁臣、郭世明、龚文清。2004年10月11日，分校发布《分校视导组工作条例》(京联分〔2004〕21号)，责成视导组对分校的教学及管理工作进行监督和指导。其主要任务是：了解分校教学的实际情况，视导课堂教学与实践教学的各个环节；研究高等教育改革与发展的信息，结合分校现状，提出教学方法、教学内容改革的建议和措施；指导促进教学法的研究与整改的落实。视导组成员由各学院推荐，成员的构成尽可能兼顾学院、学科、专业。2004年10月12日，分校发布《北京联合大学分校第三届教学视导组成员名单》(京联分〔2004〕22号)。聘请的第三届视导组成员包括：组长：张云汉，组员：王绍光、华乐康、郭世明。2006年，分校发布《北京联合大学分校第三届教学视导组成员增聘名单》(京联分〔2006〕17号)，增聘汪惠清为第三届教学视导组成员；2007年，分校又发布《北京联合大学分校第三届教学视导组成员增聘名单》(京联分〔2007〕10号)，增聘王滨有、霍德臻为第三届教学视导组成员。视导组制度的实施，对促进分校教学质量的提高起到了巨大作用。2007年9月，此制度以成立分校教学督导室的做法加以延续。

分校还从分析2001级被退学和警告学生的情况入手，采取措施提高教学质量。在分校职权范围内主要采取了以下措施：加强对教师教学过程(包括：教学研讨、集体备课、教学进度、辅导答疑、作业批改、习题课、教师请假等环节)的规范化管理，鼓励讲课效果好的教师上大课(普通教师做辅导、答疑、上习题课)，合班系数从优；修改学籍管理条例，以激励为主，鼓励学生努力学习；对教学改革和分配制度提出建议，如在教学体系、内容改革方面，重点解决基础课的教学目标、基本要求问题，即通过教改立项的方式制定课程教学大纲、教学进度、考试方式并纳入教师科研管理体系；改革教师管理方式，在部分教学单位进行教师聘任试点。

经过内容繁杂、涉及面极广的教学制度与教学措施的建立和实施，到2002—2003学年结束时，分校已基本形成教务运行的管理规程，从制度上保证了教学运行的基本稳定。

3. 教学质量监控体系制度

为健全分校教学监控工作、提高教学质量、迎评促建，分校从2003—2004学年开始，着手建立教学监控体系。2004年10月，分校教学监控体系建成。该体系由分校教学监控小组、分校和教学办领导、分校视导组、班主任、学生构成；通过教学工作会、教学信息发布、教学事故处理，形成分校教学监控的闭环系统。在此基础上，又发布了《关于联大分校校本部各学院建立〈教学监控体系〉的通知》(京联分〔2004〕25号)，并要求于当年11月起实施，并附上了教学结构体系图(以结构图的形式表示，直观、易操作)和教学巡视记录表、班主任听课表、教学状况记录表、课堂教学情况记录表5种图表。教学监控小组组长由分校主管教学校长张曙明担任。

到2005年,又扩大了监控范围,把学生管理、后期保障都纳入监控,实现了全方位、立体监控的闭环体系。该体系由9个教学监控制度、8个监控表格(新增分校教师课堂教学规范》《分校教学情况通知单》和《分校学风情况通知单》)及相应的评价标准组成。教学监控体系的闭环系统,如图16.6-1。

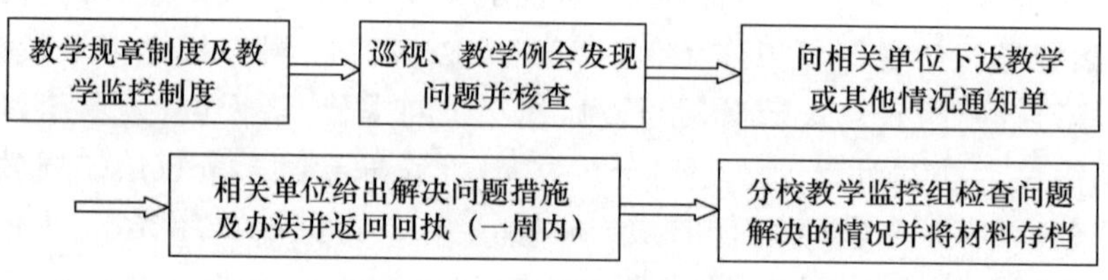

图16.6-1 教学监控体系的闭环系统

教学监控系统的建立,不仅引起分校各部门对教学工作的重视、投入和监督,加强了教学单位与学院学生部门的联系,做到了信息反馈和研究整改措施及时,增强了教与学的凝聚力,而且在规范教学管理过程、提高教学质量、推进迎评促建工作全面深入展开中,都发挥了相当大的作用。

2003—2004学年,针对分校教学特点,教学办制定并颁发了《关于北京联合大学分校加强教学运行管理的几点意见》(京联分教(学)〔2003〕33号),对教学过程的各个环节、教学管理、质量监控进一步做出较详细的规范要求。如确定了主干课程教师晚间住宿、答疑和质疑制度,主干课教学负责人值班制度,学院负责人教学例会制度;为配合质量监控,制定了教学运行的日常检查制度(教学巡视制度),学生早晚自习考勤制度,每月一次的教学工作联席会制度,定期发布教学通报制度。还制定了《关于高速公路封路误课须补课的决定》(京联分教(学)〔2003〕30号)、《关于北京联合大学分校排课的规定》(京联分教(学)〔2004〕15号)、《北京联合大学分校关于调课的规定》《北京联合大学分校教学任务下达工作流程》《北京联合大学分校监考工作规范》(试行)(京联分教(学)〔2004〕10号)、《北京联合大学分校关于考试成绩复查的规定》等,基本形成了一套完整、规范、适合分校特殊情况的教学管理制度。

为实现"迎评促建,重在建设"的工作目标,2005年以后,分校的教学工作重点放在了规范教学管理、完善教学监控、促进教学改革、提高教学质量上。

教学办为探索以提高课堂教学效果为中心的多媒体教学管理办法,修改了《分校多媒体课堂教学规范》;又制定了《关于北京联合大学分校教学任务落实和审核的管理办法》(京联分〔2006〕09号),在教师资格、教学任务书的审核与落实、多媒体教学的申报等方面提出了明确要求,加大了教学管理的力度。

为进一步提高教师的执教能力,分校教学办重新修订了《北京联合大学分校〈教师课堂教学规范〉》(京联分〔2005〕25号),要求把教书育人融入课堂教学;明确提出了对教学文件、备课、授课、作业、答疑和考核几个环节的要求和检查标准。制定了《北京联合大学分校教学事故处理工作规范》,编制了"分校教学情况通知单"和"分校学风情况通知单"。各通知单均设计"回执",进一步强化了分校闭环的全方位教学监控系统。整理并印刷了《分校教学管理文件汇编》。

（三）教学过程规范化管理的实施

分校根据异地办学的特点，提出了加强日常教学管理、规范教学运行过程、认真落实每一个教学环节、上好每一堂课，确保教学质量的要求。为了落实“上好每一堂课”的要求，在对讲课、答疑、实验、实训、考试等环节进行明确制度规定的基础上，又在实际执行中采取了多种手段进行监督考核。从2003—2004学年第二学期起，按照“教学监控制度”，每天安排专人进行巡视；视导组对外语、高等数学、普通物理、C语言程序设计4门主干课进行了全面听课跟踪；每月召开一次各学院负责人的碰头会，及时了解学生学习中出现的问题和对教师的意见。在期中教学检查期间，教学办集中组织了对授课教师课堂教学效果的评价；在分校授课的各学院、各系部领导，分别召开了教师与班主任座谈会、教师与学生座谈会，并听取了班主任和学生对教师授课的意见。通过强化教学管理，分校的教学秩序基本良好、教学基本规范，为进一步提高教学质量奠定了良好基础。

教学办在严格执行教学规范化管理的同时，还采取如下措施加强自身建设：制定了《北京联合大学分校教学办公室工作人员条例》和《北京联合大学分校教学办公室工作人员岗位责任》，强化工作人员的责任意识；实施人性化管理，努力贯彻“以人为本”的理念，围绕执教能力建设，强化“管理就是服务”的宗旨，推行“首问责任制”；在编排课表中，提出三优先原则，即教学规律优先、学生利益优先、教师利益优先，并努力做到为学生服务、为教师服务、为教学服务。

根据《关于北京联合大学分校加强教学运行管理的几点意见》（京联分教（学）〔2003〕33号）精神，教学办不仅编制了分校“教学监控体系”结构图和工作流程图，成立了由主管教学工作的副校长、主管学生工作的副书记、教学办主任、学院负责人组成的“教学监控领导小组”，还在教学监控体系中设有4个子系统：教学运行检查组（教学办）、教学质量视导组（视导组及各部教学负责人）、学生学习情况检查组（任课教师）、学院信息检测组（班主任、学生听课记录）。编制了相应的4种表格，要求对每堂课都有教和学两方面的评价，以收集全面的原始教学信息。这为今后实行教师奖惩制、教师聘用制奠定了基础，也保障了教学监控系统的全面实施。

分校还实行听课制度。分校领导、班主任、学院和系部负责人（2007年以后还加入教学办工作人员）每学期都要听一定时数的课，填写相应的听课表，交教学办汇总、分析，以求发现问题、传递信息。

同时，实行了教学评价与奖励制度。教学办定期发布教学信息简报，通报违纪部门的实际案例，以引起各教学部门领导的重视；表彰教学规范做得好的部门，以促使相互之间的交流学习。为鼓励教师投入教学，分校从2001—2002学年第一学期起，每年都评选“最受学生欢迎的教师”。2005年3月开始，为扩大鼓励教师的范围，推进“迎评促建和课风建设”，改为评选“每月名师”，并一直沿用到2009年分校撤销。

由于分校全方位多角度的努力，所以在教学上，基本上做到了“程序化实施、规范化管理、制度化运行”。

（四）“迎评促建”工作

2006年，分校根据教育部本科教学工作水平评估指标体系的要求，重点抓了教学基本环节的建设。上半年，确定了以工作目标细化、落实为基础，以学习能力建设为保障，以课堂教学为重点,狠抓教学基本环节建设的工作思路。第一,对全分校师生进一步统一思想,强化对评估的认识,强调全体工作人员要关注自己的工作,注重过程管理。为加强教学监控,及时与各教学院部沟通,在评估专家进校前,向每一位任课教师发了《致分校全体任课教师的一封信》,全面阐述了分校对教学环节、课堂教学、素质教育、教学方法、多媒体使用等问题的要求,并希望每位教师对所讲授课程精心准备,以良好状态迎接专家听课。第二,明确提出课堂教学是分校教学工作的重点,向课堂要质量。坚持了每日教风课风的巡视制度、每周课风通报制度、班主任听课制度、每月课堂文明班的评选、每月名师的评选、每周学生考勤汇总、每月召开学院学生负责人交流会、定期召开视导组工作会等行之有效的做法,并始终坚持,形成长效机制。第三是结合分校实际,有针对性地完善相关制度。

在北京市教委评估专家和校评估专家组的检查中,分校的教学管理状况和教学监控体系得到一致好评。专家认为分校教学管理严格规范,教学监控体系较有特色。特别是教学办主要工作人员对评估指标体系理解透彻,且能联系工作实际。在办学定位及评估指标体系的测评中,分校取得了较好的成绩。

由于分校教学办工作突出,因而被评为2005—2006学年度,联大"三育人"先进集体。

(五)教学硬件设施的更新改造和实践教学的管理服务

2003年下半年,学校共投入160余万元,为分校更新了6个多媒体教室,新建了3个多媒体教室和2个大机房,对6个语音室进行了维修,并对机房的电源、网线全部进行了改造,使分校的教学设备有了明显改观。

根据分校与各授课学院(教学部)的分工,分校负责设备管理。因此,制定了《北京联合大学分校多媒体教室管理规定》《北京联合大学分校多媒体教学设备使用管理办法(试行)》(京联分教(学)〔2003〕23号)、《北京联合大学分校教学设备安全管理规定》《北京联合大学分校电工电子实验室管理规定》《北京联合大学分校电工电子实验室管理规定》《北京联合大学分校语音教室管理规定》,对实验室管理人员做了明确分工,并提出岗位职责要求;规范有序地做好了实验室的开放工作;基本上做到了教学设备的定期检查和设备故障的随时排除。2003—2004学年第二学期,教学办加强了对语音室和多媒体设备的日常维护,基本上做到了出现故障随时调换、定期普查和期末全面维护,确保了教学的正常使用。2006年分校又改造了部分机房,还购置了课堂管理软件和上机考试系统,进一步改善了办学环境。

(六)教育研究

随着各项工作的逐步规范,分校也开展了一些教学改革研究和教育管理研究。为加强对分校办学规律的认识,2003年3月,分校以京联分〔2003〕6号文件形式,发布了《关于设立分校调研课题的通知》,并给出课题范围。凡是在分校工作的教师和工作人员,均可申报;分校给予一定的经费支持,对于优秀成果和人员,将加以表彰。

2004—2005学年第一学期,视导组集中对"多媒体教学"课程进行检查,并召开了"多媒体教学研讨会"。与会人员结合听课结果,就多媒体教学的问题以及如何有效地利用多媒体提高教学质量一题,进行了讨论,有两位教师介绍了经验。

2004年9月,为配合校党委宣传部第三批"党建和思想教育研究"课题的申报,分校发起学生思想教育研究课题立项申报工作,发布了《北京联合大学分校关于建立2004—2005学年学生思想教育研究课题立项申报的通知》(京联分党〔2004〕11号文件)。要求申报人结合分校实际情况，以大众化教育背景下学生教育的特点和规律性研究为重点，探讨应用性人才培养的目标、途径、方法、机制等方面的新情况、新问题，以促进分校职工加强研究，提高工作水平。

为进一步探索“提高分校教学质量”的途径，分校在2004年10月，发布了《北京联合大学分校2004—2005学年课程改革研究课题立项申报的通知》（京联分〔2004〕24号），要求结合课程在分校的教学现状，依据大众化教育、应用性人才培养目标，研究改革课程内容、教学质量标准、教学方法、教学手段等问题。

2006年，“分校课程改革立项项目”接受检查并结题。分校还积极参与电子信息实验实训基地的“计算机基础”课程的教改活动；组织分校有关人员开展教学工作研究和学生工作研究。分校所撰写的《应用型大学学生教育与管理模式的研究和探索》《以科学发展观指导分校教学管理，构建教学监控体系》2篇文章，分别获得学校2006年教学成果二、三等奖。2006—2007学年第一学期，实训基地对“计算机基础”课程的教学方式进行了改革，学生普遍反映良好。

四、学生教育与管理

（一）组织结构与工作机制

分校设有学生办公室（含分校团委），由分校党委副书记兼任学生办主任，在联大学生处和分校党委的领导下，开展学生工作。各学院派驻分校的学生工作组，统一在学生办的领导下进行学生教育管理。分校为每个班都配备了专职班主任。

分校学生办主要负责学生日常管理、思想政治教育、学生党建、学风建设、评优奖励、违纪处理、困难学生资助、心理健康教育、学生工作队伍建设等工作。

（二）主要工作

学生工作是分校的重点工作之一。其指导思想是：在确保安全的前提下，以“三个代表”思想为指导，以“三个养成”（养成良好的学习习惯、良好的生活习惯和良好的文明道德习惯）为重点，以建立优良学风为目标，以班主任队伍建设和学生干部队伍建设为抓手，以学生党建工作为突破口，围绕提高教育教学质量这个中心，通过严格管理、适时引导、量化检查、奖惩结合、以奖为主，促进学生综合素质的全面提高。

1. 创新学生工作的方式方法

（1）加强学生思想政治教育

1999年秋，从第一批学生起，分校就开办了学生党校（初级班），聘请专家授课，有针对性地提高学生对党的认识、理论水平和思想道德境界。

2003年以后，学生思想政治工作的重点，放在营造一个有序、健康、向上的校园文化上。新生入学后开展了军训、升降国旗、形势与政策教育，组织新生开学典礼、社会实践、“知校、爱校、荣校”等主题教育活动。在每学期学生工作计划中，都明确提出每月的主题教育活动内容，重点突出，使班主任能够提前了解分校学生工作安排，以便于在实际工作中把握。在每学年的第一学期，都组织学生开展为什么上大学的主题讨论。以演讲、辩论、学生党校、社团活动、专题讲座等学生喜闻乐见的形式，通过讲大学的学习、往届生（好与差）的情况、社会对大学生的要求、联大学生的特点、如何走好大学生活第一步等内容，引导学生立志成为理想远大、热爱祖国的人,追求真理、勇于创新的人,德才兼备、全面发展的人,视野开阔、胸怀宽广的人,知行统一、脚踏实地的人。日常的思想教育内容主要包括:结合党的"三个代表"重要思想学习,进行党的基本知识和马克思主义基本理论教育;结合"非典"、军训、"一二·九"等社会生活的重大事项和纪念日,进行爱国、爱社会主义和爱校教育,增强学生的集体主义观念和责任感;结合专业思想的树立,以多种形式进行学习方法、学习目的教育。

(2) 加强对学生的严格管理

在严格管理学生上,重点做了四方面的工作:一是规范课堂秩序。严格按照双考勤制,由任课教师和学生进行考勤记录,每周由分校组织班主任统计考勤结果,并将统计结果作为学生综合测评参考指标,对违反规定的学生及时按照学籍管理规定进行处理;二是严格早自习制度。按照早自习规定,由班主任检查自习情况、统计出勤,帮助学生提高自习效果;三是加强宿舍管理。在强化学生宿舍按时作息制度、早锻炼制度的基础上,加强宿舍安全、卫生管理,由分校组织学生、教师共同做好宿舍制度执行情况和安全卫生的检查、评比等工作。开展创建文明宿舍活动,并定期组织评比、表彰;四是严格校规校纪。对违反各项规章制度的学生决不姑息迁就,该惩罚处分的就照章办事。分校通过制度规范学生的行为,为学生创造了良好的学习生活环境。

(3) 用激励机制调动学生的积极性

2002—2003 学年第一学期,采取了两项新措施:一是设立学习先进奖和学习进步奖;二是制定了《关于在分校开展教学质量活动月的实施意见》(京联分学〔2002〕03 号),以文件形式发布通知,评选和表彰优良学风班。特别是对优良学风班的评选,由以前的注重评结果改为注重过程管理。即从争创优良学风班的过程抓起,先由班级制订争创计划、目标和行动方案,再向全校展示;根据评选结果召开先进集体、先进个人表彰大会,组织经验交流,从而对学生班级和个人起到有效的激励作用。评选优良学风班制度一直沿用至 2009 年 7 月分校撤销。

从 2003—2004 学年第一学期起,根据扩招后大一学生学习动力不足、自制力差的特点,分校学生工作着眼于在教育管理过程中激励学生,及时反馈正向行为信息,增强学生的自控能力。分校开展了"每月之星"评选活动。那些思想积极要求进步,踊跃参加分校组织的各项活动并在当月活动中表现突出、起模范带头作用的学生可以当选。"每月之星"一个月评选一次,并在全校进行公示表彰,该办法一直执行至分校撤销。

同时,分校试行了"大学素质拓展证书"制度。通过"大学素质拓展证书"手册,记录学生在分校参与各项活动的情况以及在学习之外的综合素质提高方面所作出的努力(不包括学习成绩),并据此对学生的课余活动进行认证和评分,按积分给予奖励。表现好积分高的学生,最高能获得"个人卓越银奖"。其他各项先进和优秀的评比,也要把"大学素质拓展证书"记录作为一个重要的参考条件,还把该记录纳入学期的综合测评(甚至把它作为考核班主任工作的一个方面)。该办法成为支撑分校学生业余活动的一个重要内容。

分校坚持适合自身体制、地域、学生特点的管理思路和管理方式,把严格管理和表扬奖励相结合,设立了多种奖项。从 2004 年起,每学期都评选"优良学风班""优秀团支部""优秀宿舍""优秀学生干部""优秀团员""拾金不昧及乐于助人先进个人""个人卓越铜奖""个人卓越银奖"等,并对获奖集体和个人给予表彰。受表彰的学生有的年度能达 30%以上,使一批学生能实现"带了一年的进步"回到各学院的目标,同时也在分校形成了一个表彰和学习先进的良好氛围。

(4) 加强调查研究

大学城的环境、学生构成、班主任构成和教学任务，决定了分校学生工作的特殊性。因此，分校学生工作强调从各类资料中吸取素材，结合不同阶段的教育管理，有针对性地开展调查研究。从2003—2004学年第一学期开始，分校首先是加强对学生基本情况的调查。一方面要求班主任通过看学生档案、联系学生家长、个别谈话、深入班级和宿舍，掌握学生基本情况，制订符合本班实际的教育方案；另一方面，分校学生办公室建立了分校全体学生的数据库。其次是加强对学生学习状况的调查。要求班主任时刻关注学生的学习状况，多找学生谈心，向任课教师了解情况，并在期中考试后配合教学办的教学活动月，对学生学习状况、学习成绩进行综合调查分析，找出问题，研究解决办法。最后是加强工作方法的研究和创新。分校学工办十分注重德育工作规律研究，编撰了《习惯成就未来》(新生教育资料)一书。2003年11月和12月，编集了《分校班主任工作实践与研究》第1、2期，总结教育经验、探索工作方法、分享教育心得。还多次组织派驻分校的各学院负责人进行座谈和交流，鼓励大家发挥个人能动性、创造性地开展工作。同时组织了学生工作人员参与大学城学生工作论文评比，获得一等奖论文2篇，二等奖论文3篇，三等奖和鼓励奖若干。分校成为大学城学生工作理论研究会会员并担任副会长。2002年12月和2004年6月，分校分别在学校学风工作会和党建工作会上作主题交流发言。

2. 加强学生工作队伍建设

分校的学生工作要取得一定成效，关键在于管理干部队伍(学生办、各学院负责人、班主任)和学生干部队伍的建设。自分校建立以来，尽管工作人员流动性较大，但分校还是逐步培养出一支团结奉献、懂管理、有水平的学生工作队伍和一支有能力、讲大局、会工作的学生干部队伍。分校一直致力于干部队伍的工作交流和培训，进行科学、客观地检查评估、考核和表彰激励，为分校的全面工作提供了保障。

(1) 加强派驻分校的学院负责人队伍建设。分校每月组织一次派驻分校的学院负责人的交流学习，以开阔视野、提高对高等教育和联大整体办学思想的认识，同时全力支持学院负责人开展工作。2004—2005学年第一学期，完善了每月学院负责人汇报交流会，举办了分校自动化学院学生工作经验交流会。

(2) 加强班主任队伍建设。分校班主任由两部分人组成，一是各学院每年选派到分校工作的人员；二是从廊坊当地和北京招聘的人员。分校高度重视班主任工作，把对班主任的集中培训和日常培养结合起来。每学年初，分校都统一组织班主任培训，主要内容包括：理论学习、考核评估、法规教育、学生管理规章制度的学习等，使班主任明确分校的工作目标，掌握工作方法，以更好制订工作计划。日常培训以分散交流和集中研讨相结合的方式进行。各学院学生工作组定期召开班主任例会，汇总学生情况，交流工作经验，讨论制定有针对性的工作措施；分校则不定期地组织专门讨论，以统一思想认识。还编发了《班主任工作通讯》，建立了班主任月考评和学期评估考核制度。月考评主要由各学院来做，即学院根据分校的要求，细化班主任工作内容，制订月考评指标体系，并根据班主任的自我评价和学院负责人的考评来确定班主任当月的考核结果。学期评估考核主要由分校和学院结合来做，即分校依据班主任工作条例，结合月考评情况建立学期考评指标体系，再由学院进行考评。每学期末，分校对评选出的优秀学院负责人和优秀班主任给予公示宣传和表彰奖励。

分校很注意总结班主任工作经验,推进对学生特点的深入研究。2003 年 11 月—2009 年 7 月,共编集《班主任工作实践与研究》10 期(2003 年第 1、2 期,2004 年第 3、4 期,2005 年第 5、6 期,2006 年第 7、8 期,2008 年第 9、10 期)。

(3) 加强学生干部队伍建设。分校建立了学生干部培训交流制度和考核评价体系。培训主要做到三个结合:集中培训与日常交流结合,校、院、班级干部培训结合,团干部与班干部培训结合。培训的内容包括:通过理论学习和党的基本知识学习,提高学生干部的理论和政策水平;通过向学生干部提出学生工作的目标要求,使学生干部明确责任,提高工作的积极性;通过探讨工作方法,提高学生干部的工作实效。

2004 年下半年,分校加强了新老学生干部交流活动。如把 2003—2004 学年被分校评为优良学风班的管理学院 3342 班的十几名同学请回分校,对分校全体学生干部作经验介绍;2006 年以后,开辟了学生干部论坛,进一步促进了学生干部工作经验交流活动的开展。

另外,分校注重对学生干部严格要求,努力使其独立自主地发挥作用。如对考试成绩不理想的学生会干部提出批评,并帮助他们协调好学习和工作的关系;设立班主任助理和班级心理委员,使更多同学有当学生干部的锻炼机会;鼓励学生干部自主组织主题班会和主题团日观摩活动等,引导学生实现"自我教育、自我管理、自我服务"的目标。

3. 加强学生工作制度建设

2003 年下半年,分校在几次讨论、核稿的基础上,又分析了以往学生处分情况后,编印了经过修订的《学生手册》。同时,还修订了《北京联合大学分校军训条例》《留下经验、带走收获——分校班主任工作手册》《北京联合大学分校新生教育学习资料》;制定了学生工作办公室工作人员岗位职责。分校团委也在前几届团委工作的基础上,进一步加强了学生干部工作,先后出台了《北京联合大学分校学生干部管理条例》《北京联合大学分校 03 届团委及学生会章程》以及财务制度、办公室管理条例等,并规范了各种工作表格,这使学生干部的选拔、管理、考核程序和团委的工作更加完善。

4. 加强学风建设

分校一贯重视学风课风建设,早在 2000 年 11 月就颁布了《评选优良学风班办法》。2002 年 2 月 25 日,分校召开派驻分校的各学院负责人会议,分校校长韩宪洲在会上要求进一步探索分校办学规律,抓好教学质量和校风学风建设。同年,分校以京联分学〔2002〕23 号文件形式,发布了《关于开展争创优良学风班活动的通知》,要求评选和表彰优良学风班。2002 年 9 月 22 日,韩宪洲在新生开学典礼的讲话中对学生提出要求:一要有思想上的追求,二要有具体的学习目标,三要成为能够自律的人。在 2002 年 12 月 24 日召开的联大 2002 年学风工作会上,肖芳副书记代表分校作了"立足实际、积极探索、扎实工作、建设优良学风"的发言。

在 2003 年 3 月分校设立的调研课题中,有关于学风建设内容、途径、方法的研究项目。2004 年春,为进一步强化有关人员建设优良学风和班风的意识、树立典型、表彰优秀,分校再一次发出评选和表彰优良学风班的通知(京联分学〔2004〕29 号)。2005 年 3 月 7 日,分校颁布了《关于成立分校课风建设领导小组的通知》(京联分〔2005〕4 号),成立了课风建设领导小组。3 月 8 日,分校又以京联分〔2005〕5 号文件形式,发布了《北京联合大学分校课风建设方案》,决定在 2005 年上半年集中开展整顿课风工作。主要内容是:启动"迎评在我心中，落实在我行动，师生共同努力，共建分校良好课风”活动；每月开展以学生评价为主的“每月名师”评选和以教师评价为主的“每月课堂文明标兵班”的评选活动。25 日，分校举行了“迎评在我心中，落实在我行动，师生共同努力，共建分校良好课风”的千人签名仪式。

4 月 11 日，分校为贯彻“以课风建设为切入点，加强学风班风建设”的工作要求，特别制定了《分校教师课堂教学规范》（京联分〔2005〕8 号），要求任课教师充分发挥课堂的主导作用，严格管理、规范执教。10 月 13 日，又发布了《分校教师课堂教学规范（修订稿）》（京联分〔2005〕25 号）。这为提高教学质量、开展素质教育、加强课风建设提供了保证。

2006 年，继续深入开展优良学风班、优秀团支部和各类优秀个人的评选展示活动。活动中特别注重转变观念，加强过程教育，即在各项评选中加大对进步过程的权重；在 06 级学生中增设全勤奖、宣传之星等奖项，以鼓励学生的点滴进步。还有意识地开展了道德行为训练，由此推进以诚信、责任、团队合作、关爱他人为核心的学生思想教育。

5. 加强校园文化建设

校园文化建设也是分校的一项重点工作。针对大学城娱乐场所众多、商业气氛浓厚、缺少人文学术气息的特点，分校注重自身校园文化氛围的营造，引导学生追求健康向上的校园文化生活。

（1）举办学术文化讲座。分校连续几年，坚持每周（期中期末复习考试时段除外）开展一次学术文化讲座。内容从经济形势到 IT 业发展，从创新思维到人际关系，从京剧欣赏到礼仪着装，从美伊冲突到“三个代表”，从手语知识到北京文化与北京学，从疯狂英语突破法到澳大利亚风光，等等，包罗万象。每学期举办将近 20 次。

（2）开展健康向上的文化娱乐活动。分校在引导学生开展各种活动的时候，注意把学生平时所学知识与其能力培养结合起来。比如针对学生平时在学习中遇到的问题，组织英语百词竞赛、英语话剧比赛、英语角、多媒体网页设计大赛、学生 VB 程序设计大赛、主题辩论赛、文化艺术节，学习经验交流会、专业知识讲座、英语早读并邀请老师辅导等。还开展篮球比赛、拔河比赛、纪念“一二·九”长跑和乒乓球比赛等多种体育活动，以促进学生加强体育锻炼、增强身体素质。

2004 年 5 月，分校团委组织开展了分校文化艺术节，以英语话剧比赛的形式开幕，中间穿插进行了“我的大一生活”征文比赛、视觉艺术大奖赛、保龄球比赛、“50’s”VS“80’s”讲座等形式各异的活动，最后以“红五月诗歌朗诵”为闭幕式及表彰大会。此次艺术节活动多样，参与学生广泛，掀起了学生活动的新一轮高潮，使分校校园文化建设高潮迭起，促进了学生思想境界的进一步提升。

6. 开展军训

军事训练是新生入学教育的重要环节，为此，分校制定了《军训管理规定》。其内容包括：军训的基本规定、特殊情况免训和缓训的规定、学生军训守则、军训期间日常制度和日常规则、军训期间规定、军训违纪处分和奖励规定。并与承训单位签订“军训协议书”，由承训单位负责拟定军训计划。军训科目主要有：解放军条令条例、队列训练、军体拳、内务整理、阅兵式和分列式；国防教育、革命传统教育等。承训单位根据实际分班情况配备教官。在军训期间教官对受训学生加强考勤，每次操课前严格点名，把出勤记录作为军训考核项目之一；军训结束时，负责对所训学生进行军训考核，并负责填写军训鉴定及其他一些相关事物。

分校学生办负责参训学生的组织工作，并安排各班级的班主任配合部队教官做好对军训学生的管理工作。分校办公室负责部队教官在军训期间的食宿、饮水等生活协调工作；还负责学生在军训期间的饮水、交通和医疗保障等工作。

军训时间为两周。训练和阅兵式地点都在大学城廊坊分校操场。通过军训，学生的精神面貌发生了很大变化，国防知识得到提高，磨炼了意志，取得了丰硕的成果，涌现出一大批军训先进集体、先进个人和内务先进宿舍。军训结束后分校对以上先进进行表彰。

1999年9月—2008年9月新生军训情况详见表16.6-5。

表16.6-5　1999年9月—2008年9月新生军训情况一览表

年份	参训学院	学生数	承训单位
1999	信息	160	
2000	信息、应用技术	1500	廊坊陆军导弹学院
2001	信息、应用技术、应用文理、化学工程	2063	廊坊陆军导弹学院
2002	信息、管理、自动化	1688	廊坊陆军导弹学院
2003	信息、管理、自动化、国际语言文化	1941	廊坊陆军导弹学院
2004	信息、管理、自动化、机电、	2196	廊坊陆军导弹学院
2005	信息、管理、自动化、机电	2096	廊坊陆军导弹学院
2006	信息、管理、自动化、机电	1941	炮兵指挥学院廊坊校区学员大队
2007	信息、管理、自动化、机电	1940	炮兵指挥学院廊坊校区学员大队
2008	信息、管理、自动化、机电	1900	炮兵指挥学院廊坊校区学员大队

2004—2005学年，分校学生办公室被评为学校“三育人”工作先进单位，并在全校表彰大会上作主题发言。

7. 加强共青团的建设

分校共青团工作的基本指导思想是：在校党委、团委和分校党委的领导下，以邓小平理论和“三个代表”重要思想为指导，深入贯彻党的十六大和十七大精神，紧紧围绕学校中心工作，密切结合团员青年的思想实际和团的工作实际，以培养社会主义事业的建设者和接班人为中心，突出素质教育主线，以切实提高青年学生综合素质为核心，以学术、文体活动为两翼，创造性地开展共青团工作，使共青团组织更好地发挥党的助手和后备军作用，起到团结、教育、带领和服务青年的作用。

在团的组织建设方面，分校团委坚持党建带团建，配合分校党校做好党校初级班的组织、宣传工作；进行团干部培训，建立健全共青团例会制度，建立健全相关的财务等制度及资料库，积极发展新团员。团委有计划地加强对学生干部的培养和使用，引导学生自我教育、自我管理、自我约束。通过团员民主评议，切实做好“推优入党”的工作。

团委通过规范学生社团的组成和活动开展的计划性、有序性，来引导社团开展各种健康有益的校园文化活动。2002—2003学年，分校学生社团有青年志愿者协会、原创音乐社；后来又增加了舞蹈社、文学社、读书社、跆拳道协会、足球协会、乒乓球协会、电脑爱好者协会、野营社、万智棋牌社、围棋社、动漫社、戏剧社、台球社等。这些社团为学生各方面特长和潜质的发挥提供了展示的舞台，也锻炼了学生的组织能力和活动能力。2006年，分校团委组织青年志愿者到廊坊敬老院“送温暖”(进行公益劳动)和开展“一元钱”捐助活动，培养了学生自我教育、自我管理、自我服务的能力。

8. 加强学生党建工作

分校党委十分重视学生业余党校的建设，强调学生党建在学生工作中的龙头作用，坚持把党建作为全面加强和改进学生思想政治工作最有效的途径，作为学生工作取得成效的突破口，作为校风学风建设和班级建设的切入点来抓。

分校在每学年开学初，都要求各学院统计高中递交入党申请书的学生人数，并多次向学院明确学生入党积极分子的培养要定计划、早动手。从1999级第一批学生起，即建立党校。2000年4月分校举行首届党校结业式，为参加党校学习班学习的115人颁发结业证书。2001年3月9日，分校党校高级班开学。2001年5月，分校召开首次发展党员大会。

针对每年党校初级班报名人数多的情况，分校在认真组织好第一讲的同时，还督促学院做好党校学员的学习教育活动；并规范了分校学生党员发展的程序和各阶段的时间要求。分校党校除邀请中央党校、市委党校的教授和学校领导讲党课，使学员能够受到高质量的理论教育外，还组织学员观看电影《惊涛骇浪》，开展"早日站在党旗下"演讲比赛和"建设优良学风、从我做起"征文活动等。并以学院为单位组织"信仰与行动"小组，开展主题教育活动。同时加强对非党员班主任在学生党建工作上的业务培训。党校在学生中培养了一大批入党积极分子，为分校进一步考察培养奠定了基础。

学院2000—2008级学生党员发展情况详见表16.6-6。

表16.6-6　2000—2008级学生党员发展情况统计表

年级	发展党员人数	备注
2000	22	校本部2个学院
2001	48	分校8个学院(含信息技术学院)
2002	14	分校8个学院(含信息技术学院)
2003	102	分校9个学院(含信息技术学院)
2004	72	分校7个学院(含信息技术学院)
2005	73	分校6个学院
2006	74	分校6个学院
2007	52	分校6个学院
2008	30	校本部4个学院
总计	487	

五、管理与保障

1. 安全稳定工作

分校是异地办学，一切工作离开安全稳定就无从谈起。对分校的安全工作来说，重点是确保学生的人身安全，不出现重大人身伤亡事故。这是学校党委对分校的要求，也是分校对学生家长和学生应负的责任。所以，分校的安全教育从新生一入学就开始，并常抓不懈。其主要内容包括：要求各学院结合入学教育，抓好学生对分校校规、校纪的学习，特别是对分校的宿舍管理规定、作息时间安排、早锻炼和晚自习制度、课堂纪律和考试纪律要求的学习等。还结合分校以往的学生违纪案例，进行遵纪守法教育和安全知识教育；经常进行个人人身安全、财产安全、饮食安全、交通安全、交友安全的宣传教育,使学生熟知大学城的情况,并能在发生问题时,及时拨打相关电话或通过正常渠道加以解决;抓住每一时期的重点开展工作,及时把大学城的治安状况向学院通报,对违反安全管理规定的学生给予处罚。例如,在每年的11月,学生宿舍办公室都开展消防安全月活动,加大对在宿舍内使用大功率电器、点蜡烛、饮酒、吸烟学生的处分力度,并在显著位置张贴处分通报,以警示其他同学。

2004年9月,分校又制定和修订了有关消防、稳定、突发事件、大型活动安全保卫、治安保卫等5项工作预案。11月4日下午,分校结合当月的安全消防月活动,召开了全校安全消防动员大会。还与每个学生签订《消防安全责任书》,举办消防知识宣传和救火演练,请北京急救中心医师为学生进行《人体意外伤害防范和紧急救治》专题讲座。

2006年9月一开学,分校就加大宣传教育力度。要求各学院进一步抓好学生对分校校规、校纪的学习;组织了600多名学生干部、宿舍长和部分老师参观团中央青少年消防安全培训基地;开展了安全消防检查,悬挂安全条幅。在2006年度分校安全教育大会上,进行了消防安全动员和灭火器使用的实际演练以及在火灾情况下紧急疏散的演练。分校还密切关注学生的敏感问题,在重要纪念日和重大体育赛事期间,要求班主任提前做好教育引导;抓住重点部位开展工作,如针对学生宿舍内的安全隐患,加大了班主任到宿舍检查督促的力度;在校本部的4学院中进行了安全教育进课堂的试点,并代表分校在学校安全工作会议上作交流发言。

2006年,分校还在校园区内架设了安全防卫探头装置,使安全防范做到了人防与技防相结合。

2. 学生宿舍管理

学生公寓是学生日常学习和生活的重要场所,分校通过加强和改进学生公寓的教育管理模式,完善教育管理机制,提高教育管理水平,把宿舍管理这项直接关系学生利益和分校安全稳定的工作落到实处。

为确保学生安全、健康,有序的生活,分校于2000年12月1日制定了《关于宿舍区管理制度的规定》,建立宿舍值班制度,由班主任轮流值班。从2001年9月开始,成立宿舍管理办公室,由分校办公室副主任兼宿管办主任,并聘有专职宿管人员,实行24小时值班。同时分校投入资金,对学生宿舍用电系统进行改造,保证了学生用电安全;为学生宿舍和教学区安装护栏,实行封闭管理。还成立了学生自我管理委员会、建立宿舍长制度、加强宿舍文化建设,充分发挥学生自我管理的积极性。2001年12月5日,分校颁布《文明宿舍评比条例》。

自2002—2003学年开始,分校在学生宿舍管理上更加严格规范:一是宿舍管理部门定岗定责。根据分校对学生宿舍工作的要求,制订了宿舍管理办公室职责,宿管办人员对管理项目进行分解,明确责任,并进行岗位职责公示,实行岗位责任制。二是实行学院宿舍目标管理。分校与各学院签订了安全管理责任书,加大了班主任到宿舍检查监督的力度。宿管办还制定了宿舍工作“三步走”的评比建设标准,以评促建。三是调动发挥学生自我管理的积极性。本着“自我管理、自我服务、自我教育”的宗旨,成立了学生宿舍自我管理委员会,使学生从了解宿舍管理到理解宿舍管理,最后自觉地参与到宿舍管理中来。

2002—2003学年,宿管办集中组织了7次评比,每次评出若干个内务先进宿舍。达到内务先进标准的宿舍被授予“星”,到后来被授予“星”的宿舍占学生宿舍总数的91%。同时,按照“三步走”(即内务先进宿舍评比阶段、文明宿舍建设评比阶段和优秀宿舍建设评比阶段)